Beiträge zum ausländischen und internationalen Privatrecht

71

Herausgegeben vom

Max-Planck-Institut für ausländisches und internationales Privatrecht

Direktoren:

Jürgen Basedow, Klaus J. Hopt und Hein Kötz

Andreas Nelle

Anspruch, Titel und Vollstreckung im internationalen Rechtsverkehr

Mohr Siebeck

Andreas Nelle, geboren 1962; 1982–88 Studium der Rechtswissenschaft in Freiburg, München und Paris; 1986 Licence en Droit, Université de Paris; 1988–89 Assistent am Max-Planck-Institut für ausländisches und internationales Privatrecht in Hamburg; 1989–91 Master of Public Administration, Harvard University, USA; 1991–92 Visiting Researcher, Harvard Law School; 1993 Promotion; seit 1994 Rechtsanwalt in Berlin.

Gedruckt mit Unterstützung des Förderungs- und Beihilfefonds der VG WORT.

Die Deutsche Bibliothek - CIP-Einheitsaufnahme

Nelle, Andreas:
Anspruch, Titel und Vollstreckung im internationalen Rechtsverkehr : Einwendungen gegen einen titulierten Anspruch im deutschen und europäischen Zivilprozeßrecht ; mit Vergleichen zum englischen, französischen, schweizerischen und US-amerikanischen Recht / Andreas Nelle. - Tübingen : Mohr Siebeck, 2000
(Beiträge zum ausländischen und internationalen Privatrecht ; 71)
ISBN 3-16-147483-X

Das Buch wurde von Martin Fischer in Reutlingen aus der Times-Antiqua belichtet, von Gulde-Druck in Tübingen auf alterungsbeständiges Werkdruckpapier gedruckt und von der Großbuchbinderei Heinr. Koch in Tübingen gebunden.

0340-6709

Vorwort

Die Vollstreckung von Urteilen, Schiedssprüchen und anderen Vollstreckungstiteln über Juridiktionsgrenzen hinweg wirft Fragen auf, die bis heute nicht oder nur unzureichend gelöst sind. Zu ihnen zählt die Behandlung von materiellen Einwendungen gegen einen im Ausland titulierten Anspruch. Ihr kommt nicht nur praktisch erhebliche Bedeutung zu, sie erweist sich auch als zentraler Prüfstein für eine stimmige systematische Konzeption des internationalen Titelverkehrs.

Anliegen dieses Buches ist es, ausgehend von der Behandlung materieller Einwendungen den jeweiligen Gegenstand der einschlägigen Verfahren – Exequatur, Vollstreckungsabwehrklage etc. – so zu bestimmen, daß die vor allem im Bereich internationaler Abkommen angestrebte internationale Fungibilität von Titeln erreicht wird, ohne daß Schutzlücken zu Lasten des Schuldners entstehen, welche die national je unterschiedliche Ausgestaltung von Titel und Vollstreckung reißen kann. Die hier entwickelten Lösungen verfolgen daher das Ziel, nicht nur im nationalen zivilprozessualen Kontext stimmig zu sein, sondern auch möglichst geringe Friktionen mit ganz anders strukturierten ausländischen Prozeß- und Vollstreckungsrechten hervorzurufen. Grundlage hierfür ist die Kenntnis und systematische Aufarbeitung der ausländischen Titel- und Vollstreckungsstrukturen, welche beispielhaft für das englische, französische, schweizerische und US-amerikanische Zivilprozeßrecht (Bundesrecht, Recht der Staaten New York und Kalifornien) vorgelegt wird. Auf dieser rechtsvergleichenden Grundlage entwickelt das Buch sechs Kernthesen und eine Fülle von Einzellösungen, welche die bisher von Praxis und Lehre für Einwendungen gegen im Ausland titulierte Ansprüche vertretenen Lösungsansätze teils bestätigen, in einigen wichtigen Punkten jedoch neue Wege beschreiten. Ein Kernstück ist dabei eine klare Trennung der Zulassung des ausländischen Titels zur Vollstreckung im Inland von seiner inhaltlichen Überprüfung, ein Grundprinzip, das schon im inländischen Rechtsverkehr von großer Bedeutung ist.

Im praktischen Ergebnis will das Buch nicht nur Antworten auf eine Fülle von Einzelfragen bereitstellen, sondern auch zu einer verbesserten, aber eben nicht schrankenlosen internationalen Fungibilität vollstreckbarer Titel beitragen, die den Erfordernissen eines in Volumen und Geschwindigkeit stark gewachsenen internationalen Wirtschaftsverkehrs Rechnung trägt.

Das Buch ist aus meiner Habilitationsschrift hervorgegangen, die im Wintersemester 1999 der juristischen Fakultät der Ludwig-Maximilians-Universität

München vorgelegen hat. Es befindet sich auf dem Stand vom 1. August 1999. Vereinzelt konnten spätere gerichtliche Entscheidungen – etwa der Beschluß des Bayerischen Obersten Landesgerichts vom 12.04.2000 (BB 2000, 1109) – noch nachgetragen werden.

Dank schulde ich allen, die mich bei der Entstehung dieser Arbeit unterstützt haben, in erster Linie meinem verehrten akademischen Lehrer, Herrn Prof. Dr. Peter Schlosser. Er hat mein Interesse für dieses Thema überhaupt erst geweckt und mich bei seiner Bearbeitung fachlich und persönlich gefördert. Sein methodisches Vorbild hat den rechtsvergleichenden Ansatz geprägt und zum kritischen Hinterfragen überkommener Lösungsansätze ermutigt. Dank schulde ich ferner dem Zweitgutachter im Habilitationsverfahren, Herrn Prof. Dr. Bruno Rimmelspacher.

Der rechtsvergleichende Teil der Arbeit wäre ohne die Unterstützung ausländischer Freunde und Kollegen nicht möglich gewesen. Besonderen Dank schulde ich Prof. Stephen Bundy, Berkeley, Prof. Philippe Fouchard, Paris, Hon. Andrew Geddes, London, Prof. Roger Perrot, Paris, Prof. Phillippe Théry, Paris, Dr. Dimitrios Tsikrikas, Athen, und Prof. Dr. Jürgen Zekoll, Tulane.

Meinen Freunden Prof. Dr. Horst Eidenmüller und Prof. Dr. Burkhard Hess danke ich, daß sie die Entstehung der Arbeit durch Gespräche, Anregungen und eine kritische Lektüre von Teilen der Arbeit im Entwurfsstadium gefördert haben. Mein besonderer Dank gilt ferner meinen Kollegen von der Anwaltssozietät Bruckhaus Westrick Heller Löber, inbesondere Herrn Dr. Jan Willisch, welche die Entstehung der Arbeit wohlwollend begleitet haben. Die Niederschrift kam unter tatkräftiger Mithilfe von Frau Rita Fischer zustande. Ohne den Bayerischen Habilitationsförderpreis 1995 wäre es mir nicht möglich gewesen, die Arbeit so zügig durchzuführen und abzuschließen. Es ist mir deshalb eine angenehme Pflicht, dem Freistaat Bayern auch an dieser Stelle für die Preisverleihung herzlich zu danken.

Ich widme die Schrift meiner Frau mit liebem Dank für ihre Unterstützung in den zurückliegenden Forschungsjahren.

Berlin, im Juli 2000 Andreas Nelle

Inhaltsübersicht

Inhaltsverzeichnis

Teil II
Anspruch, Titel und Vollstreckung im deutschen internationalen und europäischen Zivilprozeßrecht

Abkürzungsverzeichnis

AAA	American Arbitration Association
a.A.	anderer Ansicht
a.a.O.	am angegebenen Ort
ABl. EG	Amtsblatt der Europäischen Gemeinschaften
abl.	ablehnend
Abs.	Absatz
abw.	abweichend
A. C.	The Law Reports. House of Lords and Judicial Committee of the Privy Council and Peerage Cases (genannt: Appeal Cases)
AcP	Archiv für civilistische Praxis
a. E.	am Ende
a. F.	alte Fassung
AG	Amtsgericht; Die Aktiengesellschaft (Zeitschrift)
AGGVÜ	Gesetz zur Ausführung des EuGVÜ
All. ER	The All England Reports
allg.	allgemein
allg. M	allgemeine Meinung
a. M.	anderer Meinung
Am.J.Comp.L.	American Journal of Comparative Law
Am.Jur.	American Jurisprudence
Am.Jur. 2d	American Jurisprudence, second edition
Anh.	Anhang
Anm.	Anmerkung
App.	Cour d'appel oder: Court of Appeals
Arb. Int'l	Arbitration International
Art.	Artikel, article
Aufl.	Auflage
AUG	Auslandsunterhaltsgesetz
AusfG	Ausführungsgesetz
AusfVO	Ausführungsverordnung
AVAG	Anerkennungs- und Vollstreckungsausführungsgesetz
AWD	Außenwirtschaftsdienst des Betriebsberaters
BayObLG	Bayerisches Oberstes Landesgericht
BB	Der Betriebsberater
BBl.	Bundesblatt der Schweizerischen Eidgenossenschaft
Bd.	Band
belg.	belgisch
Beschl.	Beschluß
betr.	betreffend
BG	(Schweizerisches) Bundesgericht
BGB	Bürgerliches Gesetzbuch

BGBl.	Bundesgesetzblatt
BGE	Entscheidungen des schweizerischen Bundesgerichts
BGH	Bundesgerichtshof
BGHZ	Entscheidungen des Bundesgerichtshofs in Zivilsachen
brit.	britisch
BT	Bundestag
BVerfG	Bundesverfassungsgericht
BVerfGE	Entscheidungen des Bundesverfassungsgerichts
bzw.	beziehungsweise
C.A.	Court of Appeal oder: Cour d'Appel
Cal.	California; auch California Reports
Cal.App.	California Appellate Reports
Cal. L.Rev.	California Law Review
Cal. Rptr.	(West's) California Reporter
Cal. S. Ct.	California Supreme Court
Cass.	Arrêt de la cour de cassation (Frankreich oder Belgien); Corti di Cassazione (Italien)
Cass. comm.	Cour de Cassation (Frankreich) Chambre commerciale
Cc (cc)	Code civil (Frankreich, Belgien, Luxemburg) oder Codice civile (Italien)
CCP	Code of Civil Procedure (California)
cert.den.	certiorari denied
Ch.D.	Chancery Division, High Court of Justice
Cir.	Circuit (Court of Appeals)
Civ. 1e, 2e etc	Cour de Cassation (Frankr.), première/deuxième Chambre civile
Clunet	Journal de droit international privé (auch zitiert Journal Clunet)
Col.	Colorado
Colum. L. Rev.	Columbia Law Review
Comm.	Tribunal de Commerce
Cornell L. Rev.	Cornell Law Review
CPC (cpc)	Codice di procedura civile
CPLR	Civil Practice Law and Rules (N.Y.)
CPO	Civilprozeßordnung
D.	District (Court)
D.	Receuil Dalloz
DAVorm	Der Amtsvormund
D.C.	District of Columbia
DDR	Deutsche Demokratische Republik
ders.	derselbe
DGVZ	Deutsche Gerichtsvollzieher-Zeitung
d.h.	das heißt
d. i. p.	diritto internazionale privato, droit international privé
D.i.p.	Droit international privé
DIS	Deutsches Institut für Schiedsgerichtswesen e.V.
Diss.	Dissertation
DNotZ	Deutsche Notar-Zeitschrift
DR	Deutsches Recht
Drucks.	Drucksache
dt.	deutsch
DZWiR	Deutsche Zeitschrift für Wirtschaftsrecht
E.D.	Eastern District

EG	Einführungsgesetz, oder: Europäische Gemeinschaften
EGBGB	Einführungsgesetz zum BGB
EGInsO	Einführungsgesetz zur Insolvenzordnung
EGV	Vertrag zur Gründung der Europäischen Gemeinschaft
Einf.	Einführung
Erl.	Erläuterung
EÜ	Europäisches (Genfer) Übereinkommen über die internationale Handelsschiedsgerichtsbarkeit vom 21. Mai 1961, BGBl. 1965 II 107
EuGH	Gerichtshof der Europäischen Gemeinschaften
EuZW	Europäische Zeitschrift für Wirtschaftsrecht
EWG	Europäische Wirtschaftsgemeinschaft
EWGV	Vertrag zur Gründung der Europäischen Wirtschaftsgemeinschaft
f.	folgend oder: für
F.2d, F.3d	Federal Reporter, Second bzw. Third Series
FamRZ	Zeitschrift für das gesamte Familienrecht
Fasc.	Fascicule
Fed. Proc., L. Ed.	Federal Procedure, Lawyers' Edition
ff.	fortfolgende
FGG	Gesetz über die Angelegenheiten der freiwilligen Gerichtsbarkeit
Fn.	Fußnote
F.R.App.P	Federal Rules of Appellate Procedure
frz.	französisch
FRCP	Federal Rules of Civil Procedure
F.R.D.	Federal Rules Decisions
FS	Festschrift
F.Supp.	Federal Supplement
G	Gesetz
Ga.	Georgia
gem.	gemäß
GG	Grundgesetz
ggf.	gegebenenfalls
Gruchot	Beiträge zur Erläuterung des Deutschen Rechts, begr. von Gruchot
GRUR	Gewerblicher Rechtsschutz und Urheberrecht
GVÜ	Übereinkommen über die gerichtliche Zuständigkeit und die Vollstreckung gerichtlicher Entscheidungen in Zivil- und Handelssachen
Handb. (Hb.)	Handbuch
Harv.L.Rev.	Harvard Law Review
Hdb. IZVR	Handbuch des Internationalen Zivilverfahrensrechts
h. L.	herrschende Lehre
H.L.	House of Lords
h.M.	herrschende Meinung
HS	Halbsatz
ICC	International Chamber of Commerce
i. d. F.	in der Fassung
i.d.R.	in der Regel
i. e. S.	im engeren Sinne
Ill.	Illinois
Ind.	Indiana
insbes.	insbesondere
InsO	Insolvenzordnung
Int.Lawyer	The International Lawyer

IPR	Internationales Privatrecht
IPRax	Praxis des Internationalen Privat- und Verfahrensrechts
IPRG	Schweizer Bundesgesetz vom 18. Dezember 1987 über das internationale Privatrecht (SR 291)
IPRspr.	Die deutsche Rechtsprechung auf dem Gebiet des Internationalen Privatrechts
i. S.	im Sinne
i. V. m.	in Verbindung mit
i. w. S.	im weiteren Sinne
IZPR	Internationales Zivilprozeßrecht
IZVR	Internationales Zivilverfahrensrecht
J. (JJ.)	Justice, Judge (Plural)
J.-Cl.	Juris-Classeur
J.-Cl. dr. int.	Juris-Classeur de droit international
J.-Cl. proc. civ.	Juris-Classeur de procédure civile
J.C.P.	Juris Classeur périodique. La Semaine juridique
JdT	Journal des Tribuneaux (Schweiz)
Jenard-Bericht	Bericht zu dem Übereinkommen über die gerichtliche Zuständigkeit und die Vollstreckung gerichtlicher Entscheidungen in Zivil- und Handelssachen, unterzeichnet in Brüssel am 27. September 1968, BT-Drucksache VI/1973 S. 52 ff. = Abl. C 59/79, 1 ff. (danach zitiert)
JPS	Jahrbuch für die Praxis der Schiedsgerichtsbarkeit
JR	Juristische Rundschau
JuS	Juristische Schulung
JW	Juristische Wochenschrift
JZ	Juristenzeitung
KG	Kammergericht
KTS	Konkurs-, Treuhand- und Schiedsgerichtswesen
Law & Contemp.Probl.	Law and Contemporary Problems
LG	Landgericht
lit.	Buchstabe
Lit.	Literatur
L.J.	Law Journal
Lloyd's Mar. & Comm. L. Q	Lloyd's Maritime and Commercial Law Quarterly
Lloyd's L.R.	Lloyd's Law Reports
LM	Nachschlagewerk des Bundesgerichtshofs, herausgegeben von Lindenmaier und Möhring
L.Rev.	Law Review
Ls.	Leitsatz
LugÜ	Lugano-Übereinkommen über die gerichtliche Zuständigkeit und die Vollstreckung gerichtlicher Entscheidungen in Zivil- und Handelssachen (16.9.1988)
Mass.	Massachusetts
Md.	Maryland
MDR	Monatsschrift für Deutsches Recht
Mich.	Michigan
Mich. L.Rev.	Michigan Law Review
MünchKomm	Münchener Kommentar
Nachw.	Nachweis

NCPC	Nouveau Code de procédure civile
N.D.	Northern District
N.E.2d	Northeastern Reporter, Second Series
n. F.	neue Fassung
NJW	Neue Juristische Wochenschrift
NJW-RR	NJW-Rechtsprechungs-Report
Nr.	Nummer
N.Y.	New York
N.Y.2d	New York Reports, Second Series
N.Y.U.L.Rev.	New York University Law Review
OGH	(österr.) Oberster Gerichtshof
OLG	Oberlandesgericht
P.2d	Pacific Reporter, Second Series
Pa.	Pennsylvania
Q.B.	Queen's Bench
r.	rule
RabelsZ	Rabels Zeitschrift für ausländisches und internationales Privatrecht
RCDIP	Revue critique de droit international privé
Rev. Arb.	Revue de l'Arbitrage
Rev. huiss.	Revue des Huissiers de Justice
RG	Reichsgericht
RGBl.	Reichsgesetzblatt
RGZ	Entscheidungen des Reichsgerichts in Zivilsachen
RIW	Recht der Internationalen Wirtschaft/Außenwirtschaftsdienst des Betriebsberaters
Rn.	Randnummer
Rpfleger	Der Deutsche Rechtspfleger
R. S. C.	Rules of the Supreme Court (England)
Rspr.	Rechtsprechung
Rz.	Randziffer
S.	Seite
s.	siehe
s. a.	siehe auch
SchKG	Bundesgesetz vom 11. April 1989 über Schuldbetreibung und Konkurs (SR 281.81)
Schlosser-Bericht	Bericht zu dem Übereinkommen vom 9. Oktober 1978 (BGBl. 1983 II 802) über den Beitritt des Königreichs Dänemark, Irland und des Vereinigten Königreichs Großbritannien und Nordirland zum Übereinkommen über die gerichtliche Zuständigkeit und die Vollstreckung gerichtlicher Entscheidungen in Zivil- und Handelssachen sowie zum Protokoll betreffend die Auslegung dieses Übereinkommens durch den Gerichtshof, unterzeichnet in Luxemburg am 9. Oktober 1978, Abl. Nr. C 59/79, 71 ff. (danach zitiert) = BT-Drucksache 10/61 = BR-Drucksache 373/82
S.Cr.	Supreme Court Reporter
S.D.	Southern District
sect.	section
SJZ	Schweizerische Juristenzeitung
Slg.	Amtl. Sammlung der Rechtsprechung des EuGH
s. o.	siehe oben
So.2d	Southern Reporter, Second Series

sog.	sogenannt
Sp.	Spalte
str.	streitig
Suppl.	Supplement
S. W.2d	South Western Reporter, Second Series
Tex.	Texas
Tex. L.Rev.	University of Texas Law Review
TGI	Tribunale de grande instance
Tr. com. fr. d. i. p.	Travaux du comité français de d. i. p.
Trib.	Tribunal (d'instance; de première instance); Tribunale
Trib. com.	Tribunal de Commerce
u. a.	unter anderem
U.Chi.L.Rev.	University of Chicago Law Review
UEFJA	Uniform Enforcement of Foreign Judgements Act (13 U.L.A. 149 (1986))
UFMJRA	Uniform Foreign Money Judgements Recognition Act (13 U.L.A. 261 (1986))
U.L.A.	Uniform Laws Annotated
UN	United Nations
UNCITRAL	United Nationals Commission on International Trade Law
unstr.	unstreitig
UNÜ	UN-Übereinkommen zur Anerkennung und Vollstreckung von Schiedssprüchen vom 10. Juni 1958, BGBl. 1961 II 122
URESA	(Revised) Uniform Reciprocal Enforcement of Support Act (1968)
US	U.S. Supreme Court Reports
U.S.	Unites States Supreme Court Reports; oder: United States of America
USC	United States Codes
USC(A)	United States Code (Annotated)
u. U.	unter Umständen
v.	versus
Vand.J.Transnat.L.	Vanderbilt Journal of Transnational Law
vgl.	vergleiche
VO	Verordnung
WBÜ	Washingtoner Weltbankübereinkommen für Investitionsstreitigkeiten vom 18. März 1965, BGBl. 1969 II 371 (a. unter der engl. Abkürzung ICSID bekannt)
W.D.	Western District
W.L.R.	The Weekly Law Reports
WM	Wertpapier-Mitteilungen
Yb.	Yearbook
Yb. Comm. Arb.	Yearbook of Commercial Arbitration
ZeuP	Zeitschrift für Europäisches Privatrecht
ZGB	(schweiz.) Zivilgesetzbuch
Ziff.	Ziffer
ZIP	Zeitschrift für Wirtschaftsrecht
ZPO	Zivilprozeßordnung
z. T.	zum Teil
ZvglRWiss.	Zeitschrift für vergleichende Rechtswissenschaft
ZZP	Zeitschrift für Zivilprozeß
ZZPInt	Zeitschrift für Zivilprozeß International

Einleitung

Der Wert eines Anspruchs hängt weitgehend von seiner Durchsetzbarkeit ab.[1] Die zwangsweise Durchsetzung bestrittener Ansprüche begreifen die meisten Gesellschaften als Teil des staatlichen Gewaltmonopols. Sie wenden erhebliche Ressourcen dafür auf, Verfahren zur Feststellung und Realisierung bestrittener Ansprüche bereitzustellen. Mit Recht, wie ein Blick auf Volkswirtschaften zeigt, in denen der Staat nicht oder kaum in der Lage ist, bestrittene Ansprüche durchzusetzen. Diese Logik gilt im internationalen Maßstab nicht weniger als im nationalen. Solange das Gewaltmonopol allerdings als absoluter Kernbereich nationaler Souveränität angesehen wird, ist die Durchsetzung bestrittener Ansprüche stets Sache der einzelnen Staaten. Ein supranationales Gericht, vor dem Private ihre Ansprüche gegeneinander einklagen könnten, gibt es ebensowenig wie eine supranationale Vollstreckungsbehörde. Allerdings können sie vereinbaren, streitige Ansprüche durch ein Schiedsgericht klären zu lassen, das nationalen Rechtsordnungen nur noch lose[2] verbunden ist. Die Durchsetzung des Schiedsspruchs aber bleibt Sache der Nationalstaaten. Haben die Parteien keine Schiedsvereinbarung getroffen, so müssen sie sich für beide Phasen – die Feststellung und die Durchsetzung des Anspruchs – nationaler Institutionen bedienen. Wird ein Anspruch in einem Staat festgestellt, soll aber in einem zweiten Staat durchgesetzt werden, so geht es nicht nur um die bekannte Frage, ob und unter welchen Voraussetzungen der Zweitstaat den fremden Titel als ausreichende Legitimationsgrundlage für eine Vollstreckungstätigkeit auf seinem Territorium ansieht. Es geht auch um die *internationale Koordinierung zweier Phasen der Anspruchsdurchsetzung: Titulierung und Vollstreckung*.

[1] Rechtsphilosophisch wird sogar argumentiert, daß die zwangsweise Durchsetzbarkeit einen Anspruch erst ausmacht – vgl. die klassischen Worte von *Oliver Wendell Holmes*: „Take … the notion of legal duty … But what does it mean to a bad man? Mainly, and in the first place, a prophecy, that if he does certain things he will be subjected to disagreeable consequences by way of imprisonment or compulsory payment of money“ (The Path of the Law, 10 Harv. L. Rev. (1897), 457, 461 f.); eingehend *H.L.A. Hart*, Der Begriff des Rechts, Kap. II–IV.

[2] Der Grad der Bindung oder Unabhängigkeit ist eine der klassischen Streitfragen der Schiedsgerichtsbarkeit, vgl. *Schlosser*, RipS, Rz. 62; für eine stärkere Unabhängigkeit de *lege ferenda* etwa *Fouchard*, Rev. Arb. 98, 653 (666 ff.).

Dies läßt sich an Hand eines Beispielfalles aus der US-amerikanischen Rechtsprechung[3] aufzeigen:

Der Gläubiger erstreitet in England gegen den in den USA beheimateten Schuldner ein vollstreckbares Zahlungsurteil. Anschließend beantragt er die Vollstreckbarerklärung des Urteils in den USA. Der Schuldner legt Berufung in England ein, gleichzeitig führen die Parteien Vergleichsverhandlungen. Dabei kommt es nach Ansicht des Schuldners zu einem Vergleich, aber der Gläubiger bestreitet den Vergleichsschluß. Der Schuldner trägt im englischen Berufungsverfahren den angeblichen Vergleichsschluß nicht vor, beruft sich aber im US-Exequaturverfahren auf ihn, nachdem die Berufung in England zurückgewiesen wurde.

I. Gegenstand der Arbeit

Einwände gegen den titulierten Anspruch, die – wie der Vergleich im dem Beispielsfall – nach Titulierung aber vor Vollstreckung entstehen, sind in besonderer Weise Prüfstein des Verhältnisses von Anspruch, Titel und Vollstreckung. Sie rufen so gegenläufige Prinzipien wie den Schuldnerschutz und die effektive Rechtsdurchsetzung auf den Plan. Sie stellen nicht nur die Trennung zwischen Titulierung und Vollstreckung auf die Probe, sondern auch den Streitgegenstand der Vollstreckbarerklärung, das Statut der Urteilswirkungen, die Territorialität der Vollstreckbarkeit, die allgemeinen Regeln der internationalen Zuständigkeit und des internationalen Privatrechts und vieles mehr – kurz: Sie werfen eine Fülle von Fragen an den Schnittstellen zwischen materiellem Recht und Prozeßrecht, Erkenntnis- und Vollstreckungsverfahren auf.

Aus der *Sicht des Schuldners,* der einen Einwand gegen den titulierten Anspruch behauptet, stellt sich die Frage, *wo, wann und wie* (in welchem Verfahren) er diesen *Einwand geltend machen kann.* Dabei spielen folgende *Interessen* möglicherweise eine Rolle: Der Schuldner will die Vollstreckung möglichst früh und umfassend verhindern. Denn wenn erst einmal vollstreckt wird, entsteht unter Umständen erheblicher Schaden, und er müßte seinerseits den unsicheren Weg einer Leistungsklage (Rückforderung, Schadensersatz) mit späterer Vollstreckung (Insolvenzrisiko etc.) beschreiten. Selbst wenn der Einwand zweifelhaft ist, hat der Schuldner regelmäßig ein Interesse daran, die Vollstreckung jedenfalls zu verzögern. Der Schuldner will in einem möglichst günstigen Forum prozessieren, das sich auszeichnen kann durch räumliche Nähe, Sprache, geringe Kosten, günstiges anwendbares Prozeßrecht, günstiges IPR und materielles Recht, eine im Erfolgsfalle möglichst auch in anderen potentiellen Vollstreckungsstaaten anerkennungsfähige Entscheidung etc. Dieses Forum entspricht nicht notwendig dem, in dem der Titel erlassen wurde. Zielkonflikte zwischen den Interessen des Schuldners sind möglich, so etwa zwischen einem Interesse, zu vermeiden, daß

---

[3] *Guiness v. Ward*, 955 F.2d 875 (4th Cir. 1992); ausführliche Darstellung s.u. Kap. 5, USA.

der Einwand in jedem Staat neu durchgefochten werden muß, in dem der Gläubiger zu vollstrecken versucht, und einem Interesse, nicht zu riskieren, daß im ersten Staat, in dem der Gläubiger zu vollstrecken versucht, eine möglicherweise negative rechtskräftige Entscheidung über den Einwand fällt, die in anderen Staaten Sperrwirkung entfaltet.

Aus der *Sicht des Gläubigers*, der einen vollstreckbaren Titel in der Hand hält, stellen sich zwei Fragen. Die primäre ist, *in welchem Staat* er *am besten vollstrekken* kann. Ein Unteraspekt dieser Frage ist, neben naheliegenden Gesichtspunkten wie der Belegenheit von Schuldnervermögen und der Anerkennungsfähigkeit der Entscheidung, ob der Schuldner den Zugriff auf sein Vermögen, eine Verwertung oder die Befriedigung des Gläubigers aus dem Vollstreckungserlös durch die Berufung auf Einwände gegen den Anspruch verhindern oder jedenfalls verzögern kann, selbst wenn der Einwand nicht durchgreift. Eine zunächst sekundäre, aber unter Umständen bedeutsame Frage betrifft die *Risiken einer Vollstreckung* in einem bestimmten Staat. Ein mögliches Risiko ist, durch einen Antrag auf Vollstreckbarerklärung in diesem Staat gerichtspflichtig zu werden für Einwände gegen den titulierten Anspruch, möglicherweise sogar für zur Aufrechnung gestellte Gegenansprüche. Dies ist mißlich, wenn der unter Vollstreckungsaspekten gewählte Staat ein für den Gläubiger ungünstiges Prozeßforum ist – die berührten Interessen entsprechen insofern spiegelbildlich denen des Schuldners.

Die *Wahl des Forums* erfolgt zwar letztlich durch den klagenden Schuldner, dieser wird aber unter Umständen durch Vollstreckungsversuche in einem vom Gläubiger gewählten Staat in Zugzwang gesetzt. Diese Wahl des Gläubigers ist allerdings selbst wieder von Dispositionen des Schuldners über sein Vermögen beeinflußt – die freilich oft nicht primär unter dem Gesichtspunkt eines möglichen Vollstreckungszugriffs erfolgen.[4] Das „*forum shopping*" wird damit zu einer komplexen strategischen Interaktion.[5]

Aus der *Sicht eines angerufenen Gerichts* stellen sich Fragen, die für den Aufbau der Arbeit leitend sein werden, wobei die dargestellten Perspektiven und Interessen der Parteien jedoch immer wieder einfließen. Wird ein deutsches Gericht wegen eines Einwands gegen die Vollstreckung eines ausländischen Titels im Inland angerufen, so lauten einige besonders wichtige mögliche Fragen:

1. Ist es zulässig, den Einwand *im Verfahren der Vollstreckbarerklärung* des ausländischen Titels geltend zu machen?

---

[4] Beispiel: Gesellschaften, die im Rahmen ihrer Geschäftstätigkeit Vermögen in einem Staat erwerben – z.B. in den USA.

[5] Zu stark vereinfachend wohl *Bruns* (JZ 99, 278, 285), der meint, es sei Ausdruck einer „spezifischen Form prozessualer Waffengleichheit", daß der Kläger das Urteilsforum bestimme, der Ort der Urteilsrealisierung sich dagegen nach den vom Urteilsschuldner getroffenen Dispositionen richte.

2. Sind nach Vollstreckbarerklärung des Titels deutsche Gerichte international zuständig für eine auf den Einwand gestützte *Klage nach § 767 ZPO* ?

3. Kann der Schuldner den Einwand in Deutschland bereits gerichtlich geltend machen, *bevor* der Gläubiger das *Exequatur* beantragt hat?

4. Ist eine Vollstreckungsabwehrklage unzulässig oder auszusetzen, wenn der Schuldner bereits im Urteilsstaat oder einem anderen Staat, in dem der Gläubiger ebenfalls die Vollstreckbarerklärung des Urteils betreibt, ein Verfahren eingeleitet hat, in dem über den Einwand entschieden wird?

5. Ist der vom Schuldner vorgetragene Einwand *durch den Titel präkludiert*? Ist er durch eine *spätere Entscheidung* im Urteilsstaat oder in einem anderen Vollstreckungsstaat präkludiert?

6. Kann der Schuldner sich auf eine *stattgebende Entscheidung* über den Einwand berufen, die im Urteilsstaat oder einem anderen Vollstreckungsstaat ergangen ist?

7. Welches *materielle Recht* ist bei der Prüfung des Einwandes anzuwenden?

Diese Fragen sind bisher nicht zusammenhängend untersucht worden. Die vorliegende Arbeit will dies leisten und die bisher unverbundenen und nicht immer widerspruchsfreien Einzelantworten von Rechtsprechung und Literatur überprüfen. Sie deckt dabei die praktisch bedeutsamen Leistungstitel – Urteile, Schiedssprüche, Prozeßvergleiche und vollstreckbare Urkunden – und das Spektrum möglicher Einwände gegen den titulierten Anspruch ab, mit Ausnahme von Einwänden aufgrund eines Insolvenzverfahrens.[6] Dieses Spektrum umfaßt die Erfüllung des Anspruchs durch Leistung oder Aufrechnung, eine eingetretene Verjährung,[7] Einwände wie das nachträgliche Erlöschen des Anspruchs aufgrund einer auflösenden Bedingung, Unmöglichkeit, Anfechtung des zugrunde liegenden Rechtsgeschäfts, Rücktritt etc. oder die nachträgliche Entstehung eines Zurückbehaltungsrechts[8] sowie Vereinbarungen wie Vergleich, Erlaß, Stundung, Vollstreckungsaufschub oder -beschränkung oder einen Gläubigerwechsel.[9]

Die Rechtsvergleichung, insbesondere mit anderen Vertragsstaaten des Europäischen Gerichtsstands- und Vollstreckungsübereinkommens[10] und des in den hier relevanten Punkten damit übereinstimmenden Luganer Übereinkom-

---

[6] Das internationale Insolvenzrecht, das sich mit der Behandlung dieser Einwände befaßt, ist eine Spezialmaterie (eingehend *Trunk*, Internationales Insolvenzrecht [1998]), die den Rahmen dieser Arbeit sprengen würde.

[7] Instruktiv BGH NJW 99, 278.

[8] In diesem Fall kann der Schuldner in Deutschland darauf klagen, nur Zug um Zug leisten zu müssen, vgl. BGH NJW-RR 97, 1272; NJW 98, 2967 (2969).

[9] Zur Vielfalt möglicher Einwände vgl. *Rosenberg/Gaul/Schilken*, § 40 V 1; St/J-*Münzberg* § 767 Rz. 16ff.

[10] Brüsseler EWG-Übereinkommen über die gerichtliche Zuständigkeit und die Vollstreckung gerichtlicher Entscheidungen in Zivil- und Handelssachen vom 27.09.1968 (BGBl. 1972 II, S. 774) i.d.F. des 3. Beitrittsübereinkommens vom 26.05.1989 (BGBl. 1994 II, S. 519).

mens[11] (im folgenden „GVÜ“) spielt für die Untersuchung eine wichtige Rolle. Denn die mit diesen Übereinkommen so erfolgreich eingeleitete Erleichterung der Zwangsvollstreckung innerhalb Europas erfordert, nationale Lösungen nicht mehr nur im Hinblick auf das dogmatische Umfeld der nationalen Prozeßordnung zu entwickeln, sondern auch auf eine möglichst gute Vereinbarkeit mit den Prinzipien des GVÜ und anderer europäischer Rechtsordnungen Wert zu legen.[12]

II. Bedeutung des Gegenstands

Mit der Zunahme des grenzüberschreitenden Wirtschaftsverkehrs hat die internationale Durchsetzung von Ansprüchen in den letzten Jahren an Bedeutung gewonnen.[13] Einen gegenläufigen Effekt bewirkt die Globalisierung der Wirtschaft allerdings insofern, als große „Weltunternehmen“ häufig in allen wichtigen Jurisdiktionen (insbesondere auch den USA) wirtschaftlich in einer Weise präsent sein müssen, welche jeweils den Zugriff auf bedeutendes Vermögen eröffnet und damit die Notwendigkeit grenzüberschreitender Rechtsdurchsetzung ihnen gegenüber verringert.[14] Dominieren dürfte aber einstweilen der Internationalisierungseffekt. Er spiegelt sich nicht zuletzt in einer wachsenden Zahl spezieller Praktikerhandbücher zu dem Thema.[15] Die Behandlung von Einwänden gegen den titulierten Anspruch ist, wie die umfangreiche Rechtsprechung zu § 767 zeigt, ein besonders praxisrelevanter Teil des Zwangsvollstreckungsrechts.[16]

Die Zunahme der grenzüberschreitenden Rechtsverfolgung ist auch ein Grund für die erhebliche praktische Bedeutung, die dem GVÜ inzwischen zukommt[17] und für den Stellenwert, den die Intensivierung der justiziellen Zusammenarbeit

---

[11] Luganer Übereinkommen über die gerichtliche Zuständigkeit und die Vollstreckung gerichtlicher Entscheidungen in Zivil- und Handelssachen vom 16.09.1988 (BGBl. 1994 II, S. 2660).

[12] Vgl. *Prévault*, FS Deutsch S. 987 ff.

[13] Zur Bedeutung vollstreckbarer Urkunden im internationalen Rechtsverkehr *Leutner*, Vollstreckbare Urkunde S. 25 f.

[14] Ein aktuelles Beispiel sind die Verfahren gegen deutsche Großunternehmen in den USA wegen der Beschäftigung von Zwangsarbeitern; zu ihnen *Heß*, AG 99, 145.

[15] *Weißmann/Riedel/Wastl*, Handbuch der internationalen Zwangsvollstreckung (1996 ff., Loseblatt); *Müller/Hök*, Deutsche Vollstreckungstitel im Ausland (Neuwied 1988 ff., Loseblatt); *Schütze*, Deutsch-amerikanische Urteilsanerkennung (1992); *Campbell*, International Execution against Judgment Debtors (1995 ff., Loseblatt); *ders.* Attacking Foreign Assets (1992); *Garb/Lew*, Enforcement of Foreign Judgements (1994 ff., Loseblatt); *Weems*, Enforcement of Money Judgments Abroad (1995 ff., Loseblatt); *Platto/Horton*, Enforcement of Foreign Judgments Worldwide (2. Aufl. 1993); *Brand*, Enforcing Foreign Judgments in the United States and United States Judgments Abroad (1992).

[16] *Rosenberg/Gaul/Schilken*, § 40 I 3.

[17] Vgl. *Heß*, JZ 98, 1021; aus US-amerikanischer Sicht *Juenger*, FS Drobnig S. 299 (insbes. 304).

in Zivilsachen, insbesondere Reform und Ausbau des GVÜ[18] in der Europäischen Union gewonnen haben.[19] Im Weltmaßstab ist ein Indikator das Projekt einer Haager Konvention über die Anerkennung und Vollstreckung ausländischer Urteile.[20] Noch weitergehend wird im europäischen Rahmen inzwischen auch eine Angleichung der Zivilprozeßrechte diskutiert, die auch Grundzüge der Zwangsvollstreckung betrifft.[21] Auf dem Gebiet der Schiedsgerichtsbarkeit gibt es ernstzunehmende Vorschläge für einen Ausbau des überaus erfolgreichen New Yorker UN-Übereinkommens[22] durch Schaffung eines internationalen Schiedsgerichtshofs.[23]

Zusätzlich zu diesen internationalen Regelungsinitiativen läßt sich ein Wettbewerb der nationalen Rechtssysteme um möglichst effiziente Regelungen beobachten. So haben die Schweiz, Frankreich und England ihr Zivilprozeßrecht und, im Falle Frankreichs und der Schweiz, auch speziell das Zwangsvollstreckungsrecht in den letzten Jahren grundlegend reformiert.[24] Deutschland und England haben vor kurzem ihr Schiedsverfahrensrecht, insbesondere auch in bezug auf die Vollstreckung ausländischer Schiedssprüche, umfassend modernisiert. Zugleich bauen manche Staaten den einstweiligen Rechtsschutz, gerade auch für internationale Verfahren, aus.[25]

Diese wirtschaftlichen und rechtspolitischen Entwicklungen halten dazu an, tradierte Prinzipien des deutschen internationalen Zivilprozeßrechts kritisch dar-

---

[18] Zu ihr *Wagner*, IPRax 98, 241; *Kohler*, RCDIP 99, 1; weitergehende Reformvorschläge, auch im Hinblick auf die Osterweiterung der Union, machen *Raum/Lindner*, NJW 99, 465 (470); für eine restriktive Haltung dagegen Bruns, JZ 99, 278 (284 ff.).

[19] Mit dem Amsterdamer Vertrag (vom 2.10. 1997, ABl. EG 1997 Nr. C 340, S. 1 ff.) ist dieses Rechtsgebiet von der sog. dritten Säule (intergouvernementale Zusammenarbeit) in die erste (Rechtssetzungskompetenzen der Gemeinschaft) transferiert worden, vgl. den neu eingefügten Titel IV (Artt. 61 ff.) EG-Vertrag, insbes. Art. 61 lit. c und Art. 65 lit. a. Details jetzt im „Aktionsplan des Rates und der Kommission …" vom 3.12.1998 (ABl. EG 1999 Nr. C. 19, S. 1 ff., in Auszügen auch in IPRax 1999, 288 ff.); aufschlußreich auch die Vorschläge der Kommission zur Revision des GVÜ („Wege zu einer effizienteren Erwirkung und Vollstreckung von Entscheidungen …", ABl EG 1998 C 18, S. 3 ff.). Kritisch zu dieser Entwicklung *Kohler*, RCDIP 99, 1.

[20] Vgl. von Mehren, 57 Law & Contemp. Probl. 271 (1994); *Lowenfeld*, 57 Law & Contemp. Probl. 289 (1994); *Schack*, Perspektiven eines weltweiten Anerkennungs- und Vollstreckungsübereinkommens, ZEuP 93, 306; für eine Einbeziehung vollstreckbarer Urkunden in das Konventionsprojekt *Fleischhauer*, IPRax 99, 216.

[21] Die Vorschläge der sog. *Storme*-Kommission für ein Europäisches Zivilprozeßgesetz sind abgedruckt in ZZP 109 (1996), 345, dazu *Prütting*, FS Baumgärtel (1990); krit. *Schilken*, ZZP 109 (1996), 315; eingehend *Storme*, Rapprochement du Droit Judiciaire (1994).

[22] New Yorker UN-Übereinkommen über die Anerkennung und Vollstreckung ausländischer Schiedssprüche vom 10.06.1958, BGBl. 1961 II, S. 122.

[23] Dazu *Holtzmann*, A Task for the 21st Century: Creating a New International Court for Resolving Disputes on the Enforceability of Arbitral Awards; *Fouchard*, Rev. Arb. 98, 653 (671 f.); *Weinacht*, ZVglRWiss 98 (1999), 139 (168 ff.).

[24] Näher s.u. Kap. 2–4, Schweiz, Frankreich, England.

[25] Zu diesem Trend und seinen Gefahren *Heß/Vollkommer*, IPRax 99, 220 f.; *Muir Watt*, RCDIP 98, 27.

auf zu prüfen, ob sie für das veränderte Umfeld weiter angemessene Lösungen anbieten. Die vorliegende Arbeit wird zeigen, daß dies nicht immer der Fall ist. Manche Positionen der „herrschenden Meinung", die nicht selten bereits vom Reichsgericht entwickelt wurden und sich auch in der staatsvertraglichen Praxis der Bundesrepublik niederschlagen, privilegieren – wohl nicht ohne Absicht – den inländischen Schuldner gegenüber einem ausländischen Titelinhaber in einem Maße, das im Vergleich zur inländischen Vollstreckung erstaunt. Ein solcher „Schuldnerschutz" ist spätestens heute völlig unangebracht angesichts der engen wirtschaftlichen und politischen Verflechtung der wichtigsten Industrienationen, des Wettbewerbs der Standorte und der erhöhten Mobilität von (Schuldner-)Vermögen. Unzeitgemäß erscheinen angesichts der gestiegenen Möglichkeiten der internationalen Informationsbeschaffung auch manche Abwehrreflexe gegenüber ausländischen Titelformen und -wirkungen. Koordinationsfreundliche Prinzipien und eine Annäherung der Behandlung eines ausländischen Titels an die eines inländischen führen dagegen in vielen Einzelfragen zu interessen- und praxisgerechten Lösungen, ohne daß der berechtigte Schuldnerschutz oder andere Grundwerte beeinträchtigt würden. Schließlich deckt die internationale Perspektive auch Schwächen mancher Lösungen zu klassischen Streitfragen des nationalen Zivilprozeßrechts auf, etwa bei dem Streitgegenstand der Vollstreckungsabwehrklage nach § 767 ZPO.

III. Gang der Untersuchung

Teil I der Arbeit vergleicht nach einem vorbereitenden Überblick über das deutsche Recht (Kap. 1), wie in wichtigen ausländischen Rechtsordnungen – Frankreich, der Schweiz, England und den USA (Kap. 2–5) – die Titulierung und Vollstreckung von Ansprüchen ausgestaltet ist und wie nachträgliche Einwände gegen einen im In- oder Ausland titulierten Anspruch behandelt werden. Am Ende des Teils steht eine rechtsvergleichende Summe (Kap. 6), in der die Ergebnisse zusammengefaßt werden und der Versuch einer funktionalen Systematisierung erfolgt.

In Teil II folgt eine kritische Untersuchung des deutschen Zivilprozeßrechts unter Einschluß der relevanten staatsvertraglichen Regelungen, insbesondere des GVÜ. Sie beginnt mit zwei Kernfragen der *Begründetheit* eines Einwands, den ein Schuldner in Deutschland gegen einen im Ausland titulierten Anspruch erhebt. Die erste ist die *Präklusionswirkung* des ausländischen Ersttitels und eines eventuell bereits im Ausland oder in Deutschland durchgeführten Zweitverfahrens[26]

[26] Als Zweitverfahren wird eine nach Schaffung des Ersttitels durchgeführte gerichtliche Prüfung des titulierten Anspruchs bezeichnet, gleich aus welchem Anlaß und in welchem Kontext. Klassisches Beispiel: Vollstreckungsabwehrklage.

(Kap. 7). Die zweite betrifft das auf die Prüfung des Einwands *anwendbare Recht* (Kap. 8). Die folgenden drei Kapitel behandeln die Frage, in welchem Verfahren und unter welchen Voraussetzungen ein Einwand vor deutschen Gerichten *zulässig* ist. Dabei wird danach unterschieden, ob der betroffene Titel *bereits rechtskräftig für vollstreckbar erklärt wurde* (Kap. 9) oder der Schuldner den Einwand im oder vor Beginn des *Exequaturverfahrens* geltend macht (Kap. 10), und geprüft, wann und wie ausländische *Parallelverfahren* über den Einwand zu berücksichtigen sind (Kap. 11). Nachdem die ersten fünf Kapitel die Behandlung von Einwänden gegen Urteile, Prozeßvergleiche und vollstreckbare Urkunden erörtert haben, wendet sich Kapitel 12 *Schiedssprüchen* zu. Am Schluß der Untersuchung stehen die *Zusammenfassung der Ergebnisse* und ein *Ausblick* (Kap. 13).

Teil I

Rechtsvergleichung

Dieser Teil der Arbeit untersucht, wie in Frankreich, der Schweiz, England und den USA die Titulierung und Vollstreckung von Ansprüchen ausgestaltet ist und wie dort nachträgliche Einwände gegen einen im In- oder Ausland titulierten Anspruch behandelt werden. Die ausgewählten Rechtsordnungen zeichnen sich sowohl durch ihren Rang im internationalen Wirtschaftsverkehr als auch durch ihre systembildende Kraft aus, die ihnen Bedeutung über ihren eigentlichen Geltungsbereich hinaus verleiht. Besonderes Gewicht im europäischen Rahmen kommt Frankreich und England zu, die zudem weltweit als Vorbilder für andere Rechtsordnungen gedient haben. Die Schweiz hat als Banken- und Vermögensanlageplatz besondere Bedeutung für die Vollstreckung ausländischer Titel und spielt auch im Bereich des Schiedsverfahrensrechts eine wichtige Rolle. Die USA prägen auch auf juristischem Gebiet zunehmend die internationale Diskussion, sowohl aufgrund ihres politischen und wirtschaftlichen Gewichts, als auch wegen der Vielfalt und Innovationskraft ihrer Rechtskultur.

Besondere Bedeutung kommt den ausgewählten Rechtsordnungen auch für die Ausgestaltung eines Europäischen Zivilprozeßrechts zu. Frankreich und England markieren Kontrapunkte im europäischen Konzert, die jede Bemühung um eine europäische Prozeßrechtsintegration berücksichtigen muß. Das Schweizer Beispiel ist lehrreich wegen der Schwierigkeiten bei der Einbeziehung in das System des GVÜ. Die USA schließlich gestalten seit langem das Zusammenspiel verschiedener eigenständiger Jurisdiktionen in einem engen Verbund und liefern damit Anschauungs- und Erfahrungsmaterial für den zusammenwachsenden europäischen Verbund.

Im folgenden soll, nach einem vorbereitenden, kurzen Überblick über das deutsche Recht, zunächst das französische Recht untersucht werden, sodann – kürzer – das Schweizer Recht mit seinen Besonderheiten und anschließend, wegen der gemeinsamen Wurzeln direkt aufeinander folgend, das englische und das US-amerikanische Recht.

Kapitel 1

Vorbereitender Überblick: Deutschland

Vor der rechtsvergleichenden Umschau ist es sinnvoll, sich kurz einige Grundlinien des deutschen Rechts zum Verhältnis von Anspruch, Titel und Vollstreckung zu vergegenwärtigen. Eine eingehendere Darstellung und Analyse bleibt dem zweiten Teil der Arbeit vorbehalten.[1]

I. Trennung von Erkenntnis- und Vollstreckungsverfahren

Grundpfeiler des deutschen Zwangsvollstreckungsrechts ist seit 1877 in Anlehnung an das französische Vorbild und in Abkehr vom „Attraktionsprinzip" des gemeinrechtlichen Prozesses eine Trennung von Kognition und Exekution.[2] Zwangsvollstreckungs- und Erkenntnisverfahren sind verschiedenen Organen anvertraut und werden von unterschiedlichen Prinzipien regiert. Im Vollstreckungsverfahren gilt die Maxime „*handeln statt verhandeln*": die Sachverhaltsaufklärung ist begrenzt, die Erfüllungskontrolle formalisiert,[3] das Verfahren ist regelmäßig nicht kontradiktorisch. Auch ist das Vollstreckungsverfahren nicht *ein* Verfahren, es gibt vielmehr so viele Verfahren, wie es Vollstreckungsarten gibt. Da es allein dem Gläubiger überlassen ist, auf welche Vermögensgegenstände er zuzugreifen versucht (Grundsatz des freien Vollstreckungszugriffs)[4] können mehrere dieser Verfahren gleichzeitig laufen, eine staatliche Koordinierung findet nicht statt[5].

Konsequenz und Ausdruck des Trennungsprinzips ist, daß die Zwangsvollstreckung prinzipiell *losgelöst vom materiellen Anspruch* erfolgt.[6] Der Titel mediatisiert den materiellen Anspruch: Grundlage der Zwangsvollstreckung ist der mit der Vollstreckungsklausel versehene Titel, konstruktiv nimmt man einen allein auf der Vollstreckbarkeit des Titels beruhenden „*Vollstreckungsanspruch*" an.[7]

---

[1] Dort finden sich auch Nachweise zu den hier nur thesenhaft dargestellten Auffassungen.

[2] *Rosenberg/Gaul/Schilken*, § 5 I 2.

[3] BS Rz. 6.60.

[4] Anders in der Schweiz, wo die Vollstreckung zentral durch das „Beitreibungsamt" geleitet wird und der Gläubiger das Objekt des Zugriffs nicht frei wählen kann (sog. „gradus executionis"), vgl. *Rosenberg/Gaul/Schilken*, § 5 II 2.

[5] Zur Würdigung dieses Strukturprinzips und zu Alternativen BS Rz. 6.52.

[6] *Rosenberg/Gaul/Schilken*, § 5 IV.

[7] *Rosenberg/Gaul/Schilken*, § 6 I, II 2; krit. *Windel* ZZP 102 (1989), 175 (187f.).

Eine scheinbare Ausnahme bildet die Einstellung der Zwangsvollstreckung bei zwischenzeitlicher Erfüllung oder Stundung, sofern diese dem Vollstreckungsorgan durch bestimmte Urkunden nachgewiesen werden (§ 775 Nr. 4 und 5).[8] Die Einstellung erfolgt in diesen Fällen jedoch nicht schon deshalb, weil der materielle Anspruch erloschen ist, sondern allein, weil der Gesetzgeber ausnahmsweise die Prüfung dieser besonders liquiden Einwendungen ausdrücklich dem Vollstreckungsverfahren zugeordnet hat. Weitere Einwände gegen den titulierten Anspruch sind im Vollstreckungsverfahren nicht unmittelbar zu berücksichtigen.[9] Ernsthaft umstritten ist dies nur für einen Sonderfall, die Vollstreckung von Handlungs- oder Unterlassungsverpflichtungen nach §§ 887ff. Dort wird vertreten, der Schuldner dürfe sich unmittelbar gegenüber der Vollstreckungsmaßnahme selbst (deren Anordnung hier allerdings ohnehin ausnahmsweise dem Prozeßgericht des ersten Rechtszuges obliegt) auf zwischenzeitliche Erfüllung[10] und eventuell auch nachträgliche Unmöglichkeit[11] berufen, wobei eine Entscheidung über den Einwand nicht in Rechtskraft erwachse.[12] Andere wollen auch hier das Trennungsprinzip anwenden.[13]

II. Rückkoppelung der Vollstreckung an den Anspruch: Rechtsbehelfe des Schuldners

Das Bestreben, die Vollstreckung von Streitigkeiten über Einwände freizuhalten („handeln statt verhandeln"), führt nicht zum völligem Ausschluß der Einwände. Vielmehr gibt es Rechtsbehelfe, mit denen der Schuldner auf das Vollstreckungsverfahren einwirken kann. Die organisatorische Trennung von Erkenntnis- und Vollstreckungsorganen wirft die Frage auf, von wem Einwände gegen die Zwangsvollstreckung geprüft werden sollen. Der deutsche Gesetzgeber hat sich für eine äußerst – wahrscheinlich zu[14] – differenzierte Lösung entschieden.

Um die Effektivität der Vollstreckung zu wahren, dürfen Vollstreckungsorgane *unmittelbar* nur die urkundlich nachgewiesene Erfüllung oder Stundung (§ 775 Nr. 4 und 5) berücksichtigen, die besonders einfach strukturiert und liqui-

---

[8] Im weiteren Text sind Vorschriften ohne Gesetzesangabe solche der ZPO.

[9] Eingehend *Münch*, Vollstreckbare Urkunde, S. 243ff. m.w.N. zu gelegentlichen Abweichungen der Instanzgerichte von dieser Linie (S. 259f.).

[10] *Schilken*, FS *Gaul* S. 667ff.

[11] OLG Saarbrücken, NJW-RR 98, 1767.

[12] *Schilken*, FS *Gaul* S. 667 (675); *Huber*, FS Merz S. 229 (235).

[13] M. *Huber*, FS. Merz s. 229ff.; OLG Bamberg NJW-RR 98, 716.

[14] Kritisch zur Vielfalt der Rechtsbehelfe im Vollstreckungsrecht und die dadurch geschaffene Überkomplexität BVerfG NJW 97, 2167 (2168) mit Hinweis auf die verfassungsrechtliche Garantie effektiven Rechtsschutzes (Art. 2 Abs. 1 GG); bedenklich daher etwa AG Warburg, NJW-RR 98, 1221; in der Tat kommen selbst Obergerichte mit dieser Komplexität gelegentlich nicht mehr zurecht, vgl. die völlig verfehlte Entscheidung OLG Zweibrücken, NJW-RR 97, 1166. Eingehend zur Reformdiskussion *Gaul*, ZZP 85 (1972), 251.

de sind. Im übrigen können zahlreiche Einwände gegen die Zwangsvollstreckung, die nicht den titulierten Anspruch betreffen (aber z.B. die Wirksamkeit des Titels), nachträglich im Rahmen *vollstreckungsinterner Rechtsbehelfe* von Organen der Zwangsvollstreckung geprüft werden.[15] Insofern kann man von einem Grundsatz des „aufgeschobenen rechtlichen Gehörs" in der Zwangsvollstreckung[16] sprechen. Das Trennungsprinzip wirkt sich jedoch auch insofern hier aus, als die Vollstreckungsorgane – einschließlich des Vollstreckungsgerichts – nicht das Fortbestehen des titulierten Anspruchs prüfen dürfen.

Einwände gegen den titulierten Anspruch selbst können, sofern sie nicht unter § 775 Nr. 4 und 5 fallen, nur außerhalb des Vollstreckungsverfahrens[17] in einem neuen *Erkenntnisverfahren* geltend gemacht werden: der Vollstreckungsabwehrklage nach § 767. Zuständig für die Klage nach § 767 ist nicht das Vollstreckungsgericht, sondern das Prozeßgericht des ursprünglichen Erkenntnisverfahrens. Man spricht insofern von einer „Zweigleisigkeit der Rechtsbehelfe".[18]

III. Die Vollstreckungsabwehrklage als vollstreckungsrechtlicher Behelf und Zweitverfahren über den Anspruch

Mit einer Klage nach § 767 kann der Schuldner alle „Einwendungen, die den durch das Urteil festgestellten Anspruch selbst betreffen"[19], ihm „nach materiellem Recht entgegenstehen und ihn ganz oder teilweise entkräften",[20] also insbesondere „rechtsvernichtende und rechtshemmende Einwendungen und Einreden i.S. des materiellen Rechts" vorbringen[21]. Damit umfaßt der Rechtsbehelf das gesamte oben genannte Spektrum von Einwänden.

Einwände gegen ein Urteil sind allerdings „nur insoweit zulässig, als die Gründe, auf denen sie beruhen, erst nach dem Schluß der mündlichen Verhandlung … entstanden sind", in der sie „spätestens hätten geltend gemacht werden müssen" (§ 767 Abs. 2). Diese Präklusionsvorschrift wird von der Rechtsprechung streng ausgelegt: alle Einwände, die der Schuldner objektiv hätte vorbringen können, sind präkludiert, selbst solche, die er nicht kannte oder deren Entstehen von der Ausübung eines gesetzlichen Gestaltungsrechts abhing.[22] Für Einwände

---

[15] Allgemein §§ 766, 793 ZPO, 11 I 2 RPflG sowie für spezielle Fälle §§ 765a, 900 V ZPO, 96 ZVG, 71 GBO.

[16] *Rosenberg/Gaul/Schilken*, § 5 VI 4.

[17] *Gaul*, AcP 173 (1973), 323 (327 Fn. 14).

[18] *Rosenberg/Gaul/Schilken*, § 36 I; zu den historischen Wurzeln *Gaul*, ZZP 85 (1972), 251 (271 f.).

[19] § 767 Abs. 1 ZPO

[20] RGZ 82, 163; 158, 145, 149.

[21] BGHZ 100, 211, 212.

[22] *Rosenberg/Gaul/Schilken*, § 40 V 2; St/J-*Münzberg* § 767 Rz. 30 ff. Näher s.u. Teil II, Kap. 7 Begründetheit: Präklusion.

gegen vollstreckbare Urkunden und Prozeßvergleiche gilt diese Präklusion nicht (§ 797 Abs. 4 direkt bzw. analog).[23]

Prüfungsgegenstand der Klage nach § 767 ist also das Fortbestehen des titulierten Anspruchs unter Berücksichtigung der Präklusionswirkung des Ersttitels. Der *Streitgegenstand* des Verfahrens ist jedoch seit seiner Einführung heiß umstritten.[24] Weitgehende Einigkeit besteht noch darüber, daß primäres Rechtsschutzziel die *Beseitigung der Vollstreckbarkeit als Urteilswirkung* ist (prozessuale Gestaltungsklage), nicht – wie in manchen anderen europäischen Rechtsordnungen (z.B. Frankreich) – nur die Aufhebung bestimmter Vollstreckungsmaßnahmen. Es handelt sich also eigentlich um eine „Vollstreckbarkeitsabwehrklage". Die wohl herrschende Meinung hält *allein* die Vollstreckbarkeit für den Streitgegenstand der Klage nach § 767.[25] Andere meinen, er umfasse auch die Feststellung über das Fortbestehen des titulierten Anspruchs.[26] Eine neuere Konzeption sieht als Gegenstand der Klage die Feststellung eines materiellen Anspruchs auf Unterlassung der (weiteren) Zwangsvollstreckung.[27] Die Rechtsprechung ist widersprüchlich.[28] Die Diskussion ist Ausdruck der Schwierigkeiten, welche die Doppelnatur der Vollstreckungsabwehrklage – vollstreckungsrechtlicher Behelf und Zweitprozeß über den titulierten Anspruch – aufwirft. Die praktische Bedeutung des Streites ergibt sich vor allem aus der Verknüpfung von Streitgegenstand und Rechtskraftwirkung – der herrschende enge Streitgegenstand erlaubt einen erneuten Prozeß über denselben Einwand gegen denselben titulierten Anspruch, sofern Ziel dieses Prozesses nicht wieder die Beseitigung der Vollstreckbarkeit in Deutschland ist.

IV. Einwände gegen im Ausland titulierte Ansprüche

Wird ein ausländisches Urteil im Inland vollstreckt, so gelten die deutschen Verfahrensregeln. Das Trennungsprinzip führt dazu, daß wieder zu unterscheiden ist zwischen „formellen" Einwendungen, die vor den (notwendig inländi-

---

23 *Rosenberg/Gaul/Schilken*, § 40 VI.

24 Zum Streitstand *Rosenberg/Gaul/Schilken*, § 40 II; StJ-*Münzberg* § 767 Rz. 2ff.; eingehend unten, Teil II, Kap. 7 Begründetheit: Präklusion.

25 *Rosenberg/Gaul/Schilken*, § 40 II 2; StJ-*Münzberg* § 767 Rz. 2ff. m.w.N.; näher unten, Teil II, Kap. 7, Begründetheit: Präklusion.

26 Baur-*Stürner* Rz. 45.3 Fn. 6; *Blomeyer*, ZPR, Vollstreckungsverfahren § 33 VII; *Bettermann*, Rechtshängigkeit und Rechtsschutzform, S. 45ff., *Schlosser*, Gestaltungsklagen, S. 106; *Wolfsteiner*, Die vollstreckbare Urkunde Rz. 59.2ff.; *Münch*, Vollstreckbare Urkunde, S. 321ff.; 345ff. m.w.N. Aus der älteren Literatur etwa *Planck*, Lehrbuch Bd. 2, § 177 V, S. 704f.); *Hellwig*, Anspruch (1900), S. 166, Fn. 12. Näher unten, Teil II, Kap. 7 Begründetheit: Präklusion.

27 *Kainz*, S. 141ff. Krit. *Windel* ZZP 102 (1989), 175 (197ff.); *Münch*, Vollstreckbare Urkunde, S. 310ff.

28 Vgl. BGHZ 61, 25 (27 f) einerseits und BGH FamRZ 84, 878 andererseits.

schen) Vollstreckungsorganen geltend zu machen sind und Vollstreckungsgegeneinwänden, die – mit Ausnahme der in § 775 Nr. 4 und 5 geregelten Fälle – einem separaten Erkenntnisverfahren zugeordnet sind. Schwierigkeiten bereitet die Zuordnung dieses Verfahrens an das „Prozeßgericht des ersten Rechtszuges" (§ 767 Abs. 1). Sie kann entweder bedeuten, daß der Schuldner Vollstreckungsgegeneinwände vor dem ausländischen Gericht des Erstprozesses geltend machen muß, oder daß diese Einwände vor dem inländischen Exequaturgericht zu erheben sind. Seit einer Leitentscheidung des Reichsgerichts[29] fassen Rechtsprechung und Literatur § 767 Abs. 1 in Auslandsfällen als Zuordnung an das Exequaturgericht auf. Die Zuordnung wurde vom Bundesgerichtshof auch schon statt auf § 767 Abs. 1 auf § 722 Abs. 2 und den allgemeinen Gedanken der Annexzuständigkeit gestützt[30]. Die Präklusionswirkung des ausländischen Ersttitels bestimmt die Rechtsprechung analog § 767 Abs. 2.

Schon im Verfahren zur Vollstreckbarerklärung eines ausländischen Urteils kann der Schuldner sich auf Einwände gegen den titulierten Anspruch berufen. Dies gilt sowohl für das Verfahren nach autonomem Recht (§ 722) als auch nach dem GVÜ und den bilateralen Anerkennungs- und Vollstreckungsverträgen, welche die Bundesrepublik mit verschiedenen Staaten abgeschlossen hat.

---

[29] RGZ 13, 347.

[30] BGHZ 84, 17 (22, 24); dazu *Beitzke*, IPRax 83, 16; näher s.u. Teil II, Kap. 9 Zuständigkeit.

Kapitel 2

Frankreich

I. Grundstrukturen: Anspruch, Titel und Zwangsvollstreckung

1. Anspruch und Titel

Das Verhältnis von Titel und Anspruch ist im französischen Recht in vielen Punkten ähnlich wie im deutschen, es gibt aber auch – vor allem bei der Rechtskraft – wichtige Unterschiede.

a) Nachträgliche Einwände im Berufungsverfahren

Grundsätzlich darf in der Berufungsinstanz der Streitgegenstand gegenüber dem Ausgangsverfahren nicht mehr verändert werden (Artt. 562ff. NCPC). Es ist jedoch zulässig, sich in der Berufungsinstanz erstmals auf eine Aufrechnung zu berufen, auch wenn dies bereits im Ausgangsverfahren möglich gewesen wäre (Art. 564 NCPC).[1] Zulässig ist auch die Berufung auf neue Tatsachen, die nach Abschluß des erstinstanzlichen Verfahrens eingetreten sind (Art. 564 NCPC). Praktisch ist es damit stets möglich, nachträgliche Einwendungen gegen den streitigen Anspruch noch in der Berufungsinstanz geltend zu machen.[2]

b) Rechtskraftfähige Titel

Auch in Frankreich sind nur Urteile der materiellen Rechtskraft fähig, nicht aber vollstreckbare Urkunden und Prozeßvergleiche. Abgrenzungsschwierigkeiten können sich ergeben, da das französische Prozeßrecht die Figur des aufgrund einer Parteivereinbarung erlassenen Urteils kennt (*jugement rendu sur accord des parties*). Die Rechtskraftwirkung eines solchen Urteils hängt davon ab, ob es aufgrund eigenständiger Prüfung tatsächlicher oder rechtlicher Fragen durch den

---

[1] Giverdon, J.-Cl. proc. civ. 1995, Fasc.717–2, Tz. 81 m.w.N.

[2] Vgl. die Beispiele bei *Guinchard*, Droit et pratique, Tz. 5994: So z.B. nachträgliche Eröffnung eines Insolvenzverfahrens über den Schuldner oder Berufung auf zwischenzeitliche Zahlung der Urteilsschuld; vgl. auch Civ. 2e, 11.10.1995, Bull. civ. 1995, II Nr. 234; Giverdon, J.-Cl. proc. civ. 1995, Fasc. 717–2, Tz. 97ff. m.w. Beispielen.

Richter ergangen und entsprechend mit Gründen versehen ist. In diesem Fall handelt es sich um ein *jugement d'expédient*, das der Rechtskraft fähig ist. Hat der Richter dagegen nur die Einigung der Parteien niedergelegt, so handelt es sich um einen *contrat judiciaire* oder ein *jugement de donner acte*, das keine Rechtskraft besitzt und nicht durch Rechtsmittel, sondern wie eine vollstreckbare Urkunde oder ein gewöhnlicher Vertrag durch eine *action en nullité*[3] anzugreifen ist.[4]

c) *Rechtskraft und cause*

Der objektive Umfang der Rechtskraftwirkung französischer Urteile ist bereits Gegenstand verschiedener rechtsvergleichender Untersuchungen gewesen.[5] Die folgende Ausführungen sollen neuere Entwicklungen aufzeigen und die französische Praxis im Bereich der Vollstreckungsgegeneinwände genauer beleuchten.

(1) Dogmatischer Rahmen

Die materielle Rechtskraft eines französischen Zivilurteils bezieht sich nach Art. 480 *Nouveau Code de Procedure Civile* (NCPC) auf die Streitfrage, die das Urteil in seinem Tenor (*dispositif*) entscheidet. Den objektiven Umfang der Rechtskraft regiert nach wie vor Art. 1351 *Code Civil* (CC), welcher eine erneute Klage mit demselben Ziel (*objet*), *gestützt auf dieselbe Grundlage (cause),* verbietet.[6] Zentrales Tatbestandsmerkmal ist für die hier interessierenden Fälle die Identität der *cause*. Um sie ranken sich seit langem komplexe, bisweilen als „quasi theologisch" bezeichnete[7] Debatten. Gegenstand der Diskussion ist vor allem, ob die *cause* nur durch den vorgetragenen Tatsachenstoff oder auch durch die rechtlichen Gesichtspunkte, unter denen die Tatsachen von den Parteien diskutiert wurden, begrenzt ist.[8] In dieser Diskussion berufen sich manche auf die nunmehr in Artt. 4ff. NCPC niedergelegten Prozeßgrundsätze, insbesondere *„da mihi*

---

[3] Art. 1117 C.civ. Näher zur Nichtigkeitsklage des französischen Rechts bei Willensmängeln *Ferid/Sonnenberger* Bd. 1/1 Rz. 1 F 912ff. Zur *action en nullité* bei vollstreckbaren Urkunden *Leutner*, S. 74f.

[4] Zum Ganzen *Guinchard*, Droit et pratique, Tz. 4964; *Perrot/Fricéro*, J.-Cl. proc. civ. 1998, Fasc. 554, Tz. 30ff.

[5] In jüngerer Zeit *Kössinger* (1993), insbes. S. 64ff.; *Habscheid*, Liber Amicorum Schnitzer, 179 (192ff.).

[6] Art. 1351 CC stellt die folgenden klassischen Voraussetzungen für die Rechtskraft (*autorité de la chose jugée*) auf: „Il faut que la chose demandée soit la même; que la demande soit fondée sur la même cause; que la demande soit entre les mêmes parties …"

[7] Conclusions des Generalanwalt Jeol zur Leitentscheidung der Vollversammlung der Senate der *Cour de Cassation* vom 03.06.1994, D. 1994, 395.

[8] *Solus/Perrot*, Bd. 3, Tz. 70ff.; *Vincent/Guinchard*, Tz. 179, 518; *Cadiet*, Tz. 855f., *Perrot/Fricéro*, J.-Cl. proc. civ. 1998, Fasc. 554, Tz. 165, jeweils m.w.N. Aus der deutschen Literatur insbesondere *Habscheid*, Liber Amicorum Schnitzer S. 179 (193) und *Kössinger*, S. 75ff.

facta, dabo tibi jus" und „*jura novit curia*".[9] Vielfach wird aber auch die Ansicht vertreten, die (neueren) Bestimmungen des NCPC entschieden die alte Streitfrage zu Art. 1351 CC keineswegs in dem Sinne, daß nur der Tatsachenvortrag der Parteien zähle und nicht die von ihnen diskutierten rechtlichen Würdigungen.[10] Für diesen Standpunkt spricht, daß die überwiegende Rechtsprechung aus dem NCPC nur eine *Befugnis* des Richters, nicht aber eine *Pflicht*[11] herausliest, auch von den Parteien nicht vorgetragene Rechtsregeln auf den Tatsachenstoff anzuwenden (Art. 12 Abs. 1 NCPC) und dabei auch Tatsachen zu berücksichtigen, welche die Parteien in anderem Zusammenhang im Prozeß vorgetragen haben (Art. 7 Abs. 2 NCPC).

Herrschende Meinung ist aber nach wie vor, daß auch die Würdigung bereits vorgetragener Fakten unter einem erheblich abweichenden rechtlichen Gesichtspunkt – aber zur Erreichung desselben Klageziels (*objet*)! – eine neue *cause* sein kann.[12] Im einzelnen bestehen jedoch erhebliche Abgrenzungsschwierigkeiten zwischen (selbständiger) *cause* und den zu ihrer Geltendmachung vorgetragenen (unselbständigen) rechtlichen und tatsächlichen Argumenten (*moyens*).[13]

Die Pflicht der Parteien, die relevanten Tatsachen im Prozeß vorzutragen (Art. 6 NCPC) ist also beschränkt auf die geltend gemachte *cause*. Keine Partei ist gehalten, zur Begründung der geltend gemachten Rechtsfolge weitere *causes* in den Prozeß einzuführen.[14] Dies gilt sowohl für den Kläger als auch für den Beklagten.

(2) Neuere Rechtsprechung zum Rechtskraftumfang

Eine Leitentscheidung zum Umfang der Rechtskraft fällte die *Assemblée Plénaire* der *Cour de Cassation* am 03.06.1994[15]. Dort hatte die Verkäuferin eines Apartments gegen den Erfüllungsanspruch des Käufers zunächst eingewandt, sie

---

[9] Grundlegend *Motulsky*, D 1964, chron. 235; m.w.N. bei *Solus/Perrot*, Bd. 3, Tz. 70. Vgl. auch *Habscheid*, Liber Amicorum Schnitzer S. 179 (193 f.).

[10] Ausdrücklich weist diesen Schluß z.B. *Cadiet*, Tz. 856, zurück. Andere sehen zwar einen Widerspruch zwischen den Prozeßgrundsätzen der Artt. 4 ff. NCPC und dem zu Art. 1351 CC entwickelten Verständnis der *cause*, wollen diesen aber auf keinen Fall durch eine Erweiterung der Rechtskraftwirkungen nach Art. 1351 CC auflösen: *Perrot/Fricéro*, J.-Cl. proc. civ. 1998, Fasc. 554, Tz. 166; *Solus/Perrot*, Bd. 3, Tz. 71 a.E.

[11] Civ. 2e, 04.11.1988, D. 1989, 609; Civ. 2e, 08.06.1995, D. 1996, 247; Civ. 2e, 28.06.1995, RTDC 1996, 689, obs. *Normand*; Com. 14.11.1995, RTDC 1996, 689, obs. *Normand*. Anders allerdings einige Urteile der 1. Zivilkammer der *Cour de Cassation*: Civ. 1re, 16.04.1991, RTDC 1992, 175, obs. (crit.) *Normand*; Civ. 1re, 10.03.1993, RTDC 1993, 418; Civ. 1re, 16.06.1993, D. 1994, 210 u. 546. Zu Art. 7 Abs. 2 NCPC: Civ. 1re, 16.01.1982, J.C.P. 82, IV, 307.

[12] *Solus/Perrot*, Bd. 3, Tz. 71 f.; *Vincent/Guinchard*, Tz. 179; *Cadiet*, Tz. 856; *Guinchard*, Droit et pratique, Tz. 4994; *Perrot/Fricéro*, J.-Cl. proc. civ. 1998, Fasc. 554, Tz. 166 ff.

[13] *Solus/Perrot*, Bd. 3, Tz. 73; *Perrot/Fricéro*, J.-Cl. proc. civ. 1998, Fasc. 554, Tz. 168.

[14] Deutlich: Conclusions des Generalanwalt Jeol zu Ass. plén. 03.06.1994, D. 1994, 395 (397) sub 3. *De lege ferenda* für eine „Konzentration" auch verschiedener *causes* in einem Prozeß Bénabent, Note zu Civ. 1re, 28.03.1995 und 11.04.1995, D. 1996, 122 (123 sub 7.).

[15] D. 1994, 395 (397).

habe den Kaufvertrag noch nicht für endgültig geschlossen gehalten und hilfsweise ihre Willenserklärung wegen Irrtums angefochten. Das Erstgericht hatte beide Einwände verworfen und die Verkäuferin zur Erfüllung verurteilt. In einem zweiten Prozeß beantragte sie nun, den Kaufvertrag für unwirksam zu erklären und berief sich hierfür auf eine ständige Rechtsprechung zur Unwirksamkeit wegen extremer Diskrepanz von Leistung und Gegenleistung („*défaut de prix réel et sérieux*").[16] Die *Cour de Cassation* stellte fest, die Klage sei zulässig, da es sich um eine andere *cause* handele.[17]

Diese Rechtsprechung wurde erneut bestätigt durch ein Urteil der 1. Zivilkammer der *Cour de Cassation* vom 11.04.1995[18]. Diesem Urteil waren allerdings am 28.03.1995 zwei Urteile derselben Kammer[19] vorausgegangen, die Zweifel an der Beibehaltung der engen Rechtskraftkonzeption nähren können. Die wohl miteinander unvereinbaren Urteile,[20] im Abstand von nur wenigen Wochen durch dieselbe Kammer gefällt, machen die Schwierigkeiten deutlich, die bis heute bei der Abgrenzung der Rechtskraft bestehen. Die Urteile vom 28.03.1995 stellen den Satz auf, mit Verurteilung zur Leistung aufgrund eines Vertrages stehe zugleich die Wirksamkeit des Vertrages rechtskräftig fest. Für ihre Qualifikation als „Ausreißer" spricht, daß dies von der bisherigen Linie der Rechtsprechung und insbesondere von der Leitentscheidung vom 03.06.1994[21] signifikant abweicht und gegen das stets wiederholte Grundprinzip verstößt, daß sich die Rechtskraft nur auf solche *causes* bezieht, die im Erstprozeß Gegenstand der Auseinandersetzung waren.[22]

(3) Cause und Einwände gegen den titulierten Anspruch

Das im Vergleich zu Deutschland enge Rechtskraftverständnis nützt primär dem Kläger, der aus verschiedenen rechtlichen Gesichtspunkten mehrfach klagen kann, etwa wenn als unterschiedliche *causes* verschiedene deliktische Anspruchsgrundlagen angesehen werden[23] oder im Abstammungsprozeß verschiedenen Grundlagen für die Vaterschaftsanfechtung[24] oder verschiedenen Rechtsgrundla-

[16] Ist ein Vertrag wegen extremen Ungleichgewichts von Leistung und Gegenleistung vernichtbar, so ist dies im französischen Recht durch eine (Gestaltungs-) Klage geltend zu machen, *Ferid/Sonnenberger*, Bd. 1/1 Rz. 1 F 668. Zur Prozeßgeschichte des von der *Cour de Cassation* entschiedenen Falles ausführlich die Conclusions des Generalanwalts Jeol, D. 1994, 395 f.

[17] Zur Einbettung eines solchen Verfahrens in eine laufende Vollstreckung s.u. II. 3.

[18] D. 1996, 121.

[19] Civ. 1re, 28.03.1995, Bull. civ. I Nr. 139 (2 Urteile).

[20] So deutlich die Urteilsanmerkung von Bénabent, D. 1996, 122.

[21] Ass. plén., D. 1994, 395 (397).

[22] Bénabent, Note zu den zitierten Urteilen in D. 1996, 122 f.

[23] So zu Artt. 1382 und 1384 Abs. 1 CC: Req., 16.07.1928, DP 1929, 1, 33; *Perrot/Fricéro*, J.-Cl. proc. civ. 1998, Fasc. 554, Tz. 171 ff.

[24] Req., 29.10.1934, DP 1935, 1, 17; Civ. 1re, 10.03.1953, Bull. civ. I Nr. 95.

gen für den Eigentumserwerb.[25] Es läßt aber auch mehr Raum für nachträgliche Angriffe auf den im Urteil titulierten materiellen Anspruch. Besonders deutlich wird dies, wenn verschiedene Einwände gegen die Wirksamkeit eines Rechtsgeschäfts – Formmangel, Willensmangel, Sittenwidrigkeit etc. – als unterschiedliche *causes* behandelt werden.[26]

Der Schuldner kann sich auch noch in der Vollstreckungsphase mit einer neuen *cause* verteidigen. Schon in einem Urteil vom 14.11.1866[27] stellte die *Cour de Cassation* fest, ein Schuldner dürfe sich der Vollstreckung mit Einwänden widersetzen, die eine neue *cause* bilden, auch wenn sie bereits im Vorprozeß hätten vorgebracht werden können. Der Schuldner hatte dort gegenüber einem im Erstprozeß festgestellten Anspruch des Gläubigers aus Schenkung eingewandt, er widerrufe die Schenkung aus Gründen, die bereits im Erstprozeß bestanden, auf die sich sein Rechtsvorgänger damals jedoch nicht berufen hatte.

Diese Rechtsprechung ist bis heute aktuell: Die *Cour de Cassation* erlaubte 1972[28] die Klage eines bereits zur Kaufpreiszahlung für bestimmte Waren verurteilten Schuldners auf Feststellung der Nichtigkeit des Kaufvertrages wegen Verstoßes gegen Bestimmungen zum Ratenkauf, da er im Erstprozeß nur verborgene Mängel der Kaufsache eingewandt hatte.

Ein klassisches Lehrbuch zum Zivilprozeß formuliert: „Die Rechtskraft eines Urteils über das Vorliegen einer Schuld hat keine Auswirkung auf die Frage, ob die Schuld durch Zahlung oder eine andere Form der Befreiung erloschen ist, wenn der Schuldner sich bei der Verurteilung nicht darauf berufen hat, frei geworden zu sein.“[29] Etwas anders gelte, wenn er sich bereits im Prozeß vergeblich auf ein Freiwerden berufen habe. Er könne aber, wenn er sich vergeblich auf ein Erlöschen der Schuld durch Zahlung berufen habe, in einem späteren Prozeß noch geltend machen, auf andere Weise frei geworden zu sein.[30] Allerdings setze die Zulässigkeit eines solchen Vorgehens voraus, daß der Einwand ihm nicht schon während des Erstprozesses bekannt gewesen sei.[31] Diese Voraussetzung findet jedoch keine Stütze in der Rechtsprechung und der neueren Literatur. Vielmehr wird dort ausdrücklich betont, daß es beiden Parteien freigestellt ist, welche *causes* sie zum Gegenstand eines Prozesses machen wollen.[32]

Strategische Bedeutung kann die enge Rechtskraftwirkung einer Entscheidung haben, wenn der Schuldner im Zweitprozeß ein ihm vielleicht gewogeneres

---

25 Civ. 3e, 09.12.1981, Bull. civ. III Nr. 210.

26 *Perrot/Fricéro*, J.-Cl. proc. civ. 1998, Fasc. 554, Tz. 174ff.

27 S. 1867, 133.

28 Cass. com. 14.03.1972, Bull. civ. IV Nr. 88.

29 *Glasson/Morel/Tissier*, S. 102f. m.w.N. aus der Rechtsprechung.

30 *Glasson/Morel/Tissier*, S. 103.

31 *Glasson/Morel/Tissier*, S. 102.

32 Conclusions des Generalanwalts Jeol zu Ass. plén. 03.06.1994, D. 1994, 395 (397); Bénabent, zu Civ. 1re, 28.03. und 11.04.1995, D. 1996, 122 (123).

Gericht anrufen will. Dies illustriert ein Urteil vom 15.06.1962[33] über die Klage einer Gesellschaft vor dem Handelsgericht auf Rückgewähr dessen, was sie aufgrund eines arbeitsgerichtlichen Urteils gezahlt hatte. Die Gesellschaft berief sich vor dem Handelsgericht darauf, die Verträge mit fünf Angestellten, die Grundlage des arbeitsgerichtlichen Urteils waren, seien aus gesellschaftsrechtlichen Gründen (Mißbrauch der Vertretungsmacht durch den Geschäftsführer und die Angestellten) nichtig gewesen. Die *Cour de Cassation* stellte fest, es handele sich um zwei verschiedene *causes* und die auf gesellschaftsrechtliche Nichtigkeitsgründe gestützte Klage sei durch das arbeitsgerichtliche Urteil nicht präkludiert.

Ist ein Einwand, der eine neue *cause* darstellen würde, während des Erstprozesses *wegen Verspätung zurückgewiesen* worden, so ist er ebenfalls nicht präkludiert, und der Schuldner kann sich in einem neuen Prozeß auf diesen Einwand stützen. So hat die *Cour de Cassation* einem Pächter erlaubt, Klage auf Nichtigkeit[34] des Betriebspachtvertrages zu erheben, nachdem er im Vorprozeß mit dem Einwand, er habe den Vertrag gekündigt, gescheitert war und der Nichtigkeitseinwand in der Berufung gegen das Ersturteil als verspätet zurückgewiesen worden war.[35]

Angesichts der schon bei unveränderten Umständen so eng gefaßten Rechtskraftwirkung überrascht es kaum, daß eine auf neue, zur Zeit des Erstverfahrens noch nicht vorhandene Tatsachen gestützte Klage stets möglich bleibt.[36] So steht etwa die Rechtskraft eines Unterhaltsurteils der nachträglichen Verringerung des Unterhalts nicht entgegen.[37] Selbst eine nachträgliche Änderung der Beurteilung eines präjudiziellen Rechtsverhältnisses kann bereits eine ausreichende Tatsachenänderung darstellen, um die Sperrwirkung der Rechtskraft zu überwinden.[38]

(4) Erstreckung auf tragende präjudizielle Feststellungen

Nach dem klaren Wortlaut des Art. 480 NCPC hat Rechtskraftwirkung nur die Entscheidung, die im Tenor (*dispositif*) des Urteils niedergelegt ist. Die Rechtsprechung erstreckt jedoch traditionell die Rechtskraft auch auf tragende Entscheidungsgründe (*motifs qui constituent le soutien nécessaire du dispositif*).[39] Eine weitere von der Rechtsprechung entwickelte Rechtsfigur sind die *motifs*

---

[33] Civ. 3e, 15.06.1962, Bull. civ. III Nr. 312.

[34] Die Nichtigkeit ist im französischen Recht regelmäßig durch Klage geltend zu machen, die der Verjährung unterliegt (Art. 1304 CC), *Ferid/Sonnenberger*, Bd. 1/1 Rz. 1 F 912ff.

[35] Cass. comm. 12.01.1993, Bull. civ. IV Nr. 4. Überraschend ist dabei, daß dem Kläger im Erstverfahren der Übergang von der „résolution" zur „annulation" verwehrt worden war – vgl. dagegen etwa Civ. 2e, 27.11.1984, Gaz. Pal. 1985, 683.

[36] *Guinchard*, Droit et pratique, Tz. 4994 m.w.N.; Civ. 2e, 17.03.1986, Bull. civ. II Nr. 41.

[37] Civ. 2e, 27.06.1985, J.C.P. 1986, II 20064.

[38] So im Fall Civ. 2e, 17.03.1986, Bull. civ. II Nr. 41.

[39] *Kössinger*, S. 98; *Guinchard*, Droit et pratique, Tz. 4977.

décisoires – Teile der Urteilsgründe, die Entscheidungscharakter haben und eigentlich ebenfalls in den Tenor der Entscheidung gehört hätten.[40] Beide Rechtsfiguren sind kaum mit dem Wortlaut des Art. 480 NCPC zu vereinbaren und führen zu einer erheblichen Rechtsunsicherheit. Sie werden daher in der Literatur kritisiert,[41] und auch in der Rechtsprechung finden sich seit Beginn der 80er Jahre Entscheidungen, die sie ausdrücklich ablehnen und die Rechtskraft strikt auf den Tenor beschränken.[42]

Andere Entscheidungen wenden diese Rechtsfiguren bis in die jüngste Zeit weiter an und begründen so eine Rechtskraftwirkung präjudizieller Feststellungen.[43] Ist also im französischen Prozeß über eine Einwendung (z.B. die Formnichtigkeit des Vertrages, auf den der Kläger seinen Anspruch stützt) gestritten und in den Gründen entschieden worden, so erwächst diese Entscheidung nach der wohl noch herrschenden Rechtsprechung mit in Rechtskraft, und der Schuldner ist für alle Zukunft daran gehindert, sich auf eine Formnichtigkeit des betreffenden Vertrages zu berufen. Dies muß man wissen, bevor man darüber staunt, daß es dem Beklagten freisteht, welche selbständigen Einwände (*causes*) er in den Prozeß einführt und damit einer rechtskräftigen Entscheidung unterwirft.[44]

(5) Dispositionsbefugnis der Parteien über die Rechtskrafteinrede

Die materielle Rechtskraft verleiht der interessierten Partei eine prozeßhindernde Einrede. Diese Einrede ist grundsätzlich verzichtbar, der Verzicht kann ausdrücklich oder implizit erfolgen.[45] Nur in Ausnahmefällen, wenn das Urteil Rechte betrifft, über welche die Parteien nicht verfügen können, kann die Rechtskraft von Amts wegen zu berücksichtigen sein.[46] Auch hier besteht also ein gewichtiger Unterschied zum deutschen Recht, für das die herrschende Meinung eine Disposition der Parteien über die materielle Rechtskraftwirkung ablehnt.[47]

(6) Zusammenfassung zum Umfang der materiellen Rechtskraft

Zusammenfassend ist festzustellen, daß die französischen Rechtskraftwirkungen im Vergleich zu Deutschland einerseits weiter (Erstreckung auf tragende Urteilsgründe), andererseits aber auch enger (Begrenzung durch die *cause*) er-

---

40 *Kössinger*, S. 97; *Guinchard*, Droit et pratique, Tz. 4978.
41 *Guinchard*, Droit et pratique, Tz. 4977f.
42 Ausführliche Nachweise bei *Guinchard*, Droit et pratique, Tz. 4977f.
43 Nachweise bei *Guinchard*, Droit et pratique, Tz. 4977f.
44 So *Kössinger*, S. 102.
45 *Guinchard*, Droit et pratique, Tz. 4996 mit zahlreichen Nachweisen aus der Rechtsprechung, allg. M.
46 *Guinchard*, Droit et pratique, Tz. 4998.
47 St.J.-*Leipold* § 322 Rz. 222 m.w.N.; a.A. *Schlosser*, Einverständliches Parteihandeln S. 12ff.

scheinen.[48] Der tiefere Grund hierfür liegt wohl weniger in einer abweichenden Dogmatik – die französische Lehre selbst kritisiert die Konturlosigkeit ihrer Schlüsselbegriffe, insbesondere der *cause* – als in einer pragmatischen, aus dem englischen und amerikanischen Recht bekannten Überlegung: Es soll möglichst nicht mehr, aber auch nicht weniger in Rechtskraft erwachsen als das, worüber die Parteien im Prozeß tatsächlich gestritten und der Richter auf Basis des Parteivortrags bewußt entschieden hat.[49] Eine Konsequenz dieser Überlegung ist die schwächere Präklusion nicht vorgetragener Einwände. Nur innerhalb der jedenfalls im Vergleich zum deutschen Streitgegenstand relativ engen *cause* ist der Schuldner gehindert, einen neuen Prozeß auf Einwände zu stützen, die er im ersten Prozeß nicht vorgebracht hat, aber hätte vorbringen können. Illustrativ ist dabei die Rechtsprechung, nach der zwar verschiedene Willensmängel, die gegenüber einem Vertragsschluß eingewandt werden könnten, eine einzige *cause* bilden, nicht aber Willensmängel und andere Unwirksamkeitsgründe, etwa die Nichtigkeit des Vertrages wegen Gesetzes- oder Sittenwidrigkeit.[50]

d) Rechtskraft- und Präklusionswirkung ausländischer Urteile

Welche Einwände gegen einen im Ausland titulierten Anspruch zulässig sind, hängt von der Präklusionswirkung ab, die man dem ausländischen Urteil zumißt. Angesichts der soeben skizzierten Unterschiede zwischen dem französischen Recht und etwa dem deutschen, hat es erhebliche praktische Bedeutung, welchem Recht man die Präklusionswirkung des Ersturteils entnimmt. Dies ist im autonomen Recht umstritten, während zum GVÜ wie in Deutschland die Auffassung herrschend ist, daß allein das Recht des Erststaates maßgeblich ist.[51]

Zum autonomen Recht werden – wie bei der entsprechenden Diskussion in Deutschland – praktisch alle denkbaren Positionen vertreten.[52] Die Rechtsprechung wendet zumeist – ohne dies näher zu problematisieren – französisches Recht (Art. 1351 CC) an[53], gelegentlich aber auch das Recht des Erststaates.[54] Die Literatur spricht sich überwiegend für eine kumulative Anwendung des ausländischen und des französischen Rechts nach dem Grundsatz des schwäche-

---

48 *Kössinger*, S. 146ff.; Mezger, Tr. com. fr. d.i.p. 1975–77, 69.

49 *Solus/Perrot*, Bd. 3, Tz. 71 a.E.; *Perrot/Fricéro*, J.-Cl. proc. civ. 1998, Fasc. 554, Tz. 166; besonders deutlich die Conclusions des Generalanwalts Jeol zu Cass., Ass. plén. 03.06.1994, D. 1994, 395 (397 sub 3.).

50 *Perrot/Fricéro*, J.-Cl. proc. civ. 1998, Fasc. 554, Tz. 174ff. m. zahlr. Nachw.

51 *Gaudemet-Tallon*, La convention de Bruxelles, Tz. 327; *Kössinger*, S. 133.

52 Zum Streitstand *Muir Watt*, J.-Cl. proc. civ. 1990, Fasc. 124–9, Tz. 108ff.; *Théry*, Pouvoir juridictionnel et compétence, Tz. 351ff.; *Holleaux*, Note RCDIP 1975, 88ff.

53 Civ. 1re, 19.12.1972, *Guarte*, RCDIP 1975, 83; weitere Nachweise bei den in der vorigen Fußnote Zitierten.

54 T.G.I. de la Seine, 11.12.1959, RCDIP 1960, 223.

ren Rechts aus.[55] Manche treten aber auch für eine unbeschränkte Wirkungserstreckung (Anwendung der *lex fori* des Erststaates) ein.[56] Als praktisches Fazit läßt sich festhalten, daß die Präklusionswirkung eines ausländischen Urteils in Frankreich auf das in der Rechtsprechung zu Art. 1351 CC entwickelte Maß beschränkt sein wird.

Im Bereich des GVÜ bleibt es dagegen regelmäßig bei dem von der *lex fori* des Erststaates vorgesehenen Präklusionsumfang.[57] Eine Ausnahme mag in Einzelfällen für eine besonders strenge („objektive") Präklusion gelten. So könnte etwa die in BGHZ 42, 37 vorgesehene Präklusion der Arglistanfechtung trotz Entdekkung der Täuschung erst nach Abschluß des Erstprozesses als Verstoß gegen den französischen *ordre public* angesehen werden. Denn die Begrenzung der Rechtskraft auf die im Prozeß diskutierte *cause* dient nach französischem Verständnis ganz grundlegend dem Schutz des rechtlichen Gehörs.

2. Titel und Zwangsvollstreckung

Vollstreckbare Titel sind nach Art. 3 des Gesetzes über die Reform des Zwangsvollstreckungsrechts vom 09.07.1991[58] (im folgenden: Loi 1991) unter anderem: vollstreckbare Urteile, notarielle Urkunden, die mit der Vollstreckungsklausel versehen sind[59] und ausländische Urkunden und Urteile sowie Schiedssprüche, die für vollstreckbar erklärt worden sind. Einige Grundlinien der Realisierung so titulierter Ansprüche sind im folgenden zu skizzieren, da sie den Kontext für die Behandlung von Einwänden bildet. Zuvor sei kurz auf die Vollstreckung ohne Titel eingegangen.

a) Vollstreckung ohne Titel – mesures conservatoires

Neben die Vollstreckung aus den in Art. 3 Loi 1991 genannten Titeln tritt die Sicherungsvollstreckung (*mesures conservatoires*) nach Artt. 67ff. Loi 1991. Grundsätzlich bedarf sie der vorherigen richterlichen Anordnung, die aber in bestimmten Fällen entbehrlich ist (Art. 68 Gesetz vom 09.07.1991). So kann der Gläubiger aus einer gerichtlichen Entscheidung, auch wenn diese noch nicht vollstreckbar ist, unmittelbar Sicherungsmaßnahmen betreiben (Art. 68 NCPC).

---

[55] *Batiffol/Lagarde* II Tz. 736–1; *Holleaux*, Note RCDIP 1975, 88ff.; *Théry*, Pouvoir juridictionnel et compétence, S. 330ff.

[56] Insbesondere *Mayer*, DIP, Tz. 403.

[57] *Gaudemet-Tallon*, La convention de Bruxelles, Tz. 327; Mezger, Note RDCIP 1980, 125 (131) – zur Präklusion des Aufrechnungseinwandes durch ein deutsches Urteil.

[58] Loi n. 91–650 du 9.7 juillet 1991 portant réforme des procédures civiles d'exécution.

[59] Rechtsvergleichend zu ihnen (einer besonderen Unterwerfungserklärung bedarf es, anders als in Deutschland, nicht), *Leutner*, S. 55ff.

Dies könnte auch für noch nicht für vollstreckbar erklärte ausländische Urteile gelten.[60] Schiedssprüche fallen dagegen vor dem Exequatur wohl nicht unter die Vorschrift.[61]

b) Voraussetzungen der Zwangsvollstreckung aus Titeln

Französische Urteile sind vollstreckbar, wenn sie formell rechtskräftig (Artt. 500f. NCPC) oder vorläufig vollstreckbar (Art. 514 NCPC) sind. Die vorläufige Vollstreckbarkeit ist manchen Entscheidungen (z.B. einstweiligen Anordnungen) gesetzlich verliehen (Art. 514 NCPC)[62], im übrigen kann der Richter unter gewissen Voraussetzungen seine Entscheidung – sogar von Amts wegen – für vorläufig vollstreckbar erklären (Art. 515 NCPC).[63] Außerdem kann das Berufungsgericht eine angefochtene untergerichtliche Entscheidung auf Antrag für vorläufig vollstreckbar erklären (Art. 525 NCPC).[64]

Der Richter kann die vorläufige Vollstreckbarkeit nach Ermessen von einer Sicherheitsleistung des Gläubigers abhängig machen (Art. 517 NCPC). In der Praxis wird hiervon wohl nur selten Gebrauch gemacht.[65] Umgekehrt kann er dem Schuldner erlauben, die Vollstreckung einstweilen durch Sicherheitsleistung abzuwenden (Art. 521 NCPC). Dies kommt häufiger vor.[66] Entsteht Streit darüber, ob eine Partei die erforderliche Sicherheit geleistet hat, so entscheidet der Vollstreckungsrichter *(juge de l'exécution)*.[67]

Weitere Vollstreckungsvoraussetzungen[68] sind die Vollstreckungsklausel (Art. 502 NCPC) und die Zustellung (Art. 503 NCPC). Die Erteilung der mit einer Vollstreckungsklausel versehenen vollstreckbaren Ausfertigung des Urteils an die Parteien ist eine reine Formsache und nicht an die Erfüllung weiterer Voraussetzungen gebunden (Artt. 1435ff. NCPC).[69] Besondere Voraussetzungen sind erst zu erfüllen, wenn eine Partei eine weitere vollstreckbare Ausfertigung begehrt (Art. 1439 NCPC).[70] Die vollstreckbare Ausfertigung einer notariellen Urkunde erteilt der beurkundende Notar.[71]

---

60 So für die belgische Parallelvorschrift Art. 1414 Code Judiciaire *de Leval*, S. 494; zweifelnd aber *Defossez*, J.-Cl. proc. civ. 1998, Fasc. 2100, Tz. 40 (Argument: selbst das GVÜ läßt Sicherungsmaßnahmen erst nach dem Exequatur zu, Art. 39 GVÜ).

61 T.G.I. Lyon, 25.01.1994, Gaz. Pal. 20.09.1994, somm. des cours S. 603; *Defossez*, J.-Cl. proc. civ. 1998, Fasc. 2100, Tz. 40; anders aber CA Paris, 9.07.1992, Rev. Arb. 1994, 133.

62 Näher *Guinchard*, Droit et pratique, Tz. 5204ff.

63 Zu den Voraussetzungen und Ausnahmen *Guinchard*, Droit et pratique, Tz. 5216ff.

64 Näher *Guinchard*, Droit et pratique, Tz. 5220ff.

65 *Guinchard*, Droit et pratique, Tz. 5312.

66 *Guinchard*, Droit et pratique, Tz. 5316ff.

67 *Guinchard*, Droit et pratique, Tz. 5270.

68 Eine eingehendere deutsche Darstellung bietet *Traichel*, S. 11ff.

69 *Defossez*, J.-Cl. proc. civ. 1998, Fasc. 2100, Tz. 44ff.

70 Zu den Einzelheiten vgl. *Guinchard*, Droit et pratique, Tz. 5022ff.

71 Art. 23 Loi du 25 ventose an XI (=16.03.1803) und Artt. 17–19 Décret No. 71–941 du 26.

Damit entsprechen die allgemeinen Voraussetzungen der Zwangsvollstreckung in Frankreich dem aus dem deutschen Recht bekannten Dreiklang (Titel, Klausel, Zustellung). Allerdings sind manche Vollstreckungsmaßnahmen noch an weitere, besondere Voraussetzungen geknüpft. So muß der Gläubiger, bevor er auf das bewegliche Vermögen des Schuldners zugreifen kann, dem Schuldner zunächst eine letzte förmliche Zahlungsaufforderung (*commandement*) zukommen lassen.[72] Diese Regelung wird von der Praxis als unbefriedigend empfunden und nicht selten dadurch umgangen, daß der Gläubiger, selbst wenn er über einen Titel verfügt, nicht aus diesem vollstreckt, sondern zunächst die oben genannten *mesures conservatoires* ergreift, die kein *commandement* voraussetzen und so jedenfalls einen gewissen Überraschungseffekt wahrt.[73]

c) Durchführung und Kontrolle der Zwangsvollstreckung

Das französische Zwangsvollstreckungsrecht wurde in den Jahren 1991/92 durch die Loi 1991 und eine Durchführungsverordnung (im folgenden Décret 1992)[74] umfassend reformiert.[75] Das Ergebnis ist ein übersichtliches Regelwerk, das eine dem deutschen Leser durchaus vertraute Struktur (Aufbau nach Zugriffsobjekten) bietet. Die Darstellung der dort vorgesehenen Vollstreckungsmodi ist für das Verständnis der Behandlung von Vollstreckungsgegeneinwänden entbehrlich, sie ist im übrigen bereits rechtsvergleichend von *Traichel*[76] und *Werth*[77] geleistet worden.[78]

Die in Frankreich traditionelle Trennung von Erkenntnisverfahren und Zwangsvollstreckung – mit der Vollstreckungsklausel (*formule exécutoire*) als Zäsur – war Vorbild für die deutsche ZPO.[79] Unberührt von der Reform blieb auch die grundsätzliche Dispositionsfreiheit des Gläubigers über den Vollstreckungszugriff (Art. 22 Abs. 1 Gesetz vom 09.07.1991). Der Gläubiger beauftragt einen

---

novembre 1971, meist abgedruckt bei Art. 1317 CC; *Defossez*, J.-Cl. proc. civ. 1998, Fasc. 2100, Tz. 48.

[72] Art. 50 Abs. 1 Gesetz vom 09.07.1991. Dazu auch *Traichel*, S. 108; *Werth*, S. 110f. Im Schweizer Recht ist das *commandement de payer* sogar Voraussetzung jeglicher Form Zwangsvollstreckung, selbst wenn der Gläubiger schon über ein Urteil verfügt.

[73] *Donnier*, Tz. 630; *Werth*, S. 110f.

[74] Décret n. 92–755 du 31. juillet 1992 instituant de nouvelles règles relatives aux procédures civiles d'exécution.

[75] Aus der umfassenden Literatur zu der Reform sind besonders zu nennen: RTDC 1993 No. spéc., La réforme des procédures civiles d'exécution, 1993; *Blanc*, Les nouvelles procédures d'exécution und die deutsche Dissertationen von *Traichel* und *Werth*.

[76] Die Reform des französischen Zwangsvollstreckungsrechts, 1995

[77] Der Ausgleich der Gläubiger- und Schuldnerinteressen im französischen und deutschen Zwangsvollstreckungsrecht, 1996.

[78] Einen Überblick gibt auch *Leutner*, Die vollstreckbare Urkunde im europäischen Rechtsverkehr (1997), S. 62ff.

[79] *Baur/Stürner* Rz. 3.20f.

Gerichtsvollzieher (*huissier de justice*), der die meisten Vollstreckungsmaßnahmen selbständig durchführt – auch die Vollstreckung in Forderungen (Artt. 55ff. Décret 1992). Die für unser Thema wichtigste Neuerung der Reform von 1991/92 war die Schaffung des Vollstreckungsrichters (*juge d'exécution*) mit umfassender und ausschließlicher Zuständigkeit für Entscheidungen im Bereich der Zwangsvollstreckung einschließlich vollstreckungsinterner Rechtsbehelfe. Weitere Grundlinien der Reform waren die Aufwertung des Vollstreckungstitels, die Vereinfachung der Mobiliarvollstreckung und die Verbesserung einerseits der Position des Gläubigers, andererseits aber auch des Schuldnerschutzes in bestimmten Situationen.[80]

Die Kontrolle der Vollstreckung und dabei insbesondere die Stellung des neu geschaffenen Vollstreckungsrichters ist für unser Thema von Bedeutung und verdient einige nähere Erläuterungen.

(1) Prüfungskompetenz des Vollstreckungsorgans (huissier)

Der Gerichtsvollzieher (*huissier de justice*) ist im französischen Recht im Gegensatz zum deutschen das praktisch umfassend zuständige, zentrale Vollstreckungsorgan. Einzige Ausnahme ist die Pfändung von Lohn- und Gehaltsforderungen, für die eine besondere Zuständigkeit der Amtsgerichte (*tribunal d'instance*)[81] vorgesehen ist.[82] Darüber hinaus genießt der *huissier* insofern eine besondere Stellung, als er nur in gewissen Grenzen den Weisungen des Gläubigers unterworfen ist und daneben eine eigene Verantwortung und Prüfungspflicht hinsichtlich der Rechtmäßigkeit von Vollstreckungsmaßnahmen hat (Art. 19 Abs. 1 Loi 1991).[83] Hat der *huissier* Zweifel an der Rechtmäßigkeit einer Maßnahme oder ergeben sich bei der Vollstreckung rechtliche Schwierigkeiten, so kann er selbständig den Vollstreckungsrichter anrufen.[84] Ob sich diese Weigerungs- und Klagerechte allerdings auch auf den Fall beziehen, daß der *huissier* Zweifel am Bestand der titulierten Forderung hat, ist unsicher. Praktisch werden diese Kontrollrechte wohl nicht ausgeübt.[85]

(2) Konzentration der gerichtlichen Kontrolle beim juge de l'exécution

Die Überwachung der Zwangsvollstreckung und die Entscheidung aller Streitigkeiten mit Vollstreckungsbezug hat das Gesetz vom 09.07.1991 bei dem neu

---

[80] Vgl. den Überblick über die Reform bei *Donnier*, Tz. 31ff.; vgl. auch *Traichel*, S. 1ff., *Werth* S. 179ff.

[81] Artt. L 145–1ff. C trav.

[82] *Werth*, S. 76ff.

[83] *Werth*, S. 64ff.

[84] Artt. 18 Abs. 2 u. 19 Abs. 2 Loi 1991; Artt. 34ff. Décret 1992; *Werth*, S. 65f.

[85] Vgl. *Werth*, S. 65 Fn. 9. Sie wäre auch wenig sinnvoll, da die Entscheidung des Vollstreckungsrichters, wenn er vom *huissier* angerufen wird, nicht in Rechtskraft erwächst (D. Art. 37).

geschaffenen *juge de l'exécution* konzentriert.[86] Es handelt sich um den Präsidenten des *tribunal de grande instance* (dem Landgericht vergleichbar), der hierfür jedoch einen entsprechenden Richter delegieren kann. Dies geschieht in der Praxis regelmäßig, nicht selten an junge Richter. Bei komplexen Streitigkeiten kann er das Verfahren jederzeit an eine Spruchkammer abgeben (Art. 8 Loi 1991, jetzt Art. L 311–12–2 C. org. jud.), der er selbst als Richter angehört und die dann als Vollstreckungsgericht entscheidet.[87]

Örtlich zuständig ist sowohl der Vollstreckungsrichter an dem Ort, an dem die streitgegenständliche Maßnahme durchgeführt wird, als auch der Vollstreckungsrichter am Wohnsitz des Schuldners, soweit dieser sich im Inland befindet (Décret 1992. Art. 9). Der Kläger kann zwischen diesen beiden Foren wählen, die einmal getroffene Wahl ist definitiv.[88] Für manche Arten von Vollstreckungsmaßnahmen gelten besondere Zuständigkeitsregeln.[89]

Die Zuständigkeit des Vollstreckungsrichters beginnt, sobald der Gläubiger mit der Zwangsvollstreckung – hierzu zählt auch die letzte Zahlungsaufforderung (*commandement*)[90] – begonnen hat.[91] Sie erstreckt sich u.a. auf sämtliche Zweifelsfragen hinsichtlich des Vollstreckungstitels und sämtliche Streitigkeiten, die sich anläßlich der Zwangsvollstreckung erheben.[92] Das Reformgesetz von 1991 fügt hinzu, diese Kompetenz umfasse auch die Entscheidung über streitige materielle Rechtsverhältnisse. Die Durchführungsverordnung von 1992 statuiert jedoch eine bedeutende Einschränkung: Der Vollstreckungsrichter darf weder den Tenor einer gerichtlichen Entscheidung, die Grundlage der Zwangsvollstreckung ist, abändern, noch ihre Vollstreckung suspendieren (Art. 8 Décret 1992). Im Spannungsfeld dieser Bestimmungen suchen Literatur und Rechtsprechung eine Abgrenzungsformel dafür, welche Einwendungen gegen den titulierten Anspruch der Vollstreckungsrichter prüfen darf (näher hierzu sogleich unter II. 2).

Neben der für diese Arbeit besonders relevanten Aufgabe, sämtliche Streitigkeiten anläßlich der Zwangsvollstreckung zu entscheiden, hat der Vollstreckungsrichter weitere wichtige Kompetenzen, die z.T. Besonderheiten des franzö-

---

[86] Art. 5 Loi 1991, nunmehr Art. L.311–12 C. Org. Jud.; ähnlich im *belgischen* Recht Art. 1396 C.jud. Die einzige Ausnahme bildet die bereits erwähnte Vollstreckung in Lohn- und Gehaltsforderungen, die zahlreiche Besonderheiten aufweist (Loi 1991. Artt. 48f.; Décret 1992 Art. 80) und dem Amtsgericht (*tribunal d'instance*) als Vollstreckungsorgan zugewiesen ist, das zugleich die Funktion des Vollstreckungsrichters übernimmt (Art. L. 145–5 C. trav.).

[87] *Werth*, S. 182.

[88] D. Art. 9 Abs. 1 S. 2; *Donnier*, Tz. 88.

[89] D. Artt. 65, 98, 117, 183.

[90] Cass. avis 16.06.1995, Bull. civ. Nr. 9 mit Kommentar J.M. in Procédures 1997, Nr. 27.

[91] Als präventiver Rechtsbehelf kommt bei vollstreckbaren Urkunden die *action en nullité* (Art. 1117 C. civ.) in Betracht (*Leutner*, S. 74), fraglich ist aber, ob sie auch bei nachträglichen Einwänden statthaft ist (*Leutner*, a.a.O.).

[92] Loi 1991 Art. 8, jetzt Art. L.311–12–1 C. Org. Jud.

sischen Vollstreckungsrechts widerspiegeln. So kann er die Aufhebung von Vollstreckungsmaßnahmen anordnen, die überflüssig oder schikanös erscheinen und den Gläubiger gegebenenfalls zu Schadensersatz verurteilen.[93] Auch ist er ab Beginn der Zwangsvollstreckung ausschließlich zuständig für die Gewährung einer Gnadenfrist (*délai de grâce*) als Vollstreckungsaufschub.[94]

(3) Verfahren vor dem juge de l'exécution

Das Verfahren vor dem Vollstreckungsrichter ist besonders auf Einfachheit und Beschleunigung angelegt.[95] Je nach Gegenstand und Dringlichkeit läuft es nach den Regeln des allgemeinen Streitverfahrens mit einer besonderen Betonung des Mündlichkeitsprinzips[96] ab oder – in besonderen Fällen – nach den Regeln des Eilverfahrens ohne Anhörung der Gegenseite (*ordonnance sur requête*).[97]

Der Vollstreckungsrichter kann selbst im regulären Streitverfahren, sofern dies erforderlich erscheint, einen Termin noch am selben Tag zu einer festgesetzten Stunde bestimmen,[98] ein Vorgehen, das sonst nur aus dem einstweiligen Verfügungsverfahren bekannt ist.[99] Die Möglichkeit, einstweilige Anordnungen zum Schutz des Vollstreckungsschuldners zu erlassen (vgl. § 769 ZPO), hat der Vollstreckungsrichter dagegen regelmäßig nicht. Der Schuldner ist durch die Möglichkeit, rasch eine Entscheidung des Vollstreckungsrichters herbeizuführen, ausreichend geschützt.[100]

Nur bei der Zwangsvollstreckung in Forderungen sind einstweilige Anordnungen ausnahmsweise möglich. Ist gegen eine Forderungspfändung ein Rechtsbehelf eingelegt, so kann der Vollstreckungsrichter schon vor der Entscheidung anordnen, daß ein von ihm festzulegender (Teil-)Betrag sogleich an den Gläubiger ausgezahlt wird.[101] Er kann dies von der Stellung einer Sicherheit durch den Gläubiger abhängig machen.[102] Umgekehrt kann bei einer Kontenpfändung der Schuldner die in Art. 47 Abs. 2 Loi 1991 angeordnete Verfügungssperre bezüglich des gesamten Guthabens aufheben lassen, wenn er nach Vereinbarung mit dem Gläubiger oder mit Zustimmung des Vollstreckungsrichters Sicherheit in Höhe der Urteilssumme leistet.[103] Hierbei handelt es sich jedoch um Ausnahmebestimmungen, die bei Rechtsbehelfen gegen andere Vollstreckungsmaßnahmen keine Entsprechung finden.

---

[93] Loi 1991 Art. 22 Abs. 2.

[94] Art. 510 Abs. 3 NCPC, vgl. auch Artt. 1244 ff. CC.

[95] Eine ausführliche Beschreibung auf Deutsch gibt *Traichel*, S. 41 ff. (Stand 1995); zu den Änderungen durch das Décret n. 96–1130 v. 18.12.1996: J.M., Procédures 1997, Nr. 27; *Guinchard*, Droit et pratique, Tz. 1807 und 3572 ff.

[96] Art. 13 Abs. 1 Décret 1992. Hierzu kritisch *Guinchard*, Droit et pratique, Tz. 3574.

[97] Artt. 32 f. Verordnung v. 31.07.1992, *Guinchard*, Droit et pratique, Tz. 3578.

[98] Art. 20 Décret 1992.

[99] Art. 485 NCPC.

[100] *Traichel*, S. 46 f. u. 66.

[101] Art. 67 Décret 1992.

[102] Art. 67 Abs. 2 Décret 1992.

[103] Art. 76 Abs. 2 Décret 1992.

(4) Entscheidungen des juge de l'exécution

Die Entscheidungen, die der Vollstreckungsrichter gegebenenfalls binnen kurzer Frist fällt, sind endgültige Hauptsacheentscheidungen,[104] es sei denn, er hat wegen besonderer Umstände auf Antrag ohne Anhörung der Gegenseite entschieden.[105] Die Voraussetzungen für eine Entscheidung ohne Anhörung des Gegners[106] werden allerdings bei Einwänden des Schuldners gegen den Anspruch praktisch nie erfüllt sein, so daß in diesen Fällen regelmäßig eine vielleicht rasche, aber jedenfalls abschließende Entscheidung des Vollstreckungsrichters ergeht.

Die Entscheidungen des Vollstreckungsrichters sind sofort vollstreckbar, da die Berufung ausnahmsweise keinen Supensiveffekt hat.[107] Zur weiteren Beschleunigung kann der Richter sogar von der Notwendigkeit einer Vollstrekkungsklausel entbinden.[108] Allerdings kann die unterlegene Partei, wenn sie Berufung einlegt, beim Präsidenten des Berufungsgerichts (*premier président de la cour d'appel*) beantragen, die Vollstreckbarkeit bis zur Entscheidung über die Berufung zu suspendieren.[109]

Hat der Vollstreckungsrichter entschieden, eine Vollstreckungsmaßnahme *aufzuheben*, so folgt aus dem Zusammenspiel der Artt. 26 u. 31 Abs. 2 Décret 1992, daß dem Gläubiger genug Zeit bleibt, Berufung einzulegen und die Suspendierung der Aufhebung beim Präsidenten des Berufungsgerichts zu beantragen, bevor die Aufhebung wirksam wird. Damit hat der Verordnungsgeber verhindert, daß der Gläubiger schon allein wegen der zwischenzeitlichen Freigabe des Vollstreckungsobjekts faktisch das Nachsehen haben könnte.[110]

II. Einwände gegen inländische Urteile und vollstreckbare Urkunden

1. Globaler Rechtsbehelf: contestation

Während das deutsche Recht den Vollstreckungsschuldner vor die Aufgabe stellt, unter einer Vielfalt spezieller Rechtsbehelfe den richtigen zu wählen, macht das französische Recht es einfach. Mit der *contestation* können seit der Reform von 1991/92 praktisch sämtliche im Verlauf der Zwangsvollstreckung auftretenden

104 Art. 24 Décret 1992.
105 Art. 32 Abs. 3 Décret 1992.
106 *Guinchard*, Droit et pratique, Tz. 3579 f.
107 Art. 30 Décret 1992.
108 Art. 25 Décret 1992.
109 Art. 31 Décret 1992.
110 *Normand*, RTDC 1993 No. spéc., 31 (46).

Streitigkeiten[111] vor den neuen *juge de l'exécution* gebracht werden. Allgemeine Rechtsgrundlage für diesen Behelf ist Art. L. 311–12–1 al. 1 C.Org.Jud.,[112] für Angriffe auf manche Maßnahmen gelten modifizierende Sonderregeln, etwa hinsichtlich der Rechtsbehelfsfristen.[113]

Gegenstand der *contestation* ist stets eine konkrete Vollstreckungsmaßnahme. Die förmliche Zahlungsaufforderung (*commandement*) ist mit der *contestation* angreifbar, da sie als Vollstreckungsmaßnahme angesehen wird. Der konkrete Antrag des Schuldners hängt jeweils vom Rechtsschutzziel angesichts der Maßnahme ab. Bei einer Pfändung etwa ist die Aufhebung (*mainlevée*) zu beantragen, bei einem *commandement* die *annulation*. Grundlage der *contestation* können alle gegenüber der angegriffenen Maßnahme möglichen Einwendungen sein. Sie können den konkreten Vollstreckungszugriff betreffen (z.B. Einwendungen gegen die Pfändbarkeit des Zugriffsobjekts)[114] aber auch seine Grundlage, die Vollstreckbarkeit des Titels. So kann der Schuldner sich etwa darauf berufen, das Urteil sei ihm nicht ordnungsgemäß zugestellt worden, oder er habe zur Abwendung der vorläufigen Vollstreckbarkeit Sicherheit geleistet. Auch Einwendungen gegen den titulierten Anspruch selbst sind mit der *contestation* geltend zu machen, etwa eine zwischenzeitliche Bezahlung der Urteilsschuld, eine Aufrechnung oder der nachträgliche Wegfall des Rechtsgrundes, auf dem der Titel beruht.

Die *contestation* hemmt in der Regel nicht den Fortgang der Vollstreckung.[115] Eine Ausnahme gilt bei der Forderungspfändung: Dort muß der Drittschuldner erst zahlen, wenn binnen der vorgesehenen Monatsfrist keine *contestation* eingelegt wurde.[116] Der Vollstreckungsrichter kann aber auf Antrag von dieser Vorschrift abweichen, wenn er die vollstreckbare und die gepfändete Forderung für nicht ernsthaft bestreitbar hält.[117]

---

[111] Daß dabei nicht nach formellen und materiellen Einwänden unterschieden wird, muß man angesichts der Abgrenzungsschwierigkeiten, die diese Unterscheidung im deutschen Recht etwa bei vollstreckbaren Urkunden hervorruft, wohl eher als Stärke betrachten denn als Schwäche – a.A. offensichtlich *Werth*, S. 195, allerdings ohne darzulegen, welchen praktischen Wert diese Unterscheidung in einem System hätte, das wie das französische eine umfassende Zuständigkeit des Vollstreckungsrichters für beide Arten von Einwänden vorsieht.

[112] Dies verkennt *Leutner*, S. 68, der meint, das französische Recht ordne „jeder Pfändungsart ihre eigenen Behelfe zu". Die von *Leutner* zitierten Artt. 65–68 und 126–133 Décret 1992 sind nur ergänzende Sondervorschriften zur Durchführung der *contestation* in bestimmten Konstellationen.

[113] Vgl. Art. 45 Abs. 1 Loi 1991, Art. 66 Abs. 1 Décret 1992 für die Forderungspfändung, Art. 98 Abs. 2 Décret 1992 für die Vollstreckung in Bargeld und in Wertpapiere und Gesellschaftsanteile.

[114] Art. 127 Décret 1992.

[115] Art. 133 Décret 1992 für die Vollstreckung in Mobilien (die Ausnahmen nach Art. 126 Décret 1992 sind bei Vollstreckungsgegeneinwänden nicht einschlägig); Art. R. 145–12 Nr. 3 Code du travail für die Vollstreckung in Lohn- und Gehaltsforderungen. Vgl. auch *Werth* S. 187f.

[116] Art. 46 Loi 1991 i.V.m. Art. 61 Décret 1992.

[117] Art. 67 Abs. 2 Décret 1992.

Zuständig für die Entscheidung über die *contestation* ist regelmäßig (zu den Ausnahmen sogleich) der Vollstreckungsrichter. Das Verfahren ist seit der Reform von 1991/92 ein ordentliches Streitverfahren, in dem eine voll rechtskraftfähige Entscheidung ergeht.[118] Greift der Schuldner also etwa ein *commandement* mit der Begründung an, er habe inzwischen gegenüber der titulierten Forderung aufgerechnet[119], so wird, wenn er obsiegt, nicht nur das *commandement* annulliert, sondern auch das Erlöschen der titulierten Schuld rechtskräftig festgestellt.[120] Der Schutz des Schuldners gegenüber ungerechtfertigten weiteren Vollstreckungsmaßnahmen ist daher praktisch ebenso gut wie im deutschen Recht, auch wenn in Frankreich Gegenstand des Rechtsbehelfs nicht die Vollstreckbarkeit des Titels „an sich" ist, sondern stets eine konkrete Vollstreckungsmaßnahme. Sollten trotz einer entsprechenden rechtskräftigen Feststellung weitere Vollstreckungsmaßnahmen erfolgen, so wären diese nicht nur auf entsprechende *contestations* des Schuldners unverzüglich aufzuheben, sondern der Gläubiger dürfte auch zugleich vom Vollstreckungsrichter zu Schadensersatz wegen mißbräuchlicher Vollstreckung[121] verurteilt werden.

2. Umfang der Zuständigkeit des Vollstreckungsrichters

Vor der Reform von 1991/92 konnte der Schuldner die Aufhebung rechtswidriger Vollstreckungsmaßnahmen (*mainlevée*) im Wege des einstweiligen Rechtsschutzes (*référé*-Verfahren) beantragen (Art. 811 NCPC).[122] Die Zuständigkeit für das *référé*-Verfahren war Gegenstand einer unübersichtlichen Rechtsprechung.[123] Einwendungen gegen die titulierte Forderung waren in diesem Verfahren zwar grundsätzlich möglich, da nach französischem Verständnis mit Wegfall der zu vollstreckenden Forderung automatisch auch der Titel unwirksam wird.[124] Die Zuständigkeit des *référé*-Richters erstreckte sich aber nicht stets auf alle Einwendungen, etwa wenn sich der Schuldner auf ein Zurückbehaltungsrecht

---

[118] Art. 24 Décret 1992.

[119] T.G.I., Rennes 28.06.1994, Rev. huiss. 1995, 1264; CA Douai 19.01.1995, Rev. huiss. 1995, 495.

[120] Dies folgt aus den oben in § 1 geschilderten Rechtskraftgrundsätzen. Will der Schuldner ganz sicher gehen, so kann er einen entsprechenden Feststellungsantrag stellen und so die Aufnahme der Feststellung in den Tenor (*dispositif*) sicherstellen.

[121] Art. 22 Abs. 2 Loi 1991.

[122] Nachteil: In diesem Verfahren konnte keine rechtskräftige Hauptsacheentscheidung gefällt werden. *Werth*, S. 180f.

[123] *Normand*, J.-Cl. proc. civ. 1993, Fasc. 2030, Tz. 4; *Werth* S. 181.

[124] *Werth*, S. 181; Cass. civ. 25.05.1978, Gaz. Pal. 1978 II S. 465 = RTDC 1978, 937 m. Anm. *Perrot*.

wegen einer Gegenforderung[125] oder auf den Wegfall der titulierten Forderung durch Kündigung[126] berief.[127]

a) Die Vorgaben des Reformgesetzgebers

Ziel der umfassenden Reform von 1991/92 war eine radikale Vereinfachung der Rechtsbehelfe und Zuständigkeiten im Zwangsvollstreckungsverfahren.[128] Zu diesem Zweck wurde die Zuständigkeit für alle *contestations* bei dem neuen *juge de l'exécution* konzentriert. Um deutlich zu machen, daß dieser Richter auch die Kompetenz hat, gegebenenfalls auftauchende präjudizielle Fragen des materiellen Rechts zu entscheiden, wurde in dem Reformgesetz ausdrücklich formuliert:

„Der *juge de l'exécution* entscheidet bei Schwierigkeiten in bezug auf vollstreckbare Titel und über *contestations*, die anläßlich der Zwangsvollstreckung erhoben werden, selbst wenn sie sich auf materielle Rechtsverhältnisse beziehen (*même si elles portent sur le fond du droit*) ..." (Art. 8 Abs. 1 Loi 1991).

Diese Formulierung löste jedoch Bedenken und Befürchtungen aus, die *contestation* vor dem Vollstreckungsrichter könnte zu einem zweiten Prozeß über den titulierten Anspruch umfunktioniert werden.[129] Kritische Stimmen forderten, den Parteien dürfe nicht erlaubt werden, vor dem oftmals eher unerfahrenen Vollstreckungsrichter Streitigkeiten fortzusetzen, die unter Umständen schon zwei oder drei Instanzen beschäftigt hätten. Daher wurde 1992 in die Ausführungsverordnung folgende Klarstellung aufgenommen:

„Der *juge de l'exécution* kann weder den Tenor der gerichtlichen Entscheidung ändern, die das Fundament der Zwangsvollstreckung ist, noch ihre Vollstreckung suspendieren" (Art. 8 Abs. 2 Décret 1992).

Das Spannungsverhältnis zwischen beiden Bestimmungen beschäftigt seitdem Kommentatoren und Gerichte.

b) Die Abgrenzungsformeln

Ein griffiges Abgrenzungskriterium hat sich bisher noch nicht herausgeschält. Unmittelbar nach Erlaß der Reformgesetze wurde verschiedentlich formuliert, der Vollstreckungsrichter dürfe natürlich nicht die Rechtskraft der zu vollstreckenden Entscheidung in Frage stellen, wohl aber prüfen, ob die titulierte Schuld

---

[125] Gegen eine Berücksichtigung im *Référé*-Verfahren: Civ. 2e, 27.06.1990, Bull. civ. II Nr. 154.

[126] Gegen die Berücksichtigung im *Référé*-Verfahren: Cass. comm. 01.10.1991, Bull. civ. IV Nr. 273.

[127] *Werth*, S. 181.

[128] *Hoonakker*, Gaz. Pal. 1993, Doctr. 321; *Normand*, RTDC 1993 No. spéc., 31 (33f.); *Werth*, S. 54f., 182.

[129] *Normand*, RTDC 1993 No. spéc., 31 (35, Fn. 27 m.w.N.).

nachträglich erloschen sei, etwa durch Zahlung oder Aufrechnung, oder ob ihr inzwischen eine Verjährungseinrede entgegenstehe.[130]

In der Folgezeit beriefen Schuldner sich vor dem Vollstreckungsrichter nicht selten darauf, die titulierte Schuld bestehe nicht mehr.[131] Beispielhaft ist ein vom *TGI Paris* 1994[132] entschiedener Streit: Dort berief sich ein Mieter gegenüber der Vollstreckung eines Räumungstitels darauf, der zugrunde liegende Mietvertrag sei wegen arglistiger Täuschung durch die Vermieter nichtig gewesen; er schulde die Räumung deshalb nur Zug um Zug gegen Zahlung eines erheblichen Schadensersatzes. Dieser Einwand war, soweit sich dies den Urteilsgründen entnehmen läßt, in dem Räumungsprozeß nicht geltend gemacht worden, war also durch die Rechtskraft des Räumungsurteils nicht ausgeschlossen. Dennoch erklärte der Vollstreckungsrichter des *TGI Paris*, für diesen Einwand nicht zuständig zu sein. Zur Begründung führte er aus, der Vollstreckungsrichter könne nach den gesetzlichen Vorschriften

> „über *contestations*, welche die zugrunde liegenden Rechtsverhältnisse betreffen, entscheiden, soweit dies nötig ist, um die Wirksamkeit oder Ordnungsgemäßheit der Vollstreckung festzustellen, aber nicht, wenn die Einwände sich hauptsächlich auf den rechtlichen Grund beziehen, auf den die Vollstreckungsmaßnahme gestützt wird, vor allem wenn eine gerichtliche Entscheidung dieses Recht festgestellt hat."[133]

Diese Abgrenzungsformel wurde in der Folgezeit von zahlreichen Autoren übernommen.[134] Sie geht jedoch wohl zu weit, da sie eine Zuständigkeit des Vollstreckungsrichters für alle Einwände verneint, die sich gegen den titulierten Anspruch richten, auf dessen Grundlage die Zwangsvollstreckung betrieben wird. Dies zeigen spätere Stellungnahmen derselben Autoren in der weiteren Diskussion. So formuliert *Perrot* schon wenige Monate später, der Vollstreckungsrichter sei zuständig, wenn der Schuldner einwende, die titulierte Schuld sei bezahlt oder durch Aufrechnung erloschen.[135] Er fährt fort, der Vollstreckungsrichter sei für alle Einwendungen zuständig, die sich auf *nach Erlaß des Urteils eingetretene Tatsachen* stützen.[136] Diese neue Formel ist auch von anderen Autoren aufgenommen worden.[137]

[130] *Normand*, RTDC 1993 No. spéc., 31 (35f. m. Fn. 28); Honnakker, Gaz. Pal. 1993, Doctr. 321 (331); Julien, Encyclopédie procédure civile, juge de l'exécution, Tz. 28.

[131] *Perrot*, RTDC 1995, 184 (191f.).

[132] TGI Paris 08.09.1994, Gaz. Pal. 94, 808; Volltext: Juris-Data Nr. 045594.

[133] Übersetzung durch d. Verf. Französischer Originaltext: „Il en ressort que le juge de l'exécution peut trancher des contestations portant sur le fond du droit, dans la mesure où cela est nécessaire pour statuer sur la validité ou la régularité de la saisie, et non pas lorsque ces demandes portent principalement sur le fondement du droit invoqué pour pratiquer la mesure d'exécution, surtout lorsqu'une décision de justice, même provisioire, est intervenue, consacrant ce droit."

[134] *Perrot*, RTDC 1995, 184 (191ff.); *Donnier*, Tz. 83; *Vincent/Guinchard*, Tz. 257.

[135] *Perrot*, RTDC 1995, 679 (693).

[136] *Perrot*, RTDC 1995, 679 (693); ebenso ders., RTDC 1997, 505 (519).

[137] *Normand*, Rev. huiss. 1996, 2 (5).

Damit bietet die Literatur zur Zeit hauptsächlich zwei Abgrenzungsformeln an: einerseits die enge, aus dem Urteil des *TGI Paris* vom 08.09.1994 übernommene und andererseits die etwas weitere, nach der jedenfalls nachträgliche Einwände gegen den titulierten Anspruch in die Zuständigkeit des Vollstreckungsrichters fallen. Eine noch weitergehende Zuständigkeit des *juge de l'exécution* – für *alle* Einwände gegen den titulierten Anspruch, die nicht durch die Rechtskraft des zu vollstreckenden Titels präkludiert sind – wird soweit ersichtlich nur für den Fall der Vollstreckung einer notariellen Urkunde vertreten[138] (dazu näher sogleich). Bei einem durch Urteil festgestellten Anspruch ist man sich dagegen wohl einig, daß der Vollstreckungsrichter jedenfalls nicht über Einwendungen entscheiden darf, die schon bei Erlaß des Urteils bestanden. Anderenfalls könnte nämlich der Schuldner im Erstprozeß Einwendungen zurückhalten, die eine vom Streitgegenstand des Prozesses verschiedene *cause* bilden, um sie bei Beginn der Zwangsvollstreckung sogleich vor dem *juge de l'exécution* seines Heimatortes vorzubringen.[139]

c) Entwicklung der Rechtsprechung

Die obergerichtliche Rechtsprechung folgt einer restriktiven Linie, wenn es um Einwendungen geht, die nicht auf nachträglichen Ereignissen beruhen. So hat die *Cour de Cassation* 1995 in einer Leitentscheidung mit einer weit formulierten, apodiktischen Erwägung die Zuständigkeit des Vollstreckungsrichters für alle Einwendungen verneint, die

> „darauf zielen, den Titel selbst oder die Gültigkeit der Rechte und Pflichten, die er feststellt, erneut in Frage zu stellen".[140]

Dies ist um so bemerkenswerter, als es im Streitfall um Einwendungen gegen eine vollstreckbare Urkunde, also einen nicht rechtskraftfähigen Titel,[141] ging.

Diese Rechtsprechung hat Zustimmung erfahren,[142] aber auch vorsichtige Kritik.[143] Für die enge Begrenzung der Zuständigkeit des Vollstreckungsrichters, selbst bei Einwänden gegen einen bloß urkundlich verbürgten Anspruch, werden vor allem zwei Argumente angeführt: Der *juge de l'exécution* als Einzelrichter sei nicht dafür vorgesehen und auch nicht geeignet, bei Streit über das Bestehen

---

[138] Unrichtig insofern *Traichel*, S. 67f. und *Werth*, S. 185 m. Fn. 36. Ihre Auslegung, die Zuständigkeit des Vollstreckungsrichters sei nur durch die Rechtskraft des Ersturteils begrenzt, ist aus deutscher Sicht zwar naheliegend (§ 767 Abs. 2 ZPO), berücksichtigt aber nicht die französische Diskussion um die Tragweite des Art. 8 Décret 1992.

[139] Die Einwände wären von diesem inzident im Rahmen der *contestation* zu prüfen.

[140] Cass. avis 16.06.1995, Bull. civ. avis N° 9.

[141] Die Urkunde entfaltet auch in Frankreich keine Rechtskraft; die ihr zuerkannte Vollstreckungskraft (*force exécutoire*) beruht auf ihrer Beweiskraft (*force probante*), einer besonderen Unterwerfungserklärung bedarf es nicht (*Leutner*, S. 58 m.w.N.).

[142] *Normand*, Rev. huiss. 1996, 2 (6).

[143] *Perrot*, RTDC 1995, 679 (693f.); ders., RTDC 1997, 505 (519).

einer Forderung aus einem notariellen Vertrag zu entscheiden. Außerdem sei in diesen Fällen die sofortige Vollstreckbarkeit der erstinstanzlichen Entscheidung (ohne aufschiebende Wirkung einer Berufung), die allen Entscheidungen des Vollstreckungsrichters zukommt, nicht gerechtfertigt.[144] Gegen das erste Argument ist eingewandt worden, daß der *juge de l'exécution* die Möglichkeit hat, komplexe Streitfälle einer regulär besetzten Kammer zu übertragen.[145] Vor allem aber läßt sich einwenden, die notarielle Urkunde habe keine Rechtskraft und auch der Wortlaut des Art. 8 Abs. 2 S. 1 Décret 1992 verbiete nur, *gerichtliche Entscheidungen* abzuändern, die als Grundlage der Vollstreckung dienen. Die Rechtsprechung hat ihre Leitentscheidung von 1995 jedoch erst kürzlich ausdrücklich bestätigt.[146]

Andere Entscheidungen haben dem Vollstreckungsrichter jedoch recht weitgehende Zuständigkeiten in bezug auf die Interpretation[147] und Präzisierung[148] des vollstreckbaren Urteils zugestanden.

Geht es um *nachträglich entstandene* Einwendungen, so ist die Rechtsprechung wesentlich großzügiger, selbst wenn der *juge de l'exécution* damit über die titulierte Forderung entscheidet. So darf er nach einem Urteil der *Cour de Cassation* von 1997[149] bei der Vollstreckung aus einer notariellen Urkunde den Einwand prüfen, die Fälligkeitsvoraussetzungen der Forderung lägen nicht vor – anders hatte noch 1994 die *Cour d'appel de Versailles*[150] in einem vergleichbaren Fall entschieden und damit auch in der Literatur durchaus Zustimmung gefunden[151]. Auch darf er überprüfen, ob die Voraussetzungen eines titulierten Unterhaltsanspruchs zum Zeitpunkt der Vollstreckung noch vorliegen.[152] Er darf eine zwischenzeitliche Zahlung auf die Urteilsschuld berücksichtigen.[153]

Auch wenn der Schuldner sich auf eine *Aufrechnung* beruft, kann der Vollstreckungsrichter hierüber entscheiden, wobei – nach dem oben zur Rechtskraft Ausgeführten nur konsequent – nicht geprüft wird, ob diese Aufrechnung bereits im Erstprozeß hätte geltend gemacht werden können.[154] Gegen die Zuständigkeit des Vollstreckungsrichters für die Aufrechnung ließe sich einwenden, daß damit

---

144 CA Versailles, 27.04.1994, Bull. Avoués 1994, 138 (140).

145 Art. L. 311–12–2 und Art. R. 311–29–3 C. Org. Jud.; *Perrot*, RTDC 1995, 679 (694).

146 Cass. avis 14.02.1997, Bull. civ. avis N° 2.

147 Civ.2e 09.07.1997, Bull. civ. II N° 227; dazu *Perrot*, RTDC 97, 991 (998).

148 So zum alten Recht Civ. 2e 18.11.1970, Bull. civ. II N° 305; Cass. comm. 23.02.1988, Bull. civ. IV N° 85.

149 Civ. 2^{e} 26.11.1997, Bull. civ. II N° 284, betrifft Fälligstellung aufgrund einer Verfallklausel. Ebenso vorher schon *Perrot*, RTDC 1997, 505 (519), anders dagegen *Normand*, Rev. huiss. 1996, 2 (3).

150 15.12.1994, Rev. huiss. 1995, 596.

151 *Dahan*, Rev. huiss. 1995, 596; *Normand*, Rev. huiss. 1996, 2 (3).

152 CA Douai 24.02.1994, Gaz. Pal. 1994, 807.

153 Vgl. Civ. 1re, 18.12.1996, Bull. civ. II N° 305.

154 CA Douai 19.01.1995, Rev. huiss. 1995, 495; T.G.I. Rennes 28.06.1994, Rev. huiss. 1995, 1264. Zust. *Normand*, Rev. huiss. 1996, 2 (5).

der Prozeß über die Gegenforderung vor einen Einzelrichter gebracht wird, dessen Entscheidungen sofort vollstreckbar sind[155] und daß die Geltendmachung einer Aufrechnung sogar im Ausgangsverfahren nicht unbedingt zu berücksichtigen ist, da das Gericht zunächst ein vollstreckbares Urteil über die Hauptforderung erlassen kann.[156]

Den Entscheidungen zur Aufrechnung sind zudem andere gegenüberzustellen, nach denen der Vollstreckungsrichter nicht zuständig ist für vom Schuldner anläßlich der Zwangsvollstreckung geltend gemachte Gegenforderungen, auch wenn der Schuldner aus diesen ein *Zurückbehaltungsrecht* gegenüber der titulierten Forderung herleitet.[157]

Begründen die nachträglichen Ereignisse neue Ansprüche, so wird eine Zuständigkeit des *juge de l'exécution* meist verneint. Noch zum alten Recht stellte die *Cour d'Appel d'Amiens*[158] fest, wenn dem Schuldner nach Erlaß des Urteils die Leistung unmöglich werde und der Gläubiger deshalb nunmehr Schadensersatz verlange, sei zuständig nicht das für die Zwangsvollstreckung kompetente *TGI*, sondern das nach allgemeinen Regeln zuständige *Tribunal de Commerce*. Ist der Schuldner zu einer Leistung Zug um Zug verurteilt worden und ist dem Gläubiger die ihm obliegende Herausgabe zwischenzeitlich unmöglich geworden, so soll der Vollstreckungsrichter nicht dafür zuständig sein, die Zahlungspflicht festzulegen, welche an die Stelle der Herausgabepflicht tritt.[159]

Der Vollstreckungsrichter soll auch nicht zuständig sein für nachträglich entstandene Einwendungen, die auf die Anpassung eines titulierten Unterhaltsanspruchs zielen.[160]

d) Zusammenfassung zur Zuständigkeit des juge de l'exécution

Zusammenfassend ist festzustellen, daß die französische Rechtsprechung und Literatur wohl noch um ein schlüssiges Kriterium ringen, um die Zuständigkeit des *juge de l'exécution* für Einwendungen gegen den titulierten Anspruch zu fixieren. Dabei kristallisiert sich bereits heraus, daß er wohl nicht für alle Ein-

---

155 Vgl. die Argumentation der CA de Versailles 27.04.1994, Bull. Avoués 1994, 138 (140).

156 Civ. 1re, 05.12.1979, Bull. civ. I N° 309. Die Aufrechnung mit einer streitigen Forderung erfolgt nach französischem Zivilrecht nicht automatisch und auch nicht durch eine Gestaltungserklärung der Partei, sondern allein durch gerichtlichen Ausspruch (*compensation judiciaire,* Art. 1291 CC). Die Aufrechnung ist damit eine Art Widerklage (vgl. Art. 70 NCPC), über die der Richter gleichzeitig mit der Klage entscheiden kann, aber, wenn dadurch ein Urteil über die im übrigen entscheidungsreife Klage verzögert würde, nicht gleichzeitig entscheiden muß (Art. 70 Abs. 2 NCPC, Civ. 1re, 05.12.1979, Bull. civ. I N° 309). Nach deutschem Recht wäre dagegen allenfalls ein Vorbehaltsurteil (§ 302 Abs. 1 ZPO) möglich.

157 Civ. 2e, 27.06.1990, Bull. civ. II N° 154; Cass. comm. 01.10.1991, Bull. civ. IV N° 273.

158 9.1.1975, D 1975, 18.

159 Civ. 2e, 11.06.1997, Bull. civ. II N° 183.

160 CA Douai 24.02.1994, Gaz. Pal. 1994, 807; T.G.I. Lyon 02.11.1993, Bull. inf. cass. 01.02.1994, N° 163.

wendungen zuständig sein soll, die nicht durch die Rechtskraft des Titels präkludiert sind. Andererseits ist seine Zuständigkeit wohl nicht auf nachträglich entstandene Einwendungen beschränkt (Aufrechnung) und umfaßt auch nicht ausnahmslos alle nachträglich entstandenen Einwendungen (Anpassung von Unterhaltsansprüchen).

Findet sich damit auch in der französischen Rechtsordnung kein Patentrezept zur Zuordnung von Vollstreckungsgegeneinwänden im Spannungsfeld zwischen Vollstreckungsverfahren und (neuem) Hauptsacheprozeß, so sind die hier angestellten Erwägungen doch besonders interessant, da sie sich vor dem Hintergrund einer gesetzgeberischen Grundentscheidung – Zuständigkeitskonzentration bei dem Vollstreckungsrichter – entfalten, die der genau das Gegenteil der deutschen verkörpert (Zuständigkeit des Erstgerichts, § 767 Abs. 1 ZPO).

3. Verfahren bei Einwendungen, die nicht in die Zuständigkeit des Vollstreckungsrichters fallen

Beruft sich der Schuldner mit seiner *contestation* auf Einwände gegen den titulierten Anspruch, für deren Prüfung der Vollstreckungsrichter nicht zuständig ist, so muß dieser das Verfahren aussetzen und den Kläger mit der materiellrechtlichen Vorfrage an das nach allgemeinen Regeln zuständige Gericht[161] verweisen.[162] Entscheidet dieses Gericht, daß der Anspruch doch nicht wie tituliert besteht,[163] so ist die *contestation* begründet. Einer formellen Aufhebung des *Titels* bedarf es dazu nicht, da nach französischer Vorstellung Grundlage der Vollstreckung stets der materielle Anspruch bleibt.[164]

Bis zur Entscheidung über die Vorfrage entfaltet die *contestation* keinen Suspensiveffekt. Der Gläubiger kann also in den durch die allgemeinen Regeln gezogenen Grenzen weiter vollstrecken.[165] Da auch eine einstweilige Beschränkung der Zwangsvollstreckung bis zur Entscheidung über die *contestation* im Gesetz nicht

---

161 Dies kann, muß aber nicht das Erstgericht sein. Eine § 767 Abs. 1 entsprechende Vorschrift gibt es nicht.

162 Die Verweisung erfolgt nach den allgemeinen Regeln der Artt. 96f. NCPC. *Guinchard*, Droit et pratique, Tz. 901. Bei einer vollstreckbaren Urkunde ist vor dem allgemein zuständigen Gericht eine *action en nullité* statthaft, Art. 1117 C. civ., näher *Leutner*, S. 74. Die von *Leutner* aa.O. aufgeworfene Frage, ob auch nachträgliche Einwände eine *action en nullité* tragen können, stellt sich in diesen Fällen nicht, da über diese Einwände schon der *juge de l'exécution* entscheiden kann.

163 Z.B. weil der zugrunde liegende Vertrag aufgrund nicht präkludierter Nichtigkeitseinwände unwirksam ist.

164 Auch hier denkt das französische Recht also – wie im wohlbekannten Fall des Eigentumsübergangs beim Kauf – weniger „abstrakt".

165 Die angegriffene Maßnahme bleibt bis zu einer Entscheidung wirksam, und der Gläubiger kann weitere Vollstreckungsmaßnahmen ergreifen, sofern diese nicht überflüssig oder mißbräuchlich erscheinen (Art. 22 Abs. 2 Loi 1991).

vorgesehen ist,[166] tut sich hier eine gewisse – wohl unbeabsichtigte – Schutzlücke auf. Es bleibt abzuwarten, ob und wie die französische Lehre oder Rechtsprechung sie schließen.

Hat der Gläubiger keine Vollstreckungsmaßnahmen ergriffen, so gibt es für eine *contestation* keinen Gegenstand und der Vollstreckungsrichter ist nicht zuständig für etwaige Einwände gegen den titulierten Anspruch. In diesem Fall gelten die allgemeinen Zuständigkeitsregeln, eine Annexzuständigkeit des Erstgerichts (vgl. § 767 Abs. 1) ist nicht vorgesehen.

III. Einwände gegen ausländische Titel nach Vollstreckbarerklärung: Zuständigkeit des französischen Richters

Will der Schuldner sich in Frankreich gegen die Zwangsvollstreckung aus einem bereits für vollstreckbar erklärten ausländischen Urteil wenden, so muß er mit einer *contestation* den Vollstreckungsrichter anrufen.

Klageziel der *contestation* ist die Aufhebung einer konkreten, in Frankreich vollzogenen Zwangsvollstreckungsmaßnahme. Die internationale Zuständigkeit des französischen Richters hierfür steht außer Frage. Unterschiedliche Auffassungen gibt es aber darüber, ob die Zuständigkeit des Vollstreckungsrichters für die *contestation* auch eine Prüfungskompetenz für Einwände umfaßt, die sich auf den im Ausland titulierten Anspruch beziehen. Die Rechtsprechung hat sich zu dieser Frage, anders als zur Zulässigkeit solcher Einwände im Exequaturverfahren,[167] soweit ersichtlich bisher nicht geäußert. Es gibt jedoch Parallelen zu zwei Situationen, die Gegenstand wichtiger Leitentscheidungen der *Cour de Cassation* gewesen sind. Die erste Parallele betrifft die Prüfungskompetenz des Vollstreckungsrichters im internen Zuständigkeitsgefüge. Dort wird, wie soeben geschildert, seit der Reform von 1991/92 nach einem Abgrenzungskriterium für die Zuständigkeit des Vollstreckungsrichters bei Einwänden gegen den titulierten Anspruch gesucht. Die zweite Parallele besteht zur in den letzten zwanzig Jahren in Frankreich intensiv geführten Diskussion um die internationale Zuständigkeit französischer Gerichte für das Hauptsacheverfahren nach einem in Frankreich gewährten Arrest.

Beide Parallelen liefern wichtige Argumente zur Abgrenzung der internationalen Zuständigkeit des französischen Vollstreckungsrichters bei Vollstreckungsgegeneinwänden gegen einen ausländischen Titel. Drei mögliche Grundlagen dieser Zuständigkeit sind zu erwägen: die Vorfragenkompetenz des Richters

[166] *Traichel*, S. 46f. u. 66 – nach der Konzeption des Gesetzes bedarf es keiner einstweiligen Anordnungen, da der *juge de l'execution* in der Regel die Aufgabe hat, unverzüglich in der Sache selbst zu entscheiden.

[167] Dazu näher unten, IV.

(Art. 49 NCPC), eine Analogie zur Zuständigkeitsregel des internen Rechts (Art. L. 311–12–2 C. org. jud.) und die allgemeinen Regeln zur internationalen Zuständigkeit.

1. Vorfragenkompetenz

Art. 49 NCPC statuiert, daß sich die Zuständigkeit eines Gerichts auch auf die Prüfung von Vorfragen erstreckt, soweit diese nicht der ausschließlichen Zuständigkeit eines anderen Gerichtszweiges unterliegen. Im Bereich der internationalen Zuständigkeit wird diese Vorschrift analog angewandt und entsprechend unterschieden zwischen Vorfragen, auf die sich die Zuständigkeit erstreckt (*questions préalables*) und solchen, die nicht umfaßt sind (*questions préjudicielles*).

Manche meinen, das (Fort-)Bestehen des titulierten Anspruchs sei bei der *contestation* einer Zwangsvollstreckungsmaßnahme als *question préalable* von der Zuständigkeit des Vollstreckungsrichters umfaßt,[168] während andere dies ablehnen.[169]

In der Diskussion spielt eine wichtige Rolle die Rechtsprechung zur oben beschriebenen Parallelfrage, der Zuständigkeit französischer Gerichte für die Hauptsacheklage nach Gewährung eines Arrests in Frankreich. Die *Cour de Cassation* hat auf diesem Gebiet in den letzten zwanzig Jahren zwei spektakuläre Kehrtwendungen vollzogen und entsprechend lebhafte Diskussionen ausgelöst. Mit ihrem Urteil in der Sache *Nassibian*[170] brach sie mit einer über 100 Jahre alten Tradition[171], nach der das Hauptsacheverfahren zur Bestätigung oder Aufhebung eines in Frankreich gewährten Arrests auszusetzen und die Entscheidung des zuständigen ausländischen Gerichts abzuwarten war, wenn nach allgemeinen Regeln die französischen Gerichte für eine selbständige Geltendmachung des Anspruchs in der Hauptsache nicht zuständig waren. Die Entscheidung *Nassibian* eröffnete die Möglichkeit, daß französische Gerichte in jedem Fall selbst über den Anspruch entschieden. Diese Möglichkeit wurde jedoch als nur fakultativ bezeichnet – eine dem französischem Recht sonst fremde Annäherung an die Rechtsfigur des *forum non conveniens.*[172] Eine mögliche Interpretation der Entscheidung *Nassibian* war, sie eröffne (indirekt) eine Zuständigkeit für die Hauptsache aufgrund der *Belegenheit pfändbaren Vermögens,* auch als *forum*

---

168 *Huet*, Clunet 86, 449 (453).

169 *Théry*, Rep. Int. D. 1998, Voies d'exécution Tz. 75; *Gaudemet-Tallon*, La convention de Bruxelles, Tz. 101 f.

170 Civ. 1re, 06.11.1979, RCDIP 1980, 588.

171 Als Leitentscheidung wird regelmäßig zitiert: Civ. 23.03.1868, *Potocki c/ Taniewsky*, S. 1868 I. 328.

172 Ausführlich *Ameli*, Tz. 299, 305, 335; kritisch *Théry*, Rep. Int. D. 1998, Voies d'exécution, Tz. 109; *Lequette*, Note, RCDIP 1996, 134.

arresti bezeichnet. Die *Cour de Cassation* stützte aber in einer nachfolgenden Entscheidung, *Banque Camerounaise de Développement*[173], die Zuständigkeit im Hauptsacheverfahren nicht auf die Belegenheit pfändbaren Vermögens, sondern auf das Vorliegen einer bloßen *question préalable*. Beide Begründungsansätze sind sauber zu trennen.[174] Der Begründungsweg über die Vorfragenkompetenz findet sich auch schon in den vorbereitenden Erwägungen des Berichterstatters *Ponsard*[175] zur Entscheidung *Nassibian*.[176]

Die Entscheidungen *Nassibian* und *Banque Camerounaise de Développement* stießen in der Literatur auf viel Zustimmung.[177] Es gab jedoch auch kritische Stimmen.[178] Überraschend vollzog die *Cour de Cassation* 1995 eine erneute Kehrtwendung[179], indem sie zu der vor 1979 eingenommenen Position zurückkehrte und damit implizit das Vorliegen einer bloßen *question préalable* verneinte.[180]

Diese Rechtsprechung muß auch für die Frage maßgeblich sein, ob dem *juge de l'exécution* eine bloße *question préalable* vorgelegt wird, wenn im Rahmen einer *contestation* das Bestehen der titulierten Forderung bestritten wird, oder ob es sich hierbei um eine *question préjudicielle* handelt.[181] Damit ist jedenfalls beim jetzigen Stand der Rechtsprechung zur Parallelfrage bei Arresten davon auszugehen, daß der Vollstreckungsrichter für eine Entscheidung über Einwände gegen den titulierten Anspruch im Rahmen der *contestation* nicht schon deshalb zuständig ist, weil es sich um eine bloße Vorfrage (*question préalable*) handelte.

2. Analogie zur sachlichen Zuständigkeit nach Art. L. 311–12–1 C. org. jud.

Manche wollen die ausschließliche sachliche und funktionelle Zuständigkeit des Vollstreckungsrichters nach Art. 311–12–1 C. org. jud. analog auch international

---

173 Civ. 1re, 18.11.1986, *Banque Camerounaise de Développement*, RCDIP 1987, 773,.

174 *Ameli*, Tz. 300, 307 ff.

175 Veröffentlicht in Clunet 1980, 96 ff.

176 Ponsard, Clunet 1980, 96 (98 ff.).

177 Couchez, RCDIP 1980, 590 (595 f.); *Muir Watt*, RCDIP 1987, 775 (781 ff.). Zur Diskussion, ob es sich um eine *question préalable* handelt in der älteren Literatur vgl. *Ameli*, Tz. 298.

178 *Ameli*, Tz. 317, der auf einen Widerspruch zur Rechtsprechung zu Gerichtsstandsklauseln (bei denen eine *question préjudicielle* angenommen wird) hinweist.

179 Civ. 1re, 17.01.1995, *Méridien Breckwoldt*, Bull. civ. 1995 I N° 34,.

180 Diese Rechtsprechung wurde bestätigt durch die Entscheidung Civ. 1re, 11.02.1997, *Strojexport*, Bull. civ. 1997 I N° 47,. Die Literatur steht dieser erneuten Kehrtwendung zum Teil kritisch gegenüber: *Ancel/Lequette* S. 483 ff.; *Muir Watt* J.C.P. 1995, II. 22430.

181 So bezieht sich *Huet*, Clunet 1986, 449 (453) ausdrücklich auf die Rechtsprechung *Nassibian* und *Banque Camerounaise de Développement*, während umgekehrt *Théry*, Rep. Int. D. 1998, Voies d'exécution Tz. 75 und *Gaudemet-Tallon*, La convention de Bruxelles, Tz. 102 ausdrücklich die Abkehr der *Cour de Cassation* von dieser Rechtsprechung zu bedenken geben.

anwenden.[182] Die der Norm zugrunde liegende Zielsetzung der Zuständigkeitskonzentration hat auch im internationalen Bereich Bedeutung. Gegen eine Analogie spricht aber, daß diese Zielsetzung dort wesentlich stärker auf gegenläufige Prinzipien trifft als im Bereich rein nationaler Fragestellungen. Auch ist zu bedenken, daß die bereits im nationalen Kontext dornigen Abgrenzungsprobleme im internationalen noch schwerer wiegen. Schließlich hätten die aufgrund einer so weitreichenden Zuständigkeitsnorm gefällten Entscheidungen international wenig Chance auf Anerkennung, so daß der angestrebte Rationalisierungseffekt sich schnell ins Gegenteil verkehren könnte.[183] Eine analoge Anwendung des Art. L.311–12–1 C. org. jud. auf die internationale Zuständigkeit des Vollstreckungsrichters wird daher auch mit guten Gründen abgelehnt.[184]

3. Zuständigkeit nach allgemeinen Regeln

Der Vollstreckungsrichter kann Einwände gegen den titulierten Anspruch selbst prüfen, wenn er hierfür nach allgemeinen Regeln international zuständig ist. Diese Lösung wird in der französischen Literatur explizit für den Bereich des GVÜ vertreten (dazu sogleich), sie ergibt sich aber auch für das autonome Recht, wenn Vollstreckungsgegeneinwände nach dem Gesagten keine bloßen Vorfragen im Rahmen einer *contestation* sind und aus der sachlichen und funktionellen Zuständigkeit des Vollstreckungsrichters nicht auf seine internationale geschlossen werden kann.

Fehlt die internationale Zuständigkeit nach allgemeinen Regeln, so muß er die Entscheidung über die *contestation* aussetzen, bis das zuständige Gericht entschieden hat. Eine solche Aussetzung ist nichts völlig Ungewöhnliches, sie kann auch in nationalen Konstellationen bereits auftreten, wenn der Vollstreckungsrichter für einen Einwand gegen den titulierten Anspruch nicht zuständig ist.[185]

Diese Lösung reflektiert die von *Théry*[186] betonte Unterscheidung zwischen ausschließlicher Zuständigkeit für die Aufhebung einer Zwangsvollstreckungsmaßnahme *(pouvoir juridictionnel* oder *imperium)* und Zuständigkeit für die Entscheidung über das zwischen den Parteien streitige materielle Rechtsverhältnis (*compétence*). Während das *imperium* Ausdruck der nationalen Souveränität ist, folgt die *compétence* aus einem Regelsystem, das französischen Gerichten nur Streitigkeiten zuweisen will, die einen hinreichenden Bezug zu Frankreich

---

[182] *Ameli*, Tz. 304; ebenso für die Parallelfrage der Zuständigkeit für die Hauptsache nach einem Arrest, die Vorinstanz zu Civ. 1re, 11.02.1997, *Strojexport,* Bull. civ. 1997 I N° 47, wiedergegeben bei *Ancel/Lequette* S. 483.

[183] *Théry*, Pouvoir juridictionnel et compétence, Tz. 662ff.

[184] *Théry*, Judex gladii, S. 487.

[185] S.o. II 2.

[186] Pouvoir juridictionnel et compétence, Paris 1981.

als Forum haben, um dort unter Anwendung des französischen IPR entschieden zu werden.[187]

4. Internationale Zuständigkeit im Bereich des GVÜ

Im Bereich des GVÜ kommt auch nach französischem Verständnis Art. 16 Nr. 5 GVÜ als Grundlage einer internationalen Zuständigkeit des Vollstreckungsrichters für Vollstreckungsgegeneinwände in Betracht. Die Leitentscheidung des EuGH zu dieser Norm, *AS Autoteile Service ./. Malhé*[188], wird in Frankreich allerdings – anders als von deutschen Kommentatoren[189] – als grundsätzliche *Absage* an eine Zuständigkeit des Vollstreckungsstaates für Vollstreckungsgegeneinwände ausgelegt.[190] Die französische Literatur kommt daher, soweit die Frage überhaupt behandelt wird, zu dem Ergebnis, eine Prüfung nachträglicher Einwände gegen den titulierten Anspruch sei nicht von Art. 16 Nr. 5 GVÜ gedeckt, sondern falle unter die allgemeinen Zuständigkeitsregeln der Artt. 2ff. GVÜ.[191] Die französische Rechtsprechung hat sich bisher nur (ablehnend) zu der Frage geäußert, ob Vollstreckungsgegeneinwände im Rahmen des *Exequaturverfahrens* nach dem GVÜ geltend gemacht werden können,[192] aber noch nicht zum Umfang der Zuständigkeit nach Art. 16 Nr. 5 GVÜ.

IV. Vollstreckungsgegeneinwände im Exequaturverfahren

1. Vollstreckbarerklärung nach Art. 509 NCPC

Die Exequaturvoraussetzungen beschreibt für das autonome französische Recht die Leitentscheidung *Munzer*[193], welche 1964 die bis dahin zulässige *révision au fond* aufgab. Die ausländische Entscheidung muß nicht rechtskräftig, aber im

---

187 *Théry*, Pouvoir juridictionnel et compétence, Tz. 667.

188 EuGH 04.07.1985, Rs. 220/84, Slg. 85, 2267.

189 *Kropholler*, EuZVR Art. 16 Rz. 59; *Schlosser*, GVÜ Art. 16 Rz. 25; MünchKomm ZPO-*Gottwald*, IZPR Art. 16 Rz. 28; *Geimer*, IPRax 86, 208 (210).

190 *Huet*, Note, Clunet 1986, 449; *Gaudemet-Tallon*, La convention de Bruxelles Tz. 101 f.; enger aber wohl *Théry*, Rep. Int. D. 1998, Voies d'exécution Tz. 73.

191 *Gaudemet-Tallon*, La convention de Bruxelles, Tz. 101 f.; grds. ebenso aber mit kritischer eigener Bewertung *Huet*, Clunet, 86, 449 (432f.) und *Théry*, Rep. Int. D. 1998, Voies d'exécution Tz. 72f. Für eine enge Auslegung des Art. 16 Nr. 5 GVÜ im Zusammenhang mit dem Parallelproblem der Hauptsacheklage nach einstweiligem Rechtsschutz Note zu C.A. Paris, 22.05.1991, D. 1992 Som. 164 (165).

192 C.A. Paris, 16.03.1979, RCDIP 1980, 121 zur Aufrechnung gegenüber einem deutschen Vollstreckungsbescheid.

193 Civ. 1re, 07.01.1964, J.C.P. 1964 II. 13590; RCDIP 1964, 344.

Erststaat vollstreckbar sein,[194] wobei tatsächliche oder rechtliche Vollstreckungshindernisse wie Konkurs, Moratorium etc. außer Betracht bleiben.[195] Das (Fort-)Bestehen des titulierten Anspruchs ist nicht (mehr) Vollstreckungsvoraussetzung; hierin wird geradezu die Essenz der Abkehr von der *révision au fond* gesehen.[196]

In der Literatur sieht nur eine Mindermeinung auch das Bestehen der titulierten Forderung als unmittelbaren Streitgegenstand des Exequaturverfahrens an. Sie kommt folgerichtig dazu, Einwände gegen die Forderung als *questions préalables* zu betrachten.[197] Die ganz herrschende Meinung geht ebenso wie die Rechtsprechung davon aus, daß Einwendungen des Schuldners gegen den titulierten Anspruch einen anderen Streitgegenstand bilden und damit als Widerklagen (*demandes reconventionnelles*) einzuordnen sind, so daß sich zwei Fragen stellen: zum einen, ob solche Widerklagen im Exequaturverfahren zulässig sind, zum anderen, unter welchen Voraussetzungen das französische Exequaturgericht für sie zuständig ist.[198]

a) Zulässigkeit von Einwänden, Zusatz- und Widerklagen im Exequaturverfahren

(1) Rechtsprechung

Die Rechtsprechung hat, beginnend mit der Leitentscheidung *Munzer*[199], dem Exequaturverfahren einen klar begrenzten, von der Prüfung der materiellen Rechtslage deutlich abgehobenen Streitgegenstand gegeben. Die Zulassung weiterer Streitgegenstände zum Exequaturverfahren hat sie wiederholt abgelehnt.

Bereits vor *Munzer* hatte das *T.G.I. de la Seine* entschieden[200], der Schuldner könne sich im Exequaturverfahren nicht auf devisenrechtliche Vorschriften berufen, die der Zahlung entgegenstünden. Die *Cour de Cassation* entschied im Gefolge von *Munzer*, der Schuldner könne sich im Exequaturverfahren auch nicht auf die Verjährung des titulierten (Unterhalts-)Anspruchs berufen.[201] Auch eine Aufrechnung kann der Schuldner im Exequaturverfahren nicht einwenden.[202]

---

194 *Batiffol/Lagarde* II, Tz. 723; *Mayer*, DIP Tz. 380.

195 *Batiffol/Lagarde* II Tz. 723, Fn. 8.

196 Civ. 1re, 27.01.1971, *Zekri*, RCDIP 1972, 102,.

197 P. *Mayer*, DIP, Tz. 421.

198 *Holleaux/Foyer/De La Pradelle*, DIP, Tz. 1029, 1031; *Muir Watt*, J.-Cl., Effets en France des décisions étrangères, Tz. 118, 131; dies., Note, J.C.P. 1995 II. 22430; *Gothot/Holleaux*, Tz. 322.

199 Civ. 1re, 07.01.1964, J.C.P. 1964 II. 13590.

200 09.07.1962, Clunet 1963, 466.

201 Civ. 1re, 05.01.1966, Bull. civ. I N° 13.

202 T.G.I. de la Seine, 15.06.1966, Clunet 1967, 401. Der Fall betrifft die Aufrechnung durch richterlichen Gestaltungsakt (*compensation judiciaire*), eine *compensation légale*, die evtl. im Exequaturverfahren zulässig sein könnte, kommt ohnehin nur bei unbestrittener Gegenforderung in Betracht (Art. 1291 C. civ.). Diese Rechtsprechung beruht allein auf der Auffassung vom

Schließlich entschied die *Cour de Cassation* in einer Grundsatzentscheidung 1971,[203] daß selbst auf eine nachträgliche Enteignung des Schuldners im Urteilsstaat gestützte Einwendungen gegen den titulierten Anspruch im Exequatur nicht zu berücksichtigen seien.

Gegenüber im Ausland titulierten Unterhaltsansprüchen lassen die Obergerichte im Exequaturverfahren keine Einwände zu, die auf Herabsetzung zielen.[204] Die Untergerichte halten sich allerdings nicht immer an diese Vorgabe.[205]

Schon bald nach *Munzer* wurde die *Cour de Cassation* auch mit der Frage konfrontiert, ob auf materielle Ansprüche gestützte Zusatzklagen zulässig seien. Sie hat dies regelmäßig verneint,[206] etwa im Fall eines Schuldners, der im Rahmen des Exequatur einem Dritten den Streit verkünden wollte,[207] im Fall eines Gläubigers, der im Exequaturverfahren zugleich die Erhöhung des im Ausland titulierten Unterhaltsanspruchs beantragte,[208] ebenso gegenüber einem Gläubiger, der sich im Exequaturverfahren darauf berufen wollte, daß die Entscheidung inzwischen aufgrund einer Gesetzesänderung im Ursprungsstaat weitergehende Rechtsfolgen entfalte als im Titel ausgesprochen.[209]

Der Antrag auf Einräumung einer Gnadenfrist ist nicht im Exequaturverfahren, sondern erst später vor dem Vollstreckungsgericht statthaft.[210]

Streitgegenstand des Exequatur, denn französische Gerichte entscheiden im regulären Erkenntnisverfahren auch dann über eine Aufrechnung, wenn sie für eine selbständige Geltendmachung der Gegenforderung international unzuständig wären (*Huet*, J.-Cl. dr. int. 1995, Fasc. 581–40, Tz. 15; *Gottwald* IPRax 86, 10 (11); insofern wird die Lösung, die innerstaatlich für die örtliche Zuständigkeit gilt, übernommen, vgl. *Solus/Perrot* Bd. 2 Tz. 455 ff., 507).

[203] 27.01.1971, RCDIP 1972, 100, Zekri, krit. Note Schaeffer, RCDIP 1972, 119 ff.

[204] Civ. 1re, 18.12.1979, *Dahar*, D. 1980, 549,. Ebenso T.G.I. Paris, 04.03.1988, RCDIP 1988, 588 m. krit. Note Gautier.

[205] So läßt T.G.I. Paris, 10.11.1980, RCDIP 1981, 535 eine „Heraufsetzung" des im Ersturteil auf Null festgesetzten Unterhalts zu und nimmt damit eine kaum bemäntelte *révision au fond* vor. Relativ weit geht auch die Entscheidung C.A. Paris, 23.11.1993, RCDIP 1995, 88, wo der Einwand des Schuldners berücksichtigt wird, von der im Unterhaltsvergleich titulierten Summe seien entsprechend anderen Bestimmungen des Vergleichs bestimmte zwischenzeitlich von der Gläubigerin erzielte andere Einkünfte abzuziehen.

[206] T.G.I. Paris, 30.06.1977, RCDIP 1977, 522 läßt eine Zusatzklage dagegen schon dann zu, wenn sie sich als „notwendige Konsequenz der ausländischen Entscheidung" darstellt, und legt dieses Kriterium zudem sehr großzügig aus.

[207] C.A. Paris, 10.11.1966, RCDIP 1967, 560.

[208] Civ. 1re, 20.10.971, Bull. civ. 1971 I N° 268. Die Entscheidung ist besonders instruktiv, da sie die Trennung der beiden Verfahren deutlich macht und begründet.

[209] Civ. 1re, 15.12.1981, J.C.P. 1982 IV. 90 (deutsches Unterhaltsurteil bei nichtehelicher Vaterschaft).

[210] C.A. Paris, 09.03.1995, RCDIP 1995, 735; ebenso T.G.I. de la Seine, 15.06.1966, Clunet 1967, 401, anders noch (Prä-*Munzer*) T.G.I. de la Seine, 06.02.1961, RCDIP 1963, 584.

Eine auch höchstrichterlich anerkannte Ausnahme zu dieser restriktiven Linie bildet die Prüfung der – auch teilweisen – Erfüllung der Urteilsschuld durch Zahlung,[211] selbst wenn diese Prüfung unter Umständen nicht einfach ist.[212]

Keine echten Ausnahmen sind dagegen gelegentlich zitierte Entscheidungen, die in Wahrheit typische Vollstreckungsvoraussetzungen prüfen, welche den Titel und nicht den Anspruch betreffen. So ist selbstverständlich, daß im Exequatur ein in Frankreich ergangenes entgegenstehendes rechtskräftiges Urteil ebenso zu berücksichtigen ist[213] wie ein nachträglich erlassenes französisches (Maßnahmen-) Gesetz, nach dem Urteile aus dem Erststaat X unter bestimmten Umständen nicht in Frankreich zu vollstrecken sind.[214] Auch die Berücksichtigung der *Titel*verjährung[215] bildet keine Ausnahme zum Prinzip der Unbeachtlichkeit von Einwänden gegen den titulierten *Anspruch*.

(2) Literatur

Die relativ einheitliche und konstante Rechtsprechung wird von weiten Teilen der Literatur kritisiert.[216] Hauptargument für die Zulassung von Vollstreckungsgegeneinwänden im Exequaturverfahren ist das Streben nach einer Konzentration aller streitigen Fragen im Exequaturverfahren. Die dadurch drohende Verzögerung des Vollstreckungszugriffs wird nicht näher diskutiert. Zwar erlaubt das französische Recht die Sicherungsvollstreckung bereits auf der Grundlage eines noch nicht exequierten ausländischen Titels (Art. 68 Loi 1991),[217] aber ein Suspensiveffekt bleibt dennoch, da Verwertung und Befriedigung aufgeschoben sind. Zudem gilt in der französischen Zwangsvollstreckung grundsätzlich nicht das Prioritätsprinzip,[218] so daß der Gläubiger sich den Erlös mit anderen teilen muß, die später ebenfalls die Vollstreckung betreiben. Gerade bei der praktisch

---

211 Civ. 1re, 19.11.1996, RCDIP 1997, 94; ebenso schon C.A. Paris, 18.10.1962, RCDIP 1964, 126 (allerdings nur bei vollständiger Erfüllung der Urteilsschuld); T.G.I. de la Seine, 09.07.1962, Clunet 1963, 466 (quittierte Zahlung); C.A. Paris, 23.11.1993, RCDIP 1995, 88 (auch bei – unstreitiger – Teilzahlung).

212 Illustrativ T.G.I. de la Seine, 09.02.1965, RCDIP 1966, 284 (Erfüllungswirkung bestritten, da die Gutschrift auf einem durch Devisenbewirtschaftung blockierten Konto erfolgte); Civ. 1re, 19.11.1996, RCDIP 1997, 94 (Erfüllungswirkung bestritten, da der Nominalbetrag beglichen wurde, nachdem die Urteilswährung um 50 % abgewertet worden war). Zu solchen Fremdwährungsproblemen rechtsvergleichend *Bachmann* (1994).

213 T.G.I. Paris, 08.07.1976, RCDIP 1977, 737 – Dort wird das 2. Urteil sogar nicht als Hindernis für das Exequatur, sondern nur für die anschließende Vollstreckung angesehen.

214 C.A. Amiens, 08.07.1994, Clunet 1976, 949 (Fortsetzung des Verfahrens *Zekri*).

215 Civ. 1re, 02.03.1960, *Chemouni*, RCDIP 1960, 97,.

216 *Batiffol/Lagarde* II Tz. 732; *Mayer*, DIP Tz. 421 ff.; Audit, DIP Tz. 476; *Alexandre*, Tz. 404 ff.; *Holleaux/Foyer/De La Pradelle*, DIP Tz. 1029, 1031; *Muir Watt*, J.-Cl. proc. civ. 1990 Fasc. 124–9, Tz. 131; *Lagarde*, Note RCDIP 80, 118; *Ancel*, Note RCDIP 81, 540. Dagegen verteidigt die Rechtsprechung *Pluyette*, Etudes Bellet, S. 427 (457) und ders., Tr. com. fr. d.i.p. 1988–89, S. 36, der allerdings selbst Richter ist.

217 Ebenso schon zum alten Recht *Batiffol/Lagarde* II Tz. 741 (*effet titre*).

218 Art. 2093 CC. Rechtsvergleichend *Baur/Stürner* Rz. 59.11.

besonders wichtigen Forderungspfändung verschafft die Sicherungsvollstreckung, anders als der reguläre Vollstreckungszugriff, dem Gläubiger keinen Vorrang gegenüber später vollstreckenden Gläubigern.[219]

Hält man mit der überwiegenden Literaturmeinung und gegen die Rechtsprechung Vollstreckungsgegeneinwände im Exequatur für grundsätzlich zulässig, so stellt sich die weitere Frage, wann der Exequaturrichter für eine Entscheidung über die Einwände international zuständig ist.

b) Zuständigkeit für die Entscheidung über Einwände im Exequaturverfahren

Batiffol/Lagarde[220] meinen, die Zuständigkeit des Exequaturrichters für Einwände gegen den titulierten Anspruch ergebe sich schon aus der *Konnexität* zwischen Exequaturverfahren und einem Prozeß über den titulierten Anspruch. Andere Literaturstimmen lehnen, obwohl sie im Ergebnis ebenfalls Vollstreckungsgegeneinwände im Exequatur zulassen, eine zuständigkeitsbegründende Konnexität ab.[221] Selbst wenn man bei der Parallelfrage der Hauptsacheprüfung nach Arrest eine Zuständigkeit in Frankreich aus Konnexitätserwägungen bejahe, ließen sich diese nicht auf die Situation des Exequaturverfahrens übertragen.[222] Auch die Rechtsprechung hat sich gegen die Annahme einer Konnexität ausgesprochen.[223]

Lehnt man die Konnexität ab, so darf der Exequaturrichter nur dann Vollstreckungsgegeneinwände prüfen, wenn französische Gerichte nach den allgemeinen Zuständigkeitsregeln für den Streit über die titulierte Forderung zuständig wären.[224]

c) Exequatur für vollstreckbare Urkunden und Prozeßvergleiche

Das französische autonome Recht erlaubt im Gegensatz zum deutschen die Vollstreckbarerklärung ausländischer Urkunden (Art. 509 NCPC), sofern sie von einer öffentlichen Stelle aufgenommen wurden, die dabei eine eigene Prüfungsfunktion wahrgenommen hat.[225] Diese Vorschrift wird analog auch auf Prozeßvergleiche angewandt.[226]

---

219 Artt. 75, 76 Loi 1991 im Gegensatz zu Art. 43 Loi 1991.

220 DIP Tz. 732; ebenso *Ancel*, Note RCDIP 1981, 535 (543).

221 *Holleaux/Foyer/De La Pradelle*, DIP Tz. 1028; *Muir Watt Muir Watt*, J.-Cl. proc. civ. 1990, Fasc. 124–9, Tz. 131; *Lequette*, Note RCDIP 1977, 525 (526).

222 So ausdrücklich *Muir Watt*, J.-Cl. proc. civ. 1990, Fasc. 124–9, Tz. 131.

223 C.A. Paris, 10.11.1966, RCDIP 1967, 560.

224 *Holleaux/Foyer/De La Pradelle*, DIP Tz. 1029, 1031; *Muir Watt*, J.-Cl. proc. civ. 1990, Fasc. 124–9, Tz. 131.

225 Zur Abgrenzung vgl. zuletzt C.A. Paris, 2.4.1998, RCDIP 99, 102, Note *Pamboukis*.

226 Civ. 1re, 24.10.1973, Clunet 1974, 592; RCDIP 1974, 366. Die Abgrenzung von ausländischem Urteil und Prozeßvergleich erfolgt nach den zum inländischen Recht entwickelten

Im Exequaturverfahren nach Art. 509 NCPC wird, obwohl der ausländischen Urkunde oder dem Prozeßvergleich keine Rechtskraftwirkung zukommt, nur die formelle Wirksamkeit der Urkunde (*régularité de l'instrumentum*) geprüft, nicht aber die Wirksamkeit des zugrunde liegenden Rechtsgeschäfts (*negotium*).[227] Die Abgrenzung von *instrumentum* und *negotium* ist nicht immer einfach. Als Abgrenzungshilfe dient die Ratio der Unterscheidung: Soweit der Titel sein Fundament im Parteiwillen hat, soll über Einwände das nach allgemeinen Regeln international zuständige Gericht entscheiden[228], soweit Wirkungen dagegen auf der Beurkundung beruhen, geht es um die Anerkennung eines ausländischen Hoheitsakts, für die allein französische Gerichte zuständig sind.[229] Die Unterscheidung zwischen *negotium* und *instrumentum* läuft damit parallel zu der zwischen *compétence* und *imperium*[230].

Das ausländische *instrumentum* profitiert ebenso wie die inländische notarielle Urkunde von einer Vermutung für die Wirksamkeit.[231]

Einwände gegen das *negotium* können in Frankreich auch nach Erteilung des Exequatur nur dann geltend gemacht werden, wenn französische Gerichte nach allgemeinen Regeln zuständig sind.[232] Denn selbst wenn man Art. L. 311–12–1 C. org. jud. analog auf die internationale Zuständigkeit anwenden wollte, wäre zu beachten, daß nach der Rechtsprechung der *Cour de Cassation* der Vollstreckungsrichter schon im nationalen Kontext nicht für Einwendungen gegen den in einer Urkunde titulierten Anspruch zuständig ist.[233]

Kriterien (s.o. I 1 b). Ausführlich *Pamboukis*, L'acte public étranger, Tz. 126 u. ders., Note, RCDIP 1995, 90 (91ff.).

227 C.A. Paris, 23.11.1993, RCDIP 1995, 88; *Pamboukis*, Encycl. D., Acte public étranger, Tz. 58ff., 65; ders., L'acte public étranger, Tz. 349, 413, 420, jeweils m.w.N.; *Batiffol/Lagarde* II Tz. 716.

228 Damit soll letztlich sichergestellt werden, daß in dem Rechtsstreit das internationale Privatrecht eines Forums angewendet wird, das einen hinreichenden Bezug zu den Parteien bzw. dem Rechtsgeschäft aufweist: *Pamboukis*, L'acte public étranger, Tz. 347; ebenso für den Bereich des GVÜ *Droz*, Tz. 621. Vgl. auch *Leutner* S. 76.

229 *Pamboukis*, L'acte public étranger, Tz. 347; ebenso für den Bereich des GVÜ, C.A. Paris, 22.02.1990, Clunet 1991, 162, obs. *Huet*. Dieselbe Unterscheidung gilt auch für Prozeßvergleiche: *Pamboukis*, Note RCDIP 1995, 90 (94f.). Ähnlich *Leutner*, S. 76.

230 *Théry*, Pouvoir juridictionnel et compétence, Tz. 667.

231 Civ. 1re, 12.01.1994, RCDIP 1994, 557, Note *Pamboukis* (insbes. 564 a.E.); *Leutner*, S. 75f.

232 Zur Möglichkeit, nach allgemeinen Regeln gegen das *negotium* vorzugehen *Batiffol/Lagarde* II Tz. 716.

233 Avis 16.06.1995, Bull. civ. Avis N° 9. Im Rahmen dieser – inländischen – Zuständigkeitsabgrenzung macht C.A. Versailles, 27.04.1994, Bull. Avoués 1994, 138 implizit die Unterscheidung zwischen *instrumentum* und *negotium* fruchtbar und weist dem Vollstreckungsrichter nur die Zuständigkeit für Einwände gegen das *instrumentum* zu.

2. Vollstreckbarerklärung nach Artt. 31 ff. GVÜ

Ein Ausführungsgesetz zum GVÜ hat Frankreich nicht erlassen. Die Rechtsprechung wendet das Abkommen direkt an und läßt im Exequaturverfahren auch im Rechtsbehelf nach Art. 36 GVÜ keine Zusatzklagen[234] und keine Vollstreckungsgegeneinwände[235] zu.

Die Literatur bietet ein uneinheitliches und teilweise in sich widersprüchliches Bild. Während einige die Berücksichtigung von Vollstreckungsgegeneinwänden ablehnen,[236] halten andere sie für möglich, wobei jedoch häufig als zusätzliche Voraussetzung die Vereinbarkeit mit dem Prozeßrecht des Forums verlangt wird,[237] ohne daß näher erklärt würde, welche Position denn das französische Prozeßrecht zu dieser Frage einnimmt.

Bei einer *vollstreckbaren Urkunde* hält *Droz*[238] Einwendungen gegen den titulierten Anspruch im Rahmen des Rechtsbehelfs nach Art. 36 GVÜ für zulässig.[239] Allerdings meint auch er, der französische Exequaturrichter könne hierüber nur entscheiden, wenn er nach allgemeinen Regeln international zuständig sei. Bei Unzuständigkeit müsse das Verfahren ausgesetzt werden.[240] Diese Konzeption wird heute vielfach abgelehnt, da sie das im GVÜ vorgesehene einfache Verfahren verzögern und mit einem zusätzlichen Streitgegenstand belasten würde.[241]

Aus diesen Literaturstimmen ist nur schwer ein Fazit zu ziehen. Es scheint aber die Auffassung vorzuherrschen, daß eine Prüfung von Vollstreckungsgegeneinwänden im Rechtsbehelf nach Art. 36 GVÜ bei Urteilen (anders wohl bei Urkunden und Prozeßvergleichen) nicht abkommenswidrig wäre; zur Frage, ob das französische Recht diese Prüfung erlaubt, verlaufen die Fronten wohl ähnlich wie zum Exequatur nach dem autonomen Recht.

---

234 T.G.I. Paris, 26.02.1980, RCDIP 1980, 782.

235 C.A. Paris, 16.03.1979, RCDIP 1980, 121 m. zust. Note Mezger.

236 *Pluyette*, Etudes Bellet, 427 (457).

237 *Gothot/Holleaux*, Tz. 322, ohne diese Einschränkung dagegen *dies.* a.a.O., Tz. 362; *Gaudemet-Tallon*, La convention de Bruxelles, Tz. 392 u. 397, anders (gegen die Berücksichtigung von Einwänden) dagegen *dies.* a.a.O., Tz. 419 (bei Urkunden und Vergleichen) und *dies.*, Note RCDIP 1980, 787 (allgemein).

238 Tz. 621 f.

239 Ihm folgen *Gothot/Holleaux*, Tz. 410.

240 *Droz*, Tz. 622. Ebenso *Gothot/Holleaux*, Tz. 410.

241 *Pamboukis*, L'acte public étranger, Tz. 467; *Gaudemet-Tallon*, La convention de Bruxelles, Tz. 419. Ebenso wohl die Rechtsprechung: C.A. Paris, 22.02.1990, Clunet 1991, 162 obs. *Huet* und Civ. 1re, 12.01.1994, RCDIP 1994, 557, note *Pamboukis* (insbes. 564).

V. Geltendmachung von Einwänden vor Vollstreckbarerklärung

1. Action en inopposabilité

Die französische Rechtsprechung stellt mit der *action en inopposabilité* eine besondere Klage zur Verfügung, mit der eine interessierte Partei[242] feststellen lassen kann, daß eine ausländische Entscheidung ihr gegenüber im Inland keine Wirkungen entfaltet.[243] Rechtsprechung zur Geltendmachung von Vollstrekkungsgegeneinwänden mit der *action en inopposabilité* gibt es, soweit ersichtlich, nicht.

Arbeitet man mit der im französischen Recht wenig ausgeprägten Unterscheidung zwischen Anerkennung und Vollstreckbarerklärung,[244] so betrifft die *action en inopposabilité* wohl nur die Feststellung von Anerkennungs- und nicht von Vollstreckungshindernissen. Für dieses Ergebnis spricht schon, daß die *action en inopposabilité* als Gegenstück zum Exequaturverfahren begriffen wird,[245] in dem jedenfalls nach der Rechtsprechung der *Cour de Cassation* Vollstreckungsgegeneinwände ebenfalls nicht zulässig sind (s.o. § IV 1 a) (1)). Gegenstand der Klage ist die Feststellung, daß das Urteil dem Kläger in Frankreich nicht entgegengehalten werden kann. Es würde dem französischen Sinn für Logik widersprechen, wenn im Rahmen einer *action en inopposabilité* zunächst festzustellen wäre, daß die Exequaturvoraussetzungen erfüllt sind[246] und das ausländische Urteil dem Kläger entgegengehalten werden kann, und sodann ausgesprochen würde, daß seiner Vollstreckung materielle Einwände entgegenstehen. Schließlich bestünde auch hier die Gefahr, daß auf diese Weise französische Gerichte

---

242 Grundlegend Civ., 22.01.1951, RCDIP 1951, 167.

243 *Mayer*, DIP Tz. 407 m.w.N. Das notwendige Rechtsschutzinteresse wird regelmäßig schon durch die Existenz einer belastenden ausländischen Entscheidung vermittelt (T.G.I. Paris, 10.02.1993, RCDIP 1993, 664). Eine Entscheidung der *Cour d'Appel de Paris* (C.A. Paris, 09.07.1986, Clunet 1986, 976, Note *Mayer*), welche die *action en inopposabilité* ausschließt bei fremden Urteilen, die aufgrund eines Staatsvertrages automatische Anerkennung genießen, war wohl politisch motiviert und ist vereinzelt geblieben (vgl. Note *Mayer*, Clunet 1986, 991 f.).

244 Die Rechtsprechung hält regelmäßig (wichtigste Ausnahme: Statusurteile) ein Exequatur für notwendig, bevor irgendwelche Wirkungen einer ausländischen Entscheidung in Frankreich geltend gemacht werden können (*Batiffol/Lagarde* II Tz. 736 m. zahlr. Nachw.; *Huet*, Clunet 1988, 5 (7 f.)). Die Literatur kritisiert dies und will die Unterscheidung zwischen Anerkennung und Vollstreckbarerklärung auch im französischen Recht etablieren: *Batiffol/Lagarde* II Tz. 736; *Mayer*, DIP Tz. 401; Kessedjian, Note RCDIP 1989, 522 (525 f.); *Pamboukis*, L'acte public étranger, Tz. 442). Ein Teilerfolg ist ihr mit der Formulierung in Art. L.311–11 C. Org. Jud. beschieden, die zur Beschreibung der Zuständigkeiten des Einzelrichters am TGI von „demandes en reconnaissance et en exequatur …“ spricht.

245 *Mayer*, DIP Tz. 407. Ebenso für das belgische Recht *de Leval*, S. 493.

246 Das Fortbestehen des titulierten Anspruchs ist jedenfalls nach ganz herrschender Meinung keine Exequaturvoraussetzung, s.o. IV.

über Streitigkeiten entscheiden, die nach allgemeinen Regeln nicht in ihre Zuständigkeit fallen.

Im Bereich des GVÜ ist die *action en inopposabilité* zwar grundsätzlich ebenfalls zulässig[247], die Geltendmachung von Vollstreckungsgegeneinwänden mit diesem Rechtsbehelf wird jedoch aus denselben Gründen wie im autonomen Recht nicht statthaft sein. Gegenüber Schiedssprüchen ist eine *action en inopposabilité* ohnehin ausgeschlossen.[248]

2. Contestation vor dem Vollstreckungsrichter

Die Zuständigkeit des Vollstreckungsrichters nach Art. L. 311–12–1 beginnt erst, wenn der Gläubiger erste Zwangsvollstreckungsmaßnahmen ergriffen hat. Vollstreckungsgegeneinwände können daher vor Beginn der Zwangsvollstreckung auf keinen Fall beim Vollstreckungsrichter geltend gemacht werden.

VI. Wirkungen ausländischer Entscheidungen und Verfahren zu Einwänden

1. Aufhebung der Entscheidung im Erststaat

In Frankreich können ausländische Entscheidungen bereits für vollstreckbar erklärt werden, bevor sie rechtskräftig geworden sind. Einzige Voraussetzung ist, daß die Entscheidung im Erststaat vollstreckbar ist.[249] Wird eine in Frankreich bereits für vollstreckbar erklärte ausländische Entscheidung nachträglich – z.B. aufgrund von Vollstreckungsgegeneinwänden – im Erststaat aufgehoben, so gibt es für den Schuldner zwei Wege, dies geltend zu machen:[250] Der Schuldner kann die Exequaturentscheidung mit den regulären Rechtsbehelfen angreifen und sich dabei auf die Aufhebung der Ausgangsentscheidung im Erststaat berufen. Er kann sich aber auch inzident – insbesondere im Rahmen einer *contestation* von Zwangsvollstreckungsmaßnahmen – darauf berufen, das französische Exequaturteil sei infolge der Aufhebung des Ersturteils „mangels Gegenstandes hinfällig".[251] Die zweite Möglichkeit wurde erst durch eine Leitentscheidung der

---

247 T.G.I. Paris, 10.02.1993, RCDIP 93, 664 (672 f.), insofern zust. Note *Gaudemet-Tallon*, a.a.O., S. 675 ff.; *Gaudemet-Tallon*, La convention de Bruxelles, Tz. 385.

248 Art. 1502 NCPC trifft insofern eine erschöpfende Regelung der Rechtsbehelfe: T.G.I. Paris, 22.11.1989, Rev. Arb. 1990, 693.

249 *Batiffol/Lagarde* II Tz. 723; *Mayer*, DIP Tz. 380.

250 Eingehend Kessedjian, Note RCDIP 1990, S. 749 f.

251 Die Formulierung lautet „*rendu caduque, faute d'objet*"; Civ. 1re, 31.01.1990, Bull. civ. I N° 28 = RCDIP 1990, 748, note *Kessedjian*. Sie reflektiert die kontinentaleuropäische Sicht

Cour de Cassation in der Sache *Sonatrach* anerkannt.[252] Sie ist eine Ausnahme von dem sonst geltenden Grundsatz, daß auch die inzidente Berufung auf ein ausländisches Urteil regelmäßig voraussetzt, daß diesem zuvor das Exequatur verliehen wurde.[253] Der Schuldner kann also, wenn die Ursprungsentscheidung im Erststaat aufgehoben wurde, beim Vollstreckungsrichter die Aufhebung zwischenzeitlich erfolgter Zwangsvollstreckungsmaßnahmen beantragen, ohne daß es vorher noch eines Exequatur bedarf.[254]

Wurde im Erststaat nicht die Entscheidung selbst, sondern nur ihre Vollstreckbarkeit aufgehoben (der Fall des § 767 ZPO), so dürften dieselben Grundsätze gelten. Denn die Vollstreckbarkeit im Erststaat ist ja ebenso wie die Existenz der Entscheidung Voraussetzung für das Exequatur gewesen.[255]

2. Beschränkung der Vollstreckung bis zur Entscheidung über einen Rechtsbehelf im Ausland

Hat der Schuldner im Erststaat einen Rechtsbehelf gegen die Entscheidung eingelegt, so hindert dies nicht die Vollstreckbarerklärung in Frankreich. Einem Exequatur steht nur entgegen, wenn dieser Rechtsbehelf die Vollstreckbarkeit im Erststaat suspendiert.[256]

Selbst eine Aussetzung des Exequaturverfahrens bis zur Entscheidung über den Rechtsbehelf, wie sie Art. 38 GVÜ vorsieht, ist nach der Rechtsprechung zum autonomen französischen Recht nicht möglich.[257] Allerdings bleibt dem Schuldner bei einem Vollstreckungsgegeneinwand die Möglichkeit, sich unmittelbar gegen Zwangsvollstreckungsmaßnahmen zu wehren; der Vollstreckungsrichter muß in diesem Fall die Entscheidung über die *contestation* aussetzen, bis das ausländische Gericht über den Einwand entschieden hat.

---

des Exequatur als einer Klauselerteilung für den ausländischen Titel, im Gegensatz zur angelsächsischen Neuverurteilung (*action upon the judgment*).

[252] Civ. 1re, 12.11.1986, RCDIP 1987, 750; instruktiv auch eine Folgeentscheidung in derselben Auseinandersetzung (allerdings zwischen anderen Parteien): Civ. 2^{e}, 27.04.1988, RCDIP 1989, 521.

[253] *Batiffol/Lagarde* II Tz. 736; *Mayer*, DIP Tz. 401; *Huet*, Clunet 1988, 5 (7f.), jeweils mit krit. eigener Stellungnahme. Ausführlich Kessedjian, Note RCDIP 1989, 522 (525f.).

[254] Civ. 2^{e}, 27.04.1988, RCDIP 1989, 521.

[255] *Batiffol/Lagarde* II Tz. 736; *Mayer*, DIP Tz. 380; Civ. 1re, 02.05.1990, RCDIP 1990, 751 (752).

[256] Civ. 1re, 02.05.1990, RCDIP 1990, 751.

[257] Civ. 1re, 31.01.1990, Bull. civ. I N° 28, RCDIP 1990, 748. Insofern kritisch: Note Kessedjian, RCDIP 1990, 749.

VII. Einwände gegen einen Schiedsspruch

Richten die Einwände sich gegen einen durch Schiedsspruch titulierten Anspruch, so ergeben sich einige Besonderheiten daraus, daß der Titel nicht von staatlichen Gerichten erlassen wurde.

1. Rechtskraft und Präklusionswirkung des Schiedsspruchs

Französische Schiedssprüche entfalten bereits ab Erlaß materielle Rechtskraft.[258] Für ausländische und in Frankreich erlassene internationale Schiedssprüche verweist Art. 1500 NCPC auf die in Art. 1476 NCPC für französische Sprüche getroffene Rechtskraftregelung. Literatur und Rechtsprechung haben soweit ersichtlich bisher nicht die Frage problematisiert, ob dies bedeutet, daß die Rechtskraftwirkung eines ausländischen Schiedsspruchs sich nach französischem Recht bemessen soll. Häufig wird dies jedenfalls implizit unterstellt.[259] Damit spricht vieles dafür, daß in Frankreich insofern die Gleichstellungslehre herrscht.

Im übrigen richtet sich der Umfang der Rechtskraft danach, wie weit die Schiedsvereinbarung formuliert war, d.h. welcher Streit dem Schiedsgericht tatsächlich zur Entscheidung unterbreitet war.[260] So hat das Handelsgericht Paris eine Klage aus ungerechtfertigter Bereicherung für zulässig erklärt, obwohl dieselbe Klägerin zuvor mit einer Klage auf Zahlung desselben Betrages vor dem Schiedsgericht gescheitert war, weil das Schiedsgericht nur für vertragliche Ansprüche zwischen den Parteien zuständig gewesen sei.[261]

2. Geltendmachung der Einwände vor einem Schiedsgericht

Die Einwände können entweder durch eine Fortsetzung des bisherigen Verfahrens oder durch Einleitung eines neuen Schiedsverfahrens zur Entscheidung eines Schiedsgerichts gestellt werden, sofern hierfür eine ausreichende Rechtsgrundlage besteht.

---

258 Art. 1476 NCPC.

259 *David*, L'arbitrage, Tz. 399 (S. 490f.); De *Boisséson*, Arbitrage, Tz. 786; *Fouchard/Gaillard/Goldman*, Arbitrage, Tz. 1419.

260 Hierauf stellt schon die Formulierung des Art. 1476 NCPC ausdrücklich ab, näher De *Boisséson*, Arbitrage, Tz. 391 f.

261 Trib. com. Paris, 04.09.1990, *Fougerolle/Procofrance*, unveröffentlicht. Den Hinweis auf die Entscheidung verdanke ich Prof. *Fouchard*.

a) Fortsetzung des ersten Schiedsverfahrens

Sieht die auf das Verfahren anwendbare Schiedsordnung eine Fortsetzung des bisherigen Verfahrens oder einen Rechtsbehelf zu einem weiteren (Ober-) Schiedsgericht vor, so ist zu prüfen, ob der Schuldner seine Einwände in diesem Verfahren vorbringen darf.[262] Auch können sich die Parteien natürlich auf eine Fortsetzung des Verfahrens einigen, was den Abschluß einer neuen Schiedsabrede bedeutet.

Außerhalb dieser von der Parteiautonomie getragenen Lösungen sieht das Gesetz nur in Ausnahmefällen die Möglichkeit einer Fortsetzung des bisherigen Schiedsverfahrens vor. Diese Ausnahmen decken die Geltendmachung von Vollstreckungsgegeneinwänden nicht ab: Art. 1475 Abs. 2 NCPC sieht nur die Möglichkeit vor, daß das Schiedsgericht nach Erlaß seines Spruchs diesen noch auslegt oder Auslassungen korrigiert. Diese Vorschrift wird eng verstanden und erlaubt auf keinen Fall eine Zusatzentscheidung über Behauptungen, die nicht bereits im ursprünglichen Verfahren vorgetragen wurden.[263] Eine weitere Ausnahme, welche die Rechtsprechung *praeter legem* entwickelt hat, betrifft die Geltendmachung eines Prozeßbetruges. Auch hier soll ausnahmsweise die Fortsetzung des ursprünglichen Schiedsverfahrens aufgrund eines besonderen Rechtsbehelfs möglich sein.[264]

b) Einleitung eines neuen Schiedsverfahrens

(1) Voraussetzungen

Der Schuldner kann seine Einwände in einem neuen Schiedsverfahren geltend machen, wenn sie noch von der Schiedsabrede umfaßt sind. Dies ist jeweils nach dem auf den Schiedsvertrag anwendbaren Recht zu prüfen. Nach französischem Recht endet mit Erlaß des Schiedsspruchs zwar die Befassung des Schiedsgerichts mit dem Streitgegenstand, über den es entschieden hat.[265] Umfaßte die Schiedsabrede nur diesen Streitgegenstand, so ist sie mit Erlaß des Spruchs verbraucht. Dies ist regelmäßig der Fall bei einer *ad hoc* geschlossenen Schiedsabrede, die den Gegenstand des anschließenden Verfahrens bereits konkret umreißt (*compromis*), während eine bereits vor Entstehung des Streits getroffene Schiedsvereinbarung (*clause compromissoire*) weiter gehen kann.[266] Die franzö-

---

262 Dazu sind in erster Linie Schiedsabrede und Schiedsordnung zu befragen, näher sogleich 2 a).

263 De *Boisséson*, Arbitrage, Tz. 398; *Fouchard/Gaillard/Goldman*, Arbitrage, Tz. 1414ff.

264 Civ. 1re, 25.05.1992 *Fougerolle*, Rev. Arb. 1993, 91; dazu De *Boisséson*, Rev. Arb. 1993, 3 (11). Dieser besondere Rechtsbehelf läßt jedoch die gesetzlich vorgesehenen Rechtsbehelfe vor staatlichen Gerichten unberührt: Civ. 1re, 19.12.1995, Rev. Arb. 1996, 49.

265 Art. 1475 NCPC.

266 *Fouchard/Gaillard/Goldman*, Arbitrage, Tz. 738f.

sische Rechtsprechung hat Schiedsklauseln gelegentlich so ausgelegt, daß sie auch mehrere nacheinander auftretende Streitigkeiten erfassen[267] und auch dann noch Gültigkeit haben, wenn die Parteien einen ersten Streitfall durch Vergleich geregelt haben.[268]

Ist die Schiedsvereinbarung durch den Erlaß des Schiedsspruchs nicht erloschen, so stellt sich die weitere Frage, ob sie auch den geltend gemachten Einwand erfaßt. Die Rechtsprechung zur Auslegung von Schiedsklauseln in bezug auf die Zulässigkeit konnexer und inkonnexer Einwände ist nicht ganz einheitlich.[269] Die Aufrechnung ist im Schiedsverfahren soweit ersichtlich nur dann zulässig, wenn auch die Gegenforderung der Schiedsvereinbarung unterfällt.[270]

(2) Streitgegenstand und Entscheidungswirkungen

Unterliegt das neue Schiedsverfahren (wieder) französischem Recht, so ist ausreichend, daß der Kläger einen auf seinen materiellen Einwand ausgerichteten Antrag stellt, z.B. auf Feststellung der Aufrechnung oder Aufhebung des Vertrages, auf dem der Anspruch beruht. Ein auf Aufhebung des alten Schiedsspruchs oder seiner Vollstreckbarkeit gerichteter Antrag ist nicht notwendig. Ein Antrag auf Aufhebung eventuell bereits vorgenommener Zwangsvollstreckungsmaßnahmen ist vor dem Schiedsgericht nicht möglich. Sie gehört zum ausschließlichen *imperium* der staatlichen Richter, regelmäßig des Vollstreckungsrichters.[271]

Ist der Schuldner mit seinem Einwand vor dem Schiedsgericht erfolgreich, so entfalten die entsprechenden Feststellungen des zweiten Schiedsspruchs unmittelbar materielle Rechtskraftwirkung, ohne daß es eines Exequatur bedürfte.[272] Ergreift der Gläubiger dennoch Zwangsvollstreckungsmaßnahmen, so kann der Schuldner sich mit der *contestation* vor dem *juge de l'exécution* wehren, der den Zweitspruch zu berücksichtigen hat. Der Zweitspruch entfaltet nach einem Urteil der *Cour de Cassation* selbst dann Bindungswirkung, wenn er objektiv die materielle Rechtskraft des ersten Schiedsspruchs mißachtet hat, d.h. einen nach Art. 1351 C.civ. eigentlich präkludierten Einwand berücksichtigt hat.[273]

---

[267] C.A. Paris, 25.06.1982, Rev. Arb. 1983, 344.

[268] C.A. Paris, 04.03.1986, *Cosiac*, Rev. Arb. 1987, 167 m. krit. Note Jarrosson. Ebenso Cass. Com. 05.03.1991, Rev. Arb. 1992, 66. Eingehend zu diesen Fragen auch *Fouchard/Gaillard/Goldman*, Arbitrage, Tz. 730.

[269] Eingehend Loquin, J.-Cl. proc. civ. 1994, Fasc. 1032, Tz. 23 ff.; De *Boisséson*, Arbitrage, Tz. 796 (S. 837).

[270] Cass. com., 17.01.1967, J.C.P. II. 15065 note P.L. Dagegen ist die Aufrechnung vor französischen Gerichten auch dann zulässig, wenn diese für eine selbständige Geltendmachung der Gegenforderung nicht international zuständig wären (*Vincent/Guinchard* Tz. 272, 1253; *Solus/Perrot* Bd. 2 Tz. 453 ff., 507; *Gottwald* IPRax 86, 10 (11)).

[271] *Fouchard/Gaillard/Goldman*, Tz. 1323.

[272] Art. 1476 NCPC, De *Boisséson*, Arbitrage, Tz. 391.

[273] Cass. soc. 19.03.1981, Rev. Arb. 1982, 44; De *Boisséson*, Arbitrage, Tz. 392.

3. Geltendmachung der Einwände vor staatlichen Gerichten

Fällt der Einwand des Schuldners nicht unter die Schiedsabrede, so kann er (nur) vor staatlichen Gerichten geltend gemacht werden. Dabei ist es sinnvoll, zwei Grundsituationen zu unterscheiden: Die Geltendmachung von Einwänden *nach* formeller Rechtskraft der Vollstreckbarerklärung des Schiedsspruchs (a) und *vor* dieser Zäsur (b). Zwar ist der Schiedsspruch schon mit seinem Erlaß materiell rechtskräftig (Art. 1476 NCPC). Dem Schuldner stehen jedoch verschiedene Rechtsbehelfe zur Verfügung, die sich entweder gegen den Schiedsspruch selbst richten oder – bei einem ausländischen Schiedsspruch – gegen seine Vollstreckbarerklärung und die an eine Monatsfrist ab Zustellung des Exequatur gebunden sind.[274] Das Exequatur bewirkt also nach französischem Recht zwar keine Transformation des Schiedsspruchs in ein Urteil,[275] führt aber mit Ablauf der Rechtsbehelfsfristen zu einer erhöhten Bestandskraft und ist Voraussetzung für die Vollstreckung aus dem Schiedsspruch.[276]

a) Geltendmachung nach Rechtskraft der Vollstreckbarerklärung

Ist ein Monat seit Zustellung des Exequatur vergangen, so hängt die Möglichkeit, einen Vollstreckungsgegeneinwand geltend zu machen, weitgehend davon ab, ob der Gläubiger die Zwangsvollstreckung betreibt.

Ergreift der Gläubiger Vollstreckungsmaßnahmen, so kann der Schuldner seinen Einwand geltend machen, indem er die Maßnahmen mit einer *contestation* angreift. Ausschließlich zuständig für diesen Rechtsbehelf ist der Vollstreckungsrichter.[277] Stützt der Schuldner die *contestation* auf einen Einwand, der einer Schiedsabrede unterliegt, so muß der Vollstreckungsrichter das Verfahren bis zu einer Entscheidung des Schiedsgerichts aussetzen.[278] Die Aussetzungspflicht ist nichts Ungewöhnliches, sie gilt auch bei der Sicherungsvollstreckung (*saisie conservatoire*) zur Sicherung eines schiedsgebundenen Anspruchs[279] und außerhalb des Schiedsbereichs etwa bei Einwänden gegen die Wirksamkeit des Grundgeschäfts bei einer vollstreckbaren Urkunde[280]. Ist der Einwand dagegen nicht schiedsgebunden, so ist die Zuständigkeit des Vollstreckungsrichters nicht anders zu beurteilen als bei einem inländischen bzw. ausländischen Urteil auch.

---

274 Art. 1486 Abs. 2 NCPC für inländische, Artt. 1503, 1505 NCPC für in Frankreich erlassene internationale und für ausländische Schiedssprüche.

275 De *Boisséson*, Arbitrage, Tz. 408 m.w.N.

276 Artt. 1477, 1500 NCPC.

277 Art. L. 311–12–1 C. org. jud. Zu den Ausnahmen s.o. II 2.

278 *Ameli*, Tz. 316 m.w.N. aus der Rechtsprechung (Fn. 284): T.G.I. Paris, 19.04.1984 (unveröffentlicht).

279 Auch hier hat das staatliche Gericht die Hauptsacheentscheidung des Schiedsgerichts abzuwarten: *Fouchard/Gaillard/Goldman*, Arbitrage, Tz. 1334 m.w.N.

280 Cass. avis 16.06.1995, Bull. civ. avis N° 9.

Insofern gilt das oben zur Abgrenzung der sachlichen und internationalen Zuständigkeit des französischen Vollstreckungsrichters Ausführte hier entsprechend.

Hat der Gläubiger noch keine Zwangsvollstreckungsmaßnahmen ergriffen, so kann der Schuldner seinen Einwand vor staatlichen Gerichten nur nach allgemeinen Regeln geltend machen. Dabei ist zu beachten, daß für eine reine Feststellungsklage das notwendige Rechtsschutzinteresse (Art. 31 NCPC) häufig fehlen wird, da die französische Rechtsprechung insofern erhebliche Anforderungen stellt.[281]

b) Geltendmachung von Einwänden vor rechtskräftiger Vollstreckbarerklärung

Vor Rechtskraft des Exequatur kann der Schuldner versuchen, seine Einwände gegen den Schiedsspruch mit einem Rechtsbehelf gegen den Spruch oder das Exequatur geltend zu machen. Die Rechtsbehelfe unterscheiden sich erheblich, je nachdem ob der Schiedsspruch als inländischer (1), in Frankreich erlassener internationaler[282] (2) oder ausländischer (3) anzusehen ist.

(1) Französischer nationaler Schiedsspruch

Bei einem französischen Spruch kann der Schuldner seine Einwände unter Umständen mit einem Rechtsbehelf gegen den Spruch selbst vorbringen *(a)*, im Verfahren zur Erteilung des Exequatur sind die Einwände dagegen unzulässig *(b)*.

(a) Einwände im Rechtsbehelf gegen den französischen Schiedsspruch

Gegenüber einem französischen Schiedsspruch stehen dem Schuldner seit der Reform des französischen Schiedsverfahrensrechts von 1980 nur noch zwei ordentliche Rechtsbehelfe zur Verfügung: die Berufung zu einem staatlichen Gericht (*appel*, Art. 1482 NCPC) oder die Aufhebungsklage (*recours en annulation*, Art. 1484 NCPC).[283] Beide Rechtsbehelfe können jederzeit ab Erlaß des Schiedsspruchs und bis einen Monat nach Zustellung des Exequatur eingelegt werden.[284] Sie haben gegenüber der Vollstreckbarerklärung einen Suspensiveffekt.[285] Dieser ist praktisch bedeutend, da selbst eine Sicherungsvollstreckung (*mesure conservatoire*) bei einem Schiedsspruch – anders als bei einem ausländischen Urteil – erst aufgrund einer an besondere Voraussetzungen gebundenen richterlichen Anordnung zulässig ist.[286] Gemildert wird er nur dadurch, daß

281 *Guinchard*, Droit et pratique, Tz. 22, 25.

282 Definiert in Art. 1492 NCPC.

283 Eingehend zum System der Rechtsbehelfe De *Boisséson*, Arbitrage, Tz. 427 ff.

284 Art. 1486 Abs. 2 NCPC.

285 Art. 1486 Abs. 3 NCPC.

286 *Mesures conservatoires* sind – anders als bei ausländischen Urteilen – vor dem Exequatur nicht auf der Grundlage des Art. 68 Loi 1991 zulässig (T.G.I. Lyon, 25.01.1994, Gaz.

schon beim Schiedsgericht oder bei dem zuständigen staatlichen Gericht beantragt werden kann, den Schiedsspruch für vorläufig vollstreckbar zu erklären.[287]

Der *appel* gegen den Schiedsspruch ist nur dann statthaft, wenn die Parteien hierauf nicht in der Schiedsklausel verzichtet oder den Schiedsrichter als *amiable compositeur* eingesetzt haben.[288] Auf das Verfahren sind die allgemeinen Regeln über die Berufung anwendbar,[289] so daß Vollstreckungsgegeneinwände als Noven in dem von Art. 564 NCPC vorgezeichneten Ausmaß[290] zulässig sein können. Der Schuldner kann also, gestützt auf Einwände gegen den titulierten Anspruch, eine *réformation* des Schiedsspruchs beantragen.[291]

Ist ein *appel* gegen den Schiedsspruch nicht statthaft,[292] so steht dem Schuldner nur die Aufhebungsklage zur Verfügung, die ausschließlich auf die in Art. 1484 NCPC aufgezählten Gründe gestützt werden kann. Nachträgliche Einwände gegen den im Schiedsspruch titulierten Anspruch können unter keinen dieser Gründe subsumiert werden. [293] Es gibt denn auch soweit ersichtlich keine Rechtsprechung, nach der ein französischer Schiedsspruch aufgrund von Vollstreckungsgegeneinwänden aufgehoben worden wäre.

(b) Einwände im Exequaturverfahren für den französischen Spruch

Das Exequatur für Schiedssprüche wurde in Frankreich 1980 völlig neu geordnet.[294] Es kann durch einfache Niederlegung des Schiedsspruchs und der Schiedsvereinbarung beim Sekretariat des *Tribunal de Grande Instance* beantragt werden.[295] Bereits vor der Reform konnte der Richter über diesen Antrag im einseitigen Verfahren (*ordonnance sur requête*) entscheiden. Nach der Reform bestand zunächst eine gewisse Unsicherheit, ob dies weiter möglich sein

---

Pal. 1994, somm. 20.09. p. 603, a.A. wohl *Théry*, Rev. Arb. 1993, 159 (160).), so daß der Gläubiger die strengeren Voraussetzungen des Art. 67 Loi 1991 erfüllen muß.

287 Art. 1479 NCPC.

288 Art. 1482 NCPC.

289 Art. 1487 Abs. 1 NCPC.

290 Dazu s. o. § 1 I 1.

291 Art. 1483 NCPC.

292 Art. 1482 NCPC. Besondere Probleme ergeben sich, wenn die Parteien bereits unmittelbar im Zusammenhang mit der Entscheidung des Schiedsgerichts einen *Vergleich* geschlossen haben, auf den die Entscheidung selbst Bezug nimmt. Die Entscheidung kann dadurch ihre Qualität als Schiedsspruch verlieren. Auch gegen einen solchen „Scheinschiedsspruch" soll der *appel* nicht statthaft sein, instruktiv Civ. 2^e^, 07.10.1981, Bull. civ. II N° 180; C.A. Paris, 24.10.1991, Rev. Arb. 1992, 494, note Rondeau-Rivier.

293 Art. 1484 Nr. 6 ist nur einschlägig, wenn *bereits das Schiedsgericht* gegen den *ordre public* verstoßen hat. Es genügt also – anders als bei der Parallelvorschrift des Art. 1502 Nr. 5 NCPC – schon dem Wortlaut der Bestimmung nach nicht, daß aufgrund späterer Ereignisse die Vollstreckung des Schiedsspruchs nunmehr gegen den *ordre public* verstoßen könnte.

294 De *Boisséson*, Arbitrage, Tz. 425; *Haas*, Anerkennung und Vollstreckung Schiedssprüche, S. 266ff.

295 Art. 1477 NCPC.

sollte.[296] Inzwischen entspricht es ganz herrschender Meinung, daß – obwohl die nach Art. 812 NCPC erforderliche gesetzliche Grundlage fehlt – die Entscheidung im einseitigen *requête*-Verfahren ergehen kann.[297] Damit behält das Verfahren zur Erteilung des Exequatur den Charakter eines Eilverfahrens, das vor dem Präsidenten des *Tribunal de Grande Instance* als Einzelrichter stattfindet.[298] Seine Aufgabe ist nur die *prima facie*-Kontrolle des Schiedsspruchs auf gravierende formelle Fehler und offensichtliche Verstöße gegen den *ordre public*.[299] Einwände gegen den titulierten Anspruch haben in diesem Verfahren keinen Platz. Die Rechtsprechung hat dies mit einer Leitentscheidung zur (Nicht-)Berücksichtigung eines nachträglichen Vergleichs noch unter der Geltung des alten Schiedsrechts entschieden,[300] die auch nach der Reform maßgeblich geblieben ist.[301] Auch in der Literatur herrscht die Überzeugung, daß sich das auf summarische Prüfung angelegte Exequaturverfahren nicht zur Prüfung nachträglicher Einwände gegen den titulierten Anspruch eignet.[302]

Eine eingehendere Kontrolle ist dem kontradiktorischen Rechtsbehelfsverfahren vorbehalten,[303] wobei der Rechtsbehelf unmittelbar gegen den Schiedsspruch zu richten ist; einen separaten Angriff gegen die Exequaturentscheidung sieht das französische Recht seit 1980 aus Vereinfachungsgründen nicht mehr vor.[304] Es bleibt damit bei den oben geschilderten Rechtsbehelfen gegen den Schiedsspruch selbst.[305] Allerdings schlug unmittelbar nach der Reform *Bertin* vor, *praeter legem* einen Antrag des Schuldners auf Aufhebung des Exequatur beim Exequaturrichter zuzulassen[306] und darin auch Einwände zu berücksichti-

---

[296] *Fouchard/Gaillard/Goldman*, Arbitrage, Tz. 1572 m.w.N. aus der Rechtsprechung (insbesondere C.A. Lyon, 07.01.1988, Rev. Arb. 1988, p. 685).

[297] *Robert*, Arbitrage, Tz. 214 u. 216; *Fouchard/Gaillard/Goldman*, Arbitrage, Tz. 1572 m.w.N.; *Gaillard*, J.-Cl. proc. civ. 1992, Fasc. 1072, Tz. 14; ebenso schon *Bertin*, Rev. Arb. 1983, 281 (286f.).

[298] Art. L-311–11 C. org. jud., Art. 1477 Abs. 1 NCPC.

[299] *Fouchard/Gaillard/Goldman*, Arbitrage, Tz. 1572, 1575 m. Verweis auf Art. 1498 Abs. 1 NCPC; *Gaillard*, J.-Cl. proc. civ. 1994, Fasc. 1072, Tz. 17; *David*, Arbitrage, Tz. 412; *Huet*, Clunet, 1988, 5 (22).

[300] Civ. 2^{e}, 17.06.1971, J.C.P. 1971 II. 16914, Note Level; Rev. Arb. 1972, 10, Note B.N.

[301] Rondeau-Rivier/Loquin, J.-Cl. proc. civ. 1996, Fasc. 1042, Tz. 102; die Vorschläge von *Bertin*, Rev. Arb. 1983, 281 (283ff.) zur Abkehr von dieser Rechtsprechung haben sich, wie soeben geschildert, nicht durchsetzen können.

[302] Note Level, J.C.P. II. 16914; *Robert*, L'arbitrage, Tz. 216; Rondeau-Rivier/Loquin, J.-Cl. proc. civ. 1996, Fasc. 1042, Tz. 102.

[303] *Fouchard/Gaillard/Goldman*, Arbitrage, Tz. 1575f. m.w.N.

[304] Art. 1488 NCPC. Näher *Robert*, L'arbitrage, Tz. 217; De *Boisséson*, Arbitrage, Tz. 425ff.; *Fouchard/Gaillard/Goldman*, Arbitrage, Tz. 1579.

[305] Diese Rechtsbehelfe sind an die Monatsfrist des Art. 1486 Abs. 2 NCPC gebunden, die allerdings erst mit Zustellung des *exequierten* Schiedsspruches zu laufen beginnt. Es kann daher nicht vorkommen, daß bei Vollstreckbarerklärung die Rechtsbehelfsfrist gegen den Spruch bereits abgelaufen ist.

[306] Martin, Rev. Arb. 1983, 281 (287ff.).

gen, die bei Erteilung des Exequatur nicht vorgebracht werden konnten. Dieser Vorschlag ist aber allgemein auf Ablehnung gestoßen.[307]

(2) Französischer internationaler Schiedsspruch

Gegen einen in Frankreich erlassenen *internationalen* Schiedsspruch[308] steht dem Schuldner als ordentlicher Rechtsbehelf nur die Aufhebungsklage zur Verfügung, ein *appel* ist nicht statthaft.[309] Die gerichtliche Kontrolle ist damit erheblich zurückgenommen, eine Aufhebung des Spruchs bleibt aber – anders als bei einem ausländischen (dazu sogleich) – grundsätzlich möglich.[310] Im Ergebnis kann der Schuldner gegenüber einem internationalen Spruch, obwohl er in Frankreich erlassen wurde, Vollstreckungsgegeneinwände weder durch Rechtsbehelf (*recours en annulation*) *(a)* noch im Exequaturverfahren *(b)* geltend machen.

(a) Einwände im Rechtsbehelf gegen den internationalen Schiedsspruch

Gegenüber einem in Frankreich erlassenen internationalen Schiedsspruch ist allein die Aufhebungsklage zulässig.[311] Sie kann nur auf die in Art. 1502 aufgezählten Gründe gestützt werden. Vollstreckungsgegeneinwände ließen sich allenfalls unter Art. 1502 Nr. 5 NCPC subsumieren, der eine Aufhebung zuläßt, wenn die Anerkennung oder Vollstreckung gegen den internationalen *ordre public* verstieße. Dieser Aufhebungsgrund setzt jedoch voraus, daß der Schiedsspruch bereits zum Zeitpunkt seines Erlasses einen Verstoß gegen den internationalen *ordre public* enthielt – nachträgliche Umstände, die zu einem solchen Verstoß führen könnten, sind nicht zu berücksichtigen.[312] So ist zwar etwa die mangelnde Berücksichtigung der Konkurseröffnung über das Schuldnervermögen als Verstoß gegen den *ordre public international* angesehen worden, die Konkurseröffnung hatte aber in diesem Fall schon zum Zeitpunkt des Schiedsverfahrens stattgefunden.[313] Unter den – ohnehin sehr seltenen – Fällen einer Aufhebung wegen Verstoßes gegen den internationalen *ordre public* findet sich, soweit ersichtlich, kein Beispiel für die Berücksichtigung eines Vollstreckungsgegeneinwands.[314]

---

[307] *Peyre*, Rev. Arb. 1985, 231 (237f.); *Crépin*, Tz. 156, 165 und die in der vorletzten Fußnote Genannten.

[308] Definition: (Art. 1492 NCPC) International ist ein Schiedsspruch, der Angelegenheiten des internationalen Wirtschaftsverkehrs betrifft.

[309] Art. 1504 Abs. 1 NCPC.

[310] Die französische Rechtsordnung erkennt also noch eine gewisse „Vaterschaft" hinsichtlich des in Frankreich erlassenen Schiedsspruchs an, auch wenn dieser internationale Handelsbeziehungen betrifft: De *Boisséson*, Arbitrage, Tz. 793 (S. 821).

[311] Art. 1504 Abs. 1 i.V.m. Art. 1502 NCPC.

[312] Civ. 1re, 02.06.1987, Rev. Arb. 1988, 283, Note *Mayer*; De *Boisséson*, Arbitrage, Tz. 798 (S. 846f.).

[313] Civ. 1re, 08.03.1988, Rev. Arb. 1989, 472.

[314] Vergleiche De *Boisséson*, Arbitrage, Tz. 798; *Fouchard/Gaillard/Goldman*, Arbitrage, Tz. 1661f.

(b) Einwände im Exequaturverfahren für den internationalen Spruch

Die Vollstreckbarerklärung eines in Frankreich erlassenen internationalen Schiedsspruchs erfolgt – wie bei einem französischen – im *requête*-Verfahren.[315] Einen separaten Rechtsbehelf gegen die in diesem summarischen Verfahren gefällte Entscheidung gibt es auch hier nicht, vielmehr ist – wie bei einem französischen Schiedsspruch – der Rechtsbehelf direkt auf Aufhebung des Schiedsspruchs zu richten.[316]

Vollstreckungsgegeneinwände werden, ebenso wie im Verfahren zur Vollstreckbarerklärung rein nationaler französischer Schiedssprüche, unzulässig sein. Die entsprechende Leitentscheidung der *Cour de Cassation*[317] ist auch hier einschlägig. Allerdings hat 1970 das *TGI Paris*[318] einmal die Berufung auf einen nach Erlaß des Schiedsspruch geschlossenen Vergleich im Exequaturverfahren zugelassen. Diese Entscheidung stammt jedoch zum einen aus der Zeit vor der Leitentscheidung der *Cour de Cassation* von 1971 und erging zum anderen nicht in einem *requête*-Verfahren, sondern in einem besonderen streitigen Verfahren.[319]

Wurde das Exequatur versagt, so kann der Gläubiger hiergegen einen Rechtsbehelf einlegen,[320] in diesem kann der Schuldner nach überwiegender Auffassung jedoch auch nur die Aufhebungsgründe des Art. 1502 NCPC geltend machen.[321] Vollstreckungsgegeneinwände sind erst im Rahmen der Zwangsvollstreckung durch *contestation* geltend zu machen.[322]

(3) Ausländischer Schiedsspruch

Gegen einen ausländischen Schiedsspruch ist weder die Berufung noch eine Aufhebungsklage statthaft, ein Rechtsbehelf steht dem Schuldner nur gegenüber der Exequaturentscheidung zur Verfügung.[323] Vollstreckungsgegeneinwände können weder vor Beginn des Exequaturverfahrens geltend gemacht werden, noch im Exequaturverfahren, noch mit einem Rechtsbehelf gegen die Erteilung des Exequatur.

Damit der Schuldner die Initiative ergreifen und auch ohne Einleitung eines Exequaturverfahrens Einwände klären lassen kann, wollen manche – analog zur Rechtsprechung bei ausländischen Urteilen – eine besondere Klage (*action en*

---

315 De *Boisséson*, Tz. 789.

316 Art. 1504 Ab. 2 NCPC.

317 Civ. 2e, 17.06.1971, J.C.P. 1971 II. 16914.

318 J.C.P. 1971. II. 16810.

319 Es handelte sich um eine *tierce opposition*, über die im streitigen Verfahren entschieden wird. Hierauf weist hin: Note *B.M.* Rev. Arb. 1972, 11 f.

320 Art. 1501 NCPC.

321 *Fouchard/Gaillard/Goldman*, Tz. 1581.

322 S.o. 3.) a).

323 Art. 1502 NCPC.

inopposabilité) zulassen. Die Rechtsprechung hat diese Analogie jedoch abgelehnt.[324] Dies entspricht dem allgemeinen Trend zur Zurückhaltung gegenüber reinen Feststellungsklagen.[325]

Ist ein Exequaturverfahren eingeleitet, so gelten die oben beschriebenen Grundsätze zur Unzulässigkeit von Vollstreckungsgegeneinwänden, da auch ausländischen Schiedssprüchen das Exequatur im summarischen *requête*-Verfahren erteilt wird.[326]. Hierfür spricht auch, daß Zusatzklagen im Exequaturverfahren für ausländische Schiedssprüche – wie in dem für ausländische Urteile – nicht zugelassen werden.[327]

Den Rechtsbehelf gegen die Erteilung des Exequatur kann der Schuldner nur auf die Gründe des Art. 1502 NCPC stützen. Zu diesen zählt zwar der internationale *ordre public*.[328] Erst nach Erlaß des Schiedsspruchs eingetretene Umstände sind aber, wie oben dargelegt, bei der Prüfung des internationalen *ordre public* nicht zu berücksichtigen.

c) Zusammenfassung zur Berufung auf Einwände vor staatlichen Gerichten

Zusammenfassend ist festzustellen, daß Einwände gegen einen durch Schiedsspruch titulierten Anspruch vor staatlichen französischen Gerichten nur in zwei Zusammenhängen statthaft sind:

– gegenüber einem französischen Schiedsspruch im Berufungsverfahren vor dem staatlichen Gericht (*appel*), sofern dieser Rechtsbehelf nicht von den Parteien ausgeschlossen wurde und

– gegenüber allen Schiedssprüchen im Rahmen der Zwangsvollstreckung, indem der Schuldner gegenüber einer konkreten Vollstreckungsmaßnahme den allgemeinen Rechtsbehelf (*contestation*) zum Vollstreckungsrichter einlegt. Der *juge de l'exécution* entscheidet im Rahmen dieses Rechtsbehelfs allerdings nur dann über den Einwand, wenn er hierfür nach den allgemeinen, zu (ausländischen) Urteilen entwickelten Grundsätzen zuständig ist, andernfalls setzt er das Verfahren aus.

---

[324] T.G.I. Paris, 22.11.1989, unveröffentlicht, zustimmend zitiert bei De *Boisséson*, Arbitrage, Tz. 793 Fn. 69.

[325] Zur strikten Auslegung des Feststellungsinteresses nach Art. 31 NCPC s. *Guinchard*, Droit et pratique, Tz. 22 ff.

[326] De *Boisséson*, Arbitrage, Tz. 789.

[327] *Fouchard/Gaillard/Goldman*, Tz. 1578 m.w.N.; *Gaillard*, J.-Cl. proc. civ. 1992, Fasc. 1072, Tz. 17, 20.

[328] Art. 1502 Nr. 5 NCPC.

4. Berücksichtigung ausländischer Entscheidungen zu Einwänden gegen Schiedssprüche

a) Entscheidung eines Schiedsgerichts

Die Entscheidung eines ausländischen Schiedsgerichts über Einwände des Schuldners ist in Frankreich nach den allgemeinen Grundsätzen anerkennungs- und gegebenenfalls vollstreckungsfähig. Unklar ist die Rechtslage, wenn der erste Schiedsspruch bereits in Frankreich für vollstreckbar erklärt wurde und der zweite jedenfalls nach französischer Auffassung mit der Rechtskraft des ersten kollidiert. Einerseits ist eine Rechtsprechung einschlägig, nach der die Mißachtung der Rechtskraftwirkung des früheren Schiedsspruchs durch das zweite Schiedsgericht keinen Verstoß gegen den *ordre public* bedeutet und damit auch nicht rechtfertigt, den zweiten Schiedsspruch aufzuheben oder ihm das Exequatur zu versagen.[329] Andererseits hat die *Cour de Cassation* in ihrem jüngsten Urteil zu der berühmten Streitsache *Hilmarton*[330] die Anerkennung eines zweiten, zwischen denselben Parteien ergangenen Schiedsspruches mit der Begründung abgelehnt, dem stehe die Rechtskraft der Vollstreckbarerklärung des ersten Schiedsspruchs entgegen. Die Konstellationen unterscheiden sich zwar insofern, als im Falle *Hilmarton* auf die Rechtskraft des französischen Exequatururteils als Anerkennungshindernis abgestellt wurde.[331] Dieser Unterschied müßte aber rechtlich irrelevant sein, da nach der Konzeption der Artt. 1476, 1477, 1500 NCPC das Exequatururteil nur die materielle Rechtskraft der im Schiedsverfahren getroffenen Entscheidung anerkennt und nicht eine weitere Entscheidung über den Anspruch fällt, die der materiellen Rechtskraft fähig sein könnte. Besonders deutlich wird dies bei französischen und in Frankreich erlassenen internationalen Schiedssprüchen, bei denen sich der Rechtsbehelf des Schuldners nicht gegen die Exequaturentscheidung, sondern unmittelbar gegen den Schiedsspruch richten muß.

Die Koexistenz dieser kollidierenden Linien in der Rechtsprechung – anerkennungsfreundliche Haltung gegenüber einem zweiten Schiedsspruch einerseits und kritische Prüfung der Vereinbarkeit mit einem in Frankreich für vollstreckbar erklärten ersten Schiedsspruch andererseits – erlaubt keine sichere Antwort auf die Frage, wann die Rechtskraft eines exequierten früheren Schiedsspruchs der Anerkennung eines späteren über Einwände gegen den titulierten Anspruch entgegensteht.

---

329 Cass. soc., 19.03.1981, Rev. Arb. 1982, 44 (zu einem französischen Schiedsspruch); ebenso De *Boisséson*, Arbitrage, Tz. 391. Diese Grundsätze gelten auch für einen ausländischen Schiedsspruch, De *Boisséson*, Arbitrage, Tz. 786 (Artt. 500, 1476 NCPC).

330 Civ. 1re, 10.06.1997, Rev. Arb. 1997, 376, Note *Fouchard*.

331 So wohl *Fouchard*, Note Rev. Arb. 1997, 377 (378f.).

b) Entscheidung eines ausländischen Gerichts

Hat der Schuldner vor einem ausländischen Gericht erreicht, daß die Vollstreckbarkeit des Schiedsspruchs aufgrund seiner Einwände aufgehoben wurde, so kann er sich hierauf in Frankreich *nicht* stützen. Dies gilt auch dann, wenn auf die Anerkennung und Vollstreckung des Spruchs das UNÜ anwendbar ist. Die französische Rechtsprechung hat nämlich – beeinflußt durch die Lehre von der „Autonomie" internationaler Schiedssprüche gegenüber nationalen Rechtsordnungen – in mehreren Grundsatzentscheidungen festgelegt, daß die Aufhebung eines Schiedsspruchs im Ursprungsstaat kein Grund für die Versagung der Anerkennung und Vollstreckung in Frankreich ist.[332] Diese Rechtsprechung wird von der französischen Literatur weitgehend begrüßt[333] und führt dazu, daß der Schuldner Aufhebungsgründe (oder Vollstreckungsgegeneinwände), mit denen er im Erststaat bereits erfolgreich war, in Frankreich nochmals in dem geeigneten Verfahren (Rechtsbehelf gegen das Exequatur oder gegen eine Zwangsvollstreckungsmaßnahme) geltend machen muß. Das im Erststaat zu den Einwänden ergangene Urteil ist irrelevant.

Umgekehrt ist auch eine für den Schuldner nachteilige ausländische Entscheidung über Vollstreckungsgegeneinwände nicht in Frankreich zu berücksichtigen, sofern man die zur erfolglosen Geltendmachung von Aufhebungsgründen entwickelten Grundsätze analog anwendet.[334] Es ließe sich allerdings auch vertreten, Entscheidungen ausländischer Gerichte über Vollstreckungsgegeneinwände gegen den Schiedsspruch anders zu behandeln als Entscheidungen über „reguläre" Anerkennungs- und Exequaturhindernisse. Nähere Überlegungen hierzu finden sich allerdings in der französischen Rechtsprechung und Literatur bisher nicht.

---

[332] Civ. 1re, 09.10.1984, *Pabalk/Norsolor*, Rev. Arb. 1985, 431, note *Goldman*; Civ. 1re, 10.03.1993, *Polish Ocean Line*, Rev. Arb. 1993, 255; C.A. Paris, 19.12.1991, *Hilmarton*, Rev. Arb. 1993, 300, bestätigt durch Civ. 1re, 23.03.1994, *Hilmarton*, Rev. Arb. 1994, 327, note Jarrosson.

[333] Zuletzt umfassend *Fouchard*, Rev. Arb. 1997, 329; *Gaillard*, Clunet, 1998, 645; vgl. auch *Weinacht*, ZVglRWiss 98 (1999), 139.

[334] *Fouchard/Gaillard/Goldman*, Arbitrage, Tz. 1595; C.A. Paris, 12.02.1993, *Unichips*, Rev. Arb. 1993, 255; *Gaillard*, Clunet, 1998, 645 (663).

Kapitel 3

Schweiz

I. Grundstrukturen: Anspruch, Titel, Zahlungsbefehl und Betreibung

Das Zivilprozeßrecht einschließlich der Zwangsvollstreckung fällt in der Schweiz grundsätzlich in die Gesetzgebungszuständigkeit der Kantone. Eine Ausnahme bildet die Vollstreckung von Geldforderungen, die bundesrechtlich im Schuldbeitreibungs- und Konkursgesetz (SchKG) geregelt ist. Wegen der großen praktischen Bedeutung der Vollstreckung von Geldforderungen konzentrieren sich die folgenden Ausführungen weitgehend auf das im SchKG geregelte „Betreibungsverfahren".

1. Rechtskraft- und Präklusionswirkung von Titeln

a) Schweizer Titel

Die Rechtskraft ist ein Institut des Bundesrechts,[1] was aber punktuelle Sonderregelungen kantonaler Rechte offensichtlich nicht ausschließt.[2] Der Umfang der Rechtskraft eines Urteils wird vom Streitgegenstand bestimmt, zu dem in der Schweiz praktisch dieselben Theorien vertreten werden wie in Deutschland, wobei auch hier die prozeßrechtliche Auffassung vom zweigliedrigen Streitgegenstand (Antrag und Lebenssachverhalt) herrschend ist.[3] Der Zeitpunkt, auf den sich die Rechtskraft bezieht, ist grundsätzlich wie in Deutschland die letzte Tatsachenverhandlung, mindestens eine kantonale Zivilprozeßordnung stellt jedoch abweichend auf den Beginn der Rechtshängigkeit ab.[4]

Eine interessante Besonderheit ist, daß nach manchen kantonalen Zivilprozeßordnungen auch Prozeßvergleiche in Rechtskraft erwachsen.[5] Einwände gegen

---

[1] *Habscheid*, Schweizerisches Zivilprozess- und Gerichtsorganisationsrecht § 39 III.

[2] S. die Beispiele sogl. im Text.

[3] *Habscheid*, Schweizerisches Zivilprozess- und Gerichtsorganisationsrecht § 31, *Honsell/Vogt/Schnyder* – Schneider IPRG Art. 182 Rz. 79.

[4] *Habscheid*, Schweizerisches Zivilprozess- und Gerichtsorganisationsrecht § 42 III, Rz. 515.

[5] Sog. „Züricher Lösung", § 191 II ZH ZPO, vgl. *Meier*, Besondere Vollstreckungstitel nach dem Lugano-Übereinkommen, 185f. Anders das Bundeszivilprozeßrecht, BGE 114 I b 74.

diese Vergleiche (etwa Anfechtung wegen Willensmängeln) können nur mit den allgemeinen, befristeten Rechtsmitteln geltend gemacht werden. Die Anfechtungsfrist des (Bundes-) Zivilrechts ist damit außer Kraft gesetzt.[6]

Schiedssprüche erwachsen wie Urteile staatlicher Gerichte in Rechtskraft.[7]

b) Ausländische Titel

Die Anerkennung eines ausländischen Urteils führt nach der wohl herrschenden Ansicht zur Erstreckung seiner Wirkungen auf das Inland, sofern diese Wirkungen dem Schweizer Recht nicht fremd sind oder zuwiderlaufen[8]. Manche fordern sogar, daß die Wirkungen nicht weiter gehen dürfen, als die eines entsprechenden schweizerischen Urteils.[9] Insofern entspricht die Rechtslage auch hier praktisch der deutschen.

2. Das Betreibungsverfahren nach dem SchKG

Das Betreibungsverfahren nach dem SchKG verschränkt in eigentümlicher Weise Vollstreckungs- und Erkenntnisverfahren. Den deutschen Juristen überrascht vor allem, daß selbst der Inhaber eines vollstreckbaren Urteils noch einmal dieses besondere, dem deutschen Mahnverfahren vergleichbare Verfahren[10] durchlaufen muß, bevor er auf das Schuldnervermögen zugreifen kann.[11] Der Gläubiger leitet es ein, indem er bei dem Betreibungsamt[12] am Wohnsitz des Schuldners[13] einen Zahlungsbefehl (*commandement de payer*)[14] erwirkt, gegen den der Schuldner einen fristgebundenen Einspruch, den Rechtsvorschlag (*opposition*) einlegen kann. Das anschließende gerichtliche Verfahren wird gleich näher zu schildern sein. Wird kein Einspruch eingelegt oder der Einspruch verworfen[15], so kann der

[6] Die Verfassungsmäßigkeit dieser „Überlagerung" bestätigt BGE 110 II 44.

[7] *Rüede/Hadenfeld* S. 309 m.w.N.; näher s.u. V. 2.

[8] IPRG-*Volken* Art. 25 Rz. 10ff.; *Schwander*, Einführung in das IPR, Rz. 694; *Guldener* S. 386; *Stojan* S. 179ff. Ebenso für das schweizerische Schiedsrecht *Honsell/Vogt/Schnyder*-Karrer, Art. 187 Rz. 41.

[9] *Niedermann*, 28

[10] Zur Vergleichbarkeit des Rechtsöffnungsverfahrens mit dem deutschen Mahnverfahren im einzelnen *Walter*, ZZP 107 (1994), 301 (310f.).

[11] Auch in der Schweiz wird dies umständliche Verfahren gelegentlich kritisiert und de lege ferenda seine Abschaffung für „starke" Vollstreckungstitel, insbesondere Urteile, gefordert: *Jametti Greiner*, BN 93, 37 (61ff.).

[12] Dies ist die Stelle, die für die Durchführung der Vollstreckung zuständig ist, § 1 SchKG.

[13] Art 46 Abs. 1 SchKG.

[14] Zum parallelen Institut im französischen Recht, das allerdings seit der Reform 1991/92 stark an Bedeutung verloren hat, s. Kap. 2 Frankreich, Abschn. I 2 b)

[15] Schweizer Terminologie: Beseitigung des Rechtsvorschlages (Rechtsöffnung) bzw. *mainlevée d'opposition* (Art. 80 SchKG).

Gläubiger auf der Basis des vom Betreibungsamt erlassenen Zahlungsbefehls vollstrecken lassen.[16] *Besson* formuliert deshalb pointiert, der einzige echte Vollstreckungstitel im Bereich des SchKG sei der Zahlungsbefehl.[17]

In welchem Verfahren der Einspruch des Schuldners (Rechtsvorschlag) geprüft wird, hängt davon ab, wie der Anspruch des Gläubigers dokumentiert ist.

Ist der Gläubiger im Besitz eines vollstreckbaren Urteils (einschließlich außerkantonaler und ausländischer Urteile[18]), findet ein Verfahren der *definitiven Rechtsöffnung* statt. In diesem Verfahren, für das die Gerichte am Betreibungsort zuständig sind,[19] kann der Schuldner gegenüber dem titulierten Anspruch noch die nachträgliche Tilgung, Stundung oder Verjährung geltend machen, sofern er diese durch Urkunden beweisen kann (Art. 81 Abs. 1 SchKG, näher unten II. 1). Da Vollstreckungsmaßnahmen erst beginnen können, wenn die definitive Rechtsöffnung erteilt ist, verschafft Art. 81 Abs. 1 SchKG den dort angeführten Einwänden de facto einen nicht unerheblichen Suspensiveffekt. Das Verfahren kann je nach Kanton und Gericht mehrere Monate dauern.[20]

Von der definitiven Rechtsöffnung, die nur aufgrund eines vollstreckbaren Urteils erteilt werden kann, ist die *provisorische Rechtsöffnung* zu unterscheiden, die bereits aufgrund wesentlich unsichererer „Rechtsöffnungstitel" erfolgen kann,[21] z.B. aufgrund eines unterschriebenen Schuldanerkenntnis oder sogar – unter gewissen Voraussetzungen – eines synallagmatischen Vertrags.[22] In diesem Verfahren kann der Schuldner nach Einspruch (Rechtsvorschlag) im Rechtsöffnungsverfahren alle Einwendungen gegen den Anspruch vorbringen, die er sofort glaubhaft machen kann.[23] Andere Einwendungen kann er mit einer eigenen Klage („Aberkennungsklage")[24] geltend machen, die ebenfalls noch Suspensiveffekt hat.

Das Institut der *vollstreckbaren notariellen Urkunde* kennt die Schweiz nicht.[25] Ist eine Forderung durch öffentliche Urkunde festgestellt, so kann der Gläubiger ebenfalls nur die provisorische Rechtsöffnung verlangen.[26] Ausländische Ur-

---

[16] Die Durchführung der Vollstreckung wird durch das Betreibungsamt, eine kantonale Behörde, zentral gesteuert (Art. 2 SchKG). Rechtsvergleichend hierzu *Baur/Stürner* Rz. 59.128f.

[17] *Besson*, JdT 1996 III 6 (11).

[18] Art. 81 Abs. 2 u. 3 SchKG.

[19] Art. 84 Abs. 1 SchKG; BGE 112 III 11; BGE 115 III 28; *Kren Kostkiewicz*, AJP 96, 1360 (1362).

[20] *Meier*, SJZ 93, 282 (283).

[21] Art. 82 Abs. 1 SchKG.

[22] Näher *Jaeger/Walder/Kull/Kottmann*, SchKG Art. 82 Rz. 10.

[23] Art. 82 Abs. 2 SchKG.

[24] Aberkennungsklage nach Art. 83 Abs. 2 SchKG, näher s.u. II. 4.

[25] *Walter*, ZZP 107 (1994), 301 (335); *Leutner*, S. 178f.

[26] Diese Möglichkeit reicht nicht aus, um schweizerische öffentliche Urkunden in den Anwendungsbereich des Art. 50 GVÜ zu bringen, wie *Leutner* (S. 185ff.) im einzelnen darlegt.

kunden sind dagegen im Bereich des GVÜ[27] als Titel anzuerkennen, was zu gewissen Anpassungsschwierigkeiten führt.[28]

Verfügt der Gläubiger über *keinen Rechtsöffnungstitel*, so kann er zwar ebenfalls zunächst einen Zahlungsbefehl erwirken, muß aber, wenn der Schuldner Rechtsvorschlag erhebt, die Forderung im ordentlichen Zivilprozeß einklagen (Anerkennungsklage).[29] In dem Prozeß kann zugleich die Rechtsöffnung erteilt werden. Fand der Prozeß in demselben Kanton statt wie das Betreibungsverfahren, so kann der Gläubiger nach Rechtskraft des Urteils ohne weiteres die Fortsetzung der durch den Zahlungsbefehl eingeleiteten Betreibung verlangen.[30]

3. Interkantonale Zwangsvollstreckung

Die Kantone sind verpflichtet, Urteile anderer Kantone anzuerkennen und durchzusetzen (Art. 61 a.F. / 122 Abs. 3 n.F.[31] der Bundesverfassung).

Die definitive Rechtsöffnung nach dem SchKG kann auch auf ein außerkantonales Urteil gestützt werden, wobei der Schuldner aber noch einwenden kann, er „sei nicht richtig vorgeladen worden oder nicht gesetzlich vertreten gewesen".[32] Hat der Gläubiger nach einem Zahlungsbefehl den Annerkennungsprozeß aufgrund der allgemeinen Zuständigkeitsregeln[33] in einem anderen Kanton durchgeführt und dabei zugleich auch die Rechtsöffnung erhalten, so ist nach dem SchKG am Betreibungsort noch ein „Mini-Rechtsöffnungsverfahren"[34] zu durchlaufen, bevor die Vollstreckung fortgesetzt werden kann. In diesem kann der Schuldner allerdings wieder nur die Einreden nach Art. 81 Abs. 2 SchKG (mangelhafte Vorladung oder Vertretung) erheben und nicht die in Art. 81 Abs. 1 SchKG vorgesehenen Vollstreckungsgegeneinwände.[35]

---

[27] Die Abkürzung bezeichnet hier auch das Lugano-Übereinkommen (Luganer Übereinkommen über die gerichtliche Zuständigkeit und die Vollstreckung gerichtlicher Entscheidungen in Zivil- und Handelssachen v. 16.09.1988, BGBl. 1994 II S. 2660), dem die Schweiz und Deutschland beigetreten sind und das in den hier interessierenden Bestimmungen mit dem Brüsseler Übereinkommen in seiner heute gültigen Fassung übereinstimmt. Ist ausnahmsweise nur das Lugano-Übereinkommen gemeint, so wird die Abkürzung LugÜ verwendet.

[28] Näher s.u. IV 4.

[29] Art. 79 Abs. 1 SchKG; *Amonn/Gasser* § 19 Rz. 9f.

[30] Näher *Amonn/Gasser* § 19 Rz. 11.

[31] Die am 18.4.1999 beschlossene neue Bundesverfassung der Schweiz soll zum 1.1.2000 in Kraft treten.

[32] Art. 81 Abs. 2 SchKG.

[33] Es gilt kantonales Recht, *Kren Kostkiewicz*, AJP 96, 1360 (1368).

[34] *Amonn/Gasser* § 19 Rz. 12.

[35] Art. 79 Abs. 2 SchKG. Vor der Revision des SchKG (zum 1.1.1997) galten diese Grundsätze bereits aufgrund des Kreisschreibens des Bundesgerichts (Schuldbeitreibungs- und Konkurskammer) Nr. 26 v. 20.10.1910, BBl. 1911 IV 49 (auch wiedergegeben bei *Kren Kostkiewicz*, AJP 96, 1360 (1362); vgl. BGE 115 III 28 (32).

Außerhalb des SchKG regelt die Vollstreckung außerkantonaler Urteile das Konkordat über die Vollstreckung von Zivilurteilen vom 10.3.1977, dem die meisten Kantone beigetreten sind.[36]

II. Geltendmachung von Einwänden gegen im Inland titulierte Ansprüche

Einwände gegen einen im Inland titulierten Geldzahlungsanspruch können noch in verschiedenen Phasen des Betreibungsverfahrens geltend gemacht werden. Bei anderen Ansprüchen sind die spezifischen Vorschriften des jeweiligen kantonalen Rechts[37] maßgeblich, die hier nicht näher beleuchtet werden können. Einwände gegen die Wirksamkeit eines Prozeßvergleichs können nach Bundesrecht und manchen Kantonsrechten durch eine separate Klage geltend gemacht werden,[38] für die unter Umständen das Erstgericht zuständig ist.[39]

1. Einwände im Rechtsöffnungsverfahren

Im Verfahren der *definitiven* Rechtsöffnung kann der Schuldner gegenüber dem titulierten Anspruch die nachträgliche Tilgung, Stundung oder Verjährung einwenden, sofern er diese durch Urkunden beweisen kann (Art. 81 Abs. 1 SchKG). Auch die Tilgung durch Aufrechnung (in der Schweiz: „Verrechnung") kann eingewandt werden, wenn die Gegenforderung urkundlich bewiesen wird.[40] Die Rechtsprechung hat sogar die Berufung auf andere als die in Art. 81 SchKG genannten Einwände zugelassen[41], etwa eine auflösende Bedingung[42] oder schriftlichen Verzicht.[43]

Die Einwände müssen urkundlich bewiesen werden. Die an eine Quittung geknüpfte gesetzliche Vermutung der Tilgung älterer Verbindlichkeiten[44] ersetzt den nötigen Urkundsbeweis nicht.[45] Bei der Aufrechnung genügt allerdings, daß

---

[36] *Vogel* § 67 Rz. 1.

[37] Vgl. etwa Art. 409 Berner ZPO: „Gegen die Vollstreckung eines Urteils kann der Unterlegene nur Einspruch erheben … (2.) wenn seit Erlass des Urteils Tatsachen eingetreten sind, welche nach zivilrechtlichen Bestimmungen die Geltendmachung des Anspruchs ganz oder teilweise ausschliessen oder aufschieben".

[38] BGE 114 I b 74, 78; *Meier*, Besondere Vollstreckungstitel nach dem Lugano-Übereinkommen, 185 f. („Berner Lösung").

[39] BGE 114 I b 74, 78.

[40] BGE 98 I a 353; 113 III 82; 115 III 97 (100).

[41] *Panchaud/Caprez*, Die Rechtsöffnung § 147; Lausanne JdT 1970 II 64.

[42] Cour des p. et f. 27.1.1972, JdT 1973 II 95.

[43] BGE 109 I a 23 f.; grds. auch BGE 119 II 8 (Verzicht in concreto allerdings unwirksam).

[44] Nach Art 89 Abs. 1 OR begründet bei Ansprüchen auf Zinsen oder andere periodische

die Gegenforderung urkundlich bewiesen ist, die übrigen Aufrechnungsvoraussetzungen können anders dargetan werden.[46] Die Beschränkung auf liquide Einwände entlastet das Verfahren zwar von Tatsachenprüfungen,[47] die aufgeworfenen Rechtsfragen können aber durchaus schwierig sein[48] und ihre Prüfung durch mehrere Instanzen zu erheblichen Verzögerungen des Vollstreckungsbeginns führen. Der von der Rechtsprechung aufgestellte Satz, die Entscheidung „heikler materiellrechtlicher Fragen" könne im Rechtsöffnungsverfahren nicht verlangt werden,[49] ist wenig konturiert und scheint nicht immer strikt befolgt zu werden.[50]

Art. 81 Abs. 1 SchKG erfordert, daß die Einwendungen „seit Erlaß des Urteils" entstanden sein müssen. Dies wird – wie im Fall des § 767 Abs. 2 ZPO – so ausgelegt, daß es sich um Noven handeln muß, die im vorherigen Erkenntnisverfahren nicht mehr berücksichtigt werden konnten.[51] Dies kommt in der Schweiz insofern leichter vor, als hier nach dem Prozeßrecht für die Bundesgerichte und auch nach zahlreichen kantonalen Prozeßordnungen im Berufungsverfahren ein Novenverbot besteht.[52] Eine Aufrechnung ist aber auch nach Schweizer Recht unabhängig vom Zeitpunkt der Aufrechnungserklärung schon dann präkludiert, wenn die Aufrechnungsmöglichkeit bereits während des Erstverfahrens bestand.[53]

Im Verfahren der *provisorischen* Rechtsöffnung kann der Schuldner alle Einwände gegen den Anspruch geltend machen, die er sofort glaubhaft machen kann. Er kann etwa gegenüber einem gegenseitigen Vertrag als Rechtsöffnungstitel einwenden, der Vertrag sei wegen Willensmängeln oder mangelnder Vertretungsmacht nicht wirksam zustande gekommen.[54] Die Glaubhaftmachung kann sich auch auf gesetzliche Vermutungen stützen, die den strengeren Anforderungen des Art. 81 Abs. 1 SchKG nicht genügen.[55]

Leistungen eine ohne Vorbehalt ausgestellte Quittung die Vermutung, früher fällig gewordene Leistungen seien entrichtet worden.

[45] BGE 104 I a 14.

[46] BGE 113 III 82 (86), vgl. auch ObG Zürich, SJZ 1946, 78.

[47] Die Rechtsprechung betont die Beschleunigungsfunktion der Beschränkung auf beweisbare Einwendungen: BGE 104 I a 14 (15); 115 III 97 (100).

[48] Illustrativ BGE 72 III 6 (Leistung durch einen Dritten gegen den Willen des Schuldners) und BGE 113 III 82 (Tilgung von Unterhaltsansprüchen der Ehefrau durch direkte Auszahlung einer dem Ehemann für sie gewährten Zusatzrente an sie – vgl. auch Basel-Stadt SJZ 1964, 273 N 190 einerseits und SJZ 1971, 51 andererseits).

[49] BGE 113 III 82 (86); 115 III 97 (101) (zur Aufrechnung mit urkundlich belegten Überzahlungen bei laufenden Unterhaltsverpflichtungen).

[50] Vgl. BGE 72 III 6; 113 III 82. Die Argumentation, mit der BGE 115, 97 (101 f.) eine Abgrenzung zu BGE 113 III 82 begründet, liefert kaum handhabbare Kriterien.

[51] *Jaeger/Walder/Kull/Kottmann*, SchKG Art. 81 Rz. 5.

[52] *Walder-Richli*, § 39 Rz. 100 (Bundesgerichte) und § 39 Rz. 36 (Kanton Zürich).

[53] *Jaeger/Walder/Kull/Kottmann*, SchKG Art. 81 Rz. 5.

[54] *Jaeger/Walder/Kull/Kottmann*, SchKG Art. 82 Rz. 23.

[55] BGE 104 I a 14 (Vermutung der Tilgung nach Art. 89 Abs. 1 OR).

Streitgegenstand des Rechtsöffnungsverfahrens ist nur die Frage, ob die beantragte Zwangsvollstreckung (Betreibung) aus dem Titel zulässig ist. Präjudizielle Feststellungen hinsichtlich des Bestands der titulierten Forderung erwachsen nicht in Rechtskraft.[56] Will der Schuldner eine rechtskräftige Feststellung hinsichtlich der titulierten Forderung erreichen, so muß er entweder den Weg des Art. 85a SchKG beschreiten (dazu s.u. 3.) oder eine allgemeine Feststellungsklage erheben.[57]

2. Der Antrag auf Einstellung bzw. Aufhebung der Betreibung (Art. 85 SchKG)

Auch nach Erteilung der Rechtsöffnung kann sich der Schuldner noch auf gewisse Vollstreckungsgegeneinwände berufen, solange die Zwangsvollstreckung nicht abgeschlossen ist. Art. 85 SchKG erlaubt dem Schuldner, bei dem Gericht des Betreibungsortes die Aufhebung oder Einstellung der Betreibung zu verlangen, wenn er durch Urkunden beweisen kann, daß die Schuld getilgt oder gestundet ist. Teilweise wird vertreten, die Aufzählung der Einreden in Art. 85 SchKG (Tilgung und Stundung) sei nicht abschließend.[58] Die Rechtsprechung hat mehrfach auch die Berufung auf eine vollstreckungsbeschränkende Vereinbarung der Parteien zugelassen.[59] Die Frage, ob Art. 85 SchKG weitere Einreden neben Tilgung und Stundung zuläßt, ist seit der Reform des SchKG 1997 entschärft, da der Schuldner jedenfalls nach dem neu geschaffenen Art. 85a SchKG vorgehen kann.[60]

Bedeutender als die Beschränkung auf die Einwendungen der Tilgung und der Stundung ist, daß im Rahmen des Art. 85 SchKG nur solche Einwendungen berücksichtigt werden, die durch Urkunden bewiesen sind. Bei einer Zahlung muß beispielsweise urkundlich belegt oder unbestritten sein, daß sie ausschließlich für die titulierte Forderung bestimmt war.[61] Wird eine Tilgung durch Aufrechnung behauptet, so dringt der Schuldner hiermit nur durch, wenn die zur Aufrechnung benutzte Gegenforderung urkundlich belegt ist oder nicht substantiiert bestritten wird.[62]

Streitgegenstand des Antrags nach Art. 85 SchKG ist allein die Frage, ob die Zwangsvollstreckung (Betreibung) weiter fortgesetzt werden darf; die präjudizi-

---

[56] BGE 120 I a 82; *Amonn/Gasser*, § 19 Rz. 22, 63; § 20 Rz. 5; *Jaeger/Walder/Kull/Kottmann*, SchKG Art. 80 Rz. 17.

[57] *Jaeger/Walder/Kull/Kottmann*, SchKG Art. 85a Rz. 7; BGE 120 II 20.

[58] *Fritzsche/Walder*, § 22 Rz. 2; Rz. 6 (Fn. 12).

[59] BGE 69 III 4 (7); BGE 83 III 11.

[60] *Jaeger/Walder/Kull/Kottmann*, SchKG Art. 85 Rz. 8.

[61] *Fritzsche/Walder*, § 22 Rz. 3 m.w.N. Ebenso wohl Basel-Stadt, BlSchK 45 (1981), 79.

[62] *Fritzsche/Walder*, § 22 Rz. 3.

elle Entscheidung über die Tilgung bzw. Stundung des titulierten Anspruchs erwächst nicht in materielle Rechtskraft.[63]

Entstehen dem Schuldner nach Erteilung der definitiven Rechtsöffnung andere als die in Art. 85 genannten Einwendungen (z.B. ein anderweitiges rechtskräftiges Urteil[64] oder ein nachträglich erwachsendes Gestaltungsrecht[65]) oder kann er die behauptete Tilgung oder Stundung nicht durch Urkunden beweisen, so ist ein Antrag nach Art. 85 SchKG abzuweisen. Bis zur Reform des SchKG 1997 blieb dem Schuldner in diesem Fall nur die Möglichkeit, zunächst den Gläubiger im Rahmen der Betreibung zu befriedigen und anschließend Rückforderungsklage nach Art. 86 SchKG zu erheben.[66] Der Gläubiger erhielt also zunächst einmal sein Geld und der Schuldner mußte das Insolvenzrisiko tragen. Allerdings half die Rechtsprechung dem Schuldner bereits vor 1997 mit der Möglichkeit, den Anspruch des Gläubigers auf Auszahlung des Vollstreckungserlöses mit einem Arrest belegen zu lassen, um den eigenen Rückforderungsanspruch zu sichern.[67] Zudem konnte der Schuldner die Rückforderungsklage auch am Betreibungsort erheben.[68]

3. Die besondere Feststellungsklage nach Art. 85a SchKG

Durch die Reform des SchKG wurde 1997 dem Vollstreckungsschuldner („Betriebenen“) die Möglichkeit eröffnet, jederzeit bei dem Gericht des Betreibungsortes Klage auf Feststellung zu erheben, daß die Schuld nicht oder nicht mehr besteht oder gestundet ist (Art. 85a Abs. 1 SchKG). Dieser Gerichtsstand (regelmäßig der Wohnsitz des Schuldners)[69] wird als für die betreibungsrechtlichen Wirkungen ausschließlich, für die materiellrechtliche Beurteilung aber nicht zwingend angesehen[70] – eine für uns interessante Differenzierung.

Die Klage wird im beschleunigten Verfahren verhandelt, es sind jedoch sämtliche Beweismittel zulässig. Eine Besonderheit dieser Feststellungsklage ist, daß das Gericht – nach Eingang der Klage und Anhörung der Parteien – von Amts wegen[71] über eine vorläufige Beschränkung der Zwangsvollstreckung auf sichernde Maßnahmen (Pfändung etc.) entscheidet, welche die Verwertung von Vollstreckungsobjekten und Auskehr des Erlöses (Art. 85a Abs. 2 SchKG) ausschließt. Die Klage nach Art. 85a SchKG hat damit eine *Doppelnatur*: Sie zielt

[63] *Amonn/Gasser*, § 20 Rzn 5, 7, 11; *Jaeger/Walder/Kull/Kottmann*, SchKG Art. 85 Rz. 17.
[64] Vgl. *Fritzsche/Walder*, § 22 Rz. 2.
[65] Dazu *Guldener*, Zivilprozeßrecht, S. 379 Fn. 69.
[66] *Jaeger/Walder/Kull/Kottmann*, SchKG Art. 85a Rz. 1 ff.
[67] *Amonn/Gasser*, § 21 Rz. 37 m.w.N.
[68] *Kren Kostkiewicz*, AJP 96, 1360 (1363).
[69] Art. 46 Abs. 1 SchKG.
[70] *Kren Kostkiewicz*, AJP 96, 1360 (1363) m.w.N.
[71] Kritisch hierzu *Jaeger/Walder/Kull/Kottmann*, SchKG Art. 85a Rz. 19.

einerseits auf eine rechtskräftige Feststellung hinsichtlich des Bestandes der titulierten Forderung, andererseits auf eine zwischenzeitliche Anordnung vollstreckungsbeschränkender Maßnahmen.[72] Die Klage ist auch dann zulässig, wenn der Kläger allein das Feststellungsziel verfolgt.[73]

Seit 1997 besteht also für den Schuldner die Möglichkeit, Einwendungen aller Art, auch wenn sie nicht durch Urkunden bewiesen werden können, noch im laufenden Vollstreckungsverfahren vorzubringen. Er ist nicht mehr wie früher darauf angewiesen, im Anschluß an die Vollstreckung Rückforderungsklage nach Art. 86 SchKG zu erheben. Daß diese umfassende materiellrechtliche Klage in einem beschleunigten Verfahren stattfindet, ist auch für die Schweiz außergewöhnlich und wird von manchen kritisiert.[74]

Vollstreckt der Gläubiger aufgrund eines *Prozeßvergleichs*, so ist streitig, ob der Schuldner im Verfahren nach Art. 85a SchKG auch eine Unwirksamkeit des Vergleichs (etwa Anfechtung Willensmängeln) geltend machen kann.[75] Gegen diese Möglichkeit wird eingewandt, daß der Schuldner sich der nach kantonalem Recht vorgesehenen Rechtsmittel bedienen sollte[76] und daß für den Fall einer separaten Klagemöglichkeit gegen den Vergleich jedenfalls eine (ungeschriebene) bundesrechtliche Spezialzuständigkeit des Erstgerichts gelte.[77] Diese Meinung erinnert an die Lösung der deutschen Rechtsprechung zu Prozeßvergleichen.

Richtet sich die Zwangsvollstreckung nach kantonalem Recht, so bleibt der Schuldner mit manchen Einwendungen auf die Rückforderungsklage verwiesen, da die kantonalen Zivilprozeßordnungen häufig keine dem Art. 85a SchKG entsprechende Bestimmung vorsehen.

4. Die Aberkennungsklage (Art. 83 Abs. 2 SchKG)

Die Aberkennungsklage nach Art. 83 Abs. 2 SchKG muß von den Rechtsbehelfen nach Art. 85, 85a SchKG deutlich unterschieden werden. Sie ist kein allgemein betreibungsrechtlicher Rechtsbehelf, sondern nur eine Station im Rahmen des *provisorischen* Rechtsöffnungsverfahrens. Dort wird dem Gläubiger zunächst bereits aufgrund relativ unsicherer „Titel" (u.U. genügt bereits ein schriftlicher synallagmatischer Vertrag) die provisorische Rechtsöffnung (d.h. die Möglichkeit, die Zwangsvollstreckung zu betreiben) gewährt.[78] Der Schuld-

---

[72] *Jaeger/Walder/Kull/Kottmann*, SchKG Art. 85a Rz. 3; *Amonn/Gasser*, § 20 Rz. 15; *Brönnimann*, ZZP Int. 1997, 199 (206).

[73] So etwa, wenn die Betreibung vom Gläubiger ohnehin nicht weitergeführt wird, vgl. ObG Kanton Zürich, ZR 1999 Nr. 16 (S. 65).

[74] *Jaeger/Walder/Kull/Kottmann*, SchKG Art. 85a Rz. 31.

[75] Für diese Möglichkeit: *Amonn/Gasser* § 20 Rz. 20.

[76] So für die Zeit vor Erlaß des Art. 85a SchKG *Jametti Greiner*, BN 93, 37 (40).

[77] *Jaeger/Walder/Kull/Kottmann*, SchKG Art. 85a Rz. 13.

[78] Art. 82 Abs. 1 SchKG.

ner wird zunächst nur mit Einwendungen gehört, die er sofort glaubhaft machen kann.[79] Alle anderen Einwendungen muß er sodann in einem ordentlichen Zivilprozeß geltend machen, den er durch Aberkennungsklage beim Gericht des Betreibungsortes einleitet (Art. 83 Abs. 2 SchKG). Diese Klage ist, da die provisorischen Rechtsöffnungstitel sämtlich nicht auf einem vorangegangenen gerichtlichen Verfahren beruhen, ein *Erstprozeß mit umgekehrten Parteirollen.*

Insofern ähnelt die Klage nach Art. 83 II SchKG strukturell der Vollstrekkungsgegenklage nach §§ 795, 767 ZPO gegen eine vollstreckbare Urkunde.[80] Die wichtigsten Unterschiede zwischen beiden Klagen sind, daß die Aberkennungsklage nur binnen 20 Tagen nach der Rechtsöffnung erhoben werden kann und daß zuständig das Gericht des Betreibungsortes ist.

Streitgegenstand der Aberkennungsklage ist das Bestehen des geltend gemachten Anspruchs, das Urteil erwächst insofern voll in materielle Rechtskraft.[81]

III. Internationale Zuständigkeit für die Prüfung von Einwänden gegen ausländische Titel

1. Autonomes Recht

Das Verfahren nach Art. 85 SchKG wird allgemein als Teil der Zwangsvollstrekkung angesehen; die internationale Zuständigkeit wird im Bereich des autonomen Rechts nicht problematisiert.[82] Das Gericht des Betreibungsortes ist also auch international zuständig für die Beurteilung der Einwände, die im Rahmen des Art. 85 SchKG vorgebracht werden können.[83] Eine rechtskräftige Entscheidung über die Einwände ergeht dabei ohnehin nicht.

Für das 1997 eingefügte Verfahren nach Art. 85a SchKG, in dem sämtliche Einwände zulässig sind und rechtskräftig entschieden werden, ist die internationale Zuständigkeit der Gerichte des Betreibungsorts dagegen zweifelhaft. So halten *Jaeger/Walder/Kull/Kottmann* eine Klage nach Art. 85a SchKG im Verhältnis zu einem Gläubiger mit Wohnsitz oder Sitz im Ausland nur dann für zulässig, wenn er sich vorbehaltlos auf die Klage einläßt.[84] Andere Autoren

[79] Art. 82 Abs. 2 SchKG.

[80] *Jametti Greiner*, BN 93, 37 (46); *Leutner*, Vollstreckbare Urkunde S. 187.

[81] *Amonn/Gasser*, § 19 Rz. 104.

[82] Vgl. z.B. Basel-Stadt, BlSchK 45 (1981), 79 (Erfüllungseinwand gegenüber deutschem Urteil).

[83] Zur Entscheidung über eine Aufrechnung bedarf es nach allgemeinen Grundsätzen des Schweizer Zivilprozeßrechts nicht der Zuständigkeit des Gerichts für die isolierte Geltendmachung der Gegenforderung, BGE 63 II 133, 141 f.

[84] *Jaeger/Walder/Kull/Kottmann*, SchKG Art. 85a Rz. 11. Dasselbe soll konsequent auch für die Rückforderungsklage gelten, für die Art. 86 Abs. 2 SchKG ebenfalls einen Gerichtsstand am Betreibungsort eröffnet, *Jaeger/Walder/Kull/Kottmann*, SchKG Art. 86 Rz. 16. Die

gehen auf die Problematik nicht näher ein.[85] Vor Einfügung des Art. 85a SchKG bestand Einigkeit, daß der Schuldner Einwände, die nicht unter Art. 85 SchKG fielen – z.B. weil sie nicht urkundlich belegt waren – nicht in der Schweiz als Vollstreckungsstaat geltend machen konnte.[86]

Die Frage der internationalen Zuständigkeit für die *Aberkennungsklage* wird im autonomen Recht nicht weiter problematisiert. Im Bereich des GVÜ ist sie jedoch heftig umstritten (dazu sogleich).

Hat der Gläubiger das Betreibungsverfahren in der Schweiz eingeleitet, ohne über ein vollstreckbares (schweizerisches oder ausländisches) Urteil oder einen sonstigen Rechtsöffnungstitel zu verfügen, so bleibt ihm, wenn der Schuldner gegen den Zahlungsbefehl Einspruch („Rechtsvorschlag“) einlegt, nur die Möglichkeit, Klage zu erheben; dabei gelten die allgemeinen Regeln der internationalen Zuständigkeit.

2. Lugano-Übereinkommen

Seit dem Beitritt der Schweiz zum GVÜ-Verbund durch das Lugano-Übereinkommen stellt sich die Frage, ob und inwiefern die Regeln des GVÜ eine Modifikation oder Einschränkung der im SchKG vorgesehenen Verfahren erfordern. Im Hinblick auf die internationale Zuständigkeit fragt sich besonders, für welche Verfahren sich nach Art. 16 Nr. 5 GVÜ eine Zuständigkeit des Gerichts am Vollstreckungsort (Betreibungsort) begründen läßt. Dies ist wegen der engen Verschränkung von Vollstreckungs- und Erkenntnisverfahren, die das SchKG vorsieht, besonders problematisch.

Das Verfahren nach Art. 85 SchKG (Antrag auf Einstellung der Betreibung wegen nachträglicher Stundung oder Tilgung) wird von der Schweizer Literatur ganz überwiegend als „Verfahren, welches die Zwangsvollstreckung zum Gegenstand hat“, im Sinne von Art. 16 Nr. 5 GVÜ angesehen.[87] Die für diese Einordnung gegebenen Begründungen sind für uns besonders interessant. So stellt *Stoffel* zunächst den Grundsatz auf, unter Art. 16 Nr. 5 GVÜ fielen nur solche Verfahren

> „welche *direkt die korrekte Abwicklung der ‚zwangsweisen Verwirklichung* des rechtmäßigen Zustandes‘ *betreffen*. Nur solche Verfahren gehören begriffsnotwendig zur Zwangsvollstreckung. Nicht unter diese Umschreibung fallen dagegen Verfahren, die zwar für die

---

kantonalen Zivilprozeßgesetze sehen teilweise für die Rückforderungsklage ohnehin keinen besonderen Gerichtsstand am Betreibungsort vor (krit. *Guldener* S. 624 Fn. 47).

[85] *Amonn/Gasser*, § 20 Rz. 21.

[86] *Kallmann* S. 356 mit illustrativem Bsp. in FN 71; *Meier*, Besondere Vollstreckungstitel nach dem Lugano-Übereinkommen, 195 f., 203 f.

[87] *Stoffel*, FS *Vogel*, S. 357 (373); *Walter*, ZZP 107 (1994), 301 (312 f.).

Einleitung notwendig sind, aber auch außerhalb eines Zwangsvollstreckungsverfahrens stattfinden können."[88]

Stoffel meint, das Verfahren nach Art. 85 SchKG entspreche diesem Kriterium.[89] Dies überrascht insofern, als die zwischenzeitliche Tilgung oder Stundung des titulierten Anspruchs, kaum „die korrekte Abwicklung [der Zwangsvollstreckung] betrifft" und auch durchaus „außerhalb eines Zwangsvollstreckungsverfahrens stattfinden könnte".

Walter ordnet die Art. 85 SchKG weitgehend entsprechende Prüfung von Einwendungen nach Art. 81 Abs. 2 SchKG (im Rahmen des definitiven Rechtsöffnungsverfahrens) der Zuständigkeit nach Art. 16 Nr. 5 GVÜ zu und begründet dies mit zwei weiteren Erwägungen. Zum einen sei die materiellrechtliche Prüfung nach Art. 81 SchKG auf bestimmte Fragen (Tilgung, Stundung und Verjährung) beschränkt, zum anderen falle nach der Rechtsprechung *AS Autoteile Service ./. Malhé*[90], selbst die deutsche Vollstreckungsgegenklage (§ 767 ZPO) unter Art. 16 Nr. 5 GVÜ, für die „funktionell identischen" schweizerischen Verfahren könne daher nichts anderes gelten.[91] Das erste Argument (beschränkter Prüfungsumfang) ist insofern zweifelhaft, als die materielle Prüfung immerhin so komplex ist, daß sie nicht den Vollstreckungsorganen überlassen, sondern einem Gericht vorbehalten wird. Das zweite Argument (Verweis auf *AS Autoteile Service ./. Malhé*[92]) trifft zu, wenn man dieser Entscheidung die grundsätzliche Billigung der Klage nach § 767 ZPO am Vollstreckungsort entnimmt.[93] Es läßt sich sogar *a majore ad minus* argumentieren, daß das Verfahren nach § 767 ZPO von Prüfungsumfang und Ausgestaltung her der Zwangsvollstreckung weniger nahe steht, als die nach Art. 81 und Art. 85 SchKG.

Für die neu eingeführte Klage nach Art. 85a SchKG ist noch unklar, ob sie ebenfalls unter Art. 16 Nr. 5 GVÜ fällt.[94] Denn in diesem Verfahren können materiellrechtliche Einwände aller Art vorgebracht werden und die in Art. 85 SchKG angeordnete Beschränkung auf den Urkundsbeweis entfällt. Viele halten die Klage nur für zulässig, wenn das Gericht des Betreibungsortes nach den allgemeinen Regeln des GVÜ zuständig ist oder der Gläubiger sich vorbehaltlos auf die Klage einläßt.[95] Andererseits ließe sich auch hier mit der Parallele zu § 767 ZPO und der Rechtsprechung *AS Autoteile Service ./. Malhé*[96] argumentieren.

---

[88] *Stoffel*, FS *Vogel*, S. 372, Hervorhebg. d. Verf.

[89] *Stoffel*, FS *Vogel*, S. 372f.

[90] EuGH 04.07.1985, Rs. 220/84, Slg. 85, 2267.

[91] *Walter*, ZZP 107 (1994), 301 (313).

[92] EuGH 04.07.1985, Rs. 220/84, Slg. 85, 2267.

[93] Zur Interpretation der Entscheidung ausführlich unten, Teil II, Kap. 10 Exequaturverfahren.

[94] Dafür wohl *Jametti Greiner*, BN 93, 37 (53f.).

[95] *Jaeger/Walder/Kull/Kottmann*, SchKG Art. 85a Rz. 11; *Markus*, Lugano-Übereinkommen und SchKG-Zuständigkeiten S. 134 m.w.N.

[96] EuGH 04.07.1985, Rs. 220/84, Slg. 85, 2267.

Das Verfahren der *provisorischen* Rechtsöffnung ist von den bisher erörterten Verfahren wiederum deutlich zu unterscheiden. Im Rahmen der Aberkennungsklage (Art. 83 Abs. 2 SchKG) nach Rechtsöffnung erfolgt erstmalig eine unbeschränkte gerichtliche Prüfung des geltend gemachten Anspruchs. Die Frage, ob dieses Verfahren unter Art. 16 Nr. 5 GVÜ fällt, ist äußerst umstritten. Die wohl herrschende Rechtsprechung und Lehre verneinen sie.[97] Zur Begründung wird vor allem angeführt, daß die provisorische Rechtsöffnung zwar im Rahmen des Betreibungsverfahrens erfolgt, sie aber zu einem erstmaligen Prozeß über die behauptete Forderung führt, wenn es zur stets möglichen Aberkennungsklage kommt.[98] Im Ergebnis bedeutet dies, daß die provisorische Rechtsöffnung gegenüber einem ausländischen *Schuldner*, der seinen Wohnsitz in einem der Vertragsstaaten hat, nur gewährt werden darf, wenn der Schuldner nach den allgemeinen Regeln des Abkommens am Betreibungsort gerichtspflichtig ist. Gegenüber einem ausländischen *Gläubiger*, der die provisorische Rechtsöffnung erhalten hat und sich nunmehr am Betreibungsort einer Aberkennungsklage des Schuldners ausgesetzt sieht, argumentiert die herrschende Meinung dagegen anders: Er soll für diesen Prozeß auch dann gerichtspflichtig sein, wenn die allgemeinen Regeln des GVÜ dies nicht vorsehen. Er habe das Verfahren nämlich durch seinen Antrag auf provisorische Rechtsöffnung selbst eingeleitet und könne sich deshalb gegenüber der Aberkennungsklage, die eine logische Fortsetzung des provisorischen Rechtsöffnungsverfahrens sei, nicht auf mangelnde internationale Zuständigkeit der Gerichte des Betreibungsortes berufen.[99]

IV. Vollstreckungsgegeneinwände im Exequaturverfahren

1. Autonomes Recht und bilaterale Staatsverträge

Ausländische Titel über Geldforderungen können nach Art. 81 Abs. 3 SchKG als Grundlage einer definitiven Rechtsöffnung (und damit der anschließenden Zwangsvollstreckung) dienen, ohne daß es eines separaten Exequaturverfahrens bedarf, sofern der Titel aus einem Staat stammt, mit dem die Schweiz ein Vollstreckungsabkommen geschlossen hat. Die Kantone, denen an sich die Regelung des Exequaturverfahrens obliegt, dürfen in diesen Fällen kein separates Exequatur verlangen;[100] die Vollstreckbarkeitsvoraussetzungen werden im Rechts-

---

[97] *Staehelin*, RIW 97, 95 (97) m. zahlr. Nachw.; eingehend *Markus*, Lugano-Übereinkommen und SchKG-Zuständigkeiten S. 141 ff.

[98] *Stoffel*, FS *Vogel*, S. 357 (382 f.); *Jaeger/Walder/Kull/Kottmann*, SchKG Art. 83 Rz. 16.

[99] *Stoffel*, FS *Vogel*, S. 357 (382 f.); *Jaeger/Walder/Kull/Kottmann*, SchKG Art. 83 Rz. 16.

[100] *Jaeger/Walder/Kull/Kottmann*, SchKG Art. 81 Rz. 15; BGE 35 I 459 (463); 116 I a 394 (399).

öffnungsverfahren inzident geprüft.[101] Der Schuldner kann gegenüber der definitiven Rechtsöffnung – ebenso wie im Falle eines Schweizer Urteils – einwenden, die Schuld sei seit Erlaß des Urteils getilgt, gestundet oder verjährt, sofern er dies durch Urkunden beweist (Art. 81 Abs. 1 SchKG).

Praktisch bedeutet dies, daß jedenfalls gewisse Vollstreckungsgegeneinwände einen Suspensiveffekt gegenüber dem Vollstreckungsbeginn in der Schweiz entfalten. Allerdings liegt hierin nur eine Gleichbehandlung mit inländischen Urteilen, deren Inhaber ebenfalls noch das definitive Rechtsöffnungsverfahren mit den dort zulässigen Einwendungen durchlaufen müssen. Zudem ist der Suspensiveffekt wegen des summarischen Verfahrens und der genannten Beschränkungen (bestimmte Einwände, Urkundsbeweis) praktisch weniger gravierend.

Beruft sich der Schuldner im Exequaturverfahren nicht auf die Einwände, so kann er dies auch später noch tun, etwa nach Art. 85 SchKG.[102] Eine Präklusion tritt nicht ein, wie ja auch über die vorgebrachten Einwände nicht rechtskräftig entschieden wird.

Besteht kein Anerkennungs- und Vollstreckungsvertrag mit dem Erststaat, so richtet sich die Vollstreckbarerklärung nach kantonalem Recht, wobei das Bundesrecht in Art. 25 u. 27 IPRG[103] die Versagungsgründe für Anerkennung und Vollstreckbarerklärung ausländischer Urteile einheitlich normiert. Das kantonale Verfahren ist auch einzuschlagen, wenn das ausländische Urteil nicht auf Geldzahlung lautet. Das kantonale Exequaturverfahren ist zwar kontradiktorisch, aber in der Regel ein beschleunigtes oder sogar summarisches Verfahren.[104] Das Exequatur nach kantonalem Recht erstreckt sich auf die ganze Schweiz und nicht nur auf den betreffenden Kanton.[105] Teilweise wird angenommen, daß im Bereich des kantonalen Exequatur (d.h. außerhalb des Geltungsbereichs von Staatsverträgen) eine inzidente Vollstreckbarerklärung im Rechtsöffnungsverfahren nicht möglich sei, wobei eingeräumt wird, daß die Praxis mancher Kantone anders verfährt.[106] Die Gegenmeinung hält ein separates Exequatur für stets entbehrlich und verweist auf Art. 29 Abs. 3 IPRG.[107] Hält man ein separates Exequatur für nötig oder hat der Gläubiger es vorgezogen, zunächst nur das Exequatur zu beantragen, so ist umstritten, ob schon in diesem Verfahren Einwände gegen den Anspruch selbst vorgebracht werden können[108] oder erst im

101 BGE 35 I 459 (463); 82 I 242; 105 I b 43; 115 III 28.

102 BGE 8, 495 (500f.); 22, 388 (395f.).

103 Bundesgesetz über das internationale Privatrecht vom 18.12.1987, SR 291, in Kraft seit 1.1.1989.

104 IPRG-*Volken*, Art. 29 Rz. 19.

105 *Stoffel*, SZW 93, 107 (111f.). Anders noch BGE 115 III 28 (vor Inkrafttreten des IPRG). Der Fall illustriert die für den Gläubiger mißlichen Konsequenzen.

106 *Walter*, Internationales Zivilprozeßrecht, § 9 III 3b, S. 352. So wohl auch die Konzeption der älteren Rechtsprechung zum Bundesrecht: BGE 22, 388 (395f.).

107 *Stoffel*, SZW 93, 107 (110) m. zahlr. Nachw. (Fn. 23); IPRG-*Volken*, Art. 29 Rz. 7.

108 *Walter*, IZPR § 9 III 2 (S. 348); *Vogel*, Kap. 15 Rz. 25a, jeweils unter Berufung auf die Prozeßökonomie.

anschließenden Vollstreckungs- (insbesondere Rechtsöffnungs-) Verfahren.[109] In keinem Fall werden dem Schuldner Einwendungen abgeschnitten, da reguläre Vollstreckungsmaßnahmen ohnehin erst nach Rechtsöffnung möglich sind.[110]

Zusammenfassend ist festzuhalten, daß in dem begrenzten aber äußerst praxisrelevanten Bereich von Geldzahlungsurteilen aus Staaten, mit denen die Schweiz ein Vollstreckungsabkommen geschlossen hat, das Exequatur in das definitive Rechtsöffnungsverfahren integriert ist. In dessen Rahmen kann der Schuldner bestimmte Einwendungen (Tilgung, Stundung, Verjährung) vorbringen, soweit er sie urkundlich beweist. Außerhalb dieses Bereichs bedürfen ausländische Urteile eines Exequatur nach kantonalem Recht, für das umstritten ist, ob es ebenfalls inzident im Rechtsöffnungsverfahren erteilt werden kann. Vollstreckungsgegeneinwände können entweder bereits im kantonalen Exequaturverfahren vorgebracht werden oder im Rahmen des anschließenden definitiven Rechtsöffnungsverfahrens (ebenfalls str.).

2. Lugano-Übereinkommen

Die Besonderheiten des schweizerischen Rechtsöffnungsverfahrens führen zu einigen Streitfragen und Problemen bei der Integration des Exequaturverfahrens nach Artt. 31 ff. GVÜ in das nationale Recht. Während der Verhandlungen über den Beitritt der Schweiz zum GVÜ ging die Schweizer Delegation wohl davon aus, das Rechtsöffnungsverfahren nach Artt. 80 ff. SchKG entspreche den Anforderungen der Artt. 31 ff. GVÜ.[111] Inzwischen ist jedoch klar geworden, daß das Rechtsöffnungsverfahren in einigen Punkten deutlich schuldnerfreundlicher ist als das nach Artt. 31 ff. GVÜ. Insbesondere kann der Gläubiger im Rechtsöffnungsverfahren nicht zunächst ohne Anhörung des Schuldners einen Titel erhalten, mit dem er im Inland sofort die (Sicherungs-)Vollstreckung einleiten kann („Überraschungseffekt" nach Art. 34 Abs. 1 GVÜ). Andererseits sind die Fristen im Rechtsöffnungsverfahren teilweise kürzer als nach dem GVÜ. Daher entspricht es heute der wohl überwiegenden Meinung, daß für die Vollstreckbarerklärung von Titeln aus Vertragsstaaten des GVÜ ein besonderes Exequaturverfahren vorzusehen ist, das den Vorgaben der Artt. 31 ff. GVÜ entsprechen muß.[112] Zahlreiche Kantone haben ihre Zivilprozeßgesetze modifiziert, um ein „Lugano-

---

[109] IPRG-*Volken*, vor Artt. 25–32 Rz. 16 unter Verweis auf die abschließende Aufzählung der Versagungsgründe für ein Exequatur in Artt. 25 u. 27 IPRG; ebenso *Stojan*, S. 200, 209.

[110] Im Rechtsöffnungsverfahren sind die Einwände selbst dann zu beachten, wenn sie schon im (separaten) Exequatur zulässig gewesen wären: BGE 116 I a 394 (400 f.); *Jaeger/Walder/Kull/Kottmann*, SchKG Art. 81 Rz. 15.

[111] Vgl. die Darstellung bei *Walter*, ZZP 107 (1994), 301 (320 f.).

[112] *Walter*, ZZP 107 (1994), 301 (321 f.).

konformes" Exequaturverfahren bereitzustellen.[113] Vielfach wird dies auch für den bundesgesetzlichen Bereich (SchKG) gefordert.[114]

Umstritten ist, ob der Gläubiger im Anschluß an das Exequaturverfahren noch – wie bei einem Schweizer Urteil – das Rechtsöffnungsverfahren durchlaufen muß. Die wohl herrschende Meinung bejaht dies.[115] *Walter* hält es dagegen für konventionswidrig und argumentiert, die erstinstanzliche Vollstreckbarerklärung entspreche sachlich bereits einer provisorischen Rechtsöffnung. Daher müßten Vollstreckungsmaßnahmen, ebenso wie nach Erteilung einer provisorischen Rechtsöffnung, unmittelbar zulässig sein.[116] Für *Walters* Ansicht sprechen systematische Erwägungen – es scheint mit Art. 39 GVÜ schwer vereinbar, dem Gläubiger nach Erhalt des Exequatur noch ein weiteres Verfahren abzuverlangen, bevor er in die Zwangsvollstreckung eintreten kann. Andererseits hat sich das Rechtsöffnungsverfahren in der Schweiz als effektive Schnittstelle von Erkenntnis und Vollstreckung bewährt[117] und es läßt sich eine sinnvolle Arbeitsteilung zwischen beiden Verfahren denken, bei der im Exequatur keine Vollstreckungsgegeneinwände geprüft werden.[118]

Da eine an die Erfordernisse des GVÜ angepaßte bundesgesetzliche Regelung noch fehlt, gibt die wohl herrschende Meinung dem Gläubiger, der ein Urteil aus einem anderen Vertragsstaat des GVÜ in den Händen hält, ein *Wahlrecht*:[119] Entweder er beantragt einen Zahlungsbefehl und sodann die Rechtsöffnung – dann kommen allerdings die besonderen Verfahrensbestimmungen der Artt. 31 ff. GVÜ nicht zur Anwendung[120] – oder er beantragt das Exequatur nach den Regeln des GVÜ, die entweder direkt anwendbar sind[121] oder in Form der an das GVÜ angepaßten Regelungen des kantonalen Rechts. Im letzteren Fall ist, wie ausgeführt, umstritten, ob er nach Erteilung des Exequatur sogleich vollstrecken kann oder noch das Rechtsöffnungsverfahren durchlaufen muß.

Wählt er von Anfang an das Rechtsöffnungsverfahren, so gilt für die Berücksichtigung von Vollstreckungsgegeneinwänden das unten zum autonomen Recht

---

113 U.a. Bern, Jura, Luzern, Nidwald, mit eigenen Verfahren für das „Lugano-Exequatur", Genf, Zürich u.a. durch Anpassung des Rechtsöffnungsverfahrens, vgl. *Besson* JdT 1996 III 6 (17); *Walter*, ZZP 107 (1994), 301 (322 m.w.N. zu den kantonalen Zivilprozeßgesetzen (in Fn. 95)); insbes. zur Berner Gesetzgebung näher *Kellerhals*, ZBJV 128 (1992), 77 .

114 *Meier*, SJZ 93, 282; *Leuenberger*, AJP 92, 965 (973); *Besson* JdT 1996 III 6 (18) m.w.N.

115 *Meier*, SJZ 93, 282; *Stoffel*, SZW 93, 107 (114f.); *Leuenberger*, AJP 92, 965 (970); ebenso die Berner EinführungsVO zum LugÜ: *Kellerhals*, ZBJV 128 (1992), 77 (85);

116 *Walter*, ZZP 107 (1994), 301 (323ff.).

117 Diesen und weitere Hinweise verdanke ich Herrn Prof. *Walter Stoffel*, Fribourg.

118 In diesem Sinne *Leutner*, Vollstreckbare Urkunde S. 192.

119 *Stoffel*, SZW 93, 107 (114f.); *Meier*, SJZ 93, 282 (284); *Leuenberger*, AJP 92, 965 (968ff.). Vgl. die Erläuterungen des Bundesamtes für Justiz zum Lugano-Übereinkommen, BBl. 1991 IV 313 = BlSchK 1991, 181. Ebenso die Berner EinführungsVO zum LugÜ: *Kellerhals*, ZBJV 128 (1992), 77 (79, 86).

120 *Amonn/Gasser*, § 19 Rz. 29.

121 Vgl. die Erläuterungen des Bundesamtes für Justiz zum Lugano-Übereinkommen, BBl. 1991 IV 313 (314) = BlSchK 1991, 181; ebenso *Leuenberger*, AJP 92, 965 (967).

Ausgeführte. Sie sind also in demselben Maße zulässig wie gegenüber Schweizer Urteilen und entfalten den entsprechenden Suspensiveffekt. Dies entspricht nicht dem nach GVÜ vorgesehenen Verfahren, da es nicht den Zugriff ohne vorherige Anhörung des Schuldners ermöglicht.[122] Beantragt der Gläubiger dagegen zunächst das Exequatur nach dem GVÜ bzw. den entsprechenden kantonalen Bestimmungen, so dürfen Vollstreckungsgegeneinwände nicht berücksichtigt werden. Dies wird jedenfalls für die erste Stufe des Verfahrens (Exequatur auf Antrag des Gläubigers nach Art. 31 GVÜ) auch von der Schweizer Literatur hervorgehoben.[123] Im Rechtsbehelfsverfahren nach Art. 36 GVÜ wollen viele allerdings – z.T. in ausdrücklicher Anlehnung an die Regelung des AVAG – Einwände gegen den titulierten Anspruch zulassen,[124] einige kantonale Ausführungsgesetze treffen entsprechende Regelungen.[125] Dabei ist nicht immer klar, ob sämtliche Einwände zulässig sein sollen oder nur solche, die auch im definitiven Rechtsöffnungsverfahren (Art. 81 Abs. 1 SchKG) erlaubt wären.[126] Die Ansicht, jedenfalls Einwände nach Art. 81 Abs. 1 SchKG seien zu beachten, ist verständlich, da andernfalls – sofern man eine Vollstreckung unmittelbar aus der Exequaturentscheidung zuläßt – eine „Inländerdiskriminierung" eintritt.[127] Diese ist jedoch ohnehin unvermeidlich, da bereits die erstinstanzliche Einseitigkeit, die Artt. 31, 34 Abs. 1 GVÜ verlangen, eine Vereinfachung gegenüber dem definitiven Rechtsöffnungsverfahren darstellt.[128] Läßt man Vollstreckungsgegeneinwände weder im Exequatur noch im Rechtsbehelf nach Art. 36 GVÜ zu, so ist der Schuldner dadurch ja nicht jeder Möglichkeit beraubt, die Einwände zügig und effektiv geltend zu machen. Er kann einen Antrag nach Art. 85 SchKG stellen oder die Klage nach Art. 85a SchKG erheben und in diesem Zusammenhang auch vorläufige Schutzanordnungen erwirken.

---

[122] *Meier*, SJZ 93, 282 (283).

[123] *Walter*, ZZP 107 (1994), 301 (324 f.); *Kellerhals*, ZBJV 128 (1992), 79 (81 f.).

[124] *Walter*, ZZP 107 (1994), 301 (325, 340); *Leuenberger*, AJP 92, 965 (970); Art. 5 Abs. 1 der Berner EinführungsVO zum LugÜ, vgl. *Kellerhals*, ZBJV 128 (1992), 79 (84). Ebenso der Vorschlag für ein Ausführungsgesetz zum LugÜ von *Meier*, SJZ 93, 282 (283 f.). Krit. *Leutner*, S. 192. Näher zu den Bedenken hiergegen s. die Erörterungen im Zusammenhang mit § 13 AVAG, unten im Teil II, Kap. 10 Exequaturverfahren.

[125] So z.B. Art. 5 Abs. 1 der Berner EinführungsVO zum LugÜ i.V.m. Art. 409 Nr. 2 Berner ZPO.

[126] Beschränkung auf Einwände des Art. 81 SchKG bei *Meier*, SJZ 93, 282 (283 f.); *Leuenberger*, AJP 92, 965 (970); weiter wohl Art. 5 Abs. 1 der Berner EinführungsVO zum LugÜ, vgl. *Kellerhals*, ZBJV 128 (1992), 79 (84); unklar *Walter*, ZZP 107 (1994), 301 (325).

[127] Bedenklich allerdings *Leuenberger*, AJP 92, 965 (970), der die Einwände *sowohl* im Rechtsbehelf nach Art. 36 GVÜ *als auch* im – seiner Ansicht nach erforderlichen – Rechtsöffnungsverfahren nach Erteilung des Exequatur berücksichtigen will. Dies wirft die Frage auf, ob der Schuldner denselben Einwand zweimal zur Prüfung stellen kann oder ob insofern eine Präklusion eintritt (Basis?).

[128] Zu der daraus resultierenden „Inländerdiskriminierung" vgl. *Walter*, ZZP 107 (1994), 301 (324).

3. Berücksichtigung ausländischer Entscheidungen

Die Vollstreckbarkeit eines ausländischen Urteils im Erststaat ist Voraussetzung für das Exequatur in der Schweiz, auch wenn ein Staatsvertrag maßgeblich ist, der diese Voraussetzung nicht explizit enthält.[129] Wird die Vollstreckbarkeit im Erststaat nachträglich wieder aufgehoben (etwa in einem Verfahren nach § 767 ZPO), so ist ein Exequatur ausgeschlossen, ohne daß zu prüfen wäre, ob die aufhebende Entscheidung die Voraussetzungen für eine Anerkennung erfüllt.[130] Bei einem deutschen Urteil wurde entschieden, daß schon die einstweilige Einstellung der Zwangsvollstreckung gegen Sicherheitsleistung nach § 769 dem Exequatur entgegensteht.[131]

4. Besonderheiten bei vollstreckbaren Urkunden

Mit dem Beitritt zum GVÜ hat sich die Schweiz verpflichtet, vollstreckbare Urkunden aus anderen Vertragsstaaten in einem Verfahren nach Artt. 31ff. GVÜ für vollstreckbar zu erklären (Art. 50 GVÜ). Die prozessuale Behandlung dieser Urkunden bereitet mangels eines vergleichbaren inländischen Instituts Probleme.

Ausgangspunkt der Überlegungen ist zumeist, wie die Urkunden im Rechtsöffnungsverfahren zu behandeln sind. Denn dieses Verfahren soll, wie oben im einzelnen erläutert, auch für die (inzidente) Vollstreckbarerklärung von Titeln nach dem GVÜ einzuschlagen sein oder jedenfalls neben einem streng an Artt. 31ff. GVÜ orientierten Exequaturverfahren zur Wahl stehen. Damit stellt sich die Frage, ob eine ausländische vollstreckbare Urkunde als definitiver oder nur als provisorischer Rechtsöffnungstitel zu behandeln ist. Manche Autoren plädieren für die definitive Rechtsöffnung, da nur so eine Gleichstellung mit sonstigen vollstreckbaren Entscheidungen nach dem GVÜ gewährleistet sei.[132] Andere wollen die ausländische vollstreckbare Urkunde lediglich als provisorischen Rechtsöffnungstitel behandeln.[133] *Walter* begründet dies mit der Notwendigkeit, dem Schuldner eine negative Feststellungsklage gegenüber dem in der Urkunde nicht rechtskräftig festgestellten Anspruch zur Verfügung zu stellen.[134] Diese sah das SchKG bis zur Revision 1997 nur gegenüber einem provisorischen Rechts-

---

[129] BGE 82 I 242 (246) (zum deutsch-schweizerischen Vertrag).

[130] BGE 82 I 242 (249).

[131] BGE 82 I 242 (247f.).

[132] *Kren Kostkiewicz*, FS *Vogel*, 419 (453, 461); *Meier*, Besondere Vollstreckungstitel nach dem Lugano-Übereinkommen, 193f.; *Markus*, Lugano-Übereinkommen und SchKG-Zuständigkeiten S. 86ff., 176; tendenziell auch *Jametti Greiner*, BN 93, 37 (52ff.).

[133] *Walter*, ZZP 107 (1994), 301 (338f.); implizit auch *Amonn/Gasser*, § 19 Rz. 106.

[134] *Walter*, ZZP 107 (1994), 301 (338f.); ebenso *Jametti Greiner*, BN 93, 37 (52ff.). Gegen die Prämisse, daß eine solche Klage gerade im Vollstreckungsstaat zulässig sein muß, *Meier*, Besondere Vollstreckungstitel nach dem Lugano-Übereinkommen, 195ff.

öffnungstitel vor (Aberkennungsklage, Art. 83 Abs. 2 SchKG). Der Einwand ist mit der Schaffung der Feststellungsklage nach Art. 85a SchKG inzwischen ausgeräumt. Es bleibt *Walters* weiterer Einwand, eine negative Feststellungsklage (wie sie Art. 85a SchKG inzwischen vorsieht), könne nicht unter Art. 16 Nr. 5 GVÜ gefaßt werden und sei deshalb häufig am Gerichtsstand der Betreibung nicht möglich[135]. In der Tat ist zweifelhaft, ob Klagen nach Art. 85a SchKG unter Art. 16 Nr. 5 GVÜ fallen.[136] Diese Überlegung spräche allerdings nur dann für die Qualifikation der Urkunde als provisorischer Rechtsöffnungstitel, wenn die Aberkennungsklage nach provisorischer Rechtsöffnung *eher* unter Art. 16 Nr. 5 fiele als die Feststellungsklage nach Art. 85a SchKG. Dies wäre kaum einzusehen und wird, soweit ersichtlich, nirgends vertreten.[137]

Im übrigen stehen dem Titelgläubiger wiederum zwei Wege offen. Er kann entweder sogleich in das Rechtsöffnungsverfahren eintreten oder ein separates Exequaturverfahren durchführen. Wählt er letzteres, so stellt sich wiederum die Frage, ob in dem Verfahren auch Vollstreckungsgegeneinwände berücksichtigt werden dürfen. In der ersten Instanz dürfen sie, wie oben ausgeführt, nach der in der Schweiz ganz herrschenden Meinung nicht berücksichtigt werden, weil das Exequatur rasch und ohne Anhörung des Schuldners zu erteilen ist (Art. 34 Abs. 1 GVÜ). Manche wollen eine Prüfung des in der Urkunde titulierten Anspruchs im Rechtsbehelf gegen das Exequatur zulassen,[138] was allerdings angesichts der mangelnden Präklusionswirkung der Urkunde noch gravierender ist als bei einem Urteil. *Jametti Greiner* stellt fest, eine Zulassung materieller Einwendungen gegen den Anspruch würde bei Urkunden „zu einer völligen Denaturierung des Exequaturverfahrens führen".[139]

Keine Besonderheiten gelten hinsichtlich der – umstrittenen – Fragen, ob nach dem Exequatur noch ein Rechtsöffnungsverfahren nötig ist und ob nach Rechtsöffnung der Schuldner in jedem Fall Einwände gegen die Vollstreckung mit der Klage nach Art. 85a SchKG geltend machen kann, da diese unter Art. 16 Nr. 5 GVÜ fällt.

---

[135] *Walter*, ZZP 107 (1994), 301 (338f.).

[136] S.o. III 2.

[137] *Walter* selbst tritt dafür ein, die Aberkennungsklage vor dem Gericht des Betreibungsortes zuzulassen, selbst wenn dort nach allgemeinen Regeln des GVÜ kein Gerichtsstand für eine Klage des Schuldners eröffnet wäre (*Walter*, ZZP 107 (1194), 301 (339f.)). Dabei stützt er sich auf Erwägungen, die ebensogut für die Zulassung einer Klage nach Art. 85a SchKG am Betreibungsort gelten.

[138] So etwa *Walter*, ZZP 107 (1994), 301 (340f.).

[139] *Jametti Greiner*, BN 93, 37 (55).

V. Einwände gegen einen Schiedsspruch

Ist der Anspruch des Gläubigers in einem Schiedsspruch tituliert, so gelten für die Behandlung von Einwänden auch im Schweizer Recht einige Besonderheiten.

1. Kategorien von Schiedssprüchen

Die Schweiz kennt, wie Frankreich, *drei* Kategorien von Schiedssprüchen: rein inländische, im Inland erlassene internationale und im Ausland erlassene Schiedssprüche. Für rein *inländische* Schiedsverfahren und -sprüche gilt Kantonsrecht, das durch ein von den Kantonen vereinbartes Modellgesetz (Konkordat) von 1969[140] (im folgenden: SchiedsKonk) in wichtigen Teilen vereinheitlicht wurde. *International* sind dagegen Verfahren, die zwar in der Schweiz durchgeführt werden, an denen aber mindestens eine Partei teilnimmt, deren Wohnsitz oder gewöhnlicher Aufenthalt nicht in der Schweiz liegt (Art. 176 IPRG). Sie regiert nicht das kantonale Schieds-Konkordat, sondern die mit Wirkung zum 01.01.1989 neu geschaffene bundesgesetzliche Regelung der Art. 176 bis 199 IPRG. Ziel des Gesetzgebers war, mit diesen Sonderregeln die Komplexität des Zusammenspiels von Schieds-Konkordat und kantonalem Recht am Sitz des Schiedsgerichts zu vermeiden sowie besonders einfache und effiziente Regeln für internationale Verfahren bereitzustellen, um die Attraktivität der Schweiz als Schiedsplatz zu erhöhen.[141] Die Gesetzgebung ist nicht am UNCITRAL-Modellgesetz orientiert.[142] Die Parteien können die Anwendung der Artt. 176ff. IPRG ausschließen, wenn sie statt dessen kantonales Recht vereinbaren.[143] Im übrigen sind das Schieds-Konkordat und das kantonale Recht am Sitz des Schiedsgerichts subsidiär weiter anwendbar.[144] Für *ausländische* Schiedssprüche hat die Schweiz sich – wie jetzt auch Deutschland[145] – für die universelle Anwendung des UNÜ entschlossen.[146]

140 Konkordat über die Schiedsgerichtsbarkeit vom 27.8.1969, SR 279. Zur Entstehungsgeschichte u.a. E. Bucher, Schiedsgerichtsbarkeit S. 125. Kommentare: Jolidon, Commentaire du Concordat Suisse sur l'arbitrage; *Lalive/Poudret/Raymond*, Le Droit de l'Arbitrage.

141 A. Bucher, Rz. 19ff.

142 A. Bucher, Rz. 30.

143 Art. 176 Abs. 2 IPRG.

144 A. Bucher, Rz. 64.

145 § 1061 Abs. 1 ZPO.

146 Art. 194 IPRG.

2. Rechtskraft und Präklusionswirkung des Schiedsspruchs und nachfolgender Verfahren

Einwände des Schuldners gegen den titulierten Anspruch können sowohl durch den Schiedsspruch als auch durch nachfolgende Verfahren vor staatlichen Gerichten präkludiert sein.

a) Rechtskraft des Schiedsspruchs

Ein *Schweizer (nationaler oder internationaler)* Schiedsspruch entfaltet mit Eröffnung[147], d.h. Mitteilung an die Parteien, materielle Rechtskraft; eines Exequatur bedarf es nicht.[148] Grundsätzlich kommen dem Spruch dieselben Wirkungen zu wie einem Urteil.[149] Einige Einschränkungen ergeben sich jedoch auch in der Schweiz aus den Besonderheiten des Schiedsverfahrens. So werden Einwände, die nicht von der Schiedsvereinbarung umfaßt[150] oder nicht schiedsfähig[151] sind, durch den Schiedsspruch nicht präkludiert. Einen interessanten Grenzfall bildet die Aufrechnung. In einem rein inländischen Schiedsverfahren kann der Schuldner sich auf die Aufrechnung mit einer streitigen, nicht schiedsgebundenen Forderung zwar berufen, das Schiedsgericht darf aber über die Forderung nicht entscheiden, sondern muß bis zu ihrer rechtskräftigen Feststellung das Schiedsverfahren aussetzen.[152] Die Frage, ob angesichts dieser Möglichkeit ein Schiedsspruch Präklusionswirkung auch hinsichtlich der Aufrechnung mit nicht schiedsgebundenen Forderungen entfaltet, ist soweit ersichtlich bisher nicht geklärt.[153] Immerhin präkludiert ein gerichtliches Urteil die Aufrechnung schon dann, wenn sie vor Abschluß des Erstverfahrens nicht erklärt wurde, aber möglich gewesen wäre.[154] Noch unklarer ist die Reichweite der Präklusionswirkung bei *internationalen* Schweizer Schiedssprüchen. Denn dort ist bereits umstritten,

---

[147] Art. 90 Abs. 1 IPRG.

[148] *Lalive/Poudret/Raymond*, Art. 190 n. 1; IPRG-Heini, Art. 190 Rz. 2, 4.

[149] *Walter/Bosch/Brönnimann*, S. 204; *Rüede/Hadenfeld* S. 310.

[150] Beispiel: Eine Klausel, nach der das Schiedsgericht „alle Streitigkeiten aus dem Vertrag" zu entscheiden hat, soll deliktische Ansprüche nicht erfassen, *Rüede/Hadenfeld* S. 76 m.w.N.

[151] Allerdings sind nach IPRG viele Fragen schiedsfähig, die es anderswo nicht sind, *Honsell/Vogt/Schnyder* – Karrer, Art. 187 Rz. 21.

[152] Art. 29 SchiedsKonk entgegen der früheren Rechtsprechung, die dem Schiedsgericht erlaubte, eine solche Aufrechnung selbst zu beurteilen, *Walter/Bosch/Brönnimann*, S. 75. Kritisch zu Art. 29 SchiedsKonk, der eine erhebliche Verzögerung des Schiedsverfahrens bedeuten kann, E. Bucher, Schiedsgerichtsbarkeit, S. 137f.; *Lalive/Poudret/Raymond*, Art. 29 n. 2; *Rüede/Hadenfeld* S. 259.

[153] Die separate Geltendmachung der Gegenforderung bleibt dem Schuldner selbstverständlich unbenommen, auch wenn er die Möglichkeit des Art. 29 SchiedsKonk nicht nutzt, *Rüede/Hadenfeld* S. 259.

[154] *Jaeger/Walder/Kull/Kottmann*, SchKG, Art. 81 Rz. 5.

ob die Aufrechnung mit nicht schiedsgebundenen Forderungen grundsätzlich unzulässig ist[155] oder Art. 29 SchiedsKonk mangels abweichender Regelung im IPRG anwendbar ist[156] oder ob das Schiedsgericht frei ist, auch über solche Aufrechnungen zu entscheiden.[157] Manche wollen es dem Schuldner selbst dann, wenn das Schiedsgericht grundsätzlich zur Entscheidung über die Aufrechnung befugt ist, freistellen, ob er sich vor dem Schiedsgericht hierauf beruft oder vor einem staatlichen Gericht klagt;[158] dabei ist unklar, ob dem Schuldner auch im zweiten Fall die spätere Aufrechnung gegenüber dem Schiedsspruch unbenommen bleibt.

Bei einem *ausländischen* Schiedsspruch ist die Reichweite der Rechtskraft als prozeßrechtliche Frage zu qualifizieren.[159] Die wohl herrschende Meinung tritt dafür ein, dem ausländischen Schiedsspruch in der Schweiz diejenigen Wirkungen zuzubilligen, die er nach dem Prozeßrecht des Heimatstaates entfalten kann, aber nur soweit diese nicht weiter gehen als die Wirkungen, die das Schweizer Recht für einen entsprechenden Schiedsspruch vorsieht (Kumulation zugunsten des schwächeren Rechts).[160]

b) Präklusionswirkung nachfolgender Verfahren vor staatlichen Gerichten

Ergreift der Schuldner einen *Rechtsbehelf* gegen den Schiedsspruch oder läßt er die Rechtsbehelfsfrist[161] ungenutzt verstreichen, so ist er mit allen Aufhebungsgründen, die er hätte vorbringen können, präkludiert.[162] Vollstreckungsgegeneinwände sind jedoch, da sie in aller Regel nicht durch einen Rechtsbehelf gegen den Schiedsspruch geltend zu machen sind,[163] hierdurch nicht berührt.

Wird einem ausländischen Schiedsspruch das *Exequatur* in einem separaten kantonalen Verfahren erteilt, so sind Vollstreckungsgegeneinwände, wenn der Schuldner sie in diesem Verfahren vorbringen konnte,[164] wohl durch das Exequatur präkludiert.[165]

---

155 E. Bucher, Schiedsgerichtsbarkeit, S. 137 ff.

156 *Walter/Bosch/Brönnimann*, S. 75 f.; IPRG-*Vischer*, Art. 182 Rz. 13.

157 *Lalive/Poudret/Raymond*, Art. 186 n. 8; *Rüede/Hadenfeld* S. 260.

158 *Lalive/Poudret/Raymond*, Art. 186 n. 8.

159 *Honsell/Vogt/Schnyder* – Patocchi/Jermini, Art. 194 Rz. 136.

160 *Honsell/Vogt/Schnyder* – Patocchi/Jermini, Art. 194 Rz. 136 m.w.N.

161 Art. 37 SchiedsKonk, 30 Tage ab Zustellung des Schiedsspruchs bei rein inländischen Schiedssprüchen; Art. 89 Abs. 1 OG, 30 Tage seit Mitteilung des Entscheids gemäß Art. 190 Abs. 1 IPRG bei internationalen Schiedssprüchen (A. Bucher, Rz. 367 ff.).

162 A. Bucher, Rz. 384.

163 Näher sogleich unten, 4.

164 Dies ist strittig, s.u. 4. b.

165 Allerdings ist die Bindungswirkung des kantonalen Exequatur für ein späteres Rechtsöffnungsverfahren ohnehin umstritten, *Honsell/Vogt/Schnyder* – Patocchi/Jermini, Art. 194 Rz. 39 (für Bindungswirkung); BGE 116 I a 394 (400 f) (offenlassend). Insofern ist eine verläßliche Aussage über die Präklusion von Vollstreckungsgegeneinwänden durch das Exequatur kaum möglich.

Entscheidet das Gericht im Rahmen des Rechtsöffnungsverfahrens über einen Einwand des Schuldners, so ist die Rechtskraftwirkung dieser Entscheidung ebenfalls umstritten. Nach der zur Vollstreckung von Urteilen entwickelten herrschenden Meinung entfaltet ein Urteil im Rechtsöffnungsverfahren Bindungswirkung nur innerhalb der konkreten Betreibung.[166] Diese Meinung wird allerdings auch im Zusammenhang mit der Vollstreckung von Schiedssprüchen durchaus kritisiert.[167]

3. Geltendmachung von Einwänden vor einem Schiedsgericht

Ein Schiedsverfahren zur Prüfung eines Vollstreckungsgegeneinwands setzt voraus, daß die Schiedsabrede der Parteien den Einwand umfaßt. Die Schweizer Praxis ist bei der Auslegung von Schiedsvereinbarungen großzügig,[168] zum Teil wird deutsche Rechtsprechung zustimmend zitiert.[169] So sollen etwa auch Streitigkeiten aus einem nach der Schiedsvereinbarung geschlossenen Vergleich umfaßt sein.[170] Die Zuständigkeit des Schiedsgerichts für eine spätere Abänderungsklage[171] ist nach *Rüede/Hadenfeld*[172] eine Frage der Auslegung der Schiedsvereinbarung. Allerdings soll regelmäßig anzunehmen sein, daß ein Schiedsspruch zum Erlöschen der Schiedsabrede führt[173] und sich die Schiedsabrede nicht auf Streitigkeiten bezieht, die sich aus dem Schiedsspruch ergeben.[174]

Eine Zuständigkeit des *ursprünglichen* Schiedsgerichts wird grundsätzlich angenommen, wenn der erste Schiedsspruch von einem staatlichen Gericht wegen Mängeln aufgehoben wurde.[175] So sehen Artt. 39 und 40 Abs. 4 SchiedsKonk eine Zurückverweisung an das Schiedsgericht zur Berichtigung, Ergänzung oder nach Aufhebung aufgrund einer Nichtigkeitsbeschwerde vor. Eine Zurückverweisung an das erste Schiedsgericht ist sogar dann möglich, wenn der Schiedsspruch aufgrund einer *révision* (Art. 41 SchiedsKonk) aufgehoben wurde,

---

[166] BGE 100 III 48, näher s.o. II. 2.

[167] *Honsell/Vogt/Schnyder* – Patocchi/Jermini, Art. 194 Rz. 135.

[168] *Rüede/Hadenfeld* S. 75.

[169] *Walter/Bosch/Brönnimann*, S. 73 f; *Rüede/Hadenfeld* S. 76f.

[170] *Walter/Bosch/Brönnimann*, S. 73 m. Zitat BGHZ 40, 320; *Rüede/Hadenfeld* S. 77 m. Zitat RGZ 119, 30.

[171] Vgl. BGHZ 99, 143.

[172] S. 312, wobei im Zweifel anzunehmen sein soll, daß die Abänderungsklage nicht unter die Schiedsabrede fällt (S. 78, allerdings mit zirkulärer Begründung).

[173] *Rüede/Hadenfeld* S. 104 – anderes soll gelten, wenn der Spruch „nur einen Teil der unter die Schiedsabrede fallenden Ansprüche" erledigt.

[174] *Rüede/Hadenfeld* S. 312.

[175] Die an sich erloschene Schiedsabrede soll in diesem Fall wieder aufleben, *Rüede/Hadenfeld* S. 104, 166.

die funktional der Restitutionsklage[176] ähnelt und etwa beim Auffinden neuer Beweise noch bis zu fünf Jahre nach Zustellung des Schiedsspruchs zulässig ist. Ist die Rekonstituierung des ursprünglichen Schiedsgerichts wegen des erheblichen Zeitabstandes nicht möglich, so trifft Art. 43 SchiedsKonk ausdrückliche Regelungen für die Bestellung von Ersatzschiedsrichtern, grundsätzlich aber besteht eine Pflicht der Schiedsrichter, wieder zu entscheiden.[177] Manche wollen die Vorschriften über *révision* und Zurückverweisung analog auf die Anfechtung eines Schiedsvergleichs wegen Willensmängeln anwenden.[178] Zur Geltendmachung neuer Tatsachen gegenüber dem titulierten Anspruch ist die *révision* nicht bestimmt.[179] Bei *internationalen* Schiedsverfahren soll eine Zurückverweisung an das Schiedsgericht bei Aufhebung des Schiedsspruchs ebenfalls zulässig sein.[180] Umstritten ist, ob das Schiedsgericht nach Zurückverweisung auch neue Tatsachen berücksichtigen darf.[181]

Vollstreckungsgegeneinwände können also unter Umständen nach einer Zurückverweisung dem ersten Schiedsgericht vorgetragen werden, nur in Ausnahmefällen (Anfechtung eines Schiedsvergleichs) können sie selbst Grund für eine Zurückverweisung sein. Im übrigen können die Parteien vereinbaren, daß das ursprüngliche Schiedsgericht oder ein neues Schiedsgericht über nachträgliche Einwände gegen den titulierten Anspruch entscheiden soll.[182] Zweifelhaft ist, ob das Schiedsgericht auch im Zusammenhang mit dem Betreibungsverfahren noch über materielle Einwände entscheiden kann. Rechtsöffnungsgesuche und Klagen im Rahmen des Betreibungsverfahrens werden verbreitet als nicht schiedsfähig angesehen.[183] Das Schiedsgericht soll auch nicht befugt sein, eine vorläufige oder endgültige Einstellung der Vollstreckung des von ihm erlassenen Schiedsspruchs zu beschließen.[184]

---

176 § 580 ZPO.

177 *Lalive/Poudret/Raymond*, Art. 43 n. 1, 3.

178 Wenger, Schiedsgerichtsbarkeit, S. 74, a.A. *Lalive/Poudret/Raymond*, Art. 41 n. 1.

179 *Lalive/Poudret/Raymond*, Art. 41 n. 2 b.

180 A. Bucher, Rz. 334, 382f.; *Walter/Bosch/Brönnimann*, S. 205, 251f.; IPRG-Heini, Art. 190 Rz. 6.

181 A. Bucher, Rz. 384 hält dies für unzulässig, während *Walter/Bosch/Brönnimann*, S. 252 meinen, dies richte sich nach dem Schiedsverfahrensrecht.

182 Insofern wird es häufig auf die Auslegung der Schiedsklausel ankommen, vgl. *Rüede/Hadenfeld* S. 78, 312.

183 IPRG-*Vischer*, Art. 177 Rz. 18; *Walter/Bosch/Brönnimann*, S. 59f.; A. Bucher, Rz. 98; *Rüede/Hadenfeld* S. 314. Zur Widerspruchsklage nach Art. 106 SchKG (die funktional der Drittwiderspruchsklage des § 771 ZPO entspricht) vgl. BGE 107 III 118 (121).

184 *Rüede/Hadenfeld* S. 314.

4. Geltendmachung von Einwänden vor staatlichen Gerichten

a) Geltendmachung durch Rechtsbehelf gegen den Schiedsspruch

Einwände gegen den titulierten Anspruch können nur in wenigen Ausnahmefällen durch einen Rechtsbehelf gegen den Schiedsspruch geltend gemacht werden.

Ein *inländischer* Schiedsspruch kann vor dem kantonalen Gericht am Ort des Schiedsverfahrens mit der Nichtigkeitsbeschwerde[185] angegriffen werden, die keinen Suspensiveffekt entfaltet.[186] Die Nichtigkeitsbeschwerde kann jedoch nur auf bestimmte Mängel des Schiedsspruchs gestützt werden, zu denen Vollstreckungsgegeneinwände auch bei weiter Auslegung nicht zählen. Der zweite gegenüber inländischen Schiedssprüchen mögliche Rechtsbehelf ist die bereits angesprochene *révision*[187], die bei der Auffindung neuer Beweismittel (aber nicht neuen Tatsachen) statthaft ist und eventuell auch analog zur Geltendmachung von Willensmängeln gegenüber einem Schiedsvergleich.[188]

Ein *internationaler* Schweizer Schiedsspruch kann nur nach Art. 190 IPRG vor dem zuständigen Bundesgericht angefochten werden, ohne daß dies die Wirkungen des Schiedsspruchs suspendiert.[189] In diesem Verfahren beschränkt sich die Prüfung auf die Aufhebungsgründe des Art. 190 Abs. 2 IPRG, zu denen nachträgliche Einwände gegen den titulierten Anspruch nicht gehören.[190] Einen gewissen Bezug zu Einwänden gegen den titulierten Anspruch weist aber der Aufhebungsgrund des Art. 190 Abs. 2 lit. c IPRG auf.[191] Er ist einschlägig, wenn das Schiedsgericht ein „Rechtsbegehren unbeurteilt gelassen hat", d.h. wohl auch dann, wenn über einen vom Schuldner erhobenen materiellen Einwand nicht entschieden wurde. In diesem Fall ist das Schiedsgericht verpflichtet, nach Zurückverweisung über diesen Einwand zu entscheiden.[192]

Die *révision* ist für internationale Schiedssprüche zwar im Gesetz nicht vorgesehen, das Bundesgericht[193] hält dies aber für eine Lücke und wendet Artt. 137 ff. OG[194] und Art. 43 SchiedsKonk hinsichtlich der Zurückverweisung an das

---

185 Art. 36 SchiedsKonk.

186 Art. 38 SchiedsKonk.

187 Art. 41 SchiedsKonk.

188 Wenger, Schiedsgerichtsbarkeit, S. 74, a.A. *Lalive/Poudret/Raymond*, Art. 41 n. 1.

189 A. Bucher, Rz. 374 f.; IPRG-Heini, Art. 191 Rz. 10. Das Gericht kann allerdings eine Aussetzung der Wirkungen, insbesondere der Vollstreckbarkeit, anordnen, gegebenenfalls gegen Sicherheitsleistung (Artt. 94 OG, 40 OG i.V.m. 82 Abs. 2, 84 BZP: A. Bucher, Rz. 374 f.; *Lalive/Poudret/Raymond*, Art. 191 n. 3.4 m. kritischen Anmerkungen zur gelegentlich recht großzügigen Aussetzungspraxis der Gerichte).

190 Das Gericht kann jedoch möglicherweise neue Tatsachen berücksichtigen, die zur Beurteilung der Aufhebungsgründe nach Art. 190 Abs. 2 IPRG relevant sind, A. Bucher, Rz. 373.

191 Entsprechende Vorschrift für inländische Schiedssprüche: Art. 36 lit. c SchiedsKonk.

192 *Walter/Bosch/Brönnimann*, S. 220.

193 BGE 118 II 199.

194 Bundesgesetz vom 16.12.1943 über die Organisation der Bundesrechtspflege, SR 220.

Schiedsgericht analog an.[195] Darüber hinaus wird in der Literatur teilweise vertreten, der Schuldner könne unter Umständen auch eine Nichtigkeit des Schiedsspruchs geltend machen. Nichtigkeitsgrund soll u.a. die „tatsächliche Unmöglichkeit der verordneten Urteilsfolge“ sein.[196] Es erscheint aber unangemessen, wenn damit ein Vollstreckungsgegeneinwand (nachträgliche Unmöglichkeit) zur Nichtigkeit des Schiedsspruchs führen könnte.

Eine Besonderheit des Schweizer Rechts ist, daß bei einem internationalen Schiedsverfahren zwischen Parteien, von denen *keine* ihren Wohnsitz, gewöhnlichen Aufenthalt oder eine Niederlassung in der Schweiz hat, die Parteien sogar auf den einzig möglichen Rechtsbehelf noch verzichten können.[197] Allerdings bleibt selbst in diesem Fall dem Schuldner die Möglichkeit, gegenüber einer Vollstreckung in der Schweiz die in Art. V UNÜ vorgesehenen Einwände zu erheben.[198] Diese Regelung, mit der die Schweiz sich rechtsbehelfsfeindlichen ausländischen Parteien als Schiedsort zu empfehlen sucht, ist allerdings nicht unproblematisch und in ihrer Auslegung umstritten. Sie führt zu einem Schiedsspruch, dem zwar vielerorts noch die Vollstreckung versagt werden, aber anscheinend nirgendwo mehr die Rechtskraft genommen werden kann.[199] Strukturell ähnelt diese unglückliche Situation derjenigen eines Urteils, gegenüber dem Vollstreckungsgegeneinwände zwar geltend gemacht werden können, aber in der Regel nicht rechtskräftig entschieden werden.[200]

Gegenüber *ausländischen* Schiedssprüchen ist in der Schweiz kein Rechtsbehelf statthaft, da insofern stets das UNÜ gilt.[201]

b) Geltendmachung im Verfahren der Vollstreckbarerklärung und Vollstreckung

Betreibt der Gläubiger die Vollstreckung aus dem Schiedsspruch, so kann der Schuldner sich sowohl gegenüber einem inländischen als auch gegenüber einem ausländischen Schiedsspruch auf Vollstreckungsgegeneinwände berufen.

---

195 Aus der Literatur IPRG-Heini, Art. 190 Rz. 56f.; *Lalive/Poudret/Raymond*, Art. 191 n. 5, jeweils für Analogie zu Artt. 41 ff. SchiedsKonk. Dagegen *Rüede/Hadenfeld* S. 365 f., der vorschlägt, statt der *révision* den Einwand des Verstoßes gegen den ordre public im Vollstreckungsverfahren zuzulassen oder nach einer Vollstreckung eine Klage auf Schadensersatz wegen unerlaubter Handlung.

196 IPRG-Heini, Rz. 51 unter Berufung auf *Habscheid*.

197 Art. 192 Abs. 1 IPRG.

198 Art. 192 Abs. 2 IPRG.

199 A. Bucher, Rz. 406f.; IPRG-*Siehr*, Art. 192 Rz. 30ff.

200 So etwa in Deutschland, wenn man mit der wohl h.M. der Entscheidung nach § 767 ZPO keine Rechtskraft hinsichtlich des titulierten Anspruchs zumißt, näher unten, Teil II, Kap. 7 Begründetheit: Präklusion.

201 Art. 194 IPRG. *Walter/Bosch/Brönnimann*, S. 286f.

(1) Schweizer Schiedsspruch (national oder international)

Der Schiedsspruch eines Schweizer Schiedsgerichts[202] ist in der Schweiz wirksam und vollstreckbar, ohne daß es noch eines Exequatur bedürfte.[203] Die auf Wunsch einer Partei zu erteilende Bescheinigung der Vollstreckbarkeit des Schiedsspruchs[204] ist rein deklaratorischer Natur. Das Gericht prüft weder den Schiedsspruch auf Mängel[205] noch den titulierten Anspruch auf nachträgliche Einwände.[206] Die Vollstreckbarkeitsbescheinigung darf nur verweigert werden, wenn gegen den Schiedsspruch fristgerecht Rechtsbehelf eingelegt wurde und das angerufene Gericht eine aufschiebende Wirkung des Rechtsbehelfs angeordnet hat.[207] Nur bei internationalen Schiedssprüchen, bei denen die Parteien jeden Rechtsbehelf ausgeschlossen haben[208], wollen manche die Erteilung der Vollstreckbarkeitsbescheinigung zu einem „Mini-Exequatur" ausbauen, in dem die allein noch möglichen Versagungsgründe nach Art. V UNÜ geprüft werden.[209] Andere lehnen dies ab.[210]

Der Gläubiger kann sich also die Vollstreckbarkeit des Schiedsspruchs bescheinigen lassen, ohne daß der Schuldner es mit Berufung auf Vollstreckungsgegeneinwände verhindern könnte. Dies bedeutet indessen nicht, daß der Schuldner nunmehr zusehen müßte, wie der Gläubiger aus dem Schiedsspruch vollstreckt. Denn die Vollstreckbarkeitsbescheinigung stellt den Schiedsspruch zwar einem Schweizer Urteil gleich, aus diesem kann jedoch, wenn es eine Geldleistung betrifft, auch erst nach Durchführung des Rechtsöffnungsverfahrens nach dem SchKG vollstreckt werden. In diesem Verfahren darf der Schuldner gegenüber dem titulierten Anspruch die nachträgliche Tilgung, Stundung oder Verjährung einwenden, sofern er diese durch Urkunden beweist.[211] Soll ein inländischer Spruch in einem anderen Kanton vollstreckt werden, so sind außerdem die Einwände nach Art. 81 Abs. 2 SchKG (mangelhafte Vorladung oder Vertretung) zulässig.[212] Die

---

202 Schiedsgericht mit Sitz in der Schweiz, vgl. Art. 176 Abs. 1 IPRG, Artt. 1, 2 SchiedsKonk.

203 Art. 190 Abs. 1 IPRG, *Walter/Bosch/Brönnimann*, S. 266; IPRG-Heini, Art. 190 Rz. 2, 4; *Lalive/Poudret/Raymond*, Art. 190 n. 1.

204 Artt. 44 SchiedsKonk, 193 Abs. 2 IPRG.

205 *Walter/Bosch/Brönnimann*, S. 267; IPRG-*Siehr*, Art. 193 Rz. 4; *Lalive/Poudret/Raymond*, Art. 193 n. 2.

206 *Rüede/Hadenfeld* S. 322.

207 Art. 44 Abs. 1 SchiedsKonk, A. Bucher, Rz. 333.

208 Art. 192 IPRG.

209 A. Bucher, Rz. 333; IPRG-*Siehr*, Art. 193 Rz. 8; *Rüede/Hadenfeld* S. 324.

210 *Walter/Bosch/Brönnimann*, S. 272.

211 Art. 81 Abs. 1 SchKG, der auch bei der Vollstreckung von Schiedssprüchen anwendbar ist: BGE 117 III 57 (59); *Walter/Bosch/Brönnimann*, S. 270; *Rüede/Hadenfeld* S. 314.

212 A. Bucher, Rz. 415; die Mängel werden aber durch Einlassung vor dem Schiedsgericht oder unterlassene oder erfolglose Nichtigkeitsbeschwerde geheilt, *Rüede/Hadenfeld* S. 316. Bei einem internationalen Spruch sperren Artt. 190 ff. IPRG die Anwendung von Art. 81 Abs. 2 SchKG, A. Bucher, Rz. 416.

weiteren Rechtsbehelfe des Betreibungsverfahrens zur Geltendmachung von Vollstreckungsgegeneinwänden (Artt. 85, 85 a SchKG) stehen ebenfalls im Rahmen der Betreibung aus dem Schiedsspruch zur Verfügung.

Zweifelhaft ist, ob auf diese Weise auch schiedsgebundene Einwände geltend gemacht werden können. Außerhalb des Betreibungsverfahrens ist ein staatliches Gericht etwa zur Entscheidung über eine zur Aufrechnung gestellte schiedsgebundene Forderung nicht befugt.[213]

(2) Ausländischer Schiedsspruch

Ein im Ausland erlassener Schiedsspruch bedarf in der Schweiz einer Vollstreckbarerklärung. Bei einem auf Geldleistung lautenden Spruch kann sie inzident im Rahmen des Rechtsöffnungsverfahrens erfolgen. Dem Gläubiger bleibt damit erspart, zunächst ein selbständiges Exequaturverfahren vor dem zuständigen Kantonsgericht durchführen zu müssen.[214] Die Voraussetzungen der inzidenten Anerkennung und Vollstreckbarerklärung hat der Rechtsöffnungsrichter bei einem ausländischen Schiedsspruch stets allein dem UNÜ zu entnehmen.[215] Die Aufhebung des Schiedsspruchs im Erststaat ist daher stets als Einwand zu berücksichtigen,[216] ein anerkennungsfreundlicheres autonomes Recht, auf das sich der Gläubiger berufen könnte,[217] ist in der Schweiz nicht vorhanden.[218] Vollstreckungsgegeneinwände kann der Schuldner zwar nicht der inzidenten Vollstreckbarerklärung, wohl aber der definitiven Rechtsöffnung nach Art. 81 Abs. 1 SchKG entgegenhalten.[219] Entsprechend hat ein Schweizer Gericht entschieden, der Schuldner könne einem ausländischen Schiedsspruch im Rechtsöffnungsverfahren die Aufrechnung mit einer ebenfalls durch Schiedsspruch titulierten Forderung entgegenhalten.[220] Das Gericht stellte ausdrücklich fest, das UNÜ stehe einer Berücksichtigung der Einwendung nicht entgegen, da Art. 81 Abs. 1 SchKG von der Verweisung des Art. III UNÜ auf das nationale Vollstreckungsrecht erfaßt sei.[221]

Lautet der ausländische Schiedsspruch nicht auf eine Geldleistung, so muß der Gläubiger das kantonsrechtliche Exequaturverfahren durchlaufen.[222] Auch bei

---

213 BGE 23 I 780f.; 63 II 133 (142).

214 *Honsell/Vogt/Schnyder* – Patocchi/Jermini, Art. 194 Rz. 44; vgl. BGE 116 I a, 394 (399).

215 Art. 194 IPRG.

216 Art. V Abs. 1 lit. e UNÜ.

217 Art. VII UNÜ, vgl. in Frankreich die Rechtsprechung Civ. I 09.10.984, Rev. Arb. 1985, 431 *Pabalk ./. Norsolor*; Civ. I 23.03.1994, Rev. Arb. 1994, 327 *Hilmarton*; in den USA *Matter of Chromalloy Aeroservices (Arab Republic),* 939 F Supp. 907 (D.C. 1996).

218 A. Bucher, Rz. 467; IPRG-*Siehr*, Art. 194 Rz. 4; anders offenbar *Rüede/Hadenfeld* S. 320.

219 *Honsell/Vogt/Schnyder* – Patocchi/Jermini, Art. 194 Rz. 43; *Rüede/Hadenfeld* S. 320.

220 Obergericht des Kantons Aargau, Bulletin ASA 1995, 235, 243.

221 Obergericht des Kantons Aargau, Bulletin ASA 1995, 235, 239.

222 *Honsell/Vogt/Schnyder* – Patocchi/Jermini, Art. 194 Rz. 45.

einem auf Geldleistung lautenden Schiedsspruch kann er diesen Weg gehen anstatt ein Betreibungsverfahren einzuleiten.[223] Auch das Kantonsgericht hat auf die Vollstreckbarerklärung des ausländischen Spruchs das UNÜ anzuwenden.[224] Streitig ist, ob sich das Verfahren vor dem Kantonsgericht nach Art. 29 IPRG[225] oder nach kantonalem Recht[226] richtet. In jedem Fall stellt sich für das kantonale Exequaturverfahren wieder die bereits aus dem Exequatur ausländischer Urteile bekannte Frage, ob Einwände gegen den Anspruch selbst bereits gegenüber der Vollstreckbarerklärung vorgebracht werden können oder erst im anschließenden Vollstreckungs- (insbesondere Rechtsöffnungs-)verfahren. In keinem Fall werden dem Schuldner Einwendungen abgeschnitten. Eine Prüfung der Einwendungen schon im Exequaturverfahren erscheint jedenfalls nur dann sinnvoll, wenn dieses auch eine Bindungswirkung für das spätere Rechtsöffnungsverfahren entfaltet.[227]

Eine *Aussetzung* der Vollstreckbarerklärung bis zur Entscheidung eines im Erststaat vom Schuldner gegen den Schiedsspruch angerufenen Gerichts ist in der Schweiz wohl nur unter den Voraussetzungen des Art. VI UNÜ zulässig, weitergehende Aussetzungsgründe sind jedenfalls bisher nicht anerkannt.[228]

---

[223] *Honsell/Vogt/Schnyder* – Patocchi/Jermini, Art. 194 Rz. 37; vgl. BGE 116 (1990) I a, 394 (399 f.), anders noch Appellationsgericht Basel-Stadt 27.2.1989, Yb. Comm. Arb. 1992, 581 (Switzerland No. 20).

[224] Art. 194 IPRG, BGE 116 I a, 394 (397).

[225] *Lalive/Poudret/Raymond*, Art. 194 n. 3.

[226] *Honsell/Vogt/Schnyder* – Patocchi/Jermini, Art. 194 Rz. 45.

[227] Für eine solche Bindung *Honsell/Vogt/Schnyder* – Patocchi/Jermini, Art. 194 Rz. 39; offenlassend BGE 116 I a, 394 (400 f).

[228] Kritisch zur Zulassung weiterer Aussetzungsgründe in *Hewlett Packard Co. v. Berg*, 61 F 3rd 101 (1st Cir. 1995) U. *Mayer*, Bulletin ASA 1997, 354.

Kapitel 4

England

Das Zivilprozeßrecht ist in England nur hinsichtlich mancher Spezialfragen durch Gesetz geregelt;[1] die wichtigsten Grundlinien ergeben sich aus den verordnungsähnlichen *Civil Procedure Rules* (CPR),[2] die mit Wirkung vom 26. April 1999 die bisherigen *Rules of the Supreme Court* (RSC)[3] und *County Court Rules* (CCR)[4] abgelöst haben,[5] sowie den zu diesen Rules herausgegebenen *Practice Directions*.[6] Die folgenden Ausführungen beziehen sich auf das – bis 1999 von den RSC geregelte – Verfahren vor den höheren Zivilgerichten. Soweit die Verfahrensordnungen keine explizite Regelung treffen, gilt das englische Fallrecht (*common law*).

I. Grundstrukturen: Anspruch, Urteil, writ und execution

1. Anspruch und Urteil

Das Verhältnis von Titel und Anspruch ist im englischen Recht anders als im deutschen. Der Anspruch geht im Titel auf (*doctrine of merger*)[7] und der Titel entfaltet eine in vielen Punkten umfassendere, teilweise aber auch weniger weitgehende Rechtskraft. Die Rechtskraft ausländischer Titel wird in einigen Punkten nur vorsichtig anerkannt.

---

1 So z.B. die Lohn- und Gehaltspfändung im *Attachment of Earnings Act 1971* und gewisse andere Pfändungen im *Charging Orders Act 1979*.

2 Die Regeln werden von einem mit Anwälten und Richtern besetzten Gremium (*Rule Committee*) auf der Grundlage einer Ermächtigung im Supreme Court Act 1981 (Sect. 85) erlassen und haben den Charakter von Rechtsverordnungen (*Bunge*, S. 25).

3 Diese Regeln galten für das Verfahren vor den oberen Zivilgerichten (*Superior Civil Courts*, zum Begriff s. *Bunge*, S. 32ff.).

4 Die *County Courts* sind lokale erstinstanzliche Zivilgerichte mit sachlich begrenzter Zuständigkeit (näher *Bunge*, S. 28ff.).

5 Allgemein zu der Reform vgl. *Andrews*, ZZP Int. 1999, 3ff.

6 Zu ihnen etwa Atkin's Encyclopedia 2nd , Practice Directions und die in Atkin's Encyclopedia 2nd , Civil Procedure (Part I) jeweils zu den neuen Regeln mit abgedruckten Practice Directions.

7 *Bunge* S. 103.

a) Nachträgliche Einwände im Prozeß

Im Prozeß können neue Tatsachen grundsätzlich jederzeit geltend gemacht werden.[8] Eine Ausnahme bildet die *Prozeßaufrechnung*. Sie soll nach einer schon älteren aber wohl noch gültigen Rechtsprechung nur dann zulässig sein, wenn auch die Gegenforderung bereits bei Klageerhebung entstanden und fällig war.[9]

Wurde ein Einwand wegen verspäteter Geltendmachung zurückgewiesen, so wird dies als *default of pleadings* behandelt und der Einwand kann später noch berücksichtigt werden.[10]

Auch im Berufungsverfahren (*appeal*) können neue Tatsachen noch geltend gemacht werden[11], während neue Beweisantritte für Tatsachen, die bereits zur Zeit des erstinstanzlichen Verfahrens bestanden haben sollen, nur unter engen Voraussetzungen zugelassen werden.[12]

b) Rechtskraft und Vollstreckungsgegeneinwände

Nach englischem Zivilprozeßrecht entfaltet nicht nur der Ausspruch über den Klageanspruch Rechtskraftwirkungen (*cause of action estoppel*), sondern auch tragende Feststellungen über präjudizielle Rechtsverhältnisse (*issue estoppel*); dies gilt nicht nur für rechtliche, sondern auch für tatsächliche Feststellungen.[13] Der *issue estoppel* erstreckt sich nicht nur auf solche Einwendungen, die im Erstprozeß tatsächlich erhoben und erörtert wurden, sondern auch auf solche, die im Erstverfahren hätten geltend gemacht werden müssen.[14] Im Vollstreckungsverfahren können Einwände, die der Schuldner bereits in dem Ausgangsverfahren hätte geltend machen können, nicht mehr berücksichtigt werden.[15]

Diese Prinzipien kennen jedoch einige Abmilderungen und Ausnahmen. So können Tatsachen, die einer Partei ohne ihr Verschulden im ersten Verfahren

---

[8] So explizit die alte RSC Ord. 18/9. In den neuen CPR wird dieses Prinzip nicht mehr erwähnt (vgl. CPR 16.4 und 17); Para. 11.2 der Practice Direction zu CPR Pt. 16 spricht eher dafür, daß auch bei neuen Tatsachen jedenfalls die Erlaubnis des Gerichts zur Ergänzung der Klage eingeholt werden muß.

[9] *Jacob/Scott*, RSC Ord. 18/17/7 unter Berufung auf *Richards v. James* (1848) 2 Ex. 471; ebenso *Wood*, Tz. 2–145 ff., allerdings kritisch in bezug auf konnexe Forderungen. Ganz grundsätzlich kritisch Halsbury's Laws of England, Vol. 42, Para 441 unter Verweis auf die inzwischen in RSC 18/9 verankerte Möglichkeit, nachträglich auftretende Verteidigungsmittel noch im laufenden Prozeß geltend zu machen. Hieran hat auch die neue Bestimmung der CPR 16.6 nichts geändert: Atkin's Encyclopedia 2nd , Civil Procedure (Part I), CPR 16.6 N. 1.

[10] CPR 13, früher RSC 19/9, dazu näher unten II. 2.

[11] *Jacob/Scott*, RSC Ord. 59/10/18 (RSC insofern unverändert fortgeltend als CPR Sch 1 RSC Ord. 59 r. 10); *Hughes v. Singh*, The Times, April 21, 1989 (C.A.).

[12] *Ladd v. Marshall* [1954] 1 W.L.R. 1489 C.A.; *Jacob/Scott*, RSC Ord. 59/10/10.

[13] *Bunge*, S. 102 f.; *Bower/Handley*, Tz. 180 ff.; Halsbury's Laws of England, Vol. 26, Para 550.

[14] *Henderson v. Henderson*, 3 Hare 100.

[15] *TC Trustees Ltd. v. J.S. Darwen (Successors) Ltd.* [1969] 2 Q.B. 295, [1969] 1 All ER 271, C.A.

nicht bekannt waren, in einem späteren Verfahren eingewandt werden.[16] Manche Entscheidungen verneinen einen *issue estoppel* sogar dann, wenn ein präjudizielles Rechtsverhältnis in der Erstentscheidung nur unter einem anderen rechtlichen Gesichtspunkt als dem nunmehr angeführten erörtert wurde.[17] In einer neueren Leitentscheidung hat das *House of Lords* entschieden, daß *issue estoppel* auch dann nicht eingreift, wenn sich in bezug auf einen im Ersturteil entschiedenen Streitpunkt inzwischen die höchstrichterliche Rechtsprechung geändert hat und eine Partei sich hierauf berufen will.[18] Diese Entscheidung wird von *Bower/Handley* in ihrer führenden Monographie als Beleg für ein allgemeines Prinzip zitiert, *issue estoppel* hindere die unterlegene Partei nicht, ein neues Verfahren „auf der Grundlage neuer oder veränderter Umstände" durchzuführen.[19] Der Einwand, die zugrunde liegende Situation habe sich verändert, könne dem *issue estoppel* stets entgegengehalten werden.[20]

Wurde ein Einwand im Erstprozeß als verspätet zurückgewiesen, so kann die Partei sich in einem nachfolgenden Verfahren noch auf diesen Einwand stützen, und das Gericht kann aufgrund des Einwandes das Ersturteil wieder aufheben.[21]

c) Rechtskraft ausländischer Urteile

Ausländischen Urteilen wird grundsätzlich dieselbe materielle Rechtskraftwirkung zugebilligt wie englischen, jedenfalls wenn nach dem Recht des Erststaates die Rechtskraft so weit reicht wie nach englischem Recht.[22] Grundsätzlich gilt auch in bezug auf ausländische Urteile das in *Henderson v. Henderson*[23] aufgestellte Prinzip, daß der Beklagte alle verfügbaren Verteidigungsmittel im Erstprozeß geltend machen muß und andernfalls mit diesen präkludiert ist.[24] Die Leitentscheidung im Fall *Carl-Zeiss-Stiftung v. Rayner & Keeler, Ltd. (No. 2)* läßt jedoch durchaus die Möglichkeit offen, daß in Ausnahmefällen ein ausländisches Urteil nicht in demselben Maße ein *issue estoppel* auslöst wie ein englisches.[25]

---

16 *Bower/Handley*, Tz. 196; *Boswell v. Coaks* (No 2) (1894) 86 LT 365 n, HL.

17 *Kennedy v. Kennedy* [1914] A.C. 215 (220); zustimmend *Bower/Handley*, Tz. 194.

18 *Arnold* [1991] 2 A.C. 93.

19 *Bower/Handley*, Tz. 196.

20 *Bower/Handley*, Tz. 383 m.w.N.

21 CPR 13.3 (1) (b) und Atkin's Encyclopedia 2nd , Civil Procedure (Part I), CPR 13.3 N. 1; früher RSC 19/9, *Bains v. Patel*, The Times, May 20, 1983, C.A.

22 *Carl-Zeiss-Stiftung v. Rayner & Keeler Ltd. (No. 2)* [1967] 1 A.C. 853 (917 f.) per Lord Reid; *The Sennar (No. 2)* [1985] 1 WLR 490, HL (493).

23 [1844] 6 Q.B. 288.

24 *Dicey*/Morris, S. 501 m.w.N.

25 *Carl-Zeiss-Stiftung v. Rayner & Keeler Ltd. (No. 2)* [1967] 1 A.C. 853 (917 f.) per Lord Reid. Vgl. auch die Ausführungen in *Arnold* [1991] 2 A.C. 93 (107) per Lord Keith of Kinkel.

Keine Präklusion soll hinsichtlich des Einwandes eintreten, das Ersturteil sei betrügerisch erlangt.[26] Wurde ein ausländisches Urteil betrügerisch erlangt, so halten sich englische Gerichte sogar für befugt, die Vollstreckung nicht nur in England zu versagen, sondern sogar eine Anordnung zu erlassen, die dem Gläubiger verbietet, im Ausland aus dem Titel zu vollstrecken.[27] Andererseits soll nach einer neueren Entscheidung der Betrugseinwand in England unbeachtlich sein, wenn er bereits Gegenstand eines separaten Verfahrens im Erststaat war. Eine erneute Befassung englischer Gerichte mit ihm sei als mißbräuchlich (*abuse of process*) abzulehnen.[28]

2. Urteil und Zwangsvollstreckung

Die Zwangsvollstreckung erfolgt aufgrund von Urteilen, diese sind grundsätzlich sogleich vollstreckbar, auch wenn Rechtsmittel eingelegt wurden. Die Unterscheidung von vorläufiger und endgültiger Vollstreckbarkeit existiert nicht[29], die Vollstreckung kann jedoch auf Antrag ausgesetzt oder beschränkt werden (*stay of execution*). Das Institut der vollstreckbaren Urkunde steht im englischen Recht nicht zur Verfügung.[30] Die Funktion gerichtlicher Vergleiche erfüllen vor allem *consent judgments* oder *consent orders,* die allerdings als Urteile qualifiziert und vollstreckt werden und nicht, wie in Deutschland, besonderen Regeln unterliegen.[31]

Urteile, die auf Zahlung von Geld lauten, werden vollstreckt, indem zunächst ein *writ of fieri facias* erteilt wird. Dies geschieht durch die Geschäftsstelle, ohne daß der Gläubiger eine Zustellung des Urteils an den Schuldner nachweisen muß.[32] Der *writ* wird dann der Vollstreckungsbehörde (*sheriff*) des Bezirks zugeleitet, in dem der Schuldner seinen Wohnsitz hat und dort von den unter der Aufsicht des *sheriffs* stehenden *bailiffs* vollstreckt.[33] Einer gerichtlichen Erlaubnis bedarf die Erteilung des *writ* etwa dann, wenn seit Erlaß des Urteils eine

---

[26] *Dicey*/Morris, S. 501, 505 ff.

[27] *Ellerman Lines, Ltd. v. Read* [1928] 2 K.B. 144, C.A.

[28] *House of Spring Gardens Ltd. v. Waite* [1991] 1 Q.B. 241 C.A. Diese Entscheidung dürfte auch ein wichtiges Präjudiz für die Fälle sein, in denen ein Vollstreckungsgegeneinwand bereits Gegenstand eines Verfahrens im Erststaat war.

[29] *Bunge*, S. 184.

[30] *Kaye*, S. 1681. Ausländische vollstreckbare Urkunden können jedoch in England, wie in Art. 50 GVÜ vorgesehen, für vollstreckbar erklärt werden, vgl. *Jacob/Scott*, RSC Ord. 71/39 A und 71/28/4 (RSC insofern unverändert fortgeltend als CPR Sch. 1 RSC Ord. 71 r. 28 und 39A)

[31] *Ullrich*, insbes. S. 61 ff. Im Rahmen des GVÜ fallen sie deshalb wohl auch unter Art. 25 und nicht unter Art. 51 (*Kaye* S. 1682). Zur Anfechtbarkeit von Vergleichen s. *National Benzole v. Gooch* [1961] 3 All E.R. 1097 (1099 f.).

[32] *Jacob/Scott*, RSC Ord. 45/1/5.

[33] Näher Halsbury's Laws of England, Vol. 17, S. 427 ff.

Rechtsnachfolge auf seiten Urteilsgläubigers oder -schuldners eingetreten ist oder die titulierte Leistungspflicht noch vom Eintritt einer Bedingung abhängt.[34] Die Erlaubnis ist bei dem Gericht zu beantragen, welches das Urteil erlassen hat.[35] In diesem Verfahren werden unter Umständen auch Vollstreckungsgegeneinwände geprüft: So kann die Erlaubnis verweigert werden, wenn der Urteilsschuldner dem neuen Urteilsgläubiger gegenüber aufrechnen kann.[36] Die Einrede der Urteilsverjährung wird dagegen in diesem Verfahren nicht berücksichtigt, da die Erteilung des *writ* nicht als eine der Verjährung unterliegende *action upon the judgment* angesehen wird.[37]

Die Durchführung der Zwangsvollstreckung obliegt dem *sheriff* und den ihm nachgeordneten *bailiffs*, überwacht wird sie jedoch grundsätzlich von demselben Gericht, das auch das ursprüngliche Urteil erlassen hat.[38] Die Einheit zwischen Erkenntnis- und Vollstreckungsphase ist stärker als die Trennung; manche formulieren, das Gerichtsverfahren sei erst mit der Vollstreckung endgültig abgeschlossen.[39] Die Vollstreckung von Urteilen der *County Courts* wird allerdings auf den *High Court* übertragen, wenn diese den Wert von GBP 5,000.00 überschreiten; umgekehrt wird unter bestimmten Voraussetzungen auch die Vollstreckung von Urteilen des *High Court* den *County Courts* übertragen.[40] Nach der Übertragung ist das ursprüngliche Gericht nicht mehr zuständig für Vollstreckungsanträge.[41] Die Zuständigkeit für eine Änderung oder Aufhebung des Urteils verbleibt jedoch bei ihm.[42] Ein Antrag auf Beschränkung oder Aussetzung der Zwangsvollstreckung (*stay of execution*) aufgrund besonderer Umstände (zu denen auch Vollstreckungsgegeneinwände zählen können) ist dagegen bei dem Gericht zu stellen, an das die Vollstreckung übertragen wurde.[43]

---

[34] CPR Sch. 1 RSC Ord. 46 r. 2; inhaltsgleich mit der alten RSC 46/2.

[35] Vgl. CPR Sch. 1 RSC Ord. 46 r. 6, früher RSC Ord. 46/6, *Jacob/Scott*, RSC Ord. 46/5/2.

[36] *Wood*, Tz. 16–179; *Kayley v. Hothershall* [1925] 1 K.B. 607.

[37] *McGee*, S. 22 und 286; *National Westminster Bank plc v. Powney* [1991] 1 Ch.339 CA.

[38] Vgl. CPR Sch. 1 RSC Ord. 45 r. 1, früher RSC 45/1; *O'Malley/Layton* Tz. 10.53.

[39] *Walther*, Die Mareva-Injunction, S. 130 m.w.N.

[40] Eine Übertragung findet statt, wenn das Urteil durch Gehaltspfändung vollstreckt werden soll oder bei anderen Vollstreckungsarten, wenn das Urteil unterhalb gewisser Wertschwellen liegt (näher *Sime*, S. 416f.; Halsbury's Laws of England, Vol. 17, S. 402; *Jacob/Scott*, RSC Ord. 45/1/53 und Vol. 2 Part 17 Tz. 5522).

[41] *Montgomery &Co. v. de Bulmes* [1898] 2 Q.B. 420, C.A.

[42] *Jacob/Scott*, RSC Ord. 45/1/53.

[43] Practice Direction: Enforcement in the High Court of County Court Judgments [1998] 4 All E.R. 63, sect. 6; vgl. Atkin's Encyclopedia 2nd , Practice Directions 8.46 und *Jacob/Scott*, RSC Ord. 78/2/2.

II. Geltendmachung von Einwänden gegen inländische Urteile

1. Registrierung der Erfüllung

Erfüllt der Schuldner seine Verpflichtung aus dem Urteil außerhalb des Zwangsvollstreckungsverfahrens[44], so kann er auf Antrag einen entsprechenden Vermerk in der Geschäftsstelle (*Central Office*) registrieren lassen, indem er eine eidesstattliche Versicherung über die Befriedigung vorlegt.[45]

2. Neue Klage oder Antrag beim Erstgericht

Erstrebt der Schuldner aufgrund nachträglicher Tatsachen eine Abänderung oder Aufhebung einer Entscheidung, so ist hierfür grundsätzlich eine neue Klage, meist bezeichnet als *action to set aside the judgment*, nötig.[46]

Teilweise wurden Vollstreckungsgegeneinwände wohl im Verfahren nach RSC Order 20 Rule 11 berücksichtigt, nach dem das Erstgericht auf Antrag „Schreibfehler oder Irrtümer, die durch versehentliche Ausrutscher oder Auslassungen entstanden sind", korrigieren kann. Die Erläuterungen zu dieser Regel zitieren einen Fall, in dem ein Käufer zunächst erfolgreich auf Erfüllung (*specific performance*) durch den Verkäufer geklagt hatte, aber später die Annahme der angebotenen Leistung verweigert hatte, worauf der Verkäufer auf Antrag ein Urteil erlangen konnte, mit dem die Auflösung des Vertrages durch Rücktritt (*rescission*) und Verfall der Anzahlung festgestellt wurde.[47] Jedenfalls für einen Außenstehenden scheint ein solcher Fall jedoch eher unter CPR Sch. 1 RSC Order 45 Rule 11 (dazu unten IV 1) zu passen als unter CPR Pt. 40.12 (früher Order 20 Rule 11).[48] Im übrigen sind Gestaltungsrechte, die zu Vollstreckungsgegenein-

---

[44] In diesem Verfahren bestätigt der *Sheriff* die Erfüllung durch Rücksendung des *writ* mit einem entsprechenden Vermerk an das Gericht.

[45] *Jacob/Scott*, RSC Ord. 42/1/26 mit Verweis auf die als CPR Sch. 1 RSC Ord. 95 r. 2 unverändert fortgeltende RSC 95/2; Halsbury's Laws of England, Vol. 26, Para 572; vgl. zum neuen Recht auch Practice Direction CPR Pt. 40 – Judgments and Orders, Para 6.

[46] Halsbury's Laws of England, Vol. 26, Para 556. Die zitierten Fälle aus der Rechtsprechung betreffen allerdings meist keine nachträglichen Ereignisse, sondern nur nachträgliche Entdeckungen, so *Thynne v. Thynne* [1955] P 272, [1955] 3 All ER 129 C.A.

[47] *Jacob/Scott*, RSC Ord. 20/11/7, wo *Jackson v. Bishop*, February 24, 1922 (unreported) referiert wird. CPR Pt. 40.12 (früher Order 20 Rule 11) erlaubt auch eine Abänderung des Urteils auf Antrag des Gläubigers, wenn dieser zunächst Erfüllung (*specific perfomance*) beantragt hat und, nachdem der Käufer die Annahme verweigert hat, die Feststellung der Auflösung des Vertrages durch Rücktritt (*rescission*) und Verfall der Anzahlung beantragt (*Hall v. Burnell* [1911] 2 Ch. 551; *Holford v. Trim* [1921] W.N. 243).

[48] Die in der Kommentierung (*Jacob/Scott*, RSC Ord. 20/11/7) zitierten Fälle sind alle älter als die CPR und die RSC und zitieren keine prozessualen Rules.

wänden führen könnten (vgl. im deutschen Recht etwa Anfechtung und Rücktritt), im englischen Recht selten.

Auch wenn der Urteilsschuldner mit einer nach Klageerhebung entstandenen oder erworbenen Forderung *aufrechnen* will, muß er, jedenfalls wenn die Forderung nicht konnex oder unbestritten ist, eine separate Klage erheben.[49] Er kann im Zweitprozeß um die Gegenforderung zugleich beantragen, daß die Forderungen gegeneinander aufgerechnet werden. Eine kanadische Entscheidung hat angenommen, daß eine gerichtliche Aufrechnung auch noch nach dem Abschluß des Zweitprozesses beantragt werden kann, nachdem der Antrag im Prozeß nicht gestellt wurde[50].

Versäumnisurteile (*default judgments*) und Urteile, die im beschleunigten Verfahren ergangen sind (*summary judgments*) können aber von dem Erstgericht selbst auf Antrag abgeändert oder aufgehoben werden, wenn neue Tatsachen dies rechtfertigen.[51]

Nachträgliche Einwände gegen ein *consent judgment* (aufgrund einer Parteivereinbarung ergangenes Urteil, ein Institut, das funktional am ehesten dem deutschen Prozeßvergleich entspricht)[52] können nur mit einer erneuten Klage geltend gemacht werden.[53] Dies gilt sowohl für die Geltendmachung von Willensmängeln als auch für die Berufung auf nachträglich aufgetretene Tatsachen. Die Rechtsprechung ist im übrigen äußerst zurückhaltend in der Annahme von Umständen, die eine nachträgliche Aufhebung oder Abänderung eines *consent judgments* rechtfertigen, selbst wenn es sich um Urteile mit Dauerwirkung (z.B. *injunctions*) handelt.[54]

Zusammenfassend ist festzuhalten, daß die Aufhebung oder Abänderung eines Urteils aufgrund von Vollstreckungsgegeneinwänden regelmäßig mit einer neuen Klage geltend gemacht werden kann, die nach englischem Verständnis auf die Aufhebung des Urteils und nicht nur auf die Vollstreckbarkeit zielt.

---

[49] *Wood*, Tz. 2–145 ff.; *Richards v. James* [1848] 2 Ex. 471; sog. *independent setoff*, vgl. auch *Berger*, RIW 98, 426 .

[50] *Bank of New South Wales v. Preston* (1894) 20 V.L.R. 1; *Wood*, Tz. 16–180.

[51] CPR 13.2 und 13.3 (früher – anders differenzierend – RSC O. 13 r. 9 (*default* mangels Verteidigungsanzeige) und O. 19 r. 9 (*default* mangels sachlicher Einlassung (*default of pleadings*)) sowie CPR Pt. 24 Practice Direction – The Summary Disposal of Claims, para 8 (früher O. 14 r. 11 – *summary judgment* gegen nicht erschienene Partei).

[52] *Ullrich* S. 61.

[53] *Ainsworth v. Wilding* [1986] 1 Ch. 673, *Jacob/Scott*, RSC Ord. 13/9/12, *Cutler v. Wandsworth Stadium, Ltd.* [1945] 172 LT 207 C.A.; Halsbury's Laws of England, Vol. 26, Para 562 m.w.N.; *Foskett*, Tz. 6–09 m.w.N.

[54] *Cutler v. Wandsworth Stadium, Ltd.* [1945] 172 LT 207 C.A.; *Channel Ltd. v. F.W. Woolworth* [1981] 1 W.L.R. 485. Beide Fälle machen deutlich, daß insbesondere eine nachträgliche Rechtsprechungsänderung keinen Vollstreckungsgegeneinwand gegen ein *consent judgment* gibt. Anders verhält es sich bei einem regulären Urteil, bei dem eine nachträgliche Rechtsänderung nach Ord. 45 r. 11 berücksichtigt werden kann, *E.I. Du Pont de Nemours & Co. v. Enka B.V. (No. 2)* [1988] R.P.C. 497.

3. Abänderung von Unterhaltsurteilen

Besondere Vorschriften gelten für die Anpassung von Unterhaltsverpflichtungen an laufende Veränderungen.[55] Auf diese gesetzlich detailliert geregelte Spezialmaterie einzugehen, würde hier zu weit führen. Es sei aber vermerkt, daß das Gericht im Abänderungsverfahren nicht nur die geänderten Umstände, sondern alle für die Bemessung des Unterhalts relevanten Umstände neu prüfen und beurteilen kann.[56]

4. Aussetzung der Vollstreckung aufgrund von Vollstreckungsgegeneinwänden

Kann die Aufhebung eines Urteils wegen Vollstreckungsgegeneinwänden grundsätzlich nur durch eine neue Klage begehrt werden, so besteht daneben die Möglichkeit, die vorübergehende oder endgültige Einstellung der Zwangsvollstreckung (*stay of execution*) zu beantragen. Zwei Rechtsgrundlagen mit unterschiedlichen Voraussetzungen stehen hierfür zur Verfügung.[57]

a) Stay nach CPR Schedule 1 RSC Order 45 Rule 11

Die im Schedule 1 der neuen CPR unverändert übernommene frühere RSC Order 45 Rule 11 gibt dem Urteilsschuldner die Möglichkeit, eine Einstellung der Zwangsvollstreckung (*stay of execution*) oder andere Maßnahmen (*other relief*) wegen Veränderungen zu beantragen, die seit dem Erlaß des Urteils eingetreten sind. Es steht im freien Ermessen des Gerichts, die Einstellung der Zwangsvollstreckung mit oder ohne Vorbedingungen (z.B. Sicherheitsleistung) oder andere Maßnahmen anzuordnen.[58] Ein *stay* gemäß CPR Sch. 1 RSC Ord. 45 Rule 11 setzt voraus, daß der Urteilsschuldner sich auf Umstände berufen kann, die, wenn sie bereits zur Zeit des Erstprozesses vorgelegen hätten, das Urteil verhindert hätten.[59]

In dem Fall *E.I. Du Pont de Nemours & Co. v. Enka B.V. (No. 2)*[60] wurde die weitere Vollstreckung eines Urteils eingestellt, mit dem der Beklagten auf der Grundlage von Sect. 46 (3) (c) des englischen Patents Act 1977 untersagt worden

---

[55] Matrimonial Causes Act 1973, s. 31 (1).

[56] *Garner v. Garner* [1992] 1 F.L.R. 573 (582) C.A.; näher *Cretney*/Masson, 469 ff.

[57] Guter Überblick bei *O'Malley/Layton* Tz. 10.54.

[58] Halsbury's Laws of England, Vol. 17, Para 455.

[59] *London Permanent Benefit Building Society v. De Baer* [1969] 1 Ch. 321 (334), [1968] 1 All ER 372 (379); *E.I. Du Pont de Nemours & Co. v. Enka B.V. (No. 2)* [1988] R.P.C. 497 (509 ff.).

[60] [1988] R.P.C. 495.

war, bestimmte Produkte nach England zu importieren. Der EuGH hatte in einer nach dem Erlaß des Ersturteils ergangenen Entscheidung diese Bestimmung des Patents Act für gemeinschaftsrechtswidrig erklärt. Das Erstgericht hielt die dadurch eingetretene „Rechtsänderung" für einen nach Order 45 Rule 11 zu berücksichtigenden neuen Umstand und bejahte auch seine Zuständigkeit, obwohl das Urteil gleichzeitig auch mit der Berufung (*appeal*) angefochten worden war. Es bejahte auch die weitere Voraussetzung, daß der Einwand gerade die (fortgesetzte) Vollstreckung des Unterlassungsurteils betraf und nicht nur die Richtigkeit des ursprünglichen Urteils.

Unklar ist, ob alle Arten von nachträglichen Einwänden mittels CPR Sch. 1 RSC Order 45 Rule 11 geltend gemacht werden können. Die Aufrechnung mit einer bestrittenen Gegenforderung kann wohl nur mittels Klage geltend gemacht werden, der Vollstreckungsaufschub ist dann nach CPR Sch. 1 RSC Ord. 47 Rule 1 zu beantragen. Dazu nun näher.

b) Stay nach CPR Schedule 1 RSC Order 47 Rule 1

Die im Schedule 1 der neuen CPR ebenfalls unverändert übernommene frühere RSC Order 47 Rule 1 erlaubt dem Gericht, die Vollstreckung eines auf Geldzahlung lautenden Urteils durch *writ of fieri facias* endgültig oder vorübergehend mit oder ohne Vorbedingungen einzustellen. Die Gerichte haben unter dieser Regel ein weites Ermessen, um der Gerechtigkeit im Einzelfall zum Sieg zu verhelfen.[61] Allerdings müssen besondere Umstände („*special circumstances*") vorliegen, die es rechtfertigen, dem Gläubiger die Früchte des Urteils jedenfalls teilweise oder zeitweise vorzuenthalten.[62] Die nachträglich eingetretenen Umstände müssen gerade auch die Rechtmäßigkeit der Zwangsvollstreckung in Frage stellen und dürfen nicht allein die Wirksamkeit oder Richtigkeit des ursprünglichen Urteils betreffen.[63] Einwände, die der Schuldner bereits in dem Ausgangsverfahren hätte geltend machen können, können nicht berücksichtigt werden.[64]

In der Praxis spielt der *stay* nach CPR Sch. 1 RSC Order 47 Rule 1 vor allem in Fällen eine Rolle, in denen der Urteilsschuldner in einem anderen, noch nicht abgeschlossenen Verfahren seinerseits eine Forderung gegen den Urteilsgläubiger geltend macht. Solche Situationen sind im englischen Zivilprozeß wahrscheinlicher als etwa im deutschen, weil dort nach wohl noch herrschender

---

[61] *Jacob/Scott*, RSC Ord. 47/1/2; *Canada Enterprises Corp. v. MacNab Distillers Ltd.* [1981] Com.L.R. 167, C.A., [1987] W.L.R. 813 (817).

[62] *Jacob/Scott*, RSC Ord. 47/1/3; *Burnet v. Francis Industries plc.* [1987] 1 W.L.R. 802, [1987] 2 All E.R. 323, C.A.

[63] *TC Trustees Ltd. v. J.S. Darwen (Successors) Ltd.* [1969] 2 Q.B. 295, [1969] 1 All ER 271, C.A.

[64] *TC Trustees Ltd. v. J.S. Darwen (Successors) Ltd.* [1969] 2 Q.B. 295, [1969] 1 All ER 271, C.A.

Meinung im (Erst-)Prozeß die Aufrechnung mit einer erst nach Klageerhebung entstandenen Forderung nicht zulässig ist.[65] Die Rechtsprechung betont, daß ein *stay* nach RSC Order 47 Rule 1 gerade auch dann zulässig ist, wenn die Gegenforderung im Erstprozeß nicht mehr berücksichtigt werden konnte oder durfte.[66] Sie nutzt bei der Anwendung von CPR Sch. 1 RSC Order 47 Rule 1 das ihr eingeräumte weite Ermessen, um einerseits einen *stay* abzulehnen, wenn ihr die vom Urteilsschuldner behauptete Gegenforderung zweifelhaft und der von ihm angestrengte Prozeß wenig aussichtsreich erscheint[67], andererseits aber auch Vollstreckungsaufschub selbst dann zu gewähren, wenn der „Gegenprozeß" nicht vom Urteilsschuldner, sondern seiner Muttergesellschaft angestrengt wurde und sich die dort geltend gemachte Forderung nicht gegen den Urteilsgläubiger, sondern seine Gesellschafter richtet (*Canada Enterprises Corp. v. MacNab Distillers, Ltd.*[68]). Allerdings ist die Aussetzung der Vollstreckung in einem Fall wie *Canada Enterprises v. MacNab* die Ausnahme, eine spätere Entscheidung, mit der ein *stay* in einer ähnlichen Situation abgelehnt wurde, weist darauf hin, daß in *Canada Enterprises v. MacNab* die vom Urteilsschuldner verklagten Gesellschafter der Urteilsgläubigerin ihren Sitz im Ausland hatten und daher ungewiß war, ob er ein obsiegendes Urteil gegen sie auch würde durchsetzen können.[69]

Ein Vollstreckungsaufschub ist auch abgelehnt worden, wenn der Schuldner seine Gegenforderung erst nach Erlaß des Urteils erworben hat, um mit ihr gegen das Urteil aufzurechnen.[70]

Zusammenfassend ist festzustellen, daß die Rechtsprechung das ihr nach CPR Sch. 1 RSC Order 47 Rule 1 eingeräumte Ermessen dazu nutzt, um in geeigneten Fällen dem Schuldner die Möglichkeit zu erhalten, mit einer streitigen Gegenforderung in einem späteren Prozeß (nicht etwa unmittelbar in dem Verfahren nach RSC Order 47!) gegen das Urteil aufzurechnen.

---

[65] *Jacob/Scott*, RSC Ord. 18/17/7 unter Berufung auf *Richards v. James* (1848) 2 Ex. 471; *Wood*, Tz. 2–145ff., krit. Halsbury's Laws of England, Vol. 42, Para 441; unverändert durch CPR 16.6. Näher s.o. I 1.

[66] *Canada Enterprises v. MacNab Ltd.* [1981] Com.L.R. 167, [1987] 1 W.L.R. 813 (815), C.A.; *Wood*, Tz. 2–159. Die in *Burnet v. Francis Industries plc.* [1987] 1 W.L.R. 802 (811) aufgestellte Liste der für die Gewährung eines *stay* relevanten Faktoren nennt denn auch nicht den Zeitpunkt der Entstehung der Gegenforderung.

[67] So in *Wagner v. Laubscher* [1970] 2 Q.B. 313. Der Fall betraf ein in England für vollstreckbar erklärtes deutsches Urteil.

[68] [1981] COM.L.R. 167, [1987] 1 W.L.R. 813, C.A., ein äußerst instruktiver Fall.

[69] *Burnet v. Francis Industries plc.* [1987] 1 B.L.R. 802 (810).

[70] *Wood*, Tz. 2–160; *Whyte v. O'Brien* (1924) 1 Sim. & St. 551; ebenso einige von *Wood*, Tz. 16–181 zitierte kanadische Urteile, von denen eines mit der Erwägung begründet wird, der Urteilsschuldner hätte sein Geld besser zur Befriedigung des Gläubigers aufwenden sollen als zum Kauf der Gegenforderung.

III. Vollstreckungsgegeneinwände im Exequaturverfahren

Die Vollstreckbarerklärung eines ausländischen Urteils kann in England entweder im regulären Klageverfahren (*action upon the judgment*) erfolgen oder, wenn es aus einem gesetzlich besonders bezeichneten Erststaat stammt, in einem von drei vereinfachten Registrierungsverfahren. Die Registrierung von Urteilen aus bestimmten ehemaligen *Commonwealth*-Staaten erfolgt nach dem *Administration of justice Act 1920*, ergänzt durch CPR Sch. 1 RSC Order 71 Rules 1 – 7 und 9–13. Die Registrierung von Urteilen anderer Staaten, mit denen England bilaterale Vollstreckungsverträge geschlossen hat, und einigen ehemaligen *Commonwealth*-Staaten, die in einer Verordnung im einzelnen aufgeführt sind, regelt der – wesentlich detailliertere – *Foreign Judgments (reciprocal enforcement) Act 1933*. Die Registrierung von Urteilen aus Vertragsstaaten des GVÜ erfolgt nach dem *Civil Jurisdiction and Judgments Act 1982*, ergänzt durch CPR Sch. 1 RSC Order 71 Rules 25–34. Die Verfahren unterscheiden sich erheblich, auch in der Behandlung von Vollstreckungsgegeneinwänden.

1. Vollstreckungsklage (action upon the judgment)

Die Vollstreckungsklage (*action upon the judgment*) ist gestützt auf das Ersturteil, in dem nach englischem Verständnis der Anspruch aufgegangen ist und dessen Rechtskraft in England respektiert wird.[71] Das englische Gericht kann im beschleunigten Verfahren (*summary judgment*) entscheiden.

Die Vollstreckbarkeit im Erststaat ist keine Exequaturvoraussetzung, ihr Fehlen kann aber indirekt einem Exequatur entgegenstehen. In *Colt Industries Inc. v. Sarlie (No. 2)*[72] nahm der *Court of Appeals* an, nach Aussetzung der Vollstreckung (*stay*) im Erststaat (New York) sei das Urteil nicht mehr „abschließend“ (*final and conclusive*), wie es ein Exequatur erfordert. In einem späteren Fall wurde diese Rechtsprechung abgemildert. Der *Court of Appeals* entschied, die mangelnde Vollstreckbarkeit eines deutschen Urteils in Deutschland nach Konkurseröffnung ändere nichts an seiner Qualität als *final and conclusive* und stehe dem Exequatur in England nicht entgegen.[73]

---

71 *Carl-Zeiss-Stiftung v. Rayner & Keeler Ltd. (No. 2)* [1967] 1 A.C. 853 H.L.; *The Sennar* (No. 2) [1985] 1 W.L.R. 490 H.L.

72 [1966] 1 W.L.R. 1287; [1966] 3 All E.R. 85, C.A.

73 *Berliner Industriebank AG v. Jost* [1971] 2 Q.B. 463, C.A., Lyell, J. dissenting (472). Die Vorinstanz [1971] 2 All E.R. 117 Q.B.D. (*Brand*on, J.) hatte generell angenommen, daß eine Aussetzung der Vollstreckung im Erststaat dem Exequatur nicht entgegensteht und sich auf *Hall v. Odber* (1809) 11 East 118 gestützt.

Einwendungen, die sich auf nachträglich aufgefundene Beweismittel oder nachträglich bekanntgewordene Tatsachen stützen, werden im selben Umfang und unter denselben Voraussetzungen berücksichtigt wie bei der Aufhebungsklage (*action to set aside)* gegen ein englisches Urteil.[74] Die Behandlung von nachträglich *entstandenen* Einwänden wird zwar in Literatur und Rechtsprechung soweit ersichtlich nicht ausdrücklich angesprochen, sie ergibt sich jedoch wohl aus dem soeben Gesagten: Sofern ein Vollstreckungsgegeneinwand gegenüber einem englischen Urteil eine „*action to set aside*" rechtfertigen würde, ist er auch im Verfahren der Vollstreckungsklage zu beachten. Die Zuständigkeit der englischen Gerichte für die Entscheidung über die Einwände ergibt sich im autonomen Recht wohl aus dem Grundsatz, daß der Gläubiger sich mit seiner Klage *upon the judgment* der englischen Gerichtsbarkeit unterwirft.[75]

2. Registrierung nach dem Foreign Judgment (reciprocal enforcement) Act 1933

Der *Foreign Judgment (reciprocal enforcement) Act 1933* („1933 Act") sieht ein gegenüber der Vollstreckungsklage vereinfachtes Verfahren vor, nach dem der Gläubiger das Urteil auf Antrag im *High Court* registrieren lassen kann. Das Gericht benachrichtigt sodann den Schuldner von der Registrierung und setzt ihm eine Frist, binnen derer er gegen die Registrierung Einspruch einlegen kann (*application to set aside*). Vor Ablauf dieser Frist und, falls Einspruch eingelegt wird, Entscheidung über den Einspruch, können keine Vollstreckungsmaßnahmen ergriffen werden[76]. Der Gläubiger kann aber bereits vor Beginn des Registrierungsverfahrens versuchen, die spätere Zwangsvollstreckung zu sichern, indem er eine der seit ihrer Erfindung durch die Rechtsprechung sehr praxisrelevanten *Mareva injunctions*[77] beantragt[78].

Die Registrierung darf nicht erfolgen, wenn die titulierte Forderung zwischenzeitlich erfüllt wurde oder das Urteil im Erststaat nicht vollstreckbar ist.[79] Der Schuldner kann dies mit seinem Einspruch geltend machen.[80] Da weitere Rege-

---

[74] *Dicey*/Morris, S. 501 f.; zu den Voraussetzungen einer Aufhebungsklage gegen ein englisches Urteil *Boswell v. Coaks* (1894) 6 R. 167; 86 L.T. 365 n (H.L.).

[75] Vgl. *Dicey*/Morris Rule 25, S. 310 (zu Widerklagen).

[76] RSC Order 71 Rule 10; *Patchett*, s. 3.29.

[77] Ausführlich hierzu Ough/Flenley, The Mareva Injunction and Anton Piller Orders; *Walther*, Die Mareva-Injunction; *Grunert*, Die Worldwide Mareva Injunction. Zur – abweichenden – Rechtslage in den USA *H. Buxbaum,* IPRax 2000, 39.

[78] Illustrativ der Fall *S & T Bautrading v. Nordling* [1997] 2 All E.R. 718.

[79] S. 2(1) (a) und (b) 1933 Act. Inhaltlich ebenso Art. 4 (1) (a) des Canada-United Kingdom Civil and Commercial Judgments Act 1984.

[80] S. 4 (1) (a) (i) 1933 Act.

lungen zur Behandlung von Vollstreckungsgegeneinwänden nicht bestehen, bleiben eine Reihe von Fragen offen.

Die zitierten Bestimmungen greifen nicht ein, wenn der Gläubiger nach Registrierung (aber z.B. vor Ablauf der Einspruchsfrist) befriedigt wurde. Denn der Schuldner kann sich nur darauf berufen, daß die Voraussetzungen der S. 2 (1) 1933 Act *bei Registrierung* nicht vorlagen. Die Rechtsprechung hat dies ausdrücklich für die in S. 2 (1) (b) aufgeführte Voraussetzung festgestellt, nach der das Urteil im Erststaat vollstreckbar sein muß.[81] Für Einwände, die nach der Registrierung auftreten (nachträgliche Befriedigung oder Aufhebung des Ersturteils im Erststaat) trifft der 1933 Act damit keine Regelung.[82] Diese Lücke überrascht, da der Exequaturrichter die Registrierung bei einem im Erststaat bereits schwebenden Rechtsbehelf (*appeal*) solange aussetzen kann, bis das Verfahren im Erststaat abgeschlossen ist.[83] Die Aussetzung steht im Ermessen des Gerichts; die Rechtsprechung prüft in diesen Fällen teilweise sehr gründlich die Erfolgsaussichten des *appeal* im Erststaat.[84] Der Begriff des *appeal* wird dabei auch die Vollstreckungsgegenklage und funktional äquivalente Rechtsbehelfe umfassen, da er sich seiner Funktion nach auf alle Behelfe bezieht, die noch zu einer Aufhebung der Vollstreckbarkeit im Erststaat führen können.[85]

Nicht erwähnt sind auch andere Einwände gegen den titulierten Anspruch außer der Befriedigung. Betrachtet man die Aufzählung der Aufhebungsgründe in S. 4 1933 Act als abschließend, so sind diese Einwände im Exequatur unbeachtlich. Die Rechtsprechung hierzu ist nicht ganz klar. So führt *Patchett*[86] als Beleg für die Exklusivität der aufgezählten Aufhebungsgründe eine kanadische Entscheidung an[87], die sich bei näherer Untersuchung eher als ein Beleg für das Gegenteil erweist: Dort wurde der vom Urteilsschuldner erhobene Einwand, eine auflösende Bedingung für die im Urteil titulierte Forderung sei eingetreten, nicht *a limine* zurückgewiesen, sondern ansatzweise geprüft und nur mit der Begründung verworfen, sie sei nicht ausreichend substantiiert worden. Andererseits lehnte das Exequaturgericht in *S.A. Consortium General Textiles v. Sun & Sand*

---

[81] In der Leitentscheidung *Re a Debtor (No. 11 of 1939)* [1939] 2 All E.R. 400, wurde der Einspruch eines Schuldners zurückgewiesen, der sich darauf stützte, daß nach der Registrierung in England die Vollstreckbarkeit des Ersturteils in Frankreich aufgehoben worden war. Diese Entscheidung verkörpert auch heute noch das geltende Recht, vgl. *Patchett*, s. 3.18; *S.A. Consortium General Textiles v. Sun & Sand Agencies Ltd.* [1978] Q.B. 279 C.A.

[82] *Patchett*, S. 3.68. Anders dagegen Art. 4 (1) (a) des Canada-United Kingdom Civil and Commercial Judgments Act 1984, der auch eine nachträgliche Aufhebung der Registrierung im Fall einer Erfüllung vorsieht.

[83] S. 5 1933 Act. Gegebenenfalls ist auch die Aufhebung der Registrierung aufgrund des schwebenden Rechtsbehelfs möglich.

[84] *S.A. Consortium General Textiles v. Sun & Sand Agencies Ltd.* [1978] Q.B. 279 C.A.; *Jacob/Scott*, RSC Ord. 71/10/1; *Dicey*/Morris, s. 525.

[85] Vgl. *Patchett*, Tz. 3.18.

[86] Tz. 3.33.

[87] *Jackson v. Jackson* [1950] 1 WWR 900 (B.C.).

Agencies Ltd.[88] ab, die vom Urteilsschuldner behauptete Gegenforderung zu prüfen.[89] Dies spricht dafür, daß die Aufrechnung mit einer nachträglich entstandenen Gegenforderung einen Einspruch nach S. 4 1933 Act nicht rechtfertigt, da sie nicht unter die dort aufgelisteten Einwendungen fällt. Jedenfalls aber wäre die Geltendmachung einer Gegenforderung nur dann möglich, wenn hierfür die internationale Zuständigkeit der englischen Gerichte unabhängig von dem laufenden Exequaturverfahren gegeben wäre.[90]

Hat ein Gericht des Erststaates bereits über den Vollstreckungsgegeneinwand entschieden, so ist auch diese Entscheidung in England als *res judicata* zu berücksichtigen.[91]

3. Registrierung nach dem GVÜ (Civil Jurisdiction and Judgments Act 1982)

Handelt es sich um einen Titel im Anwendungsbereich des GVÜ, so richtet sich das Registrierungsverfahren nach dem Civil Jurisdiction and Judgments Act 1982 („1982 Act"). Dieses Ausführungsgesetz enthält – anders als das AVAG – keine Regelung zur Behandlung von Vollstreckungsgegeneinwänden. Englische Kommentatoren gehen jedoch davon aus, daß mit dem Rechtsbehelf nach Art. 36 GVÜ Vollstreckungsgegeneinwände nicht geltend gemacht werden können.[92] Eine Ausnahme stellt die Erfüllung dar, die – ohne Bezugnahme auf eine Basis im GVÜ – nach den Verfahrensregeln des Supreme Court[93] zu berücksichtigen sein soll.

Auch bei – im englischen Recht nicht vorgesehenen – vollstreckbaren Urkunden wird stark bezweifelt, daß Einwände gegen die Wirksamkeit der Urkunde im Exequaturverfahren geltend gemacht werden können; mit Einwänden gegen den zugrunde liegenden titulierten Anspruch soll der Schuldner auf jeden Fall auf einen Rechtsbehelf im Erststaat verwiesen sein.[94]

Im übrigen würden englische Gerichte wohl, selbst wenn sie Vollstreckungsgegeneinwände im Rechtsbehelf nach Art. 36 GVÜ grundsätzlich für zulässig

---

[88] [1978] Q.B. 279 C.A.

[89] *S.A. Consortium General Textiles v. Sun & Sand Agencies Ltd.* [1978] Q.B. 279 (346, 353).

[90] Vgl. *Balkanbank v. Taher* [1994] 4 All E.R. 239 (251).

[91] Vgl. den Fall *House of Spring Gardens Ltd. v. Waite* [1991] 1 Q.B. 241 C.A., in dem der Urteilsschuldner mit einer Einwendung (Prozeßbetrug) präkludiert war, die er bereits erfolglos in einem Zweitprozeß im Erststaat geltend gemacht hatte.

[92] *O'Malley/Layton*, Tz. 28.41; *Jacob*, Private International Litigation, Tz. 10.14.

[93] CPR Sch. 1 Order 71 Rule 28 (1) (d) (ii).

[94] *Kaye* S. 1683, allerdings mit zweifelhafter Begründung (Art. 34 Abs. 3 GVÜ) und nicht näher begründeter Behauptung, das Exequaturverfahren könne bis zur Entscheidung über die Einwände nach Art. 38 Abs. 1 GVÜ ausgesetzt werden.

hielten, zunächst prüfen, ob der Einwand nicht sinnvoller im Erststaat geprüft werden sollte. Eine Illustration dieser Denkweise findet sich in der Entscheidung *Interdesco v. Nullifire*[95], die das Exequatur nach dem GVÜ betrifft. Das Gericht entschied zunächst, der Einwand des Prozeßbetrugs (*fraud*) falle unter den *ordre public* und sei daher grundsätzlich im Exequaturverfahren zu berücksichtigen (Art. 27 Nr. 1 GVÜ), lehnte dann jedoch im konkreten Fall die Prüfung des Einwandes ab mit der Begründung:

„the English Court should first consider whether a remedy lies in such a case in the foreign jurisdiction in question. If so, it will normally be appropriate to leave the defendant to pursue his remedy in that jurisdiction."[96]

Auch bei der *Anordnung einer Sicherheitsleistung* wegen eines noch schwebenden Verfahrens im Erststaat (Art. 38 Abs. 3 GVÜ) behalten sich englische Gerichte einen weiten Ermessensspielraum vor; die Anordnung soll danach sogar möglich sein, wenn im Erststaat bereits Sicherheit geleistet wurde, diese aber dem englischen Gericht nicht ausreichend erscheint.[97]

IV. Behandlung von Einwänden gegen ausländische Titel außerhalb des Exequatur

Ist ein ausländischer Titel in England für vollstreckbar erklärt worden, so kann es für die Behandlung nachträglicher Einwände darauf ankommen, in welchem Verfahren das Exequatur erteilt wurde. Unabhängig davon, ob der Titel in England für vollstreckbar erklärt wurde, kann unter Umständen eine Klage auf Unterlassung der Zwangsvollstreckung zulässig sein.

1. Angriff auf das englische Urteil nach erfolgreicher action upon the judgment

Die außerhalb des Registrierungsverfahrens allein mögliche Vollstreckungsklage (*action upon the judgment*) führt zum Erlaß eines englischen Urteils, für das die allgemeinen Regeln gelten. Falls der Gläubiger also von der Möglichkeit Gebrauch gemacht hat, die Vollstreckbarerklärung im beschleunigten Verfahren (*summary judgment*) zu erreichen, so kann das Urteil auch später noch jederzeit vom Gericht aufgrund neuer Tatsachen modifiziert oder aufgehoben werden[98].

---

[95] [1992] Lloyd's L.R. 180.

[96] *Interdesco v. Nullifire* [1992] Lloyd's L.R. 180 (188).

[97] *Petereit v. Babcock Int'l. Holdings Ltd.* [1990] 1 W.L.R. 350. Zu Recht kritisch *Kaye,* JBL 1991, 261.

[98] CPR Practice Direction Pt. 24 – The Summary Disposal of Claims, para 8; früher RSC

Die Zuständigkeit (*jurisdiction*) des Gerichts sowohl für solche Abänderungen als auch für eine eventuelle Aufhebungsklage (*action to set aside the judgment*) bleibt solange bestehen, bis die titulierte Forderung vollständig befriedigt ist.[99]

Die *internationale* Zuständigkeit für die geltend gemachten Einwände wird, soweit ersichtlich, nicht problematisiert. Die Zuständigkeit für die Vollstreckungsklage ergibt sich aus CPR Sch. 1 RSC Order 11 Rule 1 (m). Damit ist allerdings noch nichts über die Zuständigkeit für eventuelle Vollstreckungsgegeneinwände und Gegenforderungen gesagt. Sie könnte sich aus dem im englischen internationalen Zivilprozeßrecht anerkannten Grundsatz ergeben, daß der ausländische Kläger, der eine Klage in England einreicht, sich der Gerichtsbarkeit auch in bezug auf Einwände und Widerklagen unterwirft.[100]

2. Angriff gegen Titel, die in einem vereinfachten Verfahren registriert wurden

Wie ausgeführt enthalten weder der 1933 Act noch der 1982 Act Bestimmungen für den Fall, daß Vollstreckungsgegeneinwände nach Beginn oder sogar erst nach Abschluß des Registrierungsverfahrens entstehen. Auch fehlt eine Regelung für den Fall, daß der registrierte Titel im Erststaat nachträglich aufgehoben wird.

a) Urteile, die aufgrund bilateraler Vereinbarungen registriert wurden (1933 Act)

Eine erweiternde Auslegung der Bestimmung über den Einspruch gegen die Registrierung (sect. 4 (1) 1933 Act) ist nach dem Wortlaut und der zu dieser Vorschrift ergangenen Rechtsprechung[101] ausgeschlossen.[102] Damit stellt sich die Frage, ob eine Aufhebung nach allgemeinen Regeln möglich ist.

Durch Registrierung nach dem 1933 Act oder dem 1982 Act wird das ausländische Urteil hinsichtlich der Vollstreckung einem Urteil des englischen High Court gleichgestellt.[103] In der grundlegenden Entscheidung *Wagner v. Laubscher*[104] zögerte der *Court of Appeal* (*Lord Denning*) nicht, eine vorübergehende Einstellung der Zwangsvollstreckung auf RSC Order 47 Rule 1 zu stützen, als

---

Order 14 Rule 11. *Dicey*/Morris, S. 502 (zur Möglichkeit, ein englisches Urteil aufgrund neu aufgefundener Beweismittel nachträglich aufzuheben (*action to set aside*): diese müsse ebenso gegenüber einem für vollstreckbar erklärten ausländischen Urteil bestehen.

[99] *E.I. Du Pont de Nemours & Co. V. Enka B.V. (No. 2)* [1988] R.P.C. 497 (511).

[100] *Jacob*/*Scott*, RSC Ord. 11/1/3; *Derby & Co. v. Larsson* [1976] 1 W.L.R. 202 (205); [1976] 1 All E.R. 401 (414) H.L.; *Balkanbank v. Taher* [1994] 4 All E.R. 239 (251)

[101] *Re a Debtor (No. 11 of 1939)* [1939] 2 All E.R. 400.

[102] *Patchett*, Tz. 3.68.

[103] Sect. 2 (2) 1933 Act; *Dicey*/Morris, S. 526; *Patchett*, Tz. 3.32.

[104] [1970] 2 Q.B. 313.

der Schuldner eines unter dem 1933 Act registrierten Urteils Aufschub zu Klärung einer in einem anderen Verfahren in England[105] geltend gemachten Gegenforderung beantragte.

Allerdings wird teilweise angenommen, die Befugnisse des Exequaturgerichts (*Registering Court*) beschränkten sich auf die Überwachung der Zwangsvollstreckung und umfaßten nicht die Abänderung des Urteils selbst.[106] Eine Unterscheidung zwischen einem in England registrierten ausländischen Vollstreckungstitel und einem englischen Urteil macht die Rechtsprechung auch hinsichtlich der Verfügbarkeit einer *world-wide Mareva injunction.*[107]

Eine abschließende Beurteilung der Rechtslage ist mangels griffiger Präzedenzfälle schwierig. Folgende Überlegung könnte allerdings für die Berücksichtigung von Vollstreckungsgegeneinwänden sprechen: Trotz der in der englischen Literatur und Rechtsprechung anerkannten Unterschiede zwischen dem registrierten ausländischen und einem englischen Urteil steht dem *Registering Court* wohl auch nach der Registrierung die in CPR Sch. 1 RSC Order 45 Rule 11 geregelte Möglichkeit zur Verfügung, die Zwangsvollstreckung aus dem Urteil vorübergehend oder dauerhaft einzustellen, wenn dies aufgrund nachträglicher Tatsachen gerechtfertigt ist.[108] Denn diese Befugnis ist ihrem Wortlaut und ihrer systematischen Stellung nach der Zwangsvollstreckung zuzuordnen und beinhaltet nicht eine Aufhebung (*setting aside*) des Urteils. Die Durchführung und Beaufsichtigung der Zwangsvollstreckung aber ist ausdrücklich dem Registering Court zugewiesen.[109] CPR Sch. 1 RSC Order 45 Rule 11 erlaubt dem Vollstreckungsgericht damit, auch nach Abschluß des Exequatur entstehende Einwände oder eine nachträgliche Aufhebung des Ersturteils als „*matters occuring after the judgment*" zu berücksichtigen.

---

105 Sect. 5 (1) 1933 Act erlaubt eine Aussetzung der Zwangsvollstreckung nur zugunsten eines vom Urteilsschuldner im Erststaat angestrengten Verfahrens (Rechtsmittels).

106 *Patchett*, Tz. 3.32 m.w.N. aus der kanadischen Rechtsprechung. Vgl. aber – ebenfalls aus der kanadischen Rechtsprechung – *In Re Reciprocal Enforcement of Judgments Act, Gagnon v. Safety Freight Ltd.* [1959] 27 WWR 678.

107 *S & T Bautrading v. Nordling* [1997] 3 All E.R. 718 (722). Dort ging es um eine deutsche vollstreckbare Urkunde; zur Sicherung der Vollstreckung hatte der Gläubiger bereits vor Durchführung der Registrierung nach dem 1982 Act eine *worldwide Mareva injunction* beantragt. Sehr weitgehend für eine *worldwide Mareva injunction* zugunsten eines ausländischen Verfahrens aber *Credit Suisse Fides Trust v. Cuoghi* [1997] 3 All E.R. 724; dazu aus französischer Perspektive eingehend *Muir Watt*, RCDIP 98, 27; zur Rechtslage in den USA, vgl. *Grupo Mexicano de Desarrollo v. Alliance Bond Fund, Inc.*119 S.Ct. 1961 (1999), dazu *H. Buxbaum*, IPRax 2000, 39.

108 RSC Order 45 Rule 11 lautet: „Without prejudice to order 47, rule 1, a party against whom a judgment has been given or an order made may apply to the Court for a stay of execution of the judgment or order or other relief on the ground of matters which have occured since the date of the judgment or order, and the Court may by order grant such relief, and on such terms, as it thinks just."

109 Sect. 2 (2) 1933 Act.

Die internationale Zuständigkeit des Gerichts, diese Einwände zu berücksichtigen, wird, soweit ersichtlich, nicht problematisiert. Das von CPR Sch. 1 RSC Order 45 Rule 11 eingeräumte weite Ermessen („*may grant such relief, and on such terms, as it thinks just*") ermöglicht jedenfalls auch, daß das Gericht nicht selbst in die Prüfung eines geltend gemachten Einwandes eintritt, sondern den Urteilsschuldner insofern auf den Erststaat verweist.[110] Diese Ermessensentscheidung wird sich nach Faktoren richten, welche die Rechtsprechung zum *forum non conveniens* entwickelt hat.[111] Manche dieser Faktoren sind besonders einschlägig bei Vollstreckungsabwehrklagen, so etwa die Nutzung von Wissen und Vertrautheit mit dem Fall aus einem konnexen anderen (Vor-) Prozeß (*related proceedings*) und die höhere Expertise von Gerichten des Erststaates zur Bestimmung des Rechtskraftumfangs ihrer eigenen Urteile.[112]

b) Titel im Geltungsbereich des GVÜ (1982 Act)

Im Geltungsbereich des GVÜ wäre eine *action to set aside* nur zulässig, wenn sie sich als Verfahren, welches die Zwangsvollstreckung aus Entscheidungen zum Gegenstand hat (Art. 16 Nr. 5 GVÜ), begreifen ließe. Dies ist im Lichte der vorstehenden Ausführungen zur Rechtsnatur dieser Klage (§ 2 II) zu verneinen.

Die Möglichkeit, eine Einstellung der Zwangsvollstreckung (*stay*) nach CPR Sch. 1 RSC Order 45 Rule 11 anzuordnen, fällt dagegen eindeutig unter Art. 16 Nr. 5 GVÜ. Dasselbe gilt für die Einstellung der Zwangsvollstreckung nach CPR Sch. 1 RSC Order 47 Rule 1, etwa wenn in England noch ein Prozeß anhängig ist, mit dem der Urteilsschuldner eine eventuell aufrechenbare Gegenforderung gegen den Gläubiger einklagt[113]. Weniger klar ist, ob damit englische Gerichte die Befugnis haben, die Zwangsvollstreckung auch wegen Einwänden einzustellen, für deren selbständige Geltendmachung sie nicht zuständig wären. Die Frage ist bisher, soweit ersichtlich, in Rechtsprechung und Literatur nicht erörtert worden.

Eine Zuständigkeit ist unproblematisch, soweit das englische Gericht nur eine vorübergehende Einstellung der Zwangsvollstreckung bis zur Klärung des Einwandes (z.B. einer Aufrechnung) in einem anderweitig anhängigen Prozeß anordnet (so z.B. in den oben zu CPR Sch. 1 RSC Order 47 Rule 1 beschriebenen Fällen). Denn dann ergeht in dem Verfahren keine Entscheidung über den Einwand. Problematischer ist eine endgültige Einstellung der Vollstreckung, wie sie CPR Sch. 1 RSC Order 45 Rule 11 erlaubt. Jedenfalls für die Aufrechnung mit einer bestrittenen Gegenforderung wäre, soweit sie überhaupt unter Order 45

[110] Vgl. *Interdesco v. Nullifire* [1992] Lloyd's L.R. 180.

[111] Eingehend Lord Goff of Chieveley in *Airbus Industry v. Patel* [1998] 2 W.L.R. 686 H.L. (692ff.). Grundlegend *Spiliada Maritime Court v. Cansulex* [1987] 1 A.C. 460 H.L. Deutsche Literatur: Peter *Huber* (1994, kritisch); *Jayme*, IPRax 84, 303 (vorsichtig positiv).

[112] *Beaumont* S. 219f. sub h) und i).

[113] Vgl. *Wagner v. Laubscher* [1970] 2 Q.B. 313.

Rule 11 fällt (s.o. § 2 IV 1), die Rechtsprechung *AS Autoteile Service ./. Malhé*[114] zu beachten.

Im übrigen ist zu bedenken, daß CPR Sch. 1 RSC Order 45 Rule 11 und RSC Order 47 Rule 1 den Gerichten ein erhebliches Ermessen einräumen. In Ausübung dieses Ermessens können auch Gesichtspunkte des *forum non conveniens* eine Rolle spielen. So kann das englische Gericht dem Schuldner aufgeben, den behaupteten Vollstreckungsgegeneinwand von den Gerichten des Erststaates klären zu lassen und die Zwangsvollstreckung nur befristet aussetzen.[115] Dieses Vorgehen wird wohl nicht dadurch unzulässig, daß im Geltungsbereich des GVÜ die Verneinung einer durch die Regeln des GVÜ angeordneten internationalen Zuständigkeit unter dem Gesichtspunkt des *forum non conveniens* unzulässig ist.[116] Denn hier geht es nicht um die Zuständigkeit für eine (ordentliche) Klage über den Anspruch, sondern die im Ermessen stehende Anordnung einer (einstweiligen) Einstellung der Zwangsvollstreckung. Es kann englischen Gerichten wohl kaum verwehrt werden, bei der Ausübung dieses Aussetzungs- und Einstellungsermessens ihre gewohnt pragmatische Linie zu verfolgen – auch wenn dabei ein wichtiger Abwägungsfaktor wäre, daß die zugrunde liegende Sachfrage vor einem möglichst geeigneten Forum entschieden wird.[117]

3. Klage auf Unterlassung der Zwangsvollstreckung im Ausland

In dem berühmten Fall *Ellerman Lines, Ltd. v. Read*[118] entschied der *Court of Appeals*, englische Gerichte dürften einem Beklagten, über den sie nach allgemeinen Grundsätzen *in personam jurisdiction* haben, auch die Vollstreckung aus einem ausländischen Urteil im Ausland, einschließlich dem Erststaat, verbieten. In casu untersagte das Gericht dem Beklagten jede weitere Vollstreckung aus einem betrügerisch (durch falsche eidliche Aussage des Beklagten im Erstprozeß) erlangten, rechtskräftigen türkischen Urteil. Bedenken, ob es hierzu befugt sei, begegnete das Gericht mit dem Hinweis, sein Vollstreckungsverbot richte sich nicht an Gerichte und Vollstreckungsorgane anderer Staaten, sondern allein an den Urteilsgläubiger.[119]

---

[114] EuGH 04.07.1985, Rs. 220/84, Slg. 85, 2267.

[115] Vgl. *Interdesco v. Nullifire* [1992] Lloyd's L.R. 180.

[116] Sect. 49 1982 Act; *S.&W. Berisford plc v. New Hampshire Insurance Co.* [1990] 3 W.L.R. 688; [1990] 2 All E.R. 321; *Jacob/Scott*, RSC Ord. 11/1/7; aus der deutschen Literatur vgl. *Dorsel*, S. 182 ff.

[117] Vgl. *Interdesco v. Nullifire* [1992] Lloyd's L.R. 180; *House of Spring Gardens Ltd. v. Waite*[1991] 1 Q.B. 241 C.A.; *Airbus Industry v. Patel* [1998] 2 W.L.R. 686 H.L. (692 ff.).

[118] [1928] 2 K.B. 144.

[119] [1928] 2 K.B. 144 (151 ff.).

Die mit *Ellerman Lines, Ltd. v. Read* geschaffene Rechtsgrundlage[120] würde, soweit ersichtlich, auch bei Durchgreifen eines Vollstreckungsgegeneinwandes dem Schuldner erlauben, ein „weltweites“[121] Verbot der weiteren Vollstreckung aus dem Titel zu erhalten. Die Vereinbarkeit eines solchen Vorgehens mit dem GVÜ ist dabei noch nicht geklärt. Die strukturell vergleichbaren *Mareva-Injunctions* sollen mit dem GVÜ vereinbar und sogar nach ihm vollstreckbar sein.[122] Die Zuständigkeit für den Erlaß der Verfügung könnte allerdings, wie noch näher auszuführen sein wird,[123] nicht auf Art. 16 Nr. 5 GVÜ gestützt werden.

V. Einwände gegen einen Schiedsspruch

Das Englische Schiedsrecht wurde durch den Arbitration Act 1996 umfassend reformiert.[124] Dabei wurde eine Übernahme des UNCITRAL-Modellgesetzes zwar abgelehnt, die getroffenen Regelungen folgen aber häufig seinem Leitbild.[125] Einwände gegen einen durch Schiedsspruch[126] titulierten Anspruch können nur unter engen Voraussetzungen vor dem Schiedsgericht geklärt werden. In den übrigen Fällen sind staatliche Gerichte zuständig,[127] wobei die Einwände regelmäßig nicht mit einem Rechtsbehelf gegen den Schiedsspruch sondern im Exequaturverfahren oder im Rahmen der Zwangsvollstreckung geltend zu machen sind.

---

[120] Ausdrücklich *Scrutton, L.J.*: „*If there is no authority for this* [Untersagung der ungerechtfertigten Vollstreckung aus einem fremden Urteil auch außerhalb Englands, *d. Verf.*] *it is time that we made one …*“ *Ellerman Lines, Ltd. v. Read* [1928] 144 (152). Dieser Behelf ist eng verwandt mit der in England fest etablierten „*antisuit injunction*“, welche die weitere Verfolgung einer Klage im Ausland untersagt, vgl. die Leitentscheidung *Société Nationale Industrielle Aérospatiale v. Lee Kui Jak* [1987] A.C. 871 P.C., per Lord Goff, näher *Beaumont* S. 229 ff.

[121] Vgl. die ähnlich strukturierten „*Worldwide Mareva*“ *Injunctions*, bei denen die „weltweite“ Arrestwirkung durch ein an den Schuldner persönlich gerichtetes Verfügungsverbot erzielt wird. Näher *Dohmann/Briggs*, „Worldwide Mareva“ injunctions S. 158 ff.; *Grunert*, Die Worldwide Mareva Injunction.

[122] *Walther* S. 198 ff., 204; *Koch*, Neuere Probleme S. 194 ff.

[123] S.u. Teil II Kap. 9, Zuständigkeit.

[124] Einen Überblick über das Reformwerk geben etwa *Haas*, ZZP Int 1997, 409; *Rutherford/Sims*, Arbitration Act 1996: A practical Guide, S. 3 ff.

[125] *Haas*, ZZP Int. 1997, 409 (432); *Landau*, The English Arbitration Act 1996: An Approach to Harmonisation, S. 17 ff.

[126] Die deutsche Literatur zum englischen Schiedsverfahrensrecht beschäftigt sich, soweit ersichtlich, nicht mit der Behandlung von Vollstreckungsgegeneinwänden. Einführend, allerdings noch zum Recht vor dem Arbitration Act 1996, *Kilgus*, Zur Anerkennung und Vollstreckbarerklärung englischer Schiedssprüche in Deutschland.

[127] Die Frage, ob Vollstreckungsgegeneinwände bei einer entsprechend weiten Schiedsklausel auch nach Erlaß des Spruchs durch ein (nicht notwendig dasselbe) Schiedsgericht zu entscheiden sind, wird in der englischen Literatur und Rechtsprechung soweit ersichtlich, nicht diskutiert. Zu dieser Frage finden sich aber im US-amerikanischen Recht interessante Hinweise (s.u. Kapitel USA, Abschn. V 2. Schiedssprüche), die auch für das englische *common law* von Bedeutung sind.

1. Berücksichtigung durch ein Schiedsgericht

Mit dem Erlaß eines abschließenden Schiedsspruchs[128] enden grundsätzlich alle Befugnisse der Schiedsrichter.[129] Sie dürfen den einmal erlassenen Schiedsspruch nicht mehr ohne Zustimmung der Parteien abändern, jede dennoch vorgenommene Abänderung ist nichtig.[130] Diese Regel, die unter dem Common Law so streng gehandhabt wurde, daß selbst Schreibfehler und offensichtliche Versehen nur von staatlichen Gerichten korrigiert werden durften, hat in sect. 57 Arbitration Act 1996 zwei Ausnahmen erfahren. Eine von ihnen erlaubt dem Schiedsgericht, von sich aus oder auf Antrag einen zusätzlichen Schiedsspruch zu erlassen, wenn es versäumt hat, über eine ihm unterbreitete Forderung vollständig zu entscheiden.[131] Eine Berücksichtigung *neuer* Tatsachen oder Beweismittel erlaubt diese Vorschrift nicht.[132]

Vollstreckungsgegeneinwände können vom Schiedsgericht daher nur dann berücksichtigt werden, wenn die Parteien es übereinstimmend dazu ermächtigen, einen Zusatzschiedsspruch zu erlassen[133] oder wenn ein staatliches Gericht auf das Rechtsmittel einer Partei den Streit an das Schiedsgericht zurückverweist.[134]

2. Geltendmachung durch Rechtsbehelf gegen den Schiedsspruch

Der Arbitration Act 1996 stellt gegen einen Schiedsspruch zwei Arten von Rechtsbehelfen zur Verfügung:[135] *Challenges* wegen mangelnder Zuständigkeit des Schiedsgerichts[136] oder wegen schwerwiegender Unregelmäßigkeiten des Verfahrens oder des Schiedsspruchs[137] und den *appeal* wegen aller Arten von Rechtsfehlern, der allerdings durch Vereinbarung der Parteien ausgeschlossen werden kann.[138] Keine dieser Bestimmungen läßt ihrem Wortlaut nach zu, einen Rechtsbehelf gegen den Schiedsspruch auf nachträglich aufgetretene Tatsachen zu stützen. Dennoch erscheint es nicht völlig ausgeschlossen, daß ein Vollstreckungsgegeneinwand als Grundlage einer *challenge* nach sect. 68 (2) (i) Arbitration Act

---

128 Zur Möglichkeit, Zwischenschiedssprüche zu erlassen, vgl. Sect. 47 Arbitration Act 1996.

129 Die Schiedsrichter sind *functus officio*, vgl. *Mustill/Boyd*, S. 404.

130 *Mustill/Boyd*, S. 405 m.w.N.

131 Sect. 57 (3) (b) Arbitration Act 1996.

132 *Russell*, On arbitration (21.Ed.) 8–079.

133 Sect. 57 (1) Arbitration Act 1996.

134 Sect. 68 (3) (a) Arbitration Act 1996, näher dazu sogleich.

135 Hierin liegt eine deutliche Abweichung von Art. 34 UNCITRAL-MG.

136 Sect. 67 Arbitration Act 1996.

137 Sect. 68 Arbitration Act 1996.

138 Sect. 69 Arbitration Act 1996.

1996 dienen und eine Zurückverweisung an das Schiedsgericht[139] auslösen könnte. Zwar greift die Bestimmung ihrem Wortlaut nach nur ein, wenn ein Verfahrensfehler (*irregularity in the conduct of the proceedings or in the award*) vorliegt. Sie könnte jedoch aufgrund ihrer Entstehungsgeschichte unter Umständen weiter ausgelegt werden. Der Arbitration Act *1950* gab den staatlichen Gerichten die Befugnis

„from time to time [to] remit the matters referred, or any of them, to the reconsideration of the arbitrator".[140]

Die Bestimmung nahm eine lange etablierte Rechtsprechung auf, nach der das Gericht den Streit an das Schiedsgericht zurückverweisen konnte, wenn nach Erlaß des Schiedsspruchs erhebliche neue Beweismittel gefunden wurden.[141] Nach der Kodifikation im Arbitration Act 1950 wurde diese Rechtsprechung dann ausgebaut und schließlich eine Zurückverweisung auch dann für zulässig gehalten, wenn durch „Versehen oder Mißverständnis" (*due to mishap or misunderstanding*), das von nachlässiger Prozeßführung kaum noch zu unterscheiden war, ein wichtiger Gesichtspunkt im Schiedsverfahren nicht ausreichend vorgetragen und daher auch von den Schiedsrichtern nicht angemessen berücksichtigt worden war.[142] Angesichts dieser Rechtsprechung läge es nahe, auch wegen eines Vollstreckungsgegeneinwands, der von der Schiedsabrede umfaßt ist (weil er im Zusammenhang mit dem ursprünglichen Streit steht), an das Schiedsgericht zurückzuverweisen. Diese Möglichkeit besteht jedoch unter dem Arbitration Act *1996* wohl nicht mehr. Denn die in sect. 68 (2) aufgeführten Gründe für eine Zurückverweisung sind als abschließende Liste zu verstehen und sollen gerade die bisherige, vielfach kritisierte Rechtsprechung zur weitherzigen Zurückverweisung, insbesondere *King v. Tomas McKenna*[143] ausschließen.[144] Eine *challenge* nach Sect. 68 Arbitration Act 1996 wäre zudem auf eine Frist von 28 Tagen ab Erlaß des Schiedsspruchs beschränkt.[145]

Die Aussichten für den Schuldner, eine Zurückverweisung an das Schiedsgericht zwecks Entscheidung über den Vollstreckungsgegeneinwand zu erreichen, erscheinen daher nach dem neuen englischen Schiedsrecht relativ gering.

[139] Sect. 68 (3) (a) Arbitration Act 1996.

[140] Sect. 22 Arbitration Act 1950.

[141] *Burnard v. Wainwright* (1850) 19 L.J.Q.B. 423; *Re Keighley, Maxsted & Co.* [1893] 1 Q.B. 405; *Sprague v. Allen & Sons* (1899) 15 T.L.R. 150.

[142] *Indian Oil Corp. v. Coastal (Bermuda Ltd.)* [1990] 2 Lloyd's L.R. 407; *King v. Tomas McKenna* [1991] 2 Q.B. 480, [1991] 1 All E.R. 653; enger dagegen (Präklusion angenommen) *Interbulk Ltd. v. Aiden Shipping Co. Ltd. (The Vimeira) (No. 3)* [1986] 2 Lloyd's L.R. 75. Ausführlich zum alten Recht *Mustill/Boyd*, S. 548 ff., 561 f.

[143] [1991] 2 Q.B. 480, 491, [1991] 1 All E.R. 653

[144] Bericht des *Department of Trade and Industry Departmental Advisory Commitee on Arbitration Law (DAC)*, Tz. 280 ff., zitiert bei *Cato*, Tz. 4.9.3 (S. 347 f.); ihm folgend *Merkin*, S. 99 f.; *Russell*, On Arbitration (21.Ed.) 8–079, 8–039; Lord, S. 54; nach wie vor weitherziger wohl *Cato*, 4.9.3 (S. 349), 23.2.3 S. 1083 ff.

[145] Sect. 70 Arbitration Act 1996.

3. Vollstreckungsgegeneinwände im Exequaturverfahren

Auch in England muß ein Schiedsspruch zunächst in einem gerichtlichen Verfahren für vollstreckbar erklärt werden, bevor der titulierte Anspruch mit staatlichen Zwangsmitteln durchgesetzt werden kann. Hierfür stehen im autonomen Recht grundsätzlich zwei Verfahren zur Verfügung, die Vollstreckungsklage (*action on the award*) oder das Registrierungsverfahren, das sich bei inländischen Schiedssprüchen nach sect. 66 Arbitration Act 1996 richtet, bei ausländischen nach Sect. 99ff. Arbitration Act 1996. Im Bereich des UNÜ gelten dessen Sonderregeln.

a) Vollstreckbarerklärung nach autonomem Recht

Für die *action on the award* steht fest, daß der Schuldner Vollstreckungsgegeneinwände geltend machen kann.[146]

Im Registrierungsverfahren muß der Gläubiger schon in seinem Antrag eidesstattlich versichern, daß der Schiedsspruch nicht zwischenzeitlich erfüllt wurde.[147] Die Behandlung anderer Einwände ist nicht explizit geregelt und auch Rechtsprechung hierzu ist nicht ersichtlich. Es werden aber auch im Registrierungsverfahren die zur *action on the award* entwickelten Prinzipien gelten, da mit diesem Verfahren dem Schuldner keine Einwände abgeschnitten werden sollen.[148] Manche sehen einen weiteren Anhaltspunkt in der Formulierung des Gesetzes,[149] die auf ein Ermessen hindeute.[150] Beruft der Schuldner sich auf die Aufrechnung mit einer streitigen und evtl. schon anderweitig rechtshängigen Forderung, so bedeutet dies, daß die Vollstreckbarerklärung zwar nicht verweigert werden darf, eine Aussetzung aber möglich und unter Umständen angezeigt ist.[151] Andererseits kann die Registrierung trotz einer behaupteten Gegenforderung erfolgen, die das Schiedsgericht nicht berücksichtigen durfte, wenn diese

---

146 *Smith v. Trowsdale* (1854) 3 E.&B. 83 – Vergleich nach Erlaß des Schiedsspruchs; *Bellshill & Mossend Co-operative Society Ltd. v. Dalziel Co-operative Society Ltd.* [1960] A.C. 832 H.L. – nachträgliche Unwirksamkeit eines Schiedsspruchs, der eine Unterlassungsverpflichtung enthielt, die durch Austritt der Schuldnerin aus dem Verband weggefallen war. Allgemein *Russell*, On Arbitration (20.Ed.), S. 364f.

147 CPR Practice Direction Arbitrations, Para. 31.6 (3), früher RSC Order 73 Rule 31 (6) (c).

148 Die ältere Rechtsprechung hatte sogar den Grundsatz aufgestellt, daß das Registrierungsverfahren als Erleichterung gegenüber der Vollstreckungsklage nur dann zulässig sei, wenn keine ernsthaften Einwände gegen den Schiedsspruch ersichtlich seien, *Re Boks & Co. and Peters, Rushton & Co.* [1919] 1 K.B. 491; *Jacob/Scott*, RSC Vol. 2 (1997 Supplement) 5893/66/4.

149 Sect. 66 (1) Arbitration Act 1996: „An award …may, by leave of the court, be enforced …".

150 *Haas*, ZZP Int 1997, 409 (431f.).

151 *Mustill/Boyd*, S. 420; *Margulies Bros. Ltd. v. Dafnis* [1958] 1 Lloyd's L.R. 250, [1958] 1 W.L.R. 398.

unstreitig ist und der Gläubiger sich verpflichtet, nur in Höhe des überschießenden Betrages seiner Forderung zu vollstrecken.[152]

b) Vollstreckbarerklärung im Bereich des UNÜ

Zweifelhafter ist, ob Vollstreckungsgegeneinwände auch im Exequaturverfahren nach sect. 103 Arbitration Act 1996 i.V.m. dem UNÜ zulässig sind. Die in Art. V UNÜ genannten Versagungsgründe[153] umfassen Vollstreckungsgegeneinwände nicht. Sie können daher nur indirekt eine Rolle spielen, nämlich wenn sie im Heimatstaat des Schiedsspruches zur Aufhebung geführt haben.[154] Die englische Literatur und Rechtsprechung enthalten auch keine Hinweise darauf, daß Vollstreckungsgegeneinwände doch entgegen dem eindeutigen Wortlaut des UNÜ im Exequaturverfahren berücksichtigt würden.

Eine andere Frage sind die Befugnisse der Gerichte des Vollstreckungsstaates *nach Erteilung* des Exequatur. Sie werden tendenziell weit aufgefaßt, wie eine Entscheidung der *Queens Bench Division (Commercial Court)* im Fall *Far Eastern Shipping Co. v. AKP Sovcomflot*[155] zeigt. Dort folgerte der Richter aus der Gleichstellung eines exequierten ausländischen Schiedsspruchs mit einem inländischen Urteil,[156] er könne auch außerhalb der in Art. VI UNÜ vorgesehenen Fälle die Vollstreckung *auf Grundlage von RSC Order 47 Rule 1* ganz oder teilweise aussetzen.[157] Damit qualifizierte er implizit die Aussetzung nach Order 47 Rule 1 als eine von dem Abkommen unberührte Befugnis nationaler Gerichte im Rahmen der Zwangsvollstreckung.[158] Denkt man *Far Eastern Shipping Co. v. AKP Sovcomflot* konsequent weiter, so hat das Gericht wohl auch die Befugnis nach *CPR Sch. 1 RSC Order 45 Rule 11*, die Vollstreckung aufgrund nachträglich eintretender Umstände vorübergehend auszusetzen oder endgültig aufzuheben. Diese Befugnis hätte das Gericht bereits unmittelbar im Anschluß an die Vollstreckbarerklärung, es könnte den Schiedsspruch also für vollstreckbar erklären und zugleich aufgrund eines nachträglichen Einwandes die Vollstreckung versagen. Für diese Befugnis läßt sich anführen, daß sect. 101 (2) Arbitration Act 1996 ausdrücklich von einer Gleichstellung der ausländischen Schiedssprüche mit inländischen Urteilen, nicht aber von einer Besserstellung spricht. Allerdings

---

152 *ED and F Man v. S.A. Tripolitaine des Usines de Raffinage de Sucre* [1970] 2 Lloyd's L.R. 416.

153 Gleichlautend Sect. 103 (2) Arbitration Act 1996.

154 Art. V lit. e UNÜ. Gleichlautend Sect. 103 (2) (f) Arbitration Act 1996.

155 [1995] 1 Lloyd's L.R. 520, per Potter, J.

156 Sect. 101 (2) Arbitration Act 1996.

157 Anders dagegen – Beschränkung auf die Fälle des Art. VI UNÜ – wohl *Arab Business Consortium International Finance and Investement Co. v. Banque Franco-Tunisienne* [1996] 1 Lloyd's L.R. 485 (492), per Waller, J, allerdings in einem bloßen *dictum*, das sich zudem ausdrücklich nicht in Widerspruch zu *Far Eastern Shipping Co. v. AKP Sovcomflot* versteht.

158 Kritisch hierzu *Horning*, Int. ALR 1997, 3.

verbleiben erhebliche Zweifel, ob es noch mit dem UNÜ vereinbar ist, daß auf diese Weise de facto weitere, der Gesetzgebung des Vollstreckungsstaates entnommenen Gründe den Vollstreckungszugriff verzögern.[159] Ist England dagegen Heimatstaat des Schiedsspruches, so ist schon nach der Systematik des UNÜ die Aufhebungskompetenz hier konzentriert.[160]

4. Berücksichtigung von Einwänden nach Erteilung des Exequatur

Ist der Schiedsspruch für vollstreckbar erklärt, so hält der Gläubiger ein inländisches Urteil[161] oder einen ihm gleichgestellten Vollstreckungstitel[162] in den Händen. Der Schiedsspruch geht in ihm auf[163] und wird nach den Regeln der CPR Sch. 1 RSC Orders 45–52 vollstreckt.[164] Nach diesen Regeln besteht auch die Möglichkeit, die Vollstreckung auszusetzen, wenn über eine (eventuell nachträglich entstandene) Gegenforderung noch nicht rechtskräftig entschieden ist.[165] Auch hier ergibt sich, wenn man die Gleichstellung mit inländischen Urteilen konsequent weiterdenkt, daß eine Einstellung der Zwangsvollstreckung nach CPR Sch. 1 RSC Order 45 Rule 11 aufgrund von Vollstreckungsgegeneinwänden möglich ist.[166]

Eine *Aufhebung* des Schiedsspruchs aufgrund von Vollstreckungsgegeneinwänden ist dagegen nur in den Grenzen der hierfür vorgesehenen Rechtsbehelfe möglich. Da diese im Arbitration Act 1996 (sect. 67 ff.) gegenüber dem früheren Rechtszustand wie oben beschrieben eingeschränkt wurden, rechtfertigt ein Vollstreckungsgegeneinwand regelmäßig keine Aufhebung des Spruchs sondern nur eine Einstellung der Zwangsvollstreckung nach CPR Sch. 1 RSC Order 45 Rule 11. Bei Schiedssprüchen, die dem UNÜ unterfallen, ist eine Aufhebung nur dann möglich, wenn der Schiedsspruch in England oder nach englischem Recht ergangen ist.[167]

---

159 Vgl. *Horning* Int. ALR 1997, 3 (4, 6); näher s.u. Teil II, Kap. 12, Schiedsspruch.

160 Vgl. Art. V Abs. 1 lit. e, Art. VI GVÜ. Es handelt sich dann um einen inländischen Schiedsspruch, gegen den Vollstreckungsgegeneinwände wie oben ausgeführt geltend gemacht werden können.

161 So im Fall einer Vollstreckungsklage und im Fall der Vollstreckbarerklärung nach Sect. 66 (2) Arbitration Act 1996 (zu ihren Voraussetzungen s. *Haas*, ZZP Int 1997, 409 (431, Fn. 98).

162 So im Fall der reinen Registrierung nach Sect. 66 Arbitration Act 1996, vgl. *Jacob/Scott*, RSC Ord., Vol. 2 (1997 Supplement), Tz. 5893/66/8.

163 *Doctrine of merger, Russell* (20.Ed.), S. 368.

164 *Russell* (20.Ed.), S. 374.

165 *Mustill/Boyd*, S. 420; *ED and F Man v. S.A. Tripolitaine des Usines des Raffinage de Sucre* [1970] 2 Lloyd's L.R. 416; grundsätzlich wohl auch *Margulies Bros. Ltd. v. Dafnis* [1958] 1 Lloyd's L.R. 250, wo im konkreten Fall eine Aussetzung jedoch abgelehnt wurde.

166 Die Problematik entspricht den oben im Zusammenhang mit dem UNÜ und vorher im Zusammenhang mit ausländischen Urteilen geschilderten Fragen.

167 Art. V Abs. 1 lit. e UNÜ.

5. Zusammenfassung zur Behandlung von Schiedssprüchen

Zusammenfassend ist festzustellen, daß Vollstreckungsgegeneinwände gegen Schiedssprüche im Exequaturverfahren nach autonomem Recht und anschließend im Rahmen der Zwangsvollstreckung nach CPR Sch. 1 RSC Order 45 Rule 11 berücksichtigt werden können. Im Bereich des UNÜ bestehen gewisse Zweifel, ob englische Gerichte im Rahmen der Zwangsvollstreckung die Befugnisse nach CPR Sch. 1 RSC Order 45 Rule 11 haben oder ob nach dem Abkommen die Berücksichtigung von Vollstreckungsgegeneinwänden dem Rechtsbehelfsverfahren im Heimatstaat des Schiedsspruchs vorbehalten bleiben soll. Das Schiedsgericht selbst kann nach Abschluß seiner Tätigkeit durch den Schiedsspruch über nachträgliche Einwände nur noch entscheiden, wenn dies dem Willen beider Parteien entspricht. Eine Zurückverweisung des Streits durch das staatliche Gericht an das Schiedsgericht wird nach dem neuen Arbitration Act 1996 kaum noch möglich sein.

Kapitel 5

Vereinigte Staaten von Amerika

I. Überblick

Ein vergleichender Blick auf die in den USA anzutreffenden Prozeßrechte ist für unser Thema aus mehreren Gründen besonders reizvoll. Amerikanische Gerichte haben ein umfangreiches aber gut zugängliches Fallrecht entwickelt, das viele, oft eingehend begründete und manchmal auch gegensätzliche Lösungsmöglichkeiten für unsere Fragen aufzeigt. Die Koexistenz verschiedener Jurisdiktionen in den USA wirft schon im innerstaatlichen Rechtsverkehr die Probleme auf, die sich uns erst im internationalen stellen – Statut der Rechtskraft, Zuständigkeit für Einwände, Prüfungsumfang im Exequatur etc. Schließlich entfaltet das amerikanische Prozeßrecht wegen der wirtschaftlichen und politischen Bedeutung der USA und ihrer Attraktivität als Gerichtsstand für Kläger aus aller Welt eine erhebliche Ausstrahlungswirkung auf internationale Sachverhalte.

Die folgende Untersuchung wird zeigen, daß die Rechtskraft amerikanischer Urteile zwar in wichtigen Punkten weiter geht als die deutscher, zugleich aber auch Rechtsbehelfe zur Verfügung stehen, die ihre Aufhebung und Durchbrechung wesentlich eher erlauben und dem Richter dabei ein viel größeres Ermessen einräumen als wir es kennen. Einwände gegen den titulierten Anspruch, die nach diesen Vorgaben als nicht präkludiert anzusehen sind, können sowohl gegenüber dem Urteil als auch im Rahmen der Zwangsvollstreckung mit verschiedenen Rechtsbehelfen geltend gemacht werden, die man, anders als in Deutschland, nicht möglichst exklusiv gegeneinander abgrenzt sondern weitgehend kumulativ zur Verfügung stellt. Diese Grundhaltung setzt sich auch im Titelverkehr zwischen den verschiedenen Jurisdiktionen innerhalb der USA insoweit fort, als Einwände häufig sowohl im Erst- als auch im Vollstreckungsstaat geltend gemacht werden können. Die wirkungsvolle Durchsetzung titulierter Ansprüche auch über Jurisdiktionsgrenzen hinweg ist jedoch gewahrt, da Vollstreckungsgegeneinwände keinen Suspensiveffekt entfalten und nicht vor der – regelmäßig durch einfache Registrierung möglichen – Erteilung der Vollstreckbarkeit geprüft werden.

II. Grundstrukturen

Jeder Bundesstaat der USA hat sein eigenes Gerichtssystem (*State Courts*) und Zivilprozeßrecht, daneben besteht eine – praktisch besonders wichtige – unabhängige Bundesgerichtsbarkeit (*Federal Courts*) mit Distriktgerichten (*Federal District Courts*) in jedem Bundesstaat. Der Prozeßrechtsverkehr zwischen den Bundesstaaten entspricht in vielen Aspekten dem zwischen einander assoziierten Nationen, so daß ein Vergleich mit dem Europa des GVÜ naheliegt.[1] Angesichts der Fülle einzelstaatlicher Regelungen wird die folgende Untersuchung sich auf das Recht der praktisch besonders relevanten Staaten Kalifornien und New York und das Prozeßrecht der Bundesgerichte konzentrieren.

1. Anspruch und Titel

In den USA gilt, ebenso wie in England, die *common law*-Doktrin des *merger*, nach der ein eingeklagter Anspruch im Urteil aufgeht[2]. Einige Fragen zur Titulierung eines Anspruchs in den USA sind im folgenden zu vertiefen: die Zuständigkeit der unterschiedlichen (Staaten- und Bundes-) Gerichte, das von ihnen angewandte Recht und die zeitlichen und sachlichen Grenzen der materiellen Rechtskraft ihrer Urteile.

a) Forum und anwendbares Recht

In den USA hat der Kläger schon bei einem reinen Inlandsfall häufig die Wahl zwischen verschiedenen Foren. Für zivilrechtliche Ansprüche können außerhalb bestimmter Sonderzuständigkeiten sowohl die Gerichte eines oder mehrerer Bundesstaaten als auch die Bundesgerichte zuständig sein.[3] Eine konkurrierende Bundeszuständigkeit ergibt sich vor allem, wenn die Klage ein Bundesgesetz betrifft[4] oder wenn Kläger und Beklagter ihren Wohnsitz in unterschiedlichen Bundesstaaten haben.[5] Sind die Bundesgerichte zuständig, so stellt sich die weitere Frage, welches Distriktgericht (*District Court*) örtlich zuständig ist.[6] Die territoriale Zuständigkeit (*territorial jurisdiction*) der Staatengerichte bestimmt

---

[1] *Juenger*, FS Drobnig S. 299 ff.; vgl. auch schon *von Mehren*, 81 Colum. L. Rev. 1044 (1981).

[2] Restatement Second, Judgments, § 17 (1), § 18.

[3] Überblick bei *Schack*, Einführung, S. 18 ff.

[4] Sogenannte *federal question jurisdiction*, 28 USC § 1331. Zu der schwierigen Abgrenzung dieser Zuständigkeit gibt es eine Fülle von Rechtsprechung.

[5] *Diversity jurisdiction*, 28 USC § 1332.

[6] Die Zuständigkeit (*venue*) richtet sich nach 28 USC §§ 1391, 1392 und Sonderregeln für bestimmte Klagearten, z.B. 28 USC 1401 (*shareholder's derivative suits*).

jeder Bundesstaat selbst[7], sie umfaßt regelmäßig zugleich auch die internationale Zuständigkeit. Die meisten Staaten beanspruchen eine recht weit gefaßte territoriale Zuständigkeit, so daß der Kläger nicht selten auch eine Wahl zwischen verschiedenen Staaten hat.[8] Einen gewissen Beklagtenschutz gewährleistet das in der Bundesverfassung verankerte Grundrecht auf ein faires Verfahren (*due process of law*).[9] Der *Supreme Court* entnimmt dieser Generalklausel, daß ein Bundesstaat seine *jurisdiction* nur dann ausüben darf, wenn der Beklagte Beziehungen (*sufficient contacts or ties*) zu dem Forum hat, die eine Gerichtspflicht dort fair und billig erscheinen lassen.[10] Dieses Erfordernis ist nicht immer erfüllt, wenn die *jurisdiction* auf Anknüpfungskriterien wie das Eigentum an Vermögen in dem Bundesstaat oder nur gelegentliche geschäftliche Aktivitäten dort („*doing business*") gestützt wird.[11] Die Zuständigkeit erstreckt sich auch auf die Feststellung präjudizieller Rechtsverhältnisse und auf solche selbständigen Einwendungen, die der Beklagte aufgrund ihrer Konnexität im Prozeß vorbringen muß, um nicht präkludiert zu werden (*compulsory counterclaims*).[12]

Das Verfahren vor den Bundesgerichten regeln in erster Linie die *Federal Rules of Civil Procedure* (FRCP), die 1938 aufgrund einer gesetzlichen Ermächtigungsgrundlage vom Supreme Court erlassen wurden[13] und seitdem zahlreiche Änderungen erfahren haben. Das anwendbare *materielle* Recht ist dagegen, abgesehen von – teilweise praktisch sehr bedeutsamen – Spezialmaterien,[14] Staatenrecht. Seit der berühmten Entscheidung *Erie Railroad Co. v. Tompkins*[15] von 1938 steht fest, daß die Bundesgerichte kein eigenes Fallrecht (*federal common law*) entwickeln, sondern daß jedes Bundesgericht auf den Rechtsstreit das Gesetzes- und Fallrecht (einschließlich des Kollisionsrechts) des Staates anwendet, in dem es sich befindet. Die Anwendung des lokalen Staatenrechts soll dem *forum shopping* entgegenwirken, indem Bundes- und Staatengerichte grundsätzlich dasselbe Recht auf den Streit anwenden. Da aber auch prozeßrechtliche Vorgaben für den Ausgang eines Rechtsstreits entscheidend sein können, stellt sich die allgemein aus dem Kollisionsrecht bekannte Abgrenzungsproblematik zwischen materiellem Recht und Prozeßrecht. An dieser Nahtstelle

---

[7] Kalifornien: CCP § 410.10; New York CPLR § 302.

[8] So gibt den New Yorker Gerichten CPLR § 302 schon dann *jurisdiction*, wenn der Beklagte Geschäfte im Staat New York abgeschlossen hat oder Waren oder Dienstleistungen in den Staat New York liefert. Die Generalklausel des kalifornischen CCP § 410.10 eröffnet ebenfalls einen sehr weiten Zuständigkeitsbereich.

[9] XIV. Amendment zur Bundesverfassung.

[10] *International Shoe Co. v. Washington*, 326 U.S. 310, 320 (1945).

[11] *Schaffer v. Heitner*, 433 U.S. 186 (1977); *World-wide Volkswagen Corp. v. Woodson*, 444 U.S. 286 (1980). Ausführlich *Kleinstück*, Due process – Beschränkungen des Vermögensgerichtsstandes durch hinreichenden Inlandsbezug und minimum contacts, 1994.

[12] *Wright/Miller/Kane*, 6 Federal practice and procedure, § 1414.

[13] *Schack*, Einführung S. 12.

[14] Beispiele: Kartellrecht, Kapitalmarktrecht, Patent- und Urheberrecht.

[15] 304 U.S. 64 (1938).

bestehen seit *Erie* zahlreiche Streit- und Zweifelsfragen hinsichtlich der Bestimmung des vor Bundesgerichten anwendbaren Rechts.[16] Diese betreffen unter anderem den für unser Thema wichtigen Bereich der Rechtskraftwirkung von Urteilen.

b) Streitgegenstand, Rechtskraft und Präklusion

Die Rechtskraftwirkung von Urteilen amerikanischer Gerichte geht einerseits in einigen Punkten deutlich weiter als die deutscher Urteile, andererseits stehen zu ihrer Durchbrechung umfassendere und weniger scharf konturierte Rechtsbehelfe zur Verfügung. Eine eingeschränkte Rechtskraftwirkung entfalten *judgments by confession*, die funktional der kontinentaleuropäischen vollstreckbaren Urkunde ähneln.[17]

(1) Formen und Umfang der objektiven Rechtskraftwirkung

Bei allen Unterschieden im Detail lassen sich einige Grundlinien der objektiven[18] Rechtskraftwirkung von Urteilen identifizieren, die in allen US-Jurisdiktionen gelten. Die *res judicata* – Wirkung des Urteils hindert den Beklagten, gegenüber dem Anspruch noch Einwendungen (*defenses*) vorzubringen, die er im Prozeß hätte geltend machen können.[19] Der Begriff der *defenses* ist allerdings enger als der deutsche Begriff der Einwendung. *Defenses* sind einerseits tatsächliche Behauptungen, welche die vom Kläger zu beweisenden Anspruchsvoraussetzungen in Abrede stellen, andererseits aber auch manche Einwendungen wie Täuschung oder Gesetzeswidrigkeit bei einem vertraglichen Anspruch (*affirmative defenses*).[20] Andere Einwendungen, mit denen nach amerikanischer Vorstellung ein Gegenrecht (*counterclaim*) geltend gemacht wird, unterliegen weniger strengen Präklusionsvorschriften. Als *counterclaim* wird nicht nur die Geltendmachung einer Aufrechnung angesehen, sondern etwa im Rahmen einer Klage auf Kaufpreiszahlung auch die Berufung auf Sachmängel oder ein Lösungsrecht (*rescission*) wegen Irrtums.[21] Nach *common law* sind *counterclaims*, auf die der Beklagte sich im Prozeß nicht berufen hat, durch die Rechtskraft des Urteils nicht präkludiert.[22]

---

[16] So entschied der Supreme Court, daß Beweislastregeln dem einzelstaatlichen Recht zu entnehmen sind, *Palmer v. Hoffman,* 318 U.S. 109, 117 (1943).

[17] Diesen Vergleich zieht auch *Fleischhauer*, IPRax 99, 216 (218 f.).

[18] Der subjektive Umfang der Rechtskraftwirkung, d.h. welche Personen sie bindet, ist nicht Gegenstand der folgenden Ausführungen. Sie weist ebenfalls deutliche Besonderheiten im Vergleich etwa zum deutschen Recht auf, vgl. *Schack*, Einführung S. 73 f.; *Krause*, Urteilswirkungen gegenüber Dritten (1994).

[19] Restatement Second, Judgments, § 18 (2).

[20] Restatement Second, Judgments, § 18 (illustrations 4 u. 5).

[21] Restatement Second, Judgments, § 22 (illustrations 6 u. 9).

[22] Restatement Second, Judgments § 22 (1). *Chapin & Chapin, Inc. v. McShane Contracting Co.*, 374 F.Supp. 1191, 1194 (D.C. Pa. 1974).

Zu dieser Regel gibt es zwei wichtige Ausnahmen: Zum einen enthalten die FRCP und viele bundesstaatliche Zivilprozeßordnungen eine Regel, welche den Beklagten verpflichtet, konnexe *counterclaims* im Prozeß geltend zu machen (dazu näher sogleich), zum anderen ist auch ohne eine solche Regel die Berufung auf einen *counterclaim* dann präkludiert, wenn dadurch die Wirkung des Urteils praktisch aufgehoben würde. Letztere Ausnahme ist für unser Thema besonders relevant. Nach ihr ist es dem Beklagten nicht erlaubt, einen *counterclaim*, den er im Prozeß hätte vorbringen können aber nicht vorgebracht hat, zur Grundlage einer Klage oder eines Rechtsbehelfs zu machen, der gegen die Vollstreckung aus dem Urteil gerichtet ist oder darauf zielt, die Wirkungen der Vollstreckung rückgängig zu machen.[23] Diese Regel erinnert an die deutsche Maxime vom Ausschluß des kontradiktiorischen Gegenteils durch die Rechtskraft.[24]

Eine weitere wichtige Grenze für *counterclaims* gegenüber einem Urteil bildet Rule 13 (a) der FRCP und die entsprechenden Regelungen in den Zivilprozeßgesetzen zahlreicher Bundesstaaten.[25] Nach dieser *compulsory counterclaim rule* ist der Beklagte gehalten, im Prozeß alle *counterclaims* vorzubringen, die er zur Zeit seiner Klageerwiderung geltend machen kann[26] und die „derselben Transaktion oder demselben Ereignis" entspringen wie die Klage, vorausgesetzt der *counterclaim* ist nicht bereits anderweitig rechtshängig. Nicht vorgebrachte *counterclaims* sind anschließend präkludiert.[27] Sinn der Regel ist die Behandlung aller auch nur lose miteinander zusammenhängenden streitigen Fragen in einem Prozeß.[28] Entsprechend werden als konnex (*arising out of the same transaction or occurence*) alle *counterclaims* angesehen, deren Behandlung in demselben Verfahren prozeßökonomisch sinnvoll erscheint.[29] So ist der Beklagte etwa gehalten, bei einer Klage des Verkäufers aus dem Kaufvertrag gegebenenfalls

---

[23] Restatement Second, Judgments, § 22 (2), comment f; *Martino v. McDonald's Systems, Inc.*, 598 F.2d 1079 (7th Cir. 1979); vgl. auch *Middlesex Concrete Products & Excavating Corp. v. Borough of Carterit*, 35 N.Y. Super. 226, 113 A.2d 821 (1955).

[24] *Paulus*, ZPR Rz. 311, sehr weit ausgelegt von *Doderer*, NJW 91, 878, enger St/J-*Leipold* § 322 Rz. 233a.

[25] In Kalifornien: CCP § 426.30.

[26] Wann ein *counterclaim* so weit „reif" (*matured*) ist, daß der Beklagte ihn geltend machen muß, ist im einzelnen nicht einfach abzugrenzen, vgl. *Steinberg v. St. Paul Mercury Insurance*, 108 F.R.D. 355 (358) (1985); *Stahl v. Ohio River Co.*, 424 F.2d 52, 54 (3rd Cir. 1970); *Chapin & Chapin, Inc. v. McShane Contracting Co.*, 374 F.Supp. 1197 f. (D.C. Pa. 1974) – erstaunlich großzügig gegenüber der neuen Klage.

[27] *Wright/Miller/Kane*, 6 Federal practice and procedure, § 1410; *U.S. v. Eastport Steamship Corp.,* 255 F.2d 795, 801 (2nd Cir. 1958). Dies gilt nach der Rechtsprechung zu FRCP 13 (a) auch bei Versäumnisurteilen (*default judgments*), *Wright/Miller/Kane*, 6 Federal practice and procedure, § 1417, n. 13; anders aber für Kalifornien CCP 426.30 (b) (2).

[28] So zu CCP § 426.30 und den Vorgängervorschriften: *Robertson v. Marcevich*, 42 Cal. App.2d 610, 109 P.2d 708 (1941); *Saunders v. New Capital for Small Businesses*, 231 Cal. App.2d 324 (1964).

[29] *Wright/Miller/Kane*, 6 Federal practice and procedure, § 1410; *Cochrane v. Iowa Beef Processors, Inc.*, 596 F.2d 254, 264 (8th Cir. 1979).

Ansprüche auf Auflösung des Vertrages geltend zu machen.[30] Das Gericht kann die Verhandlung über den *counterclaim* aber auch abtrennen[31] und, wenn eines der beiden Verfahren vor dem anderen entscheidungsreif ist, getrennt entscheiden.[32]

Die Bedeutung der *compulsory counterclaim rule* liegt weniger darin, nachträgliche Angriffe auf den im Urteil titulierten Anspruch zu verhindern,[33] als in der zusätzlichen Abwehr einer späteren selbständigen Klage aus dem *counterclaim*. Der Beklagte, der eine Schadensersatzforderung wegen Sachmängeln nicht im Prozeß über die Kaufpreisforderung des Verkäufers geltend macht, ist nicht nur daran gehindert, mit dieser Forderung später gegen die titulierte Kaufpreisforderung aufzurechnen, sondern kann die Schadensersatzforderung auch nicht mehr selbständig einklagen.[34]

Ein weiterer Aspekt der Rechtskraft, der allerdings für die Behandlung von Vollstreckungsgegeneinwänden nur ausnahmsweise relevant wird,[35] ist der *collateral estoppel (issue preclusion)*, der eine Bindungswirkung des Urteils hinsichtlich präjudizieller Feststellungen erzeugt. Ist über eine streitige Tatsache oder ein streitiges Rechtsverhältnis, das für das Urteil von Bedeutung war, im Erstverfahren gestritten und entschieden worden, so kann diese Entscheidung der insofern unterlegenen Partei auch in einem späteren Verfahren mit anderem Streitgegenstand entgegengehalten werden.[36] Diese Präklusionswirkung, die dem deutschen Recht unbekannt ist, tritt allerdings nur dann ein, wenn die Parteien im Erstverfahren tatsächlich über die Frage gestritten haben.[37] Sie hängt nach einer verbreiteten Meinung zudem davon ab, daß die Feststellung von einem Gericht getroffen wurden, das auch für eine unabhängige Hauptsacheklage über den

---

[30] *Kent v. Clark*, 128 P.2d 868 (S. Ct. Cal. 1942), zur *rescission* wegen *fraud*.

[31] FRCP 13 (i) i.V.m. 42 (b).

[32] FRCP 54 (b). Näher dazu, wann ein solches Teilurteil ergehen kann und wie der *counterclaim* prozessual zu behandeln ist *Agabin*, 8 A.L.R. 3rd 1361.

[33] Dem dürfte regelmäßig schon die oben geschilderte Regel gegen die „Rückgängigmachung" von Urteilen entgegenstehen. Vgl. aber *Chapin & Chapin, Inc. v. McShane Contracting Co.*, 374 F.Supp. 1191 (D.C. Pa. 1974), wo die Einstellung der Zwangsvollstreckung bis zur Entscheidung über einen nachträglich eingeklagten Gegenanspruch nicht generell ausgeschlossen wird.

[34] Restatement Second, Judgments, § 22 comment e; *Smith v. Norman I. Fadel, Inc.*, 215 Cal. App.2d 13 (1963); *Datta v. Staab*, 173 Cal. App.2d 613 (1959). Anders dagegen das *common law* vor Erlaß von FRCP 13 (a): *Virginia-Carolina Chemical Co. v. Kirvin*, 215 U.S. 252, 257 (1909).

[35] Näher s.u. Teil II, Kap. 7, Begründetheit: Präklusion, insbes. Beispielsfall 7.

[36] Restatement Second, Judgments, § 27; *Peterson/Zekoll*, 42 Am.J.Comp.L. (1994), 79, 120ff. zu den Formen (*defensive / offensive collateral estoppel*) und zur Möglichkeit einer Bindungswirkung gegenüber Parteien, die nicht am Erstprozeß beteiligt waren.

[37] Im Unterschied zum englischen Recht, das *collateral estoppel* (*issue preclusion*) auch für solche tragenden präjudiziellen Feststellungen vorsieht, über die im Verfahren nicht näher gestritten wurde (*facts not actively litigated*): *Casad*, 70 Iowa L. Rev. 53, 62f. (1984).

Gegenstand zuständig gewesen wäre.[38] Die Bindungswirkung präjudizieller Feststellungen im Rahmen des *collateral estoppel* wird außerdem durchbrochen, wenn sich zwischenzeitlich das auf die entschiedene Vorfrage anwendbare Recht geändert hat.[39] Dies kann etwa bei separat einzuklagenden Leistungen aufgrund desselben Rechtsverhältnisses dazu führen, daß die an sich bestehende Bindungswirkung früherer Feststellungen über das Rechtsverhältnis[40] ausnahmsweise durchbrochen wird.[41]

Geht die Rechtskraft in manchen dieser Formen deutlich über die eines deutschen Urteils hinaus, so stehen andererseits weitergehende außerordentliche[42] Rechtsbehelfe zu ihrer Durchbrechung zur Verfügung.[43] Viele von ihnen sind fristgebunden, so daß mit Ablauf der Fristen nach und nach eine erhebliche Verstärkung der Rechtskraft gegenüber möglichen Angriffen eintritt.[44]

(2) Statut der Rechtskraft: Federal oder State law?

In der Ausgestaltung und Anwendung dieser Grundsätze gibt es Unterschiede zwischen den einzelnen US-Jurisdiktionen, so daß der Rechtskraftumfang im Einzelfall vom Statut der Rechtskraft abhängen kann.[45] Außerordentlich umstritten ist die Frage, ob und wann dies Statut Staatenrecht oder Bundesrecht ist. Die

---

[38] *Scott*, 56 Harv. L. Rev. 1, 18ff. (1942). Differenzierend für Gerichte desselben Bundesstaates Restatement Second, Judgments, § 28 (3) mit comment d für Gerichte desselben Bundesstaates und comment e für Gerichte verschiedener Bundesstaaten und das Verhältnis zu Bundesgerichten: Prüfung jeweils im Einzelfall, ob Unterschiede im anwendbaren Recht, insbesondere Prozeßrecht, eine Aberkennung des Präklusiveffektes rechtfertigen.

[39] Restatement Second, Judgments, § 28 (2) (b), comment c. Gegen die Möglichkeit, durch eine rückwirkende Rechtsänderung die *res judicata* eines früheren Urteils über einen Pensionsanspruch zu durchbrechen *Sioux City v. Young*, 97 N.E.2d 907 (Iowa 1959) m. abl. Note, 12 Stanford L.R. 503 (1960).

[40] *United States v. Moser*, 266 U.S. 236, 242 (1924) zu Pensionsleistungen.

[41] Wurde der Schuldner zu periodischen Leistungen verurteilt, so steht nicht die *collateral estoppel*-Wirkung, sondern die *res judicata* (*merger*-Wirkung) zunächst der Geltendmachung späterer Einwände entgegen. Ihre Durchbrechung wegen Umstandsänderungen erlaubt FRCP 60 (b) (5), 3. Fall. Zum englischen Recht: *Arnold v. National Westminster Bank plc.* [1991] 2 A.C. 93.

[42] Als ordentlicher Rechtsbehelf ist insbesondere der *appeal* zu nennen.

[43] Insbesondere FRCP 60 (b) und die ihm nachgebildeten Vorschriften der Bundesstaaten.

[44] *Clark*, 60 Cal. L. Rev. 531, 533 (1972) spricht sogar davon, ein Urteil werde nicht zu einem bestimmten Zeitpunkt rechtskräftig (*final*), sondern erwerbe nach und nach einen immer höheren Grad an *finality*. Die Gerichte setzen sich allerdings nicht selten selbst über die gesetzlichen Fristen für Aufhebungsklagen hinweg, vgl. für New York *McKinney-Siegel* C3215:24.

[45] Für die Präklusion von Vollstreckungsgegeneinwänden wird es auf das anwendbare Recht regelmäßig nicht ankommen, da das Prinzip der Präklusion von *defenses* Allgemeingut ist. Auch die im Bundesrecht als FRCP 13 (a) normierte Präklusion von *counterclaims* wird von Staatengerichten als Präklusionsanordnung für Bundesurteile respektiert, *London v. Philadelphia*, 412 Pa. 496, 194 A.2d 901 (1963); *Degnan*, 85 Yale L.J. 741, 761 (1976); kritisch allerdings *Burbank*, 71 Cornell L. Rev. 733, 772f., der die Kompetenz der FRCP bestreitet, eine bundesrechtliche Präklusionswirkung anzuordnen und Zweifel an einer *federal common law rule* desselben Inhalts äußert (S. 795).

Diskussion ist ein Aspekt der oben beschriebenen „*Erie*-Problematik“. Manche meinen, der Umfang der Rechtskraft richte sich jeweils nach dem Prozeßrecht des Gerichtssystems, welches das Urteil erlassen hat, bei bundesgerichtlichen Urteilen also nach Bundesrecht[46], andere halten dem entgegen, ein „*federal common law*“ der Rechtskraftwirkungen dürfe es gemäß der *Erie*-Doktrin auch nicht geben und plädieren für eine an der *lex causae*[47] orientierte Bestimmung des Rechtskraftumfangs.[48]

(3) Zeitliche Urteilsgrundlagen

Die Rechtskraft erstreckt sich in keiner ihrer soeben geschilderten Ausprägungen auf Einwände oder *counterclaims*, die nach Erlaß des Ersturteils entstehen.[49] Die Möglichkeit, gegenüber einem titulierten Kostenerstattungsanspruch auch noch mit einer bereits zum Zeitpunkt des Prozesses bestehenden Gegenforderung aufzurechnen, findet sich auch im amerikanischen Recht.[50]

Bestehende Einwendungen (*affirmative defenses*) sind sofort in der Klageerwiderung geltend zu machen,[51] später auftretende Tatsachen dürfen durch *supplemental pleadings* nachgetragen werden.[52] *Affirmative defenses*, die der Beklagte nicht rechtzeitig vorgetragen hat, sind nach der Grundkonzeption des amerikanischen Zivilprozesses zunächst innerprozessual präkludiert. Allerdings kann der Beklagte die Erlaubnis des Gerichts zur Ergänzung seines Vortrags beantragen (*leave to amend*), und diese Erlaubnis wird regelmäßig recht großzügig erteilt.[53] Umgekehrt ist er aber nicht gezwungen, Einwendungen, die erst nach der Klageerwiderung entstanden sind, noch vorzubringen.[54] Urteilsgrundlage sind damit alle Tatsachen, die bis zur Entscheidung des Gerichts oder der Jury noch schriftsätzlich oder in der mündlichen Verhandlung zulässig vorgetragen wurden.

Soweit auch konnexe Gegenforderungen bzw. selbständige Einwendungen (*counterclaims*) im Prozeß vorgebracht werden müssen, gelten entsprechende Zeitschranken. Ein *compulsory counterclaim* nach FRCP 13 (a) und entsprechenden einzelstaatlichen Vorschriften[55] muß also mit der Klageerwiderung vor-

---

[46] *Degnan*, 85 Yale L.J. 741, 773 (1976) mit eingehender Begründung.

[47] Dies kann, wie oben ausgeführt, in gewissen Rechtsgebieten auch Bundesrecht sein – dann regiert auch nach dieser Meinung Bundesrecht die Rechtskraftwirkungen.

[48] Ausführlich *Burbank*, 71 Cornell L. Rev. 733 (1986).

[49] Restatement Second, Judgments, § 18, comment c; zu FRCP 13 (a): *Wright/Miller/Kane* 6 Federal practice and procedure, § 1411 bei Fn. 3.

[50] Vgl. den kalifornischen Fall *Layne v. Superior Court*, 8 P.2d 895 (Cal. App. 1932).

[51] FRCP 8 (c); CCP § 431.30 (b); NY CPLR § 3018 (b).

[52] FRCP 15 (d); CCP § 464 (a); NY CPLR § 3025 (b).

[53] FRCP 15 (a), zur liberalen Praxis nach dieser Regel *Moore*'s Federal Practice, § 15.08 [2]; CCP § 473 (a); NY CPLR § 3025.

[54] *Wright/Miller/Kane*, 6 Federal practice and procedure § 1411 bei Fn. 3; Kalifornien: *McGaffey v. Sudowitz*, 10 Cal. Rptr. 862 (1960); *Witkin*, 7 California Procedure, Ch. IX, § 270.

[55] Z.B. CCP § 426.30.

gebracht werden, sofern er zu dieser Zeit bereits besteht und (wenn es sich um eine Gegenforderung handelt) fällig ist.[56] *Counterclaims*, die nach der Klageerwiderung aber vor Prozeßende entstehen, kann der Beklagte mit Erlaubnis des Gerichts noch ergänzend vortragen[57], tut er dies nicht, so ist er jedoch mit ihnen nicht präkludiert.[58] Manche Einwendungen (*counterclaims*) sind nach den anwendbaren zivilprozessualen Vorschriften nur dann präkludiert, wenn sie bereits zum Zeitpunkt der Klageerwiderung bestanden, nicht wenn sie erst im Laufe des Prozesses entstanden sind.[59]

Eine Berufung auf Einwände, die an sich bereits hätten vorgebracht werden können und müssen, ist durch spätere Ergänzung des Prozeßvortrags mit Erlaubnis des Gerichts möglich, diese Erlaubnis wird großzügig gehandhabt.[60] Auch *compulsory counterclaims*, die der Beklagte nicht rechtzeitig erhoben hat, können noch nachträglich in den Prozeß eingeführt werden.[61] Voraussetzung ist jeweils, daß die verspätete Geltendmachung auf einem entschuldbaren Versehen beruhte oder die nachträgliche Zulassung aus anderen Gründen gerechtfertigt ist[62], die einschlägige kalifornische Bestimmung setzt ausdrücklich hinzu, daß diese Erfordernisse großzügig ausgelegt werden sollen, um die Verspätungspräklusion von Ansprüchen möglichst zu vermeiden.[63]

Die Berufung (*appeal*) dient bei den Bundesgerichten regelmäßig nur der Rechtskontrolle und erlaubt nicht die Geltendmachung neuer Tatsachen, selbst wenn diese in der ersten Instanz nicht mehr geltend gemacht werden konnten.[64] Das Recht des Staates New York sieht dagegen im Berufungsverfahren auch die Prüfung von Tatsachenfragen vor,[65] in Kalifornien kann das Berufungsgericht

---

[56] Zur Fälligkeit (*maturity*) instruktiv *Chapin & Chapin, Inc. v. McShane Contracting Co.*, 374 F.Supp. 1191, 1197f. (D.C. Pa. 1974).

[57] FRCP 13 (e).

[58] *Wright/Miller/Kane*, 6 Federal practice and procedure § 1411; *Boston & Maine Corp. v. United Transp. Union*, 110 F.R.D. 322, 328 (D.C. Mass. 1986); *Steinberg v. St. Paul Mercury Insurance Co.*, 108 F.R.D. 355 (D.C. Ga. 1985); *Chapin & Chapin, Inc. v. McShane Contracting Co.*, 374 F.Supp. 1191 (D.C. Pa. 1974).

[59] So zu FRCP 13 (a): *Steinberg v. St. Paul Mercury Insurance,* 108 F.R.D. 355, 358 (S.D. Georgia 1985); ebenso CCP § 426.30 (a), dazu *Russo v. Scrambler Motorcycles* (1976, 2d Dist.) 56 Cal. App.3d 112.

[60] FRCP 15 (d); CCP 473 (a).

[61] FRCP 13 (f); CCP 426.50.

[62] FRCP 13 (f), die dort genannten und auch anderswo anzutreffenden Wiedereinsetzungsgründe sind „*oversight, inadvertence, or excusable neglect*". Diese werden regelmäßig weit ausgelegt: *Wright/Miller/Kane*, 6 Federal practice and procedure, § 1430 m.w.N. in Fn. 17, dabei werden insbesondere an die rechtfertigende Erklärung teilweise sehr geringe Anforderungen gestellt.

[63] CCP 426.50 in fine.

[64] FRCP 10 (a). Kalifornien: *Collins v. Kobold*, 304 P.2d 182 (Cal. App. 1956) (betr. nachträgliche Ausübung einer Kaufoption).

[65] CPLR § 5501 (c), (d) und § 5601. Etwas verwirrend heißt das Berufungsgericht nicht *court of appeals* (dies ist der Name der Revisionsinstanz), sondern *appellate division* bzw.

ebenfalls, soweit nicht Anspruch auf ein Geschworenenverfahren (*jury trial*) besteht, neue Tatsachen berücksichtigen und eine eigene Beweisaufnahme durchführen.[66]

(4) Durchbrechung der Präklusion, Wiedereinsetzung

Trotz der Präklusionswirkung eines materiell rechtskräftigen Urteils bleiben dem Schuldner noch vielfältige Möglichkeiten, Einwände gegen den titulierten Anspruch vorzubringen. Selbst Einwände, die bereits zur Zeit des Erstverfahrens existierten, kann er unter Umständen noch mit Hilfe außerordentlicher Rechtsbehelfe geltend machen, die nach deutschem Verständnis Wiedereinsetzungscharakter haben. Nachträglich entstandene Einwände sind teilweise mit denselben Rechtsbehelfen geltend zu machen, was zeigt, daß die amerikanische Dogmatik keine so scharfe Trennung vornimmt zwischen vor und nach dem relevanten Präklusionszeitpunkt entstandenen Einwendungen.

Wie soeben ausgeführt erlauben die Gerichte innerhalb eines Prozesses[67] recht großzügig die nachträgliche Ergänzung des Vortrags. Nach Urteilserlaß kann der Beklagte einen Antrag (*motion*) auf Aufhebung des Urteils (*relief from judgment*) und Berücksichtigung an sich präkludierter Einwände stellen, wenn die Geltendmachung im Erstprozeß aufgrund „*mistake, inadvertence, surprise or excusable neglect*" unterblieb (FRCP 60 (b) (1)).[68] Noch weitergehend ist eine Durchbrechung der Rechtskraft von Versäumnisurteilen möglich.[69] Den Aufhebungsantrag gemäß FRCP 60 (b)) kann der Schuldner auch nutzen, um *nachträgliche* Einwände gegen den Anspruch vorzubringen, insbesondere Befriedigung des Gläubigers, Vergleich oder, bei Urteilen mit Dauerwirkung, Rechts- oder Tatsachenänderungen, die eine fortgesetzte Geltung des Urteils nicht länger rechtmäßig erscheinen lassen.[70]. Ein weiterer Rechtsbehelf neben dem Antragsverfahren (*motion for relief from judgment*) ist die Equity-Aufhebungsklage (*action for relief in equity*). Sie folgt anderen prozessualen Regeln[71] und ist in manchen Staaten selbst dann noch möglich, wenn ein Aufhebungsantrag bereits abgewie-

---

supreme court, appellate terms, je nachdem von welchem erstinstanzlichen Gericht das angefochtene Urteil stammt.

[66] CCP § 909.

[67] Dabei ist allerdings zu berücksichtigen, daß die nachträglichen Ergänzungen des Vorbringens (*pleadings*) in der *pre-trial phase* zu erfolgen haben, also vor der Hauptverhandlung, die eine dem deutschen Strafprozeß ähnliche zeitliche Geschlossenheit aufweist.

[68] Staatenrecht: CCP 473 (b); etwas enger N.Y. CPLR § 5015 (a) (1).

[69] FRCP 55 (c); CCP § 473 (b). Außerdem ist FRCP 60 (b) (1) bei Versäumnisurteilen besonders großzügig anzuwenden, *Schwab v. Bullock's Inc.*, 508 F.2d 353 (1974).

[70] FRCP 60 (b) 5. Die Bundesstaaten haben teilweise eine FRCP 60 (b) 5 entsprechende Vorschrift, wo dies nicht der Fall ist, kann der Schuldner Vollstreckungsgegeneinwände unter Umständen mit dem *common law*-Vorbild von FRCP 60 (b) geltend machen, der *equity*-Klage auf Aufhebung des Urteils.

[71] Insbesondere uneingeschränkte Zulässigkeit von Beweismitteln, während das *motion*-Verfahren häufig aufgrund eidesstattlicher Versicherungen (*affidavits*) durchgeführt wird.

sen wurde.[72] Gestalt und Reichweite dieser Rechtsbehelfe werden im folgenden anhand ihres konkreten Einsatzes zur Geltendmachung von Vollstreckungsgegeneinwänden verdeutlicht werden.

(5) Consent judgments

Vergleichen sich die Parteien nach Beginn eines Prozesses, so kann in den USA wie in England ein *consent judgment* ergehen. Dieses entfaltet grundsätzlich dieselbe Rechtskraftwirkung wie ein reguläres Urteil.[73] Die Reichweite der Wirkungen wird zwar, wie man es als deutscher Jurist erwartet, auch durch Auslegung des Vergleichs bestimmt, in erster Linie werden aber Regeln über die Rechtskraft von Urteilen, z.B. bei *counterclaims* FRCP 13 (a) angewandt.[74] Einwände gegen den zugrunde liegenden Vergleich (Willensmängel, fehlende Vertretungsmacht des Anwalts) sind mit den allgemeinen Rechtsbehelfen geltend zu machen, die gegen ein Urteil zur Verfügung stehen.[75]

(6) Judgment by confession

Vollstreckungstitel sind in den USA nur Urteile und für vollstreckbar erklärte Schiedssprüche. Vollstreckbare Urkunden existieren ebenso wie in England nicht. Ihre Funktion übernimmt jedoch teilweise das im voraus abgegebene Anerkenntnis (*confession of judgment*).[76] Dieses Institut zeigt folgendes Grundmuster: Der Schuldner gibt ein bindendes Anerkenntnis der Schuld[77] ab und erteilt zugleich dem Gläubiger oder einem von ihm benannten Rechtsanwalt Vollmacht (*power of attorney, cognovit note*), aufgrund des Anerkenntnisses ein Urteil zu erwirken, ohne daß es noch einer Klagezustellung oder Anhörung bedürfte.[78] Dies erlaubt dem Gläubiger die rasche Titulierung der Forderung durch ein Staaten- oder Bundesgericht[79] ohne streitiges Gerichtsverfahren.

Das Recht der Bundesstaaten zu diesem Institut variiert stark. Das Spektrum reicht von einer mit wenig Sicherungen zugunsten des Schuldners ausgestatteten

---

[72] So in Kalifornien: *Huff v. Mendoza*, 167 Cal. Rptr. 348, 350f. (Cal. App. 1980).

[73] *Shapiro*, 91 A.L.R.3d 1170, 1176ff.

[74] *Wright/Miller/Kane*, 6 Federal practice and procedure, § 1417 m.w.N. in Fn. 16; *Shapiro*, 91 A.L.R.3d 1170, 1181, 1184.

[75] *Shapiro*, 91 A.L.R.3d 1170, 1175.

[76] CCP §§ 1132ff.; N. Y. CPLR § 3218. *Classen/Cervens/Rowell/Wine,* 47 Bus. Law 729 (1992).

[77] Es muß sich um eine bestimmte Geldsumme handeln, 46 Am.Jur. 2d Judgments, § 257.

[78] 46 Am.Jur. 2d Judgments, § 235. Ein solcher „Scheinprozeß" war schon im römisch-kanonischen Recht bekannt, er bildet die historische Wurzel der vollstreckbaren Urkunde im deutschen Recht, *Münch*, Vollstreckbare Urkunde, S. 24ff. Zur Geschichte des Instituts im englischen und amerikanischen Recht: *D.H. Overmyer Co. v. Frick Co.*, 405 U.S. 174, 176 (1972).

[79] 46 Am.Jur. 2d Judgments, § 259.

liberalen Regelung[80] bis zum völligen Verbot des Instruments, teilweise sogar unter Strafandrohung.[81] Liberale Regelungen sind zudem am *due process*-Grundrecht der Bundesverfassung zu messen, dessen Anforderungen in bezug auf *judgments by confession* der *Supreme Court* in einigen Leitentscheidungen präzisiert hat.[82] Manche Staaten tragen dem Schuldnerschutz Rechnung durch eine Pflicht, vor Erteilung des *power of attorney* über die Gefahren des Instruments aufzuklären,[83] in anderen muß der Schuldner benachrichtigt werden, bevor ein *judgment by confession* erlassen oder jedenfalls bevor aus ihm vollstreckt werden darf.[84] Angesichts der gravierenden Rechtsunterschiede ist die Frage des anwendbaren Statuts von erheblicher praktischer Bedeutung. Eine klare Kollisionsregel hat sich jedoch nicht herausgebildet, häufig wird das Recht des Vollstreckungsstaates angewandt.[85]

Erhebliche Unterschiede bestehen auch in der Zulässigkeit und Geltendmachung von Einwänden gegen den titulierten Anspruch.[86] Da aufgrund der *confession* ein Urteil ergeht, gehen viele Gerichte von einer entsprechenden Rechtskraft- und Präklusionswirkung aus.[87] Der Schuldner kann Einwände nur noch durch die allgemeinen Rechtsbehelfe des Aufhebungsantrags oder der *Equity*-Aufhebungsklage[88] geltend machen.[89] Die Bandbreite der möglichen Aufhe-

---

[80] Vgl. etwa New York CPLR § 3218, gewisse Beschränkungen in § 3201 (Konsumentenkredite).

[81] Vgl. den Überblick in *D.H. Overmyer Co. v. Frick Co.*, 405 U.S. 174, 177f. (1972).

[82] Insbesondere *D.H. Overmyer Co. v. Frick Co.*, 405 U.S. 174 (1972), näher 46 Am.Jur. 2d Judgments, § 235ff. Der kalifornische *Supreme Court* erklärte nach diesen Grundsätzen das kalifornische Gesetz zu *judgments by confession* für verfassungswidrig (*Isbell v. Sonoma*, 21 C. 3rd 61, 577 P. 2d 188 (S. Ct. Ca. 1978), daraufhin wurde das Auflärungserfordernis in CCP § 1132 (b) eingefügt. Die New Yorker Regelung (CPLR § 3218) sieht weder eine Aufklärung des Schuldners noch eine Anhörung vor Erlaß des Urteils vor und ist daher verfassungsrechtlich bedenklich.

[83] CCP § 1132 (b) – Aufklärung durch einen unabhängigen Rechtsanwalt. Instruktiv zu Unabhängigkeit *Matthew Wax v. Joseph Infante*, 138 Cal. App.3d 138 (C.A. 1982).

[84] 46 Am.Jur. 2d Judgments, § 263; *United Pac. Ins. Co. v. Estate of Lamanna,* 436 A.2d 965, 968–74 (N.J. Super. 1981).

[85] 46 Am.Jur. 2d Judgments, § 247; ausführlich Note, 19 A.L.R. 2d 544 mit der Feststellung, daß die ausgesprochen widersprüchliche Rechtsprechung zu dieser Frage vor allem darauf beruht, daß Fragen der formellen Wirksamkeit des Instruments nicht ausreichend getrennt werden von Fragen der materiellen Wirksamkeit des zugrunde liegenden Geschäfts.

[86] 30 Am.Jur. 2d Executions, etc. § 885 m.w.N., illustrativ *Hazel v. Jacobs*, 78 NJL 459, 75 A 903 (S. Ct. NJ 1910) einerseits und *Cowen v. Culp*, 97 Wash. 480, 166 P. 789 (S. Ct. Wash. 1917) andererseits (Einwand der Befriedigung vor Erlaß des Urteils).

[87] 30 Am.Jur. 2d Executions etc., § 879 u. § 885 m.w.N.; 39 A.L.R. 2d 1232. Diese Wirkungen sind nach dem *full faith and credit* – Prinzip auch zwischen Bundesstaaten anerkannt worden: *Household Finance Corp. v. Rogers*, 249 S.W.2d 820 (Ky.1952); *Gustavus v. Dahlmer*, 163 N.Y.S. 132 (1917); *Morris v. Douglass*, 262 N.Y.S. 712 (1933); *Mayer v. Raudenbusch*, 112 N.E. 1065 (1916); vgl. auch *Bower v. Casanave*, 44 F.Supp. 501 (D.C. NY 1941).

[88] Vgl. CCP § 473, NY CPLR § 5015, FRCP 60 (b).

[89] So für Kalifornien ausdrücklich *Isbell v. County of Sonoma,* 577 P.2d 188, 194 (Cal. S. Ct. 1978); *Witkin*, 6 California practice and procedure, Ch. VII, § 103.

bungsgründe ist aber größer, da sie die besondere Grundlage des Urteils berücksichtigen. Der Schuldner kann sich auf Mängel des Verfahrens berufen, in dem das Urteil erlangt wurde[90] und auf die Unwirksamkeit der dem Gläubiger erteilten Vollmacht (*warrant of attorney*).[91] So kann er geltend machen, die *cognovit note* sei gefälscht,[92] der Unterzeichner der *note* habe keine Vertretungsmacht gehabt[93] und auch, der Gläubiger habe die *note* oder das spätere Urteil durch betrügerische Machenschaften (*fraud*) erlangt.[94] Manche Entscheidungen stellen eine so enge Verbindung zwischen Mängeln des Grundgeschäfts und Wirksamkeit der *cognovit note* oder des Urteils her, daß kaum eine Präklusionswirkung für das aufgrund der *confession* erlassene Urteil übrigbleibt. So wurde in einem Fall angenommen, das Urteil sei betrügerisch erlangt und daher unwirksam, weil der Gläubiger abredewidrig von der *cognovit note* Gebrauch machte, obwohl die gesicherte Forderung noch nicht fällig war.[95] Ein ähnlich enge Verbindung stellt die Theorie her, nach der ein Erlöschen der gesicherten Forderung durch Zahlung automatisch den *warrant of attorney* erlöschen läßt, so daß der Schuldner gegenüber einem *judgment by confession* stets einwenden kann, er habe den Gläubiger vor Erlaß des Urteils bereits befriedigt.[96] Manche Gerichte haben diesen Einwand aber auch als präkludiert angesehen.[97]

Noch weitergehend haben manche Staaten gesetzliche Regelungen getroffen, die generell eine volle Überprüfung des titulierten Anspruchs auf Antrag des Schuldners zulassen.[98] Die Literatur geht teilweise ebenfalls davon aus, daß auch außerhalb der anerkannten Aufhebungsgründe Einwände gegen den titulierten Anspruch zulässig sind.[99] Überraschend ist, daß nach einer Auffassung nur Einwendungen zulässig sein sollen, die schon bei Erlaß des Urteils bestanden, und

---

[90] 30 Am.Jur. 2d Executions etc., § 879; 39 A.L.R. 2d 1232 Sub. 5.

[91] *Bower v. Casanave*, 44 F.Supp. 501 (D.C. NY 1941); *Picking v. Local Loan Co.*, 44 A.2d 462 (Md. 1945).

[92] *Anderson v. Reconstruction Finance Corp.*, 136 S.W.2d 741 (Ky. 1940); *Motsingor v. Walker*, 168 S.W.2d 385 (Ark 1943).

[93] *Bower v. Casanave*, 44 F.Supp. 501 (D.C. NY 1941); *Scanlon v. Kuehn*, 232 N.Y.S. 592 (NY App. 1929).

[94] Für eine Präklusion des Einwandes: *Greenbaum & Sons Bank v. Porth*, 226 P 747 (Kan. 1924); *International Harvester Co. v. Solazo*, 178 S.E. 429 (W. Va. 1935); gegen eine Präklusion *Ashby v. Manley*, 181 NW 869 (Io. 1921); *Wismo Co. v. Martin*, 244 NW 76 (Minn. 1932).

[95] *Second Nat. Bank v. Thompson*, 56 A.2d 492 (NJ 1947).

[96] *Cowen v. Culp*, 166 P 789, 790 (Wash. 1917); *Perkins v. Hall*, 17 S.E.2d 795 (W. Va. 1941); *Smithman v. Gray*, 168 NW 998 (Mich. 1918); *Consumer Credit Co. v. Bowers*, 104 S.E.2d 869 (W. Va. 1958).

[97] *Bower v. Casanave*, 44 F.Supp. 501 (D.C. NY 1941); *Hazel v. Jacobs*, 75 A 903 (NJ 1910); *Picking v. Local Loan Co.*, 44 A.2d 462 (Md. 1945).

[98] Illinois Supreme Court Rule 276 (Ill. Rev. Stat. 1979, ch. 110 A, par. 276), angewandt von *Ninow v. Loughnane*, 431 N.E.2d 1267, 1271 (Ill. App. 1981). Pennsylvania R. Civ. P. 2959, angewandt in *Davis v. Voxhall Hotel, Inc.*, 577 A.2d 636 (Pa. Super. 1990).

[99] *Eisenberg/Woodward*, § 36.09 [b].

etwa die Aufrechnung mit einem später entstandenen Gegenanspruch aus derselben Geschäftsbeziehung nicht zulässig sein soll.[100] Bei Zulassung von Einwänden stellt sich die ebenfalls umstrittene Frage, ob die allgemeinen Beweislastregeln gelten[101] oder den Schuldner eine höhere Darlegungs- und Beweislast trifft als in einem gewöhnlichen Prozeß über die Forderung.[102]

Zusammenfassend ist festzustellen, daß ein *judgment by confession* zwar funktional der vollstreckbaren Urkunde kontinentaler Rechtsordnungen sehr ähnlich ist, aber der dort titulierte Anspruch oft weniger leicht angreifbar ist und die Bestandskraft des Instruments der eines kontradiktorischen Urteils stärker angenähert ist. Diese Aussage gilt aber nicht überall, da große Unterschiede zwischen den Regelungen der verschiedenen Bundesstaaten bestehen.

c) Anerkennung der Rechtskraft fremder Urteile

Da schon innerhalb der USA mehrere eigenständige Gerichtssysteme koexistieren, stellt sich relativ häufig die Frage, in welchem Umfang die Rechtskraft eines fremden Urteils anzuerkennen ist. Sie ist daher Gegenstand zahlreicher gerichtlicher Entscheidungen und wissenschaftlicher Untersuchungen. In USA stellt sich die Problematik sowohl zwischen den Gerichten verschiedener Bundesstaaten als auch zwischen Bundes- und Staatengerichten; hinzu kommt die uns vertraute Problematik der Anerkennung ausländischer Urteile.

(1) Rechtsverkehr zwischen Staatengerichten

Die *full faith and credit clause* der Bundesverfassung[103] verpflichtet die Bundesstaaten, ihre Urteile untereinander zu respektieren. Das hierzu ergangene Ausführungsgesetz[104] präzisiert, daß damit eine Wirkungserstreckung geboten ist.[105] Den Urteilen der Gerichte eines Bundesstaats kommt also in anderen Bundesstaaten dieselbe Präklusionswirkung zu wie im Erststaat.[106] Allerdings kann ein

---

[100] *Interstate Bank of Oak Forest v. Sluis*, 79 Ill. App. 3rd 1039, 398 N. E. 2d 1015 (1979); *Fidelity Bank v. Act of America Inc.* 258 Pa. Super. 261, 392 A.2d 784, 785 f. (1978) – dort aber wohl als allgemeine Regel für die Aufrechnung gegenüber Urteilen; *Eisenberg/Woodward*, vol. 8 § 36.09 [b].

[101] *Eisenberg/Woodward*, vol. 8, § 36.09; *Kardos v. Morris*, 470 Pa. 337, 368 A.2d 657 (1977).

[102] *Eisenberg/Woodward*, vol. 8, § 36.09 [B 2 b]; vgl. auch *D.H. Overmyer Co. v. Frick Co.*, 405 U.S. 174, 189f. (1972) zu den unterschiedlichen Regelungen in verschiedenen Bundesstaaten.

[103] Art. IV, Sec. 1.

[104] 28 USC § 1738.

[105] *Farmland Dairies v. Barber*, 489 N.Y.S. 2d 713, 478 N.E.2d 1314; *Phillips v. Griffen*, 259 N.Y.S. 105, 107 (1932).

[106] Restatement Second, Conflict of Laws, § 95; *Casad*, Jurisdiction and forum selection, § 2.27; *Eisenberg/Woodward*, § 38.05 [a] [c]; 30 Am.Jur. 2d executions, etc. § 804;

Staat die Anerkennung verweigern, wenn die Gerichte des Erststaates nach ihren eigenen Regeln nicht zuständig waren oder die von ihnen angenommene Zuständigkeit oder das Verfahren elementare Fairneßgrundsätze verletzt hat (Verstoß gegen die *due process*-Klausel der Bundesverfassung) oder wenn das Ersturteil auf Betrug (*fraud*)[107] beruht.[108] In Extremfällen kann eine Anerkennung auch wegen Verstoßes gegen den materiellen *ordre public* des Zweitstaates versagt werden.[109]

Bei der Umsetzung dieser Regel gibt es allerdings auch Ausnahmen und Unklarheiten. So erscheint es systemfremd[110], ist aber völlig anerkannt, daß sich die Verjährung des Titels nach dem Recht des Zweitstaates richtet.[111] Auch wird eine Abweisung der Klage im Erststaat wegen Verjährung des Anspruchs von manchen Gerichten nicht als Sachentscheidung (*judgment on the merits*) angesehen und deshalb von der Anerkennungspflicht ausgenommen.[112] Zurückhaltung ist auch bei der Anerkennung von Präklusionen zu beobachten, die auf *compulsory counterclaim rules* beruhen. Die Begründung ist wieder, es handele sich insofern nicht um eine Sachentscheidung und deshalb sei eine Anerkennung nicht geboten. Sie sei aber möglich, wenn das Prozeßrecht des Zweitstaates eine inhaltlich gleiche Präklusionsregel vorsieht.[113] Teilweise geht die Wirkungserstreckung aber auch erstaunlich weit, so etwa, wenn streitigen Entscheidungen des Erstgerichts auch zu Anerkennungshindernissen wie einem behaupteten Prozeßbetrug oder zu Fragen der *jurisdiction* Präklusionswirkung zuerkannt wird.[114]

Für unser Thema besonders interessant ist die Frage, nach welchem Recht sich die besonderen Aufhebungsmöglichkeiten (*relief from judgment*, vgl. FRCP 60 (b)) richten, mit denen z.B. Vollstreckungsgegeneinwände, aber eventuell auch

---

107 Dieser Versagungsgrund ist Gegenstand umfangreicher und komplexer Rechtsprechung und problematischer dogmatischer Abgrenzungsversuche (insbes. *intrinsic* versus. *extrinsic fraud*), vgl. Note, 55 A.L.R. 2d 673.

108 Restatement Second, Conflict of Laws, § 104; *Eisenberg/Woodward*, § 38.08 [b].

109 Restatement Second, Conflict of Laws, § 103; *Eisenberg/Woodward*, § 38.08 [C, 2], eingehend zum kalifornischen Recht *Medical Legal Consulting Services, Inc. v. Covarrubias,* 234 Cal. App.3d 80, 89ff. (1991). Grundsätzlich muß ein Urteil aber auch dann anerkannt werden, wenn der titulierte Anspruch im Zweitstaat wegen Gesetzes- oder Sittenwidrigkeit nicht bestehen würde: Restatement Second, Conflict of Laws, § 117; *Roundy's Inc. v. Rannan*, 216 Cal. Rptr. 201 (Ct. App. 1985).

110 *Eisenberg/Woodward*, § 38.04 [c] und § 38.08 [c] sprechen von einer „*oddity*".

111 *Schack*, Einführung S. 75; vgl. z.B. N.Y. CPLR § 202.

112 *Eisenberg/Woodward*, § 38.03 [a 1]. Die Einzelheiten sind unklar. Insbesondere soll die Präklusion doch eintreten, wenn nach dem Kollisionsrecht des Zweitstaates die Verjährungsregeln des Erststaates auf die Klage anwendbar wären. Auch wird unterschieden, ob nach dem Ersturteil nur das *remedy* verjährt war oder auch das *right*, näher *Eisenberg/Woodward*, a.a.O.

113 *Eisenberg/Woodward*, § 38.03 [a 1]; *Chapman v. Aetna Fin. Co.*, 615 f 2d 361, 363 (5th Cir. 1980).

114 *Eisenberg/Woodward*, § 38.08 [B 2] – Diese praktische Anerkennung einer „Kompetenz-Kompetenz" wird auch als „*bootstrap principle*" bezeichnet – zu den Ausnahmen a.a.O. bei Fn. 48. Zum Prozeßbetrug *Lumbermens Mutual Casualty Co. v. Carriere*, 170 N.Y. Super. 437; 405 A. 2d 994 (1979); 30 Am.Jur. 2d executions, etc. § 827.

bereits zur Zeit des Ersturteils bestehende Einwände geltend gemacht werden können. Das Prozeßrecht zahlreicher Staaten stellt das Urteil eines anderen Bundesstaates, sobald es in einem summarischen Verfahren registriert wurde[115] einem eigenen Urteil gleich. Deshalb soll es mit denselben außerordentlichen Rechtsbehelfen angreifbar sein[116] – ein nicht unproblematischer Schluß, wenn damit auch eine im Erststaat nicht mögliche Durchbrechung der Rechtskraft erlaubt wird.[117]

Eine für unser Thema wichtige Einschränkung der Anerkennungspflicht ist, daß die *full faith and credit clause* nur für endgültige (*final*) Urteile gilt und daß abänderbare Unterhaltsentscheidungen nicht in diesem Sinne *final* sind.[118] Allerdings ist eine Anerkennung auch nicht ausgeschlossen und die neuere Rechtsprechung sieht in der mangelnden Endgültigkeit zumeist kein Anerkennungshindernis mehr.[119]

(2) Anerkennung bundesgerichtlicher Urteile

Die Rechtskraft- und Präklusionswirkung der Urteile von Bundesgerichten soll sich, jedenfalls sofern sie im Verfahren vor anderen Bundesgerichten geltend gemacht wird, nach Bundesrecht richten.[120] Manche Urteilswirkungen richten sich jedoch in jedem Falle nach Staatenrecht, so daß selbst ein Bundes-Zweitgericht das Recht des Staates anzuwenden hat, in dem es sich befindet.[121] Einheitliches Bundesrecht regelt für Bundesgerichte die Rechtsbehelfe zur nachträglichen Aufhebung des Urteils.[122]

Die *Staatengerichte* sind nach einer verbreiteten Ansicht weder durch die *full faith and credit clause* der Verfassung noch durch das Ausführungsgesetz[123] verpflichtet, die Urteile von Bundesgerichten anzuerkennen.[124] Dennoch geht die Rechtsprechung davon aus, daß eine Anerkennungspflicht besteht.[125] Dabei haben auch die Staatengerichte etwa hinsichtlich der Präklusionswirkung das

---

115 Diese Verfahren orientieren sich an den *Uniform Enforcement of Foreign Judgments Act* (UEFJA), 13 U.L.A. 149 (1986).

116 N.Y. CPLR § 5402 (b); CCP § 1710.35; ebenso das Modellgesetz: UEFJA § 2 (1964).

117 Kritisch daher *Eisenberg/Woodward*, § 38.06 [B 4 b] und § 38.08 [B 4]. Für Anwendung des erststaatlichen Rechts auch Restatement Second, Conflict of Laws, § 115.

118 *Sistare v. Sistare*, 218 U.S. 1 (1910).

119 *Harrison v. Harrison*, 214 F.2d 571 (4th Cir.), cert. den., 348 U.S. 896 (1954); *Worthley v. Worthley*, 44 Cal. 2d 465, 283 P.2d 19 (1955). Das Problem besteht ohnehin nicht, soweit das von zahlreichen Staaten übernommene Einheitsgesetz gilt – *Uniform Reciprocal Enforcement of Support Act* (1968)) (URESA), 9 B U.L.A. 381 (1987) in *California Family Code*, § 4800 ff. (früher CCP § 1650 ff.).

120 *Brummett*, 33 N.Y.U. L. Rev. 83, 93 (1988); *Eisenberg/Woodward*, § 38.09 [B 1].

121 *Stanford v. Utley*, 341 F.2d 265 (8th Cir. 1965) zur Titelverjährung.

122 FRCP 60 (b).

123 28 USC § 1738.

124 *Eisenberg/Woodward*, § 38.09 [A 1] m.w.N.; a.A. 30 Am.Jur. 2d executions, etc. § 792.

125 Im einzelnen *Degnan*, 85 Yale L.J. 741, 744 ff. (1976).

von den Bundesgerichten entwickelte Recht anzuwenden.[126] Dies gilt auch für die in den FRCP vorgesehenen Präklusionen, etwa bei *compulsory counterclaims*.[127]

(3) Anerkennung der Urteile von Staatengerichten vor Bundesgerichten

Das Ausführungsgesetz zur *full faith and credit clause*[128] erstreckt deren Geltungsbereich ausdrücklich auch auf die Bundesgerichte. Insofern gelten dieselben Grundsätze wie zwischen den verschiedenen Staatengerichten, einschließlich der Einschränkungen der Anerkennung, etwa hinsichtlich der Präklusionswirkung aufgrund einer *compulsory counterclaim rule*.[129] Das Bundesgericht wendet im übrigen das Anerkennungsrecht des Bundesstaates an, in dem es sich befindet.[130] Allerdings wird teilweise auch vertreten, daß Bundesgerichte anstelle des lokalen Staatenrechts auch eigene bundesrechtliche Rechtskraft- und Präklusionsgrundsätze anwenden dürfen, selbst wenn diese im Widerspruch zu dem lokalen Staatenrecht stünden.[131] Regelmäßig wird sich der Titelgläubiger, der über das Urteil eines Staatengerichts verfügt, allerdings zur Vollstreckung in einem anderen Bundesstaat nicht der Bundesgerichte, sondern der lokalen Staatengerichte bedienen. Denn dort steht regelmäßig ein vereinfachtes Registrierungsverfahren für Titel aus anderen Bundesstaaten zur Verfügung,[132] während vor Bundesgerichten eine reguläre Vollstreckungsklage nötig ist.[133]

(4) Anerkennung ausländischer Urteile

Erhebliche Unsicherheiten bestehen bei der Bestimmung der Rechtskraft- und Präklusionswirkung anzuerkennender[134] ausländischer Urteile. Grundsätzlich genießen ausländische Urteile nicht *full faith and credit*, ihre Wirkungen werden also nicht wie bei Urteilen aus anderen Bundesstaaten ohne weiteres erstreckt.[135]

---

[126] 30 Am.Jur. 2d executions, etc. § 811.

[127] *Degnan*, 85 Yale L.J. 741, 761 (1976); *London v. Philadelphia*, 194 A.2d 901 (Pa. 1963).

[128] 28 USC § 1738.

[129] *Chapman v. Aetna Fin. Co.*, 615 F.2d 361 (5th Cir. 1980).

[130] *Eisenberg/Woodward*, § 38.07 [B 2].

[131] *Shreve*, 64 Tex. L. Rev. 1209 (1986).

[132] Grundlage: Gesetze, die nach dem Muster des Modellgesetzes *Uniform Enforcement of Foreign Judgments Act* (UEFJA) erlassen wurden.

[133] *Eisenberg/Woodward*, § 38.05 [B], 38.07 [B].

[134] Näher zu Voraussetzungen und Verfahren der Anerkennung und Vollstreckung ausländischer Urteile unten, IV 4.

[135] 30 Am.Jur. 2d, executions, etc. § 788; *Hilton v. Guyot*, 159 U.S. 113, 163–64 (1895); *Toronto-Dominion Bank v. Hall*, 367 F.Supp. 1009 (E.D. Ark. 1973); instruktiv *Andes v. Versant Corp.*, 878 F.2d 147 (4th Cir. 1989); anders anscheinend in New Jersey, *Maglio & Kendro, Inc. v. Superior Equipmt. Corp.*, 558 A.2d 1371, 1375 n. 4 (N.J. Super. Ct. App. Div. 1989). Zwei Bundesberufungsgerichte haben in neuerer Zeit angenommen, daß bilaterale Freundschafts-, Handels- und Schiffahrtsverträge die Urteile ausländischer Vertragsstaaten denen aus anderen Bundesstaaten gleichstellen: *In Sik Choi v. Hyung Soo Kim*, 50 F.3d 244, 248

Viele Entscheidungen, vor allem von Staatengerichten, geben nicht näher an, welches Recht sie auf diese Frage anwenden. Wird das Statut thematisiert, so befragen manche ausdrücklich das Recht des Erststaates,[136] während andere die *lex fori* anwenden und dadurch dem ausländischen Urteil – zum Teil durchaus absichtlich[137] – mehr Wirkungen verleihen als ihm nach dem Recht des Erststaates zukommen.[138] Häufig werden materielle Einwände,[139] die nach amerikanischen Vorstellungen hätten vorgebracht werden können und müssen, präkludiert, ohne daß das Recht des Erststaates hierzu noch im einzelnen geprüft wird.[140] Die Position des *Restatement* zu der Frage als „ambivalent" zu bezeichnen[141] ist noch untertrieben.[142] Bei Prozessen vor Bundesgerichten stellt sich zudem die schwierige und auch hier umstrittene *Erie*-Frage, ob das Bundesgericht das Kollisionsrecht des Bundesstaates anzuwenden hat, in dem es sich befindet, oder ob es insofern ein eigenständiges Bundesrecht gibt. Die Literatur tritt nicht selten für ein einheitliches Bundesrecht ein[143], und auch manche Gerichte haben es angenommen.[144] Der Wunsch nach generellem Bundesrecht zur Bestimmung

---

(3rd Cir. 1995); *Vagenas v. Continental Gin Co.*, 988 F.2d 104, 106 (11th Cir. 1993), cert. denied, 114 S. Ct. 389 (1993).

[136] *Bank of Montreal v. Kough*, 430 F.Supp. 1243, 1251 (N.D. Cal. 1977); *Watts v. Swiss Bank Corp.*, 265 N.E.2d 739, 742 (C.A. N.Y. 1970); *Bata v. Bata*, 163 A.2d 493, 504ff. (Del. Ch. 1960); *Schoenbrod v. Siegler*, 230 N.E.2d 638, 641 (C.A. N.Y. 1967), allerdings in concreto äußerst zweifelhaft in der Ermittlung des ausländischen Rechts, vgl. *dissent* van Voorhuis und Burke a.a.O., 642.

[137] Zur Rechtfertigung eines solchen Vorgehens *Alafadda v. Fenn*, 966 F.Supp. 1317, 1327 (S.D.N.Y. 1997).

[138] Restatement Second, Conflict of Laws, § 98 comment f, Restatement Third, Foreign Relations Law, § 481 comment c, jeweils m.w.N. aus der Rechtsprechung sowie *Casad*, 70 Iowa L. Rev. 53, 54ff. (1984); *Brummett*, 33 N.Y.U. L. Rev. 83, 95ff. (1988); 30 Am.Jur. 2d executions, etc., § 818. Illustratives Beispiel: *Fairchild, Arabatzis & Smith, Inc. v. Prometco*, 470 F.Supp. 610, 615ff. (S.D.N.Y. 1979); ebenso in jüngerer Zeit *Alafadda v. Fenn*, 966 F.Supp. 1317, 1326ff. (S.D.N.Y. 1997); *Success Motivation Inst. of Japan Ltd. v. Success Motivation Inst. Inc.*, 966 F.2d 1007, 1010 (5th Cir. 1992); *Vas-Cath, Inc. v. Mahurkar*, 745 F. Supp. 517, 526 (N.D. Ill., E.D. 1990) per Easterbrook, J.

[139] Einwände gegen die Zuständigkeit des Erstgerichts (*jurisdiction*) werden dagegen bei ausländischen Urteilen im Prinzip durch das Ersturteil nicht präkludiert; eine Zwischenstellung nimmt – wie bei Urteilen aus anderen Bundesstaaten (s.o. (1))- der Einwand ein, das Urteil sei betrügerisch erlangt worden.

[140] Vgl. etwa *Guiness v. Ward*, 955 F.2d 875, 896ff. (4th Cir. 1992); *Fairchild, Arabatzis & Smith v. Prometco*, 470 F.Supp. 610, 616ff. (S.D.N.Y. 1979) und *Vas-Cath Inc. v. Mahurkar*, 745 F.Supp. 517 (ND Ill. E.D. 1990).

[141] So *Alafadda v. Fenn*, 966 F.Supp. 1317, 1327 (S.D.N.Y. 1997). Vgl. auch *Peterson/Zekoll*, 42 Am.J.Comp.L. (1994), 79, 124 N. 242: „ambiguous guidance".

[142] Das Restatement Third, Foreign Relations Law, § 481 comment c, läßt mit einer nach Ermessen zu handhabenden Kombination von Wirkungserstreckung und Gleichstellung praktisch jedes Ergebnis zu.

[143] *Brummett*, 33 N.Y.U. L. Rev. 83, 103ff.; *Casad*, 70 Iowa L. Rev. 53, 77f. (1984).

[144] *Answering Self. Inc. v. Egan*, 728 F.2d 1500, 1506 (D.C. Cir. 1984); *Semler v. Psychiatric Inst., Inc.*, 575 F.2d 922, 927–928 (D.C. Cir. 1978). Anders aber z.B. *Kuehn v. Garcia*, 608 F.2d 1143, 1147 (8th Cir. 1979); *Maher v. City of New Orleans*, 516 F.2d 1051, 1056 (5th Cir.

der Rechtskraftwirkungen wird nicht selten mit dem Vorschlag verbunden, keine automatische Wirkungserstreckung vorzunehmen, sondern bei Anerkennung auch Einschränkungen und Erweiterungen der Rechtskraft- und Präklusionswirkung zuzulassen.[145]

Zusammenfassend ist festzustellen, daß eine einheitliche Linie sich selbst der bundesgerichtlichen Rechtsprechung nicht entnehmen läßt und daß eine vergleichsweise starke Tendenz zu „radikaler" Gleichstellung besteht, die auch stärkere Wirkungen als vom Erststaat angeordnet nicht scheut.

2. Titel und Zwangsvollstreckung

Das Zwangsvollstreckungsrecht der verschiedenen Bundesstaaten und die Bestimmungen der FRCP über die Vollstreckung bundesgerichtlicher Urteile unterscheiden sich zum Teil erheblich.[146] Im folgenden soll für Kalifornien und die Bundesgerichtsbarkeit skizziert werden, wie innerhalb derselben Jurisdiktion[147] der titulierte Anspruch in die Vollstreckungsphase eintritt und wie diese in bezug auf Einwände ausgestaltet ist.

a) Kalifornisches Recht

Jedes Urteil wird zunächst von der Geschäftsstelle (*clerk*) des Gerichts in der Liste der Urteile eingetragen und ausgefertigt (*entry of judgment*).[148] Von diesem Moment an ist es vollstreckbar.[149] Der Urteilsgläubiger kann nun zunächst versuchen, möglichst schnell ein gesetzliches Pfandrecht an Vermögensgegenständen des Schuldners zu erwerben, indem er das Urteil im *County Court* am Wohnsitz des Schuldners (für Immobilienvermögen)[150] und im Büro des *Secretary of State* (Mobilien)[151] registrieren läßt. Unabhängig davon kann er ohne Wartefrist und unabhängig davon, ob der Schuldner Berufung eingelegt hat,[152] mit den eigent-

---

1975); *Ellis v. Ford Motor Co.*, 628 F.Supp. 849, 854 (D. Mass. 1986). Immerhin gilt auch für die Anerkennungsvoraussetzungen die *Erie-Doktrin* und nicht ein einheitliches Bundesrecht: *Klaxon Co. v. Stentor Electric. Mfg. Co.*, 313 U.S. 487 (1941); *Somportex, Ltd. v. Philadelphia Chewing Gum Corp.*, 453 F.2d 435, 440–41 (3rd Cir. 1971); *Ingersoll Milling Machine Co. v. Granger*, 631 F.Supp. 314 (ND Ill. 1986), aff.'d 833 F.2d 680 (7th Cir. 1987).

145 So insbesondere *Casad*, 70 Iowa L. Rev. 53, 72ff. (1984). In diesem Sinne auch *Alafadda v. Fenn*, 966 F.Supp. 1317, 1325 (S.D.N.Y. 1997).

146 *Eisenberg/Woodward*, § 37.01 [a 3].

147 Die Vollstreckung eines titulierten Anspruchs über Jurisdiktionsgrenzen hinweg ist Gegenstand der nachfolgenden Abschnitte.

148 CCP § 664ff.

149 CCP § 683.010.

150 CCP § 697.310.

151 CCP § 697.510.

152 CCP § 683.010 u. § 917.1 CCP – anders dagegen nach FRCP 62 (a).

lichen Vollstreckungsmaßnahmen beginnen. Diese sind vielfältig. Für viele (aber nicht alle) von ihnen ist ein *writ of execution* notwendig, der das Vollstreckungsorgan (*levying officer*) ermächtigt und anweist, Pfändungen und ähnliche Maßnahmen durchzuführen.[153] Der *levying officer* hat dabei den Anweisungen des Gläubigers zu folgen, es sei denn, er weiß, daß diese unrichtig sind.[154] Die Effektivität des kalifornischen Zwangsvollstreckungsrechts wurde mit einer umfassenden Reform 1982 erheblich gesteigert, indem u.a. die Auswahl des Vollstreckungsobjekts dem Gläubiger freigestellt wurde.[155]

Der *writ of execution* wird auf Antrag des Gläubigers von der Geschäftsstelle des Gerichts (*clerk*) erteilt, ohne den Schuldner nochmals anzuhören und ohne erneute Prüfung von Vollstreckungsvoraussetzungen.[156] Ist allerdings aus dem Urteil erkennbar, daß die Vollstreckbarkeit erst nach Erfüllung bestimmter aufschiebender Bedingungen eintreten soll, so soll ausnahmsweise der *writ of execution* erst auf Anordnung des Gerichts erteilt werden.[157] Lehnt der *clerk* oder das Gericht die Erteilung eines *writ of execution* ab, so steht dem Gläubiger als Rechtsbehelf eine Art Erzwingungsklage[158] zur Verfügung.[159]

Der *levying officer* stellt dem Schuldner den *writ of execution* erst gleichzeitig mit der Pfändung zu.[160] Dies ist mit der *due process*-Garantie der Verfassung vereinbar.[161] Der Schuldner kann sich mit Rechtsbehelfen nicht nur gegen die einzelne Vollstreckungsmaßnahme wehren, sondern auch beantragen, den *writ* selbst aufzuheben. Dieser Rechtsbehelf (*motion to recall or quash the writ*) ist zwar gesetzlich nicht geregelt, aber seit langem anerkannt.[162] Wird der *writ* auf diese Weise aufgehoben, so ist die Zwangsvollstreckung beendet, eine Vollstrekkung der Aufhebung ist nicht nötig.[163]

Ist der Gläubiger befriedigt, so muß er dies unverzüglich dem Gericht und den Stellen, bei denen er das Urteil hat registrieren lassen, anzeigen,[164] die Erfüllung

---

153 CCP § 699.510 ff.

154 CCP § 687.010 (c).

155 Zuvor bestand eine Rangfolge unter den Zugriffsobjekten, an die der vollstreckende Gläubiger gebunden war, aus der Rechtsgeschichte als *gradus executionis* bekannt, *Baur/Stürner* Rz. 3.13 ff.

156 CCP § 699.510 für Geldzahlungsurteile, CCP § 712.010 für andere Urteile.

157 *Adams v. Bell*, 27 P.2d 757 (S. Ct. Cal. 1933), obwohl dies in CCP § 699.510 nicht vorgesehen ist – anders etwa die englischen Rules of the Supreme Court: Order 46 Rule 2.

158 *Writ of Mandamus.*

159 *Slater v. Superior Court,* 115 P.2d 32 (Cal. App. 1941) – der Fall betraf ebenfalls einen Streit darüber, ob eine aufschiebende Bedingung für die Vollstreckbarkeit eingetreten war.

160 CCP § 700.010.

161 *Moyar v. DeBaca*, 395 U.S. 825, 89 S. Ct. 2136 (1969); *Riesenfeld*, S. 12 ff.

162 *Witkin*, 8 California practice and procedure, Ch. X, § 156; Debt collection practice in California, § 7.59; *Bryant v. Bryant,* 161 C.A.2d 579, 326 P.2d 898 (1958); *Salveter v. Salveter* (1936) 11 C.A. 2d 335, 53 P.2d 381, jeweils mit der Begründung, daß der titulierte Betrag nicht (mehr) geschuldet werde.

163 Debt collection practice in California, § 7.59.

164 CCP §§ 724.030 ff.

wird vom *clerk* eingetragen.[165] Der Schuldner kann verlangen, daß eine solche Anzeige gemacht wird.[166] Kommt der Gläubiger diesem Verlangen nicht nach, so kann der Schuldner beim Gericht beantragen, die Befriedigung festzustellen.[167]

Ist die Befriedigung des Urteils zu Unrecht angezeigt oder festgestellt worden (etwa wegen Irrtums, Täuschung oder aus anderen Gründen), so kann der Gläubiger die Aufhebung der Erfüllungsanzeige beantragen.[168] Eine gerichtliche Prüfung des Fortbestehens des titulierten Anspruchs kann also im Kontext der Erfüllungsanzeige sowohl durch den Schuldner als auch durch den Gläubiger herbeigeführt werden.

b) Vollstreckung bundesgerichtlicher Urteile

Urteile der Bundesgerichte werden ebenfalls zunächst von der Geschäftsstelle eingetragen und ausgefertigt (*entry of judgment*)[169]. Von diesem Moment an sind sie vollstreckbar,[170] Urteilszinsen[171] und Rechtsbehelfsfristen beginnen zu laufen.[172] Die Geschäftsstelle stellt den Parteien eine Mitteilung über die *entry of judgment* zu.[173]

Nach *entry of judgment* muß der Gläubiger in der Regel noch zehn Tage warten, bevor er Zwangsvollstreckungsmaßnahmen ergreifen kann.[174] Während dieser zehn Tage kann der Schuldner einen Antrag stellen, die Vollstreckung des Urteils auszusetzen. Ein solcher Antrag ist zulässig, wenn der Schuldner eine Aufhebung des Urteils beantragt (*motion for relief* nach FRCP 60)[175], wenn er Berufung einlegt und eine Vollstreckungssicherheit stellt[176] oder wenn das Recht des Bundesstaates, in dem das Urteil vollstreckt werden soll, ein gesetzliches Pfandrecht zur Sicherung der Vollstreckung vorsieht und die Aussetzung der Vollstreckung erlaubt.[177]

---

165 CCP § 724.020.

166 CCP § 724.050.

167 CCP § 724.050 (d).

168 *Vacating Satisfaction*, gesetzlich nicht geregelt, aber allgemein anerkannt: Debt collection practice in California, § 6.76; *Witkin*, 8 California practice and procedure, Ch. X, § 382.

169 FRCP 58, vgl. auch FRCP 79 (a) und (b).

170 FRCP 62 (a).

171 *Wright/Miller/Kane*, § 2785.

172 FRCP 50 (b), 52 (b), 59 (b, d, e), 60 (b).

173 FRCP 77 (d), FRCP 5. Die Fristen laufen jedoch unabhängig von dieser Zustellung: *Wright/Miller/Kane*, § 2785.

174 FRCP 62 (a). Ausnahmen sind Urteile in Unterlassungsklagen und in einigen Spezialmaterien (FRCP 62 (a)).

175 Die Aussetzung der Vollstreckung steht im Ermessen des Gerichts und kann von der Stellung einer Sicherheit abhängig gemacht werden, FRCP 62 (b).

176 FRCP 62 (d). Das Berufungsgericht hat zudem unter FRCP 62 (g) ein sehr weiteres Ermessen, die Vollstreckung – gegebenenfalls unter bestimmten Auflagen – auszusetzen, um während des Berufungsverfahrens den Status quo aufrechtzuerhalten.

177 FRCP 62 (f).

Die Vollstreckung selbst richtet sich dann nach einigen Spezialvorschriften der FRCP, im übrigen aber nach dem Recht des Staates, in dem die Zwangsvollstreckung stattfindet.[178] Um aufgrund des Urteils ein gesetzliches Pfandrecht an Vermögensgegenständen des Schuldners zu erwerben, muß der Gläubiger das im einschlägigen Staatenrecht vorgesehene Verfahren durchlaufen, also z.B. das Urteil noch einmal im *county court* registrieren lassen.[179] Das Bundesgericht erläßt, soweit das Staatenrecht dies vorsieht, einen *writ of execution*.[180] Ob der Schuldner hierbei nochmals angehört wird, hängt ebenfalls von dem Staatenrecht ab.[181] Regelmäßig erteilt der *clerk* den *writ*, eine Prüfung durch das Gericht erfolgt nur in besonderen Situationen, etwa wenn der Urteilsschuldner inzwischen verstorben ist, das Urteil eine bedingte Verpflichtung enthält oder der Schuldner sich auf Einwände wie die zwischenzeitliche Befriedigung des Gläubigers oder eine vollstreckungsbeschränkende Abrede beruft.[182] Der *writ of execution* kann, nachdem er erteilt wurde, nur vor dem Bundesgericht angegriffen werden.[183]

III. Vollstreckung und Einwände innerhalb derselben Jurisdiktion

Die Geltendmachung von Vollstreckungsgegeneinwänden gehört aus der Perspektive des amerikanischen Rechts in den Kontext der nachträglichen Aufhebung oder Abänderung eines Urteils.[184] Die im Zwangsvollstreckungsverfahren vorgesehenen Rechtsbehelfe sind, was Einwände gegen den titulierten Anspruch betrifft, auf einige typische und spezifische Situation beschränkt. Zu ihnen gehören die Befriedigung des Gläubigers und die Vollstreckungsverjährung. In allen anderen Fällen muß der Schuldner direkt das Urteil angreifen. Hierzu stehen ihm verschiedene Wege offen, von denen die wichtigsten ein Antrag nach FRCP 60 (b) (*motion for relief*) und eine separate *equity*-Aufhebungsklage (*independent*

---

[178] FRCP 69 (a); Einzelheiten bei *Wright/Miller/Kane*, § 3012.

[179] 28 USC § 1962 mit Kommentar von *Siegel* in West's USC annotated; vgl. CCP § 697.310; N.Y. CPLR § 5018 (b).

[180] 30 Am.Jur. 2d executions, etc. § 79.

[181] *Wright/Miller/Kane*, § 3013, *Spurway v. Dyer*, 48 F.Supp. 255 (D.C. Fla. 1942).

[182] 30 Am.Jur. 2d executions, etc. § 80 m.w.N.

[183] *Wright/Miller/Kane*, § 3013; *Edmondston v. Sisk*, 156 F. 2d 300 (10th Cir. 1946). Zur *motion to quash the writ* vor dem Bundesgericht s. *U.S. v. Miller*, 229 F.2d 839 (3rd. Cir. 1956) und *U.S. Ex. Rel. Marcus v. Lord Electric Co.*, 43 F.Supp. 12 (W.D. Pa. 1942). Zur schwierigen Abgrenzung der Zuständigkeiten für die Überwachung der Zwangsvollstreckung instruktiv *Sephus v. Gozelski*, 864 F.2d 1546 (11th. Cir. 1989) und *Keishian v. Buckley*, 725 F.2d 1513 (11th. Cir. 1984).

[184] Vgl. die Aufzählung von Aufhebungsgründen in FRCP 60 (b) und die Diskussion im Restatement Second Judgments, ch. 5 (§§ 64 ff., 73).

action in equity) sind.[185] Die erste dieser beiden Möglichkeiten hat ihre historische Wurzel in verschiedenen *writs* des *common law*, die eine nachträgliche Aufhebung oder Abänderung des Urteils erlaubten[186], heute sind die Gründe regelmäßig in den Prozeßgesetzen kodifiziert. Die praktisch wichtigste Kodifikation ist FRCP 60 (b), sie hat die entsprechenden Kodifikationen im Recht der Bundesstaaten stark beeinflußt. Historisch existierte neben den *common law writs* stets noch die *equity*-Aufhebungsklage. Sie ist heute durch die gesetzlichen Regelungen zwar zurückgedrängt, aber keineswegs völlig verschwunden.

Im folgenden wird zunächst die Geltendmachung von Einwänden gegen bundesgerichtliche Urteile dargestellt, wobei das Schwergewicht auf der Möglichkeit eines Aufhebungsantrags nach FRCP 60 (b) liegt. Anschließend werden die entsprechenden Regelungen im Recht der Bundesstaaten Kalifornien und New York geschildert.

1. Einwände gegen bundesgerichtliche Urteile

Die Vollstreckung bundesgerichtlicher Urteile richtet sich, wie oben beschrieben, in ihren Einzelheiten nach dem Recht des jeweiligen Bundesstaates, in dem die Vollstreckung stattfindet. Hierzu gehören die Vorschriften über die Feststellung der Befriedigung des Gläubigers im Vollstreckungsverfahren.[187] Der Schuldner kann aber, wenn die Befriedigung bestritten wird, auch beim Ausgangsgericht die Aufhebung des Urteils beantragen. Das wichtigste Instrument hierzu bildet FRCP 60 (b). Diese Vorschrift erlaubt die Aufhebung des Urteils aus ganz unterschiedlichen Gründen, die von entschuldbaren Fehlern in der Prozeßführung über nachträglich entdeckte Beweismittel und Prozeßbetrug bis zu nachträglich eintretenden Einwänden reichen.[188] Die Berücksichtigung nachträglicher Einwände durch Aufhebung des im Urteil ausgesprochenen Leistungs- oder Unterlassungsbefehls steht, wie die Systematik der Regelung zeigt, nach amerikanischen Vorstellungen einer Aufhebung der Bindungswirkung des Urteils aus anderen Gründen sehr nahe, die nach deutschen Rechtsvorstellungen als Restitutionsgründe anzusprechen wären. Dies wird besonders deutlich bei der Auffangklausel FRCP 60 (b)(6), unter die sowohl Fälle der unverschuldeten Versäumung von Rechts-

---

185 Einführender Überblick bei *Friedenthal/Kane/Miller*, Civil Procedure § 12.6, S. 573.

186 Die historischen *writs* boten eine unübersichtliche Vielfalt von Angriffsmöglichkeiten, die selbst Experten viele Rätsel aufgab – „*shrouded in ancient lore and mystery*“ nach der berühmten Formulierung der *advisory committee note* zur Reform von 1948, die FRCP 60 (b) weitgehend ihre heutige Gestalt gab. Zitiert bei *Wright/Miller/Kane*, § 2851 Fn. 6.

187 N.Y. CPLR § 5020, CCP § 724.050.

188 FRCP 60 (b) ist im Anhang im Wortlaut wiedergegeben. Zur Geschichte der Regel und ihrer Vorläufer *Wright/Miller/Kane*, § 2851; Clark, 60 Cal. L. Rev. 531, 533 ff. (1972); *Kane*, 30 Hastings L. J. 41 (1978).

mittelfristen[189] subsumiert werden als auch von FRCP 60 (b)(5) nicht abgedeckte Fälle der nachträglichen schuldhaften oder schuldlosen Nichterfüllung eines Prozeßvergleichs. Diese *systematische Nähe von Vollstreckungsgegeneinwänden und Restitutionsgründen* ist als Hintergrund der folgenden detaillierteren Ausführungen stets zu bedenken, sie *prägt das amerikanische Verständnis*.

FRCP 60 (b) ist ein extrem flexibles Instrument, das nicht nur bei den Tatbestandsvoraussetzungen weiten Raum für eigene Wertungen und Einschätzungen des Gerichts läßt,[190] sondern auch bei der Rechtsfolge im Ermessen des Gerichts einen weiten Spielraum eröffnet. Die Formulierung „*The Court may relieve a party ... from a final judgment*" erlaubt sowohl die Aufhebung des Urteils als auch eine Beschränkung seiner Wirkungen, etwa in bezug auf die Zwangsvollstreckung. Instruktiv ist insofern die Entscheidung *US v. Edell*[191]. Das Gericht hob das aufgrund des vollstreckbaren Urteils entstandene gesetzliche Pfandrecht an einer Immobilie auf, die der Schuldner dringend veräußern wollte und verschaffte so einer zwischen den Parteien nachträglich getroffenen Abrede über die Beschränkung der Vollstreckung nach Stellung einer Sicherheit Geltung. Der Begriff des *relief* in FRCP 60 (b) umfaßt also weit mehr als nur die Aufhebung des Urteils. Ist im folgenden der Einfachheit halber stets von einem Aufhebungsantrag nach FRCP 60 (b) die Rede, so steht diese besonders einschneidende Rechtsfolge nur *pars pro toto*.

a) Aufhebungsantrag nach FRCP 60 (b)

Aufhebungsgründe und Aufhebungsverfahren regelt für Urteile der Bundesgerichte das Bundesprozeßrecht, während sich die Rechtskraftwirkung dieser Urteile, wie oben näher ausgeführt, nur in bestimmten Fällen nach Bundesrecht, im übrigen aber nach dem lokalen Staatenrecht richtet. Es liegt auf der Hand, daß dadurch Unstimmigkeiten und Friktionen auftreten können.

Der Antrag auf Aufhebung ist regelmäßig bei dem Bundesgericht zu stellen, welches das Urteil erlassen hat. Das erstinstanzliche Gericht ist auch dann noch zuständig, wenn gegen das angegriffene Urteil ein Berufungsverfahren schwebt. Die ganz herrschende Meinung sieht hierin eine Ausnahme vom Devolutiveffekt der Berufung.[192] Die Entscheidung über den Aufhebungsantrag unterliegt selbst wiederum der Berufung.[193] Während die für unser Thema nicht weiter relevanten Aufhebungsgründe nach FRCP 60 (b) (1) bis (3) spätestens binnen eines Jahres

---

[189] Die Auffangklausel hat praktische Bedeutung bei (zusätzlicher) Versäumung der für FRCP 60 (b)(1) geltenden Jahresfrist.

[190] Besonders augenfällig in der Auffangklausel FRCP 60 (b)(6).

[191] 15 F.R.D. 382 (S.D.N.Y. 1954).

[192] Einzelheiten sind zweifelhaft und umstritten, vgl. *Wright/Miller/Kane*, § 2873; Note, Disposition of Federal Rule 60 (b) motions during appeal, 65 Yale L. J. 708 (1956).

[193] *Wright/Miller/Kane*, § 2871 f.

nach Erlaß des Urteils geltend gemacht werden müssen, sind die in FRCP 60 (b)(5) genannten Vollstreckungsgegeneinwände nicht an eine feste Frist gebunden, müssen aber innerhalb einer vernünftigen Frist (*within a reasonable time*) erhoben werden.[194] Der Rechtsbehelf nach FRCP 60 (b) verdrängt in seinem Anwendungsbereich andere, allgemeinere Klagemöglichkeiten des *common law* und muß zur Geltendmachung der entsprechenden Einwendungen genutzt werden, wenn der Schuldner sie nicht durch Präklusion verlieren will.[195]

FRCP 60 (b)(5) zählt drei Gruppen von Gründen auf, die eine nachträgliche Aufhebung des Urteils rechtfertigen können. Weitere Einwände sind nach der Rechtsprechung zur Auffangklausel FRCP 60 (b)(6) berücksichtigt worden. Der Gläubiger kann im Verfahren nach FRCP 60 (b) nicht seinerseits neue Gegenansprüche (*counterclaims*) gegenüber dem Schuldner geltend machen, Streitgegenstand ist allein die Aufhebung wegen der vorgebrachten Gründe.[196] Im folgenden sollen die wichtigsten Aufhebungsgründe näher beleuchtet werden, um einen Eindruck von der praktischen Bedeutung der Vorschrift zu gewinnen.

(1) Erlöschen der titulierten Forderung durch Erfüllung oder Vergleich

FRCP 60 (b)(5) erlaubt die Aufhebung des Urteils (*relief from judgment*), wenn die titulierte Forderung erfüllt oder erlassen wurde.[197] Dieser Aufhebungsgrund wird nur selten geltend gemacht,[198] nicht zuletzt weil die Erfüllung auch im Rahmen des Vollstreckungsverfahrens eingewandt werden kann.[199] Einige illustrative Fälle zum Einsatz von FRCP 60 (b) betreffen Streit über die Befreiungswirkung der Zahlung an einen Vertreter[200] und über die genaue Höhe der titulierten Forderung, nachdem der Schuldner behauptete, durch eine geleistete Zahlung freigeworden zu sein.[201]

---

194 Bei der Auslegung dieser Frist steht der Verwirkungsgedanke im Vordergrund, vgl. die näheren Erläuterungen zu der (in sich nicht immer widerspruchsfreien) Rechtsprechung bei *Wright/Miller/Kane*, § 2863 Fn. 3 und § 2866 Fn. 6 bis 9.

195 Instruktiv der Fall *Landau & Cleary, Ltd. v. Hribar Trucking, Inc.*, 867 F.2d 996 (7th. Cir. 1989), in dem der Schuldner den Einwand, der Gläubiger sei wegen desselben Urteils doppelt befriedigt worden, verlor, da er es versäumte, einen Antrag nach FRCP 60 (b) zu stellen, wo dieser statthaft war, a.a.O., 867 F.2d 996, 1000.

196 *Bigelow v. RKO Radio Pictures*, 16 F.R.D. 15 (N.D. Ill., E.D. 1954); *U.S. v. Plant*, 56 F.R.D. 613 (W.D. Ark. Hot Springs Div. 1972).

197 „... *the judgment has been satisfied, released or discharged*".

198 *Wright/Miller/Kane*, § 2863, bei Fn. 6 und 7.

199 Instruktiv *Barry Properties Inc. v. Blanton & McCleary*, 525 A.2d 248 (Md. App. 1987).

200 *Sunderland v. City of Philadelphia*, 575 F.2d 1089 (3rd Cir. 1978).

201 *Candiano v. Moore-McCormack Lions, Inc.*, 407 F.2d 385 (2d. Cir. 1969) betraf einen Streit über die Höhe der Urteilszinsen, *Tungseth v. Mutual of Omaha Ins.* Co., 43 F 3rd 406 (8th. Cir. 1994) einen Streit darüber, ob der Schuldner die von ihm auf die Urteilssumme einzubehaltenden und für den Gläubiger abzuführenden Steuern von seiner Zahlung abziehen durfte (=Streit über netto versus brutto), dabei hatte der Schuldner seiner Darlegungslast nicht genügt, um einen Aufhebungsantrag nach FRCP 60 (b)(5) zu rechtfertigen.

Der *Aufrechnung* kommt als Grundlage eines Erfüllungseinwandes eine relativ geringe Bedeutung zu. Sofern sich die Parteien nicht auf eine Verrechnung der Ansprüche geeinigt haben (dann Erlöschen kraft Vereinbarung) bedarf es der gerichtlichen Feststellung des Erlöschens, jedenfalls wenn der Gegenanspruch nicht unbestritten ist. Die Zwangsvollstreckung aus einem Urteil wird dabei grundsätzlich nicht eingestellt, bis der bestrittene Gegenanspruch gerichtlich festgestellt ist. Nur ausnahmsweise kann ein Vollstreckungsaufschub nach FRCP 60 (b)(6) beantragt werden, wenn anderenfalls die Gefahr bestünde, daß der Gegenanspruch gefährdet wäre.[202] Dies gilt selbst für konnexe Gegenforderungen.[203]

Der Schuldner kann den Antrag nach FRCP 60 (b)(5) auch auf einen nachträglich geschlossenen *Vergleich* stützen. Der Streit kann das Zustandekommen des Vergleichs betreffen[204] oder die Wirkung eines Vergleichs mit nur einem von mehreren Gesamtschuldnern oder einem von mehreren Gläubigern für und gegen die übrigen.[205] Besondere Probleme entstehen, wenn sich die Parteien während eines schwebenden Berufungsverfahrens vergleichen. Mit dem Vergleich entfällt das Rechtsschutzinteresse für die Berufung,[206] umstritten ist aber, ob das angefochtene Ersturteil aufzuheben ist oder bestehen bleibt.[207]

---

[202] *Chapin & Chapin, Inc. v. McShane Contracting Co.*, 374 F.Supp. 1191 (D.C. Pa. 1974).

[203] *Chapin & Chapin, Inc. v. McShane Contracting Co.*, 374 F.Supp. 1191 (D.C. Pa. 1974).

[204] Illustrativ *Oliver v. City of Shattuck*, 157 F.2d 150 (10th Cir. 1946) – Streit über eine mündliche Zusicherung des Gläubigers, das Urteil nicht zu vollstrecken, wenn die von einigen Mitbeklagten eingelegte Berufung Erfolg hätte. Vgl. auch *Barry Properties Inc. v. Blanton & McCleary,* 525 A.2d 248 (Md. App. 1987), allerdings nicht zu FRCP 60 (b)(5).

[205] *Caraway v. Sain*, 23 F.R.D. 657 (D.C. Fla. 1959) – Befreiungswirkung der Zahlung eines anderen Gesamtschuldners (Mittäter bei Delikt); *Cassman v. American University*, 546 F.2d 1029 (D.C. Cir. 1976) – Befreiungswirkung der Zahlung eines Dritten bei möglicher Gesamtschuld; *W.M. Skillings & Ass. v. Cunard Transp. Ltd.*, 594 F.2d 1078 (5th Cir. 1979) – Vergleich mit einem von drei Mitgesellschaftern im Namen der Gesellschaft, anschließend Zahlung der Vergleichssumme an ihn, Streit, ob die Befreiungswirkung auch gegenüber den beiden anderen Mitgesellschaftern eingetreten war; *Snowden v. D. C. Transit System, Inc.*, 454 F.2d 1047 (D.C. Cir. 1971) – dort berief sich der Schuldner auf einen Vergleich des Gläubigers mit einem anderen Gesamtschuldner, der allerdings bereits vor Abschluß des Erstverfahrens geschlossen worden war und dem Schuldner auch damals schon bekannt war. Dennoch entschied das Gericht, die nach dem Vergleich erfolgte Zahlung müsse von der Urteilssumme abgezogen werden, und gewährte insoweit *relief* nach FRCP 60 (b)(5). Kritisch. *Moore*'s Federal Practice, § 60.026 [2] Fn. 2. In einer anderen Entscheidung wurde in einer ähnlichen Situation die Aufhebung verweigert, da der Schuldner sich nicht schon im Erstprozeß auf den Vergleich des Gläubigers mit einem Mitschuldner berufen hatte: *Willits v. Yellow Cab Co.*, 214 F.2d 612 (7th. Cir. 1954).

[206] *Dakota County v. Gidden*, 113 U.S. 222 (1885); *Area Development Corp. v. Free State Plaza Inc.*, 254 A.2d 355 (Md. App. 1969).

[207] Einen Überblick über die unterschiedlichen Standpunkte verschiedener Bundesberufungsgerichte (*Circuit Courts*) gibt *Guiness v. Ward,* 955 F.2d 875, 896 f. (4th. Cir. 1992); vgl. insbesondere *The Nestle Co. v. Chester's Market, Inc.*, 756 F.2d 280 (2d. Cir. 1985) und 609 F.Supp. 588 (D. Conn. 1985).

(2) Aufhebung eines früheren Urteils, auf dem die Entscheidung beruht

Der zweite in FRCP 60 (b)(5) genannte Aufhebungsgrund ist die Aufhebung eines früheren Urteils, auf dem die Entscheidung beruht. Er entspricht funktional § 580 Nr. 6 ZPO. Es genügt nicht, daß die Rechtsauffassung eines Präzedenzfalles (*precedent*) aufgegeben wurde, den das Urteil zitiert hat.[208] Eine solche Änderung der Rechtslage ist vielmehr nur unter den engeren Voraussetzungen von FRCP 60 (b)(5) dritter Fall beachtlich.

(3) Zukünftige Anwendung unbillig

Die dritte in FRCP 60 (b)(5) genannte Aufhebungsmöglichkeit ist die praktisch bei weitem relevanteste.[209] Danach ist ein Urteil aufzuheben, dessen weitere Anwendung in der Zukunft unbillig erscheint.[210] Der *Supreme Court* gab diesem Aufhebungsgrund noch vor Erlaß der FRCP in der Leitentscheidung *US v. Swift & Co.*[211] seine Konturen. Die Entscheidung betraf einen Antrag auf Abänderung von durch Urteil fixierten Verhaltenszusagen, welche einige Unternehmen der Kartellbehörde zur Beendigung eines gegen sie eingeleiteten Verfahrens gemacht hatten.[212] Ausgehend von dieser Leitentscheidung und der an ihr orientierten Formulierung in FRCP 60 (b)(5) dritter Fall hat sich eine umfangreiche Rechtsprechung entwickelt, welche die verschiedensten Typen von Urteilen und Prozeßvergleichen mit Dauerwirkung umfaßt.[213] Da die Rechtskraft des Urteils bei diesem Aufhebungsgrund nicht angetastet werden soll, muß sich die Unbilligkeit der weiteren Anwendung für die Zukunft aus einer Änderung der für die Entscheidung erheblichen Umstände ergeben.[214] Die Änderung kann die relevanten Fakten oder die Rechtslage betreffen.[215] Die Rechtsprechung zu jeder dieser Fallgruppen ist umfangreich und ausdifferenziert. Illustrativ für die Spannbreite des Aufhebungsgrundes sind einige Konstellationen, die auch aus deutschen Entscheidungen zu §§ 323, 767 ZPO bekannt sind. So betraf die Entscheidung *Safe Flight Instrument Corp. v. United Control Corp.*[216] die Aufhebung eines *consent judgment* in einem Patentverletzungsstreit, nachdem das Patent in

---

208 *Wright/Miller/Kane*, § 2862 bei Fn. 9.

209 *Wright/Miller/Kane*, § 2863 bei Fn. 10.

210 *„… it is no longer equitable that the judgment should have prospective application"*.

211 286 U.S. 106 (1932).

212 Sog. *consent decree*, ein in der U.S.-Kartellrechtspraxis häufiges Instrument. Der *Supreme Court* entschied, daß für die Zwecke des Aufhebungsantrags das *consent decree* wie ein Urteil und nicht wie ein Vertrag zu behandeln sei, *U.S. v. Swift*, 286 U.S. 106, 119 (1932).

213 Näher *Wright/Miller/Kane*, § 2863 bei Fn. 13ff.; *Wagner*, 118 A.L.R. Fed. 419 [6]. Vgl. auch Restatement Second Judgments, § 73f.

214 *U.S. v. Swift*, 286 U.S. 106, 117ff. (1932).

215 *Wright/Miller/Kane*, § 2863 bei Fn. 28 (*change of facts*), Fn. 26 (*statutory change*) und Fn. 27 (*change in decisions*); *Wagner*, 177 A.L.R. Fed. 419 [9] – Change in decisional law, [10] – Change in statutory or regulatory law, [12] – Change in factual circumstances.

216 576 F.2d 1340 (9th. Cir. 1978).

einem anderen späteren Rechtsstreit für unwirksam erklärt worden war.[217] Eine Aufhebung auch ohne Umstandsänderung im eigentliche Sinne gewährte das Berufungsgericht in *Philadelphia Welfare Rights Organization*[218], als sich die Verpflichtungen, welche die Schuldnerin in einem *consent judgment* übernommen hatte, als praktisch unerfüllbar erwiesen. Das Gericht begründete die Aufhebung damit, die Übernahme von Pflichten für die Zukunft habe in diesem Fall ein prognostisches und in gewisser Weise spekulatives Element enthalten. Eine Abänderung sei daher gerechtfertigt, wenn sich wie hier nachträglich herausstelle, daß die Erfüllung der übernommenen Pflichten mit den dafür ins Auge gefaßten Mitteln bei vertretbarem Aufwand nicht möglich sei.[219] Eine wichtige Hürde für die Aufhebung ist, daß die eingetretene Umstands- oder Rechtsänderung wesentlich sein muß.[220] Rechtsänderungen, insbesondere Änderungen im *case law* können unter Umständen auch nach der Generalklausel FRCP 60 (b)(6) berücksichtigt werden, die dem Gericht eine noch größere Flexibilität gibt und eine Aufhebung unter Umständen auch dann erlaubt, wenn die Voraussetzungen für eine Aufhebung nach FRCP 60 (b)(5) dritter Fall nicht vorliegen.[221]

(4) Sonstige Einwände – FRCP 60 (b) (6)

Besondere, in FRCP 60 (b)(5) nicht vorgesehene Einwände können bei *consent judgments*, die funktional einem Prozeßvergleich entsprechen, entstehen. Enthält die Vereinbarung nicht nur Verpflichtungen des ursprünglichen Beklagten, sondern auch des Klägers, so kann der Beklagte (Schuldner) die Aufhebung des *consent judgment* nach FRCP 60 (b)(6) verlangen, wenn der (ehemalige) Kläger seinen Pflichten nicht nachkommt. Illustrativ sind die Fälle *L.M. Leders' Sons v. Goldman*[222] – dort hatte sich der Kläger eines Patentverletzungsverfahrens verpflichtet, dem Beklagten gegen Anerkennung des Patents eine Lizenz zu erteilen – und *Shas. Pfizer & Co. v. Davis-Edwards*[223] – dort hatte sich in einem Vergleich, der ebenfalls ein Patentverletzungsverfahren beendete, der Kläger (angeblich) verpflichtet, mit anderen Wettbewerbern keine vorteilhafteren Vergleiche zu schließen als mit dem

---

217 Vgl. RGZ 155, 321.

218 602 F.2d 1114 (3rd. Cir. 1979).

219 a.a.O., 602 F.2d 1114, 1120 (3rd. Cir. 1979).

220 Sog. „*strong showing*"-Erfordernis, vgl. *Ray Marshal v. Board of Education, Bergenfield*, 575 F.2d 417 (3rd. Cir. 1978); *Wagner*, 117 A.L.R. Fed. 419 [4].

221 Zu diesen Fällen *Wright/Miller/Kane*, § 2864 bei Fn. 47 u. 48; Rydstrom, 14 A.L.R. Fed. 193 [17]; *Lipton*, 43 U. Chi. L. Rev. 645 (1976); manche wollen Rechtsänderungen auch im Rahmen von FRCP 60 (b)(6) nur bei Urteilen mit Dauerwirkung berücksichtigen: *Fleming/James/Hazard*, § 12.15; Restatement Second Judgments, § 73 comment c. Kritisch auch *Kane*, 30 Hastings L.J. 41, 64ff. (1978): Gefahr der Umgehung von FRCP 60 (b)(5) *zweiter Fall*. Beispiele aus der neueren Rechtsprechung für die Anwendung von FRCP 60 (b)(6) bei späterer Änderung des *case law*: *Heirs-at-law of Gilbert v. Dresser Indus.*, 158 F.R.D. 89 (N.D. Miss. 1993); *Batts v. Tow-Motor Forklift Co.*, 153 F.R.D. 103 (N.D. Miss. 1994).

222 252 F.2d 188 (6th Cir. 1958).

223 385 F.2d 533 (2d Cir. 1967).

Beklagten.[224] Ein Antrag nach FRCP 60 (b)(6) kann übrigens auch umgekehrt von dem ehemaligen Kläger gestellt werden, wenn der ehemalige Beklagte die in einem *consent judgment* übernommenen Verpflichtungen nicht einhält; dann geht es allerdings nicht um die Problematik von Vollstreckungsgegeneinwänden.[225]

b) Andere Verfahren zur Geltendmachung von Vollstreckungsgegeneinwänden

(1) Equity – Aufhebungsklage

Die historische *Equity*-Aufhebungsklage existiert neben dem Rechtsbehelf nach FRCP 60 (b) weiter. Praktisch notwendig ist eine solche Klage jedoch wegen der Möglichkeit eines Antrags nach FRCP 60 (b) selten.[226] Es besteht aber die Gefahr, daß die ohnehin schon sehr flexiblen Voraussetzungen eines *relief* nach FRCP 60 (b) durch diesen Rechtsbehelf, der nicht gesetzlich fixiert ist, ausgehebelt werden.

Eine wichtige Besonderheit der *Equity*-Aufhebungsklage ist, daß sie historisch gerade die Aufhebung von Urteilen anderer Gerichte erlaubt.[227] Heute ist streitig, ob auf eine *Equity*-Aufhebungsklage hin Bundesgerichte die Urteile anderer Bundesgerichte und vielleicht sogar die Urteile von *State Courts* aufheben können und ob umgekehrt *State Courts* die Urteile von Bundesgerichten aufheben dürfen.[228] Manche Gerichte halten die *Equity*-Aufhebungsklage nur für subsidiär zulässig, wenn ein Antrag nach FRCP 60 (b) beim Ursprungsgericht nicht möglich ist.[229] Eine weitere Quelle der Unsicherheit ist auch hier wieder die *Erie*-Doktrin, die dazu führt, daß umstritten ist, ob Bundesgerichte bei der Entscheidung über eine *Equity*-Aufhebungsklage Bundesrecht oder das Recht des jeweiligen Bundesstaates anzuwenden haben.[230]

---

224 Das Gericht entschied nicht über diesen Einwand, hielt ihn aber für möglich unter FRCP 60 (b)(5), Fallgruppe 3 (*prospective application no longer equitable*). Zur Einordnung unter FRCP 60 (b)(6) näher *Kane*, 30 Hastings L. J. 41, 62f. (1978).

225 *Keeling v. Sheet Metal Workers*, 937 F.2d 408 (9th Cir. 1990); *Ford v. Cronick Chevrolet Pontiac Nissan*, 725 F.Supp. 1254 (N.D. G.A., Atlanta Div. 1989); instruktiv auch *Vincent v. Reynolds Memorial Hospital*, Inc., 728 F.2d 250 (4th Cir. 1984). Häufig weigern sich die Gerichte jedoch auch, das *consent judgment* aufzuheben und die ursprüngliche Klage wieder zuzulassen und verweisen den ehemaligen Kläger darauf, seine Rechte aus dem *consent judgment* zwangsweise durchzusetzen: *Harman v. Pauley*, 678 F.2d 479 (4th Cir. 1982); *Mercurio Dankese v. Defense Logistics Agency*, 693 F.2d 13 (1st Cir. 1982).

226 *Moore*, Federal Practice, § 60.37 bei Fn. 14.

227 Zu Zeiten der Trennung von *law* und *equity* in verschiedenen Gerichten konnte mit dieser Klage die Aufhebung des Urteils eines *law court* von einem *equity*-Gericht begehrt werden, *Moore*'s Federal Practice, § 60.36 Fn. 7.

228 Zum Streitstand *Moore*'s Federal Practice, § 60.36 bei Fn. 7ff.; *Wright/Miller/Kane*, § 2868 bei Fn. 24ff.

229 *Winfield Associates, Inc. v. Stonecipher*, 429 F.2d 1087, 1090 m.w.N. in Fn. 5 (10th Cir. 1970); *Southmark Properties v. Charles House Corp.*, 742 F.2d 862 (5th Cir. 1984). Großzügiger aber z.B. *Bulloch v. U.S.*, 721 F.2d 713 (10th Cir. 1983).

230 Ausführlich *Moore*'s Federal Practice, § 60.37 bei Fn. 26ff.

Hauptanwendungsfälle der Klage sind Fälle von *fraud*,[231] wobei dieser Begriff in manchen Entscheidungen recht weit verstanden wird und die verschiedensten Formen unfairen oder sittenwidrigen Prozeßverhaltens umfaßt.[232] In Deutschland wäre in manchen dieser Fälle eine auf § 826 BGB gestützte Klage wegen sittenwidriger Erschleichung oder Ausnutzung des Titels zu erheben. Gelegentlich werden aber auch Einwände wie die Bezahlung der titulierten Forderung mit dieser Klage geltend gemacht.[233]

(2) Rechtsbehelfe nach Staatenrecht im Rahmen der Zwangsvollstreckung

Neben den geschilderten Verfahren, deren Ziel jeweils eine Aufhebung oder Aussetzung des Urteils oder einzelner Wirkungen (*relief from judgment*) ist, bleibt dem Schuldner auch die Möglichkeit, seine Einwände direkt im Rahmen des Vollstreckungsverfahrens geltend zu machen, das sich auch bei Urteilen von Bundesgerichten weitgehend nach dem Recht des jeweiligen Bundesstaats richtet.[234] Auf diesem Wege kann unter Umständen am einfachsten ein Einwand wie die Befriedigung des Gläubigers oder die Vollstreckungsverjährung geltend gemacht werden.

c) Aussetzung der Vollstreckung

Ein Antrag nach FRCP 60 (b) oder die Erhebung einer *Equity*-Aufhebungsklage suspendieren die Vollstreckbarkeit des Urteils nicht.[235] Das angerufene Gericht hat jedoch auch ein weites Ermessen, die Vollstreckung bis zur Entscheidung über die Einwände des Schuldners auszusetzen.[236]

---

[231] Allerdings kann *fraud* auch bereits nach FRCP 60 (b)(3) geltend gemacht werden, hier gilt aber eine Ausschlußfrist von einem Jahr ab Erlaß des Urteils.

[232] Vgl. den Überblick über das *case law* in *Moore*'s Federal Practice, § 60.37 [1].

[233] *Johnson Waste Materials v. Marshall*, 611 F.2d 593 (5th Cir. 1980). Dort war die Zahlung schon vor dem Urteil erfolgt, insofern handelt es sich um eine Rechtskraftdurchbrechung. Einen umfassenden Überblick über die Rechtsprechung zur *equity*-Aufhebungsklage gibt *Harris*, 53 A.L.R. Fed. 558.

[234] FRCP 69.

[235] *Moore*'s Federal Practice, § 60.28 bei Fn. 15. Dies – und nicht nur die Frage, ob die Rechtskraft des Urteils aufgrund des Antrags nach FRCP 60 (b) unangetastet bleibt – hätte BGH RIW 1999, 698 (700) prüfen müssen.

[236] *Moore*'s Federal Practice, § 60.29 bei Fn. 17 u. § 62.04; instruktiv *Harmon Kardon Inc. v. Ashley Hi-Fi*, 602 F.2d 21 (1st Cir. 1979), *Bros. Inc. v. Grace Mfg. Co.*, 320 F.2d 594, 610 (5th Cir. 1963); beide Fälle betreffen die Aussetzung der Vollstreckung bis zu der Entscheidung eines anderen, zuständigen Gerichts über den Aufhebungsantrag.

2. Einwände gegen Urteile von Staatengerichten

Ist der Anspruch durch das Urteil eines Staatengerichts tituliert, kann der Schuldner Einwände auch im Verlauf der Zwangsvollstreckung primär vor dem Gericht vorbringen, welches das Urteil erlassen hat. Die Rechtsbehelfe hierzu richten sich nach dem Recht des Bundesstaates, das regelmäßig ähnlich aufgebaut sein wird wie das im folgenden näher zu beschreibende Recht von Kalifornien und New York, in Einzelheiten aber erhebliche Abweichungen zeigen kann.

Vier Arten von Rechtsbehelfen zur Geltendmachung von Vollstreckungsgegeneinwänden lassen sich im Recht der Bundesstaaten feststellen: ein Antrag auf Eintragung der Erfüllung (*entry of satisfaction*), ein Antrag oder eine Klage auf Aufhebung von Vollstreckungsmaßnahmen einschließlich der Aufhebung des *writ of execution*, ein Antrag auf Aufhebung des Urteils (*motion for relief from judgment*) und die *Equity*-Aufhebungsklage. Das Gesetzes- und Fallrecht der Staaten New York und Kalifornien zum Einsatz dieser Rechtsbehelfe im Dienste von Vollstreckungsgegeneinwänden zeigt, daß dem Schuldner ein breites Spektrum von Möglichkeiten eröffnet ist, seine Einwände nachträglich wirksam geltend zu machen und daß die Gerichte insgesamt äußerst großzügig darin sind, nachträgliche Einwände flexibel zu berücksichtigen. Sie machen dabei Gebrauch von dem ihnen im Rahmen dieser Rechtsbehelfe stets eingeräumten weiten Ermessen. Aussagen zu den Grenzen und dem Stufenverhältnis der Rechtsbehelfe untereinander sind daher meist nur Leitlinien, die gelegentlich durchbrochen werden.

a) Eintragung der Befriedigung (entry of satisfaction)

Befriedigt der Schuldner den Gläubiger wegen der titulierten Forderung, so hat er Anspruch auf eine formelle Quittung (*satisfaction-piece*), die geeignet ist, gegenüber dem Gericht die Befriedigung nachzuweisen.[237] Gegen Vorlage der Quittung trägt der *clerk* des Gerichts die Befriedigung im Urteilsregister ein.[238] Kann der Schuldner vom Gläubiger keine Quittung erhalten (z.B. weil dieser sich weigert, sie zu erteilen), so kann er bei dem Erstgericht beantragen,[239] die Befriedigung einzutragen.[240] Daraufhin entscheidet das Gericht, ob die behauptete Erfüllung tatsächlich eintreten ist.

Der Begriff der *satisfaction* umfaßt nicht nur die Befriedigung durch Dritte,[241] sondern etwa auch den Fall, daß eine aufschiebende Bedingung für den im Urteil

---

237 N.Y. CPLR § 5020, näher *Carmody/Wait*, § 63:407 ff.; CCP § 724.050.
238 N.Y. CPLR § 5021; CCP § 724.020.
239 Einer neuen Klageerhebung bedarf es nicht: *Carmody/Wait*, § 63:405.
240 N.Y. CPLR § 5021 (a)(2); CCP § 724.050 (2)(d).
241 *Breck Contracting Corp. v. Vecchione*, 343 N.Y.S. 2d 186 (1973).

titulierten Anspruch nicht mehr eintreten kann[242] oder daß die Parteien sich zwischenzeitlich verglichen haben.[243] Der Schuldner kann sich unter Umständen auch auf einen Vergleich zwischen dem Gläubiger und einem anderen Gesamtschuldner berufen[244] oder eine Zusicherung des Gläubigers, aus dem Urteil nicht zu vollstrecken.[245] Er kann den Antrag auf Eintragung der Befriedigung auch nutzen, um klären zu lassen, ob der Gläubiger eine bestimmte, an Erfüllungs Statt angebotene Leistung akzeptieren muß.[246] Auch das Erlöschen des titulierten Anspruchs durch *Aufrechnung* kann er mit diesem Antrag geltend machen.[247]

Nur in Ausnahmefällen ist ein Antrag auf Eintragung der Befriedigung nicht statthaft zur Geltendmachung eines Vollstreckungsgegeneinwandes. So entschied ein New Yorker Gericht, der Antrag nach CPLR § 5021 könne nicht auf die Aufrechnung mit einer streitigen Gegenforderung gestützt werden, die bereits im Rahmen von zwei streitigen Verfahren im Verlauf der Zwangsvollstreckung (der Schuldner hatte sich aus anderen Gründen bestimmten Vollstreckungsmaßnahmen widersetzt) hätte geltend gemacht werden können.[248] Zugleich stellte das Gericht dem Schuldner aber ausdrücklich frei, die Aufrechnung mit einer eigenständigen Klage geltend zu machen. Ähnlich entschied ein kalifornisches Berufungsgericht im Fall *Pierson v. Honda*[249], der Schuldner könne sich im Verfahren nach CCP § 724.050 nicht auf die Befreiungswirkung einer bereits vor Erlaß des Urteils erfolgten Zahlung eines Dritten berufen, von der er erst nach Erlaß des Titels[250] erfahren haben wollte. Es sei ihm aber unbenommen, einen Antrag auf Aufhebung des Titels nach CCP § 473 zu stellen.[251]

242 *George S. Nolte Consulting Civil Engineers v. Magliocco,* 155 Cal. Rptr. 348 (Cal. App. 1979); wichtig, um die Löschung der aufgrund des Urteils entstandenen gesetzlichen Pfandrechte bewirken zu können, vgl. CCP § 724.040.

243 So ausdrücklich CCP § 724.010 (a) – zugleich eine materiellrechtliche Bestimmung, die Wirksamkeitsprobleme wegen mangelnder *consideration* vermeidet. Beispiele aus der Rechtsprechung: *Yost-Linn Lumber & Finance Co. v. Bennet*, 2 P.2d 488 (Cal. App. 1931); *Schwartz v. California Claim Service*, 125 P.2d 883 (Cal. App. 1942).

244 *Estate of McCall v. Four Star Music Co.*, 59 Cal. Rptr. 2d 829 (Cal. App. 1996).

245 Eine solche Zusicherung steht der Vollstreckung selbst dann entgegen, wenn sie bereits vor Erlaß des Urteils abgegeben wurde: *Yanchor v. Kagan*, 99 Cal. Rptr. 367 (Cal. App. 1971); vgl. auch *Reily v. Young*, 68 P.2d 1015 (Cal. App. 1937) zur Geltendmachung einer entsprechenden Zusicherung im Rahmen eines Antrags auf Aufhebung von Vollstreckungsmaßnahmen.

246 *Hrimnak v. Watkins*, 45 Cal. Rptr. 2d 514 (Cal. App. 1995) – zur Erfüllung eines Anspruchs auf Versorgungsrente durch Abschluß eines entsprechenden Rentenversicherungsvertrages zugunsten der Gläubigerin.

247 *Schumacher v. Ayerve*, 12 Cal. Rptr. 2d 417 (Cal. App. 1992) – in concreto allerdings wohl präkludiert, worauf die relativ unklare Urteilsbegründung jedoch nicht abstellt; aus der älteren kalifornischen Rechtsprechung *Coonan v. Loewenthal*, 81 P 527 (S. Ct. Cal. 1905) – Aufrechnung mit nachträglich erworbener Gegenforderung trotz zwischenzeitlicher Abtretung der titulierten Forderung durch den (insolventen) Gläubiger.

248 *Piranesi v. Furniture Textiles & Wall-Coverings Inc.*, 296 N.Y.S. 2d 922, 923 f. (1969).

249 240 Cal. Rptr. 148 (Cal. App. 1987).

250 Es handelte sich um einen Schiedsspruch im Rahmen der *judicial arbitration* nach CCP § 1141.10.

251 *Pierson v. Honda*, 240 Cal. Rptr. 148, 150 (Cal. App. 1987).

Gegen die Entscheidung über den Antrag auf Eintragung der Befriedigung können die Parteien Berufung einlegen.[252] Stellt der Gläubiger erst später fest, daß die Befriedigung zu Unrecht eingetragen wurde, kann er bei dem selben Gericht den Antrag stellen, sie aufzuheben (*motion to vacate satisfaction*).[253] Neben oder statt diesem Antrag kann auch eine *Equity*-Aufhebungsklage statthaft sein.[254]

b) Aufhebung von Vollstreckungsmaßnahmen und Feststellung der Erfüllung

Hat der Gläubiger bereits Vollstreckungsmaßnahmen ergriffen, so kann der Schuldner diese wegen Einwänden gegen den titulierten Anspruch angreifen. Der Antrag lautet regelmäßig auf Aufhebung der jeweiligen Vollstreckungsmaßnahme, gegebenenfalls auch auf Aufhebung des *writ of execution* und auf Eintragung der Befriedigung.[255] Er ist nur statthaft vor Abschluß der Vollstreckung.[256] Über den Antrag entscheidet das Erstgericht im Rahmen seiner fortdauernden Zuständigkeit für die Überwachung der Zwangsvollstreckung aus seinem Urteil.[257] Der Antrag hat zunächst keine Auswirkung auf die Vollstreckbarkeit des Urteils und den Fortgang der Zwangsvollstreckung, das Gericht kann aber eine Aussetzung der Vollstreckung anordnen.[258] Gibt es dem Antrag statt und hebt Vollstreckungsmaßnahmen und den *writ of execution* auf, so bedarf diese Entscheidung keiner weiteren Vollstreckung, sondern ist von den Vollstreckungsorganen ohne weite-

---

252 *Yanchor v. Kagan*, 99 Cal. Rptr. 367 (Cal. App. 1971); *McCall v. Four Star Music Co.*, 51 Cal. App. 4th 1394, 1398; 59 Cal. Rptr. 2d 829 (1996).

253 *Carmody/Wait*, § 63:426; in Kalifornien handelt es sich um einen Aufhebungsantrag nach CCP § 473 (näher zu dieser Vorschrift unten), vgl. *Wherry v. Rambo*, 218 P.2d 142 (Cal. App. 1950) – Rechtsanwalt angeblich nicht mehr bevollmächtigt zur Entgegennahme der Zahlung des Schuldners; *Casson v. Glass Bottle Blowers*, 247 P.2d 931 (Cal. App. 1952); *Remillard Brick Co. v. Dandini*, 220 P.2d 927 (Cal. App. 1950) – Streit über die Wirksamkeit der Aufrechnung eines Gesellschafters gegenüber einem Schadensersatzanspruch der Gesellschaft.

254 *Carmody/Wait*, § 63:428 hält nur die eigenständige Klage für statthaft, wenn die Aufhebung mit Umständen begründet wird, die außerhalb der im Urteil genannten liegen; in Kalifornien dürfte der Schuldner die Wahl haben, vgl. *Kinnison v. Guaranty Liquidating Corp.*, 115 P.2d 450 (S. Ct. Cal. 1941).

255 *Motion to quash or vacate execution and/or quash writ of execution and enter satisfaction*, vgl. *Murchison v. Murchison*, 33 Cal. Rptr. 285, 286 (1963); *Erlich v. Superior Court of Los Angeles*, 407 P.2d 649 (S. Ct. Cal. 1965). Vgl. auch *Witkin*, 8 California practice and procedure, Ch. X. § 156; Debt collection practice in California, § 7.59.

256 In diesem Fall ist die Befriedigung nach CCP § 724.020 (a) einzutragen, für die Aufhebung des erledigten *writ* ist kein Raum mehr: *Faust v. Faust*, 230 P.2d 408 (Cal. App. 1951), dies gilt auch schon, wenn der Vollstreckungserlös noch in den Händen des *sheriff* ist: *Salveter v. Salveter*, 53 P.2d 381 (Cal. App. 1936).

257 Man spricht insofern von den „inherent powers“ des Erstgerichts: *Witkin*, 8 California practice and procedure, ch. X, § 156; Debt collection practice in California § 7.59.

258 30 Cal. Jur. 3rd Enforcement of judgments § 207; Debt collection practice in California, § 7.59.

res zu beachten.[259] Sie unterliegt der Berufung.[260] Da der Antrag – anders als bei FRCP 60 (b) und CCP § 473 – nicht auf Aufhebung des Urteils zielt, bleibt eine parallele Berufung gegen das Urteil unberührt.[261]

Der Schuldner kann seinen Antrag auf Aufhebung des *writ of execution* und bereits erfolgter Vollstreckungsmaßnahmen unter anderem darauf stützen, er habe den Gläubiger inzwischen befriedigt[262] oder die Forderung sei durch Abtretung an den Hauptschuldner erloschen.[263] Er kann auch einen nachträglichen Vergleich mit dem Gläubiger geltend machen[264] oder sich auf die Befreiungswirkung eines Vergleichs mit einem anderen Gesamtschuldner berufen.[265] Eine bereits vor Erlaß des Urteils abgegebene Zusicherung, aus dem Urteil nicht zu vollstrecken, kann ebenfalls noch mit einem Antrag auf Aufhebung des *writ of execution* geltend gemacht werden.[266]

Auch die *Aufrechnung* kann der Schuldner mit diesem Antrag geltend machen.[267] Die Rechtsprechung hierzu ist vielgestaltig und zeigt insbesondere in Kalifornien eine ausgesprochene Großzügigkeit gegenüber dem Schuldner. Dieser kann sich auf die Aufrechnung mit einer ebenfalls titulierten,[268] aber auch mit einer streitigen, nach Erlaß des Urteils entstandenen[269] oder durch Abtretung erworbenen[270] Forderung berufen. Auch die Aufrechnung mit einer bereits vor

---

[259] Debt collection practice in California, § 7.59.

[260] 30 Cal. Jur. 3rd Enforcement of judgments, § 208.

[261] *Moreno v. Mihelis*, 24 cal. Rptr. 582, 584 (Cal. App. 1962).

[262] *Meyer v. Meyer*, 251 P.2d 335 (Cal. App. 1952); *Moreno v. Mihelis*, 24 Cal. Rptr. 582 (Cal. App. 1962).

[263] *Harvey v. Harvey*, 48 N.Y. S. 2d 238 (1944).

[264] *Kingman Hardware Co. v. Connors,* 58 N.Y.S. 2d 700 (1945); instruktiv auch der – außerhalb von Kalifornien bzw. New York entschiedene Fall – *Barry Properties, Inc. v. Blanton & McCleary,* 525 A.2d 248 (Md. App. 1987) – dort hatte die Vorinstanz noch gemeint, der Streit über das Zustandekommen eines nachträglichen Vergleichs könne nicht im Rahmen eines Antrags auf Aufhebung einer Vollstreckungsmaßnahme ausgetragen werden, anders das Berufungsgericht mit Hinweis auf *Air Power, Inc. v. Omega Equipment Corp.,* 459 A.2d 1120 (Md. App. 1983).

[265] *Bank of America v. Duer*, 117 P.2d 405 (Cal. App. 1941); vgl. auch Perovich, 40 A.L.R. 3rd 1181.

[266] *Reily v. Young*, 68 P.2d 1015 (Cal. App. 1937).

[267] Daneben besteht wohl nach wie vor die Möglichkeit einer separaten *equity*-Klage auf Feststellung der Aufrechnung: *Witkin*, 8 California practice and procedure, ch. X, § 461.

[268] Diese Möglichkeit wurde besonders früh anerkannt: *Nash v. Kreling*, 69 P 418 (S. Ct. Cal. 1902).

[269] *Murchison v. Murchison*, 33 Cal. Rptr. 285 (Cal. App. 1963) – gegenüber dem Unterhaltsanspruch der Ehefrau ist die Aufrechnung mit einem durch Zahlung gemeinsamer Steuerschulden erworbenen Rückgriffanspruch zulässig. Zu den Grenzen nachträglicher Aufrechnung gegenüber Unterhaltsansprüchen *Williams v. Williams*, 87 Cal. Rptr. 754 (Cal. App. 1970) und Catalano, 11 A.L.R. 5th 259.

[270] *Norman v. Berney*, 45 Cal. Rptr. 467 (Cal. App. 1965); *Harrison v. Adams*, 128 P.2d 9 (Cal. S. Ct. 1942) – dort wurde die durch eigenständige Klage geltend gemachte Aufrechnung mit einer nur zur Einziehung abgetretenen Gegenforderung für unzulässig erklärt – mit grundsätzlichen Ausführungen zum *equitable setoff.*

Erlaß des Urteils bestehenden Gegenforderung kann eventuell noch gegenüber der Vollstreckung eingewandt werden, bei einer streitigen Gegenforderung kann die Vollstreckung bis zur gerichtlichen Klärung ausgesetzt werden[271] oder das Gericht nimmt die Klärung sogar selbst vor.[272] Es gibt allerdings auch Fälle, in denen dem Schuldner die Berufung auf eine Aufrechnung mit einer bereits vor Erlaß des Urteils bestehenden Forderung verwehrt wird.[273] Andere Staatenrechte sind zum Teil wesentlich restriktiver.[274] Eine in vielen Entscheidungen maßgebliche Billigkeitsüberlegung ist, dem Schuldner (und Gläubiger der Gegenforderung) die Zahlung an einen bereits insolventen Gläubiger zu ersparen, gegenüber dem die Gegenforderung später nicht zu realisieren wäre.[275]

In anderen Bundesstaaten können die Grenzen dessen, was im Rahmen der Zwangsvollstreckung noch eingewandt werden kann, enger gezogen sein, etwa bei der Aufrechnung mit inkonnexen, streitigen Gegenforderungen.[276] Auch in Kalifornien darf mit dem Antrag auf Aufhebung der Zwangsvollstreckung grundsätzlich nicht die Richtigkeit des Urteils selbst in Frage gestellt werden.[277]

c) Antrag auf Aufhebung des Urteils (relief from judgment)

Das Recht vieler Bundesstaaten enthält eine FRCP 60 (b) ähnliche Regelung, die es dem Schuldner erlaubt, unter bestimmten Voraussetzungen die Aufhebung des Urteils beim Erstgericht zu beantragen.[278] Die kalifornische Vorschrift – CCP

---

[271] *Erlich v. Superior Court of Los Angeles*, 407 P.2d 649 (Cal. S. Ct. 1965) mit grundsätzlichen Ausführungen zum sehr weit gezogenen Ermessen der Gerichte bei Zulassung der Aufrechnung. *Erlich* gilt bis heute als Leitentscheidung: *Granberry v. Islay Investments,* 889 P.2d 970 (Cal. S. Ct. 1995). Zur Aussetzung, um einen Parallelprozeß abzuwarten, vgl. auch *Airfloor Co. of California v. The Regents of the University of California,* 158 Cal. Rptr. 856 (Cal. App. 1979), inzwischen auch kodifiziert als CCP § 918.5 (a).

[272] *Machado v. Borges*, 150 P 351 (Cal. S. Ct. 1915) – allerdings handelte es sich damals noch nicht um einen Antrag, sondern um eine eigenständige *equity*-Aufhebungsklage.

[273] *Keck v. Keck,* 26 P.2d 300 (Cal. App. 1933); aus Texas: *Fox v. Fox*, 526 S.W.2d 180 (Tex. Civ. App. Dallas 1975).

[274] So Pennsylvania: *Fidelity Bank v. Act of America Inc.* 258 Pa. Super. 261, 392 A.2d 784, 785 f. (1978) und die dort zitierten Entscheidungen lassen gegenüber einem durch Urteil titulierten Anspruch die Aufrechnung grundsätzlich nicht zu, eine Ausnahme gilt nur bei einem Gegenanspruch, der nicht nur aus derselben aus derselben Geschäftsbeziehung stammt, sondern aus der – eng verstandenen – selben Transaktion.

[275] So bereits in *Littlefield v. Albany County Bank*, 97 N.Y. 581 (N.Y. App. 1885); *McKeon v. Crédit Algérien*, 64 N.Y.S. 2d 328 (1946); *Airfloor Co. of California v. The Regents of the University of California*, 158 Cal. Rptr. 856 (Cal. App. 1979); *Norman v. Berney*, 45 Cal. Rptr. 467 (Cal. App. 1965).

[276] South Dakota: *Hershey v. Hershey*, 467 NW.2d 484 (S. Dakota S. Ct. 1991).

[277] Debt collection practice in California, § 7.59. Vgl. aber *Jones v. World Life Research Institute*, 131 Cal. Rptr. 674 (Cal. App. 1976) – unrichtige Wiedergabe des zwischen den Parteien geschlossenen Vergleichs im auf seiner Grundlage erlassenen *consent judgment* als zulässiger Einwand.

[278] New York CPLR § 5015 (a); CCP § 473 – die kalifornische Vorschrift war sogar das Vorbild für FRCP 60 (b): Fleming/Hazard/Leubsdorf, § 12.15 Fn. 1.

§ 473 – ist zwar wesentlich weniger detailliert als FRCP 60 (b), die Rechtsprechung legt sie jedoch in Anlehnung an das bundesrechtliche Pendant aus, darüber hinaus nimmt sie an, daß die Gerichte die implizite Befugnis (*inherent power*) haben, auch über CCP § 473 hinaus in nach *common law* anerkannten Fällen das Urteil auf Antrag abzuändern oder aufzuheben.[279] Eine liberale Haltung zeigen kalifornische Gerichte etwa bei der Abänderung von Urteilen mit Dauerwirkung, sie lassen auch den Einwand einer zwischenzeitlichen Änderung der höchstrichterlichen Rechtsprechung zu.[280] Auch in New York gehen die nach *common law* anerkannten Aufhebungsgründe über die im Gesetz (CPLR § 5015) genannten hinaus.[281] Die Vorschrift ermöglicht auch die Aufhebung eines Urteils, das auf der Grundlage einer Entscheidung aus einem anderen Bundesstaat ergangen ist, wenn diese Entscheidung zwischenzeitlich aufgehoben wurde.[282] Das Ermessen der Gerichte ist im übrigen so weit, daß eine verläßliche Eingrenzung nach Auskunft einschlägiger Kommentare kaum möglich ist.[283] Dies Ermessen bezieht sich auch auf die Form des *relief*[284] und die Auflagen, an die er geknüpft werden kann.[285]

d) Antrag auf Aussetzung der Vollstreckung (stay of execution)

Der Schuldner kann beantragen, die Zwangsvollstreckung auszusetzen, bis sein Einwand gerichtlich geklärt ist. Das gilt insbesondere auch, wenn er mit einer streitigen Gegenforderung aufrechnen will. Der Antrag kann noch im Laufe des Vollstreckungsverfahrens gestellt werden, selbst wenn die Forderung bereits früher bestand.[286] Die Gerichte gewähren die Aussetzung meist schon dann, wenn die Realisierbarkeit einer Rück- bzw. Gegenforderung gegenüber dem

279 *Witkin*, 7 California practice and procedure, ch. IX judgment § 81 ff. zur Abänderung von Urteilen mit Dauerwirkung (vgl. FRCP 60 (b)(5) dritter Fall).

280 *Sontag Chainstores Co. v. Superior Court of Los Angeles*, 113 P.2d 689 (Cal. S. Ct. 1941) unter Berufung auf die Rechtsprechung zu FRCP 60 (b)(5), *U.S. v. Swift & Co.*, 286 U.S. 106 (1932). Ebenso *Palo Alto-Menlo Park Yellow Cab Co. v. Santa Clara County Transit District*, 135 Cal. Rptr. 192 (Cal. App. 1976). Weniger großzügig eventuell die New Yorker Gerichte: *Weinstein, Korn & Miller*, § 5015.12 Fn. 122.

281 *Weinstein, Korn & Miller*, § 5015.11; *McKinney-Siegel* C5015:11; *Rawson v. Austin*, 373 N.Y.S. 2d 241 (1977) – obwohl CPLR § 5015 (a) keine FRCP 60 (b)(6) entsprechende Öffnungsklausel enthält. Daher ist es letztlich unschädlich, daß CPLR 5015 (a) z.B. den Aufhebungsgrund nach FRCP 60 (b) (5) 3. Fall (*prospective application*) nicht enthält, vgl. *Bardach v. Mayfair-Flushing Corp.*, 267 N.Y.S. 2d 609 (1966).

282 *Kallman v. Wolf Corp.*, 266 N.Y.S. 2d 779 (1966).

283 *Weinstein, Korn & Miller*, § 5015 nach Fn. 124.

284 Das Gericht kann etwa statt das Urteil aufzuheben auch nur eine Aufhebung der Vollstreckbarkeit (*injunction against enforcement*) aussprechen, 73 N.Y. Jur. Second Judgments, §§ 218, 252. Möglich ist auch eine Anordnung, bereits erhaltenen Vollstreckungserlös zurückzugewähren, N.Y. CPLR § 5015 (d).

285 *McKinney-Siegel* C5015:4 und Notes of Decisions VIII (No. 441 ff.).

286 CCP § 918.5 (a), der die in *Airfloor Co. of California v. The Regents of the University of California*, 158 Cal. Rptr. 856 (Cal. App. 1979) aufgestellten Grundsätze kodifiziert.

Titelgläubiger zweifelhaft ist.[287] Sie können die Aussetzung von einer Sicherheitsleistung und weiteren Bedingungen abhängig machen, auch insofern besteht ein weites Ermessen.[288] Eine Aussetzung ist allerdings nicht mehr möglich, wenn der Vollstreckungserlös sich bereits in den Händen des *sheriff* befindet.[289]

e) Equity-Aufhebungsklage (independent action in equity)

Neben dem Aufhebungsantrag aufgrund von Parallelvorschriften zu FRCP 60 (b) kann auch nach dem Recht der Einzelstaaten weiter die separate *Equity*-Aufhebungsklage zur Verfügung stehen. Die Aufzählung von Aufhebungsgründen in den gesetzlichen Bestimmungen begrenzt insofern nicht die Möglichkeit des Schuldners, die Aufhebung des Urteils auch aus anderen Gründen zu erreichen.[290] Sie ist allerdings inzwischen praktisch weitgehend auf Sondersituationen beschränkt[291], etwa wenn die Vollstreckung bereits durchgeführt wurde.[292] Überschneidungen sind möglich, etwa bei der Aufrechnung gegenüber dem Urteil[293] oder der Anfechtung eines Prozeßvergleichs,[294] die inzwischen auch als Grundlage einer *motion for relief* anerkannt sind. Manche Entscheidungen betonen aber den subsidiären Charakter der *Equity*-Aufhebungsklage.[295] In New York besteht eine Rechtsprechung, nach der nur nachträglich entstandene Einwände Grundlage einer *Equity*-Aufhebungsklage sein können.[296] Andererseits lassen manche Staaten, etwa Kalifornien, eine *Equity*-Aufhebungsklage selbst dann noch zu, wenn ein früherer Aufhebungsantrag bereits abgewiesen wurde und der Kläger sich auf einen Aufhebungsgrund stützt, der zwar im *Motion*-Verfahren nicht vorgebracht wurde, aber hätte vorgebracht werden können.[297]

---

[287] *Airfloor Co. of California v. The Regents of the University of California*, 158 Cal. Rptr. 856 (Cal. App. 1979); *Erlich v. Superior Court of Los Angeles*, 407 P.2d 649 (Cal. S. Ct. 1965). Eine Aussetzung versagt dagegen (obwohl der Titel ein *judgment* by *confession* ist) *Ambassador Factors Corp. v. Rosenbaum,* 398 N.Y.S. 2d 384 (1977).

[288] *Nash v. Kreling*, 69 P 418 (Cal. S. Ct. 1902); *Davis v. Custom Component Switches, Inc.*, 91 Cal. Rptr. 181, 185 (Cal. App. 1970).

[289] *Del Riccio v. Superior Court of L.A.*, 251 P.2d 678 (Cal. App. 1952).

[290] *Fehlhaber Corp. v. State of New York*, 314 N.Y.S. 2d 574, 583 (1970); 73 N.Y. Jur. Second Judgments § 216; *Carmody/Wait*, § 63:289 m.w.N. aus den Gesetzgebungsmaterialien in Fn. 5.

[291] *Weinstein, Korn & Miller*, § 5015.13 bei Fn. 129.

[292] *Allgeier v. Gordon & Co.*, 9 N.Y.S. 2d 848 (1939); *Salveter v. Salveter*, 53 P.2d 381 (Cal. App. 1936).

[293] *Equity*-Aufhebungsklage möglich: *Witkin*, 8 California practice and procedure, ch. X, § 461; *Harrison v. Adams*, 128 P.2d 9 (Cal. S. Ct. 1942); *Machado v. Borges*, 150 P. 351 (S. Ct. Cal. 1915).

[294] *Equity*-Aufhebungsklage: *Crouse v. McVickar*, 100 N.E. 697 (N.Y. App. 1912).

[295] *Oppenheimer v. Westcott*, 419 N.Y.S. 2nd908 (1979); ebenso 73 N.Y. Jur. Second Judgments, §§ 251, 252; *Weinstein, Korn & Miller*, § 5015.13.

[296] *755 7th Avenue Corp. v. Carroll*, 194 N.E. 69 (N.Y. 1935); *Palisi v. Yanarella*, 76 N.Y.S. 2d 209 (1947). Anders aber z.B. *Lemmor Realty Corp. v. Tonkin,* 150 N.E. 549 (N.Y. App. 1925).

[297] *Huff v. Mendoza*, 167 Cal. Rptr. 348, 350 (Cal. App. 1980).

Auch bei der *Equity*-Klage hat das Gericht einen weiten Ermessensspielraum hinsichtlich des *relief*, den es gewährt.[298]

f) Einwände gegen ein consent judgment

Schließen die Parteien während eines laufenden Rechtsstreits einen Vergleich (*settlement*), so können sie diesen entweder sogleich[299] oder für den Fall, daß er nicht fristgerecht erfüllt wird,[300] von dem Gericht aufnehmen lassen, das ihm damit die Form und Vollstreckbarkeit eines Urteils verleiht (*consent judgment*).

Bestreitet eine Seite schon vor Erlaß des *consent judgment* die Wirksamkeit des Vergleichs, so prüft das Gericht in dem anhängigen Verfahren, ob der Vergleichsschluß wirksam war.[301] Sieht der Vergleich vor, daß bestimmte Bedingungen erfüllt sein müssen, bevor ein *consent judgment* auf seiner Grundlage beantragt werden darf, so prüft das Gericht, ob diese Bedingungen eingetreten sind.[302]

Ist das *consent judgment* einmal erlassen, so kann der Schuldner Einwände gegen den zugrunde liegenden Vergleich mit einem Aufhebungsantrag (*motion for relief*)[303] oder einer *Equity*-Aufhebungsklage gegen das *consent judgment* geltend machen. Umstritten ist dabei, ob alle materiellrechtlichen Einwände, die zu einer Unwirksamkeit des zugrunde liegenden Vergleichs führen würden,[304] auch die Aufhebung des *consent judgment* rechtfertigen[305] oder ob das Urteil eine Präklusionswirkung entfaltet, die nur in besonderen Ausnahmefällen durchbrochen werden darf.[306] Besonders augenfällig ist der Widerspruch in Kalifornien zwischen der liberalen Haltung des Berufungsgerichts für den 2. Distrikt in *Roth v. Morton's Chefs Services*[307] und der restriktiven Linie des Berufungsgerichts für den 6. Distrikt in *Philippine Export & Foreign Loan Guaranty Corp. v.*

---

298 Einschließlich Rückgewähr des Vollstreckungserlöses, *Schlanger & Sons v. Beaumont Factors*, 129 N.Y.S. 2d 784 (1954).

299 CCP 664.6.

300 N.Y. CPLR § 3215 (i); vgl. auch CPLR § 3221.

301 *Gallo v. Getz*, 252 Cal. Rptr. 193 (Cal. App. 1988).

302 *S.E.P. Associates, Inc. v. Peto*, 122 Cal. Rptr. 514 (Cal. App. 1975).

303 CCP § 473, vgl. *Philippine Export & Foreign Loan Guaranty Corp. v. Chuidian*, 267 Cal. Rptr. 457 (Cal. App. 1990).

304 Zu den materiellrechtlichen Einwänden gegen ein *settlement Schwing*, California Affirmative Defenses, § 43:4.

305 *Roth v. Morton's Chefs Services, Inc.*, 218 Cal. Rptr. 684 (Cal. App. 2d District 1985); *Griffith v. Bank of New York*, 147 F.2d 899 (2d Cir. 1945) – ein bundesgerichtliches Urteil, jedoch auf Grundlage des Rechts von New York.

306 *Philippine Export & Foreign Loan Guaranty Corp. v. Chuidian*, 267 Cal. Rptr. 457 (Cal. App. 6th District 1990); *Crouse v. McVickar*, 100 N.E. 697 (N.Y. App. 1912), *distinguished* in *Griffith v. Bank of New York*, 147 F.2d 899, 901 ff. (2d Cir. 1945), großzügiger in neuerer Zeit *Cabbad v. Melendez*, 438 N.Y.S. 2d 120 (1981). Skeptisch zur Anwendbarkeit von CPLR § 5015 (a) auf *consent orders Knapek v. MV Southwest Cape*, 487 N.Y.S. 2d 176, 178 (1985).

307 218 Cal. Rptr. 684 (1985).

Chuidian.[308] *Roth v. Morton's Chefs Services* stützt sich ausdrücklich auf die in *Elston v. City of Turlock*[309] niedergelegte Billigkeitserwägung, die Aufhebung eines Urteils nach CCP § 473 sei möglichst zu gewähren, wenn dadurch erstmals eine Entscheidung in der Sache möglich werde.[310] Dagegen bescheidet *Philippine Export & Foreign Loan Guaranty Corp. v. Chuidian* den Kläger, der sich vor allem auf *Elston v. City of Turlock* beruft, dieser Fall sei nicht einschlägig bei einem *consent judgment*, weil es nicht wie das angegriffene Urteil in *Elston* auf einer Säumnis der Partei, sondern auf ihrer Zustimmung zu einem Vergleich beruhe.[311]

Weitere Einwände, die gegen ein *consent judgment* anerkannt wurden, sind mangelnde Vertretungsmacht des Abschließenden[312] und bei Titeln mit Dauerwirkung die Abänderung oder Aufhebung aufgrund veränderter Umstände.[313]

Statt eines direkten Antrags auf Aufhebung des *consent judgment* ist unter Umständen auch eine Inzidentberufung auf die Unwirksamkeit des Vergleichs im Rahmen eines Antrags auf Aufhebung von Zwangsvollstreckungsmaßnahmen und *writ* möglich.[314]

g) Einwände gegen judgments by confession

Ein *judgment by confession* kann nach kalifornischem Recht mit einem Aufhebungsantrag nach CCP § 473 angegriffen werden.[315] Das *judgment by confession* präkludiert wie ein reguläres Urteil Einwände gegen den titulierten Anspruch, es sei denn, die vom Schuldner ausgestellte Vollmacht oder sein Anerkenntnis entsprachen nicht den gesetzlichen Formerfordernissen[316] oder man faßt den Aufhebungsgrund der *fraud* in diesen Fällen so weit, daß jeder Antrag auf ein *judgment by confession*, dem nicht eine tatsächlich bestehende Forderung zugrunde liegt, als betrügerische Machenschaft angesehen wird.

Nach New Yorker Recht können Einwände gegen den durch ein *judgment by confession* titulierten Anspruch nicht mit dem allgemeinen Aufhebungsantrag

---

308 267 Cal. Rptr. 457 (1990).

309 695 P.2d 713 (S. Ct. Cal. 1985).

310 *Roth v. Morton's Chefs Services*, 218 Cal. Rptr. 684, 687 (Cal. App. 1985).

311 267 Cal. Rptr. 457, 465 (Cal. App. 1990). Die Entscheidung *Roth v. Morton's Chefs Services* übersieht das Gericht dabei offensichtlich, wenn es feststellt, einen Präzedenzfall für die Anwendung der in *Elston* aufgestellten Prinzipien auf *consent judgments* gebe es nicht.

312 *Haldman v. Boise Cascade*, 221 Cal. Rptr. 412 (Cal. App. 1985); vgl. auch *Wurzelbacher v. Kroeger*, 320 N.E.2d 666 (Ohio S. Ct. 1974).

313 *Welsch v. Goswick*, 181 Cal. Rptr. 703 (Cal. App. 1982) mit ausdrücklicher Berufung auf die entsprechende Rechtsprechung zu FRCP 60 (b)(5) dritter Fall; vgl. auch *Mendly v. County of Los Angeles*, 28 Cal. Rptr. 2d 822 (Cal. App. 1994).

314 *Hennessey v. Puertas*, 221 P.2d 321 (Cal. App. 1950).

315 *Isbell v. County of Sonoma*, 577 P.2d 188, 194 (Cal. S. Ct. 1978).

316 *Barnes v. Hilton*, 257 P.2nd98 (Cal. App. 1953); *Wax v. Infante*, 187 Cal. Rptr. 686 (Cal. App. 1982), jeweils Aufhebung auf Antrag nach CCP § 473.

nach CCP § 5015 geltend gemacht werden, sondern nur mit einer eigenständigen *Equity*-Aufhebungsklage.[317] Dabei können auch Einwände gegen den zugrunde liegenden Anspruch geltend gemacht werden.[318]

Andere Staaten haben teilweise in ihren Prozeßgesetzen eigene Bestimmungen für die Geltendmachung von Einwänden gegen *judgments by confession*.[319] Manche erlauben dem Schuldner, sofern er unverzüglich einen Aufhebungsantrag stellt[320], unbeschränkt Einwände gegen den titulierten Anspruch geltend zu machen.[321]

IV. Vollstreckung fremder Titel und Geltendmachung von Einwänden

1. Registrierung von Urteilen zwischen Bundesdistrikten

Will der Gläubiger das Urteil außerhalb des Gerichtsbezirks vollstrecken, in dem es erlassen wurde, so kann er eine beglaubigte Kopie des Urteils anfordern[322] und sie bei einem anderen Bundesdistriktgericht zur Registrierung einreichen, um dann in dessen Distrikt vollstrecken.[323] Die Registrierung erfolgt ohne Anhörung des Schuldners, der von ihr auch nicht benachrichtigt wird.[324] Sie erfordert

---

317 *Bufkor v. Wasson & Fried*, 305 N.Y.S. 2d 173 (N.Y. App. 1969), ebenso schon die ältere Rechtsprechung: *Smith v. Kent*, 18 N.Y.S. 2d 262 (N.Y. App. 1940). Differenzierend (*motion* nicht zulässig, da der Schuldner *in casu* nicht nur die Feststellung der Befriedigung verlangt, sondern weitergehenden *relief*): *Walker Discount Corp. v. Valley Banquet Hall,* 231 N.Y.S. 2d 88 (1962); *Schley v. Andrews,* 121 N.E. 812, 813 (1919).

318 *Bufkor v. Wasson & Fried*, 305 N.Y.S. 2d 173 (N.Y. App. 1969) – Strafversprechen bei Urheberrechtsverletzung, Verletzung bestritten, *Smith v. Kent*, 18 N.Y.S. 2d 262 – Unwirksamkeit des Grundgeschäfts wegen mangelnder *consideration* und *fraud*; *Schley v. Andrews*, 121 N.E. 812 (N.Y. App. 1919) – Sitten- und Gesetzeswidrigkeit des Grundgeschäfts.

319 Vgl. Note, Power to open or modify „consent" judgment, 139 A.L.R. 421:

320 Anderenfalls sind die Einwände unter Umständen präkludiert, vgl. *Davis v. Voxhall Hotel, Inc.*, 577 A.2d 636 (Pa. Super. 1990) zum Recht von Pennsylvania.

321 Vgl. *Ninow v. Loughnane*, 431 N.E.2d 1267, 1271 (Ill. App. 1981) zur Illinois Supreme Court Rule 276; *Davis v. Voxhall Hotel, Inc.,* 577 A.2d 636, 638 f. (Pa. Super. 1990) zu Pa. R. Civ. P. § 2959, die allerdings eine Beweislastumkehr vorsieht.

322 Ist eine solche Ausfertigung von der Geschäftsstelle irrtümlich bereits für ein Zwischenurteil ausgestellt worden, so kann der Schuldner dies mit einem Rechtsbehelf angreifen: *Armstrong v. Armstrong*, 130 F.R.D. 449 (D. Col. 1990).

323 28 USC § 1963.

324 Das Registrierungsverfahren für Urteile von Staatengerichten nach dem UEFJA sieht ebenfalls keine Anhörung des Schuldners vor, nur eine Benachrichtigung von der Registrierung (UEFJA § 3, zur Vereinbarkeit mit der *due process*-Garantie der Bundesverfassung: *Gedeon v. Gedeon*, 630 P.2d 579 (S. Ct. Col. 1981)). Die Benachrichtigung soll nach dem Willen des New Yorker Gesetzgebers erst erfolgen, wenn der Gläubiger die Möglichkeit gehabt hat, Vollstrekkungsmaßnahmen zu ergreifen, ermöglicht also im Zweitstaat eine gewisse Überraschung beim Zugriff (*Weinstein, Korn & Miller*, § 5403.01; *Homburger* 18 Am. J. Comp. L 367 (399)).

grundsätzlich, daß das Urteil *final* ist, also keine Berufung eingelegt wurde. Seit einer Reform 1989 ist es jedoch möglich, daß das Erstgericht ausnahmsweise eine Registrierung bereits während des laufenden Berufungsverfahrens zuläßt, wenn der Gläubiger hierfür besondere Gründe geltend macht.[325]. Die Vollstreckung richtet sich dann nach dem Staatenrecht, das in diesem Distrikt gilt.[326] Einwendungen gegen den Anspruch kann der Schuldner erst nach der Registrierung geltend machen.[327]

Mit der Registrierung verläßt das Urteil zwar nicht die *jurisdiction* der Bundesgerichte aber den Geltungsbereich des Staatenrechts, unter dem es erlassen wurde. Damit wird wichtig, ob nachträgliche Einwendungen gegen den titulierten Anspruch vor dem registrierenden Zweitgericht geltend gemacht werden können oder ob dies nur vor dem Erstgericht möglich ist. Dies ist umstritten. Die vom späteren *Supreme Court*-Richter *Blackmun* verfaßte Leitentscheidung zu Rechtsnatur und Wirkungen der Registrierung nach 28 USC § 1963, *Stanford v. Utley*[328], ließ ausdrücklich offen, ob das Zweitgericht das registrierte Urteil korrigieren dürfe und ob gegenüber dem registrierten Urteil alle Einwände vorgebracht werden dürften, die bei einer Vollstreckungsklage auf der Basis des Urteils (*action on the judgment*) vorgebracht werden könnten.[329] Spätere Entscheidungen haben einige dieser Fragen – allerdings nicht immer einheitlich – beantwortet. Verschiedene Phasen und Verfahren im Rahmen der Vollstreckung sind dabei zu unterscheiden.

a) Prüfung des Ersturteils bei der Registrierung

Die Registrierung erfordert nicht, daß das registrierende Gericht *personal jurisdiction* über den Schuldner hat; sie kann also auch erfolgen, wenn der Schuldner kein Vermögen im Registrierungsstaat hat.[330] Voraussetzung der Registrierung ist, daß das Urteil gültig ist und noch besteht (*valid and subsisting*).[331] Selten

---

[325] Dadurch soll vor allem ermöglicht werden, bereits während des laufenden Berufungsverfahrens ein gesetzliches Pfandrecht an Eigentum des Schuldners in einem anderen Distrikt zu erwerben, *Eisenberg/Woodward*, § 38.09 [B 2 a]; *Wright/Miller/Kane*, § 2787. Ausreichende Gründe sind daher Tatsachen, die eine Gefährdung der Vollstreckungsmöglichkeit durch weiteres Zuwarten belegen, *Eisenberg/Woodward*, § 38.09 [B 2 a]; *Associated Business Tel. Sys. Corp. v. Kreta Capital Corp.* 128 F.R.D. 63 (D. NJ. 1989); *Chicago Downs Ass'n Inc. v. Chase*, 944 F.2d 366 (7th Cir. 1991).

[326] *U.S. v. Miller*, 229 F.2d 839 (3rd Cir. 1956). Eine Ausnahme bildet die Vollstreckung von Urteilen zugunsten des Bundes (United States): 28 USC § 2413; *U.S. v. Palmer*, 609 F.Supp. 544 (D.C. Tenn. 1985).

[327] Kritisch dazu Note, 64 Mich. L. Rev. 521 (525).

[328] 341 F.2d 265 (8th Cir. 1965).

[329] *Stanford v. Utley,* 341 F.2d 265, 271 (8th Cir. 1965).

[330] *Dichter v. Disco Co.*, 606 F.Supp. 721, 725 (SD Ohio, WD 1984).

[331] 28 USC § 1963 Par. 1 cl. 3. Rechtsprechung dazu bei 1 A.L.R. Fed. 326, sub [4 e].

wird ein Antrag auf Registrierung abgelehnt,[332] da der Schuldner in diesem Verfahren nicht gehört wird. Selbst wenn er ausnahmsweise von dem Antrag auf Registrierung erfährt bevor das Gericht entschieden hat, wird anscheinend eher die Vollstreckung aus dem registrierten Urteil ausgesetzt als die Registrierung selbst verweigert.[333]

b) Rechtsbehelf gegen die Registrierung

Erfährt der Schuldner von der Registrierung, so kann er bei bestimmten Einwänden ihre Aufhebung beantragen.[334] Unklar ist, ob er mit diesem – nicht fristgebundenen – Rechtsbehelf zugleich auch die Aufhebung des registrierten Urteils beantragen kann.[335] Die Registrierung ist aufzuheben, wenn ihre gesetzlichen Voraussetzungen nicht vorlagen, etwa weil das Urteil wegen eines schwebenden Berufungsverfahrens noch nicht *final* war.[336] Ist sie unter Verstoß gegen 28 USC § 1963 erfolgt, so kann das Zweitgericht nicht nur die Registrierung, sondern auch auf ihrer Grundlage durchgeführte Vollstreckungsmaßnahmen aufheben[337] und sogar über Schadensersatzansprüche des Schuldners wegen rechtswidriger Vollstreckung entscheiden.[338] Die Entscheidung über einen Antrag, die Registrierung aufzuheben, ist regelmäßig nicht berufungsfähig.[339]

Ob Vollstreckungsgegeneinwände der Registrierung entgegenstehen könnten ist zweifelhaft. Die Rechtsprechung hat sich mit dem Einwand der Vollstrekkungsverjährung beschäftigt. Ist die Vollstreckung aus dem Urteil im Ursprungsstaat wegen Zeitablaufs nicht mehr möglich, so steht dies der Registrierung nicht entgegen, solange der Schuldner noch durch einen Antrag oder eine Klage im Erststaat die Vollstreckbarkeit wieder herstellen könnte.[340] Ist eine nach diesen

---

[332] Ein Beispiel könnte sein *U.S. ex rel. Grohne v. English Construction Co.*, 95 F.Supp. 763 (D.C. N.Y. 1951), wo allerdings auf 28 USC § 1963 nicht Bezug genommen wird.

[333] So jedenfalls in *TomMills Brokerage Co. v. Thon*, 52 F.R.D. 200 (D.C. Puerto Rico 1971).

[334] 30 Am.Jur. 2d Executions, etc. § 926; 11 Fed. Proc., L. Ed. § 31.44.

[335] So die – wohl nicht ganz durchdachten – Formulierungen in 30 Am.Jur. 2d Executions, etc. § 926; 11 Fed. Proc., L. Ed. § 31.44. Näher zur Aufhebungskompetenz des Zweitgerichts nach Registrierung sogleich unten.

[336] *In re Professional Air Traffic Controllers Organization (PATCO)*, 699 F.2d 539 (D.C. Cir. 1983). Eine Registrierung mit besonderer Erlaubnis des Gerichts trotz schwebender Berufung wurde erst durch eine 1988 vorgenommene Modifikation von 28 USC § 1963 möglich.

[337] *Juneau Spruce Corp. v. International Longshore Men's & Warehouse Men's Union*, 128 F.Supp. 715 (1955, D.C. Cal.); *Juneau Spruce Corp. v. International Longshore Men's & Warehouse Men's Union*, 128 F.Supp. 697 (D.C. Hawaii 1955); *Stanford v. Utley*, 341 F.2d 265 (8th Cir. 1965).

[338] *Ohio Hoist Mfg. Co. v. Le Rocchi*, 490 F.2d 105 (6th Cir. 1974).

[339] *Loeber v. Schroeder*, 149 U.S. 580 (1893); *U.S. v. Stangland*, 270 F.2d 893 (7th Cir. 1959); m.w.N. bei *U.S. ex rel. Hi-Way Electric v. The Home Indemnity Co.*, 549 F.2d 10, 12 (7th Cir. 1977).

[340] *Juneau Spruce Corp. v. International Longshoremen's & Warehousemen's Union*, 128

Regeln zulässige Registrierung erfolgt, so setzt sie für das registrierte Urteil die Verjährungsfristen des Zweitforums in Lauf; eine endgültige Vollstreckungsverjährung im Ursprungsstaat ist von diesem Zeitpunkt an für die Vollstreckung im Zweitstaat irrelevant.[341]

c) Erlaß des writ und Rechtsbehelfe gegen ihn

Ist das Urteil registriert, so setzt die Vollstreckung im Zweitstaat noch voraus, daß dort ebenfalls ein *writ of execution* erlassen wird.[342] Das lokale Staatenrecht bestimmt wieder, ob der Schuldner vor Erlaß des *writ* anzuhören ist[343] und ob der Gläubiger bei Beantragung des *writ* versichern und eventuell sogar nachweisen muß, daß das Urteil nicht zwischenzeitlich erfüllt wurde.[344] Der Schuldner kann den *writ* mit denselben Gründen angreifen wie die *registration*.[345] Die Geltung des lokalen Staatenrechts für die Erteilung des *writ* und die nachfolgende Vollstreckung führt dazu, daß der Angriff selbst dann Erfolg haben kann, wenn die vom Schuldner geltend gemachten Gründe im Erststaat unbeachtlich wären.[346]

d) Aufhebung von Vollstreckungsmaßnahmen

Der Schuldner kann Einwendungen gegen den Anspruch – etwa die zwischenzeitliche Vollstreckungsverjährung – inzident geltend machen, wenn er sich vor dem Zweitgericht gegen einzelne im Zweitstaat vorgenommene Vollstreckungsmaßnahmen wendet.[347] Hat er Erfolg, so sind die Wirkungen der inzidenten

---

F.Supp. 715 (1955, D.C. Cal.); *Juneau Spruce Corp. v. International Longshoremen's & Warehousemen's Union*, 128 F.Supp. 697 (D.C. Hawaii 1955); *Stanford v. Utley*, 341 F.2d 265 (8th Cir. 1965).

[341] *Juneau Spruce Corp. v. International Longshoremen's & Warehousemen's Union*, 128 F.Supp. 715 (1955, D.C. Cal.); *Juneau Spruce Corp. v. International Longshoremen's & Warehousemen's Union*, 128 F.Supp. 697 (D.C. Hawaii 1955); *Stanford v. Utley*, 341 F.2d 265 (8th Cir. 1965).

[342] Jedes registrierende Gericht erläßt also seinen eigenen *writ of execution*: 11 Fed. Proc. L. Ed. § 31.62.

[343] *Endicott Johnson Corp. v. Encyclopedia Press, Inc.*, 266 U.S. 285 (1924).

[344] 30 Am.Jur. 2d Executions, etc. § 70.

[345] *In re Professional Air Traffic Controllers Organization (PATCO)* (D.C. Cir. 1983); *Juneau Spruce Corp. v. International Longshoremen's & Warehousemen's Union*, 128 F.Supp. 715 (D. C. Cal. 1955).

[346] In *Ezell v. Equity General Ins. Co.*, 219 F.Supp. 51 (D.C. Or. 1962) wurden *writ* und Vollstreckungsmaßnahmen durch das Zweitgericht aufgehoben, weil das Recht des Zweitstaates die Vollstreckung wegen des in diesem Staat eingeleiteten Insolvenzverfahrens gegen den Schuldner verbot, obwohl dies nach den Ausführungen des Gerichts kein Grund für die Einstellung der Zwangsvollstreckung im Erststaat gewesen wäre.

[347] *Juneau Spruce Corp. v. International Longshoremen's & Warehousemen's Union*, 128 F.Supp. 715 (1955, D.C. Cal.); *Juneau Spruce Corp. v. International Longshoremen's & Warehousemen's Union*, 128 F.Supp. 697 (D.C. Hawaii 1955); *Stanford v. Utley*, 341 F.2d 265 (8th Cir. 1965); *Ezell v. Equity General Ins. Co.*, 219 F.Supp. 51 (D.C. Or. 1962).

Feststellung für die Vollstreckung in anderen Foren ungeklärt. In *Sawyer v. Dollar*[348] erklärte ein Erstgericht, die von einem registrierenden Bundesgericht getroffene Feststellung[349] binde es nicht, da die Zuständigkeit (*power*) des Zweitgerichts sich auf die Vollstreckung beschränke.[350]

Schwierig ist auch die Abgrenzung der Zuständigkeit des registrierenden Bundesgerichts gegenüber den lokalen Staatengerichten, wenn der Schuldner sich auf die Verletzung lokalen Staatenrechts über die Durchführung der Zwangsvollstreckung beruft.[351]

e) Antrag auf Aufhebung des Urteils

Ein Antrag auf Aufhebung des Urteils selbst (*relief from judgment*) ist, wie oben dargelegt, bei praktisch allen Arten von Vollstreckungsgegeneinwänden möglich und in manchen Situationen der einzig statthafte Weg. Vor allem Einwände, die bereits bei Erlaß des Urteils bestanden, aber durch dieses nicht präkludiert sind, können regelmäßig nur durch einen Antrag nach FRCP 60 (b) oder mit einer *Equity*-Aufhebungsklage[352] geltend gemacht werden.[353]

(1) Zuständigkeit für Aufhebungsanträge

Für die Frage, ob ein Bundesgericht das Urteil eines anderen aufheben darf, wird gelegentlich danach unterschieden, ob der Schuldner einen Antrag nach FRCP 60 (b) stellt oder eine unabhängige *Equity*-Aufhebungsklage erhebt. Während der Antrag nach FRCP 60 (b) nur beim Erstgericht zulässig sei, soll die *Equity*-Aufhebungsklage entsprechend ihrer historischen Tradition auch bei einem anderen als dem Erstgericht zulässig sein.[354] Diese dogmatisch saubere Trennung wird aber nicht durchgehalten. So wird auch für die *Equity*-Aufhebungsklage gefordert, daß sie grundsätzlich nur dann in einem anderen als dem Erstgericht

---

[348] 190 F.2d 623 (D.C. Cir. 1951).

[349] In casu: *contempt of court* wegen Nichterfüllung der zu vollstreckenden Verpflichtung.

[350] Zu diesen Urteilen auch Note, 1 A.L.R. Fed. 326, sub [5 a].

[351] Vgl. *U.S. v. Miller*, 299 F.2d 829 (3rd Cir. 1956) – Zuständigkeit des Bundesgerichts für Einwände hinsichtlich der Einhaltung des lokalen Staatengesetzes über die Gehaltspfändung. Vgl. auch *Sephus v. Gozelski*, 864 F.2d 1546 (11th Cir. 1989) – keine Zuständigkeit des Bundesgerichts für die Prüfung von Fehlern bei der Zwangsversteigerung beschlagnahmten Vermögens.

[352] *Independent action in equity for relief from a judgment*. Zu dem für sie verbleibenden Anwendungsbereich im Bundesrecht *Moore*, Federal practice, § 60.36ff.; zur kalifornischen Rechtsprechung am Beispiel der nachträglichen Aufrechnung *Witkin*, 8 California practice and procedure, ch. V § 461; zum New Yorker Recht *Carmody/Wait*, § 63: 316ff., § 63: 328.

[353] Illustrativ sind die im folgenden noch näher erläuterten Fälle *Hadden v. Rumsey Products*, 196 F.2d 92 (2d Cir. 1952) und *Golden Panagia v. Panama Canal Comm.*, 557 F.Supp. 340 (E.D. La. 1983).

[354] So etwa *Friedenthal/Kane/Miller*, Civil Procedure, § 12.6 bei Fn. 20; *Moore*'s Federal Practice, § 60.36 bei Fn. 7.

zulässig sein soll, wenn eine Aufhebung des Urteils durch das Erstgericht dem Schuldner nicht möglich oder nicht zumutbar ist.[355] Umgekehrt gibt es Stimmen, die über einen Antrag nach FRCP 60 (b) auch das Gericht entscheiden lassen, bei dem das Urteil gem. 28 USC § 1963 registriert wurde. Grundsätzlich gilt zwar die bereits in den Materialien zu FRCP 60 (b) niedergelegte Regel, daß der Aufhebungsantrag bei dem Gericht zu stellen ist, welches das Urteil erlassen hat.[356] Das Zweitgericht soll aber entscheiden dürfen, wenn es ein sinnvolles (*convenient*) *forum* ist.[357] *Moore* meint sogar, es sei regelmäßig zuständig, wenn der Schuldner seinen Antrag auf FRCP 60 (b) 5 stützt.[358] Die Gerichte haben es bisher sorgfältig vermieden, generelle Aussagen zur Zuständigkeit des registrierenden Gerichts für Anträge nach FRCP 60 (b) zu machen.[359]

Einen Klärungsversuch unternimmt die Entscheidung *Indian Head National Bank of Nashua v. Brunelle*[360], auf die sich auch *Moore*[361] bezieht. Nach ihr gibt es nur zwei Ausnahmen von dem Grundsatz, daß ein Antrag nach FRCP 60 (b) beim Erstgericht zu stellen ist. Die erste sind Aufhebungsanträge, die auf FRCP 60 (b) (4) gestützt sind, wenn der Schuldner die Unwirksamkeit des Urteils aus der mangelnden Zuständigkeit (*lack of jurisdiction*) des Erstgerichts herleitet. Der Einwand mangelnder *jurisdiction* des Erstgerichts spielt nämlich auch im Rechtsverkehr zwischen den verschiedenen *Federal Districts*, ebenso wie zwischen verschiedenen Bundesstaaten, eine Sonderrolle. Es gibt zahlreiche Entscheidungen, in denen sich Bundesgerichte als *registering courts* für zuständig erklärt haben, über Anträge nach FRCP 60 (b) zu entscheiden, mit denen – insbesondere bei Versäumnisurteilen – die mangelnde *jurisdiction* des Erstgerichts

---

[355] *Wright/Miller/Kane*, § 2863 bei Fn. 33 unter Berufung *Lapin v. Shulton*, 333 F.2d 169 (9th Cir. 1964) und *Torquay Corp. v. Radio Corp. of America*, 2 F.Supp. 841 (D.C. N.Y. 1932); in diesem Sinne auch Restatement Second Judgments, §§ 79, 82.

[356] Advisory Committee Note zum Amendment 1946, wiedergegeben bei *Moore*'s Federal Practice, § 60.01 [8]. Die Rechtsprechung beruft sich gelegentlich auf diese Aussage: *Golden Panagia v. Panama Canal Comm.*, 557 F.Supp. 340, 342 N 10 (E.D. La. 1983).

[357] Insbesondere *Moore*, Federal practice, § 60.28 [1] nach Fn. 11.

[358] *Moore*'s Federal practice, § 60.28 [1], nach Fn. 17. *Moore* zählt dabei allerdings den Aufhebungsgrund nach FRCP 60 (b) (5) 3. Fall (Umstandsänderungen, welche die weitere Anwendung eines Urteils mit Dauerwirkung ungerecht erscheinen lassen), nicht mit auf. Die Zulässigkeit dieses Grundes vor einem *registration court* bezweifelt *Lapin v. Shulton*, 333 F.2d 169 (9th Cir. 1964).

[359] Zweifelnd etwa *U.S. ex rel. Mosher Steel Co. v. Fluor Corp.*, 436 F.2d 383, 384 f. (2d Cir. 1970); *James Blackstone Memorial Ass. v. Golf*, 28 F.R.D. 385, 386 (D.C. Conn. 1961). Manche Gerichte haben jedenfalls für Teilbereiche von FRCP 60 (b) eine alleinige Zuständigkeit des Erstgerichts angenommen (*Taft v. Donellan*, 407 F.2d 807, 809 (7th Cir. 1969); *Golden Panagia v. Panama Canal Comm.*, 557 F.Supp. 340, 343 (E.D. La. 1983)). In *Bros. Inc. v. Grace Mfg. Co.*, 302 F.2d 594, 607 (5th Cir. 1963) erkennt das Zweitgericht über einen Antrag nach FRCP 60 (b) (5) – allerdings lag in casu eine besonders verfahrene prozessuale Situation vor und das Gericht machte die zusätzliche Einschränkung, *relief* könne nur in dem Maße gewährt werden, wie ihn auch das Erstgericht gewähren würde.

[360] 689 F.2d 245 (1st Cir. 1982).

[361] Federal practice, § 6028 [1].

geltend gemacht wurde. Dabei kommt es durchaus vor, daß dem Antrag stattgegeben und das Ersturteil vom Zweitgericht aufgehoben wird.[362] Die zweite von *Indian Head* anerkannte Ausnahme von der Zuständigkeit des Erstgerichts betrifft Fälle, in denen der Aufhebungsantrag des Schuldners nach FRCP 60 (b) in eine *Equity*-Aufhebungsklage umgedeutet werden kann. Es handelt sich insofern um keine echte Ausnahme, als in diesem Fall eben nicht mehr nur ein Antrag nach FRCP 60 (b), sondern die nach FRCP 60 (b) a.E. residual mögliche *Equity*-Klage erhoben ist, die den allgemeinen Zuständigkeitsregeln folgt.[363] Für eine solche Umdeutung gibt es ebenfalls verschiedene Beispiele in der Rechtsprechung.[364] Die *Equity*-Aufhebungsklage setzt (nur) voraus, daß der Urteilsgläubiger der *personal jurisdiction* des Zweitgerichts unterliegt. Diese Voraussetzung ist in Fällen der Registrierung nach 28 USC § 1963 stets erfüllt, da die Rechtsprechung annimmt, mit der Registrierung unterwerfe sich der Gläubiger der *jurisdiction* des Gerichts, in dem er das Urteil registrieren läßt.[365]

Liegt keine der beiden Ausnahmen vor, so ist das Zweitgericht, bei dem der Gläubiger das Urteil hat registrieren lassen, für einen Antrag auf Aufhebung nicht zuständig.[366]

Noch weniger geklärt als die hier beleuchtete Situation zwischen Bundesgerichten ist die Frage, ob Bundesgerichte das Urteil eines Staatengerichtes aufheben können, wenn Gründe für einen „*equitable relief*" vorliegen.[367]

---

[362] So in *Graciette v. Star Guidance, Inc.*, 66 F.R.D. 424 (S.D.N.Y. 1975); *Donnelly v. Copeland Intra Lenses*, Inc., 87 F.R.D. 80 (E.D. NY 1980); *Covington Industries, Inc. v. Resintex AG*, 629 F.2d 720 (2d Cir. 1980); ebenso die erste Instanz in *Morris v. Peterson*, 759 F.2d 809 (10th Cir. 1985), allerdings aufgehoben durch die zitierte Entscheidung, welche die *jurisdiction* des Erstgerichts bejahte.

[363] *Wright/Miller/Kane*, § 2868 bei Fn. 24 u. 25.

[364] *Hadden v. Rumsey Products*, 196 F.2d 92, 95 (2d Cir. 1952); *Winfield v. Stonecipher*, 429 F.2d 1087, 1089 f. (10th Cir. 1970); *Golden Panagia v. Panama Canal Comm.*, 557 F.Supp. 340, 343 (E.D. La. 1983); offenlassend, ob über einen Antrag nach FRCP 60 (b) oder eine *independent action in equity* entschieden wurde in *Bratnober v. Illinois Farm Supply Co. et al.*, 169 F.Supp. 85, 89 (D. Minn. 1958).

[365] *Hadden v. Rumsey Products,* 196 F.2d 92, 95 (2d Cir. 1952); *U.S. ex rel. Hi-Way Electric v. The Home Indemnity Co.,* 549 F.2d 10, 14 (7th Cir. 1977). Außerhalb dieser Unterwerfungsfiktion kann eine Zuständigkeit durchaus fehlen, vgl. *Golden Panagia v. Panama Canal Comm.,* 557 F.Supp. 340, 343 (E.D. La. 1983).

[366] So das Ergebnis in *Indian Head National Bank of Nashua v. Brunelle,* 689 F.2d 245, 251 f. (1st Cir. 1982). Zweifelhaft insofern die Entscheidung *James Blackstone Memorial Ass. v. Golf,* 28 F.R.D. 385 (D. Conn. 1961), wo ein Aufhebungsantrag, der in keine der genannten Kategorien fiel, zwar in der Sache (abschlägig) beschieden wurde, dem Schuldner jedoch zugleich freigestellt wurde, denselben Antrag nochmals beim Erstgericht zu stellen (a.a.O., 388).

[367] Dafür *Griffith v. Bank of New York*, 147 F.2d 899, 904 (2d Cir. 1945), cert. den. 325 U.S. 874 (1945) für *relief* wegen *fraud* und Restatement Second, Conflict of Laws, § 121 comment b. Dagegen *Reed v. Allen,* 286 U.S. 191, 200 f. (1932) und *Deposit Bank v. Frankfort,* 191 U.S. 499, 512 (1903), jeweils in Fällen, in denen ein Urteil, auf dem das angegriffene Urteil beruhte, zuvor aufgehoben worden war.

(2) Ermessen und forum non conveniens

Ist das Registrierungsgericht nach diesen Grundsätzen ausnahmsweise für einen Aufhebungsantrag zuständig, so folgt daraus noch keineswegs, daß es tatsächlich über die Einwände des Schuldners entscheidet. In einer zweiten Stufe der Zuständigkeitsprüfung übt es nämlich das ihm sowohl unter FRCP 60 (b) als auch nach den Grundsätzen der *Equity*-Aufhebungsklage eingeräumte weite Ermessen bereits in bezug auf die Frage aus, ob es ein geeignetes Forum für die Prüfung der vom Schuldner geltend gemachten Einwände ist. So verweigern Registrierungsgerichte nicht selten eine Entscheidung über die vom Schuldner beantragte Aufhebung aufgrund mangelnder *jurisdiction* des Erstgerichts und verweisen den Schuldner an das Erstgericht, obwohl sie sich grundsätzlich für befugt halten, den Einwand zu prüfen und eine Aufhebung auszusprechen.[368] Die Begründungen dieser Entscheidungen sind, auch wenn es jeweils nicht um Vollstreckungsgegeneinwände geht, für unser Thema von besonderem Interesse. Die Zurückweisung des Aufhebungsantrages mit der Maßgabe, ihn beim Erstgericht erneut zu stellen, wird häufig damit begründet, dieses sei sowohl mit den Fakten als auch mit dem anzuwendenden lokalen Staatenrecht (z.B. einem „*long-arm-statute*") besser vertraut.[369] Es kann jedoch auch schon ausreichend sein, daß das Erstgericht mit dem anwendbaren Recht besser vertraut ist.[370] Eine weitere interessante Erwägung findet sich in *Coleman v. Patterson*:[371] Der Zweck des Registrierungsverfahrens, dem Gläubiger eine einfache und schnelle Vollstreckung zu ermöglichen, werde vereitelt, wenn der Schuldner in jedem Distriktgericht, in dem das Urteil registriert worden sei, das Urteil nach seiner Wahl angreifen könne; der Aufwand an Zeit und Geld, den der Gläubiger betreiben müßte, um solchen Anträgen in verschiedenen Foren entgegenzutreten, „*would be an unfair burden on the plaintiff who had obtained a valid judgment*".[372] Alle diese Erwägungen sind ebenso einschlägig, wenn es um die Prüfung von Vollstreckungsgegeneinwänden geht.

Auch in der zweiten Fallgruppe, die an sich in die Zuständigkeit des Registrierungsgerichts fallen kann, eigenständigen *Equity*-Aufhebungsklagen, ha-

---

[368] *TomMills Brokerage Co. v. Thon*, 52 F.R.D. 200 (D. Puerto Rico 1971); *Fuhrman v. Livaditis*, 611 F.2d 203 (7th Cir. 1979); *Coleman v. Patterson*, 57 F.R.D. 146 (S.D.N.Y. 1972); *Findley v. Blinken*, 22 F 3rd 755 (7th Cir. 1994).

[369] *TomMills Brokerage Co. v. Thon*, 52 F.R.D. 200, 203 (D. Puerto Rico 1971); *Coleman v. Patterson*, 57 F.R.D. 146, 148 f. (S.D.N.Y. 1972); *Findley v. Blinken*, 22 F 3rd 755, 763 (7th Cir. 1994). Die Begründung der Entscheidung im Fall *Findley* betont ausdrücklich, es sei einem *forum shopping* entgegenzuwirken, bei dem der Kläger sich etwa bessere Chancen durch die Anrufung eines mit den Fakten und dem anwendbaren Recht unvertrauten Gerichts ausrechne.

[370] *Fuhrman v. Livaditis*, 611 F.2d 203, 205 (7th Cir. 1979).

[371] 57 F.R.D. 146 (S.D.N.Y. 1972).

[372] *Coleman v. Patterson*, 57 F.R.D. 146, 149 (S.D.N.Y. 1972); ausdrücklich dieser Begründung zustimmend *Indian Head National Bank of Nashua v. Brunelle*, 689 F.2d 245, 249 (1st Cir. 1982).

ben Registrierungsgerichte sich gelegentlich als ungeeignetes Forum für unzuständig erklärt und dem Schuldner freigestellt, seine Klage beim Erstgericht zu erheben.[373] Die meisten dieser Entscheidungen ziehen eine ausdrückliche Parallele zu den Erwägungen, die für die Ablehnung einer an sich gegebenen Zuständigkeit nach der Lehre vom *forum non conveniens* führen.[374]

Lehnt das Registrierungsgericht eine Entscheidung über den Aufhebungsantrag des Schuldners ab, so ist umstritten, ob gegen diese Entscheidung eine Berufung statthaft ist. Manche Gerichte haben eine Berufung zugelassen,[375] andere meinen, es handele sich um keine berufungsfähige Endentscheidung, da dem Schuldner stets freigestellt werde, seinen Antrag beim Erstgericht zu stellen.[376]

(3) Einstellung der Zwangsvollstreckung (stay of execution) durch das Registrierungsgericht

Der Schuldner kann beim Registrierungsgericht eine (vorübergehende) Einstellung der Zwangsvollstreckung (*stay of execution*) beantragen, um Zeit zur Geltendmachung seiner Einwände vor einem anderen Gericht zu gewinnen. Das Registrierungsgericht kann eine Einstellung der Zwangsvollstreckung aus dem registrierten Urteil ebenso anordnen wie bei einem eigenen Urteil.[377] Es kann auch, wenn es die Entscheidung über einen Aufhebungsantrag ablehnt und den Schuldner auf die Möglichkeit eines Antrags beim Erstgericht verweist, die Einstellung der Vollstreckung anordnen.[378] Hat der Schuldner bei einem Regi-

---

[373] *Lapin v. Schulton*, 333 F.2d 169, 172 (9th Cir. 1964), cert. den. 379 U.S. 904 (1964); vgl. auch *Taft v. Donellan*, 407 F.2d 807, 809 (7th Cir. 1969).

[374] *TomMills Brokerage Co. v. Thon*, 52 F.R.D. 200, 202 (D. PR. 1971); *Coleman v. Patterson*, 57 F.R.D. 146, 148 (S.D.N.Y. 1972); *Fuhrman v. Livaditis*, 611 F.2d 203, 205 (7th Cir. 1979); kritisch zu der Analogie – allerdings nur insofern, als es um die Berufungsfähigkeit der Entscheidung geht – *Findley v. Blinken*, 22 F 3rd 755, 761 f. (7th Cir. 1994), wo statt der Analogie zum *forum non conveniens* eine Analogie zu den – inhaltlich ähnlichen – Regeln über die Verweisung zwischen Bundesgerichten (*transfer of venue*, 28 USC § 1404 (a)) bevorzugt wird.

[375] *U.S. ex rel. Mosher Steel Co. v. Fluor Corp.*, 436 F.2d 383 (2d Cir. 1970); *Fuhrman v. Livaditis*, 611 F.2d 203 (7th Cir. 1979) (jeweils ohne die Statthaftigkeit der Berufung zu problematisieren).

[376] *Harmon Kardon v. Ashley*, 602 F.2d 21, 23 (1st Cir. 1979); *Findley v. Blinken*, 22 F 3rd 755, 762 f. (7th Cir. 1994) m. Verweis auf die Rechtsähnlichkeit zur – ebenfalls nicht berufungsfähigen – Verweisung nach 28 USC § 1404 (a).

[377] FRCP 62 (f) ist also auch auf registrierte Urteile anwendbar: *U.S. ex rel. Hi-Way Electric Co. v. Home Indemnity Co.*, 549 F.2d 10, 13 f. (7th Cir. 1977); *Eisenberg/Woodward*, § 38.09 [B 2 e, i]; 30 Am.Jur. 2d Executions etc. § 930. Die Entscheidung über den Antrag auf Aussetzung der Zwangsvollstreckung (*stay of execution*) ist jedenfalls nach Ansicht des Berufungsgerichts für den 7th Circuit sogar berufungsfähig, *U.S. ex rel. Hi-Way Electric v. Home Indemnity Co.*, 549 F.2d 10, 13 f. (7th Cir. 1977).

[378] So die Gerichte in *TomMills Brokerage Co. v. Thon*, 52 F.R.D. 200, 203 (D. PR. 1971) – Einstellung der Vollstreckung für 120 Tage, um dem Schuldner Zeit für einen entsprechenden Antrag beim Erstgericht zu geben; *Coleman v. Patterson*, 57 F.R.D. 146, 149 (S.D.N.Y. 1972)

strierungsgericht die vorläufige Einstellung der Zwangsvollstreckung erreicht, so kann der Gläubiger zwar die Registrierung in anderen Bundesdistrikten beantragen, ohne daß die Einstellung der Zwangsvollstreckung auch für diese Distrikte gelten würde. Die dortigen Gerichte können aber die bereits in einem anderen Zweitforum verfügte Einstellung bei einem entsprechenden Antrag des Schuldners berücksichtigen.[379] Ein anderswo rechtshängiger Angriff auf das Ersturteil ist aber nicht immer ausreichend, um eine Einstellung der Zwangsvollstreckung bis zur Entscheidung über die Einwände zu erreichen.[380] Auch kann das Gericht die Aussetzung der Vollstreckung von einer Sicherheitsleistung abhängig machen.[381]

(4) Zusammenfassung

Insgesamt ist festzustellen, daß der Schuldner trotz der nach europäischen Maßstäben enormen Flexibilität des US-Bundesprozeßrechts nur begrenzt die Möglichkeit hat, Vollstreckungsgegeneinwände vor dem Zweitgericht (Registrierungsgericht) geltend zu machen. Bei Registrierung sind Einwände schon deshalb kaum möglich, da der Schuldner nicht gehört wird. Anschließend kann er die Aufhebung der Registrierung verlangen, wenn das Urteil im Erststaat inzwischen aufgehoben oder dort eine Einstellung der Zwangsvollstreckung (*stay of execution*) angeordnet wurde. Auch die zwischenzeitliche Befriedigung des Urteilsgläubigers kann gegen die Registrierung eingewandt werden. Komplexere Einwände, wie etwa die Befriedigungswirkung der Zahlung eines von mehreren Gesamtschuldnern,[382] nachträgliche Aufrechnung[383] oder die Unwirksamkeit eines auf Vergleich[384] oder Unterwerfung[385] beruhenden Urteils sind jedoch

– Einstellung der Vollstreckung für 40 Tage mit dem Hinweis, eine Verlängerung der (vorläufigen) Einstellung müsse beim Erstgericht beantragt werden; ebenso die Vorinstanz in *Harmon Kardon v. Ashley*, 602 F.2d 21, 22 (1st Cir. 1979).

379 So das Berufungsgericht für den 7th Cir. in dem instruktiven Fall *U.S. ex rel. Hi-Way Electric v. The Home Indemnity Co.*, 549 F.2d 10, 14 (7th Cir. 1977), wo der Gläubiger das Urteil zunächst in einem *State Court* registrieren ließ und dann bei einem Bundesdistriktgericht, weil der *State Court* die vorläufige Einstellung der Zwangsvollstreckung verfügt hatte, da sich der Schuldner auf eine Aufrechnung berief.

380 So lehnte das Berufungsgericht für den *10th Circuit* in einer älteren Entscheidung (*Edmonston v. Sisk*, 156 F.2d 300 (1946) einen Antrag auf Einstellung der Zwangsvollstreckung ab, obwohl der Schuldner sich auf Einwände berief, die bereits Gegenstand eines laufenden *State Court*-Verfahrens waren. Dort hatte der Gläubiger das Parallelverfahren vor dem Staatengericht mit einer Vollstreckungsklage (*action on the judgment*) eingeleitet, der Schuldner machte eine vollstreckungsbeschränkende Abrede zwischen den Parteien geltend. Das Bundesgericht führte aus, vor dem *State Court* sei lediglich ein Hilfsverfahren im Rahmen der Zwangsvollstreckung anhängig, das andere Gerichte nicht zu berücksichtigen hätten solange das Ersturteil wirksam und vollstreckbar sei (a.a.O. S. 303f.).

381 So in *Donellan v. Trylon Metals*, 270 F.Supp. 996, 999 (N.D. Ohio 1967).

382 *U.S. ex rel. Mosher Steel Co. v. Fluor Corp.*, 436 F.2d 383 (2d Cir. 1970).

383 *U.S. ex rel. Hi-Way v. The Home Indemnity Co.*, 549 F.2d 10 (7th Cir. 1977).

384 *Golden Panagia v. Panama Canal Comm.*, 557 F.Supp. 340 (E.D. La. 1983).

385 *Hadden v. Rumsey Products*, 196 F.2d 92 (2d Cir. 1952).

regelmäßig durch einen Antrag auf Aufhebung des Urteils selbst geltend zu machen.[386] Über diesen kann das Registrierungsgericht nur dann entscheiden, wenn er in eine *Equity*-Aufhebungsklage umgedeutet werden kann. Für Anträge nach FRCP 60 (b) (5) wird dagegen in der Regel nur das Erstgericht zuständig sein.[387] Das Registrierungsgericht kann es zudem ablehnen, über den mit der *Equity*-Aufhebungsklage geltend gemachten Einwand zu entscheiden, wenn es das Erstgericht für ein sinnvolleres Forum (*more convenient forum*) hält.

2. Vollstreckbarerklärung zwischen Staatengerichten

Trotz *full faith and credit clause*[388] sind Urteile aus einem Bundesstaat in einem anderen nicht ohne weiteres vollstreckbar. Es bedarf vielmehr – wie im internationalen Rechtsverkehr – der Transformation in einen lokalen Titel.[389] Der Gläubiger kann zu diesem Zweck entweder eine auf das Urteil gestützte Vollstrekkungsklage (*action on the judgment*) erheben oder das Urteil in einem in fast allen Bundesstaaten vorgesehenen vereinfachten Verfahren registrieren lassen. Die meisten Bundesstaaten haben das Registrierungsverfahren nach dem Muster des *Uniform Enforcement of Foreign Judgments Act* (UEFJA)[390] gestaltet, Kalifornien hat dagegen ein in einigen Punkten abweichendes eigenes Gesetz geschaffen.[391]

a) Vollstreckungsklage (action on the judgment)

Die nach dem *common law* schon immer mögliche Vollstreckungsklage hat auch heute noch praktische Bedeutung in Bundesstaaten, die kein Registrierungsverfahren vorsehen, und für Urteile, die nicht registriert werden können. Dies sind in vielen Fällen Versäumnisurteile und die aufgrund einer *cognovit note* ergangenen besonderen Anerkenntnisurteile[392] sowie bundesgerichtliche Urteile.[393] Selbst

---

[386] Ein solcher Antrag kann nach FRCP 60 (b) oder als *equity*-Aufhebungsklage geltend gemacht werden, eine inzidenter Angriff (*collateral attack*) dürfte dagegen unzulässig sein, vgl. *Hadden v. Rumsey Products*, 196 F.2d 92 (2d Cir. 1952).

[387] *Indian Head National Bank of Nashua v. Brunelle*, 689 F.2d 245 (1st Cir. 1982), anders wohl *Moore*'s Federal Practice, § 60.28 [1] nach Fn. 12 u. Fn. 17.

[388] Art. IV, Sec. 1. der Bundesverfassung.

[389] Dies ist mit der *full faith and credit clause* vereinbar: *Williams v. North Carolina*, 325 U.S. 226, 229 (1945).

[390] Mit Ausnahme von Missouri haben alle Staaten inzwischen die 1964 überarbeitete Version dieses Modellgesetzes übernommen, 13 U.L.A. 149 (1986); *Eisenberg/Woodward*, § 38.06.

[391] CCP § 1710 ff.

[392] NY CPLR § 5401.

[393] Sie sind vom Registrierungsverfahren ausgeschlossen in Kalifornien, Indiana, Massachusetts, Michigan, New Jersey und Vermont. *Eisenberg/Woodward*, § 38.09 Fn. 8.

im Registrierungsverfahren haben die *common law*-Grundsätze zur *action on the judgment* Bedeutung, da teilweise auf sie verwiesen wird.[394]

Die in den Verfahren zu prüfenden Voraussetzungen unterscheiden sich kaum, da sie in beiden Fällen den zur *full faith and credit clause* entwickelten Grundsätzen folgen. Die Anerkennung ist zu verweigern, wenn das Erstgericht nach seinem eigenen Prozeßrecht sachlich nicht zuständig war oder der Beklagte nicht seiner Gerichtsgewalt (*in personam jurisdiction*) unterlag.[395] Nicht anzuerkennen ist auch ein Urteil, das betrügerisch erlangt wurde (*fraud*), wobei dieser Begriff durch eine umfangreiche und nicht immer widerspruchsfreie Rechtsprechung zahlreiche Facetten und Fallgruppen entwickelt hat.[396] Bei der Prüfung dieser Einwände hat auch das Zweitgericht jeweils das Recht des Erststaates anzuwenden. Gelegentlich kommt es vor, daß ein Zweitgericht den Einwand der *fraud* nicht berücksichtigt und den Schuldner insoweit darauf verweist, eine Aufhebung im Erststaat zu versuchen.[397] Hat der Beklagte die Einwände bereits im Erstverfahren vorgebracht und wurden sie dort zurückgewiesen, so entfalten die Feststellungen des Erstgerichts insofern Rechtskraft.[398]

Ist das Urteil anzuerkennen, so kann der Beklagte sich gegenüber der Vollstreckungsklage noch auf Einwendungen gegen den Titel oder den Anspruch berufen, die nicht durch die Rechtskraft des Ersturteils präkludiert sind. Der Umfang der Präklusionswirkung richtet sich dabei nach dem Recht des Erststaates, denn *full faith and credit* bedeutet Wirkungserstreckung.[399] Die damit noch möglichen Einwendungen bilden nach amerikanischer Systematik zwei Gruppen: Der Schuldner kann entweder einwenden, er habe den Gläubiger inzwischen befriedigt (*satisfaction*),[400] oder er kann beantragen, das Urteil aus besonderen Gründen aufzuheben (*relief from judgment*). Damit können gegenüber der Vollstreckungsklage grundsätzlich alle Einwände gegen das Urteil und den in ihm verkörperten Anspruch geltend gemacht werden, die auch im Erststaat

394 So in CCP § 1710.40 (a) hinsichtlich der zulässigen Einwände.

395 *Eisenberg/Woodward*, § 38.08 [b].

396 Vgl. *Eisenberg/Woodward*, § 38.08 [b 3].

397 *Hill v. Gottwald,* 358 N.Y.S. 2d 883 (1974). Eine allgemeine Regel dürfte sich aus diesem Urteil aber nicht ableiten lassen.

398 Bei der *jurisdiction* führt dies zu einer Art „Kompetenz-Kompetenz", die in der amerikanischen Literatur auch als „*bootstrap*"-Prinzip bezeichnet worden ist, *Eisenberg/Woodward*, § 38.08 [b 2]; Leflar, American conflicts law, § 79 (4. Aufl. 1986). Zur Rechtskraft der erstgerichtlichen Feststellungen bei behaupteter *fraud*: *Lumbermen's Mutual Cas. Co. v. Carriere*, 406 A.2d 994 (N.J. 1979). Allgemein *Four Seasons Solar Products Corp. v. Solarium Products of Florida, Inc.*, 469 N.Y.S. 2d 896 (1983).

399 *Eisenberg/Woodward*, § 38.05 [c]; *Huff v. Mendoza*, 167 Cal. Rptr. 348, 350 (Cal. App. 1980).

400 *Phillips v. Griffen*, 259 N.Y.S. 105, 107 (1932). Für Geltendmachung durch einen *special plea* im Rahmen der Vollstreckungsklage: *Coane v. Girard Trust Co.*, 35 A.2d 449 (Md. 1944). Dabei können durchaus komplexe Fragen nach dem Recht des Erststaates zu prüfen sein, vgl. *Minery v. Fenton*, 149 A.2d 245 (N.J. 1959).

zulässig wären.[401] Es gibt jedoch Tendenzen in der Rechtsprechung, die im Zweitforum zulässigen Einwände stärker einzuschränken. Eine Aufrechnung lassen manche Gerichte nur mit unbestrittenen oder rechtskräftig festgestellten Forderungen zu.[402] Auch wurde in einem Fall der Schuldner mit dem Einwand der zwischenzeitlichen Befriedigung des Gläubigers auf ein im Erststaat laufendes Parallelverfahren verwiesen, obwohl die anderweitige Rechtshängigkeit einer Vorfrage an sich keinen Aussetzungsgrund bildet[403] und die Befriedigung an sich eine zulässige Einwendung im Rahmen der *action on the judgment* ist.[404] Auch die Aufhebung des Titels (*relief from judgment*) nach dem Muster von FRCP 60 (b)[405] soll dem Zweitgericht im Rahmen der *action on the judgment* inzident möglich sein.[406] Im Rahmen des Registrierungsverfahrens nach UEFJA ist die Aufhebungsmöglichkeit dagegen ebenso zweifelhaft und umstritten[407] wie in dem soeben beschriebenen bundesgerichtlichen Registrierungsverfahren.

Das Recht des Zweitstaates ist für Einwände im Rahmen der Vollstreckungsklage nur in zwei Ausnahmefällen maßgeblich: zum einen, wenn der Schuldner sich darauf beruft, das Urteil verstoße gegen den *ordre public* des Zweitstaates,[408] zum anderen, wenn er sich auf die (Vollstreckungs-)Verjährung des Titels beruft. Die Anwendbarkeit des Zweitrechts auf die Verjährungsfrist, nach deren Ablauf aus dem Urteil nicht mehr vollstreckt werden darf, empfinden auch amerikanische Kommentatoren als „seltsam“.[409] Sie entspricht jedoch der ganz gefestigten Rechtsauffassung.[410] Die praktische Bedeutung ist erheblich, da die Verjährungs-

---

[401] Restatement Second, Conflict of Laws, § 115 comment e. Hierzu zählt z.B. auch der Eintritt einer auflösenden Bedingung nach dem Recht des Erststaates: *Alexander v. Senciboy*, 531 So.2d 1235, 1236f. (1988) (Wegfall des Unterhaltsanspruchs bei Wiederverheiratung).

[402] *Raymond v. Varnum*, 185 Ill. App. 289 (1914), zust. zit. bei *Thompson v. Safeway*, 385 N.E.2d 702 (Ill. 1978). Ähnliche Erwägungen zu *counterclaims* im Rahmen der Registrierung nach dem UEFJA stellt an *Purser v. Corpus Christi*, 508 S.W.2d 549, 554 (Ark. 1974).

[403] *Schack*, Einführung, S. 41 m.w.N.

[404] *First National Bank of Houma v. Bailey*, 558 N.E.2d 1153, 1156f. (Mass. App. 1990).

[405] Die einzelstaatlichen Prozeßgesetze enthalten häufig eine FRCP 60 (b) nachgebildete Vorschrift, vgl. NY CPLR § 5015.

[406] *Eisenberg/Woodward*, § 38.08 [b 4]. Grundsätzlich zur Befugnis kalifornischer Gerichte, Urteile aus einem anderen Bundesstaat aufzuheben *Huff v. Mendoza*, 167 Cal. Rptr. 348 (Cal. App. 1980). Zustimmend 40 Cal. Jur. 3rd (Rev.) part 2 judgments § 255.

[407] Gegen die Zuständigkeit des Zweitgerichts insofern etwa *Jones v. Roach*, 575 P.2d 345, 349f. (Ar. CA 1977); näher sogleich.

[408] Die Berufung auf eine entgegenstehenden *ordre public* ist im Rahmen der *full faith and credit clause* nur in äußerst seltenen Fällen zulässig, vgl. *Eisenberg/Woodward*, § 38.08 [C 2]; *Fauntleroy v. Lum*, 210 U.S. 230 (1908); *Holiday Casino, Inc. v. Breedwell*, 581 So.2d 474 (Ala. 1991); *Medical Legal Consulting Services, Inc. v. Covarrubias*, 234 Cal. App.3rd 80, 89ff. (1991); Restatement Second, Conflict of Laws § 177. Eine dem prozessualen *ordre public* ähnliche Funktion hat die *due process* – Klausel der Bundesverfassung, deren Verletzung durch das Erstgericht im Rahmen der Vollstreckungsklage ebenfalls eingewandt werden kann. Insofern findet unter Umständen eine Prüfung durch das Zweitgericht statt, der aber weder spezielles Erst- noch Zweitrecht, sondern Bundesrecht zugrundeliegt.

[409] *Eisenberg/Woodward*, § 38.04 [c].

[410] Restatement Second, Conflict of Laws, § 118.

fristen häufig relativ kurz sind[411] und auch ein Rückgriff auf den materiellen Anspruch nicht mehr möglich ist, da dieser im Urteil aufgegangen ist, dessen *res judicata*-Wirkung einer erneuten Klage entgegensteht. Fragwürdig sind die in manchen Staaten anzutreffenden Regelungen, nach denen für Urteile aus anderen Bundesstaaten kürzere Verjährungsfristen gelten als für eigene.[412] Ein weiterer Fallstrick ist die von manchen Gerichten vertretene Auffassung, eine im Erststaat durchgeführte Erneuerung des Urteils zwecks Verlängerung der Verjährungsfrist[413] sei im Zweitstaat unbeachtlich.[414]

b) Registrierung nach dem Muster des UEFJA (New York)

Versucht der Gläubiger, das Urteil eines Staatengerichts in einem anderen Bundesstaat zu vollstrecken, so kann er in 45 Bundesstaaten[415] ein vereinfachtes Registrierungsverfahren nutzen, das sich mehr oder weniger eng an die Bestimmungen des UEFJA anlehnt. Dieses Verfahren weist gegenüber der Vollstreckungsklage, die daneben möglich bleibt[416], eine Reihe von Vorteilen auf.[417] Die 1964 überarbeitete Version des UEFJA[418] ist nach dem Vorbild des oben geschilderten Registrierungsverfahrens zwischen Bundesdistriktgerichten[419] gestaltet.[420] In den meisten Staaten können nach dem UEFJA nicht nur Urteile von Gerichten anderer Bundesstaaten, sondern auch Urteile von Bundesgerichten registriert werden.[421] Dies ist unter Umständen günstiger als die Registrierung eines bundesgerichtlichen Urteils im entsprechenden Bundesdistriktgericht[422], da Vollstreckungsorgane des jeweiligen Staates erst tätig werden, wenn das Urteil bei einem Gericht des Staates registriert ist.[423]

---

[411] CCP § 337.5 (10 Jahre); NY CPLR § 211 (b) (20 Jahre); vgl. auch *Producers Grain Corp. v. Carroll*, 546 P.2d 285 (Okla. App. 1976): 3 Jahre für eine *action on a foreign judgment*; *Alexander Constr. Co. v. Weaver*, 294 P.2d 248 (Kan. App. 1979): 5 Jahre in Kansas.

[412] *Eisenberg/Woodward*, § 38.04 [c], eventuell verfassungswidrig, vgl. *Watkins v. Conway*, 385 U.S. 188 (1966). Für enge Auslegung einer solchen gespaltenen Verjährungsregelung *Producers Grain Corp. v. Carroll,* 546 P.2d 285 (Okla. App. 1976).

[413] Eine solche Maßnahme kann als das positive Gegenstück zu einem Vollstreckungsgegeneinwand angesehen werden.

[414] *G & R Petroleum v. Clements*, 898 P.2d 50 (Idaho 1995); wohlwollender dagegen *Johnson Bros. Wholesale Liquor v. Clemmons*, 661 P.2d 1242 (Kan. 1983).

[415] Liste u.a. bei *Eisenberg/Woodward*, § 38.06 Fn. 4 u. 14.

[416] Vgl. etwa für New York CPLR § 5406.

[417] Im Geltungsbereich des UEFJA ist es regelmäßig wenig sinnvoll, für den „Export" eines *State Court* – Urteils die Vollstreckungsklage bei einem auswärtigen Bundesgericht zu wählen (*Eisenberg/Woodward*, § 38.05 B).

[418] Nur in Missouri gilt noch die ursprüngliche Version des UEFJA von 1948.

[419] 28 USC § 1963.

[420] *Johnson*, 31 A.L.R. 4th 706 [2].

[421] UEFJA (1964) § 1; NY CPLR § 5401, zu Zweck und Auslegung der Bestimmung ausführlich *Keeton v. Hustler Magazine Inc.*, 815 F.2d 857 (2d Cir. 1987).

[422] Nach 28 USC § 1963.

[423] In New York nach CPLR § 5018 (b). Ein weiterer Vorteil kann sein, daß die Registrie-

Die Registrierung ist nicht beschränkt auf Geldleistungsurteile[424], selbst Exequaturutteile für Schiedssprüche sind registrierbar.[425] Ausgenommen sind aber häufig – so etwa in New York – Versäumnisurteile[426] und Urteile, die durch *confession* aufgrund einer *cognovit note* zustande kamen.[427]

(1) Verfahren und Wirkung der Registrierung

Der Gläubiger kann die Registrierung bei den Gerichten des Zweitstaates[428] erreichen, indem er eine beglaubigte Kopie des Urteils vorlegt und eine eidestattliche Versicherung abgibt, die unter anderem enthalten muß, daß der titulierte Anspruch nicht inzwischen erfüllt wurde und daß die Vollstreckung des Urteils im Erststaat nicht ausgesetzt wurde.[429] Erfüllt der Antrag des Gläubigers diese Voraussetzungen, so wird das Urteil von der Geschäftsstelle des Gerichts registriert, ohne daß der Schuldner vorher angehört oder auch nur benachrichtigt wird. Dieser Überraschungseffekt ist beabsichtigt.[430] Das Vorgehen ist mit der *due process* – Garantie der Verfassung[431] vereinbar[432], zumal die Vollstreckung im Anschluß an die Registrierung zunächst während einer Wartefrist beschränkt ist. So sieht CPLR § 5403 vor, daß der Vollstreckungserlös erst 30 Tage nach Benachrichtigung des Schuldners von der Registrierung (Zustellungsnachweis) an den Gläubiger ausgekehrt werden darf.

Mit der Registrierung erhält das Urteil nach § 2 UEFJA den gleichen Status wie ein eigenes Urteil des Registrierungsgerichts. Die Gleichstellung gilt etwa

---

rung nach dem UEFJA keiner Wartefrist unterliegt und auch durch Einlegen einer Berufung nicht gehindert wird, während die Registrierung nach 28 USC § 1963 in diesem Fall nur ausnahmsweise mit Erlaubnis des Gerichts möglich ist. Instruktiv *Keeton v. Hustler Magazine Inc.*, 815 F.2d 857 (2d Cir. 1987).

424 *McKinney-Siegel* C5402: 1.

425 *In the matter of the arbitration between Port Realty Development Corp.*, 387 N.Y.S. 2d 523 (1976).

426 CPLR § 5401. Ein Versäumnisurteil (*judgment obtained by default in appearance*) im Sinne von § 5401 liegt nur dann vor, wenn der Beklagte nicht nur bei der mündlichen Verhandlung abwesend und nicht vertreten war, sondern auch keine Klageerwiderung eingereicht hat (*Weinstein, Korn & Miller*, § 5401.02; *McKinney-Siegel* C5402:1, *L & W Air Conditioning Co. v. Varsity Inn of Rochester, Inc.*, 371 N.Y.S. 2d 997; *Ehrenzweig v. Ehrenzweig*, 383 N.Y.S. 2d 487. Ein durch Versäumnisurteil, das einen Schiedsspruch für vollstreckbar erklärt, ist allerdings auch dann nicht in New York registrierbar, wenn der Schiedsspruch selbst auf einem streitigen Verfahren beruhte, *In the matter of the arbitration between Port Realty Development Corp.*, 387 N.Y.S. 2d 523 (1976).

427 NY CPLR § 5401. Zur Rechtslage in Staaten, die fremde judgments by confession registrieren *Classen/Cervens/Rowell/Wine,* 47 Bus. Law 729 (1992) und ausführlich Note, 39 A.L.R. 2d 1232.

428 In New York direkt bei jedem der *County Courts*, die auch für die Zwangsvollstreckung zuständig sind, CPLR § 5402 (a).

429 CPLR § 5402 (a).

430 *Weinstein, Korn & Miller*, § 5403.01 mit Verweis auf die Gesetzgebungsmaterialien.

431 Due process clause, Amendment V.

432 *Gedeon v.Gedeon*,630 P2nd 579 (Col. 1981); *Weinstein, Korn & Miller*, § 5403.01.

bei der Geltendmachung von Einwänden, der Aufhebung des Urteils oder der Aussetzung seiner Vollstreckung.[433] Diese Bestimmung des UEFJA steht in einem Spannungsverhältnis zu der Wirkungserstreckung, welche die *full faith and credit clause* gebietet. Im Gefolge der berühmten Ausführungen von *Blackmun* in *Stanford v. Utley*[434] haben manche Gerichte die Gleichstellung betont und gefolgert, das registrierte Urteil könne im Registrierungsstaat Wirkungen zeitigen, die im Ursprungsstaat nicht vorgesehen seien.[435] Die Abkoppelung des registrierten Urteils vom Ursprungsstaat soll so weit gehen, daß die Berücksichtigung einer späteren Aufhebung im Ermessen der Gerichte des Registrierungsstaates steht.[436] Auch über die Aussetzung der Vollstreckung soll unabhängig vom Erststaat entschieden werden können.[437] Ob dies tatsächlich die Intention der weiten Formulierung in UEFJA § 2 war, ist zweifelhaft. Eine Präklusion von Anerkennungsversagungsgründen durch die Registrierung ist dagegen zweifellos angebracht.[438]

(2) Rechtsbehelfe nach Registrierung

Einen Rechtsbehelf gegen die Registrierung sieht das Gesetz nicht vor. Die Gerichte lassen jedoch einen Aufhebungsantrag zu, wenn Fehler im Registrierungsverfahren oder Einwände gegen das registrierte Urteil vorliegen, die nicht durch *full faith and credit* präkludiert sind.[439] Das Rechtsbehelfsverfahren kann – etwas überraschend – dem *State Court* entzogen und vor ein Bundesgericht gebracht werden, wenn die allgemeinen Voraussetzungen eines Transfers wegen Zugehörigkeit der Parteien zu unterschiedlichen Bundesstaaten (*diversity of citizenship*) gegeben sind.[440]

Stützt der Schuldner sich auf Einwände gegen den Anspruch, so greift er de facto auch das registrierte Urteil selbst an. Der Übergang zu einem der nach § 2 UEFJA vorbehaltenen lokalen Rechtsbehelfe gegen das registrierte Urteil ist fließend.[441] Im Ergebnis gelten für Einwände gegen das registrierte Urteil, insbe-

---

433 UEFJA § 2; N.Y. CPLR § 5402 (b).

434 341 F.2d 265, 271 (8th Cir. 1965).

435 *People's National Bank v. Hitchcock,* 428 N.Y.S. 2d 850 (1980); *Pan Energy v. Martin,* 813 P.2d 1142 (Utah 1991).

436 *Burchett v. Roncari,* 434 A.2d 941 (Conn. 1980).

437 *Pickwick v. Tomato Music Co.,* 462 N.Y.S. 2d 781 (1983) mit ausdrücklicher Gleichstellungsargumentation; anders *SCG Travel v. Westminster Financial Corp.*, 583 So.2d 723, 726 (Fla. 1991) mit Verweis auf die *full faith and credit clause*.

438 *Eisenberg/Woodward*, § 3808 [b vor 1]; *Washington v. Anderson*, 373 S.E.2d 712, 714 (Va. 1988).

439 *McKinney-Siegel*, C5403; *Homburger*, 18 Am. J. Comp. L. 367, 400ff. (1970).

440 *Removal* nach 8 USC § 1332, prägnant erläutert von *Schack*, Einführung S. 19f. Zum *removal* eines Verfahrens nach N.Y. CPLR § 5401ff.: *Keeton v. Hustler Magazine*, 815 F.2d 857, 858 (2d Cir. 1987).

441 Auch nach § 2 UEFJA kann der Schuldner – trotz des zumindest mißverständlichen Wortlauts – nicht etwa auf alle Einwände vorbringen, die gegenüber einem entsprechenden

sondere auch Vollstreckungsgegeneinwände, dieselben Grundsätze wie bei einer *action on the judgment*, nur daß die Einwände hier erst nachträglich durch einen Rechtsbehelf geltend gemacht werden können.[442]

An der *Zuständigkeit* des Zweitgerichts, die nicht präkludierten Einwände gegen das Urteil zu prüfen und rechtskräftige Feststellungen zu ihnen zu treffen, besteht grundsätzlich kein Zweifel.[443] Gelegentlich üben die Gerichte jedoch Zurückhaltung und verweisen den Schuldner auf einen bereits im Erststaat eingelegten Rechtsbehelf.[444] Es gibt auch eine Tendenz, Einwände gegen die Registrierung und solche gegen die Zwangsvollstreckung zu unterscheiden und die Überprüfung der Registrierung auf Einwände gegen die Anerkennungsfähigkeit des ausländischen Urteils zu beschränken. Einwände wie die zwischenzeitlichen Erfüllung sind dann mit den allgemeinen, im Rahmen der Zwangsvollstreckung des registrierten Urteils möglichen Behelfen geltend zu machen.[445]

Zweifel und widersprüchliche Entscheidungen gibt es zu der Frage, ob die Gerichte des Zweitstaates das Urteil auf einen entsprechenden Rechtsbehelf des Schuldners hin auch *aufheben* können. Es handelt sich hierbei um das Parallelproblem zu der Frage, ob ein Bundesgericht das bei ihm registrierte Urteil eines anderen Bundesgerichts auf einen Antrag nach FRCP 60 (b) hin aufheben kann. So sieht etwa das Recht von New York einen FRCP 60 (b) nachgebildeten Rechtsbehelf vor,[446] dessen Anwendbarkeit auf Urteile, die nach CPLR § 5402 in New York registriert wurden, umstritten ist. Teilweise wird eine rechtskräftige Aufhebung von in New York registrierten Urteilen mit Wirkung für den Erststaat für möglich gehalten, ohne daß dies weiter problematisiert wird.[447] Detailliertere Kommentare differenzieren zwischen den verschiedenen Aufhebungsgründen nach CPLR § 5015 (a):[448] Unproblematisch erscheint der Grund, das Urteil sei im Erststaat aufgehoben worden.[449] Diesen Fall hatte der Gesetzgeber des UEFJA

Urteil des Zweitstaates möglich wären, sondern hat wegen der Wirkungserstreckung durch *full faith and credit* die vom Recht des Erststaates gezogenen Grenzen einzuhalten; *Weinstein, Korn & Miller*, § 5402.03; *McKinney-Siegel*, C5402:2.

[442] Note, 31 A.L.R. 4th 706 [Supp. 19] mit zahlreichen Beispielen aus der Rechtsprechung; auch ein Urteil, mit dem ein Schiedsspruch für vollstreckbar erklärt wurde, entfaltet insofern Präklusionswirkung: *Morris Lapidus Associates v. Airportels, Inc.*, 361 A.2d 660 (Pa. 1976).

[443] *Homburger*, 18 Am. J. Comp. L. 367, 400 f. (1970); 30 Am.Jur. Second, § 397; Restatement Second, Conflict of Laws, § 116.

[444] *First National Bank of Houma v. Bailey*, 558 N.E.2d 1153 (Mass. App. 1990).

[445] *Stone v. Stone*, 521 P.2d 534, 536 (S. Ct. Ore. 1974). Zur Geltendmachung der Erfüllung im Vollstreckungsverfahren bereits oben, zur Anwendung auf registrierte Urteile vgl. *Hospital Service Plan of N. J. v. Warehouse,* 429 N.Y.S. 2d 31 (1980).

[446] CPLR § 5015.

[447] *Homburger*, 18 Am. J. Comp. L. 367, 400 f. (1970).

[448] *Weinstein, Korn & Miller*, § 5402.03; *McKinney-Siegel*, C5402:2.

[449] Aufhebungsgrund nach CPLR § 5015 (a) Nr. 5, *De Nunez v. Bartels,* 661 N.Y.S. 2d 602 (1997). Wird das Urteil später im Erststaat auf einen Rechtsbehelf des Gläubigers wieder hergestellt, so hat er durch die zwischenzeitliche Aufhebung des Registrierungsurteils und auf

bei der Formulierung der Aufhebungsmöglichkeit im Zweitstaat[450] vornehmlich vor Augen.[451] Manche meinen, es stehe im Ermessen der Gerichte des Registrierungsstaates, ob sie die Aufhebung im Erststaat berücksichtigen.[452] Auch eine Aufhebung wegen mangelnder *jurisdiction* oder wegen *fraud* halten die Kommentatoren für zulässig, weil beide Gründe die Versagung der Anerkennung erlaubten.[453] New Yorker Gerichte haben gelegentlich anders entschieden. Aufschlußreich ist die Entscheidung *Brittain v. Boston Pneumatic Inc.*,[454] die deutlich zwischen der Verweigerung der Registrierung und der Aufhebung des fremden Urteils unterscheidet. Die vom Schuldner beantragte Aufhebung wurde mit der Begründung verweigert, dies stehe nicht in der Macht des Gerichts, bei dem das Urteil lediglich zwecks Vollstreckung registriert sei.[455] In *Overmyer v. Eliot Realty*[456] ließ das Gericht den Einwand zu, ein texanisches Ersturteil sei durch *fraud* erlangt worden, bezeichnete aber zugleich CPLR § 5015 als nicht anwendbar auf Urteile, die nach CPLR §§ 5401 ff. in New York registriert wurden.[457]

Der Aufhebungsgrund nach CPLR § 5015 (a) Nr. 1 wird bei registrierten Urteilen praktisch nie einschlägig sein, da er nur die Aufhebung von Versäumnisurteilen (bei hinreichender Entschuldigung der Säumnis) betrifft, solche Urteile aber jedenfalls in New York nicht registrierbar sind.[458] Erstaunlicherweise gibt es dennoch Rechtsprechung zu diesem Aufhebungsgrund, in der seine Geltendmachung in New York jedenfalls dann für unzulässig gehalten wurde, wenn der Schuldner mit derselben Begründung bereits im Erststaat erfolglos die Aufhebung des Versäumnisurteils beantragt hatte.[459]

---

seiner Grundlage ergangener Vollstreckungsmaßnahmen seine Priorität unwiederbringlich verloren, *Mansfield State Bank v. Cohn*, 436 N.Y.S 2d 555 (1981).

450 UEFJA § 2, N.Y. CPLR § 5402 (b).

451 *McKinney-Siegel*, C5402:2; vgl. auch *Weinstein, Korn & Miller*, § 5402.03.

452 *Burchett v. Roncari*, 434 A.2d 941 (Conn. 1980) auf Basis der Formulierung von § 2 UEFJA, nach der durch die Registrierung ein eigenständiges Urteil des Registrierungsstaates entsteht.

453 *Weinstein, Korn & Miller*, § 5402.03; *McKinney-Siegel*, C5402:2. Im Ergebnis ebenso für die Aufhebung eines in New York nicht einmal registrierten Urteils aus Indiana wegen *fraud* schon *Gray v. Richmond Bicycle Co.*, 60 N.E. 663 (1901). Ebenso für ein in Arizona nach dem UEFJA registriertes Urteil *Springfield Credit Union v. Johnson*, 599 P.2d 772, 776 (Ariz. 1979).

454 355 N.Y.S. 2d 45 (1974).

455 *Brittain v. Boston Pneumatic Inc.*, 355 N.Y.S. 2d 45, 48 (1974) mit Verweis auf *Brenner v. Arterial Plaza Inc.*, 287 N.Y.S. 2d 308, 309 f. (1968), wo für die Anwendung von CPLR § 5015 im Rechtsverkehr zwischen verschiedenen *counties* des Staates New York festgestellt wurde, nur das ursprüngliche Gericht dürfe ein Urteil aufheben, nicht aber die Gerichte anderer *counties*, in denen das Urteil zwecks Vollstreckung registriert wurde, ebenso *Wood v. Ford* 432 N.Y.S. 2d 572 (1980).

456 371 N.Y.S. 2d 246 (1975).

457 *Overmyer v. Eliot*, 371 N.Y.S. 2d 246, 262 Fn. 9 (1975).

458 CPLR § 5401. Für „irrelevant" hält diesen Aufhebungsgrund deshalb etwa *McKinney-Siegel*, C 5402:2.

459 *Mansfield State Bank v. Cohn*, 407 N.Y.S. 2d 373, 376 (1977). Vgl. auch *Jones v. Roach*, 575 P.2d 345 (Ariz. 1977) und (tendenziell großzügiger) *Huff v. Mendoza*, 167 Cal. Rptr. 348, 350 f. (Cal. App. 1980).

Ein weiterer Aufhebungsgrund nach CPLR § 5015 (a) ist das Auffinden neuer Beweise, die nicht innerhalb der Rechtsmittelfristen entdeckt werden konnten und wahrscheinlich ein anderes Ergebnis in der Sache herbeigeführt hätten.[460] *Siegel* hält die New Yorker Gerichte grundsätzlich für befugt, ein bei ihnen registriertes fremdes Urteil auch aus diesem Grund aufzuheben[461], *Weinstein, Korn & Miller* verlangen als zusätzliche Voraussetzung, daß dieser Aufhebungsgrund auch im Erststaat anerkannt ist.[462] Beide Kommentatoren betonen aber, daß die New Yorker Gerichte ein weites Ermessen haben, ob sie den geltend gemachten Aufhebungsgrund selbst prüfen und entscheiden oder den Schuldner an das Erstgericht als ein *more convenient forum* verweisen.[463]

Weitere Aufhebungsgründe – etwa Erfüllung, Vergleich und Umstandsänderungen bei Urteilen mit Dauerwirkung (vgl. FRCP 60 (b) (5)) – kennt N.Y. CPLR § 5015 (a) nicht. Dies bedeutet nicht, daß diese Gründe in New York ganz unbeachtlich sind. Die Erfüllung des registrierten Urteils kann wie bei einheimischen Urteilen in einem besonderen, einfachen Verfahren als Anspruch auf eine formelle Quittung (*satisfaction-piece*) geltend gemacht werden.[464] Im übrigen muß der Schuldner auf die allgemeine, subsidiäre *Equity*-Aufhebungsklage zurückgreifen. Der Rechtsnatur dieser Klage entsprechend haben die Gerichte ein weites Ermessen, solche Klagen zuzulassen oder an das Erstgericht zu verweisen. Die Rechtsprechung könnte Präjudizien folgen, die bereits eine Anwendbarkeit von CPLR § 5015 (a) Nr. 3 u. 4[465] auf in New York registrierte Urteile abgelehnt haben, oder sich an Urteilen aus anderen Bundesstaaten orientieren, die ebenfalls den UEFJA rezipiert haben und die Aufhebung registrierter Urteile in ähnlichen Fällen abgelehnt haben.[466]

(3) Aufhebung der Registrierung aufgrund nachträglich geltend gemachter counterclaims

Deutliche Zurückhaltung zeigen die Gerichte, wenn der Schuldner im Registrierungsstaat Einwände gegen den titulierten Anspruch geltend macht, die nach amerikanischer Dogmatik als *counterclaims* (selbständige Einwendungen) auf-

---

[460] CPLR § 5015 (a) Nr. 3.

[461] *McKinney-Siegel*, C5402:2.

[462] § 5402.03.

[463] Erwägungen zur Frage des *forum non conveniens* stellt auch das Gericht in *Overmyer v. Eliot Realty*, 371 N.Y.S. 2d 246, 262 (1975) an, stellt dem klagenden Schuldner die Auswahl aber letztlich frei.

[464] N.Y. CPLR § 5020, instruktiv zur Durchführung bei registrierten Urteilen *Hospital Service Plan v. Warehouse Production*, 429 N.Y.S. 2d 31 (1980).

[465] *Brittain v. Boston Pneumatic Inc.*, 355 N.Y.S. 45 (1974); *Overmyer v. Eliot Realty*, 371 N.Y.S. 2d 246 (1975).

[466] *Stone v. Stone*, 521 P.2d 534 (Ore. 1974) zur Erfüllung; *Jones v. Roach*, 575 P.2d 345 (Ariz. 1977) zur entschuldbaren Säumnis.

zufassen sind.[467] Nicht immer ist diese Zurückhaltung einleuchtend begründet, etwa wenn die Anerkennungspflicht (*full faith and credit*) ins Feld geführt wird, ohne daß näher geprüft wird, ob der Schuldner nach dem Recht des Erststaates präkludiert ist, weil er einen Rechtsbehelf nicht eingelegt hat.[468] Interessant ist dagegen die Begründung, bestimmte Einwände könnten nach dem Sinn und Zweck des UEFJA weder im Registrierungsverfahren noch gegenüber der Zwangsvollstreckung aus dem registrierten Urteil berücksichtigt werden, der Schuldner habe sich allein an das Erstgericht zu wenden. So befand der *Supreme Court of Arkansas* in der Entscheidung *Purser v. Corpus Christi State Nat. Bank*[469] nach Konsultation der Materialien zum UEFJA, der Schuldner könne gegenüber einem registrierten Urteil nur noch Erfüllung und die stets unbenommenen Einwände zu *jurisdiction* und *fraud* geltend machen.[470] Die Zulassung der *Aufrechnung* mit einer Gegenforderung, die selbständig nicht in Arkansas eingeklagt werden könnte, würde dagegen dem Sinn und Zweck sowohl des UEFJA als auch den *compulsive counterclaim*-Bestimmungen[471] der Prozeßgesetze von Arkansas zuwiderlaufen.[472] Ähnlich restriktiv legte ein Berufungsgericht in Illinois im Fall *Robert Thompson v. Safeway Enterprises Inc.*[473] die Befugnis des Beklagten nach § 8 UEFJA (in der Fassung von *1948*)[474] aus, Verteidigungsmittel einschließlich Aufrechnung (*setoff*) und Gegenforderungen (*counterclaim*) vorzubringen. Der Beklagte berief sich darauf, daß in dem registrierten Ersturteil ausdrücklich die Geltendmachung einer Gegenforderung vorbehalten worden war, die im Erstprozeß nicht mehr hatte berücksichtigt werden können.[475] Das Gericht zitierte *Purser v. Corpus Christi*[476] und führte aus, daß der Schuldner seine Gegenforderung wegen des Vorbehalts vielleicht noch selbständig geltend machen könne, ihre Berücksichtigung gegenüber der Registrierung aber unzulässig sei, da dies dem Sinn und Zweck des Registrierungsverfahren zuwiderliefe.[477]

In *Landon v. Artz*[478], einer Entscheidung, welche die bisherige Rechtsprechung zu dem Thema gründlich aufarbeitet, weigerte sich das Gericht, gegenüber einem registrierten fremden Unterhaltsurteil die Aufrechnung mit Schadens-

---

[467] 30 Am.Jur. Second executions etc. § 901; *Johnson*, 31 A.L.R. 4th 706 [19 und 20] sowie die im folgenden näher erläuterte Rechtsprechung.

[468] So in *Carlson v. Prestige Casualty Co.*, 329 N.E.2d 477, 482 (1975) bezüglich eines Aufrechnungseinwandes gegenüber einem Versäumnisurteil, wobei unklar ist, ob die Gegenforderung vor oder nach Erlaß des Urteils entstand.

[469] 508 S.W.2d 549 (1974).

[470] 508 S.W.2d 549, 552 (1974) unter Berufung auf *Leflar*.

[471] Vgl. FRCP 13 (a) und die obigen Ausführungen zu dieser Bestimmung.

[472] 508 S.W.2d 549, 554 (1974).

[473] 385 N.E.2d 702 (1978).

[474] Diese Version galt damals noch in Illinois.

[475] 385 N.E.2d 702, 704 (1978).

[476] 508 S.W.2d 549, 553 (1974), soeben besprochen.

[477] 385 N.E.2d 702, 706 (1978).

[478] 631 P.2d 1237 (Kan. 1981).

ersatzansprüchen aus der angeblich unrechtmäßigen Vollstreckung des Urteils zuzulassen. Auch hier stützte sich die Argumentation des Gerichts nicht auf die Rechtskraft des Ersturteils (welche die Geltendmachung des Anspruchs eventuell nicht ausschloß), sondern darauf, daß in der überarbeiteten Version des UEFJA von *1964* die in der älteren Version noch als zulässig aufgezählten Einwände *setoff* und *counterclaim* nicht mehr genannt werden und daß diese Änderung den gesetzgeberischen Willen ausdrücke, diese Einwendungen gegenüber registrierten Urteilen auszuschließen.[479] Auch in anderen Fällen stützten die Gerichte die Weigerung, den vom Schuldner geltend gemachten *counterclaim* noch im Zweitstaat zu berücksichtigen, auf Sinn und Zweck des Registrierungsverfahrens und nicht auf die Rechtskraft des Ersturteils, obwohl diese unter Umständen ebenfalls dem *counterclaim* entgegenstand. So wurde der Käufer in *Gem Manufacturing Corp. v. Lents Industries*[480] gegenüber einem Versäumnisurteil über den Kaufpreis nicht mit dem Einwand gehört, der Verkäufer habe die Ware nicht vollständig geliefert. Zur Begründung wurde nicht auf die Rechtskraft des Versäumnisurteils (deren Umfang im Recht der amerikanischen Staaten oft zweifelhaft ist) abgestellt, sondern darauf, daß nach dem UEFJA komplizierte *counterclaims*, welche das summarische Verfahren verlängern und erschweren würden, nicht zuzulassen sind.[481] Zweifelhaft erscheint dagegen die Entscheidung *Lumber v. Continental Forest Prod. Inc.,*[482] in der das Gericht argumentierte, der Käufer könne gegenüber einem Versäumnisurteil über den Kaufpreis noch die Nichterfüllung durch die Verkäuferin geltend machen.[483]

(4) Abänderung des Urteils im Registrierungsstaat

Die Abänderung, insbesondere von Unterhaltsurteilen, durch Gerichte des Registrierungsstaates ist ebenfalls umstritten. Bei Unterhaltsurteilen besteht zunächst das Problem, daß sie nach einer verbreiteten Rechtsprechung nicht nach dem UEFJA registriert werden können, da sie die Voraussetzungen der Endgültigkeit (*finality*) nicht erfüllen, wenn sie nach dem Recht des Erststaates noch abänderbar sind.[484] Dieses in der Praxis wenig befriedigende Ergebnis wird

---

[479] 631 P.2d 1237, 1239f. (1981); vgl. auch *Concannon v. Hampton,* 584 P.2d 218 (Okla. 1978).

[480] 554 P.2d 166 (Ore. 1976).

[481] 554 P.2d 166, 168f. (Ore. 1976) unter Berufung auf *Stone v. Stone*, 521 P.2d 534 (Ore. 1974). Ebenso *Concannon v. Hampton,* 584 P.2d 218 (Okla. 1978).

[482] 495 P.2d 744 (Ore. 1972).

[483] 495 P.2d 744, 745 Fn. 2 (Ore. 1972). Zweifel weckt vor allem die Begründung, der Einwand sei gegenüber der Registrierung zuzulassen, da die Verkäuferin im Vollstreckungsstaat keinen Wohnsitz habe. Allerdings handelt es sich um ein bloßes *obiter dictum*, da sich die Berufung der Gläubigerin nicht gegen die grundsätzliche Zulassung des *counterclaims* richtete.

[484] *Johnson*, 31 A.L.R. 4th 706 [22] berichtet die vielfältige und teilweise widersprüchlichen Rechtsprechung zu dieser Frage. Zur Vollstreckung fremder Unterhaltsurteile allgemein Note, 18 A.L.R. 2d 862.

dadurch relativiert, daß *finality* jedenfalls für rückständigen Unterhalt angenommen wird, wenn das Urteil nur für die Zukunft abänderbar ist. In jedem Fall stellt sich das Problem der Abänderung im Registrierungsstaat für diejenigen nicht, die abänderbare Urteile nicht registrieren. Allerdings können abänderbare Unterhaltsurteile eventuell nach einem besonderen, ebenfalls von zahlreichen Staaten rezipierten *uniform law* (URESA)[485] vollstreckt werden.

Ist ein Unterhaltsurteil nach dem UEFJA registriert worden, so ist umstritten, inwieweit im Registrierungsstaat Einwände des Schuldners gegen den titulierten Unterhaltsanspruch berücksichtigt werden können. Häufig wird dies verneint,[486] teils mit der Begründung, hierfür sei eine über die Erfordernisse des Registrierungsverfahrens hinausgehende *jurisdiction* über die Person des Gläubigers notwendig,[487] teils wird die Befugnis aber auch bejaht und eine Abänderung vorgenommen.[488]

(5) Aussetzung der Zwangsvollstreckung im Registrierungsstaat

Die Vollstreckung aus einem registrierten Urteil kann erst nach Ablauf einer Frist beginnen, die ab Zustellung der Registrierungsmitteilung an den Schuldner läuft und deren Länge jeder Staat selbst festlegt – meist zwischen 10 und 30 Tagen.[489] Sie soll dem Schuldner Zeit geben, gegebenenfalls die weitere Aussetzung der Vollstreckung im Registrierungsstaat zu beantragen.[490]

Wurde die Vollstreckung im Erststaat gegen Sicherheitsleistung eingestellt, so ist sie auf Antrag auch im Registrierungsstaat einzustellen.[491] Sie kann darüber hinaus nach dem Recht des Registrierungsstaates eingestellt werden, wenn der

---

[485] Uniform Reciprocal Enforcement of Support Act (1968), 9B U.L.A. 381 (1987).

[486] *Marshall v. Marshall*, 482 N.W.2d 1 (Nebraska 1992); *Laughridge v. Lovejoy*, 68 S.E.2d 403 (N.C. 1951) für den Einwand, die Unterhaltsberechtigte habe ihrerseits gegen Verpflichtungen aus dem Scheidungsurteil verstoßen; *Howland v. Stitzer*, 58 S.E.2d 104 (N.C. 1950) zu dem Einwand, nach dem Recht des Erststaates sei der Unterhalt anzupassen, wenn die Unterhaltsberechtigte wieder heirate. In *Harrison v. Harrison*, 214 F.2d 571, 573 (4th Cir. 1954) verwies die Vorinstanz (*District Court*) den Schuldner wegen der Abänderung an das Erstgericht.

[487] *Garlitz v. Rozar*, 500 P.2d 354 (Ariz. App. 1972).

[488] *Ehrenzweig v. Ehrenzweig*, 390 N.Y.S. 2d 976 (1977) – Abänderung nur nach dem Recht des Erststaates; *Paden v. Warnke*, 441 N.Y.S. 2d 575 (1981); *Salmeri v. Salmeri*, 554 P.2d 1244 (Wyo. 1976); *Worthley v. Worthley*, 283 P.2d 19 (1955); *Petersen v. Petersen*, 24 Cal. App.3d 201 (1972), allerdings wohl wegen einer geänderten kollisionsrechtichen Anknpüfung mit einem *lex causae*-Ansatz.

[489] UEFJA § 3; CPLR § 5403 (30 Tage).

[490] *Beck v. Smith*, 296 N.W.2d 886 (ND 1980); *Smith v. Ponderosa Realty & Dev. Inc.*, 609 P.2d 103 (Ariz. App. 1980). Bei der Vollstreckung innerhalb desselben Bundesstaates (zwischen verschiedenen *counties*) ist die Anordnung einer Aussetzung dagegen unter Umständen allein dem Erstgericht vorbehalten, vgl. für Pennsylvania *Foster v. Rubenstein*, 118 A.2d 195 (S. Ct. Pa. 1955); vgl. auch für New York *Brenner v. Arterial Plaza Inc.*, 287 N.Y.S. 2d 308 (1968).

[491] UEFJA § 4; CPLR § 5404 (a).

Schuldner die dort für eine Einstellung der Zwangsvollstreckung aus heimischen Urteilen geltenden Voraussetzungen erfüllt und im Registrierungsstaat Sicherheit leistet.[492] Erfüllt der Schuldner keine dieser Voraussetzungen, so kommt eine Aussetzung nach dem Wortlaut der Bestimmungen nicht in Frage.[493] Gelegentlich wird die Vollstreckung dennoch ohne Sicherheitsleistung ausgesetzt[494] Fragwürdig ist die Aussage, neben den nach UEFJA vorgesehenen Aussetzungsmöglichkeiten könnten die Gerichte auch nach freiem Ermessen die Vollstrekkung aussetzen.[495] Wurde die Aussetzung der Vollstreckung ohne Sicherheitsleistung bereits im Erststaat verweigert, so sollte sie im Registrierungsstaat ebenfalls nicht gewährt werden.[496]

Hat der Schuldner im Erststaat Berufung eingelegt, so verweisen ihn die Gerichte häufig auf die Möglichkeit, dort gegen Sicherheitsleistung eine Aussetzung der Vollstreckung zu erreichen.[497]

(6) Rechtskraftwirkung einer Entscheidung über Einwände

Angriffe auf das Urteil sind nach verbreiteter Ansicht im Registrierungsstaat präkludiert, wenn der Schuldner mit denselben Einwänden bereits im Erststaat eine Aufhebung des Urteils nicht erreicht hat.[498] Umgekehrt soll auch eine Entscheidung des Registrierungsstaates über Einwände im Erststaat zu beachten sein.[499]

---

[492] UEFJA § 4; CPLR § 5404 (b).

[493] Dementsprechend verweigert die Aussetzung etwa *People's National Bank v. Hitchcock,* 428 N.Y.S. 2d 850, 852 (1980).

[494] *First National Bank of Houma v. Bailey*, 558 N.E.2d 1153, 1157 (1990); sicherlich gerechtfertigt in *Everson v. Everson,* 431 A.2d 889 (Pa. 1981), wo die Urteilssumme nach Teilaufhebung des Ersturteils ungewiß war. Zweifelhafter dagegen *Pickwick v. Tomato Music Co.,* 462 N.Y.S. 2d 781 (1983) – trotz Ablehnung der Aussetzung mangels Sicherheitsleistung im Erststaat.

[495] So *Matson v. Matson,* 310 N.W.2d 502 (Minn. 1981).

[496] *SCG Travel v. Westminster Financial Corp.*, 583 So 2d 723, 726 (Fla. 1991) mit Verweis auf die *full faith and credit clause*. Anders *Pickwick v. Tomato Music Co.,* 462 N.Y.S. 2d 781 (1983) unter Berufung darauf, daß nach dem Recht des Registrierungsstaates (New York) unter den gegebenen Umständen die Vollstreckung eines New Yorker Urteils auf Antrag auszusetzen wäre – hier wird wieder der Gleichstellungsgedanke des § 2 UEFJA betont.

[497] *Weis v. Metalsalts Corp.*, 178 A.2d 240, 242 (N.J. 1962); 30 Am.Jur. second executions etc. § 872.

[498] So für die Parallelvorschrift 28 USC § 1963: *Locklin v. Switzer,* 335 F.2d 331 (7th Cir. 1964); anders dagegen, wenn der Schuldner sich auf neue Umstände berufen kann, die nach der Entscheidung über den Rechtsbehelf im Erststaat eingetreten sind: *Bros. Inc. v. W.E. Grace Mfg. Co.*, 20 F.2d 594, 607 (5th Cir. 1963), vgl. auch *Caputo v. Globe Indemnity Co.,* 41 F.R.D. 239 (E.D. Pa. 1966).

[499] *Homburger* 18 Am. J. Comp. L. 367, 401 (1970); vgl. *Springfield Credit Union v. Johnson,* 599 P.2d 772 (Ariz. 1979).

c) Registrierung in Kalifornien

Kalifornien hat den UEFJA nicht übernommen, sondern ein eigenes Regelwerk geschaffen, das bundesgerichtliche Urteile nicht umfaßt und auf Geldzahlungsurteile beschränkt ist.[500] Trotz Abweichungen war der UEFJA doch das Vorbild auch für die kalifornische Gesetzgebung.[501]

(1) Verfahren und Wirkungen der Registrierung

Die Registrierung erfolgt auf Antrag des Gläubigers, dem eine eidesstattliche Erklärung beigefügt sein muß, welcher Betrag noch offen ist und daß die Vollstreckung im Erststaat nicht ausgesetzt wurde.[502] Wurde zwischenzeitlich gegen das Urteil im Erststaat Berufung eingelegt, so ist dies unschädlich.[503] In dieser Phase wird der Schuldner nicht angehört, und die Registrierung muß erfolgen, wenn der Gläubiger die formellen Voraussetzungen erfüllt.[504] Nach Registrierung ist der Schuldner unverzüglich zu benachrichtigen.[505] Mit Zustellung der Nachricht beginnt eine Frist von 30 Tagen, binnen derer der Schuldner einen Antrag auf Aufhebung der Registrierung stellen kann.[506] Während dieser Frist sind Vollstreckungsmaßnahmen nur ausnahmsweise möglich, wenn der Gläubiger einen Vollstreckungsauftrag (*writ of execution*) aufgrund besonderer Umstände erhalten hat.[507] Selbst in diesen Ausnahmefällen ist nur die Sicherungsvollstreckung zulässig.[508] Der Überraschungseffekt, der durch die Registrierung ohne Anhörung und die mögliche rasche Vollstreckung entsteht, ist verfassungsgemäß.[509]

(2) Rechtsbehelfe gegen die Registrierung und Aussetzung der Vollstreckung

Der Schuldner kann seinen Antrag auf Aufhebung der Registrierung auf alle Einwände stützen, die gegenüber einer Vollstreckungsklage (*action on the judgment*) statthaft sind.[510] Das Registrierungsverfahren soll dem Schuldner also keinerlei Einwendungen abschneiden. Beispiele aus der – spärlichen – Recht-

---

500 CCP § 1710.10.

501 So die Gesetzgebungsmaterialien, wiedergegeben in 6 Pacific L. J. 125, 207, 211 (1974).

502 CCP § 1710.15; dort auch zu weiteren Punkten, die der Gläubiger an Eides Statt versichern muß.

503 *Little v. Stevens*, 23 C.A.3rd 112 (1972); *Witkin*, 8 California practice and procedure, Ch. X, § 403.

504 *Harris v. EMI*, 162 Cal. Rptr. 357, 359 (1980).

505 CCP § 1710.30.

506 CCP § 1710.30 (a), § 1710.40 (b).

507 § 1710.45 (b) und (c).

508 § 1710.45 (d).

509 *Magalnick v. Magalnick*, 98 C.A.3rd 753 (1979).

510 CCP § 1710.40. Eine Übersicht über mögliche Aufhebungsgründe gibt *World Wide Imports, Inc. v. Bartel*, 135 Cal. App.3d 1006 (1983); s. auch 30 Cal. Jur. 3rd Enforcement of judgments § 443.

sprechung zu Vollstreckungsgegeneinwänden sind *Harris v. EMI*[511] zu Fragen von Erfüllung und Vergleich[512] und *Weir v. Corbett*[513] zur Vollstreckungsverjährung des Ersturteils nach Registrierung. Die Fälle folgen den aus dem Geltungsbereich des UEFJA bekannten Grundsätzen.[514] Die Entscheidung über den Aufhebungsantrag des Schuldners unterliegt der Berufung.[515] Nach Ablauf der Rechtsbehelfsfrist gegen die Registrierung kann der Schuldner Einwände nur vorbringen, indem er gegen das Registrierungsurteil eine *Equity*-Aufhebungsklage erhebt.[516] Ein Aufhebungsgrund wäre die nachträgliche Aufhebung des Urteils im Erststaat.[517] Die Anwendbarkeit von CCP § 473, der kalifornischen Parallelvorschrift zu FRCP 60 (b), auf in Kalifornien registrierte Urteile wird soweit ersichtlich in Rechtsprechung und Literatur nicht problematisiert.

Eine Aussetzung der Vollstreckung aus dem registrierten Urteil kann der Schuldner beantragen, wenn die Vollstreckung im Erststaat ausgesetzt wurde oder er im Erststaat einen Rechtsbehelf eingelegt hat, wobei das Gericht die Aussetzung allerdings von Voraussetzungen abhängig machen kann, die es nach seinem Ermessen festlegt.[518]

(3) Abänderung von Unterhaltsurteilen

Die Abgrenzung zwischen der Registrierung von Unterhaltsurteilen nach CCP §§ 1710 ff. und URESA[519] ist nach dem Fallrecht so komplex, daß sie als mißlungen angesehen werden muß.[520]

Die Abänderung von Unterhaltsurteilen ist in Kalifornien nach der Leitentscheidung *Worthley v. Worthley*[521] möglich, wenn kalifornische Gerichte *jurisdiction* über beide Parteien haben.[522] Wenig einheitlich ist die Rechtsprechung

---

511 162 Cal. Rptr. 357 (1980).

512 Streitig war die Erfüllung nach Einlösung eines Schecks, der nicht über den vollen Urteilsbetrag lautete, aber dem Gläubiger ausdrücklich als Vergleichsangebot überreicht worden war.

513 40 Cal. Rptr. 161 (Cal. App. 1964).

514 Bedenklich dagegen wohl das Urteil im Fall *Kubon v. Kubon*, 331 P.2d 636 (S. Ct. Ca. 1958), das dem Schuldner erlaubt, der Vollstreckung Pflichtverstöße des Gläubigers entgegenzuhalten, die bereits vor dem Erstprozeß lagen und in diesem nicht berücksichtigt wurden, vgl. auch den *dissent* von *Traynor, J.*, 331 P.2d 636, 638 ff.

515 *Fishman v. Fishman,* 173 Cal. Rptr. 59 (App. 1981).

516 CCP Ann. § 1410.40, *Commentary on motion to vacate.*

517 Restatement Second, Conflict of Laws, § 112; *Witkin*, 8 California practice and procedure, Ch. X, § 415 (2).

518 CCP § 1710.50. Die Vorschrift ist wenig konturiert, die Rechtsprechung läßt aber Leitlinien erkennen: *Little v. Stevens,* 23 Cal. App.3rd 112 (1972); *Stevens v. Superior Court,* 28 Cal. App.3rd 1 (1972).

519 In Kalifornien nunmehr Family Code, §§ 4800 ff.

520 *Witkin*, 8 California practice and procedure, Ch. X § 407 (1995 Supp.).

521 283 P.2d 19 (S. Ct. Ca. 1955).

522 Ablehnung der Abänderung wegen mangelnder *jurisdiction* über den Gläubiger in *McArthur v. McArthur,* 235 Cal. App.3rd 1287 (1991).

zu der Frage, ob die Abänderung nach kalifornischem Recht erfolgt[523] oder nach dem Recht des Erststaates.[524]

3. Urteilsverkehr und Interventionen zwischen Bundes- und Staatengerichten

Praktisch relativ selten, aber dogmatisch interessant ist die Frage, ob Bundesgerichte Urteile von Staatengerichten auf Einwände des Schuldners hin aufheben können und ob umgekehrt Staatengerichte dies bei bundesgerichtlichen Urteilen dürfen. Die Bundesgerichte hielten sich früher für befugt, Urteile von Staatengerichten aufzuheben[525] oder deren weitere Vollstreckung zu untersagen,[526] die neuere Rechtsprechung lehnt dies jedoch überwiegend ab, wobei teilweise zur Begründung auch angeführt wird, das Erstgericht sei geeigneter, über nachträgliche Einwände zu entscheiden.[527] Vor allem gibt es inzwischen eine gesetzliche Regelung, die Bundesgerichte daran hindert, in die Vollstreckung staatengerichtlicher Urteile einzugreifen.[528] Umgekehrt ist auch die Aufhebung von bundesgerichtlichen Urteilen durch Staatengerichte nach neuerer Rechtsprechung nicht zulässig.[529]

4. Vollstreckbarerklärung ausländischer Urteile

Die Anerkennung und Vollstreckung ausländischer Urteile ist bundesrechtlich weder durch ein Gesetz noch durch Staatsverträge geregelt.[530] Mindestens zwei Bundesberufungsgerichte haben allerdings in den letzten Jahren Freundschafts-, Handels- und Schiffahrtsverträgen, wie sie mit vielen Staaten[531] bestehen, eine Gleichstellung der Urteile des ausländischen Vertragsstaates mit solchen aus

---

[523] So *Petersen v. Petersen,* 24 Cal. App.3rd 201 (1972).

[524] So *Worthley v. Worthley,* 283 P.2d 19, 23ff. (S.Ct. Ca. 1955).

[525] *Griffith v. Bank of New York,* 147 F.2d 899 (2d Cir. 1945); *U.S. v. Fallbrook Public Utility Dist.,* 193 F.Supp. 342 (S.D. Cal. 1961).

[526] *Wells Fargo & Co. v. Taylor*, 254 U.S. 175 (1920).

[527] *Wright/Miller/Kane*, § 2869 bei Fn. 33ff., insbesondere Fn. 36; *Moore*'s Federal Practice, § 60.36 bei Fn. 8f. Illustrativ *Banco do Brasil v. Madison Steamship Corp.*, 307 N.Y.S. 2d 341 (1979) – das Gericht lehnt ab, über die geltend gemachte Erfüllung eines – allerdings nicht durch Registrierung oder Vollstreckungsklage „nostrifizierten"! – bundesgerichtlichen Urteils zu befinden, und verweist den Schuldner auf einen Antrag nach FRCP 60 (b) bei dem Erstgericht.

[528] 28 USC § 2283, sog. *Anti-injunction Act*, vgl. *Atlantic Coastline Railroad Co. v. Brotherhood of Locomotive Engineers*, 398 U.S. 281 (1970).

[529] *Moore*'s Federal Practice, § 60.36 Fn. 10 u. 60.14.

[530] *Born*, International Civil Litigation in U.S. Courts, S. 938.

[531] Darunter auch mit der Bundesrepublik, Vertrag vom 29.10.1954 (BGBl. 1956 II S. 488).

anderen Bundesstaaten entnommen,[532] obwohl diese Verträge die gegenseitige Anerkennung und Vollstreckung von Urteilen nicht explizit regeln.[533] Sieht man von dieser – interessanten – Entwicklung ab, so müssen nach der *Erie*-Doktrin mangels bundesgesetzlicher Regelung auch die Bundesgerichte – außer in Prozessen, die Materien des Bundesrechts betreffen[534] – das Recht der Einzelstaaten anwenden.[535] Dabei handelt es sich zum einen um *common law,* das 1894 in der berühmten Entscheidung *Hilton v. Guyot*[536] zusammengefaßt wurde, andererseits um gesetzliche Regelungen, meist auf der Grundlage des Modellgesetzes *Uniform Foreign Money-Judgments Recognition Act (1962)* (UFMJRA)[537].

a) Verfahren der Vollstreckbarerklärung

Richtet sich die Anerkennung und Vollstreckung ausländischer Urteile in einem Bundesstaat mangels gesetzlicher Regelung[538] nach *common law*, so hat der Gläubiger das ausländische Urteil mittels der allgemeinen *action on the judgment* geltend zu machen. [539] In Staaten, die ein Gesetz auf der Grundlage des UFMJRA erlassen haben, sind ausländische Urteile, welche die Anerkennungsvoraussetzungen erfüllen, in derselben Art und Weise vollstreckbar wie ein Urteil aus einem anderen Bundesstaat.[540] Diese Verweisung wird häufig so verstanden, daß in Staaten, die Urteile anderer Bundesstaaten nach dem Muster des UEFJA registrieren, auch ausländische Urteile von diesem Verfahren profitieren können.[541] Die

---

[532] *In Sik Choi v. Hyung Soo Kim*, 50 F.3d 244, 248 (3rd Cir. 1995) zum Freundschaftsvertrag mit Korea; *Vagenas v. Continental Gin Co.*, 988 F.2d 104, 106 (11th Cir. 1993), cert. denied, 114 S. Ct. 389 (1993) zum Freundschaftsvertrag mit Griechenland.

[533] Kritisch insofern wohl *Born*, International Civil Litigation in U.S. Courts, S. 962.

[534] Die Anerkennung eines ausländischen Urteils in einem Patentrechtsstreit (Patentrecht ist Bundesrecht) richtet sich nach *Federal Law*: *Omega Importing Corp. v. Petri-Kine Camera Co.,* 451 F2d 1190, 1196 (2d Cir. 1971); zur allgemeinen Regel auch *Alafadda v. Fenn*, 966 F.Supp. 1317, 1325 (S.D.N.Y. 1997).

[535] *Klaxon Co. v. Stentor Electric Mfg. Co.*, 313 U.S. 487, 496f. (1941); *Somportex, Ltd. v. Philadelphia Chewing Gum Corp.*, 453 F.2d 435, 440–41 (3rd Cir. 1971); *Ingersoll Milling Machine Co. v. Granger*, 631 F.Supp. 314 (ND Ill. 1986), aff.'d 833 F.2d 680 (7th Cir. 1987); *Guiness plc. v. Ward*, 955 F.2d 875, 883 (4th Cir. 1992); krit. *Brand*, 67 Notre Dame L. Rev. 253 (1991).

[536] 159 U.S. 113.

[537] 13 U.L.A. 261 (1986), in Kalifornien als CCP §§ 1713ff., in New York als CPLR §§ 5301 ff. mit geringen Modifikationen übernommen. Vgl. hierzu auch die deutsche Monographie von Weinschenk (1988).

[538] 25 Bundesstaaten haben eine gesetzliche Regelung nach dem Modell des UFMJRA getroffen, *Eisenberg/Woodward*, § 38.11 [b].

[539] Zu den möglichen Verteidigungsstrategien des Schuldners gegenüber der Vollstrekkungsklage instruktiv *McKnight*, 1 Cal. Int'l Practitioner 1, 5 (1989/90).

[540] UFMJRA, § 3.

[541] *Sorkowitz*, 37 Practical Lawyer 57, 65 (1991); *Scoles/Aarnas*, 57 Ore. L. Rev. 377, 389 (1978). Dies hätte den praktischen Vorteil, daß die für eine action on the judgment nötige Klage mit den entsprechenden Zustellungsproblemen (zu ihnen *Ristau*, S. 71 ff.) wegfiele.

Rechtsprechung ist jedoch bis jetzt zurückhaltend,[542] zumal nicht klar ist, ob die Verfasser des Modellgesetzes eine Verweisung auf das Registrierungsverfahren des UEFJA beabsichtigten.[543] Die relativ ähnlichen Bezeichnungen der beiden Modellgesetze, die verwirrende Nomenklatur, nach der *foreign* bald ein ausländisches Urteil, bald eines aus einem anderen Bundesstaat bezeichnet, und die komplementären Regelungsinhalte[544] führen ohnehin dazu, daß die Gesetze gelegentlich auf Situationen angewendet werden, die sie nicht regeln wollen.[545] Kalifornien hat eine vom Wortlaut des UFMJRA abweichende Regelung geschaffen, die deutlich macht, daß das Registrierungsverfahren nicht auf ausländische Urteile anwendbar ist, im übrigen aber die für die Vollstreckung von Urteilen aus anderen Bundesstaaten geltenden Vorschriften entsprechend anzuwenden sind.[546] New York hat die Verweisung des § 3 cl. 2 UFMJRA ebenfalls nicht übernommen.[547] Damit ist eine Anwendung des Registrierungsverfahrens ausgeschlossen.[548] Beide Staaten stellen aber die Möglichkeit eines beschleunigten Klageverfahrens (*motion for a summary judgment*) zur Verfügung.[549] Der Gläubiger kann also nicht den Überraschungseffekt des UEFJA nutzen, um das ausländische Urteil möglichst effektiv zu vollstrecken. Er kann jedoch unter Umständen einen Arrest beantragen.[550]

Der Gläubiger kann seine *action on the judgment* auch vor Bundesgerichten erheben. Dort ist dann nach der Erie-Doktrin ebenfalls das Recht des jeweiligen Bundesstaates anwendbar.[551] Die Klage setzt in jedem Falle voraus, daß das

---

542 Texanische Gerichte haben die Anwendung des Registrierungsverfahrens auf ausländische Urteile als verfassungswidrig (*due process*) abgelehnt: *Hennessy v. Marshall*, 682 S.W.2d 340, 345 (Tex. App. 1984); *Doksteadter Motors, Ltd. v. Patal*, 794 S.W.2d 760 (Tex. 1990). Andere Gerichte haben sich ebenfalls zurückhaltend geäußert, Nachweise und Analyse bei *Bishop/Burnette*, 16 Int'l Law. 425, bei Fn. 24ff. (1982). Dem Wortlaut nach liberaler *Guiness v. Ward*, 955 F.2d 875, 889 (4th Cir. 1992), allerdings ohne daß es dort um das Registrierungsverfahren ging.

543 *Homburger*, 18 Am. J. Comp. L. 367, 399 (Fn. 175) (1970). Auch das Restatement Third, Foreign Relations Law § 481 comment g erwähnt nur die Möglichkeit einer *action on the judgment*.

544 Der UEFJA sagt nichts über die Anerkennungsvoraussetzungen (sie ergeben sich aus der *full faith and credit clause*) aber regelt eingehend das Verfahren, während der UFMJRA Anerkennungsvoraussetzungen (für ausländische Urteile) aufstellt, aber das Verfahren nicht regelt, sondern insofern verweist.

545 Vgl. *Honigberg*, 14 Vand. J. Transnat'l L. 171, 176ff. (1981) mit Beispielen aus der Rechtsprechung.

546 CCP § 1713.3.

547 NY CPLR § 5303.

548 *McKinney-Siegel*, C5303:1.

549 Kalifornien: CCP § 1713.3 i.V.m. § 437 [c]. New York: CPLR § 5303, *McKinney-Siegel*, C5303:1.

550 N.Y. CPLR § 6201 Nr. 5 nennt ausdrücklich als mögliche Arrestgrundlage ein ausländisches Urteil, das nach CPLR § 5301 ff. in New York anerkennungsfähig ist.

551 *Klaxon Co. v. Stentor*, 313 U.S. 487 (1941); *Ingersoll Milling Mach. Co. v. Granger*, 833 F.2d 680 (7th Cir. 1987); *Guiness v. Ward*, 955 F.2d 875, 882f. (4th Cir. 1992); anders aber ohne Begründung *American Express Co. v. Brown*, 392 F Supp. 235 (U.S. D. N.Y. 1975).

angerufene Gericht *personal jurisdiction* über den Schuldner hat. Hierfür reicht es aus, daß er im Gerichtsbezirk über Vermögen verfügt.[552]

Durch die *action on the judgment* erhält der Gläubiger ein neues, einheimisches Urteil auf der Grundlage des ausländischen. Voraussetzung ist, daß das Urteil die Anerkennungsvoraussetzungen erfüllt, die das *common law*[553] bzw. die gesetzlichen Regelungen auf Basis des UFMJRA aufstellen, der letztlich auch nur eine Kodifikation des vorher bestehenden Fallrechts sein will.[554]

b) Vollstreckbare Titel

Nach UMJRA § 2, der insofern das vorherige *common law* kodifiziert, sind ausländische *judgments* der Anerkennung und Vollstreckung in den USA fähig. Diese Kategorie umfaßt auch Versäumnisurteile[555], wobei allerdings besonders sorgfältig geprüft wird, ob das ausländische Gericht *personal jurisdiction* über den ausgebliebenen Beklagten hatte. Auch eine nach §§ 325, 727 ZPO erteilte vollstreckbare Ausfertigung gegen den Rechtsnachfolger kann zur Grundlage einer *action on the judgment* gegen diesen gemacht werden.[556] Ausländische Urteile, die einen Schiedsspruch für vollstreckbar erklärt haben, können als *judgments* unmittelbar anerkannt und für vollstreckbar erklärt werden.[557] Sogar Prozeßvergleiche sind in einigen Fällen als *judgments* behandelt worden.[558] Zweifelhaft ist, ob in Analogie zu Prozeßvergleichen auch vollstreckbare Urkunden als *judgments* anerkannt werden und Grundlage einer *action on the judgment* sein können.[559] Für diese Möglichkeit spricht, daß das funktionelle Pendant der vollstreckbaren Urkunde in den USA, das *judgment by confession*, wie oben

---

[552] *Biel v. Boehm*, 406 N.Y.S. 2d 231 (1978).

[553] Grundlegend *Hilton v. Guyot*, 159 U.S. 113 (1895), wonach allerdings auch bei Erfüllung der Anerkennungsvoraussetzungen keine Pflicht zur Anerkennung besteht (wie bei Urteilen anderer Bundesstaaten, *full faith and credit*), sondern die Anerkennung eine Frage der *comity* ist.

[554] Da es sich um ein Modellgesetz handelt, kann es vorkommen, daß das vorher bestehende Fallrecht einzelner Bundesstaaten liberaler ist als die gesetzlich übernommenen Regelungen des UFMJRA, vgl. für New York *McKinney-Siegel*, C5301:1; detailliert *Kulzer*, 18 Buffalo L. Rev. 1, 8 ff. (1968/69). Dem Gläubiger bleibt stets die Möglichkeit, sich auf das vorteilhaftere *common law* zu berufen: New York, CPLR § 5307; Kalifornien, CCP § 1713.7.

[555] Restatement Second Judgments, § 98; *Sorkowitz*, 37 Practical Lawyer 57, 59 (1991).

[556] So geschehen im Fall *Biel v. Boehm*, 406 N.Y.S. 2d 231 (1978).

[557] *Island Territory of Curacao v. Solitron Devices, Inc*, 489 F.2d 1313 (2nd Cir. 1973); *New Central Jute Mills Co. v. City Trade & Industries*, 318 N.Y.S. 2d 980 (1971); *Seetransport Wiking Trader Schiffahrtsgesellschaft v. Navimpex Centrala Navala*, 29 F 3rd 79, 81 f. (2d Cir. 1994).

[558] *J. G. Mailaender Druckmaschinenfabrik GmbH & Co. KG v. Otto Isenschmid Corp.*, 450 N.Y.S. 2d 533 (App. Div. 1982) – hier handelte es sich um einen deutschen Prozeßvergleich; *Cardy v. Cardy*, 258 N.Y.S. 2d 955 (App. Div. 1965) – Vergleich in Quebec; Restatement Third, Foreign Relations Law, § 481, Rept. note 5.

[559] So *Rassmann*, RIW 96, 817 (820 f.).

ausgeführt, jedenfalls im Rechtsverkehr zwischen den Bundesstaaten ebenfalls anerkannt und für vollstreckbar erklärt wird. Ein Bundesberufungsgericht hat daher im Bereich eines Freundschaftsvertrages die Vollstreckbarerklärung einer koreanischen vollstreckbaren Urkunde erwogen.[560] Andererseits handelt es sich bei der vollstreckbaren Urkunde anders als beim *judgment by confession* nicht um eine bindende richterliche Feststellung des Anspruchs, so daß es jedenfalls an der erforderlichen *finality* (zu diesem Erfordernis sogleich näher) fehlen wird.

Grundlage einer Vollstreckungsklage können nach § 2 UMJRA nur solche ausländischen Urteile sein, die abschließend, feststehend und im Erststaat vollstreckbar (*final, conclusive and enforceable where rendered*) sind. Die Beweislast hierfür trägt der Gläubiger[561], daneben wird stets betont, das Vorliegen dieser Voraussetzungen sei nach dem Recht des Erststaates zu prüfen.[562] Damit ist gemeint, daß nur das Recht des Erststaates darüber befragt wird, ob das ausländische Urteil noch abänderbar ist oder nicht. Die Frage, welchen Grad an Sicherheit und Endgültigkeit § 2 UMJRA mit *finality* verlangt, bestimmt sich selbstverständlich nach amerikanischem Recht. Gerade diese Frage aber ist nicht einfach zu beantworten, auch wenn § 2 UMJRA bereits ausdrücklich präzisiert, daß ein eingelegter oder noch möglicher *appeal* der Anerkennung und Vollstreckung nicht entgegensteht. Die Problematik wird anschaulich, wenn man sich einige Varianten deutscher vollstreckbarer Urteile vor Augen führt.

Ein *Vorbehaltsurteil*, das aufgrund eines Urkundsprozesses (§§ 599, 600 ZPO) oder wegen einer noch nicht entscheidungsreifen, im Prozeß zur Aufrechnung gestellten Gegenforderung (§ 302 ZPO) erlassen wurde, ist nicht *final*, da es noch der Abänderung im Nachverfahren unterliegt.[563] Gegen die *finality* spricht besonders, daß es sich bei dem vorbehaltenen Nachverfahren nicht um einen Rechtsbehelf, sondern um eine Fortsetzung des Ausgangsverfahrens handelt.[564] Weniger klar ist, wie ein vorläufig vollstreckbares deutsches Urteil, gegen das *Berufung eingelegt* wurde, anzusehen ist. Die Berufung unterscheidet sich von dem nach § 2 UFMJRA unschädlichen *appeal* nämlich insofern, als sie eine

---

[560] *In Sik Choi v. Hyung Soo Kim*, 50 F.3d 244, 248 (3rd Cir. 1995) zur vollstreckbaren Urkunde nach Art. 522 korean. ZPO. Das Gericht ließ allerdings offen, ob es sich tatsächlich um ein vollstreckungsfähiges *judgment* handele, da es nach Prüfung an den für *confession judgments* in New Jersey geltenden Maßstäben eine Verletzung der *due process* – Rechte des Schuldners annahm. Ein Richter lehnte in einer *concurring opinion* die Gleichstellung der bloßen ausländischen Urkunde mit einem *consent judgment* ausdrücklich ab, a.a.O. 50 F.3d 251.

[561] *Watts v. Swiss Bank Corp.*, 27 N.Y.2d 270, 275; 317 N.Y.S. 2d 315 (1970).

[562] *Schoenbrod v. Siegler*, 283 N.Y.S. 2d 881, 885 (1967); *Herczog v. Herczog*, 186 Cal. App. 2d 318, 323; 9 Cal. Rptr. 5 (1960); *Island Territory of Curacao v. Solitron Devices*, 489 F.2d 1313, 1323 (2d Cir. 1973); *Born*, International Commercial Arbitration S. 950.

[563] So für ein im Urkundsprozeß nach japanischem Recht erlassenes Vorbehaltsurteil *Mayekawa Mfg. Co. v. Sasaki*, 888 P.2d 183 (Wash. App. 1995).

[564] Vgl. die Argumentation in *Mayekawa Mfg. Co. v. Sasaki*, 888 P.2d 183 (Wash. App. 1995).

Nachprüfung nicht nur in rechtlicher, sondern auch in tatsächlicher Hinsicht gestattet.[565] Ist die *finality* dagegen schon gewahrt, wenn das Urteil trotz des Rechtsbehelfs unmittelbar und unbeschränkt vollstreckbar bleibt[566], bleibt ein vorläufig vollstreckbares deutsches Urteil trotz Berufung *final.* Wie aber ist es um die *finality* bestellt, wenn das deutsche Urteil, dessen Vollstreckung in den USA betrieben wird, in seiner Heimat Gegenstand einer *Vollstreckungsabwehrklage* ist? Ein New Yorker Berufungsgericht entschied in dem bereits zitierten Fall *J.G. Mailaender v. Otto Isenschmid*[567], daß die Vollstreckungsgegenklage der *finality* des Titels (*in casu* ein deutscher Prozeßvergleich) keinen Abbruch tue. Im *Restatement Third Foreign Relations Law* heißt es, nicht nur die Möglichkeit einer Berufung, sondern auch die mögliche Abänderung wegen veränderter Umstände sei für die *finality* eines Urteils unschädlich.[568] Dennoch steht das *finality*-Erfordernis – wie schon im Rechtsverkehr zwischen den Bundesstaaten – häufig der Anerkennung von Unterhaltsurteilen entgegen, die noch der Abänderung durch das Ursprungsgericht unterliegen.[569] Zusammenfassend ist festzustellen, daß *finality* nicht selten großzügig angenommen wird, so daß sich leicht die Notwendigkeit ergeben kann, Einwände, die in Deutschland bereits Gegenstand eines Berufungsverfahrens oder einer Vollstreckungsabwehrklage sind, auch gegenüber einer *action on the judgment* in den USA im einzelnen vorzutragen.

Relativ unproblematisch scheint dagegen das Erfordernis, das ausländische Urteil müsse im Erststaat vollstreckbar (*enforceable where rendered*) sein. Wortlaut und Materialien sprechen dafür, daß es hier allein darauf ankommt, ob das Urteil im Erststaat tatsächlich (noch) vollstreckbar ist.[570] Allerdings hat das Berufungsgericht für den *4th Circuit* in dem für unser Thema äußerst relevanten Fall *Guiness v. Ward*[571] eine wesentlich weitergehende Auslegung vorgeschlagen, nach der das Zweitgericht dem ausländischen Urteil jedenfalls die Vollstreckbarerklärung (*enforceability*, im Gegensatz zur Anerkennung) verweigern kann, wenn dem Urteil nach dem Recht des Erststaates die Vollstreckbarkeit genommen werden kann.[572] Diese Auslegung erscheint jedoch fragwürdig und war in dem zitierten Fall auch nur ein *dictum*.

---

565 Deshalb hält etwa *Rassmann*, RIW 96, 817 (821 f.), ein mit der Berufung angegriffenes deutsches Urteil nicht für *final*.

566 So *McKinney-Siegel*, C5302:1.

567 450 N.Y.S. 2d 533 (App. Div. 1982).

568 Restatement Third, Foreign Relations Law, § 481 comment e.

569 *Herczog v. Herczog*, 186 Cal. App. 2d 318; 9 Cal. Rptr. 5 (1960) (englisches Unterhaltsurteil).

570 *Kulzer*, 18 Buffalo L. Rev. 1, 17 (1968/69).

571 955 F.2d 875 (4th Cir. 1992).

572 *Guiness v. Ward*, 955 F.2d 875, 888 Supp. [3] (4th Cir. 1992).

c) Vollstreckungsgegeneinwände bei der action on the foreign judgment

Der UFMJRA zählt in § 4 Gründe auf, welche zur Versagung der Anerkennung führen, schweigt aber zur Behandlung von Vollstreckungsgegeneinwänden und zu der Frage, ob ein amerikanisches Gericht das ausländische Urteil aufheben kann. Dennoch lassen sich aus einigen Bestimmungen des UFMJRA und dem Fallrecht Anhaltspunkte gewinnen.

Der *ordre public* als Versagungsgrund wird bei Vollstreckungsgegeneinwänden nur in Extremfällen greifen. Dennoch hat der Schuldner wohl die Möglichkeit, sich gegenüber der auf das ausländische Urteil gestützten Klage des Gläubigers auch mit nicht präkludierten Einwänden gegen den titulierten Anspruch zu wehren. Als Grundlage für die Zulässigkeit solcher Einwände sieht *Guiness v. Ward* die in § 3 cl. 2 UFMJRA gebrauchte Formulierung an, nach der anzuerkennende ausländische Urteile in der gleichen Art und Weise zu vollstrecken sind wie Urteile anderer Bundesstaaten.[573] Urteilen anderer Bundesstaates können, wie oben ausgeführt, in weitem Umfang Vollstreckungsgegeneinwände entgegengesetzt werden. Wie weit auch die nach amerikanischer Vorstellung mit Vollstreckungsgegeneinwänden aufs Engste verwandte Aufhebung geltend gemacht werden kann, ist auch hier wieder problematisch. Die notwendige *jurisdiction* über den Gläubiger verleiht wohl auch im internationalen Rechtsverkehr schon die Tatsache, daß er das Verfahren im Zweitstaat angestrengt hat.[574] Einige Stimmen aus der Literatur lassen erkennen, daß amerikanische Gerichte sich wohl weitgehend für befugt halten würden, ein ausländisches Urteil aufzuheben, wenn der Schuldner sich auf Gründe beruft, die dies im Erststaat erlauben würden, aber auch wenn die Gründe nur nach dem Recht des Vollstreckungsgerichts beachtlich sind.[575] Die Aufhebung erfolgt mit Rechtskraft(-anspruch) auch für andere Staaten, einschließlich des Erststaates.[576] Allerdings stehen solche Formulierungen im Kontrast mit dem in der Rechtsprechung etablierten Respekt für die Rechtskraftwirkung ausländischer Urteile, der sich z.B. auch auf *counterclaims* erstreckt, die der Schuldner gegenüber einer Vollstreckungsklage erheben mag.[577] Soweit amerikanische Gerichte sich grundsätzlich für befugt halten, auch ausländische Urteile bei Vorliegen entsprechender Gründe (zu denen auch Vollstreckungsgegeneinwände zählen können) aufzuheben, spielen die schon im Rechtsverkehr zwischen den Bundesstaaten einschlägigen Erwägungen zur eventuell größeren Sachnähe des Erstgerichts eine Rolle, wenn das Gericht eine Ermessens-

---

573 *Guiness v. Ward*, 955 F.2d 875, 889ff. (4th Cir. 1992).

574 Vgl. im Zusammenhang mit dem Rechtsverkehr zwischen Bundesstaaten *Hadden v. Rumsey Products,* 196 F.2d 92, 95 (2d Cir. 1952); *U.S. ex rel. Hi-Way Electric v. The Home Indemnity Co.,* 549 F.2d 10, 14 (7th Cir. 1977).

575 Restatement Second, Conflict of Laws, § 115 comment f.

576 So jedenfalls 73 N.Y. Jur. Second, § 223.

577 Deutlich *Bank of Montreal v. Kough,* 430 F.Supp. 1243, 1252f. (1977); *New Central Jute Mills v. City Trade & Industries,* 318 N.Y.S. 2d 980, 984f. (1971).

entscheidung im Rahmen der Lehre vom *forum non conveniens*[578] fällt. Der Schuldner kann also mit seinem Einwand auf die Gerichte des Erststaates verwiesen werden, wenn dies aus Gründen der Sachnähe sinnvoller erscheint.

d) Geltendmachung der Erfüllung

Der Schuldner kann sich gegenüber der Vollstreckungsklage jederzeit darauf berufen, er habe zwischenzeitlich erfüllt. Auch nach Erlaß des amerikanischen (Zweit-)Urteils aufgrund der *action on the foreign judgment* kann er die Befriedigung geltend machen, nunmehr nach den Regeln, die auch für inländische Urteile gelten. Das kalifornische Recht, das auch (Zweit-)Urteile in anderen Währungen als US-Dollar zuläßt,[579] sieht eine spezielle Regelung für die Erfüllung in ausländischer Währung vor.[580] Die Ausfertigung (*entry*) des Zweiturteils kann auch davon abhängig gemacht werden, daß das Ersturteil nicht zwischenzeitlich bezahlt wurde.[581]

Der Schuldner ist nicht präkludiert, wenn er die Befriedigung nicht bereits im Verfahren der *action on the judgment* eingewandt hat.[582] Eine Leistung auf das Ersturteil kann in jedem Fall auch gegenüber dem Zweiturteil geltend gemacht werden.[583] Umgekehrt ist auch ein in den USA erlassenes Ersturteil als befriedigt anzusehen, wenn auf ein anderswo auf seiner Grundlage erlassenes Zweiturteil geleistet wurde. Dieser Rechtssatz bürdet dem Gläubiger das Währungsrisiko auf, wenn er das Urteil in einem Land mit einer schwachen Währung hat für vollstreckbar erklären lassen und es dort später mit einem Nominalbetrag erfüllt wird, der nicht mehr dem Wert des z.B. in US-Dollar ausgedrückten Ursprungstitels entspricht. In diesen Fällen erlischt nach einer nicht unumstrittenen Rechtsprechung auch der im Ersturteil titulierte Anspruch, eine Restforderung über die Differenz verbleibt dem Gläubiger nicht.[584]

---

[578] Zur Anwendung der *forum non conveniens*-Doktrin durch amerikanische Gerichte im *internationalen* Rechtsverkehr vgl. *Schack*, Einführung S. 17 (bei Fn. 126) und 33ff.; ausführlich *Born*, International Civil Litigation in U.S. Courts, S. 289ff.

[579] CCP §§ 676ff.

[580] CCP § 676.10 (c).

[581] So die Lösung in *American Express Co. v. Brown*, 392 F.Supp. 235 (S.D.N.Y. 1975), allerdings ohne Präzisierung, wer diese Voraussetzung nachzuweisen hat und wie der Nachweis zu erbringen ist.

[582] Vgl. *Guiness v. Ward,* 955 F.2d 785, 902, Fn. 23 (4th Cir. 1992).

[583] Restatement Second, Conflict of Laws, § 116 comment c.

[584] *Matter of James' Will,* 161 N.E. 201 (N.Y. C.A. 1928), vgl. auch *U.S. Nat. Bank v. U.S.*, 23 F.2d 927 (S.D. Texas 1928). Zweifelnd Restatement Second, Conflict of Laws, § 116 Reporters' note, vgl. auch den *dissent* von *Cardozo* (ihm zustimmend *Pound* und *Crane*) in *Matter of James' Will,* 161 N.E. 201 (N.Y. C.A. 1928). Zur Entstehung solcher Diskrepanzen bei der Vollstreckung von Fremdwährungsschulden und vollstreckungsrechtlichen Strategien zu ihrer Vermeidung *Bachmann* (1994), allerdings ohne Behandlung der hier angesprochenen Erfüllungsproblematik.

e) Geltendmachung der Aufhebung im Erststaat

Die Aufhebung des Urteils im Erststaat führt nicht automatisch zur Unwirksamkeit eines in den USA erlassenen Zweiturteils.[585] Sie muß vielmehr im statthaften Verfahren, regelmäßig mit Hilfe einer Aufhebungsklage oder einer *motion for relief,*[586] gegen das Zweiturteil geltend gemacht werden. Eine inzidente Berufung auf die Aufhebung oder die Geltendmachung der Aufhebung unmittelbar im Vollstreckungsverfahren ist wohl nicht möglich.[587]

Bemerkenswert ist in diesem Zusammenhang das Urteil eines Bundesdistriktgerichts in der Sache *DSQ Property v. DeLorean*[588]. Dort verlangte der Schuldner die Aufhebung des amerikanischen Zweiturteils wegen zwischenzeitlicher Aufhebung des englischen Versäumnisurteils, auf dem es beruhte. Das Gericht wies ab mit der Begründung, die Aufhebung sei im Erststaat noch nicht rechtskräftig, da der Gläubiger noch Rechtsmittel zum *House of Lords* eingelegt hatte (nachdem ein *appeal* bereits gescheitert war). Diese Entscheidung ist insofern erstaunlich, als jedenfalls die Vollstreckbarkeit des Urteils im Erststaat mit seiner Aufhebung wohl endete, auch wenn die Aufhebung noch nicht rechtskräftig war.[589] Die Entscheidung erklärt sich wohl auch durch den in den Gründen offen ausgesprochenen Verdacht des Gerichts, der Schuldner spiele letztlich nur auf Zeit.

f) Geltendmachung eines nach dem Ersturteil geschlossenen Vergleichs: Guiness v. Ward

Die gründlichste Auseinandersetzung mit der Behandlung von Vollstreckungsgegeneinwänden gegen ein ausländisches Urteil im Rahmen der *action on the foreign judgment* findet sich in der Entscheidung *Guiness v. Ward* aus dem Jahre 1992.[590] Gegenstand des Verfahrens war ein Urteil des *High Court of Justice* in London, zu dessen Vollstreckung die Gläubigerin *Guiness* gegen den amerikanischen Schuldner *Ward* eine *action on the judgment* vor dem Bundesdistriktgericht im Staat Maryland betrieb. *Ward* berief sich unter anderem darauf, die Parteien hätten nach Erlaß des Urteils einen Vergleich geschlossen, in dem *Guiness* sich verpflichtet habe, nicht aus dem Urteil des *High Court* zu vollstrecken. *Guiness* berief sich darauf, der Vergleich sei nicht wirksam zustande gekommen, da die ausdrücklich vorbehaltene Zustimmung des Aufsichtsrats nicht erteilt worden sei.

---

585 Restatement Second, Conflict of Laws, § 121 comment b.

586 FRCP 60 (b)(5); CPLR 5015 (a) (5).

587 Vgl. *Deposit Bank v. Frankfort*, 191 U.S. 499 (1903); *Reed v. Allen,* 286 U.S. 191 (1932), allerdings mit *dissent Cardozo* (ihm zustimmend *Brandeis, Stone*). Die Fällen betrafen jeweils verschiedene Jurisdiktionen innerhalb der USA und nicht ausländische Urteile.

588 745 F.Supp. 1234 (E.D. Mich., S.D. 1990).

589 Genau läßt sich dies den Gründen der Entscheidung nicht entnehmen.

590 955 F.2d 875 (4th Cir. 1992).

Der amerikanische *Court of Appeals* setzte sich zunächst mit der Frage auseinander, ob der Einwand des nachträglichen Vergleichs über den titulierten Anspruch im Rahmen der *action on the judgment* statthaft sei. Es bejahte dies mit Verweis auf das *enforceable where rendered*-Erfordernis nach § 2 UFMJRA[591] und – hauptsächlich – mit dem Hinweis auf § 3 cl. 2 UMJRA, nach dem anzuerkennende ausländische Urteile ebenso zu vollstrecken sind wie Urteile aus anderen Bundesstaaten. Aus dieser Gleichstellung mit Urteilen aus anderen Bundesstaaten schloß das Gericht, daß dieselben, nicht im UFMJRA genannten Einwände gegen die Vollstreckung zulässig sein müßten wie gegenüber Urteilen aus anderen Bundesstaaten. Damit war der Weg frei für die Anwendung der oben geschilderten Rechtsprechung zur Geltendmachung von Vollstreckungsgegeneinwänden vor den Gerichten des Vollstreckungs-Bundesstaates.[592]

Nachdem geklärt war, daß *Ward* sich grundsätzlich gegenüber der Vollstrekkungsklage auf den nachträglichen Vergleich berufen konnte, wandte sich das Gericht der Frage zu, ob dieser Einwand hier präkludiert sei. Es stellte zunächst fest, daß *Ward* nicht verpflichtet war, den Einwand durch Rechtsbehelfe in England geltend zu machen.[593] *Ward* hatte aber bereits Berufung (*appeal*) in England eingelegt, sich in diesem Verfahren jedoch nicht auf den zwischenzeitlichen Vergleich berufen, ja diesen nicht einmal erwähnt. Das amerikanische Gericht kam nach Prüfung einschlägiger englischer Präzedenzfälle[594] zu dem Ergebnis, daß das englische Berufungsgericht zwar, wenn *Ward* sich hierauf berufen hätte, nicht über die Wirksamkeit des streitigen Vergleichs entschieden, sondern das Berufungsverfahren ausgesetzt hätte bis zu einer Entscheidung des erstinstanzlichen Gerichts über den Vergleich.[595] Da der streitige Vergleich damit selbst bei Geltendmachung nicht Gegenstand der Entscheidung des Berufungsgerichts gewesen wäre, nahm das amerikanische Vollstreckungsgericht insofern keine Präklusion an. Als dritte mögliche Grundlage einer Präklusion prüfte und bejahte es aber das Verbot widersprüchlichen und treuwidrigen Verhaltens (*judicial estoppel*). Es argumentierte, *Ward* habe sich nicht nur widersprüchlich verhalten, als er im Berufungsverfahren in England den zwischenzeitlichen Vergleich nicht erwähnte, sondern offensichtlich auch treuwidrig versucht, sich mehrere Optionen zu sichern, indem er einerseits in England eine Aufhebung des Ersturteils an-

---

[591] Das Gericht wendete auf die Vollstreckungsklage das Recht an seinem Sitz (Maryland) an, das ein Gesetz nach dem Muster des UFMJRA enthält. Die sehr weite Auslegung des *enforceable where rendered*-Kriteriums durch das Gericht in *Guiness v. Ward* wurde bereits oben berichtet.

[592] Das Gericht zitierte vor allem *Barry Properties Inc. v. Blanton & McCleary,* 525 A.2d 248 (Md. App. 1987), einen Fall aus Maryland, der allerdings weder einen Vergleich noch die Vollstreckung eines Urteils aus einem anderen Bundesstaat betraf.

[593] 955 F.2d 875, 898 Supp. 11 (4th Cir. 1992).

[594] Insbesondere *National Benzole Co. Ltd. v. Gooch* [1961] 3 All. E.R. 1097, 1099.

[595] 955 F.2d 875, 896ff. Supp. 10 u. 11 (4th Cir. 1992). Implizit ging das amerikanische Gericht also von einem Novenverbot aus.

strebte – im Erfolgsfall hätte er sich *Guiness'* Position zu eigen machen können, der Vergleich sei unwirksam – und sich gleichzeitig die Möglichkeit offenhielt, den Vergleich gegenüber einer Vollstreckungsklage in den USA einzuwenden. Das amerikanische Gericht wendete damit amerikanische Vorstellungen vom Gebot widerspruchsfreien und fairen Prozeßverhaltens (*judicial estoppel*) auf das Verhalten des Schuldners in einem Prozeß vor englischen Gerichten an, ohne diese nicht unproblematische Prämisse zu diskutieren.[596]

Insgesamt liest sich die Entscheidung fast wie ein Lehrbuch zur Behandlung von Vollstreckungsgegeneinwänden im Rahmen einer *action on a foreign judgment.* Sie diskutiert eingehend die Rechtslage in der für die USA typischen Situation, daß das einschlägige Staatenrecht sowohl den UFMJRA als auch den UEFJA rezipiert hat.[597] Die Entscheidung wird trotz der oben diskutierten Schwächen in einigen Punkten eine Leitlinie für zukünftige Fälle bilden.

g) Aussetzung des Verfahrens und der Vollstreckung

Hat der Schuldner im Erststaat einen *appeal* eingelegt, so kann das in den USA mit der Vollstreckungsklage eingeleitete Verfahren solange ausgesetzt werden, bis im Erststaat entschieden wurde oder bis eine Frist verstrichen ist, binnen derer der Schuldner eine Entscheidung im Erststaat herbeiführen kann.[598] Die Aussetzung steht im Ermessen des Zweitgerichts und kann von Bedingungen, etwa der Stellung einer Sicherheit durch den Schuldner, abhängig gemacht werden.[599] Voraussetzung ist, daß der ausländische Rechtsbehelf als *appeal* qualifiziert werden kann. Dazu sind die oben im Rahmen der *finality* – Prüfung nach § 2 UFMJRA angestellten Überlegungen einschlägig. Ein Bundesgericht hat in einem *dictum* die Auffassung vertreten, der Antrag auf Aufhebung eines englischen Versäumnisurteils nach den englischen RSC Order 13 Rule 9[600] sei kein *appeal* im Sinne dieser Vorschrift.[601] Dies könnte auch für eine Klage nach § 767 ZPO gelten, da das Gericht seine Qualifikation darauf stützte, daß der Rechtsbehelf nach RSC Order 13 Rule 9 nicht fristgebunden ist.[602]

Das Zweitgericht kann aber auch zunächst über die Vollstreckungsklage entscheiden und dann die Vollstreckung aussetzen. Wendet man im Rahmen des

---

596 Das Gericht sieht das Schwergewicht des Treuwidrigkeitsvorwurfs eindeutig nicht in dem Verhalten in den USA (Berufung auf den Vergleich), sondern dem in England (Verschweigen des angeblichen Vergleichs), vgl. 955 F.2d 875, 898f. Supp. [12].

597 Dies ist z.B. auch in Kalifornien und New York der Fall.

598 UFMJRA § 6; CCP § 1713.6; N.Y. CPLR § 5306. Näher zur Aussetzung nach kalifornischem Recht *McKnight*, 1 Cal. Int'l Practitioner 1, 5 (1989/90).

599 *McKinney-Siegel*, C5306:1.

600 S.o. Kap. 4, England, Abschnitt II, Geltendmachung von Einwänden gegen inländische Urteile.

601 *DSQ Property v. DeLorean*, 745 F.Supp. 1234, 1240 Fn. 4 (E.D. Mich., SD 1990).

602 Die interessante Parallele zur Auslegung des Art. 38 Abs. 1 GVÜ durch den EuGH, 22.11.1977 Rs 43/77 Slg. 2175 *Industrial Diamond Supplies ./. Riva* liegt auf der Hand.

UFMJRA auf Vollstreckungsfragen subsidiär den UEFJA an[603], so sind die Regelungen des § 4 UEFJA[604] über die Aussetzung der Vollstreckung anwendbar und mit ihnen die oben berichtete Rechtsprechung zur Aussetzung der Vollstreckung von Urteilen aus anderen Bundesstaaten.[605] Es gibt auch Beispiele für eine Aussetzung der Vollstreckung des Zweiturteils nach *common law* ohne Bezugnahme auf den UEFJA.[606]

V. Vollstreckung und Einwände bei Schiedssprüchen

Schiedsverfahren sind eine in den USA verbreitete Alternative zum vergleichsweise aufwendigen und langwierigen Zivilprozeß. Ihre Popularität hat vielfältige Formen und Regelungen der Schiedsgerichtsbarkeit hervorgebracht. Der Bundesgesetzgeber erließ schon 1925 im Rahmen seiner Gesetzgebungskompetenz für den zwischenstaatlichen und internationalen Wirtschaftsverkehr den *Federal Arbitration Act* (FAA).[607] Die Anerkennung und Vollstreckung ausländischer Schiedssprüche erfuhr 1970 mit dem Beitritt der USA zum UNÜ entscheidende Förderung. Die Bundesstaaten haben eigene gesetzliche Regelungen der Schiedsgerichtsbarkeit geschaffen.[608] Vorbild war meist der *Uniform Arbitration Act* von 1955 (UAA),[609] gelegentlich auch das UNCITRAL-Modellgesetz von 1985.[610]

Die bisher genannten Regelungen betreffen die klassische, auf einer Schiedsvereinbarung beruhende Schiedsgerichtsbarkeit. Von ihr zu unterscheiden ist die vor allem in den letzten 20 Jahren zur Entlastung der Gerichte gesetzlich eingeführte *judicial arbitration*[611]. Sie funktioniert praktisch als eine Art Sondergerichtsbarkeit,[612] an welche die Gerichte bestimmte Streitigkeiten (zunächst) verweisen können. Da sie als Mischform nicht systembildend ist, bleibt sie im

[603] Dies kann auf die Verweisung in UFMJRA § 3 cl. 2 gestützt werden, vgl. *Guiness v. Ward*, 955 F.2d 875, 889 (4th Cir. 1992).

[604] In New York CPLR § 5404; ähnlich, allerdings nicht auf der Basis des UEFJA und mit erheblichen Abweichungen CCP § 1710.50.

[605] Zu dem weiten Ermessen, das die Gerichte trotz der relativ präzisen Formulierung dieser Vorschrift für sich in Anspruch nehmen, vgl. *Pickwick International Inc. v. Tomato Music Co.*, 462 N.Y.S. 2d 781 (1983), weitere Nachweise in Note, 100 A.L.R. 3rd 792 [8].

[606] So *Nippon Emo-Trans Co. v. Emo Trans, Inc.*, 744 F.Supp. 1215, 1236f. (E.D.N.Y. 1990) – Aussetzung nur gegen Sicherheitsleistung des Schuldners.

[607] United States Code Title 9, ursprünglich „United States Arbitration Act", s. *Born* International Commercial Arbitration, S. 29f.;

[608] Z.B. CCP §§ 1280ff.; N.Y. CPLR §§ 7501ff.

[609] 7 U.L.A. 1 (1985). 26 Bundesstaaten (aber nicht New York und Kalifornien) haben Gesetze auf der Grundlage des UAA erlassen, die Gesetzgebung vieler weiterer Staaten ist von ihm beeinflußt. *Born*, International Commercial Arbitration, S. 33.

[610] So in Kalifornien (CCP §§ 1280ff.), Connecticut, Oregon und Texas.

[611] CCP §§ 1141.10ff.; N.Y. CPLR § 3405.

[612] Restatement Second Judgments, § 84 comment a.

folgenden ausgeklammert. Die Untersuchung wird sich auf den FAA und das UNÜ konzentrieren, die auch von Staatengerichten anzuwenden sind.[613]

1. Präklusion durch Schiedsspruch und confirmation

Einwendungen gegen den im Schiedsspruch titulierten Anspruch werfen fast immer die Frage nach der Präklusionswirkung des Spruchs auf. Wurde der Spruch bereits in einem gerichtlichen Verfahren bestätigt, so kommt zudem eine Präklusionswirkung der *confirmation* in Frage. Die Unterscheidung dieser beiden Präklusionstatbestände ist praktisch schwierig, da die Rechtsprechung zur Präklusionswirkung von Schiedssprüchen fast immer gerichtlich bestätigte Sprüche betrifft und nicht erkennen läßt, ob die festgestellte Wirkung allein auf dem Spruch oder auch auf der gerichtlichen Bestätigung beruht.[614]

Die Frage, welche Präklusionswirkung schon einem unbestätigten Spruch zukommt, stellt sich in der Praxis nur in einigen Konstellationen. Die nach der Rechtsprechung zu urteilen noch relativ häufigste ist, daß die unterlegene Partei (z.B. der Schuldner) ihrerseits klagt, bevor der Schiedsspruch bestätigt ist. Klagt sie vor einem Schiedsgericht, so ist bereits umstritten, ob dieses befugt ist, über den Umfang der Rechtskraftwirkung eines früheren (Schieds-)Verfahrens zu befinden.[615] Der Gegenpartei, die dem Zweitverfahren die Rechtskraft des früheren Schiedsspruchs entgegenhalten will, bleibt die Möglichkeit einer Klage vor staatlichen Gerichten, das weitere Betreiben des Schiedsverfahrens zu unterlassen.[616] Auf die Rechtskraftwirkung des noch unbestätigten Schiedsspruchs kommt es auch an, wenn bereits im Bestätigungsverfahren Einwände erhoben werden, die den titulierten Anspruch betreffen, sofern man solche Einwände in diesem Verfahren überhaupt zuläßt.[617] Schließlich kann im internationalen Kontext die Rechtskraftwirkung des Spruchs unabhängig von seiner Bestätigung eine Rolle spielen, wenn er im Heimatstaat noch nicht bestätigt wurde oder wenn die Bestä-

---

613 *Born*, International Commercial Arbitration, S. 32f.; Brenner, S. 91.

614 Vgl. etwa *Kamakazi Corp. v. Robbins Music Corp.*, 534 F.Supp. 69, 80 (S.D.N.Y. 1982); *Ritchie v. Landau*, 475 F.2d 151, 154 (2d Cir. 1973); *Norris v. Grosvenor Marketing Ltd.*, 803 F.2d 1281, 1285 (2d Cir. 1986). Ausnahme: *Leddy v. Standard Drywall, Inc.* 875 F.2d 383 (385) (2nd Circuit 1989).

615 Für ausschließliche Befugnis der staatlichen Gerichte *Rembrandt Industries v. Hodges International, Inc.*, 344 N.E.2d 383 (N.Y. 1976); *In the matter of Weinberger*, 340 N.Y.S. 2d 720 (1973); *Conforti & Eisele*, 469 N.Y.S. 2d 400 (1983); *Oehmke*, § 74:13; *Domke/Wilner*, § 31:02 bei Fn. 11.

616 Dieser Weg wird auch praktisch häufig eingeschlagen, wie die folgenden Entscheidungen zeigen: *In the matter of Weinberger*, 340 N.Y.S. 2d 720 (1973); *Springs Cotton Mills v. Buster Boy Suit. Co.*, 88 N.Y.S. 2d 295 (1949); *Quam v. United Fire & Casualty Co.*, 440 N.W.2d 131 (Minn. App. 1989).

617 Dazu sogleich unten.

tigung zwar erteilt oder verweigert wurde, diese Zweitentscheidung in den USA aber nicht anzuerkennen ist.[618]

Auch außerhalb dieser Situationen, in denen es allein auf die Präklusionswirkung des Schiedsspruchs selbst ankommt, ist es sinnvoll, die Präklusionswirkung des Schiedsspruchs von der einer späteren gerichtlichen Bestätigung oder anderer Umstände (z.B. Verstreichen von Rechtsbehelfsfristen) zu unterscheiden.

Zur Bestimmung der Rechtskraftwirkung ist zunächst das Statut der Rechtskraft zu ermitteln. Dies spielt in den USA nicht nur bei ausländischen Schiedssprüchen, sondern wegen der Vielfalt der Jurisdiktionen häufig auch bei inländischen eine Rolle. Im Vergleich zur Rechtskraft eines entsprechenden gerichtlichen Urteils sind sodann einige Besonderheiten des Schiedsverfahrens zu beachten, insbesondere die Begrenzung der Rechtskraft in bezug auf nicht schiedsfähige oder nicht schiedsgebundene Ansprüche oder Einwände. Zu beachten ist auch, ob Einwände im Schiedsverfahren im selben Umfang vorgebracht werden müssen wie im staatlichen. Diese Elemente der Rechtskraftbestimmung sind nun näher zu untersuchen.

a) Statut der Rechtskraftwirkung des Schiedsspruchs

Manche Autoren treten dafür ein, auf die Wirkungen des Schiedsspruchs das am Ort des Schiedsverfahrens geltende Recht anzuwenden.[619] Sie können sich auf einige bundesgerichtliche Entscheidungen berufen.[620] Andere meinen dagegen, ebenfalls gestützt auf bundesgerichtliche Entscheidungen,[621] die *lex causae* bestimme den Umfang der Rechtskraftwirkung.[622] Praktisch ist die Anwendung ausländischen Rechts durch amerikanische Gerichte zur Bestimmung der Präklusionswirkung eines ausländischen Schiedsspruchs jedenfalls die Ausnahme.[623]

---

[618] Vgl. *Chromalloy Aeroservices (Arab Republic)*, 939 F.Supp. 907 (D.D.C. 1996).

[619] *Shell*, 35 U.C.L.A. L. Rev. 623, 627 Fn. 17.

[620] *Gayer v. Merrill Lynch, Pierce, Fenner & Smith, Inc.*, N° 85–2854 (E.D.Pa. 14.08. 1986); *Lynne Carol Fashions, Inc. v. Cranston Print Works Co.*, 453 F.2d 1177, 1184 (3rd Cir. 1972). Auch die Entscheidung *Ritchie v. Landau*, 475 F.2d 151, 154 (2d Cir. 1973) kann so interpretiert werden.

[621] Insbesondere *Kamakazi Music Corp. v. Robbins Music Corp.*, 534 F.Supp. 69, 80 (S.D.N.Y. 1982). Die gern zitierte Entscheidung des *Supreme Court* in *Blonder-Tongue Laboratories v. University of Illinois Foundation,* 402 U.S. 313, 324 Fn. 12 (1971) enthält dagegen weder eine Aussage zu Schiedssprüchen noch ein eindeutiges Bekenntnis zur Geltung der *lex causae*. Unterschiedlichen Interpretationen sind auch die etwa von *Born*, International Commercial Arbitration, S. 683 Fn. 414, 415 zitierten Entscheidungen *Norris v. Grosvenor Marketing Ltd.,* 803 F.2d 1281, 1285 (2d Cir. 1986); *Ritchie v. Landau,* 475 F.2d 151, 154 (2d Cir. 1973) zugänglich: Zum einen handelte es sich um bereits bestätigte Schiedssprüche, zum anderen war das in der Sache angewandte Recht zugleich auch das Recht am Sitz des Schiedsgerichts.

[622] *Born*, International Commercial Arbitration, S. 683.

[623] *Born*, International Commercial Arbitration, S. 682; vgl. aber *Engelbrechten v. Galvanoni & Nevy Bros.*, 300 N.Y.S. 2d 239, 241 (1969).

b) Präklusionswirkung des Schiedsspruchs nach US-Bundes- und Staatenrecht

Manche halten bei einem noch unbestätigten Schiedsspruch die für Urteile entwickelten allgemeinen Präklusionsregeln für nicht anwendbar.[624] Die Rechtsprechung wendet jedoch die ihr vertrauten Prinzipien regelmäßig an ohne dies näher zu problematisieren und macht nur punktuell Ausnahmen.[625] Die Präklusionswirkungen, die damit Schiedssprüchen beigelegt werden, gehen gelegentlich ausgesprochen weit. Allerdings lassen viele Entscheidungen nicht klar erkennen, ob die Wirkung allein auf dem Schiedsspruch beruht oder in Verbindung mit der bereits erfolgten *confirmation* entsteht.[626] Einwendungen des Schuldners gegen den titulierten Anspruch sind grundsätzlich durch die *res judicata*-Wirkung des Spruchs präkludiert. Die Grenzen dieser Wirkung hängen wieder davon ab, wie weit man den präklusionsrelevanten *claim* faßt. Bei einer engen Definition sind etwa gegenüber einem vertraglichen Anspruch Einwendungen aus Delikt oder die Aufrechnung mit einer Gegenforderung aus einem anderen Vertrag nicht durch die *res judicata*-Wirkung ausgeschlossen. Die Rechtsprechung verfährt bei der Abgrenzung des vom Schiedsgericht entschiedenen *claim* unterschiedlich großzügig, was für das Ergebnis eine erhebliche Rolle spielen kann.[627] Nicht durch *res judicata* ausgeschlossene Einwände können aber dennoch präkludiert sein, wenn der Schuldner sie hätte vorbringen müssen (*compulsory*

---

[624] *Born*, International Commercial Arbitration, S. 683; ebenso *Shell*, 35 U.C.L.A. L. Rev. 623, 658 ff. (1988), der allerdings deutlich macht, daß die Rechtsprechung diesen Standpunkt überwiegend nicht teilt.

[625] Restatement Second Judgments, § 84; *Born*, International Commercial Arbitration, S. 684, Fn. 417 ff.; *City of Gainsville v. Island Creek Coal Sales Co.*, 618 F.Supp. 513, 517–518 (N.D. Fla. 1984); *Shell*, 35 U.C.L.A. L. Rev. 623, 642 (1988) m.w.N. So stellt etwa die Entscheidung *McDonald v. City of West Branch*, 466 U.S. 284; 104 S. Ct. 1799, 1801 ff. (1984) nicht etwa grundsätzlich fest, die allgemeinen Präklusionsregeln seien auf unbestätigte Schiedssprüche nicht anwendbar (so aber wohl *Born*, International Commercial Arbitration, S. 683), sondern hält nur aufgrund einer rein am Wortlaut orientierten Auslegung das *full faith and credit*-Gesetz, 28 USC § 1738 für nicht anwendbar. Eindeutig gegen Rechtskraftwirkungen eines unbestätigten Schiedsspruchs aber *Leddy v. Standard Drywall, Inc.* 875 F.2d 383 (385) (2nd Circuit 1989) – allerdings ohne nähere Begründung.

[626] Besonders instruktiv aus der Vielzahl der Entscheidungen: *Springs Cotton Mills v. Buster Boy Suit. Co.*, 88 N.Y.S. 2d 295 (1949) – auf Säumnis des Beklagten ergangener Schiedsspruch über den Kaufpreis steht einer späteren Schadensersatzklage des Käufers wegen Mängeln der Kaufsache entgegen; *Brandt v. Lawson Associates*, 196 N.Y.S. 2d 835 (1960) – Schiedsspruch, mit dem ein Unterlassungsanspruch aufgrund eines vertraglichen Wettbewerbsverbots tituliert wird, steht einer späteren weiteren Klage des Gläubigers auf Schadensersatz wegen schon vor Erlaß des Schiedsspruchs erfolgter Verletzungen des Wettbewerbsverbots entgegen.

[627] So z.B. wenn sich ein Käufer, nachdem er durch Schiedsspruch zur Kaufpreiszahlung verurteilt worden ist, nachträglich auf die Mangelhaftigkeit der Kaufsache berufen will: *Spring Cotton Mills v. Buster Boy Suit. Co.*, 88 N.Y.S. 2d 295 (1949) versus *Rembrandt Industries v. Hodges International, Inc.*, 344 N.E.2d 383 (N.Y. 1976); allerdings Geltendmachung jeweils nicht gegen den titulierten Anspruch, sondern separat. Im Fall *Spring Cotton Mills* hatte der Schuldner den Schiedsspruch bereits bezahlt, es handelte sich also de facto um eine (teilweise) Rückforderung in Form einer Schadensersatzklage.

counterclaim) oder wenn im Schiedsverfahren rechtskräftige Feststellungen getroffen wurden, die diesen Ansprüchen entgegenstehen (*collateral oder issue estoppel*).[628] Die *collateral estoppel*-Wirkung von Schiedssprüchen ist allerdings wesentlich problematischer als ihre *res judicata*-Wirkung;[629] die wohl überwiegende Rechtsprechung prüft insoweit von Fall zu Fall, ob das Schiedsgericht die betreffende Feststellung auf der Basis eines Verfahrens getroffen hat, das einem gerichtlichen vergleichbar ist.[630]

Ein Schiedsspruch mit vereinbartem Inhalt[631] soll dieselben Wirkungen haben, wie ein nach streitigem Verfahren erlassener.[632]

Hinsichtlich der zeitlichen Grenzen der Rechtskraft ergeben sich bei Schiedssprüchen kaum Abweichungen gegenüber den allgemeinen Regeln für Urteile.[633] Hinsichtlich der sachlichen Grenzen der Rechtskraft gelten dagegen für Schiedssprüche einige Besonderheiten, die erhebliche zusätzliche Schwierigkeiten bei der Bestimmung der Präklusionswirkung bereiten können:[634] Nicht präkludiert sind (Gegen-)Ansprüche und Einwendungen, die nicht schiedsfähig sind.[635] Allerdings werden seit der Entscheidung des *Supreme Court* in *Mitsubishi Motors Corp. v. Soler Chrysler-Plymouth, Inc.*[636] kaum noch Rechtsgebiete oder Ansprüche als grundsätzlich nicht schiedsfähig angesehen.[637] Kartellrechtliche Ansprüche und Einwände sind nun grundsätzlich schiedsfähig,[638] ebenso Patentstreitigkeiten und verschiedene Arten von Streitigkeiten im Bereich des Kapitalmarkt- und Anleger-

---

628 Zur Bedeutung des *claim*-Verständnisses für die Abgrenzung von *res judicata* und *collateral estoppel*-Wirkung eines Schiedsspruch *Shell*, 35 U.C.L.A. L. Rev. 623, 642f. (bei N. 99ff.) (1988).

629 *Shell*, 35 U.C.L.A. L Rev. 623, 647ff. (1988); *Motomura*, 63 Tul. L. Rev. 29 (1988).

630 Zu diesem *case by case approach Motomura*, 63 Tul. L. Rev. 29, 35ff. (1988) m. kritischer Stellungnahme a.a.O., S. 80ff.

631 Vgl. § 1053 ZPO; CPLR § 7508.

632 *McKinney*-Alexander C7508 m.w.N. aus den Gesetzgebungsmaterialien. Diese Gleichstellung wirft ähnliche Fragen auf wie die oben diskutierte eines *judgment by confession* mit einem regulären.

633 Ansprüche und Einwendungen, die nach Abschluß des Schiedsverfahrens entstehen, sind regelmäßig nicht präkludiert: *Domke/Wilner*, § 39:04; *Nores Holding Corp. v. Anziano*, 26 N.Y.S. 2d 686 (1941). Entscheidungen, die auch mit Hinblick auf zukünftige Entwicklungen abschließend sein sollen, sind ebenfalls möglich, etwa bei der Abgeltung zukünftiger Schäden: *Quam v. United Fire & Casualty Co.*, 440 N.W.2d 131 (Minn. App. 1989).

634 Eindrucksvolles Beispiel: *National Railroad Passenger Corp. v. Blanchette*, 551 F.2d 127 (7th Cir. 1977).

635 Restatement Second Judgments, § 84 Abs. 2; *Born*, International Commercial Arbitration, S. 685; *McDonald v. City of West Branch*, 466 U.S. 284 (1984).

636 473 U.S. 614 (1985).

637 *Born*, International Commercial Arbitration, S. 365ff. Dies gilt jedenfalls für den Bereich des FAA. Das Staatenrecht kann in seinem Bereich weniger liberal sein, vgl. für New York *McKinney*-Alexander C7501:13.

638 Dies gilt inzwischen nicht nur für internationale, sondern auch für rein nationale Schiedsverfahren, vgl. *Cindy's Candle Co. v. WNS Inc.*, 714 F.Supp. 973 (N.D. Ill. 1989).

schutzrechts.[639] Ausnahmen und Unklarheiten bestehen noch bei Ansprüchen nach dem *Carriage of Goods by Sea Act,*[640] bei *punitive damages*[641] und – im Kontext dieser Arbeit besonders signifikant – bestimmten Einwänden gegen die Wirksamkeit eines Vertrages, auf den der Schiedskläger seine Ansprüche stützt.[642] Auf Ansprüche und Einwände, die nach diesen Regeln nicht schiedsfähig sind, kann sich, dies erscheint selbstverständlich, die Präklusionswirkung des Schiedsspruchs nicht beziehen. Dies ist für die *res judicata*-Wirkung auch unbestritten. Schwierigkeiten ergeben sich jedoch aus der auch in der Rechtsprechung verbreiteten Ansicht, die in einem Schiedsspruch getroffenen *präjudiziellen Feststellungen* entfalteten auch hinsichtlich *nicht* schiedsfähiger Ansprüche und Einwendungen Bindungswirkung (*collateral estoppel*).[643] Damit werden allerdings die Grenzen der Schiedsfähigkeit indirekt unterlaufen, will man nicht dem Schuldner die Möglichkeit geben, wegen der drohenden Bindungswirkung zunächst das gesamte Schiedsverfahren zu stoppen, bis ein staatliches Gericht entschieden hat. Manche Autoren und Gerichte stehen einer solchen Bindungswirkung daher ablehnend gegenüber.[644]

Eine weitere Grenze der Präklusionswirkung ist der Umfang der Schiedsklausel. Ansprüche und Einwendungen, die nicht der Schiedsabrede unterfallen, können auch nicht mit Rechtskraft beschieden werden.[645] Diese Einschränkung kann erhebliche praktische Bedeutung bekommen, da die Gerichte Schiedsklauseln bisweilen eigenwillig und wortklauberisch auslegen.[646] Bei entsprechend enger Auslegung bleiben Einwände wie die Unwirksamkeit des Vertrages wegen Wil-

---

[639] *Born*, International Commercial Arbitration, S. 366f.; *Shell*, 35 U.C.L.A. L. Rev. 623, 638 (1988).

[640] *Born*, International Commercial Arbitration, S. 365 m.w.N.

[641] Nicht schiedsfähig nach New Yorker Recht, *Garrity v. Lyle Stuart, Inc.,* 386 N.Y.S. 2d 831, 353 N.E.2d 793 (N.Y. App. 1976); *Dean Witter Reynolds, Inc. v. Trimble,* 631 N.Y.S. 2d 215 (1995). Anders das Bundesrecht nach FAA, das insofern auch bei New Yorker *lex causae* anwendbar bleibt, *Mastrobuono v. Shearson Lehman Hutton, Inc.* 514 U.S. 52 (1995). *McKinney*-Alexander C7501:13.

[642] *Corall v. State Farm Mutual Auto. Ins.* Co., 155 Cal. Rptr. 342 (Cal. App. 1979), anders dagegen *Mar-Len of L.A. Inc. v. Parsons-Gilbane*, 773 F.2d 633, 637 (5th Cir. 1985) und die wohl zutreffende Differenzierung in *Rudell v. Comprehensive Accounting Corp.*, 802 F.2d 926, 932 (7th Cir. 1986).

[643] *Rudell v. Comprehensive Accounting Corp.*, 802 F.2d 926, 928ff. (7th Cir. 1986); *City of Gainsville v. Island Creek Coal Sales Co.*, 618 F.Supp. 513 (N.D. Fla. 1984); *Shell*, 35 U.C.L.A. L. Rev. 623, 643 m.w.N.

[644] *Motomura*, 63 Tul. L. Rev. 29, 68ff. (1988); aus der Rechtsprechung vgl. *University Life Insurance Co. v. Unimark Ltd.*, 699 F.2d 846 (7th Cir. 1983).

[645] Restatement Second Judgments, § 84 Abs. 4; *Domke/Wilner*, § 39:04 bei Fn. 6; 11 *Witkin*, Summary of California Law, ch. 18 § 39, 1996 Supp. (c), S. 292; *Cobler v. Stanley, Barber, Southard, Brown & Associates*, 265 Cal. Rptr. 868 (Cal. App. 1990); vgl. auch *Weinberger v. Friedman*, 340 N.Y.S. 2d 720 (1973).

[646] Instruktiv *Born*, International Civil Litigation in U.S.-Courts, S. 1037f. m. zahlreichen Beispielen; *McKinney*-Alexander C7501:4; *Michele Amoruso e Figli v. Fisheries Dev. Corp.*, 499 F.Supp. 1074, 1080 (S.D.N.Y. 1980).

lensmängeln oder Gesetzwidrigkeit,[647] die Aufrechnung mit Gegenforderungen[648] oder Abänderungsbegehren[649] in weitem Umfang auch nach Abschluß des Schiedsverfahrens möglich.

Bei selbständigen Einwänden (*counterclaims*) stellt sich, selbst wenn sie von der Schiedsklausel umfaßt sind, die zusätzliche Frage, ob der beklagte Schuldner verpflichtet ist, sie im Schiedsverfahren vorzutragen und anderenfalls präkludiert wird. Zieht man die Grenzen des *claim* für Zwecke der *res judicata*-Wirkung relativ eng, so wird diese Frage besonders relevant, weil dann ein relativ großer Bereich an *counterclaims* verbleibt.[650] Die meisten Schiedsordnungen enthalten keine FRCP 13 (a) entsprechende *compulsory counterclaim rule.*[651] Dennoch haben manche Gerichte ausdrücklich festgestellt, der Beklagte sei verpflichtet, *counterclaims* im Schiedsverfahren geltend zu machen, wobei die Rechtsgrundlage der Präklusionssanktion nicht immer eindeutig ist.[652] Andere Gerichte haben jedoch in ganz ähnlichen Fällen eine Präklusionswirkung und damit indirekt auch eine Pflicht zur Geltendmachung abgelehnt.[653]

c) Präklusionswirkung der confirmation des Schiedsspruchs

Inländische Schiedssprüche gehen in dem *confirmation* – Urteil auf (*merger*).[654] Selbst da, wo es auf eine *zusätzliche* Präklusionswirkung des *confirmation*-Verfahrens nicht ankommt, stellen die Gerichte entsprechend der *merger*-Dok-

---

[647] *Michele Amoruso e Figli v. Fisheries Dev. Corp.*, 499 F.Supp. 1074, 1080 (S.D.N.Y. 1980) – Täuschung (*fraud*); *American President Lines, Ltd. v. Woolman, Inc.*, 239 F.Supp. 833, 835 f. (S.D.N.Y. 1964) – *illegality*.

[648] Vgl. zur Aufrechnung etwa *Airfloor Co. of California v. The Regents of the University of California*, 158 Cal. Rptr. 856 (Cal. App. 1979). Unter Umständen kann aber auch ein erneutes Schiedsverfahren notwendig sein, vgl. *Hewlett Packard Co. v. Berg*, 61 F 3rd 101, 106 (1st Cir. 1995).

[649] *Bowmer v. Bowmer,* 428 N.Y.S. 2d 902, 906 f., 406 N.E.2d 760, 763 f. (1980) – keine Befugnis des Schiedsgerichts, einen Unterhaltsanspruch wegen Umstandsänderung anzupassen.

[650] *Shell*, 35 U.C.L.A. L. Rev. 623, 643 (1988).

[651] *Shell*, 35 U.C.L.A. L. Rev. 623, 645 Fn. 115 (1988); zur *compulsory counterclaim rule* allgemein bereits oben.

[652] *Springs Cotton Mills v. Buster Boy Suit. Co.*, 88 N.Y.S. 2d 295, 298 (1949), besonders interessant die Ausführungen S. 298 oben, die darauf hinauslaufen, daß im Schiedsverfahren insofern *strengere* Maßstäbe gelten als im ordentlichen Gerichtsverfahren; *Ritchie v. Landau*, 475 F.2d 151, 156 Fn. 5 (2d Cir. 1973); *Maxwell Shapiro Woolen Co. v. Amerotron Corp.*, 158 N.E.2d 875 (1959); vgl. auch *Rudell v. Comprehensive Accounting Corp.*, 802 F.2d 926, 928 ff. (7th Cir. 1986).

[653] *Rembrandt Industries v. Hodges Int'l, Inc.*, 381 N.Y.S. 2d 451 (1976) – mit einem *Springs Cotton Mills v. Buster Boy Suit. Co.*, 88 N.Y.S. 2d 295 (1949) entgegengesetzten Resultat bei vergleichbarem Sachverhalt. Kritisch zu *Rembrandt* auch *Shell*, 35 U.C.L.A. L. Rev. 623, 666 a.E. (1988). Vgl. auch *Lynn Carol Fashions, Inc. v. Cranston Print Works Co.*, 453 F.2d 1177 (3rd Cir. 1972).

[654] *Domke/Wilner*, § 39:02.

trin bei einem bestätigten Schiedsspruch regelmäßig auf die Präklusionswirkung des Bestätigungsurteils ab.[655] Dieser Grundsatz wird allerdings nicht auf ausländische Schiedssprüche übertragen, sie können auch nach Bestätigung im Erststaat Gegenstand einer selbständigen Vollstreckbarerklärung nach dem UNÜ sein.[656] Im *confirmation*-Verfahren kann der Schuldner Aufhebungsgründe gegen den Schiedsspruch geltend machen und muß dies tun, da er anderenfalls mit ihnen präkludiert wird.[657] Teilweise wird sogar einem von der Schiedsorganisation vorgesehenen schiedsinternen Rechtsbehelf Präklusionswirkung beigelegt.[658] Die *confirmation* des Schiedsspruchs in einem anderen Bundesstaat kann selbst im Erststaat Rechtskraft- und Präklusionswirkung entfalten, wenn dort später die Aufhebung des Spruchs beantragt wird.[659]

Umstritten ist, ob das Verstreichen der (relativ kurzen) Fristen für eine Aufhebungsklage[660] Aufhebungsgründe auch dann präkludiert, wenn der Gläubiger binnen der hierfür geltenden längeren Frist einen Antrag auf *confirmation* stellt und der Schuldner in diesem Verfahren nunmehr Aufhebungsgründe geltend macht.[661] Ob diese Präklusionswirkung des Fristablaufs sich nur auf Aufhebungsgründe bezieht oder auch Vollstreckungsgegeneinwände erfaßt, hängt zunächst vor allem davon ab, ob diese Einwände im *confirmation*-Verfahren zulässig sind.[662]

2. Berücksichtigung durch ein Schiedsgericht

Einwände gegen den im Schiedsspruch titulierten Anspruch sind in den USA nach wohl überwiegender Ansicht schiedsfähig und daher vor einem Schiedsgericht geltend zu machen, wenn sie von der Schiedsabrede umfaßt sind:

---

655 *Domke*, § 39:02, *Born*, International Commercial Arbitration, S. 683 bei Fn. 409; vgl. auch *Mitshubishi Motors Corp. v. Soler Chrysler-Plymouth Inc.*, 814 F.2d 844, 847 (1st Cir. 1987).

656 *Oil Cakes & Oil Seeds Trading Co. v. Sinason Teicher Inter American Grain Corp.*, 170 N.Y.S. 2d 378 (1958) – englischer Schiedsspruch.

657 *The Hartbridge*, 57 F.2d 672 (2d Cir. 1932); *Jacobowitz v. Herson*, 197 N.E. 169, 171 (N.Y. App. 1935); *Brandt v. Lawson Associates*, 196 N.Y.S. 2d 835, 839 (1960); *Rudell v. Comprehensive Accounting Corp.*, 802 F.2d 926, 930 (7th Cir. 1986). In diesen Entscheidungen wird jeweils explizit auf die Präklusionswirkung des Bestätigungsurteils abgestellt.

658 *Sue Klau Enterprises, Inc. v. American Fidelity Fire Ins.* Co., 551 F.2d 882, 886 (1st Cir. 1977).

659 *Brinker v. Superior Court of Los Angeles*, 1 Cal. Rptr. 2d 358 (Cal. App. 1991).

660 FAA § 10 (1) – drei Monate; N.Y. CPLR § 7511, UAA § 12 – jeweils 90 Tage; CCP § 1288–100 Tage.

661 Für Präklusion durch Fristablauf *Florasynth Inc. v. Pickholz*, 750 F.2d 171, 174 f. (2d Cir. 1984), *Tokura Construction Co. v. Corporacion Raymond*, 533 F.Supp. 1274, 1277 f. (S.D. Tex. 1982); gegen diese Wirkung *Plum Creek Lumber Co. v. Hutton*, 452 F.Supp. 575 (D. Mont. 1978) und *Rico Enterprises Inc. v. Seattle Supersonics Corp.*, 357 F.Supp. 521, 523 (S.D.N.Y. 1973); skeptischer *Chauffeurs Union N° 364 v. Ruan Transportation Corp.*, 473 F.Supp. 298 (N.D. Ind. 1979).

662 Dazu sogleich unten.

a) Schiedsfähigkeit von Einwänden gegen einen Schiedsspruch

Mit Erlaß eines abschließenden Schiedsspruchs endet nach der *functus officio* – Lehre des *common law* das Amt der Schiedsrichter und sie verlieren jede Entscheidungsbefugnis.[663] Dies soll der besonderen Manipulationsgefahr begegnen, die nach Erlaß des Schiedsspruchs besteht, wenn sich eine enttäuschte Partei erneut an die Schiedsrichter wendet, um eine „Nachbesserung" zu erreichen.[664] Jede nachträgliche Abänderung des Schiedsspruchs durch die Schiedsrichter ist damit ausgeschlossen, nur die Korrektur offensichtlicher (Schreib- oder Rechen-)Fehler und die Beseitigung von Unklarheiten im Tenor (zweifelhafter: in den Gründen) des Spruchs sind zulässig.[665] Die Berücksichtigung eines Vollstreckungsgegeneinwands wäre nach diesen Grundsätzen dem ursprünglichen Schiedsgericht nicht erlaubt, da sie keine bloße Klarstellung ist. Allerdings lassen zahlreiche Entscheidungen erkennen, daß das Schiedsgericht seine Entscheidungskompetenz behält, wenn von Anfang an erkennbar ist, daß auch nach Erlaß des Schiedsspruchs noch Streitfragen entstehen können, die mit diesem zusammenhängen und der Schiedsabrede unterfallen, etwa weil das Schiedsgericht eine Partei zur Naturalerfüllung (*specific performance*)[666] oder einer noch im einzelnen festzulegenden Leistung[667] verurteilt hat, der Schiedsspruch eine Dauerwirkung entfaltet,[668] eine periodische Anpassung des Spruchs erforderlich ist, die das Schiedsgericht zu überwachen hat[669] oder es sich um einen langfristigen Vertrag handelt, bei dem dieselbe Streitfrage wieder auftauchen kann.[670] Diesen Fällen ist das allgemeine Prinzip

---

[663] *Born*, International Commercial Arbitration, S. 576f.; *La Vale Plaza Inc. v. Noonan*, 378 F.2d 569, 572f. (3rd Cir. 1967) mit Beschreibung der historischen Hintergründe. S.a. oben, Kap. 4, England.

[664] Eingehend *La Vale Plaza Inc. v. Noonan*, 378 F.2d 569, 572 (3rd Cir. 1967).

[665] *Born*, S. 577. Vgl. auch CCP § 1284, N.Y. CPLR § 7509. Die Abgrenzung zwischen noch zulässigen und bereits unzulässigen Ergänzungen kann im Einzelfall schwierig sein und hat die Rechtsprechung immer wieder beschäftigt, *La Vale Plaza Inc. v. Noonan*, 378 F.2d 569 (3rd Cir. 1967); *Paperhandlers Union N° 1 v. U.S. Trucking Corp.*, 441 F.Supp. 469 (S.D.N.Y. 1977); *Severtson v. Williams Constructions Co.*, 220 Cal. Rptr. 400 (Cal. App. 1985); *Seafarer Fiberglass Yachts, Inc. v. Chelius,* 492 N.Y.S. 2d 72 (1985). Zur Berücksichtigung einer (rein technischen) Umstandsänderung nach der mündlichen Verhandlung, aber vor Erlaß des Spruchs: *Matter of Tamaron Investments, Inc.,* 637 N.Y.S. 2d 637 (1996).

[666] *McIntosh v. Funge*, 292 P 960, 962 (Cal. S. Ct. 1930); *Engis Corp. v. Engis Ltd.*, 800 F.Supp. 627, 632 (N.D. Ill. 1992).

[667] *Meisels v. Uhr*, 583 N.Y.S. 2d 951, 955, 593 N.E.2d 1359, 1363 (1992); *Dreis & Krump Mfg. Co. v. International Assoc. of Machinists & Aerospace Workers*, 802 F.2d 247, 249 (7th Cir. 1986).

[668] *Born*, International Commercial Arbitration, S. 577; *Dreis & Krump Mfg. Co. v. International Assoc. of Machinists & Aerospace Workers*, 802 F.2d 247, 250 (7th Cir. 1986); *Engis Corp. v. Engis Ltd.*, 800 F.Supp. 627, 632 (N.D. Ill. 1992).

[669] *Anderman/Smith Operating Co. v. Tennessee Gas Pipeline Co.*, 918 F.2d 1215 (5th Cir. 1990), periodische Preisanpassung in einem Energielieferungsvertrag, das Schiedsgericht bleibt für die Überwachung zuständig.

[670] *Proodos Marine Carriers Co. v. Overseas Shipping and Logistics,* 578 F.Supp. 207, 211 (S.D.N.Y. 1984).

zu entnehmen, daß die *functus officio* – Lehre einem späteren Tätigwerden der Schiedsrichter in bezug auf den titulierten Anspruch dann nicht entgegensteht, wenn dies im Schiedsspruch ausdrücklich vorbehalten[671] oder wegen der Natur des titulierten Anspruchs implizit ist oder wenn es von Anfang an Gegenstand der Schiedsabrede war oder die Parteien sich nachträglich hierauf einigen.[672]

Auch in Fällen, in denen die Schiedsrichter *functi officio* sind, kann ein angerufenes staatliches Gericht den Streit unter Umständen noch an das Schiedsgericht zurückverweisen.[673] Allerdings erwähnen die gesetzlichen Regelungen über die Zurückverweisung nicht den Fall von Vollstreckungsgegeneinwänden, die der Schiedsabrede unterfallen. Eine Zurückverweisung ist zulässig, wenn die Schiedsrichter nicht alle Fragen entschieden haben, die ihnen unterbreitet wurden[674] oder wenn der Schiedsspruch wegen schwerwiegender Verfahrensfehler,[675] Betrugs[676] oder Mehrdeutigkeit[677] aufzuheben ist.[678] Die in diesen Fällen gegebenen Begründungen würden häufig auch eine Zurückverweisung zur Klärung eines Vollstreckungsgegeneinwands erlauben, wenn er der Schiedsabrede unterfällt. Damit erscheint ein Analogieschluß zumindest denkbar, wenn auch bei weitem nicht sicher etabliert.

Ein gravierendes Hindernis für die Schiedsfähigkeit von Vollstreckungsgegeneinwänden bestünde allerdings, wenn es allein den staatlichen Gerichten vorbehalten wäre, den Rechtskraftumfang eines Schiedsspruchs im Rahmen einer späteren Auseinandersetzung festzustellen. Diese Ansicht wird tatsächlich von New Yorker Gerichten gelegentlich vertreten,[679] insgesamt ist die Rechtsprechung uneinheitlich.[680]

---

[671] *Engis Corp. v. Engis Ltd.*, 800 F.Supp. 627, 632 (N.D. Ill. 1992).

[672] Vgl. *Eisenstein v. Rednick,* 187 N.Y.S. 2d 409 (1959) – Zurückverweisung an das Schiedsgericht.

[673] *Remand*, vgl. FAA § 10 (a)(5); CCP § 1287; UAA § 12 (c).

[674] Bryant, 37 A.L.R.3rd 200 [5 b] mit zahlr. Nachw.

[675] *Citizens Building of West Palm Beach, Inc. v. Western Union Tel. Co.*, 120 F.2d 982 (5th Cir. 1941); CCP § 1287; CPLR § 7511 (d).

[676] *Foster v. Turley*, 808 F.2d 38 (10th Cir. 1986).

[677] *Diapulse Corp. of America v. Carba, Ltd.*, 626 F.2d 1108 (2d Cir. 1980); *Olympia & York Florida Equity Corp. v. Gould*, 776 F.2d 42 (2d Cir. 1985).

[678] Die Schiedsabrede ist nach ganz allgemeiner Ansicht durch das fehlerhafte Verfahren nicht verbraucht, vgl. *Born*, International Commercial Arbitration, S. 463. Zur Unterscheidung zwischen dem Ende der Befugnisse der Schiedsrichter einerseits und der fortbestehenden Möglichkeit einer Zurückverweisung an ein neues Schiedsgericht andererseits vgl. *Citizens Building of West Palm Beach, Inc. v. Western Union Tel. Co.*, 120 F.2d 982, 984 (5th Cir. 1941).

[679] *Rembrandt Industries v. Hodges International, Inc.*, 344 N.E.2d 383 (N.Y. App. 1976); *In the matter of Weinberger,* 340 N.Y.S. 2d 720 (1973); *Conforti & Eisele*, 469 N.Y.S. 2d 400 (1983). *Anders* dagegen *City School District of Tonawanda v. Tonawanda Educ. Ass'n.* 482 N.Y.S. 2d 258, 472 N.E.2d 34; *Medina Power Co. v. Small Power Producers, Inc.*, 661 N.Y.S. 2d 399 (1997); *Port Authority of N.Y. and N.J. v. Port Authority Police Sergeants Ass'n.,* 639 N.Y.S. 2d 808 (1996).

[680] *Domke/Wilner*, § 31:02 bei Fn. 11; *Oehmke*, § 74:13; *McKinney*-Alexander C7501:9.

b) Umfang der Schiedsabrede

Sind Vollstreckungsgegeneinwände grundsätzlich schiedsfähig, so hängt es vom Umfang der Schiedsabrede im Einzelfall ab, ob sie vor einem Schiedsgericht geltend gemacht werden können und müssen.[681] Amerikanische Gerichte legen Schiedsvereinbarungen häufig weit aus,[682] eine weit formulierte Schiedsklausel kann auch *counterclaims* umfassen[683] und auch Vollstreckungsgegeneinwände könnten wohl unter eine solche Abrede fallen, insbesondere wenn dies offensichtlich dem Interesse der Parteien an einer schnellen Entscheidung durch einen mit der Sache bereits vertrauten Spruchkörper entspricht.[684] Es gibt auch Beispiele für die Verweisung eines nach Erlaß des Schiedsspruchs entstandenen weiteren Streits an ein Schiedsverfahren unter derselben Schiedsklausel (aber nicht notwendig vor demselben Schiedsgericht).[685]

Ist der Einwand selbst nicht vor dem Schiedsgericht geltend zu machen, etwa weil er nicht schiedsgebunden ist, so kann der Schuldner dennoch gehalten sein, die Aussetzung der Vollstreckbarkeit des Schiedsspruchs vor dem Schiedsgericht zu beantragen und nicht (erst) vor dem staatlichen Gericht.[686]

3. Geltendmachung durch Rechtsbehelfe gegen den Schiedsspruch

Die Grundstuktur der Rechtsbehelfe gegen einen Schiedsspruch stimmt in den verschiedenen bundes- und staatenrechtlichen Regelungen trotz aller Unterschiede im Detail überein. Danach können die Parteien – regelmäßig nur innerhalb einer relativ kurzen Frist[687] – beantragen, daß ein zuständiges Gericht den Schiedsspruch aufhebt (*vacate*) oder abändert (*modify, correct*). Die Aufhebungsgründe sind gesetzlich enumeriert, und die Fälle, in denen eine Korrektur oder

---

[681] Zur Geltendmachung der Schiedseinrede bei Schiedsgebundenheit *Domke/Wilner*, § 18.01.

[682] *Domke*, § 31.01; *Born*, International Civil Litigation, S. 1037; *Born*, International Commercial Arbitration, S. 384. Illustrativ zu den Widersprüchen in der New Yorker Rechtsprechung *McKinney*-Alexander § 7501 Notes of decisions 54, 55, 57, 58. Für eine weite Auslegung etwa *City of Buffalo v. American Federation of State, County and Municipal Emp.*, 437 N.Y.S. 2d 141 (1981) – Streit über Erfüllung eines Vergleichs, der selbst keine Schiedsklausel enthielt, noch von ursprünglicher Schiedsklausel umfaßt.

[683] *Stone v. Freezer,* 111 N.Y.S. 2d 710 (1952); *Application of Rosenthal Porzellan AG,* 216 N.Y.S. 2d 128 (1961).

[684] Für eine weite Auslegung vgl. *Engis Corp. v. Engis Ltd.*, 800 F.Supp. 627, 632 (N.D. Ill. 1992); *Proodos Marine Carriers Co. v. Overseas Shipping and Logistics,* 578 F.Supp. 207, 212 (S.D.N.Y. 1984).

[685] *In the matter of the application of Cine-Source, Inc. v. Burrows,* 581 N.Y.S. 2d 9 (N.Y. App. 1992); *Plein v. Charchat,* 277 N.Y.S. 2d 862 (1966).

[686] Vgl. *Eurolines Shipping Co. v. Metal Transport Corp.*, 491 F.Supp. 590, 592 (S.D.N.Y. 1980); anders offensichtlich *Hewlett Packard Co. v. Berg*, 61 F 3rd 101, 106 (1st Cir. 1995).

[687] Drei Monate: FAA § 10 (1); 90 Tage: CPLR § 7511, UAA § 12; 100 Tage: CCP § 1288.

Abänderung des Spruchs durch das Gericht zulässig ist, ebenfalls eng umschrieben.[688]. Eine Berufung (*appeal*) ist ebensowenig vorgesehen wie eine *motion for new trial*, und die Liste der Aufhebungsgründe ist restriktiver als etwa nach FRCP 60 (b). Die Bindungswirkung eines Schiedsspruchs ist insofern höher als die eines Urteils.[689] In Kalifornien hat allerdings ein Berufungsgericht entschieden, ein Schiedsspruch könne nicht nur aus den in CCP § 1286.2 genannten Gründen aufgehoben werden, sondern darüber hinaus auch wie ein Urteil nach CCP § 473, dem Äquivalent zu FRCP 60 (b).[690] Die Entscheidung, die eine Aufhebung wegen entschuldigter Säumnis[691] für zulässig hielt, beruht auf einer wohl unzulässigen Gleichsetzung von regulären Schiedssprüchen mit solchen, die im Rahmen einer *judicial arbitration* ergangen sind.[692] Andere kalifornische Entscheidungen haben denn auch die Anwendung von CCP § 473 oder allgemeinen *equity*-Aufhebungsbefugnissen der Gerichte auf Schiedssprüche ausdrücklich abgelehnt.[693]

Fazit: Die Aufhebung eines Schiedsspruchs aufgrund von Vollstreckungsgegeneinwänden ist in der Regel ausgeschlossen.

4. Vollstreckungsgegeneinwände im Exequaturverfahren

Um aus einem Schiedsspruch zu vollstrecken, muß der Gläubiger diesen rechtzeitig[694] in einem gerichtlichen Verfahren bestätigen lassen (*confirmation*), nach dessen erfolgreichem Abschluß ein Urteil ausgefertigt wird (*entry of judgment*), das denselben Inhalt hat wie der Schiedsspruch.[695] Die *confirmation* kann nur von einem Gericht ausgesprochen werden, das nach allgemeinen Regeln *jurisdiction* über die Gegenpartei hat, hierzu reicht unter Umständen nicht aus, daß das Schiedsverfahren im Gerichtsgebiet durchgeführt wurde.[696] Andererseits kann jedes Gericht mit *jurisdiction* über die Parteien auch einen anderswo erlas-

[688] FAA § 10 (2); N.Y. CPLR § 7511 (c); UAA § 13; CCP § 1286.6, § 1286.8. Einwände gegen den Anspruch (z.B. Aufrechnung) erfüllen keinen dieser Aufhebungsgründe: *Brenner*, 91, 96.

[689] Etwas anderes gilt für Schiedssprüche im Rahmen der *judicial arbitration*, die nicht Gegenstand dieser Untersuchung ist, vgl. CCP § 1141.20, 1141.23.

[690] *MJM, Inc. v. Iese Tootoo*, 219 Cal. Rptr. 100 (Cal. App., 2d District 1985).

[691] *„Mistake, inadvertence, surprise, or excusable neglect"*, CCP § 473 (b).

[692] *MJM, Inc. v. Iese Tootoo*, 219 Cal. Rptr. 100, 103 (Cal. App. 1985). zitiert zur Begründung ein Präjudiz, das zur *judicial arbitration* erging und wendet es ohne nähere Begründung auf den in einem klassischen Schiedsverfahren ergangenen Spruch an.

[693] *Communications Workers of America v. General Telephone Co. of Cal.*, 179 Cal. Rptr. 204 (Cal. App. 2d District 1981); *Usher v. Soltz*, 176 Cal. Rptr. 746 (1981).

[694] Die Fristen variieren. Ein Jahr: FAA § 9, N.Y. CPLR § 7510; drei Jahre: FAA § 207 (ausländische Schiedssprüche); vier Jahre: CCP § 1288; keine Zeitbegrenzung: UAA § 11.

[695] Zur *confirmation* als Vollstreckungsvoraussetzung vgl. *Vultee Aircraft Corp. v. United Auto., Aircraft & Agricultural Implement Workers*, 167 P.2d 725 (1946).

[696] *Domke/Wilner*, § 38:01.

senen Schiedsspruch unmittelbar für vollstreckbar erklären.[697] Dieses Vorgehen ist allerdings selten, meist wird das *confirmation*-Verfahren in dem Bundesstaat durchgeführt, in dem der Schiedsspruch ergangen ist. Das auf der Grundlage des Spruchs ergehende Urteil hat dann Anspruch auf „*full faith and credit*" und kann in anderen Bundesstaaten zum Zwecke der Vollstreckung registriert werden.[698]

a) Inländische Schiedssprüche

(1) Bundesrecht: FAA § 9

Nach FAA § 9 ist ein Schiedsspruch zu bestätigen, wenn nicht einer der Aufhebungs- oder Abänderungsgründe nach FAA §§ 10, 11 vorliegt. Selbstverständlich kann sich der Schuldner nicht auf Einwände gegen den titulierten Anspruch berufen, die bereits zur Zeit des Schiedsverfahrens bekannt waren und hätten geltend gemacht werden können, etwa das Erlöschen der titulierten Forderung durch Zahlung.[699] Aber auch die Aufrechnung mit einer streitigen Forderung, über die das Schiedsgericht im Ausgangsverfahren nicht entscheiden konnte oder wollte, ist im Bestätigungsverfahren nach FAA § 10 nicht zu beachten.[700] Die Geltendmachung eines solchen Einwandes hält man ebenso wie den Einwand einer Umstandsänderung bei einem Schiedsspruch mit Dauerwirkung[701] oder einen Antrag auf Abänderung des Schiedsspruchs[702] für unvereinbar mit der abschließenden Aufzählung der Aufhebungsgründe, dem klar abgegrenzten Gegenstand und der summarischen Natur des Verfahrens.[703] Aus demselben Grund sind umgekehrt auch Anträge des Gläubigers auf Titulierung zusätzlicher Forderungen oder sonstige Erweiterungen des Schiedsspruchs im Verfahren nach FAA § 10 nicht statthaft.[704]

Allerdings haben einige Entscheidungen vom Schuldner behauptete nachträgliche Einwände insofern berücksichtigt, als sie den Schiedsspruch bestätigt, aber die Vollstreckung ausgesetzt haben[705] oder das Bestätigungsverfahren selbst

---

[697] *Domke/Wilner*, § 40:01.

[698] *Domke/Wilner*, § 40:01 und 40:02; vgl. *Morris Lapidus Associates v. Airportels, Inc.*, 361 A.2d 660 (Pa. 1976).

[699] *Tokura Construction Co. v. Corporacion Raymond*, 533 F.Supp. 1274, 1278 f. (S.D. Tex. 1982); *Kamakazi Music Corp. v. Robbins Music Corp.*, 522 F.Supp. 125, 135 (S.D.N.Y. 1981).

[700] *Tokura Construction Co. v. Corporacion Raymond*, 533 F.Supp. 1274, 1279 (S.D. Tex. 1982); Brenner, S. 91, 96.

[701] *Hellman v. Program Printing, Inc.*, 407 F.Supp. 915, 918 (S.D.N.Y. 1975).

[702] *Audi NSU Autounion AG v. Overseas Motors, Inc*, 754 F.2d 372, Dissent Celebrezze (6th Cir. 1984).

[703] *Tokura Construction Co. v. Corporacion Raymond*, 533 F.Supp. 1274, 1279 (S.D. Tex. 1982).

[704] *Orion Shipping & Trading Co. v. Eastern State Petroleum Corp.*, 312 F.2d 299 (2d Cir. 1963) – Haftung Dritter für den titulierten Anspruch (*piercing the corporate veil*); *Hellman v. Program Printing, Inc.*, 407 F.Supp. 915, 918 (S.D.N.Y. 1975).

[705] *Hellman v. Program Printing, Inc.*, 407 F.Supp. 915, 918 (S.D.N.Y. 1975).

zunächst bis zur Entscheidung über eine zur Aufrechnung gestellte Gegenforderung ausgesetzt haben.[706] Eine ausdrückliche gesetzliche Grundlage für ein solches Vorgehen findet sich im FAA freilich nicht.

(2) Staatenrecht (Kalifornien, New York)

Die Zulässigkeit von Vollstreckungsgegeneinwänden im *confirmation*-Verfahren nach kalifornischem Recht[707] hat ein kalifornisches Berufungsgericht in zwei sehr instruktiven, aufeinander folgenden Entscheidungen in derselben Sache geklärt. Ausgangspunkt war ein Streit zwischen einem Bauunternehmen und der University of California um gegenseitige Ansprüche im Zusammenhang mit einem abgeschlossenen Bauvorhaben. Der Werkvertrag zwischen den Parteien enthielt eine Schiedsklausel, und das Bauunternehmen machte seine bestrittenen Ansprüche erfolgreich in einem Schiedsverfahren geltend. Die Universität berief sich auf Gegenansprüche, die das Schiedsgericht teilweise als nicht schiedsfähig bzw. von der Schiedsklausel nicht umfaßt ansah und daher nicht prüfte. Das inzwischen insolvente Bauunternehmen beantragte die gerichtliche *confirmation* des Schiedsspruchs, um anschließend vollstrecken zu können. In dem *confirmation*-Verfahren berief sich die Universität auf ihre streitigen Gegenansprüche. Das Berufungsgericht wies dieses Ansinnen zurück.[708] Es stellte fest, bei dem *confirmation*-Verfahren handele es sich nicht um ein gewöhnliches Klageverfahren (*action*), sondern um ein *special proceeding*[709] aufgrund gesetzlicher Sondervorschriften. In einem solchen *special proceeding* sei die *jurisdiction* des Gerichts auf den Gegenstand beschränkt, den die gesetzliche Grundlage vorgebe.[710] Die einschlägigen Vorschriften[711] begrenzten den Prüfungsgegenstand auf die dort enumerierten Aufhebungsgründe und machten zugleich deutlich, daß das *confirmation*-Verfahren von den sonst bei einer regulären Klage möglichen Verzögerungen freigehalten werden solle. Daher sei es mit dem Gesetz unvereinbar, zusätzliche Einwendungen wie die geltend gemachte Aufrechnung zu berücksichtigen. Es gebe jedoch zwei Wege, auf denen die Universität ihr Anliegen verfolgen könne, eine Vollstreckung aus dem Schiedsspruch bis zur Entscheidung über die Gegenforderung zu verhindern. Zum einen hätte sie beantragen können, das *confirmation*-Verfahren bis zur Entscheidung über die Gegenforderung auszusetzen (nunmehr, in der Berufungsinstanz bestand diese Möglichkeit

---

[706] So die Vorinstanz (District Court) in *Middleby Corp. v. Hussmann Corp.*, 962 F.2d 614 (7th Cir. 1992) – der Circuit Court entschied, daß die Aussetzung als solche nicht berufungsfähig ist.

[707] CCP §§ 1286, 1287.4.

[708] *Airfloor Co. of California, Inc. v. The Regents of the University of California,* 149 Cal. Rptr. 130 (Cal. App. 1978).

[709] Verweis auf CCP §§ 22, 23.

[710] 149 Cal. Rptr. 130, 131 f. (Cal. App. 1978).

[711] CCP §§ 1286.2, 1290.2.

nicht mehr), zum anderen könne sie beantragen, die Vollstreckung aus dem bestätigten Schiedsspruch solange auszusetzen, bis über die Gegenforderung entschieden sei.[712] Dieser Antrag sei vor dem Tatsachengericht zu stellen; das Berufungsgericht verwies deshalb zurück.

Das Tatsachengericht verweigerte der Universität die beantragte Aussetzung der Vollstreckung. Auf die erneute Berufung der Universität hin entschied dasselbe Berufungsgericht, die Aussetzung sei zu gewähren.[713] Eine gesetzliche Grundlage für die Aussetzung nannte es nicht, zitierte aber die Leitentscheidung des kalifornischen *Supreme Court* zur Aussetzung der Vollstreckung eines *Urteils* zwecks Ermöglichung einer Aufrechnung.[714] Es prüfte im einzelnen, ob die Universität den Gegenanspruch zügig verfolgt habe und weiterverfolge und ob der Gegenanspruch nach dem augenblicklichen Erkenntnisstand möglicherweise begründet erscheine. Auch wägte es die Risiken der Parteien bei Gewährung und bei Verweigerung der Aussetzung gegeneinander ab. Ergebnis dieser umfassenden Betrachtung war, daß das Tatsachengericht die Aussetzung hätte gewähren müssen. Die beiden Entscheidungen werden auch über Kalifornien hinaus eine gewisse Überzeugungskraft besitzen.[715]

In New York sind im *confirmation*-Verfahren[716] ebenfalls keine Einwände zugelassen, die über die in CPLR § 7511 genannten Aufhebungs- oder Abänderungsgründe hinausgehen.[717] Der Schiedsspruch ist selbst dann zu bestätigen, wenn der Schuldner vorträgt, er habe inzwischen bezahlt.[718]

b) Ausländische Schiedssprüche

Ausländische Schiedssprüche aus Vertragsstaaten des UNÜ können in den USA nach den Regeln des Abkommens, ergänzt durch FAA §§ 201 ff. für vollstreckbar erklärt werden. Alle anderen ausländischen Schiedssprüche können nach FAA §§ 9, 10 ebenso wie inländische für vollstreckbar erklärt werden, Schiedssprüche

---

[712] Das Gericht bezog sich auf die Rechtsprechung zur nachträglichen Aufrechnung gegenüber Urteilen und die dort anerkannte Möglichkeit, die Vollstreckung bis zur Entscheidung über die Gegenforderung auszusetzen, insbes. *Erlich v. Superior Court*, 407 P.2d 649 (Cal. S. Ct. 1965).

[713] *Airfloor Co. of California, Inc. v. The Regents of the University of California*, 158 Cal. Rptr. 856 (Cal. App. 1979).

[714] *Erlich v. Superior Court*, 407 P.2d 649 (Cal. S. Ct. 1965).

[715] Zustimmend etwa *Brenner*, S. 91, 96. Allerdings läßt eine Entscheidung aus New Jersey die Geltendmachung einer von der Schiedsvereinbarung nicht umfaßten Einwendung gegenüber dem Schiedsspruch im Bestätigungsverfahren zu, *Harold Rosa v. Transport Operators Co.*, 133 A.2d 24 (N.J. Superior Ct. 1957). Diese Entscheidung ist jedoch älter und betrifft soweit ersichtlich eine *judicial arbitration*.

[716] CPLR § 7510.

[717] *McKinney*-Alexander C7511:2 mit Rechtsprechungsnachweisen zum Einwand nach CPLR § 5015 (a) (2) – neu entdeckte Beweismittel, entspricht FRCP 60 (b) (2).

[718] *Ricciardi v. Travelers Ins. Co.*, 477 N.Y.S. 2d 35 (1984).

aus Vertragsstaaten des UNÜ können nach dem Günstigkeitsprinzip des Abkommens[719] ebenfalls von diesen Regeln profitieren.[720] Die Vollstreckbarerklärung bedeutet, daß der Schiedsspruch nach FAA § 13 als Urteil registriert wird; dies Urteil hat Anspruch auf *full faith and credit* in anderen amerikanischen Jurisdiktionen.[721] Die *jurisdiction* der Bundesgerichte ist bei Anträgen nach dem UNÜ stets automatisch gegeben,[722] das Exequatur kann aber auch von Staatengerichten erteilt werden.[723]

Der Gläubiger kann anstelle des Schiedsspruchs auch das ausländische Urteil für vollstreckbar erklären lassen, mit dem der Schiedsspruch im Erststaat bestätigt bzw. für vollstreckbar erklärt wurde (sog. Doppelexequatur).[724] Das UNÜ steht einem solchen Vorgehen nicht entgegen,[725] vielmehr gilt auch insofern das Günstigkeitsprinzip.[726] Bei einem solchen Vorgehen sind die oben geschilderten Grundsätze zur Geltendmachung von Vollstreckungsgegeneinwänden im Exequatur ausländischer *Urteile* einschlägig.

(1) Einwände gegen den titulierten Anspruch

Beantragt der Gläubiger eine *confirmation* des ausländischen Schiedsspruchs nach den Regeln für inländische Sprüche (FAA § 10), so sind Vollstreckungsgegeneinwände, wie oben geschildert, insbesondere nach den in *Tokura Construction Co. v. Corporacion Raymond*[727] niedergelegten Grundsätzen, weitgehend ausgeschlossen.

Für das Exequaturverfahren nach dem UNÜ haben Bundesgerichte die Frage, ob neben den enumerierten Aufhebungsgründen auch Vollstreckungsgegeneinwände zulässig sind, uneinheitlich beantwortet. In *Jugometal v. Samincorp., Inc.*[728] hielt die Schuldnerin *Samincorp.* dem Schiedsspruch im Exequaturverfahren die Aufrechnung mit mehreren Gegenforderungen entgegen. Es handelte sich zum einen um eine zugunsten von *Samincorp.* von demselben Schiedsgericht durch Schiedsspruch festgestellte Forderung, zum anderen um zwei ebenfalls durch Schiedsspruch gegen *Jugometal* festgestellte Forderungen, die *Samincorp.* nach Abschluß des Erstverfahrens von Dritten abgetreten worden waren. Das Gericht entschied, die Aufrechnung sei voll zu berücksichtigen, da es bei jeder

719 Art. VII UNÜ.

720 Relevant etwa bei Aufhebung des Spruchs im Ursprungsstaat: *Matter of Chromalloy Aeroservices (Arab Republic)*, 939 F.Supp. 907 (D.D.C. 1996).

721 *Born*, International Commercial Arbitration, S. 680.

722 FAA § 202.

723 *Domke/Wilner*, § 45:03; *Corcoran v. Ardra Ins. Co., Ltd.*, 842 F.2d 31 (2d Cir. 1988); *Fiske Emery & Assoc. v. Ajello*, 577 A.2d 1139 (Conn. 1989).

724 *New Central Jute Mills Co., Ltd. v. City Trade & Industries*, 318 N.Y.S. 2d 980 (N.Y. 1971).

725 *Island Territory of Curacao v. Solitron Devices, Inc.*, 489 F.2d 1313, 1317 f. (2d Cir. 1973).

726 *Domke/Wilner*, § 45:02.

727 533 F.Supp. 1274 (S.D. Tex. 1982).

728 78 F.R.D. 504 (S.D.N.Y. 1978).

der Gegenforderungen unbillig wäre, *Samincorp.* auf die selbständige Vollstrekkung im Ausland zu verweisen. Dies gelte jedenfalls im vorliegenden Fall, in dem die Gegenforderungen sämtlich durch Schiedssprüche festgestellt seien, deren Gültigkeit keine der Parteien in Zweifel ziehe. Das UNÜ stehe einer Berücksichtigung dieser Forderungen nicht entgegen, da sie zu keiner Verzögerung des Exequaturverfahrens führe.[729] *Jugometal* hatte gegen die Aufrechnung eingewandt, ihr stünden ihrerseits weitere, noch nicht titulierte streitige Forderungen gegen *Samincorp.* zu, über die teilweise schon Schiedsverfahren anhängig seien. Das Gericht lehnte es ab, dies zu berücksichtigen.

In anderen Fällen ist die Geltendmachung einer Aufrechnung im Exequatur als mit dem UNÜ unvereinbar abgelehnt worden. So stellte in einer Entscheidung zum Streitfall *Audi NSU Autounion AG v. Overseas Motors, Inc.*[730] ein Distriktgericht fest, materielle Einwendungen seien im Exequaturverfahren unzulässig. *Overseas* hatte sich darauf berufen, ihr erwüchsen aus jedenfalls nach damaliger Vorstellung nicht schiedsfähigen kartellrechtlichen Ansprüchen[731] Einwendungen und Gegenforderungen, die sie der im Schiedsspruch titulierten Forderung entgegenhalten könne. Das Distriktgericht führte aus, die Prüfung von Gegenforderungen oder Einwendungen gegen den titulierten Anspruch sei mit der Natur des Exequaturverfahrens nach dem UNÜ grundsätzlich unvereinbar. Dieser Entscheidung stimmte ein weiteres Bundesdistriktgericht im Fall *Fertilizer Corp. of India v. IDI Management, Inc.*[732] zu, der eine ganz ähnliche Situation betraf wie der entgegengesetzt entschiedene Fall *Jugometal v. Samincorp.*[733] *Fertilizer Corp. of India* (FCI) beantragte die Vollstreckbarerklärung eines Schiedsspruchs zu ihren Gunsten, IDI berief sich demgegenüber auf einen älteren Schiedsspruch desselben Schiedsgerichts, der ihr eine beträchtliche Summe gegen FCI zusprach und ebenfalls noch nicht erfüllt war. Beide Schiedssprüche waren noch Gegenstand von Rechtsbehelfen im Erststaat (Indien). Das Distriktgericht erklärte unter ausdrücklicher Berufung auf *Audi NSU Autounion v. Overseas Motors, Inc.*[734] die Geltendmachung eines Gegenanspruchs im Exequaturverfahren für unzulässig. Die Tatsache, daß die Gegenforderung ebenfalls bereits durch Schiedsspruch tituliert war (das entscheidende Argument in *Jugometal v. Samincorp)*, spielte dabei offensichtlich keine Rolle.[735] Das Gericht setzte die Entscheidung über die

[729] 78 F.R.D. 504, 506 f. (S.D.N.Y. 1978).

[730] U.S. District Court, Eastern District of Michigan, Southern Division, 15.03.1977, Yb. Comm. Arb. 1978, USA Nr. 16 (S. 291 ff.) – nicht zu verwechseln mit der oft fälschlich hierfür zitierten (z.B. *Domke/Wilner* § 45:03 Fn. 7) Entscheidung zwischen denselben Parteien, 418 F.Supp 982 (E.D. Mich 1976).

[731] Anders erst die Leitentscheidung des Supreme Court in *Mitsubishi Motors Corp. v. Soler Chrysler-Plymouth Inc.*, 473 U.S. 614 (1985).

[732] 517 F.Supp. 948 (S.D. Ohio, W.D. 1981).

[733] 78 F.R.D. 504 (S.D.N.Y. 1978).

[734] E.D. Mich. 15.03.1977, Yb. Comm. Arb. 1978, USA Nr. 16 (S. 291).

[735] Mit der Entscheidung *Jugometal v. Samincorp.* setzt sich die Begründung in *FCI v. IDI* leider nicht auseinander.

Vollstreckbarerklärung zwar nach Art. VI UNÜ bis zur Entscheidung über den in Indien gegen den Schiedsspruch eingelegten Rechtsbehelf aus, erklärte aber zugleich, der Schiedsspruch werde für vollstreckbar erklärt, sobald über diesen Rechtsbehelf entschieden sei.[736] Es weigerte sich aber auch, über den von IDI gestellten Antrag (praktisch eine Art Widerklage) zu entscheiden, das Exequatur jedenfalls nicht nur dem von FCI eingereichten, sondern zugleich auch dem zugunsten von IDI ergangenen Schiedsspruch über den Gegenanspruch zu erteilen. Auch dies sei im Exequaturverfahren nicht statthaft, da es sich nicht um ein reguläres Klageverfahren handele.[737]

In einer neueren Entscheidung setzt sich das Bundesdistriktgericht für New Jersey sowohl mit *Jugometal* als auch mit *Fertilizer Corp. of India v. IDI Management* und *Audi NSU Autounion v. Overseas Motors* auseinander.[738] Es kommt zu dem Ergebnis, jedenfalls eine streitige, weder durch Schiedsspruch noch durch Urteil festgestellte Gegenforderung könne im Exequaturverfahren nach dem UNÜ nicht geltend gemacht werden. Offen läßt es, ob der Entscheidung *Jugometal* überhaupt zu folgen sei, da diese Entscheidung jedenfalls durch Schiedsspruch festgestellte Gegenforderungen betroffen habe und sich insofern von dem ihm vorliegenden Fall unterscheide.[739]

Zusammenfassend ist festzustellen, daß die Gerichte es überwiegend ablehnen, Gegenforderungen und selbständige Einwände (*counterclaims*) im Exequaturverfahren nach dem UNÜ zu berücksichtigen.[740] Ob die in diesen Entscheidungen zu findende generelle Aussage, derartige Einwände seien mit der Natur des Exequaturverfahrens unvereinbar, auch für alle anderen Einwände (etwa die Geltendmachung der Erfüllung) gelten würde, ist allerdings offen. Sicher ist dagegen, daß das Exequaturgericht auf keinen Fall über Einwände oder Gegenforderungen entscheidet, die ihrerseits schiedsgebunden sind.[741]

(2) Einwand der Aufhebung oder mangelnden Vollstreckbarkeit im Erststaat

Wurde der Schiedsspruch (oder seine Vollstreckbarkeit) im Erststaat aufgehoben – etwa wegen eines Vollstreckungsgegeneinwands – so kann der Schuldner sich nach Art. V lit. e UNÜ hierauf berufen. Ein amerikanisches Distriktgericht hat jedoch vor kurzem im Fall *Chromalloy Aeroservices*[742] – ähnlich wie die franzö-

---

[736] 517 F.Supp. 948, 961 ff. (S.D. Ohio, W.D. 1981).

[737] 517 F.Supp. 948, 963 (S.D. Ohio, W.D. 1981).

[738] *Kwong Kam Tat Trading Co. Ltd. (Hong Kong) v. Comsup Commodities, Inc.*, 8 International Arbitration Report 1993, E 1 = Yb. Comm. Arb. 1993, USA Nr. 151 (D. NJ 1992).

[739] Im Ergebnis ebenso wohl *Mangistaumunaigas Oil Production (Kazakhstan) v. United World Trade Inc.*, Nr. 96-WY-1290-WD (D. Col. 17. Juni 1997).

[740] Zustimmend *Domke/Wilner*, § 45:03 a.E.

[741] *Hewlett Packard Co., Inc. v. Berg*, 61 F 3rd 101, 106 (1st Cir. 1995).

[742] *Matter of Chromalloy Aeroservices (Arab Republic),* 939 F.Supp. 907 (D.D.C. 1996). Zur Diskussion des Falles in der Literatur vgl. *Gaillard*, Clunet, 1998, 645; *Weinacht*, ZVglRWiss 98 (1999), 139.

sische Rechtsprechung *Hilmarton*[743] – die Vollstreckbarerklärung eines im Erststaat aufgehobenen Schiedsspruchs unter Berufung auf das Günstigkeitsprinzip des Art. VII UNÜ zugelassen.[744] In der allgemeinen *confirmation*-Regelung des nationalen Rechts, die auch ausländische Schiedssprüche in Anspruch nehmen können (FAA § 9),[745] ist die Aufhebung im Erststaat nämlich nicht als Versagungsgrund genannt (vgl. FAA § 10). Dies wird allerdings in erster Linie darauf beruhen, daß die Vorschrift auf inländische Schiedssprüche zugeschnitten ist.[746] Weniger radikal aber doch strukturell ähnlich hatte ein New Yorker Gericht bereits zum Deutsch-Amerikanischen Freundschafts-, Handels- und Schiffahrtsvertrag[747] entschieden, der Vertrag verlange zwar für die Vollstreckbarerklärung eines Schiedsspruchs, daß dieser im Erststaat vollstreckbar sei.[748] Dies stehe jedoch einer Vollstreckbarerklärung nach dem günstigeren *common law* des Staates New York nicht entgegen, das nur verlange, daß der Spruch endgültig (*final*) sei, und auf die Vollstreckbarkeit nicht abstelle.[749]

c) Aussetzung des Exequaturverfahrens

Art. VI UNÜ erlaubt eine Aussetzung des Exequaturverfahrens, wenn über einen Rechtsbehelf zur Aufhebung des Schiedsspruchs im Erststaat noch nicht entschieden ist. Die Vorschrift räumt dem Exequaturgericht Ermessen ein und erlaubt auch, die Aussetzung von einer Sicherheitsleistung abhängig zu machen. Amerikanische Gerichte machen von der Aussetzungsmöglichkeit regelmäßig gern Gebrauch, wobei sie häufig auch eine Sicherheitsleistung verlangen.[750]

In deutlichem Kontrast zu dieser Rechtsprechung steht die erwähnte Entscheidung *Chromalloy*,[751] welche die Vollstreckbarerklärung sogar trotz Aufhebung im Erststaat für zulässig erklärt. Dies bedeutet *a majore ad minus*, daß eine Aussetzung nach Art. VI UNÜ ausscheidet, wenn der Gläubiger sich trotz schwebenden Rechtsbehelfs im Erststaat auf Art. VII UNÜ i.V.m. FAA § 10 beruft.

---

743 Civ. 1re, 10.06.1997, Rev. Arb. 1997, 376, Note *Fouchard*.

744 Zurückhaltender zur Rechtslage unter Art. VII UNÜ noch *Craig*, 4 Arb. Int'l 174, 177 (1988).

745 *Born*, International Commercial Arbitration, S. 461; a.A. *Weinacht*, ZVglRWiss 98 (1999), 139 (155 f.), allerdings ohne Rechtsprechungsnachweise.

746 Insofern ist die Kritik von *Weinacht*, ZVglRWiss 98 (1999), 139 (154 ff.) in der Sache durchaus berechtigt.

747 vom 29.10.1954 (BGBl. 1956 II, S. 488).

748 Art. VI Abs. 2 S. 2.

749 *Engelbrechten v. Galvanoni & Nevy Bros. Inc.*, 300 N.Y.S. 2d 239 (N.Y. 1969).

750 *Fertilizer Corporation of India v. IDI Management Inc.*, 517 F.Supp. 948, 963 (S.D. Ohio, W.D. 1981); *Spier v. Calzaturificio Tecnica S.p.A.*, 663 F.Supp. 871, 875 f. (S.D.N.Y. 1987); *Caribbean Trading & Fidelity Corp. v. Nigerian National Petroleum Corp.*, 1990 U.S. Dist. LEXIS 17198, S. 22 (U.S. D. N.Y. 1990); *Born*, International Commercial Arbitration, S. 496.

751 939 F.Supp. 907 (D.D.C. 1996).

Eine gewisse Mittelposition nehmen zwei Entscheidungen zum Deutsch-Amerikanischen Freundschafts-, Handels- und Schiffahrtsvertrag ein, die einerseits die mangelnde Vollstreckbarkeit im Erststaat Deutschland für irrelevant erklären, da der Gläubiger das Exequatur auf der Grundlage des insofern günstigeren New Yorker *common law* erreichen könne, andererseits aber ankündigen, eine Aufhebung des Schiedsspruchs im Erststaat infolge des noch schwebenden Rechtsbehelfs sei auch in den USA zu beachten.[752] Während die erste Entscheidung das Exequaturverfahren ähnlich wie in Art. VI UNÜ vorgesehen aussetzt, um den Ausgang des Aufhebungsverfahrens in Deutschland abzuwarten[753], erklärt die spätere Entscheidung, ohne sich mit der früheren auseinanderzusetzen, den Schiedsspruch sogleich für vollstreckbar und lehnte eine Aussetzung ohne nähere Abwägung ab.[754]

In einer Art Umkehrung des Günstigkeitsprinzips hat ein Bundesberufungsgericht in der Entscheidung *Hewlett Packard Co., Inc. v. Berg*[755] die Aussetzung eines Exequaturverfahrens nach dem UNÜ trotz Fehlens der in Art. VI UNÜ genannten Voraussetzungen für zulässig gehalten, wenn ein sonst in Verfahren nach dem FAA regelmäßig beachteter Aussetzungsgrund vorliegt. In dem entschiedenen Fall ging es um eine Aufrechnung gegenüber dem Schiedsspruch im Exequaturverfahren. Der Schuldner berief sich auf eine Gegenforderung, die Gegenstand eines noch laufenden Schiedsverfahrens war.[756] Das Gericht entschied zwar nicht selbst über die (schiedsgebundene) Gegenforderung und lehnte das Exequatur auch nicht ab, meinte aber, es dürfe die Entscheidung über den Exequaturantrag solange aussetzen, bis das zweite Schiedsgericht über die Gegenforderung entschieden habe.[757] Diese Entscheidung ist in der Literatur teilweise kritisiert worden, da sie einen im UNÜ nicht vorgesehenen Aussetzungsgrund einführt.[758] Sie entspricht allerdings dem in den USA auch bei inländischen Schiedssprüchen möglichen Vorgehen[759] und stellt insofern den ausländischen Schiedsspruch jedenfalls nicht schlechter als einen inländischen.[760]

---

752 *Engelbrechten v. Galvanoni & Nevy Bros.*, 300 N.Y.S. 2d 239 (N.Y. 1969); *Landegger v. Bayerische Hypotheken- und Wechselbank*, 357 F.Supp. 692 (U.S. D. N.Y. 1972).

753 *Engelbrechten v. Galvanoni & Nevy Bros.*, 300 N.Y.S. 2d 239 (N.Y. 1969).

754 *Landegger v. Bayerische Hypotheken- und Wechselbank,* 357 F.Supp. 692, 696 (S.D.N.Y. 1972).

755 61 F 3rd 101 (1st Cir. 1995).

756 Der Schuldner hatte die Gegenforderung bereits im ersten Schiedsverfahren geltend gemacht, das erste Schiedsgericht hatte aber gemeint, sie falle nicht in seine Zuständigkeit.

757 *Hewlett Packard Co, Inc. v. Berg*, 61 F 3rd 101, 106 (1st Cir. 1995).

758 *Horning* [1997] Int. A. L. R. 3 ff.; *Mayer*, Bulletin ASA 1997, 354.

759 Vgl. die in *Middleby Corp. v. Hussmann Corp.*, 962 F.2d 614 (7th Cir. 1992) angegriffene Entscheidung des *District Court*; ebenso zum kalifornischen Recht die Lösung in *Airfloor Company of California Inc. v. The Regents of the University of California,* 158 Cal. Rptr. 856 (Cal. App. 1979).

760 Diesen Aspekt betont *Hewlett Packard Co., Inc. v. Berg,* 61 F 3rd 101, 106 (1st Cir. 1995).

5. Berücksichtigung von Einwänden nach Erteilung des Exequatur

a) Zuständigkeit für Vollstreckungsgegeneinwände

Erteilt das amerikanische Gericht die beantragte *confirmation* des Schiedsspruchs, so wird dieser nach FAA § 13 als Urteil registriert und hat fortan dieselben Wirkungen und ist denselben Vorschriften unterworfen wie ein reguläres Urteil des Gerichts. Die Parallele zum Status von nach UEFJA[761] oder nach 28 USC § 1963 registrierten fremden Urteilen ist offensichtlich. Bei Schiedssprüchen stellt sich die Frage der Kompetenzaufteilung zwischen Erst- und Zweitgericht jedoch insofern anders, als ausschlaggebend stets die Schiedsabrede sein muß. Einwände gegen den durch Schiedsspruch titulierten Anspruch gehören, wie oben dargelegt, vor das Schiedsgericht, sofern sie von der Schiedsabrede umfaßt und schiedsfähig sind. Bei den übrigen Einwänden ist die Präklusionswirkung des *confirmation*-Verfahrens zu beachten. Bei Beachtung dieser beiden Vorbehalte darf der Schuldner infolge der von FAA § 13 angeordneten Gleichstellung nachträgliche Einwände und Aufhebungsgründe nach den allgemeinen Regeln für Urteile geltend machen. So finden sich etwa in Kalifornien Beispiele für die Anwendung der allgemeinen Vorschriften über die Feststellung der Befriedigung (*entry of satisfaction*) auf Urteile, die auf Schiedssprüchen beruhen.[762] Das kalifornische Recht bestimmt ausdrücklich, daß das *confirmation*-Gericht für diese nachfolgenden Verfahren zuständig bleibt.[763]

b) Durchbrechung der Präklusionswirkung

Zwischen den Aufhebungsgründen nach FAA § 10[764] und denen nach FRCP 60 (b) bestehen wichtige Unterschiede. Die Aufhebungsgründe nach FRCP 60 (b)(1) und FRCP 60 (b)(2) sowie der für Vollstreckungsgegeneinwände besonders interessanten FRCP 60 (b)(5) finden in den Aufhebungsgründen des FAA keine Entsprechung. Damit stellt sich die Frage, ob ein bestätigter Schiedsspruch bei Vorliegen dieser Gründe wie ein Urteil aufgehoben werden kann oder ob er insoweit eine höhere Bestandskraft aufweist als ein Urteil.[765] Die Antwort könnte darin liegen, daß der Schiedsspruch nach der *doctrine of merger* im *confirmation*

---

[761] Vgl. UEFJA § 2.

[762] *Schumacher v. Ayerve*, 12 Cal. Rptr. 2d 417 (Cal. App. 1992); *Pierson v. Honda*, 240 Cal. Rptr. 148 (Cal. App. 1987) – jeweils Anwendung von CCP § 724.050 (*demand for acknowledgement of satisfaction*).

[763] CCP § 1292.6.

[764] Für die Einzelstaaten entsprechend die Modellvorschrift UAA § 12.

[765] Für das deutsche Recht wird auch nach der Reform durch das SchiedsVfG ein Gleichlauf der Aufhebungsgründe angenommen, wie er unter § 1041 Abs. 1 Nr. 6 ZPO a.F. sichergestellt war, indem § 1059 Abs. 2 Nr. 2 Buchst. b ZPO n.F. (*ordre public*) als Verweis auf die Aufhebungsgründe des § 580 ZPO aufgefaßt wird (*Schütze*, Schiedsverfahren, Rz. 270).

– Urteil aufgeht und FAA § 13 dieses Urteil anderen, regulären Urteilen gleichstellt. Dies spricht für die uneingeschränkte Anwendung von FRCP 60 (b). Damit würde allerdings die Begrenzung der Aufhebungsgründe in FAA § 10 und entsprechenden einzelstaatlichen Vorschriften unterlaufen. Eine mögliche Lösung wäre, zwischen den Wirkungen des Schiedsspruchs und denen der *confirmation* zu unterscheiden und nur solche Einwände zuzulassen, welche zwar die Rechtskraft des *confirmation* – Urteils durchbrechen, aber nicht die des Spruchs. Der Schuldner könnte also die Aufhebung nach FRCP 60 (b) (1) verlangen, wenn er im *confirmation* – Verfahren unverschuldet säumig war, eine Säumnis im Schiedsverfahren wäre dagegen nicht mehr korrigierbar. Vollstreckungsgegeneinwände nach FRCP 60 (b)(5) könnten vorgebracht werden, da sie in die Rechtskraft des Schiedsspruchs nicht eingreifen.

c) Aufhebung des Schiedsspruchs im Erststaat

Wird ein ausländischer Schiedsspruch im Erststaat aufgehoben nachdem die *confirmation* in den USA erfolgt ist,[766] so muß ein Behelf existieren, um das *confirmation* – Urteil ebenfalls aufzuheben. Dies ist ein weiteres Argument für die Anwendung von FRCP 60 (b) (5) auf das *confirmation* – Urteil. Die Aufhebung kann dann auf der Grundlage von FRCP 60 (b)(5) zweiter Fall oder den entsprechenden Vorschriften der Einzelstaaten erfolgen.[767] Allerdings rechtfertigt die Aufhebung im Erststaat nicht stets und automatisch die Aufhebung des in den USA erlassenen Urteils, wie die Entscheidung *Chromalloy*[768] zeigt. Deren ausführliche Begründung stellt vor allem darauf ab, daß nach ägyptischem Recht die Aufhebung von Schiedssprüche offensichtlich wesentlich leichter sei als dies die entsprechenden amerikanischen Vorschriften (FAA) zuließen. Diese Divergenz begründe eine Unvereinbarkeit des ägyptischen Urteils mit der amerikanischen *policy,* die internationale Schiedsgerichtsbarkeit und ihre Bindungswirkungen zu fördern. Deshalb sei die Anerkennung wegen Unvereinbarkeit mit dem amerikanischen *ordre public* (*public policy*) zu versagen.[769] Zweifel an dieser Argumentation bleiben. Sollte sich die Rechtsauffassung durchsetzen, daß eine Aufhebung im Erststaat nicht anzuerkennen ist, wenn sie auf einem im Vergleich zum FAA weniger schiedsfreundlichen Recht beruht, so wäre kaum noch abzusehen, in welchen Fällen eine Aufhebung des Schiedsspruchs im Erststaat auch in den USA geltend gemacht werden kann.[770]

---

[766] Dies Risiko besteht, wenn das amerikanische Gericht die Vollstreckbarerklärung nicht nach Art. VI UNÜ ausgesetzt hat.

[767] *Landegger v. Bayerische Hypotheken- und Wechselbank*, 357 F.Supp. 692, 696 (S.D.N.Y. 1972) stellt die nachträgliche Aufhebungsmöglichkeit explizit fest, ohne allerdings eine Rechtsgrundlage zu nennen.

[768] 939 F.Supp. 907, 911 ff. (D.D.C. 1996).

[769] 939 F.Supp. 907, 913 (D.D.C. 1996).

[770] Ähnlich krit. i.E. auch *Weinacht*, ZVglRWiss 98 (1999), 139 (172).

Kapitel 6

Rechtsvergleichende Summe

Zum Abschluß der rechtsvergleichenden Umschau erscheint es sinnvoll, die *Ergebnisse* zu den wichtigsten Fragen – Rechtskraft und Präklusionswirkung des Titels, Behandlung von Einwänden im nationalen Kontext, Zuständigkeit für Einwände gegen fremde Titel, Einwände im Exequatur und gegen Schiedssprüche – noch einmal *zusammengefaßt gegenüberzustellen.* Schließlich sollen die verschiedenen Lösungen *strukturell analysiert* werden, um festzustellen, welche *Empfehlungen* sich aus der Rechtsvergleichung ableiten lassen.

I. Rechtskraft und Präklusionswirkung des Titels

Ein rechtskräftiges Urteil entfaltet in allen untersuchten Rechtsordnungen eine Präklusionswirkung in bezug auf Einwände gegen den titulierten Anspruch. In der *Schweiz* stimmt diese Wirkung – und die Diskussion über ihren Umfang – mit dem aus Deutschland Bekannten überein. Das *französische* Recht begrenzt dagegen den Streitgegenstand auf die *cause*, die im Grundsatz durch die vom Kläger vorgetragenen Anspruchsgrundlagen und die vom Beklagten erhobenen rechtlichen Einwände begrenzt wird. Außerhalb der entschiedenen *cause* liegende Einwände sind nicht präkludiert. Andererseits entfaltet das Urteil eine Bindungswirkung, die sich auch auf tragende präjudizielle Feststellungen erstrecken kann. *Englische* Urteile entfalten einerseits eine dem Widerspruchsverbot ähnliche Sperrwirkung gegenüber Einwänden, die im Erstverfahren möglich waren (*cause of action estoppel*), andererseits darüber hinaus auch eine Bindung an präjudizielle Feststellungen (*issue estoppel*). Wichtige Abmilderungen erfährt die Bindung durch die Möglichkeit, schuldlos versäumte oder im Erstprozeß wegen Verspätung zurückgewiesene Einwände noch später geltend zu machen. In den *USA* gibt es kein einheitliches Prozeßrecht, für den Rechtskraftumfang gilt das Recht der einzelnen US-Jurisdiktionen. In den Grundstrukturen besteht aber wegen der gemeinsamen Wurzel im *common law* weitgehende Übereinstimmung, auch mit England. Wie dort entfaltet das Urteil *res judicata-* (entspricht *cause of action estoppel*) und *collateral estoppel-* (entspricht *issue estoppel*) Wirkungen. Einwände werden nach *defenses* und *counterclaims* unterschieden, letztere muß der Beklagte im Prozeß nur vortragen, wenn eine kodifizierte Regel (*compulsory counterclaim rule*) es verlangt. Die Bindungswirkung eines Urteils ist auch hier insofern milder, als schuldlos nicht vorgetragene Einwände, nachträglich gefundene Beweismittel und Rechtsänderungen unter Umständen eine erneute Sachprüfung erlauben.

Im Ergebnis unterscheiden sich die Bindungswirkungen von Urteilen teilweise erheblich. Konstruktiv beruhen die Unterschiede teils auf einer abweichenden Bestimmung des Streitgegenstandes (*cause*, abweichende zeitliche Grenzen – z.B. teilweise Maßgeblichkeit des Zeitpunkts der Klageerhebung oder der Klageerwiderung), teils auf einer weiter verstandenen Rechtskraftwirkung (Erstreckung auf präjudizielle Feststellungen) und teils auf weitergehenden Möglichkeiten zur Durchbrechung der Rechtskraft.

Keine materielle Präklusionswirkung entfalten vollstreckbare Urkunden, die in Frankreich, nicht aber in der Schweiz und England bekannt sind. In den USA erfüllen *judgments by confession* ähnliche Funktionen wie die vollstreckbare Urkunde, entfalten aber gelegentlich auch Präklusionswirkung.

II. Titel, Vollstreckung und Einwände im nationalen Kontext

Der Weg vom Titel zur Vollstreckung und die Möglichkeiten, Einwände gegen den titulierten Anspruch noch in der Vollstreckungsphase geltend zu machen, sind von Land zu Land unterschiedlich ausgestaltet.

In *Frankreich* gilt das Klauselprinzip, Erkenntnis- und Vollstreckungsverfahren sind wie in Deutschland klar getrennt. Einwände gegen den titulierten Anspruch sind in der Vollstreckungsphase aber mit einem allgemeinen, globalen Rechtsbehelf (*contestation*) geltend zu machen, mit dem der Schuldner sich aus den verschiedensten Gründen gegen eine spezifische Vollstreckungsmaßnahme wenden kann. Zuständig ist der Vollstreckungsrichter (*juge de l'exécution*), außer wenn der Einwand bereits zur Zeit des Erstprozesses bestand (Abgrenzung im einzelnen streitig) – dann gelten die allgemeinen Zuständigkeitsregeln. Der Behelf entfaltet keinen Suspensiveffekt. Eine einstweilige Einstellung der Vollstreckung oder Aufhebung der Maßnahme ist regelmäßig nicht möglich, dafür ist das Verfahren vor dem Vollstreckungsrichter einfach und kann beschleunigt durchgeführt werden. Die Entscheidung über den titulierten Anspruch erwächst in Rechtskraft.

Vor einer Vollstreckung in der *Schweiz* muß der Urteilsgläubiger noch am Betreibungsort das Rechtsöffnungsverfahren durchlaufen, um einen Zahlungsbefehl zu erhalten; in diesem Verfahren darf der Schuldner Einwände gegen den Anspruch vorbringen, wenn er sie mit Urkunden beweisen kann. Dieses beschränkte Erkenntnisverfahren erinnert an den Exekutivprozeß des spanischen[1]

[1] *López*, ZZP 92 (1979), 285 (287 f., 305); *Leutner*, Vollstreckbare Urkunde S. 158 f.; zur

und mancher südamerikanischen[2] Rechte, in dem ebenfalls vor Beginn der Vollstreckung der titulierte Anspruch erneut geprüft wird.[3] Eine erst nachträgliche, unbeschränkte Geltendmachung von Einwänden erlaubt der 1997 neu eingefügte Art. 85a SchKG, der eine Feststellungsklage hinsichtlich des titulierten Anspruchs mit Möglichkeiten zur (auch vorläufigen) Beschränkung oder Einstellung der Vollstreckung kombiniert.

Die Vollstreckung in *England* ordnet das Erkenntnisgericht nicht nur an, es überwacht sie regelmäßig auch selbst. De facto gilt jedoch das Klauselprinzip, da der Vollstreckungsbefehl (*writ*) ohne Prüfung von Anspruch oder Einwänden ergeht. Hat der Schuldner erfüllt, ist dies – wie das Urteil selbst – zu registrieren, dies kann der Schuldner ggf. erzwingen. Bei anderen Einwänden ist eine separate Klage (*action to set aside*) oder ein Antrag beim Erstgericht auf Aufhebung des Urteils nötig. Der einfache Antrag ist vor allem bei Versäumnisurteilen (*default judgments*) und *summary judgments* statthaft. Eine weitere Möglichkeit ist, die zeitweise oder permanente Aussetzung der Vollstreckung (*stay of execution*) zu beantragen. Hier gilt ein weites Ermessen, zu dessen Handhabung die Rechtsprechung Leitlinien entwickelt hat. Eine Aussetzung kann etwa gewährt werden, um die Entscheidung über eine zur Aufrechnung gestellte Gegenforderung in einem separaten Prozeß abzuwarten.

In den *USA* ist das Vollstreckungsrecht Sache des einzelnen Bundesstaates. Für Urteile von Bundesgerichten gibt es einige Regeln über die Vollstreckbarkeit. Wie in England gilt de facto das Klauselprinzip (Erteilung eines *writ*); wie dort kann der Schuldner die Registrierung einer Erfüllung verlangen und ggf. erzwingen. Vollstreckungsgegeneinwände können in manchen Staaten mit einem Rechtsbehelf gegen den *writ* geltend gemacht werden. Vor allem aber kann der Schuldner bei Einwänden die Aufhebung des Ersturteils beantragen, indem er klagt (*Equity*-Aufhebungsklage) oder einen Antrag auf *relief from judgment* (z.B. FRCP 60 (b)) stellt. Dieser Antrag kann nicht nur auf Vollstreckungsgegeneinwände, sondern auch auf andere Aufhebungsgründe (etwa Prozeßbetrug oder Entschuldigung einer Säumnis) gestützt werden. Einen Suspensiveffekt entfalten Antrag oder Klage nicht, das Gericht kann aber nach Ermessen die Vollstreckung einstweilen aussetzen. Eine Aussetzung ist auch möglich, um den Ausgang eines Prozesses über eine Gegenforderung abzuwarten.

Sonderregeln gelten für Einwände bei Titeln, die auf einem Prozeßvergleich der Parteien beruhen. Das französische Recht differenziert hier zwischen *jugement d'expédient* und *contrat judiciaire* (*jugement de donner acte*), das Schweizer Recht kennt unterschiedliche Lösungen (Züricher vs. Berner Modell), das

---

geplanten Modernisierung durch den Entwurf des neuen spanischen Zivilprozeßgesetzes *Ramos*, ZZP Int. 3 (1998), 91 (113).

[2] *Keramaeus*, FS Drobnig S. 549 (550ff.).

[3] Vgl. *Leutner*, Vollstreckbare Urkunde S. 182.

englische und US-amerikanische Recht behandelt die *consent judgments* weitgehend wie reguläre Urteile.

III. Zuständigkeit für Einwände gegen fremde Titel

Erhebt der Schuldner Einwände gegen einen im *Ausland* titulierten Anspruch, so gelten in den untersuchten Staaten ganz unterschiedliche Regeln zur Frage der internationalen Zuständigkeit. Häufig bestehen erhebliche Unklarheiten über die Lösung, interessant ist daher auch ein internationaler Vergleich der Argumentationen. Instruktiv sind die Auffassungen zur Reichweite von Art. 16 Nr. 5 GVÜ.

Die französische Rechtsprechung hat sich zur internationalen Zuständigkeit für die Prüfung von Vollstreckungsgegeneinwänden noch nicht geäußert, wohl aber zu einigen ähnlich gelagerten Fragen. Die dort entwickelten Grundsätze deuten darauf hin, daß französische Gerichte – auch im Rahmen einer *contestation* – solche Einwände nur dann prüfen, wenn sie für den Streit nach allgemeinen Regeln international zuständig sind. Fehlt diese Zuständigkeit, wird eine Aussetzung durch den *juge de l'exécution* geboten sein, bis ein zuständiges Gericht entschieden hat. Art. 16 Nr. 5 GVÜ umfaßt nach der vorherrschenden Literaturmeinung nicht die Prüfung von Vollstreckungsgegeneinwänden durch den *juge de l'exécution*; auch hier gelten die allgemeinen Zuständigkeitsregeln.

In der Schweiz ist das Gericht des Betreibungsortes auch international zuständig für die Rechtsöffnung mit ihrer auf urkundlich belegte Einwände beschränkten Prüfung (Artt. 81 Abs. 1, 85 SchKG). Für die unbeschränkte Prüfung von Einwänden im Rahmen einer besonderen Klage (Art. 85a SchKG) ist dagegen wohl erforderlich, daß die Schweizer Gerichte nach allgemeinen Regeln für den Streit international zuständig sind (str.). Die Zuständigkeit der Gerichte des Vollstreckungsstaates nach Art. 16 Nr. 5 GVÜ umfaßt den Behelf nach Art. 85 SchKG, aber nicht den nach Art. 85a SchKG (str.).

In England schafft die *action upon the judgment* ein neues englisches Urteil auf Grundlage des ausländischen; ähnlich wirkt die Registrierung des ausländischen Urteils „wie ein englisches". In beiden Fällen werden anschließend die allgemeinen Regeln über Einwände gegen englische Urteile angewandt, ohne daß die internationale Zuständigkeit näher geprüft würde. Eine Ausnahme bildet die Aufhebungsklage, die gegenüber ausländischen Urteilen evtl. nicht zulässig ist – klar ist dies jedoch nicht. Jedenfalls fällt eine Aufhebungsklage nicht unter Art. 16 Nr. 5 GVÜ, anders als die Anordnung eines *stay of execution*. Bei letzterem erlaubt das Aussetzungsermessen wohl auch die Berücksichtigung von *forum non conveniens*- Überlegungen.

In den USA kann sich die angesprochene Zuständigkeitsfrage schon bei der jurisdiktionsübergreifenden Vollstreckung innerhalb der USA stellen. Nach der Registrierung eines *bundesgerichtlichen* Urteils in einem anderen Distrikt ist umstritten, ob über einen Aufhebungsantrag nach FRCP 60 (b) das Zweitgericht entscheiden kann, überwiegend wird dies abgelehnt. Eine *Equity*-Aufhebungsklage ist dagegen im Zweitforum statthaft, ihr Konkurrenzverhältnis zu FRCP 60 (b) jedoch komplex und umstritten. Bei der Vollstreckung *staatengerichtlicher* Urteile in anderen Bundesstaaten sind Einwände gegen den titulierten Anspruch bei und nach Registrierung weitgehend zulässig, gelegentlich wird der Schuldner aber an das Erstgericht als das passendere (*more convenient*) *forum* verwiesen. Umstritten ist auch hier, ob der Zweitstaat über die Aufhebung eines Urteils aus einem anderen Bundesstaat entscheiden kann; die Rechtsprechung verweist gelegentlich an das Erstforum. *Ausländische* Urteile werden, ähnlich wie in England, nach Vollstreckbarerklärung praktisch wie eigene behandelt. Nach der instruktiven Entscheidung *Guiness v. Ward*[4] sind auf die Geltendmachung von Vollstreckungsgegeneinwänden weitgehend dieselben Grundsätze anwendbar wie zwischen Bundesstaaten der USA.

IV. Einwände und Exequatur

Die Frage, ob im Rahmen der *Vollstreckbarerklärung* eines ausländischen Titels auch Einwände gegen den titulierten Anspruch zu prüfen sind, beantworten die verschiedenen Rechtsordnungen ebenfalls nicht einheitlich. Grund sind nicht zuletzt unterschiedliche Auffassungen von der Rechtsnatur der Vollstreckbarerklärung.

Die französische Rechtsprechung lehnt im autonomen Exequatur die Prüfung von Vollstreckungsgegeneinwänden seit langem ab. Gewichtige Literaturstimmen kritisieren dies – bislang vergeblich. Zur Zulässigkeit von Einwänden im Rechtsbehelf nach Art. 36 GVÜ liegt Rechtsprechung nicht vor. Die Literatur ist hier gespalten, manche befürworten die Zulässigkeit unter einschränkenden Voraussetzungen, etwa der Zuständigkeit französischer Gerichte nach allgemeinen Regeln.

In der Schweiz sind Exequatur und Rechtsöffnungsverfahren nach SchKG eng verzahnt; im Ergebnis sind nur urkundlich dokumentierte Einwände zulässig – wie gegen ein inländisches Urteil (Art. 81 Abs. 1 SchKG). Die Umsetzung des GVÜ – Exequaturverfahrens wirft wegen dieser Verzahnung besondere Probleme auf. Im Ergebnis sehen einige der eigens erlassenen neuen kantonalen Exequaturregelungen die Zulässigkeit von Vollstreckungsgegeneinwänden im Rechtsbehelf nach Art. 36 GVÜ vor; die Literatur favorisiert diese Lösung ebenfalls, wobei manche für eine Beschränkung auf urkundlich dokumentierte Einwände eintreten.

In England ist außerhalb von Staatsverträgen eine *action upon the judgment* nötig, um den ausländischen Titel nutzen zu können; in diesem Klageverfahren

[4] 955 F.2d 875 (4th Cir. 1992).

kann der Schuldner alle nicht präkludierten Einwände gegen den titulierten Anspruch erheben. Im Bereich von Staatsverträgen ist eine *registration* des ausländischen Titels ohne Anhörung des Schuldners möglich; mit seinem Einspruch kann er sich auf gesetzlich enumerierte Einwände (Erfüllung, Aufhebung im Erststaat) stützen. Ob über die Erfüllung hinaus auch andere Vollstreckungsgegeneinwände möglich sind, ist unklar. Im Behelf nach Art. 36 GVÜ hält die Literatur Vollstreckungsgegeneinwände für unzulässig; die zur Ausführung erlassenen Verfahrensregeln sehen allerdings die Geltendmachung der Erfüllung vor.

In den USA ist eine *action upon the judgment* oder eine Registrierung schon bei jeder jurisdiktionsüberschreitenden Vollstreckung im Inland nötig. Bei der Registrierung eines *bundesgerichtlichen* Urteils in einem anderen Distrikt wird der Schuldner zunächst nicht gehört; es ist unklar, ob und in welchem Umfang er mit dem anschließenden Rechtsbehelf auch Vollstreckungsgegeneinwände geltend machen kann. Die Vollstreckung *staatengerichtlicher* Urteile in einem anderen Bundesstaat setzt entweder eine *action upon the judgment* oder, sofern zulässig, eine Registrierung voraus. Erstere erlaubt grundsätzlich alle Einwände, es gibt allerdings restriktive Tendenzen in der Rechtsprechung, z.B. zur Aufrechnung. Die Registrierung erfolgt oft ohne Anhörung des Schuldners, der anschließend mögliche Rechtsbehelf kann nach einer verbreiteten Rechtsprechung nicht auf selbständige Einwände (*counterclaims*), wie z.B. die Aufrechnung, gestützt werden. *Ausländische* Urteile bedürfen wohl stets einer *action upon the judgment* (str.), dabei sind nach *Guiness v. Ward*[5] weitgehend dieselben Grundsätze anwendbar, wie zwischen Bundesstaaten der USA – letztlich herrscht also hier eine ähnliche Unsicherheit.

Im Ergebnis sind Vollstreckungsgegeneinwände umso weniger zulässig, je summarischer das Exequaturverfahren angelegt ist. Gelegentlich wird differenziert nach der Beweisbarkeit (Schweiz) oder der Art (USA, wohl auch England) der Einwände. Interessant ist auch ein Vergleich der Argumente für die verschiedenen Lösungen. Gegen die Zulässigkeit von Einwänden werden vor allem angeführt das Verbot der révision au fond (Frankreich), die mangelnde Zuständigkeit des Gerichts am Vollstreckungsort (USA, insbes. bei Registrierung nach 23 USC § 1963) und die Möglichkeit, die Einwände im Rahmen des Vollstreckungsverfahrens vorzubringen (Schweiz). Für ihre Zulässigkeit wird hauptsächlich vorgebracht, die Vollstreckungsklage betreffe den Anspruch (*action upon the judgment*) und Einwände könnten in diesem Verfahren mit erledigt werden (Literatur Frankreich, Schweiz).

---

[5] 955 F.2d 875 (4th Cir. 1992).

V. Schiedsspruch und Einwand

Bei einem durch Schiedsspruch titulierten Anspruch lassen alle Rechtsordnungen zu, daß das erste oder ein neues Schiedsgericht über nachträgliche Einwände entscheidet, wenn die Parteien dies wollen. Die Schiedsfähigkeit der Vollstreckbarkeit des Erstspruches wird zwar unterschiedlich beurteilt, letztlich existiert aber stets ein Weg, die Vollstreckung mit einem Zweitspruch zu stoppen. Rechtsbehelfe gegen den Schiedsspruch können regelmäßig nicht auf Vollstreckungsgegeneinwände gestützt werden; die Berücksichtigung im Exequaturverfahren wird häufig, aber nicht durchgängig, abgelehnt. Im Rahmen der Zwangsvollstreckung sind Einwände dann wieder ähnlich zu beachten wie bei regulären Urteilen.

In Frankreich kann der Schuldner, wenn die Schiedsklausel entsprechend weit auszulegen ist, vor dem Schiedsgericht einen auf seinen materiellen Einwand ausgerichteten Antrag stellen, z.B. auf Feststellung der Aufrechnung oder Aufhebung des Vertrages, auf dem der Anspruch beruht; anschließend muß er ggf. vor dem *juge de l'exécution* gegen Vollstreckungsmaßnahmen vorgehen. Eine Aufhebung des Erstspruchs ist nicht notwendig, eine Aufhebung seiner Vollstreckbarkeit oder eventuell bereits vorgenommener Zwangsvollstreckungsmaßnahmen würde die Kompetenzen des Schiedsgerichts überschreiten. Vor staatlichen Gerichten können Einwände nur gegen einen französischen Spruch direkt mit einem Rechtsbehelf geltend gemacht werden (*appel*, sofern dieser nicht von den Parteien ausgeschlossen wurde), gegen einen internationalen oder ausländischen Spruch können Rechtsbehelfe nicht auf Vollstreckungsgegeneinwände gestützt werden; im Exequaturverfahren werden sie ebenfalls nicht berücksichtigt. Unbenommen bleibt eine *contestation* im Rahmen der Vollstreckung, wobei für die Entscheidungskompetenz des Vollstreckungsrichters und die ggf. nötige Aussetzung die zu ausländischen Urteilen entwickelten Grundsätze entsprechend gelten. Eine Aufhebung des Spruchs im Erststaat ist nicht notwendig zu berücksichtigen.

In der Schweiz werden Schiedsabreden ähnlich großzügig ausgelegt wie in Deutschland. Rechtsöffnungsgesuche und Klagen im Rahmen des Betreibungsverfahrens werden aber verbreitet als nicht schiedsfähig angesehen. Ein Schiedsgericht soll auch nicht befugt sein, eine vorläufige oder endgültige Einstellung der Vollstreckung eines Spruchs zu beschließen. Vor staatlichen Gerichten begründen Einwände gegen den titulierten Anspruch nur in wenigen Ausnahmefällen einen Rechtsbehelf gegen den Schiedsspruch. Einwände können aber im Rahmen des Rechtsöffnungsverfahrens ebenso geltend gemacht werden wie bei in- oder ausländischen Urteilen.

Nach der englischen *functus officio* – Lehre können Einwände gegen einen durch Schiedsspruch titulierten Anspruch nur unter engen Voraussetzungen vor dem Schiedsgericht geklärt werden. In den übrigen Fällen sind staatliche Gerichte zuständig, wobei die Einwände regelmäßig nicht mit einem Rechtsbehelf gegen den Schiedsspruch geltend zu machen sind, sondern gegenüber der Vollstrekkungsklage (*action on the award*) oder im Rahmen der Zwangsvollstreckung – dort nach CPR Sch. 1 RSC Order 45 Rule 11 (Aussetzung). Im Bereich des UNÜ bestehen gewisse Zweifel, ob englische Gerichte im Rahmen der Zwangsvollstreckung die Befugnisse nach Order 45 Rule 11 haben oder ob die Berücksichtigung von Vollstreckungsgegeneinwänden dem Rechtsbehelfsverfahren im Heimatstaat vorbehalten ist.

In den USA werden Vollstreckungsgegeneinwände überwiegend als schiedsfähig angesehen. Die Schiedsabrede kann trotz der *functus officio* – Doktrin nachträgliche Einwände umfassen, wenn dies wegen der Natur des titulierten Anspruchs implizit ist oder wenn es von Anfang an Gegenstand der Schiedsabrede war oder die Parteien sich nachträglich hierauf einigen. Staatliche Gerichte können einen Schiedsspruch in der Regel nicht aufgrund von Vollstreckungsgegeneinwänden aufheben. Auch darf die Registrierung eines inländischen Schiedsspruchs nach Bundesrecht (FAA § 9) und den untersuchten Staatenrechten nicht wegen Vollstreckungsgegeneinwänden verweigert werden; allerdings kann eine Aussetzung der Vollstreckung schon bei Registrierung angeordnet werden. Bei ausländischen Schiedssprüchen haben die Gerichte jedenfalls selbständige Vollstreckungsgegeneinwände (*counterclaims*) im Registrierungsverfahren unter dem UNÜ überwiegend für unzulässig gehalten; schiedsgebundene Einwände können auf keinen Fall zur Entscheidung des Registrierungsgericht gestellt werden. Unbenommen soll jedoch die Möglichkeit einer Aussetzung der Vollstreckung über Art. VI UNÜ hinaus sein. Eine Aufhebung des Spruchs im Erststaat ist nicht notwendig zu berücksichtigen. Ist der Spruch registriert, so ist er für die Rechtsbehelfe in der Zwangsvollstreckung einem Urteil gleichgestellt, wobei allerdings die Grenzen zu berücksichtigen sind, die das UNÜ und der FAA ziehen, insbesondere wenn es um eine Aufhebung des Spruchs geht.

VI. Strukturelle Analyse im Lichte der Rechtsvergleichung

Die rechtsvergleichende Bestandsaufnahme zeigt Gemeinsamkeiten, aber auch wichtige Unterschiede zwischen den untersuchten fremden Rechtsordnungen und zum deutschen Recht. Damit drängt sich die Frage nach einer Bewertung auf – sind manche dieser Lösungen besser als andere und verdienen internationale Verbreitung? Der Schlüssel zur Antwort ist die Erkenntnis, daß die Behandlung von Titel und Anspruch in der Vollstreckung untrennbar verbunden ist mit dem *institutionellen Rahmen der Zwangsvollstreckung*. Dieser Rahmen ist in verschiedenen Ländern unterschiedlich, ohne daß sich ein Modell als strukturell überlegen bezeichnen ließe.[6] Die rechtsvergleichende Summe kann daher hier nicht eine „optimale

---

[6] Ein Qualitätsvergleich wäre sicherlich schon insofern schwierig, als schon eine Einigung über die Zielvorstellung – die „angemessene“ Balance von effektiver Durchsetzung und Schuld-

Einheitslösung" herausdestillieren, sondern muß versuchen, einen Beitrag zur *besseren Koordination der Systeme* zu leisten. Diese Aufgabe ist nicht weniger vornehm und zugleich praxisnäher als eine Suche nach dem „besten Recht" es wäre. Sie stellt sich sowohl dem nationalen Gesetzgeber und Richter, als auch bei der Ausarbeitung staatsvertraglicher Regeln für die Behandlung von Titel, Anspruch und Vollstreckung im internationalen Rechtsverkehr.

Im folgenden sollen auf der Grundlage der Bestandsaufnahme prozeßrechtliche Strukturen und Prinzipien identifiziert werden, die funktional definiert sind und damit Begrifflichkeit und System der einzelnen Rechtsordnung transzendieren. Solche Strukturen können dazu dienen, die Verständigung zwischen Vertretern der verschiedenen Rechtsordnungen zu erleichtern und einen Beitrag zur Lösung der Koordinationsaufgabe leisten.

1. Anspruch und Titel: Titelbezogene Rechtsbehelfe

Alle entwickelten Rechtsordnungen unterscheiden zwei Phasen der Anspruchsdurchsetzung: Fixierung des Anspruchs in einem Dokument, dem Titel, und Durchsetzung des so fixierten Anspruchs durch befugte Organe. Titel sind vor allem Urteile, aber auch Schiedssprüche, Prozeßvergleiche und bestimmte Urkunden. Sie unterscheiden sich untereinander und von Staat zu Staat in ihren Wirkungen in bezug auf den fixierten Anspruch. Dem Schuldner stehen unterschiedliche Möglichkeiten offen, den Titel als *Fehlfixierung des Anspruchs* noch *anzugreifen*. Eine solche Fehlfixierung droht vor allem bei Titeln mit eingeschränkter Richtigkeitsgewähr, wie vollstreckbaren Urkunden und, in begrenzterem Maße, Prozeßvergleichen und nicht rechtskräftigen Urteilen. Aber auch bei rechtskräftigen Urteilen können Fehler vorkommen, deshalb gibt es die Restitutionsklage und verwandte Rechtsbehelfe. Hinzu kommt ein *Synchronisationsproblem*, das in jeder Rechtsordnung auftritt: Der Titel kann den Anspruch immer nur für einen bestimmten Zeitpunkt fixieren. Da sich der Anspruch dynamisch entwickelt, kann der Titel nachträglich falsch werden. Diese Gefahr besteht besonders bei Titeln, aus denen zunächst nicht (erfolgreich) vollstreckt wurde[7] und Titeln, die Dauerwirkung entfalten, insbesondere wenn sie auf Zukunftsprognosen beruhen. Deshalb gibt es Verfahren zur *Aktualisierung des Titels*. Manche Rechtsordnungen kombinieren Verfahren zur Aktualisierung und zur Geltendmachung anderer Einwände gegen den Titel (Bsp.: FRCP 60 (b)), andere unterscheiden sie streng (Bsp.: §§ 767, 323; frz. *contestation*). Alle Verfahren, in

---

nerschutz – nicht ohne weiteres unterstellt werden kann. Vor allem aber dürfte sich zeigen, daß der entscheidende Hebel nicht die Entscheidung für ein System – z.B. für oder gegen das Trennungsprinzip – sein dürfte, sondern die konsequente Durchführung und institutionelle Umsetzung.

[7] Bemerkenswert in diesem Zusammenhang die teilweise relativ kurze Urteilsverjährung in manchen US-Bundesstaaten. S.o. Kap. 5, USA.

denen der Schuldner den Titel mit der Behauptung angreift, er fixiere den Anspruch nicht (mehr) richtig, sind letztlich eine *Fortsetzung des Streits über den Anspruch*, wobei der frühere Beklagte zum Kläger wird, die *Parteirollen kehren sich um.*[8] Im internationalen Rechtsverkehr stellt sich die Frage, ob für diese Zweitverfahren über den titulierten Anspruch die allgemeinen Zuständigkeitsregeln gelten oder ob die Gerichte des Erststaates (evtl. ausschließlich) zuständig sind, welches Recht die Wirkungen des Titels regiert und welches Recht auf den bereits titulierten Anspruch anzuwenden ist.

2. Anspruch und Vollstreckung: Vollstreckungsbezogene Rechtsbehelfe

Aus der *Vollstreckungsperspektive* wirft ein (anfängliches oder nachträgliches) Auseinanderfallen von Titel und Anspruch ein besonderes Rechtsschutzproblem auf: Solange der Titel nicht aktualisiert ist, droht ein ungerechtfertigter Einsatz von Zwang, denn Grundlage der Vollstreckung ist regelmäßig der Titel. Die Unrichtigkeit des Titels wird zum Problem des Vollstreckungsverfahrens und gewinnt damit eine besondere Dringlichkeit und Nähe zu Souveränitätsfragen.[9] Werden deshalb die Vollstreckungsorgane oder -gerichte für die zweite Anspruchsprüfung zuständig, gelten für diese Prüfung die Rechtsbehelfe und Grundsätze des Vollstreckungsverfahrens?

3. Titel- versus vollstreckungsbezogene Behelfe im nationalen Kontext

In manchen Rechtsordnungen spielt der Unterschied von Titel- und Vollstreckungsperspektive jedenfalls im nationalen Kontext kaum eine Rolle, weil das Vollstreckungsverfahren so starke Züge eines Erkenntnisverfahrens trägt, daß sich die Anspruchsprüfung problemlos einfügt (Exekutivprozeß des spanischen[10] und südamerikanischer[11] Rechte, rudimentär auch noch im Schweizer Rechtsöffnungsverfahren) oder weil Vollstreckungsüberwachung und eventuelle Zweitprüfung des Anspruchs jedenfalls demselben Gericht obliegen (England).[12] Anders

---

[8] Dieser Übergang der Feststellungslast auf den Schuldner ist eine – wichtige – Folge der wirksamen Titulierung, vgl. *Windel* ZZP 102 (1989), 175 (205).

[9] S.o. Kap. 2, Frankreich zum Begriff des *imperium* (*Théry*, Pouvoir juridictionnel et compétence).

[10] *López*, ZZP 92 (1979), 285 (287f., 305); *Leutner*, Vollstreckbare Urkunde S. 158f.; zu Reformplänen *Ramos*, ZZP Int. 3 (1998), 91 (113).

[11] Keramaeus, FS Drobnig S. 549 (550ff.).

[12] Dies erklärt, warum sich im englischen Recht anscheinend niemand viele Gedanken über die Abgrenzung so verschiedener Rechtsbehelfe wie der Vollstreckungseinstellung (*stay of*

ist die Lage unter der Herrschaft des *Trennungsprinzips* (Frankreich, Deutschland, Griechenland etc.), wenn Erkenntnis (Anspruchsprüfung) und Vollstreckung (einschließlich der Vollstreckungskontrolle) unterschiedlichen Organen zugeordnet sind. Dort muß man sich entscheiden, welchem Organ man die Prüfung der Einwände zuordnet. Diese Zuordnung ist zugleich Ausdruck und Quelle der dominierenden Perspektive. In manchen Rechtsordnungen dominiert eindeutig die *Vollstreckungsperspektive*. So ist in Frankreich[13] und Griechenland[14] ab Beginn der Vollstreckung[15] ein nachträglicher Einwand gegen den titulierten Anspruch mit einem Rechtsbehelf gegen eine konkrete Vollstreckungsmaßnahme geltend zu machen, zuständig ist das Vollstreckungsgericht. Andererseits gibt es auch Rechtsordnungen, die eine Lösung auf der Titelebene vorsehen und das Einwirken auf die Vollstreckung nur flankierend ermöglichen. So können in den USA Einwände gegen den titulierten Anspruch mit einer Klage oder einem Antrag auf Aufhebung des Titels oder seiner Wirkungen (*relief from judgment*) geltend gemacht werden.[16] Eine interessante, im Schwerpunkt titelbezogene Kombinationslösung findet sich im italienischen Recht: Dort ist, wenn die Zwangsvollstreckung begonnen hat, die Vollstreckungsabwehrklage nach Art. 615 ital. CPC[17] bei dem Vollstreckungsrichter zu erheben. Dieser prüft zunächst, ob wegen der Klage eine Aussetzung der Vollstreckung angezeigt ist. Sodann entscheidet er aber nicht selbst über den Einwand, sondern verweist den Streit gem. Art. 616 ital. CPC an das nach allgemeinen Regeln zuständige Erkenntnisgericht.[18] Im internationalen Rechtsverkehr können beide Perspektiven kollidieren und zu einem positiven oder negativen Kompetenzkonflikt führen. Die Vollstreckungsperspektive kann zudem dazu führen, daß bei gleichzeitigen Vollstreckungsversuchen in verschiedenen Staaten Parallelprozesse über den Einwand geführt werden (müssen).

Das deutsche Recht sieht in § 767 einen Behelf vor, dessen Einordnung schwerfällt und von Fragen abhängt, die bereits in der nationalen Diskussion umstritten sind. Die Klage richtet sich zwar nicht gegen eine einzelne Vollstreckungs-

---

execution) und der Aufhebung oder Abänderung des Urteils (*action to set aside the judgment*) macht, während in Deutschland die Literatur zum Konkurrenzverhältnis zwischen § 767 und anderen Rechtsbehelfen äußerst umfangreich und komplex ist.

[13] Näher s.o. Kap. 2, Frankreich.

[14] Art. 933 Griech. ZPO. Dazu *Tsikrikas*, ZZP Int. 1996, 119 (121, 126).

[15] Bis zum Beginn der Vollstreckung ist dagegen das Erkenntnisgericht auch für nachträgliche Einwände zuständig: Art. 933 § 2 Griech. ZPO, *Yessiou-Faltsi*, S. 427; in Frankreich ist der Vollstreckungsrichter ebenfalls nur bei konkreten Vollstreckungsakten zuständig: Art. L.311–12–1 C. Org. Jud. Dieser *Zuständigkeitswechsel mit Beginn der Vollstreckung* findet sich auch in Italien (Art. 615 ital. CPC, näher *Wastl*, S. 165) und Österreich (§ 17 Abs. 2 EO).

[16] S.o. Kap. 5, USA.

[17] Der Behelf entspricht funktional weitgehend der Vollstreckungsabwehrklage nach § 767, *Wastl*, S. 180.

[18] *Wastl*, S. 165f.

maßnahme, aber gegen die Möglichkeit, aus dem Titel zu vollstrecken.[19] Dies spricht für die Vollstreckungsperspektive. Andererseits ist die Klage nach herrschender Auffassung eine Gestaltungsklage, die dem Titel eine Wirkung nimmt (die Vollstreckbarkeit), und zuständig ist das ursprüngliche Erkenntnisgericht. Sie gleicht insofern funktional einer Klage zur Aufhebung der Vollstreckungsklausel (*motion to quash the writ*).[20] Manche meinen zudem, die Klage umfasse auch die Feststellung, daß der materielle Anspruch nicht mehr besteht,[21] betonen also noch stärker die Titelperspektive. Aus dieser Perspektive regelt § 767 einen Zweitprozeß, § 769 ermöglicht flankierend, einstweilen auf die Vollstreckung einzuwirken.

4. Bewertung der möglichen Lösungen

Keine der beiden Perspektiven ist grundsätzlich der anderen überlegen, wenn es darum geht, in der Zwangsvollstreckung eine faire Balance zwischen den Interessen von Schuldner und Gläubiger zu finden. Eine gewisse Isolierung des Vollstreckungszugriffs gegen materielle Angriffe auf den Titel ist ebenso unerläßlich wie eine grundsätzliche Rückkoppelung der Vollstreckung an den Anspruch.[22] Die Perspektiven nähern sich damit nur von verschiedenen Seiten dem gerechten Ausgleich – wobei sich nie vermeiden lassen wird, daß verschiedene Rechtsordnungen hier im einzelnen zu unterschiedlichen Lösungen kommen, was bestimmte Einwände (z.B. Aufrechnung) oder Titel (z.B. vollstreckbare Urkunden) angeht.

Jede Rechtsordnung muß aufgrund ihrer spezifischen *institutionellen Ausgangslage* eine sinnvolle Zuordnung der Prüfungsbefugnisse für die Einwände vornehmen. Dabei ist ein wichtiger Faktor, ob die mit der Kontrolle der Zwangsvollstreckung betrauten Organe so qualifiziert sind, daß man ihnen eine Prüfung des titulierten Anspruchs zutraut. Schwierigkeiten drohen, wenn eine Rechtsordnung eine Zwischenlösung wählt, in der bestimmte Einwände gegen den Anspruch von einem, andere von einem anderen Organ geprüft werden. Beispiele sind[23] die

---

[19] Dieselbe Struktur weist Art. 615 ital. CPC auf (Art. 617 ital. CPC richtet sich gegen einzelne Maßnahmen, ähnlich § 766), vgl. *Wastl*, S. 160, 162.

[20] Dieser Behelf zielt in US-Rechten auf die Aufhebung des *writ of execution*, der als Vollstreckungsanordnung für das Urteil funktional der Klausel entspricht, s.o. Kap. 5, USA.

[21] *Bettermann*, Rechtshängigkeit und Rechtsschutzform S. 43ff.; *Schlosser*, Gestaltungsklagen, S. 106; *Wolfsteiner*, Die vollstreckbare Urkunde Rz. 59.2ff.; *Münch*, Vollstreckbare Urkunde, S. 321ff., 345ff. m.w.N. Aus der älteren Literatur etwa *Planck* Bd. II S. 704f.; *Hellwig*, Anspruch (1900), S. 166, Fußnote 12. Näher s.u. Teil II, Kap. 7 Begründetheit, Abschn. IV., Präklusionswirkung einer Zweitentscheidung.

[22] Zu den Gerechtigkeitserwägungen im einzelnen etwa *Münch*, Vollstreckbare Urkunde S. 183ff.; vgl. auch *Schilken*, FS *Gaul* S. 667ff.

[23] Weitere, unten diskutierte Beispiele sind die Frage, ob im Bereich des GVÜ (Auslegung von Art. 16 Nr. 5 GVÜ) eine Differenzierung nach Einwänden sinnvoll ist s.u. Teil II, Kap. 9,

Kompetenzen des *juge de l'execution* in Frankreich und in der Schweiz Art. 85 SchKG, dessen Beschränkungen allerdings seit Einführung von Art. 85a SchKG nur noch geringe Bedeutung haben. Dann treten Abgrenzungs- und Qualifikationsprobleme auf, die schon im nationalen Kontext zu Reibungsverlusten führen. Selbst zwischen verschiedenen titelbezogenen Rechtsbehelfen können leicht Abgrenzungsprobleme entstehen (Bsp.: §§ 767, 323, Restitutionsklage, Klage nach § 826 BGB). Insofern läßt sich nach einem Vergleich tendenziell feststellen, daß einfachere Lösungen „besser" sind – weniger ist hier nicht selten mehr.

Eine mögliche Lösung ist auch, zwar einen vollstreckungsbezogenen Rechtsbehelf vorzusehen, die in seinem Rahmen ergehende Entscheidung aber nicht mit Bindungswirkung auszustatten und zusätzlich einen titelbezogenen Behelf zu schaffen. Verhältnismäßig sinnvoll ist diese Gestaltung, wenn das im Rahmen der Vollstreckung erkennende Organ eine nur summarische Prüfung vornimmt und eine auch de facto revidierbare Entscheidung trifft (z.B. vorläufige Einstellung der Zwangsvollstreckung gegen Sicherheitsleistung des Schuldners).[24] Die zwei möglichen Verfahren verhalten sich dann zu einander wie einstweiliger Rechtsschutz und Hauptsacheklage. Es besteht jedoch – wie im einstweiligen Rechtsschutz – die Gefahr, daß bereits das erste Verfahren umfangreiche Ressourcen bindet, so daß ein erneuter Prozeß erheblichen Doppelaufwand bedeutet, oder daß im Erstverfahren eine de facto nicht mehr revidierbare Entscheidung fällt.[25]

5. Konsequenzen für die Behandlung von Einwänden im internationalen Rechtsverkehr

Im internationalen Rechtsverkehr drohen Mißverständnisse, wenn die eigene Perspektive ungeprüft verallgemeinert und etwa bei der Auslegung von Staatsverträgen ohne weiteres zugrunde gelegt wird – z.B. wenn es um den Begriff der „Verfahren welche die Zwangsvollstreckung … zum Gegenstand haben" (Art. 16 Nr. 5 GVÜ) geht. Selbst bei der Anwendung rein nationaler Normen ist es gefährlich, die für den innerstaatlichen Rechtsverkehr gefundene Lösung unbesehen auf den internationalen zu übertragen, obwohl dies nicht selten geschieht. In

Zuständigkeit; und die Parallelfrage bei Schiedsverfahren (vgl. BGHZ 99, 143) s.u. Teil II, Kap. 12, Schiedsspruch.

[24] Allerdings darf man sich keine Illusionen über die Revidierbarkeit machen. Selbst die genannte Beschränkung – die weitaus weniger gravierend ist, als etwa eine Einstellung ohne Sicherheitsleistung – kann zu endgültigen Schäden führen, etwa wenn der Gläubiger aufgrund des Ausbleibens der Befriedigung insolvent wird.

[25] Eleganter erscheint insofern die Verweisungslösung der Artt. 615, 616 ital. CPC, vgl. *Wastl*, S. 165f.

die Irre führt hier die vor allem im *common law* verbreitete Metapher, mit der Vollstreckbarerklärung werde der ausländische Titel zu einem inländischen[26] oder einem solchen gleichgestellt. Der Auslandsbezug prägt vielmehr bei der Vollstreckung ebenso einen eigenen Strukturtypus[27] wie im Erkenntnisverfahren. Die Vollstreckung des ausländischen Titels mit inländischen Mitteln präjudiziert nicht die Frage, ob auch im Hinblick auf seine Wirkungen (z.B. Rechtskraft) und Rechtsbehelfe gegen ihn eine Gleichstellung angebracht ist.

Staaten, die Vollstreckungsgegeneinwände im *Vollstreckungsverfahren* behandeln, sollten sich der Unterschiede zu typischen Problemen der Vollstreckungskontrolle (Bsp.: Einhaltung von Verfahrensvorschriften durch Vollstreckungsorgane) bewußt sein und prüfen, wie deshalb – für die Vollstreckungskontrolle untypisch – der Auslandsbezug zu berücksichtigen ist, etwa bei der Frage der Präklusionswirkung des Titels, des anwendbaren Rechts, der internationalen Zuständigkeit und der Auswirkungen von Parallelverfahren. Würde die Berücksichtigung des Auslandsbezugs die betrauten Organe überfordern, spricht dies dafür, Vollstreckungsgegeneinwände gegen einen ausländischen Titel einem anderen Verfahren zuzuordnen.

Staaten, die Vollstreckungsgegeneinwände aus der Vollstreckungskontrolle verbannen und einem besonderen Erkenntnisgericht zuordnen, müssen entscheiden, welche Regeln für die internationale Zuständigkeit dieses Gerichts gelten. Eine automatische Zuständigkeit im Vollstreckungsstaat ist bei dieser Perspektive nicht ohne weiteres zu rechtfertigen. Dies gilt besonders für Rechtsbehelfe, die explizit auf eine Aufhebung des Ersttitels zielen (FRCP 60 (b); Restitutionsklage). Andererseits muß eine im nationalen Kontext des Vollstreckungsstaates mögliche flankierende Einwirkung auf das Vollstreckungsverfahren erhalten bleiben, wenn der Schuldner andernfalls schutzlos wäre. Im Rechtsverkehr mit Staaten der Vollstreckungsperspektive sollten deren rechtskräftige Entscheidungen über Einwände anerkannt werden, auch wenn sie in einem aus eigener Sicht unangebracht vollstreckungsnahen Verfahren ergangen sind, solange nicht elementare heimische Fairneßgrundsätze verletzt sind.

Die Unterscheidung von Titel- und Vollstreckungsperspektive hilft schließlich auch, die Frage der Zulässigkeit von Vollstreckungsgegeneinwänden im Verfahren der Vollstreckbarerklärung klarer zu fassen. Die Einwände gehören aus der Titelperspektive in dieses Verfahren, wenn es ein Zweitverfahren über den Anspruch ist (*actio judicati, action on the judgment*), aus der Vollstreckungsperspektive, wenn es bereits Teil der Vollstreckungskontrolle ist (Rechtsöffnungsverfahren). Einem reinen Klauselerteilungsverfahren sind sie dagegen fremd (Frankreich).

---

[26] Vgl. in den USA 23 USC § 1963; UEFJA § 2; FAA § 13. *Schröder*, Internationale Zuständigkeit, S. 608 kritisiert diese Vorstellung als „eine durch und durch unnütze Annahme".

[27] Vgl. *Heß*, JZ 98, 1021 (1022).

Diese aus der Rechtsvergleichung gewonnenen Leitlinien weisen im folgenden Teil II der Lösungsfindung für das deutsche internationale und für das europäische Zivilprozeßrecht die Richtung und werden dort unter Einbeziehung des nationalen rechtlichen und institutionellen Umfelds zu konkreten Antworten auf die in der Einleitung aufgeworfenen Fragen verdichtet.

Teil II

Anspruch, Titel und Vollstreckung im deutschen internationalen und europäischen Zivilprozeßrecht

Dieser Teil der Arbeit untersucht für das deutsche Recht detailliert die in der Einleitung aufgeworfenen Fragen zum Verhältnis von Anspruch, Titel und Vollstreckung, insbesondere zur Behandlung von Einwänden gegen den titulierten Anspruch. Sein Anliegen ist eine kritische Würdigung der von Rechtsprechung und Literatur vertretenen Lösungen im Zeichen eines zunehmenden internationalen Rechtsverkehrs und im Lichte der Rechtsvergleichung.

Die Untersuchung beginnt mit zwei Kernfragen der *Begründetheit* eines Einwands, der *Präklusionswirkung* des ausländischen Ersttitels sowie eines eventuellen Zweitverfahrens (Kap. 1) und dem bei der materiellen Prüfung *anwendbaren Recht* (Kap. 2). Die folgenden drei Kapitel erörtern, in welchem Verfahren und unter welchen Voraussetzungen ein Einwand vor deutschen Gerichten *zulässig* ist – zunächst, wenn der betroffene Titel *bereits rechtskräftig für vollstreckbar erklärt wurde* (Kap. 3), dann, wenn er im oder vor Beginn des *Exequaturverfahrens* erhoben wird (Kap. 4) und schließlich, wenn er Gegenstand eines ausländischen *Parallelverfahrens* ist (Kap. 5). Während die ersten fünf Kapitel Urteile, Prozeßvergleiche und vollstreckbare Urkunden betreffen, behandelt Kapitel 6 *Schiedssprüche*.

Jedes Kapitel ist primär danach gegliedert, ob das autonome deutsche Zivilprozeßrecht anwendbar ist oder ein Staatsvertrag, insbesondere das GVÜ. Diese Reihenfolge trägt der rechtlichen Systematik Rechnung, nicht der praktischen Bedeutung, in der das Konventionsrecht das autonome bei weitem übertrifft.[1] Eine weitere wichtige Unterscheidung betrifft die Art des angegriffenen Titels. Ausgangspunkt der Überlegungen ist stets das Urteil; Besonderheiten des Prozeßvergleichs oder der vollstreckbaren Urkunde werden jeweils im Verlauf der Untersuchung gesondert dargestellt.

---

[1] *Gottwald*, ZZP 103 (1990), 256 (287 f.), der *de lege ferenda* sogar für eine Abschaffung des autonomen Exequaturverfahrens (§§ 722 f) plädiert.

Kapitel 7

Begründetheit eines Vollstreckungsgegeneinwands: Präklusion

Die charakteristische Klippe, die jeder Vollstreckungsgegeneinwand umschiffen muß, heißt Präklusion. Ihr primäres Fundament ist der angegriffene Ersttitel (I.–III.). Ausländische Ersttitel schützt das Verbot der *révision au fond* gegen eine schrankenlose Berücksichtigung von Einwendungen. Umfang und Grenzen der im Ausland begründeten Präklusion und ihrer Anerkennung sind jedoch im einzelnen nicht immer leicht zu bestimmen. Die Vorgaben des autonomen Rechts (II.) unterscheiden sich dabei von denen des GVÜ und bilateraler Anerkennungs- und Vollstreckungsverträge (III.). Hat seit dem Erlaß des Ersttitels ein weiteres Verfahren über den Anspruch stattgefunden – etwa eine Vollstreckungsabwehrklage im Erststaat – so kann auch seine Präklusionswirkung zu berücksichtigen sein (IV.).

I. Beispielsfälle zur Präklusionswirkung eines ausländischen Ersturteils

Zur Veranschaulichung der Sachverhalte, bei denen Präklusionsfragen auftreten, sollen die folgenden Beispielsfälle dienen. In den ersten vier Fällen beruft der Schuldner sich darauf, die Präklusionswirkung des Ersturteils sei geringer als die eines entsprechenden deutschen Urteils. In den letzten drei Fällen macht umgekehrt der Gläubiger eine Präklusionswirkung geltend, die weiter geht als in Deutschland.

1. Fall 1: Französische Vertragsmängel

Der Gläubiger hat in Frankreich erfolgreich auf Kaufpreiszahlung geklagt und will nunmehr in Deutschland vollstrecken. Im Prozeß hatte der Schuldner sich vergeblich auf angebliche Sachmängel berufen. Gegen die Vollstreckung wendet der Schuldner ein, der Anspruch bestehe nicht, da der Kaufvertrag wegen Willensmängeln und Gesetzesverstoßes nichtig gewesen sei. Er weist darauf hin, daß nach französischem Recht die Rechtskraft des Ersturteils der nachträglichen

Geltendmachung dieses Einwandes nicht entgegensteht. Der Einwand wurde nämlich im Erstverfahren nicht vorgetragen und bildet gegenüber den dort behandelten Einwänden eine andere *cause*.[1] Der Schuldner wäre in Frankreich nicht gehindert, den Einwand auch im Vollstreckungsverfahren noch gegen den Titel vorzubringen.[2]

2. Fall 2: Aufrechnung gegen ein kalifornisches Urteil

Der Schuldner beruft sich gegenüber einem in Kalifornien erlassenen Urteil auf die Aufrechnung mit einer bestrittenen, inkonnexen Gegenforderung, die bereits zur Zeit des Erstverfahrens bestand und fällig war. Dort wurde sie aber nicht geltend gemacht. Dies steht nach kalifornischem Recht der späteren Aufrechnung gegenüber dem Urteil nicht entgegen.[3]

Abwandlung (Fall 2 B): Die Gegenforderung ist konnex, war aber zur Zeit des Erstprozesses nach kalifornischem Schuldrecht noch nicht fällig, wohl aber nach deutschem. Das Erstgericht hat auf das streitige Rechtsverhältnis als Vertragsstatut kalifornisches Recht angewandt, das Zweitgericht hält deutsches Recht für das Vertragsstatut.

3. Fall 3: Amerikanisches Versäumnisurteil

Der Gläubiger, ein in den USA ansässiger Vertragshändler, hat gegen den Schuldner, einen deutschen Warenhersteller, in den USA vor einem Bundesgericht einen Abfindungsanspruch wegen Vertragsbeendigung eingeklagt. Der Schuldner hat sich in der Sache nicht eingelassen, es ist Versäumnisurteil ergangen. Der Gläubiger betreibt nunmehr die Vollstreckbarerklärung in Deutschland. Der Schuldner wendet ein, der titulierte Abfindungsanspruch bestehe nicht, da er den Vertrag wirksam aus wichtigem Grund gekündigt habe. Für den wichtigen Grund seien ihm entscheidende Beweise erst nach Abschluß des amerikanischen Verfahrens zugänglich geworden. Im übrigen sei im Erstverfahren die Kündigung nur aufgrund eines entschuldbaren Fehlverhaltens der dortigen Prozeßvertreter nicht eingewandt worden. Er habe deshalb bei dem Erstgericht beantragt, das

---

[1] Der Einwand der Mangelhaftigkeit der Kaufsache und die auf Willensmängel und Gesetzeswidrigkeit gestützte Nichtigkeit des Vertrages sind verschiedene *causes*, Cass. Com. 14.03.1972, Bull. civ. IV Nr. 88 – Kontrast: BGH NJW 95, 967. Näher s.o. Kap. 2, Frankreich.

[2] *Kössinger*, S. 101 ff.; Civ. 14.11.1866, S. 1867, I. 133.

[3] *Machado v. Borges*, 170 Cal. 501, 503; 150 P. 351, 352 (1915); *Erlich v. Superior Court of Los Angeles*, 407 P.2d 649 (Cal. S. Ct. 1965); *Granberry v. Islay Investments*, 889 P.2d 970 (Cal. S. Ct. 1995). *Schwing*, California affirmative defenses § 44.2. Das Problem übersieht BGHZ 59, 116 (124).

Versäumnisurteil nach FRCP 60 (b) (1) und (2) aufzuheben.[4] Der Gläubiger bestreitet die Einwendungen, beruft sich auf die Rechtskraft des Versäumnisurteils und weist darauf hin, daß der Antrag nach FRCP 60 (b) die Wirksamkeit und Vollstreckbarkeit des Urteils nicht berührt.[5]

4. Fall 4: USA: Anfechtung wegen nachträglich entdeckter arglistiger Täuschung

Abwandlung des vorigen Falles: Der deutsche Schuldner (Warenhersteller) beruft sich darauf, er habe den Vertriebsvertrag nach Erlaß des amerikanischen Urteils wegen arglistiger Täuschung angefochten. Ihm sei erst nach dem Ende des Erstprozesses bekannt geworden, daß der amerikanische Händler ihm bei Abschluß des Vertriebsvertrages arglistig verschwiegen habe, daß er im Mehrheitsbesitz eines amerikanischen Konkurrenzherstellers gestanden habe und vertraglich verpflichtet gewesen sei, diesem jederzeit Einsicht in seine Geschäftsunterlagen zu gewähren. Er, der Schuldner habe deshalb bei dem Erstgericht einen Aufhebungsantrag nach FRCP 60 (b) (3) wegen betrügerischen Verhaltens (*fraud*) gestellt.[6] Der Gläubiger beruft sich wieder darauf, daß der Antrag nach FRCP 60 (b) die Vollstreckbarkeit des Urteils nicht beeinträchtigt, und auf die Rechtskraft des Urteils. Er verweist insofern auf die Rechtsprechung des BGH, nach der eine nachträgliche Arglistanfechtung auch dann präkludiert ist (§ 767 Abs. 2), wenn die verschwiegenen Tatsachen dem Urteilsschuldner erst nach Abschluß des Erstverfahrens bekannt werden.[7]

5. Fall 5: Nachträgliche Aufrechnung gegen ein englisches/kanadisches Urteil

Der Schuldner ist in England (Abwandlung: in Kanada) zur Zahlung einer Geldsumme verurteilt worden. Anschließend hat er eine Forderung gegen den Gläubiger erworben. Gegen die Zwangsvollstreckung in Deutschland wendet er ein,

---

[4] Der Text von FRCP Rule 60 ist im Anhang abgedruckt. FRCP 60 (b) (1) nennt als Aufhebungsgrund „*mistake, inadvertence, surprise, or excusable neglect*“, FRCP 60 (b) (2) „*newly discovered evidence …*“.

[5] Näher s.o. Kap. 5, USA.

[6] Der Text von FRCP Rule 60 ist im Anhang abgedruckt. FRCP 60 (b) (3) nennt als Aufhebungsgrund „*fraud (whether heretofore denominated intrinsic or extrinsic), misrepresentation or other misconduct of an adverse party.*“

[7] BGHZ 42, 37 (40 ff.). Die bis heute in der Literatur vielfach vertretene Gegenposition hat *Lent* in seinem klassischen Aufsatz (DR 1942, 868) dargelegt. Aber selbst Stimmen, die der Rechtsprechung zu Gestaltungsrechten im Grundsatz zustimmen, sind hier kritisch: MünchKomm ZPO-Karsten *Schmidt* § 767 Rz. 77 (und 82).

er rechne gegen die Urteilsforderung auf. Der Gläubiger bestreitet die Gegenforderung und verweist darauf, daß eine Aufrechnung gegen seine titulierte Forderung unter diesen Umständen nach englischem Recht ausgeschlossen ist.[8] (Im Fall der Abwandlung verweist der Gläubiger auf das entsprechende kanadische Recht[9]).

6. Fall 6: Scheinprozeß in Italien

Gegen den Schuldner ist in Italien ein Versäumnisurteil ergangen. Er wendet gegen die Vollstreckbarerklärung in Deutschland ein, die titulierte Kaufpreisforderung bestehe nicht. Im übrigen habe die Gläubigerin ihm vor Prozeßbeginn versichert, sie klage die Forderung nur „pro forma" ein, um sich die Beschaffung eines Exportkredits zu erleichtern; eine Vollstreckung werde nicht erfolgen.[10] Die Gläubigerin bestreitet dies und beruft sich auf Präklusion.[11] Der Schuldner meint, nach deutscher Rechtsprechung sei die getroffene vollstreckungsbeschränkende Abrede nicht präkludiert.[12]

7. Fall 7: Nachträglicher Vergleich über einen in den USA titulierten Anspruch

Abwandlung zum Vertragshändler-Fall 3. Der deutsche Schuldner trägt vor, es sei nach Erlaß des amerikanischen Urteils zu einem Vergleich gekommen. In diesem habe der Gläubiger (Vertragshändler) sich verpflichtet, die noch am Lager befindliche Ware zurückzugeben, im übrigen hätten die Parteien auf alle gegenseitigen Forderungen verzichtet. In diesen Verzicht sei auch der durch das Ersturteil titulierte Abfindungsanspruch ausdrücklich einbezogen worden. Der amerikanische Gläubiger wendet ein, der Vergleich sei unwirksam. Dies sei in

---

[8] *Whyte v. O'Brien* (1824) 1 Sim. & St. 551: „*It is not reasonable that a cross-demand thus subsequently acquired should delay the plaintiff from the benefit of his verdict, until the validity of this demand is ascertained by a second trial.*". Diese Entscheidung ist geltendes Recht: *Wood*, Rz. 2–160. In anderen Rechtsordnungen sieht dies anders aus: vgl. zum kalifornischen Recht *Norman v. Berney* 45 Cal.Rptr. 467 (Cal. App. 1965); zum Schweizer Recht BGE 98 I A 353.

[9] In Kanada ist die Aufrechnung sogar dann ausgeschlossen, wenn die nachträglich erworbene Forderung ebenfalls tituliert ist: *Callio v. Russell Timber Co. Ltd.* (1942) SZR 346 (Canada S.Ct.); *Elliott's Executors v. Crocker* (1851) 1 Ontario Practice Reports (zitiert von *Wood*, English and International Set-off, Rz. 16–181: „They should have paid the plaintiff instead of expending the money for the purpose of buying judgments").

[10] So der Sachverhalt in OLG Zweibrücken, JurBüro 87, 145; BGH IPRax 87, 236 = NJW-RR 87, 377.

[11] Vgl. Carpi/Taruffo, Art. 615 CPC Anm. III Rz. 3 ff.

[12] BGH NJW 68, 700.

den USA bereits rechtskräftig festgestellt worden. Er beruft sich insofern auf das Urteil eines Bundesgerichts, das eine Klage des deutschen Warenherstellers auf Schadensersatz wegen Nichtrückgabe der am Lager befindlichen restlichen Warenvorräte mit der Begründung abgewiesen hat, der behauptete Vergleich sei nicht wirksam zustande gekommen.[13]

II. Präklusion aufgrund eines ausländischen Ersturteils: Autonomes Recht

Erhebt der Schuldner Einwände gegen ein ausländisches Urteil,[14] das nach autonomem Recht anzuerkennen und zu vollstrecken ist, so kann sich, wie in den oben geschilderten Fällen, die Frage nach dem auf seine Präklusionswirkung anwendbaren Recht stellen. Als Präklusionsstatut kommen in Frage die deutsche *lex fori* (§ 767 Abs. 2) oder das Prozeßrecht des Staates, aus dem das Urteil stammt (Erststaat), oder die *lex causae*, d.h. das nach deutschem IPR auf den Anspruch anzuwendende materielle Recht. Unterscheiden sich die ausländischen Präklusionsregeln, wie in den oben gebildeten Beispielsfällen, in ihrer Reichweite von § 767 Abs. 2, so entscheidet die Festlegung der anwendbaren Präklusionsnorm letztlich darüber, ob der Schuldner mit seinen Einwendungen durchdringen kann oder präkludiert ist. Dabei kann das ausländische Recht milder sein (Fälle 1 bis 4), aber auch strenger (Fälle 4 bis 7).

Die Rechtsprechung wendet, ohne dies näher zu problematisieren, § 767 Abs. 2 analog auf ausländische Urteile an. In der Literatur finden sich zahlreiche Gegenstimmen, die das Recht des Erststaates und einige, welche die *lex causae* anwenden wollen. Die gegensätzlichen Positionen lassen sich auf Unterschiede in der kollisionsrechtlichen *Qualifikation* der Präklusionswirkung und in der angewandten *Kollisionsregel* zurückführen.

---

[13] In den USA erwachsen solche präjudiziellen Feststellungen in Rechtskraft (*collateral estoppel*), vgl. *Schack*, Einführung S. 73f.; *Babcock/Massaro*, S. 1060ff.; Restatement of Law Second, Judgments § 27.

[14] Die folgenden Ausführungen konzentrieren sich auf Urteile als den Hauptfall eines ausländischen Titels. Die Vollstreckbarerklärung ausländischer Urkunden und Prozeßvergleiche ist im autonomen Recht nicht möglich (zu den Gründen und Grenzfällen s.u. 8.). Zur Behandlung von Schiedssprüchen s.u. Kap. 12, Schiedsspruch. Für andere nach oder analog § 722 exequaturfähige Titel – Kostenfestsetzungsbeschlüsse (St/J-*Münzberg* § 722 Rz. 10), Titel aus dem Insolvenzverfahren (z.B. Äquivalente zum Auszug aus der Insolvenztabelle (§ 179 Abs. 3 InsO; vgl. *Geimer*, IZVR Rz. 3368, 3524), Entscheidungen aus dem Bereich der freiwilligen Gerichtsbarkeit (dazu speziell *Krefft*, Vollstreckung und Abänderung ausländischer Entscheidungen, 1993)- gilt das hier zu Urteilen Ausgeführte analog.

1. Anwendung von § 767 Abs. 2 durch die Rechtsprechung

Die Rechtsprechung wendet auch bei ausländischen Urteilen § 767 Abs. 2 an, um festzustellen, welche Einwände präkludiert sind,[15] ohne dies jedoch näher zu begründen. Insbesondere wird kaum erörtert, wie die Anwendbarkeit von § 767 Abs. 2 mit der Anerkennung und Reichweite der Rechtskraft des ausländischen Urteils zusammenhängt.[16] In mehrfacher Hinsicht zu kurz greift sicherlich der vom Bundesgerichtshof aufgestellte Satz, das Verbot der *révision au fond* nötige zur Anwendung von § 767 Abs. 2.[17] Dagegen hat die Rechtsprechung in den letzten 20 Jahren im Zusammenhang mit *Abänderungs*begehren gegenüber ausländischen Urteilen ein erhebliches Problembewußtsein in der Präklusionsfrage entwickelt. Im Ergebnis bejaht sie dort die Anwendbarkeit der in § 323 vorgesehenen Einschränkungen (u.a. § 323 Abs. 2, der § 767 Abs. 2 entspricht) mit der Erwägung, durch die Anerkennung werde das ausländische Urteil einem deutschen *gleichgestellt*.[18]

2. Abweichende Literaturstimmen

Die Literatur beschränkt sich teilweise darauf, die Position der Rechtsprechung ohne nähere Erörterung wiederzugeben.[19] Gelegentlich wird der Schluß des Bundesgerichtshofs vom Verbot der *révision au fond* auf die Anwendbarkeit von § 767 Abs. 2 wiederholt oder leicht modifiziert.[20] Dieser Schluß trifft aber nur dann zu, wenn die Regelung des § 767 Abs. 2 der auch im Erststaat vorgesehenen

---

[15] RGZ 114, 171 (173); BGHZ 59, 116 (124); 84, 17 (23); BGH NJW 93, 1270 (1271: „Allgemeiner Grundsatz"); NJW 94, 1413 (1416). *Anders* noch OLG München, OLGRspr 43 (1922), 142 und OLG Stuttgart, OLGRspr 43 (1922), 143 – nicht § 767 sei heranzuziehen, „maßgebend ist vielmehr § 723", mit Prüfung des Präklusionsumfanges nach dem Recht des Erststaates (Schweiz).

[16] Besonders erstaunlich RGZ 114, 171: Zunächst wird festgestellt, dem ausländischen Urteil sei die Anerkennung zu versagen (172). Sodann heißt es, gegen den titulierten Anspruch könnten Einwendungen „nur in dem Umfang erhoben werden, wie sie im Zwangsvollstreckungsverfahren zulässig wären (§ 767 Abs. 2 ZPO). Zu dieser Folgerung nötigt die Vorschrift, daß eine Nachprüfung der Gesetzmäßigkeit des ausländischen Urteils ausgeschlossen ist (§ 723 Abs. 1 ZPO)." (173).

[17] BGHZ 59, 116 (124) unter Berufung auf die in der vorigen Fn. zitierte Passage aus RGZ 114, 171 (173).

[18] Leitentscheidung: BGH NJW 83, 1976 (1977); bestätigt von BGH FamRZ 92, 1060.

[19] *Riezler*, S. 569 m. Fn. 16; *Schack*, IZPR Rz. 945.

[20] *Schütze*, DIZPR, S. 170: „Einwendungen, die vor Erlaß des ausländischen Urteils entstanden sind, können … nicht mehr geltend gemacht werden. Ihre Geltendmachung würde zu einer teilweisen *révision au fond* führen." St/J-*Münzberg*, § 723 Rz. 3: „,… Einwendungen gegen den materiellen Anspruch selbst … können geltend gemacht werden, sofern sie erst nach … den in § 767 Abs. 2 bestimmten oder ihm in ausländischen Verfahren entsprechenden Zeitpunkt entstanden und daher durch dieses nach dem Recht des Urteilsstaats nicht abgeschnitten sind".

Präklusion entspricht. Dies ist, wie die rechtsvergleichende Umschau und die oben geschilderten Beispiele zeigen, häufig nicht der Fall. Andere Autoren meinen dagegen, das ausländische Urteil entfalte nur soweit Präklusionswirkung, wie im Recht des Ursprungsstaates vorgesehen.[21] Die Maßgeblichkeit des erststaatlichen Rechts für den Präklusionsumfang wird in der Denkschrift zum Deutsch-Schweizerischen Anerkennungs- und Vollstreckungsabkommen sogar als „allgemeiner Rechtsgrundsatz" bezeichnet.[22] Vereinzelt findet sich auch die Ansicht, der Umfang der Präklusion müsse wegen der engen Verbindung zum materiellen Recht dem Sachstatut (*lex causae*) entnommen werden.[23]

3. Qualifikation der Präklusion von Einwendungen aufgrund des Ersturteils

Um eine Entscheidung zwischen den Positionen zu treffen, ist zunächst wichtig, die Prämissen und Rechtfertigungen freizulegen, auf denen sie beruhen. Das Präklusionsstatut hängt von der angewandten Kollisionsregel ab. Der erste und häufig schon entscheidende Schritt ist dabei die kollisionsrechtliche *Qualifikation* der Präklusionswirkung.

a) Durchführungsregel für die Vollstreckungsabwehrklage oder Urteilswirkung

Handelt es sich bei § 767 Abs. 2 um eine Bestimmung, die Einzelheiten zur Durchführung der Vollstreckungsabwehrklage in Deutschland regelt, so ist sie als *lex fori* stets anwendbar, gleichviel, ob sich die Klage gegen einen deutschen oder ausländischen Titel richtet. Denn die Art und Weise der Durchführung eines Klageverfahrens bestimmt stets die *lex fori*.[24] So werden z.B. die Artt. 81, 85 SchKG, nach denen der Schuldner im Rechtsöffnungsverfahren nur solche nachträglichen Einwendungen vorbringen darf, die er durch Urkunden belegen kann, als eine reine Durchführungsregel für das Schweizer Rechtsöffnungsverfahren angesehen und entsprechend nur, aber auch stets dort angewandt.[25]

---

[21] So schon Carl L. *von Bar*, § 460 (S. 520f.). In der neueren Literatur *Geimer*, IZPR Rz. 3152 und *Zöller-Geimer*, § 722 Rz. 51; *Wolff*, Hdb. IZVR III/2 Kap. IV Rz. 98; *Schlosser*, IPRax 81, 120 (121) (im Zusammenhang mit § 323).

[22] RT-Drs. IV Nr. 2236, S. 6 (1930). In der Tat entspricht er der damaligen Rechtsprechung: OLG München, OLGRspr 43 (1922), 142; OLG Stuttgart, OLGRspr 43 (1922), 143.

[23] Allgemein *Grunsky*, ZZP 89 (1976) 241 (258f.); *Siehr*, FS *Bosch*, S. 927 (953f.). Die Anwendbarkeit der *lex causae* wird im übrigen in der Diskussion um die Abänderungsklage gegen ausländische Urteile noch von zahlreichen anderen Autoren vertreten, näher dazu sogleich.

[24] *Geimer* IZPR Rz. 322.

[25] *Zöller-Geimer*, § 722 Rz. 52; *Kallmann*, S. 353f. (Fn. 62). Dasselbe muß für die ähnliche Beschränkung auf liquide Vollstreckungsgegeneinwände im griechischen Recht (vgl. *Yessiou-Faltsi* Tz. 567, S. 430) gelten.

Für die Abänderungsklage, die mit § 323 Abs. 2 eine Parallelnorm zu § 767 Abs. 2 aufweist, wird das Qualifikationsproblem in der Literatur kontrovers diskutiert. Dabei wird gelegentlich auch vertreten, § 323 sei eine reine Durchführungsregel für den Abänderungsprozeß und schon deshalb als *lex fori* stets anwendbar.[26] Für diese Auffassung spricht, daß § 10 Abs. 2 S. 2 AUG[27] die Regeln des § 323 zur stets anwendbaren *lex fori* erklärt.

Nimmt man dagegen an, § 767 Abs. 2 regle eine *Urteilswirkung* (den Umfang der materiellen Rechtskraft oder einer von ihr zu unterscheidenden Präklusionswirkung), so ist seine Anwendung auf ausländische Urteile keineswegs selbstverständlich. Die Kollisionsregel für Urteilswirkungen ist umstritten. In der Literatur herrscht die Auffassung vor, Urteilswirkungen seien grundsätzlich dem Recht des Staates zu entnehmen, aus dem das Urteil stammt.[28]

Die kollisionsrechtliche Qualifikation des § 767 Abs. 2 wird, soweit ersichtlich, auch in der Literatur nicht erörtert. Es gibt jedoch eine dogmatisch-systematische Diskussion um die Frage, ob § 767 Abs. 2 Ausdruck der materiellen Rechtskraft des Ersturteils ist[29] oder ob es sich um eine von der materiellen Rechtskraft unabhängige Regelung handelt.[30] In dieser Diskussion besteht trotz aller Unterschiede Einigkeit darüber, daß § 767 Abs. 2 eine *Urteilswirkung* statuiert,[31] die man entweder als unmittelbaren Ausdruck der materiellen Rechtskraft oder als ein wesensgleiches „Schwesterprinzip"[32] verstehen kann. Für diese Qualifikation spricht auch, daß § 767 Abs. 2 nicht nur im Rahmen der Vollstreckungsabwehrklage Anwendung findet, sondern ebenso eine Feststellungsklage oder eine nach Abschluß der Zwangsvollstreckung erhobene Rückforderungs- oder Schadensersatzklage präkludiert.[33]

---

26 *Leipold*, FS Nagel, S. 189 (205f.); wohl auch *Krefft*, Vollstreckung und Abänderung ausländischer Entscheidungen, S. 65f.

27 Gesetz zur Geltendmachung von Unterhaltsansprüchen im Verkehr mit ausländischen Staaten (vom 19.12.1986, BGBl. I, S. 2563).

28 Näher zur Kollisionsregel für Urteilswirkungen sogleich unten.

29 *Rosenberg/Gaul/Schilken* § 40 V 2a (S. 624f.); *Gerhardt*, Vollstreckungsrecht, § 15 II 1; *Ernst*, NJW 86, 401 (403); *Gaul*, FS *Henckel*, 235 (254ff.); *Thran*, JUS 95, 1111 (1113). Ebenso wohl die Rechtsprechung: RGZ 24, 371; BGH NJW 53, 345; BGHZ 85, 64 (74); 124, 164 (172); 125, 351 (353); JZ 87, 888. Differenzierend *Otto*, Präklusion, S. 67ff.; widersprüchlich *Burgard*, ZZP 106 (1993), 23 (37f.).

30 *Zeuner*, Die objektiven Grenzen der Rechtskraft, 103., *Schwab*, Streitgegenstand, S. 162; *Habscheid*, AcP 152 (1952), 169 (171f.); *ders.* FS Fragistas S. 531 (547).

31 So selbst *Habscheid*, AcP 152 (1952) 169 (172f., 177), der § 767 Abs. 2 als Ausdruck einer von der Rechtskraft verschiedenen Wirkung des Urteils ansieht.

32 *Habscheid*, AcP 152 (1952) 169 (177).

33 *Rosenberg/Gaul/Schilken* § 40 V 2a (S. 625); die von *Zeuner* (Die objektiven Grenzen der Rechtskraft, S. 96ff., 103) entwickelte Gegenposition ist vereinzelt geblieben.

b) Prozessuale oder materiellrechtliche Wirkung?

In der Diskussion um die Anwendbarkeit von § 323 bei Abänderungsklagen gegen ausländische Urteile (insbesondere Unterhaltstitel) wird gelegentlich[34] vertreten, das auf den titulierten Anspruch anwendbare Recht (*lex causae*) bestimme die objektiven und zeitlichen Grenzen der Rechtskraft.[35] Diese Auffassung wird vor allem damit begründet, daß ausländische Rechte den Umfang der Rechtskraft und die Abänderbarkeit von (Unterhalts-)Urteilen häufig als eine Frage des materiellen Rechts ansehen. Deshalb will etwa *Spellenberg* die Frage, ob eine nach der letzten mündlichen Verhandlung erklärte Aufrechnung noch zulässig ist, wenn die Aufrechnungslage schon vorher bestand, der *lex causae* unterstellen.[36] In den Beispielsfällen 2 und 5 wäre also weder § 767 Abs. 2 noch das Recht des Erststaates ausschlaggebend für die Präklusion, sondern das nach (deutschem) IPR in der Sache anzuwendende Recht.

Dem ist entgegenzuhalten, daß für die kollisionsrechtliche *Qualifikation* von der *lex fori* auszugehen ist.[37] Im deutschen Recht sind die Rechtskraft und die ihr jedenfalls eng verwandte Präklusionswirkung nach § 767 Abs. 2 eindeutig Institute des Prozeßrechts. Dies beruht nicht nur auf der systematischen Stellung der Regelungen in der ZPO, sondern auch auf der in Deutschland jedenfalls vorherrschenden Auffassung, daß Rechtskraft und Präklusion allein einem prozessualen Vorgang (dem Urteil) entspringen und gerade unabhängig von der materiellen Rechtslage eintreten. Die ganz herrschende Meinung qualifiziert deshalb auch die Rechtskraft und die aus ihr fließende Präklusionswirkung *prozessual*.[38]

Als Ergebnis der Qualifikation läßt sich festhalten, daß die Präklusion von Einwendungen eine *prozessuale Urteilswirkung* ist.

4. Kollisionsregel zur Ermittlung des Statuts der prozessualen Urteilswirkungen

Steht die Qualifikation als prozessuale Urteilswirkung fest, so ist die für Urteilswirkungen geltende *Kollisionsregel* anzuwenden. Sie ist umstritten. Als Wirkungsstatut wird einerseits die deutsche *lex fori* vorgeschlagen, andererseits das

[34] *Krefft*, Vollstreckung und Abänderung ausländischer Entscheidungen S. 64 (1993), meint sogar, diese Auffassung sei „im Vordringen begriffen".

[35] Besonders eingehend *Spellenberg*, IPRax, 84, 304 (306 f.) m.w.N.; *Siehr*, FS *Bosch*, S. 927 (953–956, 962); allgemein auch *Grunsky*, ZZP 89 (1976), 241 (258 f.).

[36] *Spellenberg*, IPRax 84, 304 (307).

[37] *Kropholler*, IPR, § 16 I; St/J-*Roth*, § 328 Rz. 11.

[38] *Geimer*, IZPR Rz. 2809; *Martiny*, Hdb. IZVR III/1, Kap. I Rz. 385 ff.; *Schack*, IZVR Rz. 1011; *Leipold*, FS Nagel, S. 189 (200); wohl auch *Basedow*, Qualifikation, Vorfrage und Anpassung, S. 137 ff. Ebenso Rechtsprechung und herrschende Literatur im Zusammenhang mit der Abänderung ausländischer Urteile: BGH NJW 83, 1976 (1977); FamRZ 92, 1060; IPRax 94, 134 (135); St/J-*Leipold*, § 323 Rz. 2; *Baumann*, IPRax 90, 28 (31); *Rahm/Künkel*-

Recht des Erststaates. Anders gewendet geht es darum, welche Wirkung die Anerkennung einer ausländischen Entscheidung in Deutschland hat: Stellt sie das ausländische Urteil einem deutschen gleich oder erstreckt sie die nach dem Recht des Erststaates vorgesehenen Wirkungen auf das Inland. Die Diskussion ist in jüngerer Zeit vor allem im Zusammenhang mit der Abänderung ausländischer (Unterhalts-)Urteile geführt worden. Dabei hat der BGH sich für eine Gleichstellung kraft Anerkennung ausgesprochen und konsequent die Präklusionswirkung des ausländischen Urteils der ZPO (§ 323) entnommen.[39] Die Literatur meint dagegen ganz überwiegend,[40] die Anerkennung erstrecke die Wirkungen, die der Entscheidung nach ihrem Heimatrecht zukommen, auf das Inland, wobei die Mehrheit jedoch Einschränkungen macht: Manche Autoren (und Untergerichte) wollen die ausländischen Wirkungen nur bis an die Grenze der Wirkungen des entsprechenden inländischen Urteils erstrecken (Kumulation zugunsten des schwächeren Rechts).[41] Andere erstrecken alle vom Erststaat vorgesehenen Urteilswirkungen, soweit sie dem deutschen Recht ihrer Art nach bekannt sind, wobei im Anschluß an *Müller*[42] vor allem eine Bindung an die Gründe des Urteils als dem deutschen Recht unbekannt angesehen wird.[43] *Gottwald* und *Kropholler* ziehen die Grenze erst bei Wirkungen, die als Verstoß gegen den *ordre public* anzusehen sind.[44] Schließlich finden sich auch Stimmen, die grundsätzlich für eine uneingeschränkte Wirkungserstreckung eintreten,[45] dabei allerdings wohl den *ordre public* als allgemeine Anerkennungsgrenze nicht ausschalten wollen, so daß sie im Ergebnis mit *Kropholler* und *Gottwald* übereinstimmen.

Für die vom BGH explizit im Zusammenhang mit § 323 und implizit durch die Anwendung von § 767 Abs. 2 praktizierte Gleichstellung wird vor allem angeführt, sie sei einfach zu handhaben.[46] In der Tat erspart sie, wie sich unten zeigen

---

Breuer, VIII Rz. 248; *Stankewitsch*, IPRax 94, 103 (105 f.); *Krefft*, Vollstreckung und Abänderung ausländischer Entscheidungen S. 66 f.

[39] BGH NJW 83, 1976 (1977); vgl. auch BGH NJW 83, 514; FamRZ 92, 1060; IPRax 94, 134 und die Instanzgerichte, z.B. OLG Köln, IPRax 88, 31. Eindeutig für Wirkungserstreckung im Zusammenhang mit einem Vollstreckungsgegeneinwand (Aufrechnung) dagegen noch OLG München, OLGRspr 43 (1922), 142 sowie OLG Stuttgart, OLGRspr 43 (1922), 143.

[40] Wie der BGH aber auch *Henrich*, IPRax 88, 21.

[41] *Schack*, IZVR Rz. 796; St/J-*Roth*, § 328 Rz. 8; OLG Frankfurt, NJW 86, 1443; LG Hamburg, IPRax 92, 251 (254). Zu demselben Ergebnis kommt letztlich *Leipold*, FS Nagel, S. 189 f. (Fn. 3), 192, der im Ausgangspunkt für die Gleichstellung eintritt, diese jedoch einschränken will, sofern das Urteil nach dem Recht des Ursprungsstaats nur schwächere Wirkung entfaltet.

[42] *Müller*, ZZP 79 (1966), 199 (205 f.).

[43] *Geimer*, IZPR, Rz. 2780; *Martiny*, Hdb. IZVR III/1, Kap. I Rz. 369 f.; *Schütze*, DIZPR, S. 133; *Geimer/Schütze-Geimer*, Internationale Urteilsanerkennung Bd. I/2 § 224 VI (S. 1702); ebenso wohl *Chr. v. Bar*, IPR Rz. 382 a.E.

[44] *Kropholler*, IPR § 60 IV 2; Nagel-*Gottwald*, § 11 Rz. 11.

[45] *Riezler*, S. 520 f.; *Kallmann*, S. 363; *Kegel*, IPR § 22 I 1a (S. 814); *Fischer*, FS *Henckel*, S. 199 (204 ff.).

[46] *Schack* IZVR Rz. 793.

wird, dem Richter weitgehend, das Recht des Erststaates zu ermitteln und anzuwenden, um die Urteilswirkungen zu bestimmen. Andererseits schlägt das Argument, die *lex fori* sei einfacher zu ermitteln und anzuwenden, im Bereich des Kollisionsrechts grundsätzlich nicht eine sachlich gebotene Anwendung fremden Rechts aus dem Felde.[47] Gegen die Gleichstellung sprechen gewichtige Argumente. Hat das Urteil im Erststaat schwächere Wirkungen als ein entsprechendes deutsches, so führt die Gleichstellung dazu, daß das ausländische Urteil nicht nur anerkannt wird, sondern daß ihm neue Wirkungen erstmals beigelegt werden, welche die Parteien unter Umständen überraschen.[48] Die Parteien durften sich bei ihrer Prozeßführung im Erststaat auf die dort vorgesehenen Rechtskraftgrenzen einstellen. Eine nachträgliche *Erweiterung* verletzt daher wohl auch Grundrechte (Art. 103 Abs. 1 GG, rechtliches Gehör).[49] Diese Gründe mögen manche Instanzgerichte bewogen haben, auch nach der Leitentscheidung des BGH von 1983[50] eine Wirkungserstreckung zu praktizieren.[51]

Aber auch die vielfach vertretene *Begrenzung* der Wirkungen auf die eines entsprechenden deutschen Urteils (Kumulation zugunsten des schwächeren Rechts) oder auf dem deutschen Recht „ihrer Art nach bekannte" ist nicht gerechtfertigt, soweit damit eine über die allgemeine Vorbehaltsklausel des *ordre public* (§ 328 Nr. 4) hinausgehende Begrenzung der Anerkennung gemeint ist. Dies hat in jüngster Zeit *Gerfrid Fischer* überzeugend dargelegt und dabei auch gezeigt, daß etwa die Anerkennung einer Rechtskraftbindung an präjudizielle Feststellungen zu Rechtsverhältnissen und Tatsachen keineswegs Grundwerte des deutschen Zivilprozeßrechts in Frage stellt.[52] Besonders deutlich ist dies bei rechtskräftigen Feststellungen, die auch im deutschen Zivilprozeß nach § 256 Abs. 2 herbeigeführt werden könnten. Sieht das Prozeßrecht des Erststaates insofern schon automatisch eine Rechtskraftwirkung vor, so besteht oft keine Möglichkeit und jedenfalls kein Anlaß, eine Zwischenfeststellungsklage zu erheben (Beispielsfall 7). Würde der rechtskräftigen Feststellung zu präjudiziellen Fragen anschließend in Deutschland die Anerkennung verweigert, so würde dadurch die an der Rechtskraft interessierte Partei sogar schlechter gestellt als sie nach deutschem Prozeßrecht stünde, das ihr immerhin eine Zwischenfeststellungsklage ermöglicht hätte. Auch die Prozeßökonomie spricht gegen eine kumulative Wirkungsbegrenzung. Denn eine weitergehende Rechtskraft belastet vor allem

---

[47] Eingehend *Kindl*, ZZP 111 (1998), 177. In der Praxis mag allerdings gelegentlich die Tendenz zum „Heimwärtsstreben" stark sein, insbesondere wenn das ausländische Recht schwer zu ermitteln oder besonders fremdartig ist, vgl. *Heldrich*, FS Ferid S. 209, 215.

[48] Plastisch *Schütze*, DIZPR, S. 133: „Die Anerkennung kann nur Wirkungen erstrecken, nicht neue schaffen"; ebenso MünchKomm BGB-Winkler, von Mohrenfels, EGBGB Art. 17 Rz. 156.

[49] So schon *Müller*, ZZP 79 (1966) 199 (204 f.).

[50] NJW 83, 1976 (1977).

[51] OLG Frankfurt, IPRax 86, 297; LG Hamburg, IPRax 92, 251 (254).

[52] FS *Henckel*, S. 199 (205 ff.).

das Erstgericht – angesichts der größeren Bedeutung des Urteils werden rationale Parteien den Streit intensiver austragen – entlastet dagegen das (deutsche) Zweitgericht.[53] Das Argument, die engen Rechtskraftgrenzen des deutschen Zivilprozeßrechts sollten die Fortwirkung von Fehlurteilen vermeiden, vermag eine begrenzenden Kumulation ebenfalls nicht zu rechtfertigen. Denn dieses Risiko ist jeder Rechtskraftwirkung inhärent und entscheidend kann nur sein, daß die Bindungswirkung für die Parteien bereits zur Zeit des Erstprozesses in ihrer Reichweite überschaubar war, so daß sie ihre Prozeßführung hierauf einstellen konnten.[54] Nicht absehbar ist dagegen regelmäßig, in welchen Staaten das Urteil später anerkannt oder vollstreckt werden könnte, so daß sich die Parteien auf in diesen Staaten vorgesehene Urteilswirkungen nicht einstellen können. Schließlich ist auch zu bedenken, daß die Parteien (insbesondere auch der siegreiche Kläger) unter Umständen gerade im Hinblick auf die weitergehende Rechtskraft besonderen Aufwand im Erstprozeß getrieben haben. Es wäre unbillig, ihnen die Früchte dieses Aufwands nachträglich zu nehmen.

Entscheidend spricht also der *prozessuale Vertrauensschutz*, der auch in Art. 103 Abs. 1 GG Ausdruck findet, dafür, Anerkennung als (volle) Wirkungserstreckung zu begreifen und damit als Präklusionsstatut grundsätzlich das Recht des Erststaates anzuwenden.[55]

Die Rechtsprechung ist dieser Auffassung allerdings bisher nicht gefolgt, obwohl die dargelegten Argumente schon länger bekannt sind. Der von ihr mit der Gleichstellung eingeschlagene Weg scheint einfacher, denn hier kann das Gericht von der *lex fori* ausgehen, während die Wirkungserstreckung stets die Ermittlung des im Urteilsstaat vorgesehenen Präklusionsumfangs erfordert. Deshalb sollen im folgenden praktische Einzelfragen der Anwendung nicht nur für die Wirkungserstreckung erörtert werden, sondern auch und zunächst für die Gleichstellung und die in der Literatur nicht selten vertretene Kombinationslösung (Kumulation zugunsten des schwächeren Rechts). Dabei wird sich zeigen, daß die Rechtsprechung selbst bei der Anwendung von § 767 Abs. 2 eine Tendenz zur Wirkungserstreckung entwickelt.

---

[53] Vgl. *Fischer*, FS *Henckel*, S. 199 (207).

[54] *Fischer*, FS *Henckel*, 199 (208).

[55] So explizit die folgenden Vertreter der Wirkungserstreckung, wobei gelegentlich überrascht, daß hinsichtlich der Präklusionswirkung die zur Erstreckung der Rechtskraftwirkung betonten Einschränkungen nicht wiederholt werden: *Geimer*, IZPR Rz. 2812; ders. RIW 76, 139 (143); *Zöller-Geimer*, § 722 Rz. 51; *Martiny*, Hdb. IZVR III/1, Kap. I Rz. 393 ff.; MünchKomm ZPO-*Gottwald*, § 328 Rz. 132; *Geimer/Schütze-Geimer*, Internationale Urteilsanerkennung Bd. I/2 § 225; *Kropholler*, IPR, § 60 IV 3b. Ebenso zur parallelen Frage bei § 323 *Schlosser*, IPRax 81, 120 (122); *Stankewitsch*, IPRax 94, 103 (104 sub 3); MünchKomm BGB-Winkler von Mohrenfels, Art. 17 Rz. 156; angedeutet bei *Leipold*, FS Nagel, S. 189 (191 f.). Unklar *Schack*, der einerseits durchgreifende Bedenken gegen eine Gleichstellung von Urteilen erhebt, die im Erststaat schwächere Wirkungen entfalten (Rz. 795 f.), andererseits jedoch bei Abänderung ausländischer Urteile für eine uneingeschränkte Anwendung von § 323 plädiert (Rz. 1010 ff.).

5. Einzelfragen bei Anwendung von § 767 Abs. 2 (Gleichstellung)

Die Rechtsprechung wendet § 767 Abs. 2 nur *analog* auf ausländische Urteile an, da er schon seinem Wortlaut nach einen Erstprozeß nach deutschem Recht voraussetzt – die Vorschrift stellt ab auf den

„Schluß der mündlichen Verhandlung, in der Einwendungen *nach den Vorschriften dieses Gesetzes* spätestens hätten *geltend gemacht werden müssen*".

Häufig wird wenig präzise formuliert, man dürfe nicht am Wortlaut des § 767 Abs. 2 haften, sondern solle auf den „im ausländischen Verfahren entsprechenden Zeitpunkt" abstellen.[56] Diese Formulierung läßt offen, wie etwa im Beispielsfall 1 zu entscheiden wäre:[57] Nach dem französischen Prozeßrecht steht es dem Schuldner frei, Einwendungen wie Willensmängel und die Gesetzeswidrigkeit des zugrunde liegenden Vertrages gegenüber der Kaufpreisklage geltend zu machen. Tut er dies nicht, so ist er nicht gehindert, sich später im Rahmen des Vollstreckungsverfahrens oder sogar einer Rückforderungsklage auf sie zu berufen. Bedeutet dies, daß der „entsprechende Zeitpunkt" im französischen Verfahren in bezug auf diese Einwände nie eintritt? Wäre dies noch mit der Gleichstellung vereinbar? Dieselbe Frage stellt sich im Beispielsfall 2 hinsichtlich der Aufrechnung mit inkonnexen Forderungen.
Gesichert erscheint, daß bei entsprechender Anwendung des § 767 Abs. 2 jedenfalls solche Einwendungen nicht präkludiert sind, die zwar schon während des Erstverfahrens bestanden, dort aber *aus prozessualen Gründen* nicht geltend gemacht werden *konnten.* Der typische Fall ist, daß das ausländische Prozeßrecht den Streitstoff in zeitlicher Hinsicht stärker beschränkt als das deutsche, etwa indem es im Berufungsverfahren keinen neuen Tatsachenvortrag zuläßt (Novenverbot)[58] oder sogar in der ersten Instanz eine Entscheidung aufgrund der Tatsachenlage bei Eintritt der Rechtshängigkeit vorschreibt.[59] Von einem solchen Ausschluß objektiv neuer Tatsachen scharf zu unterscheiden sind Beschleunigungsvorschriften, die den verspäteten Vortrag bereits früher eingetretener Tatsachen präkludieren.[60]

---

[56] *Wolff*, Hdb. IZVR III/2 Kap. IV Rz. 96; *Spellenberg*, IPRax 84, 304 (308) – trotz eines im übrigen konsequenten Eintretens für die Anwendbarkeit der *lex causae.*

[57] In diesem Abschnitt sollen auch Beispielsfälle aus Vertragsstaaten des GVÜ unter der Prämisse untersucht werden, daß autonomes Recht anwendbar ist. Man muß sich hierzu nur vorstellen, daß die Entscheidung sich auf eine der aus dem Geltungsbereich des Abkommens ausgenommenen Materien (z.B. Erbrecht) bezieht.

[58] So BGH NJW 93, 1270 (1271) zu dem § 767 Abs. 2 entsprechenden § 5 Abs. 1 AusfG zum Deutsch-Österreichischen Anerkennungs- und Vollstreckungsvertrag. In Österreich gilt ein solches Novenverbot für die Berufungsinstanz; rechtsvergl. *Rimmelspacher*, ZZP 107 (1994), 421 (422f.).

[59] Vgl. *Habscheid*, FS Fragistas S. 531 (552).

[60] Zu den Regelungen in verschiedenen europäischen Rechten und zum Entwurf eines Europäischen Zivilgesetzbuches *Roth*, ZZP 109 (1996), 271 (288f.).

Weiter gehen Formulierungen in Rechtsprechung[61] und Literatur,[62] die bei der analogen Anwendung – wie der Wortlaut des § 767 Abs. 2 selbst – darauf abstellen, ob die Einwendung im Erstverfahren geltend gemacht werden *mußte*. Damit wird das ausländische Prozeßrecht nicht nur befragt, ob es dem Schuldner noch möglich war, den Einwand vorzubringen, sondern auch, ob er gehalten war, dies zu tun.

Beide Präklusionsvoraussetzungen – Möglichkeit und Obliegenheit der Geltendmachung im Erstprozeß – lassen sich § 767 Abs. 2 entnehmen. Die Frage ist, welche Rolle das Prozeßrecht des Erststaates bei ihrer Prüfung noch spielt. Dies hängt nicht zuletzt davon ab, ob man § 767 Abs. 2 auf der Grundlage der Gleichstellungs- oder der Kumulationstheorie anwendet.

a) Möglichkeit, die Einwendung im Erstprozeß geltend zu machen

Bei analoger Anwendung des § 767 Abs. 2 auf das ausländische Urteil setzt eine Präklusion voraus, daß es *prozessual möglich* war, die Einwendung im Erstprozeß zur Prüfung zu stellen. Dies darf nicht verwechselt werden mit der Frage, ob die Geltendmachung im Erstprozeß Aussicht auf Erfolg gehabt hätte.

So kann der Schuldner gegenüber einem rechtskräftigen Schiedsspruch eine bereits während des Schiedsverfahrens vollzogene oder mögliche Aufrechnung einwenden, wenn das Schiedsgericht es abgelehnt hat, über die Aufrechnung zu entscheiden, weil es sich insofern nicht für zuständig hielt.[63] Nichts anderes gilt, wenn der Schuldner sich gegenüber einem englischen Urteil auf die Aufrechnung mit einer Forderung beruft, die nach Beginn, aber vor Abschluß des Erstprozesses entstanden ist. Denn nach der dort herrschenden Auffassung sind im Prozeß nur solche Aufrechnungen Prüfungsgegenstand, bei denen die Gegenforderung bereits bei Klageerhebung bestand.[64]

Grenzfälle sind wohl nach den zu § 767 Abs. 2 entwickelten prozessualen Wertungen zu entscheiden, denn der Analogie liegt ja das Ziel der Gleichstellung zugrunde. Im Beispielsfall 4 bedeutet dies, daß der Schuldner die Anfechtung hätte erklären *können*. Dies gilt selbst dann, wenn er zur Zeit des Erstverfahrens keine Kenntnis von dem Anfechtungsgrund (der arglistigen Täuschung) hatte. Denn die deutsche Rechtsprechung legt den Begriff des Könnens so aus, daß es nicht auf das konkrete Wissen des Schuldners um die Einwendung ankommt, sondern auf die *objektiv-prozessuale Möglichkeit,* die Einwendung im Erstprozeß zur Prüfung zu stellen.[65] Unerheblich ist, ob das Prozeßrecht des Erststaates

---

61 BGH NJW 93, 1270 (1271).

62 *Rosenberg/Gaul/Schilken* § 40 VI 3 (S. 634).

63 RG Gruchot, 61, 496; BGH NJW 65, 1138.

64 RSC 18/17/7 unter Berufung auf *Richards v. James* (1848) 2 Ex. 471; ebenso *Wood*, TZ 2–145 ff., allerdings kritisch in bezug auf konnexe Forderungen. Näher s.o. Kap. 4, England.

65 BGHZ 42, 37 (40 ff.).

für seine Präklusionsvorschriften einen stärker subjektiv geprägten Begriff des Könnens verwendet und daher den Schuldner im Beispielsfall nicht präkludieren würde.

Eine Präklusion nach den zu § 767 Abs. 2 entwickelten Wertungen tritt auch ein, wenn das Erstgericht die Prüfung eines Einwandes abgelehnt hat, weil er verspätet geltend gemacht wurde.[66] Bei Gleichstellung ist irrelevant, ob auch das Prozeßrecht des Erststaates hier eine Präklusion annimmt oder die Berufung auf den Einwand weiter zuläßt.[67]

War der Schuldner mit seiner Einwendung im Erstprozeß erfolglos, weil sie nach dem dort angewendeten Recht nicht durchgreift, so ist er selbstverständlich präkludiert. So kann ein Schuldner sich in Deutschland nicht darauf berufen, die in Italien titulierte Forderung stehe dem Gläubiger nicht zu, da sie von Dritten gepfändet worden sei, wenn die Pfändung bereits zur Zeit des Erstprozesses erfolgte und in dem italienischen Urteil sogar erwähnt ist.[68] Selbst wenn nach italienischem Recht eine Forderungspfändung den Pfändungsschuldner nicht hindern sollte, die Forderung noch einzuklagen (hierfür spricht immerhin, daß die Pfändung in dem Urteil sogar erwähnt ist) und nach italienischem Recht die Möglichkeit bestünde, die mangelnde Forderungszuständigkeit später noch geltend zu machen, tritt doch bei Anwendung von § 767 Abs. 2 in Deutschland die Präklusion ein.[69] Der Schuldner *konnte* die Einwendung vortragen, sie verhinderte nur (zu Recht oder Unrecht) nicht die Titulierung der Forderung. Dasselbe gilt, wenn das Erstgericht eine Aufrechnung nicht berücksichtigt hat, weil nach seinem Recht eine Inkassozession den Zessionar nicht zur Aufrechnung berechtigt.[70] Der Schuldner und Zessionar kann die Aufrechnung auch in Deutschland nicht mehr gegen das Urteil einwenden. Eine andere Beurteilung würde nicht nur gegen § 767 Abs. 2 und das Gleichstellungsprinzip verstoßen, sondern auch eine *révision au fond* bedeuten.

Dasselbe gilt, wenn der Schuldner eine Einwendung nicht vorgebracht hat, weil dies nach dem vom Erstgericht angewandten *materiellen* Recht *aussichtslos* gewesen wäre. Dies ist offensichtlich, wenn nach dem im Erstprozeß angewandten Recht ein Aufrechnungsverbot die Aufrechnung verhindert hätte. Der Schuldner kann hier nicht behaupten, er habe die Aufrechnung im Erstprozeß nicht geltend machen „können" und sei deshalb nicht präkludiert. Dasselbe muß gelten, wenn es nach dem Erstrecht an der für eine Aufrechnung nötigen Gleichartigkeit der

---

66 BGHZ 125, 351; zust. Anm. *Lüke*, JuS 95, 685. Argument: Der Schuldner hätte den Einwand bei rechtzeitigem Vortrag geltend machen *können*.

67 So für das englische Recht *Bains v. Patel* [1983] The Times, May 20, 1983.

68 BGH NJW 83, 2773 (2774).

69 Zust. *Prütting*, IPRax 85, 137 (140). Krit. *Schlosser,* GVÜ Art. 36 Rz. 6: Es komme darauf an, ob nach dem *Erst*recht die Geltendmachung der Abtretung präkludiert sei. Diese Kritik muß sich schon gegen die Prämisse (Gleichstellung und analoge Anwendung von § 767 Abs. 2) richten, denn die Konsequenzen sind richtig gezogen.

70 *Harrison v. Adams* [1942] 20 C.2d 646, 128 P.2d 9.

Forderungen gefehlt hätte.[71] Ebenso liegt es im Beispielsfall 2 B (Abwandlung des kalifornischen Aufrechnungsfalles), in dem der Schuldner sich jetzt auf die Aufrechnung mit einer Forderung beruft, die nach dem vom Erstgericht angewandten Recht im Erstprozeß noch nicht fällig war. Unproblematisch wäre dieser Fall, wenn die Forderung auch nach dem im deutschen Zweitprozeß anwendbaren materiellen Recht (zu ihm im nächsten Kapitel) erst nach Abschluß des Erstprozesses fällig würde. Im Beispielsfall 2 B war die Forderung aber nach dem von deutschen Gerichten anzuwendenden materiellen Recht bereits zur Zeit des Erstprozesses fällig, so daß nach unserer *lex causae* seit Ende des Erstprozesses keine Umstandsänderung eingetreten ist. Deshalb kann sich der Schuldner hier nicht mit Erfolg auf die Aufrechnung berufen. Es mag zunächst überraschen, daß eine Präklusion eintritt, obwohl der Schuldner die Forderung im Erstprozeß *noch nicht mit Aussicht auf Erfolg* geltend machen konnte. Dies Ergebnis ist jedoch bei Gleichstellung mit einem deutschen Urteil zwingend. Die Rechtsprechung zu § 767 Abs. 2 stellt allein auf die objektiv-prozessuale Möglichkeit der Geltendmachung ab und präkludiert deshalb beispielsweise auch die Aufrechnung mit einer Forderung, die das Erstgericht zu Unrecht für noch nicht fällig gehalten hatte.[72] Eine andere Frage ist, ob der Schuldner in einem solchen Fall die Einwendung im ausländischen Erstprozeß geltend machen *mußte*. Sie wird im nächsten Abschnitt zu erörtern sein.

War umgekehrt der Einwand nach dem vom Erstgericht angewandten Recht schon zur Zeit des Erstverfahrens entstanden, so ist der Schuldner analog § 767 Abs. 2 auch dann präkludiert, wenn er nach der vom deutschen IPR berufenen *lex causae* noch nicht entstanden war. Eine Aufrechnung ist daher präkludiert, wenn die Forderungen sich zur Zeit des Erstprozesses nach dem dort angewandten Recht aufrechenbar gegenüberstanden, auch wenn nach dem vom deutschen IPR berufenen Statut die Gegenforderung noch nicht fällig war.[73] Im Beispielsfall 6

---

[71] Dies übersieht NJW 94, 1413 (1416). Dort wird für die Prüfung der Präklusion einer im Exequaturverfahren geltend gemachten Aufrechnung als entscheidungserheblich angesehen, ob nach dem Recht des Erststaates (befremdlich: der Hinweis des BGH auf das deutsche IPR) die Aufrechnung gegen den titulierten Zahlungsanspruch angesichts der Rechtsnatur der Gegenforderung (Freistellungsanspruch) möglich gewesen wäre. Unter der Prämisse des BGH – Anwendung von § 767 Abs. 2 – ist dies aber irrelevant, da die Gegenforderung jedenfalls zur Zeit des Erstprozesses *bestand* und damit auch zur Aufrechnung gestellt werden *konnte*. Anders liegt der Fall, wenn die Gleichartigkeit erst nach Abschluß des Erstprozesses entstanden ist: Eine Aufrechung aufgrund dieses neuen Sachverhalts ist nicht präkludiert (dazu im inländischen Kontext BGH NJW 1975, 1119).

Praxisrelevant ist in diesem Zusammenhang auch die wohl h.M., nach der mangels Gleichartigkeit gegen eine DM-Forderung nicht mit einer Fremdwährungsforderung aufgerechnet werden kann (KG NJW 88, 2181; OLG Hamm NJW-RR 99, 1736, jeweils m.w.N.; a.A. v.*Hoffmann*, IPRax 81, 155).

[72] BGH NJW 97, 743.

[73] A.A. offensichtlich *Spellenberg*, IPRax 84, 304 (307). Besonderheiten können auch bei Zahlungen zur Abwendung der Zwangsvollstreckung gelten, die nach deutschem Recht keinen Erfüllungseinwand begründet, der präkludiert werden könnte, RGZ 98, 329.

(Versäumnisurteil wegen Scheinforderung in Italien)[74] beruft der Schuldner sich auf eine bereits während des Erstprozesses bestehende vollstreckungsbeschränkende Abrede mit dem Gläubiger. Hier sind verschiedene Fragen zu trennen. Wirksamkeit und Auslegung der Abrede richten sich zunächst nach der *lex causae*.[75] Außerdem ist nach dem Prozeßrecht des Urteilsstaates (Italien) zu prüfen,[76] ob die Vollstreckbarkeit des Urteils überhaupt zur Disposition der Parteien steht[77] oder jedenfalls ein den Gläubiger schuldrechtlich bindendes Vollstreckungsverbot vereinbart werden kann.[78] Schließlich ist die Präklusion zu prüfen. Der BGH hat zum nationalen Recht entschieden, der Schuldner könne eine vollstreckungsbeschränkende Abrede nicht im Erstprozeß vorbringen, da sie den eingeklagten Anspruch unberührt lasse und eine Tenorierung, in der die Vollstreckungsbeschränkung zum Ausdruck kommt, nicht möglich sei.[79] Er hat dem Schuldner erlaubt, eine solche Abrede noch gegenüber der Vollstreckung analog § 767 Abs. 1 geltend zu machen, da sich die Einwendung zwar nicht gegen den titulierten Anspruch wende, aber eine Rechtsähnlichkeit mit Vollstreckungsgegeneinwänden bestehe.[80] In dem geschilderten Beispielsfall 6 sei jedoch unterstellt, daß der Schuldner die vollstreckungsbeschränkende Abrede nach dem Recht des Erstprozesses (Italien) hätte vorbringen können. Dann ist er analog § 767 Abs. 2 mit der Einwendung präkludiert,[81] obwohl das ausländische Urteil

[74] In diesem Abschnitt sollen auch Beispielsfälle aus Vertragsstaaten des GVÜ unter der Prämisse untersucht werden, daß autonomes Recht anwendbar ist. Man muß sich hierzu nur vorstellen, daß die Entscheidung sich auf eine der aus dem Geltungsbereich des Abkommens ausgenommenen Materien (z.B. Erbrecht) bezieht oder aus einem Drittstaat stammt, dessen Prozeßrecht dem Italiens entspricht.

[75] Dies verkennt OLG Saarbrücken, NJW 88, 3100 (3102), das ungeprüft deutsches Recht anwendet (Erststaat: Frankreich), um eine in concreto zweifelhafte entsprechende Vereinbarung zu konstruieren. Die *lex causae* mag eine solche Abrede für sitten- oder gesetzeswidrig und daher unwirksam halten. Diese Frage ist zu unterscheiden von der Dispositionsbefugnis der Parteien über die Vollstreckungswirkung des Ersturteils, die dem Prozeßrecht des Erststaates unterliegt.

[76] Vgl. *Schlosser*, JZ 94, 1008 f. Dagegen wendet OLG Zweibrücken, JurBüro 87, 145 (146) auf diese Frage, ohne das Problem zu erkennen, die deutsche *lex fori* an.

[77] Für das deutsche Recht ablehnend BGH NJW 68, 700; *Rosenberg/Gaul/Schilken* § 33 III 3, IV 2; a.A. *Wagner*, Prozeßverträge S. 752 f., der sich aber wohl zu Unrecht auf BGH NJW 91, 2295 (2296) beruft; vgl. auch *Rinck*, Parteivereinbarungen, S. 92 ff., 114.

[78] So für das deutsche Recht BGH NJW 68, 700; NJW 91, 2295 (2296); *Rosenberg/Gaul/Schilken* § 33 IV 2; vgl. auch *Rinck*, Parteivereinbarungen, S. 114.

[79] BGH NJW 68, 700; ebenso wohl schon BGHZ 16, 180; letztlich zust. *Wagner*, S. 769 ff. m. ausf. Begr.; ebenso *Stürner*, FS Hanisch S. 257 (258).

[80] Zustimmend die überwiegende Literatur: *Rosenberg/Gaul/Schilken* § 33 VI, § 40 IV 3 m.w.N.; *Paulus*, Rz. 553. Manche wollen § 766 anwenden, St/J-*Münzberg* § 766 Rz. 21; *Rinck*, Parteivereinbarungen, S. 183; manche Instanzgerichte lassen pragmatisch beides zu (*Rosenberg/Gaul/Schilken* § 33 VI m.w.N.). Für die Zulässigkeit solcher Einwände gegenüber *ausländischen* Urteilen (entsprechend der herrschenden Meinung bereits im Vollstreckungsverfahren): *Zöller-Geimer*, § 722 Rz. 49; OLG Saarbrücken, NJW 88, 3100 (3102).

[81] Unzutreffend die Annahme von *Rosenberg/Gaul/Schilken* § 30 VI, die Grenzen des § 767 Abs. 2 würden „wegen der Eigenart der Einwendung" für die Geltendmachung voll-

damit in concreto gegenüber der vollstreckungsbeschränkenden Abrede eine weitergehende Präklusionswirkung entfaltet als ein deutsches. Hält man dies angesichts der konkreten Umstände (Scheinprozeß) für unerträglich, so bleibt die Möglichkeit, jedenfalls die Anerkennung dieser Präklusionswirkung (oder sogar die Anerkennung des gesamten Urteils) am *ordre public* (§ 328 Nr. 4 bzw. Art. 27 Nr. 1 GVÜ) scheitern zu lassen.[82]

Zusammenfassend ist festzuhalten, daß ausländisches Prozeßrecht auch dann eine gewisse Rolle zur Beurteilung der Präklusion spielt, wenn man nicht die Präklusionsnormen des Erststaates, sondern deutsche anwendet. Denn die Rechtsprechung stellt bei der analogen Anwendung des § 767 Abs. 2 zu Recht darauf ab, ob eine Einwendung im Erstverfahren bei normativer Betrachtungsweise objektiv prozessual geltend gemacht werden *konnte.* Ließ das ausländische Prozeßrecht sie nicht zu,[83] so ist der Präklusionstatbestand des § 767 Abs. 2 nicht erfüllt. Diese – sehr begrenzte – Berücksichtigung ausländischen Rechts im Rahmen des § 767 Abs. 2 darf jedoch weder mit der Anwendung ausländischer Präklusionsnormen noch mit einer Delegation der Präklusionsfrage an die *lex causae*[84] verwechselt werden.

b) Obliegenheit, die Einwendung im Erstprozeß geltend zu machen

In einer – allerdings zum Deutsch-Österreichischen Staatsvertrag ergangenen – Leitentscheidung zur Präklusionswirkung ausländischer Urteile hat der BGH festgestellt:

> „Vielmehr sind alle Einwendungen beachtlich, die nach Schluß der mündlichen Verhandlung entstanden sind, in der sie im österreichischen Prozeß spätestens hätten eingeführt werden *müssen*".[85]

Nach dieser Formulierung, die den Wortlaut des § 767 Abs. 2 wiederspiegelt („... spätestens hätten geltend gemacht werden *müssen*") scheint es darauf anzukommen, ob das Prozeßrecht des Ursprungsstaates den Schuldner verpflichtete, den Einwand im Erstprozeß vorzutragen. Eine solche Öffnung des § 767 Abs. 2 für die Wertungen des ausländischen Prozeßrechts bedeutet de facto eine Wirkungserstreckung. Damit wird die Prämisse aufgegeben, auf der die analoge Anwendung von § 767 Abs. 2 beruht, die Gleichstellung des ausländischen Ur-

---

streckungsbeschränkender Abreden generell nicht gelten. Die Norm ist anwendbar, sie führt nur nach dem von *Rosenberg/Gaul/Schilken* aa.O. zugrunde gelegten – zutreffenden – Verständnis nicht zur Präklusion, da eine Geltendmachung des Einwands nach diesem Verständnis im Erstprozeß nicht möglich ist.

[82] So im Ausgangsfall der BGH: IPRax 87, 236, 237.

[83] Beispiele: Novenverbot in der Berufungsinstanz, Beschränkung der Prozeßaufrechnung auf vor Klageerhebung entstandene Gegenforderungen.

[84] So der Vorschlag von *Spellenberg*, IPRax 84, 304 (307).

[85] BGH NJW 93, 1270 (1271), Hervorh.d.Verf.

teils mit einem deutschen. Dies läßt sich an den oben geschilderten Beispielsfällen verdeutlichen.

Im französischen Prozeß ist der Schuldner nicht gehalten, Einwendungen gegen den geltend gemachten Anspruch zu erheben, die eine andere *cause* bilden; so im Beispielsfall 1 („Französische Vertragsmängel")[86] Einwände gegen die Wirksamkeit des Vertrages, auf den der Gläubiger seinen Anspruch stützt.[87] Präkludiert auch § 767 Abs. 2 analog nur Einwände, die der Schuldner nach dem Recht des Erstprozesses geltend machen *mußte*, so sind gegenüber französischen Urteilen in Deutschland alle von der *cause* des Erstprozesses abweichenden Einwendungen zu beachten.[88] Im Beispielsfall 2 (Kalifornien) ist der Schuldner nicht gehalten, im Erstprozeß mit inkonnexen Gegenforderungen aufzurechnen. Gegenüber einem kalifornischen Urteil wäre daher die Aufrechnung mit einer schon vor Prozeßbeginn bestehenden Forderung noch zu berücksichtigen. Es ist offensichtlich, daß damit das ausländische Urteil jeweils nicht mehr einem deutschen gleichgestellt würde, sondern nur noch dieselbe Präklusionswirkung hätte wie im Erststaat. Dies läßt sich in den Beispielsfällen 1 und 2 entweder als Wirkungserstreckung oder als Kumulation zugunsten des schwächeren Rechts interpretieren. Am Beispielsfall 6 (Versäumnisurteil wegen Scheinforderung in Italien) wird aber deutlich, daß man zur Wirkungserstreckung und nicht zur Kumulationslösung kommt, wenn man darauf abstellt, was im Erstprozeß nach dortigem Recht vorgebracht werden mußte. Angenommen, daß die vollstreckungsbeschränkende Abrede nach italienischem Recht im Erstprozeß vorgebracht werden konnte *und mußte*, so wäre sie bei der geschilderten Handhabung von § 767 Abs. 2 präkludiert, obwohl das deutsche Recht sie als nicht präkludiert ansehen würde.

Die Wirkungserstreckung ist, wie oben im einzelnen dargelegt, der Gleichstellung vorzuziehen. Insofern erscheinen die mit der geschilderten Auslegung des „müssens" i.S.v. § 767 Abs. 2 erzielten Ergebnisse sachgerecht. Bedenklich ist jedoch die Methode: während die Anwendung des § 767 Abs. 2 eine Gleichstellung signalisiert, wird über die Auslegung eines Tatbestandsmerkmals fallweise die (abweichende) Wirkung nach dem Erstrecht berücksichtigt. Es besteht die Gefahr, daß bei einem solchen Vorgehen weder eine Gleichstellung noch eine Wirkungserstreckung noch selbst eine Kumulation zugunsten des schwächeren Rechts konsequent praktiziert wird, so daß das Ergebnis der analogen Anwendung des § 767 Abs. 2 im Einzelfall kaum noch vorhersehbar ist. Eine solche

---

[86] In diesem Abschnitt sollen auch Beispielsfälle aus Vertragsstaaten des GVÜ unter der Prämisse untersucht werden, daß autonomes Recht anwendbar ist. Man muß sich hierzu nur vorstellen, daß die Entscheidung sich auf eine der aus dem Geltungsbereich des Abkommens ausgenommenen Materien (z.B. Erbrecht) bezieht oder aus einem Drittstaat mit einem Prozeßrecht stammt, das dem französischen entspricht.

[87] *Kössinger*, S. 101 ff.; Civ. 14.11.1866, S. 1867 I. 133. Näher s.o. im Kap. 2, Frankreich.

[88] Diese Konsequenz zieht die Rechtsprechung jedoch nicht: BGHZ 59, 116 (124).

Rechtsunsicherheit ist den Parteien nicht zuzumuten und provoziert vermeidbare Prozesse. Die Rechtsprechung sollte sich daher entscheiden: entweder sie bekennt sich klar zur Wirkungserstreckung – dann ist selbst für eine analoge Anwendung des deutschen § 767 Abs. 2 kein Platz – oder sie wendet § 767 Abs. 2 an und stellt im Sinne der Gleichstellungslehre darauf ab, welche Präklusionswirkung ein entsprechendes deutsches Urteil entfalten würde, was also im deutschen Prozeß vorgetragen werden muß. Ein denkbarer (wenn auch aus den oben genannten Gründen nicht sinnvoller) Kompromiß wäre eine Kumulation, die aber methodisch ebenfalls nicht durch die geschilderte Auslegung des „müssens" ins Werk zu setzen wäre, sondern durch eine sequentielle Prüfung nach § 767 Abs. 2 (Gleichstellung) *und* dem Erstrecht (Wirkungserstreckung), um das schwächere Recht zu ermitteln.

Entscheidet sich die Rechtsprechung aus Zweckmäßigkeitserwägungen für eine analoge Anwendung des § 767 Abs. 2, d.h. volle Gleichstellung, so ist konsequent nur darauf abzustellen, was der Schuldner nach *deutschen* Vorstellungen hätte vortragen *müssen* – nämlich alles, was im Erstprozeß gegen den vom Gläubiger zur Entscheidung gestellten prozessualen Anspruch objektiv-prozessual vorgebracht werden *konnte*.[89] Dies gilt sogar für Einwendungen, die nach dem vom Erstgericht angewandten materiellen Recht nicht geeignet sind, dem geltend gemachten Anspruch zu begegnen.[90] Im Beispielsfall 2 B[91] ist der Schuldner daher präkludiert mit der Aufrechnung, obwohl sie im Erstprozeß nach kalifornischem Recht wegen mangelnder Fälligkeit der Gegenforderung[92] keine Aussicht auf Erfolg hatte. Dieses Ergebnis ist bei näherer Betrachtung das einzig konsequente, denn die Präklusionswirkung kann nach den Wertungen des § 767 Abs. 2 nicht davon abhängen, ob der Schuldner die (vermeintlich) aussichtslose Einwendung geltend gemacht hat oder nicht.[93]

Stellt das Präklusionsrecht des Erstforums darauf ab, ob dem Schuldner die Geltendmachung nach Treu und Glauben zuzumuten war, so ist dies für die

---

[89] So im Ergebnis auch BGHZ 59, 116 (124) – französisches Urteil. Selbst die letzte Tatsachenverhandlung ist dabei keine unverrückbare Grenze. Illustrativ *Habscheid,* der den Einwand einer nachträglichen Gesetzesänderung auch dann präkludieren will, wenn sie nach der letzten mündlichen Tatsachenverhandlung, aber vor Abschluß des Revisionsverfahrens eintrat, da Gesetzesänderungen auch im Revisionsverfahren noch vorgebracht und berücksichtigt werden können (ZZP 78 (1965), 401 (405)).

[90] Hätte BGH NJW 94, 1413 (1416) dies beachtet, so wäre klar gewesen, daß es auf die Frage der materiellrechtlichen Aufrechnungsmöglichkeit (Gleichartigkeit) im Erstprozeß nicht ankam.

[91] Abwandlung der Aufrechnungssituation in Kalifornien: Die Gegenforderung war nach kalifornischem Recht zur Zeit des Erstprozesses noch nicht fällig, wohl aber nach deutschem.

[92] Zur Pflicht, die Aufrechnung im Erstprozeß selbst dann geltend zu machen, wenn die *Forderung* des *Gläubigers* erst mit Erlaß des Ersturteils fällig wird BGH NJW 80, 2527 (2528).

[93] Hätte der Schuldner sich im Erstprozeß erfolglos auf die Aufrechnung berufen, so wäre ihre Zurückweisung schon wegen des Verbots der *révision au fond* zu respektieren, selbst wenn sie nach deutschen Vorstellungen zulässig gewesen wäre.

Präklusionswirkung analog § 767 Abs. 2 unbeachtlich. So kann der Schuldner im Beispielsfall 4 die Arglistanfechtung in Deutschland auch dann nicht mehr einwenden, wenn er sich in den USA gegenüber dem vollstreckbaren Urteil noch auf die *extrinsic fraud* berufen könnte.[94] Bei Gleichstellung gilt eben der streng objektive Maßstab des § 767 Abs. 2, nicht anders als bei einem inländischen Urteil.[95] Dasselbe gilt, wenn das Prozeßrecht des Erststaates wie im Beispielsfall 3 (Versäumnisurteil in den USA), zuläßt, daß bei hinreichender Entschuldigung Einwände auch noch nachträglich vorgebracht und neu aufgefundene Beweise zur Grundlage nachträglicher Einwendungen gemacht werden können.[96]

Auch im materiellen Recht kommt es vor, daß gewisse Gegenrechte des Schuldners erst mit Kenntnis der sie begründenden Tatsachen entstehen. So soll im deutschen Recht der Einwand des Schuldners, die Forderung stehe dem Gläubiger nicht mehr zu, da er sie abgetreten habe, erst mit Kenntnis des Schuldners von der Zession entstehen.[97] In jedem Falle ist genau zu prüfen, ob die jeweilige Vorschrift tatsächlich einen materiellrechtlichen Gehalt hat oder allein dazu dient, eine Präklusionswirkung des Urteils davon abhängig zu machen, ob der Schuldner den Einwand kannte. Ist letzteres der Fall, so ist die ausländische Vorschrift nach dem Ausgeführten bei der analogen Anwendung von § 767 Abs. 2 nicht zu berücksichtigen. Ist die Regelung dagegen als materiellrechtlich zu qualifizieren, so hängt ihre Anwendbarkeit davon ab, welches Recht das deutsche IPR als *lex causae* beruft. Ein Indikator für eine materiellrechtliche Regelung kann sein, daß auch andere Wirkungen, die wir materiellrechtlich qualifizieren (z.B. der Verjährungsbeginn) an die Kenntnis des Schuldners gekoppelt sind.

Eine Grenze der Gleichstellung muß da liegen, wo § 767 Abs. 2 Hs. 2 bei Versäumnisurteilen eine rechtskraft*fremde* Präklusion anordnet, indem er den Schuldner verpflichtet, nachträgliche Einwendungen mit dem Einspruch geltend zu machen. *Riezler* meint zwar, bei der entsprechenden Anwendung von § 767 Abs. 2 müsse

> „auch der ‚Einspruch', von dem § 767 Abs. 2 spricht, … in den dem ausländischen Recht entsprechenden Rechtsbehelf umgedeutet werden."[98]

Dies geht jedoch zu weit, denn die Präklusion nach § 767 Abs. 2 Hs. 2 dient nicht dem Schutz der Rechtskraft, sondern läßt sich nur aus prozeßökonomischen

---

[94] FRCP 60 (b) (3) und die entsprechenden Gesetze der Einzelstaaten, vgl. NY CPLR § 5015 (a) (3); CCP § 473.

[95] Vgl. BGHZ 42, 37 (40 f.).

[96] FRCP 60 (b) (1) und (2), näher oben im Kap. 5, USA.

[97] RGZ 84, 286 (291 f.); OLG Koblenz, JurBüro 89, 704; St/J-*Münzberg*, § 767 Rz. 30, allg. M. Diese erweiternde Auslegung des § 407 Abs. 1 BGB erscheint zweifelhaft; mit demselben Recht könnte man wohl aus § 124 Abs. 2 BGB schließen, die Befugnis zur Arglistanfechtung entstehe erst mit Kenntnis der Täuschung (entgegen BGHZ 42, 37, 39 ff.). Letztlich würde eine Anwendung von § 407 Abs. 2 BGB auf diesen Fall den Schuldner wohl auch besser schützen.

[98] *Riezler*, S. 569 f. (Fn. 16).

Zweckmäßigkeitserwägungen erklären.[99] Es wäre verfehlt, diese allein auf Versäumnisverfahren vor deutschen Gerichten zugeschnittene Ausnahmebestimmung auf ausländische Urteile zu übertragen. Schließlich soll die Gleichstellung nur dazu führen, das ausländische Urteil in seinen Urteilswirkungen so zu behandeln wie ein deutsches. Die Präklusion des § 767 Abs. 2 Hs. 2. beruht aber gerade nicht auf der materiellen Rechtskraft als Urteilswirkung und dient auch nicht als „Schwesterprinzip" ihrem Schutz.[100] Sie muß daher bei der anerkennungsbedingten Gleichstellung außer Betracht bleiben.

Ist die Einwendung nach den Grundsätzen des § 767 Abs. 2 nicht präkludiert, so ist umgekehrt irrelevant, ob das ausländische Recht ihre nachträgliche Geltendmachung ebenfalls zulassen würde. So ist im Beispielsfall 5 die Aufrechnung mit der nachträglich erworbenen Forderung nicht präkludiert, obwohl sie im Erststaat (England oder Kanada) als unzulässig angesehen würde.[101]

Zusammenfassend ist festzuhalten: Was der Schuldner zur Vermeidung der Präklusionswirkung im Erstprozeß vortragen *muß*, richtet sich bei entsprechender Anwendung des § 767 Abs. 2 allein nach den zu dieser Norm im deutschen Recht entwickelten Grundsätzen. Eine fallweise „Anpassung" des § 767 Abs. 2 in der Weise, daß die Vorschrift nur erfaßt, was nach dem *Erstrecht* im Prozeß vorgetragen werden mußte, ist methodisch fragwürdig und als Gefahr für die Rechtssicherheit abzulehnen. Hält man – wie oben dargelegt zu Recht – die Ergebnisse für unbillig, zu denen eine konsequente Gleichstellung führt, sollte man eine konsequente Wirkungserstreckung (oder Kumulation) praktizieren, aber nicht die Anforderungen des § 767 Abs. 2 reduzieren. Für die Frage, was der Schuldner im Erstprozeß vortragen *kann,* kommt es dagegen in jedem Fall auch im Rahmen des § 767 Abs. 2 auf das Prozeßrecht des Erststaates und das vom Erstgericht angewandte materielle Recht an. Die Gleichstellungstheorie ist damit weniger benutzerfreundlich als manche ihrer Vertreter behaupten. Sie erspart zwar die Ermittlung der im Erststaat vorgesehenen Präklusionswirkung, das ausländische Recht muß aber zu der Vorfrage geprüft werden, was im Erstprozeß geltend gemacht werden konnte.

---

[99] *Rosenberg/Gaul/Schilken*, § 40 V 3b.

[100] Dies übersieht OLG Hamm, NJW-RR 2000, 659 (660).

[101] Dieses Ergebnis steht für die Frage der prozessualen Präklusion fest. Eine andere Frage ist, ob das ausländische Aufrechnungsverbot im Beispielsfall 5 materiellrechtlich zu qualifizieren ist (ja, s. unten) und ob es damit als Teil der *lex causae* zur Anwendung kommt (zu ihrer Ermittlung näher im nächsten Kapitel).

6. Einzelfragen bei Anwendung ausländischer Präklusionsnormen (Wirkungserstreckung)

Versteht man mit der in der Literatur vorherrschenden Meinung Anerkennung als Wirkungserstreckung, so stellen sich die soeben zu § 767 Abs. 2 erörterten Einzelfragen unter einem anderen Blickwinkel. Zunächst ist zu klären, auf welche präklusionsrelevanten Normen des Erstrechts die mit der Wirkungserstreckung aufgestellte Kollisionsregel tatsächlich verweist. Dazu sind die ausländischen Normen zu *qualifizieren*. Die Präklusion solcher Einwendungen, die im Erstverfahren gegen den Anspruch vorgetragen und geprüft wurden, bereitet keine Schwierigkeiten. Ganz gleich wo, wie und mit welcher Begründung das Recht des Erststaates in diesem Fall eine Präklusion anordnet, sie fällt stets unter die Verweisungsregel. Eine erneute Prüfung der Einwände wäre der denkbar deutlichste Verstoß gegen das Verbot der *révision au fond.* Schwierigkeiten bereitet allein die Frage, in welchem Umfang Einwendungen präkludiert sind, die im Erstprozeß *nicht vorgetragen und geprüft* wurden. Nur selten wird das Erstrecht unmittelbar eine „Parallelnorm zu § 767 Abs. 2"[102] bereithalten. Vielmehr zeigen schon die eingangs geschilderten Beispielsfälle, daß die Präklusionsfolgen des Urteils im Erstrecht in ganz unterschiedlicher Weise und an ganz unterschiedlichen Stellen geregelt sein können.[103] Nicht alle im ausländischen Recht vorgesehenen Präklusionsfolgen sind aber nach deutschem Verständnis als *prozessuale Urteilswirkungen* zu begreifen.

Internationalprivatrechtlich gesprochen stellt sich also im Rahmen der Verweisung auf das ausländische Statut der Urteilswirkungen die Frage der Sachnormqualifikation.[104] Qualifikationsprobleme ergeben sich insbesondere, wenn einzelne Urteilswirkungen, die nach deutschem Verständnis aus der (prozessual qualifizierten) Rechtskraft folgen, im Urteilsstaat dem materiellen Recht unterstellt sind. In einem solche Fall wäre es weder gerechtfertigt, diese Wirkungen gänzlich unberücksichtigt zu lassen, noch in das andere Extrem zu verfallen und die Rechtskraftwirkungen dem in der Sache anwendbaren materiellen Recht (*lex causae*) zu entnehmen. Vielmehr bleibt es bei der Qualifikation nach der (deutschen) *lex fori,* welche die hier in Rede stehenden Urteilswirkungen dem Prozeßrecht zuordnet,[105] die Qualifikation ist jedoch *funktionell* aufzufassen:[106] *Prozessuale Präklusionswirkungen* im Sinne der Verweisung auf das Recht des

[102] *Zöller-Geimer*, § 722 Rz. 51.

[103] S.o. Teil I zu den Präklusionsregelungen in Frankreich, der Schweiz, England und den USA. Rechtsvergleichende Literatur zur Vielfalt der ausländischen Präklusionsregelungen: *Ritter*, ZZP 87 (1974), 138; *Habscheid*, Liber Amicorum Schnitzer S. 179, 190ff.; ders. FS Fragistas S. 531, 547ff. *Spellenberg*, FS *Henckel*, 841, 844ff. (England und USA).

[104] Zum Begriff *Kropholler*, IPR, § 17 II.

[105] *Geimer*, IZPR, Rz. 2787; *Schack*, IZVR, Rz. 927f.

[106] Dazu *Kropholler*, IPR, § 17 II; speziell zur Qualifikation im internationalen Zivilprozeßrecht *Basedow*, Qualifikation, Vorfrage und Anpassung, S. 134ff.

Urteilsstaates sind alle dort geregelten Wirkungen, die sich funktional als Äquivalent der in § 767 Abs. 2 getroffenen Regelung darstellen.

Diese Qualifikation führt zu vier Unterscheidungen: zwischen Urteilswirkungen und Verfahrensvorschriften für Rechtsbehelfe, materiellrechtlicher und prozessualer Präklusion, rechtskraftbedingter und rechtskraftfremder Präklusion und schließlich Präklusionsgrenzen und Durchbrechungstatbeständen. In einem letzten Schritt ist jeweils zu prüfen, ob die ermittelte Präklusionswirkung sich innerhalb der Grenzen der Wirkungserstreckung hält, welche die meisten Autoren mit dem *ordre public* oder sogar strengeren Standards beschreiben.

a) Urteilswirkungen und Verfahrensvorschriften für Rechtsbehelfe

Bisweilen sehen ausländische Rechte Beschränkungen für das Verfahren vor, mit dem nachträgliche Einwände gegen ein rechtskräftiges Urteil vorgebracht werden können. So kann der Schuldner im Verfahren nach Artt. 81, 85 SchKG nur solche Einwendungen vorbringen, die er durch Urkunden beweisen kann.[107] Solche Beschränkungen mögen zwar, indem sie die Geltendmachung nachträglicher Einwendungen erschweren oder sogar teilweise verhindern, eine indirekte Ausdehnung der Urteilswirkungen bedeuten. Sie sind deshalb jedoch nicht etwa im Wege der Wirkungserstreckung auch für ein entsprechendes Verfahren in Deutschland zu beachten.[108] Hier bleibt es bei dem Grundsatz, daß die Modalitäten des Zweitverfahrens allein die *lex fori* des Staates regelt, in dem der Schuldner es durchführt.

b) Prozessuale versus materiellrechtliche Urteilswirkungen

Die materiellrechtlichen Wirkungen (Tatbestandswirkungen) eines Urteils unterliegen der *lex causae.* Das Recht des Erststaates ist für sie nur dann maßgeblich, wenn es zugleich das nach dem deutschen IPR anwendbare Sachstatut ist. Die Abgrenzung prozessualer von materiellrechtlichen Urteilswirkungen ist eine Aufgabe der Qualifikation nach der deutschen *lex fori.* Richtschnur ist dabei, wie oben dargelegt, welche Regelungen ein funktionales Äquivalent der prozessualen Urteilswirkungen nach deutschem Recht bilden.

So berichtet das OLG München,[109] daß nach § 288 Abs. 2 des Serbischen Gesetzes über die Ehe und die Familienbeziehungen ein Ehegatte, der im Scheidungsverfahren nicht Unterhalt zu Lasten des anderen beantragt habe, diesen

---

[107] Diese Beschränkung hat allerdings durch die Einführung des Art. 85a SchKG stark an Bedeutung verloren, näher s.o. Teil I, Kap. 3, Schweiz. Eine ähnliche Beschränkung auf liquide Vollstreckungsgegeneinwände findet sich im griechischen Recht (vgl. *Yessiou-Faltsi* Tz. 567, S. 430).

[108] Ebenso *Kallmann*, S. 353f.; *Zöller-Geimer*, § 722 Rz. 52.

[109] IPRspr. 93, Nr. 88 (S. 206).

Antrag nur noch unter engen Voraussetzungen und nur innerhalb einer Frist von zwei Jahren nach der Scheidung stellen könne. Es qualifiziert diese Bestimmung als materiellrechtlich,[110] obwohl es als ihren Zweck ermittelt, auf die Parteien eines Ehescheidungsverfahrens, einen „Zwang [auszuüben], den nachehelichen Unterhalt im Scheidungsverbund geltend zu machen."[111] Dies zeigt, daß die Vorschrift nicht einen materiellrechtlichen, sondern eine prozessualen Anknüpfungspunkt und Regelungsgehalt hat.[112] Ihre Anwendbarkeit kann daher nicht davon abhängen, ob jugoslawisches Recht *lex causae* ist.[113]

Sieht das ausländische Recht wie im Beispielsfall 5 (England/Kanada) vor, daß gegenüber einem rechtskräftigen Urteil mit einem durch Abtretung nachträglich erworbenen Anspruch nicht aufgerechnet werden darf, so ist diese Bestimmung jedoch materiellrechtlich zu qualifizieren. Zwar wirkt diese Norm wie eine Präklusion eines bestimmten Aufrechnungseinwandes und sichert damit den Bestand der Vollstreckbarkeit als Urteilswirkung ab. Sie entspricht jedoch in ihrer Ausgestaltung und ihren Wertungsgrundlagen funktional eher einer materiellrechtlichen Begrenzung der Aufrechenbarkeit.[114] Sie ähnelt einem besonderen (verschärften) Gleichartigkeitserfordernis (soweit die nachträglich erworbene Forderung nicht ebenfalls tituliert ist)[115] oder einem speziellen Aufrechnungsverbot (vgl. §§ 393,[116] 394 BGB) oder schlicht einer besonderen Ausformung des Grundsatzes, daß die Ausübung schuldrechtlicher Befugnisse an Treu und Glauben gebunden ist (§ 242 BGB).[117] Eine materiellrechtliche Aufrechnungsbeschränkung liegt auch vor, wenn gegenüber einem Urteil nicht mit einer nur zur Einziehung abgetretenen Forderung aufgerechnet werden darf (eine Art strenges Gegenseitigkeitserfordernis).[118] Auch bei Prozeßvergleichen ist sorgfältig

---

[110] Das Gericht stützte sich bei der Qualifikation auf ein Gutachten von Prof. *Henrich*, der seinerzeit z.B. auch für die materiellrechtliche Qualifikation der Abänderungsvoraussetzungen nach § 323 eintrat (IPRax 82, 140 (141 f.)), die der BGH inzwischen abgelehnt hat (BGH NJW 83, 1976).

[111] OLG München, IPRspr. 93, Nr. 88 (208).

[112] Vgl. §§ 623 Abs. 1, 767 Abs. 2 Hs. 2.

[113] Art. 18 Abs. 6 Nr. 2 EGBGB ist wegen der prozessualen Zielsetzung der Frist nicht einschlägig.

[114] Zur funktionalen Qualifikation im Bereich der Aufrechnung vgl. *Coester-Waltjen*, FS *Lüke* S. 35 (37 f.).

[115] Dies war allerdings in den von *Wood*, Rz. 16/181, berichteten kanadischen Entscheidungen der Fall.

[116] International nicht selbstverständlich, vgl. Kalifornien: *Haskins v. Jordan* 55 P. 786 (Cal. S.Ct.1898) (Aufrechnung gegen eine Schadensersatzforderung wegen Verleumdung).

[117] Die deutsche Rechtsprechung löst nach diesem materiellrechtlichen Muster gelegentlich die Frage, ob die Aufrechnung gegenüber einem Prozeßvergleich noch nachträglich zulässig ist, vgl. BGHZ 120, 387 (394).

[118] So *Harrison v. Adams* 20 C.2d 646, 128 P.2d 9 (1942). Ohnehin materiellrechtlich sind Aufrechnungsverbote zu qualifizieren, die an die Natur der Forderung anknüpfen, etwa bei Unterhalt (vgl. *Keck v. Keck* (1933) 219 Cal. 316, 26 P2d 300). Dasselbe gilt für Abtretungsverbote bei bestimmten titulierten Forderungen, mögen sie auch in den Prozeßgesetzen normiert sein, vgl. NY CPLR § 5048 (Abtretung bestimmter Schadensersatzansprüche).

zwischen prozessualen und materiellrechtlichen Grenzen nachträglicher Angriffe und Abänderungen zu unterscheiden.[119]

Zusammenfassend ist festzuhalten, daß im materiellen Recht des Erststaates verankerte Präklusionswirkungen nur dann in Deutschland zu beachten sind, wenn das Recht des Erststaates auch *lex causae* ist.[120] Wie die bei einer Vollstreckungsabwehrklage anwendbare *lex causae* zu ermitteln ist, wird im nächsten Kapitel näher erörtert.[121] Für prozessuale Präklusionswirkungen gilt dagegen die oben geschilderte Kollisionsregel zur Erstreckung ausländischer Urteilswirkungen.

c) Rechtskraftbedingte versus rechtskraftfremde Präklusion

Eine weitere Qualifikationsfrage, die sich bei Wirkungserstreckung stellt, betrifft Präklusionswirkungen, die nicht Ausdruck der Rechtskraft sind. Sie sind von rechtskraftbedingter Präklusion zu unterscheiden und, wie sich zeigen wird, regelmäßig nicht zu erstrecken.

Schon oben, im Rahmen der analogen Anwendung des § 767 Abs. 2 aufgrund der Gleichstellungslehre, wurde die rechtskraftfremde Präklusion nach § 767 Abs. 2 Hs. 2 kurz angesprochen. Nach dieser Vorschrift sind bei einem Versäumnisurteil nicht nur die bis zur mündlichen Verhandlung entstandenen Einwendungen präkludiert, sondern auch die, welche durch Einspruch gegen das Versäumnisurteil noch hätten geltend gemacht werden können.[122] Diese Präklusion ist insofern rechtskraftfremd, als sie über den für die allgemeine Rechtskraftwirkung maßgeblichen Zeitpunkt (letzte mündliche Verhandlung) hinausreicht.[123] Sie dient nicht dem Schutz der Rechtskraft, sondern zwingt den Schuldner, kurz nach Erlaß des Versäumnisurteils entstehende Einwendungen zeitnah durch den fristgebundenen Einspruch geltend zu machen und verfolgt damit ein prozeß-

---

[119] Vgl. *Musger*, IPRax 92, 108 (114, 116f.); falsch daher Österr. OGH IPRax 92, 103. Näher zur Rechtskraft von Prozeßvergleichen und „Einverständnisurteilen" (*consent judgments*) unten.

[120] *Schack*, IZVR, Rz. 928.

[121] Manche plädieren dafür, im Rahmen der Vollstreckungsabwehrklage stets die vom Erstgericht angewandte *lex causae* zu berufen (näher im nächsten Kapitel) – dann käme es auf die dargelegte Abgrenzung materiellrechtlicher von prozessualen Wirkungen nicht an.

[122] In der Literatur wird gelegentlich vertreten, die Vorschrift sperre die Vollstreckungsgegenklage nur während der Einspruchsfrist, lasse dem Schuldner aber im übrigen die Wahl, ob er seine Einwendungen durch Einspruch oder später mit Vollstreckungsgegenklage geltend machen wolle (St/J-*Münzberg*, § 767 Rz. 40; *Otto*, Präklusion, S. 69ff.). Dieser Ansicht ist schon das Reichsgericht entgegengetreten (RGZ 40, 352; 55, 187 (189ff.)), ihm folgt heute auch der ganz überwiegende Teil der Literatur (Thomas-Putzo, § 767 Rz. 21; MünchKomm ZPO-Karsten *Schmidt*, § 767 Rz. 15; *Rosenberg/Gaul/Schilken*, § 40 V 3b (S. 633); *Baur/Stürner* Rz. 45.15). Einen weiteren – jedenfalls systematisch verfehlten – Versuch, diese drakonische Präklusionsvorschrift einschränkend auszulegen unternimmt OLG Hamm, NJW-RR 2000, 659.

[123] *Rosenberg/Gaul/Schilken*, § 40 V 3b (S. 633).

ökonomisches Ziel. Auch ausländische Rechtsordnungen kennen rechtskraftfremde Präklusionen. Ein Beispiel ist der soeben berichtete § 288 Abs. 2 des Serbischen Gesetzes über die Ehe und die Familienbeziehungen, der das OLG München[124] beschäftigte. Da Zweck der Vorschrift ist, auf die Parteien eines Ehescheidungsverfahrens, einen „Zwang [auszuüben], den nachehelichen Unterhalt im Scheidungsverbund geltend zu machen",[125] verfolgt sie genau wie § 767 Abs. 2 Hs. 2 rein prozeßökonomische Zwecke und ist daher als rechtskraftfremde prozessuale Präklusion zu qualifizieren.

Die Autoren, die ausdrücklich für eine Erstreckung im Erstrecht vorgesehener Präklusionswirkungen eintreten, machen nicht deutlich, ob sie damit nur rechtskraftbedingte Präklusionen meinen oder auch rechtskraftfremde.[126] Eine Erstrekkung rechtskraftfremder Präklusionswirkungen im Wege der Anerkennung wäre aber sowohl unter systematischen als auch unter teleologischen Gesichtspunkten verfehlt. Systematisch ist eine rechtskraftfremde Präklusion keine Urteilswirkung. Sie knüpft regelmäßig, wie das Beispiel des § 767 Abs. 2 Hs. 2 zeigt, nicht primär an die Existenz des Urteils an, sondern an ein zusätzliches, späteres Verhalten (z.B. daß ein Rechtsbehelf nicht eingelegt wurde). Sie kann daher nicht als Urteilswirkung qualifiziert werden. Nur solche aber sind Gegenstand der Anerkennung. Dem Sinn und Zweck der Anerkennung würde es auch zuwiderlaufen, bloß der prozessualen Zweckmäßigkeit dienende Vorschriften des ausländischen Rechts im Inland zu beachten, obwohl weder der Respekt für die Rechtskraft des Urteils (Verbot der *révision au fond*) noch ein schützenswertes Vertrauen der Parteien dies erfordern. Vielmehr sind im Inland nur die rechtskraftfremden Präklusionsvorschriften der *lex fori* maßgeblich, und diese sind nur auf im Inland erfüllte Präklusionstatbestände anwendbar. Denn inländische Gerichte dürfen nur die für sie selbst maßgeblichen prozeßökonomischen Erwägungen berücksichtigen. Das OLG München hat daher in dem oben berichteten Fall zu Unrecht die prozessuale Präklusionsvorschrift des Art. 288 Abs. 2 des Serbischen Gesetzes über die Ehe und die Familienbeziehungen gegenüber dem Unterhaltsanspruch der Kläger durchgreifen lassen.

Einen Sonderfall bilden Präklusionswirkungen, die im Zusammenhang mit einem Insolvenzverfahren eintreten. So hat nach § 179 Abs. 3 InsO die Eintragung einer Forderung in die Tabelle die Wirkung eines rechtskräftigen Urteils gegenüber dem Insolvenzverwalter, den Insolvenzgläubigern und dem Schuldner.[127] Die

---

[124] IPRspr. 93, Nr. 88 (S. 206).

[125] OLG München, IPRspr. 93, Nr. 88 (208).

[126] Tendenziell wohl nur für eine Erstreckung rechtskraftbedingter Präklusionswirkungen MünchKomm ZPO-*Gottwald*, § 328 Rz. 132; *Geimer/Schütze-Geimer*, Internationale Urteilsanerkennung Bd. I/2 § 225 (S. 1703); ebenso *Martiny*, Hdb. IZVR III/1, Kap. I, Rz. 393. *Geimer*, IZPR Rz. 2812 scheint dagegen auch eine Erstreckung rechtskraftfremder Präklusionswirkungen zu befürworten.

[127] Zur Wirkung gegen den Schuldner *Kübler/Prütting-Pape* § 178 Rz. 6.

Anerkennung solcher Wirkungen ist eine Frage des internationalen Insolvenzrechts,[128] dessen Darstellung den Rahmen dieser Untersuchung sprengen würde.

d) Präklusionsgrenzen versus -durchbrechungen

Wirkungserstreckung erfordert, den Umfang der Präklusionswirkung nach dem Erstrecht zu ermitteln. Das Erstrecht enthält nur selten unmittelbar eine „Parallelnorm zu § 767 Abs. 2“,[129] sondern regelt häufig im selben Normkomplex Reichweite, Grenzen und Durchbrechungen der Präklusion. Die praktischen Fragestellungen macht ein Blick auf unsere Beispielsfälle anschaulich. Ist zu berücksichtigen, daß das französische Zivilprozeßrecht einen wesentlich engeren Streitgegenstandsbegriff zugrunde legt und daher einer Präklusion weit engere Grenzen zieht als das deutsche (Fall 1, „Französische Vertragsmängel“)? Kann der Schuldner sich darauf berufen, daß in den USA Einwendungen, die bereits zur Zeit des Erstprozesses bestanden, auch nachträglich noch vorgebracht werden können, wenn sie auf nachträglich aufgefundenen Beweisen beruhen oder ihre Geltendmachung im Erstprozeß aufgrund eines entschuldbaren Versehens (Fall 3, Versäumnisurteil) oder aufgrund einer fortwirkenden Täuschung durch den Prozeßgegner (Fall 4, nachträgliche Arglistanfechtung) unterblieb? Alle diese Regelungen bestimmen letztlich Umfang und Kraft der Präklusionswirkung im Erststaat.

Die Sachnormqualifikation muß jedoch eine Abgrenzungsleistung erbringen: Sie muß unterscheiden, was noch als (eingeschränkte) Urteilswirkung und was als (erleichterte) Möglichkeit zur *Durchbrechung* der an sich vorgesehenen Urteilswirkungen anzusehen ist.[130] Denn die Durchbrechung oder Aufhebung eines rechtskräftigen Ausspruches ist keine Beschränkung der Urteilswirkungen, die in Verfahren außerhalb des Erststaates festgestellt werden könnte.[131] Vielmehr sind solche, nach deutschem Verständnis als *Wiederaufnahme des Verfahrens* (§§ 578 ff.) zu qualifizierenden Tatbestände allein den entsprechenden Verfahren im Erststaat vorbehalten.[132] Sie können in Deutschland allenfalls Gründe für die Versagung der Anerkennung (§ 328 Abs. 1 Nr. 2–4) bilden. Erfüllen sie keinen

---

[128] Art. 102 EGInsO; einführend mit weiteren Hinweisen etwa *Geimer*, IZVR Rz. 3350 ff.; umfassend *Trunk*, Internationales Insolvenzrecht (1998).

[129] *Zöller-Geimer*, § 722 Rz. 51.

[130] Abzulehnen ist die Gleichsetzung erweiterter Durchbrechungsmöglichkeiten mit einer Beschränkung der Präklusionswirkung, wie sie etwa *Habscheid*, FS Fragistas, S. 531 (548) vornimmt.

[131] Vgl. LG Hamburg, IPRax 92, 251 (254): Nichtigkeit einer österreichischen Entscheidung nach österreichischem Prozeßrecht in Deutschland unbeachtlich, da die Nichtigkeit in Österreich nur mittels einer Gestaltungsklage geltend gemacht werden kann (§§ 529 ff. öst. ZPO), funktionell also eine bloße Anfechtbarkeit der Entscheidung im Erststaat vorliegt.

[132] St/J-*Grunsky* § 584 Rz. 1. Anders in den USA, wo Aufhebungsklagen auch gegenüber ausländischen Urteilen zulässig sein sollen; manche prüfen dabei, ob das Recht des Erststaates den geltend gemachten Aufhebungsgrund kennt, Restatement Second, Conflict of Laws, § 115

der Tatbestände des § 328 Abs. 1, so verstieße ihre Berücksichtigung gegen das Verbot der *révision au fond.*[133]

Da die Qualifikation nach den Maßstäben der deutschen *lex fori* erfolgen muß, kommt es nicht entscheidend darauf an, was nach den Vorstellungen des Erstrechts als Begrenzung der Urteilswirkung und was als ausnahmsweise Durchbrechung der Rechtskraft anzusehen ist. Grundlegend muß vielmehr das in Deutschland herrschende funktionale Verständnis der Präklusion nach § 767 Abs. 2 sein. Allerdings ist schon im deutschen Recht nicht immer leicht festzustellen, ob eine präklusionsrelevante Norm noch eine Grenze der Rechtskraftwirkung statuiert oder schon eine Durchbrechungsmöglichkeit. Man denke nur an § 323 Abs. 1 und 3, in denen manche nur eine Bestätigung der Rechtskraftgrenzen sehen, andere dagegen eine Billigkeitsausnahme von grundsätzlich weitergehenden Rechtskraftwirkungen zukunftsbezogener Urteile.[134] Folgende Grundprinzipien lassen sich gleichwohl als Richtschnur für die Qualifikation identifizieren:[135]

Grundlage der Präklusion nicht vorgetragener Einwendungen ist das *Urteil, nicht die Prozeßführung* des Beklagten. Einwendungen gegen den titulierten Anspruch sind deshalb immer und nur dann präkludiert, wenn sie auf eine Verneinung der im Urteil ausgesprochenen Rechtsfolge und der dort rechtskräftig getroffenen Feststellungen abzielen. Sinn und Zweck der Präklusion ist nämlich der *Schutz der Rechtskraft des Urteils*[136] und nicht die Sanktionierung eines nachlässigen, unkooperativen oder pflichtwidrigen Prozeßverhaltens des Beklagten.[137] In Deutschland bestimmen daher allein *objektive Kriterien*, insbesondere der Umfang des Streitgegenstandes und der Zeitpunkt der letzten mündlichen Verhandlung den zeitlichen und gegenständlichen Umfang der Präklusion. Die so begründete Präklusionswirkung verträgt keine Einschränkungen aufgrund der subjektiven Lage des Beklagten oder besonderer Umstände des konkreten Verfahrens.[138] Diese spielen allein im Bereich der Wiederaufnahmegründe sowie

---

comment f; 73 N.Y. Jur. Second, § 223. Im Rechtsverkehr zwischen Bundesgerichten und zwischen Bundesstaaten ist die Frage dagegen umstritten. Näher oben im Kap. 5, USA.

[133] Vgl. *Verbeek*, NiemeyersZ 45 (1931/32), 1 (93f.).

[134] Vgl. die Darstellung des Theorienstreits bei *Otto*, Präklusion, S. 118f. Schwierige Abgrenzungsfragen werfen auch die Korrekturmöglichkeiten nach § 1696 BGB oder § 18 FGG für Entscheidungen der freiwilligen Gerichtsbarkeit auf (Rechtskraftproblematik leider nicht erkannt von *Krefft*, Vollstreckung und Abänderung ausländischer Entscheidungen, S. 66ff.).

[135] Die folgenden Ausführungen stützen sich insbesondere auf *Otto*, Präklusion, S. 92f.; *Gaul*, FS *Henckel*, S. 235 (253f.; 270); *Spellenberg*, FS *Henckel*, 841ff.

[136] RGZ 24, 368 (371).

[137] Besonders deutlich hat dies *Gaul*, FS *Henckel*, 235 (253f.) herausgearbeitet und dabei auch den fundamentalen Unterschied deutlich gemacht, der insoweit zu einem wichtigen Teil der englischen und amerikanischen Rechtskraftwirkungen besteht, die auf dem Verwirkungsgedanken (*estoppel*) beruhen (a.a.O. ebenso rechtsvergleichend *Spellenberg*, FS *Henckel*, 841 (insbesondere 850f.)).

[138] Die Rechtsprechung hat deshalb völlig zutreffend stets abgelehnt, die Präklusionswirkung eines Urteils auf Einwendungen zu begrenzen, die der konkrete Beklagte im Einzelfall vorzubringen in der Lage war. BGHZ 61, 25 (26ff.) und ständig. Verfehlt daher etwa die

der richterrechtlich geschaffenen Generalklausel zur Durchbrechung der Rechtskraft (§ 826 BGB, Fallgruppen sittenwidrige Urteilserschleichung und Urteilsausnutzung)[139] eine Rolle,[140] bei ausländischen Urteilen in engen Grenzen auch als Gründe für die Versagung der Anerkennung (§ 328, insbesondere Nrn. 1 u. 4).[141]

Das deutsche Zivilprozeßrecht qualifiziert also als Urteilswirkung allein die Präklusion, welche auf das Urteil und seine Feststellungen bezogen ist und diese mit einem objektiven Widerspruchsverbot absichert. Folgt man dieser Richtschnur, ergeben sich die folgenden Lösungen für die oben aufgeworfenen Qualifikationsfragen bei der Anwendung ausländischer Präklusionsnormen.

(1) Beachtlichkeit objektiver Präklusionsgrenzen

Begrenzt das Recht des Erststaates den Streitgegenstand enger als das deutsche und läßt deshalb, wie das französische (Beispielsfall 1, „Vertragsmängel") und kalifornische (Beispielsfall 2, Aufrechnung mit inkonnexer Forderung) anschließend schon während des Erstprozesses bestehende Einwände noch zu, so ist dies stets zu beachten. Wenn der Streitgegenstand objektiv enger gefaßt ist, muß auch eine am Widerspruchsverbot orientierte Präklusion enger ausfallen.

Das Recht des Ursprungsstaates ist auch zu beachten, wenn es die Reichweite des Widerspruchsverbots begrenzt oder den Kreis der Umstände erweitert, die bereits einen objektiv neuen Streitgegenstand konstituieren. Das Erstrecht kann insbesondere die Reichweite der Rechtskraft bei zukunftsbezogenen Urteilen enger fassen. So ist nach englischem und amerikanischem Recht eine Partei nicht gehindert, eine bereits rechtskräftig entschiedene Frage erneut zur Entscheidung zu stellen, wenn sich die höchstrichterliche Rechtsprechung hierzu geändert hat,[142] in Deutschland trifft nur § 79 Abs. 2 BVerfGG eine (restriktive) Aus-

---

besonders zur Ausübung von Gestaltungsrechten vertretene „vermittelnde Meinung", die auf die Ausübungsmöglichkeit abstellen will: OLG Schleswig, MDR 53, 558; OLG Stuttgart, NJW 55, 1562; M. *Becker*, AcP 188 (1988), 24 (48f.); vgl. auch schon die Nachweise bei *Lent*, DR 42, 868 (870f.).

139 Aus der umfangreichen Rspr. vgl. die neueren Grundsatzurteile BGHZ 101, 380; 103, 44; 112, 54; kommentiert u.a. bei St/J-*Leipold* § 322 Rz. 268ff.; eingehend *Prütting/Weth*, Rechtskraftdurchbrechung bei unrichtigen Titeln; aktuell auch BGH NJW 99, 1257. Zur zeitlichen Dimension instruktiv OLG Nürnberg, ZIP 99, 918; LG Köln, ZIP 99, 920.

140 Eine gefährliche, fehlerhafte Vermischung nimmt insofern *OLG Hamm*, NJW-RR 98, 510 vor, wo im Rahmen der Vollstreckungsabwehrklage (unter dem Gesichtspunkt der Verwirkung!) berücksichtigt wird, daß das Erstgericht „mehr zugesprochen [hatte], als vom damaligen Kl. und jetzigen Bekl. verlangt worden war". Der Sachverhalt hätte allenfalls nach § 826 BGB gewürdigt werden können. Deutlich zu der Unterscheidung etwa OLG Stuttgart, NJW-RR 98, 70.

141 Die *ordre-public*-Prüfung nach § 328 Nr. 4 ist dabei selbstverständlich auf deutsche Vorstellungen zu Wiederaufnahmegründen beschränkt und kann nicht etwa großzügigere Vorstellungen des Erstrechts berücksichtigen. Ebenso ausdrücklich für Schiedssprüche *Geimer*, IZPR, Rz. 3925.

142 England: *Arnold* [1991] 2 A.C. 93; USA: *Wright/Miller/Kane*, § 2864 bei Fn. 47 u. 48; *Heirs-at-law of Gilbert v. Dresser Indus.*, 158 F.R.D. 89 (N.D. Miss. 1993); *Batts v. Tow-Motor Forklift Co.*, 153 F.R.D. 103 (N.D. Miss. 1994); näher s.o. Teil I.

nahmeregelung.[143] Dasselbe gilt für den Umfang, in dem das Erstrecht gegenüber rechtskräftigen Urteilen die Berufung auf Gesetzesänderungen[144] zuläßt.[145] Noch weitergehend sind etwa in England die Gerichte bei der Anpassung von Unterhaltsurteilen nicht an die rechtlichen oder tatsächlichen Einschätzungen der damaligen Verhältnisse im ursprünglichen Urteil gebunden.[146] Dasselbe berichtet *Siehr* von den Niederlanden.[147]

Ebenso sind Regelungen zum objektiven Rechtskraftumfang bei Aufrechnung zu berücksichtigen, etwa wenn das Erstrecht anders als § 322 Abs. 2 nicht vorsieht, daß die Entscheidung über die Gegenforderung in Rechtskraft erwächst.[148] Läßt das Erstrecht eine Aufrechnung mit nach Prozeßbeginn entstandenen Forderungen im Prozeß nicht zu[149], so wird dadurch der Streitgegenstand des Erstprozesses begrenzt. Regelmäßig bedeutet dies nicht, daß der Beklagte mit der Aufrechnung endgültig präkludiert sein soll.[150]

Bezieht das Prozeßrecht des Erststaates umgekehrt die Präklusionswirkung erweiternd auch auf Einwendungen und Gegenansprüche des Beklagten, die mit dem Streitgegenstand der Klage in einem gewissen Zusammenhang stehen, so ist diese objektive Ausdehnung der Präklusionswirkung ebenfalls Teil des Wirkungsstatuts. Die Präklusion konnexer Einwände und Gegenansprüche, die das

---

[143] Sie erlaubt eine Vollstreckungsabwehrklage analog § 767 Abs. 2, wenn ein Urteil auf einer gemäß § 78 BVerfGG für nichtig erklärten Norm beruht. Die Norm stellt *nicht* auf die Umstände des Erstprozesses ab, ist insofern also eine (objektive) Begrenzung und keine Durchbrechung der Rechtskraft. Die von LG Köln, ZIP 99, 920 vorgenommene analoge Anwendung ist angesichts des Ausnahmecharakters der Vorschrift verfehlt; richtiger wäre es, in einem solchen Fall mit § 826 BGB zu arbeiten, der bei besonderen subjektiven Umständen eine Rechtskraftdurchbrechung erlaubt.

[144] Um relevant zu sein, muß die Gesetzesänderung allerdings entweder eine Rückwirkung entfalten oder es muß sich um ein Urteil mit Dauerwirkungen handeln. Eingehend *Habscheid*, ZZP 78 (1965) 401.

[145] Rechtsvergleichend *Habscheid*, ZZP 78 (1965) 401; zum US-Bundesrecht vgl. FRCP 60 (b) (5) 3. Fall; *Wright/Miller/Kane*, § 2863 bei Fn. 26 (*statutory change*) und Fn. 27 (*change in decisions*). Gegen die Möglichkeit, durch rückwirkende Rechtsänderung die *res judicata* eines früheren Urteils über einen Pensionsanspruch zu durchbrechen *Sioux City v. Young*, 97 N.E.2d 907 (Iowa 1959) m. abl. Note, 12 Stanford L.R. 503 (1960).

[146] *Lewis v. Lewis* [1977] 1 W.L.R. 409, C.A.; *Garner v. Garner* [1992] 1 F.L.R. 573, C.A. (582); *Cretney*/Masson, S. 471.

[147] *Siehr*, FS *Bosch*, 927 (953 f.).

[148] Beispiel von *Geimer*, IZVR, Rz. 3152. Die Frage wird im Zusammenhang mit Vollstreckungsgegeneinwänden allerdings nur dann relevant, wenn der Schuldner zuvor versucht hat, mit der Gegenforderung in einem anderen Prozeß gegen eine andere Forderung aufzurechnen. Hat er sich dagegen in dem Erstprozeß, auf dem das jetzt angegriffene Urteil beruht, bereits erfolglos auf die Aufrechnung berufen, so erwächst die Zurückweisung dieser Einwendung unabhängig vom Vorliegen einer § 322 Abs. 2 entsprechenden Regelung in Rechtskraft.

[149] So das englische Recht: RSC 18/17/7; *Richards v. James* (1848) 2 Ex. 471; *Wood*, TZ 2–145 ff.

[150] So kann im englischen Recht sogar die Vollstreckung noch aufgrund der Aufrechnung, die im Erstprozeß nicht mehr berücksichtigt werden konnte, ausgesetzt werden: *Canada Enterprises v. MacNab Ltd.* [1981] Com.L.R. 167, [1987] 1 W.L.R. 813 (815), C.A.; *Wood*, TZ 2–159. Näher s.o. Kap. 4, England.

Prozeßrecht der US-Bundesgerichte[151] und zahlreicher Einzelstaaten[152] vorsehen (*compulsory counterclaim rule*) ist daher in Deutschland zu beachten. Für diese Qualifikation spricht auch, daß es sich bei den Erweiterungen letztlich um nichts anderes handelt als die Formulierung eines „Globalstreitgegenstandes". Je weiter aber der Streitgegenstand, desto größer muß auch nach den Prinzipien des § 767 Abs. 2 der Bereich dessen sein, was präkludiert ist.[153]

Beeinflussen materiellrechtliche Vorfragen die Reichweite der Präklusion von Gegenansprüchen, so ist insofern wieder das vom Erstgericht tatsächlich angewandte Recht maßgeblich. Ein Beispiel ist die Frage, ob ein Gegenanspruch einen unselbständigen Verrechnungsposten bildet (und daher präkludiert ist) oder eine bloß konnexe Gegenforderung, die zwar aufgerechnet werden kann, aber – nach dem ausländischen Prozeßrecht – eventuell nicht muß.[154]

(2) Unbeachtlichkeit von Einschränkungen der Präklusion, die auf Billigkeitserwägungen zu den Verteidigungsmöglichkeiten des Beklagten und zum Prozeßverlauf beruhen

Schlosser formuliert die Wirkungserstreckung so: „Werden vor dem Ausgangsgericht unverschuldet nicht vorgebrachte Einwendungen von der Rechtskraft der Entscheidung nicht abgeschnitten, so auch nicht in Deutschland." [155] Die oben vorgeschlagene Qualifikationsregel kommt zu einer enger gefaßten Wirkungserstreckung. Nach ihr sind alle vom Erstrecht angeordneten Einschränkungen der Rechts- und Präklusivkraft irrelevant, die auf dem individuellen Unvermögen des Beklagten beruhen, bestimmte Einwände im Erstverfahren geltend zu machen oder die sich auf andere Besonderheiten der Prozeßführung oder des Prozeßverlaufs gründen.[156] Sie sind vom Standpunkt der deutschen *lex fori* als Erweiterungen der Möglichkeit zur (außerordentlichen) *Durchbrechung* der Präklusivwirkung zu qualifizieren und unterfallen damit nicht dem Statut der Präklusionswirkungen. Sie werden durch die Anerkennung nicht auf das Inland erstreckt.

So sieht das Prozeßrecht für die US-Bundesgerichte vor, daß der Beklagte auch nachträglich gegen das Urteil noch Einwände geltend machen kann, die er

[151] FRCP 13 (a).

[152] In Kalifornien: CCP § 426.30.

[153] Vgl. *Otto*, Präklusion, S. 92. Diese Entwicklung läßt sich in Deutschland gut am Bedeutungswandel des § 767 Abs. 3 verfolgen. Sein „Bündelungsgebot" stellte sich bei seiner Schaffung als rechtskraftfremde Präklusion dar, die mit Anerkennung des Globalstreitgegenstandes der Vollstreckungsabwehrklage aber überflüssig wurde, da nunmehr bereits die allgemeine Regel des § 767 Abs. 2 sämtliche nicht vorgebrachten Einwände ergriff. Vgl. dazu *Münch*, Vollstreckbare Urkunde, S. 339ff.; Karsten *Schmidt*, JR 92, 89 (90f.).

[154] Da im deutschen Recht nicht nur die Verrechnung, sondern auch die Aufrechnung gegenüber dem titulierten Anspruch präkludiert ist, stellt sich die Abgrenzungsfrage nur in bezug auf die spätere selbständige Geltendmachung eines Gegenanspruchs; instruktiv BGHZ 123, 137; OLG München BauR 96, 428 m. krit. Anm. A.O.*Vogel*/T. *Vogel*.

[155] *Schlosser*, GVÜ Art. 26 Rz. 2; ebenso *ders.* JZ 94, 1009 (a.E.).

[156] Anders *Schlosser*, GVÜ Art. 26 Rz. 2.

im Erstprozeß durch entschuldbaren Irrtum oder Nachlässigkeit[157] nicht vorgebracht hat (Beispielsfall 3). Diese Bestimmung dient in den USA vor allem bei Versäumnisurteilen dazu, die Wirkungen der objektiven Präklusion unter Billigkeitsaspekten zu mildern.[158] Es wäre verfehlt, hieraus den Schluß zu ziehen, Versäumnisurteilen aus den USA komme eine verminderte Präklusionswirkung zu. Vielmehr ist nur die Durchbrechung der Präklusion leichter. Dasselbe gilt für Regeln, welche sogar gegenüber streitigen Urteilen spätere Einwände zulassen, die aus entschuldbarem Versehen[159] oder aufgrund einer Täuschung durch den Prozeßgegner[160] nicht vorgebracht wurden oder sich auf schuldlos erst nachträglich aufgefundene Beweismittel stützen.[161]. Im Beispielsfall 4 kann der Schuldner sich daher in Deutschland auch dann nicht mehr auf eine Täuschungsanfechtung berufen, wenn er dies in den USA nach FRCP 60 (b) (3) noch dürfte.[162]

Hat das Erstgericht eine Einwendung als *verspätet* zurückgewiesen und damit inhaltlich nicht geprüft, so ist die Wirkung des Urteils im ausländischen Recht genau zu analysieren. War die Einwendung unabhängig vom Vortrag des Beklagten Teil des Streitgegenstandes (wie im deutschen Recht), so ist sie präkludiert. Eine eventuell im Erstrecht vorgesehene Möglichkeit, daß die Einwendung in einem späteren Verfahren bei hinreichender Entschuldigung oder nach Ermessen des Gerichts[163] noch berücksichtigt werden kann, ist unbeachtlich. Wäre die Einwendung dagegen erst durch den Vortrag des Schuldners Teil des präklusionsrelevanten Streitgegenstandes geworden (so die „französischen Vertragsmängel" im Beispielsfall 1), so führt die Zurückweisung des Vortrags als verspätet dazu, daß eine Präklusion nicht eintritt.

e) Grenzen der Wirkungserstreckung

Sind die prozessualen Urteilswirkungen nach dem Erstrecht ermittelt, so sollen sie allerdings nicht ohne weiteres kraft Anerkennung erstreckt werden, sondern nur dann, wenn sie über eine von verschiedenen Autoren je unterschiedlich gezogene Grenze nicht hinausgehen. Nach der restriktivsten dieser Auffassungen sind nur solche Präklusionswirkungen zu erstrecken, die nicht über das in § 767 Abs. 2 vorgesehene Maß hinausgehen (Kumulation zugunsten des schwä-

---

[157] FRCP 60 (b) (1): „*mistake, inadvertence, surprise, or excusable neglect*".

[158] Ausführlich zu der umfangreichen Rechtsprechung *Wright/Miller/Kane*, § 2852. Vgl. auch FRCP 55 (c); in Kalifornien CCP § 473; New York CPLR § 5015; England: Order 19 rule 9.

[159] USA: FRCP 60 (b) (1); England: Order 19 rule 9.

[160] FRCP 60 (b) (3), *fraud*.

[161] Zu der entsprechenden US-Praxis bei Unterhaltsurteilen vgl. auch *Gottwald*, FS *Schwab*, 151 (155). Ähnliche Billigkeitsausnahmen zu der in *Henderson v. Henderson*, 3 Hare 100, festgelegten objektiven Präklusionswirkung macht auch die englische Rechtsprechung, *Boswell v. Coaks (No.2)* (1894) 86 LT 365 n, HL, m.w.N. bei *Bower/Handley*, Tz. 196.

[162] Im Ergebnis steht er damit nicht anders als bei Gleichstellung, vgl. BGHZ 42, 37.

[163] Vgl. FRCP 60 (b) (1); England: Order 19 rule 9; *Bains v. Patel* [1983], The Times, May 20, 1983.

cheren Rechts).[164] Selbst diese Grenze wird allerdings in bezug auf die Präklusion von Vollstreckungsgegeneinwänden selten praktische Bedeutung haben. Denn die von § 767 Abs. 2 vorgesehene objektive Präklusion ist im internationalen Vergleich streng. Soweit das Erstrecht eine über das deutsche hinausgehende Rechtskraft für präjudizielle Feststellungen oder sogar Tatsachenfeststellungen vorsieht, ist dies für Vollstreckungsabwehrklagen gegen das Urteil regelmäßig nicht von Bedeutung. Denn nach der deutschen Regel vom Widerspruchsverbot können im Rahmen einer Vollstreckungsabwehrklage die präjudiziellen Rechtsverhältnisse und Tatsachen, die bereits zur Zeit des Erstverfahrens bestanden, nicht mehr zur Grundlage einer Schlußfolgerung gemacht werden, welche die im Ersturteil festgestellte Rechtsfolge negieren würde.[165] Insofern kann der Schuldner sich auch in Deutschland gegenüber dem Ersturteil nicht mehr auf eine abweichende Beurteilung von Tatsachen oder präjudiziellen Rechtsverhältnissen berufen, auf denen das Urteil beruht. Eine im Erstrecht vorgesehene Rechtskraftwirkung präjudizieller Feststellungen kann für die Vollstreckungsabwehrklage in Deutschland nur ausnahmsweise eine Rolle spielen, wenn die Feststellungen nicht in dem angegriffenen Ersturteil, sondern in einem anderen Verfahren getroffen wurden (wie im Beispielsfall 7). Diese Konstellation ist unten im Zusammenhang mit der Präklusionswirkung ausländischer Zweitverfahren noch zu erörtern.

Die Begrenzung der Wirkungserstreckung kann praktisch nur dann eine Rolle spielen, wenn das Erstrecht eine Einwendung präkludiert, die nach deutschem Verständnis außerhalb des im Erstprozeß verhandelten Streitgegenstandes liegen würde. Dies kann etwa nach der US-amerikanischen *compulsory counterclaim rule* der Fall sein.[166] Bevor man hier einen Verstoß gegen den ordre public sieht, sollten Tendenzen in der deutschen Rechtsprechung bedacht werden, die Rechtskraftwirkung ähnlich einer *compulsory counterclaim rule* über die engen Grenzen des deutschen Streitgegenstandsbegriffs hinaus vorsichtig auszudehnen.[167]

---

[164] *Schack*, IZVR, Rz. 796. Im Ergebnis ebenso *Leipold*, FS Nagel, S. 189 (Fn. 3) u. S. 192f.

[165] BGH NJW 95, 967; *Paulus*, ZPR Rz. 311, *St/J-Leipold* § 322 Rz. 96; sehr weit ausgelegt von *Doderer*, NJW 91, 878 (880f.) in Bezug auf selbständige konnexe Gegenforderungen (z.B. Nachbesserungsanspruch), enger insofern *St/J-Leipold* § 322 Rz. 233a,

[166] Vgl. das Kapitel 5 zum US-amerikanischen Recht.

[167] So in bezug auf die Rechtskraftwirkung der negativen Feststellungsklage schon RGZ 78, 390 (395ff.), vgl. aus jüngerer Zeit BGH NJW 95, 1757. Weitere instruktive Beispiele sind BGH NJW 98, 161 (§ 323 Abs. 2 präkludiert auch Tatsachen, die der Beklagte des Vorprozesses nicht als Einwendungen, sondern (nur) mit einer eigenen Widerklage hätte geltend machen können.) und OLG München, BauR 96, 428 (krit. *Vogel/Vogel*, BauR 96, 430; St/J-*Leipold*, § 322, Rz. 233a), wo angenommen wurde, die rechtskräftige Zubilligung eines Werklohnanspruchs stehe einer späteren Geltendmachung von Schadensersatzansprüchen des Bestellers wegen Werkmängeln entgegen, wenn er diese Ansprüche schon zum Zeitpunkt des ersten Prozesses hätte geltend machen können (i.E. ebenso wohl *Doderer*, NJW 91, 878 (881)) – interessant der Vergleich mit dem ähnlich gelagerten Fall *Chapin & Chapin, Inc. v. McShane Contracting Co.*, 374 F.Supp. 1191, 1194 (D.C. Pa. 1974).

Eine Konstellation, in der die *compulsory counterclaim rule* nach deutschem Verständnis noch zulässige Einwände präkludiert, wird ohnehin praktisch selten vorkommen. Weniger selten wird dagegen sein, daß der Schuldner versucht, einen nach der *compulsory counterclaim rule* präkludierten Gegenanspruch selbständig in Deutschland einzuklagen.

Erfaßt im Ausgangsfall 6 („Scheinprozeß" in Italien) die Präklusion nach italienischem Recht die zur Zeit des Erstprozesses schon bestehende vollstreckungsbeschränkende Abrede, so geht diese zu erstreckende Wirkung über die einer entsprechenden deutschen Entscheidung hinaus. Hält man dies angesichts der konkreten Umstände (Scheinprozeß) für unerträglich, so bleibt die Möglichkeit, jedenfalls die Anerkennung dieser Präklusionswirkung (oder sogar die Anerkennung des gesamten Urteils) am *ordre public* (§ 328 Nr. 4 bzw. Art. 27 Nr. 1 GVÜ) scheitern zu lassen.[168] Bei der Prüfung, ob ein Verstoß gegen den deutschen *ordre public* vorliegt, ist allerdings unter Umständen auch zu berücksichtigen, ob der Schuldner die Möglichkeit hat bzw. gehabt hätte, einen eventuellen Betrug mit einem Rechtsbehelf gegen das Urteil im Erststaat geltend zu machen.[169]

7. Exkurs: Präklusionswirkung und Abänderung zukunftsbezogener Urteile

Manche Entscheidungen beanspruchen Geltung auch für zukünftige Sachverhalte. Beispiele sind Urteile, die den Schuldner zu einer Unterlassung oder zu wiederkehrenden Leistungen – z.B. Unterhaltszahlungen oder Verzugszinsen – verurteilen. Während gewöhnliche Urteile keine Aussagen über zukünftige Verhältnisse machen wollen und daher für nachträgliche Einwände regelmäßig offen sind (insoweit normiert § 767 Abs. 2 ein universales Prinzip),[170] stellt sich bei den zukunftsbezogenen Urteilen die Frage, wie weit sie auch nachträglich entstehende Einwände ausschließen.

a) Urteilswirkungen und Abänderungsschranken

Im deutschen Recht regelt § 323 die Abänderbarkeit von Urteilen über wiederkehrende Leistungen; die wohl h.M. wendet die Vorschrift auch auf nachträgli-

---

168 So im Ausgangsfall der BGH: IPRax 87, 236, 237

169 Für den Bereich des GVÜ vgl. *Schlosser*-Bericht, ABl G C 59/1979, S. 128 (Tz. 192); *Nagel/Gottwald*, § 11 Rz. 220; implizit wohl auch BGH IPRax 87, 236, 237. Im Bereich des autonomen Rechts umstritten: dafür *Geimer* JZ 69, 12, 15; ders. IZPR Rz. 2991a; dagegen *Schack* IZVR Rz. 866; *Schütze*, DIZPR S. 143.

170 *Habscheid*, FS Fragistas S. 531 (551). Die rechtsvergleichende Umschau im ersten Teil dieser Arbeit hat dies ebenfalls bestätigt.

che Einwände gegen Unterlassungsurteile an.[171] Drei Regelungskomplexe sind dabei zu unterscheiden:

§ 323 Abs. 2 entspricht exakt § 767 Abs. 2. Er hat nichts mit den Besonderheiten zukunftsbezogener Urteile zu tun und ist überflüssig, wenn man § 767 Abs. 2 als stets anwendbare *lex generalis* begreift. Jedenfalls gelten für seine Qualifikation und Anwendung die soeben zu § 767 Abs. 2 – bereits unter Berücksichtigung der Literatur und Rechtsprechung zu § 323 – entwickelten Grundsätze.

§ 323 Abs. 1 errichtet für nachträgliche Einwände eine zusätzliche *Wesentlichkeitsschranke*. Die Schranke gilt nicht nur für Einwände des Schuldners (Herabsetzungsbegehren), sondern vor allem auch für solche des Gläubigers (Heraufsetzung – vor allem bei Unterhalt). Sie schützt die Gerichte vor einer Befassung mit unwesentlichen Abweichungen von der Prognose, die dem Ersturteil zugrundelag. *De minimis non curat praetor.* Ein Schutz des Vertrauens der Parteien in den Bestand des Titels ist allenfalls Reflex dieser Klagbarkeitsschranke. Mit einer Präklusion darf die Regelung jedenfalls nicht verwechselt werden.

§ 323 Abs. 3 erlaubt eine Abänderung nur für die Zeit *ab Klageerhebung*. Die rechtspolitische Berechtigung dieser international keineswegs selbstverständlichen[172] Begrenzung ist umstritten.[173] Sie soll den Gerichten die Ermittlung des Zeitpunktes, ab dem die maßgebliche Änderung der Verhältnisse eintrat, ersparen[174] und die Parteien vor nachträglichen Rück- oder Zusatzforderungen schützen. Dem Schutz der Rechtskraft dient sie jedenfalls nicht [175] und ist insofern von § 323 Abs. 2 klar zu unterscheiden; mit dem Streitgegenstand und dem Verhalten der Parteien im Erstprozeß hat sie nichts zu tun.[176]

b) Qualifikation und anwendbares Recht

Angesichts der ganz unterschiedlichen Regelungsinhalte und -zwecke der drei Absätze des § 323 überrascht, daß die kollisionsrechtliche Qualifikation der Vorschrift oft pauschal erfolgt. So mag manches dafür sprechen, die Absätze 1 und 3 als bloße Durchführungsregeln für den deutschen Abänderungsprozeß zu

---

[171] *Baumbach* ZPO-*Hart*mann § 323 Rz. 79; *Zöller-Vollkommer* § 323 Rz. 29; *Völp*, GRUR 84, 486 (489, mit wohl unrichtiger Bestimmung des Verhältnisses von § 323 und § 767); *Ulrich*, FS Traub S. 423 (424ff.); a.A. mit überzeugenden Gründen *Rüßmann*, FS *Lüke* S. 675 (692ff.).

[172] *Gottwald*, FS *Schwab*, 151 (153ff.); *Schlosser*, IPRax 81, 120 (122).

[173] Eingehend *Braun*, ZZP 108 (1995), 319 (332ff.).

[174] Dieser Zweck befremdet etwas, da die Parteien das hierzu Nötige selbst vortragen müssen und den Gerichten auch sonst angesonnen wird, vergangene Ereignisse zu beurteilen. Eingehend und kritisch *Braun*, Grundfragen der Abänderungsklage S. 154ff.

[175] BGHZ 96, 205 (211); allg. M., *Stankewitsch*, IPRax 94, 103 (106 m. zahlr. Nachw. in Fn. 33).

[176] Soweit die Vorschrift auch einen Vertrauensschutz bezweckt (so BGHZ 96, 205 (211)), kann Gegenstand nur um das nach Abschluß des Erstprozesses entstehende Vertrauen sein, nicht mehr zu schulden bzw. nichts zurückzahlen zu müssen.

qualifizieren,[177] für Abs. 2 geht dies aber nicht an. Die Rechtsprechung qualifiziert die gesamte Vorschrift *prozessual*, ohne näher anzugeben, ob dies durchgängig unter dem für § 323 Abs. 2 sicherlich zutreffenden Aspekt geschieht, es handele sich um eine Regelung von Urteilswirkungen.[178] Mit der prozessualen Qualifikation verbindet die Rechtsprechung, wie oben geschildert, die Anwendbarkeit des § 323 als *lex fori* aufgrund einer Gleichstellung des ausländischen Urteils mit einem deutschen. Die Literatur folgt ihr weitgehend.[179] Kritische Stimmen treten für eine Wirkungserstreckung ein[180] oder qualifizieren die Vorschrift bereits materiellrechtlich und gelangen daher zur *lex causae*.[181]

In dieser Diskussion sind die Argumente weitgehend ausgetauscht. Zu einer Änderung der seit 1983 konstanten Rechtsprechung besteht hinsichtlich der Absätze 1 und 3 des § 323 keine zwingende Notwendigkeit. Beide Vorschriften weisen keinen inhaltlichen Bezug zum Erstprozeß auf, so daß die Anwendung der deutschen *lex fori* kein Vertrauen der Parteien in die Herrschaft des Erstrechts über die Urteilswirkungen enttäuscht. Anders liegt es dagegen bei Absatz 2. Für die Präklusionswirkung des Ersturteils begegnet eine Anwendung der *lex fori* durchgreifenden, oben zu § 767 Abs. 2 dargelegten Bedenken. Insofern ist eine Wirkungserstreckung geboten. Die Anwendung der lex fori im Bereich der Absätze 1 und 3 muß deshalb nicht aufgegeben werden. Die Regelungsbereiche der verschiedenen Absätze sind so unterschiedlich und voneinander unabhängig, daß sie problemlos unterschiedlichen Statuten unterstellt werden können.[182]

Bei einer differenzierten Qualifikation der drei Absätze des § 323 ergibt sich folgendes Bild:

§ 323 Abs. 2 betrifft die Präklusion von Einwänden, die der Schuldner im Erstprozeß vorbringen konnte und mußte. Diese Frage sollte nach dem Urteilsstatut, also dem Prozeßrecht des Erststaates beurteilt werden. Besondere Einschränkungen der Abänderbarkeit eines zukunftsbezogenen Urteils sind keine prozessualen Präklusionswirkungen und sollten mit diesen nicht vermengt werden. Bedingungen und Grenzen für die Abänderung eines zukunftsbezogenen Urteils wegen späterer Entwicklungen, welche das Recht des Erststaates aufstellt, fallen daher nicht unter diese Kollisionsregel, mag der Urteilsstaat sie auch als Urteilswirkung und vielleicht sogar als Aspekt der Rechtskraft begreifen – die Qualifikation erfolgt *lege fori*. Aus dieser Qualifikation erhellt zugleich, daß eine

---

177 *Leipold*, FS Nagel, S. 189 (205f.); vgl. auch § 10 Abs. 2 S. 2 AUG.

178 BGH NJW 83, 1976 (1977); vgl. auch BGH NJW 83, 514; FamRZ 92, 1060; IPRax 94, 134 und die Instanzgerichte, z.B. OLG Köln, IPRax 88, 31.

179 St/J-*Leipold*, § 323 Rz. 2, 17; *Schack*, IZVR Rz. 1010ff.; *Baumann*, IPRax 90, 28 (31); *Rahm/Künkel*-Breuer, VIII Rz. 248.

180 *Schlosser*, IPRax 81, 120 (122); *Stankewitsch*, IPRax 94, 103 (104 sub 3); MünchKomm BGB-Winkler von Mohrenfels, Art. 17 Rz. 156.

181 *Spellenberg*, IPRax, 84, 304 (306f.); *Siehr*, FS *Bosch*, S. 927 (953–956, 962), jew. m.w.N.

182 In diesem Sinne auch *Stankewitsch*, IPRax 94, 103 (106); *Musger*, IPRax 92, 108 (111 f.).

Nichtanwendung fremder Abänderungsschranken, soweit es um nachträglich entstandene Einwände geht, keine *révision au fond* bedeutet.

§ 323 Abs. 1 ist eine Regel zum Schutz der (deutschen) Gerichte. Sie sollte daher als Durchführungsregel für die Vollstreckungsabwehrklage stets angewandt werden, unabhängig von der Herkunft des Ersturteils und von der *lex causae*. Absatz 3 ist vor allem eine prozessual formulierte Rückforderungssperre, er regelt einen Ausschnitt der materiellrechtlichen Beziehungen der Parteien nach Erlaß des Ersturteils. Dies spricht für eine Anwendung der *lex causae* auf diese Frage.[183] Weitere Schranken der Abänderbarkeit wegen Umstandsänderungen, welche das Recht des Erststaates oder die *lex causae* vorsehen mögen, sind jeweils einer diese beiden Kategorien – prozessuale Durchführungsregel oder materiellrechtliche Regelung – zuzuordnen. Dem Statut der Rechtskraftwirkung unterfallen sie nicht.[184]

8. Urteile an der Grenze zu Prozeßvergleich und Urkunde

Die Präklusion nach § 767 Abs. 2 dient dem Schutz der materiellen Rechtskraft. Vollstreckbare Urkunden und Prozeßvergleiche beruhen nicht auf einer richterlichen Entscheidung und sind deshalb nach deutscher Vorstellung der materiellen Rechtskraft nicht fähig. Konsequent ordnet § 797 Abs. 4 an, daß § 767 Abs. 2 auf vollstreckbare Urkunden nicht anzuwenden ist; dasselbe gilt nach der Rechtsprechung für Prozeßvergleiche.[185]

Manche ausländischen Rechtsordnungen kennen Titel, die der Form nach Urteile sind, aber – wie ein Prozeßvergleich – auf einer Einigung der Parteien vor den Schranken des Gerichts beruhen. So kann in Frankreich[186] und Belgien[187] auf einen Vergleich der Parteien hin ein *jugement de donner acte* ergehen, in England,[188] den USA[189] und Israel[190] ein *consent judgment*, in manchen Schwei-

[183] Im Ergebnis ebenso (neben den allgemeinen Vertretern der *lex causae*) *Gottwald*, FS *Schwab*, 151 (157ff.). Anders ausdrücklich OLG Celle, IPRax 93, 103 (104).

[184] Zur Bedeutung der Unterscheidung zwischen materiellrechtlichen und rechtskraftbedingten Abänderungsschranken für das Anerkennungsrecht instruktiv *Musger*, IPRax 92, 108 (114, 116f.) zu Österr. OGH IPRax 92, 103.

[185] BGH NJW 53, 345 (analoge Anwendung von § 797 Abs. 4).

[186] Näher im Kap. 2, Frankreich, insbesondere auch zur Abgrenzung zum *jugement d'expédient*, das der Rechtskraft fähig ist.

[187] *Fettweis*, Tz. 692ff.; Denkschrift zum Deutsch-Belgischen Anerkennungs- und Vollstreckungsabkommen, BT-Drs. III/919, S. 38. Zur Abgrenzung vom *procès-verbal d'accord* (Art. 733 belg. CPC), der keine Rechtskraft entfaltet und dem deutschen Prozeßvergleich zu entsprechen scheint, *Fettweis*, Tz. 695f.

[188] Denkschrift zum Deutsch-Britischen Vollstreckungsabkommen, BT-Drs.III/2360, S. 16; näher s.o. Kap. 4, England; eingehend *Ullrich*, Das Vergleichsrecht Englands (1998).

[189] Näher s.o. Kap. 5, USA.

[190] Denkschrift zum Deutsch-Israelischen Vollstreckungsabkommen, BT-Drs. VIII/3866, S. 11.

zer Kantonen ein rechtskraftfähiger Prozeßvergleich[191] und in Tunesien ein *jugement par accord.*[192] Einwände gegen solche „*Einverständnisurteile*",[193] insbesondere Mängel der zugrunde liegenden Vereinbarung, können nach manchen Rechtsordnungen wie gegen einen ganz normalen Vertrag geltend gemacht werden,[194] während andere nur die allgemeinen Rechtsbehelfe gegen Urteile zur Verfügung stellen, so daß der Schuldner nach Ablauf der Rechtsmittelfristen präkludiert ist.[195] Welche Präklusionswirkung kommt solchen ausländischen Einverständnisurteilen in Deutschland zu?

Ein ähnliches Problem werfen die in manchen Bundesstaaten der USA gebräuchlichen *judgments by confession* auf. Mit ihnen kann ein Gläubiger seine Forderung im einseitigen Verfahren durch ein Gericht titulieren lassen, wenn der Schuldner ihn hierzu im Vertrag ermächtigt hat.[196]

Im autonomen Recht stellt sich die Präklusionsfrage nur, wenn diese Titel als Urteile i.S.v. § 722 zu qualifizieren und damit grundsätzlich einer Vollstreckbarerklärung zugänglich sind.[197] Dies wird allgemein bejaht, sofern das Gericht jedenfalls eine gewisse Prüfungsfunktion hatte und nicht nur eine reine Beurkundung vorgenommen hat.[198] Nach dieser Abgrenzung fielen Einverständnisurteile und selbst die *judgments by confession* praktisch stets unter § 722, da die Gerichte fast immer jedenfalls eine rudimentäre Prüfung vornehmen.[199] Diese weite Auslegung des § 722 kommt auch einer verbreiteten Tendenz in der Literatur entge-

---

[191] Sog. „Züricher Lösung", § 191 II ZH ZPO, vgl. *Meier*, Besondere Vollstreckungstitel nach dem Lugano-Übereinkommen, 185f. Anders das Bundeszivilprozeßrecht, BGE 114 I b 74.

[192] Denkschrift zum Deutsch-Tunesischen Anerkennungs- und Vollstreckungsabkommen, BT-Drs. V/3167, S. 62.

[193] So der von *Geimer/Schütze*, EuZVR Art. 52 R. 6 gebrauchte Terminus, eine wörtliche Übersetzung von „*consent judgment*". *Schlosser* nennt sie „Gerichtsentscheidung mit vereinbartem Wortlaut" (JZ 94, 1008), ähnlich § 1053 ZPO n.F. („Schiedsspruch mit vereinbartem Wortlaut").

[194] So in Frankreich die Einwände gegen das *jugement de donner acte,* s.o. Kap. 2, Frankreich.

[195] So in Belgien bei Einwänden gegen ein *jugement d'expédient*, *Fettweis* Tz. 692; im Schweizer Kanton Zürich: § 191 II ZH ZPO, vgl. *Meier*, Besondere Vollstreckungstitel nach dem Lugano-Übereinkommen, 185f.; in den USA wohl grundsätzlich ebenfalls, *Shapiro*, 91 A.L.R.3d, 1170, 1175, aber angesichts der Vielfalt der Durchbrechungsmöglichkeiten unübersichtlich.

[196] New York CPLR § 3218, Kalifornien CCP § 1132; 46 Am.Jur. 2d Judgments, § 235. Näher s.o. Kap. 5, USA.

[197] Prozeßvergleiche und Urkunden fallen nicht unter §§ 722 f, die herrschende Meinung lehnt die in der Literatur nicht selten vorgeschlagene *analoge* Anwendung auf diese Titel ab: LG Hamburg, IPRspr 82 Nr. 180; *Rosenberg/Gaul/Schilken* § 12 II 2; *Schack*, IZVR Rz. 816 m.w.N.

[198] *Martiny*, Hdb. IZVR III/1, Rz. 470; *Schack*, IZVR Rz. 816. *Geimer*, IZVR, Rzn. 2855, 2860ff.; vgl. auch schon RGZ 136, 142 (147).

[199] So wird im Rahmen der *judgments by confession* jeweils geprüft, ob die Bevollmächtigung des Gläubigers die vorgeschriebenen formellen Voraussetzungen erfüllt, s.o. Kap. 5, USA.

gen, die Vorschrift analog auf reine Prozeßvergleiche[200] und unter Umständen sogar auf Urkunden[201] anzuwenden.

Die von der Rechtsprechung praktizierte Gleichstellungslehre wendet § 767 Abs. 2 analog auf ausländische Urteile an. Dies muß auch für Einverständnisurteile gelten. Eine analoge Anwendung von § 797 Abs. 4 scheidet aus, denn auch im deutschen Recht wird diese Vorschrift nicht auf Anerkenntnisurteile angewandt, die ebenfalls auf einer Willenserklärung der Partei beruhen. Ausschlaggebend ist insofern der formale Charakter als Urteil.[202] Auch im deutschen Recht würde es dem Gesetzgeber freistehen, den Prozeßvergleich hinsichtlich einzelner Wirkungen stärker an eine gerichtliche Entscheidung anzunähern.[203] Als Ergebnis ist festzuhalten: wo § 722 erfüllt ist, muß nach der Gleichstellungslehre auch § 767 Abs. 2 angewandt werden. Der Umfang der Rechtskraft und die eventuell erweiterten Durchbrechungsmöglichkeiten nach dem Recht des Erststaates spielen bei Anwendung von § 767 Abs. 2 auch hier, wie bei sonstigen Urteilen (s.o.) keine Rolle.

Erstreckt man dagegen kraft Anerkennung die Wirkungen, die das Urteil im Erststaat hat, so sind Abschwächungen der Präklusion, die das Erstrecht für Einverständnisurteile vorsieht, zu qualifizieren. Die Kollisionsregel für die Wirkungserstreckung verweist, wie oben dargelegt, nur auf Begrenzungen der Präklusionswirkung nach dem Erstrecht, nicht aber auf Durchbrechungsmöglichkeiten (z.B. die Wiederaufnahme des Verfahrens). Bei Einverständnisurteilen bedeutet dies, daß die Möglichkeit, eine Aufhebung des Urteils mit einem der allgemeinen, ordentlichen oder außerordentlichen Rechtsbehelfe zu begehren, wenn der zugrunde liegende Vergleich an einem Willensmangel leidet, nicht als Einschränkung der Präklusionswirkung des Urteils zu qualifizieren ist. Anders liegt es dagegen, wenn nach dem Erstrecht die Unwirksamkeit des Vergleichs jederzeit wie die eines gewöhnlichen materiellrechtlichen Vertrages geltend gemacht werden kann. Die Möglichkeit, ein amerikanisches *consent judgment* nach FRCP 60 (b) 3 wegen *fraud* aufheben zu lassen, bedeutet daher ebensowenig eine Einschränkung der Rechtskraft,[204] wie die gegen ein Züricher Einverständnisurteil oder ein belgisches *jugement d'expédient* möglichen Rechtsmittel. Ein französisches *jugement de donné acte* und ein belgischer *procès-verbal d'accord* entfalten dagegen bei Wirkungserstreckung keine Rechtskraft, da sie auch in Frankreich und Belgien der allgemeinen Klage auf Feststellung der Unwirksamkeit eines Vertrages unterliegen.[205] Bei den amerikanischen *judgments by con-*

---

200 *Riezler*, S. 530; *Martiny*, Hdb. IZVR Bd. III71 Rz. 543 f.; *Kropholler*, IPR § 60 II 7.

201 *Geimer*, DNotZ 75, 461 (464 f.) unter Berufung auf *Carl Ludwig von Bar*, S. 542 (Nr. 471); *Schütze*, DNotZ 92, 66 (81 f.); a.A. LG Hamburg, IPRspr 82 Nr. 180; *Rosenberg/Gaul/Schilken* § 12 II 2; *Schack*, IZVR Rz. 816.

202 Ebenso *Geimer*, IZVR Rz. 2861 ff.

203 *Grunsky*, ZZP 96 (1983), 260 (265).

204 Ebenso wohl BGH RIW 1999, 698 (700).

205 *Fettweis*, Tz. 696.

fession variieren die Regelungen der Einzelstaaten erheblich; regelmäßig ist ebenfalls ein ordentlicher oder außerordentlicher Rechtsbehelf nötig, um nachträglich noch Einwände gegen den Anspruch vorzubringen. Läßt das Recht des Ursprungsstaates dagegen Einwände aus der Zeit vor Erlaß des *judgment by confession* ohne weiteres auch im Vollstreckungsverfahren zu (etwa im Rahmen eines Antrags auf Eintragung der Befriedigung),[206] so hat das Urteil insofern keine Präklusionswirkung, die zu erstrecken wäre.

III. Präklusion aufgrund des Ersturteils im Geltungsbereich von Staatsverträgen

1. Präklusionswirkung von Urteilen, die unter das GVÜ fallen

Im Anwendungsbereich des GVÜ sollen durch die Anerkennung Entscheidungen aus anderen Vertragsstaaten „die Wirkungen beigelegt werden, die ihnen in dem Staat zukommen, in dessen Hoheitsgebiet sie ergangen sind".[207] Die deutsche Literatur hat sich dieser Auffassung des *Jenard*-Berichts und des EuGH fast ausnahmslos angeschlossen.[208] Sie ist angesichts der Zielsetzung des Abkommens, die Freizügigkeit des Titelverkehrs zwischen den Vertragsstaaten zu gewährleisten,[209] auch zwingend.[210] Freizügigkeit kann nur bedeuten, daß die Parteien sich überall auf die Wirkungen berufen können, die das Prozeßrecht des Erststaates vorsieht. Diese Wirkungen entsprechen der Ausgestaltung des Erstverfahrens, auf sie konnten die Parteien ihre Prozeßführung einstellen. Ein Flikkenteppich unterschiedlicher Wirkungen, eine Konversion der Urteilswirkungen an jeder Grenze in die Währung der nationalen Prozeßrechte würde die von dem Abkommen gewünschte Planungssicherheit und Titelmobilität zunichte machen. Eine Begrenzung der Urteilswirkungen auf das im Anerkennungsstaat für eigene Urteile übliche Maß wäre mit dem Abkommen unvereinbar. Entsprechend verweist § 6 Abs. 1 AVAG für den Umfang des Vollstreckungsanspruchs für oder

---

[206] Vgl. N.Y. CPLR § 5021 (a)(2); CCP § 724.050 (2)(d) – *demand for acknowledgement of satisfaction.*

[207] *Jenard*-Bericht, ABl. EG C 59/1979, S. 42 f.; ebenso EuGH, 04.02.1988 (145/86) *Hoffmann ./. Krieg,* Slg. 88, 645.

[208] *Geimer*, RIW 76, 139 (142); *Kropholler*, EuZPR vor Art. 26, Rz. 9; *Geimer/Schütze*, EuZVR Art. 26 Rz. 1 f.; *Martiny*, Hdb. IZVR III/2 Kap. II Rz. 63, 70; MünchKomm ZPO-*Gottwald*, IZPR Art. 26 Rz. 2; *Schlosser*, GVÜ Art. 26 Rz. 2; A.A. *Schack*, IZPR Rz. 796 unter Berufung auf *Droz*, Tz. 448 (Kumulation zugunsten des schwächeren Rechts, vgl. die obigen Ausführungen zum autonomen Recht).

[209] *Jenard*-Bericht zum GVÜ, ABl. EG C 59/1979 (05.03.1979), S. 42; *Heß*, JZ 98, 1021 m.w.N.

[210] Ebenso EuGH 04.02.1988 (145/86), *Hoffmann ./. Krieg,* Slg. 88, 645; *Geimer*, RIW 76, 139 (142).

gegen andere als die im Titel Genannten zu Recht auf das Recht des Erststaates.[211] Anpassungen mögen da nötig sein, wo Unterschiede in der nationalen Organisation und Funktionsteilung bei der Zwangsvollstreckung die unveränderte Übernahme der ausländischen Entscheidung (z.B. wegen mangelnder Bestimmtheit) nicht erlauben.[212] Die Präklusionswirkung aber wirft solche Anpassungsprobleme soweit ersichtlich nicht auf. Sie ist daher stets dem Recht des Erststaates zu entnehmen.

Diesem Ergebnis, das sich durch Auslegung des GVÜ relativ leicht und zweifelsfrei gewinnen läßt, stehen in der deutschen Praxis der Wortlaut des § 13 Abs. 1 AVAG und die dazu ergangene Rechtsprechung entgegen. Die Literatur hat dies bislang erstaunlich unkritisch hingenommen.

§ 13 Abs. 1 AVAG bestimmt, daß der Schuldner mit der Beschwerde nach Art. 36 GVÜ

„Einwendungen gegen den Anspruch selbst insoweit geltend machen [kann], als die Gründe, auf denen sie beruhen, erst nach dem Erlaß der Entscheidung entstanden sind."

Der Gesetzgeber hat damit die seit dem AusfG zum Deutsch-Belgischen Vertrag (vom 26.06.1959) stereotyp in den Ausführungsgesetzen wiederholte Formulierung auch für das GVÜ übernommen. Folgt man ihr, so sind Einwendungen auch dann präkludiert, wenn sie nach dem Recht des Erststaates noch zulässig wären, z.B. weil sie nach dortigem Verständnis im Erstverfahren nicht vorgetragen werden mußten, ja vielleicht nicht einmal konnten. Dies gilt dem Wortlaut des § 13 AVAG nach zwar nur im Beschwerdeverfahren nach Art. 36 GVÜ, § 15 Abs. 1 AVAG macht aber deutlich, daß § 13 AVAG auch für eventuelle spätere Vollstreckungsabwehrklagen als *lex specialis* gelten und § 767 Abs. 2 insofern verdrängen soll.[213]

a) Anwendung des § 13 Abs. 1 AVAG durch die Rechtsprechung

Die Rechtsprechung hat sich teils rein am Wortlaut des § 13 Abs. 1 AVAG orientiert, teils hat sie die Grundsätze zur analogen Anwendung von § 767 Abs. 2 auf ausländische Urteile, insbesondere auch den Gleichstellungsgedanken, herangezogen. In einer Entscheidung aus dem Jahr 1979[214] hielt der BGH die Einwendung für präkludiert,[215] der dem titulierten Anspruch zugrunde liegende Vertrag

---

[211] Instruktiv OLG Hamburg, IPRax 95, 391 m. zust. Bespr. *Mansel*, IPRax 95, 362 (365) und OLG Düsseldorf RIW 99, 540.

[212] Dazu *Roth*, IPRax 89, 14 (15ff.).

[213] Der von § 15 Abs. 1 AVAG vorgesehene Vorrang der Beschwerde vor der Vollstreckungsabwehrklage wäre widersinnig, wenn mit der Vollstreckungsabwehrklage weitergehende Einwendungen geltend gemacht werden könnten als mit der Beschwerde.

[214] BGHZ 74, 279 (vollständiger, insbesondere hinsichtlich des Sachverhalts, abgedruckt in NJW 80, 528).

[215] Grundlage war damals § 14 Abs. 1 AGGVÜ, der gleichlautende Vorgänger des § 13 Abs. 1 AVAG.

(Bürgschaft) sei wegen arglistiger Täuschung angefochten. Da es sich bei der Entscheidung um einen französischen Arrestbefehl handelte, der ohne mündliche Verhandlung ergangen war,[216] hatte der Schuldner bisher noch gar keine Gelegenheit gehabt, sich auf die Arglistanfechtung zu berufen. Es war ihm daher selbstverständlich unbenommen, diesen Einwand in Frankreich noch (zunächst durch Widerspruch gegen den Arrestbefehl) vorzubringen, wie der BGH selbst zutreffend feststellte.[217] Aber selbst wenn man das französische Recht hier für irrelevant hielte und dem französischen Arrestbefehl nur die Wirkungen eines deutschen beilegen wollte, wäre eine Präklusion ausgeschlossen. Denn gegenüber einem ohne mündliche Verhandlung erlassenen Arrestbefehl (§ 921) kann der Schuldner natürlich noch sämtliche Einwände, auch eine bereits vor Erlaß der Entscheidung ausgesprochene Arglistanfechtung, geltend machen.[218] Der BGH aber präkludierte den Schuldner mit seinem Anfechtungseinwand, obwohl diese Wirkung weder nach dem Prozeßrecht des Urteilsstaates (Frankreich) noch – bei Anwendung des Gleichstellungsgrundsatzes – nach deutschem Prozeßrecht eingetreten wäre. Der verfehlte Wortlaut des § 13 Abs. 1 AVAG hatte den BGH verleitet, eine völlig rechtskraftfremde Präklusion anzunehmen. Es ist bezeichnend, daß er dieses Ergebnis damit rechtfertigte, der Schuldner könne seine Einwendung im französischen Arrestverfahren durch Widerspruch geltend machen. Wollte der BGH eine in seinen Augen sinnvolle Lösung für das Konkurrenzverhältnis zwischen Rechtsbehelfen im Erst- und im Vollstreckungsstaat aufstellen (Vorrang des im Erststaat möglichen Widerspruchs),[219] so hätte dies nicht mit Hilfe der Präklusionsnormen, sondern durch sinnvolle Abgrenzung der Zuständigkeiten[220] und Beachtung der Artt. 21, 22 GVÜ[221] geschehen sollen.

Das *OLG Hamm* hat in einer ähnlichen, späteren Entscheidung[222] angenommen, eine französische Eilentscheidung (*ordonnance de référé*) präkludiere den Aufrechnungseinwand des Schuldners, wenn die Aufrechnungslage schon vor Erlaß der Eilentscheidung bestanden habe. Diese Auffassung ist unter mehreren Gesichtspunkten bedenklich. Zum einen entfaltet eine *ordonnance de référé*

---

[216] BGH NJW 80, 528 (529) sub II 1. Diese Entscheidung erging vor dem Urteil des EuGH, das Entscheidungen die regelmäßig ohne mündliche Verhandlung ergehen, aus dem Anwendungsbereich des GVÜ (Art. 25 GVÜ) ausschloß – EuGH 21.05.1980 (125/79) *Denilauler ./. Couchet Frères,* Slg. 80, 1553; kritisch hierzu *Schlosser,* GVÜ, Art. 25 Rz. 6 m.w.N. Der BGH sah 1979 jedenfalls keinen Anlaß, diese Frage zu problematisieren (vgl. die apodiktische Formulierung unter III 2 der Entscheidungsgründe).

[217] BGHZ 74, 278 (281).

[218] Alle Einwände sind im – nicht fristgebundenen – Widerspruch nach § 924 zulässig, allg. M., *Zöller-Vollkommer*, § 925 Rz. 2, 5.

[219] Hierzu mag auch beigetragen haben, daß im innerstaatlichen Kontext der Widerspruch gegen einen Arrestbefehl ebenfalls Vorrang vor der Vollstreckungsabwehrklage hat (*Rosenberg/Gaul/Schilken*, § 40 III).

[220] Dazu näher unten Kap. 9, Zuständigkeit.

[221] Dazu näher unten Kap. 11, Parallelverfahren.

[222] RIW 94, 243.

nach französischem Zivilprozeßrecht keine materielle Rechtskraft.[223] Zum anderen hatte der Schuldner, soweit aus dem Sachverhalt ersichtlich, vor dem französischen Gericht die Aufrechnung nicht eingewandt. Damit war er nach französischem Verständnis auch deshalb nicht präkludiert, weil – vgl. den Beispielsfall 1 – die Aufrechnung gegenüber dem Gegenstand des Erstverfahrens eine neue *cause* gebildet hätte.[224]

Die bei der Aufrechnung wichtige Begrenzung der Rechtskraft französischer Urteile auf die *cause* hat auch das *OLG Frankfurt* in einer Entscheidung aus dem Jahr 1978[225] nicht berücksichtigt. Das Gericht wandte ausdrücklich die deutsche Rechtsprechung zur objektiven Präklusionswirkung nach § 767 Abs. 2 auf das französische Urteil an und berief sich hierfür auf eine Entscheidung des *OLG Koblenz*.[226] Diese Entscheidung, in der ebenfalls eine nachträglich erklärte Aufrechnung (gegenüber einem italienischen Urteil) für unzulässig erklärt wurde, zeichnet sich immerhin durch eine besonders sorgfältige Begründung aus. In dieser bekennt sich das OLG Koblenz explizit zur (bloßen) *Gleichstellung* der Wirkungen des italienischen Urteils mit denen eines deutschen. Zur Begründung führt es an, dem „Bestreben nach möglichster Freizügigkeit von Vollstreckungstiteln … würde nicht Rechnung getragen werden, wenn dem Schuldner größere Möglichkeiten eingeräumt würden, gegen die ausländische Entscheidung vorzugehen, als gegen ein in seinem eigenen Staate ergangenes Urteil." Diese sicherlich wohlmeinende Erwägung liegt neben der Sache: Wie oben ausgeführt, verlangt der Freizügigkeitsgedanke nicht weniger aber auch nicht mehr, als der Entscheidung die Wirkungen beizulegen, die das Recht des Ursprungsstaates ihr beimißt. Die Entscheidung des OLG Koblenz erweist sich damit jedenfalls in der Begründung[227], als unzutreffend. Dies verdient deshalb eine so ausführliche Erörterung, weil sich spätere Entscheidungen zur Präklusion von Aufrechnungseinwänden wiederholt anstelle einer eigenen Begründung auf das OLG Koblenz berufen haben.[228]

Eine reine Gleichstellung nahm auch der BGH vor, als er annahm, durch ein italienisches Urteil sei der Einwand präkludiert, der Gläubiger habe den titulierten Anspruch bereits vor Erlaß der Entscheidung abgetreten.[229] Dies muß näm-

223 Art. 488 al. 1 NCPC.

224 *Kössinger*, S. 101 ff.; Civ. 14.11.1866, S. 1867 I. 133. Näher s.o. im Kap. 2, Frankreich.

225 RIW 80, 63.

226 NJW 76, 488.

227 Allerdings ist dem OLG Koblenz zugute zu halten, daß es für eine Gleichstellung kraft Anerkennung im Rahmen des GVÜ eintrat, bevor der EuGH sich ausdrücklich für die Wirkungserstreckung aussprach (EuGH, 04.02.1988 (145/86) *Hoffmann ./. Krieg*, Slg. 88, 662).

228 OLG Bremen, IPRspr. 1977 Nr. 152; OLG Frankfurt, RIW 80, 63.

229 BGH NJW 83, 2773 (2774). Auch in BGH RIW 84, 485 wird § 14 AG GVÜ (Vorläufer des § 13 AVAG) schematisch angewandt und – anders als in BGH NJW 93, 1271 – nicht gefragt, ob der Einwand der Zahlung während des Berufungsverfahrens nach dem belgischen Erstrecht präkludiert ist.

lich nach italienischem Recht oder einem anderen Erstrecht[230] keineswegs der Fall sein.[231] Auch berücksichtigte der BGH eine während des niederländischen Berufungsverfahrens erfolgte Zahlung nicht, ohne zu prüfen, in welchem Umfang Noven in diesem Verfahren überhaupt zulässig sind.[232] Ebenso gefährlich ist eine Gleichstellung hinsichtlich der Möglichkeit, nachträgliche vollstrekkungsbeschränkende Abreden geltend zu machen, da auch hier das Recht des Urteilsstaates von den zu § 767 Abs. 2 entwickelten Grundsätzen abweichen kann.[233] Völlig verfehlt ist schließlich, den Einwand, das Ersturteil beruhe auf Prozeßbetrug, nach § 13 Abs. 1 AVAG zu präkludieren und ihn damit implizit als Vollstreckungsgegeneinwand zu qualifizieren.[234] Vielmehr handelt es sich nach der für die Qualifikation allein maßgeblichen Auffassung der deutschen *lex fori* um einen Wiederaufnahmegrund,[235] der im Rahmen der Anerkennung als Verstoß gegen den prozessualen *ordre public*[236] geprüft werden kann. Für diese Prüfung entfaltet die Erstentscheidung keinerlei Bindungswirkung.[237] Allenfalls die Möglichkeit einer Restitutionsklage oder eines entsprechenden Verfahrens im Erststaat kann eine Rolle spielen.[238]

Zusammenfassend ist festzuhalten, daß die Rechtsprechung § 13 Abs. 1 AVAG so auslegt und anwendet, daß ausländischen Urteilen nicht die vom Ursprungsstaat vorgesehene Präklusionswirkung zukommt, sondern die eines entsprechenden deutschen Titels. Außerdem zeigen die Beispiele, daß der weitgehende und apodiktische Wortlaut der Vorschrift gelegentlich selbst den BGH zu völlig sachfremden Anwendungen verleitet.[239]

b) Kommentierung des § 13 Abs. 1 AVAG in der Literatur

Die Literatur beschränkt sich teilweise darauf, § 13 Abs. 1 AVAG und die dazu ergangene Rechtsprechung unkritisch wiederzugeben, ohne den Widerspruch zwischen der dort praktizierten Gleichstellung und der von denselben Autoren im selben Werk vertretenen Wirkungserstreckung aufzuzeigen.[240] Andere neh-

---

[230] So z.B. nach französischem Recht wegen mangelnder Identität der „cause", *Kössinger*, S. 101 ff.; Näher s.o. Kap. 2, Frankreich.

[231] Kritisch daher auch *Schlosser*, GVÜ Art. 36 Rz. 6.

[232] BGH IPRax 85, 101 (Nr. 22).

[233] Problem nicht erkannt von OLG Saarbrücken, NJW 88, 3100 (3102).

[234] So BGH NJW 90, 3084.

[235] § 580 Nrn. 1–5.

[236] Art. 27 Nr. 1 GVÜ; BGH IPRax 87, 236, 237.

[237] *Schlosser*, GVÜ Art. 36 Rz. 7.

[238] *Schlosser*-Bericht, ABl G C 59/1979, S. 128 (Tz. 192); *Schlosser*, GVÜ, Artt. 27–29 Rz. 4; *Nagel/Gottwald*, § 11 Rz. 220; implizit wohl auch BGH IPRax 87, 236, 237.

[239] So in BGHZ 74, 279 (281) und BGH NJW 90, 3084.

[240] MünchKomm ZPO-*Gottwald*, IZPR, Art. 36 GVÜ Rz. 5 (aber ders. a.a.O. Art. 26 Rz. 2 f.); *Kropholler*, EuZPR Art. 36 Rz. 16 f. (aber ders. aa.O. vor Art. 26 Rz. 9).

men implizit ohne nähere Prüfung an, die Regelung des § 13 Abs. 1 AVAG entspreche inhaltlich den Präklusionsnormen aller Vertragsstaaten.[241]

Schlosser[242] problematisiert die Frage dagegen und formuliert zunächst, „genau genommen“ komme es auf den Zeitpunkt an, „zu dem im Verfahren im Ursprungsstaat solche Einwendungen nicht mehr geltend gemacht werden konnten“. Kann diese Formulierung durchaus noch im Sinne der von § 13 Abs. 1 AVAG angeordneten Gleichstellung verstanden werden,[243] so findet sich doch an anderer Stelle der eindeutige Hinweis, das *ausländische* Recht entscheide, ob ein Einwand noch im Vollstreckungsverfahren geltend gemacht werden könne.[244] Kritisch äußert sich auch *Münzberg* zu dem „mißglückten Wortlaut“ der Vorschrift.[245] Er schlägt die vom BGH[246] für den praktisch gleichlautenden § 5 Abs. 1 AusfG zum Deutsch-Österreichischen Vertrag vertretene Auslegung auch für § 13 Abs. 1 AVAG vor, was nach der oben vorgenommenen Analyse eine Wirkungserstreckung bedeutet (Abstellen darauf, was der Beklagte nach dem *Erstrecht* vortragen *mußte*). Andererseits verweist er zustimmend auf die oben eingehend geschilderte Entscheidung des OLG Koblenz,[247] die Gleichstellung vertritt. Für eine Wirkungserstreckung plädieren wohl *Geimer/Schütze*.[248]

c) Unvereinbarkeit der Präklusionsregel des § 13 Abs. 1 AVAG mit dem GVÜ

Die in § 13 Abs. 1 AVAG aufgestellte Präklusionsregel ist nicht nur ungeschickt formuliert, sondern mit dem GVÜ schlicht unvereinbar, soweit sie Urteilen aus anderen Vertragsstaaten in Deutschland ohne weiteres die gleiche Präklusionswirkung zumißt, die einem entsprechenden deutschen Urteil zukäme. Sie verstößt gegen das in *Hoffmann ./. Krieg*[249] herausgearbeitete Gebot des GVÜ, bei Anerkennung die Wirkungen (einschließlich der Präklusionswirkung) auf das Inland zu erstrecken, die der Entscheidung nach dem Recht des Ursprungsstaates zukommen. Der Verstoß ist auch dann gravierend, wenn der ausländischen Entscheidung durch die Gleichstellung eine *weitergehende* Präklusionswirkung bei-

---

241 *Kropholler*, EuZPR Art. 36 Rz. 17; *Geimer/Schütze-Geimer*, Internationale Urteilsanerkennung Bd. I/1 § 150 XII 2, S. 1144, anders aber jetzt *Geimer/Schütze*, EuZVR Art. 36 Rz. 20.

242 GVÜ Art. 36 Rz. 5f.

243 Exemplarisch hierfür etwa BGH NJW 93, 1271.

244 *Schlosser*, GVÜ Art. 36 Rz. 6 (zu Einwand der Rechtsnachfolge); allgemein *ders.* JZ 94, 1009.

245 St/J-*Münzberg*, Anh. § 723 C I Rz. 313, Fn. 40.

246 BGH NJW 93, 1271.

247 NJW 76, 488.

248 *Geimer/Schütze*, EuZVR Art. 36 Rz. 20 („Maßgeblich ... ist das Recht des Erststaates“), der Wortlaut des § 13 Abs. 1 AVAG sei „unpräzise“. Zumindest mißverständlich allerdings die unmittelbar folgenden Ausführungen (Rz. 21), die von einer allgemeinen Anwendbarkeit der deutschen Auffassung zur Präklusion von Gestaltungsrechten auszugehen scheinen.

249 EuGH, 04.02.1988 (145/86), Slg. 88, 645; ebenso schon der *Jenard*-Bericht, ABl. EG C 59/1979, S. 42f.

gelegt wird, als das Erstrecht vorsieht. Denn auch damit werden Interessen der Parteien und die Leichtigkeit des Rechtsverkehrs zwischen den Vertragsstaaten beeinträchtigt.[250]

Der Konflikt zwischen der Präklusionsregel des § 13 Abs. 1 AVAG und dem GVÜ wirft die Frage auf, welche Norm Vorrang hat. § 1 Abs. 2 AVAG stellt fest, die staatsvertraglichen Regelungen würden durch die Vorschriften des AVAG nicht berührt. Damit soll der Anwendungsvorrang der Staatsverträge klargestellt werden.[251] Dieser Anwendungsvorrang gilt unabhängig von § 1 Abs. 2 AVAG auch deshalb, weil das GVÜ über Art. 293 EGV (ex-Art. 220 EWGV)[252] Teil des Gemeinschaftsrechts ist.[253] Deutsche Gerichte haben daher auf die Präklusionsfrage nicht § 13 Abs. 1 AVAG, sondern die vom EuGH dem GVÜ entnommene Maxime der Wirkungserstreckung anzuwenden. Eine Vorlage an den Europäischen Gerichtshof ist nur nötig, falls das Gericht trotz der klaren Worte in *Hoffmann ./. Krieg*[254] Zweifel am Gebot der Wirkungserstreckung beschleichen.[255] Über die (Un-) Vereinbarkeit der Norm des autonomen deutschen Rechts mit dem GVÜ und die vorrangige Anwendung des Übereinkommens kann es im übrigen ohne Vorlage selbst entscheiden.[256] Die Partei, die sich auf den Vorrang des GVÜ beruft, hat Anspruch auf eine entsprechende Entscheidung.[257]

Um den Gerichten den Aufwand und die Zweifel zu ersparen, die mit einer Nichtanwendung positiven deutschen Gesetzesrechts verbunden sind, ist aber vor allem auch der Gesetzgeber aufgerufen, bei § 13 Abs. 1 AVAG nachzubessern. Er ist hierzu sogar verpflichtet, da die übereinkommenswidrige Ausführungsgesetzgebung eine Vertragsverletzung darstellt.[258] Eine mit dem GVÜ vereinbare Präklusionsregel[259] ließe sich so formulieren:

---

[250] Vgl. die obigen Ausführungen zu § 5 Abs. 1 AusfG Deutsch-Belgisches Abkommen (Verstoß gegen das in Art. 1 Abs. 1 S. 3 des Abkommens vorgesehene Prinzip der Wirkungserstreckung).

[251] Amtl. Begr., BT-Drs. 11/351 S. 18.

[252] Jetzt ist diese Materie zudem durch den Amsterdamer Vertrag (vom 2.10. 1997, ABl. EG 1997 Nr. C 340, S. 1 ff.) vergemeinschaftet worden, vgl. den neu eingefügten Titel IV (Artt. 61 ff.) EG-Vertrag, insbes. Art. 61 lit. c und Art. 65 lit. a.

[253] Eingehender zu den Herleitungen des gemeinschaftsrechtlichen Anwendungsvorrangs für das GVÜ s.u. Kap. 10, Exequaturverfahren, Abschn. IV 3 d (zu § 13 Abs. 1 AVAG).

[254] EuGH, 04.02.1988 (145/86), Slg. 88, 645.

[255] Solche Zweifel ließen sich immerhin auf die Ausführungen von *Schack*, IZVR Rz. 796 stützen.

[256] Vgl. *Kropholler*, EuZPR, Einl. Rz. 23; BGHZ 82, 110 (114).

[257] Dies ergibt sich aus der individualschützenden Zielrichtung der mit dem GVÜ bezweckten Freizügigkeit des Titelverkehrs, vgl. EuGH 10.2.1994, Rs.398/92, *Mund & Fester / Hatrex*, Slg.94, 467 (478, Grd. 11 ff.).

[258] Vgl. *Wuermeling* S. 138 ff.; ähnl. zu einer übereinkommenswidrigen Ausdehnung des ordre-public-Vorbehalts *Heß*, JZ 98, 1021 (1026); *Baur/Stürner* Rz. 55.55.

[259] Zur (Un-) Vereinbarkeit des weiteren Regelungsgehaltes von § 13 Abs. 1 AVAG (Geltendmachung der Einwände im Exequaturverfahren) mit dem GVÜ s.u. Kap. 10, Exequaturverfahren.

„Der Schuldner kann … Einwendungen gegen den Anspruch selbst insoweit geltend machen, als sie nach dem Recht des Staates, in dem der Schuldtitel errichtet ist, noch zulässig sind.“

Dieser Wortlaut orientiert sich unter anderem an § 6 Abs. 1 AVAG, der für den Umfang des Vollstreckungsanspruchs eine übereinkommenskonforme Wirkungserstreckung vorsieht.[260] Einzelfragen der Reichweite und Auslegung dieser Verweisung auf die Präklusionsnormen des Erststaates (Probleme der Sachnormqualifikation) wären so zu lösen, wie oben im Zusammenhang mit der Wirkungserstreckung nach autonomem Anerkennungsrecht ausgeführt.

2. Präklusionswirkung anderer Titel, die unter das GVÜ fallen (§ 13 Abs. 2 AVAG)

Nach § 13 Abs. 2 AVAG sind im Exequaturverfahren Einwände gegen ausländische Prozeßvergleiche und vollstreckbare Urkunden ohne die für Urteile geltenden Beschränkung auf Noven zulässig.[261]. Ursprünglich enthielt der Entwurf des AVAG, anders als vorher das AG GVÜ (§ 14 Abs. 2)[262] keine dem jetzigen § 13 Abs. 2 AVAG entsprechende Sonderregelung für Prozeßvergleiche und vollstreckbare Urkunden.[263] Die Regelung wurde erst auf Wunsch des Bundesrates in das Gesetz aufgenommen.[264] Zur Begründung wurde angeführt, der Schuldner solle bei ausländischen vollstreckbaren Urkunden nicht schlechter gestellt sein als bei deutschen Urkunden, denen er im Rahmen der Vollstreckungsabwehrklage Einwendungen ohne die Beschränkungen des § 767 Abs. 2 entgegenhalten kann.[265]

Die Begründung macht zunächst deutlich, daß § 13 Abs. 2 AVAG entgegen seinem Wortlaut nicht nur für die Beschwerde nach Art. 36 GVÜ gelten soll,[266] sondern auch für die Vollstreckungsabwehrklage nach § 767. Sein Anwendungsbereich deckt sich insofern mit dem des § 13 Abs. 1 AVAG. Die Begründung zeigt weiter, daß – wie auch im Fall des § 797 Abs. 4 – materiellrechtliche Grenzen der Geltendmachung von Einwänden unberührt bleiben. So kann es

[260] Instruktiv OLG Hamburg, IPRax 95, 391 m. zust. Bespr. *Mansel*, IPRax 95, 362 (365).

[261] § 13 Abs. 2 AVAG; § 5 Abs. 2 Ausführungsgesetz Deutsch-Belgisches Abkommen (betrifft nur vollstreckbare Urkunden), § 5 Abs. 2 Ausführungsgesetz Deutsch-Österreichischer Vertrag, § 4 Abs. 2 Ausführungsgesetz Deutsch-Griechischer Vertrag, § 7 Abs. 2 Deutsch-Tunesischer Vertrag.

[262] Vom 29.07.1972, BGBl. I, S. 1328.

[263] BT-Drs. 11/351, S. 10.

[264] BT-Drs. 11/351, S. 37; BT-Drs. 11/1885, S. 27.

[265] Begründung der Stellungnahme des Bundesrates zum Entwurf des AVAG, BT-Drs. 11/351, S. 37.

[266] Folgt man der oben begründeten Ansicht, daß Vollstreckungsgegeneinwände im Verfahren nach Art. 36 GVÜ unzulässig sind, stellt sich die Präklusionsfrage ohnehin nur außerhalb dieses Verfahrens.

nach materiellem Recht ausgeschlossen sein, daß der Schuldner gegenüber einer durch einen Prozeßvergleich titulierten Forderung mit einer Gegenforderung aufrechnet, die bereits zum Zeitpunkt des Vergleichsschlusses bestand, wenn er sich die Aufrechnung nicht vorbehalten oder sonstwie zu erkennen gegeben hat, daß er im Besitz einer Gegenforderung sei.[267] Dabei kommt es allerdings auf die Umstände des Einzelfalles an.[268] Auch bei vollstreckbaren Urkunden können die Parteien schuldrechtlich einen Einwendungsausschluß vereinbaren.[269] Vorliegen und Reichweite dieser materiellrechtlichen Beschränkungen richten sich allein nach der *lex causae*,[270] § 13 AVAG ist für sie irrelevant.

Das Ziel der Regelung, den Schuldner gegenüber ausländischen vollstreckbaren Urkunden und Prozeßvergleichen ebenso zu stellen wie gegenüber inländischen, verstößt auch nicht gegen das GVÜ. Denn die Verpflichtung, diese Titel für vollstreckbar zu erklären (Artt. 50, 51 GVÜ), impliziert nicht ihre Anerkennung. Die Systematik des Abkommens macht vielmehr deutlich, daß Entscheidungen im Sinne des Art. 25 GVÜ anzuerkennen und zu vollstrecken sind (Titel III), während Urkunden und Prozeßvergleiche nur für vollstreckbar zu erklären sind (Titel IV). Die Vertragsstaaten sind also durch das Abkommen nicht gehalten, Wirkungen, die Prozeßvergleiche oder vollstreckbare Urkunden im Erststaat haben, auf ihr Territorium zu erstrecken. Die Bundesrepublik ist daher in bezug auf diese Titel frei, eine Gleichstellung mit äquivalenten inländischen Titeln anzuordnen, wie dies hinsichtlich der Präklusion in § 13 Abs. 2 AVAG geschehen ist. Rechtspolitisch ist die Bestimmung jedoch verfehlt; eine Wirkungserstreckung, wie sie etwa auch § 6 Abs. 1 AVAG (auch für Urkunden!) vornimmt, ist auch hier aus den bereits zum autonomen Recht erörterten Gründen vorzuziehen.[271]

3. Bilaterale Anerkennungs- und Vollstreckungsverträge: Urteile

Die bilateralen Anerkennungs- und Vollstreckungsverträge bieten, auch was Regelungen zur Präklusionswirkung des Ersturteils angeht, wieder ein buntes Bild. Insgesamt lassen sich vier Gruppen unterscheiden.

---

[267] BGHZ 120, 387 (394).

[268] So hat BGH NJW 77, 538 die Aufrechnung gegenüber einem Prozeßvergleich ohne weiteres für zulässig gehalten.

[269] BGH WM 76, 907 (908).

[270] Zur Bedeutung dieser Unterscheidung für das Anerkennungsrecht *Musger*, IPRax 92, 108 (114).

[271] Ebenso i.E. *Geimer/Schütze*, EuZVR Art. 36 Rz. 24.

a) Vollstreckungsabkommen mit der Schweiz und Italien

Art. 4 S. 1 der AusfVOen zu den Vollstreckungsabkommen mit der Schweiz und Italien[272] lautet jeweils:

„Im Wege des Widerspruchs kann der Verpflichtete auch Einwendungen gegen den Anspruch geltend machen, soweit diese nach schweizerischem [italienischem] Recht gegenüber der Entscheidung oder dem Vergleich zulässig sind.“

Macht der Schuldner in dem obigen Ausgangsbeispiel 6 (Versäumnisurteil wegen Scheinforderung in Italien) gegen ein italienisches Urteil eine Einwendung (vollstreckungsbeschränkende Abrede) geltend, die nach italienischem Prozeßrecht präkludiert, nach deutschem dagegen noch zulässig wäre, und richtet sich die Anerkennung und Vollstreckung des Urteils noch nach den Bestimmungen des bilateralen Vertrages und nicht nach dem GVÜ[273], so stellen sich hinsichtlich der Auslegung des Art. 4 S. 1 AusfVO verschiedene Fragen, die im folgenden an diesem Beispiel näher erörtert werden sollen.

Der Wortlaut des Art. 4 S. 1 AusfVO Schweiz/Italien wird mißverständlich durch den mehrdeutigen Gebrauch des Wortes „auch“. Man kann die Bestimmung, ebenso wie den Art. 4 S. 3 AusfVO Schweiz/Italien, der dieselbe Regel für die Vollstreckungsgegenklage und verwandte Rechtsbehelfe aufstellt, so auslegen, daß *auch* Einwendungen nach Maßgabe der deutschen *lex fori* zulässig wären.[274] Damit würde die Präklusionswirkung eines italienischen oder Schweizer Urteils durch eine kumulative Anwendung des Erstrechts und des deutschen Rechts nach dem Grundsatz des schwächeren Rechts ermittelt. Dies verträgt sich jedoch nicht mit dem an anderer Stelle für die Abkommen festgelegten Prinzip, daß durch die Anerkennung nach den Abkommen eine Wirkungserstreckung eintreten soll.[275] Deshalb herrscht heute wohl auch zu Art. 4 AusfVO Schweiz/Italien die Auffassung, daß gegenüber italienischen und schweizerischen Entscheidungen Vollstreckungsgegeneinwände *allein* insoweit geltend gemacht werden können, als sie nach dem Erstrecht zulässig sind.[276]

Auslegungsbedürftig ist die Verweisung auf das Erstrecht in Art. 4 S. 1 AusfVO Schweiz/Italien aber auch hinsichtlich ihres genauen Inhalts (Sachnormqualifikation). Regelungen des Erststaates, die prozessuale Urteilswirkungen festlegen,

---

272 Verordnung vom 23.08.1930 zur Ausführung des Deutsch-Schweizerischen Abkommen vom 02.11.1929 (RGBl. II 1209); Verordnung vom 18.05.1937 zur Ausführung des Deutsch-Italienischen Abkommens vom 09.03.1936 (RGBl. II 143).

273 Dazu müßte sich das Urteil auf ein Rechtsgebiet außerhalb des Anwendungsbereichs des GVÜ beziehen, z.B. eine erbrechtliche Angelegenheit (Art. 1 Abs. 2 Nr. 1 GVÜ).

274 So wohl RGZ 165, 374 (382).

275 So ausdrücklich Art. 1 Abs. 1 S. 1 Deutsch-Italienisches Abkommen und für das Deutsch-Schweizerische Abkommen die Denkschrift zum Abkommen (RT-Drs. IV Nr. 2236 (1930) m. Verweis auf die im Sitzungsprotokoll niedergelegte übereinstimmende Auffassung der beiderseitigen Delegationen (S. 6)).

276 LG München, NJW 64, 985 (986); *Baumbach* ZPO-*Hart*mann, Schlußanh. V B 2 Rz. 3.

insbesondere solche zur Präklusionswirkung, erfaßt Art. 4 S. 1 AusfVO Schweiz/Italien ohne Zweifel. Die Regelung entspricht insofern voll dem zugrunde liegenden Prinzip der Wirkungserstreckung.[277] Dagegen sind prozessuale Regeln des Erststaates über die Geltendmachung von Vollstreckungsgegeneinwänden von der Verweisung nicht erfaßt. So beschränkt Art. 81 Abs. 1 SchKG die Einwendungen des Schuldners im definitiven Rechtsöffnungsverfahren auf solche, die er durch Urkunden beweisen kann. Damit wird jedoch dem ursprünglichen Urteil nicht eine weitergehende Präklusionswirkung beigelegt, sondern nur für ein bestimmtes nachfolgendes Verfahren eine zusätzliche Einschränkung vorgesehen.[278] Im Ergebnis gilt hier also für die Präklusion eine Wirkungserstreckung.

b) Vollstreckungsabkommen mit Belgien, Österreich, Griechenland, Großbritannien und Tunesien

Die Ausführungsgesetze zu diesen bilateralen Anerkennungs- und Vollstreckungsabkommen enthalten jeweils praktisch gleichlautend folgende Präklusionsnorm:

> „In dem Verfahren der Vollstreckbarerklärung ... kann der Schuldner auch Einwendungen gegen den Anspruch selbst insoweit geltend machen, als die Gründe, auf denen sie beruhen, erst nach dem Erlaß der gerichtlichen Entscheidung ... entstanden sind."[279]

Diese Formulierung erstaunt insofern, als sie eine noch unflexiblere Spielart des Gleichstellungsgedankens ausdrückt als die von der Rechtsprechung zum autonomen Recht vorgenommene analoge Anwendung des § 767 Abs. 2. Denn nach dem Wortlaut dieser Bestimmung kommt es nicht einmal darauf an, ob die Einwendung nach dem Recht des Erststaates hätte geltend gemacht werden können oder müssen, sondern allein darauf, daß sie objektiv nach Erlaß der Entscheidung entstanden ist. Würde der Ausgangsfall 1 statt in Frankreich in Belgien spielen, so würden dort weitgehend dieselben Grundsätze zur (engen) Begrenzung der Rechtskraft auf die *cause* gelten wie in Frankreich.[280] § 5 Abs. 1 AusfG Deutsch-Belgischer Vertrag würde in dem so modifizierten Beispielsfall die Geltendmachung der Einwendungen des Schuldners (Willensmängel und Gesetzeswidrigkeit des zugrunde liegenden Vertrages) präkludieren – obwohl sie nach belgischem Prozeßrecht noch zulässig wären. Damit verstößt das deut-

---

[277] LG München, NJW 64, 985 (986); St/J-*Münzberg*, Anh. § 723 C Rz. 365, Fn. 9; *Wolff*, Hdb. IZVR III/2 Kap. IV Rz. 96f.

[278] Dies zeigt inzwischen schon Art. 85a SchKG, der Einwendungen ohne diese Beschränkung zuläßt. Anders wohl noch (*obiter*) LG Hamburg, DAVorm. 66, 156 (157). Wie hier dagegen schon *Kallmann*, S. 356ff., 380.

[279] § 5 Abs. 1 AusfG Deutsch-Belgischer Vertrag; § 5 Abs. 1 AusfG Deutsch-Österreichischer Vertrag; § 4 Abs. 1 AusfG Deutsch-Griechischer Vertrag; § 4 Abs. 1 AusfG Deutsch-Britischer Vertrag; § 7 Abs. 1 AusfG Deutsch-Tunesischer Vertrag.

[280] Vgl. *Kössinger*, S. 101ff. Näher s.o. im Kap. 2, Frankreich.

sche Ausführungsgesetz gegen den Staatsvertrag,[281] nach dem die Anerkennung zur Folge hat, „daß den Entscheidungen die Wirkung beigelegt wird, die ihnen in dem Staat, in dessen Hoheitsgebiet sie ergangen sind, zukommt." Auch die Anordnung zusätzlicher Urteilswirkungen verstößt gegen das damit festgeschriebene Prinzip der Wirkungserstreckung. Dies ergibt sich nicht nur aus dem Wortlaut der Bestimmung, sondern auch aus ihrem Sinn und Zweck. Die Wirkungserstreckung will u.a. das Vertrauen der Parteien auf den Umfang der vom Erstrecht angeordneten Entscheidungswirkungen schützen, da sie ihr Prozeßverhalten und ihre Erwartungen im Erstprozeß an diesem Recht ausrichten durften.

Selbst der historische Gesetzgeber der AusfG wollte wohl keine so apodiktische Gleichstellung anordnen wie der Wortlaut des § 5 Abs. 1 AusfG auszudrükken scheint. So heißt es in der amtlichen Begründung zu § 5 AusfG Deutsch-Belgischer Vertrag:

„Der Rahmen, in dem Einwendungen gegen den Anspruch selbst zulässig sind, kann in den Absätzen 1 und 2 nur in den Grundzügen festgelegt werden, weil die Voraussetzungen in den einzelnen denkbaren Fällen verschieden gelagert sein können. Es ist nur Vorsorge zu treffen, daß eine sachlich nicht gerechtfertigte Vollstreckbarerklärung nach Möglichkeit vermieden wird."[282]

Diese etwas verschwommene Formulierung läßt jedenfalls kaum den Schluß zu, daß eine Durchsetzung des Gleichstellungsgedankens entgegen Art. 1 Abs. 1 S. 3 des Abkommens beabsichtigt war.

Zwar kann der völkerrechtliche Vertrag hier – anders als das GVÜ – keinen unmittelbaren Anwendungsvorrang vor dem später erlassenen Ausführungsgesetz beanspruchen.[283] Eine abkommenskonforme Auslegung erscheint jedoch geboten,[284] auch wenn sie eine teleologische Reduktion gegen den Wortlaut des § 5 Abs. 1 AusfG Deutsch-Belgischer Vertrag erfordert. Die Vorschrift ist so auszulegen, daß der Schuldner Einwendungen insoweit geltend machen kann, „als die Gründe, auf denen sie beruhen, nach dem belgischen Zivilprozeßrecht nicht durch die Entscheidung … präkludiert sind."

Die Anerkennungs- und Vollstreckungsabkommen mit Österreich, Griechenland, Großbritannien und Tunesien enthalten keine Art. 1 Abs. 1 S. 3 Deutsch-Belgischer Vertrag entsprechende ausdrückliche Festschreibung der Wirkungserstreckung. Allerdings entspricht es allgemeiner Meinung, daß auch hier Anerkennung jeweils Wirkungserstreckung bedeuten soll.[285] Auch die amtlichen

---

[281] Art. 1 Abs. 1 S. 3 des Deutsch-Belgischen Vertrages.

[282] BT-Drs. III/920, S. 6.

[283] *Geiger*, Grundgesetz und Völkerrecht, S. 177; *Doehring*, Völkerrecht, Rz. 720ff. mit rechtsvergleichenden Hinweisen zum Vorrang des Völkerrechts in manchen anderen Staaten.

[284] Zum Verfassungsgebot der völkerrechtsfreundlichen Auslegung innerstaatlichen Rechts *Geiger*, Grundgesetz und Völkerrecht, S. 177.

[285] LG Hamburg, IPRax 92, 251 (254) (zum Deutsch-Österreichischen Vertrag); *Martiny*, Hdb. IZVR III/2 Kap. II Rz. 63; *Fischer*, FS *Henckel*, S. 199 (205); Christian *v. Bar*, IPR I Rz. 382.

Begründungen für die jeweils mit § 5 Abs. 1 AusfG Deutsch-Belgischer Vertrag gleichlautenden Präklusionsregeln stimmen – häufig wörtlich – mit der zitierten Begründung überein.[286] Dies alles spricht dafür, die gleichlautenden Präklusionsregeln dieser Ausführungsgesetze ebenfalls wie oben beschrieben korrigierend auszulegen.

Dies entspricht im Ergebnis auch der zum Deutsch-Österreichischen Abkommen ergangenen Leitentscheidung des BGH.[287] Dort entschied der BGH zu § 5 Abs. 1 AusfG Deutsch-Österreichischer Vertrag, daß alle Einwendungen zulässig seien, „die nach Schluß der mündlichen Verhandlung entstanden sind, in der sie im österreichischen Prozeß spätestens hätten eingeführt werden müssen".[288] Damit legte er wohl, ohne dies klar auszusprechen, die Präklusionsnorm entgegen ihrem Wortlaut im Sinne einer Wirkungserstreckung aus. Denn anders als bei einer bloßen Gleichstellung der ausländischen Entscheidung mit einer deutschen (durch analoge Anwendung von § 767 Abs. 2) hängt die Präklusion nach der vom BGH gewählten Formulierung nicht nur davon ab, ob der Schuldner die Einwendungen im österreichischen Ausgangsverfahren geltend machen *konnte*, sondern auch davon, ob er dies *mußte*. Dies ist nichts anderes als eine Formel für die Wirkungserstreckung. Die Literatur tritt denn auch teilweise offen dafür ein, die unglücklich gefaßten Präklusionsnormen der Ausführungsgesetze im Sinne einer Bezugnahme auf das Recht des Erststaates auszulegen.[289]

Im Ergebnis sind also auch die Ausführungsbestimmungen zu diesen Abkommen so wie der gleichlautende § 5 Abs. 1 AusfG Deutsch-Belgisches Abkommen auszulegen; Einwände sind insoweit zulässig, „... als die Gründe, auf denen sie beruhen, nach dem [ausländischen] Zivilprozeßrecht nicht durch die Entscheidung ... präkludiert sind."

c) Deutsch-Niederländisches Abkommen

Art. 14 Abs. 1 lit. c des Abkommens begrenzt die zulässigen Einwendungen des Schuldners gegen den Einspruch ebenfalls auf solche Gründe, die „erst nach Erlaß der gerichtlichen Entscheidung entstanden" sind. Diese Regelung ist mit dem in Art. 1 Abs. 1 S. 2 des Abkommens niedergelegten Prinzip der Wirkungserstreckung nur dann vereinbar, wenn auch nach niederländischem Recht Einwendungen, die vor Erlaß der Entscheidung entstanden sind, in gleichem Umfang präkludiert sind wie nach deutschem Recht. Soweit sich im Einzelfall jedoch Abweichungen ergeben – etwa bei der Zulässigkeit von Einwänden gegen Unter-

---

[286] BT-Drs. III/1420, S. 7 (AusfG Deutsch-Österreichischer Vertrag); BT-Drs. IV/571, S. 7 (AusfG Deutsch-Griechischer Vertrag); BT-Drs. III/2361, S. 7 (AusfG Deutsch-Britischer Vertrag); BT-Drs. V/3166, S. 9 (AusfG Deutsch-Tunesischer Vertrag).

[287] BGH NJW 93, 1270 (1271).

[288] BGH NJW 93, 1270 (1271).

[289] *Wolff*, Hdb. IZVR III/2 Kap. IV Rz. 98.

haltsentscheidungen[290], gebührt entgegen dem insoweit zu engen Wortlaut von Art. 14 Abs. 1 lit. c des Vertrages dem in Art. 1 Abs. 1 S. 3 des Vertrages niedergelegten Prinzip der Wirkungserstreckung der Vorrang. Auch hier ist also im Zweifel zu berücksichtigen, wenn die Präklusionswirkung nach dem Recht des Erststaates (Niederlande) weniger weit geht als nach deutschem Recht.

d) Anerkennnungs- und Vollstreckungsabkommen mit Israel, Norwegen und Spanien

Auf die Vollstreckbarerklärung nach diesen Verträgen ist der bereits oben erörterte § 13 Abs. 1 AVAG anwendbar, der nur solche Einwendungen zuläßt, die auf Gründen beruhen, die erst nach dem Erlaß der Entscheidung entstanden sind. Die Abkommen selbst enthalten keine Regelung zur Präklusion und schreiben auch nicht explizit das Prinzip der Wirkungserstreckung fest. Die Literatur nimmt aber an, daß auch hier eine Wirkungserstreckung gewollt ist.[291] Nimmt man dies an, so besteht zwar kein Anwendungsvorrang der Abkommen (wie im GVÜ), es sprechen aber wieder (wie im Falle der bilateralen Verträge mit Österreich, Griechenland, Großbritannien und Tunesien) gewichtige Argumente für eine abkommenskonforme Auslegung der Vorschrift. Deshalb ist auch hier entgegen dem Wortlaut des § 13 Abs. 1 AVAG darauf abzustellen, ob „... die Gründe, auf denen sie beruhen, nach dem [ausländischen] Zivilprozeßrecht nicht durch die Entscheidung ... präkludiert sind."

e) Sachnormqualifikation im Bereich der bilateralen Abkommen

Legt man die Präklusionsvorschriften in den Ausführungsgesetzen zu bilateralen Anerkennungs- und Vollstreckungsverträgen, wie oben dargelegt, als Verweisungen auf das Recht des Erststaates aus, so kann sich auch hier wieder die Frage stellen, welche erststaatlichen Normen noch unter die Verweisungsnorm fallen. Da die Ausführungsgesetze zu den bilateralen Abkommen und die zu ihnen ergangene Rechtsprechung zu dieser Frage schweigen, sind hier die oben zum autonomen Recht angestellten Überlegungen einschlägig.

---

[290] Nach *Siehr*, FS Bosch, S. 927 (953 f.) läßt Art. 401 Abs. 2 NWB auch eine Korrektur der ursprünglich für die Unterhaltsbemessung relevanten Einschätzungen zu.

[291] *Bülow/Böckstiegel-Karl*, Bd. II, Kap. B II (Nr. 663) S. 55.

4. Bilaterale Anerkennungs- und Vollstreckungsverträge: Prozeßvergleiche und vollstreckbare Urkunden

Beziehen sich bilaterale Anerkennungs- und Vollstreckungsabkommen auch auf Prozeßvergleiche und vollstreckbare Urkunden,[292] so sehen die Ausführungsgesetze häufig vor, daß Einwände gegen diese Titel im Exequaturverfahren ohne die Beschränkung auf Noven zulässig sind.[293] Die Vorschriften der Ausführungsgesetze beziehen sich wie § 13 Abs. 2 AVAG ihrem Wortlaut nach nur auf das Exequaturverfahren, sind aber ebenfalls auch im Rahmen einer Vollstreckungsabwehrklage anzuwenden. Diese Gleichstellung mit deutschen Prozeßvergleichen oder Urkunden ist nach den Abkommen zulässig, da sie keine Anerkennung von Prozeßvergleichen oder öffentlichen Urkunden vorsehen, sondern nur die Vollstreckbarerklärung dieser Titel.

Für das Deutsch-Schweizerische und das Deutsch-Italienische Abkommen verweist Art. 4 der AusfVO dagegen auf das Recht des Erststaates. Dies kann bei Prozeßvergleichen Bedeutung erlangen, die nach dem Recht einiger Schweizer Kantone in Rechtskraft erwachsen und damit eine Präklusionswirkung entfalten.[294] Für sie gilt das oben zu Urteilen Ausgeführte.

Scheinbare Ausnahmen zur unbeschränkten Zulässigkeit von Vollstreckungsgegeneinwänden gegen Prozeßvergleiche macht das AVAG für die Abkommen mit Norwegen und Israel, denn „§ 13 Abs. 2 AVAG findet keine Anwendung" auf sie (§§ 44, 51 AVAG). Damit bleibt es für die Vollstreckbarerklärung von Vergleichen nach diesen Abkommen bei § 13 Abs. 1 AVAG, der Einwendungen auf Noven beschränkt. Für diese Abweichung von den übrigen Ausführungsgesetzen spricht zunächst der Text der Abkommen. Dort verweisen die Vorschriften über Vergleiche und Urkunden jeweils pauschal auf die Regeln für die Vollstreckbarerklärung von Urteilen. Diese lassen natürlich jeweils nur solche Einwände zu, die nach Erlaß der Entscheidung entstanden sind.[295] Der Denkschrift zum *Deutsch-Israelischen* Vertrag läßt sich dazu entnehmen, daß in Israel im Falle eines

---

[292] Artt. 11, 13 Deutsch-Österreichisches Abkommen; Artt. 13, 15 Deutsch-Griechisches Abkommen; Artt. 42, 43 Deutsch-Tunesisches Abkommen; Art. 16 Abs. 1 Deutsch-Niederländisches Abkommen; Art. 20 Deutsch-Spanisches Abkommen. Nur Prozeßvergleiche: Art. 8 Deutsch-Schweizerisches Abkommen; Art. 9 Deutsch-Italienisches Abkommen; Art. 19 Deutsch-Israelisches Abkommen; Art. 18 Deutsch-Norwegisches Abkommen. Nur (ausländische) Urkunden: Art. 14 Deutsch-Belgisches Abkommen.

[293] § 5 Abs. 2 AusfG Deutsch-Belgisches Abkommen; § 5 Abs. 2 AusfG Deutsch-Österreichisches Abkommen; § 4 Abs. 2 AusfG Deutsch-Griechisches Abkommen; § 7 Abs. 2 AusfG Deutsch-Tunesisches Abkommen; für das Deutsch-Spanische Abkommen gilt § 13 Abs. 2 AVAG.

[294] Sog. „Züricher Lösung", § 191 II ZH ZPO, vgl. *Meier*, Besondere Vollstreckungstitel nach dem Lugano-Übereinkommen, 185 f. Anders das Bundeszivilprozeßrecht, BGE 114 I b 74.

[295] Vgl. Art. 18 Abs. 2 i.V.m. Art. 15 Abs. 2 Deutsch-Norwegisches Abkommen; Art. 19 i.V.m. Art. 16 Abs. 2 S. 1 Deutsch-Israelisches Abkommen.

Prozeßvergleichs ein *consent judgment* erlassen wird, das den Vergleich enthält.[296] Dieses ist vollstreckbar als „rechtskraftfähige Entscheidung" (Artt. 10ff. des Abkommens), da es nach israelischem Recht in materielle Rechtskraft erwächst[297] – wie etwa ein deutsches Anerkenntnisurteil nach § 307[298]. Auf ein solches „Einverständnisurteil" ist allerdings ohnehin nur § 13 Abs. 1 AVAG anwendbar,[299] so daß die ausdrückliche Ausnahme von § 13 Abs. 2 AVAG nicht nötig gewesen wäre. Im Fall des *Deutsch-Norwegischen* Abkommens fehlt jeder Hinweis auf eine Ratio für die Begrenzung der Einwände gegen Vergleiche. Die Begründung zu §§ 44, 51 AVAG enthält nur die kurze Behauptung, die Vollstreckungsverträge mit Israel und Norwegen ließen Einwendungen, die vor Errichtung des Schuldtitels entstanden sind, nicht zu.[300] Sie dürfte auf einen ebenso kurzen, nicht weiter begründeten Hinweis in der Stellungnahme des Bundesrates zum Entwurf des AVAG zurückzuführen sein.[301]

Die §§ 44, 51 AVAG enthalten bei näherer Untersuchung keine wirkliche Ausnahme von § 13 Abs. 2 AVAG, sondern erklären diesen für unanwendbar, wo sein Tatbestand ohnehin nicht erfüllt wäre, da der Prozeßvergleich in einem rechtskräftigen Urteil aufgeht. Die §§ 44, 51 AVAG sind deshalb nur als gesetzliche Festschreibung einer Qualifikation zu verstehen: Die in Israel und Norwegen erlassenen Einverständnisurteile (*consent judgments*) sind wie Urteile zu behandeln. Aus den §§ 44, 51 AVAG sollte im Bereich anderer Abkommen, insbesondere des GVÜ, kein Gegenschluß gezogen werden. Einverständnisurteile aus anderen Vertragsstaaten, wie das belgische *jugement donné acte*, das englische *consent judgment* oder entsprechende Entscheidungen aus den Niederlanden und Norwegen dürfen, wie oben ausgeführt, keinesfalls automatisch § 13 Abs. 2 AVAG unterstellt werden, mit der Folge, daß Vollstreckungsgegeneinwände schrankenlos zulässig wären.

---

296 Denkschrift zum Deutsch-Israelischen Vertrag, BT-Drs. VIII/3866, S. 11.

297 So wohl die Denkschrift zum Deutsch-Israelischen Vertrag, BT-Drs. VIII/3866, S. 11.

298 *Zöller-Vollkommer*, vor § 306 Rz. 2.

299 Ausschlaggebend ist insofern die formelle Urteilseigenschaft, s.o. zur Präklusionswirkung von Einverständnisurteilen.

300 BT-Drs. 11/351, S. 23. Interessant ist, daß eine frühere Fassung der Begründung (BR-Drs. 104/86 S. 23) dasselbe auch über den Deutsch-Spanischen Vertrag behauptete, dies jedoch in der späteren Fassung nicht mehr erwähnt wird.

301 In der Stellungnahme des Bundesrates zu § 13 AVAG (BT-Drs. 11/351, S. 37) heißt es im Anschluß an den Vorschlag, der später als § 13 Abs. 2 AVAG Gesetz wurde, nur: „Soweit die Vollstreckungsverträge mit Israel (Art. 16 Abs. 2 S. 1) und mit Norwegen (Art. 15 Abs. 2, Art. 18 Abs. 2) die genannten Einwendungen gegen Prozeßvergleiche und öffentliche Urkunden nicht zulassen, kann jeweils im 8. Teil des Gesetzes eine abweichende Regelung getroffen werden."

5. Urteile an der Grenze zu Prozeßvergleich und Urkunde

Bei *Einverständnisurteilen*[302] stellt sich die oben schon zum autonomen Recht angesprochene Frage, ob sie wie Urteile zu behandeln sind oder eher wie Prozeßvergleiche bzw. vollstreckbare Urkunden. Konkret fragt sich, ob Regelungen wie § 13 Abs. 2 AVAG anwendbar sind oder es bei den allgemeinen Präklusionsregelungen für Urteile[303] bleibt.

Die Literatur zum GVÜ ist allgemein der Ansicht, daß Einverständnisurteile wie das englische *consent judgment* und das französische oder belgische *jugement de donné acte* unter Art. 25 GVÜ und die Bestimmungen für Urteile fallen und nicht unter Art. 51 GVÜ.[304] Insofern orientiert man sich im Bereich des GVÜ an der formalen Einordnung durch das Erstrecht. Diese Qualifikation muß auch für die Abgrenzung zwischen Absatz 1 und 2 des § 13 AVAG gelten, so daß § 13 Abs. 2 AVAG nicht auf ausländische Einverständnisurteile anzuwenden ist.

Die bilateralen Abkommen mit Österreich, Großbritannien, Griechenland und Israel lösen das Abgrenzungsproblem so, daß sie alle (auch die deutschen) Prozeßvergleiche jeweils Urteilen gleichstellen[305] und Einwände auf Noven beschränken[306] – eine zweifelhafte Auffassung von „Gleichbehandlung".[307] Einleuchtender als diese pauschale „Heraufstufung" von Prozeßvergleichen ist, den Präklusionsumfang der ausländischen Entscheidung wie oben vorgeschlagen jeweils nach dem Erstrecht zu bestimmen.[308] Jedenfalls lassen die Abkommen eindeutig die Tendenz erkennen, sich hinsichtlich der auf einer Einigung der Parteien beruhenden ausländischen Entscheidungen an deren formaler Qualität als gerichtliche Entscheidungen zu orientieren. Für diese formale Qualifikation spricht auch, daß eine „herabstufende" Gleichstellung, welche die ausländische Entscheidung so behandeln würde wie einen deutschen Prozeßvergleich, aus ausländischer Sicht von einer unzulässigen *révision au fond* kaum zu unterscheiden wäre.

---

[302] Zum Begriff s.o. im Abschnitt II 8 zum autonomen Recht.

[303] Z.B § 13 Abs. 1 AVAG.

[304] *Geimer/Schütze*, EuZVR Art. 51 Rz. 6; *Schlosser*, JZ 94, 1008; *Kaye* S. 1682.

[305] Art. 11 Abs. 1 Deutsch-Österreichisches Abkommen; Art. I Abs. 3 Deutsch-Britisches Abkommen; Art. 13 Abs. 1 Deutsch-Griechisches Abkommen; Art. 2 Abs. 1 Deutsch-Israelisches Abkommen.

[306] Vgl. § 4 Abs. 1 AusfG Deutsch-Britisches Abkommen (dazu *Beck*, S. 179, Fn. 636). Erstaunlich allerdings § 5 Abs. 2 AusfG zum Deutsch-Österreichischen Abkommen, der trotz der Gleichstellung in Art. 11 Abs. 1 des Abkommens gegenüber Vergleichen alle Einwände zuläßt; ebenso § 4 Abs. 2 AusfG zum Deutsch-Griechischen Abkommen trotz Art. 13 Abs. 1 des Abkommens.

[307] Für diese Art von Gleichbehandlung aber ausdrücklich *Beck*, S. 28.

[308] In diese Richtung geht die Regelung in Art. 14 Abs. 1 S. 2 Deutsch-Belgisches Abkommen (krit. dazu *Beck*, S. 28). Entsprechend erwähnt § 5 Abs. 2 AusfG zum Deutsch-Belgischen Abkommen Prozeßvergleiche nicht (anders § 5 Abs. 2 AusfG zum Deutsch-Österreichischen Abkommen), d.h. es bleibt bei der Beschränkung der Einwendungen auf Noven nach Abs. 1.

Schwer einzuordnen ist auch der *vollstreckbare Anwaltsvergleich,* den manche *nach Vollstreckbarerklärung* (§ 796b Abs. 1, früher § 1044b Abs. 1) einer vollstreckbaren Urkunde i.S.v. Art. 50 GVÜ gleichstellen.[309] Folgt man diesem Vorschlag, so ist zu bedenken, daß im Vollstreckbarerklärungsverfahren nach § 796b Abs. 1 bereits die Rechtswirksamkeit des Vergleichs geprüft wurde und auch Vollstreckungsgegeneinwände in diesem Verfahren zulässig sind.[310] Erfolgte die Vollstreckbarerklärung durch ein *Gericht*,[311] so entfaltet sie materielle Rechtskraft[312] und nicht vorgebrachte Einwände sind präkludiert (§ 767 Abs. 2).[313] Anders verhält es sich dagegen, wenn die Vollstreckbarerklärung durch einen Notar erfolgte.[314] Bei *gerichtlicher* Vollstreckbarerklärung erlangt also zwar nicht der Anwaltsvergleich selbst materielle Rechtskraft, Einwendungen gegen ihn sind aber, da die Entscheidung über die Vollstreckbarkeit in anderen Vertragsstaaten des GVÜ anzuerkennen ist,[315] auf Noven beschränkt. Die Situation entspricht insofern eher der eines Urteils als der eines Prozeßvergleichs,[316] wenn man nicht ohnehin das Exequaturteil für den eigentlichen Vollstreckungstitel hält.[317] Die Einordnung hängt also davon ab, in welchem Verfahren der Vergleich für vollstreckbar erklärt wurde. Dasselbe muß für entsprechende ausländische Instrumente gelten.

---

[309] *Schack*, IZVR Rz. 816; *Schütze*, DWiR 93, 133 (136), a.A. wohl *Geimer*, DNotZ 91, 266 (285).

[310] So zum alten Recht (§ 1044b Abs. 1 i.V.m. § 1044a Abs. 2) OLG Köln, NJW 97, 1450; *Ziege*, NJW 91, 1582 (mit Verweis auf die Situation bei Schiedsvergleichen, BGH NJW 71, 755); *Geimer*, DNotZ 91, 266 (282); St/J-*Schlosser*, § 1044 b Rz. 7.

[311] Aus praktischer Sicht ist anzumerken, daß ein Anwaltsvergleich, der anschließend noch *gerichtlich* (statt notariell) für vollstreckbar erklärt werden muß, einen fehlgeschlagenen Versuch effizienter Titelschaffung darstellt. Vgl. *Veeser*, Anwaltsvergleich S. 313f.

[312] *Ziege*, NJW 91, 1583f.; *Geimer*, DNotZ 91, 266 (267); St/J-*Schlosser*, § 1044 b Rz. 13 m.w.N.

[313] OLG Köln, NJW 97, 1450; *Geimer*, DNotZ 91, 266 (284).

[314] *Ziege*, NJW 91, 1583; a.A. offensichtlich (aber ohne nähere Begr.) *Geimer*, DNotZ 91, 266 (284). Die notarielle Vollstreckbarerklärung setzt wohl ohnehin voraus, daß der Schuldner keine Einwände erhebt, vgl. *Geimer*, DNotZ 91, 266 (271 f.). *Veeser*, Anwaltsvergleich S. 252f. hält Vollstreckungsgegeneinwände in diesem Verfahren sogar für nicht statthaft und verweist sie auf eine separate Vollstreckungsabwehrklage.

[315] Es handelt sich um eine reguläre Entscheidung i.S.d. Art. 25 GVÜ – mit Entscheidungen über das Exequatur *ausländischer* Urteile oder von Schiedssprüchen (Art. 1 Abs. 2 Nr. 4 GVÜ!) ist sie nicht vergleichbar, vgl. auch BGH NJW 1984, 2765 (zur Anerkennung eines Schiedsspruchexequatur im autonomen Recht); zweifelnd dagegen *Geimer*, DNotZ 91, 266 (270 Fn. 26).

[316] Dort werden materielle Einwände im Klauselerteilungsverfahren nicht geprüft: BGHZ 15, 190; St/J-*Münzberg*, § 794 b Rz. 48ff.

[317] So offenbar *Ziege*, NJW 91, 1583 – m.E. zu Unrecht, da das Exequatur nur Vollstreckbarkeit verleiht (Gestaltungsurteil), aber nicht selbst Vollstreckungsgrundlage sein kann.

IV. Rechtskraft- und Präklusionswirkung eines Zweiturteils

Hat der Schuldner einen Einwand bereits in einem anderen Verfahren gegen den Titel geltend gemacht oder hätte er ihn dort geltend machen können, so ist er möglicherweise durch die in diesem Verfahren ergangene „Zweitentscheidung" präkludiert. Dafür ist zunächst zu prüfen, welche Wirkungen die Zweitentscheidung im Urteilsstaat entfaltet. Handelt es sich um eine ausländische Zweitentscheidung, so stellt sich wieder die zusätzliche Frage, in welchem Umfang eine Präklusionswirkung in Deutschland anzuerkennen ist. Eine Zweitentscheidung besonderer Art ist das Exequatur, mit dem eine ausländische Entscheidung im Inland für vollstreckbar erklärt wird. Seine Wirkungen können nicht hier, sondern erst später, wenn der Streitgegenstand dieses Verfahrens in bezug auf Vollstreckungsgegeneinwände näher geklärt ist, erörtert werden.[318]

1. Beispielsfälle

Einige Beispiele sollen die wichtigsten Grundkonstellationen illustrieren. Den Fällen ist gemeinsam, daß der Schuldner im Zweitprozeß *unterlegen* ist. War er *erfolgreich*, so stellt sich die ganz andere, später noch genauer zu behandelnde Frage, ob und wie er sich in Deutschland gegenüber dem Ersttitel auf ein ausländisches Zweiturteil berufen kann. Im folgenden soll dagegen geklärt werden, wann das Zweiturteil *gegen* den Schuldner wirkt und eine erneute Geltendmachung des Einwandes präkludiert.

a) Fall 1.1: Erfolglose contestation in Frankreich

Variation 1 zu Beispielsfall 1 (Vertragsmängel, Frankreich): Der *juge de l'exécution* hat den Schuldner mit einer *contestation*[319] abgewiesen, die dieser auf die Unwirksamkeit des Kaufvertrages wegen Willensmängeln und Gesetzeswidrigkeit gestützt hatte.

b) Fall 2.1: Abgewiesener Antrag auf Feststellung der Befriedigung in Kalifornien

Variation 1 zu Beispielsfall 2 (Aufrechnung, Kalifornien): Der Schuldner ist in Kalifornien mit einem Antrag, das Erlöschen der titulierten Forderung aufgrund nachträglicher Aufrechnung festzustellen (*entry of satisfaction*), abgewiesen worden, weil das Gericht zu dem Ergebnis kam, die Gegenforderung sei ihm nur zur Einziehung überwiesen worden.[320]

---

[318] S.u. Kap. 10, Exequaturverfahren.

[319] Art. 311–11 u. 311–12–1 NCPC.

[320] *Harrison v. Adams* (1942) 20 C. 2nd 646, 128 P. 2nd 9.

c) Fall 5.1: Vergeblicher Aufhebungsantrag nach Aufrechnung in England / Kanada

Variation 1 zu Beispielsfall 5 (Aufrechnung mit nachträglich erworbener Forderung, England, Kanada) hat der Schuldner vergeblich den Antrag gestellt, die Vollstreckung einzustellen (*stay of execution*), da die Forderung durch Aufrechnung erloschen sei. Das Gericht hat die Aufrechnung entsprechend dem englischen / kanadischen Recht für unzulässig gehalten.

2. Rechtskraft- und Präklusionswirkung eines Zweiturteils in seinem Heimatstaat

Stammt das Zweiturteil aus demselben Staat, in dem sich der Schuldner nunmehr gegen den Ersttitel wendet (Beispiel: erneute Klage nach § 767 in Deutschland), so stellt sich die Frage nach der Präklusionswirkung des Zweiturteils ohne jeden Auslandsbezug. Ist das Zweiturteil dagegen im Ausland ergangen, so ist wieder zu prüfen, ob es dort eine Präklusionswirkung entfaltet und wie weit diese anzuerkennen ist. In diesem Abschnitt sollen zunächst noch einmal rechtsvergleichend die unterschiedlichen Typen von Zweitverfahren und ihre Präklusionswirkungen innerhalb derselben Rechtsordnung kurz dargestellt werden. Ausführlicher ist zu untersuchen, welche Präklusionswirkung die Entscheidung eines deutschen Gerichts über eine Vollstreckungsabwehrklage innerhalb Deutschlands entfaltet. Vor diesem doppelten Hintergrund wird sich dann im nächsten Abschnitt sinnvoll die Frage diskutieren lassen, wie weit eine im ausländischen Zweiturteilsstaat vorgesehene Präklusionswirkung in Deutschland anzuerkennen ist.

a) Vollstreckungsabwehrklage und verwandte Rechtsbehelfe in der Schweiz, Frankreich, England und den USA

In der *Schweiz* erwächst eine im Rahmen des summarischen Rechtsöffnungsverfahrens getroffene Entscheidung über urkundlich belegte Einwände des Schuldners (Artt. 81 Abs. 1, 85 SchKG) nicht in Rechtskraft.[321] Dagegen entscheidet der Richter rechtskräftig über den Bestand der titulierten Forderung, wenn der Schuldner die besondere Feststellungsklage nach Art. 85a SchKG erhebt[322], die funktional der Klage nach § 767 entspricht.[323] Feststellungen über die Einwände erwachsen als präjudiziell nicht in Rechtskraft.

---

[321] *Amonn/Gasser*, § 19 Rz. 22, 63; § 20 Rz. 5; *Jaeger/Walder/Kull/Kottmann*, Art. 80 Rz. 17.

[322] *Jaeger/Walder/Kull/Kottmann*, Art. 85a Rz. 7; BGE 120 II 20.

[323] S.o., Kap. 3, Schweiz.

In *Frankreich* gelten für das Urteil, mit dem der *juge de l'execution* über eine *contestation* entscheidet, die allgemeinen Rechtskraftregeln.[324] Präkludiert sind damit alle Einwände, die derselben *cause* angehören, andere *causes* dagegen nicht. Feststellungen über die Einwände erwachsen, soweit sie tragend sind, unter Umständen[325] in Rechtskraft.

In *England* gelten ebenfalls die allgemeinen Regeln für ein Urteil, das über eine *action to set aside the judgment* entscheidet. Damit sind bestehende Einwände durch *res judicata* und *issue estoppel* präkludiert. Hat der Schuldner einen Antrag auf (evtl. auch endgültige) Einstellung der Zwangsvollstreckung (*stay*) nach CPR Sch. 1 RSC Order 45 Rule 11 oder Order 47 Rule 1 gestellt, so entfaltet die inzidente Entscheidung über Einwände gegen den Anspruch eine *issue estoppel*-Wirkung, die ihm nach den Prinzipien von *Henderson v. Henderson*[326] verbietet, sich später auf Einwände zu stützen, die er bereits dort hätte vorbringen können. Ein Abänderungsantrag dürfte dagegen, ebenso wie das Ersturteil selbst, in bezug auf Abänderungsgründe nur eine im Vergleich zu Deutschland begrenzte Präklusionswirkung entfalten.[327]

In den USA entfaltet ein Urteil in einer *Equity*-Aufhebungsklage die volle *res judicata* und *issue estoppel*-Wirkung; letztere kann auch Feststellungen zu Einwänden umfassen. Dasselbe gilt grundsätzlich für ein Urteil, das auf einen Aufhebungsantrag (*motion for relief*) nach FRCP 60 (b) oder entsprechenden Prozeßgesetzen der Staaten ergeht, in manchen Fällen ist aber eine spätere *Equity*-Aufhebungsklage auf der Basis nicht vorgetragener Einwände noch möglich gewesen.[328] Die Eintragung der Befriedigung (*entry of satisfaction*) im Rahmen der Zwangsvollstreckung entfaltet regelmäßig ebenfalls Rechtskraftwirkung. Hierfür spricht, daß der Gläubiger einen Aufhebungsantrag nur auf die auch sonst für Urteile geltenden Gründe stützen darf;[329] dasselbe wird daher auch gelten, wenn ein Antrag des Schuldners auf *entry of satisfaction* gerichtlich abgelehnt wird.

b) Vollstreckungsabwehrklage und verwandte Rechtsbehelfe in Deutschland

Hatte der Schuldner in Deutschland bereits erfolglos eine negative Feststellungsklage über den Anspruch erhoben,[330] so ist er mit allen Einwänden gegen den

[324] S.o. Kap. 2, Frankreich.

[325] Zu den Einzelheiten (*motifs, qui constituent le soutien nécessaire du dispositif, motifs décisoires*) s.o. Kap. 2, Frankreich.

[326] [1844] 6 Q.B. 288.

[327] Vgl. *Cretney*/Masson, 469ff.

[328] Vgl. für Kalifornien *Huff v. Mendoza*, 167 Cal. Rptr. 348, 350f. (Cal. App. 1980).

[329] *Carmody/Wait*, § 63:426; in Kalifornien handelt es sich um einen Aufhebungsantrag nach CCP § 473, *Wherry v. Rambo*, 218 P.2d 142 (Cal. App. 1950); *Casson v. Glass Bottle Blowers*, 247 P.2d 931 (Cal. App. 1952); *Remillard Brick Co. v. Dandini*, 220 P.2d 927 (Cal. App. 1950).

[330] Zur Zulässigkeit einer negativen Feststellungsklage anstelle einer Vollstreckungsabwehrklage BGH NJW 97, 2320.

Anspruch präkludiert, auch solchen, die er nicht vorgetragen hat.[331] Bei einer Vollstreckungsabwehrklage oder einer Abänderungsklage ist dagegen umstritten, ob auch rechtskräftig über den titulierten Anspruch oder sogar die geltend gemachten Einwendungen entschieden wird.

(1) Streitgegenstand und Rechtskraft bei § 767

Der Streitgegenstand der Vollstreckungsabwehrklage und die Rechtskraft einer Entscheidung nach § 767 sind seit ihrer Einführung umstritten,[332] die Rechtsprechung äußert sich bisher widersprüchlich.[333] Die zahlreichen zu diesem Thema vorgelegten, meist umfangreichen und systematisch tiefgründigen Untersuchungen[334] hinterlassen zwar den Eindruck einer lückenlosen dogmatischen Aufarbeitung, zeigen aber auch, daß sich hier ganz unterschiedliche Ergebnisse mit guten Gründen vertreten lassen. Eine Wiederholung der erschöpfend ausgetauschten Argumente an dieser Stelle wäre müßig. Es sei nur auf den in der bisherigen Diskussion noch unbeachteten *internationalen Aspekt* der Frage hingewiesen:[335] Die wohl noch herrschende Meinung verfolgt mit ihrer Auffassung, *allein* die Vollstreckbarkeit sei Streitgegenstand der Klage nach § 767, so daß Feststellungen zum titulierten Anspruch nicht in Rechtskraft erwachsen,[336] einen deutschen

---

[331] BGH WM 85, 1408; BGH NJW 95, 1757; St/J-*Leipold*, § 322 Rz. 117ff.

[332] Vgl. *Planck*, Lehrbuch, Bd. 2, § 177 V, S. 704f.; *Oertmann*, AcP 107, 199 meint 1907, die Frage gehöre „bekanntlich zu den meistbestrittenen des deutschen Vollstreckungsrechts"; zum Streitstand heute *Rosenberg/Gaul/Schilken* § 40 II; StJ-*Münzberg* § 767 Rz. 2ff.

[333] Feststellungen über den Anspruch erwachsen in Rechtskraft: BGH NJW 60, 1460, BGHZ 48, 356 (359f.), zust. *Rimmelspacher*, Materiellrechtlicher Anspruch, S. 302; *Braun* ZZP 89 (1976), 93; BGHZ 61, 25; BGH NJW-RR 87, 59; NJW 92, 982; vgl. auch BGH NJW 94, 2620 (2621). *Keine* Rechtskraftwirkung in bezug auf den Anspruch: RG JW 1915, 1031 (1032); BGHZ 85, 367 (371); FamRZ 84, 887, WM 85, 703 (704); BGH NJW 80, 1393; NJW 92, 1899 (1900); BGHZ 127, 146 = ZZP 108 (1995), 250 (252) m. krit. Anm. *Henckel*. BGH NJW-RR 90, 48 (49) stellt dagegen nur fest, daß Feststellungen über die *Einwendungen* nicht in Rechtskraft erwachsen. Instruktiv auch die – unklare – Rechtsprechung zum Verhältnis der Vollstreckungsabwehrklage zur negativen Feststellungsklage: RGZ 100, 123 (126); BGH NJW 97, 2320 (2321); OLG Zweibrücken, NJW-RR 97, 1166 (völlig verfehlt!). Krit. Analyse der Rspr. insbes. bei *Münch*, S. 314ff., sowie *Otto*, FS *Henckel*, S. 615 (629).

[334] *Bettermann*, Rechtshängigkeit und Rechtsschutzform S. 43ff.; *Gilles* ZZP 83 (1970), 61; *Kainz*, Funktion und dogmatische Einordnung der Vollstreckungsabwehrklage (1984); *Münch*, Vollstreckbare Urkunde (1989), dazu ausführl. Bespr. *Münzberg*, ZZP 104, 227; Karsten *Schmidt*, JR 92, 89; *Burgard*, ZZP 106 (1993),23; *Otto*, Die Präklusion (1970), *ders*, FS *Henckel* (1995), S. 615.

[335] Zur zunehmenden Bedeutung dieses Aspekts für eine Prozeßrechtswissenschaft, die im Zeitalter zunehmender Globalisierung der Wirtschafts- und Kommunikationsstrukturen auf internationale Kompatibilität oder jedenfalls Kommunizierbarkeit ihrer Konzeptionen bedacht sein sollte *Stürner*, FS Lüke, 829 (835ff.).

[336] *Rosenberg/Gaul/Schilken* § 40 II 2; St/J-*Leipold*, § 322 Rz. 93; StJ-*Münzberg* § 767 Rz. 2ff. m.w.N.; *ders.*, ZZP 87 (1974) 449, 451. Aus der älteren Literatur vgl. *Oertmann*, AcP 107 (1907), 199 (239). Im Ergebnis ebenso, aber mit anderer Begründung *Gilles,* ZZP 83 (1970), 61 (75)

Sonderweg, der erhebliche Anpassungsprobleme im internationalen Rechtsverkehr auslöst und tendenziell in die prozeßrechtliche Isolation führt. Die rechtsvergleichende Umschau hat gezeigt, daß es sich Länder wie Frankreich, die Schweiz, England und die USA nicht leisten, ein ausgewachsenes Klageverfahren zur Prüfung von Vollstreckungsgegeneinwänden vorzusehen, dessen Ergebnis nicht entweder hinsichtlich der geprüften Einwände oder hinsichtlich des titulierten Anspruchs in Rechtskraft erwächst. Sie werden wenig geneigt sein, das „deutsche Modell" der herrschenden Meinung zu übernehmen oder es auch nur zur Grundlage internationaler Zuständigkeitsregelungen und anderer Vereinbarungen zur Erleichterung des zwischenstaatlichen Rechtsverkehrs zu machen. Denn in der internationalen Diskussion zählen auch in vielen Jahrzehnten fein gesponnene dogmatische Begründungen wenig, die pragmatische Bewertung von Ergebnissen dagegen viel.[337] Eine pragmatische Analyse aber fällt recht eindeutig aus: Erwachsen die im Rahmen der Vollstreckungsabwehrklage getroffenen Feststellungen weder bezüglich der Einwendungen noch hinsichtlich des titulierten Anspruchs in materielle Rechtskraft, so bleibt ein erneutes Verfahren über dieselben Fragen möglich. Dies verschwendet private und öffentliche Ressourcen[338] – besonders eklatant im Falle der vollstreckbaren Urkunde, wo auf die Klage nach § 767 ein voller Erstprozeß über den Anspruch stattfindet.

Ausländische Rechtsordnungen sehen daher vor, daß Feststellungen über den titulierten *Anspruch*, die in einem ordentlichen Zweitverfahren (für summarische Verfahren können andere Regeln gelten)[339] getroffen wurden, in demselben Maße in Rechtskraft erwachsen, wie bei einem Erstverfahren. Gegenüber dem titulierten Anspruch kann also auf keinen Fall derselbe Einwand nochmals geltend gemacht werden, ganz gleich in welchem Verfahren und mit welchem Rechtsbehelf. Diese Wirkung des Zweitprozesses ist internationaler Mindeststandard.[340] Die Präklusion *nicht vorgetragener und nicht geprüfter* Einwände gegen den Anspruch ist dagegen in anderen Ländern oft weniger streng als in Deutschland.[341] Dies ist in der Tat ein im Vergleich zur deutschen herrschenden Meinung

[337] *Stürner*, FS Lüke, S. 829 (838f., 843) führt plastisch aus, daß der deutschen Prozeßrechtswissenschaft mit einem „systematischen, spätpandektistischen Grundansatz" die Gefahr internationaler Kommunikationsunfähigkeit und damit letztlich Bedeutungslosigkeit droht.

[338] Diese Erkenntnis ist auch in Deutschland verbreitet, vgl. die Argumentation der Vorinstanzen in BGH NJW 92, 1899; *Gaul*, ZZP 85 (1972), 251 (300).

[339] In diesem Sinne sind auch Artt. 82, 85 SchKG zu verstehen, in deren Rahmen nicht rechtskräftig über den Anspruch entschieden wird – im Gegensatz zu Art. 85a SchKG! Im gemeinrechtlichen Prozeß wurden Vollstreckungsgegeneinwände ebenfalls nur in einem summarischen Verfahren geprüft und schon *Planck* (Lehrbuch, Bd. 2, § 177 V, S. 704f.) wies darauf hin, daß die Abkehr der CPO hiervon dazu zwinge, für die Vollstreckungsabwehrklage eine rechtskräftige Entscheidung über den Anspruch anzunehmen.

[340] Vgl. zu diesem Minimalkonsens zur Rechtskraft für Erstentscheidungen auf der Basis weiterer rechtsvergleichender Untersuchungen auch *Habscheid*, FS Fragistas S. 531 (542ff.).

[341] Frankreich, eingeschränkt auch die USA, s. die Abschnitte zur Rechtskraftwirkung in den rechtsvergleichenden Kapiteln 2–5 (Teil I).

weitaus vernünftigerer Ansatzpunkt, wenn man den Parteien eine Dispositionsfreiheit im Hinblick auf den Rechtskraftumfang einräumen will: Begrenzung der Rechtskraft nicht auf den Gegenstand des *durch Eigenheiten des Prozeßrechts diktierten Klageantrags* („Vollstreckbarkeit des Titels" im Falle des § 767)[342] sondern auf den Stoff, über den tatsächlich gestritten und entschieden wurde. Eine solche Begrenzung würde allerdings eine jedenfalls teilweise Abschwächung des Konzentrationsgrundsatzes im allgemeinen und des Globalstreitgegenstandes der Vollstreckungsabwehrklage[343] im besonderen bedeuten,[344] der hier nicht das Wort geredet werden soll. Denn letztlich ist nicht einzusehen, warum im Prozeß nach § 767 Abs. 2 andere Prinzipien gelten sollen als im allgemeinen Leistungsprozeß. Eine andere Frage ist, ob auch Feststellungen zum *Einwand* in Rechtskraft erwachsen, dieser also auch selbständig oder gegenüber anderen Ansprüchen nicht mehr verwandt werden kann. Sie wird von ausländischen Rechtsordnungen häufig ebenfalls bejaht.[345] Man kann sie aber im Namen der Risikobegrenzung für künftige Prozesse verneinen,[346] ohne sich völlig außerhalb des internationalen Konsenses zu stellen.[347]

Hilfskonstruktionen materiellrechtlicher oder prozessualer Natur, mit denen die herrschende Meinung gelegentlich die unzuträglichen Ergebnisse ihrer Rechtskraftverweigerung abmildern will, erweisen sich im internationalen Rechtsverkehr als untauglich. So soll nach einer Auffassung bei einer erneuten Vollstrekkungsabwehrklage § 767 Abs. 3 als rechtskraft*fremde* Präklusion auch nicht vorgebrachte Einwände ausschließen.[348] Eine rechtskraftfremde Präklusion wirkt aber, wie oben dargelegt, nicht im Ausland. Eine andere Argumentation der herrschende Meinung lautet: fordere der Schuldner nach erfolgloser Vollstrek-

---

342 Anders dagegen – ohne tieferen sachlichen Grund- der Klageantrag bei § 323 oder Klagen nach § 371 BGB oder § 826 BGB, noch anders in Staaten wie Frankreich oder Griechenland, in denen der Rechtsbehelf gegen die einzelne Vollstreckungsmaßnahme zu richten ist.

343 Zu ihm *Windel*, ZZP 102 (1989), 175 (202); *Münch*, Vollstreckbare Urkunde, 316f.

344 In diese Richtung zielen letztlich viele Bestrebungen, § 767 Abs. 3 (statt Abs. 2) auf die Wirkungen der Vollstreckungsabwehrklage anzuwenden (auch im Falle einer späteren Rückforderungsklage!) und diese Vorschrift enger auszulegen als die strenge objektive Präklusionsregel des § 767 Abs. 2. Vgl. St/J-*Münzberg*, § 767 Rz. 56ff.; *Gaul*, ZZP 85 (1972), 251 (260); ders. AcP 173 (1973) 323 (331).

345 Frankreich, England und die USA kommen hier – mit gewissen Einschränkungen in Extremfällen, etwa wenn der zweite Streit einen viel größeren Umfang hat als der erste o.ä. – zu einer Bindung an Feststellungen über den jeweiligen Einwand, z.B. Unwirksamkeit des zugrunde liegenden Vertrages (Beispielsfall 1).

346 So explizit BGH NJW-RR 90, 48 (49); St/J-*Leipold*, § 322 Rz. 97. Andererseits bejahen auch manche deutschen Autoren eine so weitgehende Rechtskraftbindung, vgl. *Henckel*, Prozeßrecht und materielles Recht, S. 225f.

347 Die Voraussetzungen, unter denen präjudizielle Feststellungen zu Einwänden in Rechtskraft erwachsen, variieren, wie der rechtsvergleichende Überblick (Teil I) gezeigt hat, und sind oft auch innerhalb der jeweiligen Rechtsordnung im einzelnen umstritten.

348 Eingehend und kritisch *Karsten Schmidt*, JR 92, 89; *Burgard*, ZZP 106 (1993) 23, beide mit zahlr. Nachw.

kungsabwehrklage den beigetriebenen oder zur Abwendung der Vollstreckung gezahlten Vollstreckungserlös zurück (Klage aus § 812[349] oder § 823 BGB), so sei das Urteil zur Vollstreckungsabwehrklage eventuell bei der Prüfung der materiellen Anspruchsvoraussetzungen zu berücksichtigen.[350] Ausländische Gerichte aber wenden das von ihrem IPR designierte Statut an, und es spricht wenig dafür, daß dabei eine Berücksichtigung früherer deutscher Entscheidungen herauskommt, die nach ihrem eigenen Recht die streitige Frage nicht rechtskräftig entschieden haben. Ebenso unzweckmäßig ist im internationalen Rechtsverkehr die Konstruktion von *Kainz*,[351] das Verfahren nach § 767 diene der rechtskräftigen Feststellung eines materiellen Anspruchs auf Unterlassung der (weiteren) Zwangsvollstreckung. Denn dieser Unterlassungsanspruch würde einem erneuten Prozeß im Ausland nicht entgegenstehen.

Ein nicht interessengerechter „Notanker" für die herrschende Meinung ist auch, die Parteien auf die Möglichkeit einer Zwischenfeststellungsklage zu verweisen.[352] Die Parteien dürfen vielmehr erwarten, daß Gesetz und Rechtslehre bereits von sich aus Urteilswirkungen nach vernünftigen Grundsätzen vorsehen.[353] Dies bedeutet, die Vollstreckungsabwehrklage als *Parallelstück zur Leistungsklage* mit umgekehrten Parteirollen aufzufassen, deren Gegenstand die *Entscheidung über den im Titel niedergelegten prozessualen Anspruch* ist.[354]

---

349 Einzelheiten (Leistungs- oder Eingriffskondiktion) hängen von den Umständen ab und sind im einzelnen umstritten: *Kohler*, ZZP 99, 34 (38f.); *Münch*, Vollstreckbare Urkunde S. 358f.

350 BGH NJW 60, 1460; St/J-*Münzberg*, § 767 Rz. 56ff.; *Brox/Walker* Rz. 1373ff.; krit. *Münch*, Vollstreckbare Urkunde, S. 340, 354f.; 360; *Gaul*, ZZP 85 (1972), 251 (260); ders. AcP 173 (1973) 323 (331). Anders aber (Bereicherungsausgleich nicht präkludiert) *Gerhardt*, § 15 III 2 (S. 211) und *Gaul*, JuS 62, 1 (2, 6), der diese Ansicht jedoch später aufgegeben hat. Manche vertreten aber auch eine „gespaltene Lösung", nach der § 767 Abs. 3 nur eine erneute Vollstreckungsabwehrklage präkludiert, während eine Rückforderungsklage zulässig bleibt: *Gaul*, AcP 173 (1973) 323 (330ff.); *Rosenberg/Gaul/Schilken* § 40 IX 2 (S. 641); *Kainz*, S. 193ff. Gegen die „gespaltene Lösung" *Otto*, FS *Henckel*, S. 615 (628f.); *Burgard*, ZZP 106 (1993), 23 (46).

351 *Kainz*, S. 141ff.

352 *Münch*, S. 330 f m.w.N. *Heß* meint, das deutsche Prozeßgericht habe bei Prozessen mit GVÜ-Bezug („Binnenmarktprozessen") sogar die Pflicht, durch Hinweise darauf hinzuwirken, daß die Parteien durch Klageerweiterung nach §§ 260f., 265 Abs. 2 eine umfassende, anerkennungsfähige Bindungswirkung für präjudizielle Rechtsverhältnisse herbeiführen.

353 *Schlosser*, Zivilprozeßrecht II, Rz. 125.

354 *Baur/Stürner* Rz. 45.3 Fn. 6; *Blomeyer*, ZPR, Vollstreckungsverfahren § 33 VII; *Bettermann*, Rechtshängigkeit und Rechtsschutzform, S. 45ff., *Schlosser*, Gestaltungsklagen, S. 106; *ders.*, Zivilprozeßrecht II, Rz. 125; *Wolfsteiner*, Die vollstreckbare Urkunde Rz. 59.2ff.; *Münch*, Vollstreckbare Urkunde, S. 321ff.; 345ff. m.w.N.; *Meister*, FamRZ 80, 864 (865f.); wohl auch *Gaul*, ZZP 85 (1972), 251 (300). Aus der älteren Literatur etwa *Planck*, Lehrbuch Bd. 2, § 177 V, S. 704f.); *Hellwig*, Anspruch (1900), S. 166, Fn. 12. *Rimmelspacher*, Materiellrechtlicher Anspruch, S. 302 stellt 1970 fest, diese Auffassung gewinne „in neuerer Zeit wieder an Boden". Die auch in jüngster Zeit wieder kontrovers diskutierte (vgl. *Gaul*, FS *Lüke* (1997), 81; *Brehm*, ZZP 111 (1998), 377 (378ff.)) Frage, ob im Titel ein prozessualer oder ein materiellrechtlicher Anspruch niedergelegt ist, spielt hierfür letztlich keine Rolle, vgl. *Münzberg*, JZ 98, 378 (382, 386f.).

Nur so lassen sich die Präklusionsvorschriften interessengerecht handhaben und in ihrer heute schon durch die Rechtsprechung vorgenommenen Auslegung schlüssig begründen.[355]

Als Zwischenergebnis ist festzuhalten: Die noch herrschende Meinung begrenzt den Streitgegenstand der Vollstreckungsabwehrklage auf die Vollstreckbarkeit des Titels; Feststellungen zum titulierten Anspruch oder gar zu einzelnen Einwänden erwachsen nicht in Rechtskraft. Diese enge Rechtskraftbegrenzung ist im internationalen Vergleich ein Sonderweg, der nicht überzeugt. Die folgenden Ausführungen werden deshalb *doppelgleisig verfahren* und jeweils sowohl zeigen, welche Resultate sich vom Standpunkt der herrschenden Meinung ergeben, als auch, welche (unter Umständen abweichenden) Ergebnisse folgen, wenn man der zutreffenden Ansicht folgt, das Urteil in einer Vollstreckungsabwehrklage entscheide mit Rechtskraft über den titulierten Anspruch (nicht aber die Einwendung).[356] Diese Doppelgleisigkeit soll zugleich einen direkten Leistungsvergleich der Lösungskompetenz beider Auffassungen im Hinblick auf die verschiedenen Einzelprobleme erlauben, welche Vollstreckungsgegeneinwände im internationalen Rechtsverkehr aufwerfen.

(2) Rechtskraftwirkung der Abänderungsklage

Weniger umstritten als bei der Vollstreckungsabwehrklage ist die Rechtskraftwirkung bei der Abänderungsklage. Dies erstaunt insofern, als sie nur ein Spezialfall der Vollstreckungsabwehrklage ist.[357] Nach neuerer Rechtsprechung hat die Abänderungsklage eine Präklusionswirkung auch für Vollstreckungsgegeneinwände.[358] Dabei ist nicht ganz klar, ob diese Präklusionswirkung auf der Rechtskraft des Urteils im Abänderungsprozeß beruht oder auf analoger Anwendung des § 767 Abs. 3.[359] Eine Präklusion von Abänderungsgründen soll nach einer neuen Entscheidung des BGH selbst dann eintreten, wenn Kläger des ersten Abänderungsprozesses nicht der Schuldner, sondern der Gläubiger war (Heraufsetzungsklage).[360] Diese Ergebnisse sind völlig folgerichtig, wenn man analog dem oben zur Vollstreckungsabwehrklage vertretenen Standpunkt als Streitgegenstand der Abänderungsklage den titulierten Anspruch auf die wiederkehrenden Leistungen ansieht.

---

[355] *Münch*, S. 324 ff.; 338 ff.

[356] Ebenso *Münch*, S. 327 f., 334 f.

[357] *Schlosser* FamRZ 73, 424 (426 f.) m.w.N. zur rechtshistorischen Entwicklung; *Meister*, FamRZ 80, 864 (865 f.).

[358] OLG Hamm, FamRZ 93, 581.

[359] OLG Hamm, FamRZ 93, 581 (582) stützt sich auf beide Erwägungen.

[360] BGH NJW 98, 161.

c) Zweitprozeß über Einwände gegen die Wirksamkeit eines Prozeßvergleichs

Bei Einwänden gegen die Wirksamkeit eines Prozeßvergleichs gilt in Deutschland eine Besonderheit. Sie sind nicht mit einer separaten Klage geltend zu machen, sondern durch Antrag auf Fortsetzung des Erstverfahrens.[361] Kommt das Gericht zu dem Ergebnis, daß der Prozeßvergleich tatsächlich unwirksam ist, so wird der Erstprozeß zwecks Entscheidung über den ursprünglich eingeklagten Anspruch fortgesetzt. Die Unwirksamkeit des Prozeßvergleichs ist also genau genommen nur eine präjudizielle Frage. Dennoch nimmt der BGH[362] an, mit der Entscheidung stehe rechtskräftig fest, daß der Vergleich keine materiellen Ansprüche (oder Einwendungen) begründet, da er unwirksam ist.[363] Diese weitgehende Rechtskraftwirkung der Fortsetzung des Ausgangsverfahren steht in befremdlichem Kontrast zur Auffassung des BGH, die Vollstreckungsabwehrklage gegen einen Prozeßvergleich bewirke keine rechtskräftige Feststellung über das Fortbestehen des im Vergleich begründeten Anspruchs.[364]

Im *Schweizer* Recht werden Einwendungen gegen die Wirksamkeit des Prozeßvergleichs jedenfalls von manchen Autoren aus dem Anwendungsbereich des Art. 85a SchKG ausgenommen, der funktional einer Vollstreckungsabwehrklage entspricht.[365] Dies überrascht zunächst, da Art. 80 Abs. 2 SchKG gerichtliche Vergleiche für Zwecke der Zwangsvollstreckung (Rechtsöffnungsverfahren) den Urteilen gleichstellt. Wegen der erheblichen Unterschiede in der Rechtskraft von Prozeßvergleichen[366] leuchtet es aber durchaus ein, nachträgliche Angriffe den kantonalen Verfahren vorzubehalten.

In *Frankreich* steht auch für Einwände gegen einen Prozeßvergleich der allgemeine Rechtsbehelf der *contestation* ohne Besonderheiten zur Verfügung.

In *England* und den *USA* entspricht dem Prozeßvergleich funktional das *consent judgment*, das nach den allgemeinen Regeln für Urteile anzugreifen ist; auch hier gelten für die Rechtskraft des Zweiturteils keine Besonderheiten.

---

[361] BGHZ 28, 171; 46, 277; 51, 141; 86, 184 (187). Zahlreiche Literaturstimmen wollen dem Kläger dagegen die Wahl lassen, ob er seine Einwände durch Fortsetzung des Erstprozesses oder mittels Vollstreckungsabwehrklage geltend macht (*Baur/Stürner* Rz. 16.11; *Rosenberg/Gaul/Schilken* § 40 VII 1b, jeweils m.w.N. zur teilweise zustimmenden Rechtsprechung).

[362] BGHZ 79, 71 (74f.).

[363] *Pecher*, ZZP 97 (1984), 139 (142ff.) lehnt die Entscheidung mit der angedeuteten Begründung und weiteren Argumenten ab.

[364] BGH FamRZ 84, 878.

[365] *Jaeger/Walder/Kull/Kottmann*, SchKG Art. 85a Rz. 13; a.A. *Amonn/Gasser*, § 20 Tz. 20.

[366] Vgl. *Meier*, Besondere Vollstreckungstitel nach dem Lugano-Übereinkommen, 185f.

d) Andere Prozesse mit identischer Vorfrage

Nach deutschem Zivilprozeßrecht erwachsen präjudizielle Feststellungen nicht in Rechtskraft.[367] So wäre der Schuldner im Beispielsfall 7 (nachträglicher Vergleich in den USA, anschließend erfolglose Klage des Schuldners aus dem Vergleich) nicht mit der Behauptung präkludiert, der Vergleich sei wirksam, wenn der Zweitprozeß in Deutschland stattgefunden hätte.

In den *USA* dagegen erwachsen Entscheidungen über präjudizielle Rechtsverhältnisse in Rechtskraft, jedenfalls sofern über diese gestritten wurde und sie eine logisch notwendige Grundlage der Entscheidung bilden.[368] Ähnliches gilt für das englische Recht.[369] Auch in *Frankreich* könnte sich der Schuldner im Beispielsfall 7 nicht mehr auf den Vergleich berufen, wenn der Zweitprozeß in Frankreich stattgefunden hätte, da dort über alle zwischen den Parteien erörterten und vom Gericht entschiedenen Fragen, insbesondere auch die vom Beklagten geltend gemachten Einwendungen, mit Rechtskraft entschieden wird.[370]

3. Anerkennung der Rechtskraft- und Präklusionswirkung eines ausländischen Zweiturteils

Ist das Zweiturteil im Ausland ergangen, so entfaltet es in Deutschland Präklusionswirkung nur, wenn und soweit es in Deutschland anzuerkennen ist. Dabei ist wieder zu unterscheiden, ob die Anerkennung nach autonomem Recht erfolgt oder von einem Staatsvertrag regiert wird.

a) Autonomes Recht

Die Anerkennung der Wirkungen eines Zweiturteils wirft parallele Fragen auf wie die oben erörterte Anerkennung eines Ersturteils. Insbesondere kann angesichts der soeben geschilderten Präklusionsunterschiede zwischen verschiedenen Staaten bei funktional gleichwertigen Verfahren ergebnisrelevant sein, ob die Präklusionswirkung des ausländischen Urteils durch Gleichstellung oder Wirkungserstreckung ermittelt wird.

Entscheidet man sich aus den oben erörterten Gründen für *Wirkungserstrekkung*, so hat der Richter jeweils die Aufgabe, die Rechtskraft- und Präklusions-

---

[367] Vgl. statt aller St/J-*Leipold*, § 322 Rz. 89ff.; *Thomas/Putzo*, § 322 Rz. 28f.; *Rosenberg/Schwab/Gottwald* § 153 III 2 (S. 923).

[368] *Schack*, Einführung S. 73f.; Restatement Second, Judgments, § 27. Näher s.o. Kap. 5, USA.

[369] *Bunge*, S. 102f.; *Bower/Handley*, TZ 180ff.; Halsbury's Laws of England, vol. 26, para 550. Näher s.o. Kap. 4, England.

[370] *Kössinger*, S. 101 m.w.N.; *Guinchard*, Droit et pratique, Tz. 4977ff. Näher s.o. Kap. 2, Frankreich.

wirkung der Zweitentscheidung nach dem Recht des Urteilsstaates zu ermitteln. Im Beispielsfall 7 würde dies bedeuten, die nach dem maßgeblichen US-amerikanischen Prozeßrecht vorgesehene *issue estoppel*-Wirkung auch in Deutschland anzuerkennen und dem Schuldner die Berufung auf den Vergleich abzuschneiden, da dessen Unwirksamkeit bereits rechtskräftig festgestellt wurde. Zu einem anderen Ergebnis kommt allerdings, wer zwar grundsätzlich zur Wirkungserstreckung bereit ist, aber Rechtskraft und Präklusionswirkungen hinsichtlich präjudizieller Rechtsverhältnisse von ihr ausnimmt.[371] Sieht das ausländische Recht dagegen eine weniger weitgehende Präklusionswirkung vor als das deutsche bei einem entsprechenden Verfahren, so ist der Schuldner mit seiner Einwendung nicht präkludiert. So kann er sich noch auf die Aufrechnung mit einer Gegenforderung berufen, die er in einem Zweitprozeß bereits erfolglos gegen eine andere Forderung desselben Gläubigers aufzurechnen versucht hat, wenn nach dem Recht des Zweitprozesses die Entscheidung über die Gegenforderung nicht in Rechtskraft erwuchs, da eine § 322 Abs. 2 entsprechende Vorschrift fehlt.[372]

Faßt man Anerkennung dagegen als *Gleichstellung* der ausländischen Entscheidung mit einer entsprechenden deutschen auf, so ergeben sich angesichts der oben geschilderten erheblichen Unterschiede zwischen den Rechtsordnungen und der Streitfragen und Abgrenzungsprobleme im deutschen Recht erhebliche Schwierigkeiten. Hat der Schuldner im Ausland bereits erfolglos einen Rechtsbehelf ergriffen, welcher der deutschen Vollstreckungsabwehrklage entspricht,[373] so entfaltet das ausländische Urteil keine Präklusionswirkung, wenn man mit der herrschenden Meinung als Streitgegenstand des § 767 nicht den titulierten Anspruch ansieht. Im obigen Beispielsfall 1.1 wäre also die Abweisung der *contestation* durch das französische Gericht ohne Auswirkungen auf eine in Deutschland mit derselben Begründung erhobene Vollstreckungsabwehrklage, obwohl die Parteien sich auf die Rechtskraftwirkung nach französischem Prozeßrecht einstellen konnten und mußten. Entsprechendes würde in den Beispielsfällen 2.1 und 5.1 gelten. Im Fall 5.1 könnte man sogar auf den Gedanken kommen, den in England abgewiesenen Antrag auf Einstellung der Zwangsvollstreckung (*stay of execution*) nur mit einem Antrag nach § 769 gleichzustellen.

---

[371] So *Müller*, ZZP 79 (1966), 199 (205 f.); *Geimer*, IZPR, Rz. 2780; *Martiny*, Hdb. IZVR III/1, Kap. I Rz. 369 f.; *Schütze*, DIZPR, S. 133; *Geimer/Schütze-Geimer*, Internationale Urteilsanerkennung Bd. I/2 § 224 VI (S. 1702). Gegen die Begrenzung sprechen die vor allem von *Fischer*, FS *Henckel*, S. 199 (205 ff.) überzeugend vorgetragenen, oben bereits erörterten Argumente.

[372] Beispiel von *Geimer*, IZPR, Rz. 3152.

[373] Dies ist eine Qualifikationsfrage, die u.U. bereits einige Schwierigkeiten aufwerfen kann. So kann zweifelhaft sein, wie die Klage nach Art. 85a SchKG zu qualifizieren ist: als Vollstreckungsabwehrklage (der sie funktional entspricht) oder als Feststellungsklage (was ihr Wortlaut nahelegt und als die sie auch in der Literatur bezeichnet wird, vgl. *Jaeger/Walder/Kull/Kottmann*, Art. 85a, Rzn 2, 12).

Zudem wird selbst bei Gleichstellung mit einer Vollstreckungsabwehrklage auch zweifelhaft, ob die im Ausland abgewiesene Zweitklage eine spätere auf dieselben Einwände gestützte Rückforderungsklage des Schuldners in Deutschland ausschließen würde.[374]

Diese wenig befriedigenden Ergebnisse ließen sich trotz Gleichstellung vermeiden, wenn man auf eine im Ausland durchgeführte Vollstreckungsabwehrklage bzw. das ihr funktional entsprechende Verfahren *§ 767 Abs. 3 analog* anwenden könnte. Diese rechtskraftfremde Präklusion könnte die aufgrund der Gleichstellung fehlende Anerkennung der ausländischen Rechtskraft hinsichtlich des titulierten Anspruchs wieder ausgleichen. Eine analoge Anwendung des § 767 Abs. 3 auf ausländische Zweitverfahren, die der deutschen Vollstreckungsabwehrklage entsprechen, wäre jedoch verfehlt. Dies wird deutlich, wenn man einmal annimmt, das Zweiturteil sei nach einem Recht ergangen, das (wie die herrschende Meinung in Deutschland) der Entscheidung im Vollstreckungsabwehrverfahren *keine* Rechtskraft hinsichtlich des titulierten Anspruchs beilegt.[375] Die Anwendung von § 767 Abs. 3 würde die Parteien dann mit einer rechtskraftfremden Präklusion überraschen, mit der sie im Erstprozeß nicht rechnen konnten. Ein weiteres Beispiel läßt sich durch eine leichte Abwandlung des Beispielsfalles 1.1 bilden: Hat der Schuldner mit seiner *contestation* nur Gesetzeswidrigkeit (wegen Mietwuchers) eingewandt, so ist er später nach französischem Recht nicht gehindert, eine erneute *contestation* auf Willensmängel zu stützen.[376] Das „Bündelungsgebot" des § 767 Abs. 3 kann dem ausländischen Prozeß nicht nachträglich übergestülpt werden. Es ist, wie oben ausgeführt, Ausdruck spezifisch nationaler Wertungen zur Prozeßökonomie und beansprucht nicht universale Beachtung.[377]

Damit droht bei Anwendung der Gleichstellungsmaxime und der (herrschenden) Auffassung, daß deutsche Urteile nach § 767 keine Rechtskraftwirkung hinsichtlich des titulierten Anspruchs entfalten, eine *„Präklusionslücke"*. Denn die in Deutschland anerkannte Präklusionswirkung des im Ausland durchgeführten Vollstreckungsabwehrverfahrens bleibt dann sogar hinter der eines deutschen zurück (da § 767 Abs. 3 nicht anwendbar ist), selbst wenn das Recht des Urteilsstaates eine entsprechende Präklusion vorsähe und die Parteien sich darauf einstellen konnten. Dieses Defizit kann umso weniger toleriert werden, als umgekehrt eine *Aufhebung* der Vollstreckbarkeit im Erststaat, also ein Erfolg des Schuldners, im Inland nach absolut herrschender Auffassung stets zu beachten ist.[378] Es widerspräche elementaren Fairneßgrundsätzen und dem Prinzip der Waffengleichheit der Parteien, wenn ausländische Zweitentscheidungen stets

374 Diese Frage ist nämlich, wie oben dargestellt, für das Urteil nach § 767 umstritten.
375 Beispiel: Einstellung oder Aufhebung der Betreibung nach Art. 85 SchKG.
376 Ass. plén. 03.06.1994, D. 1994, 395. Näher oben im Kap. 2, Frankreich.
377 Ebenso im Ergebnis *Kallmann*, S. 356f.
378 Näher unten, Kap. 10, Exequatur, Abschn. V 2.

nur zu Lasten des Gläubigers wirken würden. Ein gut beratener Schuldner könnte dies systematisch nutzen, um seine Siegeschancen zu verdoppeln. Um diese Unbilligkeit zu verhindern, sollte die Rechtsprechung wenigstens eine der beiden oben eingehend kritisierten Positionen aufgeben: entweder das Gleichstellungsprinzip oder die verfehlte Auffassung vom Streitgegenstand der Vollstrekkungsabwehrklage.

b) Anerkennung nach Staatsverträgen

Im Bereich des GVÜ und der bilateralen Staatsverträge kann, anders als im autonomen Recht, nicht zweifelhaft sein, daß mit der Anerkennung des ausländischen Zweiturteils dessen (Präklusions-)Wirkung auf das Inland zu erstrecken ist.[379] Damit ist der Schuldner in den drei oben geschilderten Beispielsfällen 1.1–5.1 mit seinem Einwand präkludiert, da nach dem Recht der jeweiligen Urteilsstaaten die Rechtskraft des Zweiturteils die Einwendung präkludiert.

Dieses Ergebnis entspricht der Billigkeit, da sich der Schuldner auf das Recht dieser Staaten einstellen konnte und angesichts der zahlreichen konkurrierenden Zuständigkeiten für die Geltendmachung von Einwänden[380] durchaus die Wahl zwischen mehreren Foren hatte. Die Wirkungserstreckung vermeidet eine „asymmetrische“ Behandlung der Wirkungen erfolgreicher und erfolgloser Vollstrekkungsabwehrklage im Anerkennungsrecht.

---

[379] *Geimer*, RIW 76, 139 (142); *Kropholler*, EuZPR vor Art. 26, Rz. 9; *Geimer/Schütze*, EuZVR Art. 26 Rz. 1 f.; *Martiny*, Hdb. IZVR III/2 Kap. II Rz. 63, 70; MünchKomm ZPO-*Gottwald*, IZPR Art. 26 Rz. 2; *Schlosser*, GVÜ Art. 26 Rz. 2; für Gleichstellung aber *Schack*, IZPR Rz. 796. Unzutreffend daher *Geimer/Schütze*, Internationale Urteilsanerkennung Bd. II S. 233: „Hält das österreichische Gericht die Vollstreckungsgegenklage nicht für begründet, ... so ist das deutsche Gericht hieran nicht gebunden.“ (zum Exequaturverfahren nach dem Deutsch-Österreichischen Vertrag).

[380] Dazu unten Kap. 9, Zuständigkeit.

Kapitel 8

Begründetheit eines Vollstreckungsgegeneinwands: Anwendbares Recht

Neben der Frage der Präklusion stellt sich bei der Prüfung eines Einwands die Frage, welches Recht in der Sache anzuwenden ist. Gelten, wenn der Schuldner seinen Einwand gegen einen im Ausland bereits titulierten Anspruch richtet, Abweichungen vom allgemeinen Kollisionsrecht?

I. Stand der kollisionsrechtlichen Diskussion

Deutsche Gerichte prüfen Vollstreckungsgegeneinwände gegen ausländische Titel soweit ersichtlich stets nach deutschem Recht, häufig ohne deutlich zu machen, ob die Anwendung des deutschen Sachrechts auf einer Kollisionsregel des deutschen internationalen Privatrechts (IPR) beruht und wenn ja, auf welcher.[1] In der Literatur finden sich drei verschiedene Auffassungen. Manche wollen das nach den allgemeinen Regeln des *deutschen IPR* berufene Recht anwenden.[2] Verbreitet ist aber auch die Ansicht, das deutsche IPR sei „nicht maßgeblich",[3] statt dessen sei die Begründetheit der Einwände nach derselben *lex causae* zu prüfen, welche das *Erstgericht* seiner Entscheidung zugrunde gelegt habe.[4] Die Vertreter dieser Ansicht lassen dabei nicht erkennen, ob dies nur dann gelten soll, wenn sich die maßgeblichen Anknüpfungstatsachen[5] seit dem Erstprozeß nicht geändert haben, oder ob auch eine solche Änderung unbeachtlich sein, das Statut also

---

1 BGH NJW 83, 2773 (2774); BGH NJW 94, 1413 (1416); OLG München, IPRspr 80 Nr. 170; OLG Koblenz NJW 76, 488; OLG Bremen, IPRspr 77 Nr. 152; OLG Saarbrücken, NJW 88, 3100.

2 *Kallmann*, S. 358, unklar allerdings S. 380; ebenso wohl *Siehr*, FS *Bosch*, S. 927 (954).

3 *Zöller-Geimer*, § 722 Rz. 54a. Explizit gegen die Anwendung des deutschen IPR auch *Geimer*, IZPR Rz. 3115, *Schack*, IZVR Rz. 946.

4 *Schack*, IZVR Rz. 946; Cypra, S. 102; St/J-*Münzberg*, § 723 Rz. 3 (Fn. 4), der dabei zu Unrecht die Entscheidung BGH WM 94, 394 (399) (= BGH NJW 94, 1413) für sich in Anspruch nimmt; *Zöller-Geimer*, § 722 Rz. 54a; *ders.* IZPR, Rz. 2754, 3115, 3152; *ders. Geimer/Schütze-Geimer*, Internationale Urteilsanerkennung Bd. I/2, § 209 (S. 1628) (anders aber *dies.* a.a.O. II § 5 IV (S. 232)!). Für diese Lösung wohl auch schon *Carl L. von Bar*, § 450 (S. 495), jedenfalls für „kompliziertere" Einwände.

5 Eine weitere Frage wäre, ob hierfür das deutsche IPR oder das des Erststaates heranzuziehen wäre.

unwandelbar[6] werden soll. Als dritte Möglichkeit schlägt *Geimer* vor, das *IPR des Erststaates* anstelle des deutschen zur Ermittlung des Sachstatuts heranzuziehen.[7]

Die Begründungslast müssen die Auffassungen tragen, die ein Abweichen von den allgemeinen Regeln des IPR fordern. Sie berufen sich vor allem auf eine Förderung des internationalen Entscheidungseinklangs sowie eine Parallele zur Rechtslage im Rahmen der Abänderungsklage (§ 323).[8] Während das erste Argument eine neue, *besondere Kollisionsregel* für die Prüfung von Vollstreckungsgegeneinwänden postuliert, verweist das zweite indirekt auf die im Rahmen des § 323 vorherrschende Auffassung, die *Rechtskraft des Ersturteils* bewirke eine Bindung an das angewandte Recht.[9] Beide Begründungsansätze sind im folgenden näher zu prüfen, um festzustellen, ob sich eine Verdrängung des allgemeinen IPR bei Vollstreckungsgegeneinwänden rechtfertigen läßt. Vorher sollen einige Beispielsfälle die Problematik anschaulich verdeutlichen.

II. Beispielsfälle

Bei einfachen Einwendungen ist es für das Ergebnis oft unerheblich, nach welchem Recht die Begründetheit geprüft wird. In vielen Situationen kann es aber durchaus auf die Wahl des Statuts ankommen, selbst wenn es sich um scheinbar einfache Einwände wie Erfüllung oder Verjährung handelt: Bei der Erfüllung kann es ankommen auf die Zuordnung einer Leistung des Schuldners zu einer von mehreren offenen Forderungen (§ 366 BGB),[10] auf die Befreiungswirkung der Zahlung eines Dritten,[11] auf die Wirkung einer Zahlung zur Abwendung der Zwangsvollstreckung,[12] auf die Erfüllungswirkung bei Vollstreckungsakten,[13] auf die Wirkung einer Zahlung oder erfolgreichen Zwangsvollstreckung in einer

---

[6] Eine solche Unwandelbarkeit ordnet etwa Art. 18 Abs. 4 EGBGB an. Näher zur Unwandelbarkeit *Kropholler*, IPR § 28.

[7] *Geimer*, IZPR Rz. 2754, 3115, 3152; *Geimer/Schütze*, EuZVR Art. 36 Rz. 27; ebenso schon *Geimer/Schütze*, Internationale Urteilsanerkennung, Bd. I/2 § 209 (S. 628), anders aber *dies.* a.a.O. II § 5 IV (S. 232).

[8] *Geimer*, IZPR Rz. 3115; *Schack* Rz. 946; *Baumann*, IPRax 94, 435 (439).

[9] *Geimer*, IZPR Rz. 2754 bezeichnet die Anwendbarkeit des Erstrechts unter anderem als eine Auswirkung der Anerkennung, also eine Urteilswirkung. Er beruft sich dabei allerdings zu Unrecht auf OLG Düsseldorf, IPRax 82, 152 (= FamRZ 82, 631) (in Rz. 2754, Fn. 4). Die Entscheidung sprach sich gerade – im Gegensatz zur Revisionsentscheidung des BGH in derselben Sache (NJW 83, 1976) für eine Anwendung des *deutschen IPR* auf die Abänderungsklage aus.

[10] Zu den schon im deutschen Recht schwierigen Fragen BGH NJW 91, 2295; ZIP 99, 550; die IPR-Frage übersieht völlig OLG München, IPRspr 1979 Nr. 218 u. IPRspr 80 Nr. 170.

[11] Vgl. RGZ 98, 329 und die Ausführungen im Kapitel 5, USA, zum dortigen Recht.

[12] Schon im deutschen Recht komplex: *Kerwer*, S. 235 ff.

[13] Eingehend zum deutschen Recht *Kerwer* (1995).

„weicheren" als der Urteilswährung[14] und im Falle einer Aufrechnung auf Fragen der Gleichartigkeit, Konnexität und Fälligkeit.[15] Bei der Verjährung können unterschiedliche Vorstellungen über Beginn, Unterbrechung und Hemmung sowie über die Wirkung von Klagen gegen akzessorisch haftende Schuldner bestehen.[16]

In solchen Fällen spielt es, wie die nachfolgenden Beispiele zeigen, unter Umständen eine entscheidende Rolle, welcher der drei geschilderten Ansichten zum Kollisionsrecht man folgt.

1. Fall 5.2: Nachträgliche Aufrechnung gegen ein englisches/kanadisches Urteil

Variation 2 zu Fall 5. Zur Erinnerung: Der Schuldner ist in England / Kanada zur Zahlung einer Geldsumme verurteilt worden. Anschließend hat er eine Forderung gegen den Gläubiger erworben. Gegen die Zwangsvollstreckung in Deutschland wendet er ein, er habe inzwischen aufgerechnet. Der Gläubiger bestreitet die Gegenforderung und verweist darauf, daß eine Aufrechnung gegen die titulierte Urteilsforderung mit einem nachträglich erworbenen Anspruch nach englischem[17]/kanadischem[18] Recht ausgeschlossen ist.

Im vorigen Abschnitt waren wir zu dem Ergebnis gekommen, daß diese Einwendung nicht durch die Rechtskraft des englischen / kanadischen Urteils präkludiert ist, da die Aufrechnungssperre nicht als Rechtskraftwirkung sondern als materiellrechtliche Bestimmung zu qualifizieren ist.

---

[14] Eingehend *Bachmann* (1994). Vgl. außerdem in den USA: *Matter of James' Will,* 161 N.E. 201 (N.Y. C.A. 1928); *U.S. Nat. Bank v. U.S.*, 23 F.2d 927 (S.D. Texas 1928); Restatement Second, Conflict of Laws, § 116 Reporters' note (näher im Kap. 5, USA); in Frankreich: Civ. 1re, 19.11.1996, RCDIP 1997, 94.

[15] Vgl. BGH NJW 75, 1120; OLG Hamm NJW-RR 99, 1736.

[16] Illustrativ die Rechtsprechung des BGH zu Personengesellschaftern einerseits (BGHZ 104, 76 (81) – keine Berufung auf nachträgliche Verjährung der Hauptschuld) und Bürgen andererseits (BGH ZIP 99, 19 – Berufung auf nachträgliche Verjährung im Wege der Vollstreckungsabwehrklage möglich).

[17] *Whyte v. O'Brien* (1824) 1 Sim. & St. 551: *„It is not reasonable that a cross-demand thus subsequently acquired should delay the plaintiff from the benefit of his verdict, until the validity of this demand is ascertained by a second trial."* Diese Entscheidung ist geltendes Recht: *Wood*, Rz. 2–160. In anderen Rechtsordnungen sieht dies anders aus: vgl. zum kalifornischen Recht *Norman v. Berney* 45 Cal.Rptr. 467 (Cal. App. 1965); zum Schweizer Recht BGE 98 I a 353.

[18] In Kanada ist die Aufrechnung sogar dann ausgeschlossen, wenn die nachträglich erworbene Forderung ebenfalls tituliert ist: *Callio v. Russell Timber Co. Ltd.* (1942) SZR 346 (Canada S.Ct.); prägnant *Elliott's Executors v. Crocker* (1851) 1 Ontario Practice Reports (zitiert von *Wood*, Rz. 16–181): *„They should have paid the plaintiff instead of expending the money for the purpose of buying judgments"*.

Das englische / kanadische Gericht hat die Forderung nach englischem / kanadischem Recht zuerkannt. Nach deutschem IPR wäre Statut der Hauptforderung deutsches Recht; die Aufrechnung wird dem Statut der Hauptforderung unterstellt.[19]

2. Fall 8: Einwand nachträglicher Leistungsstörung

Eine deutsche Verkäuferin ist in Y durch Versäumnisurteil zur Lieferung verkaufter Waren verurteilt worden. Das Gericht hat den Anspruch nach seinem Heimatrecht beurteilt, da sich keine Partei auf die im Kaufvertrag enthaltene Rechtswahlklausel berufen hat, die deutsches Recht designiert.

Gegenüber der Vollstreckung des Urteils beruft sich die Schuldnerin darauf, sie habe inzwischen geliefert. Der Gläubiger wendet ein, er habe die Ware nicht erhalten. Wahrscheinlich ist die Ware auf dem Transport abhanden gekommen. Der Gläubiger legt ein Gutachten vor, daß nach dem Recht des Staates Y der Verkäufer in einem solchen Fall zur Nachlieferung verpflichtet ist. Die Schuldnerin beruft sich auf deutsches Recht, nach dem sie freigeworden ist (§ 275 Abs. 1 BGB).[20]

Abwandlung (Fall 8 B): Es handelt sich nicht um ein Versäumnisurteil, sondern im Erstprozeß wurde gestritten; dabei hat sich die Verkäuferin auf die Rechtswahlklausel berufen. Das Erstgericht hat die Klausel für unwirksam gehalten. Nach deutschem Recht wäre sie wirksam.

3. Fall 9: Abänderung eines Unterhaltsurteils nach Umzug des Gläubigers

Ein Gericht des Staates E hat den Vater zur Zahlung von Unterhalt für sein nichteheliches Kind verurteilt, als Kind und Mutter noch in E lebten. Inzwischen lebt das Kind in Deutschland. Es verklagt den Vater in Deutschland auf Abänderung (Erhöhung) des Unterhalts. Eine Erhöhung kommt nur in Betracht, wenn der Anspruch nach dem schuldnerfreundlicheren deutschen Recht beurteilt wird. Das Erstgericht hat das Recht von E angewandt. Das Kind stützt die Klage auf deutsches Recht, das nach deutschem IPR anwendbar sei.[21] Der Vater meint, das Recht von E bleibe maßgeblich.[22]

---

[19] *Kropholler*, IPR § 52 VII 5.

[20] Unterstellt, daß es sich – wie im Regelfall – nicht um eine Bringschuld handelte.

[21] Vgl. Art. 18 Abs. 1 EGBGB, Art. 4 Haager Unterhaltsübk. v. 2.10.1973 (BGBl. 1986 II, S. 837).

[22] Zur Beibehaltung des vom Erstgericht angewandten Rechts bei einem Wohnsitzwechsel des Unterhalts*schuldners* BGH NJW 87, 1146 (1147 f.).

III. Rechtskraft der Entscheidung des Erstgerichts über das anwendbare Recht

Entfaltet das Ersturteil eine Bindungswirkung hinsichtlich des auf den titulierten Anspruch anwendbaren Rechts, so ist diese bei der Prüfung von nachträglichen Einwänden zu berücksichtigen. Eine solche Bindungswirkung müßte auf der Anerkennung der Rechtskraft des Ersturteils beruhen, ebenso wie die oben ausführlich diskutierte Präklusionswirkung. Das Gebot, auf nachträgliche Einwände das vom Erstgericht zugrunde gelegte Recht anzuwenden, wäre dann nur die Kehrseite des Verbots einer kollisionsrechtlichen *révision au fond.*[23]

Der Umfang der anzuerkennenden Rechtskraft des Ersturteils kann auch hier wieder entweder dem Prozeßrecht des Erststaates entnommen werden (Wirkungserstreckung) oder, indem das ausländische Urteil einem entsprechenden deutschen gleichgestellt wird, dem deutschen Prozeßrecht. Auch die – abzulehnende – Möglichkeit einer materiellrechtlichen Qualifikation mit der Folge, daß die *lex causae* zu befragen ist, besteht wieder.[24] Insofern kann auf die oben zur Präklusionswirkung des Ersturteils angestellten Überlegungen verwiesen werden.

1. Bindungswirkung bei Wirkungserstreckung

Bei Wirkungserstreckung sind die Regeln des deutschen internationalen Privatrechts ausgeschaltet, wenn das Prozeßrecht des Erststaates eine Rechtskraftbindung an das für anwendbar erklärte Sachrecht vorsieht. So wäre im Beispielsfall 5.2 englisches oder kanadisches Recht auf die Aufrechnung, im Fall 8 das Recht von Y auf die nachträgliche Unmöglichkeit anzuwenden, wenn das Recht des Erstgerichts eine Bindungswirkung dieser präjudiziellen Feststellung vorsieht. Im Beispielsfall 8 würde damit aus Sicht des deutschen IPR eine Fehlentscheidung perpetuiert, da der expliziten Rechtswahl der Parteien nicht Rechnung getragen würde. Diese Gefahr ist jedoch dem Wesen der Rechtskraft inhärent und daher *per se* noch kein Argument gegen die Erstreckung der Rechtskraftwirkung auch dann, wenn sie die Bestimmung des anwendbaren Rechts umfaßt. Auch ist zu bedenken, daß Rechte wie das englische und amerikanische eine solche Bindung an präjudizielle Feststellungen (*issue estoppel*) nur dann vorsehen, wenn über die Frage auch gestritten wurde (also nicht im Fall 8, sondern nur im Fall 8

[23] So wohl *Geimer*, der von einer „Auswirkung der Anerkennung auf das IPR im Folgeverfahren" spricht (*Zöller-Geimer*, § 328 Rz. 16; *Geimer*, IZPR Rz. 2754). Die von *Geimer* zum Beleg zitierte Rechtsprechung (BGH NJW 83, 1976; BGH FamRZ 87, 370 (= NJW 87, 1146); OLG Düsseldorf, IPRax 82, 152) betrifft stets Unterhaltsansprüche; ob sie den von *Geimer* gezogenen allgemeinen Schluß trägt, wird unten untersucht werden.

[24] So eine in der Literatur gelegentlich vertretene Ansicht: *Spellenberg*, IPRax 84, 304 (306ff.); *Grunsky*, ZZP 89 (1976), 241 (258f.).

B), und die Bindung endet, wenn zwischenzeitlich neue, für die Bestimmung der *lex causae* relevante Tatsachen eingetreten sind (wie der Umzug des Gläubigers im Unterhaltsbeispiel, Fall 9).

Im *Bereich des GVÜ* ist die Wirkungserstreckung, wie oben ausgeführt, zwingend.[25] Art. 34 Abs. 3 GVÜ macht deutlich, daß eine kollisionsrechtliche *révision au fond* nur innerhalb der Grenzen des Art. 27 Nr. 4 GVÜ zulässig ist. Falsch ist allerdings, aus dieser Vorschrift auf eine über die Rechtskraft nach Erstrecht *hinausgehende* Bindung an die angewandte *lex causae* zu schließen, wie *Cypra*[26] dies tut. Es gibt keinerlei Anhaltspunkt dafür, daß das GVÜ einer Entscheidung insofern mehr Wirkungen verleihen will, als sie im Erststaat besitzt. Um die Umsetzung der Wirkungserstreckung zu erleichtern, könnte das AVAG präzisieren, daß die Bindung an die im Erstprozeß angewandte *lex causae* – wie der Umfang des Vollstreckungsanspruchs für und gegen andere als die im Titel Genannten (§ 6 Abs. 1 AVAG)[27] – „nach dem Recht des Staates zu entscheiden [ist], in dem der Schuldtitel errichtet ist".

Im *autonomen Recht* wollen viele Autoren, die für eine Wirkungserstreckung eintreten, diese – insbesondere wenn das ausländische Recht eine Bindung an präjudizielle Feststellungen vorsieht – begrenzen auf die auch dem deutschen Recht bekannten Wirkungen.[28] Damit wird eine Angleichung an das Ergebnis einer Gleichstellung vorgenommen, das nun zu untersuchen ist.

2. Bindungswirkung bei Gleichstellung

Folgt man der Gleichstellungs- oder Kumulationslehre zur Bestimmung der in Deutschland anzuerkennenden Wirkungen des ausländischen Urteils, so ist zunächst zu prüfen, ob denn bei *deutschen* Urteilen die Feststellung des anwendbaren Rechts in Rechtskraft erwächst. Bei Entscheidungen über zukünftige Ansprüche ist dies nach der – allerdings verfehlten – Auffassung der Rechtsprechung zu § 323 wohl der Fall. Manche vertreten eine ähnliche Bindungswirkung auch für nicht zukunftsbezogene Urteile. Dies widerspricht jedoch den allgemeinen Rechtskraftgrundsätzen und ist abzulehnen.

---

[25] Unzutreffend daher *Cypra*, S. 102 (Fn. 416), der deutsches Recht heranzieht, um die Bindung an die angewandte lex causae zu prüfen.

[26] S. 102.

[27] Dazu OLG Hamburg, IPRax 95, 391 m. zust. Bespr. *Mansel*, IPRax 95, 362 (365).

[28] Ausführlich zu den verschiedenen Ansätzen oben, Kap. 7, Präklusion.

a) Rechtskraft von Urteilen über zukünftige Ansprüche: Rechtsprechung zu § 323 bei ausländischen Unterhaltstiteln

In seiner Leitentscheidung zur *Abänderungsklage* gegen *ausländische* Titel entschied der Bundesgerichtshof 1983[29] gegen die Vorinstanz,[30] daß jedenfalls dann, wenn zwischenzeitlich kein Statutenwechsel stattgefunden habe, das dem abzuändernden Titel zugrunde liegende Sachrecht „nicht austauschbar" sei und auch bei der Prüfung der Abänderung angewandt werden müsse. Dies war in dem vom BGH zu prüfenden Fall insofern entscheidungserheblich, als das Erstgericht sein eigenes (jugoslawisches) materielles Unterhaltsrecht angewandt hatte und nicht das nach deutschem IPR[31] anzuwendende Wohnsitzrecht des Gläubigers (im konkreten Falle: deutsches Recht). Der BGH begründete dies mit der Erwägung, § 323 ermögliche „weder eine von der bisherigen Unterhaltsbemessung unabhängige Neufestsetzung des Unterhalts noch eine abweichende Beurteilung der Verhältnisse, die bereits in dem abzuändernden Titel eine Bewertung erfahren haben."[32]

Die Position des BGH bedeutet, daß die Feststellung des anwendbaren Rechts durch das Erstgericht ebenso an der Rechtskraft teilhat wie die Beurteilung der für die Unterhaltsbestimmung relevanten tatsächlichen Verhältnisse zur Zeit des Erstverfahrens. Ungeklärt ist, wie sich diese Position zu dem für Inlandssachverhalte aufgestellten Grundsatz verhält, der Zweitrichter sei im Rahmen des § 323 nicht an die vom Erstrichter angewandten Rechtsgrundsätze gebunden, sondern nur an dessen tatsächliche Feststellungen (z.B. zu den Lebensverhältnissen).[33] Jedenfalls sind der Leitentscheidung von 1983 spätere Entscheidungen gefolgt[34] und sie hat auch in der Literatur verbreitet Zustimmung gefunden.[35]

Allerdings nimmt die zustimmende Literatur stets an, die Festlegung des Statuts aufgrund der Rechtskraft des Ersturteils gelte nur solange, wie sich die maßgeblichen Anknüpfungstatsachen nicht geändert haben, ein Statutenwechsel

---

[29] BGH NJW 93, 1976.

[30] OLG Düsseldorf, IPRax 82, 152 (153).

[31] Art. 1 Abs. 1 und 2 Haager Unterhaltsübk.

[32] BGH NJW 83, 1976 (1978).

[33] OLG Koblenz, FamRZ 91, 210; vgl. auch BGH FamRZ 87, 258.

[34] BGH FamRZ 92, 1060 (1062); OLG Köln, IPRax 88, 30 (31); IPRax 89, 53; OLG *Karls*ruhe IPRax 89, 1210; OLG Celle FamRZ 93, 103 (104); KG FamRZ 94, 759 (761). BGH NJW 87, 1146 (1147 f.) hat sich ebenfalls für die Beibehaltung des vom Erstgericht angewandten Rechts ausgesprochen. Die Entscheidung geht sogar über den Bereich von § 323 hinaus, da der BGH offenläßt, ob es sich bei dem geltend gemachten Einwand um einen Abänderungsgrund oder um einen Vollstreckungsgegeneinwand handelt. Allerdings betrifft der Fall wieder einen ausländischen Unterhaltstitel. Die Entscheidung läßt sich nicht ohne weiteres auf alle Leistungstitel übertragen.

[35] St/J-*Leipold*, § 323 Rz. 17; MünchKomm BGB-Winkler v. Mohrenfels, EGBGB Art. 17 Rz. 160; *Schack*, IZVR Rz. 1015; *Spellenberg*, IPRax 84, 304 (308); *Baumann*, IPRax 94, 435 (439); *Krefft*, Vollstreckung und Abänderung ausländischer Entscheidungen, S. 71 ff.

also nicht eingetreten ist.[36] Andernfalls würde eine Unwandelbarkeit des Statuts[37] allein aufgrund der Titulierung des Anspruchs eintreten – ein bei zukünftigen Ansprüchen kaum vertretbares Ergebnis. Im Beispielsfall 9 würde also auch die herrschende Meinung in der Literatur davon ausgehen, daß der durch die Übersiedlung des Unterhaltsgläubigers eingetretene Statutenwechsel zu berücksichtigen und nunmehr das vom deutschen IPR berufene deutsche Recht anzuwenden ist.[38]

Andererseits betonen der BGH und die ihm folgende Literatur zu Recht, eine Abänderung könne nicht allein darauf gestützt werden, daß nach deutschem IPR ein anderes als das vom Erstgericht angewandte Recht berufen wäre und daß die Anwendung dieses Rechts auch zu einem anderen Ergebnis in der Sache führen würde.[39] Eine solche „Abänderung" wäre nämlich nichts anderes als eine *révision au fond.*

Problematisch ist der „mittlere Fall", in dem sich die tatsächlichen Umstände, die für die Bemessung des Unterhalts maßgeblich waren, wesentlich[40] verändert haben, während die anknüpfungsrelevanten Tatsachen gleichgeblieben sind. Für diesen Fall postuliert der BGH ein Festhalten an der vom Erstgericht angewandten *lex causae,* während viele Autoren fordern, das Statut nach den Regeln des deutschen IPR neu zu bestimmen.[41]

Kritik an der Lösung des BGH stützt sich unter anderem auf Art. 18 Abs. 4 EGBGB, der Art. 8 des Haager Übereinkommen über das auf Unterhaltspflichten anzuwendende Recht[42] entspricht. Nach dieser Vorschrift ist das Unterhaltsstatut, das einem Scheidungsurteil zugrunde liegt, versteinert und deshalb auch für spätere Entscheidungen über die Abänderung des Unterhalts maßgeblich. Manche Autoren[43] ziehen hieraus den *Gegenschluß*, das Haager Übereinkommen lasse eine Versteinerung des Unterhaltsstatutes *nur* in diesem Falle zu und bestehe im übrigen auf der Durchsetzung der beweglichen Anknüpfung an das Aufenthaltsrecht nach Art. 4 des Übereinkommens (Art. 18 Abs. 1 EGBGB). Sie verkennen damit, daß das Haager Übereinkommen ebenso wie das EGBGB nur

---

[36] *Spellenberg*, IPRax 84, 303 (308); St/J-*Leipold*, § 323 Rz. 17; *Krefft*, Vollstreckung und Abänderung ausländischer Entscheidungen, S. 73 f.

[37] Dazu *Kropholler*, IPR § 28.

[38] Der BGH hat die Frage, ob ein Statutenwechsel zu beachten wäre, allerdings in seiner Leitentscheidung noch offengelassen: BGH NJW 83, 1976 (1978).

[39] *Spellenberg*, IPRax 84, 303 (308). Diese Auffassung teilen auch Autoren, die der herrschenden Meinung im übrigen die Gefolgschaft verweigern: vgl. *Kartzke*, NJW 88, 104 (107 f.); *Rahm/Künkel*-Breuer, VIII Rz. 331.

[40] Vgl. § 323 Abs. 1.

[41] *Siehr*, FS *Bosch*, S. 927 (957); ders., MünchKomm BGB, EGBGB Anh. I zu Art. 18 Rz. 320, 322, 326; MünchKomm ZPO-*Gottwald*, § 323 Rz. 96; *Kartzke*, NJW 88, 104 (107); *Musger*, IPRax 92, 108 (111 f.); *Rahm/Künkel*-Breuer, VIII Rz. 331; *Henrich*, IPRax 88, 21 (22); *Kropholler*, ZfJ 77, 105 (111).

[42] Vom 02.10.1973, BGBl. 1986 II, S. 837.

[43] Besonders dezidiert *Kartzke*, NJW 88, 104 (105 f.); *Rahm/Künkel*-Breuer, VIII Rz. 331.

Kollisionsregeln enthält, nicht aber Regeln zur Reichweite der Rechtskraft eines Urteils. Soweit die Rechtskraftwirkung des Ersturteils reicht, steht das Verbot der *révision au fond* der Anwendung eigener Kollisionsregeln entgegen. Dem Übereinkommen aber etwa auch eine zivilprozessuale Regelung der Rechtskraft zu entnehmen, ginge zu weit. Allein der zweifelhafte Gegenschluß aus Art. 8 Abs. 1 des Übereinkommens jedenfalls trägt eine so weitgehende Annahme nicht.[44]

Stichhaltiger ist eine Kritik, die den Standpunkt des BGH zur Abänderungsklage am Maßstab allgemeiner Rechtskraftregeln mißt.[45] Nach diesen Regeln kann die Rechtskraftbindung hinsichtlich der zukunftsbezogenen Aussage eines Urteils nicht verletzt sein, wenn dem Gericht ein *neuer Sachverhalt* unterbreitet wurde, der sich erheblich (§ 323 Abs. 1) von dem zuvor geprüften unterscheidet. Das Gericht setzt sich nicht in Widerspruch zu der früheren Entscheidung, wenn es auf einen neuen Sachverhalt nicht dasselbe Recht, sondern ein anderes anwendet. Andernfalls würde man für zukunftsbezogene Urteile eine Bindung an die Entscheidungs*grundlagen* einführen, die sonst nicht gilt. Die stets wiederkehrende Formulierung der Rechtsprechung, „das dem abzuändernden Titel zugrunde liegende Sachrecht [sei] nicht austauschbar"[46] kann nur eine erneute Beurteilung desselben Streitgegenstandes betreffen. Soweit dagegen neue Tatsachen beurteilt werden sollen, kann von einem „Austausch" des Sachrechts nicht die Rede sein. Die Rechtsprechung hat sich dieser Argumentation aber bisher wohl nicht angeschlossen.[47]

Zusammenfassend ist für zukunftsbezogene Urteile (§§ 258, 323) festzuhalten, daß die Rechtsprechung und der wohl überwiegende Teil der Literatur Einwände gegen den titulierten Anspruch[48] nach dem vom Erstgericht zugrunde gelegten Recht prüfen wollen, wenn sich nicht die anknüpfungsrelevanten Tatsachen geändert haben. Diese Ansicht beruht auf zwei abzulehnenden Prämissen: Erstens der *Gleichstellung* (statt Wirkungserstreckung) aufgrund Anerkennung, d.h. Bestimmung der Rechtskraftwirkung ausländischer Urteile nach der deutschen *lex fori* und zweitens einer extensiven Auffassung von der Rechtskraftbindung (Widerspruchsverbot) nach deutschem Recht bei Urteilen über zukünftige Ansprüche, die eine Bindung an das angewandte Recht behauptet.[49]

---

[44] Anders wohl *Kartzke*, NJW 88, 104 (105f.).

[45] So vor allem MünchKomm ZPO-*Gottwald*, § 323 Rz. 96, wohl auch *Rahm/Künkel-Breuer*, VIII Rz. 331.

[46] BGH NJW 83, 1976 (1978) und ständig.

[47] Die Entscheidung BGH IPRax 94, 134 (135) überrascht zwar durch Anwendung des bundesdeutschen IPR im Rahmen der Abänderung eines Urteils aus der ehemaligen DDR, dies dürfte jedoch auf Besonderheiten des Vereinigungsrechts zurückzuführen sein (*Stankewitsch*, IPRax 94, 103 (107)).

[48] Dies gilt nach BGH NJW 87, 1146 (1147f.) nicht nur für Einwände, die auf die Abänderung des Titels (§ 323) zielen, sondern auch für Vollstreckungsgegeneinwände.

[49] Diese Auffassung wird schon bei Abänderungsklagen in Inlandsfällen nicht durchgehalten, vgl. OLG Koblenz, FamRZ 91, 210; BGH FamRZ 87, 258.

b) Rechtskraft nach allgemeinen Grundsätzen

Die geschilderte Rechtsprechung zu § 323 wirft die Frage auf, ob ganz allgemein nach deutschem Zivilprozeßrecht Urteile eine Bindungswirkung hinsichtlich des auf den Anspruch anwendbaren Rechts entfalten. Diese Frage taucht nicht nur dann auf, wenn – wie in den oben geschilderten Beispielen – Einwände gegen einen im Ausland titulierten Anspruch erhoben werden. Sie stellt sich bereits dann, wenn der Schuldner in Deutschland Vollstreckungsabwehrklage gegen ein deutsches Urteil erhebt, das Feststellungen über das anwendbare Recht enthält. Praktisch wird die Frage der Bindungswirkung in diesen Fällen selten auftreten, weil nach § 767 Abs. 1 dasselbe Gericht über die Vollstreckungsabwehrklage entscheidet, das auch das Ersturteil gefällt hat. Handelt es sich dagegen um ein ausländisches Urteil, so wird das deutsche Gericht zum ersten Mal mit der Sache befaßt und da das IPR des Erststaats sich nicht selten vom deutschen unterscheiden wird, sind abweichende Auffassungen über die *lex causae* leicht möglich. Es hat aber durchaus heuristischen Wert, sich zunächst die Frage zu stellen, ob ein deutsches Gericht im Rahmen der Vollstreckungsabwehrklage an seine *eigene* frühere Einschätzung über das auf den titulierten Anspruch anwendbare Recht gebunden wäre.

Die Frage, ob die rechtliche Qualifikation eines titulierten Anspruchs im Urteil in Rechtskraft erwächst, fasziniert als Thema im Grenzbereich von Prozeßrecht und materiellem Recht seit langem die Literatur.[50] Manche meinen, „neue Tatsachen können … die rechtskräftige Feststellung nur beseitigen, wenn sie *auf Grund der im rechtskräftigen Urteil vorgenommenen rechtlichen Einordnung* relevant sind."[51] Nach der Abgrenzungsformel der wohl herrschenden Meinung nimmt eine rechtliche Qualifikation aber nur als Element des Subsumtionsschlusses an der Rechtskraft teil, und nur, soweit es um die Einordnung und Bedeutung dieses Schlusses selbst (z.B. des titulierten Anspruchs) geht.[52] In der Literatur wird folgendes Beispiel viel diskutiert:[53] Der Kläger hat ein Urteil auf Schadensersatz wegen einer vorsätzlichen unerlaubten Handlung erwirkt. Der Schuldner erhebt Vollstreckungsabwehrklage unter Berufung auf die Aufrechnung mit einer nach Urteilserlaß erworbenen Gegenforderung. Der Gläubiger hält ihm das Aufrechnungsverbot des § 393 BGB entgegen. Der Bundesgerichtshof hat in einem Fall, der allerdings eine andere Konstellation betraf, entschieden, die Rechtskraft des Ersturteils umfasse zwar die Feststellung der Anspruchs-

---

[50] St/J-*Leipold*, § 322 Rz. 124ff.; eingehend *Bader* (1966); *Peetz* (1976), jew. m. zahlr. Nachw.

[51] St/J-*Leipold*, § 322 Rz. 129 (Hervorhebg. d. Verf.) m.w.N.

[52] BGHZ 42, 340 (350ff.); *Rosenberg/Schwab/Gottwald* § 153 III 4; *Thomas/Putzo*, § 322 Rz. 19; MünchKomm ZPO-*Gottwald* § 322 Rz. 86f.

[53] *Bader*, S. 25; *Peetz*, S. 3; *Becker*, S. 169; MünchKomm ZPO-*Gottwald* § 322 Rz. 86; St/J-*Leipold*, § 322 Rz. 128, 130.

grundlage unerlaubte Handlung, nicht aber die des Vorsatzes.[54] Diese Entscheidung hat überwiegende Zustimmung gefunden,[55] wird aber auch gelegentlich als inkonsequent kritisiert.[56] Alternativ wird vorgeschlagen, die Rechtskraft umfasse alle Feststellungen, die im Erstprozeß notwendig zu treffen waren, um den titulierten Anspruch zu begründen.[57] Gegen diese Einschränkung wird eingewandt, es sei wenig wünschenswert, daß der Zweitrichter sich Gedanken über eine alternative Begründung für das Ergebnis des Erstprozesses machen müsse und die Rechtskraftwirkung davon abhänge, ob er eine findet.[58]

Als Zwischenergebnis ist festzuhalten, daß nach einer verbreiteten Literaturmeinung, die in einer (allerdings nicht näher begründeten) Entscheidung des BGH[59] eine Stütze findet, eine Bindung an die rechtliche Qualifikation des Anspruchs eintritt. Die vom Erstgericht vorgenommene rechtliche Einordnung des Anspruchs ist danach zu beachten, wenn gegenüber dem Anspruch später neue Tatsachen eingewandt werden, deren Erheblichkeit von der Einordnung abhängt. Zwar wird von der Literatur die Bindung an eine internationalprivatrechtliche Einordnung nicht explizit diskutiert, sie wäre aber wohl eine Konsequenz ihrer Ausführungen.

Wendet man auf der Basis dieser Meinung die Gleichstellungslehre an, so ergibt sich eine Bindung an die vom ausländischen Erstrichter zugrunde gelegte *lex causae*, unabhängig davon, ob diese Bindung nach dem Recht des Erststaates vorgesehen ist. Im Beispielsfall 5.2 wäre also – obwohl das deutsche IPR zur deutschen *lex causae* und damit zur Zulässigkeit der Aufrechnung käme – das vom Erstgericht zugrunde gelegte englische / kanadische Recht als Statut der Hauptforderung anzusehen und die Aufrechnung daher abzulehnen. Im Beispielsfall 8 bliebe der Schuldner zur Nachlieferung nach der vom Erstgericht angewandten *lex causae* verpflichtet, obwohl die in dem Versäumnisurteil getroffene Feststellung zum anwendbaren Recht nach dem Recht des Erststaates unter Umständen keine Bindungswirkung entfaltet.[60] Dies ist eine typische Konsequenz der Gleichstellungslehre, die allerdings hier, da die Festlegung des anwendbaren Rechts erhebliche Konsequenzen haben kann, für die Parteien besonders überraschend und belastend sein mag.

Diese Konsequenz ergibt sich allerdings nur, wenn man für das deutsche Recht tatsächlich eine Rechtskraftbindung an das angewandte Statut annimmt. Eine solche Bindung wäre jedoch verfehlt. Die Bestimmung des anwendbaren Rechts

---

54 BGH LM § 322 Nr. 2.

55 *Habscheid*, Der Streitgegenstand im Zivilprozeß, S. 126ff.;. St/J-*Leipold*, § 322 Rz. 130; *Becker* S. 170 m.w.N. zur Gegenmeinung (Fn. 49).

56 Götz, JZ 59, 681 (685); *Bader*, S. 48 m.w.N.

57 *Bader* S. 57ff.; *Peetz* S. 165ff.

58 St/J-*Leipold*, § 322 Rz. 132.

59 BGH LM § 322 Nr. 2.

60 So entfalten z.B. in den USA Versäumnisurteile regelmäßig keine *issue estoppel*-Wirkung, s.o. Kap. 5, USA.

ist eine geradezu klassische Vorfrage,[61] auf welche die allgemeine Regel anzuwenden ist, daß präjudizielle Feststellungen nicht in Rechtskraft erwachsen. Die Rechtsprechung hat sich auch bisher zu der Literaturthese von einer Rechtskraft für rechtliche Einordnungen des Erstrichters, soweit ersichtlich, nicht näher geäußert. Gegen diese These spricht, daß sie zwar teilweise der französischen Lehre von den *motifs, qui constituent le soutien nécessaire du dispositif* und den *motifs décisoires*[62] sehr nahe kommt und auch Ähnlichkeiten zur *collateral estoppel* – Wirkung des englischen und amerikanischen Rechts aufweist, diesen aber in mehrfacher Hinsicht unterlegen ist. Zum einen leistet die Literatur zu dieser These bisher keine befriedigende Abgrenzung zwischen Feststellungen, die „besonders eng mit dem titulierten Anspruch verknüpft"[63] sind und deshalb in Rechtskraft erwachsen sollen und anderen, wie der Wirksamkeit des zugrunde liegenden Vertrages.[64] Zum anderen erscheint sie für die Parteien noch gefährlicher als die genannten – in der Anerkennungsdiskussion nicht selten als *ordre-public*-widrig bezeichneten (!)[65] – ausländischen Wirkungen, da sie nicht darauf abstellt, ob die rechtliche Einordnung auf der Basis einer streitigen Auseinandersetzung oder nur beiläufig erfolgte. Es ist äußerst zweifelhaft, ob die Rechtsprechung die These in allen Folgen akzeptieren würde, insbesondere der Möglichkeit, ein Urteil nur wegen der vorgenommenen rechtlichen Qualifikation mit einem Rechtsmittel anzugreifen.[66] Bezeichnend ist insofern, daß die Rechtsprechung bisher nicht einmal eine Feststellungsklage über die anwendbare *lex causae* zuläßt.[67]

Zusammenfassend ist festzuhalten, daß eine allgemeine (nicht auf zukunftsbezogene Urteile beschränkte) Bindung an die vom Erstgericht angewandte *lex causae* unter der Gleichstellungslehre sich zwar auf eine Literaturmeinung zum deutschen Recht stützen könnte, letztlich aber verfehlt wäre. Sie würde auf der – abzulehnenden – Prämisse beruhen, im deutschen Prozeßrecht erstrecke sich die Rechtskraft auf die rechtliche Qualifikation des Anspruchs einschließlich der anwendbaren *lex causae*, gleichviel, ob über diese Qualifikation gestritten wurde und ob sie zur Begründung des titulierten Anspruchs notwendig war.[68]

---

[61] Vgl. BGHZ 42, 340 (350, 352 ff.) zur Abgrenzung des rechtskräftigen Entscheidungsinhalts von bloß gemeinsamen Vorfragen.

[62] S.o. Kap. 2, Frankreich.

[63] Vgl. St/J-*Leipold*, § 322 Rzn. 125, 130.

[64] Vgl. die Kritik von MünchKomm ZPO-*Gottwald* § 322 Rz. 86 f.

[65] *Müller*, ZZP 79 (1966), 199 (205 f.); näher bereits im Kap. 7, Präklusion.

[66] St/J-*Leipold*, § 322 Rzn. 126.

[67] OLG Düsseldorf, RIW 98, 967 (968).

[68] Abweichend im letzten Punkt *Bader*, S. 57 ff.; *Peetz* S. 165 ff.

IV. Besondere Kollisionsregel für Vollstreckungsgegeneinwände

Wie soeben ausgeführt, rechtfertigt die materielle Rechtskraft des Ersturteils ein Festhalten an dem vom Erstgericht angewandten Statut nur dann, wenn man der Wirkungserstreckungslehre folgt *und* das Erstrecht eine entsprechende Bindung vorsieht. Für alle anderen Fälle bleibt zu erwägen, ob sich ein Festhalten an dem angewandten Statut auf eine besondere Kollisionsregel für Vollstreckungsgegeneinwände stützen läßt.

Gesetzgebung und Rechtsprechung haben eine allgemeine Kollisionsregel, die speziell das auf Vollstreckungsgegeneinwände anzuwendende Recht betrifft, bisher nicht entwickelt. So betrifft etwa die in Art. 18 Abs. 4 EGBGB angeordnete Versteinerung des Unterhaltsstatuts nur eine bestimmte Konstellation, nämlich einen durch Scheidungsurteil titulierten Unterhaltsanspruch. Die Ausführungsverordnungen zu zwei bilateralen Abkommen sehen aber eine besondere Kollisionsregel für Vollstreckungsgegeneinwände vor (1). Außerhalb der Abkommen könnte eine entsprechende Regel in Analogie zu diesen Vorschriften gelten (2).

1. Art. 4 S. 1 AusfVO zum Deutsch-Schweizerischen und Deutsch-Italienischen Abkommen

Nach Art. 4 S. 1 AusfVO zum Deutsch-Schweizerischen und Deutsch-Italienischen Abkommen kann der Schuldner Einwände durch Widerspruch gegen die Vollstreckbarerklärung geltend machen, „soweit diese nach schweizerischem [italienischem] Recht gegenüber der Entscheidung oder dem Vergleich zulässig sind."

Die Formulierung läßt nicht klar erkennen, ob dieser Verweis auf das Recht des Erststaates sich nur auf den Umfang der Rechtskraftwirkung bezieht oder auch auf die anzuwendende *lex causae*. Die mit der Vorschrift wohl angestrebte Entscheidungsharmonie spricht für eine weite Auslegung, nach der auch das maßgebliche Statut dem Recht des Erststaates zu entnehmen ist. Damit enthält Art. 4 S. 1 AusfVO zum Deutsch-Schweizerischen und Deutsch-Italienischen Übereinkommen auch eine Kollisionsregel. Diese verweist allerdings weder auf das materielle Recht des Erststaates noch etwa auf das vom Erstrichter angewandte Statut. Denn sonst müßte das deutsche Gericht das materielle Recht des Erststaates anwenden, selbst wenn das Erstgericht ein anderes Statut angewandt hat[69] oder obwohl das schweizerische IPR ein anderes Statut beruft. Auch ist der schweizerische Zweitrichter ebenfalls nicht an die Feststellung des Erstrichters zum maßgeblichen Statut gebunden,[70] so daß eine Bindung des deutschen Rich-

[69] In diesem Sinne auch *Kallmann*, S. 358 ff. u. 380, Fn. 33.

[70] Vgl. *Habscheid*, Schweizerisches Zivilprozess- und Gerichtsorganisationsrecht § 41 I

ters der Entscheidungsharmonie widerspräche. Vielmehr verweist die Kollisionsnorm auf das schweizerische IPR, da ein schweizerischer Zweitrichter dieses anzuwenden hätte.[71]

Die Anwendbarkeit des IPR des Erststaates ergibt sich also im Bereich dieser Abkommen aus einer besonderen, positiven Kollisionsregel und nicht schon aus der Wirkungserstreckung. Den Abkommen liegt nicht die Vorstellung zugrunde, die Rechtskraft beziehe sich auf das im Ersturteil angewandte Recht.[72] Die genannten AusfVOen ordnen deshalb nicht etwa die Beibehaltung des im Erstprozeß angewandten Statuts an, sondern verweisen auf das IPR des Erststaates.

2. Analogie und Rechtsfortbildung

Das in der Literatur verschiedentlich vertretene, aber nicht näher begründete Festhalten an dem vom Erstgericht angewandten Statut könnte durch eine besondere Kollisionsregel gerechtfertigt sein, die in Analogie oder Rechtsfortbildung auf Basis der genannten Einzelregelungen der AusfVOen zu gewinnen wäre. Die neue Kollisionsregel könnte entweder nur dann auf das vom Erstgericht angewandte Recht verweisen, wenn sich zwischenzeitlich die Anknüpfungstatsachen nicht geändert haben oder das vom Erstgericht bestimmte Statut auch bei einer Änderung dieser Tatsachen als unwandelbar fixieren. Schließlich könnte die Regel analog Art. 4 S. 1 AusfVO zum Deutsch-Schweizerischen und Deutsch-Italienischen Abkommen nicht auf das vom Erstgericht angewandte Statut, sondern auf das IPR des Erststaates verweisen.

a) Beibehaltung des vom Erstgericht angewandten Rechts bei unveränderten Anknüpfungstatsachen

Eine Rechtsfortbildung hat sich zunächst an den vorhandenen gesetzlichen Normen und der aus ihnen erkennbaren Bewertung der einschlägigen kollisionsrechtlichen Interessen zu orientieren.[73]

Für eine Verweisung auf das vom Erstgericht angewandte Statut spricht *prima facie* der Entscheidungseinklang.[74] Ihm ist allerdings nur dann wirklich gedient, wenn auch im Erststaat bei einem Zweitprozeß das vom Erstgericht angewandte

---

Rz. 489f. Soweit eine Bindung einträte, wäre sie bereits aufgrund der Erstreckung der Präklusionswirkung durch Art. 4 S. 1 AusfVO zu beachten (siehe voriger Abschnitt III zur Präklusion). Eine besondere Kollisionsregel zur Wahrung der Entscheidungsharmonie wäre überflüssig.

[71] Ebenso *Kallmann*, S. 380, Fn. 33, weniger klar *ders.* S. 358ff.

[72] *Kallmann*, S. 358.

[73] MünchKomm BGB-*Sonnenberger*, Einl. IPR Rz. 256.

[74] Dieses Argument klingt insbesondere bei *Geimer*, IZPR Rz. 3115, 3152, *Schack*, IZVR Rz. 946 und *Baumann*, IPRax 94, 435 (439) an.

Recht maßgeblich wäre. Hiervon kann man als sicher nur dann ausgehen, wenn nach dem Recht des Erststaates die Festlegung des anwendbaren Rechts durch das Erstgericht in Rechtskraft erwächst. Dem Entscheidungseinklang wäre daher weniger durch eine besondere Kollisionsregel für das Sachstatut gedient, als durch die Wirkungserstreckung der nach dem Prozeßrecht des Erststaates eintretenden Rechtskraftbindung, sofern diese auch das angewandte Recht umfaßt. Die Wirkungserstreckung als Kollisionsregel für die prozessualen Entscheidungswirkungen lehnen jedoch überraschenderweise dieselben Autoren ab,[75] welche für das Sachstatut die besondere Bindung an das vom Erstgericht angewandte Recht fordern. Im übrigen ist zu bedenken, daß das Erstgericht unter Umständen ohne Verfahrensfehler ein anderes Statut angewandt hat, als es das IPR des Erststaats verlangt. Denn in vielen Staaten wird das vom IPR bezeichnete Recht nur angewandt, wenn eine Partei sich hierauf beruft (Beispielsfall 8).[76]

Unzutreffend ist das von *Baumann* angeführte Argument, die Beibehaltung des angewandten Sachrechts mache „eine kollisionsrechtliche Prüfung und damit auch die Ermittlung ausländischen Rechts entbehrlich".[77] Hat das ausländische Gericht (wie etwa in den Beispielsfällen 8 und vielleicht auch 8 B) zu Unrecht sein eigenes und nicht deutsches Recht angewandt, so macht das Festhalten an diesem Fehler vielmehr gerade die Ermittlung ausländischen Rechts nötig, die bei Anwendung des deutschen IPR entbehrlich wäre.

Auch der *Vertrauensschutz* rechtfertigt eine Anwendung des im Erstprozeß zugrunde gelegten Rechts nur dann, wenn nach dem Prozeßrecht des Erststaates die Feststellung des anwendbaren Rechts in Rechtskraft erwächst. Andernfalls kann keine der Parteien ein schutzwürdiges Vertrauen in die Anwendung dieses Rechts bei einem zweiten Prozeß entwickeln. Im Gegenteil: schutzwürdig ist in diesem Fall das Vertrauen der Parteien darauf, daß die Entscheidung keine Bindungswirkung entfaltet, die beim Erstprozeß nicht absehbar war.[78] So mag etwa in den Beispielsfällen 5.2 und 8 der Schuldner nichts gegen die Anwendung eines „falschen" Statuts eingewandt haben, da für die im Erstprozeß streitige Frage auch das deutsche Recht zu keinem anderen Ergebnis geführt hätte. Es würde deutschen Rechtskraftgrundsätzen widersprechen, wenn ihm diese Entscheidung nunmehr in einem Zweitprozeß, bei dem es auf das anwendbare Recht ankommt, zum Nachteil gereichen würde.

Der einzig akzeptable Grund für ein Festhalten an dem im Erstprozeß angewandten Recht bleibt demnach die materielle Rechtskraft des Ersturteils. Die Anerkennung einer Rechtskraftbindung an die angewandte *lex causae* bei Wir-

---

[75] *Schack*, IZVR Rz. 795; *Geimer/Schütze-Geimer*, Internationale Urteilsanerkennung Bd. I/2 § 224 S. 1701 f.

[76] MünchKomm BGB-*Siehr*, EGBGB Art. 18 Anh. I Rz. 171.

[77] *Baumann*, IPRax 94, 435 (439).

[78] Dieser Gesichtspunkt ist eines der wichtigsten Argumente für die enge Begrenzung der Rechtskraft im deutschen Zivilprozeßrecht: *St/J-Leipold*, § 322 Rz. 76f.

kungserstreckung (nicht aber bei Gleichstellung) wurde oben erörtert. Mit einer besonderen Kollisionsregel für Vollstreckungsabwehrklagen sollte sie nicht verwechselt werden.

b) Versteinerung des Statuts

Kaum vertretbar erscheint eine *Versteinerung* des im Erstverfahren angewandten Rechts selbst bei Änderung der anknüpfungsrelevanten Tatsachen. Die Unwandelbarkeit eines Statuts ist zwar eine im IPR durchaus bekannte Figur,[79] sie wird dort aber nur ganz punktuell eingesetzt, um etwa wohlerworbene Rechtspositionen zu schützen, eine Gesetzesumgehung zu verhindern oder einen abrupten Übergang von einem Statut zum anderen zu vermeiden.[80] Zwar kommt es auch im Prozeßrecht durchaus vor, daß das Vertrauen in bei Prozeßbeginn gegebene Tatsachen durch eine Unwandelbarkeit geschützt wird, etwa bei zuständigkeitsrelevanten Tatsachen (§ 261 Abs. 3, *perpetuatio fori*). Diese Regel gilt auch für gewisse andere, über die Zuständigkeitsfrage hinausreichende Veränderungen, welche die Klage unzulässig machen könnten (*perpetuatio litis*).[81] Sie gilt jedoch nicht für die Bestimmung des anwendbaren Rechts. Die Kollisionsregeln des deutschen IPR sind vielmehr, wie alle anderen Rechtssätze auch, grundsätzlich auf Basis der Sach- und Rechtslage zum Zeitpunkt der letzten mündlichen Verhandlung anzuwenden.

c) Verweisung auf das IPR des Erststaates

Läßt sich eine Kollisionsnorm, die – unabhängig von Überlegungen zur Rechtskraft – auf das vom Erstgericht angewandte Recht verweist, demnach nicht begründen, so käme allenfalls noch eine Verweisung auf das *IPR* des Erststaates in Betracht.[82] Diese Kollisionsregel ließe sich auf eine Analogie zu Art. 4 AusfVOen zum Deutsch-Schweizerischen und Deutsch-Italienischen Abkommen stützen. Voraussetzung einer Analogie wäre, daß die zugrunde liegende Wertung, zur Erhaltung des Entscheidungseinklangs auf das IPR des Erststaates zu verweisen, über diese Spezialvorschriften hinaus Gültigkeit beanspruchen kann.[83] Dies ist, wie ein Blick auf die Wertungen des deutschen IPR zeigt, nicht der Fall. Denn die Tatsache, daß in einem Staat ein erstes Urteil über den Anspruch erlassen wurde, eignet sich nur schlecht als Anknüpfungspunkt für eine Kollisionsregel. Angesichts konkurrierender internationaler Zuständigkeiten bleibt es oft der Initiative

[79] Ausführlich *Kropholler*, IPR § 28.

[80] *Kropholler*, IPR § 28 II; *Spellenberg*, IPRax 84, 304 (308).

[81] *Schlosser*, FS Nagel, S. 352ff.

[82] Dies schlägt explizit *Geimer* als Alternative zu der von ihm favorisierten Beibehaltung des vom Erstgericht angewandten Statuts vor: IZPR, Rz. 3115, 3152, 2754; *ders. Geimer/Schütze-Geimer*, Internationale Urteilsanerkennung Bd. I/2, § 209, S. 1628.

[83] Vgl. MünchKomm BGB-*Sonnenberger*, Einl. IPR Rz. 256.

des Klägers überlassen, diesen Anknüpfungspunkt zu setzen. Das gewählte Forum muß nicht in einem sinnvollen Zusammenhang mit dem zwischen den Parteien streitigen Rechtsverhältnis stehen. Die wenig sachgerechte und leicht manipulierbare Anknüpfung an das Forum des Erstprozesses würde allgemeine Regeln des IPR verdrängen, denen fein differenzierte Abwägungen der Sach- und Interessenlage bei bestimmten Rechtsverhältnissen zugrunde liegen. Auch würde eine Verweisung auf das IPR des Erststaates nicht notwendig den Entscheidungseinklang fördern, da das Erstgericht unter Umständen das eigene IPR nicht (richtig) angewandt hat (vgl. Beispielsfall 8).[84] Zudem würde die skizzierte neue Kollisionsregel zu einer so erheblichen Verdrängung des deutschen IPR führen, daß ihr Erlaß dem Gesetzgeber überlassen bleiben muß. Die Rechtsprechung kann ein Herausnehmen aller Vollstreckungsabwehrklagen[85] aus dem Geltungsbereich des allgemeinen IPR kaum mit einer Analogie auf zwei obskure Ausführungsverordnungen aus den Jahren 1930 und 1937 stützen, deren kollisionsrechtliche Sonderregel in keiner der zahlreichen späteren Ausführungsverordnungen zu bilateralen Abkommen wieder aufgenommen wurde.

V. Zusammenfassung und Ergebnis zum anwendbaren Recht

Eine Bindung an das vom Erstgericht angewandte Statut kann aufgrund der Anerkennung der materiellen Rechtskraft des Ersturteils eintreten. Soweit die Rechtskraft reicht, ist eine Überprüfung des Ersturteils und damit auch eine Anwendung des deutschen Kollisionsrechts ausgeschlossen. Voraussetzungen und Umfang der in Deutschland eintretenden Bindung hängen davon ab, ob man die Anerkennung der Rechtskraft als Wirkungserstreckung oder Gleichstellung auffaßt. Bei Wirkungserstreckung ist entscheidend, ob nach dem Recht des Erststaates die Feststellung der anwendbaren *lex causae* in Rechtskraft erwächst. Dies kann in Ländern wie England und den USA durchaus der Fall sein (*collateral estoppel*). Bei Gleichstellung kommt es nicht auf das Recht des Erststaates an, sondern auf den Rechtskraftumfang entsprechender *deutscher* Urteile. Die Rechtsprechung nimmt – mit wenig einleuchtender Begründung – an, § 323 Abs. 1 spreche, soweit es um die Abänderung von Urteilen über zukünftige Ansprüche geht, eine Bindung an das vom Erstgericht zugrunde gelegte Statut aus. Außerhalb dieses Sonderbereichs nimmt eine verbreitete Meinung in der Literatur an, die rechtliche Qualifikation eines Anspruchs durch das Erstgericht

---

84 Dies muß; wie oben dargelegt, nicht auf einem Verfahrensfehler beruhen, da das Kollisionsrecht in manchen Staaten nur auf Vortrag der Parteien geprüft wird.

85 Wahrscheinlich wäre es sogar inkonsequent und der Entscheidungsharmonie wenig dienlich, bei den Vollstreckungsabwehrklagen stehenzubleiben und nicht auch das IPR des Erststaates anzuwenden, wenn der Schuldner nach Abschluß der Zwangsvollstreckung eine Rückforderungs- oder Schadensersatzklage anstrengt.

erwachse in Rechtskraft. Diese Ansicht ist jedoch, jedenfalls was Feststellungen zum anwendbaren Recht angeht, verfehlt. Im Ergebnis ist daher, wenn man die Gleichstellungslehre anwendet, eine (Rechtskraft-) Bindung an die im Ersturteil angewandte *lex causae* nicht begründbar.

Nehmen die Feststellungen des Erstgerichts zur anwendbaren *lex causae* nicht an der Rechtskraft teil, so gelten die *allgemeinen Kollisionsregeln*. Eine Kollisionsregel, nach der etwa auf Vollstreckungsgegeneinwände stets deutsches Recht anzuwenden wäre, gibt es nicht. Vielmehr entspringt es einem verständlichen aber nicht billigenswerten Hang zum „Heimwärtsstreben“,[86] daß deutsche Gerichte Vollstreckungsgegeneinwände nicht selten ohne kollisionsrechtliche Prüfung deutschem Recht unterwerfen.[87] Umgekehrt läßt sich aber auch keine allgemeine Regel begründen, nach der bei Vollstreckungsabwehrklagen stets das IPR des Erststaates oder das vom Erstgericht angewandte Recht maßgeblich wäre. Nur die nicht analogiefähigen Bestimmungen der Art. 4 S. 1 AusfVOen zum Deutsch-Schweizerischen und Deutsch-Italienischen Abkommen enthalten eine Verweisung auf das IPR des Erststaates.

VI. Sonderfragen bei Prozeßvergleich und vollstreckbarer Urkunde

1. Statut des Prozeßvergleichs

Erhebt der Schuldner gegenüber einem Prozeßvergleich Wirksamkeitseinwände, so sind diese nach dem Statut des Vergleichs zu beurteilen. Da es sich einerseits um einen privatrechtlichen Vertrag, andererseits aber auch um eine Figur des Prozeßrechts handelt, kommen hierfür sowohl das Vertragsstatut (Art. 31 Abs. 1 EGBGB) als auch die deutsche lex fori oder die lex fori des Erststaates in Betracht. Meist wird vorgeschlagen, die schuldrechtliche Wirksamkeit nach der lex contractus zu beurteilen und die prozeßrechtliche nach der deutschen lex fori.[88] Denkbar ist auch eine kumulierte Anwendung der Wirksamkeitsvoraussetzungen aus beiden Statuten.[89]

Eine kumulierte Anwendung der Wirksamkeitsvoraussetzungen ist aber unnötig wirksamkeitsfeindlich, eine Haltung, die gerade bei einem Prozeßvergleich wegen dessen Befriedungsfunktion nicht angebracht ist. Auch die Anwendung der deutschen lex fori auf die prozeßrechtlichen Voraussetzungen und Folgen

---

[86] Vgl. *Heldrich*, FS Ferid, 207 ff. Vorbildlich dagegen BGH NJW 82, 2072; OLG Nürnberg, FamRZ 80, 925 (927).

[87] Vgl. etwa OLG Saarbrücken, NJW 88, 3100 (3102) (nicht problematisiert von *Roth*, IPRax 89, 14 (17)); OLG Zweibrücken, JurBüro 87, 145 (146); BGH NJW 83, 2773 (2774).

[88] Chr. *von Bar*, IPR, BT, Rz. 551; *Geimer*, IZPR Rz. 2655 ff.

[89] So für den Anwaltsvergleich *Schütze*, DZWir 93, 133 (134).

eines Vergleichs, der vor einem ausländischen Gericht geschlossen wurde, leuchtet nicht ein. Die Gründe, die bereits bei Urteilen für eine Wirkungserstreckung sprechen, gelten hier a fortiori, da die Parteien Willenserklärungen abgegeben haben, die sich nur auf die prozessuale Rechtslage im Erstforum beziehen können. Richtig ist daher, die Wirksamkeit des Prozeßvergleichs primär nach der lex fori des Erststaates zu beurteilen; soweit es nach dieser (wie z.B. in Deutschland) auf die materiellrechtliche Wirksamkeit des Vergleichs ankommt, ist diese nach der vom deutschen IPR berufenen lex contractus zu prüfen.

Zur Vermeidung kollisionsrechtlicher Zweifelsfragen schlägt *Heß* vor, die Parteien eines europäischen „Binnenmarktprozesses" sollten auf ein Einverständnisurteil anstelle eines Prozeßvergleichs hinwirken.[90] Es ist jedoch nicht klar, ob im deutschen Prozeßrecht diese Mischform aus Urteil und Prozeßvergleich zur Verfügung steht. Besser erscheint daher, die prozessualen Wirkungen eines Prozeßvergleichs nach den geschilderten Regeln anzuerkennen und zu erstrecken, die strukturell denen für Urteile voll entsprechen.

2. Titulierter Anspruch bei vollstreckbarer Urkunde

Gelegentlich liegt es für den Inhaber einer vollstreckbaren Urkunde nahe, sich gegenüber einer Vollstreckungsabwehrklage darauf zu berufen, ihm stehe neben der ursprünglich titulierten noch eine weitere (unstreitige oder gewissere) Forderung gegen den Schuldner zu; jedenfalls aufgrund dieser dürfe er aus der Urkunde vollstrecken. Für Inlandsfälle hat der Bundesgerichtshof entschieden, daß eine Auswechselung der titulierten Forderung unzulässig ist.[91] Bei einer ausländischen vollstreckbaren Urkunde ist diese Frage nach dem Recht des Errichtungsstaates (Erststaates) zu beurteilen. Eine Auswechselung der titulierten Forderung liegt dann nicht vor, wenn ein eventuell gewandelter materiellrechtlicher Anspruch noch von dem titulierten Anspruch (dem Gegenstand der Urkunde) umfaßt ist. Hier gibt es auch im deutschen Recht zahlreiche Streitfragen. So hat der Bundesgerichtshof entschieden, daß der Schadensersatzanspruch aus § 326 BGB, der an die Stelle des Erfüllungsanspruchs tritt, von der Urkunde regelmäßig nicht mehr umfaßt ist[92]. Die Literatur hält dies überwiegend für eine Frage der Auslegung der Urkunde und stimmt dem Bundesgerichtshof zu, daß dabei eine enge Auslegung geboten sein kann.[93] *Münch* argumentiert, daß Gegenstand der Urkunde der *pro-*

---

[90] *Heß*, JZ 98, 1021 (1029).

[91] BGH NJW 80, 1050 (Vollstreckbare Urkunde); BGH NJW 82, 2072 (Vergleich); ausführlich *Münch*, Vollstreckbare Urkunde, S. 374ff.

[92] BGH NJW 80, 1050 (1051), im Zusammenhang mit Sicherungsgrundschulden, wegen derer sich der Schuldner unterworfen hat, ist die Rechtsprechung dagegen großzügiger: BGHZ 114, 57 (70f.) (Anspruch auf Nutzungsentschädigung nach Wandlung eines Leasingvertrages).

[93] *Zöller*-Stöber, § 794 Rz. 29; MünchKomm ZPO-*Wolfsteiner*, § 794 Rz. 210.

zessuale Anspruch sei und folgert, die zur Reichweite des prozessualen Anspruchs (im Gegensatz zum materiellrechtlichen Anspruch) entwickelten Grundsätze seien auch hier anzuwenden.[94] Die Anwendung dieser Grundsätze kann die Chancen für den Schuldner, mit einer Vollstreckungsabwehrklage durchzudringen, unter Umständen erheblich herabsetzen. Richtig erscheint, unabhängig von der dogmatischen Konstruktion eine Auslegung des Instruments nach dem Parteiwillen vorzunehmen.[95] Dabei ist bei einer ausländischen Urkunde primär dem rechtlichen Kontext des Instruments, also der lex fori des Errichtungsstaates, Rechnung zu tragen. Spielt für die Frage des Haftungsumfanges eine Auslegung des zugrunde liegenden materiellen Rechtsgeschäfts eine Rolle, so wird diese von dem auf das Rechtsgeschäft anzuwendenden Recht regiert.[96]

Hinsichtlich der *Beweislastverteilung* ist ebenfalls zu unterscheiden zwischen den Wirkungen der Urkunde und Fragen des zugrunde liegenden materiellen Rechtsgeschäfts. Für das deutsche Recht entspricht es trotz einer verfehlten Entscheidung des Bundesgerichtshofs[97] der ganz herrschenden Meinung, daß die Unterwerfung des Schuldners unter die Zwangsvollstreckung und die Titulierung des Anspruchs durch die Urkunde keine Auswirkungen auf die Beweislast für Entstehen oder Erlöschen des Anspruchs haben. Diese richten sich allein nach materiellem Recht. Die Titulierung kehrt die Klagelast und damit die Parteirollen (im Prozeß nach § 767) um, nicht aber die Beweislast.[98] Eine ganz andere Frage ist, ob das im Zusammenhang mit der Unterwerfung abgeschlossene materielle Rechtsgeschäft dem Schuldner Einwendungen abschneidet, so z.B. bei einem abstrakten Schuldanerkenntnis. Bei ausländischen Urkunden bestimmt das Recht des Errichtungsstaates (Erststaates), ob und inwieweit die Errichtung der Urkunde als solche zu einer Beweislastumkehr führt. So haben etwa im französischen und den von ihm beeinflußten Rechten notarielle Urkunden eine Vermutung der Richtigkeit für sich[99]. Im übrigen entscheidet im Prinzip das auf das Rechtsgeschäft anwendbare materielle Recht (*lex causae*) über die Beweislastverteilung.[100]

---

[94] *Münch*, Vollstreckbare Urkunde, S. 365 ff.; vgl. etwa BGH NJW 97, 2887 (2888); a.A. *Gaul*, FS *Lüke*, S. 100 f.

[95] So auch *Münzberg*, JZ 98, 378 (385 ff.).

[96] Instruktiv BGHZ 114, 57, wo der Schuldner sich wegen eines Anspruchs aus einer Sicherungsgrundschuld unterworfen hatte und die streitige Frage, ob auch wegen Nutzungsentschädigung nach Wandlung des Leasingvertrages vollstreckt werden durfte, durch eine Auslegung der im Zusammenhang mit der Grundschuld getroffenen Sicherungsabrede zu entscheiden war.

[97] BGH NJW 81, 2756; offenlassend jetzt dagegen BGHZ 114, 57 (71).

[98] *Rosenberg/Gaul/Schilken*, § 40 VII 1a (S. 636); *Baur/Stürner*, Bd. I Rz. 45.17; *Stürner*, JZ 74, 157 u. JZ 77, 432; *Wolfsteiner*, NJW 82, 2851; *Münch*, NJW 91, 745; *ders.*, Vollstreckbare Urkunde, S. 380 ff.

[99] De Leval, S. 494; *Schlosser*, GVÜ Art. 50 Rz. 9.

[100] *Geimer*, IZVR, Rz. 2340; *Kropholler*, IPR, § 17 I (S. 112); für vertragliche Ansprüche ausdrücklich Art. 32 Abs. 3 S. 1 EGBGB. Eingehend *Coester-Waltjen*, Internationales Beweisrecht, Rz. 371 ff.

Kapitel 9

Einwand gegen den Anspruch nach Vollstreckbarerklärung des Titels: Rechtsbehelf und internationale Zuständigkeit

Während die bisherigen Ausführungen Fragen der Begründetheit von Vollstrekkungsgegeneinwänden gegen ausländische Titel betrafen, behandeln die folgenden Abschnitte vorwiegend prozessuale Fragen wie den statthaften Rechtsbehelf und die internationale Zuständigkeit. Dabei ist es sinnvoll, nach verschiedenen Stadien der Integration des ausländischen Titels in unsere Rechtsordnung zu unterscheiden: Die folgenden Ausführungen betreffen Titel, die bereits rechtskräftig für vollstreckbar erklärt wurden, spätere Abschnitte werden sich mit der Behandlung ausländischer Titel während des Exequaturverfahrens und vor Erteilung des Exequatur beschäftigen.

Einige weitere Unterscheidungen werden die folgenden Überlegungen gliedern. Die wichtigste betrifft die Natur des Einwandes. Der Schuldner kann sich entweder darauf berufen, der Titel sei im Ursprungsstaat aufgehoben oder nicht mehr vollstreckbar – ein relativ formaler Einwand, der regelmäßig darauf beruhen wird, daß im Erststaat erfolgreich ein Rechtsbehelf eingelegt wurde – oder er kann sich direkt auf einen materiellen Einwand gegen den im Ersturteil titulierten Anspruch berufen. Eine weitere Unterscheidung betrifft das Regime, dem der ausländische Titel unterliegt: autonomes Recht, GVÜ oder ein anderer Staatsvertrag.

I. Vorüberlegung: Einwände gegen einen deutschen Titel

Vor Eintritt in das eigentliche Thema, Vollstreckungsgegeneinwände bei ausländischen Titeln, ist es sinnvoll, kurz die Rechtslage für Einwände gegen einen *deutschen* Titel zu klären. Es mag zunächst überraschen, bei einem deutschen Titel überhaupt die Frage nach der internationalen Zuständigkeit deutscher Gerichte zu stellen. Sie ist jedoch durchaus angebracht, da die Gründe, auf denen die internationale Zuständigkeit für die Schaffung des Ersttitels beruhte, nicht notwendig fortbestehen. Die Antwort hat zwischen Urteil, Prozeßvergleich und Urkunde zu differenzieren und jeweils das autonome Recht und das GVÜ in den Blick zu nehmen.

1. Deutsches Urteil

Deutsche Gerichte sind für eine Vollstreckungsabwehrklage gegen ein deutsches Ersturteil stets zuständig, wenn man § 767 Abs. 1 nicht nur auf die örtliche, sondern analog[1] auch auf die internationale Zuständigkeit anwendet. Das Prozeßgericht des ersten Rechtszuges bleibt damit auch dann international zuständig, wenn die sonstigen Tatsachen, die eine deutsche internationale Zuständigkeit für den Erstprozeß begründet haben, inzwischen weggefallen sind. Eine solche Analogie ist gerechtfertigt. Die Ratio der Vorschrift ist, den Streit an das Gericht zu verweisen, das mit dem titulierten Anspruch, um den es geht, aus dem Erstprozeß vertraut ist. Zugleich wird die Rechtskraft institutionell abgesichert, wenn über die ihr potentiell gefährlichen „nachträglichen" Einwände das Erstgericht entscheidet. Im internationalen Rechtsverkehr gelten diese Überlegungen nicht weniger als im nationalen. Es kommt sogar hinzu, daß mit dieser Zuständigkeit eine sonst kaum erreichbare Kontinuität in der Beurteilung der Präklusionswirkung und des anwendbaren Rechts[2] erreicht wird. § 767 Abs. 1 ist also analog auf die *internationale* Zuständigkeit des deutschen Erstgerichts für eine Vollstreckungsabwehrklage gegen das von ihm erlassene Urteil anzuwenden.[3] Selbst für die Abänderungsklage nach § 323 wird in der Literatur vielfach eine entsprechende internationale Annexkompetenz – *praeter legem* – angenommen.[4] Die internationale Zuständigkeit analog § 767 Abs. 1 ist allerdings, wie sich noch zeigen wird,[5] nicht wie die inländische ausschließlich (§ 802).

Dasselbe gilt für § 769 Abs. 1, der – ebenfalls aus den genannten Zweckmäßigkeitsgründen – bis zur Entscheidung über eine Vollstreckungsabwehrklage die Zuständigkeit des Erstgerichts für einstweilige Anordnungen zur Beschränkung der Zwangsvollstreckung vorsieht.

Anders ist die Rechtslage im Anwendungsbereich des GVÜ. Dieser kann auch bei Vollstreckungsabwehrklage gegen ein deutsches Urteil in Deutschland durchaus eröffnet sein, etwa weil eine der Parteien ihren Wohnsitz in einem anderen Vertragsstaat hat.[6] Die Klage ist nach dem Übereinkommen in Deutschland nur zulässig, wenn ein Gerichtsstand nach einer der Vorschriften des Titels II eröffnet

---

[1] Eine direkte Anwendung ist ausgeschlossen, da die Vorschrift an sich, wie schon der Wortlaut des § 767 Abs. 2 deutlich macht („... nach den Vorschriften dieses Gesetztes ..."), internationale Sachverhalte nicht erfaßt.

[2] Ausführlich dazu im vorigen Kapitel.

[3] Ebenso zum strukturell parallelen § 893 Abs. 2: BGH NJW 97, 2245, zust. *G. Vollkommer*, IPRax 97, 323; allgemein *Schröder*, Internationale Zuständigkeit, S. 612f.

[4] *Geimer*, IZPR Rz. 952; St/J-*Leipold* § 323 Rz. 68; *Schröder*, Internationale Zuständigkeit, S. 612f.; a.A. *Schack*, IZVR Rz. 346.

[5] Näher unten, Abschn. IV 2 d.

[6] Art. 2 Abs. 1 GVÜ. Berühmtes Beispiel aus der Rechtsprechung: EuGH 09.07.1984 (220/84) *AS-Autoteile Service ./. Malhé*, Slg. 1984, 2273. Der Fall OLG Frankfurt, NJW 67, 501 wäre deshalb heute nach dem LugÜ zu lösen.

ist. Eine durchaus naheliegende Konstellation ist, daß mit der Parteirollenumkehr der allgemeine Gerichtsstand in Deutschland verloren geht – wenn nämlich zwar der Schuldner, nicht aber der Gläubiger in Deutschland seinen Wohnsitz hat (Art. 2 Abs. 1 GVÜ). Die Tatsache allein, daß der Erstprozeß in Deutschland stattfand, ist kein Zuständigkeitsgrund, denn das GVÜ sieht keine § 767 Abs. 1 entsprechende Annexzuständigkeit des Erstforums über das Ende des Prozesses hinaus vor.[7] Sie kann auch durch Analogie nicht geschaffen werden, insofern ist auf den entsprechenden Befund zur Abänderungsklage zu verweisen.[8] Eine Zuständigkeit deutscher Gerichte kommt daher nur in Frage, wenn Deutschland in seiner Eigenschaft als *Vollstreckungs*staat stets für Vollstreckungsabwehrklagen gegen hier vollstreckbare Urteile zuständig ist (Art. 16 Nr. 5 GVÜ) – ganz gleich, ob sie ursprünglich in Deutschland oder einem anderen Vertragsstaat erlassen wurden. Diese Zuständigkeit ist unten im Zusammenhang mit Einwänden gegen ausländische Urteile näher zu erörtern.[9]

2. Deutscher Prozeßvergleich

Für nachträgliche Einwände gegen einen durch Prozeßvergleich titulierten Anspruch gilt grundsätzlich das gleiche wie bei einem Urteil. Eine Besonderheit ist jedoch, daß der Prozeßvergleich nicht in Rechtskraft erwächst und daher die Möglichkeit besteht, später noch die Unwirksamkeit des Vergleichs zu behaupten und im Erfolgsfalle wieder unbeschränkt über die ursprüngliche Forderung zu streiten. Die Unwirksamkeit ist nach einer nicht unumstrittenen Entscheidung des Bundesgerichthofs[10] nur durch einen Antrag auf Fortsetzung des Erstprozesses geltend zu machen; für eine Vollstreckungsabwehrklage fehle das Rechtsschutzbedürfnis.[11] Die Möglichkeit eines solchen Fortsetzungsantrags ist de facto ein praeter legem geschaffener außerordentlicher Rechtsbehelf gegen Prozeßvergleiche. Die internationale Zuständigkeit für diesen Rechtsbehelf ergibt sich aus der allgemeinen Regel der *perpetuatio fori* (§ 261 Abs. 3 Nr. 2), die auch für die internationale Zuständigkeit gilt – und zwar auch im Bereich des GVÜ.[12] Hier wird eben der alte Prozeß fortgesetzt und nicht ein neuer begonnen.

---

[7] *Banniza v. Bazan*, Der Gerichtsstand des Sachzusammenhangs im EuGVÜ, S. 40f.

[8] *Schlosser*-Bericht ABl. C 59/105 (05.03.1979) Tz. 106f.; *Kropholler*, EuZPR Art. 5 Rz. 49ff.; *Schack*, IZVR Rz. 346; St/J-*Leipold* § 323 Rz. 68 Fn. 244.

[9] S. unten, Abschnitt IV.

[10] BGH NJW 71, 467.

[11] Das Rechtsschutzbedürfnis fehlt aus demselben Grund nach BGH DB 2000, 141 auch für eine Rückforderungsklage wegen bereits auf Grund des unwirksamen Vergleichs erbrachter Leistungen.

[12] *Nagel-Gottwald* § 5 Rz. 91; *Kropholler*, EuZPR Vor Art. 2 Rz. 14.

3. Deutsche vollstreckbare Urkunde

Für inländische vollstreckbare Urkunden enthält § 797 Abs. 5 eine Zuständigkeitsregelung. Danach kann der Schuldner Vollstreckungsabwehrklage an seinem allgemeinen Gerichtsstand erheben. Damit bleibt dem Schuldner im inländischen Rechtsverkehr trotz der durch die Urkunde bedingten Umkehrung der Klagelast der Heimatgerichtsstand, der sich sonst bei Vollstreckungsabwehrklagen regelmäßig aus dem Zusammenspiel von § 767 Abs. 1 und § 12 ergibt, erhalten.[13] Da für die Zuständigkeit nach § 797 Abs. 5 allerdings nicht die für § 767 Abs. 1 entscheidenden Zweckmäßigkeitsgesichtspunkte sprechen, muß sie anders als jene konzentrierenden Verbundzuständigkeiten weichen.[14]

Für den Fall, daß der Schuldner keinen allgemeinen Gerichtsstand im Inland hat, eröffnet § 797 Abs. 5 eine Zuständigkeit an dem Ort, an dem der Schuldner gemäß § 23 verklagt werden könnte. Mit dieser Regelung scheinen zunächst auch die Fälle, in denen der Schuldner keinen Wohnsitz in Deutschland hat, ausreichend bedacht. Denn der Schuldner kann ja selbst die Voraussetzungen des § 23 schaffen. Bei näherem Hinsehen ergibt sich jedoch, daß es Fälle geben kann, in denen ein Gerichtsstand für Klagen gegen den Schuldner nach § 23 nicht begründet ist und der Schuldner dennoch die Möglichkeit haben sollte, Vollstreckungsabwehrklage gegen eine inländische Urkunde zu erheben. Hat der Schuldner nämlich kein Vermögen im Inland, so würde es der schuldnerschützenden Zielsetzung des § 797 Abs. 5 zuwiderlaufen, ihm nur dann den Weg zu deutschen Gerichten zu öffnen, wenn er zunächst eigene Vermögenswerte nach Deutschland transferiert und sie damit erst einmal dem Vollstreckungszugriff aussetzt. In diesen Fällen ist eine analoge Anwendung des § 797 Abs. 3 geboten. Danach ist das Gericht zuständig, in dessen Bezirk die Urkunde (von einem Notar oder einer Behörde) verwahrt wird. So wird vermieden, daß die schuldnerschützende Vorschrift des § 797 Abs. 5 in ihr Gegenteil verkehrt wird.

Im Bereich des GVÜ ergeben sich bei einer deutschen vollstreckbaren Urkunde dieselben Fragen wie bei einem Urteil. Auch hier kommt es – unabhängig davon, wo die Urkunde ursprünglich errichtet wurde – darauf an, ob ein Gerichtsstand in Deutschland entweder nach den allgemeinen Regeln des GVÜ begründet ist oder eine Zuständigkeit sich auf Art. 16 Nr. 5 GVÜ stützen läßt, weil Deutschland *Vollstreckungs*staat ist.

---

[13] Die Ratio des § 797 Abs. 5 ist insofern ein – nicht abdingbarer, § 802 – Schuldnerschutz, vgl. BGH NJW 91, 2910; *Münch*, Vollstreckbare Urkunde, S. 115.

[14] OLG Hamburg, FamRZ 84, 68; BayObLG, FamRZ 91, 1455 (Vorrang der Zuständigkeit des Gerichts der Ehesache gem. § 621 Abs. 2 S. 1).

II. Aufhebung des Titels oder seiner Vollstreckbarkeit im fremden Erststaat

Gegen die Vollstreckung eines *ausländischen* Titels kann sich der Schuldner in Deutschland *nach Erteilung des Exequatur* wehren, wenn der Titel im Erststaat nachträglich aufgehoben wird oder seine Vollstreckbarkeit beseitigt oder eingeschränkt wird. Letzteres ist weit und funktional zu verstehen. Ein Feststellungsurteil, das im Erststaat der weiteren Vollstreckung entgegensteht,[15] reicht aus. Auch das Urteil eines französischen *juge de l'execution,* das eine Vollstreckungsmaßnahme aufhebt und dabei inzident rechtskräftig feststellt, daß der titulierte Anspruch erloschen ist, beseitigt die Vollstreckbarkeit. Denn in Frankreich kann auf der Basis dieses Urteils jede weitere Vollstreckungsmaßnahme erfolgreich angegriffen werden. Ebenso kann der Schuldner sich z.B. darauf berufen, die Vollstreckbarkeit im Erststaat sei weggefallen, weil dort nachträglich angeordnet worden sei, die Vollstreckung dürfe nur gegen Sicherheitsleistung des Gläubigers fortgesetzt werden (vgl. § 769) und der Gläubiger eine solche Sicherheit nicht geleistet habe. Alle diese nachträglichen Einschränkungen sollen im folgenden der Einfachheit halber als „Aufhebung" des Titels bezeichnet werden. Verfahren und Voraussetzungen ihrer Geltendmachung hängen davon ab, nach welchen Bestimmungen das Exequatur erteilt wurde.

1. Exequatur wurde nach §§ 722, 723 erteilt

a) Rechtsbehelf zur Geltendmachung der Entscheidung in Deutschland

Der Schuldner kann sich im Exequaturverfahren nach §§ 722, 723 jederzeit darauf berufen, die Vollstreckbarkeit der ausländischen Entscheidung sei im Erststaat aufgehoben worden. § 723 Abs. 2 Satz 1 wird allgemein so ausgelegt, daß die Vollstreckbarerklärung nicht nur die Rechtskraft sondern auch die Vollstreckbarkeit der Entscheidung im Erststaat voraussetzt.[16] Der Einwand fehlender Vollstreckbarkeit im Erststaat ist rein formeller Natur und kann bis zum rechtskräftigen Abschluß des Exequaturverfahrens jederzeit erhoben werden.[17] Er darf nicht mit einem Vollstreckungsgegeneinwand verwechselt werden, der sich auf das Bestehen des im Erststaat titulierten materiellen Anspruchs bezieht und dessen Zulässigkeit im Exequaturverfahren unten noch ausführlich zu diskutieren sein wird.

---

[15] Rechtsvergleichung; Schweiz: vgl. *Stojan* S. 198; Österreich: § 228 öZPO, vgl. Öst. OGH 5.1.1998, IPRax 99, 47 m. krit. Anm. *Roth*, IPRax 99, 50; Frankreich: zweifelhaft, s.o. Kap. 2, Frankreich.

[16] St/J-*Münzberg*, § 723 Rz. 8; a.A. noch *Verbeek*, NiemeyersZ 1931/32, 1 (96f.).

[17] St/J-*Münzberg*, § 723 Rz. 6.

Ist das Exequatur dagegen bereits rechtskräftig erteilt, so wird es für den Schuldner schwieriger, sich auf das erfolgreiche Vorgehen im Erststaat zu berufen. Teilweise wird vorgeschlagen, die Aufhebung der Vollstreckbarkeit im Erststaat mittels einer *Restitutionsklage analog § 580 Nr. 6* gegen das Vollstreckungsurteil geltend zu machen.[18] Diese Vorschrift paßt nicht, wenn der Titel (z.B. ein Urteil) im Erststaat nicht vollständig aufgehoben wird, sondern nur seine Vollstreckbarkeit; zudem fehlt es auch an einer Gesetzeslücke zur Rechtfertigung der Analogie. Dem Schuldner stehen nämlich, wie sogleich näher zu zeigen sein wird, andere Rechtsbehelfe zur Verfügung.[19]

Die *einfachste Lösung* wäre, das Urteil, mit dem die Vollstreckbarkeit im Erststaat beseitigt wird, nach *§ 775 Nr. 1* vorzulegen und die Einstellung der Zwangsvollstreckung im Inland zu verlangen. Denn Grundlage der Vollstreckung im Inland ist nach richtiger, wenn auch nicht vorherrschender Ansicht der ausländische Titel – in Verbindung mit der deutschen Vollstreckbarerklärung.[20] Die Einstellung nach § 775 Nr. 1 erfordert aber eine vollstreckbare Entscheidung, so daß die ausländische Aufhebungsentscheidung zumindest eines Exequatur bedarf. Sonst müßte eventuell der Gerichtsvollzieher inzident über schwierige Anerkennungsfragen entscheiden. Einer gerichtlichen Vollstreckbarerklärung der im Erststaat gefällten Entscheidung steht im Prinzip nichts im Wege. Zu Unrecht wird gelegentlich pauschal erklärt, Gestaltungsurteile könnten mangels vollstreckbaren Inhalts nicht für vollstreckbar erklärt werden.[21] Eine Ausnahme muß für Gestaltungsurteile wie die nach § 767[22] und § 323 oder ausländische Äquivalente gelten, weil ihre prozessuale Umsetzung (nach § 775 Nr. 1) die Vollstreckbarkeit voraussetzt. Es ist daher möglich, eine ausländische Zweitentscheidung in Deutschland für vollstreckbar erklären zu lassen und dem Schuldner auf diese Weise das Vorgehen nach § 775 Nr. 1 zu erlauben.[23] Zweifel an der Praktikabilität dieses Vorgehens entstehen aber durch die herrschende Auffassung, Grundlage der Vollstreckung in Deutschland sei auch bei einem ursprünglich ausländischen Titel stets nur das deutsche Exequaturunrteil. Nach dieser Auffassung hätte eine ausländische Zweitentscheidung nur dann direkte Bedeutung für die Vollstreckung in Deutschland, wenn sie auch die Aufhebung der in Deutschland aus dem Exequatur fließenden Vollstreckbarkeit[24] – vorbehaltlich einer Anerken-

---

[18] *Rosenberg/Gaul/Schilken* § 12 II 5 (S. 144); *Linke*, ZPR Rz. 442.

[19] Ebenso MünchKomm ZPO-*Gottwald*, § 723 Rz. 35; St/J-*Münzberg*, § 723 Rz. 6; *Geimer*, IZVR Rz. 3102; *Schack*, IZVR Rz. 945.

[20] *Riezler* S. 567; *Rintelen*, ZZP 9 (1886), 191 (195); anders *Geimer* IZPR Rz. 3155 m.w.N.

[21] *Schack*, IZVR, Rz. 933; MünchKomm ZPO-*Gottwald*, § 722 Rz. 14.

[22] Das Urteil nach § 767 muß auch im inländischen Kontext für vorläufig vollstreckbar erklärt werden, vgl. St/J-*Münzberg*, § 767 Rz. 51, 51a. Ebenso werden die Gestaltungsurteile nach § 722 für vorläufig vollstreckbar erklärt (MünchKomm ZPO-*Gottwald*, § 722 Rz. 26).

[23] So noch ausdrücklich *Carl L. von Bar*, § 460 (S. 522). Vgl. für (inländische) Urteile nach § 323 *Furtner*, NJW 61, 1053.

[24] St/J-*Münzberg*, § 722 Rz. 23; *Geimer*, IZVR Rz. 3100f.

nung durch Deutschland – aussprechen wollte.[25] Dies ist durchaus denkbar und wäre auch nicht als unzulässiger Eingriff in die deutsche Souveränität anzusehen, wie ein Blick auf die Behandlung ausländischer Abänderungsurteile (§ 323) zeigt. Es ist heute unstreitig, daß die Abänderung – etwa eines Unterhaltsurteils – wegen geänderter Verhältnisse auch außerhalb des Erststaates erfolgen kann.[26] Wird ein deutsches Ersturteil im Ausland aufgrund einer dort erhobenen Abänderungsklage modifiziert, so kann diese prozessuale Gestaltung, die neben dem Titel natürlich auch seine Vollstreckbarkeit erfaßt, in Deutschland anerkannt werden.[27] Für die Anerkennungsfähigkeit einer Aufhebung der Vollstreckbarkeit spricht außerdem auch die Schiedsfähigkeit der Vollstreckungsabwehrklage:[28] warum soll einem ausländischen Gericht prinzipiell verschlossen sein, was sogar ein Schiedsgericht anordnen darf? Es kann aber im Einzelfall zweifelhaft sein, ob das ausländische Zweiturteil eine solche universale Aufhebung der Vollstreckbarkeit des Ersturteils aussprechen will. Bei Urteilen, die in Frankreich auf eine *contestation* ergehen, wird dies zu verneinen sein, ebenso bei Entscheidungen im Rahmen der Zwangsvollstreckung in den USA. Zu bejahen ist es dagegen bei einer Aufhebung in den USA nach FRCP 60 (b) oder im Rahmen einer *Equity*-Aufhebungsklage.[29] Auch ist zu bedenken, daß der Weg über § 775 Nr. 1 letztlich kaum eine Vereinfachung bringt, wenn vorher im Urteilsverfahren das Exequatur für die Zweitentscheidung erstritten werden muß.

Denkbar wäre auch, daß der Schuldner nach *§ 766* geltend macht, die Zwangsvollstreckung sei aufgrund der nachträglichen Aufhebung des Titels unzulässig geworden. Dies entspräche dem Vorgehen, das bei Aufhebung eines inländischen Titels möglich ist, sofern diese nicht nach § 775 geltend gemacht werden kann,[30] wirft aber letztlich hier dieselben Fragen und Probleme auf, wie das Vorgehen nach § 775 Nr. 1. Der wichtigste praktische Unterschied wäre, daß hier das Vollstreckungsgericht über die inzidente Anerkennung der Aufhebung zu entscheiden hätte.

Der im Lichte der herrschenden Meinung sicherste und von dieser empfohlene Weg für den Schuldner ist daher eine *Vollstreckungsabwehrklage gegen das Exequaturuteil,* die er unmittelbar auf die Aufhebung der Vollstreckbarkeit im Erststaat stützen kann.[31] Dieser Weg ist auch dogmatisch einwandfrei. Denn der

---

[25] Einen solchen universellen Anspruch fordert jedenfalls für die Vollstreckungsabwehrklage gegen ein DDR-Urteil (und damit auch bei ausländischen Urteilen?) *Beitzke*, IPRax 83, 16 (17).

[26] S.o. Kap. 7, Präklusion, Abschn. II 3 und 4.

[27] *Geimer*, IZPR Rz. 2859; *Baumann*, Die Anerkennung und Vollstreckung ausländischer Entscheidungen in Unterhaltssachen, S. 58ff.; *Schlosser*, IPRax 81, 120; OLG Köln, IPRax 88, 30. Ein inländisches Abänderungsurteil kann ohne weiteres nach § 775 Nr. 1 vorgelegt werden, um die Zwangsvollstreckung zu stoppen (St/J-*Leipold* § 323 Rz. 76).

[28] BGHZ 99, 143.

[29] Näher s.o. Kap. 5, USA.

[30] St/J-*Münzberg* § 775 Rz. 23b; *Zöller*-Stöber § 766 Rz. 15.

[31] MünchKomm ZPO-*Gottwald*, § 723 Rz. 35; St/J-*Münzberg*, § 723 Rz. 6f.; *Geimer*, IZVR Rz. 3102; *Schack*, IZVR Rz. 945. Die Tatsache, daß es sich bei dem Exequaturuteil um ein

durch das Exequaturурteil „festgestellte Anspruch" im Sinne von § 767 Abs. 1 ist der prozessuale Anspruch auf Vollstreckbarerklärung, dessen Voraussetzungen §§ 722, 723, 328 enthalten. Der Wegfall der nach § 732 Abs. 2 Satz 1 vorausgesetzten Vollstreckbarkeit des Urteils im Erststaat ist daher eine Einwendung, die nach § 767 Abs. 1 gegen das Exequatururteil geltend gemacht werden kann. Eine ganz andere, unten noch näher zu prüfende Frage ist, ob und wie Einwendungen, die den *im Ersturteil titulierten materiellen Anspruch* betreffen (wie in den obigen Beispielsfällen 1–7) mit der Vollstreckungsabwehrklage in Deutschland geltend gemacht werden können. Bestehen *beide* Möglichkeiten, so hat der *Schuldner die Wahl*, ob er sein Vorgehen auf die Aufhebung im Erststaat stützen will oder direkt auf den materiellen Einwand. Die beiden Rechtsschutzformen verhalten sich zu einander wie die Klage auf Vollstreckbarerklärung des ausländischen Titels (§§ 722 f) zur Klage aus dem ursprünglichen Rechtsverhältnis.[32] Wie in jenem Fall der Gläubiger[33] so kann hier „spiegelbildlich" der Schuldner – jedenfalls im Bereich des autonomen Rechts – wählen, ob er sich allein auf die formale Aufhebung der Vollstreckbarkeit im Erststaat stützt oder auf die Einwände gegen den im Ersturteil titulierten Anspruch zurückgreift, wobei, soweit das ausländische Urteil anzuerkennen ist, eine inhaltlich übereinstimmende Sachentscheidung zu treffen ist.[34]

b) Begründetheit des Rechtsbehelfs – Anerkennung der Entscheidung

Die Vollstreckungsabwehrklage gegen das Exequatururteil ist *begründet*, wenn die Vollstreckbarkeit des Ersturteils im Ursprungsstaat aufgehoben wurde. Dies ist auch dann der Fall, wenn der Erststaat – wie z.B. Frankreich – hierzu ein im Gegensatz zur deutschen Vollstreckungsabwehrklage stärker in die Zwangsvollstreckung integriertes Verfahren vorsieht. Entscheidend ist allein, daß aufgrund von Vollstreckungsgegeneinwänden eine Fortsetzung der Zwangsvollstreckung im Erststaat praktisch nicht mehr möglich ist.[35]

Gestaltungsurteil handelt, steht der Vollstreckungsabwehrklage nicht entgegen, *Rosenberg/Gaul/Schilken* § 40 III 1, S. 616.

[32] Die Rechtsprechung läßt dem Gläubiger zwischen beiden Möglichkeiten die Wahl: BGH NJW 87, 1146.

[33] Zu dem – nicht ganz unbestrittenen – Wahlrecht der Gläubigers zwischen Vollstreckbarerklärung nach §§ 722f. und Klage aus dem ursprünglichen Rechtsverhältnis BGH NJW 79, 2477; *Nagel/Gottwald* § 12 Rz. 18; zur praktischen Bedeutung instruktiv *Gottwald*, ZZP 103, 257 (287).

[34] Vgl. BGH NJW 87, 1146 m.w.N.

[35] So z.B. im französischen und griechischen Recht, wenn auf die Vollstreckungsbeschwerde des Schuldners eine konkrete Zwangsvollstreckungsmaßnahme für unzulässig erklärt worden ist. Der Gläubiger könnte zwar noch weitere Zwangsvollstreckungsmaßnahmen ergreifen, diese würden jedoch auf Vollstreckungsbeschwerde jeweils wieder aufgehoben, da die Entscheidung über die erste Vollstreckungsbeschwerde das Vorliegen des Vollstreckungsgegeneinwände rechtskräftig feststellt; s.o. Kap. 2, Frankreich und *Yessiou-Faltsi* S. 424ff.

Voraussetzung ist allerdings, daß die Aufhebung der Vollstreckbarkeit im Ursprungsstaat, sofern sie nicht noch im Rahmen des Ausgangsverfahrens (z.B. in der Rechtsmittelinstanz) erfolgt ist, im Inland *anzuerkennen* ist, denn wenn die Aufhebung der Vollstreckbarkeit in einem neuen Verfahren erfolgt ist, so muß auch dieses wieder die Voraussetzungen des § 328 erfüllen, damit die in ihm ergangene Entscheidung im Inland Berücksichtigung finden kann.[36] Insofern kann nichts anderes gelten als bei einer nachträglichen Abänderung (vgl. § 323) des Ersturteils im Ursprungsstaat[37] oder der Aufhebung eines Schiedsspruchs im Erststaat.[38] Gegen dieses Erfordernis ließe sich zunächst einwenden, das ausländische Urteil dürfe in Deutschland auf keinen Fall weitergehenden Wirkungen entfalten als im Ursprungsstaat; ein dort aufgehobenes Urteil könne hier nicht fortgelten. Eine solche Argumentation übersieht jedoch, daß es weder eine gesetzliche noch eine Wertungsgrundlage dafür gibt, für die Anerkennung der Wirkungen eines ausländischen Aufhebungsverfahrens geringere Anforderungen zu stellen, als sonst auch, z.B. bei einer im Ausland durchgeführten Abänderungsklage.

Von den Anerkennungsvoraussetzungen des § 328 verdient die *Nr. 3 (keine entgegenstehende Rechtskraft oder Rechtshängigkeit)* hier besonderes Augenmerk. Danach ist eine Anerkennung ausgeschlossen, wenn das Urteil mit einem inländischen oder anzuerkennenden früheren ausländischen Urteil unvereinbar ist. Die Vorschrift ist Art. 27 Nr. 3 und 5 GVÜ nachgebildet.[39] Unvereinbarkeit besteht, wenn die Entscheidung auf Prämissen aufbaut, die der materiellen Rechtskraft einer anderen widersprechen.[40] Dies ist der Fall, wenn die Vollstreckungsabwehrklage im Ausland erfolgreich war, in Deutschland aber auf eine *Feststellungsklage oder Zwischenfeststellungsklage* rechtskräftig entschieden wurde, daß der vom Schuldner erhobene Vollstreckungsgegeneinwand nicht bestand. Wurde in Deutschland keine Feststellungs-, sondern „nur" eine *Vollstreckungsabwehrklage* als unbegründet abgewiesen, so hängt die Sperrwirkung dieses Urteils davon ab, welcher der oben geschilderten Meinungen zum Streitgegenstand der Klage nach § 767 man folgt. Ist man der hier favorisierten Meinung, das Urteil nach § 767 treffe auch eine rechtskräftige Feststellung über den titulierten Anspruch, so gleicht seine Sperrwirkung der einer Feststellungsklage. Nimmt man dagegen mit der wohl herrschenden Meinung an, daß Streitgegenstand allein die Vollstreckbarkeit des Ersturteils ist und präjudizielle Feststellun-

---

[36] So schon *Verbeek*, NiemeyersZ 1931/32, 1 (122f.).

[37] In diesem Fall muß die abändernde Entscheidung ebenfalls die Voraussetzungen des § 328 erfüllen: *Geimer*, IZPR Rz. 2859 m.w.N.

[38] St/J-*Schlosser*, § 1044 Rz. 13, 71; *Schlosser*, RipS Rz. 789, 791, 710; *Geimer*, IZPR Rz. 3944; *Schütze*, JPS 3, 1989, 121; a.A. *von Bernuth*, Doppelkontrolle von Schiedssprüchen, S. 37; *Bülow*, NJW 71, 489 sowie französische und US-amerikanische Gerichte. Näher unten im Kap. 12, Schiedsspruch.

[39] *Geimer*, IZVR Rz. 2891.

[40] *Schlosser*, GVÜ Art. 27–29, Rz. 22.

gen über den titulierten Anspruch nicht in Rechtskraft erwachsen, so steht der Anerkennung der erststaatlichen Entscheidung nichts im Wege.[41] Damit tritt die bereits oben kritisierte Folge der engen Streitgegenstandsbestimmung für die Vollstreckungsabwehrklage ein, daß der Schuldner in Deutschland einen „Freischuß" hat, wenn er eine auf Einwände gegen den titulierten Anspruch gestützte Vollstreckungsabwehrklage erhebt.

War der Einwand in Deutschland weder Gegenstand eines Feststellungsurteils, noch einer Vollstreckungsabwehrklage, sondern wurde nur im *Exequaturverfahren* geprüft[42], so erwachsen die dabei getroffenen präjudiziellen Feststellungen nach wohl herrschender Meinung nicht in Rechtskraft.[43] Die Entscheidung über Vollstreckungsgegeneinwände erfolgt – wenn sie nicht ohnehin zugunsten des ausländischen Parallelverfahrens ausgesetzt wird – „stets nur vorbehaltlich abweichender Entscheidung des im Ausland dafür zuständigen Gerichts".[44] Folgt man dieser herrschenden Meinung zur Prüfung von Vollstreckungsgegeneinwänden im Exequatur, so hat der Schuldner also auch hier einen „Freischuß".

c) Zusammenfassung

Zusammenfassend ist festzustellen, daß der Schuldner sich im Inland mit einer Vollstreckungsabwehrklage wehren kann, wenn ein nach §§ 722 f. für vollstreckbar erklärtes Urteil oder seine Vollstreckbarkeit nachträglich im Erststaat aufgehoben wird. Diese Klage ist relativ einfach gelagert, da ihr ohne Prüfung des zugrunde liegenden Vollstreckungsgegeneinwands schon wegen der Aufhebung im Erststaat stattzugeben ist. Ein Vorgehen gem. § 775 Nr. 1 nach Vollstreckbarerklärung der ausländischen Aufhebung ist ebenfalls grundsätzlich möglich, aber ein weniger sicherer Weg, dessen Gangbarkeit von umstrittenen Fragen abhängt.[45]

Der Schuldner kann sich nach wohl herrschender Meinung auch dann auf die Aufhebung im Erststaat berufen, wenn sie auf Einwänden beruht, über die zuvor ein deutsches Gericht bereits anders entschieden hatte. Diese wenig prozeßökonomische und im Ergebnis unbillige Konsequenz ergibt sich bei der Vollstreckungsabwehrklage aus der bereits oben kritisierten Auffassung vom engen

---

[41] § 767 Abs. 3 greift nicht ein, da der Schuldner sich bei dieser Vollstreckungsabwehrklage gegen das Exequatururteil auf einen anderen Einwand (Wegfall der Vollstreckbarkeit im Erststaat) beruft als bei der früheren, auf Einwendungen gegen den titulierten Anspruch gestützten.

[42] Zur Zulässigkeit dieses Vorgehens näher unten im Kap. 10, Exequaturverfahren.

[43] St/J-*Münzberg*, § 723 Rz. 5; *Wolff*, IZVR Bd. III/2 Kap. IV Rz. 100; a.M. *Wolfsteiner*, Vollstreckbare Urkunde Rz. 82.24–82.27 (für das Exequatur nach dem GVÜ); näher unten im Kap. 10, Exequaturverfahren.

[44] St/J-*Münzberg*, § 723 Rz. 5. Ebenso *Wolff* Hdb. IZVR III/2 Kap. IV Rz. 109. Für das *schweizerische* Recht wird ebenfalls die Ansicht vertreten, daß eine Abweisung des Exequaturantrags aufgrund eines Vollstreckungsgegeneinwandes einem späteren erneuten Exequaturantrag nicht entgegenstehe (*Donzallaz*, TZ 3445 m.w.N. aus der schweizerischen Rechtsprechung).

[45] Insbesondere: Grundlage der Vollstreckung in Deutschland; evtl. Aufhebung der in Deutschland verliehenen Vollstreckbarkeit durch ein ausländisches Gericht.

Streitgegenstand dieser Klage; beim Exequatur folgt sie aus der im nächsten Kapitel noch näher zu diskutierenden Auffassung zum Gegenstand Verfahrens nach § 722.

2. Exequatur wurde nach dem GVÜ erteilt

Bis zum rechtskräftigen Abschluß des Exequaturverfahrens nach Artt. 31 ff. GVÜ ist jederzeit zu berücksichtigen, wenn die Entscheidung im Erststaat abgeändert oder aufgehoben worden ist; dies gilt auch noch im Rechtsbeschwerdeverfahren.[46]

Ist das Exequatur bereits erteilt, so stellt *§ 29 AVAG* (in Österreich: § 84c EO) ein vereinfachtes Verfahren bereit, in dem die nachträgliche Aufhebung der Vollstreckbarkeit oder Abänderung der Ausgangsentscheidung geltend gemacht werden kann. Zwar bezieht sich § 29 Abs. 1 AVAG seinem Wortlaut nach nur auf den Fall, daß „der Schuldtitel … aufgehoben oder geändert [wird]“. Er wird aber zu Recht allgemein so ausgelegt, daß hierunter auch Entscheidungen fallen, wie sie in Deutschland auf die Vollstreckungsabwehrklage ergehen, auch wenn diese nach der Vorstellung des betreffenden Erststaates z.B. lediglich die Zulässigkeit weiterer Zwangsvollstreckungsmaßnahmen betreffen und auf den Titel selbst nicht gestaltend einwirken.[47] Dies gebietet der Zweck der Vorschrift, dem Schuldner das umständlichere Verfahren der Vollstreckungsabwehrklage gegen die Exequaturentscheidung zu ersparen.[48] Umgekehrt besteht auch für eine Vollstreckungsabwehrklage wegen Aufhebung des Ersturteils kein Rechtsschutzbedürfnis, weil das Verfahren nach § 29 AVAG der einfachere und billigere Weg ist, um die Vollstreckbarkeit zu beseitigen.[49]

Das Verfahren nach § 29 AVAG ähnelt dem nach Artt. 31 ff. GVÜ, der Gläubiger ist jedoch vor der Entscheidung stets zu hören (§ 29 Abs. 3 AVAG). Der Gesetzgeber hielt es in Anbetracht des erleichterten Exequaturverfahrens für

---

[46] BGH NJW 80, 2022. Näher s.u. Kap. 10, Exequaturverfahren.

[47] *Schlosser*, GVÜ Art. 25 Rz. 5; St/J-*Münzberg*, Anh. § 723 C I Rz. 329 Fn. 78; *Pirrung*, DGVZ 73, 178 (182). Diese Auslegung entspricht der amtlichen Begründung, die § 29 AVAG für alle Fälle vorsieht, in denen „der ausländische Schuldtitel in seinem Ursprungsland die Vollstreckungskraft aus irgendeinem Grund verloren“ hat (BT-Drs. 11/351, S. 28).

[48] Amtliche Begründung zum Gesetzentwurf, BT-Drs. 11/351, S. 28. Allerdings sind Zweifel daran erlaubt, ob dieses Verfahren stets nötig ist. Denn nach §§ 3 Abs. 1, 8 AVAG ist Grundlage der Vollstreckung eindeutig das (mit der deutschen Klausel versehene) ausländische Urteil. Wird es im Erststaat aufgehoben, so kann die Aufhebungsentscheidung wie jede andere auch gem. Art. 31 GVÜ für vollstreckbar erklärt und dann gem. § 775 Nr. 1 vorgelegt werden. Unpraktisch ist dies Vorgehen nur, wenn aus dem Tenor der erststaatlichen Entscheidung nicht hervorgeht, daß die Vollstreckung aus dem Urteil generell für unzulässig erklärt wird, z.B. weil der Ausspruch auf die Aufhebung einer konkreten Maßnahme beschränkt ist.

[49] Insofern gilt dasselbe wie im Verhältnis zwischen § 767 und § 620f. Satz 2 – vgl. dazu OLG Koblenz, FamRZ 81, 1092 (1093).

billig, ein entsprechend einfacheres Verfahren für die Geltendmachung der Aufhebung einzuführen.[50] Für die im Rahmen des Verfahrens nach § 29 AVAG notwendige Inzidentanerkennung der Aufhebung gelten dieselben Voraussetzungen wie sonst im Rahmen des GVÜ auch, d.h. die Entscheidung wird nicht anerkannt, wenn sie mit einer inländischen (Art. 27 Nr. 3) oder einer anzuerkennenden früheren ausländischen (Art. 27 Nr. 5 GVÜ) unvereinbar ist. Unvereinbarkeit liegt vor, wenn die Entscheidung auf Prämissen aufbaut, die mit der materiellen Rechtskraft einer anderen unvereinbar sind.[51] Insofern kann, wenn im Inland bereits über eine Vollstreckungsabwehrklage entschieden wurde oder im Rahmen des Exequaturverfahrens Vollstreckungsgegeneinwände geprüft wurden, die Anerkennung abzulehnen sein. Ob ein Anerkennungshindernis vorliegt, hängt wieder davon ab, welche materielle Rechtskraft man der vorher in Deutschland ergangenen Entscheidung über die Vollstreckungsgegeneinwände beilegt. Insofern ist auf die oben zum autonomen Recht gemachten Ausführungen zu verweisen. *Münzberg* meint in diesem Zusammenhang, § 29 AVAG lasse sich indirekt entnehmen, im Exequaturverfahren nach dem GVÜ würden (wenn man § 13 AVAG anwendet) „die Einwendungen des Schuldners nur vorbehaltlich anderweitiger Entscheidung des im Ausland dafür zuständigen Gerichts berücksichtigt".[52] Gegen diese Ansicht ist einzuwenden, daß § 29 AVAG weder seinem Wortlaut noch der Intention des Gesetzgebers nach eine Regelung enthält, welche die allgemeinen Anerkennungsvoraussetzungen für den Bereich ausländischer Aufhebungsentscheidungen außer Kraft setzt.

3. Exequatur wurde nach einem sonstigen Staatsvertrag erteilt

Die nachträgliche Aufhebung der Vollstreckbarkeit im Erststaat kann, soweit für die Verträge das AVAG gilt,[53] nach § 29 AVAG geltend gemacht werden. Außerhalb des AVAG enthalten einige Ausführungsgesetze ebenfalls Bestimmungen, die wie § 29 AVAG die Möglichkeit vorsehen, die nachträgliche Aufhebung der Entscheidung im Erststaat in einem vereinfachten Verfahren geltend zu machen.[54]

---

[50] Amtliche Begründung zum Gesetzentwurf, BR-Drs. 104/86, S. 28.

[51] *Schlosser*, GVÜ, Artt. 27–29 Rz. 22.

[52] St/J-*Münzberg*, Anh. § 723 C I Rz. 313 Fn. 38 sub 1.a). *Münzberg* vertritt damit zum GVÜ dieselbe Ansicht wie bereits zum autonomen Recht, vgl. St/J-*Münzberg*, § 723 Rz. 5.

[53] So für das Haager Unterhaltsvollstreckungsübereinkommen von 1973 und die bilateralen Anerkennungs- und Vollstreckungsverträge Deutschlands mit Norwegen, Israel und Spanien. Dabei ist zu beachten, daß die in § 41 Abs. 2 und § 49 AVAG vorgesehene Unanwendbarkeit von § 29 AVAG sich allein auf das prinzipale Anerkennungsverfahren bezieht, das im Bereich dieser Staatsverträge nicht vorgesehen ist. Auf die Vollstreckbarerklärung ist § 29 AVAG auch im Bereich dieser Verträge anzuwenden.

[54] § 6 AusfG zum Deutsch-Belgischen Vertrag; § 7 AusfG zum Deutsch-Österreichischen Vertrag; § 6 AusfG zum Deutsch-Griechischen Vertrag; § 7 AusfG zum Deutsch-Britischen

Diese Bestimmungen sind ebenso wie § 29 AVAG jeweils so auszulegen, daß sie jegliche erststaatliche Entscheidung umfassen, die dazu führt, daß die Entscheidung im Ursprungsstaat praktisch nicht weiter vollstreckt werden kann.[55] Im Bereich der übrigen Staatsverträge, deren Ausführungsgesetze keine entsprechenden Bestimmungen enthalten, muß der Schuldner dagegen wie im autonomen Recht Vollstreckungsabwehrklage gegen die Exequaturentscheidung erheben, wenn er den weniger sicheren Weg über § 775 Nr. 1 nicht gehen will.

III. Erfolg mit dem Einwand in einem fremden Drittstaat

1. Autonomes Recht

Ist der Schuldner mit einer Vollstreckungsabwehrklage in einem *anderen Vollstreckungsstaat* (d.h. nicht im Erststaat) erfolgreich oder wird dort auf eine Feststellungsklage des Gläubigers oder des Schuldners hin das Erlöschen des titulierten Anspruchs festgestellt, so ist wieder möglich, daß das ausländische Urteil den Ersttitel oder seine Vollstreckbarkeit universal aufheben will und daher, wie ein Abänderungsurteil aus einem Drittstaat,[56] in Deutschland schon durch Anerkennung wirksam wird. Der sicherste Weg ist aber auch hier eine *Vollstreckungsabwehrklage*. Sie ist in diesem Fall allerdings nicht auf den Wegfall der Vollstreckbarkeit im Ausland zu stützen – nur die Vollstreckbarkeit des Urteils im *Erst*staat ist Voraussetzung des Exequatur in Deutschland – sondern auf den materiellen, im Ausland bereits erfolgreich erhobenen Einwand. Die Berücksichtigung des ausländischen Urteils über den streitigen Einwand erfolgt dann inzident. Sie setzt voraus, daß das ausländische Urteil eine nach seinem Recht rechtskräftige Feststellung über das Erlöschen des titulierten Anspruchs getroffen hat und daß es anzuerkennen ist.

Die erste Voraussetzung ist bei den meisten ausländischen Urteilen erfüllt. Feststellungsurteile über den titulierten Anspruch entfalten diese Wirkung in jedem Fall und sind insofern in Deutschland anerkennungsfähig. In den hier vergleichend untersuchten Rechtsordnungen erwächst aber auch bei Vollstrek-

---

Vertrag; § 9 AusfG zum Deutsch-Tunesischen Vertrag; § 15 AusfG zum Deutsch-Niederländischen Vertrag. Im Geltungsbereich der Abkommen fehlt wegen dieses vereinfachten Verfahrens das Rechtsschutzbedürfnis für eine Vollstreckungsabwehrklage gegen das Exequatururteil, vgl. *Geimer/Schütze*, Internationale Urteilsanerkennung, Bd. II S. 232 (zum Deutsch – Österreichischen Vertrag).

55 Es fallen also z.B. auch solche Entscheidungen darunter, die primär nur die Unzulässigkeit einer Vollstreckungsmaßnahme aufgrund von Vollstreckungsgegeneinwänden feststellen.

56 Die Abänderung eines ausländischen oder deutschen Titels in einem Drittstaat kann in Deutschland unmittelbar anerkannt werden: OLG Köln, IPRax 88, 30; *Geimer*, IZPR Rz. 2859; *Baumann*, Die Anerkennung und Vollstreckung ausländischer Entscheidungen in Unterhaltssachen, S. 58ff.; *Schlosser*, IPRax 81, 120.

kungsabwehrklagen oder den ihnen funktional gleichwertigen Behelfen die Feststellung hinsichtlich des titulierten Anspruchs jeweils in materielle Rechtskraft.[57] Faßt man Anerkennung als Wirkungserstreckung auf, so ist dies in Deutschland ohne weiteres zu berücksichtigen. Zweifel kommen auf, wenn man der Gleichstellungslehre folgt und dem ausländischen Urteil nur die Wirkungen eines deutschen Urteils nach § 767 zubilligt. Vertritt man zudem zu § 767 die (wohl herrschende) Auffassung vom engen Streitgegenstand, so entfaltet die ausländische Feststellung zum titulierten Anspruch in Deutschland keine Rechtskraft. Anhänger dieser Auffassung müssen daher, ebenso wie bei einem dem Schuldner ungünstigen Ausgang des ausländischen Zweitverfahrens,[58] den Einwand erneut inhaltlich prüfen – ein wenig befriedigendes Ergebnis.

Die zweite Voraussetzung ist, daß kein Anerkennungshindernis vorliegt. Die *Anerkennungszuständigkeit* (§ 328 Nr. 1) hängt nach dem „Spiegelbildprinzip" davon ab, unter welchen Voraussetzungen man die internationale Zuständigkeit deutscher Gerichte für Vollstreckungsabwehrklagen bejaht. Dies wird unten noch eingehend erörtert. Hier soll der Hinweis genügen, daß nach der herrschenden Meinung und Rechtsprechung eine Zuständigkeit in jedem Staat besteht, in dem der Gläubiger die Vollstreckbarerklärung des Ersturteils betreibt. Der Kreis ist damit so weit gezogen, daß die Anerkennung kaum je an mangelnder Zuständigkeit scheitern wird. Zur Frage, ob die ausländische Entscheidung unvereinbar mit einer deutschen oder früheren ausländischen Entscheidung ist (§ 328 Nr. 3) gelten sinngemäß die Ausführungen im vorigen Abschnitt zur Anerkennung eines Zweiturteils aus dem Erststaat.

Besonders unsicher ist die Anerkennungsfähigkeit, wenn der Einwand in dem Drittstaat im Rahmen des *Exequaturverfahrens* geprüft und für begründet erachtet wurde. Die Literatur steht überwiegend auf dem Standpunkt, Exequaturentscheidungen seien nicht anerkennungsfähig.[59] Erwächst die Feststellung zum titulierten Anspruch aber nach dem Recht des Drittstaates in materielle Rechtskraft, so ist eine Anerkennung m.E. möglich, da diese Feststellung nicht – wie die Prüfung echter Exequaturvoraussetzungen[60] – Spezifika des Vollstreckungsstaates betrifft.

Zusammenfassend ist festzustellen, daß der Schuldner sich auf ein ihm günstiges Urteil aus einem Drittstaat weniger leicht berufen kann als auf eine Entscheidung aus dem Erststaat. Er muß eine auf den materiellen Vollstreckungsgegeneinwand gestützte Vollstreckungsabwehrklage erheben, in deren Rahmen unter

---

[57] Ausnahme: Antrag auf Einstellung bzw. Aufhebung der Betreibung nach Art. 85 SchKG. Näher im rechtsvergleichenden Überblick (Teil I).

[58] Ausführlich dazu s.o. Kap. 7, Präklusion, Abschn. IV.

[59] MünchKomm ZPO-*Gottwald* § 328 Rz. 38; *Geimer*, IZPR Rz. 3110, 2848; a.A. *Schütze*, DIZPR S. 134.

[60] Zur Frage, ob das Fortbestehen des titulierten Anspruchs als Exequaturvoraussetzung zu behandeln ist, eingehend unten, Kap. 10, Exequaturverfahren.

Umständen die Rechtskraft der ausländischen Entscheidung über denselben Einwand berücksichtigt wird. Eine Berücksichtigung setzt voraus, daß die ausländische Entscheidung nach ihrem Heimatrecht materielle Rechtskraft hinsichtlich des Anspruchs entfaltet und daß diese Wirkung in Deutschland anzuerkennen ist. Letzteres kann unter der Gleichstellungslehre abzulehnen sein, wenn man zugleich für die Klage nach § 767 eine enge Rechtskraftwirkung vertritt.

2. Entscheidungen im Anwendungsbereich des GVÜ

Entscheidungen, welche die Vollstreckbarkeit der Entscheidung im Erststaat unberührt lassen, insbesondere erfolgreiche Vollstreckungsabwehrklagen in anderen Vollstreckungsstaaten (Drittstaaten), können nach dem Wortlaut des § 29 AVAG nicht wie die Aufhebung im Erststaat in einem vereinfachten Verfahren geltend gemacht werden. Demnach muß der Schuldner in diesen Fällen regulär Vollstreckungsabwehrklage gegen das in Deutschland exequierte Ersturteil erheben.[61] Im Rahmen der Vollstreckungsabwehrklage ist dann eine in einem anderen Vertragsstaat zu dem Vollstreckungsgegeneinwand ergangene Entscheidung inzident anzuerkennen (Art. 26 Abs. 1 GVÜ). Im Bereich des GVÜ gibt es keinen Zweifel, daß Feststellungen zu Vollstreckungsgegeneinwänden auch dann anzuerkennen sind, wenn sie nach deutscher Auffassung nur präjudizieller Natur wären, solange sie nach dem Recht des Urteilsstaates an der materiellen Rechtskraft teilhaben. Denn im Bereich des GVÜ gilt das Prinzip der Wirkungserstreckung.[62] Voraussetzung der Inzidentanerkennung ist wiederum, daß keine widersprechenden in- oder ausländischen Entscheidungen (Art. 27 Nr. 3 und 5 GVÜ) vorhanden sind.

Handelt es sich bei dem Drittstaat um einen Vertragsstaat des GVÜ, so scheint dies Vorgehen unnötig umständlich und zumindest mit dem Geist des Übereinkommens schwer vereinbar. Es ist nämlich nicht einzusehen, warum die erleichterte Umsetzung der Aufhebung (als *actus contrarius* zum erleichterten Exequatur) auf die Fälle beschränkt sein soll, in denen sie im Erststaat erfolgt. Deshalb ist § 29 AVAG analog auch auf Entscheidungen aus anderen (Dritt-) Vertragsstaaten anzuwenden, die den Schuldtitel (oder seine Vollstreckbarkeit) aufheben oder verändern. Dies gilt sogar dann, wenn der *Erst*titel nicht aus einem Vertragsstaat des GVÜ stammt und daher das Exequatur nicht nach Artt. 31 ff. GVÜ, sondern nach §§ 722, 723 oder einem anderen Staatsvertrag erteilt wurde. Der

---

[61] Zur Frage der *Zuständigkeit* deutscher Gerichte für diese Vollstreckungsabwehrklage gegen das Ersturteil näher s.u. Abschn. IV 3.

[62] EuGH 04.02.1988 (145/86) *Hoffmann ./. Krieg*, Slg. 88, 645 (TZ 11); *Kropholler*, Vor Art. 26 Rz. 9; *Geimer/Schütze*, Internationale Urteilsanerkennung Bd. I/1, S. 1011, 1389; *Geimer*, IZVR, Rz. 2784; *Martiny*, Hdb. IZVR III/1 Kap. I, Rz. 364, 370; *Linke*, IZPR, Rz. 334; *Schlosser*, GVÜ Art. 26 Rz. 2; a.A. *Schack*, IZVR, Rz. 796.

für § 29 AVAG entscheidende Gesichtspunkt ist, daß das Aufhebungsurteil aus einem Vertragsstaat stammt und daher Anspruch darauf hat, daß seine Wirkung in einem möglichst einfachen und schnellen Verfahren erstreckt wird. Ist der Drittstaat dagegen nicht Vertragsstaat, so kommt eine analoge Anwendung von § 29 AVAG nicht in Betracht, gleichviel woher das Ersturteil stammt.

3. Entscheidungen im Anwendungsbereich sonstiger Staatsverträge

Im Bereich bilateraler Abkommen gelten zwar, wie oben ausgeführt, teilweise auch § 29 AVAG oder ähnliche Bestimmungen, die eine vereinfachte Aufhebung erlauben. Eine analoge Anwendung dieser Bestimmungen scheidet bei bilateralen Verträgen naturgemäß aus, da sich die Vereinfachung dort nur auf Urteile aus dem Erststaat beziehen kann, der neben Deutschland einziger Vertragspartner ist. Zweitentscheidungen, die außerhalb des Erststaats ergangen sind, können dort nur, wie im autonomen Recht, indirekt geltend machen, indem der Schuldner unter Berufung auf den zugrunde liegenden Einwand Vollstreckungsabwehrklage gegen das in Deutschland exequierte Ersturteil erhebt. Die Möglichkeit einer Vollstreckungsabwehrklage gegen das Ersturteil wird in den Ausführungsbestimmungen zum Teil explizit genannt,[63] besteht aber auch sonst stets nach autonomem Recht.

Eine andere Frage ist die Anerkennung einer Zweitentscheidung aus einem Vertragsstaat, in dem nicht die Erstentscheidung erlassen wurde.[64] Voraussetzung ist unter anderem die *Anerkennungszuständigkeit*. Die von Deutschland geschlossenen bilateralen Anerkennungs- und Vollstreckungsverträge zählen bestimmte, von den Vertragsstaaten akzeptierte Anerkennungszuständigkeiten auf. Eine besondere Regelung für Vollstreckungsabwehrklagen enthalten sie durchweg nicht. Eine Anerkennung nach diesen Abkommen ist daher nur möglich, wenn die Zuständigkeit sich aus allgemeinen Grundsätzen ergibt, z.B. weil die Vollstreckungsabwehrklage am Wohnsitz des Beklagten erhoben wurde oder er sich auf das Verfahren eingelassen hat. Eine Ausnahme könnte für den Deutsch-Spanischen und den Deutsch-Israelischen Vertrag gelten, die in etwa gleichlautende Bestimmungen enthalten,[65] nach denen die Gerichte des Vollstreckungsstaates für Schadensersatzklagen wegen ungerechtfertigter Vollstreckung zuständig sind. Aus diesen Vorschriften könnte analog auch eine besondere Anerkennungszuständigkeit der Gerichte des Vollstreckungsstaates für Vollstreckungsabwehrklagen hergeleitet werden.

---

[63] Art. 4 Satz 3 AusfVO zum Deutsch-Schweizerischen Abkommen und Art. 4 Satz 3 AusfVO zum Deutsch-Italienischen Abkommen; § 5 Abs. 3 AusfG zum Deutsch-Belgischen Vertrag und § 5 Abs. 3 AusfG zum Deutsch-Österreichischen Vertrag.

[64] Beispiel: Erfolgreiche Vollstreckungsabwehrklage in Spanien gegen ein deutsches Urteil, das nicht unter das GVÜ fällt.

[65] Art. 7 Nr. 6 Deutsch-Spanischer Vertrag, Art. 7 Nr. 10 Deutsch-Israelischer Vertrag.

IV. Direkte Geltendmachung des Einwands in Deutschland

Der Schuldner kann versuchen, einen Vollstreckungsgegeneinwand zuerst in Deutschland als Vollstreckungsstaat (Zweitstaat) geltend zu machen, auch wenn der Titel im Erststaat nach wie vor vollstreckbar ist. Die Prüfung eines solchen Einwandes erfordert, wie die Betrachtungen zur Präklusion und zum anwendbaren Recht gezeigt haben, unter Umständen komplexe rechtliche Operationen, von Schwierigkeiten bei der Tatsachenermittlung, etwa bei einer behaupteten Erfüllung im Ausland, ganz abgesehen. Auch wird stets ungewiß sein, ob die am Ende in Deutschland gefällte Entscheidung den Streit tatsächlich beendet, indem sie auch im Ausland Wirkungen entfaltet.[66] Andererseits kann es sich auch um einen relativ einfachen Einwand, etwa eine schlichte Zahlung in Deutschland, handeln. Die rechtsvergleichende Umschau hat gezeigt, daß sich die englische und US-amerikanischen Rechtsordnungen hier mit der Lehre vom *forum non conveniens* helfen. Vor diesem Hintergrund gewinnt die Frage nach der Zuständigkeit deutscher Gerichte für Vollstreckungsgegeneinwände besondere Brisanz.

1. Vorbemerkung: Streitgegenstand der Vollstreckungsabwehrklage bei materiellem Einwand gegen ein exequiertes ausländisches Urteil

Die Zuständigkeitsfrage würde sich allerdings kaum oder jedenfalls ganz anders stellen, wenn man als Gegenstand der Vollstreckungsabwehrklage auch im Fall von Einwänden gegen den im Erstprozeß titulierten materiellen Anspruch (vgl. die Beispielsfälle 1–7 am Anfang von Kap. 7, Präklusion) das deutsche Exequaturурteil und den in ihm „festgestellten Anspruch" (§ 767 Abs. 1) ansehen dürfte.[67] Dann würden die Überlegungen des vorigen Abschnitts zur Vollstreckungsabwehrklage gegen das Exequatururteil entsprechend für die Geltendmachung von Einwänden aller Art gegen den im Ersturteil titulierten Anspruch gelten. Diese Gleichsetzung wäre jedoch falsch, da in diesen Fällen Streitgegenstand der Vollstreckungsabwehrklage auch der im Erstprozeß „festgestellte Anspruch" (§ 767 Abs. 1)[68] – z.B. auf Zahlung oder Herausgabe – ist. Zudem gibt es keinen Anhaltspunkt dafür, daß bei der direkten Geltendmachung eines Einwands gegen den im Ersturteil titulierten Anspruch nur die Beseitigung der

---

[66] Diese Ungewißheit beruht, schon vor etwaigen Vorbehalten der ausländischen Rechtsordnungen (Anerkennungszuständigkeit etc.) vor allem darauf, daß eine Entscheidung nach § 767 nach der in Deutschland vorherrschenden Meinung keine Rechtskraftwirkung in Bezug auf den titulierten Anspruch entfaltet. Näher s.o. Kap. 7, Präklusion, Abschn. IV 2.

[67] So wohl *Zöller-Geimer* § 722 Rz. 59: Vollstreckungsabwehrklage *nur* gegen die deutsche Exequaturentscheidung.

[68] Damit ist, wie *Münch*, Vollstreckbare Urkunde S. 316ff., 327 f im einzelnen aufzeigt, nicht der materiellrechtliche, sondern der prozessuale Anspruch gemeint.

Vollstreckbarkeit in Deutschland Klageziel ist. Damit wird klar, daß die im vorigen Abschnitt behandelte Vollstreckungsabwehrklage gegen das Exequaturuteil und die auf einen Einwand gegen den im Erstprozeß titulierten Anspruch gestützte unterschiedliche Streitgegenstände haben.[69]

Die gegen das *Exequaturuteil* gerichtete Vollstreckungsabwehrklage läßt sich überhaupt *nur* auf eine Aufhebung oder Abänderung des Ersturteils oder seiner Vollstreckbarkeit stützen. Denn der durch das Exequaturuteil „festgestellte Anspruch" im Sinne von § 767 Abs. 1 ist ja nicht der im Erststaat titulierte, sondern der prozessuale Anspruch auf Vollstreckbarerklärung, dessen Voraussetzungen §§ 722, 723, 328 enthalten. Der Wegfall der nach § 732 Abs. 2 Satz 1 vorausgesetzten Vollstreckbarkeit des Urteils im Erststaat ist daher eine Einwendung, die nach § 767 Abs. 1 gegen das Exequaturuteil geltend gemacht werden kann. Eine stattgebende Entscheidung beseitigt die Vollstreckbarkeit des Exequaturuteils und stellt zugleich fest, daß der Anspruch des Gläubigers auf Vollstreckbarerklärung des Ersttitels in Deutschland nicht mehr besteht. Einwendungen, die den im *Ersturteil* titulierten prozessualen Anspruch[70] betreffen, können dagegen *nur* mit der Vollstreckungsabwehrklage *gegen das Ersturteil* geltend gemacht werden.[71] Diese richtet sich gegen die *Vollstreckbarkeit des Ersturteils*,[72] die nach richtiger Auffassung unmittelbare (Mit-) Grundlage der Vollstreckbarkeit in Deutschland ist.[73] Eine solche nachträgliche (Um-) Gestaltung von Wirkungen des ausländischen Urteils verstößt, ebenso wie die nachträgliche Abänderung, nicht gegen Völkerrecht – und ist daher nicht etwa von Völkerrechts wegen auf Deutschland beschränkt.[74] Ist der Einwand begründet, so ist die Zwangsvoll-

[69] Folgt man dieser Ansicht nicht, so kann man allerdings noch meinen, die verschiedenen *Einwände* – alle gegen das *Exequaturuteil* gerichtet – stellten verschiedene Streitgegenstände dar, und für jeden Einwand sei neu zu prüfen, ob das deutsche Gericht zuständig sei. Diese Sicht setzt voraus, daß nicht die Vollstreckbarkeit des Urteils und das Bestehen des in ihm titulierten Anspruchs Globalstreitgegenstand der Vollstreckungsabwehrklage ist, sondern jeder Einwand einen eigenen Streitgegenstand bildet (näher s. *Münch*, Vollstreckbare Urkunde, S. 316f.). Für diese Ansicht müssen für die Zuständigkeitsprüfung auf der Ebene der jeweiligen Einwände letztlich dieselben Gesichtspunkte relevant sein wie nach der hier vertretenen Position.

[70] Gegenstand der Zwangsvollstreckung ist nach richtiger Auffassung (auch bei vollstreckbaren Urkunden) der *prozessuale* Anspruch, *Münch*, Vollstreckbare Urkunde, S. 155ff. m.w.N.; a.A. insbes. *Gaul*, FS *Lüke* (1997), 95ff. (materiellrechtlicher Anspruch). Mit beiden Auffassungen lassen sich letztlich aber dieselben praktischen Ergebnisse erzielen, vgl. *Münzberg*, JZ 98, 378.

[71] So schon *Neureuter* S. 19f.

[72] Zur Universalität der Aufhebung nach § 767 vgl. auch *Beitzke*, IPRax 83, 16 (17) (im Verhältnis zur damaligen DDR).

[73] Nach richtiger Auffassung ist Grundlage der Vollstreckung in Deutschland das ausländische Urteil in Verbindung mit der inländischen Vollstreckbarerklärung (die funktional der Klauselerteilung entspricht), *Riezler* S. 567; *Rintelen*, ZZP 9 (1886), 191 (195). Eindeutig so für den Bereich des GVÜ: §§ 3 Abs. 1, 8 AVAG. Anders die wohl h.M., s. sogl. im Text.

[74] *Schröder*, Internationale Zuständigkeit, S. 607ff.; *Schlosser*, IPRax 81, 120; Nagel-*Gottwald* § 13 Rz. 56. Es wäre auch unsinnig, einen Satz des Völkerrechts anzunehmen, nach dem in jedem Staat neu über Abänderungsgründe entschieden werden müßte; Art. 8 des Haager

streckung aus dem Urteil des ausländischen Gerichts für unzulässig zu erklären, mit diesem Ausspruch kann der Schuldner die Einstellung der Vollstreckung erreichen (§ 775 Nr. 1). Nimmt man anders als hier an, Grundlage der Zwangsvollstreckung in Deutschland sei allein das deutsche Exequaturuurteil,[75] so zielt die Gestaltungsklage nach § 767 auf die Aberkennung der dem Ersturteil durch das Exequatur verliehenen Vollstreckbarkeit. In beiden Fällen unterscheidet sich diese Klage in ihrem Streitgegenstand klar von der Vollstreckungsabwehrklage gegen das Exequaturuurteil.[76]

Die Gegenauffassung, nach der Einwände gegen den im Ersturteil titulierten Anspruch zugleich auch gegen das Exequaturuurteil gerichtet wären, könnte man nur vertreten, wenn Streitgegenstand des Exequatur auch noch einmal der ursprüngliche prozessuale Anspruch wäre. Der im Ersturteil titulierte Anspruch ist jedoch – darüber besteht Einigkeit – nicht Gegenstand des Exequaturverfahrens in Deutschland.[77] Die Einwendungen „betreffen" also nicht den „durch das [Exequatur-] Urteil festgestellten Anspruch" (§ 767 Abs. 1). Allerdings berücksichtigt die Rechtsprechung – zu Unrecht und unter Mißachtung des Streitgegenstandes der Vollstreckbarerklärung – Vollstreckungsgegeneinwände auch bereits im Exequaturverfahren.[78] Insofern kann das (Fort-) Bestehen des titulierten Anspruches unter Umständen Gegenstand des Exequaturverfahrens werden. Zöge man hieraus die logische Konsequenz, das (Fort-) Bestehen des titulierten Anspruches sei Streitgegenstand der Vollstreckbarerklärung,[79] so bezögen sich spätere Vollstreckungsgegeneinwände in der Tat nicht nur auf den im Ersturteil titulierten, sondern auch auf den dem Exequatur zugrunde liegenden prozessualen Anspruch.[80] Diese Überlegung ist jedoch insofern eher hypothetisch, als die ganz herrschende Meinung diese Konsequenz nicht zieht und zu Recht davon ausgeht, der titulierte Anspruch sei nicht Gegenstand des Exequaturverfahrens.

Übereinkommens zu Kindesunterhaltsentscheidungen von 1958 besagt das Gegenteil. Unzutreffend daher *Krefft* S. 63, der meint, eine Abänderung dürfe sich nur auf die Anerkennung in Deutschland beziehen; allerdings nahegelegt durch Formulierungen in BGH NJW 83, 1976 und der Literatur (vgl. *Schack*, IZVR Rz. 1004; St/J-*Leipold*, § 323 Rz. 17), die aber nur die Selbstverständlichkeit wiederholen, daß es jedem ausländischen Staat freisteht, ob er die deutsche Abänderungsentscheidung anerkennt – dies gilt für *jede* gerichtliche Entscheidung.

75 So die Rechtsprechung, BGHZ 122, 16 (18); BGH NJW 86, 1440 (allerdings stets nur im Zusammenhang mit dem Bestimmtheitsgebot) und die wohl h.M. in der Literatur, vgl. *Geimer*, IZPR Rz. 3155; Nagel-*Gottwald* § 12 Rz. 3.

76 In der Literatur wird meist nicht sauber getrennt, vgl. etwa *Baumbach* ZPO-*Hart*mann § 723 Rz. 3. Eine saubere Trennung ist gewährleistet, wenn für die Geltendmachung der Aufhebung des Ersturteils ein eigener Rechtsbehelf vorgesehen ist, so etwa in § 84c österr. EO und in Deutschland im Bereich des GVÜ (§ 29 AVAG).

77 BGHZ 72, 23 (29); 118, 312 (316); *Zöller-Geimer*, § 722 Rz. 6, 16; *Rosenberg/Gaul/Schilken*, § 12 II 4 (S. 142); ebenso schon *Fischer*, ZZP 43 (1913) 87 (88).

78 RGZ 13, 347; näher unten Kap. 10, Exequaturverfahren.

79 So z.B. schon im Jahre 1900 *Hellwig*, Anspruch und Klagrecht, S. 171 ff., 175.

80 So wohl *Zöller-Geimer* § 722 Rz. 59 f.; evtl. auch RGZ 165, 374 (380).

Es bleibt also bei der Trennung zwischen zwei verschiedenen Sachverhalten, auf die der Schuldner eine Vollstreckungsabwehrklage stützen kann: die Aufhebung des Ersttitels oder das Erlöschen des ihm zugrunde liegenden Anspruchs. Der Antrag unterscheidet sich, wenn man eine Feststellungskomponente bei § 767 anerkennt, ebenfalls entsprechend. Die oben dargelegte Zuständigkeit deutscher Gerichte für den ersten Streitgegenstand impliziert nicht automatisch die Zuständigkeit für den zweiten, die Gegenstand der folgenden Untersuchung ist.

2. Rechtsbehelf und Zuständigkeit nach autonomem Recht

Rechtsprechung und Literatur nehmen heute praktisch ausnahmslos an, daß deutsche Gerichte stets international zuständig sind für die Prüfung von Vollstreckungsgegeneinwänden gegen ein nach §§ 722f. für vollstreckbar erklärtes ausländisches Urteil.[81] Diese umfassende Zuständigkeit überrascht. Deutsche Gerichte entscheiden damit zum einen über eine Streitigkeit, deren einziger Bezug zu Deutschland unter Umständen ist, daß der Titel hier für vollstreckbar erklärt wurde. Zum anderen muß der Gläubiger seinen im Erstprozeß festgestellten Anspruch an einem Ort verteidigen, an dem zwar häufiger der Schuldner ansässig sein wird (weil hier gegen ihn vollstreckt werden soll), selten aber er selbst (sonst hätte er kaum den Erstprozeß im Ausland geführt). Worauf mag sich dieser Gerichtsstand gründen?

a) Rechtsprechung zur internationalen Zuständigkeit

§ 767 Abs. 1 scheint, wenn das Ersturteil von einem ausländischen Gericht erlassen wurde, deutlich *gegen* die Annahme einer internationalen Zuständigkeit deutscher Gerichte zu sprechen. Denn er statuiert für Vollstreckungsabwehrklagen eine ausschließliche Zuständigkeit des „Prozeßgerichts des ersten Rechtszuges". Die Begründung, mit der das Reichsgericht dennoch eine internationale Zuständigkeit bejahte und die spätere Argumentation des BGH verdienen, etwas näher nachgezeichnet zu werden.

(1) Das Reichsgericht: Zuständigkeit nach § 767 Abs. 1

Das Reichsgericht setzte sich in einer Leitentscheidung vom 25.11.1903[82] ausführlich damit auseinander, ob deutsche Gerichte für die Vollstreckungsabwehrklage gegen ein bereits im Inland für vollstreckbar erklärtes ausländisches Urteil zuständig seien. Es bejahte dies und argumentierte wie folgt: Zwar erkläre § 767

[81] RG Gruchot 48, 829; BGHZ 84, 17 (22, 24); *Geimer* IZPR Rz. 1235ff.; *Schack* IZVR Rz. 990; St/J-*Münzberg*, § 767 Rz. 47; *Wolff*, Hdb. IZVR Bd. III/2 Kap. IV Rz. 92.

[82] RG Gruchot 48, 829.

ZPO das Gericht des ersten Rechtszuges für ausschließlich zuständig. Als Gericht des ersten Rechtszuges sei in diesem Fall jedoch nicht etwa das ausländische Erstgericht, sondern das deutsche Gericht anzusehen, „bei dem der Prozeß über die Zulässigkeit der Zwangsvollstreckung in erster Instanz geführt wurde“[83], d.h. das Exequaturgericht. Für diese Auslegung des § 767 Abs. 1 führte es zwei Gründe an: Zum einen könne die deutsche ZPO nicht die Zuständigkeit eines ausländischen Gerichts bestimmen, sondern nur den Bereich der internationalen Zuständigkeit deutscher Gerichte abstecken. Zum anderen sei den Motiven zur ZPO zu entnehmen, daß die Zuständigkeitsregel des § 767 Abs. 1 ZPO in der Absicht erlassen wurde, zu vermeiden, daß

„bei dem ausgedehnten Geltungsbereiche der ZPO die Gerichte eines deutsches Staates in die Lage kommen würden, über die Rechtmäßigkeit und Aufrechterhaltung der von dem Gericht des anderen deutschen Staates abgegebenen Entscheidung zu erkennen“.[84]

Das Reichsgericht las in diese Formulierung hinein, der Gesetzgeber habe die Zielsetzung, der die Verweisung an das Erstgericht dient, *nur* auf den Geltungsbereich der ZPO beziehen wollen, d.h. das Verhältnis verschiedener deutscher Staaten untereinander, nicht aber auf das Verhältnis zum Ausland.

Mit dieser – recht zweifelhaften[85] – Argumentation ließe sich jedoch allenfalls begründen, warum § 767 Abs. 1 *keine* Zuständigkeitsregel für den Fall enthält, daß das Ersturteil nicht von einem deutschen Gericht stammt. Eine *positive* Regelung des Inhalts, daß als „Gericht des ersten Rechtszuges“ nun das Exequaturgericht anzusehen sei, folgt hieraus keineswegs. Das Reichsgericht ließ in der zitierten Entscheidung auch ausdrücklich offen, ob § 767 Abs. 1 tatsächlich eine solche positive Aussage enthalte. Es konnte dies tun, da in dem konkreten Streitfall das mit der Vollstreckungsabwehrklage befaßte Gericht auch nach den Regeln der §§ 12ff. ZPO international zuständig gewesen wäre.

Im Jahre 1941 mußte das Reichsgericht jedoch zu dieser Frage Stellung nehmen. Es kam zu dem Ergebnis, § 767 Abs. 1 bestimme das Exequaturgericht als das für die Vollstreckungsabwehrklage zuständige „Gericht des ersten Rechtszuges“.[86] Zur Begründung führte es an:

„Hat nun, was auch die Revision nicht verkennt, der Gesetzgeber keinesfalls ein ausländisches Gericht um deswillen für zuständig erklären wollen und können, weil es über den sachlich-rechtlichen Anspruch selbst befunden hat, so kann nur der Streit über die Voll-

---

[83] RG Gruchot 48, 829 (834).

[84] RG Gruchot 48, 829 (833), zitierend nach *Hahn*, Materialien, BD. II 1 S. 437.

[85] *Rintelen*, ZZP 9 (1886), 191 (199f.) war in seiner ausführlichen Würdigung von RGZ 13, 347 (Zulassung von Vollstreckungsgegeneinwänden im Exequatur, näher dazu im nächsten Kapitel, 10) bereits lange *vor* der Entscheidung RG Gruchot 48, 829 zu dem Ergebnis gekommen, die zitierten Überlegungen der Motive seien ebenso wie für den Rechtsverkehr zwischen den deutschen Staaten für den mit dem Ausland einschlägig.

[86] RGZ 165, 374.

streckbarkeit derjenige Rechtsstreit sein, nach dem sich das Prozeßgericht im Sinne des § 767 Abs. 1 ZPO bestimmt.“[87]

Damit begründet das Reichsgericht nicht, weshalb § 767 Abs. 1 nicht auf das ausländische Erstgericht verweisen soll, sondern unterstellt dies mit dem Hinweis, auch die Revision verkenne es nicht.[88] Die Lösung des Reichsgerichts beruht damit letztlich auf einer *petitio principii*.

Ein Blick auf die Ratio des § 767 Abs. 1 macht deutlich, daß die Auslegung des Reichsgerichts den Zweck der Vorschrift in ihr Gegenteil verkehrt. Das Erstgericht soll nämlich deshalb über Vollstreckungsabwehrklagen entscheiden, weil die mit ihnen geltend gemachten Einwendungen den von ihm festgestellten materiellrechtlichen Anspruch betreffen. Für seine Befassung spricht also zum einen, daß ihm der regelmäßig auch für die Vollstreckungsabwehrklage relevante Sach- und Streitstand bereits aus dem Vorprozeß bekannt ist, und zum anderen, daß so die Gefahr minimiert wird, daß es zu einer nachträglichen Überprüfung des Ersturteils außerhalb der hierfür vorgesehenen Rechtsbehelfe kommt.[89] Alle diese Erwägungen treffen auf das Exequaturgericht regelmäßig nicht zu. Denn Gegenstand der Vollstreckbarerklärung ist gerade nicht der im Ausland titulierte materielle Anspruch.[90] Das Exequaturgericht hat sich also im Gegensatz zu dem in § 767 Abs. 1 gemeinten „Prozeßgericht des ersten Rechtszuges“ regelmäßig weder mit dem materiellrechtlichen Anspruch befaßt, auf dessen Wegfall sich die Vollstreckungsabwehrklage stützt, noch hat es das Ersturteil erlassen, dessen verdeckte Überprüfung zu befürchten steht.

Wie man den Streitgegenstand des Exequatur auch definiert, in jedem Falle träfe jedenfalls die *Ratio* der Zuständigkeitsregel des § 767 Abs. 1 hier nicht zu. Denn wenn eine Vollstreckungsabwehrklage nach Erteilung des Exequatur erhoben wird, so hat sich das Exequaturgericht in aller Regel vorher gerade nicht mit dem im Ausland titulierten Anspruch auseinandergesetzt.

Die internationale Zuständigkeit deutscher Gerichte für Vollstreckungsabwehrklage gegen ausländische Urteile läßt sich nach alledem nicht auf § 767 Abs. 1 stützen.[91]

---

[87] RGZ 165, 374 (380).

[88] Es folgt damit der von *Fischer*, ZZP 43 (1913), 87 (94) vorgezeichneten Argumentation.

[89] So bereits die oben wiedergegebene, von RG Gruchot 48, 829 (833) zitierte Begründung des Entwurfs zur CPO (*Hahn*, Materialien, Bd. II 1 S. 437). Die Gefahr einer heimlichen *révision au fond* im Rahmen der Vollstreckungsabwehrklage ist gerade im internationalen Rechtsverkehr nicht zu unterschätzen, wie oben im Kap. 7 im Kontext der Feststellung des Präklusionsumfangs deutlich geworden ist. Selbst unabhängig von diesen Schwierigkeiten kann es sinnvoll sein, dem Erstgericht die Auslegung seines Leistungsbefehls selbst zu überlassen, vgl. LG Erfurt, NJW-RR 98, 428.

[90] Vgl. statt aller BGHZ 72, 23 (29).

[91] So aber wohl *Schack* IZVR Rz. 990; unklar *Geimer* IZPR Rz. 1236. Anders dagegen schon *Neureuter* S. 33ff.; im Anschluß an BGHZ 84, 17 auch *Wolff*, Hdb. IZVR Bd. III/2 Kap. IV Rz. 92 und *Beitzke*, JZ 58, 53; vorsichtig krit. auch *Leutner*, S. 116.

(2) Der Bundesgerichtshof: Verweis auf § 722 Abs. 2

Der Bundesgerichtshof hat in einer Entscheidung im Jahre 1982[92] die Zuständigkeit bundesdeutscher Gerichte für die Vollstreckungsabwehrklage gegen ein DDR-Zivilurteil angenommen, diese jedoch nicht auf § 767 Abs. 1 ZPO gestützt. Zu dieser Vorschrift führte er nur aus, sie stehe einer Zuständigkeit bundesdeutscher Gerichte nicht *entgegen*:

„Der Zuweisung der Vollstreckungsabwehrklage an das erstinstanzliche Gericht des Vorprozesses liegt im wesentlichen die Erwägung zugrunde, daß dieses Gericht mit der Sache bereits befaßt war und deshalb damit vertraut ist. Es handelt sich dabei um eine Zweckmäßigkeitserwägung, die eine Abweichung von der sonst nach allgemeinen Regeln eintretenden Zuständigkeit innerhalb der inländischen Gerichtsbarkeit rechtfertigt, aber kein tragender Grund dafür sein kann, die eigene – an sich gegebene – Gerichtsbarkeit und den damit verbundenen Schutz der ihr unterworfenen Bürger einzuschränken".

Insoweit folgte er der bereits 1903 vom Reichsgericht dargelegten Auffassung.[93] Anders als das Reichsgericht 1941[94] stützte er aber die *positive Annahme* der (in Anlehnung an die internationale Zuständigkeit entwickelten) interlokalen Zuständigkeit nicht auf die Erwägung, „Prozeßgericht des ersten Rechtszuges" im Sinne des § 767 Abs. 1 sei das Exequaturgericht. Dieser Weg war schon deshalb nicht gangbar, weil das Urteil des DDR-Zivilgerichts als inländisches Urteil zu behandeln war und keiner Vollstreckbarerklärung bedurfte. Der Bundesgerichtshof begründete die Zuständigkeit bundesdeutscher Gerichte vielmehr so:

„Die Entbehrlichkeit eines Vollstreckbarkeitsverfahrens für DDR-Urteile kann aber nicht dazu führen, einem Einwohner der Bundesrepublik den Schutz der inländischen Gerichtsbarkeit für eine Vollstreckungsabwehrklage zu versagen. Wenn die Vollstreckung des Titels durch die inländische Staatsgewalt ermöglicht wird, muß auch der dagegen vorgesehene Rechtsschutz nach den allgemein geltenden innerstaatlichen Regeln gewährt werden. In dieser Erwägung findet die Zulassung der Vollstreckungsabwehrklage im Inland auch in den Fällen, in denen der Titel keiner Vollstreckbarerklärung nach §§ 722, 723 ZPO bedarf, ihre eigentliche Rechtfertigung."[95]

Hier also kommt die Rechtsprechung – erzwungen durch die besondere Situation der deutschen Teilung – auf die *eigentlichen Wertungen* zu sprechen, auf denen die internationale Zuständigkeit für die Vollstreckungsabwehrklage gegen ein exequiertes ausländisches Urteil beruht. Sie haben ihren Sitz – wie der Bundesgerichtshof zutreffend erkennt – nicht in § 767 Abs. 1.[96] Diese Vorschrift hat im Gegenteil, wie im historischen Kontext ihre Entstehung besonders deutlich wird, im Konflikt zwischen Schuldnerschutz und zivilprozessualer Zweckmäßigkeit

---

[92] BGHZ 84, 17.

[93] RG Gruchot 48, 829 (833).

[94] RGZ 165, 374.

[95] BGHZ 84, 17 (24).

[96] *Beitzke*, IPRax 83, 16 (17) zieht in seiner Besprechung der Entscheidung sogar den Schluß, „daß § 767 nur eine für innerhalb der inländischen Gerichtsbarkeit liegende Fälle gegebene örtliche Zuständigkeitsvorschrift ist".

letzterer den Vorzug gegeben – und das in einer historischen Situation, in der die deutsche Einheit ebenfalls (noch) nicht hergestellt war. Der Bundesgerichtshof[97] beruft sich aber nicht auf diese Wertung, sondern direkt auf eine *Gerechtigkeitserwägung*, die er keiner gesetzlichen Bestimmung zuordnet. Nach ihr muß, wenn die Vollstreckung des Titels durch die inländische Staatsgewalt ermöglicht wird, auch der dagegen nach den innerstaatlichen Regeln vorgesehene Rechtsschutz gewährt werden. Diese Zuständigkeit läßt sich wohl am sinnvollsten als Analogie zu § 722 Abs. 2 verstehen.[98]

b) Diskussion der Gründe für und gegen eine internationale Zuständigkeit Deutschlands als Vollstreckungsstaat

Die Rechtsprechung beleuchtet kaum die – gewichtigen – Gründe, die dagegen sprechen, deutsche Gerichte stets für international zuständig zu halten, Einwände gegen einen im Ausland titulierten Anspruch zu klären, sofern der ausländische Titel zur Vollstreckung in Deutschland zugelassen ist (1). Diesen Einwänden sind aber auch weitere Argumente *für* die allgemeine Zuständigkeit Deutschlands als Vollstreckungsstaat gegenüberzustellen (2). Am Ende der Darstellung des Für und Wider wird die Prüfung einer möglichen Kompromißlösung (3) und die abwägende Bewertung der Zuständigkeitsinteressen[99] (4) stehen.

(1) Einwände gegen die Annahme einer internationalen Zuständigkeit

Vier gewichtige Einwände sprechen dagegen, eine internationale Zuständigkeit deutscher Gerichte für Vollstreckungsabwehrklagen außerhalb der allgemeinen Regeln (§§ 12ff.) anzunehmen. Die Zuständigkeit widerspricht der Ratio des § 767 Abs. 1, sie erhöht die Gefahr widersprechender Entscheidungen, sie steht im Widerspruch zur Rechtslage bei Abänderungsklagen (§ 323) und bei Restitutionsgründen.

(a) Die Ratio des § 767 Abs. 1: Zweckmäßigkeit der Annexkompetenz

Gegen die internationale Zuständigkeit deutscher Gerichte für Vollstreckungsabwehrklagen gegen ausländische Urteile spricht der Zweckmäßigkeitsgedanke, der in § 767 Abs. 1 zum Ausdruck kommt. Es ist regelmäßig ökonomischer, mit Vollstreckungsgegeneinwänden das Gericht zu befassen, das bereits den materiellen Anspruch, gegen den sie sich richten, festgestellt hat.[100] Dies gilt gerade

---

[97] BGHZ 84, 17 (24), ihm folgend *Wolff*, Hdb. IZVR Bd. III/2 Kap. IV Rz. 92.

[98] Ebenso schon *Neureuter*, S. 35f.

[99] Zu den wichtigsten Zuständigkeitsinteressen und ihrer Bedeutung eingehend *Heldrich*, Internationale Zuständigkeit und anwendbares Recht, S. 102ff.

[100] Diese Ratio hat einen hohen Stellenwert. Sie geht beispielsweise dem Konzentrationsprinzip des § 621 Abs. 2 S. 1 (Verbundzuständigkeit des Gerichts der Ehesache) vor: BGH

auch im internationalen Rechtsverkehr.[101] Allerdings hat bereits das Reichsgericht[102] treffend bemerkt, daß deutsche Vorschriften niemals die Zuständigkeit des ausländischen Erstgerichts für die Vollstreckungsabwehrklage positiv begründen, sondern allenfalls die eigene Zuständigkeit verneinen können. Dieser Aspekt ist auch praktisch keineswegs bedeutungslos. Denn die Rechtsvergleichung zeigt, daß bereits in zahlreichen europäischen Rechtsordnungen – z.B. bei unseren französischen Nachbarn – Vollstreckungsgegeneinwände nicht vor dem Prozeßgericht des ersten Rechtszuges, sondern vor dem für die Vollstreckungsüberwachung zuständigen Gericht geltend zu machen sind.[103] Dennoch verliert der Konzentrationsgedanke des § 767 Abs. 1 seine Relevanz für den internationalen Rechtsverkehr nicht völlig, wenn die Zuständigkeit des ausländischen Erstgerichts weder vorgeschrieben noch unterstellt werden kann. Denn häufig ist unter Zweckmäßigkeitsaspekten selbst ein anderes Gericht des Erststaates noch deutlich vorzugswürdig gegenüber einem inländischen Gericht. Die Gerichte des Erststaates teilen jedenfalls dasselbe Prozeßrecht und internationale Privatrecht. Damit wird vermieden, daß der Entscheidung über die Vollstreckungsabwehrklage ein anderes Prozeß- und eventuell auch Sachrecht zugrunde gelegt werden muß, obwohl sie sich in vieler Hinsicht als „Fortsetzung des Erstprozesses“[104] darstellt.[105] Die oben beschriebenen Schwierigkeiten bei der Bestimmung der Präklusionswirkung des Ersturteils und der für den Einwand maßgeblichen *lex causae* ließen sich vermeiden.[106] Das Argument aus § 767 Abs. 1 gewinnt noch zusätzliches Gewicht dadurch, daß es sich nach § 802 um eine ausschließliche Zuständigkeit handelt. Selbst die *Vereinbarung* der Zuständigkeit eines anderen als des Erstgerichts durch die Parteien könnte demnach unwirksam sein (§ 40 Abs. 2 S. 1 2.Alt.).[107]

NJW 80, 1393. Krit. *Steines*, KTS 87, 27, der anmerkt, daß sich häufig nicht derselbe Spruchkörper innerhalb des Gerichts mit der Vollstreckungsabwehrklage befassen wird. Dazu schon RGZ 45, 343 gegen RGZ 33, 356.

101 Ebenso zum strukturell parallelen § 893 Abs. 2: BGH NJW 97, 2245, allerdings ohne Auseinandersetzung mit der Rechtsprechung zu § 767 Abs. 1.

102 RG Gruchot 48, 829 (833).

103 So u.a. in *Frankreich* (Art. L.311–12 C. Org. Jud., ausführlich s.o. Kap. 2, Frankreich), *Belgien* (Art. 1395 C. Jud.), *Italien* (nach Vollstreckungsbeginn, Art. 615 Abs. 2 CPC), *Griechenland* (Art. 933 Griech. ZPO) und den *Niederlanden* (Art. 438 Rv. – wahlweise stehen auch andere allgemeine Gerichtsstände zur Verfügung, aber nicht das Erstgericht als solches, vgl. *Leutner* S. 98).

104 RGZ 153, 216 (218); BGH NJW 80, 1393.

105 Illustrativ für die Berücksichtigung dieses Zusammenhanges OLG Düsseldorf, NJW-RR 97, 1235, nach dem auf Vollstreckungsabwehrklagen gegen WEG-Beschlüsse (Wohngeldfestsetzung) die Regeln für das WEG-Verfahren anzuwenden sind.

106 Insofern trifft die Ratio des § 767 Abs. 1 im internationalen Bereich sogar *stärker* zu als im inländischen (ebenso allgemein zum Konzentrationsgrundsatz *Heldrich*, Internationale Zuständigkeit und anwendbares Recht, S. 118f.), wo ohnehin häufig nicht derselbe Spruchkörper entscheiden wird, wie im Erstprozeß, vgl. die Kritik von *Steines*, KTS 87, 27.

107 Die Prorogationsschranke des § 40 Abs. 2 S. 1 2.Alt gilt auch bei einem aus deutscher Sicht ausschließlichen Gerichtsstand im Ausland, *Schack*, IZVR Rz. 441.

(b) Gefahr widersprechender Entscheidungen

Die Behandlung der Vollstreckungsabwehrklage in einer vom Erstprozeß unterschiedlichen Rechtsordnung ist jedoch nicht nur unökonomisch. Sie führt vor allem auch zur *Gefahr einander widersprechender Entscheidungen*. Diese Gefahr wird erhöht durch den herrschenden engen Streitgegenstand der Vollstreckungsabwehrklage – die Vollstreckbarkeit des Ersturteils im Inland – und die Beschränkung der materiellen Rechtskraft auf diesen Streitgegenstand[108]. Zwar wird durch einen so engen Streitgegenstand die Gefahr einander widersprechender Entscheidungen *formal* beseitigt: Deutsche Gerichte entscheiden nur über die Vollstreckbarkeit in Deutschland. Entscheidet ein ausländisches Gericht inzident oder sogar mit Rechtskraft anders über den titulierten Anspruch als das deutsche Gericht dies inzident getan hat, widerspricht es nicht den rechtskräftigen Feststellungen des deutschen Urteils. *Praktisch* aber wächst die Gefahr von Widersprüchen, denn nun kann der Schuldner nach rechtskräftiger Abweisung seiner deutschen Vollstreckungsabwehrklage denselben Einwand nochmals durch Vollstreckungsabwehrklage im Erststaat geltend machen und im Erfolgsfalle auf der Grundlage des ausländischen Urteils auch die Einstellung der Zwangsvollstreckung in Deutschland bewirken.[109] Auch das umgekehrte Vorgehen ist möglich: Die rechtskräftige Abweisung der Vollstreckungsabwehrklage im Ausland hindert den Schuldner jedenfalls unter der Gleichstellungslehre nicht, in Deutschland nochmals, möglicherweise erfolgreich, eine Vollstreckungsabwehrklage auf denselben Einwand zu stützen. Ein solches Vorgehen läßt sich nur durch eine Verneinung der deutschen internationalen Zuständigkeit verhindern, es sei denn, man zieht den Streitgegenstand der Vollstreckungsabwehrklage mit den oben[110] genannten Argumenten weiter als die wohl herrschende Meinung.

(c) Vergleich mit der Behandlung von Abänderungsklagen

Gegen die Annahme einer besonderen internationalen Zuständigkeit deutscher Gerichte für Vollstreckungsabwehrklagen gegen ausländische Urteile spricht schließlich auch der Vergleich mit der Behandlung von Abänderungsklagen nach § 323 ZPO. Die Abänderung eines ausländischen Urteils kann vor deutschen Gerichten nur dann begehrt werden, wenn diese nach den allgemeinen Regeln zuständig sind[111] oder – dies ist umstritten – selbst das Ersturteil erlassen haben[112]. Bedenkt man, daß die Klage nach § 323 ZPO nur ein Spezialfall der

---

[108] S.o. Kap. 7, Präklusion, Abschn. IV 2.

[109] Vollstreckungsabwehrklage gegen das Exequaturурteil wegen Wegfalls der Vollstreckbarkeit des Ersturteils, s. voriger Abschnitt.

[110] S.o. Kap. 7, Präklusion, Abschn. IV 3.

[111] Allg. M., vgl. *Geimer* IZPR Rz. 1571; *Schack* IZVR Rz. 346.

[112] Für eine Annexzuständigkeit des deutschen *Erstgerichts analog § 767 Abs. 1* (auf die Idee, diese Annexzuständigkeit auf das Exequaturgericht auszudehnen, kommt in diesem Zu-

Geltendmachung von Vollstreckungsgegeneinwänden ist[113] und beide Klagen sich in der Praxis oft nur schwer abgrenzen lassen,[114] so bedarf es einer Begründung, warum die Abänderungsklage nur bei Vorliegen eines allgemeinen Zuständigkeitsgrundes oder analog § 767 Abs. 1 zulässig sein soll, die Vollstreckungsabwehrklage dagegen stets.

Eine solche Begründung könnte in dem auch in anderem Zusammenhang verwendeten Argument gesehen werden, die Vollstreckungsabwehrklage greife, anders als die Abänderungsklage, nicht in die Rechtskraft des Ersturteils ein.[115] Diese Erklärung überzeugt jedoch nicht. Zunächst ist zu bedenken, daß durchaus umstritten ist, ob § 323 Abs. 1–3 dem Abänderungskläger erlauben, eine an sich weitergehende zukunftsbezogene Rechtskraft von Prognosen partiell zu durchbrechen oder ob sie nur die Grenzen der materiellen Rechtskraft bestätigen und näher normieren (wie § 767 Abs. 2).[116] Außerdem kann auch eine Vollstrekkungsabwehrklage unter Umständen in die Rechtskraft eines Urteils eingreifen, nämlich wenn aufgrund des geltend gemachten Einwands die Vollstreckbarkeit rückwirkend beseitigt und das Fehlen des Anspruches festgestellt wird.[117] Der vermeintliche Unterschied zwischen § 323 und § 767 in bezug auf die Rechtskraft des Ersturteils erscheint damit als Differenzierungskriterium untauglich.

Ein anderer möglicher Differenzierungsgrund ist, daß bei der Abänderungsklage der titulierte Anspruch selbst Streitgegenstand wird und damit auch die hinsichtlich des Anspruches getroffenen Feststellungen in Rechtskraft erwachsen, während bei der Vollstreckungsabwehrklage nach herrschender Meinung nur die Vollstreckbarkeit Streitgegenstand ist und präjudizielle Feststellungen zum titulierten Anspruch nicht in Rechtskraft erwachsen. Dieses Argument wird allerdings hinfällig, wenn man, wie oben dargelegt, mit einer verbreiteten Gegenmeinung den Streitgegenstand der Vollstreckungsabwehrklage weiter faßt und Feststellungen zum titulierten Anspruch ebenfalls für rechtskraftfähig hält.[118] Es wird sogar schon dann (partiell) hinfällig, wenn man für Deutschland bei dem engen Streitgegenstand der Vollstreckungsabwehrklage bleibt, aber bereit ist,

---

sammenhang niemand!) für Abänderungsklagen *St/J-Leipold* § 323 Rz. 68; *Geimer*, IZPR Rz. 952, 1542, 1569; *Schröder* S. 612; ablehnend *Schack* IZVR Rz. 346.

[113] *Schlosser* FamRZ 73, 424 (426f.) m.w.N. zur rechtshistorischen Entwicklung; *Meister*, FamRZ 80, 864 (865f.).

[114] BGHZ 99, 143 (146); BGH NJW 85, 64 (66); zur Abgrenzung bei Einwänden gegen Unterlassungstitel vgl. *Rüßmann*, FS *Lüke* S. 675 (692ff.), a.A. (aber weniger klar) *Völp*, GRUR 84, 486 (489); *Ulrich*, FS Traub S. 423 (424ff.).

[115] *Schack*, IZVR Rz. 1001; *Leipold*, FS Nagel S. 204f.

[116] Zum Streitstand St/J-*Leipold* § 323 Rz. 1 m. Fn. 2, 4; MünchKomm ZPO-*Gottwald* § 323 Rz. 74.;

[117] *Rosenberg/Gaul/Schilken* § 40 V 2 c (Vollstreckungsgegenklage aufgrund eines nachträglichen Gestaltungsurteils); *Schlosser*, Gestaltungsklagen, S. 106 (rückwirkendes Gestaltungsrecht oder rückwirkendes Gestaltungsurteil). Beispiel: Nachträgliche Ausübung eines vertraglichen Rücktrittsrechts – vgl. BGHZ 94, 29.

[118] Ausführlich s.o. Kap. 7, Präklusion, Abschn. IV 2.

rechtskräftige Feststellungen ausländischer Gerichte zum Anspruch anzuerkennen, die im Ausland im Rahmen von Funktionsäquivalenten zur Vollstreckungsabwehrklage getroffen werden (Wirkungserstreckung).

(d) Vergleich mit der Behandlung von Restitutionsgründen

Im englischen und US-amerikanischen Recht besteht eine enge Verwandtschaft zwischen Vollstreckungsgegeneinwänden und Restitutionsgründen, wie z.B. einem nachträglich entdeckten Prozeßbetrug oder dem nachträglichen Auffinden von Beweisen.[119] Die Verwandtschaft ist nach deutschen Vorstellungen zwar weniger eng, aber die Rechtsschutzperspektive ist doch ähnlich. Auch bei Geltendmachung eines Restitutionsgrundes gegen ein bereits für vollstreckbar erklärtes ausländisches Urteil stellt sich die Frage, ob es billig ist, den Schuldner an das Erstgericht zu verweisen, obwohl er in Deutschland der Vollstreckung aus einem deutschen Titel ausgesetzt ist, den das Erstgericht nicht unmittelbar aufheben kann. Rechtsprechung und herrschende Meinung bejahen diese Frage.[120] Manche wollen sogar im Rahmen der Anerkennung die Prüfung von *ordre public*-Verstößen verweigern, wenn der Schuldner die Möglichkeit gehabt hätte, diese durch Rechtsbehelf im Erststaat geltend zu machen.[121] Man kann sich fragen, ob der Schuldner bei einem Vollstreckungsgegeneinwand schutzbedürftiger ist als bei einem nachträglich entdeckten Prozeßbetrug oder anderen schweren Mängeln.[122]

(2) Gründe für die Annahme einer internationalen Zuständigkeit

Im Lichte der Einwände ist zu fragen, ob die vom Bundesgerichtshof angeführten und andere Gründe es rechtfertigen, dem Schuldner stets ein deutsches Forum für seine Vollstreckungsabwehrklage zu gewähren.

Ein zusätzliches Argument für die internationale Zuständigkeit deutscher Gerichte läge dann vor, wenn für eine *Rückforderungsklage* des Vollstreckungsschuldners nach Abschluß der Zwangsvollstreckung ebenfalls stets eine inländi-

---

[119] Die Nachbarschaft dieser Tatbestände wird z.B. in FRCP 60 (b) deutlich; näher oben im Kap. 5, USA. Das deutsche Recht kennt nur vergleichsweise wenige und eng gefaßte Restitutionsgründe (§§ 579 ff.).

[120] St/J-*Grunsky* § 584 Rz. 1.

[121] *Geimer* JZ 1969, 12 (15); *Martiny*, Hdb. IZVR III/1 Kap. I Rz. 1155; a.A. *Schack*, IZVR Rz. 866; *Schütze* DIZPR S. 143. Bei Vollstreckungsgegeneinwänden soll der Schuldner dagegen weder zuständigkeitsrechtlich noch wegen fehlenden Rechtsschutzinteresses auf den Erststaat verwiesen werden, selbst wenn dort ein Rechtsbehelf zur Verfügung stünde: *Zöller-Geimer* § 722 Rz. 54; anders noch OLG Düsseldorf, FamRZ 79, 313 (im Verhältnis zur DDR).

[122] Natürlich kann er solche Mängel, wenn er sie rechtzeitig entdeckt, im Exequaturverfahren vorbringen (als Verstoß gegen den *ordre public*). Ist er hierzu aber nicht in der Lage gewesen, so werden sie dadurch nicht zu Mängeln des Exequaturverfahrens, die etwa eine Restitutionsklage gegen das deutsche Exequaturteil erlauben würden.

sche Zuständigkeit gegeben wäre.[123] Die Rückforderungsklage ist die logische Fortsetzung der Vollstreckungsabwehrklage und umgekehrt läßt sich die Vollstreckungsabwehrklage als vorverlegte Rückforderung begreifen.[124] Eine internationale Zuständigkeit deutscher Gerichte für die Rückforderung besteht jedoch nur, wenn ein vorläufig vollstreckbares Urteil aufgehoben wird (Zuständigkeit nach § 717 Abs. 2 Satz 2) oder sich die Zwangsvollstreckung als unerlaubte Handlung darstellt (Zuständigkeit nach § 32).[125] Eine unerlaubte Handlung liegt jedoch nicht schon dann vor, wenn vollstreckt wird, obwohl gegen den titulierten Anspruch ein Vollstreckungsgegeneinwand vorliegt. Fehlen die Tatbestandsvoraussetzungen eines Delikts (insbesondere des § 826 BGB), so kann der Vollstrekkungsschuldner seinen Rückforderungsanspruch nur auf Leistungs- oder Eingriffskondiktion[126] stützen. Für diese kann jedoch der besondere Gerichtsstand des § 32 ZPO nicht in Anspruch genommen werden. Deutsche Gerichte wären also auch für eine Rückforderungsklage nach Abschluß der Zwangsvollstrekkung keineswegs stets international zuständig.[127] Aus der an sich sinnvollen Überlegung, die Zuständigkeit für die Vollstreckungsabwehrklage sei mit der für eine spätere Rückforderungsklage zu harmonisieren, läßt sich daher für die Annahme einer internationalen Zuständigkeit nichts herleiten.

Es erscheint zunächst aber *prozeßökonomisch*, wenn der Schuldner sein Ziel – Ende der Zwangsvollstreckung in Deutschland – mit einem Prozeß erreichen kann, anstatt nacheinander zwei führen zu müssen, einen im Erststaat und einen in Deutschland. Man sollte sich jedoch vor oberflächlichen prozeßökonomischen Betrachtungen hüten, die Prozeß gleich Prozeß setzen.[128] Die zwei hintereinander geschalteten Prozesse können jeder für sich wesentlich einfacher und auch in Summe noch ökonomischer sein als eine in Deutschland durchgeführte Prüfung der Vollstreckungsgegeneinwände. Komplexere Einwände können regelmäßig einfacher und zweckmäßiger im Erststaat geprüft werden. Hat der Vollstreckungsschuldner im Erststaat die Aufhebung des Titels oder seiner Vollstreckbarkeit erreicht, so kann er, wie oben gezeigt, in Deutschland Vollstrekkungsabwehrklage erheben, der das Gericht dann aufgrund einer rein formalen

---

[123] So begründet BGHZ 99, 143 (149) die Zuständigkeit eines Schiedsgerichts für eine Vollstreckungsabwehrklage unter anderem mit dem Gleichlauf zur Rückforderungsklage.

[124] Zahlt der Schuldner während der Rechtshängigkeit der Vollstreckungsabwehrklage, so muß er seine Klage entsprechend ändern, damit geht schon im inländischen Kontext die Zuständigkeit des Gerichts der Vollstreckungsabwehrklage regelmäßig verloren, vgl. *Steines*, KTS 87, 27 (krit.).

[125] Vgl. *Geimer*, IZPR Rz. 1561.

[126] Einzelheiten hängen von den Umständen der Vollstreckung oder Zahlung zur Abwendung ab und sind im einzelnen umstritten: *Kohler*, ZZP 99 (1986), 34 (38 f.); *Münch*, Vollstreckbare Urkunde S. 358 f.

[127] Dies Problem kann auch im inländischen Kontext auftauchen, wo *Steines*, KTS 87, 27 (31) § 767 analog auf die Rückforderungsklage anwenden will.

[128] Zu den Gefahren undifferenzierter prozeßökonomischer Argumente *Schumann*, FS Larenz, S. 271 (279, 285); Nelle, ZZP 110 (1997), 419 (427 ff.).

und deshalb regelmäßig problemlosen Prüfung stattgeben muß. Zudem beruht die These von der Vermeidung eines zusätzlichen Prozesses im Erststaat auf unsicheren Prämissen. Droht dem Schuldner auch außerhalb Deutschlands die Zwangsvollstreckung, etwa im Erststaat, so muß er dort ohnehin noch klagen. Dabei kommt ihm das Ergebnis des deutschen Prozesses nicht zugute, da dieses ja, soweit es nicht nur die Vollstreckbarkeit in Deutschland betrifft, nach herrschender Meinung nicht in Rechtskraft erwächst. Insgesamt ist festzuhalten, daß die möglichen prozessualen Situationen bei Vollstreckungsgegeneinwänden so vielfältig sind, daß sich eine allgemeine Zuständigkeit aus prozeßökonomischen Gründen nicht rechtfertigen läßt.[129]

Der Bundesgerichtshof stützt die inländische Zuständigkeit denn auch nicht auf Zweckmäßigkeitsargumente, sondern auf die Notwendigkeit, dem Vollstreckungsschuldner *effektiven Rechtsschutz* zu gewähren.[130] Nun wäre der Schuldner allerdings keineswegs völlig schutzlos, wenn man die Zuständigkeit deutscher Gerichte für die Vollstreckungsabwehrklage gegen ein ausländisches Ersturteil verneinen würde. Denn bis zur Entscheidung der Gerichte des Erststaates könnte das deutsche Exequaturgericht bereits nach § 769 Abs. 1 vollstreckungsbeschränkende Anordnungen erlassen.[131] Sollte im Erststaat ausnahmsweise[132] keine Möglichkeit bestehen, Vollstreckungsgegeneinwände geltend zu machen, so wäre in Deutschland eine Notzuständigkeit für die Vollstreckungsabwehrklage anzunehmen[133]. Dennoch bewirkt die Annahme einer deutschen internationalen Zuständigkeit für alle Vollstreckungsabwehrklagen sicherlich noch eine erhebliche Steigerung der Effektivität des Rechtsschutzes für den Schuldner. Man kann sich nur fragen, ob es *gerechtfertigt* ist, dem Schuldner diesen Schutz auch auf Kosten des Gläubigers zu gewähren, der sich, wie oben ausgeführt, damit häufig einem Klägergerichtsstand ausgesetzt sieht. Immerhin war dem Schuldner ja auch zuzumuten, sich in dem ausländischen Forum gegen den ursprünglichen, nunmehr titulierten Anspruch zu wehren. Die Last, nachträgliche Einwände erst klageweise gegen einen Titel vorbringen zu müssen ist Konsequenz eines Prozesses, den der Schuldner hätte vermeiden können (z.B. durch freiwilliges Anerkenntnis).[134]

---

[129] Falsch wäre auch, zu meinen, durch Schaffung eines zusätzlichen Forums in Deutschland werde die Prozeßökonomie gefördert, da der klagende Schuldner dieses Forum nur wählen werde, wenn es prozeßökonomisch zweckmäßig sei. Der Schuldner hat zahlreiche Anreize (Anwendbares Recht, (Nicht-) Anerkennung der Präklusionswirkung des Ersturteils, Verzögerungsinteresse), die stärker sein können als das allen Beteiligten gemeinsame Interesse an einem effizienten Verfahren.

[130] Ähnlich schon *Neureuter* S. 29f.

[131] Näher sogleich unten in einem eigenen Abschnitt (e) zu solchen Anordnungen.

[132] Dies könnte etwa vorkommen, wenn Frankreich Erststaat ist. Die *contestation* setzt Vollstreckungshandlungen im Inland voraus und ein allgemeiner Gerichtsstand für eine (Feststellungs-) Klage gegen den Gläubiger muß nicht gegeben sein.

[133] Vgl. *Geimer*, IZPR Rz. 1024ff.

[134] Dieses Argument ist bekannt als Rechtfertigung für die Abänderungsschranken des § 323, die den Schuldner nach Titulierung deutlich schlechter stellen, als er sonst stünde.

Eine Antwort auf diese Wertungsfrage läßt sich unter einem Aspekt versuchen, der in der Leitentscheidung des Bundesgerichtshofs[135] keine Rolle spielte, da es dort um ein DDR-Urteil ging. Bei echten Auslandsfällen wird deutlich, daß unser Problem an das Verhältnis von sachgerechter internationaler Zuständigkeit und *Territorialität der Vollstreckbarkeit* rührt.[136] Die von einem deutschen Gericht für das Inland verliehene Vollstreckbarkeit kann nur im Inland wieder beseitigt werden. Der Schuldner muß, wenn im Inland keine Zuständigkeit für die Geltendmachung eines Vollstreckungsgegeneinwands besteht, wie oben ausgeführt, zwei Prozesse führen, den ersten zur Klärung des Einwandes, den zweiten rein zur technischen Beseitigung der Vollstreckbarkeit in Deutschland. Damit wird ihm, der einer Vollstreckung in Deutschland ausgesetzt ist, der Rechtsschutz zwar nicht verweigert, aber doch stark erschwert. Es mag sogar widersprüchlich erscheinen, wenn deutsche Gerichte sich einerseits ein Monopol für die Beseitigung der Vollstreckbarkeit vorbehalten, andererseits aber nicht bereit sind, nachträgliche Einwände gegen die Vollstreckbarkeit inhaltlich zu prüfen. Berechtigung und Grenzen dieser Argumentation zeigen sich bei einem *Vergleich mit der Situation des Gläubigers*: Auch er stößt auf das Monopol deutscher Gerichte – für die Verleihung der Vollstreckbarkeit –, wenn er Zugriff auf das Schuldnervermögen sucht. Auch er muß sich dabei damit abfinden, daß er vor deutschen Gerichten nicht alle Ansprüche einklagen kann, die in Deutschland vollstreckt werden könnten. Eine wichtige Hilfe bietet ihm jedoch § 23. Diese Vorschrift schafft in ihrem praktisch wichtigen Anwendungsbereich (vermögensrechtliche Ansprüche) einen Gerichtsstand in Deutschland, *weil* hier vollstreckt werden kann. Sie will einen Gleichlauf von Erkenntnis- und Vollstreckungsforum herstellen.[137] Die vom BGH angenommene allgemeine Zuständigkeit für Vollstrekkungsabwehrklagen in Deutschland als Vollstreckungsstaat läßt sich insofern als wertungsmäßiges Spiegelbild des § 23 und damit letztlich als Gleichbehandlung des Schuldners begreifen. Dabei darf allerdings nicht verschwiegen werden, daß § 23 die wohl am heftigsten umstrittene Zuständigkeitsregel des deutschen internationalen Zivilprozeßrechts ist. Die in diesem Streit umfassend ausgetauschten Argumente für und gegen eine Zuständigkeitsanknüpfung an die (mögliche) Zwangsvollstreckung in Deutschland sind indirekt auch für die Diskussion um die Zuständigkeit für Vollstreckungsabwehrklagen relevant.[138] Sie sollen hier

---

[135] BGHZ 84, 17.

[136] Treffend analysiert die analoge Unterscheidung zwischen ausschließlicher Zuständigkeit für die Aufhebung einer Zwangsvollstreckungsmaßnahme (*pouvoir juridictionnel* oder *imperium*) und Zuständigkeit für die Entscheidung über das zwischen den Parteien streitige materielle Rechtsverhältnis (*compétence*) *Théry*, Pouvoir juridictionnel et compétence, Paris 1981, Tz. 667.

[137] Der Gerichtsstand des § 23 ist daher dem *forum arresti* und der *jurisdiction quasi in rem* verwandt, *Nagel-Gottwald* § 3 Rz. 32.

[138] Bezeichnend ist, wie sehr etwa die folgenden Worte *Geimers* zu § 23 auch die hier diskutierte Zuständigkeit treffen: „Dies ist nicht die beste aller denkbaren Lösungen, weil sie

nicht wiederholt werden; letztlich genügt der Hinweis, daß § 23 trotz zweifelnder Stimmen[139] und gewisser Einschränkungstendenzen der jüngeren Rechtsprechung[140] Bestandteil des geltenden autonomen Prozeßrechts ist.[141] Solange dies so ist, erscheint es umgekehrt angebracht, auch dem Schuldner in Deutschland einen Gerichtsstand für Vollstreckungsabwehrklagen zu eröffnen. Bemerkenswert ist, daß sich Vorschläge, den Streitgegenstand eines auf § 23 gestützten Prozesses auf die Höhe des Inlandsvermögens zu beschränken[142] nicht durchgesetzt haben. Dagegen begrenzt die herrschende Meinung im spiegelbildlichen Fall der Vollstreckungsabwehrklage den Streitgegenstand auf die Vollstreckbarkeit in Deutschland und behandelt insofern die beiden Fälle zu Unrecht letztlich doch nicht gleich. Ein weiterer wichtiger Hinweis aus der Diskussion um § 23 ist auch, daß dieser „exorbitante" Gerichtsstand umso weniger notwendig und berechtigt ist, je leichter die Vollstreckung ausländischer Urteile in Deutschland wird.[143]

(3) Zwischenlösungen: Differenzierung nach Art des Einwandes

Im Zusammenhang mit den prozeßökonomischen Überlegungen zur Rechtfertigung einer Zuständigkeit in Deutschland wurde bereits deutlich, daß Einwände gegen den im Ersturteil titulierten Anspruch in so unterschiedlichen Konstellationen auftauchen, daß generelle Aussagen schwer fallen. Dies legt den Versuch nahe, bei der Zuständigkeitsregel den Versuch einer Differenzierung zu unternehmen. In der Schweiz besteht eine internationale Zuständigkeit für die § 767 entsprechende Klage (Art. 85a SchKG) wohl nur nach allgemeinen Regeln,[144] eine durch Urkunden beweisbare Erfüllung, Stundung oder Verjährung kann jedoch stets vor dem Gericht des Betreibungsortes geltend gemacht werden (Art. 85 SchKG). Eine ähnliche Differenzierung zwischen liquiden und anderen Einwänden schlug bereits 1889 *Carl Ludwig von Bar* für das deutsche Recht vor.[145] Gegen eine solche Differenzierung spricht aber, daß in Deutschland anders als in der Schweiz kein einfaches und schnelles Verfahren zur Geltendma-

---

die Grenzen zwischen Erkenntnis- und Vollstreckungsverfahren verwischt und weil sie andere zuständigkeitspolitisch wichtige Belange, wie Beklagtenschutz, Beweis- und Sachnähe etc. ignoriert." (IZPR Rz. 1359).

[139] Eingehend *Pfeiffer*, Internationale Zuständigkeit S. 620ff.

[140] BGHZ 115, 90.

[141] Die Beschränkung auf Fälle mit hinreichendem Inlandsbezug (BGHZ 115, 90) ist bisher recht farblos geblieben. Zum Stand der Diskussion: *Nagel-Gottwald* § 3 Rz. 33ff.; *Geimer* IZPR Rz. 1352ff.; *Schack* IZVR Rz. 324ff.

[142] Vorbild ist insofern die Ausgestaltung der *quasi in rem jurisdiction*, *Kleinstück*, Due process Beschränkungen, S. 199ff.; *Pfeiffer* S. 532ff.

[143] *Geimer* IZPR Rz. 1359.

[144] *Jaeger/Walder/Kull/Kottmann*, SchKG Art. 85a Rz. 11; *Markus*, Lugano-Übereinkommen und SchKG-Zuständigkeiten S. 134; näher s.o. Kap. 3, Schweiz.

[145] Theorie und Praxis des IPR § 460 S. 521f.

chung liquider Vollstreckungsgegeneinwände bereitsteht. Der Schuldner könnte also nur eine – aus Zuständigkeitsgründen beschränkte – Vollstreckungsabwehrklage erheben. Hätte er neben den liquiden auch andere Einwände, so würde diese Klage noch neben die Vollstreckungsabwehrklage im Erststaat und die auf eine eventuelle Aufhebung gestützte anschließende Klage in Deutschland treten. Das Resultat wäre keine Vereinfachung, sondern noch höhere Komplexität. Diese Überlegungen, insbesondere der Nachteil einer weiteren Zuständigkeitszersplitterung gelten *mutatis mutandis* auch für andere Differenzierungen. So wäre es zwar auf den ersten Blick attraktiv, die deutschen Gerichte jedenfalls von schwierigen Präklusionsfragen in bezug auf fremde Urteile zu entlasten, indem man nur Einwände zuließe, die nach Eintritt der formellen Rechtskraft des Ersturteils entstanden sind. Diese Lösung würde der Zuständigkeitsverteilung zwischen *juge de l'execution* und allgemeinen Prozeßgerichten in Frankreich entsprechen. Die Nachteile und zusätzliche Komplexität (Bestimmung des Entstehungszeitpunktes von Einwendungen etc.) überwiegen aber auch hier die Vorteile.

(4) Abwägung und Zwischenergebnis

Vergleicht man wegen der mangelnden Praktikabilität einer Zwischenlösung abschließend die Interessen, die für und gegen die Annahme einer generellen internationalen Zuständigkeit für Vollstreckungsabwehrklagen analog § 722 Abs. 2 sprechen, so erscheint die von der herrschenden Meinung bejahte Analogie zwar keineswegs zwingend, aber doch vertretbar. Sie nimmt in Kauf, daß das deutsche Exequaturgericht regelmäßig gegenüber dem ausländischen Erstgericht das unzweckmäßigere Forum zur Untersuchung der Vollstreckungsgegeneinwände sein wird und daß durch die Anwendung eines abweichenden Prozeß- und internationalen Privatrechts widersprüchliche Entscheidungen wahrscheinlicher sind, was zum *forum shopping* reizen kann. Auch macht sie den Gläubiger in Deutschland gerichtspflichtig, obwohl die Einleitung der Zwangsvollstreckung hierfür eine sehr schwache Basis ist. Der entscheidende Gesichtspunkt für die Analogie ist der Schutz des inländischen Vollstreckungsschuldners. Ihm wird nicht zugemutet, seine Vollstreckungsgegeneinwände zunächst im Erststaat durchsetzen zu müssen, bevor er endgültig auf die Zwangsvollstreckung in Deutschland einwirken kann. Dieses Abwägungsergebnis erscheint jedenfalls für das autonome Recht vertretbar, weil umgekehrt auch dem Gläubiger mit § 23 eine generelle Zuständigkeit am Ort der (potentiellen) Zwangsvollstreckung zur Verfügung gestellt wird.

c) Internationale Zuständigkeit bei besonderen Einwänden und Titeln

Besondere Regeln gelten für die internationale Zuständigkeit, wenn der Schuldner sich auf eine Aufrechnung beruft; diese Regeln lassen sich jedoch auf andere

Einwände nicht übertragen (1). Bei ausländischen Urkunden und Prozeßvergleichen kann sich die Problematik einer Vollstreckungsabwehrklage in Deutschland nicht so stellen wie bei Urteilen, da diese Titel nach zutreffender Ansicht im autonomen Recht nicht exequaturfähig sind; manche ausländischen Titel an der Grenze zum Prozeßvergleich sollten aber wie Urteile behandelt werden (2).

(1) Internationale Zuständigkeit für die Entscheidung über eine eingewandte Aufrechnung

Beruft sich der Vollstreckungsschuldner auf eine nachträgliche Aufrechnung gegenüber dem titulierten Anspruch, so besteht die Besonderheit, daß eine Entscheidung über diesen Einwand in Rechtskraft erwächst (§ 322 Abs. 2) – und zwar auch nach der wohl herrschenden Meinung, die außerhalb dieses Sonderfalles davon ausgeht, daß bei der Klage nach § 767 nicht nur Feststellungen hinsichtlich der Einwendungen, sondern auch solche über den titulierten Anspruch nicht in Rechtskraft erwachsen.[146]

Der Bundesgerichtshof hat – allerdings nicht im Rahmen einer Vollstreckungsabwehrklage, sondern eines regulären internationalen Zivilprozesses – entschieden, daß ein deutsches Gericht nur dann über eine vom Beklagten im Wege der Prozeßaufrechnung geltend gemachte Gegenforderung entscheiden darf, wenn es auch für die selbständige Geltendmachung dieser Forderung international zuständig wäre.[147] Diese Entscheidung hat weitgehend Zustimmung gefunden,[148] wird allerdings teilweise auf den Bereich inkonnexer Gegenforderungen, die streitig und nicht rechtskräftig festgestellt sind, beschränkt.[149] Tragender Grund der Entscheidung ist, daß dem Schuldner der Forderung, mit der aufgerechnet

---

[146] *Rosenberg/Gaul/Schilken* § 40 XI 3; St/J-*Leipold*, § 322 Rz. 177; St/J-*Münzberg*, § 767 Rz. 51a. Die Literatur beruft sich dabei häufig auf BGHZ 48, 356 (359f.), ohne darauf einzugehen, daß diese Entscheidung zwar § 322 Abs. 2 anwendet, zur Begründung aber eindeutig von einem weiteren Streitgegenstand der Vollstreckungsabwehrklage (rechtskräftige Feststellung zum titulierten Anspruch) ausgeht. Wenig ergiebig ist auch die Berufung auf BGH NJW-RR 90, 48 (49), wo sich nur ein kurzes *obiter dictum* und ein Hinweis auf BGHZ 48, 356 findet. Explizit anders z.B. OLG Frankfurt, NJW 67, 501 (502) in einem internationalen Fall. Treffend auch hier wieder die Analyse und Kritik von *Münch*, Vollstreckbare Urkunde S. 324ff.

[147] BGH NJW 93, 2753 = ZZP 107 (1994), 211 m. Anm. *Leipold*. Die Entscheidung ist zwar in ihren Aussagen zum GVÜ durch eine spätere Entscheidung des EuGH (13.7.1995 (341/93) *Danvaern / Otterbeck*, Slg. 95, 2053) teilweise überlagert, aber keineswegs obsolet geworden (*Kropholler*, EuZPR Art. 6 Rz. 42; *Jayme/Kohler*, IPRax 95, 343, 349; *Wagner* IPRax 99, 65 (67); *Coester-Waltjen*, FS *Lüke* S. 35 (46ff.); ähnl. *Schack*, IZVR Rz. 355; a.A. *Mankowski* ZZP 109 (1996), 376 (380ff.), *Kannengießer* S. 151, 182f.; tendenziell auch *Gebauer*, IPRax 98, 79 (85)); im Bereich des autonomen Rechts gelten ihre Erwägungen ohnehin uneingeschränkt weiter – LG München I v. 17.7.1998, 6 HKO 10097/97, zit. bei *Wagner*, IPRax 99, 65 (66 Fn. 15).

[148] Nagel-*Gottwald* § 3 Rz. 59, 210; *Geimer* IZPR Rz. 868a; kritisch dagegen *Coester-Waltjen*, FS *Lüke* S. 35 (39ff.). Vorbereitet wurde die Entscheidung unter anderem von *Eickhoff*, Inländische Gerichtsbarkeit und Internationale Zuständigkeit für Aufrechnung und Widerklage, S. 164ff. und *Schröder*, S. 595ff.

[149] *Schack* IZVR Rz. 355.

wird, nicht zuzumuten ist, sich gegen diese Forderung vor einem Gericht zu verteidigen, das für ihre selbständige Geltendmachung nicht zuständig wäre. Dieser Aspekt muß umso mehr gelten, wenn die Aufrechnung nicht im Rahmen eines bereits anhängigen Verfahrens erklärt wird, sondern die Grundlage einer vom Vollstreckungsschuldner erhobenen eigenständigen (Vollstreckungsabwehr-) Klage bildet.[150] Eine Erkenntniszuständigkeit für die Gegenforderung läßt sich nicht aus der Aufhebungszuständigkeit für die Vollstreckbarkeit herleiten.[151] Die Aufrechnung bildet jedoch insoweit eine Ausnahme. Die Entscheidung über sonstige Vollstreckungsgegeneinwände erwächst nämlich nicht in Rechtskraft. Selbst wenn man, wie oben vertreten, mit guten Gründen den Streitgegenstand der Vollstreckungsabwehrklage weiter faßt, als dies die herrschende Meinung tut, erwächst nicht die Entscheidung über den Einwand, sondern nur die über den titulierten Anspruch in Rechtskraft.[152] Deshalb bildet nur die Aufrechnung eine Ausnahme zu der generellen Zuständigkeit für Vollstreckungsabwehrklagen analog § 722 Abs. 2, eine weitergehende Differenzierung der Zuständigkeit nach Vollstreckungsgegeneinwänden ist, wie oben ausgeführt, abzulehnen.

(2) Ausländische Urkunden und Prozeßvergleiche

Bei ausländischen vollstreckbaren Urkunden und Prozeßvergleichen kann sich das Problem von Vollstreckungsgegeneinwänden in Deutschland nicht stellen, wenn man der ganz herrschenden Meinung folgt, nach der diese Titel nicht nach § 722 für vollstreckbar erklärt werden können.[153] Einige Autoren schlagen aber eine *analoge* Anwendung von § 722 auf ausländische Prozeßvergleiche[154] und vollstreckbare Urkunden ausländischer Notare[155] vor. Die von ihnen vorgetragenen teleologischen Argumente sind zwar durchaus einleuchtend, rechtfertigen aber wohl keine Analogie, da es an einer *planwidrigen Lücke* im Gesetz fehlt. Dem Gesetzgeber ist seit langem bekannt, daß ausländische Prozeßvergleiche und vollstreckbare Urkunden nur dann in Deutschland für vollstreckbar zu erklären sind, wenn entsprechende staatsvertragliche Regelungen vorliegen.[156] Da die

---

[150] Ebenso im Ergebnis *Wolff*, Hdb. IZVR Bd. III/2 Kap. IV Rz. 94 und für das GVÜ EuGH 09.07.1984 (220/84) *AS-Autoteile Service ./. Malhé*, Slg. 1984, 2273; vgl. im inländischen Kontext auch BGHZ 55, 255 (260f.) – keine Vollstreckungsabwehrklage auf der Grundlage von Einwänden, für die deren Prüfung das Gericht nicht zuständig ist (anderer Rechtsweg).

[151] Terminologie in Anlehnung an *Eickhoff*, S. 169, der herausarbeitet, daß die Erkenntniszuständigkeit nicht aus der Verrechnungszuständigkeit folgt.

[152] S.o. Kap. 7, Präklusion, Abschn. IV 2.

[153] LG Hamburg, IPRspr 82 Nr. 180; *Rosenberg/Gaul/Schilken* § 12 II 2; *Schack*, IZVR Rz. 816; *Rosenberg/Gaul/Schilken* § 12 II 2, S. 140.

[154] *Riezler*, S. 530.

[155] *Geimer*, DNotZ 75, 461 (464f.) unter Berufung auf *Carl L. von Bar*, S. 542 (Nr. 471); *Schütze*, DNotZ 92, 66 (81f.).

[156] Vgl. etwa die Denkschrift zum Deutsch-Belgischen Abkommen, BT-Drs. III/919, S. 21 sowie die Anlage zur Denkschrift (Bericht der Unterhändler), S. 38.

Vollstreckbarerklärung solcher Titel auch außerhalb von Vollstreckungsabkommen kein zwingendes Gebot der Gerechtigkeit ist, muß es daher dem Gesetzgeber überlassen werden, eine entsprechende Regelung zu treffen. Wenn er dies – nicht zuletzt unter dem Aspekt der Gegenseitigkeit[157] – nur in Staatsverträgen tun will, sollten Gerichte hieran nichts nachbessern. Ließe man entgegen der herrschenden Meinung eine Vollstreckbarerklärung ausländischer Prozeßvergleiche und Urkunden analog § 722 zu, so wäre für Vollstreckungsabwehrklage wiederum das Exequaturgericht zuständig, § 722 Abs. 2 analog. Diese Zuständigkeit würde sich aus denselben Gründen ergeben, die oben bereits im Zusammenhang mit ausländischen Urteilen dargestellt wurden.

Bei manchen ausländischen „*Einverständnisurteilen*“[158] ist nicht leicht festzustellen, ob sie eher dem deutschen Prozeßvergleich oder dem Anerkenntnisurteil entsprechen. Die Grenzen sind insofern fließend.[159] In Zweifelsfällen sollte die Anerkennung nach § 722 zugelassen werden, da diese Urteile nicht nur auf gerichtlichen Feststellungen, sondern sogar auf dem Willen des Beklagten beruhen. Beruft sich der Schuldner auf die Unwirksamkeit eines ausländischen Einverständnisurteils, so gerät zunächst die nicht unumstrittene Rechtsprechung des Bundesgerichtshofs[160] in den Blick, nach der bei Einwänden gegen die Wirksamkeit eines Prozeßvergleichs nur die Fortsetzung des Erstprozesses statthaft ist; für eine Vollstreckungsabwehrklage fehle das Rechtsschutzbedürfnis. Dies ist auf den internationalen Kontext nicht übertragbar. Zunächst ist zu bedenken, daß selbst nach dieser Entscheidung die Vollstreckungsabwehrklage nicht per se unstatthaft ist, um eine anfängliche Unwirksamkeit des Vergleichs geltend zu machen.[161] Es geht vielmehr um die Lösung eines im Inland auftretenden positiven Kompetenzkonfliktes mit Hilfe der Figur des Rechtsschutzbedürfnisses. Die Gründe für den über das Rechtsschutzbedürfnis postulierten *Vorrang* der Fortsetzung des Erstprozesses (Vermeidung eines zweiten Prozesses mit Kosten- und Verzögerungsfolgen, Nutzung bereits erhobener Beweise bei erfolgreicher Anfechtung des Vergleichs, Befassung von Richtern, die den Prozeßstoff bereits kennen)[162] könnten zwar durchaus auch auf die Geltendmachung der Unwirksamkeit eines im Ausland geschlossenen Prozeßvergleichs oder selbst eines Einverständnisurteils übertragen werden. Es ist jedoch keineswegs ausgemacht, daß auch im Erststaat die Einwände im Rahmen einer Fortsetzung des Erstverfahrens

---

157 Selbst wenn man § 722 analog auf Prozeßvergleiche und vollstreckbare Urkunden anwendete, würde das Gegenseitigkeitserfordernis des § 328 Abs. 1 Nr. 5 eine praktisch sehr bedeutsame und schwer zu handhabende Einschränkung bedeuten (so auch *Geimer*, DNotZ 75, 461 (465).

158 Ausführlich zu ihnen und ihrer Anerkennung oben, Kap. 7, Präklusion, Abschn. II 8.

159 *Martiny*, Hdb. IZVR III/1, Kap. I Rz. 470; *Geimer*, IZPR Rz. 2860f.

160 BGH NJW 71, 467.

161 Dies zeigt sich etwa bei einem Zusammentreffen von Unwirksamkeit und nachträglichem Wegfall eines Vergleichsanspruchs, BGH NJW 67, 2014.

162 BGH NJW 71, 467 (468) mit Verweis auf BGHZ 28, 171 (174).

geltend gemacht werden können. Außerdem könnte ein solches Verfahren nicht das Rechtsschutzziel einer Vollstreckungsabwehrklage im Inland, Beseitigung der durch das Exequatur verliehenen Vollstreckbarkeit, erreichen. Bei einem ausländischen Erstgericht ist das Rechtsschutzbedürfnis für eine inländische Klagemöglichkeit daher regelmäßig zu bejahen; dies rechtfertigt ja gerade erst die Zuständigkeit analog § 722 Abs. 2. In der Literatur wird ohnehin vielfach gefordert, dem Schuldner die Wahl zwischen beiden Verfahren zu lassen.[163]

d) Gerichtsstandsvereinbarungen

Haben die Parteien eine Gerichtsstandsvereinbarung getroffen, die den titulierten Anspruch betrifft, so fragt sich, ob diese auch Vollstreckungsabwehrklagen erfaßt. Dabei ist es sinnvoll, zwei Fälle zu unterscheiden: Die Vereinbarung zugunsten deutscher Gerichte (Prorogation deutscher Zuständigkeit) und den Ausschluß (Derogation) einer an sich gegebenen deutschen Zuständigkeit zugunsten ausländischer Gerichte.

(1) Prorogation deutscher Zuständigkeit

Bei einer Gerichtsstandsvereinbarung zugunsten deutscher Gerichte wird regelmäßig schon der Erstprozeß im Inland stattfinden, dann aber ist die Zuständigkeit deutscher Gerichte schon nach § 767 Abs. 1 zweifelsfrei. Wenn der Erstprozeß im Ausland stattfand, aber dennoch eine (zusätzliche) Zuständigkeit deutscher Gerichte vereinbart ist, kann es aber auf die Vereinbarung ankommen, wenn man der herrschenden Meinung nicht folgt, die für Einwände gegen den im Ausland titulierten Anspruch einen Gerichtsstand analog § 722 Abs. 2 annimmt, oder wenn der Titel in Deutschland noch nicht für vollstreckbar erklärt wurde.[164] In beiden Fällen erscheint es konsequent, der Prorogation die Wirksamkeit gem. § 40 Abs. 2 S. 1 2.Alt. zu versagen, da nach unserer Auffassung die Zuständigkeit des Erstgerichts ausschließlich ist (§§ 767, 802).[165] Hier zeigt sich, wie schmal der Grat zwischen der Annahme einer Zuständigkeit analog § 722 Abs. 2 und der resoluten Verweigerung einer Bereitstellung deutscher Justizressourcen für die Klärung nachträglicher Einwände gegen einen im Ausland titulierten

---

[163] *Baur/Stürner* I Rz. 16.11 u. 45.5; *Rosenberg/Gaul/Schilken* § 40 VII 1b; St/J-*Münzberg*, § 794 Rz. 54; *Pecher*, ZZP 97 (1984) 139 (167).

[164] Zur Unzulässigkeit der Vollstreckungsabwehrklage gegen einen in Deutschland nicht für vollstreckbar erklärten ausländischen Titel s.u. Kap. 10, Exequaturverfahren, Abschn. VIII 1.

[165] Die Prorogationsschranke des § 40 Abs. 2 S. 1 2.Alt gilt auch bei einem aus deutscher Sicht ausschließlichen Gerichtsstand im Ausland, *Schack*, IZVR Rz. 441. Der BGH hat sich allerdings in seiner Leitentscheidung zur Zuständigkeit für Vollstreckungsabwehrklagen auch mit dem Argument aus §§ 767 Abs. 1, 802 auseinandergesetzt und befunden, die Zuständigkeit des ausländischen Erstgericht könne nicht als ausschließlich angesehen werden (BGHZ 84, 17 (21)).

Anspruch ist. Angesichts dieses schmalen Grats ist es sicherlich auch vertretbar, eine allgemeine Zuständigkeit zwar abzulehnen, eine Prorogation jedoch zuzulassen.

(2) Derogation deutscher Zuständigkeit

Praktisch wird sich deutschen Gerichten die Frage nach der Wirksamkeit einer Gerichtsstandsvereinbarung vor allem dann stellen, wenn die Parteien die Zuständigkeit eines ausländischen Gerichts für den titulierten Anspruch vereinbart hatten und der Gläubiger dies einer Vollstreckungsabwehrklage in Deutschland entgegenhält.

Zunächst stellt sich die Frage, ob eine Derogation der deutschen Zuständigkeit *zulässig* ist. Bei der Antwort ist wieder nach dem Streitgegenstand der konkret betroffenen Klage zu differenzieren. Für eine Vollstreckungsabwehrklage gegen das Exequaturutteil wegen Aufhebung des Ersturteils gelten §§ 767 Abs. 1, 802. Denn hier geht es der Sache nach nur um eine Anerkennung und Vollstreckbarerklärung der ausländischen Aufhebungsentscheidung,[166] die auch sonst deutschen Gerichten vorbehalten ist. Für eine Vollstreckungsabwehrklage gegen das Ersturteil kann man dagegen keine Ausschließlichkeit der in Deutschland begründeten internationalen Zuständigkeiten annehmen. Dies ist besonders einleuchtend für die Vollstreckungsabwehrklage gegen ein ausländisches Ersturteil, für die deutsche Gerichte, wie oben ausgeführt, nicht nach § 767 Abs. 1 sondern nur analog § 722 Abs. 2 zuständig sind. Die Ratio der ausschließlichen Zuständigkeit nach §§ 767 Abs. 1, 802 würde hier nicht zutreffen, sie würde sogar, wenn die Derogation zugunsten des ausländischen Erstgerichts erfolgt, in ihr Gegenteil verkehrt. Allerdings ist auch die Zuständigkeit nach § 722 ausschließlich (§ 802). Für die Zuständigkeit *analog* § 722 Abs. 2 für Vollstreckungsabwehrklagen kann dies aber nicht gelten.[167] Denn weder Gerechtigkeits- noch prozeßökonomische oder Souveränitätserwägungen sprechen dafür, deutschen Gerichten die Beurteilung von Einwänden gegen einen im Ausland titulierten Anspruch vorzubehalten.[168] Eine international ausschließliche Zuständigkeit kommt daher hier nicht in Frage.[169] Anders könnte es sich bei einem deutschen Ersturteil verhalten, da hier deutsche Gerichte ihre internationale Zuständigkeit aus einer Analogie zu § 767 Abs. 1 herleiten. Es entspräche der Ratio des § 802, die prozeßökonomisch sinnvolle Befassung des Erstgerichts (§ 767 Abs. 1) auch international obligatorisch zu machen. Eine Derogation wäre daher unwirksam.[170] Es gibt jedoch gute

[166] Näher s.o. im Abschn. II dieses Kapitels 9.

[167] Anders ohne nähere Begründung *Beitzke*, IPRax 83, 16 (18).

[168] Zur Prüfung der ratio legis als Grundlage der Entscheidung über die *internationale* Ausschließlichkeit eines Gerichtsstandes, insbesondere auch im Rahmen von § 802, *Wagner*, Prozeßverträge S. 362 ff.,559.

[169] Ebenso im Ergebnis schon *Kallmann*, S. 383, Fn. 41.

[170] Ebenso schon *Neureuter* S. 30, Fn. 83 m.w.N. zur älteren Lit.

Gründe, die Durchsetzung prozeßökonomisch sinnvoller Gerichtsstände durch § 40 Abs. 2 S. 1 2.Alt. nur national wirken zu lassen und es im internationalen Rechtsverkehr dem *forum prorogatum* zu überlassen, ob es sich mit dem Streit befassen will.[171] Vor allem aber wäre es inkonsequent, einerseits eine internationale Zuständigkeit analog § 722 Abs. 2 für die Vollstreckungsabwehrklage gegen fremde Ersturteile in Anspruch zu nehmen, andererseits aber bei deutschen Ersturteilen von einer Ausschließlichkeit der eigenen Zuständigkeit auszugehen. Dies widerspräche dem zu § 328 Nr. 1 etablierten Spiegelbildprinzip,[172] dem kategorischen Imperativ der internationalen Anerkennungszuständigkeit.

Eine andere Frage ist, ob die Parteien mit ihrer Gerichtsstandsvereinbarung einen *ausschließlichen* Gerichtsstand am *forum prorogatum* schaffen und ob sie auch eine eventuelle Vollstreckungsabwehrklage erfassen *wollten*. Hier sind die allgemeinen Auslegungsgrundsätze für internationale Gerichtsstandsvereinbarungen einschlägig. Eine generelle Vermutung für oder gegen die Ausschließlichkeit eines vereinbarten Gerichtsstandes gibt es dabei nicht.[173] Relevant ist in diesem Zusammenhang, daß die Rechtsprechung dazu tendiert, Gerichtsstandsvereinbarungen insofern weit auszulegen, als im Zweifel nicht nur die Klage aus den betroffenen Ansprüchen erfaßt ist, sondern auch die verteidigungsweise Geltendmachung (insbesondere Aufrechnung in einem Prozeß im derogierten Forum)[174] und die Widerklage.[175] Die hierzu angestellten Interessenabwägungen gelten ebenso für die nachträgliche verteidigungsweise Geltendmachung von Einwänden durch Vollstreckungsabwehrklage. Dies ist offensichtlich, wenn im Rahmen der Vollstreckungsabwehrklage rechtskräftig über das (Fort-) Bestehen des Anspruchs entschieden wird (so die hier vertretene Ansicht), sollte aber auch gelten, wenn nur die Vollstreckbarkeit in Deutschland auf dem Spiel steht, da jedenfalls der Prozeß für den Gläubiger in beiden Fällen gleich belastend ist. Schon nach dem Parteiwillen nicht von der Gerichtsstandsvereinbarung umfaßt ist dagegen eine auf die Aufhebung des Ersturteils gestützte Vollstreckungsabwehrklage gegen das Exequatururteil. Denn bei ihr wird nicht mehr über den streitigen Anspruch bzw. Einwand entschieden, sondern nur ein der Vollstreckbarerklärung des Aufhebungsurteils äquivalentes formales Verfahren durchgeführt.

---

[171] *Geimer*, IZPR Rz. 878ff.; *Wagner*, Prozeßverträge S. 362ff.,559 – ausdrücklich zu § 802).

[172] Vgl. statt aller *Schack*, IZVR Rz. 831.

[173] BGHZ 59, 116 (119); *Geimer* IZPR Rz. 1736ff., str. Vermutung gegen Ausschließlichkeit: *Schack*, IZVR Rz. 458ff.

[174] BGHZ 60, 85 (91); BGH RIW 73, 167 (168); in der Literatur umstritten, vgl. *Gottwald*, IPRax 86, 10 (12); *Schack*, IZVR Rz. 460 m.w.N.; eingehend zu den abzuwägenden Interessen *Gebauer*, IPRax 98, 79 (81ff.).

[175] BGHZ 52, 30 (36); NJW 81, 2644; in der Literatur ebenfalls umstritten, vgl. *Schack*, IZVR Rz. 460 m.w.N.

e) Schuldnerschutz bei Unzuständigkeit: Vollstreckungsbeschränkende einstweilige Anordnungen

Ist eine Vollstreckungsabwehrklage in Deutschland unzulässig wegen Derogation oder weil der Schuldner sich auf eine Aufrechnung beruft, so muß der Schuldner ein Aufhebungs- oder Vollstreckungsabwehrverfahren im Erststaat oder einem anderen zuständigen Forum durchführen und, sofern er dort erfolgreich ist, anschließend in Deutschland die oben beschriebene Vollstreckungsabwehrklage *gegen das Exequatururteil* erheben. Welchen Rechtsschutz genießt er bis zum Abschluß des ausländischen Verfahrens?

(1) Zulässigkeit eines Antrags nach § 769

Bei einem reinen Inlandsfall ist der Schutz des Schuldners bis zur Entscheidung über die Vollstreckungsabwehrklage (dasselbe gilt für eine Klage nach § 323)[176] durch § 769 gewährleistet, der dem zuständigen Erstgericht und in Eilfällen auch dem Vollstreckungsgericht erlaubt, die Vollstreckung einstweilen einzustellen oder einzuschränken. Die Zuständigkeit des Prozeßgerichts für Anordnungen nach § 769 beginnt aber erst, wenn eine Hauptsache durch Klage nach § 767 anhängig gemacht ist.[177] Der Schuldner soll die Vollstreckung nicht ohne Klageerhebung lahmlegen können.[178] Diese auf Inlandsfälle zugeschnittene Regelung reißt eine Rechtsschutzlücke, wenn der Titelschuldner bis zur Entscheidung im zuständigen Forum keine Vollstreckungsabwehrklage erheben *kann*, weil es an der Zuständigkeit deutscher Gerichte fehlt. Diese Lücke ist planwidrig, da die Unzuständigkeit nicht den einstweiligen Rechtsschutz ausschließen soll.[179] Daher ist eine analoge Anwendung des § 769 Abs. 1 geboten, um die Lücke zu schließen. Anordnungen analog § 769 Abs. 1 sind zulässig, wenn der Schuldner in einem zuständigen Forum einen Rechtsbehelf zur Geltendmachung des Vollstreckungsgegeneinwands eingelegt hat. Zuständiges Prozeßgericht ist in diesem Fall wie auch sonst das Exequaturgericht, das später auch über die Klage nach § 767 gegen das Exequatururteil zu entscheiden hat. Eine analoge Anwendung von § 769 Abs. 2, die ebenfalls zu erwägen wäre, ist dagegen nicht angezeigt. Zwar erscheint es zunächst attraktiv, den Schuldner mangels eines inländischen Prozeßgerichts an das Vollstreckungsgericht zu verweisen und diesem die Möglichkeit zu geben, dem Schuldner eine Frist zur Erwirkung einer entspre-

---

[176] BGH NJW 86, 2057.

[177] MünchKomm ZPO-Karsten *Schmidt*, § 769 Rz. 11; *Zöller*-Herget, § 769 Rz. 4; *Thomas/Putzo* § 769 Rz. 7; *Baur/Stürner* I Rz. 45.25; a.A. St/J-*Münzberg*, § 769 Rz. 5ff.

[178] MünchKomm ZPO-Karsten *Schmidt*, § 769 Rz. 11.

[179] Ebenso wohl *Rintelen*, ZZP 9 (1886), 191 (202f.), der aber nicht die Konsequenz einer analogen Anwendung zieht, sondern mit einstweiligem Rechtsschutz nach allgemeinen Regeln helfen will. Eine Gerichtsstandsvereinbarung kann die Zuständigkeit für Anordnungen nach § 769 schon deshalb nicht derogieren, weil diese Zuständigkeit, ebenso wie die für die Aufhebung des Exequatururteils, ausschließlich i.S.d. § 802 ist.

chenden Anordnung bei dem ausländischen Prozeßgericht zu setzen. Das Vollstreckungsgericht[180] ist jedoch zur Bearbeitung solcher internationalen Sachverhalte weit weniger geeignet als das mit der Sache bereits im Rahmen der Vollstreckbarerklärung befaßte Exequaturgericht. Außerdem wäre es fragwürdig, den Schuldner zur Erwirkung einer einstweiligen Anordnung im Erststaat zu verpflichten, wo diese unter Umständen gar nicht vorgesehen oder nötig ist.[181]

Die analoge Anwendung des § 769 Abs. 1 kann allerdings nicht auf Fälle ausgedehnt werden, in denen dem Schuldner eine Vollstreckungsabwehrklage in Deutschland möglich ist. Solange deutsche Gerichte zuständig sind und auch kein Parallelverfahren im Erststaat oder einem Drittstaat eine Rechtshängigkeitssperre auslöst,[182] gibt es keinen Grund, dem Schuldner zu erlauben, die Vollstreckung ohne Klageerhebung im Inland lahmzulegen. Erhebt der Schuldner lediglich Feststellungsklage, so kann das Prozeßgericht ebenfalls keine Anordnungen nach § 769 erlassen[183].

(2) Begründetheit des Antrags nach § 769

§ 769 erfordert unter anderem eine Beurteilung der Erfolgsaussichten der Klage.[184] Diese wird bei der hier vorgeschlagenen analogen Anwendung regelmäßig nicht leicht sein, da es – anders als im genuinen Anwendungsbereich des § 769 Abs. 1 – darum geht, die Entscheidung eines *fremden* Gerichts zu prognostizieren. Dabei ist auch zu berücksichtigen, daß der Gläubiger bereits einen (unter Umständen nicht nur vorläufig) vollstreckbaren Titel erstritten hat und in diesem Stadium des Verfahrens die Gefahr reiner Verzögerungsmanöver des Schuldners besonders groß ist.[185] Es liegt daher nahe, sich hinsichtlich der einstweiligen Anordnung an der prozessualen Situation in dem prioritären ausländischen Forum zu orientieren.

Hat das prioritäre Gericht bereits über einen Antrag auf vollstreckungsbeschränkende Anordnungen[186] entschieden, so kommt dieser Entscheidung erhebliche Indizwirkung zu. Dies folgt zwar – auch im Bereich des GVÜ – nicht aus dem Gebot, ausländische Entscheidungen ohne Nachprüfung in der Sache anzuerkennen,[187] wohl aber daraus, daß dieses Gericht die Erfolgsaussichten der

---

180 Dort entscheidet über Anträge nach § 769 der Rechtspfleger (§ 20 Nr. 17 RPflG).

181 So die Rechtslage in Frankreich, wo einstweilige Anordnungen im Bereich der vollstreckungsrechtlichen *contestation* nicht vorgesehen sind. Näher s.o. Kap. 2, Frankreich.

182 Näher im Kapitel 5 zur Behandlung von Parallelverfahren.

183 MünchKomm ZPO-Karsten *Schmidt*, § 769 Rz. 4.

184 Weitere Abwägungselemente sind das Schutzbedürfnis des Schuldners und des Gläubigers, vgl. Münchener Kommentar-Karsten *Schmidt*, § 767 Rz. 16; St/J-*Münzberg*, § 769 Rz. 11.

185 *Baumbach* ZPO-*Hart*mann, § 769 Rz. 6.

186 Viele europäische Rechte sehen die Möglichkeit eines solchen Antrags vor, vgl. §§ 42 Abs. 1 Nr. 5 österr. EO; Art. 623 ital. CPC; Artt. 438, 289 ff. niederl. Rv (*Leutner* S. 96). Nach Art. 85a Abs. 2 SchKG wird sogar ohne Antrag über vorläufige Beschränkungen entschieden.

187 In diese Richtung aber wohl die Schlußanträge des Generalanwalts *Slynn* in der Sache EuGH 27.11.1984 (258/83) *Brennero ./. Wendel*, Slg. 84, 3971 (3989). Gegen die Verwechslung

bei ihm anhängigen Klage selbst am besten beurteilen kann.[188] Hat das Gericht die beantragte Anordnung *abgelehnt*, so läßt sich eine Beschränkung der Zwangsvollstreckung in Deutschland allenfalls dann rechtfertigen, wenn dem Schuldner durch eine Vollstreckung im Inland besondere Gefahren drohen, die trotz der indizierten schlechten Erfolgsaussichten der Vollstreckungsabwehrklage eine Schutzanordnung geboten erscheinen lassen. Hat das ausländische Gericht dagegen eine vollstreckungsbeschränkende Anordnung *erlassen*, so ist es umgekehrt angezeigt, auch in Deutschland gleichzuziehen.

Hat das ausländische Gericht über einen bereits gestellten Antrag des Schuldners auf vollstreckungsbeschränkende Anordnungen *noch nicht entschieden*, so darf das deutsche Prozeßgericht den Rechtsschutz nach § 769 nicht verweigern. In diesem Fall muß es selbst jedenfalls überschlägig die Erfolgsaussichten der prioritär im Ausland zu entscheidenden Vollstreckungsabwehrklage beurteilen. Diese Prüfung ist nur summarisch und bleibt mit erheblichen Unsicherheiten behaftet. Das Gericht sollte sich daher vor allem auf eine Abwägung der Schutzbedürfnisse des Gläubigers und des Schuldners stützen. Es sollte außerdem von der Möglichkeit Gebrauch machen, seine Entscheidung auf Antrag sofort abzuändern,[189] wenn das ausländische Gericht über den dort gestellten Antrag entschieden hat und dabei zu einer anderen Einschätzung gekommen ist. Der zusätzlichen Möglichkeit, die Anordnung anzufechten, bedarf es daneben nicht (vgl. § 707 Abs. 2 S. 2).[190]

Hat der Schuldner im Ausland *keine* vollstreckungsbeschränkenden Anordnungen *beantragt*, so darf dies bei der Entscheidung über den Antrag nach § 769 nicht zu seinen Lasten berücksichtigt werden. Denn diese Abstinenz kann vielfältige Gründe haben, insbesondere daß der Schuldner in diesem Staat keinem nennenswerten Vollstreckungsrisiko ausgesetzt ist, etwa weil er dort kein Vermögen hat. Auch wäre es mit der Pflicht zur Gewährung schnellen und effektiven Rechtsschutzes, dem § 769 dienen soll, nicht vereinbar, den Schuldner zunächst auf einen entsprechenden Antrag im Ausland zu verweisen. Auch in diesem Fall bleibt dem deutschen Prozeßgericht die unangenehme Aufgabe nicht erspart, die Erfolgsaussichten der prioritär im Ausland zu entscheidenden Vollstreckungsab-

---

einer eigenen Erfolgsprognose im Rahmen des Art. 38 Abs. 1 GVÜ mit einer *révision au fond* auch *Grunsky*, IPrax 95, 218 (220); *Gaudemet-Tallon*, RCDIP 1992, 131 f., gegen die zweifelhaften Ausführungen des EuGH im Urteil vom 04.10.1991 (183/90) *van Dalfsen ./. van Loon*, Slg. 1991, 4743.

[188] Ebenso für die parallele Problematik einer Aussetzung nach Art. 38 Abs. 1GVÜ: OLG Düsseldorf, RIW 97, 329 (330).

[189] *Gaul*, ZZP 85 (1972), 251 (302) m. Hinw. auf die Motive zu § 707; MünchKomm ZPO-Karsten *Schmidt*, § 769 Rz. 27.

[190] Ebenso *Gaul*, ZZP 85 (1972), 251 (302) und MünchKomm ZPO-Karsten *Schmidt*, § 769 Rz. 1 u. 33, jeweils m. Hinw. auf die Gesetzesmaterialien; ebenso *Rosenberg/Gaul/Schilken* § 40 XII 5, *Baur/Stürner* I, Rz. 45.26; St/J-*Münzberg*, § 769 Rz. 15 jeweils m.w.N. zur insbesondere von einigen OLG vertretenen Gegenmeinung, die Beschwerde nach § 793 sei statthaft. Ausführlich auch *Maurer*, Einstweilige Anordnungen in der Zwangsvollstreckung, S. 201 ff.

wehrklage zu beurteilen. Es kann seine Einschätzung jedoch wiederum später im Lichte besserer Informationen auf Antrag abändern. Ein Vorgehen analog § 769 Abs. 2 (Bestimmung einer Frist, innerhalb derer der Schuldner eine Entscheidung des „wahren Prozeßgerichts" beizubringen hat) scheint in diesen Zusammenhang zwar zunächst attraktiv, wäre jedoch mit der Pflicht zur Rechtsschutzgewährung im Inland nicht vereinbar.

(3) Inhaltliche Flexibilität der Anordnungen

Dem Gericht steht nach § 769 Abs. 1 eine erhebliche Bandbreite möglicher Anordnungen zur Verfügung, was eine flexible Berücksichtigung der betroffenen Interessen erleichtert. So kann das Gericht, wenn dies den Gläubiger am wenigsten belastet und den Schuldner ausreichend sichert, die Fortsetzung der Zwangsvollstreckung nur gegen Sicherheitsleistung zulassen. In diesem Fall sollte § 720a Abs. 1 entsprechend angewendet und dem Gläubiger erlaubt werden, auch ohne Sicherheitsleistung jedenfalls die dort genannten Sicherungsmaßnahmen zu betreiben. Denn es ist nicht einzusehen, daß der Gläubiger nach einer Anordnung gemäß § 769 schlechter stehen soll als im Falle der vorläufigen Vollstreckbarkeit gegen Sicherheitsleistung.[191]

Umgekehrt kann es, wenn eine Sicherheitsleistung dem Schuldner möglich ist und die Interessen des Gläubigers ausreichend schützt, gegen Sicherheitsleistung des Schuldners die Zwangsvollstreckung aussetzen und eventuell sogar bereits getroffene Maßnahmen aufheben. Eine Aussetzung der Zwangsvollstreckung ohne Sicherheitsleistung des Schuldners muß dagegen die absolute Ausnahme[192] sein, auch wenn § 769 Abs. 1 sie nicht, wie § 707 Abs. 1 Satz 2, ausdrücklich daran knüpft, daß dem Schuldner ein nicht zu ersetzender Nachteil droht.

f) Zusammenfassung zur Zuständigkeit im autonomen Recht

Die internationale Zuständigkeit deutscher Gerichte für Vollstreckungsabwehrklagen gegen ausländische Ersturteile ergibt sich nicht aus § 767 Abs. 1, sondern kann nur auf eine Analogie zu § 722 Abs. 2 gestützt werden. Für diese Analogie spricht das Gebot, dem inländischen Vollstreckungsschuldner effektiven Rechtsschutz gegen die Vollstreckung im Inland zu gewähren und die spiegelbildliche Gleichbehandlung mit dem Gläubiger, der nach § 23 am Vollstreckungsort klagen kann. Allerdings führt sie dazu, daß der in § 767 Abs. 1 niedergelegte Gedanke der zweckmäßigen Annexzuständigkeit des Erstgerichts für Vollstreckungsabwehrklagen aufgegeben wird.

---

[191] Ähnlich zu Art. 38 Abs. 3 GVÜ *Schlosser*, GVÜ Art. 38 Rz. 5.

[192] *Rosenberg/Gaul/Schilken* § 40 XII 4 (S. 647); St/J-*Münzberg*, § 769 Rz. 11.

Beruft sich der Schuldner auf eine nachträgliche Aufrechnung, so hat jedoch das Interesse des Gläubigers Vorrang, sich nicht vor einem an sich unzuständigen Forum gegen die zur Aufrechnung benutzte Forderung verteidigen zu müssen. Die Vollstreckungsabwehrklage kann auf die Aufrechnung nur dann gestützt werden, wenn deutsche Gerichte auch für eine prinzipale Geltendmachung der Aufrechnungsforderung zuständig wären.

Gerichtsstandsvereinbarungen zugunsten deutscher Gerichte (*Prorogation*) sind entweder für die Vollstreckungsabwehrklage irrelevant (da deutsche Gerichte ohnehin zuständig sind) oder – falls eine Zuständigkeit analog § 722 Abs. 2 nicht gegeben ist oder man diese Analogie ablehnt – unwirksam gem. § 40 Abs. 2 S. 1 2.Alt. i.V.m. §§ 767 Abs. 1., 802. Die *Derogation* einer an sich gegebenen deutschen Zuständigkeit bezieht sich nicht auf die Vollstreckungsabwehrklage wegen Aufhebung des Ersturteils (dies wäre im Zweifel auch unwirksam), kann aber sehr wohl die Vollstreckungsabwehrklage wegen Einwänden gegen einen im Ausland titulierten Anspruch erfassen und ist dann zu beachten. Sie schließt dann die Zuständigkeit analog § 722 Abs. 2 aus.

Besteht in Deutschland keine Zuständigkeit für die Vollstreckungsabwehrklage, so kann der Schuldner dennoch eine einstweilige Anordnung zur Einstellung oder Beschränkung der Zwangsvollstreckung analog § 769 beantragen, sobald er einen entsprechenden Rechtsbehelf im ausländischen Forum eingelegt hat. Die Begründetheit dieses Antrags ist mit Blick auf das bisherige Prozeßgeschehen im zuständigen Forum zu beurteilen.

3. Rechtsbehelf und Zuständigkeit nach dem GVÜ

Im Bereich des GVÜ[193] ist eine Vollstreckungsabwehrklage in Deutschland nur zulässig, wenn hier ein Gerichtsstand nach Artt. 2ff. GVÜ eröffnet ist, denn die Vollstreckungsabwehrklage ist nicht eine „*Maßnahme* im Rahmen der Zwangsvollstreckung", die vom Anwendungsbereich des Abkommens ausgenommen wäre.[194] Der EuGH hat 1985 entschieden,[195] die Vollstreckungsabwehrklage falle „an sich" unter die Zuständigkeitsregel des Art. 16 Nr. 5 GVÜ,[196] nach dem

[193] Der Anwendungsbereich des Übereinkommens hängt nicht davon ab, daß der Schuldner sich gegen einen Titel wendet, der aus einem anderen Vertragsstaat stammt und nach Artt. 31 ff. GVÜ mit der Vollstreckungsklausel versehen wurde, sondern vor allem davon, ob der Beklagte seinen Wohnsitz in einem anderen Vertragsstaat hat (Art. 2 Abs. 1 GVÜ, im übrigen zum Anwendungsbereich Art. 1 GVÜ).

[194] Allgemeine Meinung, *Geimer*, IPRax 1986, 208 (209).

[195] EuGH 04.07.1985 (220/84), *AS Autoteile Service/Malhé*, Slg. 85, 2273, Grd. 12.

[196] Diese Bestimmung wird auch in der Revision des Übereinkommens voraussichtlich nicht verändert werden, vgl. den Entwurf der Arbeitsgruppe zur Revision vom 26.4.1999 (Generalsekretariat H des Rates, Dok. Nr. SN 2581/1/99 Rev 1).

„für Verfahren, welche die Zwangsvollstreckung aus Entscheidungen zum Gegenstand haben, die Gerichte des Vertragsstaates [ausschließlich zuständig sind], in dessen Hoheitsgebiet die Zwangsvollstreckung durchgeführt werden soll oder durchgeführt worden ist."

Diese Feststellung ist je nach Perspektive[197] folgerichtig oder befremdlich. Folgerichtig ist sie, wenn man als Gegenstand der Vollstreckungsabwehrklage primär das Einwirken auf die Zwangsvollstreckung ansieht, befremdlich dagegen, wenn man die Vollstreckungsabwehrklage als Fortsetzung oder nachgeholte Durchführung (bei einer vollstreckbaren Urkunde) des Erstprozesses mit umgekehrten Parteirollen ansieht und sich vor Augen führt, daß hierfür nun parallel alle Vollstreckungsstaaten ausschließlich zuständig sein sollen, nicht aber der Erststaat oder der Wohnsitzstaat des Gläubigers. Welche Perspektive trifft zu? Läßt sich eine Zuständigkeit deutscher Gerichte tatsächlich auf Art. 16 Nr. 5 GVÜ stützen?

a) Stand der Diskussion zu Art. 16 Nr. 5 GVÜ

Zur Auslegung des Art. 16 Nr. 5 GVÜ hat sich der EuGH mehrfach geäußert. Die besonders einschlägige Entscheidung *AS Autoteile/Malhé*[198] wird so unterschiedlich (und häufig falsch) interpretiert, daß eine gründliche Analyse geboten ist. Anschließend ist ein Blick auf die Rechtsprechung und Literatur in Deutschland und anderen Vertragsstaaten zu werfen, die zu durchaus unterschiedlichen Ergebnissen kommen.

(1) Die Rechtsprechung des Europäischen Gerichtshofs

Der zitierten Leitentscheidung des EuGH von 1985, *AS Autoteile/Malhé*, lag ein ungewöhnlicher Sachverhalt[199] zugrunde. Die in Deutschland erhobene Vollstreckungsabwehrklage betraf einen deutschen Kostenfestsetzungsbeschluß. Der deutsche Schuldner hatte im Ausgangsverfahren einen Schadensersatzanspruch einzuklagen versucht, das deutsche Gericht hatte sich für unzuständig erklärt, da der Beklagte seinen Wohnsitz in Frankreich hatte und ein besonderer Gerichtsstand nicht gegeben war. Seine Vollstreckungsabwehrklage stützte der Schuldner nun auf eine Aufrechnung mit eben diesem Schadensersatzanspruch. So wollte er doch noch erreichen, daß das deutsche Gericht über den Schadensersatz entscheide. Der EuGH kam zu dem Ergebnis, er könne seine Vollstreckungsabwehrklage nicht auf Art. 16 Nr. 5 stützen. Wichtig ist weniger dieses Ergebnis, als die *Begründung* des Gerichtshofes, die leider in der Literatur häufig verkürzt oder

---

[197] Zu den Perspektiven bereits oben in der strukturellen Analyse im Lichte der Rechtsvergleichung(Teil I, Kap. 6 Rechtsvergleichende Summe).

[198] EuGH 04.07.1985 (220/84), Slg. 85, 2273.

[199] Ungewöhnlich aber nicht singulär, wie schon OLG Frankfurt, NJW 67, 501 zur gleichen Konstellation zeigt.

unrichtig wiedergegeben wird. Sie orientiert sich an zwei Fragen, die der BGH dem Gerichtshof vorgelegt hatte, nämlich (1.) ob Klagen nach § 767 unter Art. 16 Nr. 5 fielen, (2.) wenn ja, ob in diesem Gerichtsstand mit der Vollstreckungsabwehrklage auch die Aufrechnung mit einer Forderung geltend gemacht werden könne, für deren selbständige Geltendmachung dort keine Zuständigkeit bestünde. Der Gerichtshof bejahte zunächst die erste Frage mit nur einem Satz: Es sei „festzustellen, daß ein Verfahren der Art, wie es in § 767 ZPO vorgesehen ist *wegen seines engen Zusammenhanges mit dem Vollstreckungsverfahren* an sich unter die Zuständigkeitsregel des Artikels 16 Nr. 5 fällt."[200] Im nächsten Satz machte er aber einen Vorbehalt, der das „*an sich*" in der ersten Antwort erläutert und zugleich auf die zweite Frage überleitet. Die grundsätzliche Bejahung der ersten Frage lasse „die Frage offen, welche Einwendungen eine Partei im Rahmen eines Vollstreckungsverfahrens geltend machen kann, ohne die Grenzen des Artikels 16 Nr. 5 zu überschreiten." Der Beantwortung der zweiten Frage widmete der Gerichtshof dann wesentlich mehr Raum. Seinen Obersatz gewinnt er durch eine Analyse der Ratio von Art. 16 Nr. 5. Es handele sich im Verhältnis zu Art. 2 GVÜ um eine Ausnahmebestimmung, die gerechtfertigt sei für Klagen, die „besondere Beziehungen zu einem anderen … Vertragsstaat aufweisen."[201] Die Subsumtion in den nächsten zwei Sätzen fällt leider durch ihre negative Formulierung nebulös aus. Sie soll gerade deshalb zitiert werden:

„Aus der Besonderheit der in Art. 16 vorausgesetzten Beziehungen folgt, daß eine Partei sich *nicht* auf die in Nr. 5 dieses Artikels den Gerichten des Vollstreckungsorts eingeräumte Zuständigkeit berufen kann, um diese Gerichte mit einer einredeweise geltend gemachten Forderung zu befassen, deren klageweise Geltendmachung gemäß Art. 2 in die Zuständigkeit eines anderen Vertragsstaates fällt. Die Benutzung der Vollstreckungsabwehrklage zu *diesem* Zweck läuft der vom Übereinkommen gewollten Zuständigkeitsverteilung zwischen dem Gericht des Wohnsitzes des Beklagten und dem Gericht des Vollstreckungsorts *zuwider*."[202]

Damit ist auch die zweite Frage beantwortet. Einen Abgrenzungsmaßstab dafür, welche Einwände denn die in Art. 16 vorausgesetzte „besondere Beziehung" zum Vollstreckungsstaat aufweisen und welchen anderen Einwänden neben der Aufrechnung diese Beziehung fehlt, liefert die Antwort aber leider nicht. Damit bleibt letztlich auch dunkel, welche Reichweite die erste Antwort hat, die Klage nach § 767 falle „an sich" unter Art. 16 Nr. 5 GVÜ.

Im Anschluß an diese beiden Antworten läßt der Gerichtshof es sich nicht nehmen, in einer abschließenden Erwägung festzustellen, daß in casu im übrigen ein „offensichtlicher Verfahrensmißbrauch seitens der Klägerin" vorgelegen

---

[200] EuGH 04.07.1985 (220/84), *AS Autoteile Service/Malhé*, Slg. 85, 2273, Grd. 12, Hervorhebg. d. Verf.

[201] EuGH 04.07.1985 (220/84), *AS Autoteile Service/Malhé*, Slg. 85, 2273, Grd. 16.

[202] EuGH 04.07.1985 (220/84), *AS Autoteile Service/Malhé*, Slg. 85, 2273, Grd. 17. Hervorhebg. d. Verf.

habe.[203] Diese Erwägung ist nicht tragend, sie ist ein nachgeschobenes *obiter dictum*. Dies wird vollends deutlich, wenn der Gerichtshof zum Abschluß[204] noch einmal seine Antworten zusammenfaßt und dabei die generelle Einschränkung des Art. 16 Nr. 5 in bezug auf Aufrechnungen wiederholt, ohne mit einem Wort den Verfahrensmißbrauch anzusprechen oder ihn gar in den Rang eines Tatbestandsmerkmals für die Einschränkung zu erheben.[205] Er weicht damit deutlich von dem Vorschlag des Generalanwalts *Lenz* ab, der stärker auf die besondere prozessuale Situation des Falles hatte abstellen wollen.[206]

Lenz hatte auch von einer Antwort auf die Frage 1 ganz abgeraten und vorgeschlagen, nur die Frage 2 zu verneinen, da dies offensichtlich ausreiche, um das Ausgangsverfahren zu entscheiden. Er begründete diese Empfehlung damit, es sei in dem vorliegenden Verfahren

„zu wenig vorgetragen, um genau abzugrenzen, *wieweit* Vollstreckungsabwehrklagen unter die ausschließliche Zuständigkeit des Art. 16 Nr. 5 fallen (daß sie grundsätzlich zu dem angesprochenen Bereich gehören *können*, scheint mir allerdings sicher).“[207]

Im Ergebnis ist der Gerichtshof *Lenz* hierin gefolgt, auch wenn er die erste Frage beantwortet hat. Die benutzte Formel, die Vollstreckungsabwehrklage falle „als solche“[208] unter Art. 16 Nr. 5 GVÜ dürfte genau der Klammerbemerkung von Lenz entsprechen. Die negativ-offene Formulierung der Ausnahme (Antwort auf Frage 2) läßt entsprechend *Lenz'* Einschätzung letztlich offen, *wieweit* Vollstreckungsabwehrklagen unter Art. 16 Nr. 5 fallen, da sie auf weitere Einwände ausgedehnt werden kann.

Einen Maßstab für die Tragweite der Ausnahme liefert die Entscheidung nicht. Aufschlußreicher[209] sind die Ausführungen des Gerichtshofs in *Reichert II*,[210] einer späteren Entscheidung zu Art. 16 Nr. 5. Zunächst betont der Gerichtshof – noch deutlicher als in *AS-Autoteile ./. Malhé* – Art. 16 Nr. 5 sei als Ausnahmevorschrift zu Art. 2 eng auszulegen.[211] Dann formuliert er, es sei

---

[203] EuGH 04.07.1985 (220/84), *AS Autoteile Service/Malhé*, Slg. 85, 2273, Grd. 18.

[204] EuGH 04.07.1985 (220/84), *AS Autoteile Service/Malhé*, Slg. 85, 2273, Grd. 19.

[205] Ebenso der Entscheidungstenor, EuGH 04.07.1985 (220/84), *AS Autoteile Service/Malhé*, Slg. 85, 2273 (2279). Unzutreffend daher *Geimer*, IPRax 86, 208 (210); *Wagner*, IPRax 99, 65 (66 Fn. 9, 73); *Leutner*, S. 245; *Kannengießer* S. 146f., die meinen, die Entscheidung stelle auf den Mißbrauch ab.

[206] Schlußanträge, Slg. 1985 S. 2268 (2271 f.). Denselben Vorschlag macht die krit. Bespr. von *Haug* zu OLG Frankfurt, NJW 67, 501.

[207] Schlußanträge, Slg. 1985 S. 2268 (2271), Hervorhebg. im Original.

[208] So die Formulierung im Tenor, EuGH 04.07.1985 (220/84), *AS Autoteile Service/Malhé*, Slg. 85, 2273 (2279).

[209] So auch ausdrücklich Generalanwalt *Lenz* in den Schlußanträgen (Nr. 38) zu EuGH 20.1.1994 (129/92) *Owens Bank ./. Bracco*, Slg. 94 I, 132.

[210] EuGH 26.03.1992 (261/90) (*Reichert ./. Dresdner Bank*, im folgenden *Reichert II*), Slg. 92, 2149.

[211] EuGH 26.03.1992 (261/90) *Reichert II*, Slg. 92, 2149, Grd. 24f.

„zu berücksichtigen, daß der *Hauptgrund für die ausschließliche Zuständigkeit der Gerichte des Ortes der Vollstreckung* der Entscheidung darin besteht, daß es nur Sache der Gerichte des … [Vollstreckungsstaates] … ist, in diesem Gebiet die *Vorschriften über die Tätigkeit der Vollstreckungsbehörden anzuwenden.*“[212]

Die Vorschriften über die Tätigkeit der Vollstreckungsbehörden sind aber nie Gegenstand einer Vollstreckungsabwehrklage, vielmehr ist für diesbezügliche Fragen in Deutschland die Vollstreckungserinnerung (§ 766) vorgesehen. Eine ähnliche Erwägung hatte auch schon der Generalanwalt *Lenz* in seinen Schlußanträgen zu *AS-Autoteile ./. Malhé* angestellt,[213] sie hatte ihn dazu gebracht, die „Sachnähe“ der Gerichte des Vollstreckungsstaates in bezug auf die Vollstreckungsabwehrklage zu bezweifeln und von einer Stellungnahme zur damals vorgelegten Frage eins[214] abzuraten.

Im Lichte der Erwägung zu Art. 16 Nr. 5 in *Reichert II* und einer generellen Tendenz des Gerichtshofes, seine Entscheidungen zum GVÜ vor dem Hintergrund des französischen Prozeßrechts zu fällen,[215] spricht vieles für folgende Auslegung von *AS-Autoteile ./. Malhé:* Dem Gerichtshof war nicht klar, daß in dem (extrem)[216] ausdifferenzierten deutschen Rechtsbehelfssystem § 767 allein Einwände gegen den titulierten Anspruch betrifft.[217] Er wollte mit seiner offenen Formulierung, die Vollstreckungsabwehrklage falle „als solche“ unter Art. 16 Nr. 5, nur festhalten, daß Art. 16 Nr. 5 einen Rechtsbehelf jedenfalls teilweise erfaßt, mit dem *auch* die Verletzung nationaler Vorschriften zum Vollstreckungsverfahren geltend gemacht werden kann. Denn solche „Globalrechtsbehelfe“ prägen in Europa weitgehend das Bild.[218] Ob materielle Einwände gegen den titulierten Anspruch in den Augen des Gerichtshofes überhaupt je die für Art. 16 Nr. 5 erforderliche „besondere Nähe zum Vollstreckungsstaat“ aufweisen, ist demnach völlig offen und eher unwahrscheinlich.

(2) Rechtsprechung und Literatur in Deutschland und anderen Vertragsstaaten

Während vor der Entscheidung verschiedentlich Zweifel daran geäußert wurden, ob eine Vollstreckungsabwehrklage unter Art. 16 Nr. 5 GVÜ falle,[219] hat sich die Rezeption von *AS-Autoteile ./. Malhé* in der deutschen Rechtsprechung und Lite-

[212] EuGH, 26.03.1992 (261/90), *Reichert II,* Slg. 92, 2149, Grd. 26.

[213] Schlußanträge, Slg. 1985 S. 2268 (2271).

[214] Fällt die Klage nach § 767 Abs. 1 unter Art. 16 Nr. 5?

[215] Deutlich ausgesprochen etwa von *Wagner*, IPRax 99, 65 (67).

[216] Zur diesbezüglichen Debatte vgl. nur *Gaul*, ZZP 85 (1972), 251.

[217] Die Schlußanträge des Generalanwalts *Lenz* lassen dies z.B. nicht erkennen, sondern das Gegenteil vermuten, da sie etwa die Sachnähe des Vollstreckungsstaates „bei der Beurteilung von Zwangsvollstreckungsmaßnahmen“ anführen (Slg. 1985 S. 2268 (2271)).

[218] Beispiele: die französische *contestation* bzw. vor der Reform von 1991/92 die *mainlevée judiciaire* (*Werth*, S. 179f., näher s.o. Kap. 2, Frankreich); Art. 1395f. belg. C. jud., Art. 933 griech. ZPO (*Tsikrikas*, ZZP Int. 1996, 119 (122 Fn. 16)), Art. 438 niederl. Rv., § 584 dän. Rpl.

[219] *Pirrung*, DGVZ 73, 178 (182, Fn. 36), ähnl. *Grunsky*, RIW 77, 1 (8f.); anders schon früh v. *Hoffmann* RIW/AWD 73, 57 (62).

ratur weitgehend auf die Aussagen der Entscheidung beschränkt, welche geeignet sind, diese Zweifel zu zerstreuen und ein Festhalten an der zum autonomen Recht entwickelten Praxis zu rechtfertigen.[220] Selbst die Feststellung des Gerichtshofs, die Zuständigkeit nach Art. 16 Nr. 5 umfasse jedenfalls nicht die Aufrechnung mit einer Gegenforderung, die im Vollstreckungsstaat nicht klageweise geltend gemacht werden kann, erwähnen manche Erläuterungswerke nicht.[221] Andere verkennen völlig Aufbau und Begründung der Entscheidung, indem sie meinen, der Gerichtshof habe die Aufrechnung nur wegen des offenbaren Verfahrensmißbrauchs für unzulässig erklärt.[222] Die vieldeutige, aber wie oben gezeigt wohl bedeutungsvolle Einschränkung, die Klage nach § 767 falle nur „als solche" unter Art. 16 Nr. 5 und die offene Formulierung der möglichen Ausnahmen gibt niemand wieder.[223] Zweifel an der Argumentation des EuGH äußert allein *Safferling*.[224] Allerdings stellt auch er nicht heraus, wie offen die Entscheidung bezüglich weiterer möglicher Einschränkungen ist.

Französische und belgische Kommentatoren verstehen *AS-Autoteile ./. Malhé* anders. Dort wird das Urteil als grundsätzliche *Absage* an eine Zuständigkeit des Vollstreckungsstaates für Vollstreckungsgegeneinwände ausgelegt.[225] Die französische Literatur meint daher, soweit die Frage überhaupt behandelt wird, eine Prüfung nachträglicher Einwände gegen den titulierten Anspruch sei nicht von Art. 16 Nr. 5 GVÜ gedeckt, sondern falle unter die allgemeinen Zuständigkeitsregeln der Artt. 2ff. GVÜ.[226] Ebenso liest *Kerameus* die Entscheidung, obwohl das autonome griechische Recht stets eine internationale Zuständigkeit des Vollstreckungsgerichts annehmen würde.[227]

Die Schweizer Literatur hat sich mit Art. 16 Nr. 5 besonders eingehend beschäftigt, da das Schweizer Recht durch eine enge Verschränkung von Erkennt-

---

220 Vgl. OLG Hamburg, RIW 98, 889.

221 *Geimer/Schütze*, EuZVR Art. 16 Rz. 270ff.; *Nagel-Gottwald* § 3 Rz. 270f.; *Rauscher*, Internationales und Europäisches Zivilverfahrensrecht S. 52.

222 Zuerst wohl *Geimer*, IPRax 86, 208 (210); ebenso z.B. *Wagner*, IPRax 99, 65 (66 Fn. 9, 73).

223 Vgl. *Schlosser*, GVÜ Art. 16 Rz. 25; *Kropholler* Art. 16 Rz. 59; MünchKomm ZPO-*Gottwald*, IZPR Art. 16 GVÜ Rz. 28; *O'Malley/Layton* Tz. 20.42f., die aber jeweils die Einschränkung für die Aufrechnung wiedergeben. Ebenso *Kaye*, S. 963f.

224 *Bülow*/Böckstiegel I, GVÜ Art. 16 Rz. 27 (S. 606–306).

225 *Huet*, Clunet 1986, 449; *Gaudemet-Tallon*, Tz 101f.; de Leval, S. 502; enger aber wohl *Théry*, Rep. Int. D. 1998, Voies d'exécution Tz 73.

226 *Gaudemet-Tallon*, La convention de Bruxelles, Tz 101f.; grds. ebenso aber mit kritischer eigener Bewertung *Huet*, Clunet, 86, 449 (432f.) und *Théry*, Rep. Int. D. 1998, Voies d'exécution Tz 72f. Die französische Rechtsprechung hat sich bisher nur (ablehnend) zu der Frage geäußert, ob Vollstreckungsgegeneinwände im Rahmen des *Exequaturverfahrens* nach dem GVÜ geltend gemacht werden können (C.A. Paris, 16.03.1979, RCDIP 1980, 121 zur Aufrechnung gegenüber einem deutschen Vollstreckungsbescheid), aber noch nicht zum Umfang der Zuständigkeit nach Art. 16 Nr. 5 GVÜ.

227 *Kerameus*, FS Baumgärtel, S. 215 (223).

nis- und Betreibungsverfahren gekennzeichnet ist.[228] Mit dem Beitritt der Schweiz zum GVÜ stellte sich die Aufgabe, den Anwendungsbereich des Art. 16 Nr. 5 in bezug auf diese vollstreckungsnahen Erkenntnisverfahren festzulegen. Die Schweizer Diskussion hat daher besonders sauber herausgearbeitet, daß Art. 16 Nr. 5 GVÜ nur solche Verfahren betreffen kann, die nicht den Charakter eines Erkenntnisverfahrens tragen.[229] Charakteristisch definiert etwa *Stoffel*, Art. 16 Nr. 5 betreffe Verfahren, „welche *direkt die korrekte Abwicklung der ‚zwangsweisen Verwirklichung* des rechtmäßigen Zustandes‘ *betreffen*. Nur solche Verfahren gehören begriffsnotwendig zur Zwangsvollstreckung. Nicht unter diese Umschreibung fallen dagegen Verfahren, die zwar für die Einleitung notwendig sind, aber auch außerhalb eines Zwangsvollstreckungsverfahrens stattfinden können.“[230]

Interessant ist in diesem Zusammenhang auch ein Urteil des österreichischen OGH, nach dem eine Klage auf Feststellung, daß die Zwangsvollstreckung aus einem gerichtlichen Vergleich unzulässig sei, nicht unter Art. 16 Nr. 5 fällt.[231] Die Entscheidung setzt sich eingehend mit *AS-Autoteile ./. Malhé* und *Reichert II* auseinander und kommt zu dem Ergebnis, die Klage weise keinen hinreichende Vollstreckungsbezug auf – obwohl im Erfolgsfalle das entsprechende Urteil einer späteren Zwangsvollstreckung entgegenstehen würde.[232] Ein österreichischer Kommentar zum GVÜ nimmt allerdings an, die Oppositionsklage nach § 35 EO, die funktional § 767 entspricht, falle unter Art. 16 Nr. 5 GVÜ.[233]

Die enge Zweckbestimmung des Art. 16 Nr. 5 GVÜ, die der Gerichtshof in *Reichert II* vornimmt, hat die deutschen Kommentatoren nicht dazu bewegt, ihre Interpretation von *AS-Autoteile ./. Malhé* zu revidieren. Nur *Leutner* kommt in seiner Monographie zur vollstreckbaren Urkunde zu dem Ergebnis, auf der Basis der Kriterien von *Reichert II* falle die Vollstreckungsabwehrklage nicht unter Art. 16 Nr. 5 GVÜ.[234] Allgemein aber wird *Reichert II* nur insofern rezipiert, als andere, verwandte Rechtsbehelfe nicht unter Art. 16 Nr. 5 GVÜ fallen sollen, da ihnen der zwangsvollstreckungsrechtliche Bezug fehle. So wird allgemein angenommen, die Abänderungsklage nach § 323 falle ebensowenig unter Art. 16 Nr. 5[235] wie eine Klage auf Herausgabe des Titels[236] (evtl. gestützt auf Vollstrekkungsgegeneinwände!) oder eine auf § 826 BGB gestützte Klage auf Unterlas-

---

228 Näher s.o. Kap. 3, Schweiz.

229 Exemplarisch *Markus*, Lugano-Übereinkommen und SchKG-Zuständigkeiten, S. 48 ff.

230 *Stoffel*, FS *Vogel*, S. 372, Hervorhebg. d. Verf. Näher oben, Kap. 3, Schweiz.

231 Öst. OGH 5.1.1998, IPRax 99, 47 m. krit. Anm. *Roth*, IPRax 99, 50.

232 Hierauf und auf die Funktionsgleichheit zur Vollstreckungsabwehrklage stützt *Roth*, IPRax 99, 50 (51 f.) seine Kritik.

233 *Czernich*, GVÜ Art. 16 Rz. 39.

234 *Leutner*, S. 246.

235 So allerdings schon der *Schlosser*-Bericht ABl. C 59/105 (05.03.1979) Tz. 107; *Kropholler* GVÜ Art. 16 Rz. 59; MünchKomm ZPO-*Gottwald* IZPR Art. 16 GVÜ Rz. 28.

236 *Schlosser*, GVÜ Art. 16 Rz. 26.

sung der Zwangsvollstreckung[237] oder eine Rückforderungs- oder Schadensersatzklage nach Abschluß der Zwangsvollstreckung[238] („verlängerte Vollstrekkungsabwehrklage"). In allen diesen Fällen richte sich die Entscheidungszuständigkeit nach den allgemeinen Regeln.[239] Auch diese Rechtsbehelfe dienen ganz offensichtlich unter anderem dazu, unter Berufung auf eine abweichende materielle Rechtslage auf die Vollstreckung einzuwirken (§ 323, § 826 BGB) oder ihre Wirkungen rückgängig zu machen. Worin liegt dann der ausreichende Vollstreckungsbezug der Vollstreckungsabwehrklage? Den Versuch einer Erklärung unternimmt *Schlosser.*[240] Zum einen handele es sich um einen der „klassischen Rechtsbehelfe des deutschen Zwangsvollstreckungsrechts".[241] Zum anderen mache das Urteil „keine rechtskräftigen Aussagen zum Fortbestand des Anspruchs".[242] Damit steht die Frage im Raum, ob diese beiden (oder andere) Eigenschaften es rechtfertigen, die Vollstreckungsabwehrklage als einen vollstreckungsbezogenen Rechtsbehelf im Sinne des Art. 16 Nr. 5 GVÜ zu qualifizieren.

b) Bestimmung der Anwendbarkeit von Art. 16 Nr. 5 durch Qualifikation des Rechtsbehelfs

Der EuGH überläßt es eindeutig nicht den einzelnen Rechtsordnungen, zu bestimmen, welche Verfahren „die Zwangsvollstreckung zum Gegenstand haben" und daher unter Art. 16 Nr. 5 fallen.[243] Er nimmt vielmehr – wie im Rahmen zahlreicher anderer Zuständigkeitsvorschriften auch – eine vertragsautonome Auslegung dieses zentralen Tatbestandsmerkmals vor.[244] Eine konventionsrechtliche Überlegung bestätigt diesen Ansatz: Es steht den Vertragsstaaten zwar frei, ein Erkenntnisverfahren unter Umständen sogar „direkt in die Vollstreckung einzu-

[237] *Schlosser* GVÜ Art. 16 Rz. 26.

[238] MünchKomm ZPO-*Gottwald* IZPR Art. 16 Rz. 29; *Schlosser*, GVÜ Art. 16 Rz. 26; *Geimer/Schütze*, EuZVR Art. 16 Rz. 272.

[239] So mag im Falle deliktischer Ansprüche auf Rückforderung des durch die Vollstreckung erlangten oder sogar vorbeugend auf Unterlassung der weiteren Zwangsvollstreckung eine Zuständigkeit nach Art. 5 Nr. 3 GVÜ gegeben sein, vgl. *Kropholler* GVÜ Art. 5 Rz. 52.

[240] GVÜ Art. 16 Rz. 25.

[241] So auch *Rauscher*, Internationales und Europäisches Zivilverfahrensrecht S. 52.

[242] *Schlosser*, GVÜ Art. 16 Rz. 25. Die zitierte Entscheidung BGH NJW-RR 90, 49 belegt dies allerdings nicht. Sie sagt nur, daß Feststellungen zu den *Einwänden* nicht in Rechtskraft erwachsen. Andere Entscheidungen gehen aber so weit, dies auch für die Feststellungen zum titulierten *Anspruch* zu behaupten, BGHZ 85, 367 (371); 127, 146; BGH NJW 80, 1393; 92, 1899 (1900); FamRZ 84, 887, WM 85, 703 (704). Näher zu anderen, gegenläufigen Entscheidungen und der Diskussion in der Literatur s.o. Kap. 7, Präklusion, Abschn. IV 2.

[243] Besonders deutlich EuGH, 26.03.1992 (261/90), *Reichert II,* Slg. 92, 2149, Grd. 24ff.

[244] Zust. *Kropholler*, EuZPR Einl. Rz. 45; krit. *Schlosser*, GVÜ Art. 16 Rz. 24. Die durch *AS-Autoteile ./. Malhé* vorgenommene Einschränkung des Art. 16 Nr. 5 GVÜ in bezug auf Aufrechnungen ist deshalb etwa im Bericht über den Beitritt Griechenlands zum GVÜ ausdrücklich erwähnt, Evrigenis/*Kerameus*, ABl. EG C 298/1986 (24.11.1986), S. 16.

bauen",[245] damit darf aber nicht via Art. 16 Nr. 5 das in Titel II des Übereinkommens vorgesehene System gesprengt werden.

Die Entscheidung *AS-Autoteile ./. Malhé* wirft nun in bezug auf diese autonome Auslegung mehr Fragen auf als sie beantwortet. Die oben wiedergegebene knappe Begründung sagt nicht, worin der Gerichtshof den „engen Zusammenhang" zwischen Vollstreckungsabwehrklage und Zwangsvollstreckung sieht, der die Anwendung des Art. 16 Nr. 5 GVÜ auf diese Klage „als solche" rechtfertigen soll. Im deutschen Recht stehen eine Vielzahl möglicher Rechtsbehelfe in mehr oder weniger engem Zusammenhang mit der Zwangsvollstreckung. Die Vollstreckungserinnerung (§ 766) und die Drittwiderspruchsklage (§ 771) weisen jeweils einen engen Bezug zur Durchführung des Vollstreckungszugriffs auf, während die Abänderungsklage (§ 323) und die Klage auf Unterlassung mißbräuchlicher Zwangsvollstreckung (§ 826 BGB) zwar in ihrer Wirkung (auch) auf die Vollstreckung zielen, ihre Grundlage aber nicht in deren Durchführung haben.

(1) Qualifikationsmaßstab: die Ratio des Art. 16 Nr. 5

Grundlage der Qualifikation muß die Ratio von Art. 16 Nr. 5 sein. Im *Jenard*-Bericht heißt es zu der Vorschrift: „Darunter fallen Verfahren, die sich aus der Inanspruchnahme von Zwangsmitteln, insbesondere bei der Herausgabe oder Pfändung von ... Sachen im Hinblick auf die Vollstreckung von Entscheidungen oder Urkunden ergeben".[246] Ansatzpunkt ist also die Territorialität der Zwangsvollstreckung, hinter der die staatliche Souveränität und die Praktikabilität des Zugriffs stehen.[247] Insofern paßt Art. 16 Nr. 5 eigentlich besser in den Titel III des Übereinkommens (Anerkennung und Vollstreckung) als in den Titel II (Zuständigkeit).[248] Der EuGH hat entsprechend in *Reichert II* formuliert, Hauptgrund für Art. 16 Nr. 5 sei, „daß es nur Sache der Gerichte des ... [Vollstreckungsstaates] ... ist, in diesem Gebiet die Vorschriften über die Tätigkeit der Vollstreckungsbehörden anzuwenden."[249] Zugleich hat er seit *AS-Autoteile ./. Malhé* in ständiger Rechtsprechung deutlich gemacht, daß Art. 16 Nr. 5 eine (enge) Ausnahme von den allgemeinen Regeln der Artt. 2ff. GVÜ statuiert, deren differenziertes System dem Beklagtenschutz und der Zuordnung von Streitigkeiten zu einem sachnahen Gericht dient.[250]

---

[245] Auf diese Freiheit legen vor allem Schweizer Autoren verständlicherweise Wert: *Markus*, Lugano-Übereinkommen und SchKG-Zuständigkeiten S. 63.

[246] ABl. EG C 59/1979 (05.03.1979), S. 36.

[247] Eingehend *Markus*, Lugano-Übereinkommen und SchKG-Zuständigkeiten S. 57f.

[248] Schlußanträge des Generalanwalts *Lenz* (Nr. 46) zu EuGH 20.1.1994 (129/92) *Owens Bank ./. Bracco*, Slg. 94 I, 135.

[249] EuGH, 26.03.1992 (261/90), *Reichert II,* Slg. 92, 2149, Grd. 26.

[250] EuGH 04.07.1985 (220/84), *AS Autoteile Service/Malhé*, Slg. 85, 2273, Grd. 14ff., ebenso EuGH, 26.03.1992 (261/90), *Reichert II,* Slg. 92, 2149, Grd. 25; EuGH 20.1.1994 (129/92) *Owens Bank ./. Bracco*, Slg. 94 I, 117, Grd. 24. Als „beziehungsarm" charakterisiert auch

(2) Qualifikation auf der Ebene des Einwandes

Eine mögliche Lesart von *AS-Autoteile ./. Malhé* ist, daß der EuGH die Lösung des Qualifikationsproblems nicht auf der Ebene des Rechtsbehelfs sucht, sondern auf der Ebene des jeweils geltend gemachten Einwandes. Hierfür spricht, daß der Gerichtshof die Einordnung des Rechtsbehelfs „an sich" unter Art. 16 Nr. 5 mit einem Halbsatz begründet und den Rest der Entscheidung darauf verwendet, im einzelnen zu prüfen, ob der Aufrechnungseinwand unter Art. 16 Nr. 5 fällt. Dieser Ansatz entspricht der Denkweise im französischen Recht: dort (und in zahlreichen anderen europäischen Rechtsordnungen)[251] steht in der Zwangsvollstreckung *ein* globaler Rechtsbehelf zur Verfügung, der Streitgegenstand aber konstituiert sich auf der Ebene der *cause,* auf der Basis des konkreten Einwands. Der *juge de l'execution* kann zwar grundsätzlich über fast alle Einwände befinden, gleich ob sie die Art und Weise der Zwangsvollstreckung oder das Fortbestehen des Anspruchs betreffen. Ausnahmen bestehen aber schon im rein nationalen französischen Kontext. Die für uns wichtigste betrifft Einwände gegen den titulierten Anspruch, die schon bei Erlaß der Erstentscheidung bestanden, aber von dieser (unter Umständen) nicht präkludiert sind. In diesem Fall setzt der *juge de l'execution* das Verfahren aus, bis das allgemein zuständige Gericht entschieden hat. Entsprechend will man im Bereich des GVÜ verfahren, wenn Einwände gegen den titulierten Anspruch geltend gemacht werden und Frankreich nicht nach allgemeinen Regeln zuständig ist.[252]

Prüft man auf der Ebene des einzelnen Einwands, ob ein hinreichender Bezug zum Vollstreckungsstaat besteht, so wird dies bei Einwänden wegen der „Art und Weise der Zwangsvollstreckung" (§ 766) zwar stets zu bejahen sein, bei vielen Vollstreckungsgegeneinwänden – nicht nur der Aufrechnung – dagegen nicht. *Leutner* meint sogar – auf der Basis von *Reichert II* – Einwände gegen den titulierten Anspruch fielen generell nicht unter Art. 16 Nr. 5 GVÜ, die französische *contestation* etwa sei daher nur auf der Basis „formeller Fragen" zulässig.[253] Dies ist allerdings mit der Aussage von *AS-Autoteile ./. Malhé,* die Vollstreckungsabwehrklage falle „an sich" unter Art. 16 Nr. 5 nicht mehr vereinbar. *Leutner* unterstellt wohl implizit, der EuGH habe diese Aussage in *AS-Autoteile ./. Malhé* aufgrund mangelnden Verständnisses der Vollstreckungsabwehrklage gemacht – eine, wie oben dargelegt, nicht ganz unwahrscheinliche Annahme. Versucht man aber, *Reichert II* und *AS-Autoteile ./. Malhé* zu vereinbaren, so bleibt eine fall-

Markus, Lugano-Übereinkommen und SchKG-Zuständigkeiten S. 58 den Gerichtsstand des Art. 16 Nr. 5.

[251] Vgl. Art. 1395 f. belg. C. jud., Art. 933 griech. ZPO, Art. 438 niederl. Rv., zum Entwurf des neuen spanischen Zivilprozeßgesetzes *Ramos*, ZZP Int. 3 (1998), 91 (113).

[252] Näher s.o. im Kap. 2, Frankreich.

[253] *Leutner*, S. 246 f. Prägnant formuliert er (S. 247): „Die Rechtsprechung ... [*Reichert II*] erfordert demnach eine Aufgliederung autonomrechtlicher Einheitsbehelfe in formelle und materielle Fragen, um die Zuständigkeit nach Art. 16 Nr. 5 bestimmen zu können."

weise Prüfung der Einwände möglich. So dürfte im Vollstreckungsstaat wohl eine nachträglich dort erfolgte Zahlung berücksichtigt werden, nicht aber ein noch im Erststaat unmittelbar nach Prozeßende geschlossener Vergleich oder gar eine im Erststaat nicht präkludierte, aber schon während des Erstprozesses mögliche Anfechtung.[254]

Diese Zuständigkeitsbestimmung auf der Ebene des einzelnen Einwandes hat den Vorteil pragmatischer Flexibilität; sie könnte in der Praxis sogar wie eine *forum non conveniens*-Regel gehandhabt werden: der Richter im Vollstreckungsstaat würde, sofern dort kein Gerichtsstand nach allgemeinen Regeln besteht, nur die Einwände prüfen, die nach seiner Einschätzung einen hinreichenden Bezug zum Forum aufweisen.

Sie hat jedoch auch gravierende Nachteile. Zum einen werden, wenn der Schuldner sich auf verschiedene Einwände beruft, mehrere Prozesse nötig. Dies nimmt man zwar auch anderswo in Kauf,[255] es ist aber ausgesprochen störend, da es nicht nur zu einer unökonomischen Prozeßverdoppelung führen kann, sondern auch zu widersprüchlichen Beurteilungen desselben Sachverhalts.[256] Zum anderen ist die Abgrenzung von materiellen Einwänden mit hinreichendem Bezug zum Vollstreckungsstaat im Einzelfall kaum vorhersehbar – insofern wird hier, wie bei der allgemeinen *forum non conveniens*-Lehre auch, Flexibilität mit einer für deutschen Geschmack schwer erträglichen Rechtsunsicherheit erkauft.[257] Schließlich sind gegen ein solches Vorgehen, das praktisch wieder den einzelnen Einwand zum Streitgegenstand der Vollstreckungsabwehrklage machen würde, alle Argumente einschlägig, die in der internen deutschen Diskussion für den Globalstreitgegenstand der Klage – Vollstreckbarkeit des Titels und (insoweit besonders umstritten) Bestehen des titulierten Anspruchs – angeführt werden.[258] Der EuGH würde daher mit einer Auslegung des Art. 16 Nr. 5, die innerhalb vorhandener Rechtsbehelfe nach Einwänden differenziert, zwar nicht in das französische und ähnlich strukturierte Rechte, wohl aber in das deutsche Prozeßrecht eingreifen. Dies alles spricht dafür, entweder mit *Leutner*[259] (und gegen *AS-Autoteile ./. Malhé*) alle Einwände gegen den titulierten Anspruch (also praktisch den Anwendungsbereich der Vollstreckungsabwehrklage und verwandter Behel-

---

[254] Vgl. die Beispielsfälle 1 und 2 oben im Kap. 7, Präklusion.

[255] Bei den besonderen Gerichtsständen, die nur einzelne Anspruchsgrundlagen erfassen, vgl. EuGH 27.9.1988 (189/87) *Kafelis ./. Bankhaus Schröder*, Slg. 88, 5565 (zu Art. 5 Nr. 3 GVÜ).

[256] Vgl. die Kritik bei *Schack*, IZVR Rz. 347f. m.w.N.

[257] Insofern liefert die – extensive – Diskussion der *forum non conveniens*-Lehre in Deutschland (vgl. in jüngerer Zeit *Dorsel* (1996); pointiert *Geimer*, IZVR 1073ff.) ein gutes Barometer dafür, wie eine flexible Prüfung der Zuständigkeit nach Art. 16 Nr. 5 GVÜ auf der Ebene des Einwands in Deutschland aufgenommen werden dürfte.

[258] Näher *Münch*, Vollstreckbare Urkunde, S. 317ff.; *Windel*, ZZP 102 (1989), 175 (202).

[259] S. 246f.

fe) als außerhalb von Art. 16 Nr. 5 liegend zu qualifizieren oder eine Qualifikation doch auf der Ebene des Rechtsbehelfs vorzunehmen.[260]

(3) Qualifikation des Rechtsbehelfs

Bei der Qualifikation des Rechtsbehelfs geht es letztlich um die bereits bei der rechtsvergleichenden Analyse angedeutete Unterscheidung zwischen titel- und vollstreckungsbezogenen Behelfen. Dort fiel schon bei kursorischer Betrachtung auf, daß die Vollstreckungsabwehrklage wegen ihrer Doppelnatur nicht leicht einzuordnen ist. Der Klagegrund ist im materiellen Recht verwurzelt und unterscheidet § 767 von seinem vollstreckungsbezogenen Pendant, § 766. Der Klageantrag weist als primäres Rechtsschutzziel das Einwirken auf die Vollstreckbarkeit und damit letztlich auf die Zwangsvollstreckung aus. Diese Doppelnatur hat zudem die bereits berichtete, nicht abreißende Diskussion um den Streitgegenstand der Klage angefacht. Welcher Auffassung man in dieser Diskussion zuneigt, spielt auch für die Qualifikation im Rahmen des Art. 16 Nr. 5 GVÜ eine erhebliche Rolle. Dies zeigt sich besonders deutlich, wenn man im Detail Kriterien für eine Qualifikation als „vollstreckungsbezogener Rechtsbehelf" im Sinne des Art. 16 Nr. 5 analysiert.

Die folgenden fünf Kriterien bauen auf der rechtsvergleichenden Untersuchung und ihrer Auswertung, insbesondere der Unterscheidung von titel- und vollstreckungsbezogenen Rechtsbehelfen, auf. Sie fangen praktisch alle Charakteristika der verschiedenen Rechtsbehelfe ein, die für unsere Qualifikationsfrage nach dem Vollstreckungsbezug von Bedeutung sind. Die dabei angewandte Methode der *funktionalen* Qualifikation erfordert, sich von deutschen prozeßrechtlichen Kategorien wie dem Streitgegenstand zu lösen und auf Grundqualitäten der praktischen Handhabung des Behelfs abzustellen, die einen unmittelbaren Bezug zu den für Art. 16 Nr. 5 entscheidenden Wertungen aufweisen.

Erstes Kriterium ist die im *nationalen Kontext* vorgesehene *Zuständigkeit* für den Rechtsbehelf.[261] Ist er dem Vollstreckungsgericht zugeordnet (§ 766)[262] oder dem Prozeßgericht des ersten Rechtszuges (§ 767) oder gelten die allgemeinen Zuständigkeitsregeln (§ 323, Art. 615 Abs. 1 ital. CPC)?

Ein zweites Kriterium ist, wie *vollstreckungsnah* der Rechtsbehelf *einsetzt*. Bedarf es einer konkreten Vollstreckungsmaßnahme (*contestation* des frz. Rechts), der Einleitung des Vollstreckungsverfahrens (Artt. 85, 85a SchKG, 615 Abs. 2 ital. CPC), nur der Vollstreckbarkeit (§ 767, Art. 615 Abs. 1 ital. CPC) oder keines von allem (§ 323)?

---

260 A.A. wohl *Leutner*, S. 246f.

261 Vgl. auch *Markus*, Lugano-Übereinkommen und SchKG-Zuständigkeiten S. 58.

262 Ebenso z.B. die *contestation* d. frz. Rechts; Art. 615 Abs. 2 ital. CPC; Art. 933 gr. ZPO (*Tsikrikas*, ZZP Int. 1996, 119 (126 Fn. 44)).

Ein drittes, mit dem zweiten verwandtes Kriterium ist die *primäre Wirkungsrichtung* des Rechtsbehelfs. Wird eine einzelne Maßnahme (Pfändung etc.) aufgehoben (§ 766, *contestation*), die Vollstreckbarkeit des Urteils allgemein beseitigt (§ 767, *stay of execution*), ein Verbot der weiteren Vollstreckung ausgesprochen (§ 826, *injunction*[263]), die Feststellung getroffen, daß der titulierte Anspruch nicht mehr besteht (§ 256, Art. 85 a Abs. 1 SchKG, § 228 öst. ZPO[264], umstritten für § 767), oder das Ersturteil aufgehoben oder abgeändert (§§ 323, 578 ff., *action to set aside a judgment*)?

Ein viertes Kriterium ist die (eventuell sekundäre) *Wirkung der Entscheidung auf den titulierten Anspruch.*[265] Werden sein (teilweises) Erlöschen oder Fortbestand rechtskräftig festgestellt (§ 323, Art. 85a SchKG, *contestation*, umstritten für § 767) oder bleiben beide Parteien frei, über ihn zu streiten (Art. 85 SchKG, umstritten für § 767)?[266]

Das fünfte Kriterium ist *Art und Umfang der zulässigen Einwendungen.* Sind Einwendungen zulässig, die aus der Vollstreckungstätigkeit entstehen (§ 766, *contestation*) oder nur Einwendungen gegen den titulierten Anspruch (§ 767, Artt. 85, 85 a SchKG, 615 ital. CPC)? Sind Einwendungen gegen den titulierten Anspruch nur zulässig, sofern sie urkundlich bewiesen (Art. 85 SchKG) oder nach der Titulierung entstanden sind (*contestation* vor dem *juge de l'exécution*) oder sind sie in den Grenzen der Rechtskraft unbeschränkt zulässig (§ 767)?[267] Eine Beschränkung der Einwendungen läuft häufig parallel mit einer Ausgestaltung als summarisches Verfahren (Art. 85 SchKG, *contestation*). Man mag hierin ein eigenes, weiteres Kriterium sehen (auch der vollstreckungsnahe einstweilige Rechtsschutz ist so ausgestaltet) oder ein Korrelat der Begrenzung auf bestimmte Einwendungen.

Die *Vollstreckungserinnerung* (§ 766) zeigt bei allen fünf Kriterien eine vollstreckungsnahe Ausprägung: Zuständig ist das Vollstreckungsgericht, der Behelf setzt bei einer konkreten Vollstreckungsmaßnahme ein, primäre Wirkungsrichtung ist die Aufhebung der Maßnahme, eine rechtskraftfähige Entscheidung über den titulierten Anspruch ergeht nicht, und Einwände aus der Vollstreckungstätigkeit sind zulässig. Die *contestation* des französischen Rechts zeigt dieselbe vollstreckungsnahe Ausprägung bei vier der fünf Kriterien; nur die Rechtskraft-

---

263 Für die internationale Wirkung einer solchen *injunction* s. *Ellerman Lines, Ltd. v. Read* [1928] 2 K.B. 144, C.A.

264 Vgl. Öst. OGH, IPRax 99, 47 – die geschickte Fassung des Antrags, feststellen zu lassen, daß der Titel nicht mehr vollstreckbar ist, kann insofern m.E. keinen Unterschied in der Qualifikation rechtfertigen.

265 Die Bedeutung dieses Kriteriums für die Abgrenzung des Anwendungsbereichs von Art. 16 Nr. 5 spricht insbesondere auch die Schweizer Diskussion an, vgl. *Markus*, Lugano-Übereinkommen und SchKG-Zuständigkeiten S. 55 f. an.

266 Zur Bedeutung der Rechtskraftfähigkeit für die Zuständigkeitsbegründung vgl. *Schröder*, Internationale Zuständigkeit, S. 605 f.

267 Vgl. a *Markus*, Lugano-Übereinkommen und SchKG-Zuständigkeiten, S. 58.

fähigkeit einer inzidenten Entscheidung über den titulierten Anspruch zeigt, daß dieser Rechtsbehelf bereits weniger vollstreckungsnah ist als § 766. Der Antrag auf Einstellung der Betreibung nach *Art. 85 SchKG* ist insofern weniger vollstreckungsbezogen als § 766, als er schon vor der einzelnen Maßnahme einsetzt und Einwände aus der Vollstreckungstätigkeit nicht umfaßt, immerhin weist er aber eine formelle Beschränkung der Einwände gegen den titulierten Anspruch auf (Urkundsbeweis); die übrigen drei Kriterien sind vollstreckungsnah ausgeprägt. Die *Abänderungsklage (§ 323)* und die *Nichtigkeitsklage des französischen Rechts*[268] sind dagegen bei allen fünf Kriterien vollstreckungsfern ausgeprägt.[269]

Die *Vollstreckungsabwehrklage* ist hinsichtlich der Zuständigkeit (Kriterium 1) eindeutig titel- und nicht vollstreckungsbezogen. Dasselbe gilt für Art und Umfang der zulässigen Einwände (Kriterium 5) – sie können sich nicht auf die Vollstreckungstätigkeit beziehen, sind aber hinsichtlich des titulierten Anspruchs unbeschränkt. Die Vollstreckungsabwehrklage setzt auch relativ vollstreckungsfern ein (Kriterium 2), da schon die drohende Zwangsvollstreckung genügt – selbst die vollstreckbare Ausfertigung muß noch nicht beantragt sein.[270] Einen Vollstreckungsbezug zeigen – wenn man die wohl herrschende Auffassung zum Streitgegenstand der Klage zugrunde legt – die primäre Wirkungsrichtung (Kriterium 3) und der Rechtskraftumfang (Kriterium 4). Nach dieser Auffassung ist nämlich die primäre Wirkungsrichtung allein die Beseitigung der Vollstreckbarkeit und damit letztlich die Einwirkung auf die Zwangsvollstreckung (via § 775 Nr. 1), die Entscheidung über den titulierten Anspruch ist rein präjudiziell und erwächst nicht in Rechtskraft. Ein anderes Bild bietet sich hingegen, wenn man der oben näher begründeten Auffassung folgt, daß die Vollstreckungsabwehrklage eine doppelte Wirkungsrichtung hat und neben der Aufhebung der Vollstreckbarkeit zugleich darauf zielt, das Erlöschen oder die Modifikation des titulierten Anspruchs festzustellen, die Entscheidung über den Anspruch erwächst nach dieser Auffassung in Rechtskraft. Damit erweist sich, welche Bedeutung die Diskussion um den Streitgegenstand der Vollstreckungsabwehrklage für die Qualifikation hat: Folgt man der wohl herrschenden Meinung vom engen Streitgegenstand, so läßt sich eine Qualifikation als vollstreckungsbezogener Rechtsbehelf noch vertreten, da immerhin zwei von fünf Kriterien vollstreckungsnah ausgeprägt sind. Die Vollstreckungsabwehrklage ähnelt damit dem *Aufhebungsantrag*

[268] Als präventiver Rechtsbehelf kann die *action en nullité* (Art. 1117 C. civ.) bei vollstreckbaren Urkunden die Vollstreckung verhindern (*Leutner*, S. 74). Fraglich ist aber, ob sie auch bei nachträglichen Einwänden statthaft ist (*Leutner*, aa.O.).

[269] Dasselbe gilt für die „vorbeugende" Vollstreckungsabwehrklage nach Art. 615 *Abs. 1* ital. CPC (zulässig vor Einleitung der Zwangsvollstreckung, Zuständigkeit nach allgemeinen Regeln, nur Einwände gegen den Anspruch zulässig), falls mit ihr zugleich rechtskräftig das Erlöschen des titulierten Anspruchs festgestellt wird. Ob dies der Fall ist, war aus den mir zugänglichen Quellen nicht klar zu entnehmen.

[270] St/J-*Münzberg* § 767 Rz. 42.

nach § 29 AVAG, der ebenfalls zu keinerlei Feststellungen über den im Ersturteil titulierten Anspruch führt, allerdings insofern noch etwas vollstreckungsnäher ist, als er die Klauselerteilung voraussetzt und nur begrenzte Einwände gegen den Titel (Aufhebung im Erststaat) zuläßt. Dieser Antrag muß unter Art. 16 Nr. 5 fallen. Die Kriterienbalance entspricht auch ungefähr dem Antrag nach den englischen CPR Sch. 1 RSC Order 45 Rule 11 (*stay of execution*), der ebenfalls bei nur zwei Kriterien, der Zuständigkeit und der Wirkungsrichtung, vollstreckungsnah ausgeprägt ist und unter Umständen nach englischer Auffassung unter Art. 16 Nr. 5 fiele.[271] Ihr Profil entspricht aber auch weitgehend einer Klage nach § 228 öst. ZPO auf Feststellung der Unzulässigkeit der Zwangsvollstreckung,[272] die der Österreichische OGH *nicht* unter Art. 16 Nr. 5 faßt.[273] Folgt man dagegen der hier favorisierten weiten Auffassung vom Streitgegenstand der Vollstreckungsabwehrklage, so kann sie nicht mehr als vollstreckungsbezogen qualifiziert werden. Denn nur bei einem Kriterium, der primären Wirkungsrichtung, ist ein gewisser Vollstreckungsbezug gegeben, indem die Klage sich jedenfalls auch auf die Beseitigung der Vollstreckbarkeit richtet. Dies kann nicht ausreichen, wie der Vergleich mit anderen Rechtsbehelfen zeigt. Materiellrechtlich begründete Klagen auf Unterlassung der Zwangsvollstreckung (§ 826 BGB) haben ebenfalls die Beseitigung der weiteren Vollstreckungsmöglichkeit als ein Primärziel. Sie werden aber nicht unter Art. 16 Nr. 5 GVÜ gefaßt. Selbst eine Klage auf Herabsetzung nach § 323 hat letztlich auch die Beseitigung der Möglichkeit, weiter aus dem ursprünglichen Titel zu vollstrecken, als ein Ziel. Die Klage nach *Art. 85a SchKG*, für die bereits zweifelhaft und umstritten ist, ob sie unter Art. 16 Nr. 5 fällt,[274] hat dieselbe doppelte Zielrichtung wie die weit verstandene Vollstreckungsabwehrklage, übertrifft diese aber mit der Zuständigkeit des Gerichts des Betreibungsortes um einen unzweideutigen Bezugspunkt zur Vollstreckung. Dasselbe gilt für das österreichische Pendant zur Vollstreckungsabwehrklage, die Oppositionsklage nach *§ 35 EO*.[275]

Als Ergebnis der Qualifikation ist daher festzuhalten, daß die Vollstreckungsabwehrklage keinen ausreichenden Vollstreckungsbezug aufweist, um sie unter Art. 16 Nr. 5 zu fassen, wenn man die hier vertretene Auffassung vom weiten

---

[271] *O'Malley/Layton* Tz. 20.43, die allerdings konkret nur den vollstreckungsnäheren Antrag nach RSC Order 47 Rule 1 nennen.

[272] Dort soll ebenfalls das Bestehen des titulierten Anspruchs eine nicht rechtskraftfähige Vorfrage sein und Zielrichtung primär die Verhinderung einer späteren Zwangsvollstreckung (*Roth*, IPRax 99, 50 (51). Zuständigkeit, Art und Umfang der Einwände und Statthaftigkeit ab Urteilserlaß unabhängig von der Vollstreckung zeigen dagegen eine vollstreckungsferne Ausprägung.

[273] Öst. OGH 5.1.1998, IPRax 99, 47; a.A. *Roth*, IPRax 99, 50.

[274] Ablehnend etwa *Jaeger/Walder/Kull/Kottmann*, SchKG Art. 85a Rz. 11; *Markus*, Lugano-Übereinkommen und SchKG-Zuständigkeiten S. 134; a.A. wohl *Jametti Greiner*, BN 93, 37 (53f.).

[275] Vgl. *Leutner*, S. 126ff., 246.

Streitgegenstand dieser Klage zugrunde legt. Der Antrag nach § 29 AVAG fällt dagegen unter Art. 16 Nr. 5. Begrenzt man den Streitgegenstand der Vollstreckungsabwehrklage mit der wohl herrschenden Meinung ähnlich eng wie den dieses Antrags, so läßt sich auch die abweichende Qualifikation als vollstreckungsbezogen und damit eine Zuständigkeit nach Art. 16 Nr. 5 vertreten.

(4) Bewertung der Qualifikationsergebnisse

Abschließend stellt sich die Frage, ob eine dieser beiden Qualifikationen wegen ihres *Ergebnisses* vorzugswürdig ist. Ein Wertungsvergleich mit dem autonomen Recht ist hier aufschlußreich. Dort rechtfertigte letztlich eine Überlegung zur Waffengleichheit der Parteien die generelle Zuständigkeit deutscher Gerichte für Vollstreckungsabwehrklagen: weil § 23 zugunsten des Gläubigers die Erkenntniskompetenz aus der Vollstreckungskompetenz ableitet, sollte zugunsten des Schuldners, der sich der alleinigen Kompetenz deutscher Gerichte zur Beseitigung der Vollstreckbarkeit gegenüber sieht, derselbe Schluß gelten. Im Bereich des GVÜ aber gilt dieser Schluß schon zugunsten des Gläubigers nicht. Vielmehr wahrt Art. 3 Abs. 2 GVÜ auch ihm gegenüber den Primat der allgemeinen Zuständigkeitsordnung – um den Preis, daß ein Gläubiger selbst dann zwei Verfahren betreiben muß, wenn er nur in Deutschland vollstrecken will: ein Erkenntnisverfahren im allgemein zuständigen Forum und ein summarisches Exequaturverfahren. Dies muß umgekehrt auch dem Schuldner zumutbar sein, der nur die (weitere) Vollstreckung in Deutschland verhindern will.[276]

c) Zuständigkeit nach Art. 16 Nr. 5 bei besonderen Einwänden und Titeln

Wie im autonomen Recht stellt sich auch im Bereich von Art. 16 Nr. 5 GVÜ die Frage, ob besondere Erwägungen eine abweichende Beurteilung der internationalen Zuständigkeit rechtfertigen, wenn der Schuldner sich auf eine Aufrechnung beruft (1) oder gegen einen Titel wendet, der kein Urteil ist (2).

(1) Internationale Zuständigkeit für die Entscheidung über eine eingewandte Aufrechnung

Der Gerichtshof hat in *AS Autoteile ./. Malhé* ausgesprochen, daß eine Partei sich nicht auf die in Art. 16 Nr. 5 GVÜ den Gerichten des Vollstreckungsorts eingeräumte Zuständigkeit berufen kann, um diese Gerichte mit einer einredeweise geltend gemachten Forderung zu befassen, deren klageweise Geltendmachung gemäß Art. 2 in die Zuständigkeit eines anderen Vertragsstaates fällt. Die Benutzung der Vollstreckungsabwehrklage zu diesem Zweck liefe der vom Überein-

[276] Ihm steht mit § 29 AVAG ein dem Exequatur nach Artt. 31ff. GVÜ entsprechendes, ebenso summarisches Aufhebungsverfahren zur Verfügung, um das im Erststaat erzielte Ergebnis in Deutschland geltend zu machen.

kommen gewollten Zuständigkeitsverteilung zwischen dem Gericht des Wohnsitzes des Beklagten und dem Gericht des Vollstreckungsorts zuwider.[277] Diese Rechtsprechung ist durch die neuere Entscheidung des Gerichtshofs zur Prozeßaufrechnung des Beklagten (*Danvaern ./. Otterbeck*)[278] nicht revidiert worden.[279] Diese Entscheidung beantwortet eine andere Frage, nämlich unter welchen Voraussetzungen sich der *Beklagte* in einem *bereits anhängigen* Verfahren auf eine Aufrechnung berufen kann. *Danvaern* spricht aus, daß es hierzu nicht der in Art. 6 Nr. 3 GVÜ genannten Voraussetzungen bedarf, sondern daß sich die Zulässigkeit der Aufrechnung als „bloßes Verteidigungsmittel" nach dem nationalen Recht richte. Im Falle der Vollstreckungsabwehrklage ist die Aufrechnung aber nicht „bloßes Verteidigungsmittel" im Rahmen eines bereits anhängigen Verfahrens. Vielmehr bildet sie die *Grundlage einer Klage*.[280] Ob eine solche Klage auf die Sondervorschrift des Art. 16 Nr. 5 GVÜ gestützt werden kann, ist die in *AS-Autoteile* geprüfte und verneinte Frage. Der Gerichtshof hat offensichtlich keine Verbindung zwischen diesen unterschiedlichen prozessualen Situationen gesehen, die Entscheidung *AS-Autoteile* ist weder in den Gründen der Entscheidung *Danvaern* noch in den ausführlichen Schlußanträgen des Generalanwalts *Léger*[281] erwähnt.

Die in *AS-Autoteile* vorgesehene Behandlung der Aufrechnung ist ohne weiteres einleuchtend, wenn man die Zuständigkeit nach Art. 16 Nr. 5 auf der Ebene des einzelnen Einwandes prüft. Dann ist die Aufrechnung sicherlich als nicht hinreichend „vollstreckungsnah" zu qualifizieren. Eine Qualifikation auf der Ebene des Einwandes erscheint aber, wie oben im einzelnen diskutiert, weniger angemessen als eine Qualifikation auf der Ebene des Rechtsbehelfs. Kann aber die Zuständigkeit für einen Rechtsbehelf, wie z.B. die *contestation* und unter Umständen auch die Vollstreckungsabwehrklage, nach eingehender Qualifikation (s. oben) auf Art. 16 Nr. 5 gestützt werden, so fordert *AS-Autoteile* anscheinend eine zusätzliche, besondere Zuständigkeitsprüfung, wenn eine Aufrechnung geltend gemacht wird. Diese Sonderbehandlung der Aufrechnung im Vergleich zu anderen Einwänden läßt sich sicherlich rechtfertigen. Denn die Aufrechnung erweitert den Streitgegenstand, indem der Gläubiger nicht nur einem Angriff auf seine titulierte Forderung ausgesetzt ist, sondern sich auch noch gegen eine weitere, neue Forderung verteidigen muß. Auch scheint es bei der Gegenforderung besonders einleuchtend, den Schuldner auf die selbständige Geltendmachung im nach allgemeinen Regeln zuständigen Forum zu verweisen, da in diesem Fall eine Leistungsklage und nicht nur, wie bei den unselbständigen Einwänden (z.B. Anfechtung) eine Feststellungsklage, möglich ist. Dennoch

---

[277] EuGH 04.07.1985 (220/84), *AS Autoteile Service/Malhé*, Slg. 85, 2273, Grd. 17.
[278] EuGH, 13.07.1995 (341/93) Slg. 95, 2071.
[279] So aber *Schlosser*, GVÜ vor Art. 2, Rz. 15.
[280] Diese Unterscheidung klingt auch bei *Gottwald*, IPRax 86, 10 (12 Fn. 24) bereits an.
[281] vom 17.05.1995, Slg. 95, 2055.

sind Zweifel angebracht, insbesondere – und insofern wird die Entscheidung bei dieser Sichtweise relevant – im Lichte von *Danvaern*. Denn in *Danvaern* hat der Gerichtshof sich noch ausführlicher als in *AS-Autoteile* mit der Frage auseinandergesetzt, ob und wann die Zuständigkeit zur Entscheidung über eine Hauptforderung auch die zur Prüfung einer zur Aufrechnung gestellten Gegenforderung umfaßt. Er ist zu dem Ergebnis gekommen, dies richte sich nach dem Prozeßrecht des jeweiligen Forums. Man darf sich fragen, ob dies nicht auch für die in *AS-Autoteile* angesprochene Situation des Vollstreckungsabwehrbehelfs gelten sollte. Denn auch dort wird, jedenfalls nach der in vielen Vertragsstaaten herrschenden und auch für § 767 vorzugswürdigen Ansicht, über einen Anspruch entschieden, nämlich den im Ersturteil titulierten. Damit stellt sich auch hier die Frage, ob die Entscheidungszuständigkeit für den Anspruch auch die für einen Gegenanspruch umfaßt. Der wichtigste Unterschied ist, daß der Gläubiger hier in bezug auf beide Ansprüche in der Verteidigerrolle ist, während er im regulären Prozeß, den *Danvaern* diskutiert, den Primäranspruch aktiv einklagt. Insofern mag man zweifeln, ob die Aufrechnung hier wie in *Danvaern* als „Verteidigungsmittel“ bezeichnet werden und mit dieser Begründung den nationalen Regelungen überlassen werden kann.[282] Andererseits spricht vieles dafür, die *Schutzbedürftigkeit* des Gläubigers in beiden Fällen gleich zu beurteilen und es daher – anders als in *AS-Autoteile* vorgesehen – dem nationalen Prozeßrecht zu überlassen, ob eine grundsätzlich gegebene Zuständigkeit zur Entscheidung über den titulierten Anspruch auch die Entscheidung über eine Aufrechnung umfaßt. Die Argumente, die in diesem Zusammenhang eine Rolle spielen, sind in den letzten Jahren, insbesondere im Gefolge von *Danvaern*, ausführlich diskutiert worden. Insofern kann auf diese Diskussion und die dort vertretenen Lösungen verwiesen werden.[283]

Zusammenfassend ist festzustellen, daß nach *AS-Autoteile* die Zuständigkeit des Art. 16 Nr. 5 nicht den Vollstreckungsgegeneinwand der Aufrechnung umfaßt. Wieweit diese Aussage richtig und mit der späteren Entscheidung *Danvaern* wertungsmäßig vereinbar ist, hängt von der Auslegung von *AS-Autoteile* und der Konstruktion des dogmatischen Kontexts ab. Nimmt man die Zuständigkeitsprüfung generell auf der Ebene des Einwandes vor, so ist *AS-Autoteile* weiter richtig. Qualifiziert man auf der Ebene des Rechtsbehelfs, so sind Zweifel erlaubt, ob eine Sonderbehandlung der Aufrechnung im Rahmen eines an sich vollstreckungsnahen Rechtsbehelfs durch die andersartige Prozeßsituation – die Aufrechnung wird inzident als *Angriffs*mittel geltend gemacht – im Lichte von *Danvaern* noch gerechtfertigt ist.

---

282 EuGH 13.7.1995, (341/93) *Danvaern / Otterbeck*, Slg. 95, 2071, Grd. 13, 17f.

283 Vgl. *Kropholler*, EuZPR Art. 6 Rz. 42; *Schlosser*, GVÜ vor Art. 2 Rz. 15; *Geimer/Schütze*, EuZVR Art. 6 Rz. 65ff.; *Schack*, IZVR Rz. 355; *Jayme/Kohler*, IPRax 95, 343, 349; *Mankowski* ZZP 109 (1996), 376; *Gebauer*, IPRax 98, 79; *Wagner* IPRax 99, 65; *Kannengießer* S. 144ff.

(2) Zuständigkeit für Einwendungen gegen vollstreckbare Urkunden und Prozeßvergleiche

Vollstreckbare Urkunden aus anderen Vertragsstaaten[284] machen besonders deutlich, wie problematisch die Subsumtion der Vollstreckungsabwehrklage unter die ausschließliche Zuständigkeit für Vollstreckungsfragen (Art. 16 Nr. 5 GVÜ) ist.[285] Darf der Schuldner im Vollstreckungsstaat Vollstreckungsabwehrklage erheben, so wird der gesamte Streit um den titulierten Anspruch – ohne Beschränkung auf Noven (§ 13 Abs. 2 AVAG) – vor einem Gericht ausgetragen, das nach den allgemeinen Regeln des GVÜ meist nicht zuständig wäre. Das nach Art. 16 Nr. 5 GVÜ kompetente Gericht wäre unter Umständen noch nicht einmal zuständig, wenn der Anspruch nicht bereits tituliert wäre, so daß der Gläubiger gegen den Schuldner klagen müßte. Kurz: bei vollstreckbaren Urkunden erscheint die Abweichung vom allgemeinen Zuständigkeitssystem der Artt. 2ff. GVÜ besonders gravierend und wenig gerechtfertigt. Es läge durchaus in der Logik von *AS-Autoteile ./. Malhé*, wenn der EuGH in bezug auf Urkunden zwar zu einer Anwendung des Art. 16 Nr. 5 GVÜ,[286] aber zu einer restriktiveren Auslegung kommen würde. In diesem Zusammenhang sei auch an die Rechtsprechung der französischen *Cour de Cassation* erinnert, die den *juge de l'execution* zwar für befugt hält, im Rahmen der *contestation* über nachträgliche Einwände gegen den titulierten Anspruch zu entscheiden, bei vollstreckbaren Urkunden aber jede Entscheidung über Einwände, die schon vor der Titulierung bestanden, den ordentlichen Gerichten vorbehält, obwohl auch in Frankreich die Urkunde keine Rechtskraftwirkung entfaltet.[287] Es wäre jedoch auch problematisch, wenn der Gerichtshof nunmehr nicht nur nach Einwänden differenzieren würde (Aufrechnung), sondern auch noch nach betroffenen Titeln (Urkunde vs. Urteil). Vorzuziehen wäre auch hier eine Qualifikation allein auf der Ebene des Rechtsbehelfs.[288] Folgt man diesem Ansatz, so zeigen vollstreckbare Urkunden nur besonders deutlich, warum es richtig ist, Rechtsbehelfe als vollstreckungsfern zu qualifizieren, die *auch* darauf zielen, eine rechtskräftige Klärung des titulierten Anspruchs herbeizuführen. Bei einer vollstreckbaren Urkunde ist diese Klärung nichts anderes, als der volle Prozeß um den Anspruch, lediglich mit umgekehrten

---

[284] Diese sind nach Artt. 50, 51 GVÜ für vollstreckbar zu erklären.

[285] Dies zeigt die Monographie von *Leutner*, S. 244ff. Ebenso im Ergebnis schon *Droz*, Tz. 621; gegen ihn (allerdings mit rein formalen Argumenten) *Wolff*, Hdb. IZVR, Bd. III/2, Kap. IV Rz. 107 Fn. 330.

[286] Wenig sinnvoll wäre, Art. 16 Nr. 5 GVÜ aufgrund seines Wortlautes („Entscheidungen") und mangels expliziter Verweisung in Art. 50 GVÜ („Artt. 31ff. GVÜ") für grundsätzlich unanwendbar zu halten. Ebenso *Leutner*, S. 248 m.w.N. Hier zeigt sich einmal mehr, daß Art. 16 Nr. 5 systematisch in den Titel III, Abschnitt 2 des Übereinkommens gehört – dann wäre er von der Verweisung in Art. 50 GVÜ erfaßt.

[287] Cass. avis 16.06.1995, Bull. civ. avis N° 9. Näher oben im Kap. 2, Frankreich.

[288] Die von *Leutner* (S. 247) vorgeschlagene Qualifikation aller Einwände gegen den titulierten Anspruch als vollstreckungsfern führt jedenfalls in Deutschland zu demselben Ergebnis.

Parteirollen. Die erwähnte Rechtsprechung der *Cour de Cassation* bestätigt übrigens noch einmal die Qualifikation der *contestation* als vollstreckungsnah: der Behelf umfaßt eben schon nach seiner *nationalen* Ausgestaltung nicht die Klärung des ursprünglich durch die Urkunde titulierten Anspruchs. Es erscheint aber weitaus besser, hinsichtlich einer solchen Herausnahme bestimmter Einwände aus einem an sich vollstreckungsnahen Rechtsbehelf der nationalen Rechtsprechung zu vertrauen, als auf europäischer Ebene über Art. 16 Nr. 5 GVÜ neue Differenzierungen einzuführen.[289]

Leutner kommt in seiner Monographie zur vollstreckbaren Urkunde im europäischen Rechtsverkehr ebenfalls zu dem Ergebnis, Art. 16 Nr. 5 GVÜ verleihe dem Vollstreckungsstaat keine Zuständigkeit für die Prüfung materieller Einwände gegen den in der Urkunde titulierten Anspruch.[290] Er meint jedoch, eine Zuständigkeit allein nach den allgemeinen Regeln, häufig also nur am Wohnsitz des Gläubigers (Art. 2 Abs. 1 GVÜ), benachteilige den Schuldner unangemessen. Der Schuldner sei, ähnlich wie in den Fällen der Artt. 7 ff., 13 ff. GVÜ schutzwürdig, da er sich generell „in der Lage des Schwächeren, Schutzwürdigen" befinde.[291] Zudem entstünden in den meisten europäischen Rechtsordnungen vollstreckbare Urkunden ohne ausdrückliche Unterwerfungserklärung, also ohne eine spezielle Warnung vor den prozeßrechtlichen Folgen, insbesondere der Parteirollenumkehr.[292] *Leutner* scheut sich aber, konsequent einen im Abkommen nicht vorgesehenen Schuldnergerichtsstand zu postulieren, zumal eine rechtsvergleichende Umschau ergibt, daß die in den nationalen Prozeßrechten vorgesehenen Gerichtsstände ebenfalls stark differieren.[293] Statt dessen möchte er den Gesichtspunkt nutzen, daß der Gläubiger das Forum des Vollstreckungsstaates „aus mehr oder weniger freien Stücken gewählt"[294] habe, und sieht die „Waffengleichheit ... [wieder] hergestellt",[295] indem der Schuldner wahlweise auch in diesem Forum klagen darf. Grundlage dieser Zuständigkeit der Gerichte des Vollstreckungsstaates soll eine Gesamtanalogie zu Artt. 7 ff., 13 ff. GVÜ sein.[296] Diese Analogie begegnet durchgreifenden Bedenken. Zum einen vermag *Leutner* den Artt. 7 ff., 13 ff. GVÜ kein spezifischeres Rechtsprinzip als den Schuldnerschutz zu entnehmen, das sich auf die vorliegende Situation übertragen ließe. Eine so allgemeine Maxime reicht angesichts des Ausnahmecharakters der Be-

---

[289] Dieses Argument macht die Qualifikation auf Ebene des Rechtsbehelfs auch vorzugswürdig gegenüber der von *Leutner* (S. 247) vertretenen „Aufgliederung autonomrechtlicher Einheitsbehelfe in formelle und materielle Fragen, um die Zuständigkeit nach Art. 16 Nr. 5 bestimmen zu können".

[290] *Leutner* S. 246 f., 289.

[291] *Leutner*, S. 255.

[292] *Leutner*, S. 249.

[293] *Leutner*, S. 254 f.

[294] *Leutner*, S. 256.

[295] *Leutner*, S. 256.

[296] *Leutner*, S. 256, 289.

stimmungen als Analogiebasis schwerlich aus, zumal sich die Situationen, in denen Ansprüche mittels vollstreckbarer Urkunde tituliert werden, viel zu stark unterscheiden, um eine generelle, strukturelle Schutzwürdigkeit des Schuldners feststellen zu können.[297] Zum anderen ist das von *Leutner* entscheidend angeführte Argument, der Gläubiger habe das Vollstreckungsforum gewählt, verfehlt. Der Schuldner bestimmt mit seinen Vermögensdispositionen, wo der Gläubiger versuchen muß, sein Recht zu verwirklichen. Er kann diese Dispositionen in der Ära globaler Finanztransaktionen oft schneller treffen als je ein Exequatur zu erlangen sein wird. Selten wird der Gläubiger in der glücklichen Lage sein, zwischen mehreren Vollstreckungsforen zu wählen. Trifft er eine Wahl, so muß sie unter dem Gesichtspunkt des aussichtsreichsten Zugriffs erfolgen, aber nicht im Hinblick auf einen möglichen Abwehrprozeß um die Forderung.[298] Von Waffengleichheit kann also keine Rede sein.

Bei Prozeßvergleichen, die in vielen Staaten (wie in Deutschland) ein Modus der Prozeßbeendigung sind, haben Einwände wie die Anfechtung wegen Willensmängeln zugleich Wiederaufnahmecharakter. Dies macht es besonders bedenklich, über solche Einwände außerhalb des Erststaates zu entscheiden.[299] Es ist daher wieder denkbar, daß der EuGH die in *AS-Autoteile ./. Malhé* vorgezeichnete Ausnahme für einschlägig erklären und solche Einwände aus dem Anwendungsbereich des Art. 16 Nr. 5 ausnehmen würde. Dies wäre eine Fortführung der Differenzierung auf der Ebene des Einwandes oder des betroffenen Titels (Prozeßvergleich). Sie fände eine Parallele im Schweizer Recht. Dort werden Einwendungen gegen die Wirksamkeit eines Prozeßvergleichs jedenfalls von manchen Autoren aus dem Anwendungsbereich der Vorschrift ausgenommen, die funktional der Vollstreckungsabwehrklage entspricht (Art. 85a SchKG)[300], obwohl Art. 80 Abs. 2 SchKG an sich gerichtliche Vergleiche für Zwecke der Zwangsvollstreckung (Rechtsöffnungsverfahren)[301] den Urteilen gleichstellt. Nachträgliche Angriffe gegen Prozeßvergleiche werden damit den kantonalen Verfahren vorbehalten, was angesichts der gravierenden kantonalen Unterschiede in der Präklusion von Einwänden[302] durchaus einleuchtet.

Zusammenfassend ist festzustellen, daß eine Herausnahme aller oder mancher Arten von Einwänden gegen vollstreckbare Urkunden und Prozeßvergleiche aus dem Anwendungsbereich des Art. 16 Nr. 5 GVÜ durchaus in der Logik von *AS-Autoteile ./. Malhé* liegen würde. Wegen der mangelnden Rechtskraft dieser Titel hat nämlich hier eine Abweichung von den allgemeinen Zuständigkeitsregeln

---

[297] *Leutner* selbst resümiert an anderer Stelle, eine durchgängige und einheitliche Interessenkonstellation lasse sich bei Urkunden nicht feststellen (S. 28).

[298] Dies verkennt *Leutner*, S. 257.

[299] Im Ergebnis ebenso aus Schweizer Sicht *Meier*, Besondere Vollstreckungstitel nach dem Lugano-Übereinkommen, 199.

[300] *Jaeger/Walder/Kull/Kottmann*, SchKG Art. 85a Rz. 13; a.A. *Amonn/Gasser*, § 20 TZ 20.

[301] Näher zur Struktur des schweizerischen Vollstreckungsrechts oben im Kapitel 3, Schweiz.

[302] Berner versus Züricher Modell, näher s.o. Kap. 3, Schweiz.

besonders weitreichende Konsequenzen. Eine solche weitere Differenzierung nach Einwänden oder Art des betroffenen Titels würde allerdings zu einer noch erhöhten Unübersichtlichkeit und Komplexität führen. Es wäre daher gerade auch im Lichte der Problematik bei Urkunden und Prozeßvergleichen vorzuziehen, eine eingehende und abgewogene Qualifikation auf der Ebene des Rechtsbehelfs durchzuführen und im übrigen die Einzelabgrenzungen dem nationalen Recht zu überlassen.

d) Ausschließlichkeit der Zuständigkeit nach Art. 16 Nr. 5 GVÜ

Der Anwendungsbereich des Art. 16 Nr. 5 GVÜ in bezug auf die Vollstreckungsabwehrklage ist mit den bisherigen Erwägungen abgesteckt. Als *Rechtsfolge* sieht die Vorschrift eine *ausschließliche* Zuständigkeit der Gerichte des Vertragsstaats vor, „in dessen Hoheitsgebiet die Zwangsvollstreckung durchgeführt werden soll oder durchgeführt worden ist". Diese Ausschließlichkeit ist unter zwei Aspekten problematisch. Der erste ist die Möglichkeit einer parallelen Vollstreckung in verschiedenen Vertragsstaaten, der zweite die Verdrängung der allgemeinen Zuständigkeitsregeln.

Beide Probleme lassen sich lösen, wenn man die Ausschließlichkeit so auslegt, wie es dem Sinn und Zweck der Vorschrift entspricht. Art. 16 Nr. 5 GVÜ ist so zu lesen, daß die Gerichte eines Vertragsstaates ausschließlich zuständig sind, soweit es darum geht, unmittelbar auf das Vollstreckungsverfahren in diesem Staat einzuwirken. Die in Art. 16 Nr. 5 GVÜ vorgesehene Ausschließlichkeit bezieht sich also nicht auf die Prüfung der Vollstreckungsgegeneinwände, sondern auf die Aufhebung von Vollstreckungsmaßnahmen und eventuell auch auf die Beseitigung der Vollstreckbarkeit, das negative Gegenstück zum Exequatur.[303] Hier zeigt sich wieder, daß Art. 16 Nr. 5 besser in den Titel III des Übereinkommens paßt und nicht eine Zuständigkeit für ein echtes Erkenntnisverfahren regelt, wie es die übrigen Bestimmungen des Titels II tun.[304]

Bei einer gleichzeitigen Vollstreckung in mehreren Vertragsstaaten können also die Gerichte dieser Staaten jeweils ausschließlich dafür zuständig sein, aufgrund desselben Einwandes Vollstreckungsmaßnahmen aufzuheben und die Vollstreckung einzustellen, evtl. auch, die Vollstreckbarkeit desselben Ersturteils jeweils für ihr Staatsgebiet unmittelbar zu beseitigen. Hinsichtlich der hierfür präjudiziellen Feststellung, daß der titulierte Anspruch erloschen ist, besteht

[303] Für letztere Annahme spricht, daß auch das Exequatur jedem Staat vorbehalten bleibt. Andererseits gibt es gute Argumente dafür, eine „universale" Aufhebung der Vollstreckbarkeit im Erst- und in Drittstaaten zuzulassen und in Deutschland jeweils anzuerkennen, s.o. Abschn. II zur Aufhebung im Erststaat. Die Schweizer Lehre unterscheidet für die Ausschließlichkeit des Gerichtsstands nach Art. 85a SchKG ebenfalls zwischen Feststellungen über den Anspruch und Einwirkung auf die Vollstreckbarkeit: *Kren Kostkiewicz*, AJP 96, 1360 (1363) m.w.N.

[304] Vgl. Schlußanträge des Generalanwalts Lenz (Nr. 46) zu EuGH 20.1.1994 (129/92) *Owens Bank ./. Bracco*, Slg. 94 I, 135.

damit de facto eine *konkurrierende* Zuständigkeit der Gerichte sämtlicher Staaten, in denen das Ersturteil vollstreckt wird oder werden soll. Konflikte entstehen, da in zahlreichen Vertragsstaaten – und nach richtiger, wenn auch noch nicht herrschender Ansicht, auch in Deutschland – die präjudizielle Feststellung über den titulierten Anspruch in Rechtskraft erwächst. Sie sind mit den Instrumenten der Artt. 21 ff. GVÜ zu lösen.[305]

Die Ausschließlichkeit der Zuständigkeit hindert auch nicht die Anwendung der allgemeinen Zuständigkeitsvorschriften auf Klagen, die dazu dienen, das Erlöschen des titulierten Anspruchs oder die Unzulässigkeit der weiteren Vollstreckung festzustellen. Der Schuldner muß also nicht im Vollstreckungsstaat vorgehen, sondern kann auch im Erststaat einen Rechtsbehelf ergreifen, der nicht unter Art. 16 Nr. 5 fällt, z.B. einen Antrag nach Art. 85a SchKG stellen[306] oder eine Vollstreckungsabwehrklage in Deutschland erheben.[307] Voraussetzung ist dann allerdings, daß dort ein allgemeiner Gerichtsstand tatsächlich eröffnet ist, also etwa der Gläubiger dort seinen Wohnsitz hat (Art. 2 Abs. 1 GVÜ). Die Tatsache allein, daß dort der Erstprozeß stattfand, reicht dagegen *de conventione lata* nicht aus, weil das GVÜ keine § 767 Abs. 1 entsprechende Annexzuständigkeit des Erstforums über das Ende des Prozesses hinaus vorsieht.[308] Sie kann auch durch Analogie nicht geschaffen werden, insofern ist auf den entsprechenden Befund zur Abänderungsklage zu verweisen.[309]

e) Gerichtsstandsvereinbarungen

Ebensowenig steht die Ausschließlichkeit des Gerichtsstands nach Art. 16 Nr. 5 GVÜ einer Vereinbarung der Parteien entgegen, daß Vollstreckungsgegeneinwände (ebenso wie Klagen) nur in einem bestimmten Gerichtsstand erhoben werden dürfen. Zwar bestimmt Art. 17 Abs. 3 GVÜ, daß Gerichtsstandsvereinbarungen unwirksam sind, wenn mit ihnen eine gemäß Art. 16 GVÜ ausschließliche Zuständigkeit abbedungen wird. Dieses Verbot kann jedoch, wie schon Art. 23 GVÜ zeigt, dann nicht gelten, wenn die Parteien durch ihre Vereinbarung eines von mehreren ausschließlich zuständigen Gerichten berufen. Es widerspricht also nicht Art. 16 Nr. 5 GVÜ, eine Gerichtsstandsvereinbarung u.U. so auszulegen, daß mit ihr nicht nur die Erhebung von Klagen, sondern auch die Erhebung von Vollstreckungsabwehrklagen in einem Forum konzentriert werden soll.[310] Nicht be-

---

[305] Näher s.u. Kap. 11, Parallelverfahren.

[306] Sofern man diesen Rechtsbehelf nicht unter Art. 16 Nr. 5 faßt, s.o.

[307] Sofern man diese als zu vollstreckungsfern ansieht, um unter Art. 16 Nr. 5 zu fallen, s.o.

[308] *Banniza v. Bazan*, Der Gerichtsstand des Sachzusammenhangs im EuGVÜ, S. 40f.

[309] *Schlosser*-Bericht ABl. C 59/105 (05.03.1979) Tz. 106f.; *Kropholler*. GVÜ Art. 5 Rz. 49ff.; *Schack*, IZVR Rz. 346; St/J-*Leipold* § 323 Rz. 68 Fn. 244.

[310] Es kann sich um eines der nach Art. 16 Nr. 5 zuständigen Foren handeln, aber auch jedes andere Forum ist denkbar, da in bezug auf die Entscheidung über den titulierten Anspruch keine Ausschließlichkeit gegeben ist.

rührt von einer solchen Vereinbarung wäre dagegen die Möglichkeit, im jeweiligen Vollstreckungsstaat die Vollstreckbarkeit aufheben zu lassen, nachdem im prorogierten Forum positiv über den Einwand entschieden wurde. Die Zuständigkeit hierfür ist, wie oben ausgeführt, ausschließlich. Der statthafte Rechtsbehelf ist in Deutschland stets § 29 AVAG, direkt oder analog angewendet.[311] Abgesehen von dieser Grenze stehen einer Prorogation zugunsten deutscher Gerichte oder einer Derogation der an sich in Deutschland gegebenen Zuständigkeit (auch wenn man die Vollstreckungsabwehrklage unter Art. 16 Nr. 5 faßt) keine Hindernisse entgegen.

Eine andere Frage ist wieder, ob die Parteien mit ihrer Gerichtsstandsvereinbarung einen *ausschließlichen* Gerichtsstand am forum prorogatum schaffen und auch eine eventuelle Vollstreckungsabwehrklage erfassen wollten. Relevant ist in diesem Zusammenhang die Rechtsprechung des EuGH, die Gerichtsstandsvereinbarungen regelmäßig insofern enger auslegt als der Bundesgerichtshof, als der Ausschluß der klageweisen Geltendmachung eines Anspruchs noch nicht die Vermutung begründet, auch die einredeweise Berufung auf den Anspruch (insbesondere Aufrechnung in einem Prozeß im derogierten Forum) sei ausgeschlossen.[312] Für die Geltendmachung durch Widerklage ist die Auslegungsfrage in der Literatur umstritten.[313] Weil die Vollstreckungsabwehrklage eine klageweise und nicht nur einredeweise Geltendmachung von Einwänden gegen den Anspruch bedeutet, spricht vieles dafür, diese Situation als von der Gerichtsstandsvereinbarung erfaßt anzusehen.[314]

f) Zuständigkeit für vollstreckungsbeschränkende einstweilige Anordnungen

Ist Deutschland für eine Vollstreckungsabwehrklage gegen das Ersturteil nach Art. 16 Nr. 5 GVÜ oder nach allgemeinen Regeln zuständig, so umfaßt diese Zuständigkeit zugleich eine Annexkompetenz für einstweilige Anordnungen nach § 769 bis zur Entscheidung in der Hauptsache.[315] Daneben könnte eine Zuständigkeit unter Umständen auch auf Art. 24 GVÜ gestützt werden. In diesem Fall wären deutsche Gerichte zuständig, wenn es um die Vollstreckbarkeit in Deutsch-

---

[311] Näher oben die Abschn. II und III dieses Kap. 9 zum Vorgehen in Deutschland nach Aufhebung im Erststaat oder in einem Drittstaat.

[312] EuGH 9.11.1978 (23/78), *Meeth ./. Glacetal*, Slg. 1978, 2133 (konnexe Gegenforderung); EuGH 7.3.1985 (48/84) *Spitzley ./. Sommer*, Slg. 1985, 787 (inkonnexe Gegenforderung). Die Divergenz zur Haltung des BGH betont etwa *Wagner*, IPRax 99, 65 (75). Zurückhaltender aber auch LG Berlin, IPRax 98, 97 (99) m. Anm. *Gebauer*, IPRax 99, 79.

[313] Für eine Auslegung im Sinne eines Ausschlusses der Widerklage *Kropholler, EuZPR* Art. 17 Rz. 104, *Schlosser*, GVÜ Art. 17 Rz. 40; dagegen *Geimer/Schütze*, EuZVR Art. 17 Rz. 195, *Saenger*, ZZP 110 (1997), 477 (496).

[314] Ebenso im Ergebnis *Leutner*, S. 259.

[315] EuGH 17.11.1998 (391/95) *Van Uden Maritime ./. Deco-Line*, IPRax 99, 240, Grd. 19, 22.

land geht, da nur sie diese aufheben können und damit eine „reale Verknüpfung“[316] besteht.

Sind deutsche Gerichte für die Vollstreckungsabwehrklage gegen ein ausländisches Urteil *nicht* zuständig,[317] so folgt daraus aber nicht etwa die Unzuständigkeit für Anordnungen nach § 769. Das Verfahren nach § 769 ist nämlich deutlich vollstreckungsnäher als das nach § 767 und würde daher selbst dann unter Art. 16 Nr. 5 GVÜ fallen, wenn man dies für die Klage nach § 767 ablehnt. Wichtigster Unterschied ist insofern, daß im Verfahren nach § 769 nicht über den Einwand oder den titulierten Anspruch entschieden wird, sondern nur eine Prognose der Erfolgsaussichten, kombiniert mit einer Interessenabwägung, erfolgt.[318] Hält man Art. 24 für anwendbar, kommt man ohnehin unabhängig von Art. 16 Nr. 5 GVÜ zu einer Anordnungszuständigkeit deutscher Gerichte.

Solche Vollstreckungsbeschränkungen nach nationalem Recht laufen auch nicht etwa der Intention des GVÜ zuwider, das Exequaturverfahren und die in seinem Rahmen zulässigen Vollstreckungsbeschränkungen (Artt. 39, 38 Abs. 3 GVÜ) und -aufschübe (Art. 38 Abs. 1 GVÜ) abschließend zu regeln.[319] Denn mit der rechtskräftigen Erteilung des Exequatur beginnt die inländische Zwangsvollstreckung, die eine Domäne des nationalen Rechts geblieben ist.[320] Die Sperrwirkung der Regelungen des GVÜ endet hier.[321] Eine ganz andere, im nächsten Kapitel behandelte Frage ist, wie weit Anordnungen zur Beschränkung der Zwangsvollstreckung *vor* rechtskräftiger Erteilung des Exequatur zulässig sind.

Auch das Erfordernis des § 769, daß der Schuldner bereits Vollstreckungsabwehrklage erhoben haben muß, steht dem Antrag letztlich nicht entgegen. Denn § 769 ist – wie in der oben bereits diskutierten entsprechenden Situation im autonomen Recht – analog anzuwenden, wenn der Schuldner in Deutschland mangels Zuständigkeit keine Vollstreckungsabwehrklage erheben kann aber in einem zuständigen ausländischen Forum einen entsprechenden Rechtsbehelf eingelegt hat. Diese Analogie schließt die Rechtsschutzlücke, die andernfalls

---

316 EuGH 17.11.1998 (391/95) *Van Uden Maritime ./. Deco-Line*, IPRax 99, 240, Grd. 39 f.; näher zu diesem wenig präzisen Tatbestandsmerkmal *Heß/Vollkommer*, IPRax 99, 220 (224 f.); *Petrochilos*, Lloyd's Mar. & Comm. L. Q. 2000, 99. Eingehend *Bandel*, Einstweiliger Rechtsschutz im Schiedsverfahren.

317 Dies ist häufig der Fall, wenn man der soeben dargelegten Ansicht folgt, die Vollstreckungsabwehrklage falle unter Art. 16 Nr. 5. Auch sonst ist es aber möglich – etwa wenn der Schuldner sich auf eine Aufrechnung beruft oder wenn der deutsche Gerichtsstand derogiert wurde (zu dieser Möglichkeit näher sogleich unten).

318 MünchKomm ZPO-Karsten *Schmidt*, § 767 Rz. 16; St/J-*Münzberg*, § 769 Rz. 11.

319 Grundlegend zum abschließenden Charakter dieser Bestimmungen EuGH 27.11.1984 (258/83) *Schuhfabrik Brennero ./. Wendel*, Slg. 1984, 3971; bekräftigt von EuGH 4.10.1991 (183/90) *van Dalfsen / van Loon*, Slg. 1991, 4765; BGH NJW 94, 2156 m. Anm. *Stadler*, IPRax 95, 220.

320 *Geimer/Schütze*, EuZVR, Einl. Rz. 121; *Kropholler*, EuZPR Art. 36 Rz. 3.

321 EuGH 02.07.1985 (184/84) *Deutsche Genossenschaftsbank ./. Brasserie du Pêcheur*, Slg. 85, 1987, Grd. 18.

dadurch entstünde, daß auch über § 29 Abs. 5 AVAG eine Anwendung der §§ 769, 770 erst möglich ist, sobald der Schuldner den Antrag nach (oder analog) § 29 AVAG stellen darf, also die Aufhebung im Erststaat (oder einem anderen Vertragsstaat) erreicht hat.

Prozeßgericht ist in diesem Fall wie auch sonst das Exequaturgericht, das später auch über den Antrag nach § 29 AVAG zu entscheiden hat (§ 29 Abs. 2 AVAG).

Die Begründetheit des Antrags ist, wie bereits zum autonomen Recht näher ausgeführt, mit Rücksicht auf den Stand des Hauptverfahrens im zuständigen Forum zu beurteilen; gegebenenfalls ist die Anordnung dem Fortschritt dieses Verfahrens entsprechend anzupassen oder aufzuheben. Es bleibt aber festzuhalten, daß mit den Anordnungen nach § 769 ein flexibles und effektives Instrument zur Verfügung steht, den Schutzbedürfnissen des Schuldners bis zur Entscheidung über von ihm geltend gemachte Vollstreckungsgegeneinwände Rechnung zu tragen.[322]

g) Zusammenfassung und Ausblick zur Zuständigkeit im Bereich des GVÜ

(1) Zusammenfassung: Zuständigkeit nach Art. 16 Nr. 5 GVÜ

Folgt man der herrschenden Meinung vom engen Streitgegenstand der Vollstreckungsabwehrklage, so sind deutsche Gerichte nach Art. 16 Nr. 5 GVÜ stets zuständig für Klagen nach § 767 gegen ein deutsches oder ein ausländisches Urteil, das in Deutschland für vollstreckbar erklärt wurde. Die Klage ist analog § 2 AVAG[323] bei dem Landgericht zu erheben, welches das Exequatur erteilt hat. Die Aufrechnung ist von dieser Zuständigkeit ausgenommen, dasselbe gilt unter Umständen für andere ähnliche Einwände, insbesondere solche gegen vollstreckbare Urkunden und Prozeßvergleiche. Die Klage ist bei dem Landgericht zu erheben, welches das Exequatur erteilt hat. Folgt man dagegen der zutreffenden Auffassung, daß im Rahmen der Klage auch mit Rechtskraft über den titulierten Anspruch entschieden wird, so ist die Klage nicht mehr ausreichend vollstreckungsnah, um unter Art. 16 Nr. 5 GVÜ zu fallen. Sie ist dann in Deutschland nur zulässig, wenn hier ein allgemeiner Gerichtsstand gegeben ist. Ist dies der Fall,

---

[322] Die von *Wolff*, Hdb. IZVR Bd. III/2 Kap. IV Rz. 101 geäußerten, aber nicht näher begründeten Zweifel an der Effektivität des inländischen Vollstreckungsschutzes sind unangebracht. Im Gegenteil muß bei der Handhabung des von § 769 gewährten Ermessens Sorge getragen werden, daß der Rechtsschutzanspruch des Gläubigers, der bereits über einen vollstreckbaren Titel verfügt, ausreichend berücksichtigt wird, vgl. *Baumbach* ZPO-*Hart*mann, § 769 Rz. 6.

[323] Die Begründung für die analoge Anwendung dieser Vorschrift zur Bestimmung des innerhalb Deutschlands zuständigen Gerichts entspricht dem oben zum autonomen Recht (analoge Anwendung von § 722 Abs. 2, nicht etwas § 767 Abs. 1) Ausgeführten. Vgl. auch *Heß*, JZ 98, 1021 (1031): das Exequaturgericht sei auch zuständig für Arreste im Rahmen der Vollstreckung ausländischer Titel.

so ist die Zulässigkeit der Aufrechnung als Einwand entsprechend *Danvaern* eine Sache des nationalen Verfahrensrechts, dasselbe gilt für Einwände gegen vollstreckbare Urkunden und Prozeßvergleiche.

Die Ausschließlichkeit der Zuständigkeit nach Art. 16 Nr. 5 bezieht sich in jedem Fall nur auf die Beseitigung der Vollstreckbarkeit, nicht auf die Prüfung der Einwände. Letztere kann daher auch an allgemeinen Gerichtsständen des GVÜ erfolgen und ist Gerichtsstandsvereinbarungen zugänglich.

Sind deutsche Gerichte nicht zuständig für die Vollstreckungsabwehrklage, so ist ein effektiver Schuldnerschutz dennoch gewährleistet. Ein Antrag auf einstweilige Beschränkung oder Einstellung der Zwangsvollstreckung bis zur Entscheidung über den Einwand im zuständigen Forum bleibt in Deutschland analog § 769 Abs. 1 jederzeit zulässig. Die (ausschließliche) Zuständigkeit hierfür ergibt sich aus Art. 16 Nr. 5 GVÜ. Zusätzlich steht es dem Schuldner frei, solche Anordnungen im Hauptsacheforum zu beantragen und sich anschließend in Deutschland auf die dort erfolgte Beschränkung zu berufen.[324]

(2) Verbesserungsmöglichkeiten de lege lata und de lege ferenda

Die eingehende Prüfung der Zuständigkeitsfrage unter dem GVÜ zeigt Verbesserungsbedarf und -möglichkeiten in mindestens zwei Punkten auf; einer von ihnen betrifft das nationale Recht, einer das europäische Übereinkommen.

Im nationalen deutschen Recht bedarf der *Streitgegenstand der Vollstreckungsabwehrklage* einer autoritativen, klaren Festlegung. So hängt z.B. die Anwendbarkeit von Art. 16 Nr. 5 GVÜ hiervon ab (Qualifikationsfrage). Solange die Frage im nationalen deutschen Recht so umstritten ist, wie zur Zeit (und seit praktisch 100 Jahren), sind verläßliche Einordnungen des Behelfs in einen internationalen Kontext kaum möglich. Die Unsicherheit, mit der man sich auf nationaler Ebene eingerichtet hat, belastet nun auch die internationale Verständigung erheblich. Es ist daher zu empfehlen, daß hier entweder die Rechtsprechung oder der Gesetzgeber für eine Klärung sorgt. Vorbild könnte der Schweizer Art. 85a SchKG sein, wobei man allerdings die Zuständigkeit des Erstgerichts beibehalten sollte. Der Rechtsbehelf wäre dann eindeutig vollstreckungsfern und fiele nicht unter Art. 16 Nr. 5 GVÜ.

Verbesserungsfähig sind aber auch die *Zuständigkeitsvorschriften des GVÜ*. Nach dem oben vorgeschlagenen Qualifikationsverfahren fallen unter Art. 16 Nr. 5 GVÜ zwar vielleicht nicht Vollstreckungsabwehrklagen, aber doch viele andere Rechtsbehelfe in verschiedenen Vertragsstaaten, die alle eine Prüfung von Vollstreckungsgegeneinwänden erlauben. Es bleiben Zweifel, ob es richtig ist, die Wahl unter diesen Gerichtsständen allein dem Vollstreckungsschuldner zu überlassen. Diese Zweifel nährt vor allem § 767, der aus guten Gründen (Prozeßökonomie und institutionelle Absicherung der Rechtskraft) Vollstrek-

---

[324] § 29 AVAG, näher s.o. Abschn. II 2 und III 2.

kungsabwehrklagen ausschließlich dem Erstgericht zuweist. Diese Erwägungen sind auch im europäischen Rahmen relevant, insbesondere je mehr die Vertragsstaaten zusammenwachsen und ihre „Hoheitsgebiete ... als ein einheitliches Ganzes angesehen werden können",[325] die Situation also genau dem Zustand gleicht, der innerhalb Deutschlands bei Erlaß der CPO bestand.[326] Die Regelung der CPO ist auch ein besseres Vorbild, als die in den USA gefundenen Lösungen, welche so viele Zuständigkeiten eröffnen, daß *forum non conveniens* – Aspekte erhebliche Bedeutung erlangen. Es wäre daher sinnvoll, für die Geltendmachung streitiger, nicht rechtskräftig festgestellter Vollstreckungsgegeneinwände eine ausdrückliche Annexzuständigkeit des Erstgerichts zu schaffen. Dies könnte systematisch in einem Art. 6 Nr. 5 GVÜ geschehen, der zugleich Abänderungsklagen erfassen und folgenden Wortlaut haben könnte:

> „5. wenn Gegenstand der Klage nachträglich entstandene Einwendungen gegen einen titulierten Anspruch sind, vor dem Gericht, das den Titel erlassen hat."

Zugleich könnte zu Art. 16 Nr. 5 GVÜ klargestellt werden, daß diese Vorschrift im Vollstreckungsstaat nur die Berufung auf die nachträgliche Aufhebung des Ersturteils oder auf Einwendungen gegen den titulierten Anspruch erlaubt, die unbestritten oder rechtskräftig festgestellt sind. Eine Formulierung könnte lauten:

> „Für Rechtsbehelfe, mit denen Einwendungen gegen den titulierten Anspruch geltend gemacht werden, gilt diese Zuständigkeit nur insoweit, als diese Einwendungen unbestritten oder bereits rechtskräftig festgestellt sind."

Diese Zuständigkeitskonzentration wäre auch ein Schritt zur Stärkung der Kompetenzen des Erstgerichts, die später in der Schaffung eines europäischen Vollstreckungstitels ihre Vollendung finden könnte.[327] Trotz dieser Zuständigkeitskonzentration bliebe der effektive Rechtsschutz des Schuldners im Vollstreckungsstaat ohne weiteres gewährleistet. Denn die Gerichte dort blieben zuständig für Anordnungen zur einstweiligen Beschränkung der Zwangsvollstreckung bis zur Entscheidung im Erststaat (vgl. § 769 Abs. 2).

h) Multi- und bilaterale Anerkennungs- und Vollstreckungsverträge

Neben dem GVÜ existieren weitere, allerdings praktisch weniger wichtige, multi- und bilaterale Staatsverträge zur Anerkennung und Vollstreckung ausländischer Entscheidungen in der Bundesrepublik. Diese Verträge regeln – anders als das GVÜ – nicht direkt die internationale Entscheidungszuständigkeit der Vertrags-

---

325 EuGH 10.02.1994 (398/92) *Mund & Vester*, Slg.94, 467 (480) Tz 19.

326 Vgl. die oben zitierten Motive des Gesetzgebers der CPO, in dieser Situation die Zuständigkeitsregel des § 767 Abs. 1 (damals 686 CPO) zu erlassen (*Hahn*, Materialien, Bd. II 1 S. 437).

327 Vgl. das Plädoyer von *Raum/Lindner*, NJW 99, 465 (470).

staaten, sondern nur die Anerkennungszuständigkeit.[328] Die Vertragsstaaten haben also jeweils nur einen Katalog von Zuständigkeiten vereinbart, bei deren Vorliegen der gegenseitigen Anerkennung und Vollstreckung eines Urteils keine zuständigkeitsrechtlichen Einwände entgegenstehen. Unser Thema berühren diese Zuständigkeitsregelungen also nur im Rahmen der oben bereits diskutierten Anerkennung ausländischer Entscheidungen über Vollstreckungsgegeneinwände.

Für die internationale Entscheidungszuständigkeit bleibt es bei der Zuständigkeit deutscher Gerichte nach dem autonomen Recht analog § 722 Abs. 2. Hiervon gehen implizit auch die Ausführungsgesetze zu diesen Abkommen aus, die dem Schuldner jeweils gestatten, Vollstreckungsgegeneinwände, die nach Erteilung der Vollstreckbarkeit entstehen, im Wege der Vollstreckungsabwehrklage vor deutschen Gerichten geltend zu machen.[329]

i) Art. 256 EG-Vertrag (ex-Art. 192 EWGV) und § 4 des Gesetzes über die Vollstreckung von Entscheidungen internationaler Gerichte auf dem Gebiet des Seerechts (SeeGVG)

Explizite Zuständigkeitsregelungen für die Vollstreckungsabwehrklage existieren dagegen im Bereich der Vollstreckung von Entscheidungen einiger zwischenstaatlicher Institutionen, nämlich des Rates oder der Kommission der Europäischen Gemeinschaften sowie des Internationalen Seegerichtshofs.

Art. 256 EG-Vertrag (ex-Art. 192 EWGV) regelt die Vollstreckung von Entscheidungen des Rates oder der Kommission, die eine Zahlung auferlegen. Sofern der Schuldner nicht ein Staat ist, erfolgt die Zwangsvollstreckung nach den Vorschriften des Zivilprozeßrechts des Mitgliedsstaates, in dessen Hoheitsgebiet sie stattfindet. Vor Erteilung der Vollstreckungsklausel darf lediglich die Echtheit des Titels geprüft werden. Art. 256 Abs. 4 EG-V bestimmt:

> „Die Zwangsvollstreckung kann nur durch eine Entscheidung des Gerichtshofes ausgesetzt werden. Für die Prüfung der Ordnungsmäßigkeit der Vollstreckungsmaßnahmen sind jedoch die einzelstaatlichen Rechtsprechungsorgane zuständig."

Für das deutsche Zivilprozeßrecht wird diese Bestimmung als Ausschluß der Vollstreckungsabwehrklage vor deutschen Gerichten ausgelegt.[330] Allerdings hat der EuGH zu der Parallelvorschrift im EGKS-Vertrag[331] (Art. 92 Abs. 3)

---

[328] Vgl. Art. 2 Deutsch-Schweizerisches Abkommen, Art. 2 Deutsch-Italienisches Abkommen, Art. 3 Deutsch-Belgisches Abkommen, Art. 2 Deutsch-Österreichisches Abkommen, Art. 4 Abs. 1 Deutsch-Britisches Abkommen, Art. 31 Abs. 1 Deutsch-Tunesisches Abkommen, Art. 8 Deutsch-Norwegisches Abkommen, Art. 7 Deutsch-Israelisches Abkommen, Art. 7 Deutsch-Spanisches Abkommen.

[329] Näher s.u. Kap. 10, Exequaturverfahren.

[330] *Grabitz/Hilf*, Art. 192 Rz. 18; von der *Groeben/Thiesing/Ehlermann*-G. *Schmidt*, Art. 192 Rz. 28; *Schniewind*, S. 195.

[331] Vertrag über die Europäische Gemeinschaft für Kohle und *Stahl* vom 18.4.1951, in Kraft

entschieden, die Einwände nachträglicher Aufrechnung und nachträglichen Erlasses oder Verzichts seien unter Umständen nicht vor dem Gerichtshof, sondern vor den Gerichten des Vollstreckungsstaates geltend zu machen.[332] Der Fall betraf die Sondersituation, daß ein Urteil des Gerichtshofs eine Partei (die damalige Klägerin) verurteilte, anderen privaten Verfahrensbeteiligten (den Streithelferinnen der beklagten Kommission) Kosten des Rechtsstreits zu erstatten. Gläubiger und Schuldner dieses Anspruchs waren deutsche Unternehmen und die geltend gemachten Einwendungen betrafen keine gemeinschaftsrechtlichen Fragestellungen. Dies mag den Gerichtshof bewogen haben, sich in diesem Fall für unzuständig zu erklären. Die Entscheidung ist jedoch zumindest in der Begründung unzutreffend. Der Gerichtshof meint nämlich, seine Zuständigkeit nach Art. 92 Abs. 3 EGKS-Vertrag deshalb ablehnen zu können, weil es sich bei den Einwendungen der Vollstreckungsschuldnerin um „Streitigkeiten [handele] ... die sich im Laufe der Zwangsvollstreckung ergeben, wobei die Vollstreckbarkeit der betreffenden Entscheidungen unberührt bleibt". Damit verkennt er die Wirkung der Vollstreckungsabwehrklage, mit der die behaupteten Einwände vor deutschen Gerichten geltend zu machen wären. Dies wird in den einschlägigen Kommentaren allerdings nicht klar ausgesprochen. Vielmehr folgern manche aus der Entscheidung, Art. 256 (ex-192) Abs. 4 EG-V beziehe sich nicht auf „während der Zwangsvollstreckung entstehende privatrechtliche Streitigkeiten, welche die Vollstreckbarkeit der betreffenden Entscheidung unberührt lassen"[333] oder jedenfalls nicht auf Einwendungen wie Aufrechnung, Verzicht usw., die sich nicht nach Gemeinschaftsrecht, sondern nach nationalem Recht beurteilten.[334] Eine solche Differenzierung mag zunächst einen gewissen pragmatischen Reiz haben, wenn sie auch dem Wortlaut des Art. 256 Abs. 4 EG-V widerspricht. Sie läßt sich jedoch praktisch nicht durchführen und ist unvereinbar mit dem eigentlichen Zweck des Art. 256 Abs. 4 EG-V. Denn diese Bestimmung will institutionell absichern, daß die von den Gemeinschaftsorganen auferlegten Zahlungspflichten auch tatsächlich vollstreckt werden. Wollte man es nationalen Gerichten überlassen, über materielle Einwendungen wie Aufrechnung, Erlaß oder Verzicht zu entscheiden, so wäre die institutionelle Absicherung dahin. Auch eine Abgrenzung danach, ob die geltend gemachten Einwände gemeinschaftsrechtliche Bezüge aufweisen, läßt sich praktisch kaum durchführen. Auch dem Vollstreckungsschuldner ist letztlich nicht gedient mit einer solchen Aufspaltung der Zuständigkeit für Vollstreckungsgegeneinwände je nachdem, ob sie gemeinschaftsrechtliche Fragen berühren oder nicht. Denkbar wäre allenfalls, die institutionelle Absicherung des Art. 256 Abs. 4 EG-V auf die Durchsetzung

---

seit 23.7.1952, BGBl. 1952 II, 447 (seitdem mehrfach geä. und in der Numerierung angepaßt, zuletzt durch den Vertrag von Amsterdam vom 2.10. 1997, ABl. EG 1997 Nr. C 340, S. 1 ff.).

332 EuGH 11.01.1977 (4/73) *Nold ./. Ruhrkohle AG*, Slg. 77, 1.

333 *Grabitz/Hilf*, Art. 192 Rz. 17.

334 von der *Groeben/Thiesing/Ehlermann*-G.*Schmidt*, Art. 192 Rz. 23.

von Geldforderungen *zugunsten der Gemeinschaft* zu begrenzen. „Privatrechtliche Streitigkeiten“[335] (unter Dritten) wie im Fall *Nold ./. Ruhrkohle AG* könnten dann den nationalen Gerichten überlassen werden. Eine solche Differenzierung findet aber im Wortlauf der Vorschrift keine Stütze. Gegen sie spricht auch, daß Art. 256 Abs. 4 EG-V unter Umständen nicht nur eine institutionelle Absicherung von Geldforderungen der Gemeinschaft beabsichtigt, sondern die Respektierung und Durchsetzung von Entscheidungen ihrer Organe in den Mitgliedsstaaten sichern soll. Richtiger erscheint daher die Auffassung, deutsche Gerichte seien für Vollstreckungsabwehrklagen gegen die in Art. 256 EWG-Vertrag genannten Titel ganz generell unzuständig.[336]

Eine ähnliche institutionelle Absicherung wie Art. 256 EWG-Vertrag enthält § 4 des Gesetzes über die Vollstreckung von Entscheidungen internationaler Gerichte auf dem Gebiet des Seerechts (SeeGVG).[337] Nach dieser Bestimmung können Einwendungen, die den durch den Seegerichtshof festgestellten Anspruch betreffen, vor inländischen Gerichten nicht geltend gemacht werden. Ausweislich der Materialien soll mit dieser Bestimmung die Klage nach § 767 ausgeschlossen werden.[338] Allerdings wird in den Materialien nicht ganz sauber argumentiert, wenn unterstellt wird, Einwendungen gegen den titulierten Anspruch beträfen (stets) „die Überprüfung [von] … Fragen des materiellen Seerechts“ und müßten auch deshalb dem Seegerichtshof vorbehalten bleiben. Der Verweis von Vollstreckungsgegeneinwänden an den Seegerichtshof ist nämlich umfassend und betrifft nicht nur solche Einwände, die Fragen des materiellen Seerechts berühren. Dies ist auch gerechtfertigt, denn eine Differenzierung nach Art und Grundlage der geltend gemachten Einwendungen wäre, wie oben erläutert, praktisch kaum durchzuführen, würde dem Schuldner letztlich nicht dienen und den Zweck der Vorschrift, die institutionelle Absicherung von Entscheidungen dieses zwischenstaatlichen Gerichts, verfehlen.

j) Zusammenfassung zur Zuständigkeit im Bereich sonstiger Staatsverträge

Zusammenfassend ist festzustellen, daß Art. 256 Abs. 4 EG-V (ex-Art. 192) und § 4 SeeGVG Sonderfälle betreffen, in denen die Zuständigkeit für Vollstreckungsabwehrklagen ausdrücklich dem Urheber der zu vollstreckenden Entscheidung zugewiesen wird. Die Unzuständigkeit deutscher Gerichte in diesen Fällen beruht auf einer ausdrücklich vorgesehenen institutionellen Absicherung der Erstentscheidung. Hierin liegt eine interessante Parallele zu den Motiven, welche

---

335 *Grabitz/Hilf*, Art. 192 Rz. 17.

336 Entsprechend ist auch die in den englischen Rules of the Supreme Court (Order 71 Rule 22) getroffene Regelung zur Ausführung von Art. 256 EG-V (ex-192 EWG-V) problematisch, die dem High Court erlaubt, auf Antrag des Schuldners die Vollstreckbarerklärung aufzuheben, wenn dieser Erfüllung einwendet.

337 vom 06.06.1995, BGBl. 786; *Baumbach* ZPO-Albers, Schlußanhang V A 4.

338 Bericht zu dem Gesetzentwurf der Bundesregierung, BT Drs. 13/696 (zu § 4).

die Gesetzgeber der CPO zur Zuständigkeitsregelung des § 686 CPO bewogen (heute § 767 Abs. 1 ZPO). Den zahlreichen von der Bundesrepublik geschlossenen Verträgen über die Anerkennung und Vollstreckung ausländischer gerichtlicher Entscheidungen läßt sich dagegen ein ähnlicher Wille zur institutionellen Absicherung der Erstentscheidung nicht entnehmen. Im Bereich dieser Verträge bleibt es daher bei den Vorgaben des autonomen Rechts zur internationalen Zuständigkeit deutscher Gerichte für Vollstreckungsabwehrklagen gegen ausländische Urteile.

Kapitel 10

Titel, Anspruch und Exequaturverfahren

Ausländische Titel werden in Deutschland für vollstreckbar erklärt, wenn sie die in §§ 722, 723 i.V.m. 328 oder in den einschlägigen Staatsverträgen aufgestellten Voraussetzungen erfüllen. Zu ihnen gehört, daß der Titel wirksam, nach deutschen Vorstellungen zur Vollstreckung geeignet[1] und im Ursprungsstaat vollstreckbar ist. Das Bestreiten dieser Voraussetzungen durch den Schuldner muß scharf von Vollstreckungsgegeneinwänden unterschieden werden, weil es nicht den titulierten Anspruch betrifft, sondern den Titel als solchen.[2] Eine Aufhebung oder Beschränkung der Vollstreckbarkeit im Erststaat ist also zu berücksichtigen (I.). Fraglich ist, ob daneben auch Vollstreckungsgegeneinwände im Exequaturverfahren zu prüfen sind (II.–IV.) und welche Rechtskraft- und Präklusionswirkung die Gewährung oder Versagung des Exequatur in bezug auf diese Einwände entfaltet (V.). Diese Fragen sind zunächst für ausländische Urteile zu erörtern, für Prozeßvergleiche und vollstreckbare Urkunden gelten einige Besonderheiten (VI.). Abschließend ist die Frage zu klären, ob und wie solche Einwände sogar schon *vor Beginn* des Exequaturverfahrens geltend gemacht werden können (VII.).

I. Aufhebung oder Beschränkung der Vollstreckbarkeit im Erststaat: Berücksichtigung im Exequaturverfahren

Wurde der Titel oder seine Vollstreckbarkeit im fremden Erststaat aufgehoben oder beschränkt – z.B. aufgrund von Vollstreckungsgegeneinwänden –, so ist dies grundsätzlich im Exequaturverfahren zu berücksichtigen. Die Umsetzung dieses Prinzips kann bei gewissen Beschränkungen der Vollstreckbarkeit schwierig sein;

---

[1] Die Eignung als Vollstreckungstitel ist zweifelhaft, wenn das Urteil nicht so bestimmt ist, wie es nach deutschen Vorstellungen für die Tätigkeit der Vollstreckungsorgane notwendig ist. Nötigenfalls soll der Exequaturrichter befugt sein, den Tenor anhand der Gründe oder allgemein zugänglicher Quellen (z.B. zu gesetzlichen Zinssätzen) zu konkretisieren, vgl. *Schack*, IZVR Rz. 938 ff.

[2] Eine gewisse Verwirrung mag zunächst stiften, daß im inländischen Rechtsverkehr manche Einwände *gegen den Titel* durch Klage *analog § 767* vorgebracht werden können, etwa wenn ein Urteil nicht erkennen läßt, über welchen Anspruch das Gericht entschieden hat: BGH NJW 94, 460. Es handelt sich aber nicht um Vollstreckungsgegeneinwände.

dabei ist es sinnvoll, sich zunächst dem stärker geregelten staatsvertraglichen Bereich zuzuwenden (1.) und dann das autonome Recht zu untersuchen (2.).

1. Berücksichtigung im Bereich des GVÜ und anderer Staatsverträge

Wurde die Vollstreckbarkeit der Entscheidung im Erststaat aufgehoben, so fehlt es an einer Exequaturvoraussetzung.[3] Die Vollstreckbarkeit der Entscheidung ist dabei jedenfalls für Zwecke des Art. 31 Abs. 1 GVÜ rein formell zu verstehen. Solange sie nicht aufgehoben wurde, steht dem Exequatur z.B. nicht entgegen, wenn aufgrund einer konkursrechtlichen Zweitentscheidung (Nichteröffnung des Verfahrens mangels Masse) die Durchsetzbarkeit des titulierten Anspruchs im Erststaat entfallen ist.[4] Dies entspricht praktisch der im deutschen Recht ohnehin geläufigen, in anderen Rechten aber nicht selbstverständlichen Unterscheidung zwischen Vollstreckungsanspruch (Vollstreckbarkeit des Titels) und vollstreckbarem Anspruch.

Eine Aufhebung oder Abänderung der Entscheidung oder ihrer Vollstreckbarkeit im Erststaat ist bis zum rechtskräftigen Abschluß des Exequaturverfahrens nach Artt. 31 ff. GVÜ jederzeit zu berücksichtigen, dies gilt auch noch im Rechtsbeschwerdeverfahren.[5] Die Parteien können das Exequaturverfahren in diesem Fall übereinstimmend oder einseitig für erledigt erklären, die allgemeinen Grundsätze der §§ 91, 91a sind anwendbar.[6] Das erledigende Ereignis ist dabei die Aufhebung der Vollstreckbarkeit oder Abänderung der Entscheidung im Erststaat.[7]

Die Berücksichtigung von Vollstreckungs*beschränkungen* regeln die von Deutschland geschlossenen Anerkennungs- und Vollstreckungsverträge und die dazu erlassenen Ausführungsgesetze nur im Kontext *vorläufig vollstreckbarer* ausländischer Entscheidungen. Typische Beschränkungen der vorläufigen Vollstreckbarkeit sind, daß die Vollstreckung von einer Sicherheitsleistung des Gläubigers abhängt, durch eine Sicherheitsleistung des Schuldners abgewendet werden kann oder generell auf sichernde Maßnahmen beschränkt ist.

Viele Staatsverträge enthalten eine Regelung für den Fall, daß die Vollstreckbarkeit im Erststaat von einer *Sicherheitsleistung des Gläubigers* abhängt.[8] Sie

[3] Vgl. statt aller Art. 31 Abs. 1 GVÜ.

[4] EuGH 29.04.1999 (267/97) *Coursier ./. Fortis Bank*, Slg. noch nicht veröffentlicht.

[5] BGH NJW 80, 2022.

[6] OLG Düsseldorf, RIW 97, 330 (331); a.M. OLG Hamburg, NJW 87, 2165, wo aber übersehen wird, daß weder das GVÜ noch das AVAG die Frage der Kostentragung abschließend regeln und daß in dem Verfahren nach Artt. 31 ff. GVÜ sehr wohl eine „Hauptsache" vorliegt, die sich nachträglich erledigen kann. Ebenso *Hau*, IPRax 98, 255 (256).

[7] *Hau*, IPRax 98, 255 (256).

[8] § 6 AVAG; § 3 AusfG Haager Übereinkommen zur Vollstreckung von Kindesunterhalt 1958; § 4 AusfG Deutsch-Belgisches Abkommen; § 3 AusfG Deutsch-Griechisches Abkom-

sehen jeweils vor, daß der Gläubiger vor Erteilung des Exequatur nachweisen muß, daß er die erforderliche Sicherheit im Erststaat geleistet hat.[9]

Eine andere Konzeption schlägt *Wolff*[10] im Anschluß an eine Entscheidung des OLG Celle vor[11]. Ausgehend von der Überlegung, daß die Sicherheit ihre Funktion nur dann erfüllen könne, wenn der Schuldner auf sie auch in dem Staat zugreifen kann, in dem er der Vollstreckung ausgesetzt ist, hält *Wolff* eine Sicherheitsleistung im *Vollstreckungsstaat* für erforderlich, wenn das Urteil im Erststaat nur gegen Sicherheitsleistung vollstreckbar ist. Um dem Gläubiger nicht ohne Not eine doppelte Sicherheitsleistung zuzumuten, will er dafür auf den Nachweis einer Sicherheitsleistung im Erststaat verzichten. Diese Idee ist de lege ferenda durchaus attraktiv, de lege lata aber mit den Ausführungsgesetzen nicht vereinbar. Auch ist *Wolffs* Prämisse, ein Zugriff auf die im Erststaat geleistete Sicherheit sei dem Schuldner regelmäßig nicht zuzumuten, eine Generalisierung, die angesichts der Vielfalt der auftretenden Konstellationen nicht einleuchtet. Der Sicherungswert hängt im Einzelfall ab von der Art der Sicherheit, eventuellen Devisenbestimmungen und dem Ort, an dem der Vollstreckungsschuldner das Geld am Ende benötigt (Erststaat, Vollstreckungsstaat oder Drittstaat).

Für die nachträgliche Anordnung im Erststaat, die Vollstreckung sei nur gegen Sicherheitsleistung *fortzusetzen*, gelten dieselben Erwägungen wie bei einer von Anfang an erforderlichen Sicherheit. Eine Vollstreckbarerklärung ist nur zulässig, wenn der Gläubiger die entsprechende Sicherheit im Erststaat geleistet hat.

Ist dem Schuldner im Erststaat eine *Abwendungsbefugnis* eingeräumt worden, so kann er sich, wenn er die erforderliche Sicherheit im Erststaat geleistet hat, im Exequaturverfahren auf den Wegfall der Vollstreckbarkeit im Erststaat berufen. Im *Bereich des AVAG* hat er außerdem stets – unabhängig davon, ob er sich auf Vollstreckungsgegeneinwände beruft – bis zum Abschluß des Exequaturverfahrens die Möglichkeit, die Zwangsvollstreckung eines auf Geldzahlung gerichteten Titels durch *Sicherheitsleistung in Deutschland* abzuwenden (Art. 39 Abs. 1 GVÜ i.V.m. §§ 20, 22 AVAG).

Ist die Vollstreckung im Erststaat durch richterliche Anordnung (insbesondere wegen eines schwebenden Verfahrens über Vollstreckungsgegeneinwände) *auf Sicherungsmaßnahmen beschränkt,* so bereitet dies bis zum Abschluß des Exequaturverfahrens keine besonderen Schwierigkeiten, da bis dahin die Zwangsvollstreckung auch in Deutschland ohnehin – falls sie überhaupt zulässig ist – auf Sicherungsmaßnahmen beschränkt ist (Art. 39 Abs. 1 GVÜ, § 20 AVAG). Schwieriger ist die Frage, wie die Beschränkung der Vollstreckbarkeit im Erst-

men; § 3 AusfG Deutsch-Britisches Abkommen; Art. 3 AusfVO Deutsch-Italienisches Abkommen; Art. 3 AusfVO Deutsch-Schweizerisches Abkommen; § 4 AusfG Deutsch-Niederländisches Abkommen; § 4 AusfG Deutsch-Österreichisches Abkommen; § 6 AusfG Deutsch-Tunesisches Abkommen.

[9] So der eindeutige Wortlaut der Ausführungsbestimmungen und die Intention des Gesetzgebers (vgl. *Wolff*, Hdb. IZVR III/2 Kap. IV Rz. 34 m.w.N.). Ebenso *Geimer/Schütze*, EuZVR Art. 38 Rz. 13; *Kropholler*, EuZPR, Art. 38 Rz. 7; *Stadler*, IPrax 95, 220 (223).

[10] Hdb. IZVR III/2 Kap. IV Rz. 34 und 316ff.

[11] IPRspr. 1977 Nr. 146b.

staat zu berücksichtigen ist, wenn im übrigen alle Voraussetzungen für die Erteilung des Exequatur gegeben sind. Es wäre nicht gerechtfertigt, das Exequaturverfahren hinauszuzögern, nur um die Beschränkung des Art. 39 GVÜ weiter wirken zu lassen. Andererseits wäre es ungereimt, wenn das Urteil in Deutschland uneingeschränkt vollstreckbar wäre, obwohl der Erststaat die Vollstreckung auf Sicherungsmaßnahmen begrenzt hat. Hier ist eine *Anpassung* der im Exequatur zu verleihenden deutschen Vollstreckbarkeit an den Umfang der erststaatlichen Vollstreckbarkeit geboten.[12] Dies kann geschehen, indem man die Vorschriften der §§ 45, 46 AVAG analog anwendet. Diese regeln den parallelen Fall des Exequatur vorläufig vollstreckbarer norwegischer Entscheidungen, die in Norwegen ebenfalls bis zum Eintritt der formellen Rechtskraft nur zur Sicherungsvollstreckung berechtigen.[13]

2. Berücksichtigung nach autonomem Recht

Im Exequatur nach §§ 722f. stellt sich normalerweise nicht die Aufgabe, im Erststaat verfügte Beschränkungen der Vollstreckbarkeit zu berücksichtigen. Denn das Exequatur nach autonomem Recht ist rechtskräftigen Entscheidungen vorbehalten, die – anders als nur vorläufig vollstreckbare – im Erststaat regelmäßig unbeschränkt vollstreckbar sind. Auch im Zusammenhang mit Vollstreckungsgegeneinwänden stellt sich die Frage nicht, wenn man mit der Rechtsprechung (dazu näher sogleich, II.) diese Einwände schon als solche im Exequaturverfahren prüft oder das Exequatur zugunsten einer Vollstreckungsabwehrklage im Erststaat aussetzt. Denn dann ist die Zwangsvollstreckung in Deutschland ohnehin blockiert, bis über den Einwand entschieden ist. Lehnt man dies jedoch als Rechtsschutzverweigerung gegenüber dem Gläubiger ab (näher sogleich, II.), so stellt sich die Frage, ob das Exequatur uneingeschränkt zu erteilen ist oder ob und wie eine eventuell im Erststaat vorläufig angeordnete Vollstreckungsbeschränkung (vgl. § 769) zu berücksichtigen ist.

Ist dem Schuldner im Erststaat eine *Abwendungsbefugnis* eingeräumt worden und hat er von dieser Gebrauch gemacht, so ist die Entscheidung im Erststaat nicht mehr vollstreckbar, und es fehlt an einer Voraussetzung für ein Exequatur in Deutschland. Die Klage nach § 722 ist dann mangels Vollstreckbarkeit der Entscheidung im Erststaat unbegründet.[14]

Darf die Vollstreckung im Erststaat nur *gegen Sicherheitsleistung fortgesetzt* werden, so ist wiederum entscheidend, ob der Gläubiger die erforderliche Sicherheit *im Erststaat geleistet* hat. Hat er sie dort nicht geleistet, so fehlt es wiederum

---

[12] Ebenso für den Fall, daß die vorläufige Vollstreckbarkeit im Erststaat auf Sicherungsmaßnahmen begrenzt ist: *Wolff*, Hdb. IZVR Bd. III/2 Kap. IV Rz. 32.

[13] Vgl. *Wolff*, Hdb. IZVR Bd. III/2 Kap. IV Rz. 32.

[14] St/J-*Münzberg*, § 723 Rz. 8.

an der nötigen Vollstreckbarkeit im Erststaat. Hat er sie geleistet, so ist das Exequatur in Deutschland zu erteilen, ohne daß zusätzlich eine erneute Sicherheitsleistung im Inland verlangt werden darf.

Ist im Erststaat die Zwangsvollstreckung *auf Sicherungsmaßnahmen beschränkt* worden, so ist die in Deutschland nach §§ 722f. zu verleihende Vollstreckbarkeit wiederum *anzupassen*.[15] Fällt die Beschränkung im Erststaat später weg, so kann der Gläubiger, falls der Schuldner nicht ohnehin erfüllt oder jedenfalls der Verwertung der Vollstreckungsobjekte zustimmt, nach § 722 auf Zulassung der unbeschränkten Zwangsvollstreckung klagen.

II. Direkte Geltendmachung des Einwands im Exequatur nach autonomem Recht

Während eine im Erststaat verfügte Aufhebung oder Beschränkung der Vollstreckbarkeit *des Titels* zweifellos im Exequatur zu berücksichtigen ist und nur die soeben erörterten Einzelheiten etwas Aufmerksamkeit erfordern, stellt sich bei einem Einwand *gegen den titulierten Anspruch* die grundsätzliche Frage, ob dieser im Exequaturverfahren zu berücksichtigen ist. Diese Frage soll nun aus systematischen Gründen und zum Verständnis der historischen Entwicklung in Deutschland zunächst für das Verfahren nach §§ 722 f untersucht werden, auch wenn dessen praktische Bedeutung im Vergleich zum Konventionsrecht, insbesondere zum GVÜ, relativ gering ist.[16]

1. Die herrschende Meinung: Berücksichtigung von Vollstreckungsgegeneinwänden

Seit über 100 Jahren entspricht es der herrschenden Meinung in Rechtsprechung[17] und Literatur[18] zum autonomen Recht, daß der Titelschuldner im Ver-

---

[15] *Wolff*, Hdb. IZVR Bd. III/2 Kap. IV Rz. 32.

[16] *Gottwald*, ZZP 103 (1990), 256 (287f.), der *de lege ferenda* sogar für eine Abschaffung des autonomen Exequaturverfahrens (§§ 722 f) plädiert.

[17] Grundlegend das Urteil des Reichsgerichts vom 5.2.1885, RGZ 13, 347 = JW 1885, 123. Im Anschluß daran RG 24.05.1886, Gruchot 30, 1164; RGZ 114, 171 (173) (als *obiter dictum* in einer im übrigen wohl fehlerhaft begründeten Entscheidung). Der Bundesgerichtshof hat sich dieser Rechtsprechung angeschlossen, teils ohne eigene Begründung (BGHZ 59, 116 (124); BGH NJW 93, 1270 (1271): „allgemein anerkannter Grundsatz"; NJW 94, 1413 (1416)), teils mit eigenen Begründungen, die im folgenden im einzelnen dargelegt werden (BGHZ 34, 274 (278) zu Schiedssprüchen; BGH NJW 87, 1146 (1147); NJW 90, 1419 (1420)).

[18] *Carl L. von Bar*, § 450, S. 494 (anders aber § 460, S. 521); *Riezler*, S. 569f.; *Fischer*, ZZP 43 (1913) 87; *Reichel*, AcP 133 (1933) 19 (30ff.); aus neuerer Zeit *Schütze*, DIZPR S. 167f.; *Wolff*, Hdb. IZVR Bd. III/2, Kap. IV Rz. 88ff.; *Schröder*, Internationale Zuständigkeit, S. 611;

fahren der Vollstreckbarerklärung eines ausländischen Urteils mit materiellrechtlichen Einwendungen gegen den titulierten Anspruch gehört wird.

Die grundlegende Entscheidung für die Zulässigkeit von Vollstreckungsgegeneinwänden im Verfahren nach §§ 722, 723 fällte das *Reichsgericht* bereits 1885.[19] Es begründete sie mit der Erwägung, die im Gesetz genannten Versagungsgründe für eine Vollstreckbarerklärung bildeten keinen abschließenden Katalog. Das Verfahren der Vollstreckbarerklärung eines ausländischen Urteils sei mit der Erteilung der Vollstreckungsklausel für ein inländisches nur begrenzt vergleichbar. Während im Klauselerteilungsverfahren (jetzt § 732) nachträgliche Einwendungen gegen den titulierten Anspruch ausgeschlossen seien,[20] müsse bei einem ausländischen Urteil, da es sich bei der Vollstreckbarerklärung um ein kontradiktorisches Klageverfahren (die römischrechtliche *actio judicati*[21]) handele, über die *jetzige* Zulässigkeit der Vollstreckung, also auch alle materiellrechtlichen Einwendungen, entschieden werden. Diesen Schluß und die verfehlte Gleichsetzung der Klage nach § 722 mit der *actio judicati* kritisierten bereits kurz nach Erlaß der reichsgerichtlichen Entscheidung *von Bar*[22] und *Rintelen*[23] jeweils mit ausführlicher Begründung.

In einer späteren Entscheidung begründete das Reichsgericht die Erweiterung der zulässigen Einwendungen über die im Gesetz genannten hinaus auch damit, daß völkerrechtliche Bindungen insoweit nicht bestünden.[24] Auch heute ziehen manche aus § 723 Abs. 1 den Umkehrschluß, im Exequaturverfahren sei alles zu prüfen, außer der Gesetzmäßigkeit der ausländischen Entscheidung.[25]

Den Argumenten des Reichsgerichts fügte schon früh *Fischer*[26] weitere hinzu. Es sei nur konsequent, materielle Einwände zuzulassen, da es sich bei der Vollstreckungsklage um das genaue positive Gegenstück zur Vollstreckungsabwehrklage handele. Wenn aber nachträgliche Einwendungen gegen das ausländische Urteil, wie allgemein anerkannt, mit der Vollstreckungsabwehrklage geltend gemacht werden könnten, so lasse dies den Schluß „*a maiore ad minus*" zu, daß auch im Verfahren der Vollstreckbarerklärung solche Einwendungen zulässig

---

Geimer, IZPR Rz. 3115, 3145ff.; *Schack*, IZVR Rz. 945; *Baur/Stürner* Rz. 57.3 sowie die einschlägigen Kommentare: St/J-*Münzberg*, § 723 Rz. 3; MünchKomm ZPO-*Gottwald*, § 722 Rz. 34; *Zöller-Geimer*, § 722 Rz. 59; *Baumbach* ZPO- *Hart*mann, § 723 Rz. 2. Für eine Beibehaltung dieser Handhabung auch de lege ferenda *Gottwald*, ZZP 103 (1990), 257 (291).

19 RGZ 13, 347 = JW 1885, 123.

20 So auch die heute ganz herrschende Meinung, vgl. BGHZ 118, 229 (233f.); OLG München, NJW-RR 92, 125 (126); OLG Oldenburg, FamRZ 90, 899; OLG Düsseldorf, Rpfl 77, 67; St/J-*Münzberg*, § 732 Rz. 6 (Fn. 27); a.A. LG Duisburg, KTS 64, 187 (mit unzutreffender Berufung auf § 768 letzter Hs.). Allerdings hatte sich diese Erkenntnis zur Zeit des Reichsgerichts noch nicht klar durchgesetzt, vgl. RGZ 50, 372 (374f.).

21 RGZ 13, 347 (348).

22 *Carl L. von Bar*, § 450 Fn. 50 (S. 494) und § 460 (S. 519f.).

23 ZZP 9 (1886) 191 (194f.).

24 RG Gruchot 30, 1164 (1167).

25 St/J-*Münzberg*, § 723 Rz. 3.

26 ZZP 43 (1913) 87.

sein müßten.[27] Für die Prüfung der materiellen Einwände spreche auch, daß durch das Exequatur die Vollstreckbarkeit nicht bloß festgestellt, sondern erst originär verliehen werde.[28]

Neben diesen systematisch-formalen Erwägungen finden sich in der Literatur und in Entscheidungen des Bundesgerichtshofs auch wertungs- und interessenbezogene Argumentationen. Sie führen vor allem Schuldnerschutz und Prozeßökonomie ins Feld.

Die Zulassung von Vollstreckungsgegeneinwänden erhöht den *Schuldnerschutz*.[29] Schon *Fischer* meinte, die materielle Gerechtigkeit verbiete es, mit Zwangsgewalt durchzusetzen, worauf der Gläubiger materiell keinen Anspruch mehr habe. Deshalb dürfe ein ausländisches Urteil, gegen das materielle Einwendungen durchgriffen, nicht mehr für vollstreckbar erklärt werden.[30] Dieses Argument wird plastisch mit dem Beispiel eines liquiden Einwands illustriert, etwa der Erfüllung durch Zahlung – häufig sogar mit dem Zusatz, der Schuldner könne diese durch Urkunden nachweisen. Gelegentlich wird hinzugefügt, die Berücksichtigung von Vollstreckungsgegeneinwänden sei auch geboten, um „Waffengleichheit" zwischen Gläubiger und Schuldner herzustellen.[31]

Neben dem Schuldnerschutz spricht die *Prozeßökonomie* für eine Zulassung von Vollstreckungsgegeneinwänden.[32] Man kann damit die Einwände gleich im Verfahren nach § 723 mit erledigen; eine separate Vollstreckungsabwehrklage wäre umständlich, zuständig wäre letztlich wieder das Exequaturgericht.[33] Der – fragwürdige[34] – Schluß von der Zuständigkeit für Vollstreckungsabwehrklagen auf die Zulässigkeit von materiellen Einwendungen im Exequaturverfahren dürfte auch damit zusammenhängen, daß das Reichsgericht seine Position zu diesen beiden seinerzeit durchaus umstrittenen Fragen ungefähr gleichzeitig entwickelte.[35]

---

[27] *Fischer*, ZZP 43 (1913) 87 (92 f.).

[28] *Fischer*, ZZP 43 (1913) 87 (90 f.).

[29] So die Begründung in BGH NJW 90, 1419 (1420); ebenso schon *Carl L von Bar*, § 450 (S. 494) – allerdings anders in § 460 (S. 520 f.).

[30] *Fischer*, ZZP 43 (1913) 87 (91, 93); ebenso BGHZ 34, 274 (278) zu Schiedssprüchen; *Reichel*, AcP 133 (1933) 19 (23); *Wolff*, Hdb. IZVR Bd. III/2, Kap. IV Rz. 87. Beschränkung des Arguments auf liquide Einwände: *Carl L. von Bar*, § 450 (S. 494).

[31] *Wolff*, Hdb. IZVR Bd. III/2, Kap. IV Rz. 92; St/J-*Münzberg*, § 723 Rz. 7.

[32] BGH NJW 87, 1146 (1147); NJW 90, 1419 (1420); *Wolff*, Hdb. IZVR Bd. III/2, Kap. IV Rz. 90; St/J-*Münzberg*, § 723 Rz. 3; *Schütze*, Diss. S. 70; ebenso schon *Riezler*, S. 570, *Kallmann* S. 350.

[33] RGZ 13, 347 (349); RG Gruchot 30, 1164 (1166 f.); *Fischer*, ZZP 43 (1913) 87 (93 ff.).

[34] Eingehende Kritik schon bei *Rintelen*, ZZP 9 (1886), 191 (196 ff., 202).

[35] Vgl. etwa RG Gruchot 48, 829 (831 f.), wo RGZ 13, 349 und RG Gruchot 30, 1164 zitiert werden.

2. Bedenken gegen die Berücksichtigung von Vollstreckungsgegeneinwänden im Exequaturverfahren

Gegen die von der herrschenden Meinung vertretene Berücksichtigung von Vollstreckungsgegeneinwänden sprechen drei Überlegungen:

Sie widerspricht der Konzeption des Exequaturverfahrens, seinem Streitgegenstand und systematischem Ort, sie verletzt das Recht das Gläubigers auf effektiven Rechtsschutz, und sie führt zu einer fragwürdigen Differenzierung zwischen allgemeinen Vollstreckungsgegeneinwänden und Abänderungsgründen nach § 323.

a) Rechtsnatur und Streitgegenstand des Verfahrens nach §§ 722, 723

Das Exequaturverfahren dient nach heutigem Verständnis dazu, ausländische Urteile zur Vollstreckung im Inland zuzulassen, wenn gewisse formelle Voraussetzungen (Zuständigkeit, keine anderweitige Rechtshängigkeit oder Rechtskraft, Verbürgung der Gegenseitigkeit) erfüllt sind, das Verfahren elementare Fairneßstandards eingehalten hat (rechtliches Gehör) und das Urteil inhaltlich nicht grob gegen Grundsätze des deutschen Rechts (*ordre public*), insbesondere Grundrechte, verstößt. Die Prüfung dieser Voraussetzungen erfordert keine Auseinandersetzung mit materiellrechtlichen Fragen des zugrunde liegenden Falles.[36] Diese ist sogar ausdrücklich verboten, soweit sie auf eine sachliche Überprüfung des Ersturteils (*révision au fond*) hinausläuft (§ 723 Abs. 1). Eine Ergänzung oder Konkretisierung der ausländischen Entscheidung bei unbestimmtem Tenor ist nur zulässig, soweit sie aus den Gründen des Urteils, ohne Eintritt in eine eigene materielle Prüfung, möglich ist.[37]

Vor diesem Hintergrund ist zunächst die Behauptung zu untersuchen, eine Prüfung von Vollstreckungsgegeneinwänden im Exequatur sei durch die Natur des Verfahrens nicht ausgeschlossen. Sie ist, anders als manche meinen,[38] keineswegs international konsensfähig. So dürfen in Frankreich,[39] Spanien,[40] Grie-

---

[36] Materiellrechtliche Überlegungen können zwar ausnahmsweise bei der Prüfung des (materiellen) ordre public eine Rolle spielen. Dieser kommt jedoch im Anerkennungsverfahren (anders als der verfahrensrechtliche ordre public) ohnehin nur in abgeschwächter Form zum Tragen (*effet atténué*, vgl. *Kropholler* IPR § 60 III 5 S. 546). Vor allem aber geht es bei dieser Prüfung nicht darum, in materiellrechtliche Fragen des Falles im einzelnen einzutreten (Verbot der *révision au fond*), sondern nur, deutschen Rechtsvorstellungen ganz prinzipiell zuwiderlaufende Rechtsfiguren abzuwehren, (Beispiel: US – amerikanischer Strafschadensersatz [*punitive damages*]) vgl. *Schack*, IZVR Rz. 867.

[37] Nagel-*Gottwald* § 12 Rz. 22; vgl. BGHZ 122, 16. Sehr weit geht OLG Frankfurt, RIW 98, 474.

[38] *Wolff*, Hdb. IZVR Bd. III/2, Kap. IV Rz. 92.

[39] Näher s.o. Teil I, Kap. 2, Frankreich.

[40] *Fischer/Fischer*, S. 358; *Karl*, S. 92 m.w.N.; *Weigand* S. 72 m.w.N. aus der Rspr.

chenland[41] und Polen[42] im Exequaturverfahren nach autonomem Recht Vollstreckungsgegeneinwände nicht geltend gemacht werden. Die französische Rechtsprechung stützt diese Auffassung ausdrücklich auf das Verbot der *révision au fond*,[43] das in der Leitentscheidung *Munzer*[44] erstmals verankert wurde. Allerdings erfährt diese Rechtsprechung in der französischen Literatur auch Kritik.[45] Für die Sicht der *Cour de Cassation* spricht, daß schon der Gesetzgeber der deutschen CPO in der Prüfung von Vollstreckungsgegeneinwänden[46] die Gefahr sah, daß

> „die Gerichte eines deutsches Staates in die Lage kommen würden, über die Rechtmäßigkeit und Aufrechterhaltung der von dem Gericht des anderen deutschen Staates abgegebenen Entscheidung zu erkennen".[47]

Selbst wenn man in der Berücksichtigung von Vollstreckungsgegeneinwänden keine *révision au fond* sieht, weil das Erstgericht über diese ja nicht entschieden hat (entscheiden konnte),[48] so sprengt sie doch den *Streitgegenstand* der Vollstrekkungsklage. Streitgegenstand der Klage nach § 722 ist nach ganz herrschender Auffassung nicht der im Ersturteil titulierte Anspruch,[49] sondern ein Anspruch des Gläubigers auf Verleihung der Vollstreckbarkeit,[50] der als öffentlich-rechtlich bezeichnet wird.[51] Prägnant formuliert *Münzberg:*

> „... die Voraussetzungen des Vollstreckungsurteils beziehen sich auf das ausländische *Urteil*, nicht aber auf den darin titulierten materiellrechtlichen Anspruch."[52]

Diese Unterscheidung, die auch in § 209 Abs. 1 BGB deutlich zum Ausdruck kommt,[53] ist eine wichtige Errungenschaft der kontinentaleuropäischen Zivilprozeßrechte und hat gute Gründe: Sie verdeutlicht die Ratio der Vorschriften (§§ 722f, 328), die nur sehr begrenzte, weitgehend formale Überprüfungsmög-

---

41 *Yessiou-Faltsi* S. 445 m.w.N.

42 *Weyde* S. 176f.

43 Civ. 1re, 05.01.1966, Bull. civ. I N° 13; Civ 1re, 27.01.1971, RCDIP 1972, 100, *Zekri*.

44 Civ. 1re, 07.01.1964, J.C.P. 1964 II. 13590.

45 *Batiffol/Lagarde* II Tz. 732; *Mayer*, DIP Tz. 421ff.; Audit, DIP Tz. 476; *Alexandre*, Tz. 404ff.; *Holleaux/Foyer/De La Pradelle*, DIP Tz. 1029, 1031; *Muir Watt*, J.-Cl. proc. civ. 1990 Fasc. 124–9, Tz. 131 ;näher s.o. Teil I, Kap. 2, Frankreich.

46 Die Erwägung bezog sich allerdings nicht auf Fragen des Exequatur, sondern auf die Zuständigkeit für Vollstreckungsabwehrklagen, die dem Erstgericht zugewiesen wurde.

47 RG Gruchot 48, 829 (833), zitiert nach *Hahn*, Materialien, Bd. II 1 S. 437.

48 So die Begründung der h.M. in Deutschland, vgl. nur *Schütze*, DIZPR S. 170.

49 BGHZ 72, 23 (29); 118, 312 (316); *Zöller-Geimer*, § 722 Rz. 6, 16; *Rosenberg/Gaul/Schilken*, § 12 II 4 (S. 142); *Schütze*, DIZPR S. 167f.; ebenso schon *Fischer*, ZZP 43 (1913) 87 (88).

50 MünchKomm ZPO-*Gottwald*, § 722 Rz. 17. Ähnlich *Schack* IZVR Rz. 91: „Der Streitgegenstand der heutigen Vollstreckungsklage ist ... nicht mehr der schuldrechtliche Anspruch, sondern unmittelbar die Vollstreckbarkeit des ausländischen Titels".

51 *Zöller-Geimer*, § 722 Rz. 7, 16; ebenso schon *Fischer*, ZZP 43 (1913) 87 (89).

52 St/J-*Münzberg*, § 722 Rz. 3, Hervorhebung im Original.

53 BGHZ 72, 23 (28f.).

lichkeiten vorsehen. Sie spiegelt auch die Rechtsposition wieder, die der rechtskräftige, vollstreckbare Titel dem Gläubiger verleiht. Zudem zeigt sie ausländischen Staaten, von denen wir Gegenseitigkeit erwarten (§ 328 I Nr. 5), daß deutsche Gerichte bereit sind, ihre Urteile *als solche* zu vollstrecken, ohne Prüfung des zugrunde liegenden Anspruchs. Schließlich entspricht sie auch der Parallele von Exequaturverfahren und Klauselerteilung für einen inländischen Titel.

Sie schließt die Prüfung materieller, auf den titulierten Anspruch bezogener Einwendungen eindeutig aus.[54] Dennoch läßt die herrschende Meinung solche Einwendungen zu und erhebt damit das Fortbestehen des titulierten materiellen Anspruchs zu einer weiteren, ungeschriebenen Vollstreckbarkeitsvoraussetzung.[55] Damit entgrenzt sie den Streitgegenstand des Exequaturverfahrens. Manche Begründungen für die Zulassung von Vollstreckungsgegeneinwänden lassen dies deutlich hervortreten. So meint *Wolff*:

> „Die Waffengleichheit der Parteien erfordert es, daß sich der Schuldner dort *gegen einen Anspruch zur Wehr setzen* kann, wo er gerichtlich gegen ihn geltend gemacht wird."[56]

Bezeichnend auch die Begründung von *Reichel*:

> „Eine sachliche Betrachtung kann nicht verkennen, daß die Vollstreckungsklage nicht eine selbständige actio judicati, sondern nur die aus besonderen Gründen erforderliche *Fortsetzung der ausländischen Prozeßführung* darstellt, daß sonach letzten Endes auch mit ihr *der der auswärtigen Klage zugrunde liegende Privatrechtsanspruch geltend gemacht wird,* und zwar in der Form, in der allein er bei gegebener Sach- und Rechtslage noch geltend gemacht werden muß und kann."[57]

Unterschwellig ist wohl auch der Rechtsprechung bewußt, daß mit der Zulassung von Vollstreckungsgegeneinwänden der zugrunde liegende materielle Anspruch selbst Verhandlungsgegenstand wird. So ist es nur konsequent, daß die Vollstreckbarerklärung von Urteilen, denen familienrechtliche Ansprüche zugrunde liegen, den Familiengerichten zugewiesen wird.[58] In diesem Zusammenhang kommt es auch in obergerichtlichen Urteilen zu Formulierungen wie:

> „[Bei der Vollstreckbarerklärung] handelt [es] sich nicht lediglich um ein rein formales Verfahren, bei dem die Frage der gesetzlichen Unterhaltsverpflichtung ohne jede Bedeutung wäre."[59]

---

[54] Ebenso schon *Rintelen*, ZZP 9 (1886), 191 (194f.); *Bettermann*, Rechtshängigkeit und Rechtsschutzform, S. 55f.

[55] So ganz explizit *Geimer*, IZPR, Rz. 3115.

[56] *Wolff*, Hdb. IZVR Bd. III/2, Kap. IV Rz. 92. Hervorhebung durch Verf.

[57] *Reichel*, AcP 133 (1933) 19 (30). Hervorhebung durch Verf.

[58] BGH NJW 80, 2025; vorher schon LG Hamburg, IPRspr 1978, Nr. 166; OLG Bamberg, IPRspr 1979, Nr. 205; OLG Rostock IPRax 2000, 214 (215). Zustimmend die Literatur, vgl. etwa *Baumann*, Unterhaltssachen, S. 158, der allerdings erkennt, daß diese Sonderzuweisung „dem Streitgegenstand des Exequaturverfahrens widerspricht". Krit. aber *Mankowski*, IPRax 2000, 188 (191f.).

[59] OLG Düsseldorf, DAVorm 80, 762 (768).

Rechtsprechung und herrschende Meinung erweitern damit den Prüfungs- und wohl auch den Streitgegenstand des Exequatur. Sie prüfen, ob der titulierte Anspruch weiter besteht, ob er materiell weiterhin dem Gläubiger zusteht[60] und sich weiter gegen den Titelschuldner richtet. Gleichzeitig erklären sie jedoch selbst an anderer Stelle die Gründe für durchschlagend, die ein Abstellen auf den materiellen Anspruch in dem Verfahren verbieten.[61] Allerdings läßt sich argumentieren, die herrschende Meinung prüfe zwar den titulierten Anspruch, mache ihn aber – wie auch in ihrer Konzeption der Vollstreckungsabwehrklage[62] – nicht zum Streitgegenstand.[63] Damit wird das Problem aber nur scheinbar gemildert. In der Sache bleibt es bei der Prüfung des titulierten Anspruchs als Vorbedingung des Exequatur. Zusätzlich handelt man sich den Nachteil ein, dem Ergebnis der Prüfung die materielle Rechtskraft zu versagen – eine Verschwendung von Justizressourcen, die hier ebensowenig angebracht ist, wie im Fall des § 767.[64]

Die Zulassung von Vollstreckungsgegeneinwänden läßt sich auch nicht mit dem Hinweis rechtfertigen, im Exequaturverfahren werde dem ausländischen Urteil die Vollstreckbarkeit erst originär verliehen, es gehe nicht um eine bloße Anerkennung. Denn damit ist nichts über die Voraussetzungen gesagt, unter denen die Vollstreckbarkeit zu verleihen ist. Außerdem drückt die herrschende „Verleihungstheorie"[65] ein extremes, heute überholt erscheinendes Hoheitsdenken aus. Viel naheliegender ist, im Exequatur eine formalisierte Anerkennung der Vollstreckungswirkung des ausländischen Urteils zu sehen.[66] Die Formalisierung (selbständiges Klageverfahren) stammt historisch aus der überwundenen *actio judicati*, ihre fortdauernde Berechtigung ergibt sich in Deutschland aus der institutionellen Trennung von Erkenntnis- und Vollstreckungskompetenzen und nicht aus Besonderheiten der anzuerkennenden Wirkung. Der Umfang der Vollstreckbarkeit als Urteilswirkung ergibt sich, wenn man auch hier zutreffend Wirkungserstreckung annimmt, aus dem Recht des Erststaates. Dies ist bedeutsam in Fällen eingeschränkter Vollstreckbarkeit.[67] Vom Umfang der anerkannten

[60] Vgl. BGHZ 118, 312 (316).

[61] So z.B. St/J-*Münzberg* § 723 Rz. 3; ebenso bei *Geimer* im *Zöller* zu § 722: In Rz. 59 werden §§ 722, 723 als eine die Klage nach § 767 verdrängende Spezialregelung (!) bezeichnet, in Rz. 6, 16 wird vertreten, der titulierte Anspruch sei nicht Gegenstand des Verfahrens.

[62] Zum Streitgegenstand der Vollstreckungsabwehrklage ausführlich oben, Kap. 9, Zuständigkeit, Abschn. IV 1.

[63] So ausdrücklich *Schütze*, DIZPR S. 167f. Auch *Münzberg* (St/J § 723 Rz. 3) meint, die „Vorwegnahme des § 767 aus prozeßwirtschaftlichen Gründen" lasse den materiellen Anspruch „nicht zum unmittelbaren Streitgegenstand werden".

[64] Näher zur Rechtskraft- und Präklusionswirkung der Exequaturentscheidung unten am Ende dieses Kapitels.

[65] *Geimer*, IZPR Rz. 3100; *Schack*, IZVR Rz. 941; *Martiny*, Hdb. IZVR III/1 Rz. 1580ff.

[66] Ähnlich *Chr. v. Bar*, IPR § 5 Rz. 385; *Rintelen*, ZZP 9 (1886), 191 (195, 204); so allgemein zur Rezeption von Wirkungen auch *Schröder*, Internationale Zuständigkeit, S. 608. Ausländische Rechtsordnungen unterscheiden denn auch nicht immer scharf zwischen Anerkennung und Vollstreckbarerklärung, vgl. oben Kap. 2, Frankreich und *Weigand*, S. 64 (Spanien).

[67] Z.B. Vollstreckung nur gegen Sicherheitsleistung, nur Sicherungsvollstreckung, Ab-

Vollstreckbarkeit zu unterscheiden ist die Durchführung der Vollstreckung (Vollstreckungsakte), die stets nach den Regeln des Vollstreckungsstaates erfolgt.

b) Vergleich mit der Klauselklage nach § 731

Für eine Zulassung von Vollstreckungsgegeneinwänden im Exequatur könnte allerdings eine Parallele zum inländischen Verfahren nach § 731 sprechen. Vermag der Gläubiger die für eine *konstitutive* Klauselerteilung erforderlichen Tatsachen (z.B. Rechtsnachfolge, Leistung einer erforderlichen Sicherheit, Angebot der eigenen Leistung bei Verurteilung Zug-um-Zug) nicht durch öffentliche Urkunden nachzuweisen, so muß er Klage nach § 731 erheben. In diesem Klageverfahren, dessen prozessuales Ziel mit dem der Vollstreckungsklage identisch ist[68], sind nach herrschender Meinung auch Vollstreckungsgegeneinwände zu prüfen, wenn der Schuldner sie vorbringt.[69]

Gegen eine Übertragung dieser Praxis auf das Exequatur ist jedoch zweierlei einzuwenden. Zum einen ist die Zulassung materieller Einwendungen im Verfahren nach § 731 gesetzeswidrig. Zum anderen kann, selbst wenn man für § 731 der herrschenden Meinung folgte, aus der Handhabung von Vollstreckungsgegeneinwänden in diesem Verfahren nichts für das nach § 722 hergeleitet werden, da sich beide Klagen in einem maßgeblichen Punkt unterscheiden.

Das Reichsgericht begründete in seiner Leitentscheidung aus dem Jahre 1894 die Zulassung von Vollstreckungsgegeneinwänden im Verfahren der Klauselklage (heute § 731) mit Erwägungen, die den oben zum Exequaturverfahren geschilderten gleichen. Das Gericht stellte wieder die materiellrechtliche Erwägung an, die Erteilung einer vollstreckbaren Urteilsausfertigung sei ohne Zweifel auch dann ungerechtfertigt, wenn die durch das Urteil festgestellte Schuld nachträglich durch Zahlung oder in anderer Weise getilgt oder aufgehoben worden sei.[70] Es laufe auf einen unsinnigen Formalismus hinaus, den Einwand, die Schuld sei getilgt, in einen weiteren, vom Schuldner durch Vollstreckungsgegenklage anzustrengenden Prozeß zu verweisen.[71] Diesen Überlegungen sind *Bettermann*[72]

---

wendungsbefugnis des Schuldners, Vollstreckung nur in bestimmte Vermögensmassen (z.B. Nachlaß, vgl. *Baur/Stürner* Rz. 20.4), nur Zug-um-Zug etc.

68 Beide Klageverfahren zielen auf ein prozessuales Gestaltungsurteil, das dem Titel die begehrte Vollstreckbarkeit verleiht. Beide Verfahren haben nach ihrer systematischen Stellung an sich einen begrenzten Streitgegenstand – die Prüfung spezifischer Voraussetzungen für die Vollstreckbarkeit. Die Parallele untersuchte auch die ältere Literatur schon: *Rintelen,* ZZP 9 (1886), 191 (205 ff.); *Fischer*, ZZP 43 (1913) 87 (90).

69 RGZ 34, 347 (348 ff.); BGH NJW 1987, 2863; ebenso die wohl herrschende Meinung in der Literatur: *Rosenberg/Gaul/Schilken*, § 17 II 2d (S. 298); St/J-*Münzberg*, § 731 Rz. 13 (allerdings mit skeptischen Überlegungen in Fn. 56).

70 RGZ 34, 347 (348 f.).

71 RGZ 34, 347 (349 f.).

72 *Bettermann*, Rechtshängigkeit und Rechtsschutzform (1949), S. 61, einschränkend aber S. 65.

und in neuerer Zeit *Münch*[73] entgegengetreten. *Münch* hat deutlich herausgearbeitet, daß die Klagen nach §§ 731 und 767 Abs. 1 sich ergänzen und dabei unterschiedliche Funktionen erfüllen. Wenn das Gesetz in § 731 ZPO die Klage „aus dem Urteil" erlaubt, so drückt bereits dieser Wortlaut deutlich aus, daß in dem Verfahren eine Prüfung anderer als der dort ausdrücklich bezeichneten materiellen Einwendungen nicht zulässig sein kann. Diese Beschränkung findet ihr Spiegelbild in der speziell auf den Streitgegenstand des § 731 ZPO bezogenen Klauselgegenklage des § 768 ZPO. Beide Verfahren betreffen allein die „*Komplettierung der Titelvorgaben* in sachlicher (§ 726 ZPO) oder persönlicher (§§ 727f. ZPO) Hinsicht."[74] Die Systematik des Gesetzes, die Ausdruck einer fein abgestimmten prozessualen Verteilung von Risiken und Klagelasten ist, als unnötigen „Formalismus" abzutun,[75] ist für *Münch* Ausdruck einer „überholten, zivilistischen Sicht der Zwangsvollstreckung".[76] Die herrschende Meinung tut sich auch schwer, aus der Zulassung von Vollstreckungsgegeneinwänden in dem Verfahren nach § 731 die wohl unausweichliche Konsequenz zu ziehen, nicht in diesem Verfahren vorgebrachte Vollstreckungsgegeneinwände seien anschließend präkludiert.[77] Wirft man mit der herrschenden Meinung den grundlegenden Unterschied zwischen formellen, im Klauselerteilungsverfahren zu berücksichtigenden *Vollstreckungs*bedingungen und materiellen, nach § 767 geltend zu machenden *Rechts*bedingungen leichtfertig über Bord,[78] so beraubt man die besondere Klage nach § 731 weitgehend ihrer Nützlichkeit für den Gläubiger und nimmt ihr damit ihre prozessuale Existenzberechtigung. Es ist nur konsequent, wenn der Bundesgerichtshof annimmt, die Möglichkeit einer Klage nach § 731 lasse das Rechtsschutzbedürfnis für eine reguläre neue Leistungsklage nicht entfallen.[79] Zusammenfassend ist festzustellen, daß die Zulassung von Vollstreckungsgegeneinwänden den Streitgegenstand des § 731 ebenso sprengt wie den des § 722, unvereinbar mit dem modernen prozessualen Verständnis der Zwangsvollstreckung ist und das im Gesetz vorgesehene Gleichgewicht von Schuldner- und Gläubigerschutz mißachtet.

Selbst wenn man mit der herrschenden Meinung Vollstreckungsgegeneinwände im Verfahren nach § 731 zuläßt, folgt daraus keineswegs, daß dies auch im Exequaturverfahren angebracht ist. Der prozessuale Kontext beider Klagen unterscheidet sich nämlich maßgeblich. Die Klage nach § 731 ist immer nur dann notwendig, wenn die Voraussetzungen der konstitutiven Klauselerteilung nach §§ 726ff. nicht durch öffentliche oder öffentlich beglaubigte Urkunden

[73] *Münch*, Vollstreckbare Urkunde, S. 237ff.

[74] *Münch*, Vollstreckbare Urkunde, S. 238; Hervorhebg. d. Verf.

[75] So RGZ 34, 347 (349).

[76] *Münch*, Vollstreckbare Urkunde, S. 238, Fn. 253.

[77] *Münch*, Vollstreckbare Urkunde, S. 238 m. zahlr. Nachw. (Fn. 251); dieselbe Kritik findet sich schon bei *Bettermann*, Rechtshängigkeit und Rechtsschutzform, S. 60f.

[78] So die zusammenfassende Feststellung von *Münch*, Vollstreckbare Urkunde, S. 239.

[79] BGH NJW 87, 2863 („Auch der Prüfungsumfang ist in beiden Prozessen der gleiche.")

nachgewiesen werden können. Zu dem Verfahren nach § 731 kommt es also nur, wenn ohnehin über bestimmte materiellrechtliche Fragen[80] im einzelnen Beweis erhoben werden muß. Eines Exequaturverfahrens nach § 722 bedarf es dagegen *immer*, wenn der Gläubiger die Vollstreckungsklausel für sein ausländisches Urteil erhalten will.[81] Die Erfüllung der hierfür vom Gesetz aufgestellten formellen Voraussetzungen (§§ 722, 723, 328) wird sich zumeist durch öffentliche oder öffentlich beglaubigte Urkunden nachweisen lassen. In all diesen Fällen bedarf es zunächst weder einer Prüfung materiellrechtlicher Fragen noch der Klärung streitiger Tatsachen durch das Gericht. Es ist deshalb durchaus gerechtfertigt, in diesem Verfahren selbst dann keine Vollstreckungsgegeneinwände zuzulassen, wenn man sie mit der herrschenden Meinung im Verfahren nach § 731 für zulässig hält.

Umgekehrt gelten jedoch gewichtige Einwände, die von *Bettermann*[82] und *Münch*[83] gegen die Zulässigkeit von Vollstreckungsgegeneinwänden im Verfahren nach § 731 vorgebracht werden, auch für die Situation des Exequaturverfahrens. So stört auch im Exequaturverfahren die Zulassung solcher Einwände das Gleichgewicht des prozessualen Schutzes von Gläubiger- und Schuldnerinteressen. Die de-facto-Erweiterung des Streitgegenstandes der Vollstreckungsklage nimmt dem Schuldner die Klage- und Initiativlast, die ihm Wortlaut und Systematik des Gesetzes an sich zumuten[84] und bürdet dem Titelgläubiger ein erhebliches zusätzliches Prozeßrisiko auf.[85]

c) Ungerechtfertigter Suspensiveffekt

Das schwerwiegendste Argument gegen die Zulassung von Vollstreckungsgegeneinwand im Exequaturverfahren ist der systemwidrige Suspensiveffekt. Nach der Systematik des Gesetzes haben Vollstreckungsgegeneinwände gegen ein rechtskräftiges oder vorläufig vollstreckbares Urteil (§ 704) keinerlei Einfluß auf den Fortgang der Zwangsvollstreckung. Der Titel verbrieft für die Zwangsvollstreckung den prozessualen Anspruch, der Schuldner genießt keinen „prä-

[80] Allerdings sind diese materiellrechtlichen Fragen nur deshalb zu prüfen, weil sie das Gesetz (§§ 726 ff.) ausdrücklich zur Voraussetzung der Klauselerteilung macht.

[81] Sofern, wie in diesem Abschnitt vorausgesetzt, keine staatsvertraglichen Regelungen eingreifen.

[82] Rechtshängigkeit und Rechtsschutzform, S. 59 ff.

[83] Vollstreckbare Urkunde, S. 237 ff.

[84] Dies hat bereits *Riezler*, § 58 Nr. 11c (S. 569) deutlich erkannt.

[85] Je mehr unterschiedliche Einwendungen der Schuldner in demselben Prozeß zu seiner Verteidigung vorbringen kann, desto höher wird für ihn die Wahrscheinlichkeit, in diesem Prozeß zu obsiegen. Der Schuldner hat daher stets ein ökonomisches Interesse daran, ungehindert von „formalistischen“ prozessualen Schranken alle nur denkbaren Einwendungen in einem Prozeß vorbringen zu dürfen. Zur ökonomischen Analyse dieses Phänomens im einzelnen vgl. *Landes*, 22 J. of Legal Studies 99 (1993), 111, 113 ff.

ventiven“, nur „repressiven“ Rechtsschutz.[86] Er kann nur mit einem besonderen Antrag (§ 769) unter Umständen erreichen, daß das Prozeßgericht (in besonderen Eilfällen auch das Vollstreckungsgericht) bereits für die Zeit bis zur Entscheidung über die Vollstreckungsabwehrklage eine Beschränkung der Zwangsvollstreckung anordnet. Im Spektrum der nach § 769 möglichen Anordnungen ist die Einstellung ohne Sicherheitsleistung ein äußerstes Mittel, das nur dann verfügt werden darf, wenn die anderen Möglichkeiten zum Schutz des Schuldners – etwa eine Sicherheitsleistung des Gläubigers oder eine Einstellung gegen Sicherheitsleistung des Schuldners – nicht ausreichen.[87] Rechtskräftige ausländische Urteile, welche die Anerkennungsvoraussetzungen des § 328 erfüllen, *sind* nach der eindeutigen gesetzlichen Anordnung der §§ 722, 723 *für vollstreckbar zu erklären.*[88] Der Gläubiger hat einen *Anspruch auf Vollstreckbarerklärung, der letztlich Ausdruck seines Grundrechts auf effektiven Rechtsschutz ist.*[89] Dieser Anspruch ist die logische Folge der – automatischen – Anerkennung der ausländischen Entscheidung, die einen Leistungsbefehl ausspricht. Nur wenn ein vom Schuldner vorgetragener Einwand *unstreitig oder rechtskräftig festgestellt* ist, fehlt dem Gläubiger insofern das *Rechtsschutzbedürfnis* für die Vollstreckbarerklärung.[90] In einem solchen Fall kann er allenfalls an einer Feststellung der Anerkennung ein berechtigtes Interesse haben. Im Normalfall *streitiger* Vollstreckungsgegeneinwände ist dagegen nicht einzusehen, weshalb – ohne positive Grundlage im Gesetz – der Gläubiger hinnehmen soll, daß die Vollstreckbarerklärung seines ausländischen Titels und damit jegliche Zwangsvollstreckung aus diesem so lange gehemmt ist, bis über sämtliche vom Schuldner vorgebrachten Vollstreckungsgegeneinwände entschieden ist. Ein so durchgreifender und an keinerlei Auflagen (Sicherheitsleistung!) geknüpfter Aufschub der Vollstreckung allein für ausländische Titel findet im Gesetz keine Stütze. Er entwertet diese Titel, was sich in der Praxis schon heute darin zeigt, daß eine erneute Leistungsklage oft sinnvoller ist, als eine Klage auf Vollstreckbarerklärung.[91] Prozeßökonomische Zweckmäßigkeitserwägungen sind schwerlich geeignet, diesen erheblichen Eingriff in subjektive Rechtspositionen zu rechtfertigen. Wer gar meint, die Zulassung der Einwände im Exequatur sei ein Gebot der „Waffengleichheit“,[92] stellt

---

[86] *Münch*, Vollstreckbare Urkunde S. 168, 174.

[87] St/J-*Münzberg*, § 769 Rz. 11.

[88] Ebenso schon *Rintelen*, ZZP 9 (1886), 191 (207 f.).

[89] Vgl. *Geimer*, IZPR Rz. 1991 (Justizgewährungsanspruch).

[90] Vgl. die französische Rechtsprechung zum Exequatur (Civ. 1re, 19.11.1996, RCDIP 1997, 94; C.A. Paris, 23.11.1993, RCDIP 1995, 88; C.A. Paris, 18.10.1962, RCDIP 1964, 126; T.G.I. de la Seine, 09.07.1962, Clunet 1963, 466) und der Vorschlag *Wolfsteiners* (MünchKomm ZPO § 724 Rz. 40) zum Parallelproblem bei § 724.

[91] *Gottwald*, ZZP 103 (1990), 257 (287).

[92] *Wolff*, Hdb. IZVR III/2, Kap. IV Rz. 92; St/J-*Münzberg*, § 723 Rz. 7.

die Situation auf den Kopf – schließlich darf ja auch der Gläubiger im Verfahren nach § 722 keine Ansprüche außerhalb des Titels geltend machen.[93]

Die oben im einzelnen dargestellten Argumentationen für eine Zulassung von Vollstreckungsgegeneinwänden im Exequaturverfahren bilden zur Illustration ihrer materiellen Gerechtigkeitserwägungen gern das Beispiel, der Schuldner verfüge über einen einfachen und hoch liquiden Einwand, etwa eine vorherige Zahlung an den Gläubiger.[94] Sie verschweigen dagegen den mindestens ebenso wahrscheinlichen Fall, daß sich der Schuldner auf einen komplexen, rechtlich und tatsächlich zweifelhaften Einwand beruft, dessen Klärung umfangreiche Beweisaufnahmen (gegebenenfalls im Ausland oder über ausländisches Recht) erfordert. Ein solcher Vollstreckungsschuldner muß übrigens keineswegs rechtsmißbräuchlich oder in dilatorischer Absicht handeln. Es mag durchaus sein, daß sich sein Einwand am Ende als begründet herausstellt. Das Gegenteil kann allerdings ebensogut eintreten – ohne daß der Schuldner deshalb von Anfang an bösgläubig und in Verzögerungsabsicht gehandelt haben muß.

Erkennt man die erhebliche Einschränkung der Rechte des Gläubigers, die in der Zulassung von Vollstreckungsgegeneinwänden im Exequaturverfahren liegt, so ergibt sich eine deutliche *Argumentationslast* für die Zulassung dieser Einwände *praeter legem*. Diese Argumentationslast verkennt das Reichsgericht, wenn es vom bloßen Vorliegen der internationalen Zuständigkeit des Vollstreckungsgerichts für eine spätere Vollstreckungsabwehrklage auf die Zulässigkeit der Einwände schon im Exequaturverfahren schließt. Damit wird eine *notwendige* Bedingung für die vom Reichsgericht beabsichtigte „Vereinfachung", ohne weitere Begründung zu einer *hinreichenden* erhoben. Dies genügt der geschilderten Argumentationslast ebensowenig wie *Fischers*[95] Fehlschluß *„a maiore ad minus"*: die Möglichkeit der Vollstreckungsabwehrklage gegen ein bereits erlassenes Exequaturuteil sei „gegenüber den Einwendungen gegen die Vollstreckungsklage das *majus* und der Schluß *ad minus* [sei], daß der Rechtsbehelf des Schuldners sich als Einrede gestalten muß."[96] Bedenkt man den Rechtsschutzanspruch des Gläubigers, so verhält es sich gerade umgekehrt: Die Zulassung von Vollstreckungsgegeneinwänden bereits im Exequaturverfahren ist gegenüber der bloßen Zulässigkeit einer Vollstreckungsabwehrklage das *„majus"*.

[93] Allg. Meing., vgl. MünchKomm ZPO-*Gottwald* § 722 Rz. 26. Selbst bei zwischenzeitlich aufgelaufenen Zinsen findet eine Beschränkung auf die „titulierten Berechnungsmöglichkeiten" statt: St/J-*Münzberg* § 722 Rz. 23 (Fn. 90f.); *Münch*, RIW 89, 18 (Einzelheiten str.). Die französische Lehre sieht diesen Zusammenhang sehr klar und behandelt die Unzulässigkeit von Vollstreckungsgegeneinwänden, Zusatz- und Widerklagen in einem Atemzug, s.o. Kap. 2, Frankreich.

[94] So ausdrücklich BGHZ 34, 274 (278, zu Schiedssprüchen); *Fischer*, ZZP 43 (1913) 87 (93); *Reichel*, AcP 133 (1933) 19 (23); *Wolff*, Hdb. IZVR Bd. III/2, Kap. IV Rz. 87.

[95] ZZP 43 (1913) 87 (93).

[96] *Fischer*, ZZP 43 (1913) 87 (93).

Gegen diese Erwägungen läßt sich auch nicht einwenden, der Gläubiger könne ja bereits vor der Vollstreckbarerklärung einen Arrest (§§ 916ff.) oder eine einstweilige Verfügung (§§ 935ff.) beantragen. Damit würde die Klage- und Initiativlast wiederum dem Gläubiger auferlegt, der bereits einen rechtskräftigen, in Deutschland anzuerkennenden Titel in der Hand hält. Der Arrest ist nur zulässig, wenn Arrestanspruch (§ 916) und Arrestgrund (§§ 917f.) bestehen. Der Gläubiger wird sich hierzu im Arrestverfahren kaum auf die Vollstreckbarkeit des Ersturteils berufen können, da ein Exequaturuteil ja gerade noch nicht ergangen ist und es das Hauptsachegericht ja auch zunächst abgelehnt hat, ein solches zu erlassen.[97] Der Verweis auf Behelfe des einstweiligen Rechtsschutzes gäbe dem Gläubiger also Steine statt Brot und würde ihn behandeln, als habe er nicht einen im Inland anzuerkennenden Titel erstritten, sondern versuche einen bisher gänzlich ungeklärten materiellen Anspruch vorläufig zu sichern. Damit würde der Titel entwertet.

Sofern man eine Vollstreckbarerklärung ausländischer Prozeßvergleiche[98] oder vollstreckbarer Urkunden[99] nach autonomem Recht (analog § 722) für zulässig hält,[100] verliert diese Möglichkeit mit der Zulassung von Vollstreckungsgegeneinwänden im Exequaturverfahren sogar jeglichen Sinn. Mit den Einwänden würde der Schuldner die Vollstreckung aus der ausländischen Urkunde solange unterbinden, bis über den zugrunde liegenden materiellrechtlichen Anspruch rechtskräftig entschieden wäre. Angesichts der mangelnden Rechtskraft des Titels wäre er dabei nicht auf nachträgliche Einwendungen beschränkt, das Streitprogramm wäre also mit dem eines vom Gläubiger angestrengten Leistungsprozesses identisch, und auch hinsichtlich der Beweislast und würde die Umkehrung der Parteirollen dem Gläubiger keine Erleichterung bringen.[101] Eine Leistungsklage hätte dagegen zahlreiche Vorteile für den Gläubiger, so etwa die Möglichkeit, im Urkundsprozeß zu klagen oder im Mahnverfahren vorzugehen und durch Anerkenntnis, Säumnis oder bei Nichtbestreiten des Beklagten rasch, einfach und billiger zu einem Urteil zu gelangen.[102] Außerdem könnte sich der Gläubiger im Leistungsprozeß hilfsweise auch auf andere Ansprüche als den der Urkunde zugrunde liegenden stützen.[103] Bei im Inland errichteten vollstreckbaren

---

[97] Vgl. zur parallelen Problematik im Bereich des GVÜ *Fahl*, S. 100f. gegen *Stürner*, IPrax 85, 254 (256).

[98] *Riezler*, S. 530.

[99] *Geimer*, DNotZ 75, 461 (464f.) unter Berufung auf *Carl L. von Bar*, S. 542 (Nr. 471); *Schütze*, DNotZ 92, 66 (81f.).

[100] A.A. die h.M.: LG Hamburg, IPRspr 82 Nr. 180; *Rosenberg/Gaul/Schilken* § 12 II 2; *Schack*, IZVR Rz. 816.

[101] *Rosenberg/Gaul/Schilken* § 40 VII (S. 636); *Baur/Stürner*, Rz. 45.17; *Wolfsteiner*, NJW 82, 2851; *Münch*, NJW 1991, 795 (801ff.); gegen BGH NJW 81, 2756; angesichts der massiven Kritik der Literatur nun wieder offenlassend BGHZ 114, 57 (71).

[102] Vgl. *Gottwald*, ZZP 103 (1990), 257 (287).

[103] Bei der vollstreckbaren Urkunde ist die Auswechselung der Forderung dagegen unzulässig, vgl. BGH NJW 80, 1050 (1051); ausführl. *Münch*, Vollstreckbare Urkunde, S. 375ff.

Urkunden wird denn auch bei Erteilung der Vollstreckungsklausel der Schuldner nicht etwa mit Einwendungen gegen den titulierten Anspruch gehört;[104] dasselbe gilt nach zutreffender Ansicht für den vollstreckbaren Anwaltsvergleich, der sonst als Instrument wenig Sinn hat.[105]

Zusätzliche Brisanz gewinnt der Suspensiveffekt – auch bei ausländischen Urteilen – dadurch, daß die herrschende Meinung gleichzeitig – wie sich zeigen wird zu Recht[106] – für den praktisch durchaus naheliegenden Fall, daß derselbe Einwand gleichzeitig Gegenstand eines Verfahrens im Erststaat ist, empfiehlt, das Exequaturverfahren nach § 148 auszusetzen, bis die Frage im Erststaat entschieden ist.[107] Während also die im Erststaat erhobene Vollstreckungsabwehrklage die Vollstreckbarkeit dort nicht beeinträchtigt (ebenso liegt es, wenn Deutschland Erststaat ist!), steht sie bis zu ihrer rechtskräftigen Entscheidung jeglicher Vollstreckung in Deutschland entgegen. Eine gesetzliche Grundlage hierfür ist nicht ersichtlich.

d) Vergleich mit der Behandlung von Einwänden nach § 323

§ 323 bestimmt, daß Schuldner (und Gläubiger) die Abänderung einer Verurteilung zu wiederkehrenden Leistungen verlangen können, wenn eine wesentliche Änderung der für die Verurteilung maßgeblichen Verhältnisse eintritt. Die Klage ist, wie sich auch historisch belegen läßt, nur ein Spezialfall der Geltendmachung von Vollstreckungsgegeneinwänden.[108] § 323 erschwert jedoch im Vergleich zu Vollstreckungsabwehrklage die Geltendmachung der dort bezeichneten Einwände: Nicht jede Änderung der materiellen Rechtslage genügt, sie muß vielmehr „wesentlich" sein (§ 323 Abs. 1), und die Abänderung kann nur für die Zeit nach Klageerhebung erfolgen (§ 323 Abs. 3). Diese Einschränkungen sollen die Beständigkeit von zukunftsbezogenen Urteilen erhöhen. So einfach und naheliegend dieses Ziel erscheinen mag, so schwierig und komplex hat sich seine Umsetzung erwiesen. Die Abgrenzungsschwierigkeiten zwischen den Klagen nach § 323 und § 767 haben eine inzwischen fast unübersehbare Literatur[109] und umfang-

---

[104] St/J-*Münzberg*, § 794 Rz. 95; *Zöller*-Stöber, § 797 Rz. 5; grundsätzlich ebenso, aber mit Einschränkungen bei „absolut liquiden" Einwänden: MünchKomm ZPO-*Wolfsteiner*, § 797 Rz. 17, § 724 Rz. 38.

[105] *Veeser*, Der vollstreckbare Anwaltsvergleich, S. 252f., 313f.

[106] S.u. Kap. 11, Parallelverfahren.

[107] *Wolff*, Hdb. IZVR Bd. III/2, Kap. IV Rz. 100, 105. *Wolff* selbst sieht zwar, daß diese Verzögerung des Exequaturverfahrens „zu Mißbrauch seitens des Schuldners einladen kann" (a.a.O., Rz. 100), hält dies aber wohl für hinnehmbar.

[108] *Schlosser* FamRZ 73, 424 (426f.) m.w.N. zur rechtshistorischen Entwicklung; *Meister*, FamRZ 80, 864 (865f.).

[109] Überblick bei St/J-*Leipold* § 323 Rz. 41 (Fn. 175ff.); MünchKomm ZPO-Karsten *Schmidt* § 767 Rz. 4; *Baur/Stürner* Rz. 45.32. Eingehend *Braun*, Grundfragen der Abänderungsklage S. 26ff., 41f.; *Jakoby*, Das Verhältnis der Abänderungsklage gemäß § 323 ZPO zur Vollstreckungsgegenklage gemäß § 767 ZPO.

reiche, in sich widersprüchliche Rechtsprechung hervorgebracht.[110] Diese Abgrenzungsschwierigkeiten legen es nahe, die Klagen nur dort unterschiedlich zu behandeln, wo es das Gesetz und seine Ratio erfordern.[111]

Dieser Gedanke mag auch den Bundesgerichtshof bewogen haben, 1986 in einem *obiter dictum* auszuführen, da im Exequaturverfahren auch Einwendungen im Sinne des § 767 zu berücksichtigen seien, könne „aus den nämlichen Gründen ... gegebenenfalls auch eine wesentliche Änderung der Verhältnisse im Sinne des § 323 I ZPO ... bereits in dem Vollstreckbarerklärungsverfahren berücksichtigt werden."[112] Diesen Erwägungen schloß sich das OLG Düsseldorf in den tragenden Gründen einer Entscheidung aus dem Jahr 1988 an.[113] Ebenso hatte schon vorher der Gesetzgeber des § 10 Abs. 2 AUG[114] entschieden und im Exequaturverfahren Anträge auf Abänderung nach Maßgabe des § 323 ausdrücklich zugelassen.

Der Bundesgerichtshof vollzog jedoch 1990 eine Kehrtwendung und erklärte die Geltendmachung von Abänderungsgründen im Exequaturverfahren für unzulässig.[115] Zur Begründung führte er an, der titulierte materielle Anspruch sei nicht Gegenstand des Exequaturverfahrens. Damit scheide „rechtssystematisch die Möglichkeit aus, in diesem Verfahren Einwendungen zu erheben ..., die ... in gewissem Umfang auch auf eine Überprüfung des titulierten Anspruchs *unter Durchbrechung der Rechtskraft* zielen".[116] Mit dieser Begründung schloß das Gericht nicht nur die Prüfung von Abänderungsgründen aus, die qualifizierte Einschränkung („unter Durchbrechung der Rechtskraft") sollte zugleich die abweichende Zulassung von Vollstreckungsgegeneinwänden rechtfertigen. Damit begab sich das Gericht aber auf schwankenden und wohl nicht tragfähigen Grund, wie bereits *Gottwald* in seiner Anmerkung[117] zu der Entscheidung und der ihr folgenden Entscheidung des Kammergerichts[118] deutlich gezeigt hat. Denn die Prüfung der geltend gemachten Änderungsgründe ist, falls sie überhaupt einen

---

[110] Vgl. BGHZ 70, 151 (156); 100, 211; BGH NJW-RR 87, 1168. Die Entscheidungen BGHZ 99, 143 (146) und BGH NJW 85, 64 (66) sprechen diese Abgrenzungsschwierigkeiten ausdrücklich an.

[111] Ebenso z.B. OLG Hamm, FamRZ 93, 581 (Anwendung von § 767 Abs. 3 auch auf Klagen nach § 323); *Meister*, FamRZ 80, 864. Diese Schwierigkeiten sieht auch *Wolff*, Hdb. IZVR Bd. III/2, Kap. IV Rz. 460 ff., dennoch will er beide Klassen von Einwänden im Exequatur unterschiedlich behandeln.

[112] BGH NJW 1987, 1146 (1147).

[113] FamRZ 89, 97 (98).

[114] Gesetz zur Geltendmachung von Unterhaltsansprüchen im Verkehr mit ausländischen Staaten, vom 19.12.1986 (BGBl. I, S. 2563).

[115] BGH NJW 90, 1419 (1420). Ebenso vorher schon *Baumann*, Anerkennung und Vollstreckung in Unterhaltssachen, S. 151 und *Wolff*; Hdb. IZVR Bd. III/2 Kap. IV Rz. 458 ff.

[116] BGH NJW 90, 1419 (1420), Hervorhebg. d. Verf.

[117] FamRZ 90, 1377.

[118] NJW 91, 644 = FamRZ 90, 1376. Ebenso OLG Schleswig, FamRZ 94, 53; OLG Rostock IPRax 2000, 214 (215).

Eingriff in die Rechtskraft des Ersturteils bedeutet[119], nach dem die Abänderbarkeit regierenden Recht[120] entweder generell zulässig oder als *révision au fond* stets unzulässig. In welchem *Verfahren* (Exequatur oder separate Klage) die Änderung geltend gemacht werden kann, hat keinen Einfluß darauf, ob sie einen (zulässigen oder unzulässigen) Eingriff in die Rechtskraft bedeutet.[121] Selbst wenn die Berücksichtigung von Abänderungsgründen einen Eingriff in die Rechtskraft bedeutete, wäre dies kein brauchbares Differenzierungskriterium. Auch Vollstreckungsgegeneinwände greifen in die Rechtskraft ein, wenn sie den titulierten Anspruch nachträglich *ex tunc* entfallen lassen,[122] wie z.B. der Wegfall eines dem Anspruch zugrunde liegenden Schutzrechts[123]. Sollte der Differenzierung die unausgesprochene Vorstellung zugrunde liegen, Abänderungsbegehren erforderten generell oder regelmäßig eine komplexere Prüfung als Vollstreckungsgegeneinwände, so wäre auch diese unzutreffend, wie ein Vergleich der oben[124] geschilderten typischen Beispielsfälle für Vollstreckungsgegeneinwände mit dem häufigen Fall einer Unterhaltsanpassung an veränderte Lebenshaltungskosten zeigt.

Die Entscheidung des Bundesgerichtshofs, Abänderungsgründe im Exequaturverfahren nicht zuzulassen, hat neben Zustimmung[125] auch viel Kritik erfahren.[126] Diese Kritik ist insofern berechtigt, als die vom Bundesgerichtshof vorgenommene Differenzierung zwischen Abänderungsgründen und Vollstreckungsgegeneinwänden nicht einleuchtet. Sie ist jedoch insofern unberechtigt, als der Bundesgerichtshof durchaus richtig erkannt hat, daß die Zulassung von Abänderungsgründen mit dem Streitgegenstand und der Natur des Exequaturverfahren unvereinbar ist. Die Lösung des Dilemmas liegt also nicht darin, Abänderungs-

---

[119] Dies hängt von dem – bereits für das deutsche Prozeßrecht umstrittenen – Umfang der Rechtskraft zukunftsbezogener Urteile ab. Vieles spricht dafür, daß § 323 nicht einen *Eingriff* in die materielle Rechtskraft erlaubt, sondern eine positivrechtliche *Vorgabe* für dieses dogmatische Konstrukt bildet, nicht anders als § 767 Abs. 2 für den Bereich der Vollstreckungsgegeneinwände – so vor allem die „Bestätigungstheorie" zu § 323 (gute Darstellung der Theorien bei *Otto*, Präklusion S. 118f.), ähnlich *Leipold*, FS Nagel S. 189 (205). Zahlreiche ausländische Rechte sehen keinen Konflikt zwischen nachträglicher Abänderung und Rechtskraft (ebenso für das deutsche Recht mit beachtlichen Argumenten *Gottwald*, FS Schwab S. 151 (161 ff.) und MünchKomm ZPO-*Gottwald* § 323 Rz. 74), manche lassen auch eine Neubewertung der ursprünglichen Grundlagen des Unterhaltsanspruchs im Abänderungsprozeß zu (rechtsvergleichend *Leipold*, FS Nagel S. 189 (205) zum österreichischen; *Gottwald*, FS Schwab 1990 S. 151 (153f.) zum österreichischen, Schweizer und US-amerikanischen Recht; zum englischen Recht *Garner v. Garner* [1992] 1 F.L.R. 573 (582) C.A.; *Cretney/Masson*, 469ff.).

[120] Ausführlich dazu s.o. Kap. 7, Präklusion.

[121] *Gottwald*, FamRZ 90, 1377 (1378).

[122] *Schlosser*, Gestaltungsklagen, S. 106; *Rosenberg/Gaul/Schilken*, § 40 V 2c (S. 632).

[123] vgl. RGZ 48, 384; 155, 321.

[124] Kap. 7, Präklusion.

[125] *Schack*, IZVR Rz. 1019.

[126] Neben *Gottwald*, FamRZ 90, 1377 auch *Geimer*, IZPR Rz. 2654; *Zöller-Geimer*, § 722 Rz. 52; *Böhmer* IPRax 91, 90 (92).

einwände doch wieder – unter Umständen mit gewissen Kautelen[127] – im Exequaturverfahren zuzulassen, sondern darin, konsequent auch Vollstreckungsgegeneinwände auszuschließen.

3. Lösungsvorschlag: Widerklage nach § 767 im Verfahren nach §§ 722, 723

Der Ausschluß von Vollstreckungsgegeneinwänden im Exequatur führt auch praktisch nicht zu unbilligen Nachteilen für den Schuldner. Der Schuldner kann seine Klage nach § 767 bereits als Widerklage gegenüber der Vollstreckungsklage des Gläubigers erheben.[128] Dies ermöglicht zugleich eine prozeßökonomische Behandlung der Einwände in demselben Verfahren, soweit sie im Einzelfall sinnvoll ist.

Allerdings wird eingewandt, gegenüber einer Klage auf Zulassung der Zwangsvollstreckung (§ 722 Abs. 1) verfolge eine Widerklage auf „Unzulässigerklärung der Zwangsvollstreckung" (§§ 767, 775 Nr. 1) kein *über den Klageabweisungsantrag hinausgehendes Ziel.*[129] Diese Ansicht verkennt, daß die Klagen nach § 722 und § 767 unterschiedliche Streitgegenstände haben. Die Vollstreckungsabwehrklage ist, wie oben dargelegt, nicht ein „Spiegelbild" der Vollstreckungsklage, sondern betrifft eine völlig andere Frage, nämlich das Fortbestehen des titulierten Anspruchs. Nach zutreffender, allerdings nicht herrschender Auffassung erwächst die Entscheidung über den Anspruch in Rechtskraft.[130] Im Exequaturverfahren ist der titulierte Anspruch dagegen nicht Streitgegenstand. Die Vollstreckungsabwehrklage ist als Widerklage zulässig, weil der Schuldner mit ihr einen rechtskräftigen Ausspruch erlangen kann, der über die Abweisung der Klage nach § 722 hinausgeht. Sie ist nicht anders zu behandeln als eine im Exequaturprozeß ohne Zweifel zulässige Widerklage mit dem Antrag, das Erlöschen des titulierten Anspruchs festzustellen. Ein Blick auf das Verhältnis von Klauselerteilungsklage (§ 731) und Vollstreckungsabwehrklage bestätigt dies. Nimmt man mit *Münch* an, daß Vollstreckungsgegeneinwände nicht in das Verfahren nach § 731 gehören, so ist dem Schuldner doch erlaubt, diese Einwände

---

[127] So schlägt etwa *Geimer*, IZPR Rz. 2654, vor, eine Verzögerung des Exequaturverfahrens durch die Abänderungseinwände zu verhindern, indem analog § 302 vorab über die Vollstreckbarerklärung entschieden und sodann im „Nachverfahren" der Abänderungsantrag geprüft wird. Für den Fall, daß man die analoge Anwendung des § 302 ablehne, schlägt *Geimer* vor, nach § 145 zu verfahren, d.h. Exequatur- und Abänderungsklage zu trennen.

[128] A.A. ohne nähere Begründung *Rintelen*, ZZP 9 (1886), 191 (210f.).

[129] *Rosenberg/Gaul/Schilken*, § 12 II 5 (S. 143); *Wolff*, Hdb. IZVR Bd. III/2, Kap. IV Rz. 161; *Geimer*, IZPR Rz. 3137; ebenso schon *Fischer*, ZZP 43 (1913) 87 (107f.); *Reichel*, AcP 133 (1933) 19 (23); *Riezler* S. 565.

[130] Eingehend s.o. Kap. 7, Präklusion, Abschn. IV 2.

durch Erhebung einer Vollstreckungsabwehrklage als Widerklage geltend zu machen.[131]

Selbst wenn bei der Vollstreckungsabwehrklage die Feststellung über den titulierten Anspruch nicht in Rechtskraft erwachsen sollte (so die noch h.M.), ist die Widerklage doch aus einem anderen Grunde zulässig, solange man jedenfalls die oben begründete Auffassung teilt, daß Vollstreckungsgegeneinwände im Exequaturverfahren unzulässig sind. Der Schuldner kann einen Antrag auf Abweisung der Klage nach § 722 nicht auf die Einwände stützen, die er mit der Klage nach § 767 geltend macht. Die Lage entspricht strukturell der petitorischen Widerklage gegen eine Besitzschutzklage. Auch dort ist die Widerklage trotz eines exakt spiegelbildlichen *Antrags* zulässig, da sie sich auf *Gründe* stützt, die gegen die Besitzschutzklage nicht vorgebracht werden können.[132]

Ein anderes Argument gegen die Zulässigkeit der Vollstreckungsabwehrklage als Widerklage wäre, daß es an dem von § 33 geforderten *Zusammenhang* mit dem nach § 722 geltend gemachten Anspruch fehle. Nach der wohl herrschenden Zuständigkeitstheorie ist dieser Sachzusammenhang jedoch nur Voraussetzung für die Eröffnung der speziellen, durch § 33 geschaffenen Zuständigkeit, nicht aber eine besondere Prozeßvoraussetzung jeder Widerklage.[133] Die Zuständigkeit des Exequaturgerichts für Vollstreckungsabwehrklagen gegen ausländische Urteile besteht ohnehin analog § 722 Abs. 2, so daß es der Zuständigkeitsbegründung nach § 33 für diese Widerklagen nicht bedarf. Die (kombinierte) Zuständigkeits- und Zulässigkeitstheorie sieht im Erfordernis des Sachzusammenhangs nach § 33 dagegen eine allgemeine Prozeßvoraussetzung,[134] die stets[135] geprüft werden muß. Fordert man daher einen rechtlichen Zusammenhang zwischen Klage und Widerklage, so sollte genügen, daß mit letzterer (unter anderem) die Vollstreckbarkeit beseitigt werden soll, die mit ersterer begehrt wird. Auch eine Identität wesentlicher Tatbestandsmerkmale[136] (Vorliegen eines vollstreckbaren Ersttitels) ist gegeben. Die Konnexität nicht anzunehmen wäre jedenfalls abwegig angesichts der bisherigen Handhabung (völlige Integration der Einwände in das Exequatur) und der allgemein recht weitherzigen Auslegung dieses Merkmals,[137] die auch im Zusammenhang mit Widerklagen nach § 323 im Exequatur bereits fruchtbar gemacht wird.[138]

---

131 *Münch*, Vollstreckbare Urkunde, S. 238.

132 BGHZ 53, 166; 73, 355; ebenso die ganz h.M. in der Literatur: *Zöller-Vollkommer*, § 33 Rz. 29; St/J-*Schumann*, § 33 Rz. 13; MünchKomm ZPO-*Patzina*, § 33 Rz. 26; *Thomas-Putzo*, § 33 Rz. 6, alle m.w.N. auch zur Gegenmeinung.

133 *Zöller-Vollkommer*, § 33 Rz. 1; St/J-*Schumann*, § 33 Rz. 6f. jeweils m.w.N.

134 So *Rosenberg/Gaul/Schilken* § 98 II 2d S. 554.

135 Differenzierend *Rimmelspacher*, FS *Lüke*, S. 655 (662ff.), der die Konnexität nur dann als Zulässigkeitsvoraussetzung ansieht, wenn die Widerklage nach Ablauf einer dem Beklagten gesetzten Klageerwiderungsfrist erhoben wird.

136 Näher zu den verschiedenen Auslegungen des Konnexitätserfordernisses *Rimmelspacher*, FS Lüke, S. 655 (668f.).

137 Vgl. BGHZ 53, 166 (168).

138 vgl. St/J-*Münzberg*, § 723 Rz. 4a. In diesem Sinne wohl auch *Münch*, Vollstreckbare

Ist der Vollstreckungsgegeneinwand des Schuldners liquide (z.B. eine durch Urkunden beweisbare Erfüllung), so kann das Gericht über Klage und Widerklage gleichzeitig entscheiden.[139] Ist die Vollstreckungsklage des Gläubigers dagegen früher entscheidungsreif als die Vollstreckungsabwehrklage des Schuldners, so ist das Exequatur zunächst durch Teilurteil zu gewähren.[140] Der Schuldner kann für diesen Fall bereits bei Erhebung der Vollstreckungsabwehrklage Anordnungen nach § 769 zur Beschränkung der Zwangsvollstreckung beantragen. Bei der Tenorierung ist zu beachten, daß das Exequatur, falls seine Voraussetzungen vorlagen, im Grundsatz erteilt und die Aufhebung der Vollstreckbarkeit des exequierten (Erst-) Urteils anschließend gesondert ausgesprochen werden sollte.[141] Damit wird klar, daß einerseits die Anerkennungsvoraussetzungen vorlagen, andererseits aber der titulierte Anspruch in dem bezeichneten Umfang nicht vollstreckbar ist. An dieser Klarstellung besteht auch ein praktisches Interesse.[142] Dies wird besonders deutlich, wenn die Vollstreckbarkeit nur teilweise oder nur vorübergehend fehlt (etwa wegen einer Stundung). Dennoch werden keine widersprüchlichen Aussagen im Tenor getroffen.[143]

4. Zusammenfassung zum Verfahren nach §§ 722, 723

Als Ergebnis ist festzuhalten: Vollstreckungsgegeneinwände dürfen – entgegen der vom Reichsgericht begründeten herrschenden Meinung – nicht im Exequaturverfahren berücksichtigt werden. Der Gläubiger hat Anspruch auf die Voll-

---

Urkunde, S. 238, wo trotz der unterschiedlichen Streitgegenstände die Klage nach § 767 als Widerklage im Verfahren nach § 731 zugelassen wird, ohne allerdings auf die Frage des Sachzusammenhangs näher einzugehen.

[139] Bei absolut liquiden Einwänden ist auch denkbar, dem Gläubiger bereits das Rechtsschutzinteresse für die Vollstreckungsklage abzusprechen, vgl. die französische Rechtsprechung zum Exequatur (Civ. 1re, 19.11.1996, RCDIP 1997, 94; C.A. Paris, 23.11.1993, RCDIP 1995, 88; C.A. Paris, 18.10.1962, RCDIP 1964, 126; T.G.I. de la Seine, 09.07.1962, Clunet 1963, 466) und der Vorschlag *Wolfsteiners* (MünchKomm ZPO § 724 Rz. 40) zum Parallelproblem bei § 724. Dies kann aber nur für absolute Evidenzfälle gelten. In der Praxis dürfte es daher für den Schuldner sicherer sein, auch bei liquiden Einwänden eine Widerklage nach § 767 zu erheben.

[140] *Rosenberg/Schwab/Gottwald* § 98 II 3 (S. 556); MünchKomm ZPO-*Musielak*, § 301 Rz. 18; *Zöller-Vollkommer* § 33 Rz. 29.

[141] Entsprechend für den Fall einer gleichzeitigen Entscheidung über Exequaturklage und Abänderungsklage St/J-*Münzberg*, § 723 Rz. 4a.

[142] Hierin liegt der Unterschied zur petitorischen Widerklage bei Besitzschutzklage (BGHZ 73, 355 (359).

[143] Es kann etwa formuliert werden: „1. Auf die Klage … wird das Urteil … (Bezeichnung des Ersttitels) für in der Bundesrepublik vollstreckbar erklärt. 2. Die Zwangsvollstreckung aus der Entscheidung zu 1. und dem Urteil … (Bezeichnung des Ersttitels) wird [bis zum … / in Höhe von …] für unzulässig erklärt." Die Formulierung in Ziffer 2., nach der die Zwangsvollstreckung aus dem Exequaturuteil *und* dem Ersttitel für unzulässig erklärt wird, mag dogmatisch etwas fragwürdig sein, soll aber Mißverständnissen vorbeugen.

streckbarerklärung bei Vorliegen der in §§ 722, 723, 328 genannten formellen Voraussetzungen. Nur wenn ein Vollstreckungsgegeneinwand unstreitig oder rechtskräftig festgestellt ist, fehlt ihm das Rechtsschutzbedürfnis für eine Vollstreckbarerklärung. Diese enge Ausnahme bedeutet aber keine generelle Erweiterung des Prüfungsgegenstandes um Vollstreckungsgegeneinwände.

Der Schuldner kann Vollstreckungsgegeneinwände jedoch mit einer separaten Vollstreckungsabwehrklage geltend machen, die er als Widerklage gegenüber der Vollstreckungsklage des Gläubigers erheben kann.[144]

Diese Lösung hat gegenüber der gegenwärtig herrschenden mehrere Vorzüge: Sie ist mit dem Streitgegenstand des Exequaturverfahrens vereinbar, gewährt dem Gläubiger den ihm zustehenden Rechtsschutz und berücksichtigt auch die Interessen des Schuldners angemessen. Sind seine Einwendungen tatsächlich liquide, so wird seiner Vollstreckungsabwehrklage gleichzeitig mit der Vollstreckbarerklärung stattgegeben, so daß im Ergebnis kein Unterschied zur heute herrschenden Meinung besteht. Sind die geltend gemachten Einwände dagegen komplex und zweifelhaft, so wahrt das hier vorgeschlagene Vorgehen die berechtigten Vollstreckungsinteressen des Gläubigers.[145] Ein flexibler Schutz des Schuldners bleibt nach § 769 möglich.[146]

III. Einwand im Exequatur nach Anerkennungs- und Vollstreckungsabkommen mit fakultativ aufgeschobener mündlicher Verhandlung

Die Bundesrepublik hat zahlreiche bilaterale und einige multilaterale Staatsverträge abgeschlossen, welche die Anerkennung und Vollstreckung gerichtlicher Entscheidungen regeln. Der bei weitem wichtigste von ihnen ist das GVÜ. Es ist jedoch sinnvoll, nicht mit ihm zu beginnen, sondern der historischen Entwicklung der Staatsverträge zu folgen. Sie zeigt den langsamen und von der deutschen Ausführungsgesetzgebung nicht immer richtig erfaßten Fortschritt der Regelungen zur Erleichterung des internationalen Titelverkehrs.

Die Ausführungsgesetze zu den meisten *älteren* Staatsverträgen (bis ungefähr Mitte der 60er Jahre) sahen für die Vollstreckbarerklärung das „fakultative Beschlußverfahren" vor.[147] Sie verwiesen dazu auf das in §§ 1042a Abs. 1, 1042b–d a.F. vorgesehene Exequaturverfahren für inländische Schiedssprüche, in dem

---

[144] Zur Frage, ob der Schuldner die Vollstreckungsgegeneinwände schon *vor* Erhebung der Vollstreckungsklage geltend machen kann, s.u. Kap. 10, Exequaturverfahren, Abschn. VIII.

[145] Gegebenenfalls sind beide Verfahren nach § 145 Satz 2 zu trennen, vgl. auch den Vorschlag von *Geimer*, IZPR Rz. 2654 zur Behandlung der Abänderungsklage.

[146] Näher s.o. im Kap. 9, Zuständigkeit.

[147] Ausnahmen aus dieser Zeit bilden nur das Deutsch-Niederländische Abkommen von 1962 und – allerdings beschränkt auf die Vollstreckung von Kostenentscheidungen – die

ohne mündliche Verhandlung durch Beschluß oder nach mündlicher Verhandlung durch Urteil entschieden werden konnte. Dieses Verfahren ist zum 1.1.1998 durch das Schiedsverfahrens-Neuregelungsgesetz (SchiedsVfG) erheblich verändert worden. Die Ausführungsgesetze verweisen nunmehr auf die neue Regelung.[148] Unverändert kann über die Vollstreckbarerklärung mit oder ohne mündliche Verhandlung entschieden werden.[149] Wie bisher ist in jedem Fall vor dem Erlaß einer Entscheidung der Schuldner zu hören,[150] so daß nicht jegliches Gehör, sondern nur die mündliche Verhandlung aufgeschoben wird bis zur Verhandlung über einen Rechtsbehelf des Schuldners. Die zügige Vollstreckbarerklärung ohne vorherige mündliche Verhandlung ist demnach weiterhin „fakultativ". Sie erfolgt jedoch nunmehr in jedem Fall in Form eines vorläufig vollstreckbaren (§ 1064 Abs. 2) *Beschlusses*, gegen den stets die *sofortige Beschwerde zum Oberlandesgericht* statthaft ist.[151]

Bis zum 1.1.1998 wurde durch Beschluß nur entschieden, wenn keine mündliche Verhandlung stattgefunden hatte; gegen den Beschluß konnte der Schuldner Widerspruch einlegen (§ 1042 c Abs. 2 a.F.), über den dasselbe Gericht entschied, das den Beschluß erlassen hatte.

Für die Behandlung von Vollstreckungsgegeneinwänden in diesem Verfahren gibt es *drei Möglichkeiten*: sie können entweder *von Anfang an* zulässig sein, so daß der Schuldner mit ihnen bereits den Erlaß des Beschlusses verhindern kann, oder erst *im Rechtsbehelfsverfahren*, nachdem das Exequatur bereits in vorläufig vollstreckbarer Form erteilt ist. Die dritte Möglichkeit ist, Vollstreckungsgegeneinwände ebenso wie im Exequatur nach autonomem Recht *nicht zuzulassen* und den Schuldner insofern auf eine eigene Vollstreckungsabwehrklage zu verweisen.

Mit Ausnahme des Deutsch-Britischen Abkommens regeln die älteren Abkommen diese Frage nicht.[152] Die deutschen Ausführungsgesetze enthalten jedoch stets Bestimmungen zur Geltendmachung von Vollstreckungsgegeneinwänden. Diese sollen im folgenden – chronologisch geordnet – untersucht werden.

Haager Übereinkommen über den Zivilprozeß von 1905 und 1954 sowie das Deutsch-Türkische Rechtsverkehrabkommen von 1929.

[148] Das SchiedsVfG verfügt in Art. 2 (§§ 3–10) entsprechende Änderungen der Ausführungsgesetze zu den hier relevanten Staatsverträgen.

[149] § 1063 Abs. 1 S. 1, vgl. § 1042 a Abs. 1 a.F.

[150] § 1063 Abs. 1 S. 2, vgl. § 1042 a Abs. 1 Satz 1, 2. Hs. a.F.

[151] Vgl. Art. 2 Abs. 4 AusfG Deutsch- Schweizerisches Abkommen und die entsprechenden, durch Art. 2 (§§ 3–10) SchiedsVfG geänderten Bestimmungen der übrigen Ausführungsgesetze.

[152] Zu Unrecht meinen *Geimer/Schütze*, Internationale Urteilsanerkennung Bd. II S. 309, aus Art. 11 des Deutsch-Belgischen Abkommens (Möglichkeit des Teilexequatur) ergebe sich „implicite" die Zulässigkeit von Vollstreckungsgegeneinwänden im Exequatur. Das Teilexequatur kann schon auf regulären Versagungsgründen – z.B. dem ordre public – beruhen und besagt daher nichts für unsere Frage.

1. Abkommen mit der Schweiz und Italien

Die 1929 und 1936 geschlossenen Abkommen mit der Schweiz[153] und Italien[154] bestimmen, daß rechtskräftige Entscheidungen bürgerlicher Gerichte, insbesondere über vermögensrechtliche Ansprüche,[155] auf Antrag einer Partei im jeweils anderen Staat für vollstreckbar zu erklären sind. Im Deutsch-Schweizerischen Abkommen ist außerdem festgelegt, daß vor der Entscheidung der Gegner zu hören ist und die Vollstreckbarerklärung in einem möglichst einfachen und schleunigen Verfahren zu erfolgen hat (Art. 6 Abs. 1).

Art. 4 der zu den Abkommen erlassenen AusfVO[156] lautet jeweils:

„Im Wege der Beschwerde [a.F.: des Widerspruchs] kann der Verpflichtete auch Einwendungen gegen den Anspruch geltend machen, soweit diese nach schweizerischem [italienischem] Recht gegenüber der Entscheidung oder dem Vergleich zulässig sind. Ebenso können Einwendungen gegen die Zulässigkeit der Vollstreckungsklausel im Wege der Beschwerde [a.F.: des Widerspruchs] geltend gemacht werden. Der Verpflichtete ist hierdurch nicht gehindert, solche Einwendungen in dem in den §§ 767, 732, 768 der Zivilprozeßordnung vorgesehenen Verfahren geltend zu machen."

Der Wortlaut dieser Bestimmungen ist in mehrfacher Hinsicht unklar.[157] Vor der Neuregelung des Schiedsverfahrens legten Gesetzgeber, Gerichte und Kommentatoren die Vorschrift so aus, daß Einwendungen gegen den Anspruch *nur* im Widerspruchsverfahren (d. h. nicht vorher) geltend gemacht werden können.[158] Diese Auslegung ist nach der Neuregelung auf das Beschwerdeverfahren zu übertragen. Zwar findet die Beschwerde – anders als der Widerspruch – auch dann statt, wenn das Exequatur nach mündlicher Verhandlung erteilt wurde. Behält man die Auslegung zum alten Recht auch nach der Neuregelung bei, so sind Vollstreckungsgegeneinwände auch bei mündlicher Verhandlung in der ersten Instanz nicht zulässig – was nach dem alten Recht offen war, weil bei Anordnung einer mündlichen Verhandlung der Widerspruch nicht statthaft und

---

[153] Abkommen zwischen dem Deutschen Reich und der Schweizerischen Eidgenossenschaft über die gegenseitige Anerkennung und Vollstreckung von gerichtlichen Entscheidungen und Schiedssprüchen vom 02.11.1929 (RGBl. 1930 II S. 1066).

[154] Abkommen zwischen dem Deutschen Reich und dem Königreich Italien über die gegenseitige Anerkennung und Vollstreckung gerichtlicher Entscheidungen in Zivil- und Handelssachen vom 09.03.1936 (RGBl. 1937 II S. 145).

[155] Zum Anwendungsbereich der Abkommen im einzelnen vgl. *Baumbach* ZPO-*Albers* Schlußanh. V B 1 und 2.

[156] VO vom 23.08.1930 zur Ausführung des Deutsch-Schweizerischen Abkommen vom 02.11.1929 (RGBl. II 1209); VO vom 18.05.1937 zur Ausführung des Deutsch-Italienischen Abkommens vom 09.03.1936 (RGBl. II 143).

[157] Zur unklaren Regelung der Präklusionswirkung des Ersturteils s.o. im Kap. 7, Präklusion.

[158] Am deutlichsten die amtliche Begründung zum Gesetz vom 08.03.1960 zur Ausführung des Deutsch-Österreichischen Vertrags vom 06.06.1959 (BT-DRS. III/1420, S. 7); ebenso wohl *Bülow/Böckstiegel-Müller* B II Schweiz, Anm. zu Art. 5 (Nr. 660 S. 30); unklar dagegen wohl RGZ 165, 374 (381 f).

Art. 4 AusfVO damit nicht anwendbar war. Die Ratio des Art. 4 AusfVO erfordert diese Auslegung. Die Vorschrift will dem Gläubiger die Möglichkeit geben, zunächst ein vorläufig vollstreckbares Exequatur zu erhalten. Vollstreckungsgegeneinwände sollen (anders als Einwände, die sich auf das Vorliegen der Exequaturbedingungen nach dem Abkommen beziehen) erst anschließend geprüft werden, um einen Suspensiveffekt zu vermeiden.

Die in den Ausführungsverordnungen nicht geregelte Frage, ob Vollstrekkungsgegeneinwände auch in dem Verfahren vorgebracht werden können, das durch eine Beschwerde des *Gläubigers* gegen die Versagung des Exequatur eingeleitet wird (Art. 2 Abs. 4 AusfVO), läßt sich ebenfalls aus der Ratio des Art. 4 AusfVO beantworten. Da der Gläubiger in diesem Falle noch kein vorläufig vollstreckbares Exequatur erhalten hat, sind Vollstreckungsgegeneinwände in diesem Verfahren unzulässig. Denn ihre Zulassung würde wiederum zu einem ungerechtfertigten Suspensiveffekt führen.

Gegen die Regelung in Art. 4 AusfVO bestehen allerdings auch gewichtige Einwände. Sie erweitert den Prüfungsgegenstand des Exequaturverfahrens – wenn auch erst in der zweiten Instanz – um die Frage, ob der titulierte materielle Anspruch weiterhin besteht. Dazu besteht jedoch im Bereich eines Staatsvertrages, der die Vollstreckbarerklärung erleichtern und nicht erschweren soll, noch weniger Anlaß als im autonomen Recht, zumal die Abkommen selbst keinerlei Hinweis auf die Zulässigkeit von Vollstreckungsgegeneinwänden enthalten. Hält man, wie oben dargelegt, Vollstreckungsgegeneinwände schon im Exequaturverfahren nach §§ 722, 723 für unzulässig, so bedeutet Art. 4 AusfVO eine Erschwerung gegenüber dem autonomen Recht. Zwar ist die in Art. 4 AusfVO getroffene Regelung weniger nachteilig für den Titelgläubiger als die von der herrschenden Meinung vorgenommene Prüfung im Exequatur nach autonomem Recht. Denn nach der hier vertretenen Auslegung vermeidet Art. 4 AusfVO durch die Verweisung in das Beschwerdeverfahren einen Suspensiveffekt. Art. 4 AusfVO bürdet dem Gläubiger jedoch immer noch ein höheres Prozeßrisiko auf und nimmt dem Schuldner die Klagelast[159] ab, ohne daß es hierfür eine Rechtfertigung gäbe. Auch prozeßökonomisch ist die Regelung spätestens seit der Neuregelung durch das SchiedsVfG wenig sinnvoll. Sie bedeutet, daß ein Oberlandesgericht die erste Tatsacheninstanz für vom Schuldner vorgetragene Vollstreckungsgegeneinwände oder Einwände gegen einen im Ausland geschlossenen Prozeßvergleich[160] ist. *De lege ferenda*[161] wäre angezeigt, auch hier Vollstreckungsgegeneinwände vollständig aus dem Exequaturverfahren zu verbannen.

---

[159] Eingehend *Nakano*, FS Baumgärtel, S. 403.

[160] Vgl. Art. 8 Deutsch-Schweizerisches Abkommen, Art. 9 Deutsch-Italienisches Abkommen.

[161] Hierzu bedürfte es allein einer Änderung der deutschen Ausführungsgesetzgebung, die Staatsverträge lassen dies ohnehin zu.

2. Abkommen mit Belgien, Österreich, Griechenland und Tunesien; Haager Übereinkommen zu Kindesunterhaltsentscheidungen von 1958

Das zum Deutsch-Belgischen Abkommen von 1958[162] erlassene Ausführungsgesetz[163] wurde Vorbild für die Ausführungsgesetze zu vier weiteren Abkommen der folgenden acht Jahre.[164] § 5 lautet:

„(1) In dem Verfahren der Vollstreckbarerklärung einer gerichtlichen Entscheidung oder eines Schiedsspruches kann der Schuldner auch Einwendungen gegen den Anspruch selbst insoweit geltend machen, als die Gründe, auf denen sie beruhen, erst nach dem Erlaß der gerichtlichen Entscheidung oder des Schiedsspruchs entstanden sind.

(2) …

(3) Ist eine gerichtliche Entscheidung, ein Schiedsspruch oder eine öffentliche Urkunde für vollstreckbar erklärt, so kann der Schuldner Einwendungen gegen den Anspruch selbst in einem Verfahren nach § 767 der Zivilprozeßordnung nur geltend machen, wenn die Gründe, auf denen sie beruhen, erst
1. nach Ablauf der Frist, innerhalb deren er Beschwerde hätte einlegen können, oder
2. falls die Beschwerde eingelegt worden ist, nach Beendigung dieses Verfahrens
entstanden sind."[165]

Dem *Wortlaut* der Regelung ist nicht zu entnehmen, ob Vollstreckungsgegeneinwände von Anfang an vorgebracht und geprüft werden können oder, wie im Falle der Abkommen mit der Schweiz und Italien, erst im Beschwerdeverfahren.[166] Allerdings heißt es in Abs. 1 nicht wie in den Ausführungsverordnungen zum Deutsch-Schweizerischen und Deutsch-Italienischen Abkommen, die Einwendungen könnten „im Wege der Beschwerde …", geltend gemacht werden, sondern „in dem Verfahren der Vollstreckbarerklärung …". Eine Auslegungshilfe liefert die *amtliche Begründung zum Ausführungsgesetz* zum Deutsch-Österreichischen Abkommen.[167] Dort heißt es:

---

[162] Deutsch-Belgisches Abkommen über die gegenseitige Anerkennung und Vollstreckung von gerichtlichen Entscheidungen, Schiedssprüchen und öffentlichen Urkunden in Zivil- und Handelssachen vom 30.06.1958, BGBl. 59 II 766.

[163] Gesetz vom 26.04.1959 zur Ausführung des Deutsch-Belgischen Abkommens vom 30.06.1958 (BGBl. I 421 ff.).

[164] Gesetz vom 08.03.1960 zur Ausführung des Deutsch-Österreichischen Vertrags vom 06.06.1959 (BGBl. I 169); Gesetz vom 05.02.1963 zur Ausführung des Deutsch-Griechischen Vertrags vom 04.11.1961 (BGBl. I 129); Gesetz vom 29.04.1969 zur Ausführung des Deutsch-Tunesischen Vertrages vom 19.07.1966 (BGBl. I 333); Gesetz vom 18.07.1961 zur Ausführung des Haager Übereinkommens über die Anerkennung und Vollstreckung von Entscheidungen auf dem Gebiet der Unterhaltspflicht gegenüber Kindern vom 15.04.1958 (BGBl. I S. 1033).

[165] Inhaltsgleiche Regelungen treffen § 5 AusfG Deutsch-Österreichisches Abkommen; § 4 AusfG Deutsch-Griechisches Abkommen; § 7 AusfG Deutsch-Tunesisches Abkommen; § 4 AusfG Haager Abkommen zur Vollstreckung von Kindesunterhaltsentscheidungen von 1958.

[166] Diese Frage wird auch in der Literatur nicht geprüft, indem jeweils nur der Wortlaut der Bestimmung („im Verfahren der Vollstreckbarerklärung") wiederholt wird, vgl. etwa *Beck*, S. 147.

[167] BT-Drs. III/1420.

„Jedoch wird von Art. 27 des alten Deutsch-Österreichischen Vollstreckungsvertrages und Art. 4 der Ausführungsverordnung zu dem Deutsch-Schweizerischen und dem Deutsch-Italienischen Vollstreckungsabkommen insofern abgewichen, als der Schuldner mit den Einwendungen nicht allein auf den Rechtsbehelf des Widerspruchs gegen die Vollstreckbarerklärung verwiesen, sondern ermächtigt wird, die Einwendungen alsbald gegenüber dem Antrag des Gläubigers auf Vollstreckbarerklärung vorzubringen. Es wäre umständlich und nicht zu vertreten, zunächst die Vollstreckbarerklärung auszusprechen und erst dann die Einwendungen des Schuldners mit dem Ergebnis zu berücksichtigen, daß die Vollstreckbarerklärung aufzuheben ... wäre. ... Der Rahmen, in dem Einwendungen gegen den Anspruch selbst zulässig sind, wird in den Absätzen 1 und 2 ebenso wie im § 5 des Ausführungsgesetzes zu dem Deutsch-Belgischen Vollstreckungsabkommen nur in den Grundzügen festgelegt. Die einzelnen denkbaren Fälle sind zu verschieden gelagert, als daß eine ins einzeln gehende Regelung getroffen werden könnte. Es ist nur Vorsorge zu treffen, daß eine sachlich nicht gerechtfertigte Vollstreckbarerklärung vermieden wird."[168]

Der Gesetzgeber wollte also aus Gründen, die aus der Argumentation zum autonomen Recht bekannt sind, Vollstreckungsgegeneinwände bereits vor dem Erlaß einer Entscheidung über die Vollstreckbarerklärung zulassen. Allerdings war ihm auch bewußt, daß insofern eine Differenzierung notwendig sein würde, die er aber selbst nicht vornehmen wollte, da die „denkbaren Fälle zu verschieden gelagert" seien. Aus heutiger Sicht sollte dieser vom Gesetzgeber vorgegebene Spielraum genützt werden, um Vollstreckungsgegeneinwände nur in dem Maße zuzulassen, wie dies ohne Beeinträchtigung der Ziele des Vollstreckungsabkommens möglich ist. Das Abkommen will dem Inhaber eines Titels einen im Vergleich zu § 722 einfacheren und schnelleren Weg zum Exequatur öffnen. [169] Schließt man Vollstreckungsgegeneinwände aus den oben erörterten Gründen im Verfahren nach § 722 aus, so sollte man sie bei der Ausführung des Abkommens jedenfalls nicht vor Erteilung des vorläufig vollstreckbaren Exequatur zulassen. Es vertrüge sich zudem kaum mit dem Zweck der Abkommen, wenn es etwa für den Inhaber einer vollstreckbaren Urkunde[170] letztlich vorteilhafter bliebe, statt das „erleichterte" Exequaturverfahren zu nutzen, Leistungsklage zu erheben.[171] Eine sinnvolle Differenzierung ist daher, nur *liquide* Vollstreckungsgegeneinwände, d.h. solche, die der Schuldner mit präsenten Mitteln beweisen kann, schon im Beschlußverfahren vor Erteilung des Exequatur zuzulassen.[172] *Alle*

---

[168] BT-Drs. III/1420 S. 7.

[169] Amtliche Begründung, BT-Drs. III/1420 S. 4.

[170] Vgl. Art. 14 Deutsch-Belgischer Vertrag, Art. 13 Deutsch-Österreichischer Vertrag, Art. 15 Deutsch-Griechischer Vertrag, Art. 43 Deutsch-Tunesischer Vertrag.

[171] In diesem Fall kann er im Urkundsprozeß klagen, Einwendungen des Schuldners sind (sofern sie nicht ebenfalls urkundlich belegt sind) ins Nachverfahren verwiesen.

[172] Für die Beschränkung auf liquide Vollstreckungsgegeneinwände spricht auch wieder der *Vergleich mit der Behandlung von Abänderungsgründen* (§ 323). Diese erlauben Rechtsprechung und Literatur zu diesen Abkommen erst, nachdem das Exequatur zunächst einmal erteilt worden ist: BGH NJW 90, 1419 (zum Deutsch-Österreichischen Vertrag); *Wolff*, Hdb. IZVR, Bd. III/2 Kap. IV Rz. 458ff. (zum Haager Übereinkommen zur Vollstreckung von Kindesunterhaltsentscheidungen, 1958); *Linke*, IZPR Rz. 444 (mit ausdrücklicher Differenzierung zwischen Klageverfahren und fakultativem Beschlußverfahren).

anderen materiellen Einwendungen gegen den Anspruch kann er zwar ebenfalls „in dem Verfahren der Vollstreckbarerklärung" vorbringen, jedoch *erst nach dem Erlaß einer vorläufig vollstreckbaren Entscheidung, d. h. im Beschwerdeverfahren.* Diese Lösung entspricht § 13 Abs. 1 AVAG. Gleichzeitig hat er die Möglichkeit, Anordnungen zu beantragen, welche die vorläufige Vollstreckbarkeit des exequierten ausländischen Urteils bis zur Entscheidung über die Beschwerde angemessen beschränken (§ 2 Abs. 4 AusfG i.V.m. § 707 Abs. 1).

Eine weitergehende Zulassung von Vollstreckungsgegeneinwänden ist mit den Abkommen kaum vereinbar. Zwar regeln diese nicht ausdrücklich die Behandlung von Vollstreckungsgegeneinwänden, sondern überlassen die Ausgestaltung des Exequaturverfahrens dem Recht des jeweiligen Vollstreckungsstaates.[173] Im Lichte der minutiösen, abschließenden Aufzählung von Versagungsgründen für eine Vollstreckbarerklärung[174] können aber weitere Hindernisse nur in engen Grenzen zulässig sein. Abkommenswidrig wäre wohl eine Regelung, die sogar im Vergleich zum Exequatur nach autonomem Recht eine Benachteiligung bedeuten würde.[175] Es sollte daher – nicht zuletzt, weil es sich bei dem Gebot der völkerrechtskonformen Auslegung einfachen Rechts um ein verfassungsrechtliches Prinzip handelt[176] – bei der Auslegung und Anwendung der Ausführungsgesetze eine entsprechende teleologische Reduktion vorgenommen werden. In jedem Fall ist auch hier der Gesetzgeber aufgerufen, die Ausführungsgesetze an ein modernes Verständnis der internationalen Zwangsvollstrekkung anzupassen.

3. Abkommen mit Großbritannien

Das 1960 geschlossene Deutsch-Britische Vollstreckungsabkommen[177] enthält als einziges der frühen Abkommen eine explizite Regelung zu Vollstreckungsgegeneinwänden. In Art. VIII Abs. 1 heißt es:

---

173 Art. 7 Deutsch-Belgischer Vertrag, Art. 6 Abs. 2 Deutsch-Österreichischer Vertrag, Art. 7 Deutsch-Griechischer Vertrag, Art. 35 Deutsch-Tunesischer Vertrag.

174 vgl. Art. 10 Abs. 1 Deutsch-Belgischer Vertrag, Artt. 2–4 Deutsch-Österreichischer Vertrag, Artt. 3–5 Deutsch-Griechischer Vertrag; Art. 39 Deutsch-Tunesischer Vertrag

175 Insofern folgt die Nichtzulassung illiquider Vollstreckungsgegeneinwände in diesem Verfahren schon aus der oben vertretenen Auslegung der §§ 722, 723. Der umgekehrte Schluß ist dagegen nicht zwingend, d.h. selbst wenn man zu §§ 722, 723 der oben vertretenen Auslegung nicht folgt, kann und sollte man sich dennoch jedenfalls für die genannten Ausführungsgesetze der hier vertretenen engeren Auslegung anschließen.

176 *Geiger*, Grundgesetz und Völkerrecht, S. 177;

177 Abkommen zwischen der Bundesrepublik Deutschland und dem Vereinigten Königreich Großbritannien und Nordirland über die gegenseitige Anerkennung und Vollstreckung von gerichtlichen Entscheidungen in Zivil- und Handelssachen vom 14.07.1960 (BGBl. 1961 II, S. 302).

„Die Registrierung einer Entscheidung nach Art. VI oder die Vollstreckbarerklärung nach Art. VII ist abzulehnen, oder, falls sie bereits vorgenommen ist, aufzuheben, wenn der Schuldner dem Gericht des Vollstreckungsstaates nachweist,

a) daß der durch die Entscheidung, deren Vollstreckung betrieben werden soll, festgestellte Anspruch nach dem Erlaß der Entscheidung durch Zahlung oder auf andere Weise erloschen ist, oder

b) daß die Person, die den Antrag auf Registrierung und Vollstreckbarerklärung gestellt hat, nicht berechtigt ist, die Vollstreckung aus der Entscheidung zu betreiben."

Nach dem eindeutigen Wortlaut dieser Vorschrift sind Vollstreckungsgegeneinwände auch bereits zulässig, bevor eine Exequaturentscheidung erlassen worden ist, d.h. sie können nicht erst in einem Rechtsbehelfsverfahren geltend gemacht werden.[178] Die Vollstreckbarerklärung nach dem Abkommen ist damit, jedenfalls was die Behandlung der in Art. VIII Abs. 1 ausdrücklich genannten Vollstreckungsgegeneinwände angeht,[179] für den Gläubiger weniger vorteilhaft als das Exequatur nach autonomem Recht in der hier vertretenen Auslegung.

Schon bei Abschluß des Abkommens benachteiligte die in Art. VIII Abs. 1 getroffene Regelung vor allem britische Gläubiger, da auf britischer Seite eine Ablehnung des Exequatur aufgrund der genannten Einwände praktisch nicht vorkommen kann: Dort wird der Schuldner nämlich vor der Registrierung grundsätzlich nicht gehört.[180]

Dem Gläubiger bleibt unbenommen, die Vollstreckbarerklärung aufgrund des insofern günstigeren autonomen Rechts zu beantragen. Der praktische Wert des Abkommens für britische Titelgläubiger mag dadurch sinken. Diese Konsequenz ist unausweichlich, weil es der deutschen Seite beim Abschluß des Abkommens gelungen ist, die auf Entscheidungen des Reichsgerichts im 19. Jahrhundert zurückgehende schuldnerfreundliche Handhabung von Vollstreckungsgegeneinwänden im Vertragstext zu verankern. Damit wird das Abkommen insoweit überholt, wenn im autonomen Recht eine Abkehr von dieser Rechtsprechung vollzogen wird.

---

178 Dies ergibt sich aus der Formulierung „die ... Vollstreckbarerklärung ... ist *abzulehnen* ...".

179 Die in Art. VIII Abs. 1 des Abkommens nicht genannten Vollstreckungsgegeneinwände (z. B. Zurückbehaltungsrechte, Stundung, Haftungsbeschränkungen, etc.) dürften ebenso zu behandeln sein, zumal das AusfG zum Deutsch-Britischen Abkommen (Gesetz vom 28.03. 1961, BGBl. I 301) in § 4 ebenfalls keine Differenzierung zwischen den im Abkommen genannten Einwänden und anderen vornimmt. In diesem Sinne auch *Geimer/Schütze*, Internationale Urteilsanerkennung Bd. II S. 404; *Bülow/Böckstiegel*, B II Nr. 702 S. 32 (Fn. 155) und Nr. 703 S. 6 (Fn. 23).

180 Hierauf weist *Bülow/Böckstiegel*, B II Nr. 702 S. 32 (Fn. 154) hin.

IV. Einwand im Exequatur nach Staatsverträgen mit obligatorisch aufgeschobener mündlicher Verhandlung

Im Verfahren nach den neueren Anerkennungs- und Vollstreckungsabkommen (ungefähr ab 1965), insbesondere dem GVÜ, sowie drei auf die Vollstreckung von Kostenentscheidungen beschränkten älteren Abkommen, wird die ausländische Entscheidung zunächst *stets ohne mündliche Verhandlung* durch Beschluß für vollstreckbar erklärt. Der Schuldner kann Einwendungen gegen das Exequatur erst im Rechtsbehelfsverfahren vorbringen. Damit bleiben für die Behandlung von Vollstreckungsgegeneinwänden *zwei* Möglichkeiten: sie können entweder in diesem Rechtsbehelfsverfahren zulässig sein oder in ein separates Klageverfahren nach § 767 verwiesen werden.

Auch innerhalb dieses Abschnitts folgt die Darstellung der chronologischen Abfolge; das inhaltliche Schwergewicht wird aber, entsprechend der praktischen Bedeutung, auf dem GVÜ liegen.

1. Vollstreckbarerklärung von Kostenentscheidungen: Die Haager Zivilprozeßübereinkommen und das Deutsch-Türkische Abkommen über den Rechtsverkehr

Bereits das Haager Zivilprozeßübereinkommen von 1905[181] und das dazu ergangene Ausführungsgesetz[182] sahen für die Vollstreckbarerklärung von Kostenentscheidungen ein Beschlußverfahren vor. Der Schuldner darf seine Einwendungen erst mit der sofortigen Beschwerde geltend machen (§ 7 Abs. 2 AusfG). Das Nachfolgeübereinkommen von 1954[183] sowie das dazu ergangene Ausführungsgesetz[184] behielten dies bei.[185] Das Deutsch-Türkische Abkommen über den Rechtsverkehr in Zivil- und Handelssachen[186] und die dazu ergangene Ausführungsverordnung[187] sehen – ebenfalls beschränkt auf die Vollstreckbarerklärung von Kostenentscheidungen – dieselbe Lösung vor.[188]

Weder die Staatsverträge noch die deutschen Ausführungsbestimmungen regeln, ob der Schuldner mit der sofortigen Beschwerde (§ 577 Abs. 1–3, §§ 568–575) auch Vollstreckungsgegeneinwände geltend machen darf oder sogar muß.

---

181 Haager Abkommen über den Zivilprozeß vom 17.07.1905 (RGBl. 1909, S. 409).
182 vom 05.04.1909 (RGBl. S. 430).
183 Haager Übereinkommen über den Zivilprozeß vom 01.03.1954 (BGBl. 1958 II S. 577).
184 vom 18.12.1958 (BGBl. I S. 939).
185 § 6 Abs. 1 AusfG.
186 vom 28.05.1929 (RGBl. 1930 II S. 6).
187 vom 26.08.1931 (RGBl. II S. 537).
188 Art. 4 Abs. 2 AusfVO.

Die Frage ist umstritten. Eine Entscheidung des OLG München[189] und gewichtige Stimmen in der Literatur[190] zum Haager Zivilprozeßübereinkommen bejahen sie. Zur Begründung werden die bereits aus dem autonomen Recht bekannten Argumente vorgebracht (Billigkeit und Prozeßökonomie für den Schuldner) sowie die Erwägung, daß Art. 19 Abs. 1 des Übereinkommens die Geltendmachung von Vollstreckungsgegeneinwänden in dem dort genannten „Rekurs" des Schuldners jedenfalls nicht explizit ausschließt. Allerdings hat das LG Stuttgart später im entgegengesetzten Sinne entschieden[191] und die Billigkeitserwägungen des OLG München haben berechtigte Kritik erfahren:

„... Der Billigkeit entspricht es daher durchaus, daß der ausländische Kostengläubiger zunächst einmal ohne Schwierigkeit und ohne Verquickung des Vollstreckbarkeitserklärungsverfahrens mit sachlichen, neben dem Verfahren liegenden Einwendungen die Vollstreckbarkeitserklärung wegen der Kosten in dem fremden Staate betreiben kann. Aus welchem Grunde im übrigen die Prüfung durch das AG [das Amtsgericht ist nach § 4 Abs. 1 AusfG Eingangsinstanz, d. Verf.] beschränkt, durch das Beschwerdegericht hingegen unbeschränkt erfolgen soll, ist nicht ersichtlich, ganz abgesehen davon, daß damit nur eine weitere Verschleppung zum Nachteil des Kostengläubigers verbunden wäre." [192]

Damit sind wichtige Gesichtspunkte angesprochen: Die Zulassung von Vollstreckungsgegeneinwänden erweitert den Prüfungsgegenstand[193] des Exequaturverfahrens zu Lasten des Gläubigers. Die Beschränkung dieser Erweiterung auf das Rechtsmittelverfahren macht dieses partiell zur ersten Instanz.[194] Allerdings ist die von *Thees* befürchtete „weitere Verschleppung" hier weniger gravierend als im Falle des fakultativen Beschlußverfahrens oder des Urteilsverfahrens nach § 722. Die Beschwerde hat keine aufschiebende Wirkung (Arg. § 572), so daß kein Suspensiveffekt zu Lasten des Gläubigers eintritt. Die Ausweitung des Prüfungsumfangs im Beschwerdeverfahren führt jedoch, wie oben zum autonomen Recht bereits ausgeführt, zu einer Erhöhung des Prozeßrisikos für den Gläubiger.

Die Erweiterung des Prüfungsumfangs widerspricht auch der *Intention der Staatsverträge*. Die Bereitstellung eines schnellen und einfachen Exequaturverfahrens im Heimatstaat des Klägers soll seine Befreiung von der Pflicht zur

---

[189] JW 1936, 3583 (Geltendmachung einer Aufrechnung).

[190] *Bülow/Böckstiegel*, A I Nr. 101 S. 20 (Fn. 96); *Baumbach* ZPO-*Albers* Schlußanh. V A 1 Art. 19, Rz. 1.

[191] NJW 1951, 850.

[192] *Thees*, JW 1936, 3583.

[193] Ob damit auch eine Streitgegenstandserweiterung verbunden ist, wurde oben bereits zur Parallelfrage im autonomen Recht erörtert; zu der damit verbundenen Frage nach der Rechtskraftwirkung einer solchen Exequaturentscheidung, s.u. Abschn. V.

[194] *Thees* (JW 1936, 3583) und das LG Stuttgart (NJW 1951, 850) sehen hierin den entscheidenden Unterschied zum Exequaturverfahren nach § 722. Selbst wenn in diesem Verfahren Vollstreckungsgegeneinwände zulässig seien, folge daraus keineswegs deren Zulässigkeit in dem vereinfachten und auf bestimmte, in dem Abkommen genannte Versagungsgründe beschränkten Beschlußverfahren.

Leistung einer Ausländersicherheit für Prozeßkosten rechtfertigen (Art. 17 Haager Zivilprozeßübereinkommen). Die Vollstreckung muß also ähnlich einfach und sicher sein, wie der Zugriff auf eine Prozeßkostensicherheit. Sogar der Einwand des entgegenstehenden ordre public ist deshalb ausgeschlossen. Dies muß erst recht für die im Übereinkommen nicht erwähnten Vollstreckungsgegeneinwände gelten.[195]

Für den Ausschluß von Vollstreckungsgegeneinwänden im Rechtsbehelfsverfahren spricht auch der *Vergleich mit inländischen Verfahren.* Das vereinfachte Exequaturverfahren nach den Staatsverträgen entspricht dem Klauselerteilungsverfahren nach § 724 mit dem Unterschied, daß nach den Übereinkommen der Schuldner vor der Vollstreckbarerklärung nicht einmal gehört wird.[196] Dem Rechtsbehelf des Schuldners nach den Ausführungsgesetzen[197] entspricht im inländischen Klauselerteilungsverfahren § 732. Nach ganz herrschender Meinung darf der Schuldner nach § 732 nur solche Einwendungen geltend machen, die dem Prüfungsgegenstand des Klauselerteilungsverfahrens entsprechen, nicht aber Einwände gegen den titulierten Anspruch.[198] Will er sich auf Vollstreckungsgegeneinwände berufen, so muß er nach § 767 klagen. Bei Inlandssachverhalten widerstehen Rechtsprechung und herrschende Meinung also der Versuchung, aus prozeßökonomischen – und Billigkeitserwägungen[199] Vollstreckungsgegeneinwände im Rechtsbehelf gegen die Klauselerteilung zuzulassen und damit den Gegenstand dieses Verfahrens nachträglich zu erweitern. Allerdings erwägen manche, im inländischen Klauselerteilungsverfahren solche Vollstreckungsgegeneinwände zu berücksichtigen, die „absolut liquide" sind.[200] Dabei werden aber höchste Anforderungen an die Offenkundigkeit gestellt; der urkundliche Nachweis nach § 775 Nr. 4 genügt nicht.[201] Selbst eine vom Schuldner vorgelegte eidesstattliche Versicherung eines Dritten über die Erfüllung der Urteilsschuld ist nicht zu berücksichtigen, sondern kann nur im Rahmen einer Vollstreckungsabwehrklage gewürdigt werden.[202] Damit bleiben praktisch nur Fälle, in denen der Gläubiger selbst gesteht, daß der Schuldner auf die vollstreckbare Forderung

---

195 Ebenso wohl auch *Pauckstadt*, IPRax 1984, 17 (18f.).

196 Art. 19 Abs. 1 Haager Zivilprozeßübereinkommen 1905 und 1954 (insofern gleichlautend) im Gegensatz zu § 730.

197 § 7 Abs. 2 AusfG zum Haager Zivilprozeßübereinkommen 1905; § 6 Abs. 1 AusfG zum Haager Zivilprozeßübereinkommen 1954; Art. 4 Abs. 2 der AusfVO zum Deutsch-Türkischen Rechtsverkehrabkommen.

198 OLG München, NJW-RR 92, 125 (126); OLG Düsseldorf, RPfleger 77, 67; OLG Oldenburg, FamRZ 90, 899; *Rosenberg/Gaul/Schilken*, § 17 III 1 (S. 300); St/J-*Münzberg*, § 732 Rz. 3 m.w.N.; unklar noch RGZ 50, 372. A.A. LG Duisburg, KTS 64, 187, allerdings mit unzutreffender Begründung (falsches Verständnis des § 768 letzter H.S.).

199 Vgl. die Begründung OLG München, JW 1936, 3583.

200 MünchKomm ZPO-*Wolfsteiner*, § 724 Rz. 40 m.w.N. zum Streitstand.

201 MünchKomm ZPO-*Wolfsteiner*, § 724 Rz. 40.

202 OLG Zweibrücken, JurBüro 89, 869.

bereits geleistet hat.[203] In so krassen Ausnahmefällen wird es richtig sein, den Einwand bereits im Exequaturverfahren bzw. in dem Rechtsbehelf nach den Ausführungsgesetzen zu berücksichtigen. Man sollte dies jedoch damit begründen, daß dem Gläubiger dann offensichtlich das Rechtsschutzbedürfnis für die Vollstreckbarerklärung fehlt.[204] Damit wäre die Gefahr des Fehlschlusses von diesen Ausnahmen auf eine generelle Erweiterung des Prüfungsgegenstandes um Vollstreckungsgegeneinwände gebannt.

Gegen einen Beschluß, durch den der Antrag auf Vollstreckbarerklärung *abgelehnt* wird, steht dem Gläubiger die Beschwerde nach §§ 568–571, 573–575 zu.[205] Auf die Beschwerde kann es zu einer mündlichen Verhandlung kommen (§ 573 Abs. 1). Bringt der Schuldner in diesem Verfahren Vollstreckungsgegeneinwände vor, so darf er hiermit auf keinen Fall gehört werden.[206] Denn andernfalls würde die Vollstreckbarerklärung verzögert, d.h. die Erhebung der Einwände würde einen Suspensiveffekt entfalten.

Zusammenfassend läßt sich feststellen, daß im obligatorischen Beschlußverfahren, wie es die Haager Zivilprozeßübereinkommen und das Deutsch-Türkische Abkommen über den Rechtsverkehr für Kostenentscheidungen vorsehen, Vollstreckungsgegeneinwände regelmäßig auch mit der Beschwerde nicht geltend gemacht werden können. Dies gilt insbesondere für den Fall, daß der Gläubiger Beschwerde gegen die Versagung des Exequatur eingelegt hat. Bei einer Beschwerde des Schuldners würde die Berücksichtigung von Vollstreckungsgegeneinwänden zwar nicht zu einer Verzögerung der Vollstreckbarerklärung führen, läuft jedoch als systemwidrige Erweiterung des Prüfungsumfangs der Ratio der Abkommen zuwider und ist deshalb abzulehnen. Der Schuldner ist ausreichend geschützt, da er Vollstreckungsgegeneinwände mit der Vollstrekkungsabwehrklage geltend machen und gegebenenfalls begleitend vollstrekkungsbeschränkende Anordnungen gemäß § 769 beantragen kann.

---

[203] MünchKomm ZPO-*Wolfsteiner*, § 724 Rz. 40 berichtet, dies komme vor allem bei vollstreckbaren Urkunden nicht selten vor.

[204] Vgl. die französische Rechtsprechung zum Exequatur (Civ. 1re, 19.11.1996, RCDIP 1997, 94; C.A. Paris, 23.11.1993, RCDIP 1995, 88; C.A. Paris, 18.10.1962, RCDIP 1964, 126; T.G.I. de la Seine, 09.07.1962, Clunet 1963, 466) und der Vorschlag *Wolfsteiners* (MünchKomm ZPO § 724 Rz. 40) zum Parallelproblem bei § 724.

[205] § 7 Abs. 1 AusfG zum Haager Zivilprozeßübereinkommen 1905; § 6 Abs. 2 AusfG zum Haager Zivilprozeßübereinkommen 1954; Art. 4 Abs. 1 AusfVO zum Deutsch-Türkischen Rechtsverkehrabkommen.

[206] Entsprechend zur inländischen Parallele (Erinnerung des Gläubigers gegen die Versagung der Vollstreckungsklausel nach § 724) St/J-*Münzberg*, § 732 Rz. 5; *Münzberg*, RPfleger 91, 209 (210f.); *Rosenberg/Gaul/Schilken*, § 17 II 1 (S. 294), jeweils m.w.N.

2. Anerkennungs- und Vollstreckungsabkommen mit den Niederlanden

Ein obligatorisches Beschlußverfahren sieht auch das Ausführungsgesetz[207] zum Deutsch-Niederländischen Anerkennungs- und Vollstreckungsvertrag[208] vor. Dem Schuldner steht jedoch gegen den Beschluß, mit dem der Vorsitzende einer Kammer am Landgericht die Vollstreckbarkeit verleiht, nicht die Beschwerde, sondern zunächst der *Widerspruch* zu (§ 9 AusfG). Über diesen entscheidet das Landgericht durch Beschluß, der ohne mündliche Verhandlung ergehen kann (§ 10 Abs. 1 AusfG) und der sofortigen Beschwerde unterliegt (§ 11 AusfG). Vorher kann es bereits Anordnungen gemäß §§ 769, 770 treffen (§ 10 Abs. 2 AusfG).

Anders als die bisher erörterten Abkommen (mit Ausnahme des Deutsch-Britischen) enthält das Deutsch-Niederländische eine Regelung zur Behandlung von Vollstreckungsgegeneinwänden. Art. 11 zählt abschließend auf, welche Punkte das Exequaturgericht prüfen darf, Vollstreckungsgegeneinwände gehören nicht dazu. Dafür bestimmt Art. 14:

„(1) Gegen die Erteilung der Vollstreckungsklausel kann der Schuldner einwenden:
...
c) Es stünden ihm Einwendungen gegen den Anspruch selbst zu aus Gründen, die erst nach Erlaß der gerichtlichen Entscheidung entstanden seien.
(2) Das Verfahren, in dem die Einwendungen geltend gemacht werden können, richtet sich nach dem Recht des Staates, in dem die Zwangsvollstreckung durchgeführt werden soll."

Das Ausführungsgesetz enthält keine weitere Regelung über Vollstreckungsgegeneinwände außer einer Präklusionsregel (§ 13 AusfG), aus der sich ebenfalls ergibt, daß die Einwände erst mit dem Widerspruch geltend gemacht werden dürfen.[209]

Zum Schutz des Schuldners darf bis zum Ablauf der Widerspruchsfrist die Zwangsvollstreckung nicht beginnen (§ 14 Abs. 1 AusfG).[210] Damit hat er genug Zeit, bei Einlegung des Widerspruchs vollstreckungsbeschränkende Anordnungen gemäß § 10 Abs. 2 AusfG i.V.m. §§ 769, 770 zu beantragen.[211] Ohne solche Anordnungen kann der Gläubiger nach Ablauf der Widerspruchsfrist, auch wenn Widerspruch eingelegt wurde, unbeschränkt vollstrecken. Der Widerspruch und

---

[207] Gesetz vom 15.01.1965 zur Ausführung des Deutsch-Niederländischen Vertrags vom 30.07.1962 (BGBl. I 17).

[208] Vertrag zwischen der Bundesrepublik Deutschland und dem Königreich der Niederlande über die gegenseitige Anerkennung und Vollstreckung gerichtlicher Entscheidungen und anderer Schuldtitel in Zivil- und Handelssachen vom 30.08.1962 (BGBl. 1965 II S. 27).

[209] Ebenso St/J-*Münzberg*, Anh. § 723 Rz. 411 (Fn. 9).

[210] Eine Ausnahme gilt für die Vollstreckung einstweiliger Maßnahmen einschließlich solcher, die auf eine Sicherung gerichtet sind (§ 14 Abs. 2 AusfG).

[211] St/J-*Münzberg*, Anh. § 723 Rz. 415 (Fn. 12).

mit ihm eventuell geltend gemachte Vollstreckungsgegeneinwände bewirken also keinen automatischen Aufschub der Zwangsvollstreckung.

Lehnt der Kammervorsitzende die Vollstreckbarerklärung ab, so kann der Gläubiger Beschwerde einlegen (§ 6 Abs. 2 AusfG). Einer Anhörung des Schuldners bedarf es im Beschwerdeverfahren ebenso wie vor der Entscheidung über den ursprünglichen Antrag nicht.[212] Wird der Schuldner gehört, so können etwa vorgebrachte Vollstreckungsgegeneinwände nicht berücksichtigt werden. Der Schuldner muß sie vielmehr, falls das Oberlandesgericht der Beschwerde des Gläubigers nach § 571 abhilft, durch Widerspruch nach § 9 AusfG geltend machen.[213] Denn eine Berücksichtigung der Einwände im Beschwerdeverfahren würde wieder zu einem Suspensiveffekt führen, welcher der Systematik des Abkommens widersprechen würde.[214]

Da das Deutsch-Niederländische Abkommen selbst die Prüfung von Vollstreckungsgegeneinwänden im Rechtsbehelfsverfahren vorsieht, ist die davon ausgehende Benachteiligung des Gläubigers hinzunehmen. Auch ist die gewählte Gestaltung prozeßökonomisch, da sie vermeidet, daß über Vollstreckungsgegeneinwände erstmals im Beschwerdeverfahren und damit vor einem Oberlandesgericht verhandelt wird. Der Verweis auf die §§ 769, 770 erlaubt eine flexible Handhabung des Schuldnerschutzes für die Zeit bis zur Entscheidung. De lege ferenda wäre zu fragen, ob der nur im *deutschen* Ausführungsgesetz vorgesehene[215] Aufschub der Vollstreckung bis zum Ablauf der Widerspruchsfrist nicht besser durch eine Beschränkung der Zwangsvollstreckung auf Maßnahmen der Sicherung ersetzt werden sollte, wie sie auch Art. 39 Abs. 1. GVÜ vorsieht.

3. GVÜ und AVAG

GVÜ und AVAG sehen für die Vollstreckbarerklärung ausländischer Entscheidungen ein obligatorisches Beschlußverfahren vor, in dem der Schuldner vor der Vollstreckbarerklärung nicht einmal gehört wird.[216] Es handelt sich um das in der Praxis wichtigste Exequaturverfahren.[217] Obwohl das Deutsch-Niederländische Abkommen Pate stand[218] und das GVÜ insgesamt auch eine hohe Regelungs-

[212] St/J-*Münzberg*, Anh. § 723 Rz. 407 (Fn. 8).

[213] So auch St/J-*Münzberg*, Anh. § 723 Rz. 407 (Fn. 8), der allerdings nicht ganz klar ausspricht, ob das OLG sich im Rahmen des Beschwerdeverfahrens wiederum auf eine Prüfung der in Art. 11 genannten Versagungsgründe beschränken *muß*.

[214] Im übrigen gelten hier auch wieder die oben bereits dargelegten Argumente gegen eine Prüfung von Vollstreckungsgegeneinwänden im Verfahren auf Beschwerde des Gläubigers.

[215] St/J-*Münzberg*, Anh. § 723 Rz. 415 (Fn. 12).

[216] Art. 34 Abs. 1 GVÜ.

[217] *Geimer*, IZPR Rz. 2758.

[218] *Gotzen*, RIW/AWD 67, 136.

dichte aufweist, enthält es keine Regelung über Vollstreckungsgegeneinwände. Diese Lücke schließt das deutsche Ausführungsgesetz.[219] § 13 Abs. 1 AVAG bestimmt, daß der Schuldner mit der Beschwerde gegen den Beschluß, mit dem die Zwangsvollstreckung zugelassen wird, auch Vollstreckungsgegeneinwände geltend machen kann. Der Schuldner *muß* von dieser Möglichkeit auch Gebrauch machen, da er mit Einwänden, die vor Ablauf der Beschwerdefrist oder, falls Beschwerde eingelegt wurde, vor Beendigung des Beschwerdeverfahrens entstanden sind, anschließend präkludiert ist (§ 15 Abs. 1 AVAG). Der Gläubiger kann also die Vollstreckbarerklärung durch Beschluß zunächst erreichen, ohne daß Vollstreckungsgegeneinwände geprüft werden, die Prüfung erfolgt aber im anschließenden Beschwerdeverfahren. Bis über die Einwände im Beschwerdeverfahren rechtskräftig entschieden ist, darf die Zwangsvollstreckung nicht über Maßregeln der Sicherung hinausgehen (Art. 39 Abs. 1 GVÜ).

Die Vereinbarkeit der im AVAG getroffenen Regelung mit dem GVÜ ist vor allem außerhalb Deutschlands umstritten. Die deutsche Rechtsprechung wendet §§ 13, 15 AVAG an, ohne ihr Verhältnis zum Übereinkommen zu problematisieren,[220] und die deutsche Literatur geht überwiegend davon aus, daß die Regelung mit dem Übereinkommen konform ist.[221] Es gibt jedoch auch deutsche Stimmen, die Zweifel äußern.[222] In anderen Vertragsstaaten wird in Rechtsprechung[223] und Literatur[224] die Ansicht vertreten, die Geltendmachung von Vollstreckungsgegeneinwänden im Rechtsbehelfsverfahren nach Art. 36 GVÜ – also die im AVAG getroffene Regelung – sei unvereinbar mit dem GVÜ. Manche ausländischen

---

[219] Die meisten Staaten haben keine solchen Ausführungsgesetze erlassen. Wo dies doch geschehen ist (Großbritannien, Niederlande, Dänemark; Österreich hat 1995 sein autonomes Recht in §§ 79–85 stark auf das GVÜ ausgerichtet und ihm angeglichen [dazu *Lechner/Mayr* S. 43 ff.]), enthalten die Gesetze – anders als das AVAG – keine Regelungen zu Vollstreckungsgegeneinwänden. Ausnahme: die zur Umsetzung des LugÜ in einigen Schweizer Kantonen eingeführten Exequaturverfahren, vgl. Art. 5 Abs. 1 der Berner EinführungsVO zum LugÜ i.V.m. Art. 409 Nr. 2 Berner ZPO.

[220] BGH NJW 92, 627 (628); OLG Koblenz, NJW 76, 488; OLG Frankfurt, RPfl 78, 454; OLG München, IPRspr 79 Nr. 218; OLG Saarbrücken, NJW 88, 3100.

[221] *Kropholler*, EuZPR, Art. 36 Rz. 16 f.; MünchKomm ZPO-*Gottwald*, IZPR GVÜ Art. 36 Rz. 6; *Schlosser*, Art. 36 Rz. 4; St/J-*Münzberg*, Anh. § 723 C I Rz. 313; *Geimer/Schütze*, EuZVR Art. 36 Rz. 19 ff.; BGBS-*Müller*, GVÜ Art. 37 III 2 (Nr. 606, S. 252) (allerdings zweifelnd); *Weißmann/Riedel/Wastl*, Kap. G IV, S. 4.

[222] *Pirrung*, DGVZ 73, 178 (182 Fn. 36); *Grunsky*, RIW 77, 1 (8 f.); *Leutner*, Vollstreckbare Urkunde, S. 285; *Heß*, JZ 98, 1021 (1027, Fn. 107). Zweifel äußern, ohne diese im Ergebnis für durchgreifend zu halten, BGBS-*Müller*, Art. 37 III 2 (Nr. 606 S. 252); *Schlosser*, GVÜ Art. 36 Rz. 4; skeptischer wohl noch *ders.* JZ 94, 1009.

[223] Ital. Corte die Cassazione, Sez. I, 11.4.1983, Nachschlagewerk der Rechtsprechung zum Gemeinschaftsrecht, Serie D, Entsch. Nr. I-36 – B 5.

[224] *O'Malley/Layton*, Rz. 28.41; *Calvo Caravaca* – Garau Sobrino, Art. 36 II 2 (S. 565 f.); *Donzallaz*, Tz. 3362, 3365 (für illiquide Einwände); ambivalent *Gothot/Holleaux*, Tz. 322 und 362.

Stimmen schließen sich aber auch inhaltlich der Regelung des AVAG an, obwohl dort teilweise keine entsprechenden Ausführungsgesetze bestehen.[225]

Dem Europäischen Gerichtshof wurde die Frage – wenn auch in einer dem spezifischen Kontext angepaßten Form – schon 1979 im Verfahren *Denilauler ./. Couchet Frères*[226] zur Entscheidung vorgelegt. Das Gericht beantwortete sie jedoch nicht, da es schon die Eingangsfrage verneinte, ob das Verfahren nach Artt. 31 ff. GVÜ überhaupt anwendbar sei auf die streitgegenständliche, im einstweiligen Rechtsschutz ohne Ladung des Schuldners erlassene Entscheidung. Die Stellungnahmen der Verfahrensbeteiligten waren damals äußerst kontrovers.

Nachfolgend sollen, ausgehend vom Text des Übereinkommens, die gesetzgeberische Begründung für § 13 AVAG geprüft und Einwände gegen die Vorschrift untersucht werden.

a) Text des Übereinkommens

Art. 31 Abs. 1 GVÜ macht die Vollstreckbarerklärung davon abhängig, daß die Entscheidung im Erststaat *vollstreckbar* ist. Wird die Entscheidung im Erststaat aufgrund eines Vollstreckungsgegeneinwandes nachträglich aufgehoben oder modifiziert, so ist dies also im Exequaturverfahren jederzeit zu berücksichtigen.[227]

Art. 34 Abs. 3 GVÜ verbietet, die ausländische Entscheidung in der Sache selbst nachzuprüfen. Befürworter wie Gegner des § 13 Abs. 1 AVAG berufen sich auf diese Vorschrift. Die Gegner meinen, sie verbiete jegliche Prüfung des titulierten materiellrechtlichen Anspruchs; eine solche finde aber statt, wenn Vollstreckungsgegeneinwände untersucht würden. Dem entgegnen die Befürworter, die Prüfung von Vollstreckungsgegeneinwänden stelle keine Nachprüfung der erstgerichtlichen Entscheidung dar, weil der Erstrichter diese Einwände ohnehin nicht berücksichtigen konnte, sie also nicht Gegenstand seiner Entscheidung waren.[228] Dieses Argument leuchtet jedem deutschen Juristen unmittelbar ein. Der Begriff der „Nachprüfung in der Sache selbst“ in Art. 34 Abs. 3 GVÜ kann jedoch nicht nach der *lex fori* auszulegen sein, sondern nur einheitlich für den gesamten Geltungsbereich des Übereinkommens. Dabei ist zu berücksichtigen, daß in anderen Vertragsstaaten das Verbot der *révision au fond* unter Umständen impliziert, daß Vollstreckungsgegeneinwände im Exequatur ausgeschlossen sind.[229] Ist daher schon zweifelhaft, ob § 13 Abs. 3 AVAG mit dem Verbot der

---

225 Für Österreich vgl. *Czernich*, GVÜ Art. 36 Rz. 11 f.; *Lechner/Mayr* S. 46; für die Schweiz vgl. *Walter*, ZZP 107 (1994), 301 (325, 340); *Leuenberger*, AJP 92, 965 (970); *Kellerhals*, ZBJV 128 (1992), 79 (84).

226 21.05.1980 (125/79) *Denilauler / Couchet Freres*, Slg. 80, 1553.

227 Näher s.o. im ersten Abschnitt dieses Kapitels.

228 Vgl. statt aller *Geimer/Schütze*, EuZVR Art. 36 Rz. 22.

229 So wohl nach der französischen Rechtsprechung: Civ. 1re, 05.01.1966, Bull. civ. I N° 13; 27.01.1971, *Zekri*, RCDIP 1972, 100, näher s.o. Kap. 2, Frankreich. Die Gefahr, mit einer

révision au fond vereinbar ist, so überzeugt erst Recht nicht der von der amtlichen Begründung zum AVAG[230] und manchen deutschen Autoren[231] gezogene *Umkehrschluß*, Vollstreckungsgegeneinwände seien im Exequatur nach dem GVÜ zulässig, weil ihre Berücksichtigung nicht gegen Art. 34 Abs. 3 GVÜ verstoße. Art. 34 Abs. 3 GVÜ stellt es nicht in das Belieben der Vertragsstaaten, das Exequatur zu versagen, solange sie dabei nur die Erstentscheidung nicht nachprüfen. Richtig verstanden spricht Art. 34 Abs. 3 GVÜ weder für noch gegen die Zulässigkeit von Vollstreckungsgegeneinwänden im Exequatur nach dem GVÜ.

Nach Art. 34 Abs. 2 GVÜ darf der Antrag auf Vollstreckbarerklärung nur aus den in *Artt. 27 und 28 enumerierten Gründen* abgelehnt werden. Vollstreckungsgegeneinwände sind dort nicht genannt. Sieht man ab von Fällen, in denen ein Vollstreckungsgegeneinwand bereits Gegenstand einer früheren Entscheidung im Vollstreckungsstaat (dann eventuell Berücksichtigung nach Art. 27 Nr. 3 GVÜ) oder im Erststaat (Berücksichtigung nach Art. 31 GVÜ) war, so findet sich in dem Übereinkommen keine Vorschrift, auf die sich eine Berücksichtigung von Vollstreckungsgegeneinwänden stützen ließe. Dies ist um so gravierender, als der Wortlaut des Art. 34 Abs. 2 GVÜ keinen Zweifel daran erlaubt, daß die Aufzählung von Versagungsgründen in dem Übereinkommen *abschließend* ist.[232] Auch nach der Revision des GVÜ soll es nach dem jetzigen Stand der Verhandlungen (Mai 1999) bei diesem eindeutigen Wortlaut bleiben.[233] Mit Recht weist *Stadler* darauf hin, damit werde die von § 13 Abs. 1 AVAG vorgesehene Koppelung „verbaut".[234]

b) Gesetzgeberische Begründung für § 13 AVAG

Trotz dieser mangelnden Stütze im GVÜ hat es der deutsche Gesetzgeber für richtig gehalten, mit § 13 AVAG Vollstreckungsgegeneinwände im Beschwerdeverfahren nach Art. 36 GVÜ zuzulassen. Die amtliche Begründung führt hierfür zum einen den soeben diskutierten, verfehlten Umkehrschluß aus Art. 34 Abs. 3

Prüfung von Vollstreckungsgegeneinwänden im Exequatur zumindest in gefährliche Nähe zur *révision au fond* zu geraten, ist auch unbestreitbar. Sie war schon dem Gesetzgeber der CPO bewußt (s.o. im Kap. 9, Zuständigkeit, zu § 767 Abs. 1) und wird an Entscheidungen wie OLG Saarbrücken, NJW 88, 3100 plastisch.

230 BT-Drs. 11/351, S. 23.

231 Cypra, S. 96f.; wohl auch St/J-*Münzberg*, Anh. § 723 C I Rz. 313 (Fn. 38, unter 1.).

232 Aus diesem Grunde halten die Prüfung von Vollstreckungsgegeneinwänden für unzulässig Ital. Corte die Cassazione, Sez. I, 11.4.1983, Nachschlagewerk der Rechtsprechung zum Gemeinschaftsrecht, Serie D, Entsch. Nr. I-36 – B 5; Stellungnahme der italienischen Regierung im Verfahren EuGH 21.05.1980 (125/79) *Denilauler / Couchet Freres,* Slg. 80, 1553 (1563); *O'Malley/Layton*, Rz. 28.41; *Calvo Caravaca* – Garau Sobrino, Art. 36 II 2 (S. 565f.). *Schlosser*, GVÜ Art. 36 Rz. 4 äußert unter diesem Gesichtspunkt ebenfalls Zweifel an § 13 Abs. 1 AVAG, hält diese aber nicht für durchgreifend.

233 Art. 37a Abs. 1 des Entwurfs der Arbeitsgruppe zur Revision vom 26.4.1999 (Generalsekretariat H des Rates, Dok. Nr. SN 2581/1/99 Rev 1).

234 *Stadler*, Vollstreckbarerklärung und internationale Vollstreckung, Manuskript S. 23.

GVÜ ins Feld. Zum anderen nennt sie zwei bereits aus der Diskussion im autonomen Recht bekannten Gründe: Prozeßökonomie und den Schutz des Schuldners, der nicht gezwungen sein soll, die Einwendungen im Erststaat geltend zu machen.[235]

Den *Schuldnerschutz* fördert die Zulassung der Einwände zwar,[236] ihm wäre allerdings, wie in der amtlichen Begründung selbst richtig anklingt, schon durch die Möglichkeit gedient, die Einwände außerhalb des Exequatur im Vollstreckungsstaat geltend zu machen.[237] Die Möglichkeiten, bis zur Entscheidung über die Einwände eine einstweilige Beschränkung der Zwangsvollstreckung zu erreichen, gehen nach § 769 sogar weiter als nach Artt. 38, 39 GVÜ.[238] Im übrigen macht das AVAG dem Schuldner in gewisser Hinsicht ein Danaergeschenk,[239] denn die in § 13 Abs. 1 eingeräumte *Möglichkeit* Vollstreckungsgegeneinwände im Exequatur vorzubringen, wandelt § 15 Abs. 1 zur *Obliegenheit*: Versäumt der Schuldner, gegen die Vollstreckbarerklärung Widerspruch einzulegen, so ist er – relativ überraschend – mit seinem Einwand präkludiert.[240] Außerdem verliert er eine Instanz, da die Einwände erstmals vor dem Oberlandesgericht geprüft werden.[241]

Einleuchtend scheint zunächst das Argument, es sei *ökonomischer*, Vollstreckungsgegeneinwände im Exequaturverfahren „mit abzuhandeln“.[242] Bedenkt man jedoch die Besonderheiten des Exequaturverfahrens nach dem GVÜ, so stellen sich Zweifel ein. Über die Beschwerde des Schuldners hat nach Art. 37 Abs. 1 GVÜ das Oberlandesgericht zu entscheiden. Erfordert die Entscheidung über einen Vollstreckungsgegeneinwand umfangreiche Tatsachenfeststellungen, so müssen diese erstmals durch den Senat eines Oberlandesgerichts getroffen werden, ein wenig ökonomisches Vorgehen. Das OLG München hat deshalb schon 1979 die Konzeption des AVAG konsequent „weiterentwickelt“ und, als mit der Beschwerde ein Vollstreckungsgegeneinwand (Erfüllung durch Zahlungen) geltend gemacht wurde, den Rechtsstreit nach „Art. 37 Abs. 1 GVÜ i.V.m. § 575 ZPO in analoger Anwendung der §§ 538, 539, 565 Abs. 1 ZPO“ an das Landgericht *zurückverwiesen*.[243] Gegen die daraufhin ergangene Entscheidung des Landgerichts legte der Gläubiger seinerseits Beschwerde gemäß Art. 40 GVÜ ein,

---

235 BT-Drs. 11/351, S. 22.

236 Diesen Gesichtspunkt betont *Schlosser*, GVÜ Art. 36 Rz. 4.

237 Ebenso *Leutner*, Vollstreckbare Urkunde, S. 278 f.

238 Näher s.unten (in diesem Abschnitt).

239 So i.E. auch *Pirrung*, DGVZ 73, 178 (182 Fn. 36); *Wolfsteiner*, Vollstreckbare Urkunde, Rz. 82.23, Fn. 19; *Baur/Stürner* Rz. 55.14; zweifelnd auch MünchKomm ZPO-*Gottwald*, IZVR Art. 36 Rz. 6.

240 Näher zu dieser überraschenden, rechtskraftfremden Präklusion s.u. Abschn. V.

241 Näher zu diesem Bedenken sogleich unten.

242 Konzentrationsgrundsatz; *Bülow*/Böckstiegel-*Müller*, Art. 37 III 2 (Nr. 606 S. 252); *Leutner* S. 278.

243 OLG München, IPRspr. 79 Nr. 218.

durch die das OLG München dann ein zweites Mal mit derselben Sache befaßt wurde.[244] Spätestens damit wurde das Verfahren zum Lehrbuchfall dafür, daß der „Ausbau" des GVÜ-Exequaturverfahrens durch § 13 AVAG bei konsequenter Weiterentwicklung zu Ergebnissen führt, die ohne Zweifel unvereinbar sind mit dem in Artt. 37ff. GVÜ festgelegten begrenzten Instanzenzug.[245] Ist zugleich bereits im Erststaat ein Rechtsbehelf zur Geltendmachung der Einwände eingelegt, so drohen zudem – ganz untypisch für das Exequatur[246] – wenig ökonomische Parallelverfahren.[247]

Zur *Zuständigkeitsfrage* heißt es in der amtlichen Begründung knapp:

„Nach einem allgemeinen Grundsatz des internationalen Zivilprozeßrechts müssen Einwendungen gegen den in einem ausländischen Schuldtitel festgestellten Anspruch nicht notwendigerweise in dem Staat vorgebracht werden, in dem der Titel errichtet wurde, sie können in bestimmtem Umfang auch vor den Gerichten des Vollstreckungsstaates geltend gemacht werden."[248]

An dieser Begründung erstaunt zunächst, daß sie keine der konkreten Zuständigkeitsvorschriften des Übereinkommens (etwa Art. 16 Nr. 5) zitiert, sondern sich auf einen „allgemeinen Grundsatz" beruft. Damit verkennt sie den Charakter des Übereinkommens als *convention double* mit abschließendem Zuständigkeitskatalog. Ein häufiger Einwand gegen die Zulässigkeit von Vollstreckungsgegeneinwänden im Exequaturverfahren ist denn auch, auf diese Weise entscheide das Exequaturgericht inzidenter über Einwände, für deren selbständige Prüfung im Vollstreckungsstaat eine Zuständigkeit nach dem Übereinkommen fehle.[249] Der Stellenwert dieses Arguments hängt davon ab, welche Antwort man auf die im vorigen Kapitel erörterte Frage gibt, ob die Vollstreckungsabwehrklage unter Art. 16 Nr. 5 GVÜ fällt. Verneint man sie generell, so ist es nur konsequent, auch dem Exequaturgericht die Kompetenz zur Prüfung von Vollstreckungsgegen-

---

244 OLG München, IPRspr. 80 Nr. 170. Denkbar ist auch eine (weitere) Zurückverweisung nach Rechtsbeschwerde, vgl. BGH NJW 94, 2156 (2157).

245 *Schlosser*, GVÜ Art. 37 Rz. 1; *Fahl* S. 101; weniger eindeutig („bedenklich") *Geimer/Schütze-Geimer*, Internationale Urteilsanerkennung Bd. I § 150 XXII (S. 1143 Fn. 43). Für zulässig hält ein solches Vorgehen *Stürner*, IPRax 85, 254 (255) gegen EuGH 12.7.1984 (178/83) *Firma P / Firma K,* Slg. 84, 3033.

246 Hinsichtlich der im Übereinkommen vorgesehenen Exequaturvoraussetzungen (Art. 34 Abs. 2 GVÜ) können Parallelprüfungen nicht vorkommen, da insofern ausschließlich der Vollstreckungsstaat kompetent ist.. Näher zu Art. 38 GVÜ s.u. Kap. 11, Parallelverfahren.

247 Diese Problematik übersieht etwa BGH NJW 94, 2156 (2157).

248 BT-Drs. 11/351, S. 23.

249 *Pirrung*, DGVZ 73, 178 (182 Fn. 36); *O'Malley/Layton*, Rz. 28.41; *Droz*, Tz. 621; wohl auch Schlußanträge des GA Mayras zu EuGH 21.05.1980 (125/79) *Denilauler / Couchet Freres,* Slg. 80, 1553 (1582). *Gothot/Holleaux*, Tz. 322 (S. 180), 410 (S. 211) wollen nur solche Vollstreckungsgegeneinwände im Exequatur zulassen, für deren selbständige Geltendmachung französische Gerichte international zuständig wären (weniger klar *dies*. Tz. 362). Erhebliche Bedenken auch bei *Grunsky*, RIW 77, 1 (8f.); *Bülow*/Böckstiegel-*Müller*, Art. 37 III 2 (Nr. 606 S. 252). Die Gefahr eines Gerichtsstandsverlustes für den klagenden *Schuldner* sieht *Leutner*, Vollstreckbare Urkunde, S. 276f.

einwänden abzusprechen. Bei einer differenzierenden Antwort, wie sie der Europäische Gerichtshof in *AS Autoteile Service/Malhé*[250] gegeben hat, müßte jedenfalls dieselbe Differenzierung auch in bezug auf die Prüfung im Exequatur gelten, d.h. zumindest die Aufrechnung mit einer bestrittenen Gegenforderung wäre nur zulässig, wenn der Exequaturstaat nach allgemeinen Regeln für eine Klage aus der Gegenforderung zuständig wäre.[251] Schon die amtliche Begründung selbst deutet insofern Zweifel an, wenn sie formuliert, Vollstreckungsgegeneinwände könnten „in bestimmtem Umfang" im Vollstreckungsstaat geltend gemacht werden – eine Einschränkung, die aber in den Gesetzestext keinen Eingang gefunden hat.

Abschließend betont die amtliche Begründung, die getroffene Regelung widerspreche auch nicht dem Übereinkommen und verweist dazu insbesondere auf die Erläuterung zu Art. 37 in dem gemeinsamen Bericht der Sachverständigen („Jenard-Bericht").[252] Dort heißt es nach einem Hinweis auf das Verbot der *révision au fond*:

> „Dagegen kann der Schuldner den Rechtsbehelf auf Tatsachen stützen, die nach dem Erlaß des ausländischen Urteils eingetreten sind, indem er z.B. nachweist, daß er nach dem Erlaß des ausländischen Urteils seine Schuld beglichen hat. Wie Batiffol bemerkt, ist eine solche Einwendung in dem Exequaturverfahren zulässig ([253]) ([254])."

Die von *Jenard* angeführten Belege sind jedoch ungeeignet, seine Auslegung zu rechtfertigen. Der Verweis auf § 767 ZPO ist insofern verfehlt, als diese Vorschrift nicht erlaubt, Vollstreckungsgegeneinwände im Exequaturverfahren oder einem vergleichbaren innerstaatlichen Klauselerteilungsverfahren geltend zu machen, sondern sie gerade auf den Weg einer gesonderten Klage verweist. Der weitere Hinweis auf die Kommentierung zu § 723 und damit letztlich auf die reichsgerichtliche Rechtsprechung zur Zulässigkeit von Vollstreckungsgegeneinwänden im Exequatur nach autonomem Recht paßt nicht, weil das GVÜ ein ganz anders strukturiertes, einfacheres und schnelleres Verfahren bereitstellt.[255] Auch fehlt eine Auseinandersetzung mit der in zahlreichen Vertragsstaaten herrschenden Auffassung, Vollstreckungsgegeneinwände könnten sogar im Exequatur nach autonomem Recht nicht geltend gemacht werden.[256] Freilich führt *Jenard* neben der deutschen auch die französische Rechtslage an. Er gibt diese jedoch

---

250 EuGH 04.07.1985 (220/84), Slg. 85, 2273, Grd. 12.

251 So (schon vor *AS Autoteile Service/Malhé*!) die Stellungnahme der britischen Regierung im Verfahren EuGH 21.05.1980 (125/79) *Denilauler / Couchet Freres,* Slg. 80, 1553 (1562).

252 ABl EG C59/1979, S. 1 (51).

253 „Batiffol a.a.O. [Traité du Droit International Privé, d. Verf.], S. 863, Fußnote unter 57 [sic]."

254 „Für die Bundesrepublik Deutschland vgl. § 767 ZPO; vgl. auch *Baumbach*-Lauterbach, Zivilprozeßordnung § 723 Anmerkung 1."

255 Ebenso *Leutner*, Vollstreckbare Urkunde S. 270.

256 So z.B. im französischen, griechischen, spanischen und polnischen Recht s.o. Abschn. II 2 a.

falsch wieder. Die von ihm zitierte Passage aus der 3. Auflage des Standardwerks von *Batiffol* enthält nämlich lediglich spekulative Erwägungen aus der Zeit vor Abschaffung der *révision au fond*, denen die französische Rechtsprechung nicht gefolgt ist.[257] Sie hat vielmehr mit der Abkehr von der *révision au fond* im autonomen Exequatur auch Vollstreckungsgegeneinwände aus dem Exequaturverfahren verbannt,[258] auch *Batiffol* hatte dies in der damals aktuellen Neuauflage bereits berücksichtigt.[259] Angesichts dieser Fehlgriffe kann der häufig zitierten[260] Stellungnahme des *Jenard*-Berichts schwerlich Autorität für die Auslegung des Übereinkommens in dieser Frage zukommen.[261]

c) Bedenken gegen § 13 Abs. 1 AVAG

Zu den Einwänden gegen die gesetzgeberische Begründung des § 13 Abs. 1 AVAG treten weitere, durchgreifende Bedenken gegen die Regelung hinzu. Sie ergeben sich aus einem Vergleich mit der Behandlung von Abänderungsgründen, aus der Konzeption des Exequatur nach dem GVÜ und aus der Gefahr, daß allgemeine Vorschriften des Übereinkommens ausgehebelt werden. Eine Ausnahme gilt nur für unstreitige und rechtskräftig festgestellte Vollstreckungsgegeneinwände.

---

257 Das Zitat bei *Jenard* bezieht sich auf die 3. Auflage des Werkes von Batiffol, die 1959 erschien, fünf Jahre *bevor* die Cour de Cassation mit der Entscheidung *Munzer* (7. Januar 1964, J.C.P. 1964 II, 13590) die Abkehr von der *révision au fond* im Exequaturverfahren vollzog. *Batiffol* kritisiert dort die *révision au fond*, räumt aber in der von *Jenard* zitierten Fußnote ein, auch bei Abschaffung der *révision au fond* könnten die Gerichte weiter solche Ereignisse berücksichtigen, die nach dem Erlaß der ausländischen Entscheidung einträten. Diesen Kontext übersieht auch die im übrigen kritische Würdigung des Batiffol-Zitats durch *Leutner*, Vollstreckbare Urkunde S. 270.

258 Civ 1, 07.01.964, J.C.P. 1964 II, 13590 *Munzer* und die nachfolgende Rechtsprechung, Civ. 1re, 05.01.1966, Bull. civ. I N° 13; Civ 1re, 27.01.1971, RCDIP 1972, 100, *Zekri*. Die Rechtsprechung hat damit nicht nur die von *Batiffol* kritisierte umfassende Nachprüfungsmöglichkeit aufgegeben, sondern ist in bezug auf Vollstreckungsgegeneinwände noch über seinen Vorschlag hinausgegangen. An dieser Rechtsprechung hat sich trotz einiger kritischer Stimmen aus der Literatur bisher nichts geändert, s.o. im Kap. 2, Frankreich.

259 *Batiffol*, Droit International Privé, 4. Aufl., Paris 1967, S. 836, Tz. 732, Fn. 53 ter. Dort wird die Zulässigkeit von Vollstreckungsgegeneinwänden als „zweifelhaft" und ihre Zulassung durch die Rechtsprechung vor Aufgabe der *révision au fond* als nicht mehr maßgeblich bezeichnet. (ebenso ders. in der 5. Aufl. (Paris 1971), Bd. II, S. 450, Tz. 732, Fn. 53 ter). Das Zitat der veralteten Auflage dürfte in der Entstehungsgeschichte des Berichts begründet liegen, von dem Entwürfe bereits während der Verhandlungen ab 1963 zirkulierten und beraten wurden, vgl. *Bülow*, RabelsZ 38 (1974), 262 (269f.).

260 Neben der amtlichen Begründung zum AVAG und den Erläuterungswerken z.B. auch die Stellungnahme der Kommission und die Schlußanträge des GA *Mayras* im Verfahren EuGH 21.05.1980 (125/79) *Denilauler / Couchet Freres*, Slg. 80, 1553 (1564, 1582).

261 Ebenso *Leutner*, Vollstreckbare Urkunde S. 270. Zweifelnd auch *Pirrung*, DGVZ 73, 178 (182 Fn. 36); *O'Malley/Layton*, Rz. 28.41.

(1) Vergleich mit der Behandlung von Abänderungsgründen

Ähnlich wie im autonomen Recht weckt auch hier der Blick auf die Behandlung von Abänderungsgründen erste Zweifel an der Schlüssigkeit der Regelung. Prüft man im Exequatur das Fortbestehen des Anspruchs, so wären konsequent auch Abänderungsgründe (§ 323) zu berücksichtigen. Die Rechtsprechung[262] und mit ihr die herrschende Meinung in der Literatur[263] lehnen dies jedoch ab. Sie liefern keine befriedigende Erklärung für die Ungleichbehandlung dieser jeweils auf den materiellen Anspruch bezogenen Einwände. Die bereits oben diskutierte Begründung,[264] Abänderungsgründe und Vollstreckungsgegeneinwände bedeuteten (unterschiedlich starke) Eingriffe in die Rechtskraft der ausländischen Entscheidung, ist, wie ausgeführt, nicht haltbar; ebenso der damit verbundene Versuch, aus dem Verbot der *révision au fond* ein Differenzierungskriterium herzuleiten.[265] In der Literatur wird die Differenzierung aber teilweise auch damit begründet, die Untersuchung von Abänderungsgründen erfordere „mehr noch als [Vollstreckungsgegeneinwände] umfangreiche Beweisaufnahmen".[266] Dieses Argument leuchtet weder empirisch noch rechtssystematisch ein. Denn Vollstreckungsgegeneinwände können komplexe Tatsachenfeststellungen erfordern,[267] und Abänderungsgründe können unter Umständen offenkundig sein (z.B. eine Verschiebung von Währungsrelationen). Eine insofern sinnvolle Differenzierung würde nicht zwischen Abänderungsgründen und Vollstreckungsgegeneinwänden, sondern zwischen liquiden und illiquiden Einwänden gegen den Anspruch unterscheiden.[268] Noch bedenklicher ist das Argument, die mit der Geltendmachung erst im Beschwerdeverfahren verbundene Verkürzung des Rechtswegs sei für Abänderungsgründe nicht hinnehmbar, für Vollstreckungsgegeneinwände dagegen akzeptabel, da letztere unbeschadet der Entscheidung im deutschen Exequaturverfahren nochmals im Erststaat geltend gemacht werden könnten.[269] Abgesehen von der Fragwürdigkeit der Gleichstellung eines ausländischen Zweitverfahrens mit einem Rechtsmittelverfahren im Inland nimmt man damit eine Verschwendung juristischer Ressourcen und die Gefahr widersprechender Entscheidungen in Kauf.[270]

---

[262] KG NJW 91, 644; OLG Schleswig, FamRZ 94, 53; OLG Rostock IPRax 2000, 214 (215).

[263] *Geimer/Schütze*, EuZVR Art. 36 Rz. 30; *Kropholler*, EuZPR Art. 36 Rz. 17; *Schlosser*, GVÜ Art. 36 Rz. 9 (die Möglichkeit aber offenlassend aaO Rz. 4); im Ergebnis auch *Böhmer*, IPRax 91, 90 (92).

[264] KG NJW 91, 644, in der Literatur meist unkritisch referiert.

[265] S.o. die Erörterungen zum Exequatur nach autonomem Recht und *Gottwald*, FamRZ 90, 1377. Kritisch auch *Böhmer*, IPRax 91, 90 (92). Auf Wertungswidersprüche, insbesondere auch hinsichtlich der Präklusion, weist *Baur/Stürner*, Rz. 55.15 hin.

[266] Cypra, S. 112; ähnlich *Wolff*, Hdb. IZVR Bd. Bd. III/2, Kap. IV Rz. 459.

[267] Vgl. die Beispielsfälle zu Beginn des Kap. 7, Präklusion.

[268] So der Vorschlag von *Donzallaz*, Tz. 3362, 3365 für das Verfahren nach Artt. 36ff. GVÜ.

[269] So Cypra, S. 100, 113.

[270] Zur möglicherweise entgegenstehenden Rechtskraft der Exequaturentscheidung näher unten, Abschn. V.

Zusammenfassend ist festzuhalten, daß bei der gebotenen vertragsautonomen Auslegung des Art. 36 GVÜ kein europaweit konsensfähiges Kriterium ersichtlich ist, das die Zulassung von Vollstreckungsgegeneinwänden und den Ausschluß von Abänderungsgründen im Beschwerdeverfahren rechtfertigen würde.

(2) Aushebelung allgemeiner Vorschriften des Übereinkommens

Gegen die Integration der Vollstreckungsabwehrklage in das Exequaturverfahren durch § 13 Abs. 1 AVAG spricht auch die Gefahr, daß damit die allgemeinen Vorschriften über die Zuständigkeit und die Vermeidung unvereinbarer Entscheidungen (2. Titel des GVÜ) ausgehebelt werden.

Die Durchbrechung der allgemeinen Zuständigkeitsvorschriften wurde oben bereits im Zusammenhang mit den fragwürdigen und unscharfen Ausführungen der amtlichen Begründung[271] und der internationalen Kritik zu diesem Punkt diskutiert. Ihr Gewicht hängt stark davon ab, welche Position man zur Zuständigkeit nach Art. 16 Nr. 5 GVÜ einnimmt. Nicht unterschätzt werden sollten aber auch die Nachteile, die durch eine mangelnde Anerkennungsfähigkeit der inzidenten Entscheidung über den Einwand[272] und eine eventuelle Unanwendbarkeit von Art. 21 GVÜ[273] entstehen. Der Prozeß über Vollstreckungsgegeneinwände wird damit entscheidender Segnungen des GVÜ beraubt, unökonomische Parallelverfahren und widersprüchliche Entscheidungen werden wieder wesentlich wahrscheinlicher. Dies ist bei Vorfragen im Rahmen der „echten" Anerkennungs- und Vollstreckungsvoraussetzungen des Art. 34 Abs. 2 GVÜ (etwa der Frage, ob ein Urteil durch Prozeßbetrug erlangt wurde),[274] noch hinzunehmen, bei einem nur zur vermeintlichen Vereinfachung integrierten Prüfungsgegenstand dagegen kaum.

(3) Prüfungsgegenstand und Konzeption des Exequatur nach dem GVÜ

Vollstreckungsgegeneinwände fallen nicht nur unter keinen der im Übereinkommen aufgezählten Versagungsgründe, sondern bilden im Vergleich zu diesen auch ein echtes *aliud*.[275] Ihre Einbeziehung in das Exequaturverfahren ändert

---

271 „Nach einem allgemeinen Grundsatz [Regelung im GVÜ?] ... können [Vollstreckungsgegeneinwände] in bestimmtem Umfang [?] auch vor den Gerichten des Vollstreckungsstaates geltend gemacht werden", BT-Drs. 11/351, S. 23, Anm. in [ ]. d. Verf.

272 Nach einer verbreiteten Ansicht sind Exequaturentscheidungen nicht anerkennungsfähig, *Gaudemet-Tallon*, TZ 282 (293, 298). Der Gerichtshof hat dies allerdings bisher nur in Bezug auf die Vollstreckbarerklärung von Entscheidungen aus Drittstaaten (i.S.d. Art. 27 Nr. 5 GVÜ) bestätigt, EuGH 20.1.1994 (129/92) *Owens Bank / Bracco*, Slg. 94, 117.

273 Näher s.u. Kap. 11, Parallelverfahren.

274 Vgl. EuGH 20.1.1994 (129/92) *Owens Bank / Bracco*, Slg. 94, 117 (153 ff., Grd. 26, 34).

275 Der EuGH unterscheidet in einer aktuellen Entscheidung (vom 29.04.1999 (267/97) *Coursier ./. Fortis Bank*, Slg. noch nicht veröffentlicht) diese Einwände deutlich von solchen gegen die formelle (!) Vollstreckbarkeit des Titels (Grd. 24).

den Gegenstand des Verfahrens grundlegend.[276] Wie bereits für das autonome Recht erörtert, wird damit nämlich das Fortbestehen des titulierten materiellen Anspruchs zum Streitgegenstand, während das GVÜ nur eine Überprüfung der Wirksamkeit und des ordnungsgemäßen Zustandekommens der ausländischen Entscheidung vorsieht. Im Exequaturverfahren muß damit unter Umständen umfangreiches Tatsachenmaterial in bezug auf den titulierten Anspruch ermittelt und gewürdigt werden.[277] Dies widerspricht der Ausgestaltung des Exequatur im Übereinkommen in mehrfacher Hinsicht.

Es entspricht bereits nicht der Konzeption des GVÜ, eine Klasse von Ablehnungsgründen (die Vollstreckungsgegeneinwände) *erstmals im Rechtsbehelfsverfahren* (gegen das Exequatur) zu prüfen. Nach Art. 36 GVÜ sind im Rechtsbehelfsverfahren nicht zusätzliche Ablehnungsgründe zu prüfen, sondern nur der hier erstmals zulässige *Vortrag* des Vollstreckungsschuldners zu den in Art. 34 Abs. 2 GVÜ enumerierten Ablehnungsgründen. Im übrigen sind nach dem GVÜ schon vor Anhörung des Schuldners dieselben Versagungsgründe zu prüfen wie später im Rechtsbehelfsverfahren. § 13 AVAG *sprengt diese Kongruenz* von erst- und zweitinstanzlichem Verfahren[278] mit einer Struktur, die selbst der ZPO fremd ist. So kann der Schuldner durch Klauselerinnerung (§ 732) nicht etwa mehr oder andere Einwendungen geltend machen, als diejenigen, welche auch bei Klauselerteilung bereits zu berücksichtigen waren.[279] Es erscheint, wie bereits ausgeführt, auch wenig prozeßökonomisch, wenn ein Oberlandesgericht oder eines der anderen in Art. 37 GVÜ aufgeführten höheren Gerichte erstmals die relevanten Tatsachen ermittelt.[280] Bedenklich ist auch, daß der Schuldner damit eine Instanz verliert.[281] Verfahrensverlängernde Zurückverweisungen sind die Folge.[282] Echte Abhilfe ließe sich nur schaffen, indem bereits der Kammervorsitzende vor Ertei-

---

[276] Stellungnahme der italienischen Regierung im Verfahren EuGH 21.05.1980 (125/79) *Denilauler/Couchet Freres,* Slg. 80, 1553 (1563). *Jametti Greiner*, BN 93, 37 (55) spricht von einer „völligen Denaturierung des Exequaturverfahrens" durch das AVAG. Vgl. auch die Kritik von *Wolfsteiner*, Vollstreckbare Urkunde Rz. 82.23 ff., insbes. Fn. 23; *Leutner*, Vollstreckbare Urkunde, S. 280 f.

[277] Dabei ist die Versuchung groß, auf Umwegen doch zu einer Nachprüfung in der Sache zu kommen, vgl. OLG Saarbrücken, NJW 88, 3100 (3102).

[278] Diesen Einwand betonen besonders *O'Malley/Layton*, Rz. 28.41.

[279] *Schultheis*, S. 46 ff. m.w.N. zu diesem „Deckungsprinzip"; MünchKomm ZPO-*Wolfsteiner*, § 797 Rz. 19.

[280] Dieser Aspekt ist für die einheitliche Auslegung des GVÜ von erheblicher Bedeutung. Andere Vertragsstaaten, wie z.B. Frankreich, dürften schon aus diesem Grund kaum mit einer Auslegung des Abkommens einverstanden sein, nach der Schuldner berechtigt sind, im Rechtsbehelf nach Art. 36 GVÜ Vollstreckungsgegeneinwände vorzubringen.

[281] *Pirrung*, DGVZ 73, 178 (182 Fn. 36); *Leutner*, Vollstreckbare Urkunde, S. 276, 281; vgl. auch *Gaudemet-Tallon*, La convention de Bruxelles, Tz. 397 a.E.; *Gothot/Holleaux*, Tz. 322, welche die Zulässigkeit des Instanzverlusts aber jeweils für eine Frage des nationalen Rechts halten und *Cypra*, S. 100, der dies nur als Grund gegen eine Rechtskraft der Entscheidung über den Anspruch im Exequaturverfahren ansieht.

[282] Vgl. BGH NJW 94, 2156 (2157); OLG München, IPRspr. 79 Nr. 218; IPRspr. 80 Nr. 170.

lung der Vollstreckungsklausel prüfen würde, ob der materiellrechtliche Anspruch besteht. Damit wäre jedoch der Zweck des GVÜ, ein einfaches und schnelles Exequatur zu erlauben, vereitelt;[283] eine ausländische vollstreckbare Urkunde wäre in Deutschland sogar praktisch wertlos. Auch unter anderen Aspekten, etwa der bloß fakultativen mündlichen Verhandlung[284] und dem mangelnden Anwaltszwang,[285] erscheint das Beschwerdeverfahren wenig angemessen für eine Prüfung nachträglicher Einwände gegen den Anspruch.[286] Auch die Gefährdungshaftung des Gläubigers nach § 30 Abs. 1 AVAG paßt nicht, wenn der Exequaturantrag erst aufgrund nachträglicher Einwände gegen den Anspruch abgewiesen wird.[287]

Besonders problematisch ist, daß die Erweiterung der Prüfungsumfangs das Interesse des Titelgläubigers an einer zügigen Vollstreckung beeinträchtigt, indem sie auch hier zu einem *Suspensiveffekt* führt. Zwar kann der Gläubiger zunächst die Vollstreckbarerklärung durch Beschluß erreichen, ohne daß der Schuldner mit Vollstreckungsgegeneinwänden gehört wird. Bis zum Abschluß des Beschwerdeverfahrens ist die Zwangsvollstreckung jedoch gemäß § 39 Abs. 1 GVÜ auf Sicherungsmaßnahmen beschränkt, der Gläubiger kann also Schuldnervermögen nicht verwerten. Damit wird die Erfüllung seines bereits titulierten Anspruchs nicht nur hinausgeschoben, sondern unter Umständen auch gefährdet, da er einen zwischenzeitlichen Wertverfall der Zugriffsobjekte (z.B. bei Waren, Wertpapieren oder Gesellschaftsanteilen) nicht verhindern kann. Eine Verlängerung des Beschwerdeverfahrens[288] bedeutet daher trotz der möglichen Sicherungsvollstreckung eine erhebliche Gefährdung der Gläubigerinteressen. Selbst die pragmatische Lösung einer Verwertung gegen Sicherheitsleistung des Gläubigers steht nicht offen.[289] Die Verlängerungsgefahr wird noch verschärft, wenn es sogar zu einer Zurückverweisung an das Landgericht kommen kann[290] und man mit der wohl herrschenden Meinung annimmt, daß das Beschwerdeverfahren auszusetzen ist, wenn die Vollstreckungsgegeneinwände gleichzeitig im Erststaat geltend gemacht wurden.[291] Letzteres führt dazu, daß die im Erststaat

---

[283] Vgl. EuGH 3.10.1985 (119/84) *Capelloni / Pelkmans*, Slg. 85, 3147 (3160 Grd. 25).

[284] § 14 Abs. 1 AVAG. Illustrativ BGH, IPRax 85, 101 (Nr. 22 und 23 – zwei Urteile).

[285] § 14 Abs. 2 AVAG.

[286] *Pirrung*, DGVZ 73, 178 (182 Fn. 36); *Leutner*, Vollstreckbare Urkunde, S. 281; ähnlich *Donzallaz*, Rz. 3362, 3365 f. (für „illiquide" Einwände).

[287] Hierauf weist *Matscher*, ZZP 95 (1982), 170 (219 Fn. 192) hin.

[288] Die Zulassung von Vollstreckungsgegeneinwänden kann das Beschwerdeverfahren erheblich. verlängern, insbesondere wenn umfangreiche Beweisaufnahmen nötig werden, vgl. die Beispielsfälle 1, 5 und 6 (Kap. 7, Präklusion). Wenig einleuchtend insofern *Leutner*, Vollstreckbare Urkunde, S. 282 f., der diese Gefahr bagatellisiert.

[289] Art. 38 Abs. 3 erlaubt eine entsprechende Anordnung erst zugleich mit der Entscheidung über die Beschwerde, EuGH 27.11.1984 (258/83) *Brennero ./. Wendel*, Slg. 1984,3971; *Kropholler*, EuZPR Art. 38 Rz. 8.

[290] Vgl. OLG München, IPRspr. 79 Nr. 218.

[291] Vgl. St/J-*Münzberg*, Anh. § 723 C I Rz. 313 Fn. 38 (unter 2b); ebenso diejenigen, die

erhobene Vollstreckungsabwehrklage im Zweitstaat einen stärkeren Suspensiveffekt als im Erststaat selbst, wo sie den Titelgläubiger regelmäßig nicht daran hindert, die Vollstreckung einschließlich der Verwertung weiter zu betreiben.[292] Dieses paradoxe Ergebnis widerspricht offensichtlich dem Ziel des GVÜ, die Freizügigkeit von Vollstreckungstiteln zu gewährleisten. Zugleich wird deutlich, wie stark die vermeintlich prozeßökonomische Idee, Vollstreckungsgegeneinwände im Exequatur „mit zu erledigen", in Rechte des Gläubigers eingreift.[293]

Damit torpediert die Regelung des § 13 AVAG das erklärte Ziel des Übereinkommens, zwischen den Vertragsstaaten ein europaweit *einheitliches, schlankes Verfahren* für die wechselseitige Anerkennung und Vollstreckbarerklärung von Titeln zu schaffen.[294] Sie trägt eine deutsche Besonderheit – die Berücksichtigung von Vollstreckungsgegeneinwänden bereits im Exequaturverfahren – in das von Artt. 31 ff. GVÜ festgelegte einheitliche Verfahren hinein, ohne daß hierüber ein Konsens zwischen den Vertragsstaaten bestehen würde.[295] Der Blick in ausländische Kommentierungen zum GVÜ zeigt vielmehr, daß andere Vertragsstaaten vor dem Hintergrund ihres nationalen Rechts die Geltendmachung von Vollstreckungsgegeneinwänden im Verfahren nach Artt. 31 ff. GVÜ für ganz oder teilweise unzulässig halten.[296] Solche Divergenzen sind vorprogrammiert, da es für Vertragsstaaten, die Vollstreckungsgegeneinwände bereits im autonomen Exequaturverfahren nicht zulassen, widersinnig wäre, den Titelgläubiger im Exequatur nach dem GVÜ schlechter zu stellen als im autonomen Recht. Die Auslegungsunterschiede könnten hinzunehmen sein, wenn das Übereinkommen insofern keine Vereinheitlichung beabsichtigt hätte. Fragen der Zwangsvollstreckung sind in der Tat vom Regelungsbereich des Übereinkommens ausgenommen.[297] Die Prüfung von Vollstreckungsgegeneinwänden ist jedoch, wie dargelegt, keine Sache der Zwangsvollstreckung,[298] und jedenfalls ist die *Zulassung*

Vollstreckungsgegeneinwände im Exequaturverfahren nur aus Zuständigkeitsgründen ablehnen: *Calvo Caravaca* – Garau Sobrino, Art. 36 II 2 (S. 566); *O'Malley/Layton*, Rz. 28.41; *Droz*, Tz. 622. Näher s.u. Kap. 11, Parallelverfahren.

292 So auch im deutschen Recht, wo die Erhebung der Vollstreckungsabwehrklage keinerlei Einfluß auf die Zwangsvollstreckung hat.

293 *Leutner*, Vollstreckbare Urkunde, S. 283, hält dies für hinnehmbar, weil auch die Prüfung der regulären Exequaturvoraussetzungen (z.B. *ordre public*) zu Verzögerungen führen kann – eine wenig einleuchtende Erwägung, mit der letztlich jede weitere Verzögerung des Verfahrens gerechtfertigt werden könnte.

294 Ebenso *Leutner*, Vollstreckbare Urkunde, S. 283 f.

295 Vgl. *Calvo Caravaca*- Garau Sobrino, Art. 36 II 2 (S. 566).

296 *O'Malley/Layton*, Rz. 28.41; *Calvo Caravaca*- Garau Sobrino, Art. 36 II 2 (S. 565 f.); *Donzallaz*, Tz. 3362, 3365 (für illiquide Einwände); *Jametti Greiner* BN 1993, 37 (55); ambivalent *Gothot/Holleaux*, Tz. 322 und 362. Anders aber z.B. manche Schweizer Kantonsgesetze, vgl. Art. 5 Abs. 1 der Berner EinführungsVO zum LugÜ i.V.m. Art. 409 Nr. 2 Berner ZPO.

297 EuGH 3.10.1985 (119/84) *Capelloni / Pelkmans*, Slg. 85, 3147 (3159 Grd. 16); *Geimer/Schütze*, EuZVR, Einl. Rz. 121; *Kropholler*, EuZPR Art. 36 Rz. 3.

298 Vgl. die ausführlichen Überlegungen zur Qualifikation im Rahmen von Art. 16 Nr. 5 GVÜ, oben im Kap. 9, Zuständigkeit.

eines Titels zur Zwangsvollstreckung klar von deren *Durchführung* zu unterscheiden.[299] Das Zulassungsverfahren (Exequatur) ist nämlich Gegenstand detaillierter Regelungen in Artt 31–49 GVÜ. Anders als die meisten anderen Anerkennungs- und Vollstreckungsabkommen[300] überläßt das GVÜ die Ausgestaltung des Exequaturverfahrens gerade nicht dem Recht des Vollstreckungsstaates.[301] Art. 33 Abs. 1 GVÜ erklärt das Recht des Vollstreckungsstaates nur noch für maßgeblich bei der Stellung des Antrags auf Vollstreckbarerklärung. Damit sind Modalitäten wie Form und Inhalt des Antrags, die Anzahl der dem Gericht vorzulegenden Ausfertigungen etc. gemeint,[302] nicht aber so grundlegende Fragen wie die Berücksichtigung von Vollstreckungsgegeneinwänden.[303] Auf keinen Fall darf das Exequatur durch diese Vorschriften entgegen dem Zweck des GVÜ verzögert oder erschwert werden.[304] Selbst bei der Durchführung der Vollstreckung sind im übrigen die Zielsetzungen des Abkommens zu respektieren.[305]

Der Gefahr, daß einzelne Vertragsstaaten das Verfahren nach Artt. 31 ff. GVÜ entsprechend ihren nationalen zivilprozessualen Vorstellungen modifizieren, ist der Europäische Gerichtshof mehrfach entgegengetreten.[306] Besonders deutlich formulierte er in *Deutsche Genossenschaftsbank ./. Brasserie du Pêcheur,*[307] ein Hauptziel des Übereinkommens sei, das Exequaturverfahren zu vereinfachen, und:

„Zur Erreichung dieses Ziels wurde mit dem Brüsseler Übereinkommen ein Verfahren über die Zulassung der Zwangsvollstreckung geschaffen, das auch für den Bereich der Rechtsschutzmöglichkeiten ein eigenständiges und geschlossenes System darstellt."[308]

---

299 *Kropholler*, EuZPR Art. 36 Rz. 3; *Geimer/Schütze*, EuZVR Art. 36 Rz. 2.

300 Vgl. Art. 6 Abs. 2 Deutsch-Schweizerisches Abkommen, Art. 7 Deutsch-Belgisches Abkommen, Art. 6 Abs. 2 Deutsch-Österreichisches Abkommen, Art. 7 Deutsch-Griechisches Abkommen, Art. 35 Deutsch-Tunesisches Abkommen, Art. 14 Abs. 2 Deutsch-Niederländisches Abkommen, Art. 13 Haager Übereinkommen zur Unterhaltsvollstreckung (1973), Artt. 11, 16 Abs. 2 Satz 2 Deutsch-Israelisches Abkommen, Artt. 11, 15 Abs. 4 Deutsch-Norwegisches Abkommen.

301 EuGH 27.11.1984 (258/83) *Brennero ./. Wendel*, Slg. 1984, 3971, Grd. 11; EuGH 02.07. 1985 (184/84) *Deutsche Genossenschaftsbank ./. Brasserie du Pêcheur,* Slg. 85, 1987 (1992, Grd. 17); 3.10.1985 (119/84) *Capelloni / Pelkmans*, Slg. 85, 3147 (3158 Grd. 15).

302 *Kropholler*, EuZPR Art. 33 Rz. 1.

303 Dies verkennt *Donzallaz*, Tz. 3367, der ohne nähere Begründung die Behandlung von Vollstreckungsgegeneinwänden im Exequatur dem nationalen Recht zuordnet und sich hierfür auf Art. 33 Abs. 1 GVÜ beruft.

304 Vgl. EuGH 14.3.1996 (275/94), *Van der Linden*, Slg. 96, 1399 (1412 Grd. 14ff.).

305 EuGH 3.10.1985 (119/84) *Capelloni / Pelkmans*, Slg. 85, 3147 (3160 Grd. 21) zur Durchführung der Sicherungsvollstreckung nach Art. 39 GVÜ.

306 EuGH 27.11.1984 (258/83) *Brennero ./. Wendel*, Slg. 1984, 3971; 3.10.1985 (119/84) *Capelloni / Pelkmans*, Slg. 85, 3147; 02.07.1985 (184/84) *Deutsche Genossenschaftsbank ./. Brasserie du Pêcheur,* Slg. 85, 1987; 29.04.1999 (267/97) *Coursier ./. Fortis Bank*, Slg. noch nicht veröffentlicht.

307 vom 02.07.1985 (148/84) Slg. 85, 1987.

308 EuGH 02.07.1985 (184/84) *Deutsche Genossenschaftsbank ./. Brasserie du Pêcheur,* Slg. 85, 1987 (1992) Grd. 17.

Für den ihm vorgelegten Fall folgerte er hieraus, französische Gerichte dürften keine zusätzlichen, in dem Übereinkommen nicht vorgesehenen Rechtsbehelfe gegen das Exequatur eröffnen, indem sie Dritten, die von der Zwangsvollstreckung beeinträchtigt werden könnten, bereits erlaubten, gegen die Exequaturentscheidung vorzugehen. Der Gerichtshof betonte ausdrücklich, die in Artt. 31ff. GVÜ vorgesehenen Rechtsbehelfe seien abschließend und dürften nicht nach nationalen Vorstellungen „ergänzt" werden. Die Zwangsvollstreckung selbst bleibe allerdings Domäne des nationalen Rechts.

§ 13 AVAG erweitert nicht das Verfahren nach dem GVÜ um einen zusätzlichen Rechtsbehelf, sondern einen GVÜ – Rechtsbehelf um zusätzliche Einwendungen. Damit werden Fragen in das Exequaturverfahren „vorverlegt", die sonst selbst im inländischen Verfahren Gegenstand eines eigenen vollstreckungsrechtlichen Rechtsbehelfs (§ 767) sind. Mit der „Ergänzung" des Exequaturverfahrens nach dem GVÜ um Aufhebungstatbestände, die dem nationalen Rechtsbehelfssystem in der Zwangsvollstreckung entnommen sind, verstößt § 13 AVAG ebenso gegen das Übereinkommen wie Art. 496 NCPC in der Auslegung, die Gegenstand der Entscheidung *Deutsche Genossenschaftsbank ./. Brasserie du Pêcheur* war. Dies präjudiziert, wie der Gerichtshof in *Deutsche Genossenschaftsbank* ebenfalls deutlich ausgesprochen hat, nicht die Möglichkeit, daß dem Schuldner oder interessierten Dritten *im Rahmen der Zwangsvollstreckung* nach nationalem Recht Rechtsbehelfe zur Verfügung stehen, mit denen die Vollstreckung aus dem exequierten Urteil verhindert oder beschränkt werden kann. Entscheidend ist, daß das Exequaturverfahren zunächst unbehelligt von diesen nationalen Behelfen so straff durchgeführt wird, wie es im Übereinkommen vorgesehen ist.[309] Die Domäne des nationalen Rechts beginnt erst *nach Abschluß* des Exequaturverfahrens. Andernfalls wäre, wie Generalanwalt *Lenz* in den Schlußanträgen zu *Deutsche Genossenschaftsbank* deutlich warnte, der Zweck des Exequaturverfahrens nach dem Übereinkommen gefährdet:

> „Eine Partei, die in einem anderen Vertragsstaat die Vollstreckung eines zu ihren Gunsten ergangenen inländischen Titels betreiben will, würde sich nämlich sonst schon in dem Verfahren zur Zulassung der Zwangsvollstreckung einer Vielfalt nationaler Verfahrenshindernisse in Form von zusätzlichen Rechtsbehelfen gegenüber sehen. Eine unkomplizierte Gleichstellung ausländischer vollstreckbarer Titel mit inländischen wäre damit nicht mehr gewährleistet."[310]

§ 13 AVAG richtet ein solches zusätzliches, in Artt. 31ff. GVÜ nicht vorgesehenes Verfahrenshindernis auf. Nach der Entscheidung *Deutsche Genossenschaftsbank* ist klar, daß § 13 AVAG gegen das GVÜ verstößt.

---

[309] Ebenso schon EuGH 3.10.1985 (119/84) *Capelloni/Pelkmans*, Slg. 85, 3147 (3163 Grd. 36).

[310] Slg. 85, S. 1985.

Zweifel an diesem Ergebnis weckt allerdings ein *obiter dictum* in der aktuellen Entscheidung *Coursier ./. Fortis Bank.*[311] Sie betrifft, wie die Vorlagefrage[312] deutlich formuliert, die Auswirkungen einer konkursrechtlichen Zweitentscheidung im Erststaat auf die Vollstreckbarkeit als Exequaturvoraussetzung. Die Brisanz der Frage liegt darin, daß konkursrechtliche Entscheidungen nicht in den Anwendungsbereich des Übereinkommens fallen,[313] also im Verkehr zwischen den Vertragsstaaten unter Umständen nicht anerkannt werden.[314] Der Gerichtshof stellt klar, daß auch das Erfordernis der „Vollstreckbarkeit im Erststaat" (Art. 31 Abs. 1 GVÜ) keine indirekte Pflicht kreiert, solche Entscheidungen zu berücksichtigen, selbst wenn sie im Erststaat der weiteren Vollstreckung aus dem Titel entgegenstehen. Solange die Vollstreckbarkeit im Erststaat nicht formell aufgehoben sei, bestehe sie im Sinne des Art. 31 GVÜ fort.[315] Damit war die Vorlagefrage beantwortet. Der Gerichtshof fügte aber an, im Rahmen des Rechtsbehelfs nach Art. 36 GVÜ sei es „Sache der Gerichte des Zweitstaates ..., gemäß ihrem Recht ... zu bestimmen, welche Rechtswirkungen eine Entscheidung entfaltet, die im Urteilsstaat im Rahmen eines Konkursverfahrens ergangen ist."[316] Diese Formulierung macht nicht deutlich, welche „Rechtswirkungen" der Zweitentscheidung das Exequaturgericht im Rahmen des Rechtsbehelfs berücksichtigen darf: nur Wirkungen auf die (tatsächliche) Vollstreckbarkeit des *Titels* im Erststaat oder materiellrechtliche Wirkungen auf den titulierten *Anspruch*. Ersteres würde bedeuten, daß der Begriff der Vollstreckbarkeit im Erststaat für Zwecke des Rechtsbehelfsverfahrens weiter definiert würde als im Rahmen des Art. 31 GVÜ. Letzteres würde heißen, daß der Gerichtshof – wenn auch ohne Auseinandersetzung mit dem Problem – die Berücksichtigung von Vollstreckungsgegeneinwänden im Rechtsbehelf nach Art. 36 GVÜ als „Sache der Gerichte des Zweitstaates" ansähe. Dann wäre auch gegen § 13 Abs. 1 AVAG nichts einzuwenden.[317] Für die erste Auslegung spricht, daß sie die Prüfungsbefugnisse des Rechtsbehelfsgerichts weniger stark ausweitet als die zweite und damit den in *Deutsche Genossenschaftsbank* niedergelegten Prinzipien[318] noch am ehesten

[311] EuGH 29.04.1999 (267/97) *Coursier ./. Fortis Bank*, Slg. noch nicht veröffentlicht.

[312] „Beeinträchtigt eine Entscheidung, die im Ursprungsstaat in einem Konkursverfahren ergangen ist, also auf einem Gebiet, das vom Anwendungsbereich des [GVÜ] ausgenommen ist, und die ... nach dem Recht des Vollstreckungsstaates nicht anerkannt werden kann ... die Vollstreckbarkeit ..., die gemäß Art. 31 Abs. 1 des Übereinkommens Voraussetzung für ... Anerkennung und Vollstreckung ist?" (Grd. 11).

[313] Art. 1 Abs. 2 Nr. 2 GVÜ.

[314] In casu bewirkte die konkursrechtliche Entscheidung (Einstellung des Verfahrens mangels Masse) nach dem materiellen Recht des Erststaates (Frankreich) wohl eine Restschuldbefreiung (Grd. 5ff.).

[315] EuGH 29.04.1999 (267/97) *Coursier ./. Fortis Bank*, Slg. noch nicht veröffentlicht, Grd. 29, Tenor.

[316] EuGH 29.04.1999 (267/97) *Coursier ./. Fortis Bank*, Slg. noch nicht veröffentlicht, Tenor.

[317] So ausdrücklich *Linke* in seiner Urteilsanmerkung, IPRax 2000, 8 (9).

[318] EuGH 02.07.1985 (184/84) *Deutsche Genossenschaftsbank ./. Brasserie du Pêcheur*, Slg. 85, 1987 (1992) Grd. 17.

entspricht. Festzuhalten bleibt, daß das obiter dictum in *Coursier ./. Fortis Bank* letztlich keinen Erkenntnisgewinn dafür bietet, wie der Gerichtshof die Vereinbarkeit des § 13 Abs. 1 AVAG mit dem Übereinkommen beurteilen würde.

Im Ergebnis verstößt die von § 13 Abs. 1 AVAG angeordnete Prüfung von Vollstreckungsgegeneinwänden im Beschwerdeverfahren des Art. 36 GVÜ daher gegen das Übereinkommen.[319] Bevor die Folgen und die prozessuale Behandlung dieses Verstoßes dargelegt werden, sind noch mögliche Ausnahmen zu erörtern.

(4) Ausnahme: Unstreitige und rechtskräftig festgestellte Vollstreckungsgegeneinwände

Der Ausschluß von Vollstreckungsgegeneinwänden im Verfahren nach Artt. 31 ff. GVÜ ist, wie seine Begründung deutlich macht, umfassend; eine Differenzierung nach Art des Einwands ist hier (wie auch bei der ähnlich gelagerten Frage des Art. 16 Nr. 5 GVÜ) abzulehnen.[320] Eine Ausnahme könnten unstreitige, rechtskräftig festgestellte, liquide oder offenkundige Vollstreckungsgegeneinwände bilden. Das Hauptargument für diese Ausnahme wäre, daß die Berücksichtigung dieser Einwände das Exequaturverfahren nicht verzögere. Dabei ist jedoch zwischen unstreitigen oder rechtskräftig festgestellten und liquiden Einwänden zu differenzieren.

Liquide Einwände sind solche, deren Tatsachengrundlagen der Schuldner mit Hilfe präsenter Beweismittel, insbesondere Urkunden, beweisen kann. Ihre Berücksichtigung kann dennoch zu einer Verzögerung des Verfahrens führen, wenn nämlich der Gläubiger seinerseits Einwände gegen diese Einwendungen erhebt und hierzu beweisbedürftige Tatsachen vorträgt oder sich auf ausländisches Recht stützt, welches das Gericht erst ähnlich wie Tatsachen ermitteln muß.[321] Die von dem Schweizer *Donzallaz*[322] vertretene und offensichtlich an Art. 81 SchKG[323] orientierte Ansicht, liquide Vollstreckungsgegeneinwände seien im Exequaturverfahren nach Artt. 31 ff. GVÜ stets zu berücksichtigen, geht daher wohl zu weit. Neben diesem teleologischen Argument spricht gegen die Berücksichtigung liquider Einwände, daß sie wiederum keine Stütze im GVÜ findet. Zwar meint *Donzallaz*, die Berücksichtigung liquider Einwände falle unter die nach Art. 33 Abs. 1 GVÜ dem Recht des Vollstreckungsstaates überlassenen Verfah-

---

[319] Ebenso i.E. *Leutner*, Vollstreckbare Urkunde, S. 285 für seinen Untersuchungsgegenstand – vollstreckbare Urkunden (mit Vorbehalt in bezug auf Urteile, S. 267).

[320] Anders etwa die Stellungnahme der britischen Regierung im Verfahren EuGH 21.05.1980 (125/79) *Denilauler / Couchet Freres*, Slg. 80, 1553 (1562); *Focsaneanu*, Tz. 320 (S. 138) (betr. jeweils Aufrechnung).

[321] Zur Behandlung ausländischen Rechts im Prozeß näher Nagel-*Gottwald* § 10; *Schack*, IZVR Rz. 625 ff.

[322] Tz. 3362, 3365 ff.

[323] S.o. Kap. 3, Schweiz.

rensregelungen. Dies trifft jedoch nicht zu, denn die von ihm vorgeschlagene, dem Schweizer Recht entlehnte Regelung bezieht sich speziell auf die Behandlung von Vollstreckungsgegeneinwänden und ist keine allgemeine Verfahrensregel. Schließlich würde die zusätzliche Differenzierung zwischen liquiden und sonstigen Einwänden weitere Komplexität und Abgrenzungsschwierigkeiten schaffen.[324] Aus all diesen Gründen ist sie abzulehnen.[325]

Anders verhält es sich mit der Berücksichtigung *unstreitiger* oder *rechtskräftig festgestellter* Vollstreckungsgegeneinwände. Bestreitet der Gläubiger nämlich z.B. nicht, daß der titulierte Anspruch zwischenzeitlich ganz oder teilweise erfüllt wurde, so fehlt es insofern bereits an einer allgemeinen Prozeßvoraussetzung für das Exequaturverfahren, dem *Rechtsschutzbedürfnis*. Allgemeine Prozeßvoraussetzungen fallen unter die von Art. 33 Abs. 1 GVÜ in bezug genommenen nationalen Verfahrensregeln. Dem Titelgläubiger ist in diesen Fällen ein Hinweis (§ 139) zu erteilen, daß er seinen Antrag gegebenenfalls umstellen und nur noch die Anerkennung der Entscheidung (gemäß Art. 26 Abs. 2 i.V.m. 31ff. GVÜ) beantragen kann. Ein Vollstreckungsgegeneinwand ist unstreitig, wenn der Gläubiger nicht nur die zugrunde liegenden Tatsachen (z.B. die Zahlung) nicht bestreitet, sondern auch keine sonstigen Einwände gegen den daraus nach dem Vortrag des Schuldners resultierenden Vollstreckungsgegeneinwand (z.B. Erfüllung) erhebt. Unstreitig ist der Einwand aber auch dann, wenn das Bestreiten des Gläubigers so unsubstantiiert ist, daß es nach allgemeinen Prozeßgrundsätzen als nicht erheblich angesehen werden muß. Ein solcher Fall kann eintreten, wenn der Schuldner schlüssig und mit liquiden Beweismitteln (z.B. unter Vorlage von Urkunden) einen Vollstreckungsgegeneinwand detailliert vorträgt und der Gläubiger keine der vorgetragenen Tatsachen oder rechtlichen Schlußfolgerungen substantiiert bestreitet. Ist ein Vollstreckungsgegeneinwand in diesem Sinne unstreitig, so steht fest, daß keine Beweisaufnahme nötig ist und keine streitigen materiellrechtlichen Fragen unter Anwendung ausländischen Rechts geklärt werden müssen. Entsprechend verhält es sich für rechtskräftig festgestellte Einwände. Praktisch werden die Fälle, in denen ein Vollstreckungsgegeneinwand in dieser Weise unstreitig ist, relativ selten sein. Selbst eine „offenkundige"[326] oder urkundlich belegte Zahlung des Schuldners an den Gläubiger in Höhe der Urteilssumme reicht nicht, wenn der Gläubiger behauptet, mit der Zahlung seien zunächst andere als die titulierte Verbindlichkeit getilgt worden.[327] Die

---

[324] Diesen Aspekt hält *Leutner*, Vollstreckbare Urkunde, S. 285 für ausschlaggebend.

[325] Ebenso *Leutner*, Vollstreckbare Urkunde, S. 285.

[326] Eine im prozeßrechtlichen Sinne des Wortes offenkundige Erfüllung ist allerdings schon begrifflich kaum vorstellbar, da nicht klar ist, wie die Erfüllung (oder ein anderer Vollstreckungsgegeneinwand) auf allgemeinkundigen oder gerichtskundigen Tatsachen beruhen soll; vgl. Michael *Huber*, FS Merz, S. 229 (238).

[327] Vgl. den Fall OLG München, IPRspr. 79 Nr. 218; 80, Nr. 170, der zugleich deutlich macht, daß die Berücksichtigung eines in dieser Weise bestrittenen Vollstreckungsgegenein-

Berücksichtigung unstreitiger Vollstreckungsgegeneinwände im Rahmen des Rechtsschutzbedürfnisses für das Exequatur entspricht im übrigen auch der französischen Praxis.[328]

d) Zwischenergebnis zu GVÜ und AVAG und prozessuale Umsetzung

(1) Umgang mit § 13 Abs. 1 AVAG

Beruft sich ein Schuldner im Rechtsbehelfsverfahren nach § 13 Abs. 1 AVAG auf einen streitigen, nicht schon rechtskräftig festgestellten Vollstreckungsgegeneinwand, so sollte das Gericht von der Möglichkeit Gebrauch machen, dem Europäischen Gerichtshof die Frage vorzulegen, ob die Bestimmungen des Übereinkommens, insbesondere Art. 34 Abs. 2 GVÜ, es zulassen, im Verfahren der Entscheidung über den Rechtsbehelf nach Art. 36 GVÜ die Vollstreckbarerklärung zu versagen, wenn materiellrechtliche Einwände (bzw.: der in dem konkreten Verfahren streitgegenständliche Einwand) gegen den titulierten Anspruch vorliegen, die nach dem Recht des Ursprungsstaates durch den Schuldtitel nicht ausgeschlossen sind.

Verneint der Gerichtshof diese Frage, wofür die dargelegten Gründe sprechen, so darf die gegenteilige Regelung des § 13 Abs. 1 AVAG nicht mehr angewandt werden. Dies kann man entweder schon § 1 Abs. 2 Nr. 5 AVAG entnehmen oder jedenfalls einem Anwendungsvorrang[329] des GVÜ gegenüber nationalem Recht. Ein solcher Vorrang läßt sich allerdings gegenüber dem AVAG weder aus der *lex posterior-* noch aus der *lex specialis-* Regel ableiten.[330] Er kann nach wohl herrschender Meinung auch nicht unmittelbar auf den Vorrang von primärem und sekundärem Gemeinschaftsrecht gegenüber nationalem Recht gestützt werden, da es sich bei dem GVÜ um einen separaten völkerrechtlichen Vertrag handelt.[331] Dennoch kommen sowohl der EuGH in ständiger Rechtsprechung[332] als auch die Literatur (auf verschiedenen Wegen)[333] mit Recht zu einem Anwendungsvorrang. Sie stützen ihn vor allem auf Art. 293 EGV (früher Art. 220

---

wands das Exequaturverfahren nach Artt. 31 ff. GVÜ sprengt. Exemplarisch auch BGH NJW-RR 91, 562–565 zu Leistungszuordnung und Tilgungsbestimmung.

[328] Civ. 1re, 19.11.1996, RCDIP 1997, 94; C.A. Paris, 23.11.1993, RCDIP 1995, 88; C.A. Paris, 18.10.1962, RCDIP 1964, 126; T.G.I. de la Seine, 09.07.1962, Clunet 1963, 466 – im übrigen werden Vollstreckungsgegeneinwände dort nicht berücksichtigt.

[329] Zum – eher kosmetischen – Unterschied zwischen Anwendungsvorrang von Gemeinschaftsrecht und Nichtigkeit entgegenstehenden nationalen Rechts s. *Oppermann*, Europarecht, § 6 Rz. 539 ff.

[330] Auf diese Regeln stützt etwa *Kropholler*, EuZPR, Einl. Rz. 13 den regelmäßigen Vorrang des GVÜ.

[331] *von der Groeben-Schwartz*, EU- und EGV, Art. 220 Rz. 12, 111.

[332] Grundlegend EuGH 13.11.1979, Rs. 25/79, *Sanicentral ./. Collin*, Slg. 79, 3423; EuGH Rs. 288/82, *Duijnstee*, Slg. 83, 3674; vgl. auch EuGH 10.2.1994, Rs.398/92, *Mund & Fester / Hatrex*, Slg.94, 467 (478, Grd. 11 ff.).

[333] Eingehende Darstellung bei *Wuermeling*, S. 125 ff.

EWGV),[334] der eine gemeinschaftsrechtliche Pflicht zum Abschluß der Übereinkommen statuiert, zu denen auch das GVÜ gehört, und auf die Übertragung der Auslegungskompetenz für das GVÜ an den EuGH.[335] Damit besteht ein so enger Bezug des GVÜ zu den Bestimmungen des primären Gemeinschaftsrechts, daß es an deren Anwendungsvorrang teilhat.[336] Mit dem Amsterdamer Vertrag[337] ist dieser Bezug durch die Verankerung der Materie in Titel IV des EG-Vertrages noch enger geworden.[338] Eine mit dem GVÜ praktisch inhaltsgleiche Regelung könnte als sekundäres Gemeinschaftsrecht erlassen werden.[339] Das historisch auf anderem Wege (über Art. 293 EGV, früher Art. 220 EWGV) entstandene GVÜ besitzt deshalb letztlich keine geringere Verbindlichkeit als sekundäres Gemeinschaftsrecht.

Der Vorrang des GVÜ führt dazu, daß Vollstreckungsgegeneinwände im Exequatur auf *unstreitige oder rechtskräftig festgestellte* Einwendungen beschränkt sind, der anderslautende § 13 Abs. 1 AVAG ist in GVÜ-Fällen nicht anzuwenden.

Eine weitere Konsequenz der Unvereinbarkeit von GVÜ und AVAG ist, daß die Bundesrepublik mit Erlaß und Anwendung des AVAG den EG-Vertrag verletzt. Sie kann hierfür nach den Regeln der 226, 227 EG-V (ex-Artt. 169, 170 EWGV) zur Rechenschaft gezogen werden, auch wenn das GVÜ nicht selbst primäres oder sekundäres Gemeinschaftsrecht ist.[340] Daher empfiehlt es sich dringend, § 13 AVAG und den auf ihn bezogenen § 15 AVAG zu streichen oder durch eine abkommenskonforme Regelung zu ersetzen.

(2) Schuldnerschutz, einstweilige Anordnungen

Auch bei Unanwendbarkeit (de lege lata) bzw. Streichung (de lege ferenda) des § 13 Abs. 1 AVAG bleibt der Schuldner ausreichend geschützt. Er kann einen Vollstreckungsgegeneinwand entweder im Erststaat oder, falls in Deutschland eine internationale Zuständigkeit besteht, mit der Klage nach § 767[341] geltend machen. Eine Erhebung als Widerklage ist allerdings unzulässig, da es sich bei dem Verfahren nach Artt. 31 ff. GVÜ um ein besonderes, in erster Instanz einseitiges Antragsverfahren handelt, während über die Widerklage in einem ordentli-

---

334 *Wuermeling*, S. 128 mit Verweis auf die *effet-utile* – Regel des EuGH.

335 Durch das Luxemburger Protokoll v. 27.9.1971, BGBl. 1972 II, S. 846 i.d.F. des 3. Beitrittsübk. v. 26.5.1989 (BGBl. 1994 II, S. 531). Vgl. *Schwartz*, FS Grewe, 551 (596 f., 607).

336 *Wuermeling*, S. 128 ff.; i.E. auch von der Groeben-*Schwartz*, EU- und EGV, Art. 220 Rz. 111.

337 vom 2.10. 1997, ABl. EG 1997 Nr. C 340, S. 1 ff.

338 Artt. 61 lit. c, Art. 65 lit. a EG-V.

339 Skeptischer *Kohler*, RCDIP 99, 1.

340 *Wuermeling* ,S. 138 f.

341 Die Klage ist analog § 2 AVAG bei dem Landgericht zu erheben, welches das Exequatur erteilt hat, s.o. Kap. 9, Zuständigkeit.

chen Zivilprozeß zu entscheiden ist.[342] Würde man dieser Ansicht nicht folgen, so wäre die Widerklage jedenfalls nur mit Zustimmung des Gläubigers zulässig, da sich das Exequaturverfahren regelmäßig bereits im Rechtsbehelfsstadium befindet; sachdienlich (§ 530) wäre die Geltendmachung in dieser Phase wohl nie.[343] Wird das Exequatur erteilt, bevor im Erststaat oder in Deutschland über den Einwand entschieden ist, kann er beantragen, daß die Zwangsvollstreckung adäquat beschränkt wird (§ 769 direkt oder analog).[344] Die vorläufige Beschränkung kann – anders als in der Exequaturphase (Artt. 38, 39 GVÜ) – darin liegen, eine Sicherheitsleistung durch den Gläubiger zu verlangen[345] und sogar bis zur Einstellung der Zwangsvollstreckung gehen. Die Frist des Art. 39 Abs. 1 i.V.m. Art. 36, während der nur Sicherungsmaßnahmen zulässig sind, gibt dem Schuldner auch genug Zeit, die Vollstreckungsabwehrklage in Deutschland oder einem anderen, zuständigen Forum zu erheben und Anordnungen nach oder analog §§ 769f. zu beantragen.[346]

e) Einwände in anderen Phasen des Exequatur nach dem GVÜ

Vollstreckungsgegeneinwände sind nicht nur im Beschwerdeverfahren des Art. 36 GVÜ unzulässig, sondern erst recht in anderen Phasen des Exequatur nach dem GVÜ: beim Antrag des Gläubigers auf Erteilung der Vollstreckungsklausel und im Rechtsbehelf des Gläubigers nach Art. 40 GVÜ.

---

[342] Die Widerklage ist nur zulässig, wenn sie in derselben Prozeßart zulässig ist, wie die Hauptklage: *Zöller-Vollkommer* § 33 Rz. 24.

[343] Zu den Voraussetzungen einer Widerklage in der Berufungsinstanz allgemein *Zöller-Vollkommer* § 33 Rz. 10.

[344] Zur Möglichkeit vollstreckungsbeschränkender Anordnungen nach oder analog § 769 s.o. Kap. 9, Zuständigkeit, Abschn. IV 3f.

[345] Die Anordnung einer Sicherheitsleistung nach Art. 38 Abs. 3 ist erst zulässig, wenn das Gericht über den Rechtsbehelf entscheidet, EuGH 27.11.1984 (258/83) *Brennero ./. Wendel*, Slg. 1984, 3971 Grd. 13; *Kropholler*, EuZPR Art. 38 Rz. 8. Damit unvereinbar ist der Vorschlag von *Münzberg*, bis zur Entscheidung des ausländischen Gerichts über die Vollstrekkungsabwehrklage das Exequaturverfahren auszusetzen und ggf. analog Art. 38 Abs. 3 eine Sicherheitsleistung zu verlangen (St/J-*Münzberg*, Anh. § 723 C I Rz. 313 Fn. 38 (sub 2 b) cc) – „38 Abs. 2" ist ein Druckfehler, gemeint ist Abs. 3). Es gibt allerdings Bestrebungen, im Rahmen der Revision des GVÜ schon in Art. 39 die Möglichkeit vorzusehen, dem Gläubiger jederzeit eine Sicherheitsleistung abzuverlangen (*Stadler*, Vollstreckbarerklärung und internationale Vollstreckung, Manuskript S. 24).

[346] Diese Regelung entspricht im Ergebnis auch dem im Deutsch-Niederländischen Vertrag gefundenen gelungenen Interessenausgleich zwischen Titelgläubiger und Schuldner, s.o. zu §§ 10, 11 AusfG Deutsch-Niederländischer Vertrag (in diesem Abschnitt). Der Schutz des Schuldners ist damit nicht schlechter, als wenn er seine Vollstreckungsgegeneinwände mit der Beschwerde nach § 13 AVAG geltend machen könnte.

(1) Berücksichtigung von Einwänden bereits im Antragsverfahren (Artt. 31–34 GVÜ)

Nach der Konzeption des GVÜ werden die Entscheidungen aus anderen Vertragsstaaten zunächst für vollstreckbar erklärt, ohne daß der Schuldner gehört wird (Art. 34 Abs. 1 GVÜ). *Schütze* hat jedoch vorgeschlagen, der Schuldner dürfe seine Einwände gegen die Vollstreckbarerklärung dem Gericht in Form einer Schutzschrift mitteilen.[347] Das Gericht müsse ihm durch die Schutzschrift bekanntgewordene Einwände bereits gegenüber dem Antrag des Gläubigers berücksichtigen. Der Vorschlag von *Schütze* ist allerdings weitgehend auf Ablehnung gestoßen,[348] denn die Berücksichtigung einer Schutzschrift würde der Konzeption des GVÜ widersprechen, die Anhörung des Schuldners in das nachgeschaltete Rechtsbehelfsverfahren zu verlagern. Eine vermittelnde Ansicht will allerdings zulassen, daß das Gericht eine Schutzschrift zur Kenntnis nimmt, wenn die darin vorgetragenen Versagungsgründe „eindeutig gegeben und bewiesen" sind.[349] Jedenfalls im Bereich von Vollstreckungsgegeneinwände ist diese Ansicht abzulehnen. Denn wie oben ausgeführt, müßte dem Gläubiger auf jeden Fall die Möglichkeit gegeben werden, die in der Schutzschrift geltend gemachten Einwände substantiiert zu bestreiten und damit ihre Berücksichtigung im Exequaturverfahren zu verhindern. Damit müßte der Gläubiger aber bereits im Antragsverfahren mehr vortragen als nach Art. 33 Abs. 3 vorgesehen, und die Entscheidung des Gerichts würde auch nicht mehr, wie in Art. 34 Abs. 1 GVÜ vorgesehen, *unverzüglich* erfolgen können. Soweit in einer Schutzschrift Vollstreckungsgegeneinwände geltend gemacht werden, können diese daher generell nicht berücksichtigt werden.

Aus denselben Erwägungen sind Vollstreckungsgegeneinwände nicht zu berücksichtigen, wenn der Schuldner nach § 6 Abs. 2 AVAG angehört wird, weil der Gläubiger die für die Erteilung einer konstitutiven Vollstreckungsklausel (§ 6 Abs. 1 AVAG) notwendigen Tatsachen nicht durch Urkunden nachweisen kann.

Der Schuldner kann sich, wie dargelegt, auf anderen Wegen ausreichend schützen, insbesondere bereits ab Stellung des Exequaturantrags durch den Gläubiger vollstreckungsbeschränkende Anordnungen nach oder analog § 769 beantragen.

(2) Vollstreckungsgegeneinwände im Rechtsbehelf des Gläubigers (Art. 40 GVÜ)

Lehnt der Vorsitzende der Kammer am Landgericht den Exequaturantrag des Gläubigers ab, so kann dieser nach Art. 40 Abs. 1 GVÜ Beschwerde beim Oberlandesgericht einlegen. § 16 Abs. 1 AVAG erklärt für diesen Fall die §§ 12, 14 AVAG für entsprechend anwendbar, erwähnt jedoch nicht die §§ 13, 15 AVAG,

---

[347] *Schütze*, FS *Bülow*, 211 (216).

[348] *Kropholler*, EuZPR, Art. 34 Rz. 3 m.w.N. Die Rechtsprechung scheint Schutzschriften jedoch gelegentlich zu berücksichtigen, vgl. OLG Saarbrücken, NJW 88, 3100.

[349] *Fahl*, S. 31.

welche die Geltendmachung von Vollstreckungsgegeneinwänden im Beschwerdeverfahren vorsehen. Hieraus könnte man schließen, daß der Schuldner in dem vom Gläubiger eingeleiteten Beschwerdeverfahren Vollstreckungsgegeneinwände nicht geltend machen darf. Diese Auslegung entspräche jedoch nicht dem Willen des historischen Gesetzgebers. In der amtlichen Begründung zum AVAG ist ausdrücklich ausgesprochen, daß die Präklusion des § 15 AVAG auch dann greifen soll, wenn das Beschwerdeverfahren durch den Gläubiger eingeleitet wurde.[350] Dieser Auffassung folgt die deutsche Literatur.[351]

Die Berücksichtigung von Vollstreckungsgegeneinwänden ist jedoch bei einem vom Gläubiger eingelegten Rechtsbehelf erst recht abkommenswidrig, da in diesem Fall ein verschärfter Suspensiveffekt einträte: Der Gläubiger könnte noch nicht einmal zur sichernden Vollstreckung schreiten, bis über die Vollstreckungsgegeneinwände entschieden wäre. Nur unstreitige Vollstreckungsgegeneinwände sind auch hier zu berücksichtigen. Denn wenn das Rechtsschutzinteresse des Gläubigers entfällt, wird auch sein Rechtsbehelf unzulässig.

4. Haager Unterhaltsvollstreckungsübereinkommen von 1973

Die Ausführung des Haager Übereinkommens über die Anerkennung und Vollstreckung von Unterhaltsentscheidungen[352] richtet sich ebenfalls nach dem AVAG (§ 35 Abs. 1 Nr. 2 AVAG). Bei der Vollstreckbarerklärung von Unterhaltsentscheidungen nach dem Übereinkommen sind damit Vollstreckungsgegeneinwände wiederum zulässig (§§ 13, 15 AVAG). Hiergegen sprechen wieder einige der oben erörterten Bedenken: Die Regelung erscheint weder mit dem Streitgegenstand des Exequatur vereinbar noch zweckmäßig oder gerecht. Sie widerspricht jedoch, anders als im Fall des GVÜ, nicht dem Übereinkommen. Denn das Haager Übereinkommen zur Unterhaltsvollstreckung von 1973 regelt, anders als das GVÜ, das Exequaturverfahren nicht näher, sondern überläßt die Ausgestaltung weitgehend dem Recht des Vollstreckungsstaats (Art. 13 HaagÜ 1973). Die gesetzgeberische Entscheidung ist daher hier zulässig und zu respektieren.

Bedenken ergeben sich jedoch aus dem Zusammenspiel dieser Regelung mit § 20 AVAG, nach dem die Zwangsvollstreckung auf Sicherungsmaßregeln beschränkt ist, solange über die Beschwerde noch nicht entschieden ist. Dies bedeutet, daß der Titelgläubiger nicht befriedigt wird, bis über die Vollstreckungs-

---

[350] BT-Drs. 11/351, S. 23.

[351] *Kropholler*, EuZPR, Art. 40 Rz. 8; *Geimer/Schütze*, EuZVR Art. 41 Rz. 15; St/J-*Münzberg*, Anh. § 723 C I Rz. 313 Fn. 38 (am Anfang); grds. auch *Leutner*, S. 117f. (analoge Anwendung). Für die Möglichkeit, Vollstreckungsgegeneinwände geltend zu machen, aber gegen die Anwendung der Präklusionsvorschrift des § 15 AVAG: *Schlosser*, GVÜ Art. 40 Rz. 3; MünchKomm ZPO-*Gottwald*, IZPR Art. 40 Rz. 7.

[352] vom 02.10.1973 (BGBl. 1986 II, S. 826).

gegeneinwände entschieden ist. Ein derartiger Suspensiveffekt findet nicht nur keinerlei Stütze in dem Haager Übereinkommen (vgl. dagegen Art. 39 Abs. 1 GVÜ), sondern läuft seiner Zielsetzung diametral entgegen, dem regelmäßig besonders bedürftigen Unterhaltsgläubiger rasch zu seinem Geld zu verhelfen. Die deutsche Ausführungsgesetzgebung (§§ 13 Abs. 1, 20 AVAG) hat damit den absurden Effekt, daß der Unterhaltsgläubiger im Anwendungsbereich des Haager Übereinkommens von 1973 *schlechter* steht, als unter der *Vorläufer*konvention, dem Haager Übereinkommen zur Vollstreckung von Entscheidungen über Kindesunterhalt von 1958, denn im Exequaturverfahren nach diesem Übereinkommen (fakultatives Beschlußverfahren) dürfen Vollstreckungsgegeneinwände, wie oben im einzelnen dargelegt, nur geltend gemacht werden, wenn und soweit sie den Erlaß eines vorläufig vollstreckbaren Exequatur nicht verzögern. Eine solche Verschlechterung widerspricht ganz offensichtlich der Zielsetzung des Haager Übereinkommens von 1973, das zwischen den Vertragsstaaten die Vorläuferkonvention von 1958 ablöst (Art. 29 HaagÜ 1973).

Das Übereinkommen erfordert daher, daß § 20 AVAG jedenfalls dann nicht angewandt wird, wenn der Schuldner die Beschwerde ausschließlich auf Vollstreckungsgegeneinwände stützt. Lehnt man diese Differenzierung bei der Anwendung des § 20 AVAG ab, so bleiben nur zwei Möglichkeiten: Entweder § 20 AVAG im Bereich dieses Übereinkommens überhaupt nicht anzuwenden oder Vollstreckungsgegeneinwände entgegen §§ 13 Abs. 1 AVAG nicht zuzulassen. Beide Lösungen würden aber einen stärkeren Eingriff in das AVAG bedeuten als die hier vorgeschlagene.

5. Anerkennungs- und Vollstreckungsabkommen mit Norwegen

Für die Ausführung des Deutsch-Norwegischen Anerkennungs- und Vollstreckungsabkommens[353] gilt nach § 35 Abs. 1 Nr. 3 AVAG ebenfalls § 13 Abs. 1 AVAG. Er entspricht hier aber auch einer im Übereinkommen selbst (Art. 15 Abs. 2) getroffenen Regelung, nach welcher der Schuldner „gegen die Zulassung der Zwangsvollstreckung" auch Vollstreckungsgegeneinwände geltend machen kann. Der systematische Zusammenhang mit Art. 15 Abs. 1 des Abkommens, in dem Vollstreckungsgegeneinwände nicht genannt sind, macht deutlich, daß diese zwar berücksichtigt werden sollen, aber erst nachdem die Zwangsvollstreckung zunächst – bei Vorliegen der in Art. 15 Abs. 1 enumerierten formellen Voraussetzungen – zugelassen worden ist.[354] Außerdem regelt das Abkommen nicht das

[353] Vertrag zwischen der Bundesrepublik Deutschland und dem Königreich Norwegen über die gegenseitige Anerkennung und Vollstreckung gerichtlicher Entscheidungen und anderer Schuldtitel in Zivil- und Handelssachen vom 17.06.1977 (BGBl. 1981 II, S. 341).

[354] Die Bestimmung entspricht damit in ihrer Struktur dem oben erörterten Art. 14 Abs. 1c Deutsch-Niederländisches Abkommen.

Exequaturverfahren, sondern verweist insofern ausdrücklich auf das Recht des Vollstreckungsstaates (Art. 11). Die in §§ 13 Abs. 1, 15 AVAG vorgesehene Regelung ist daher mit dem Deutsch-Norwegischen Abkommen, anders als mit dem GVÜ, durchaus vereinbar. Der infolge von § 13 Abs. 1 i.V.m. § 20 AVAG entstehende Suspensiveffekt der Einwände findet zwar in dem Abkommen keine Stütze, ist aber durch die Verweisung auf das nationale Verfahrensrecht des Vollstrekkungsstaates (Art. 11) wohl noch gedeckt. Das Abkommen selbst sieht für vorläufig vollstreckbare (nicht rechtskräftige) Entscheidungen auch nach dem Exequatur nur Sicherungsvollstreckung vor (Art. 17 Abs. 1).

Allerdings wäre es *de lege ferenda* wohl zweckmäßiger, die Geltendmachung von Vollstreckungsgegeneinwänden nicht erstmalig in einem Verfahren vor dem Oberlandesgericht zuzulassen. Die in §§ 9, 10 des Ausführungsgesetzes zum Deutsch-Niederländischen Vertrag getroffene Regelung (Widerspruch, über den das Landgericht durch Beschluß entscheidet) ist bei gleicher staatsvertraglicher Ausgangssituation (vgl. Art. 14 Deutsch-Niederländischer Vertrag) sinnvoller.

6. Anerkennungs- und Vollstreckungsabkommen mit Israel

Die Ausführung des Deutsch-Israelischen Anerkennungs- und Vollstreckungsabkommens[355] richtet sich ebenfalls nach dem AVAG (§ 35 Abs. 1 Nr. 4 AVAG). Das Abkommen enthält in Art. 16 Abs. 2 Satz 1 eine Regelung zur Geltendmachung von Vollstreckungsgegeneinwänden im Exequatur, die derjenigen in Art. 15 Abs. 2 Deutsch-Norwegisches Abkommen wörtlich entspricht. Auch der systematische Zusammenhang entspricht dem Deutsch-Norwegischen Abkommen. Außerdem bestimmt Art. 16 Abs. 2 Satz 2 Deutsch-Israelisches Abkommen ausdrücklich, daß sich das Verfahren, in dem die Einwendungen geltend gemacht werden können, nach dem Recht des Vollstreckungsstaates richtet. Bedenken bestehen jedoch wieder, sofern es um die Vollstreckung von Unterhaltsentscheidungen geht, gegen den *Suspensiveffekt*, den § 20 AVAG dem Beschwerdeverfahren verleiht. Generell ist dieser Suspensiveffekt wohl ebenso wie im Deutsch-Norwegischen Abkommen auch hier durch den Verweis auf das Verfahrensrecht des Exequaturstaates gedeckt (Art. 16 Abs. 2 Satz 2 Deutsch-Israelisches Abkommen). Art. 20 des Deutsch-Israelischen Vertrages legt jedoch eine Ausnahme für Unterhaltsentscheidungen nahe. Während Art. 21 des Abkommens bestimmt, daß die Vollstreckbarerklärung nicht rechtskräftiger Entscheidungen auf die Zulassung sichernder Maßnahmen zu beschränken ist, nimmt Art. 20 Unterhaltsentscheidungen von diesem Grundsatz aus. Damit soll Unterhaltsgläubigern

[355] Vertrag vom 20.07.1977 zwischen der Bundesrepublik Deutschland und dem Staat Israel über die gegenseitige Anerkennung von Vollstreckung gerichtlicher Entscheidungen in Zivil- und Handelssachen (BGBl. 1980 II, S. 925).

eine rasche Befriedigung ihrer Ansprüche gesichert werden. Das Zusammenspiel der §§ 13 Abs. 1, 20 AVAG läuft im Bereich von Unterhaltsentscheidungen dieser Systematik und Zielsetzung des Abkommens zuwider. § 20 AVAG ist daher dann nicht anzuwenden, wenn die ausländische Entscheidung Unterhaltspflichten zum Gegenstand hat und der Titelschuldner sich allein auf Vollstreckungsgegeneinwände beruft.

7. Anerkennungs- und Vollstreckungsabkommen mit Spanien

Die Ausführung des Deutsch-Spanischen Anerkennungs- und Vollstreckungsvertrages[356] richtet sich ebenfalls nach dem AVAG (§ 35 Abs. 1 Nr. 5 AVAG). Der Deutsch-Spanische Vertrag enthält, anders als die Verträge mit Israel, Norwegen und den Niederlanden, keine Bestimmung, die eine Geltendmachung von Vollstreckungsgegeneinwänden im Exequatur ausdrücklich zuläßt. Er regelt jedoch ebenfalls das Exequaturverfahren nicht selbst, sondern verweist – wie das Haager Unterhaltsvollstreckungsübereinkommen von 1973 und anders als das GVÜ – auf das nationale Recht (Art. 12 Deutsch-Spanischer Vertrag). Deshalb ist hier die in §§ 13 , 15 AVAG vorgesehene Zulassung von Vollstreckungsgegeneinwänden im Beschwerdeverfahren zwar nach dem Abkommen nicht geboten, aber jedenfalls zulässig.

8. Zusammenfassung zum Exequatur nach Staatsverträgen

Für Exequaturverfahren nach den verschiedenen bi- und multilateralen Staatsverträgen ergibt sich insgesamt, daß streitige, nicht schon rechtskräftig festgestellte Vollstreckungsgegeneinwände schon *de lege lata* nur in einem (Sonder-) Fall bereits vor Erteilung des Exequatur geprüft werden dürfen. In den meisten übrigen Fällen sind sie mit dem Rechtsbehelf gegen die vorläufige, ggf. einseitige Vollstreckbarerklärung geltend zu machen. Bei einigen Übereinkommen, die besondere Vorgaben zur Erleichterung des Titelverkehrs enthalten (unter ihnen das GVÜ), sind die Einwände auch im Rechtsbehelf gegen das Exequatur nicht zulässig, sondern auf eine separate Vollstreckungsabwehrklage verwiesen. Diese Lösung wäre de lege ferenda auch für die Ausführung der meisten übrigen Staatsverträge sinnvoll. Erkennt man die Auffassung des Reichsgerichts zur Zulässigkeit der Einwände im autonomen Recht, welche die Ausführungsgesetze übernehmen, als verfehlt, so liegt es nicht im deutschen Interesse, diese Auffassung für den staatsvertraglichen Bereich zu perpetuieren.

---

[356] Vertrag vom 14.11.1983 zwischen der Bundesrepublik Deutschland und Spanien über die Anerkennung und Vollstreckung von gerichtlichen Entscheidungen und Vergleichen sowie vollstreckbaren öffentlichen Urkunden in Zivil- und Handelssachen (BGBl. 1987 II, S. 34).

Im einzelnen bietet sich folgendes Bild:

Bei den älteren Staatsverträgen kann eine mündliche Verhandlung schon vor der auch nur vorläufigen Vollstreckbarerklärung erfolgen (fakultativ aufgeschobene mündliche Verhandlung). Nur das Deutsch-Britische Abkommen sieht ausdrücklich vor, daß *schon in diesem Stadium* Vollstreckungsgegeneinwände zulässig sind. Damit hat die (verfehlte) reichsgerichtliche Auffassung zum autonomen Recht ausnahmsweise Eingang in ein Abkommen gefunden; wird sie revidiert, so wird das Abkommen insofern vom autonomen Recht „überholt“. Die Abkommen mit der Schweiz und Italien regeln die Frage nicht, die Ausführungsverordnungen sind nicht eindeutig gefaßt, lassen aber nach einer schon früher von Rechtsprechung und Literatur vertretenen, zutreffenden Auffassung Vollstreckungsgegeneinwände *erst im Rechtsbehelf gegen das Exequatur*[357] zu. Diese Lösung ist auch für die Vollstreckungsabkommen mit Österreich, Belgien, Griechenland und Tunesien sowie das Haager Übereinkommen zur Vollstreckung von Entscheidungen über Kindesunterhalt von 1958 anzuwenden, welche die Frage ebenfalls nicht explizit regeln. Dies gebietet das Prinzip der völkerrechtsfreundlichen Auslgegung – auch wenn der Gesetzgeber der nicht eindeutig formulierten Ausführungsbestimmungen die Einwände nach dem Modell der reichsgerichtlichen Rechtsprechung zum autonomen Recht schon in der mündlichen Verhandlung vor Erteilung der vorläufigen Vollstreckbarkeit zulassen wollte. *De lege ferenda* ist für alle Abkommen außer dem Deutsch-Britischen zu empfehlen, Vollstreckungsgegeneinwände wie im autonomen Recht auf eine eigene *Vollstreckungsabwehrklage zu verweisen* und so die Beschwerdeinstanz (OLG) zu entlasten.

Bei den Staatsverträgen, die zunächst eine Erteilung des Exequatur ohne mündliche Verhandlung vorsehen, sind Vollstreckungsgegeneinwände ohnehin allenfalls im *Rechtsbehelf gegen das Exequatur* möglich. Die Vollstreckungsabkommen mit den Niederlanden, Norwegen und Israel weisen Vollstreckungsgegeneinwände ausdrücklich diesem Behelf zu; bei der Ausführung des Abkommens mit den Niederlanden besteht der Vorteil, daß das Eingangsgericht für den Behelf zuständig ist und nicht ein OLG. Das Abkommen mit Spanien regelt die Frage zwar nicht, § 13 AVAG trifft aber dieselbe Regelung und ist mit dem Abkommen vereinbar. Das Haager Übereinkommen zur Unterhaltsvollstreckung (von 1973) trifft ebenfalls keine Regelung; hier ist § 13 AVAG nur dann mit dem Abkommen vereinbar, wenn § 20 AVAG abkommenskonform so ausgelegt (vgl. § 1 Abs. 2 AVAG) wird, daß er die Befriedigung des Unterhaltsgläubigers nicht bis zur Entscheidung über die Vollstreckungsgegeneinwände hinausschiebt. Mit dem GVÜ, das zwar nicht die Behandlung von Vollstreckungsgegeneinwänden, aber das Exequaturverfahren detailliert regelt, ist § 13 AVAG dagegen unvereinbar

[357] Sofortige Beschwerde zum Oberlandesgericht, Art. 2 Abs. 4 AusfG Deutsch- Schweizerisches Abkommen in der durch Art. 2 SchiedsVfG geänderten Fassung.

und, wegen des Vorrangs des GVÜ vor nationalem Recht, unanwendbar. Dort sind Vollstreckungsgegeneinwände separat mit der *Vollstreckungsabwehrklage* geltend zu machen. Dasselbe gilt im Bereich der Staatsverträge zur Vollstreckung von Kostenentscheidungen (die Haager Zivilprozeßübereinkommen und das Deutsch-Türkische Abkommen über den Rechtsverkehr) wegen ihrer Zielsetzung, einen der Prozeßkostensicherheit möglichst gleichwertigen Vollstreckungszugriff zu erlauben – die Staatsverträge selbst treffen hier ebensowenig eine explizite Regelung wie die Ausführungsgesetze.

V. Rechtskraft- und Präklusionswirkung der Vollstreckbarerklärung

Im Exequaturverfahren wird ohne Zweifel rechtskräftig über das Vorliegen der Vollstreckbarkeitsvoraussetzungen entschieden, etwa über eine Vereinbarkeit des Titels mit dem ordre public. Bei einer vollstreckbaren Urkunde werden Einwände gegen die Wirksamkeit der Urkunde als Titel (z.B. gestützt auf Beurkundungsmängel)[358] präkludiert. Denn § 767 Abs. 2 gilt zwar nicht für die Urkunde (§ 797 Abs. 4), wohl aber für das Exequaturureil.

In bezug auf Vollstreckungsgegeneinwände hängt die Rechtskraft- und Präklusionswirkung des Exequaturverfahrens dagegen davon ab, ob man sie in diesem Verfahren für zulässig hält. Nachdem die Standpunkte zu dieser Frage in den vorigen Abschnitten ausführlich erörtert wurden, kann nun die oben im Kapitel 7 zur Präklusion ausgeklammerte Rechtskraft- und Präklusionswirkung einer Exequaturentscheidung behandelt werden. Dabei werden sich die Ausführungen primär auf den Fall konzentrieren, daß man die Einwände mit der herrschenden Meinung für grundsätzlich zulässig hält; wo dies nötig und sinnvoll ist, werden aber auch die Implikationen der hier vertretenen Gegenmeinung diskutiert.

1. Beispielsfälle

Zunächst ist es sinnvoll, sich die möglichen Konstellationen einer Rechtskraft- oder Präklusionswirkung der Exequaturentscheidung mittels einiger Beispielsfälle vor Augen zu führen, insbesondere auch, um ein Gefühl für die Interessen zu bekommen, die auf dem Spiel stehen. Dabei werden auch die Unterschiede zu Fragen der Rechtskraft- und Präklusionswirkung des Ersttitels deutlich.

---

358 Näher s.u. im nächsten Abschn. VI.

a) Fall 10: Erfolglose Geltendmachung des Einwands im Exequaturverfahren

Der Gläubiger hat gegen den Schuldner in Singapur ein Urteil wegen einer Kaufpreisforderung erstritten. Im Exequaturverfahren nach § 722 hat sich der Schuldner erfolglos darauf berufen, nach Erlaß des Urteils sei ein Vergleich geschlossen worden. Das Gericht hat hierzu umfangreich Beweis erhoben (Vernehmung von Zeugen etc.) und ist zu dem Ergebnis gekommen, der Vergleichsschluß könne nicht bewiesen werden. Hilfsweise hat sich der Schuldner auf die Aufrechnung mit einer Gegenforderung berufen. Das Gericht hat diese für nicht durch das Ersturteil präkludiert gehalten und Beweis über Entstehung und Fortbestehen der Gegenforderung erhoben. Es ist zu dem Ergebnis gekommen, daß die Gegenforderung nicht (mehr) besteht und hat das Urteil deshalb für vollstreckbar erklärt.[359]

Anschließend hat sich der Schuldner in Singapur gegen das Ersturteil gewandt und sich hierzu auf den Vergleich und hilfsweise auf die Aufrechnung gestützt. Das Gericht in Singapur hat daraufhin die Vollstreckbarkeit aufgehoben, weil es den vom Schuldner behaupteten Vergleich für wirksam erachtet hat.

Abwandlung (Fall 10 B): Es hat die vom Schuldner behauptete Aufrechnung für wirksam gehalten.

Der Schuldner erhebt nunmehr Vollstreckungsabwehrklage gegen das Exequatururteil und stützt diese auf den Wegfall der Vollstreckbarkeit im Erststaat.

b) Fall 11: Einwand wurde im Exequatur nicht geltend gemacht

Der Gläubiger hat gegen den Schuldner in Singapur ein Urteil erstritten. Er betreibt die Vollstreckbarerklärung in England, wo der Schuldner ansässig ist, und in Deutschland, wo er Vermögen des Schuldners vermutet. Der Schuldner verteidigt sich wegen seiner limitierten Ressourcen nur in dem Exequaturverfahren in England, in Deutschland nimmt er ein Versäumnisurteil hin.

Abwandlung (Fall 11 B): Der Schuldner wendet wegen seiner limitierten Ressourcen im deutschen Exequaturverfahren nur ein, mit Singapur sei die Gegenseitigkeit nicht verbürgt.[360] Das Gericht sieht dies anders und erklärt das Urteil für vollstreckbar.

Nachdem das Exequatur rechtskräftig geworden ist, erhebt der Schuldner in Deutschland Vollstreckungsabwehrklage gegen das Ersturteil und beruft sich auf einen nach Erlaß des Ersturteils, aber vor Vollstreckbarerklärung in Deutschland geschlossenen Vergleich, hilfsweise auf die Aufrechnung mit einer nach Abschluß des Vergleichs, aber vor Vollstreckbarerklärung in Deutschland fällig gewordenen Gegenforderung.

---

[359] Das Gericht hat sämtliche Vollstreckungsgegeneinwände im Exequaturverfahren geprüft, ist also entsprechend der oben geschilderten herrschenden Meinung vorgegangen.

[360] § 328 Abs. 1 Nr. 5.

c) Fall 11.1: Bezahlung oder Vergleich nach Vollstreckbarerklärung, aber vor Ablauf der Einspruchsfrist

Variation zu Fall 11 (Vollstreckbarerklärung des singapurianischen Urteils durch Versäumnisurteil): Der Schuldner beruft sich darauf, er habe nach Erlaß des Versäumnisurteils, aber vor Ablauf der Einspruchsfrist (§ 339) die Urteilssumme bezahlt.

Abwandlung (Fall 11.1 B): Der Schuldner beruft sich darauf, er habe mit dem Gläubiger einen Vergleich über den titulierten Anspruch geschlossen.

Der Gläubiger bestreitet die Zahlung bzw. den Vergleich und betreibt weiter die Vollstreckung in Deutschland.

d) Fall 11. 2: Bezahlung oder Vergleich nach Vollstreckbarerklärung, aber vor Ablauf der Einspruchsfrist (GVÜ)

Sachverhalt ähnlich wie Fall 11.1, aber im Bereich des GVÜ: Der Gläubiger hat in England ein Urteil erstritten, das nach Art. 31 GVÜ in Deutschland für vollstreckbar erklärt wurde. Das Exequatur ist rechtskräftig geworden. Der Schuldner erhebt Vollstreckungsabwehrklage mit der Behauptung, er habe nach Vollstreckbarerklärung, aber vor Ablauf der Beschwerdefrist (§ 11 Abs. 2 AVAG) die Urteilssumme bezahlt.

Abwandlung (Fall 11.2 B): Der Schuldner beruft sich darauf, er habe mit dem Gläubiger einen Vergleich über den titulierten Anspruch geschlossen.

Der Gläubiger bestreitet die Zahlung bzw. den Vergleich und betreibt weiter die Vollstreckung in Deutschland.

e) Fall 4.1: Der Schuldner kannte den Anfechtungsgrund zur Zeit des Exequaturverfahrens nicht

Variation zu Fall 4 (s.o. Kap. 7, Präklusion). Der Schuldner entdeckt die arglistige Täuschung erst, nachdem die Vollstreckbarerklärung in Deutschland rechtskräftig geworden ist. Er erhebt nunmehr Vollstreckungsabwehrklage in Deutschland.

Diesen Beispielsfällen ist gemeinsam, daß sich jeweils die Frage stellt, ob der Schuldner seine Einwände trotz der vorangegangenen Vollstreckbarerklärung in Deutschland noch vorbringen darf.

2. Rechtskraft und Präklusionswirkung nach autonomem Recht

Sind Vollstreckungsgegeneinwände im Exequaturverfahren geprüft worden, so könnte man meinen, daß die Entscheidung des Gerichts über die Einwände materielle Rechtskraft entfaltet. Dagegen spricht allerdings die herrschende Auffassung, die Einwände seien nicht Streitgegenstand des Verfahrens (a). Mit der Möglichkeit, Vollstreckungsgegeneinwände im Exequaturverfahren vorzubringen, halten die meisten den Schuldner auch für verpflichtet, dies zu tun.[361] Diese Pflicht und die entsprechende Präklusionssanktion wird jedoch zumeist nicht näher begründet und auch eine gesetzliche Grundlage wird nicht genannt.[362] Einige Gegenstimmen halten denn auch eine Präklusion mangels gesetzlicher Grundlage für unzulässig.[363] Die Rechtsprechung hat zu der Frage bisher noch nicht Stellung genommen.[364] Als gesetzliche Grundlagen einer Präklusion kommen § 767 Abs. 2 (b) oder eine Analogie (c) zu § 767 Abs. 3 und §§ 15 Abs. 1 AVAG, 5 Abs. 3 AusfG zum Deutsch-Belgischen Vollstreckungsabkommen in Betracht.

a) Rechtskraftwirkung der Exequaturentscheidung

Die herrschende Meinung zur materiellen Rechtskraftwirkung des Exequatur in bezug auf Vollstreckungsgegeneinwände ist ebenso ungereimt wie ihre Haltung zur Parallelfrage bei der Vollstreckungsabwehrklage. In beiden Fällen werden die Einwände zwar geprüft, sollen aber nicht Streitgegenstand sein.[365] Damit werden Einwände zur bloßen Vorfrage, mit der Folge, daß nach allgemeinen Rechtskraftregeln später abweichend über sie entschieden werden könnte. Bei Versagung des Exequatur könnte der Gläubiger erneut aus dem Anspruch klagen; bei Erteilung könnte der Schuldner noch Vollstreckungsabwehrklage oder jedenfalls später Rückforderungsklage erheben. Diese Konsequenz wird aber, ebenso wie im Fall der Vollstreckungsabwehrklage, abgelehnt.[366] Andererseits soll aber die spätere Aufhebung im Erststaat aufgrund eines Einwandes auch nach einer abweichenden inländischen Exequaturentscheidung über denselben Einwand noch zu berücksichtigen sein. Im Beispielsfall 10 wäre die spätere Vollstreckungsabwehrklage nach dieser Konzeption begründet. *Münzberg* formuliert, der Ein-

---

[361] *Baumbach* ZPO-*Hart*mann, § 723 Rz. 3; St/J-*Münzberg*, § 723 Rz. 4; *Zöller-Geimer*, § 722 Rz. 60; *Rahm/Künkel*-Breuer, VIII Rz. 294; *Wolff*, Hdb. IZVR III/2, Kap. IV Rz. 109; *Reichel*, AcP 133 (1933), 19 (23). A.A. MünchKomm ZPO-*Gottwald*, § 722 Rz. 34; *Baur/Stürner*, Rz. 57.3; *Neureuter*, S. 22 f., 37 f.

[362] Vgl. *Zöller-Geimer*, § 722 Rz. 60, *Wolff*, Hdb. IZVR III/2, Kap. IV Rz. 109; *Reichel*, AcP 133 (1933), 19 (23).

[363] *Baur/Stürner*, Rz. 57.3; MünchKomm ZPO-*Gottwald*, § 722 Rz. 34; im Erg. ebenso schon *Kallmann*, S. 351.

[364] Zu Unrecht zitieren etwa *Baumbach* ZPO-*Hart*mann § 723 Rz. 3 und *Baur/Stürner* Rz. 57.3 die Entscheidung OLG Düsseldorf, DAVorm 80, 762 = FamRZ 81, 79 (nur LS). Die Entscheidung betrifft nicht das Verfahren nach §§ 722, 723, sondern das nach dem Haager Übereinkommen zu Kindesunterhaltsentscheidungen (1958), dessen AusfG in § 4 Abs. 2 ausdrücklich eine Präklusion statuiert.

[365] Zur Diskussion in Bezug auf die Vollstreckungsabwehrklage s.o. Kap. 7, Präklusion, Abschn. IV 2 b, zur parallelen Dogmatik des Exequatur vgl. *Schütze*, DIZPR S. 167 f. m.w.N.

[366] Explizit *Wolff*, Hdb. IZVR III/2 Kap. IV Rz. 123.

wand werde im Exequatur „stets nur vorbehaltlich abweichender Entscheidung des im Ausland dafür zuständigen Gerichts berücksichtigt".[367]

Diese Konzeption hat den gravierenden Nachteil, daß der Schuldner trotz gründlicher Prüfung und Zurückweisung seiner Einwände nicht gehindert ist, dieselben Einwände später in einem weiteren Verfahren erneut zur Prüfung zu stellen. Dies bedeutet nicht nur eine unökonomische Doppelbelastung der Gerichte, es ist auch dem Gläubiger kaum zuzumuten. Dies wird deutlich im Beispielsfall 10 (und 10 B). Außerdem besteht die Gefahr einer unbilligen Asymmetrie: wurde nämlich aufgrund eines Einwands die Vollstreckbarerklärung in Deutschland *abgelehnt*, so wird die Rechtskraft dieser Entscheidung einem erneuten Exequaturantrag des Gläubigers entgegenstehen. Es ist nämlich zweifelhaft, ob die Auffassung *Münzbergs*[368] von der bloß „vorläufigen" Entscheidung über die Einwände auch im Fall der *erfolgreichen* Geltendmachung eines Einwandes im Exequatur gelten soll.[369] Wenn aber die im deutschen Exequaturverfahren gefällte Entscheidung über einen Einwand allein einer *dem Schuldner günstigen* späteren ausländischen Entscheidung weicht,[370] so lädt dies zu Mißbrauch ein. Der Schuldner kann die „Asymmetrie" systematisch dazu nutzen, durch parallele Klagen im Erststaat und in Deutschland als Vollstreckungsstaat seine Chancen zu verdoppeln, die Vollstreckbarkeit in Deutschland zu verhindern. Dies zuzulassen hieße den Schuldnerschutz eindeutig zu weit treiben. Einziger Ausweg wäre eine Aussetzung des Exequaturverfahrens – die aber aus Gründen des effektiven Rechtsschutzes (ungerechtfertigte Verzögerung) unzulässig erscheint.[371] Damit wird zweierlei deutlich: zum einen, wie unzweckmäßig der Standpunkt der herrschenden Meinung ist, Vollstreckungsgegeneinwände im Exequaturverfahren zu berücksichtigen, zum anderen, wie die Auffassung, die Einwände würden zwar geprüft, aber nicht Streitgegenstand des Verfahrens, die Probleme nicht löst, sondern noch verstärkt. Sie ist daher abzulehnen.

b) Präklusion nach § 767 Abs. 2

Die Präklusion nach § 767 Abs. 2 beruht auf der Rechtskraftwirkung einer Entscheidung und dient deren Schutz.[372] Einwendungen gegen den im Ersturteil

367 St/J-*Münzberg*, § 723 Rz. 5.

368 St/J-*Münzberg*, § 723 Rz. 5.

369 Zweifelnd wohl auch *Wolff*, Hdb. IZVR, Bd. III/2 Kap. IV Rz. 100. Nach BGH NJW 87, 1146 erwächst bei Versagung des Exequatur in Rechtskraft, „daß die Vollstreckung im Inland nicht zulässig ist." Ein möglicher aber wenig überzeugender Ausweg wäre, der zweiten Vollstreckungsklage einen anderen Streitgegenstand zuzubilligen, da sich der Gläubiger nunmehr zusätzlich auf das ihm günstige ausländische Urteil über die Einwände stützen kann.

370 So *Geimer/Schütze*, Internationale Urteilsanerkennung, Bd. II S. 233 (zum Deutsch – Österreichischen Vertrag).

371 Näher s.u. im Kap. 11, Parallelverfahren.

372 Hierüber besteht trotz Differenzen im einzelnen, im wesentlichen Einigkeit: s.o. Kap. 7, Präklusion, Abschn. IV 2 b.

titulierten Anspruch sind also durch das Exequaturtteil nur dann gemäß § 767 Abs. 2 präkludiert, wenn auch im Exequatur dieser Anspruch noch einmal rechtskräftig festgestellt wird. Dies nahm etwa *Hellwig* als konsequenter Vertreter einer Berücksichtigung von Vollstreckungsgegeneinwänden im Exequatur an.[373] Der Schuldner ist nach dieser Auffassung nicht nur im Beispielsfall 11 mit seinen Einwänden präkludiert, sondern auch im Beispielsfall 11.1, da auch § 767 Abs. 2 2. HS im Fall eines Versäumnisurteils anwendbar ist. Auch im Beispielsfall 4.1 ist eine Präklusion ohne weiteres zu bejahen, da die allgemeinen Grundsätze zu § 767 Abs. 2 anzuwenden sind, nach denen der Schuldner auch mit solchen Einwänden präkludiert ist, die ihm ohne sein Verschulden unbekannt waren.[374]

Die heute wohl herrschende Meinung berücksichtigt ebenfalls im Exequaturverfahren Einwände gegen den im Ersturteil titulierten Anspruch, nimmt aber anders als *Hellwig* an, dieser Anspruch werde dennoch nicht Streitgegenstand des Exequatur.[375] Meint man, die Vertreter dieser Position sähen im Bestand des titulierten Anspruchs wohl nur eine für das Exequatur relevante *Vorfrage*, so wird man erneut überrascht von ihrer Haltung zur Präklusion. Zahlreiche Autoren gehen nämlich ohne nähere Begründung davon aus, das Exequatururteil entfalte hinsichtlich möglicher Einwände gegen den im Ersturteil titulierten Anspruch Präklusionswirkung.[376] Da diese Autoren eine Präklusionswirkung behaupten, ohne eine gesetzliche Grundlage zu zitieren, läßt sich nur aus einigen Formulierungen schließen, daß wohl eine Präklusion nach § 767 Abs. 2 gemeint ist.[377] Dies entspricht dem Standpunkt *Hellwigs* (der Schuldner ist in allen drei oben geschilderten Ausgangsfällen präkludiert), ist aber mit der Behauptung, der titulierte Anspruch sei nicht Streitgegenstand des Exequaturverfahrens, gänzlich unvereinbar.[378] Andere Autoren halten dagegen zwar Vollstreckungsgegenein-

---

[373] *Hellwig*, Anspruch und Klagrecht, S. 171ff., 175. Vgl. auch die Überlegungen von *Krefft*, Vollstreckung und Abänderung ausländischer Entscheidungen, S. 90ff. (zum Verhältnis von Exequatur und Abänderbarkeit bei Entscheidungen der freiwilligen Gerichtsbarkeit).

[374] BGHZ 42, 37.

[375] St/J-*Münzberg*, § 722 Rz. 3; MünchKomm ZPO-*Gottwald*, § 722 Rz. 17; *Schack* IZVR Rz. 91; *Zöller-Geimer*, § 722 Rz. 6, 16; *Rosenberg/Gaul/Schilken*, § 12 II 4 (S. 142); *Schütze* DIZPR S. 167f.; ebenso schon *Fischer*, ZZP 43 (1913) 87 (88).

[376] *Baumbach* ZPO-*Hart*mann, § 723 Rz. 3; *Zöller-Geimer*, § 722 Rz. 60 (aber: keine Rechtshängigkeit, Rz. 61); *Wolff*, Hdb. IZVR III/2, Kap. IV Rz. 109 (insbesondere auch Fn. 335 a.E.), aber Rz. 94, 100 (zum Streitgegenstand).

[377] So heißt es bei *Wolff*, Hdb. IZVR III/2, Kap. IV Rz. 109 Fn. 335 a.E.: „Bestand jedoch die Möglichkeit, wie bei der Vollstreckbarerklärung, eine gerichtliche Entscheidung über die Einwendungen herbeizuführen, so ist kein Grund ersichtlich, warum den Schuldner nicht die Präklusionswirkung gerichtlicher Entscheidungen treffen soll."

[378] Kritisch zu der inkonsequenten Haltung *Reichels* (vgl. AcP 133 (1933), 19) bereits, mit Hinweis auf den Streitgegenstand des Exequatur, *Kallmann*, S. 351, Fn. 58. Bezeichnend auch *Krefft*, Vollstreckung und Abänderung ausländischer Entscheidungen, S. 113, der zu dem Ergebnis kommt, daß die „Verfahrensgegenstände von Vollstreckbarerklärung und Abänderung – entgegen dem ersten Anschein – als im wesentlichen identisch bezeichnet werden" (S. 113) können und daraus eine Rechtskraftsperre herleitet.

wände im Exequatur für zulässig, meinen aber, das Verfahren entfalte dennoch keine Präklusionswirkung hinsichtlich dieser Einwände, da insofern eine explizite gesetzliche Grundlage fehle.[379]

Hält man Vollstreckungsgegeneinwände, wie oben begründet, im Exequaturverfahren für unzulässig, so kommt eine Präklusion nach § 767 Abs. 2 ohnehin nicht in Frage.

c) Präklusion analog § 767 Abs. 3 und §§ 15 Abs. 1 AVAG, 5 Abs. 3 AusfG zum Deutsch-Belgischen Vollstreckungsabkommen

Eine Präklusionswirkung des Exequatururteils kommt aber auch dann in Betracht, wenn in diesem Verfahren *nicht* rechtskräftig über den im Ersturteil titulierten Anspruch oder die geltend gemachten Einwendungen entschieden wird. Sie kann auf eine Analogie zu § 767 Abs. 3 und den Sondervorschriften der §§ 15 Abs. 1 AVAG, 5 Abs. 3 AusfG zum Deutsch-Belgischen Vollstreckungsabkommen etc.[380] gestützt werden. Diese Analogie ist sowohl für den Fall zu erwägen, daß der Schuldner mit der herrschenden Meinung materielle Einwände direkt im Exequaturverfahren vorbringen darf, als auch für die hier favorisierte Lösung, daß er solche Einwendungen (nur) mittels Widerklage im Exequaturverfahren geltend machen kann.

(1) Materielle Einwände im Exequaturverfahren zulässig

Münzberg[381] will im Exequaturverfahren Vollstreckungsgegeneinwände zulassen und hinsichtlich der Rechtskraftwirkung ähnlich verfahren wie bei einer Vollstreckungsabwehrklage. Er durchdenkt die Konsequenzen gründlicher als die Vertreter der herrschenden Meinung, welche implizit oder explizit § 767 Abs. 2 anwenden. Da Streitgegenstand – wie bei der Vollstreckungsabwehrklage[382] – nur die Vollstreckbarkeit, nicht aber das Bestehen des titulierten Anspruchs sei, entfalte das Exequatururteil Präklusionswirkung nicht nach § 767 Abs. 2, aber nach § 767 Abs. 3. Akzeptiert man *Münzbergs* Prämissen, Vollstreckungsgegeneinwände seien im Exequatur zulässig, aber eine rechtskraftbedingte Präklusion trete nicht ein, so spricht vieles für die von ihm vertretene Analogie. § 767 Abs. 3 ist Ausdruck des Konzentrationsgrundsatzes und soll verhindern, daß der Schuldner seine Einwendungen auf nacheinander erhobene Vollstreckungsgegenklagen verteilt und dadurch die Zwangsvollstreckung ver-

---

[379] *Baur/Stürner*, Rz. 57.3; MünchKomm ZPO-*Gottwald*, § 722 Rz. 34; ebenso schon *Neureuter*, S. 22 f., 37 f.

[380] Praktisch gleich wie § 5 Abs. 3 AusfG zum Deutsch-Belgischen Vollstreckungsabkommen lauten die Präklusionsvorschriften der Ausführungsgesetze zu den Vollstreckungsabkommen mit Österreich, Griechenland, Großbritannien und Tunesien.

[381] St/J-*Münzberg* , § 723 Rz. 4.

[382] St/J-*Münzberg*, § 767 Rz. 3 ff.

schleppt.[383] Praktische Bedeutung hat die Vorschrift (nur) dann, wenn man – wie der historische Gesetzgeber – annimmt, daß jede Einwendung gegen den titulierten Anspruch einen eigenen Streitgegenstand bildet, so daß die Präklusionswirkung des § 767 Abs. 2 bei nacheinander erhobenen Vollstreckungsabwehrklagen nicht eingreift. Der Vorschrift ist nach ihrem historischen Zweck der allgemeine Rechtsgedanke zu entnehmen, der Schuldner müsse bei einem von ihm angestrengten Verfahren auch solche Einwände gegen den titulierten Anspruch vorbringen, die außerhalb des Streitgegenstands dieses Verfahrens liegen. Dieser Rechtsgedanke trägt allerdings noch nicht das Gebot, sämtliche Einwände auch in dem *vom Gläubiger angestrengten* Exequaturverfahren vorbringen zu müssen. Diese Pflicht ergibt sich nur, wenn man § 767 Abs. 3 den noch allgemeineren Gedanken entnimmt, in einem den Anspruch betreffenden Verfahren seien auch außerhalb des Streitgegenstandes liegende Einwendungen vorzubringen, die geeignet sind, die Vollstreckbarkeit des Anspruchs zu beseitigen.[384] Für eine so weitgehende Auslegung der Ratio des § 767 Abs. 3 spricht immerhin eine Tendenz in der neueren Rechtsprechung, den Schuldner analog § 767 Abs. 3 mit Einwendungen zu präkludieren, die er im Rahmen der Abänderungsklage (§ 323) nicht vorgebracht hat, mag diese auch einen anderen Streitgegenstand aufweisen und sogar vom Gläubiger erhoben worden sein.[385] Das Reichsgericht hielt dagegen den Schluß von der Möglichkeit, Vollstreckungsgegeneinwände in einem Verfahren geltend zu machen, auf eine Pflicht dies zu tun, noch mangels ausdrücklicher gesetzlicher Anordnung für prinzipiell unzulässig.[386]

Wendet man mit dieser Begründung § 767 Abs. 3 an, so bedeutet dies im Beispielsfall 11, daß der Schuldner mit seinen Einwänden präkludiert ist. Im Beispielsfall 11.1 wäre er dagegen wohl nicht präkludiert, weil § 767 Abs. 2 HS. 2. nur da anzuwenden sein kann, wo § 767 Abs. 2 einschlägig ist. Im Beispielsfall 4.1 hängt die Antwort von der schon für den direkten Anwendungsbereich des § 767 Abs. 3 umstrittenen Frage ab, ob auch solche Einwände präkludiert sind, die der Schuldner subjektiv im vorherigen Verfahren nicht vorbringen konnte, etwa weil eine Täuschung durch den Gläubiger noch andauerte. Die herrschende Meinung würde hier wohl ebenso wie bei § 767 Abs. 2 einen objektiven Maßstab anwenden,[387] im Fall 4.1 also eine Präklusion bejahen. *Münzberg* tritt dagegen dafür ein, im Exequatur oder in einer Vollstreckungsabwehrklage un-

---

[383] *Baur/Stürner*, Rz. 45.23.

[384] Eine solche Verallgemeinerung entfernt sich zwar bereits weiter von dem eigentlichen Regelungsgehalt des § 767 Abs. 3, ist jedoch immer noch wesentlich präziser als etwa eine nicht weiter begründete „Förderungspflicht“ als Grundlage der Präklusion, wie sie *Baumbach* ZPO-*Hart*mann § 723 Rz. 3 behauptet. Gegen diese pauschale Argumentationsweise zu Recht schon *Neureuter*, S. 38 Fn. 104.

[385] OLG Hamm, FamRZ 93, 581 (582); BGH NJW 98, 161 (162).

[386] RGZ 11, 434 (435) zu der heute § 731 entsprechenden Vorschrift; RGZ 148, 270 (275) zu § 1042c a.F.

[387] *Zöller-Geimer* § 722 Rz. 60.

verschuldet nicht geltend gemachte Einwände nicht zu präkludieren, die Wirkung des § 767 Abs. 3 also auf solche Einwände zu beschränken, die der Schuldner auch subjektiv geltend machen konnte.[388]

Neben § 767 Abs. 3 kommen als Analogiebasis auch die expliziten Präklusionsregelungen in den Ausführungsgesetzen zu zahlreichen Anerkennungs- und Vollstreckungsabkommen in Betracht. Diese Vorschriften mit häufig identischem Wortlaut[389] sehen vor, daß der Schuldner nach Vollstreckbarerklärung des ausländischen Urteils nur noch solche Einwendungen geltend machen kann, die entstanden sind

> „erstens nach Ablauf der Frist, innerhalb derer er die Beschwerde [gegen die Vollstreckbarerklärung] hätte einlegen können oder
> zweitens, falls die Beschwerde eingelegt worden ist, nach Beendigung dieses Verfahrens".

Diese Vorschriften verpflichten den Schuldner aus Gründen der Prozeßwirtschaftlichkeit, alle Einwendungen, die im Beschwerdeverfahren berücksichtigt werden können, in diesem Verfahren auch vorzubringen. Der Gesetzgeber wollte hierdurch „vermeiden, daß es zu einer Aufeinanderfolge von zwei Verfahren, nämlich dem der Zulassung zur Zwangsvollstreckung und dem der Vollstreckungsabwehrklage in Fällen kommt, in denen sich diese Häufung vermeiden läßt."[390] Diese gesetzgeberische Absicht erscheint auch auf das Verfahren nach § 722f. übertragbar. Zweifel können allenfalls deshalb verbleiben, weil der Gesetzgeber selbst eine entsprechende Regelung für das autonome Recht bisher nicht getroffen hat und der Analogieschluß vom Besonderen (den Ausführungsgesetzen zu Staatsverträgen) auf das Allgemeine (die Vorschriften zum autonomen Recht) methodisch nicht zweifelsfrei ist.[391] Für eine Analogie zu diesen Vorschriften spricht jedoch, daß sie noch stärker als § 767 Abs. 3 eine vergleichbare Frage regeln, nämlich ob der Schuldner Vollstreckungsgegeneinwände im Exequaturverfahren nicht nur vorbringen kann, sondern auch muß. Die Vorschriften erlauben daher den Analogieschluß, daß auch im autonomen Exequaturverfahren aus der Möglichkeit, diese Einwände vorzubringen, die Verpflichtung folgt, es zu tun.

---

388 St/J-*Münzberg*, § 723 Rz. 4; ders. § 767 Rz. 52f.

389 §§ 15 Abs. 1 AVAG, 5 Abs. 3 AusfGe zum Deutsch-Belgischen und Deutsch-Österreichischen Abkommen; § 4 Abs. 2 AusfGe zum Deutsch-Britischen Abkommen und zum Haager Übereinkommen zum Kindesunterhalt 1958; § 4 Abs. 3 AusfG zum Deutsch-Griechischen Abkommen; § 7 Abs. 3 AusfG zum Deutsch-Tunesischen Abkommen. Ähnlich (allerdings bezogen auf den Widerspruch) § 13 Abs. 1 AusfG zum Deutsch-Niederländischen Abkommen.

390 Vgl. statt aller Amtliche Begründung zum AVAG, BT-Drs. 11/351.

391 Diese Bedenken könnten sich auch auf die Argumentation in RGZ 11, 434 (435) und RGZ 148, 270 (275) stützen. So ist soweit ersichtlich bisher auch noch niemand auf den Gedanken gekommen, durch analoge Anwendung des § 30 AVAG eine allgemeine Gefährdungshaftung für die Zwangsvollstreckung aus vollstreckbaren Urkunden zu behaupten (§ 717 Abs. 2 gilt nach ganz herrschender Auffassung nicht für die vollstreckbare Urkunde, BGH WM 65, 767 (769); 77, 656 (657); St/J-*Münzberg* § 717 Rz. 68.).

Ob die Analogie so weit reicht, die Einwände des Schuldners nicht nur im Fall 11, sondern auch im Fall 11.1 (während der Einspruchsfrist entstandener Einwand) zu präkludieren, darf bezweifelt werden. Damit würde ein Einspruchsgebot aufgestellt, das dem Schuldner nicht ohne die Warnung einer ausdrücklichen Verankerung im Gesetz auferlegt werden sollte. Auf jeden Fall wird die Analogie nicht eine Präklusion solcher Einwendungen rechtfertigen, die vorzubringen der Schuldner subjektiv nicht imstande war. Denn die hier angeordnete Präklusion beruht auf einem Bündelungsgebot und nicht auf dem Schutz der Rechtskraft; der Gesetzgeber hat in der Amtlichen Begründung entsprechend formuliert: „Der Schuldner soll zwischen beiden Möglichkeiten nicht frei wählen können."[392] Waren dem Schuldner, wie im Beispielsfall 11.1, die Einwände ohne sein Verschulden unbekannt, so konnte er die Wahl zugunsten einer Geltendmachung im Exequaturverfahren nicht treffen, eine Präklusion wäre daher nicht gerechtfertigt.

(2) Einwendungen nur mittels Widerklage im Exequaturverfahren geltend zu machen

Wie oben dargelegt, sollten Vollstreckungsgegeneinwände entgegen der durch das Reichsgericht[393] begründeten und heute herrschenden Meinung nicht im Exequaturverfahren berücksichtigt werden, sondern einer Klage des Schuldners vorbehalten bleiben. Diese Klage kann als Widerklage im Verfahren nach § 722 erhoben werden.

Dies schließt allerdings nicht aus, daß der Schuldner gehalten sein könnte, seine Einwände möglichst frühzeitig vorzubringen. Analog § 767 Abs. 3, §§ 15 Abs. 1 AVAG etc. könnte er verpflichtet sein, in dem vom Gläubiger angestrengten Exequaturverfahren alle zu diesem Zeitpunkt vorliegenden Einwände mittels Widerklage geltend zu machen. Dies wird zwar regelmäßig ohnehin in seinem Interesse liegen; gelegentlich kann ein solches Bündelungsgebot aber, wie die Rechtsprechung zu § 767 Abs. 3 zeigt, durchaus praktische Bedeutung gewinnen. Auch § 767 Abs. 3 verpflichtet den Schuldner jedenfalls nach seiner historischen Intention,[394] weitere Einwände durch Erhebung zusätzlicher Klagen (Klagehäufung) in ein laufendes Verfahren einzubringen. Allerdings hat im Falle des § 767 Abs. 3 der Schuldner, anders als bei § 722, selbst dieses Verfahren eingeleitet. Würde man § 767 Abs. 3 auch im Rahmen des § 722 anwenden, so würde dem Schuldner angesonnen, nicht nur eigene Klagen zu bündeln, sondern in einem

---

392 Vgl. statt aller Amtliche Begründung zum AVAG, BT-Drs. 11/351, S. 23.

393 RGZ 13, 347.

394 Zum Bedeutungswandel, den § 767 Abs. 3 aufgrund der neueren Auffassung vom Globalstreitgegenstand der Vollstreckungsabwehrklage durchlaufen hat, vgl. Karsten *Schmidt*, JR 92, 89, 90f.; *Münch*, Vollstreckbare Urkunde S. 339f. Die Vorschrift ist damit heute weitgehend überflüssig, da bereits § 767 Abs. 2 eingreift, Karsten *Schmidt*, JR 92, 89, 93ff.; *Münch* Vollstreckbare Urkunde S. 338ff., 343.

vom Gläubiger angestrengten Verfahren Widerklage zu erheben. Wie oben ausgeführt, hat die Rechtsprechung dem Schuldner diese Pflicht im Bereich des § 323 bereits auferlegt und sich dabei auf eine Analogie zu § 767 Abs. 3 gestützt.[395] Entsprechend könnte man auch eine Verpflichtung behaupten, bekannte Vollstreckungsgegeneinwände durch Widerklage gegenüber der Vollstreckungsklage des Gläubigers geltend zu machen. Gegen die Analogie spricht jedoch letztlich, daß die zitierte Rechtsprechung zu § 323[396] zu weit gehen dürfte oder sich jedenfalls nicht verallgemeinern läßt. Denn andernfalls würde „zur Vermeidung einer unzweckmäßigen Verdoppelung von Prozessen“ praktisch jede nach § 33 I mögliche Widerklage zur Pflicht werden, da schon aufgrund der erforderlichen Konnexität eine gleichzeitige Erledigung mit der Hauptklage zweckmäßig erscheinen muß. Damit würde in erheblichem Maße die Eventualmaxime im Zivilprozeß eingeführt. Dies mag prozeßökonomisch sinnvoll sein[397], steht aber nicht den Gerichten zu, sondern muß dem Gesetzgeber vorbehalten bleiben.[398] Die Eventualmaxime widerspricht dem Dispositionsgrundsatz im Zivilprozeßrecht,[399] der letztlich Ausdruck der allgemeinen Handlungsfreiheit (Art. 2 Abs. 1 GG) ist. Der Gesetzgeber kann im Zweifel auch besser beurteilen, ob die Pflicht zur Erhebung der konnexen Widerklage tatsächlich prozeßökonomisch sinnvoll ist. Jedenfalls in der hier betrachteten Situation (Widerklage gegen das Exequatur) wird es nämlich zweckmäßiger sein, dem Schuldner die freie Wahl zu lassen, wann und wo er seine Einwände geltend macht. So mögen etwa im Beispielsfall 11 legitime Gründe den Schuldner bewogen haben, seine Einwände zunächst nicht gegenüber dem Exequatur geltend zu machen. Er könnte sich z.B. darauf konzentriert haben, seine Einwände zunächst in einem Drittstaat geltend zu machen, in dem der Gläubiger ebenfalls die Vollstreckung betreibt. Es ist evident zweckmäßig, wenn der Schuldner auf diese Weise versucht, den Streit über die Einwände an einem Ort zu konzentrieren und nicht überall zu prozessieren, wo der Gläubiger zu vollstrecken versucht. Erklärt sich das Gericht in diesem Drittstaat jedoch (aus welchen Gründen auch immer) für unzuständig oder wird das Urteil aus diesem Staat später in Deutschland nicht anerkannt (z.B. weil der deutsche Richter es aufgrund des Gleichstellungsgedankens insofern nicht für rechtskraftfähig hält), so wäre der Schuldner – wie im Beispielsfall 11 – in Deutschland nunmehr mit den Einwänden präkludiert. Dieses Risiko könnte den Schuldner davon abhalten, seine an sich prozeßökonomisch sinnvolle Konzentrationsstrategie aufzugeben.

---

395 OLG Hamm, FamRZ 93, 581 (582); BGH NJW 98, 161 (162).

396 BGH NJW 98, 161 (162).

397 So wird die *Compulsory Counterclaim Rule* im amerikanischen Zivilprozeßrecht (z.B. FRCP 13 (a), näher s.o. Kap. 5, USA) auf prozeßökonomische Erwägungen gestützt.

398 Vgl. die Argumentation in RGZ 11, 434 (435) und RGZ 148, 270 (275).

399 *Paulus*, ZPR Rz. 211.

(3) Zusammenfassung

Zusammenfassend ist festzuhalten, daß bei *Zulassung* von Vollstreckungsgegeneinwänden im Exequaturverfahren die Präklusion der Einwände, die in diesem Verfahren nicht geltend gemacht wurden, konsequent erscheint. Diese Präklusion läßt sich zwar nicht auf § 767 Abs. 2,[400] aber auf eine Analogie zu §§ 767 Abs. 3, 15 Abs. 1 AVAG und entsprechende Vorschriften in weiteren Ausführungsgesetzen stützen. Präkludiert sind damit nur solche Einwendungen, die der Schuldner tatsächlich vorzubringen in der Lage war, da es hier nicht um einen objektiven Schutz der Rechtskraft, sondern die Durchsetzung eines Bündelungsgebotes geht.

Sind Vollstreckungsgegeneinwände dagegen im Exequaturverfahren *unzulässig* und können nur mit einer separaten Klage (ggf. Widerklage) geltend gemacht werden, so kann der Schuldner den Zeitpunkt der Geltendmachung ebenso wie im Fall der Vollstreckungsabwehrklage gegen ein inländisches Urteil frei wählen. Es steht den Gerichten nicht zu, aufgrund eigener prozeßökonomischer Erwägungen im Gewande des Analogieschlusses eine Pflicht zur Erhebung der Widerklage im Exequaturverfahren zu statuieren; auch eine Analogie zu §§ 767 Abs. 3, 15 Abs. 1 AVAG etc. trägt dies nicht mehr.

3. Rechtskraft- und Präklusionswirkung nach GVÜ und AVAG

a) Rechtskraftwirkung der Exequaturentscheidung

Zum Exequatur nach Artt. 31ff. GVÜ i.V.m. §§ 13ff. AVAG herrscht, wie zum autonomen Recht, die Ansicht vor, Vollstreckungsgegeneinwände seien zwar zu prüfen, die Entscheidung über das Fortbestehen des titulierten Anspruchs erwachse aber nicht in Rechtskraft.[401] Zur Begründung werden Art. 38 GVÜ und § 29 AVAG angeführt.[402] Unklar bleibt dabei, ob auch in Deutschland eine erneute, auf den entschiedenen Einwand gestützte Klage (z.B. eine Rückforderungsklage[403] des Schuldners) zulässig bleiben soll. Eine Gegenmeinung nimmt an, die Entscheidung über Vollstreckungsgegeneinwände im Exequatur erwachse in

400 Anders nur, wenn man – wie *Hellwig*, Anspruch und Klagrecht S. 171ff., 175 – den titulierten Anspruch zum Streitgegenstand der Vollstreckbarerklärung macht. Dazu bereits oben.

401 St/J-*Münzberg*, Anh. § 723 Rz. 313 Fn. 38, sub 1 a; *Kropholler*, EuZPR Art. 36 Rz. 19; ähnlich auch für die Schweiz *Donzallaz* Rz. 3445. Weniger klar MünchKomm ZPO-*Gottwald*, Art. 36 Rz. 6; *Geimer/Schütze*, EuZVR Art. 36 Rz. 28, die jeweils nur die Präklusion nach § 15 AVAG relativieren.

402 St/J-*Münzberg*, Anh. § 723 Rz. 313 Fn. 38, sub 1 a; *Kropholler*, EuZPR Art. 36 Rz. 19; MünchKomm ZPO-*Gottwald*, Art. 36 Rz. 6; *Geimer/Schütze*, EuZVR Art. 36 Rz. 28; Cypra S. 99.

403 Einer späteren Vollstreckungsabwehrklage stünde stets § 15 AVAG entgegen.

materielle Rechtskraft,[404] *Wolfsteiner* schließt dies aus der Präklusion nach § 15 Abs. 1 AVAG.

Gegen die herrschende Ansicht von der nicht rechtskräftigen Entscheidung sprechen die oben bereits im Zusammenhang mit dem autonomen Recht angestellten Zweckmäßigkeits- und Gerechtigkeitserwägungen. Zuzugeben ist, daß Art. 38 Abs. 1 GVÜ, der eine Aussetzung des Verfahrens bis zur endgültigen Entscheidung im Erststaat in das *Ermessen* des Exequaturgerichts stellt, und Art. 38 Abs. 3 GVÜ, der eine sichernde Vorsorge für den Fall einer späteren Aufhebung der Erstentscheidung erlaubt, nur dann plausibel sind, wenn im Exequaturverfahren nicht rechtskräftig über den titulierten Anspruch entschieden wird. Art. 38 GVÜ ist aber nicht auf den deutschen Sonderweg des § 13 Abs. 1 AVAG zugeschnitten, sondern auf die Situation, daß eine vorläufig vollstreckbare Entscheidung exequiert wird, über den titulierten Anspruch also *im Erststaat noch nie rechtskräftig entschieden* wurde.[405] Weder diese noch andere Vorschriften des Übereinkommens zielen auf die durch § 13 Abs. 1 AVAG aufgeworfene Frage konkurrierender Verfahren zu Vollstreckungsgegeneinwänden.[406] Es liegt näher, aus diesem Schweigen herzuleiten, daß eine Prüfung des titulierten Anspruchs im Exequatur überhaupt unzulässig ist (die Frage sich also nicht stellt), als den Schluß zu ziehen, der Entscheidung komme insofern keine materielle Rechtskraft zu.

Für die herrschende Ansicht spricht aber, entgegen der Auffassung *Wolfsteiners,*[407] die gesetzgeberische Konzeption des AVAG. Die Präklusion des § 15 Abs. 1 AVAG ist vom Gesetzgeber eindeutig als rechtskraftfremd gedacht. Der titulierte Anspruch soll nicht Gegenstand des Exequaturverfahrens sein und es heißt ausdrücklich, der Schuldner sei „nicht gehindert, mit den im Inland aufgrund von § 15 Abs. 1 ausgeschlossenen Einwendungen im Urteilsstaat gegen den Titel vorzugehen, soweit dies dort zulässig ist."[408] Auch § 29 AVAG zielt ausweislich der amtlichen Begründung – anders als Art. 38 GVÜ – nicht nur auf den Fall, daß eine vorläufig vollstreckbare Entscheidung im Erststaat aufgehoben wird, sondern darauf, daß „der ausländische Schuldtitel in seinem Ursprungsland die Vollstreckungskraft aus irgendeinem Grund verloren"[409] hat. Die Relativierung darf aber, um eine unbillige Asymmetrie zu vermeiden, nicht nur für den Fall einer dem Schuldner ungünstigen Entscheidung im Exequatur gelten, sondern muß umgekehrt auch eine ihm günstige erfassen. Um den oben diskutierten, ungerechten „Freischuß" allein für den Schuldner zu vermeiden, ist daher die

---

404 *Grunsky*, RIW 77, 1 (9); *Wolfsteiner*, Vollstreckbare Urkunde, Rz. 82.24, 82.26.

405 Jenard-Bericht, ABl EG C59/1979, S. 1 (52); Vorbild war Art. 10 Abs. 2 des Deutsch-Belgischen Anerkennungs- und Vollstreckungsabkommens.

406 Dies räumt auch *Cypra* ein (S. 99f.).

407 *Wolfsteiner*, Vollstreckbare Urkunde, Rz. 82.24, 82.26.

408 BT-Drs. 11/351, S. 23.

409 BT-Drs. 11/351, S. 28.

Formulierung *Münzbergs* wörtlich zu nehmen, die Entscheidung über den titulierten Anspruch nach § 13 Abs. 1 AVAG erfolge „vorbehaltlich anderweitiger Entscheidung des im Ausland dafür zuständigen Gerichts".[410] Der Gläubiger darf also, wenn der Einwand später im Erststaat zurückgewiesen wird, erneut das Exequatur beantragen;[411] die frühere Entscheidung steht nicht entgegen. Im übrigen kann die Exequaturentscheidung, wenn sie die Anerkennung einer späteren Entscheidung des Erststaates zu dem titulierten Anspruch nicht sperrt, nach allgemeinen Rechtskraftgrundsätzen *auch im Inland* in bezug auf den titulierten Anspruch keine Rechtskraft entfalten und auch der Anerkennung einer später in einem *Drittstaat* ergangenen Entscheidung über den Einwand[412] nicht entgegenstehen (Art. 27 Nr. 3 GVÜ).

Dies wenig zweckmäßige Ergebnis – Prüfung der Einwände, aber keine Rechtskraft des Ertrages – ist letztlich symptomatisch für die gesetzgeberische Konzeption des AVAG zum Exequatur nach Artt. 31 ff. GVÜ.

b) Präklusion nach § 15 Abs. 1 AVAG

§ 15 Abs. 1 AVAG regelt explizit die Präklusionswirkung des Exequaturverfahrens nach dem AVAG. Er knüpft an die von § 13 Abs. 1 AVAG vorgesehene Möglichkeit an, Vollstreckungsgegeneinwände mit der Beschwerde vorzubringen. Hält man dies, wie oben dargelegt, im Bereich des GVÜ für abkommenswidrig, so ergeben sich natürlich auch Konsequenzen für die Präklusionsregelung des § 15 Abs. 1 AVAG.[413]

(1) Materielle Einwände direkt im Exequaturverfahren zulässig (§ 13 Abs. 1 AVAG)

Wendet man § 13 Abs. 1 AVAG entgegen der hier vertretenen Ansicht auch im Bereich des GVÜ an, so kann der Schuldner, nachdem das Exequatur zunächst ohne mündliche Verhandlung erteilt worden ist, mit der Beschwerde auch Vollstreckungsgegeneinwände vorbringen. Nach § 15 Abs. 1 AVAG muß er dies auch tun, andernfalls ist er – so im Beispielsfall 11 – mit den Einwänden präkludiert.

---

[410] St/J-*Münzberg*, Anh. § 723 Rz. 313 Fn. 38 sub 1a; ihm folgend *Kropholler*, EuZPR Art. 36 Rz. 19.

[411] Die „ne bis in idem"-Wirkung des ersten, abgelehnten Exequaturantrags darf dem nicht entgegenstehen. Man muß insofern von einem anderen Streitgegenstand des zweiten Antrags ausgehen, in dem sich der Gläubiger inzident auch auf die ihm günstige Zweitentscheidung stützt (auch wenn diese nicht Gegenstand der Vollstreckbarerklärung ist).

[412] Vgl. oben, Kap. 9, Zuständigkeit, Abschn. III. Entsprechend muß auch eine dem Gläubiger günstige spätere drittstaatliche Entscheidung berücksichtigt werden.

[413] Die Rechtsprechung geht auch bei § 15 AVAG bisher von der Wirksamkeit der Vorschrift aus: OLG Frankfurt, IPRspr.88, Nr. 197.

Diese rechtskraftfremde[414] Präklusion mag zwar überraschend sein,[415] ist aber im Gesetz ausdrücklich so vorgesehen und vom Gesetzgeber gewollt. Noch überraschender ist wohl, daß der Schuldner sogar dann, wenn er nicht Beschwerde einlegt, mit allen Einwänden präkludiert wird, die nach Vollstreckbarerklärung, aber vor Ablauf der Beschwerdefrist entstanden sind (§ 15 Abs. 1 Nr. 1). Im Beispielsfall 11.2 muß der Schuldner also die nach Vollstreckbarerklärung erfolgte Bezahlung oder einen vor Ablauf der Beschwerdefrist geschlossenen Vergleich (Fall 11.2 B) sofort mit einer Beschwerde geltend machen, will er mit diesem Einwand nicht präkludiert werden.

Manche Autoren halten die Vorschrift unter dem Gesichtspunkt des verfassungsrechtlich verbürgten Anspruchs auf rechtliches Gehör (Art. 103 Abs. 1 GG) für bedenklich.[416] Das rechtliche Gehör ist jedoch dadurch ausreichend verbürgt, daß der Schuldner die Möglichkeit hat, seine Einwendungen mit der Beschwerde geltend zu machen. Richtig bleibt allerdings, daß hier die systemwidrige Zulassung von Vollstreckungsgegeneinwänden im Klauselverfahren[417] zu einer ebenfalls systemwidrigen Präklusionswirkung der Klauselerteilung führt, die einen sonst mit dem System der ZPO vertrauten Schuldner (oder seinen Anwalt!) leicht überraschen kann.[418] Gerade im Falle eines nicht rechtskraftfähigen Titels, wie z.B. einer Urkunde, bedeutet diese Präklusion einen gravierenden Eingriff. Teilweise wird daher eine Auslegung von § 15 AVAG gefordert, die seine Anwendung auf nicht rechtskraftfähige Titel ausschließt.[419] Andererseits läßt sich argumentieren, daß eine solche Präklusionswirkung bei Zulassung der Einwände im Exequatur nicht nur folgerichtig, sondern bei konsequentem Weiterdenken der Entscheidung des Europäischen Gerichtshofs in *Hoffmann ./. Krieg*[420] vielleicht sogar geboten ist.[421] Das Problem liegt eben nicht erst in der Präklusionsvorschrift, sondern bereits in der Zulassung von Vollstreckungsgegeneinwänden im Exequaturverfahren.

War der Schuldner, wie im Beispielsfall 4.1, ohne sein Verschulden nicht in der Lage, den Einwand im Beschwerdeverfahren geltend zu machen, so ist er nach

---

414 So die soeben erläuterte Konzeption des Gesetzgebers ausweislich der amtlichen Begründung. Dies spricht gegen die abw. Ansicht von *Wolfsteiner*, Vollstreckbare Urkunde, Rz. 82.24–82.27 (Entscheidung über die Einwendung erwächst in materielle Rechtskraft).

415 Insofern kritisch *Baur/Stürner*, Rz. 55.14; *Pirrung*, DGVZ 73, 178 (182 Fn. 36); *Wolfsteiner*, Vollstreckbare Urkunde, Rz. 82.23, Fn. 19; MünchKomm ZPO-*Gottwald*, IZVR Art. 36 Rz. 6.

416 *Wolfsteiner*, Vollstreckbare Urkunde, Rz. 82.27.

417 Nichts anderes ist das Exequatur nach Artt. 31 ff. GVÜ.

418 *Wolfsteiner*, Vollstreckbare Urkunde, Rz. 28.27, Fn. 23.

419 MünchKomm ZPO-*Gottwald*, Art. 50 Rz. 15 – gegen die Regelung des § 13 AVAG äußert *Gottwald* jedoch keine Bedenken. Sehr kritisch auch *Wolfsteiner*, Rz. 82.23 Fn. 19 und Fn. 23.

420 EuGH, 04.02.1988 (145/86), Slg. 662 (670, Tz. 30).

421 So *Lechner/Mayr* S. 46; *Czernich*, GVÜ Art. 36 Rz. 12; wohl auch *Schack*, IPrax 89, 139 (141 f.); *Geimer/Schütze*, EuZVR Art. 36 Rz. 23.

dem Wortlaut des § 15 Abs. 1 ebenfalls präkludiert. Denn anders als § 767 Abs. 3 stellt dieses Bündelungsgebot nicht darauf ab, wozu der Schuldner „imstande war". Eine solche, am Wortlaut orientierte Auslegung würde jedoch über den vom Gesetzgeber verfolgten Zweck hinausschießen. Ausweislich der amtlichen Begründung wollte der Gesetzgeber nur verhindern, daß der Schuldner bereits bekannte Einwendungen zurückhält und ein zweites Verfahren anstrengt, wo eines hätte genügen können.[422] Die von der Rechtsprechung zu § 767 Abs. 2 vertretene objektive Präklusion ist nur gerechtfertigt, wenn es um den Schutz der objektiven Rechtskraft einer Entscheidung geht.[423] Im Beispielsfall 4.1 wäre der Schuldner also nicht gehindert, auch nach Vollstreckbarerklärung noch eine Vollstreckungsabwehrklage auf die nachträglich entdeckte arglistige Täuschung zu stützen.[424]

Wurde das Exequatur zunächst *verweigert* und hat der *Gläubiger* hiergegen nach § 16 Abs. 1 AVAG Beschwerde eingelegt, so könnte man unter dem Gesichtspunkt der Verfahrenskonzentration vom Schuldner verlangen, nicht nur die erstinstanzliche Versagung des Exequatur zu verteidigen, sondern zusätzlich auch alle bestehenden Vollstreckungsgegeneinwände vorzubringen. Dies war offensichtlich die Intention des Gesetzgebers.[425] Sein Anliegen ist jedoch im Text des AVAG nicht zum Ausdruck gekommen. Denn § 15 Abs. 1 Nr. 2 AVAG bezieht sich schon bei grammatischer Auslegung des Wortsinns[426] und Berücksichtigung seiner systematischen Stellung nur auf die Beschwerde des Schuldners. Zudem ordnet § 16 Abs. 1 AVAG für die Beschwerde des Gläubigers ausdrücklich eine entsprechende Anwendung der §§ 12, 14 AVAG an, nennt aber nicht § 15 AVAG.[427] Es hätte jedoch einer expliziten gesetzlichen Anordnung bedurft, um dem Schuldner die noch über das in § 15 Abs. 1 AVAG ausgesprochene Bündelungsgebot hinausgehende Pflicht aufzuerlegen, auch bei einem vom *Gläubiger* angestrengten Rechtsbehelf die völlig neben dem Streitgegenstand dieses Verfahrens liegenden *zusätzlichen* Vollstreckungsgegeneinwände vorzubringen. Dies gilt umso mehr, als eine solche Eventualmaxime der allgemeinen Systematik und der grundsätzlich geltenden Dispositionsmaxime wider-

---

422 BT-Drs. 11/351, S. 23.

423 Dies ist nach der hier vertretenen Ansicht im Verhältnis der zweiten zur ersten Vollstrekkungsabwehrklage allerdings der Fall, deshalb widerspricht auch die dort von der Rechtsprechung vertretene objektive Präklusionswirkung (BGHZ 61, 25) nicht dem hier vertretenen Prinzip.

424 Im Ergebnis ebenso St/J-*Münzberg*, Anh. § 723 C I Rz. 315, Fn. 45.

425 So heißt es in der amtlichen Begründung: „Keinen Unterschied macht es, ob das Verfahren vor dem Oberlandesgericht durch eine Beschwerde des Schuldners oder des Gläubigers in Gang gesetzt wurde." (BT-Drs. 11/351, S. 23).

426 Die Worte „die Beschwerde" in § 15 Abs. 1 Nr. 2 AVAG beziehen sich grammatisch eindeutig auf dieselbe Beschwerde, von der auch im vorangehenden Halbsatz (§ 15 Abs. 1 Nr. 1) die Rede war, nämlich die Beschwerde des Schuldners.

427 Hierauf weist auch MünchKomm ZPO-*Gottwald*, IZPR, Art. 40 Rz. 7 hin.

spricht.[428] Dennoch halten einige Stimmen in der Literatur Einwendungen auch in diesem Fall entsprechend der in den Materialien ausgedrückten Intention des Gesetzgebers für präkludiert.[429]

(2) Einwände im Exequaturverfahren unzulässig (§ 13 AVAG nicht anzuwenden)

Hält man, wie oben im einzelnen begründet, § 13 Abs. 1 AVAG für unvereinbar mit dem GVÜ und wendet ihn daher nicht an, so ist auch eine Präklusion nach § 15 Abs. 1 AVAG ausgeschlossen. Eine direkte Anwendung der Vorschrift ist bei Unanwendbarkeit von § 13 Abs. 1 AVAG schon deshalb nicht möglich, weil dem Schuldner ja gerade nicht erlaubt ist, Vollstreckungsgegeneinwände mit der Beschwerde geltend zu machen. Aber auch eine *analoge* Anwendung auf die vom Schuldner statt dessen zu erhebende separate Vollstreckungsabwehrklage ist nicht möglich. Die Klage ist nämlich völlig unabhängig von der Beschwerde; zuständig in erster Instanz ist, wie oben näher ausgeführt, nicht das Oberlandesgericht, sondern das Landgericht. Dem prozeßökonomischen Anliegen, unnötigen Doppelaufwand zu vermeiden, kann durch eine Aussetzung der Vollstreckungsabwehrklage bis zur Entscheidung über den Exequaturantrag Rechnung getragen werden. Diese separate Behandlung von Vollstreckbarerklärung[430] und Vollstreckungsgegeneinwänden ist letztlich ökonomischer als die Verbindung beider Fragestellungen, die ohnehin selten Gemeinsamkeiten aufweisen, vor dem Oberlandesgericht, das für Vollstreckungsgegeneinwände eine wenig geeignete Eingangsinstanz ist.

Bei Unanwendbarkeit des § 13 Abs. 1 AVAG präkludiert die Vollstreckbarerklärung daher keine Einwände gegen den titulierten Anspruch. Unberührt bleibt selbstverständlich die Präklusionswirkung der Entscheidung in bezug auf die im Übereinkommen vorgesehenen Versagungsgründe für das Exequatur.[431]

Zusammenfassend ist festzuhalten, daß die Vollstreckbarerklärung nach Artt. 31ff. GVÜ Vollstreckungsgegeneinwände nur dann präkludieren würde, wenn man dem Schuldner gemäß § 13 Abs. 1 AVAG erlaubte, Vollstreckungsgegeneinwände mit der Beschwerde gegen das Exequatur geltend zu machen. Dies wäre jedoch nach der hier vertretenen Ansicht abkommenswidrig.

---

[428] Ebenso St/J-*Münzberg*, Anh. § 723 C Rz. 316, Fn. 46.

[429] *Kropholler*, EuZPR, Art. 36 Rz. 18; Art. 40 Rz. 8. Unentschieden MünchKomm ZPO-*Gottwald*, IZPR, Art. 40 Rz. 7.

[430] Mit Prüfung von Einwänden nach Artt. 34 Abs. 2, 27f. GVÜ.

[431] Artt. 34 Abs. 2, 27, 28 GVÜ. Für eine insofern strenge Präklusionswirkung etwa EuGH, 04.02.1988 (145/86) *Hoffmann ./. Krieg*, Slg. 662 (670, Tz. 30). Zu Unrecht setzt *Schack*, IPrax 89, 139 (141f.) die dort vom EuGH geforderte Präklusion mit der von § 15 Abs. 1 AVAG angeordneten gleich. Zutreffend dagegen die kritische Analyse von *Linke*, RIW 88, 822 (825f.).

4. Rechtskraft- und Präklusionswirkung nach anderen Staatsverträgen

Im Bereich der übrigen Staatsverträge (neben dem GVÜ) treffen die Ausführungsgesetze teilweise ebenfalls Regelungen zur Präklusion; diese sind im Lichte der obigen Ausführungen zur Zulässigkeit von Vollstreckungsgegeneinwänden zu lesen. Dies soll nun ausgeführt werden. Einige zusätzliche Fragen wirft die Reform durch das SchiedsVfG auf.

a) Vollstreckungsabkommen mit der Schweiz und Italien

Art. 4 S. 3 der AusfVO[432] zu diesen Abkommen stellt ausdrücklich klar, daß der Schuldner durch die Möglichkeit, Vollstreckungsgegeneinwände im Wege des Widerspruchs gegen die Vollstreckbarerklärung vorzubringen „nicht gehindert [ist], solche Einwendungen in dem in den §§ 767, 732, 768 der ZPO vorgesehenen Verfahren geltend zu machen.“ Das Exequatur entfaltet in diesen Fällen also keine Präklusionswirkung.[433] Dagegen meint *Geimer*, man solle die Präklusion hier „als Ausfluß eines allgemeinen Rechtsgedankens … Platz greifen lassen.“[434] Der Schuldner sei nicht schutzbedürftig. Damit tritt *Geimer* auch hier für die oben zum autonomen Recht erörterte Analogie zu §§ 15 Abs. 1 AVAG, 5 Abs. 3 AusfG zum Deutsch-Belgischen Vollstreckungsabkommen etc. ein. Dieser Analogie steht nun aber der eindeutige Wortlaut der Vorschrift entgegen.[435] Auch die von *Geimer*[436] zitierten Ausführungen *Luthers* zu den prozeßökonomischen Vorzügen einer Präklusion[437] erscheinen, wie oben bereits ausgeführt, nicht durchschlagend. Im Ergebnis ist festzuhalten, daß gemäß Art. 4 S. 3 der AusfVO das Exequatur nach dem Deutsch-Schweizerischen und dem Deutsch-Italienischen Abkommen keine Präklusionswirkung entfaltet, der Schuldner also in den Beispielsfällen 11, 11.1 und 4.1 seine Einwände jeweils noch durch eine Vollstreckungsabwehrklage geltend machen könnte.

---

[432] VO vom 23.08.1930 zur Ausführung des Deutsch-Schweizerischen Abkommen vom 02.11.1929 (RGBl. II 1209); VO vom 18.05.1937 zur Ausführung des Deutsch-Italienischen Abkommens vom 09.03.1936 (RGBl. II 143).

[433] St/J-*Münzberg*, Anh. § 723 C Rz. 365, Fn. 8; Rz. 369, Fn. 11; *Kallmann*, S. 351 u. 382; *Bülow*/Böckstiegel-*Müller*, B II Schweiz, Art. 6 Anm. 2 (660, S. 32).

[434] *Geimer/Schütze-Geimer*, Internationale Urteilsanerkennung, Bd. I/2, § 209, S. 1628 (Fn. 11).

[435] *Geimer/Schütze-Geimer*, Internationale Urteilsanerkennung, Bd. I/2, § 209, S. 1628 weist nur auf Art. 4 S. 2, nicht aber auf den eindeutigen Satz 3 der AusfVO hin.

[436] aa.O.

[437] *Luther*, ZHR 127 (1965), 257.

b) Vollstreckungsabkommen mit Belgien, Österreich, Großbritannien, Griechenland und Tunesien; Haager Übereinkommen zu Kindesunterhaltsentscheidungen

§ 5 Abs. 3 AusfG zum Deutsch-Belgischen Vollstreckungsabkommen ist in der durch das SchiedsVfG geänderten neuen Fassung praktisch wortgleich mit § 15 Abs. 1 AVAG. Der Schuldner ist also mit allen Einwänden präkludiert, die er mit der Beschwerde gegen das Exequatur hätte vorbringen können. Dasselbe gilt für die durch das SchiedsVfG neu gefaßten Präklusionsvorschriften in den Ausführungsgesetzen zu den Vollstreckungsabkommen mit Österreich,[438] Großbritannien,[439] Griechenland,[440] Tunesien[441] und zum Haager Übereinkommen zu Kindesunterhaltsentscheidungen von 1958.[442]

Hält man es, wie oben vertreten, für zulässig, daß der Schuldner sich im Beschwerdeverfahren auf Einwände gegen den titulierten Anspruch beruft, so ist auch gegen die gesetzlich angeordnete Präklusionswirkung der Vollstreckbarerklärung letztlich nichts einzuwenden. Rechtsprechung[443] und Literatur[444] gehen von der Wirksamkeit der Präklusionsvorschriften aus. Es wird sich wieder jeweils um rechtskraftfremde Präklusionen handeln, da die Anlehnung an das AVAG offensichtlich ist und der Gesetzgeber dort ausdrücklich ausgesprochen hat, daß es dem Schuldner unbenommen bleibt, seine Einwände im Ursprungsstaat geltend zu machen.[445] Der Schuldner ist also sowohl im Beispielsfall 11 als auch im Beispielsfall 11.1 mit seinen Einwänden präkludiert. Dagegen ist er im Beispielsfall 4.1 nicht präkludiert, da das intendierte Bündelungsgebot nicht, wie der Schutz der objektiven Rechtskraft, eine Präklusion schon bei *objektiver* Möglichkeit der Geltendmachung erfordert.

Ein Sonderproblem entsteht allerdings, wenn man der hier vertretenen Meinung nicht folgt und Vollstreckungsgegeneinwände entsprechend der Intention des Ausführungsgesetzgebers schon im Beschlußverfahren (und nicht erst im Beschwerdeverfahren) zuläßt. Dann gehen die Präklusionsregelungen der zitierten Ausführungsgesetze in einer vom Reformgesetzgeber des SchVfG wahrscheinlich nicht hinreichend bedachten Konstellation noch über das in § 15 Abs. 1 AVAG vorgesehene Maß hinaus. Dies wird deutlich, wenn man den obigen Beispielsfall 11.1 so abwandelt, daß es sich um ein belgisches Urteil handelt, das nach dem Deutsch-Belgischen Vollstreckungsabkommen für vollstreckbar erklärt wurde, *nachdem* eine *mündliche Verhandlung* stattgefunden hatte (§ 2 Abs. 1

---

438 § 5 Abs. 3 AusfG n.F.

439 § 4 Abs. 2 AusfG n.F.

440 § 4 Abs. 3 AusfG n.F.

441 § 7 Abs. 3 AusfG n.F.

442 § 4 Abs. 2 AusfG n.F.

443 OLG Düsseldorf, DAVorm 80, 762 (767).

444 *Beck*, S. 147.

445 Amtliche Begründung zum AVAG, BT-Drs. 11/351, S. 23. Dagegen plädierte *Luther* (ZHR 127, 257) schon 1965 dafür, man solle die Präklusionswirkung „auch auf den Urteilsstaat ausdehnen".

AusfG i.V.m. § 1063 Abs. 1). Hat der Schuldner wie im Beispielsfall 11.1 nach dieser Vollstreckbarerklärung aber vor Ablauf der Beschwerdefrist die Forderung bezahlt oder einen Vergleich über sie geschlossen, so muß er dies sofort mit der Beschwerde geltend machen, andernfalls ist er nach § 5 Abs. 3 Nr. 1 AusfG mit dem Einwand präkludiert. Diese Präklusion ist systemwidrig und überraschend. Denn nirgends sonst sieht das deutsche Zivilprozeßrecht vor, daß Vollstreckungsgegeneinwände gegen einen *aufgrund mündlicher Verhandlung* erlassenen Titel mittels eines *fristgebundenen* Rechtsbehelfs geltend gemacht werden müssen. Die Präklusion von Einwänden, die noch durch Einspruch (§ 767 Abs. 2 2.HS) oder mittels Beschwerde (§ 15 Abs. 1 Nr. 1 AVAG) hätten geltend gemacht werden können, beruht nicht zuletzt darauf, daß sich in diesen Fällen keine mündliche Verhandlung als Präklusionszeitpunkt anbietet. Die genannten Präklusionsvorschriften der Ausführungsgesetze zu den Vollstreckungsabkommen folgten bis zur Reform durch das SchiedsVfG demselben Prinzip. Sie sahen eine Präklusion von Einwänden, die *nach Vollstreckbarerklärung* entstanden waren, nur dann vor, wenn das Exequatur ohne mündliche Verhandlung erteilt worden war (vgl. § 2 AusfG zum Deutsch-Belgischen Vertrag a.F. i.V.m. § 1042a Abs. 1 S. 1 ZPO a.F.) und der Schuldner gegen diese Entscheidung keinen Widerspruch eingelegt hatte (§ 5 Abs. 3 AusfG zum Deutsch-Belgischen Abkommen a.F.). War das Exequatur dagegen aufgrund einer mündlichen Verhandlung erteilt worden (vgl. § 2 AusfG Deutsch-Belgisches Abkommen a.F. i.V.m. § 1042a Abs. 1 S. 2 ZPO a.F.), so erging ein Urteil, für das die allgemeine Präklusionsregel des § 767 Abs. 2 galt. Die durch das SchiedsVfG vorgenommene Änderung, scheinbar nur eine technische Anpassung der Verweisungen in §§ 2 Abs. 1, 5 Abs. 3 des AusfG zum Deutsch-Belgischen Vollstreckungsabkommen,[446] bedeutet damit eine unerwartete, erhebliche Verschlechterung der Lage des Schuldners. Dies dürfte auch der Gesetzgeber des SchiedsVfG übersehen haben, da sich in der amtlichen Begründung keinerlei Hinweis auf diese Folge der Reform findet. Da die unbeabsichtigte Folge nicht nur systemwidrig, sondern für den Schuldner u.U. auch äußerst belastend ist, sollte eine teleologische Reduktion vorgenommen werden. Die in § 5 Abs. 3 Nr. 1 AusfG zum Deutsch-Belgischen Vollstreckungsabkommen n.F. und den entsprechenden Vorschriften in anderen Ausführungsgesetzen vorgesehene Präklusion von Einwänden, die innerhalb der Beschwerdefrist entstanden sind, sollte nur dann angewandt werden, wenn das Exequatur ohne mündliche Verhandlung erteilt wurde.

c) Vollstreckungsabkommen mit den Niederlanden

Die Präklusionsvorschrift des § 13 Abs. 1 AusfG zum Deutsch-Niederländischen Vollstreckungsabkommen wurde durch das SchiedsVfG nicht geändert. Das Ex-

[446] Dasselbe gilt für die übrigen oben zitierten Ausführungsgesetze.

equatur wird stets ohne mündliche Verhandlung erteilt (§ 3 AusfG), legt der Schuldner gegen diese Entscheidung keinen Widerspruch ein, so ist er mit allen Einwänden präkludiert, die bis zum Ablauf der Widerspruchsfrist entstanden sind (§ 13 Abs. 1 Nr. 1 AusfG). Legt er Widerspruch oder Beschwerde ein, so ist er mit allen Einwänden präkludiert, die er im Rahmen dieses Verfahrens hätte vorbringen können (§ 13 Abs. 1 Nr. 2 u. 3 AusfG).[447] Bedenken gegen die Wirksamkeit dieser Präklusionsregelung bestehen nicht, da auch nach der hier vertretenen Ansicht Vollstreckungsgegeneinwände im Exequaturverfahren nach dem Deutsch-Niederländischen Abkommen zulässig sind. Zu Unrecht hat das Landgericht München[448] gemeint, § 13 AusfG sei im Wege der „verfassungskonformen Auslegung“ auf das Exequatur vollstreckbarer Urkunden nicht anzuwenden. Diese Auffassung beruht auf einer offensichtlichen Verwechslung der Präklusionswirkung des Exequaturverfahrens mit derjenigen des Ersttitels. § 13 Abs. 1 AusfG bezieht sich auf erstere, während der vom LG München ins Feld geführte § 797 Abs. 4 allein letztere betrifft. Es ist weder von Verfassung wegen noch sonst zu beanstanden, daß § 13 Abs. 1 AusfG den Schuldner mit Einwendungen präkludiert, die er im Exequaturverfahren vor einem ordentlichen Gericht hätte vorbringen können.[449]

d) Vollstreckungsabkommen mit Spanien, Norwegen und Israel

Für das Exequatur nach den bilateralen Vollstreckungsverträgen mit Spanien, Norwegen und Israel gilt das AVAG (§ 35 Abs. 1 Nr. 3–5 AVAG) und damit auch die Präklusionsregelung des § 15 Abs. 1. Da die Zulassung von Vollstreckungsgegeneinwänden im Exequatur (§ 13 Abs. 1 AVAG) mit diesen Abkommen, wie oben ausgeführt, – anders als mit dem GVÜ – vereinbar ist, bestehen auch gegen die Präklusion nach § 15 Abs. 1 hier grundsätzlich keine Bedenken. Die einzige Ausnahme bilden israelische Unterhaltstitel, bei denen die Berücksichtigung von Vollstreckungsgegeneinwänden im Exequatur abkommenswidrig erscheint. Die Vollstreckbarerklärung eines israelischen Unterhaltstitels kann deshalb aus den oben für die Vollstreckbarerklärung nach dem GVÜ geschilderten Gründen keine Präklusionswirkung entfalten.

Für die übrigen Titel gilt dagegen § 15 Abs. 1 AVAG. Der Schuldner wäre also bei einer Vollstreckbarerklärung nach den Verträgen mit Spanien, Norwegen oder Israel in den Beispielsfällen 10 und 11 und 11.1 mit seinen Einwänden präkludiert, nicht aber im Beispielsfall 4.1.

---

[447] Die etwas unpräzise Formulierung (zulässig sind Einwände, die „nach Beendigung“ des Verfahrens entstanden sind) ist so zu verstehen. Ebenso St/J-*Münzberg*, Anh. § 723 C Rz. 414 Fn. 11.

[448] RIW 72, 630.

[449] Ebenso die kritische Anmerkung von *Hahn*, RIW 72, 630.

VI. Vollstreckbarerklärung von Urkunden und Prozeßvergleichen

Ausländische Prozeßvergleiche und vollstreckbare Urkunden können nur dann in Deutschland für vollstreckbar erklärt werden, wenn sie einem der einschlägigen Staatsverträge unterfallen.[450] Einige Verträge umfassen nur Prozeßvergleiche (Verträge mit der Schweiz[451], Italien[452], Norwegen[453], Israel[454] sowie das Haager Unterhaltsübereinkommen von 1973[455]), während andere neben Prozeßvergleichen auch vollstreckbare Urkunden einschließen (GVÜ[456] sowie Verträge mit Belgien[457], Österreich[458], Griechenland[459], Tunesien[460], Holland[461] und Spanien[462]). Je nach Staatsvertrag können die Titel, wie oben beschrieben, entweder in einem Verfahren mit fakultativ aufgeschobener mündlicher Verhandlung (früher: fakultatives Beschlußverfahren) oder einem mit obligatorisch aufgeschobener mündlicher Verhandlung (früher: obligatorisches Beschlußverfahren) für vollstreckbar erklärt werden.

Deutsche Prozeßvergleiche und vollstreckbare Urkunden sind vollstreckbar ohne materiell rechtskräftig zu sein. Konsequent entfalten diese Titel keine Präklusionswirkung.[463] Auch ausländische Rechte messen vollstreckbaren Urkunden keine Präklusionswirkung zu,[464] bei Prozeßvergleichen gibt es allerdings Ausgestaltungen (insbesondere die „Einverständnisurteile“), die eine Präklusionswirkung entfalten.[465] Fehlt die Präklusionswirkung, so können mehr und andersartige materiellrechtliche Einwände erhoben werden als bei Urteilen:

1. Es kann behauptet werden, der Titel habe bereits bei seiner Schaffung nicht der materiellen Rechtslage entsprochen;

---

[450] So die ganz h.M., LG Hamburg, IPRspr 82 Nr. 180; *Rosenberg/Gaul/Schilken* § 12 II 2; *Schack*, IZVR Rz. 816. A.A. für Prozeßvergleiche *Riezler*, S. 530, für Urkunden *Geimer*, DNotZ 75, 461 (464f.) unter Berufung auf Carl L. *von Bar*, S. 542 (Nr. 471); *Schütze*, DNotZ 92, 66 (81f.).

[451] Art. 8 Deutsch-Schweizerisches Abkommen.

[452] Art. 9 Deutsch-Italienisches Abkommen.

[453] Art. 18 Deutsch-Norwegisches Abkommen.

[454] Art. 19 Deutsch-Israelisches Abkommen.

[455] Art. 1 Abs. 2 Haager Unterhaltsübereinkommen von 1973.

[456] Artt. 50, 51 GVÜ.

[457] Art. 14 Deutsch-Belgischer Vertrag.

[458] Artt. 11, 13 Deutsch-Österreichischer Vertrag.

[459] Artt. 13, 15 Deutsch-Griechischer Vertrag.

[460] Artt. 42, 43 Deutsch-Tunesischer Vertrag.

[461] Art. 16 Deutsch-Niederländischer Vertrag.

[462] Art. 20 Deutsch-Spanischer Vertrag.

[463] § 797 Abs. 4 für vollstreckbare Urkunden; BGH NJW 53, 345 für Prozeßvergleiche (analoge Anwendung von § 797 Abs. 4).

[464] Eingehende Rechtsvergleichung bei *Leutner*, Vollstreckbare Urkunde, S. 57ff.

[465] Näher s.o. Kap. 7, Präklusion, Abschn. II 8 und III 5.

2. Es kann behauptet werden, der Titel widerspreche nicht nur der materiellen Rechtslage, sondern sei aufgrund bestimmter, im materiellen Recht wurzelnder Einwände auch *unwirksam* („Doppelmängel");

3. Die Vollstreckbarkeit des Titels kann vom Nachweis zusätzlicher materieller Voraussetzungen abhängig sein; die materielle Rechtslage gewinnt dann nicht erst durch Vollstreckungsgegeneinwände, sondern bereits über Vollstreckungsvoraussetzungen Bedeutung für die Vollstreckbarkeit.

Eine Orientierungshilfe dafür, welche dieser Einwände im Exequaturverfahren zu prüfen sind, kann das inländische Klauselerteilungsverfahren bieten, dem das Exequaturverfahren funktional entspricht.[466] Der einzige inhaltliche Unterschied[467] ist, daß im Exequaturverfahren zusätzlich noch bestimmte besondere Voraussetzungen zu prüfen sind, welche die einschlägigen Staatsverträge gegenüber ausländischen Urkunden aufzählen. Diese Voraussetzungen sind häufig weniger umfangreich als die in denselben Staatsverträgen für die Vollstreckbarerklärung von Urteilen aufgestellten: So sehen Artt. 50, 51 GVÜ als einzigen Versagungsgrund den *ordre public* vor, die Hürden der Artt. 27, 28 GVÜ müssen Urkunden und Prozeßvergleiche dagegen nicht nehmen.[468] Ähnliche Beschränkungen des Prüfungsumfangs finden sich auch in den bilateralen Vollstreckungsabkommen.[469]

§ 13 AVAG und die meisten anderen Ausführungsgesetze sehen dennoch vor, daß im Exequaturverfahren zusätzlich auch Vollstreckungsgegeneinwände gegen ausländische Prozeßvergleiche und vollstreckbare Urkunden geltend gemacht werden können; auch die für Urteile bestehende Beschränkung auf Noven (nachträglich entstandene Einwände) soll dabei nicht gelten.[470] Die herrschende Meinung hinterfragt diese Ausführungsbestimmungen nicht weiter.[471] Es wird

---

[466] In der ursprünglichen Fassung des GVÜ (von 1968) lautete Art. 50 noch: „Öffentliche Urkunden ... werden in einem anderen Vertragsstaat ... nach den Artt. 31 ff. mit der Vollstrekkungsklausel versehen."

[467] Daneben gibt es prozessuale Unterschiede, von denen der wichtigste ist, daß die Klausel für eine inländische Urkunde durch den Notar erteilt werden kann (§§ 795 Abs. 1, 725), während dies für die ausländische den Gerichten vorbehalten ist.

[468] *Schlosser*, GVÜ Art. 50 Rz. 9; *Kropholler*, EuZPR, Art. 50 Rz. 10.

[469] Art. 14 Abs. 2 Deutsch-Belgisches Abkommen; Art. 15 Abs. 3 Deutsch-Griechisches Abkommen (vgl. dazu auch die Denkschrift zu dem Abkommen, BT-Drs. IV/570, S. 18), Art. 43 Abs. 2 Deutsch-Tunesisches Abkommen, Art. 16 Abs. 2 Deutsch-Niederländisches Abkommen, Art. 20 Abs. 3 Deutsch-Spanisches Abkommen, Art. 18 Abs. 2 Deutsch-Norwegisches Abkommen.

[470] Dazu bereits ausführl. oben, im Kap. 7, Präklusion. Vgl. § 13 Abs. 2 AVAG; § 5 Abs. 2 AusfG Deutsch-Belgisches Abkommen (betrifft nur vollstreckbare Urkunden), § 5 Abs. 2 AusfG Deutsch-Österreichischer Vertrag, § 4 Abs. 2 AusfG Deutsch-Griechischer Vertrag, § 7 Abs. 2 Deutsch-Tunesischer Vertrag.

[471] *Kropholler*, EuZPR Art. 50 Rz. 12f.; *Schlosser*, GVÜ Art. 50 Rz. 10; MünchKomm ZPO-*Gottwald*, Art. 50 Rz. 14. Vgl. im übrigen auch die oben zu § 13 AVAG und den entsprechenden Bestimmungen der Ausführungsgesetze zu den anderen Staatsverträgen zitierte Literatur.

sich zeigen, daß die Zulässigkeit von Vollstreckungsgegeneinwänden hier letztlich davon abhängt, ob diese die Vollstreckbarkeit des Titels im Erststaat beseitigen, die – anders als das Bestehen des titulierten Anspruchs – stets explizite Exequaturvoraussetzung ist.[472]

1. Vollstreckbarkeit im Erststaat als Exequaturvoraussetzung

Voraussetzung der Vollstreckbarerklärung ist nach Art. 50 GVÜ und den entsprechenden Vorschriften anderer Staatsverträge[473] die Wirksamkeit und Vollstreckbarkeit der Urkunde im Erststaat. Es ist daher wichtig zu wissen, welche Einwände die Wirksamkeit und Vollstreckbarkeit im Erststaat im Sinne dieser Vorschriften berühren.

Leutner hat hierzu eine umfassende Untersuchung vorgelegt.[474] Er unterscheidet zwischen der „abstrakten" und der „konkreten" Vollstreckbarkeit des Titels.[475] Erstere umfaßt insbesondere formelle Anforderungen an die Urkunde. Zur konkreten Vollstreckbarkeit zählt *Leutner* Anforderungen an das Beurkundungsverfahren, den titulierten Anspruch und die Berücksichtigung zwischenzeitlicher Rechtsbehelfe im Erststaat. Mängel des Beurkundungsverfahrens sind stets zu beachten, für ihre Prüfung verweist Art. 50 Abs. 2 GVÜ auf das Recht des Erststaates.[476]

a) Bestehen des titulierten Anspruchs als Voraussetzung der Vollstreckbarkeit

Wichtig für unser Thema ist die Bedeutung von Einwänden gegen den titulierten Anspruch. *Leutner* weist darauf hin, daß nur Deutschland, Österreich und für Teilbereiche Dänemark einen abstrakten „Vollstreckungsvertrag" kennen, dessen Schicksal als von dem der materiellen Forderung unabhängig konstruiert werden kann.[477] In allen anderen Vertragsstaaten sind, sofern sie die vollstreckbare Urkunde überhaupt kennen, „der schuldrechtliche und der vollstreckungsrechtliche Aspekt der Urkunde zwei Seiten einer Medaille".[478] *Leutner* will vollstreckbare

---

472 Art. 50 Abs. 1 S. 1 GVÜ; Art. 13 Abs. 1 Deutsch-Österreichischer Vertrag; Art. 14 Abs. 1 Deutsch-Belgischer Vertrag; Art. 15 Abs. 1 Deutsch-Griechischer Vertrag; Art. 43 Abs. 1 Deutsch-Tunesischer Vertrag.

473 Art. 13 Abs. 1 Deutsch-Österreichischer Vertrag; Art. 14 Abs. 1 Deutsch-Belgischer Vertrag; Art. 15 Abs. 1 Deutsch-Griechischer Vertrag; Art. 43 Abs. 1 Deutsch-Tunesischer Vertrag.

474 *Leutner*, Vollstreckbare Urkunde, S. 203 ff.

475 Vgl. auch *Leutner*, ZZP 111 (1998), 89 (987 ff.).

476 Näher *Leutner*, Vollstreckbare Urkunde, S. 214 ff.; vgl. auch BGH ZIP 81, 158 (159).

477 *Leutner*, Vollstreckbare Urkunde, S. 225 f.; vgl. etwa BGHZ 73, 156; BGH NJW 97, 2887 (2888); OLG Frankfurt, DNotZ 90, 105.

478 *Leutner*, Vollstreckbare Urkunde, S. 212.

Urkunden aus diesen Staaten dennoch nicht anders behandeln als solche aus „abstrahierenden" Staaten wie Deutschland und begründet dies vor allem mit dem Gleichbehandlungsgedanken.[479] Das Übereinkommen habe nicht beabsichtigt, wegen rechtskonstruktiver Unterschiede Einwände gegen den Anspruch je nach Herkunftsstaat der Urkunde bald zuzulassen, bald nicht. Er kommt, nach umfassender Abwägung des Für und Wider, zu dem Ergebnis, daß Einwände gegen den titulierten Anspruch grundsätzlich nie im Exequaturverfahren zu prüfen seien.[480]

Dem Ergebnis[481] und seiner Begründung ist zuzustimmen. Ein weiteres Argument mag es noch zusätzlich stützen. Auch Rechtsordnungen, wie etwa die französische,[482] die keine abstrakte Unterwerfungserklärung als Quelle des Vollstreckungsrechts kennen, unterscheiden zwischen *negotium* (materiellem Rechtsgeschäft) und *instrumentum* (vollstreckbarem Titel).[483] Selbst im Exequatur nach autonomem Recht lassen sie Einwände, die das *negotium* betreffen, nicht zu. Grundgedanke ist dabei nicht das Verbot der *révision au fond*,[484] sondern eine Vermutung für die Wirksamkeit der Urkunde[485] und daß die Urkunde als Vollstreckungsinstrument wertlos wäre, wenn der Prozeß um den Anspruch dem ersten Vollstreckungszugriff vorgeschaltet würde. Schließlich ist in diesen Rechtsordnungen ja auch im nationalen Kontext, selbst wenn Anspruch und Titel ohne zwischengeschaltetes Abstraktionsprinzip miteinander verknüpft sind, zunächst der Zugriff möglich, bevor über Einwände gegen den Anspruch entschieden wird. Dieses Prinzip auf die internationale Ebene zu transponieren war das offensichtliche Ziel des Art. 50 GVÜ.[486] Einwände gegen den titulierten Anspruch können deshalb auch bei Urkunden aus diesen Ländern einen Rechtsbehelf nach Art. 36 GVÜ nicht stützen.[487] Andernfalls wäre bis zur rechtskräftigen Feststellung des titulierten Anspruchs die Zwangsvollstreckung auf Sicherungsmaßnahmen beschränkt (Art. 39 Abs. 1 GVÜ), so daß dem Gläubiger die schnelle Befriedigung, die ihm die Urkunde sichern sollte und die auch im nationalen Recht möglich ist,[488] verwehrt bliebe.[489]

---

[479] *Leutner*, Vollstreckbare Urkunde, S. 226.

[480] *Leutner*, Vollstreckbare Urkunde, S. 279 ff., 285.

[481] Dasselbe Ergebnis vertreten etwa *O'Malley/Layton*, Tz. 30.13.

[482] *Pamboukis*, L'acte public étranger, Tz. 33, 347 ff.

[483] Zu anderen europäischen Rechten umfassend rechtsvergleichend *Leutner*, Vollstreckbare Urkunde, S. 57 ff.

[484] Auch nach französischem Recht sind diese Titel der materiellen Rechtskraft nicht fähig, s.o. Kap. 2, Frankreich.

[485] *Schlosser*, GVÜ, Art. 50 Rz. 9; de Leval, S. 494.

[486] *de Leval*, S. 501; *Droz*, TZ 621, ihm zust. *Bülow*, RabelsZ 38 (1974), 262 (275); gegen ihn (allerdings mit rein formalen Argumenten) *Wolff*, Handbuch IZVR, Bd. III/2, Kap. IV Rz. 107 Fn. 330.

[487] Arrondissementsrechtsbank Roermond, 18.12.1986, Nachschlagewerk EuGH Serie D Nr. I–50 – B–4.

[488] Weder in Deutschland noch in Frankreich (s.o. Kap. 2, Frankreich) entfalten Vollstrekkungsgegeneinwände einen Suspensiveffekt.

[489] Auch der Vorschlag von *Droz,* TZ 622, das Vollstreckungsverfahren solange auszuset-

b) „Durchschlagen" materiellrechtlicher Mängel auf die Vollstreckbarkeit

Schwierige Qualifikationsfragen können im Grenzbereich zwischen materiellen Einwänden und Einwänden gegen die Wirksamkeit des Titels entstehen.[490]

Im deutschen Recht verlangt man überwiegend eine wirksame Unterwerfungserklärung als Voraussetzung für die Vollstreckbarkeit der Urkunde.[491] Es besteht bei inländischen vollstreckbaren Urkunden die Möglichkeit, Einwände gegen die Wirksamkeit der Unterwerfung nicht erst mit einer Klage analog § 767,[492] sondern bereits bei Erteilung der Vollstreckungsklausel (ggf. durch Erinnerung nach § 732) geltend zu machen.[493] *Schultheis* kommt in seiner Monographie allerdings zu dem gut begründeten Ergebnis, nicht die Unterwerfungserklärung des Schuldners, sondern allein die Urkundenniederschrift des Notars sei Grundlage der Zwangsvollstreckung. Konsequent vertritt er, im Klauselerteilungsverfahren und bei der Klauselerinnerung sei auch bei der vollstreckbaren Urkunde nur zu prüfen, ob ein äußerlich wirksamer Titel mit vollstreckungsfähigem Inhalt vorliege, nicht aber, ob die Urkunde auch auf einer wirksamen Unterwerfungserklärung des Schuldners beruhe.[494] Die herrschende Meinung sieht dies aber, wie gesagt, anders. Manche Fehler des materiellen Rechtsgeschäfts, das dem titulierten Anspruch zugrunde liegt, können gleichzeitig auch die *(prozeßrechtliche) Wirksamkeit* des Titels in Frage stellen, so z.B. bei Mängeln der Geschäftsfähigkeit oder Vertretungsmacht, bei Irrtumsanfechtung, Sitten- oder Gesetzeswidrigkeit. Im deutschen Recht ist im einzelnen umstritten, welche Mängel nicht nur den zugrunde liegenden Anspruch sondern zugleich die Wirksamkeit und Vollstreckbarkeit des Titels selbst betreffen.[495] Restriktiver als das deutsche sind vor allem solche ausländischen Rechte, die eine (begrenzte) Rechtskraft für diese Titel vorsehen, z.B. bei Prozeßvergleichen.[496]

---

zen, bis im Ursprungsstaat über die gegen die Urkunde vorgebrachten Einwände entschieden ist, gibt dem Gläubiger daher Steine statt Brot. Denn während im Ursprungsstaat solche Einwände die Vollstreckbarkeit nicht berühren (andernfalls fehlt es ohnehin an einer „echten" Exequaturvoraussetzung) blockieren sie dann die Verwertung und Erlösauskehr im Vollstrekkungsstaat.

[490] Leider setzt *Leutner*, Vollstreckbare Urkunde, sich mit diesen Grenzfällen nicht auseinander.

[491] *Münch*, Vollstreckbare Urkunde, S. 232 m.w.N.; a.A. *Schultheis*, S. 352 ff.

[492] So für inländische vollstreckbare Urkunden BGHZ 118, 229 – in Abkehr von der früheren Rechtsprechung, nach der bei Wirksamkeitseinwänden *nur* die Erinnerung nach § 732 statthaft war. Dazu *Windel*, ZZP 102 (1989), 175. Ebenso BGHZ 124, 164.

[493] St/J-*Münzberg*, § 797 Rz. 18; *Münch*, Vollstreckbare Urkunde, S. 232 f.; a.A. *Schultheis*, S. 353.

[494] *Schultheis*, S. 353.

[495] Zu Urkunden vgl. BGH NJW 85, 2423 und OLG Zweibrücken NJW-RR 2000, 548 sowie eingehend *Schultheis*, S. 333 ff.; *Münch*, Vollstreckbare Urkunde, S. 205. Zu Prozeßvergleichen BGHZ 28, 171; 41, 310 (313); 79, 71 (74) und krit. St/J-*Münzberg*, § 794 Rz. 57 ff.

[496] Näher s.o. im Kap. 7, Präklusion.

Diese Grenzfälle sollten unter Berücksichtigung des Rechts des jeweiligen Erststaates gelöst werden, das auch sonst für die Bestimmung der Rechtsfolgen von Mängeln maßgeblich ist.[497] Als Einwände, die der Wirksamkeit bzw. der Vollstreckbarkeit i.S.d. Artt. 50 GVÜ oder entsprechender Bestimmungen anderer Staatsverträge entgegenstehen, sollten solche qualifiziert werden, die nach diesem Recht bereits der (erstmaligen) *Zulassung* des Titels zur Zwangsvollstreckung entgegenstehen. Berücksichtigt das nationale Recht diese Einwände nämlich bereits bei der Klauselerteilung im Inland, so spricht die oben erläuterte funktionale Äquivalenz von Exequatur und Klauselerteilung dafür, dies auch im Exequaturverfahren zu tun. Ein Einwand gegen eine in Deutschland errichtete vollstreckbare Urkunde ist also im Exequatur nach Art. 50 GVÜ zu prüfen, wenn er in Deutschland der Klauselerteilung gem. §§ 795 S. 1, 724ff. entgegenstünde. Diese Prüfung kann auch dann nötig werden, wenn man meint, Vollstreckbarkeit i.S.v. Art. 50 Abs. 1 GVÜ setze bei einer deutschen Urkunde voraus, daß sie bereits mit der Vollstreckungsklausel versehen wurde.[498] Denn die Klauselerteilung äußert insofern keine materielle Rechtskraft.[499] Bei ausländischen Titeln ist das Recht des Erststaates also – unabhängig davon, ob es ein solches Klauselerteilungsverfahren kennt – zu befragen, ob der geltend gemachte Einwand schon der erstmaligen *Zulassung* des Titels zur Vollstreckung entgegensteht – oder ob er z.B. erst nachträglich gegen einen Zugriff vorgebracht werden kann.[500] Dieses Kriterium ist insofern enger als der Vorschlag *Geimers*,[501] als es auch Einwände ausschließt, die im Erststaat nicht erst mit einer „prozessualen Gestaltungsklage" (die nur Staaten mit „Abstraktionsprinzip" kennen) vorgebracht werden müßten, sondern dort direkt mit einem allgemeinen Rechtsbehelf gegen die Vollstreckung oder einzelne Maßnahmen vorgebracht werden könnten.

Bei unstreitigen Einwänden fehlt, wie im Fall von Urteilen, schon das Rechtsschutzinteresse des Gläubigers an der Vollstreckbarerklärung,[502] dies sollte aber nicht auf „offensichtliche" Einwände ausgedehnt werden.[503]

---

[497] BGH ZIP 81, 158 (159); explizit auch Art. 14 Abs. 2 Deutsch-Belgisches Vollstreckungsabkommen. So wohl auch *O'Malley/Layton*, Tz. 30.12; für Prozeßvergleiche auch *Geimer*, IZPR Rz. 2865.

[498] *Schlosser*, Art. 50 Rz. 6; a.A. wohl MünchKomm ZPO-*Gottwald*, Art. 50 Rz. 9.

[499] Anders etwa bei der Vollstreckbarerklärung eines Anwaltsvergleichs, den manche ebenfalls nach oder analog Artt. 50, 51 GVÜ für zirkulationsfähig halten. Näher s.o. im Kap. 7, Präklusion, Abschn. III 4.

[500] Ebenso i.E. auch *de Leval*, S. 501. In Spanien etwa können materiellrechtliche Einwände wohl teilweise schon in dem Verfahren (*juicio ejecutivo*) vorgebracht werden, dessen Ziel die erstmalige Zulassung der Urkunde zur Zwangsvollstreckung ist, vgl. *Leutner*, Vollstreckbare Urkunde S. 158, 165; ders. ZZP 111 (1998), 89 (98).

[501] IZPR Rz. 2865.

[502] S.o. Kap. 10, Exequaturverfahren, Abschn. IV 3.

[503] So aber für das nationale Recht *Wolfsteiner*, DNotZ 78, 681 f.

c) *Prüfung weiterer Vollstreckbarkeitsvoraussetzungen*

Die Verpflichtung, gewisse materiellrechtliche Voraussetzungen (z.B. den Eintritt der Fälligkeit) nachzuweisen, bevor die Urkunde für vollstreckbar erklärt wird, bedeutet de facto eine begrenzte „Vorverlegung“ materiellrechtlicher Fragen, die sonst erst als Vollstreckungsgegeneinwände in einer „nachgeschalteten“ Vollstreckungsabwehrklage (oder einem ähnlichen ausländischen Rechtsbehelf) erörtert werden könnten. Sofern das Recht des Erststaates solche Nachweise verlangt, sind sie auch im Exequaturverfahren zu prüfen (§ 6 AVAG).[504] So hätte z.B. ein französischer Richter vor der Vollstreckbarerklärung einer deutschen vollstreckbaren Urkunde über einen künftigen Anspruch zunächst zu prüfen, ob dieser inzwischen fällig ist (vgl. § 726), wenn nicht der Schuldner in der Urkunde einen entsprechenden Nachweisverzicht ausgesprochen hat.

Allerdings kann der Nachweis auch als dadurch erbracht angesehen werden, daß der Titel im Erststaat nach entsprechender Prüfung für vollstreckbar erklärt wurde.[505] Gebunden ist das Exequaturgericht insofern aber nur, wenn die entsprechende Entscheidung im Erststaat in Rechtskraft erwächst. Hat der Notar in Deutschland im eben gebildeten Beispiel die Klausel erteilt, so kann das französische Gericht dies als Nachweis der Fälligkeit akzeptieren; es ist aber an diese (nicht rechtskraftfähige) Entscheidung des Notars nicht gebunden. Kennt der Erststaat einen Vollstreckbarkeitsnachweis, wie z.B. die deutsche vollstreckbare Ausfertigung,[506] so ist es insbesondere bei vollstreckbaren Urkunden sinnvoll, seine Vorlage im Exequaturverfahren zu verlangen.[507] Letztlich handelt es sich jedoch nur um eine Frage der Zweckmäßigkeit. So ist die in Art. 13 Abs. 2 Deutsch-Österreichischer Vertrag getroffene Regelung, nach der deutsche Urkunden *nicht* der Vollstreckungsklausel bedürfen, um in Österreich für vollstreckbar erklärt zu werden, lediglich unzweckmäßig. Denn sie mutet dem österreichischen Exequaturrichter zu, (erstmals) zu prüfen, ob die Voraussetzungen einer Klauselerteilung nach deutschem Recht (§§ 724ff.) vorliegen. Der für diese

---

504 *Schlosser*, GVÜ, Art. 47 Rz. 3.

505 *Schlosser*, GVÜ, Art. 47 Rz. 2.

506 Auch für das französische Recht wird die Vollstreckbarkeit durch die Vollstreckungsklausel (*formule exécutoire*) belegt (*Droz*, TZ 616).

507 So die Auslegung der entsprechenden Nachweisvoraussetzung in: Art. 15 Abs. 1 des Deutsch-Griechischen Vertrages (Denkschrift zum Vertrag, BT-Drs. IV/570, S. 18), Art. 16 Abs. 2 i.V.m. Art. 10 lit. a des Deutsch-Niederländischen Vertrages (Denkschrift zum Vertrag, BT-Drs. IV/2351, S. 36), Art. 43 Abs. 2 Deutsch-Tunesischer Vertrag (Denkschrift zum Vertrag, BT-Drs. V/3166, S. 62). Das entsprechende Erfordernis in Art. 50 Abs. 1, 3 i.V.m. Art. 47 Nr. 1 GVÜ wird dagegen von einigen Kommentatoren so verstanden, daß die deutsche Urkunde bereits in Deutschland mit der Vollstreckungsklausel versehen worden sein muß (*Schlosser*, GVÜ, Art. 50 Rz. 6; Art. 47 Rz. 1), während andere dies für entbehrlich halten (MünchKomm ZPO-*Gottwald*, Art. 50 GVÜ Rz. 9).

Regelung angeführte Grund, Österreich kenne eine entsprechende Klauselerteilung im nationalen Recht nicht,[508] liegt neben der Sache.[509]

Gelegentlich kann es schwierig sein, Vollstreckbarkeitsvoraussetzungen von Einwänden zu unterscheiden, die der Schuldner nach dem Recht des Erststaates im Vollstreckungsverfahren vorbringen kann.[510] In solchen Fällen ist wieder wie oben dargelegt zu qualifizieren. Es ist also zunächst festzustellen, ob die betreffende Frage nach dem Recht des Erststaates zu prüfen ist, *bevor ein Vollstrekkungszugriff erfolgen kann.* Nur wenn dies zu bejahen ist, darf die betreffende Voraussetzung bereits im Exequaturverfahren geprüft werden.

d) Einfluß von Rechtsbehelfen im Erststaat

Martin Wolff vertritt die Auffassung, bei Urkunden solle von der Möglichkeit, über Vollstreckungsgegeneinwände zu entscheiden, „im Exequaturverfahren nur sparsam Gebrauch gemacht werden".[511] Denn dort werde über diese Einwendungen nicht mit Rechtskraft entschieden, die Entscheidung stehe unter dem Vorbehalt, daß im Ausland der Titel nicht abgeändert oder aufgehoben werde.[512] „Sowohl unter dem Gesichtspunkt der Prozeßökonomie als auch der Parteiinteressen" hält *Wolff* es deshalb für „nicht nur legitim, sondern häufig auch geboten", das Exequaturverfahren auszusetzen, bis das „zuständige Gericht" (gemeint wohl: das im Errichtungsstaat zuständige Gericht) über die Einwände entschieden habe.[513] Aufgrund dieser Erwägungen kommt *Wolff* zu dem Ergebnis:

> „Lediglich wenn keine Entscheidung des hierfür zuständigen Gerichts herbeigeführt werden kann oder wenn diese nicht anzuerkennen wäre, sollte im Verfahren der Zulassung der Zwangsvollstreckung über materiell begründete Einwendungen gegen den Bestand des beurkundeten Anspruchs entschieden werden."[514]

Eine Rechtsgrundlage für die Aussetzung, insbesondere im Bereich des GVÜ, nennt *Wolff* allerdings nicht.

Für den Bereich des GVÜ tritt *Leutner* dafür ein, bei einer im Erststaat erhobenen Vollstreckungsabwehrklage oder einem ähnlichen Behelf das Exequaturverfahren nach Art. 38 Abs. 1 GVÜ auszusetzen.[515] Ein solcher Rechtsbehelf wirke sich nicht auf die Vollstreckbarkeit des Titels i.S.v. Art. 50 Abs. 1 S. 1 GVÜ aus,

---

[508] Denkschrift zum Deutsch-Österreichischen Vertrag, BT-Drs. III/1419, S. 14; ebenso *Geimer/Schütze*, Internationale Urteilsanerkennung, Bd. II, S. 166.

[509] *Schlosser*, GVÜ, Art. 47 Rz. 2. Der Beweis des Gegenteils steht dem Schuldner jedoch weiter offen.

[510] Vgl. *Wolfsteiner*, Vollstreckbare Urkunde, Rz. 82.3 ff.

[511] *Wolff*, Handbuch IZVR, Bd. III/2, Kap. IV Rz. 107.

[512] Zu dieser Sicht bereits ausführlich im vorigen Abschn. V.

[513] *Wolff*, Handbuch IZVR, Bd. III/2, Kap. IV Rz. 107.

[514] *Wolff*, Handbuch IZVR, Bd. III/2, Kap. IV Rz. 107.

[515] *Leutner*, Vollstreckbare Urkunde, S. 227 f.

da Art. 38 GVÜ insofern eine Spezialregelung bilde.[516] Ihm ist dabei durchaus bewußt, daß die Vollstreckungsabwehrklage und die entsprechenden Behelfe in den meisten anderen Vertragsstaaten nicht der Definition des „ordentlichen Rechtsbehelfs" entsprechen, die der Europäische Gerichtshof in *Industrial Diamond Supplies ./. RIVA*[517] gegeben hat.[518] Dennoch hält er die Anwendung der Vorschrift für geboten, da die Schutzbedürftigkeit des Schuldners der bei einem noch aufhebbaren, vorläufig vollstreckbaren Urteil entspreche.[519] Ähnlich äußern sich *Droz*[520] und *O'Malley/Layton*.[521]

Die Aufhebungsmöglichkeit allein vermag die – bestenfalls analoge – Anwendung des Art. 38 GVÜ jedoch nicht zu rechtfertigen.[522] Zum einen ist zu bedenken, daß der Schuldner hier, anders als bei einem vorläufig vollstreckbaren Urteil, selbst an der Schaffung des Titels mitgewirkt hat. Zum anderen ist sein Schutz dadurch ausreichend gewährleistet, daß er im Rahmen des erststaatlichen Verfahrens beantragen kann, die Vollstreckbarkeit bereits bis zur Entscheidung über seinen Einwand einstweilen einzuschränken oder aufzuheben (vgl. § 769). Eine entsprechende Anordnung ist in Deutschland im Rahmen des Exequaturverfahrens zu beachten,[523] nach Erteilung des Exequatur kann sie über § 29 AVAG schnell und einfach geltend gemacht werden. Außerdem kann er nach Erhebung einer Vollstreckungsabwehrklage oder eines entsprechenden Rechtsbehelfs im Erststaat auch direkt in Deutschland vollstreckungsbeschränkende Anordnungen analog § 769 beantragen.[524] *Leutner* ist also entgegenzuhalten: Nicht die (analoge) Anwendbarkeit von Art. 38 GVÜ sperrt die Berücksichtigung erststaatlicher Vollstreckungsbeschränkungen, sondern umgekehrt sperren diese Möglichkeiten die von ihm postulierte Analogie. Das hat den praktischen Vorteil, daß eine Beschränkung der Vollstreckbarkeit nur erfolgt, wenn die Klage des Schuldners hinreichende Aussicht auf Erfolg hat und daß mehr und flexiblere Gestaltungen der Beschränkung zur Verfügung stehen. Erst recht ist *Wolffs* Vorschlag einer regelmäßigen Aussetzung nicht zu folgen. Für ein solches Vorgehen fehlt nicht nur die Rechtsgrundlage, es würde auch den Rechtsschutzanspruch des Gläubigers verletzen, der einen vollstreckbaren Titel in den Händen hält.

---

516 *Leutner*, Vollstreckbare Urkunde, S. 278.
517 EuGH 22.11.1977 (43/77) Slg. 1977, 2175.
518 Näher s.u. Kap. 11, Parallelverfahren.
519 *Leutner*, Vollstreckbare Urkunde, S. 227 f.
520 Tz. 622, allerdings ohne Berufung auf Art. 38 GVÜ – die Rechtsgrundlage bleibt unklar.
521 Tz. 30.13.
522 Näher s.u. Kap. 11, Parallelverfahren.
523 S.o., im ersten Abschnitt dieses Kapitels.
524 S.o. Kap. 9, Zuständigkeit.

2. Koppelung von Exequatur und Vollstreckungsabwehrklage

Die bisherige Prüfung hat gezeigt, daß Vollstreckungsgegeneinwände als solche regelmäßig nicht die Exequaturvoraussetzung der „Vollstreckbarkeit im Erststaat" entfallen lassen. Eine eigenständige Exequaturvoraussetzung bildet das Bestehen des titulierten Anspruchs nach dem eindeutigen Wortlaut und Sinn des Abkommens ebenfalls nicht. Dennoch soll es nach § 13 Abs. 1 AVAG stets (nicht nur bei Urkunden und Prozeßvergleichen) zu prüfen sein.[525] Dem liegt, wie oben im einzelnen erörtert, wohl nicht der Irrtum zugrunde, das Bestehen des Anspruchs sei Exequaturvoraussetzung, sondern die Idee, aus Zweckmäßigkeitsgründen Exequatur und Vollstreckungsabwehrklage zu *koppeln*. Das Verbot der *révision au fond* (Art. 34 Abs. 3 GVÜ) ist von dieser Koppelung meist nicht betroffen, da die überprüften Titel regelmäßig nicht in materielle Rechtskraft erwachsen.[526] Wie wenig angebracht die „innovative" Kombination beider Verfahren dennoch ist, wird bei vollstreckbaren Urkunden und Prozeßvergleichen besonders deutlich.

Instruktiv ist insofern der Vergleich mit dem inländischen Klauselerteilungsverfahren für diese Titel. Es ist, wie das Exequaturverfahren, ein „Zwischenverfahren".[527] Es dient der „Prüfung der Vollstreckbarkeit nach der prozessualistischen Lage der Sache"[528], „aber nicht dazu, das [ausländische] Erkenntnisverfahren im Ergebnis zu revidieren oder *materiellrechtlichen Veränderungen noch vor Vollstreckungsbeginn Rechnung zu tragen*."[529] Zwar bestand früher auch für die Klauselerteilung bei inländischen Urkunden die Fehlvorstellung, Grundlage der Zwangsvollstreckung und damit Prüfungsgegenstand des Klauselerteilungsverfahrens sei der materiellrechtliche Anspruch, wegen dessen der Schuldner sich der Zwangsvollstreckung unterworfen hat,[530] heute hat sich jedoch insoweit die Erkenntnis durchgesetzt, daß Grundlage allein die Urkunde ist, deren Wirksamkeit unabhängig vom Bestehen des materiellrechtlichen Anspruchs durch eine wirksame Unterwerfungserklärung begründet wird.[531] Die Folge ist,

---

[525] Ebenso für das österreichische Recht *Czernich*, GVÜ Art. 50 Rz. 10.

[526] Etwas anderes kann für Prozeßvergleiche gelten. Vgl. §§ 44, 51 AVAG, welche die Anwendung von § 13 Abs. 2 AVAG auf norwegische und israelische Prozeßvergleiche ausschließen. Näher dazu im Kap. 7, Präklusion, Abschn. III 4.

[527] Vgl. *Münch*, S. 191 f., 227 f. zum inländischen Klauselerteilungsverfahren.

[528] *Münch*, Vollstreckbare Urkunde, S. 228 zum inländischen Klauselerteilungsverfahren (mit Berufung auf die Motive zur Civilprozeßordnung).

[529] *Münch*, Vollstreckbare Urkunde, S. 229, zum inländischen Klauselerteilungsverfahren. Hervorhebg. d. Verf.

[530] Ausführlich zur historischen Entwicklung: *Münch*, Vollstreckbare Urkunde, S. 234 f.

[531] *Münch*, Vollstreckbare Urkunde, S. 165 ff.; *Windel*, ZZP 102 (1989), 175 (181). *Schultheis* (S. 337 ff., insbesondere S. 344 ff.) legt dagegen mit guten Gründen dar, daß selbst eine Unwirksamkeit der Unterwerfungserklärung die Vollstreckbarkeit der Urkunde nicht berührt, da diese allein auf der Wirksamkeit der vom Notar vorgenommenen Urkundenniederschrift beruhe (S. 352 f.).

daß sowohl bei der Klauselerteilung (§ 797 Abs. 2)[532] als auch im Rahmen einer Erinnerung gegen die Vollstreckungsklausel (§ 732)[533] allein Wirksamkeitsmängel zu prüfen sind, Vollstreckungsgegeneinwände dagegen nicht. Ebensowenig dürfen bei Prozeßvergleichen materielle Einwände im Klauselerteilungsverfahren oder im Wege der Klauselerinnerung (§ 732) geltend gemacht werden.[534] Sie sind auch dort der Vollstreckungsabwehrklage vorbehalten. Niemand kommt ernsthaft auf den Gedanken, eine „Koppelung" von Klauselerteilung und Vollstreckungsabwehrklage vorzuschlagen, welche zumindest die vollstreckbare Urkunde völlig ihrer Funktion berauben würde.[535]

Ein weiterer Einwand gegen die Koppelung, der bei Urkunden besonders schwer wiegt, ist die Aushebelung der allgemeinen Zuständigkeitsregeln.[536] Denn hier ist die in das Exequatur „integrierte" Vollstreckungsabwehrklage in Wahrheit der Erstprozeß über die Forderung.

Abgesehen von diesen grundsätzlichen Erwägungen ist es im Falle der vollstreckbaren Urkunde auch besonders unzweckmäßig, die regelmäßig unbeschränkt (§ 13 Abs. 2 AVAG) zulässigen materiellen Einwendungen erstmals durch ein Oberlandesgericht prüfen zu lassen.

Im Ergebnis sind daher Vollstreckungsgegeneinwände im Exequaturverfahren nach Artt. 31ff. GVÜ und den übrigen Staatsverträgen auch gegenüber einer ausländischen Urkunde oder einem Prozeßvergleich nicht weitergehend zuzulassen als gegenüber Urteilen auch. Ausgenommen sind, wie auch bei Urteilen, unstreitige Einwände.

VII. Bestimmtheit des Titels, Exequatur und Vollstreckung

Die deutsche lex fori executionis entscheidet, ob ein Titel ausreichend bestimmt ist, um in Deutschland als Grundlage der Vollstreckung zu dienen.[537] Bei ausländischen Titeln, die den Anspruch für deutsche Verhältnisse nicht hinreichend konkretisieren, ist aber das Exequatur nicht ohne weiteres wegen Verstoßes

---

[532] OLG Frankfurt, DNotZ 90, 105; LG Kleve, DNotZ 78, 680; St/J-*Münzberg*, § 797 Rz. 10.

[533] St/J-*Münzberg*, § 797 Rz. 18.

[534] MünchKomm ZPO-*Wolfsteiner*, § 724 Rz. 38; St/J-*Münzberg*, § 732 Rz. 3; OLG Oldenburg, FamRZ 90, 899; . OLG Frankfurt MDR 95, 201.

[535] Anders dagegen beim „vollstreckbaren Anwaltsvergleich" nach § 796a (früher § 1044b), der insofern ein Etikettenschwindel ist: er muß erst in einem Verfahren für vollstreckbar erklärt werden, in dem sämtliche materiellrechtlichen Einwände geprüft werden. Er ist insofern wenig sinnvoll (ebenso *Geimer*, DNotZ 91, 266 (270)), wenn nicht der Schuldner selbst noch in der Phase der Vollstreckbarerklärung „kooperiert" (die dann durch einen Notar erfolgen kann, *Geimer*, DNotZ 91, 266 (271f.); i.E. ebenso *Veeser*, Anwaltsvergleich S. 313ff.

[536] So äußert etwa *Droz* (Tz. 621) nur im Zusammenhang mit Art. 50 GVÜ Bedenken gegen die Prüfung von Vollstreckungsgegeneinwänden im Exequatur.

[537] BGH NJW 86, 1440; BGHZ 122, 16 (18).

gegen den (zivilprozeßrechtlichen) *ordre public* abzulehnen, sondern die nötige Konkretisierung möglichst im Exequaturverfahren vorzunehmen.[538] Bei indexierten ausländischen Titeln kann eine zusätzliche Schwierigkeit auftreten, wenn sie auf Bezugsgrößen abstellen, die im Erststaat geläufig sein mögen, nicht jedoch im Vollstreckungsstaat (z.B. den im Erststaat gültigen Diskontsatz oder einen im Erststaat gebräuchlichen Index der Lebenshaltungskosten). Es besteht Einigkeit, daß auch in diesen Fällen das Exequatur nicht am Bestimmtheitserfordernis scheitern sollte,[539] der Schuldner also nicht auf eine Konkretisierung im Herkunftsstaat verwiesen wird.[540] Diese Lösung ist zweckmäßig und überfrachtet das Exequatur nicht, da es nicht um eine Überprüfung des Anspruchs sondern nur um eine Ergänzung des Titels an Hand fester Bezugsgrößen geht.[541] Der Bundesgerichtshof ging zunächst davon aus, daß in diesen Fällen die nötige Konkretisierung stets im Exequaturverfahren vorzunehmen sei,[542] öffnete sich aber in einer späteren Entscheidung der Auffassung *Münchs*, dort nur solche Indexierungen in einen fixen Betrag zu übersetzen, die sich auf einen festen, im weiteren Verlauf des Vollstreckungsverfahrens nicht mehr veränderlichen Satz beziehen, während die Konkretisierung bei „dynamischen" Verweisungen[543] den Vollstreckungsorganen überlassen werden darf, sofern das Exequaturgericht ihnen hierzu die nötigen Berechnungsgrundlagen an die Hand geben kann.[544] Die Konkretisierung variabler Bezugsgrößen erst im Vollstreckungsverfahren hat den Vorteil, daß sie die Entstehung vermeidbarer Vollstreckungsgegeneinwände verhindert. Fixiert man nämlich den an die variable Bezugsgröße gebundenen Titelinhalt bereits im Exequaturverfahren, so muß der Schuldner eine spätere Änderung der Bezugsgröße durch Abänderungsklage[545] oder – im Falle eines nicht rechtskraftfähigen ausländischen Titels, z.B. einer vollstreckbaren Urkunde[546] – durch Vollstreckungsabwehrklage[547] geltend machen.

538 BGH NJW 86, 1440; BGHZ 122, 16 (18f.); *Schack*, IZVR Rz. 938; *Geimer*, IZPR Rz. 3156ff.; *Münch*, RIW 89, 18 (20); *Leutner*, Vollstreckbare Urkunde, S. 235.

539 BGH NJW 86, 1440; BGHZ 122, 16 (18f.); *Schack*, IZVR Rz. 938; *Geimer*, IZPR Rz. 3156ff.; *Münch*, RIW 89, 18.

540 Erwogen von *Leutner*, Vollstreckbare Urkunde, S. 235.

541 Zu den Grenzen der Konkretisierung BGHZ 122, 16 (19); Nagel-*Gottwald* § 12 Rz. 22 und sogl. im Text.

542 BGH NJW 86, 1440; ebenso wohl *Geimer*, IZVR Rz. 3156ff.

543 D.h. Verweisungen auf Bezugsgrößen, die auch während des Vollstreckungsverfahrens noch laufenden Änderungen unterliegen, z.B. auf den jeweiligen Diskontsatz der Notenbank.

544 BGHZ 122, 16 (21f.) im Anschluß an *Münch*, RIW 89, 18 (21), vgl. auch *Stürner/Münch*, JZ 87, 178 (185).

545 Zu den dabei entstehenden besonderen Problemen eingehend *Braun*, ZZP 108 (1995), 319.

546 Nach richtiger Ansicht wird der materielle Anspruch auch nicht etwa durch das deutsche Exequatururteil materiell rechtskräftig festgestellt (s.o. in diesem Kapitel). Daher bedarf es keiner Abänderungsklage, sondern eine gewöhnliche Vollstreckungsabwehrklage ist ausreichend, um die Divergenz von Titel und materiellem Anspruch geltend zu machen.

547 LG Essen, NJW 72, 2050 (2051).

Die Ergänzung nicht ausreichend bestimmter ausländischer Titel im Exequaturverfahren ist allerdings nur in gewissen Grenzen möglich. Insofern kann wiederum auf die parallele Problematik der Ergänzung vollstreckbarer Urkunden im inländischen Klauselerteilungsverfahren zurückgegriffen werden. Auch dort können Bezugsgrößen konkretisiert werden. Voraussetzung ist nicht, daß sie offenkundig sind, sondern nur, daß sie durch öffentliche oder öffentlich beglaubigte Urkunden nachgewiesen werden können.[548] Eine nachträgliche Bestimmung der Identität der vollstreckbaren Forderung ist jedoch ausgeschlossen, da das Klauselerteilungsverfahren kein Ersatz für einen Urkundsprozeß ist.[549] Es folgt schon aus dem Gebot der prozessualen Gleichbehandlung, daß in diesen Fällen mangelnder Bestimmtheit des Titels auch *zugunsten* des Gläubigers keine Klärung des materiellen Anspruchs im Klauselerteilungs- oder Exequaturverfahren stattfinden darf, ebenso wie nach der hier vertretenen Ansicht eine Änderung der materiellen Rechtslage nicht *zu seinen Lasten* berücksichtigt werden darf. Die einzige Ausnahme bilden die in §§ 726ff. aufgeführten Fälle.

VIII. Titel und Anspruch vor Beginn des Exequaturverfahrens

Der Schuldner kann ein Interesse daran haben, Vollstreckungsgegeneinwände gegen ein ausländisches Urteil möglichst rasch geltend zu machen und nicht abzuwarten, bis der Gläubiger die Vollstreckbarerklärung im Inland betreibt. Das Interesse kann auf prozessualen Erwägungen (Befürchtung, die Beweislage könne sich später verschlechtern)[550] oder wirtschaftlichen Gründen (Wunsch, Rückstellungen aufzulösen etc.) beruhen.

1. Vollstreckungsabwehrklage vor Vollstreckbarerklärung

Die Erhebung der „negativen“ Gestaltungsklage nach § 767 schon vor der positiven nach § 722, die Beseitigung der Vollstreckbarkeit des ausländischen Urteils noch vor ihrer Verleihung durch das Exequatur, mag zunächst begriffliche Bedenken auslösen.[551] Rechtsprechung und Literatur, die sich vor allem mit dem parallelen Problem der Vollstreckungsabwehrklage gegen einen noch nicht für vollstreckbar erklärten Schiedsspruch beschäftigt haben, sehen hierin jedoch

---

548 MünchKomm ZPO-*Wolfsteiner*, § 794 Rz. 227.

549 MünchKomm ZPO-*Wolfsteiner*, § 794 Rz. 228; noch enger *Zöller*-Stöber, § 794 Rz. 26. Zum Prozeßvergleich s. OLG Hamm, NJW 74, 652.

550 Vgl. *Neureuter*, S. 32f.

551 So wohl *Kallmann* S. 352.

kein Hindernis.[552] Es bestehe nämlich ein praktisches Bedürfnis, dem Schuldner von Anfang an nicht nur eine Feststellungsklage, sondern die Vollstreckungsabwehrklage zu ermöglichen, da § 775 Nr. 1 zur Einstellung der Zwangsvollstreckung einen vollstreckbaren Titel verlangt. Eine genauere Untersuchung verdienen aber das Rechtsschutzbedürfnis und die internationale Zuständigkeit.

a) Rechtsschutzbedürfnis

Eine in der Literatur verbreitete Meinung hält die Vollstreckungsabwehrklage vor Vollstreckbarerklärung für unzulässig, da es dem Schuldner zu diesem Zeitpunkt an einem *Rechtsschutzbedürfnis* fehle.[553] Solange der ausländische Titel nicht im Inland vollstreckbar sei, drohe dem Schuldner nicht die Zwangsvollstreckung, es sei ihm daher zuzumuten, das Exequaturverfahren abzuwarten.[554] Diese Argumentation ist jedoch von der Rechtsprechung in anderen Zusammenhängen bereits mehrfach verworfen worden. So hielt es bereits das Reichsgericht für zulässig, daß der Schuldner Vollstreckungsabwehrklage gegen einen Schiedsspruch erhebt, noch bevor der Titelgläubiger das Exequaturverfahren eingeleitet hat.[555] In neuerer Zeit hat der Bundesgerichtshof ausgesprochen, daß die Vollstreckungsabwehrklage gegen einen Zessionar bereits dann zulässig ist, wenn die Voraussetzungen vorliegen, unter denen ihm eine vollstreckbare Ausfertigung erteilt werden könnte, auch wenn er das Klauselerteilungsverfahren noch nicht eingeleitet ist.[556] Dem Schuldner sei nicht zuzumuten, solange abzuwarten, bis der Gläubiger die Vollstreckbarerklärung betreibt. Er dürfe deshalb nicht auf die Möglichkeit verwiesen werden, seine Einwendungen in dem Vollstreckbarerklärungsverfahren vorzubringen.[557]

Geimer hält zwar die Vollstreckungsabwehrklage mangels Rechtsschutzbedürfnisses für unzulässig, meint jedoch, der Titelschuldner könne bereits negative Feststellungsklage erheben.[558] Diese Ansicht ist jedenfalls dann richtig und kon-

---

[552] RGZ 148, 270; ebenso schon obiter RGZ 134, 156 (162) für vollstreckbare Urkunde; MünchKomm ZPO-Karsten *Schmidt*, § 767 Rz. 10, 43; *Rosenberg/Gaul/Schilken* § 40 VI 4 (S. 635), § 40 VIII (S. 637); *Schwab-Walter*, Schiedsgerichtsbarkeit, S. 225 m.w.N. Vgl. auch RGZ 134, 146 (162); BGHZ 120, 387 (391 f.) (jeweils zur Vollstreckungsabwehrklage vor Klauselerteilung).

[553] *Geimer*, IZVR Rz. 3169; *Zöller-Geimer*, § 722 Rz. 59; *Schack*, IZVR Rz. 945; MünchKomm ZPO-*Gottwald*, § 722 Rz. 34; wohl auch St/J-*Münzberg* § 767 Rz. 42, Fn. 318. Ebenso bereits *Reichel*, AcP 133 (1933), 19 (22).

[554] *Reichel*, AcP 133 (1933), 19 (22).

[555] RGZ 148, 270 (275 f.).

[556] BGHZ 120, 387 (391) mit zust. Bespr. *Becker-Eberhard*, ZZP 107, 81 (89 f.).

[557] *Becker-Eberhard*, ZZP 107 (1994), 81 (90 ff.) m.w.N. Da die Rechtsprechung Vollstreckungsgegeneinwände entgegen der hier vertretenen Ansicht ebenso wie im Verfahren nach § 722 auch in den Verfahren nach § 1042 und § 730 für grundsätzlich möglich hält, sind die Erwägungen aus RGZ 148, 270 und BGHZ 120, 387 hier einschlägig.

[558] *Geimer*, IZPR Rz. 3169.

sequent, wenn man die herrschende Ansicht zugrunde legt, bei einer Vollstreckungsabwehrklage würden keine rechtskräftigen Feststellungen über den titulierten Anspruch getroffen. Denn (nur) rechtskräftige Feststellungen verleihen die Möglichkeit, bereits dem Exequaturantrag des Gläubigers wirksam entgegentreten zu können. Die Berücksichtigung solcher Feststellungen im Exequatur ist selbstverständlich, wenn man allgemein Vollstreckungsgegeneinwände im Exequaturverfahren zuläßt,[559] erfolgt aber auch nach der hier vertretenen Gegenmeinung, da auch nach ihr unstreitige oder rechtskräftig festgestellte Einwände zu einer Abweisung des Exequaturantrags führen – weil das Rechtsschutzbedürfnis fehlt. Allerdings würde die nötige rechtskräftige Feststellung zum Anspruch nach der hier vertretenen Konzeption zum Streitgegenstand auch im Rahmen einer Vollstreckungsabwehrklage getroffen. Solange sich diese Meinung nicht klar durchgesetzt hat, ist eine Feststellungsklage aber wohl der „sicherste Weg", um bereits vor Vollstreckbarerklärung die Wirkung eines Einwands auf den titulierten Anspruch feststellen zu lassen.

b) Internationale Zuständigkeit

Erhebt der Titelschuldner in Deutschland Klage, noch bevor der Gläubiger die Vollstreckbarkeit beantragt hat, so kann die internationale Zuständigkeit deutscher Gerichte nicht auf die Erwägungen gestützt werden, mit denen oben die allgemeine Zuständigkeit Deutschlands als Vollstreckungsstaat für Vollstreckungsabwehrklagen *nach* Vollstreckbarerklärung begründet wurde. Vor dem Exequatur hat der Gläubiger Deutschland noch nicht als Vollstreckungsstaat gewählt, und es besteht auch sonst keine Notwendigkeit, dem Schuldner gerade den Schutz deutscher Gerichte zu gewähren. Denn zu diesem Zeitpunkt liegt noch keine Vollstreckbarkeit im Inland vor, die nur von inländischen Gerichten beseitigt werden könnte. Vielmehr kann der Schuldner beispielsweise durch eine Beseitigung der Vollstreckbarkeit im Erststaat verhindern, daß die ausländische Entscheidung in Deutschland überhaupt für vollstreckbar erklärt werden kann. Würde man dem Schuldner schon vor Beginn des Exequaturverfahrens erlauben, in jedem möglichen Vollstreckungsstaat vorsorglich Vollstreckungsabwehrklage (oder Feststellungsklage) zu erheben, so könnte er den ahnungs- und wehrlosen Gläubiger in jedem Winkel der Erde gerichtspflichtig machen und zur Verteidigung seines titulierten Anspruchs anhalten. Deshalb ist festzuhalten: Die analog § 722 Abs. 2 eröffnete Zuständigkeit im Vollstreckungsstaat gilt nur für Vollstreckungsabwehrklagen, die erhoben werden, nachdem der Gläubiger die Vollstreckbarerklärung beantragt hat. Für eine vorher erhobene Vollstreckungsabwehrklage gelten – ebenso wie für die von manchen[560] allein für zulässig gehaltene

[559] So auch *Geimer*, IZPR Rz. 3147 ff. mit der h.M.

[560] *Geimer*, IZVR Rz. 3169; *Zöller-Geimer*, § 722 Rz. 59; *Schack*, IZVR Rz. 945; MünchKomm ZPO-*Gottwald*, § 722 Rz. 34; wohl auch St/J-*Münzberg* § 767 Rz. 42, Fn. 318.

Feststellungsklage – die allgemeinen Regeln für die internationale Zuständigkeit (§§ 12ff. analog).

Dasselbe gilt für die internationale Zuständigkeit nach *Art. 16 Nr. 5 GVÜ*. Auch sie ist allein dadurch gerechtfertigt, daß der Gläubiger mit der Vollstreckbarerklärung jedenfalls einen gewissen Bezug zu dem Forum hergestellt hat.

c) Vollstreckungsklage des Gläubigers während der Anhängigkeit der Vollstreckungsgegenklage

Die Vollstreckungsklage des Gläubigers ist, wenn der Schuldner bereits Vollstreckungsabwehrklage oder Feststellungsklage erhoben hat, als Widerklage zulässig.[561] Manche meinen allerdings, mit Erhebung der Klage nach § 722 erlösche das Rechtsschutzinteresse für die Vollstreckungsabwehrklage.[562] Für den Parallelfall der Vollstreckbarerklärung eines Schiedsspruchs hat das Reichsgericht[563] jedoch das Gegenteil ausgesprochen; diese Argumentation läßt sich ohne weiteres auf das Exequatur eines ausländischen Urteils übertragen.[564] Folgt man der oben dargelegten Auffassung, nach der Vollstreckungsgegeneinwände im Exequaturverfahren unzulässig sind, so versteht sich diese Lösung ohnehin von selbst, da sie nur die Umkehrung der oben näher erörterten Möglichkeit des Schuldners ist, Widerklage zu erheben.

2. Feststellungsklage des Schuldners

Der Schuldner kann vor Vollstreckbarerklärung des ausländischen Urteils Klage auf Feststellung erheben, daß der titulierte Anspruch ganz oder teilweise erloschen ist[565] oder daß die Voraussetzungen für die Vollstreckbarerklärung nicht gegeben sind.[566] Die Rechtsprechung hält eine solche Feststellungsklage für zulässig,[567] ebenso die Literatur.[568] Auch andere Staaten kennen sie.[569] Voraussetzung ist, wie ausgeführt, die internationale Zuständigkeit deutscher Gerichte nach allgemeinen Regeln.[570] Das Verhältnis zu einer möglichen Vollstreckungs-

561 Vgl. *Reichel*, AcP 133 (1933), 19 (22).

562 So wohl *Rosenberg/Gaul/Schilken* § 40 VI 4 (635).

563 RGZ 148, 270 (275f.).

564 So schon *Neureuter*, S. 38f.

565 Vgl. RGZ 167, 373.

566 So der Vorschlag von *Geimer*, IZPR Rz. 3169.

567 RGZ 167, 373 (381); ebenso wohl auch AG Landstuhl, IPrax 84, 102.

568 *Rosenberg/Gaul/Schilken* § 12 II 6 (S. 144); MünchKomm ZPO-*Gottwald*, § 722 Rz. 33; *Geimer*, IZPR Rz. 3169; *Zöller-Geimer*, § 722 Rz. 59; einschränkend St/J-*Münzberg*, § 722 Rz. 7.

569 Schweiz: vgl. *Stojan* S. 198; Österreich: § 228 öZPO, vgl. Öst. OGH 5.1.1998, IPRax 99, 47 m. krit. Anm. *Roth*, IPRax 99, 50; Frankreich: zweifelhaft, s.o. Kap. 2, Frankreich.

570 Zweifelhaft in RGZ 167, 373 (377).

abwehrklage wird von der Rechtsprechung[571] und einigen Literaturstimmen nicht weiter problematisiert, während z.B. *Geimer* eine Vollstreckungsabwehrklage, wie oben dargelegt, für unzulässig und allein die Feststellungsklage für möglich hält.[572] Erlaubt man dem Schuldner mit der h.M. auch die Vollstreckungsabwehrklage bereits vor Vollstreckbarerklärung, so stellt sich die Frage nach dem Verhältnis beider Klagemöglichkeiten, insbesondere nach dem *Rechtsschutzinteresse* für eine „bloße“ Feststellungsklage. Faßt man den Streitgegenstand der Vollstreckungsabwehrklage mit der h.M. eng, so muß die Feststellungsklage aber schon deshalb zulässig bleiben, damit die Parteien jedenfalls die Möglichkeit haben, rechtskräftige Feststellungen über den titulierten Anspruch zu erhalten.[573] Ein Feststellungsinteresse liegt aber auch nach der hier vertretenen Meinung vor, da jedenfalls *rechtskräftig festgestellte* Vollstreckungsgegeneinwände im Exequaturverfahren zu berücksichtigen sind und es dann keiner Vollstreckungsabwehrklage mehr bedarf.

Wenig sinnvoll wird regelmäßig die Klage auf Herausgabe des (ausländischen) Titels nach § 371 BGB zwecks Verhinderung der Vollstreckung[574] sein. Denn damit wird der Einwand nicht rechtskräftig geklärt, und es bleibt die Möglichkeit, daß sich der Gläubiger im Erststaat weitere Ausfertigungen besorgt.

3. Feststellungsklage des Gläubigers

Berühmt sich der Schuldner eines nachträglichen Einwands gegen den titulierten Anspruch, so kann es für den *Gläubiger* sinnvoll sein, selbst Klage auf Feststellung zu erheben, daß die titulierte Forderung nicht erloschen ist. Im internationalen Rechtsverkehr kann eine solche Feststellungsklage auch gerade dazu dienen, den Streit über den behaupteten Einwand vor ein dem Gläubiger günstiges Forum zu bringen. Zwar gelten für die Feststellungsklage die allgemeinen Regeln zur internationalen Zuständigkeit. Sofern sich die zuständigkeitsbegründenden Tatsachen nicht verändert haben, wird aber regelmäßig eine Klage am Gerichtsstand des Ersturteils möglich sein, was besonders für den Gläubiger günstiger sein kann als ein Prozeß in irgendeinem Vollstreckungsstaat.

Das notwendige *Feststellungsinteresse* wird von Rechtsprechung und Literatur jedenfalls für *Inlandsfälle* grundsätzlich bejaht.[575] Der Gläubiger wird also

---

[571] Vgl. etwa RGZ 134, 156 (161 f.).

[572] *Geimer*, IZPR Rz. 3169; *Zöller-Geimer*, § 722 Rz. 59; ebenso MünchKomm ZPO-*Gottwald*, § 722 Rz. 33, 34.

[573] BGH FamRZ 84, 878 (879); *Rosenberg/Gaul/Schilken* § 40 XIV 3 (S. 650); zweifelnd *Baur/Stürner* Rz. 44.28; vgl. auch BGH FamRZ 86, 665 (Feststellungsklage nach Exequatur).

[574] Vgl. BGH NJW 94, 1161 m.Anm. *Henckel*, ZZP 108 (1995), 257 (258).

[575] RGZ 100, 123 (126); BGH JZ 66, 575; *Rosenberg/Gaul/Schilken* § 40 XIV 3 (S. 650 f.);

nicht auf die Möglichkeit verwiesen, zunächst einmal die Zwangsvollstreckung zu betreiben und eine eventuelle Vollstreckungsabwehrklage des Schuldners abzuwarten.[576] Geht es um einen *ausländischen* Titel, der im Inland *noch nicht für vollstreckbar* erklärt worden ist, so liegt es jedoch nahe, den Gläubiger zunächst auf die Möglichkeit der Vollstreckungsklage oder einer erneuten Leistungsklage zu verweisen. Sofern eine Leistungsklage zulässig ist, fehlt einer Feststellungsklage regelmäßig das Rechtsschutzbedürfnis.[577] Die Leistungsklage wird in der Tat häufig zweckmäßiger sein, da sie den Einwand rechtskräftig klärt und einen inländischen Vollstreckungstitel schafft; allerdings ist sie manchmal angesichts der Möglichkeit eines (einfacheren) Exequatur nicht zulässig.[578] Aber auch die Möglichkeit der Vollstreckbarerklärung des ausländischen Ersturteils läßt das Rechtsschutzbedürfnis für die Feststellungsklage entfallen, wenn man mit der h.M. annimmt, daß im Rahmen des Exequaturverfahrens auch die vom Schuldner vorgebrachten Vollstreckungsgegeneinwände zu prüfen sind *und* meint – was allerdings die h.M. wohl nicht tut –, daß in dem Verfahren rechtskräftig über die Einwände bzw. den titulierten Anspruch entschieden wird.[579] Denn die Vollstreckungsklage hat dann hinsichtlich behaupteter Vollstreckungsgegeneinwände die gleiche Wirkung wie eine Leistungsklage, deren Vorrang vor einer Feststellungsklage unbestritten ist. Hält man aber entgegen der h.M. die Prüfung von Vollstreckungsgegeneinwänden im Exequatur für unzulässig oder läßt man Vollstreckungsgegeneinwände zwar zu, legt aber der Entscheidung über sie keine oder nur eine begrenzte Rechtskraft oder Präklusionswirkung bei,[580] so bleibt

---

Baur/Stürner, Rz. 45.28; MünchKomm ZPO-Karsten *Schmidt*, § 767 Rz. 22; St/J-*Münzberg*, § 767 Rz. 14.

576 So ausdrücklich BGH JZ 66, 75 für die dort vorliegende Konstellation, allerdings für andere Fälle offenlassend. Ohne Einschränkung dagegen RGZ 100, 123 (126) und die in der vorigen Fußnote zitierte Literatur.

577 *Baumbach* ZPO-*Hart*mann, § 256 Rz. 77; St/J-*Schumann*, § 256 Rz. 87; *Zöller*-Greger, § 256 Rz. 7a. Die Frage wird nicht erörtert in BGH WM 79, 866 (868 f.), wo eine Feststellungsklage trotz vorhandener vollstreckbarer Urkunde für zulässig gehalten wird.

578 Die bereits erfolgte Titulierung im Ausland nimmt dem Gläubiger allerdings in manchen Fällen das Rechtsschutzinteresse für eine Leistungsklage, so insbesondere, wenn der Ersttitel in einem Vertragsstaat des GVÜ erlassen wurde (EuGH 30.11.1976 (42/76) *De Wolf / Cox*, Slg. 76, 1759). Bei Fehlen eines Staatsvertrages läßt dagegen die h.M eine Leistungsklage zu, BGH NJW 79, 2477; *Martiny* Hdb. IZVR III/1 Kap I Rz. 1614, str. (vgl. auch *Geimer* IZVR Rz. 3167). Bei einer vollstreckbaren ausländischen Urkunde bleibt die Leistungsklage stets zulässig, da selbst eine inländische vollstreckbare Urkunde ihr nicht entgegensteht (so die h.M.: BGH ZZP 108, 250 (256); WM 63, 865; St/J-*Münzberg* § 794 Rz. 102 m.w.N.; a.A. *Münch*, Vollstreckbare Urkunde S. 346 f.).

579 Bei weitem nicht alle Anhänger einer Prüfung von Vollstreckungsgegeneinwänden im Exequatur halten die Entscheidung über den titulierten Anspruch für rechtskraftfähig. Für den Bereich des GVÜ trifft § 15 Abs. 1 eine explizite Präklusionsregelung, die jedoch ebenfalls unterschiedlich ausgelegt wird, s.o. Kap. 10, Exequaturverfahren, Abschn. V 3.

580 So St/J-*Münzberg*, § 723 Rz. 5; ders. aa.O., Anh. § 723 Rz. 313 Fn. 38 sub 1a; ihm folgend *Kropholler*, EuZPR Art. 36 Rz. 19 (Vorbehalt zugunsten einer abweichenden späteren Auslandsentscheidung, näher s.o. Kap.10, Exequaturverfahren, Abschn. V 3).

das Feststellungsinteresse des Gläubigers durch die Möglichkeit des Exequatur unberührt. Denn dann wird im Exequaturverfahren entweder gar nicht oder nicht rechtskräftig über die Einwände entschieden, deren sich der Schuldner berühmt. Aus demselben Grund bleibt eine Feststellungsklage auch dann möglich, wenn das Exequaturverfahren bereits durchgeführt ist.

Erhebt der Schuldner nach Anhängigkeit der Feststellungsklage Vollstrekkungsabwehrklage, so ist umstritten, ob dadurch das Feststellungsinteresse des Gläubigers nachträglich wegfällt. Das Reichsgericht hat diese Frage verneint,[581] der Bundesgerichtshof hat sich dieser Rechtsprechung aber ausdrücklich nicht angeschlossen, sondern die Frage offengelassen.[582] Die Literatur folgt teils dem Reichsgericht,[583] teils nimmt sie an, das Feststellungsinteresse entfalle.[584] Entscheidend ist auch hier wieder, wie man den Streitgegenstand der Vollstrekkungsabwehrklage definiert. Umfaßt er die Feststellung bezüglich des titulierten Anspruchs, so fällt das Interesse für eine entsprechende Feststellungsklage fort, nicht anders als wenn der Beklagte der Feststellungsklage nachträglich Leistungsklage erhebt.[585] Legt man dagegen den engen Streitgegenstand der h.M. zugrunde, so entfällt nur das Interesse für eine Feststellung, der Titel sei weiterhin vollstreckbar, nicht aber für eine weitergehende Feststellung bezüglich des titulierten Anspruchs.[586]

Zusammenfassend ist festzuhalten, daß der Gläubiger die Möglichkeit hat, selbst die Initiative zu ergreifen und in Deutschland auf Feststellung zu klagen, daß der titulierte Anspruch weiterhin besteht, wenn der Schuldner sich eines Vollstreckungsgegeneinwandes berühmt. Voraussetzung ist, daß deutsche Gerichte nach allgemeinen Regeln international zuständig sind. Besteht die Möglichkeit einer Leistungsklage (statt Exequatur), so geht diese allerdings wohl vor. Die Möglichkeit einer Vollstreckungsklage beseitigt dagegen nicht das Feststellungsinteresse des Gläubigers, da selbst nach h.M. die Entscheidung über Vollstreckungsgegeneinwände im Exequaturverfahren nicht in Rechtskraft erwächst. Der Gläubiger kann aber auch Vollstreckungsklage erheben und diese mit einer entsprechenden Zwischenfeststellungsklage verbinden.

---

[581] RGZ 100, 123 (126).

[582] BGH JZ 66, 575; wieder im Sinne des Reichsgerichts jedoch – ohne Erörterung des Problems -BGH WM 79, 866 (868 f.).

[583] *Rosenberg/Gaul/Schilken* § 40 XIV 3 (S. 650 f.); *Baur/Stürner*, Rz. 45.28.

[584] MünchKomm ZPO-Karsten *Schmidt*, § 767 Rz. 22; *Münch*, Vollstreckbare Urkunde, S. 347, 349.

[585] *Münch*, Vollstreckbare Urkunde, S. 347, 349.

[586] So konsequent St/J-*Münzberg*, § 767 Rz. 14 (Fn. 105).

Kapitel 11

Parallelverfahren über Titel und Anspruch

Die Untersuchung zur Zuständigkeit hat gezeigt, daß für Vollstreckungsabwehrklagen häufig ein Gerichtsstand sowohl im Erststaat eröffnet ist[1] als auch in einem oder mehreren Vollstreckungsstaaten[2] oder anderen Drittstaaten.[3] Es kann deshalb vorkommen, daß der Schuldner denselben titulierten Anspruch in verschiedenen Foren bekämpft. Er kann sich zu einer solchen mehrfachen Klageerhebung genötigt sehen, weil der Gläubiger die Vollstreckung in mehreren Staaten betreibt oder weil die Gerichte des Vollstreckungsstaates die Berücksichtigung eines geltend gemachten Einwandes aufgrund mangelnder internationaler Zuständigkeit ablehnen, so etwa im Falle der Aufrechnung.[4] Die mehrfache Klageerhebung kann aber auch ohne besondere Notwendigkeit erfolgen, wenn der Schuldner sich hiervon eine Verbesserung seiner Erfolgschancen verspricht. Die Chancen des Schuldners steigen nämlich, wenn, wie dies die wohl herrschende Meinung in Deutschland annimmt, im Vollstreckungsstaat zwar eine Aufhebung des Urteils im Erststaat zu berücksichtigen ist, nicht aber eine dort erfolgte Abweisung der Vollstreckungsabwehrklage.[5] Der Schuldner kann die Möglichkeit eines solchen „Freischusses" im Erststaat neben der Vollstreckungsabwehrklage im Zweitstaat gezielt nutzen.

Parallelverfahren sind aber auch mit *unterschiedlichen Parteirollen* denkbar, etwa wenn über die Leistungsklage des Gläubigers im Erststaat eine noch nicht rechtskräftige Entscheidung ergangen ist und der Schuldner gegen diese, nachdem sie im Vollstreckungsstaat exequiert wurde (z.B. nach Artt. 31 ff. GVÜ), dort Vollstreckungsabwehrklage erhebt. Zu Parallelverfahren mit umgekehrten Parteirollen kommt es auch, wenn mit der hier abgelehnten Meinung Vollstreckungsgegeneinwände in dem vom Gläubiger eingeleiteten Exequaturverfahren berücksichtigt werden und gleichzeitig im Erststaat oder einem anderen Vollstreckungsstaat eine Vollstreckungsabwehrklage des Schuldners anhängig ist. Dieselbe spiegelbildliche Rollenverteilung ergibt sich, wenn der Gläubiger Klage auf Feststel-

[1] So in Deutschland als Erststaat analog § 767 Abs. 1.

[2] So in Deutschland als Vollstreckungsstaat analog § 722 Abs. 2.

[3] Z.B. am Wohnsitz des beklagten Gläubigers, so in Deutschland analog §§ 12, 13.

[4] Näher s.o. Kap. 9, Zuständigkeit. Für das autonome deutsche Recht vgl. BGH NJW 93, 2753 = ZZP 107 (1994), 211 m. Anm. *Leipold*; *Wolff* Hdb. IZVR Bd. III/1 Kap. IV Rz. 94; für das GVÜ vgl. EuGH 04.07.1985 *AS-Autoteile Service ./. Malhé,* Slg. 85, 2267.

[5] Näher oben, Kap. 7, Präklusion, Abschn. IV 3 und Kap. 10, Exequaturverfahren, Abschn. V. Vgl. insbes. St/J-*Münzberg*, § 723 Rz. 5.

lung des Fortbestehens seines titulierten Anspruchs erhebt[6] und gleichzeitig in einem anderen Forum eine Vollstreckungsabwehrklage des Schuldners anhängig ist. Der Gläubiger erhebt eine solche Feststellungsklage unter Umständen in der Absicht, die Entscheidung über die behaupteten Einwände vor ein für ihn günstiges Forum zu ziehen[7].

Solche Parallelverfahren sind im internationalen Rechtsverkehr *grundsätzlich unerwünscht*.[8] Es ist unökonomisch und führt leicht zu widersprechenden Entscheidungen, wenn Gerichte in verschiedenen Staaten über dieselben Ansprüche oder Einwände entscheiden. Ausländische Parallelverfahren können daher nach deutschem Zivilprozeßrecht den Einwand der Rechtshängigkeit begründen oder jedenfalls eine Aussetzung des inländischen Prozesses rechtfertigen. Dabei ist allerdings stets zu beachten, daß mit der Eröffnung einer internationalen Entscheidungszuständigkeit nach deutschem Recht die Wertung verbunden ist, daß deutsche Gerichte dem Kläger Rechtsschutz gewähren dürfen *und müssen*. Dieser Gesichtspunkt ist bei Vollstreckungsabwehrklage besonders relevant, weil die Annahme der internationalen Entscheidungszuständigkeit im autonomen Recht (Analogie zu § 722 Abs. 2) ja gerade auf dem Gebot eines ausreichenden Schuldnerschutzes im Vollstreckungsstaat beruht.[9]

Im einzelnen ist zwischen der Berücksichtigung ausländischer Parallelverfahren nach autonomem Recht (I.) und nach dem GVÜ (II.) sowie anderen Vollstreckungsabkommen (III.) zu unterscheiden.

I. Berücksichtigung ausländischer Parallelverfahren nach autonomem Recht

Das ausländische Parallelverfahren kann analog § 261 Abs. 3 Nr. 1 den Einwand der Rechtshängigkeit begründen (1.) oder, falls die Voraussetzungen dieser Vorschrift nicht vorliegen, jedenfalls eine Aussetzung analog § 148 rechtfertigen (2.).

---

[6] Zur Zulässigkeit einer solchen Feststellungsklage s.o. Kap. 10, Exequaturverfahren, Abschn. VIII 3.

[7] Vorzüge eines Forums vor einem anderen können auf dem anwendbaren materiellen oder Prozeßrecht, logistischen oder Kostenaspekten (räumliche Nähe, Sprache), prozeßökonomischen Erwägungen (Vertrautheit des Erstgerichts mit dem Rechtsstreit) und weiteren taktischen Erwägungen (vgl. *Hau*, Positive Kompetenzkonflikte, S. 29 ff.) beruhen.

[8] *Hau*, Positive Kompetenzkonflikte, S. 47 ff. m.w.N. zum umfangreichen Schrifttum zu diesem Thema.

[9] S.o. Kap. 9, Zuständigkeit, Abschn. IV 2.

1. Beachtung ausländischer Rechtshängigkeit (§ 261 Abs. 3 Nr. 1 analog)

Ist im Ausland ein Verfahren über denselben Streitgegenstand rechtshängig, so ist dies analog § 261 Abs. 3 Nr. 1 auch im Inland zu beachten.[10]

a) Vollstreckungsabwehrklage in Deutschland

Haben Gläubiger oder Schuldner im *Ausland* lediglich *Feststellungsklage bezüglich des titulierten Anspruchs* erhoben, so weicht der Streitgegenstand dieser Klage auf jeden Fall ab von dem einer Vollstreckungsabwehrklage in Deutschland. Denn die bloße Feststellung beseitigt nicht die Vollstreckbarkeit. Die ausländische Feststellungsklage löst daher gegenüber einer im Inland erhobenen Vollstreckungsabwehrklage ebensowenig die Rechtshängigkeitssperre aus wie gegenüber einer inländischen Leistungsklage.[11]

Komplizierter ist der Streitgegenstandsvergleich bei einer *Vollstreckungsabwehrklage im Ausland,* denn es handelt sich um eine Gleichung mit mehreren Variablen. Der ausländische Rechtsbehelf, der funktional der Vollstreckungsabwehrklage entspricht, kann auf die Aufhebung des Ersturteils oder seiner Vollstreckbarkeit gerichtet sein oder nur auf die Aufhebung einzelner Vollstreckungsmaßnahmen, eventuell aber mit Präjudizwirkung für künftige Maßnahmen; unter Umständen hat er auch den Charakter einstweiligen Rechtsschutzes. Auch der Streitgegenstand der deutschen Vollstreckungsabwehrklage gegen ein für vollstreckbar erklärtes ausländisches Urteil ist umstritten. Richtig ist, wie oben näher dargelegt, als Gegenstand die weitere Vollstreckbarkeit des Ersturteils als solches (d.h. universal) anzusehen, so wie im Falle der Abänderungsklage (§ 323) Gegenstand die zukünftige Höhe der Leistungspflicht nach dem Ersturteil ist. Folgt man dieser Ansicht, so kann eine Identität der Streitgegenstände relativ leicht vorkommen, z.B. bei Vollstreckungsabwehrklage im Erststaat. Folgt man ihr nicht, sondern sieht als Gegenstand der Klage in Deutschland nur die dem Ersturteil durch das Exequatur verliehene Vollstreckbarkeit im Inland, so liegt in der Regel allenfalls eine Teilidentität der Streitgegenstände vor. Dabei kommt es auf den Streit, ob Gegenstand der Vollstreckungsabwehrklage in Deutschland (auch) der Fortbestand des titulierten Anspruchs ist, nicht an. Zwar mag Streitgegenstand des ausländischen Verfahrens ebenfalls der Fortbestand des titulierten Anspruchs sein, die Beseitigung der Vollstreckbarkeit in Deutschland ist aber in

---

[10] Ständige Rspr. seit RG JW 1892, 124; RGZ 49, 340 (344); aus neuerer Zeit BGH NJW 1983, 1269; ebenso die ganz überwiegende Lit.: *Geimer*, IZPR Rz. 2688 ff.; *Schack*, IZVR Rz. 747 ff.; *Kropholler*, IPR § 60 I 2b, S. 530 f.; *Hau*, Positive Kompetenzkonflikte, S. 114; a.M. *Schütze*, DIZPR 77, 175–178.

[11] Zum Verhältnis Feststellungs- zu Leistungsklage bei verschiedenen Foren *Schack*, IZVR Rz. 753; *Geimer*, IZPR Rz. 2693 ff.

der Regel nur Gegenstand im deutschen Verfahren. Ausnahmsweise können identische Streitgegenstände vorliegen, wenn gegen ein *deutsches Ersturteil* im Ausland eine Klage anhängig ist, die nach dem dortigen Prozeßrecht nicht nur auf die Beseitigung der Vollstreckbarkeit im Urteilsstaat zielt, sondern – wie oben auch für die deutsche Vollstreckungsabwehrklage vertreten – auf die „universale“ Abänderung des Ersturteils durch Abänderung oder Aufhebung seiner Vollstreckbarkeit. Dies ist anerkannt für die Abänderungsklage (vgl. § 323), durch die das Ersturteil nach deutschem Verständnis unmittelbar abgeändert und die Zwangsvollstreckung (bei Herabsetzung) automatisch teilweise unzulässig wird.[12] Wird ein deutsches Ersturteil im Ausland aufgrund einer dort erhobenen Herabsetzungsklage modifiziert, so kann diese prozessuale Gestaltungswirkung in Deutschland anerkannt[13] und die Vollstreckung durch Vorlage des ausländischen Urteils unterbunden werden, das zu diesem Zweck allerdings noch für vollstreckbar zu erklären ist.[14] Der Streitgegenstand beider Verfahren ist also identisch, wenn Abänderungsklage gegen dasselbe Urteil im Ausland (z.B. in einem Vollstreckungsstaat) und in Deutschland als Erststaat erhoben wird. Erhebt der Schuldner *Vollstreckungsabwehrklage* in einem Staat, in dem das entsprechende Urteil – ebenso wie im Fall der Abänderungsklage – Wirkungen des Ersturteils rechtskräftig umgestaltet, so wäre auch hier der Einwand der Rechtshängigkeit begründet, sofern das ausländische Urteil anzuerkennen ist. Die Anerkennungszuständigkeit (§ 328 Nr. 1) wird dabei kein Problem sein, da die internationale Zuständigkeit analog § 767 Abs. 1 nicht ausschließlich ist,[15] vielmehr nach dem Spiegelbildprinzip auch eine Zuständigkeit in jedem Vollstreckungsstaat anzuerkennen ist. Auch spricht nichts dagegen, prozessuale Gestaltungswirkungen ausländischer Urteile auch dann in Deutschland anzuerkennen, wenn entsprechende deutsche Urteile (hier: das Urteil auf eine Klage nach § 767) weniger weitgehende Wirkungen zeitigen als die ausländische Entscheidung.[16]

Kommt man dagegen zu dem Ergebnis, daß die Vollstreckungsabwehrklage im Ausland nicht die Vollstreckbarkeit in Deutschland beseitigen würde, so sind

---

[12] OLG Zweibrücken FamRZ 86, 376. Dies gilt unabhängig davon, ob Gegenstand der Abänderung ein deutsches oder ein ausländisches Urteil ist, denn der Streitgegenstand der Klage nach § 323 hängt hiervon nicht ab; verkannt von OLG Düsseldorf, IPRax 82, 152.

[13] *Geimer*, IZPR Rz. 2859; *Baumann*, S. 58ff.; *Schlosser*, IPRax 81, 120; OLG Köln, IPRax 88, 30; *Siehr*, FS *Bosch*, 927 (936ff.).

[14] Der Vollstreckbarerklärung bedarf es, weil die zwecks Einstellung der Zwangsvollstreckung notwendige Vorlage des Abänderungsurteils gemäß § 775 Nr. 1 (für inländische Abänderungsurteile vgl. OLG Zweibrücken FamRZ 86, 376 und St/J-*Leipold*, § 323 Rz. 76 und § 725 Rz. 7) Vollstreckung im weiteren Sinne ist (vgl. St/J-*Münzberg*, vor § 704 Rz. 47a ff.).

[15] S.o. Kap. 9, Zuständigkeit, Abschn. IV 2 d (Gerichtsstandsvereinbarungen).

[16] *Martiny*, Hdb. IZVR Bd. III/1, Kap. I Rz. 364ff., 373. Dies Prinzip ist hier (nur) dann wichtig, wenn man (zu Unrecht) meint, eine entsprechende Vollstreckungsabwehrklage in Deutschland sei nur auf die Aufhebung der in Deutschland verliehenen Vollstreckbarkeit gerichtet.

die Streitgegenstände nicht identisch. Die Vollstreckbarkeit in Deutschland muß dann selbst nach einem Erfolg im ausländischen Parallelverfahren noch durch separate Vollstreckungsabwehrklage im Inland wieder beseitigt werden;[17] diese Notwendigkeit zeigt, daß die Streitgegenstände beider Verfahren nicht identisch sind. Denn sonst würde es ausreichen, das auf die Vollstreckungsabwehrklage im Ausland ergehende Urteil in Deutschland anzuerkennen und für vollstreckbar zu erklären. Die dann allenfalls vorliegende Teilidentität der Streitgegenstände, d.h. die auch im ausländischen Prozeß zu treffende Feststellung hinsichtlich des titulierten Anspruchs vermag gegenüber der inländischen Vollstreckungsabwehrklage ebensowenig den Rechtshängigkeitseinwand zu begründen wie eine im Ausland erhobene Feststellungsklage gegenüber einer im Inland erhobenen Leistungsklage.[18] Dasselbe gilt für das inländische Exequaturverfahren, sofern man dort den Vollstreckungsgegeneinwand prüft.

b) Feststellungsklage in Deutschland

Hält man es für zulässig, daß der Schuldner bereits vor Vollstreckbarerklärung eines ausländischen Urteils im Inland Klage erhebt, um das nachträgliche Erlöschen des titulierten Anspruchs feststellen zu lassen[19], so greift gegenüber einer solchen Klage jedenfalls der Einwand ausländischer Rechtshängigkeit durch, wenn der Schuldner bereits im Ausland (z.B. im Erststaat) Vollstreckungsabwehrklage erhoben hat und das ausländische Urteil in Deutschland hinsichtlich seiner Feststellungswirkung in bezug auf den titulierten Anspruch anzuerkennen wäre. Der Streitgegenstand der Feststellungsklage ist in dem der Vollstreckungsabwehrklage enthalten, wenn im ausländischen Prozeß auch die Feststellung hinsichtlich des titulierten Anspruchs in materielle Rechtskraft erwächst. Dies ist bei vielen ausländischen Rechtsordnungen der Fall.[20]

Der Rechtshängigkeitseinwand greift aus denselben Gründen auch gegenüber einer Feststellungsklage des *Gläubigers* in Deutschland durch.[21]

c) Zusammenfassung zum Rechtshängigkeitseinwand im autonomen Recht

Sieht man als Gegenstand einer in Deutschland erhobenen Vollstreckungsabwehrklage die Vollstreckbarkeit des Ersturteils als solches an, so kann der Einwand internationaler Rechtshängigkeit relativ leicht gegeben sein. Hält man dagegen mit der wohl herrschenden Meinung nur die Vollstreckbarkeit in Deutschland für

---

[17] *Geimer*, IZPR, Rz. 3102; näher s.o. Kap. 9, Zuständigkeit, Abschn. II.

[18] Zum Fehlen internationaler Rechtshängigkeit im Verhältnis zwischen Feststellungsklage und späterer Leistungsklage: *Schack*, IZVR Rz. 753; *Geimer*, IZPR Rz. 2693 ff.

[19] S.o. Kap. 10, Exequaturverfahren, Abschn. VIII 2.

[20] S.o. Kap. 7, Präklusion, Abschn. IV 2 a).

[21] Zu ihr s.o. Kap. 10, Exequaturverfahren, Abschn. VIII 3.

den Gegenstand,[22] so greift der Einwand nur in Ausnahmefällen ein, in denen Deutschland Erststaat ist und das Prozeßrecht des fremden Forums als Urteilswirkung eine Abänderung des Ersturteils (z.B. seiner Vollstreckbarkeit) vorsieht.

Gegenüber einer in Deutschland vom Gläubiger oder Schuldner erhobenen *Feststellungsklage* ist der Einwand der Rechtshängigkeit dagegen stets dann begründet, wenn im Ausland bereits vorher eine Vollstreckungsabwehrklage erhoben wurde und das ausländische Prozeßrecht vorsieht, daß die Feststellungen hinsichtlich des titulierten Anspruchs in materielle Rechtskraft erwachsen.

Ist der Einwand der ausländischen Rechtshängigkeit nach diesen Grundsätzen begründet, so sollte man die in Deutschland erhobene Klage nicht als unzulässig abweisen (wie im Fall der Rechtshängigkeit vor einem anderen *inländischen* Gericht), sondern das inländische Verfahren zunächst nur aussetzen bis das ausländische Verfahren abgeschlossen ist und sich die Frage, ob die ausländische Entscheidung in Deutschland tatsächlich anzuerkennen ist, abschließend beantworten läßt.[23] Ist der Schuldner schutzbedürftig, so kann einstweilen eine Anordnung nach § 769 ergehen.[24]

2. Aussetzung analog § 148

a) Aussetzung der Vollstreckungsabwehrklage

Legt man die wohl herrschende Meinung zugrunde, so begründet, wie sich soeben gezeigt hat, ein ausländisches Parallelverfahren gegenüber einer Vollstreckungsabwehrklage in Deutschland regelmäßig nicht den Rechtshängigkeitseinwand. Daher kann es häufig zu der unerwünschten[25] Situation kommen, daß derselbe Einwand sowohl im Ausland als auch in Deutschland zu prüfen ist. Eine Lösungsmöglichkeit ist, das deutsche Verfahren solange *auszusetzen*, bis im Ausland über den Einwand entschieden ist. Grundlage kann eine analoge Anwendung von § 148 sein.[26] Wann die Voraussetzungen dieser Vorschrift auch bei Zugrundelegung der herrschenden Meinung zum Gegenstand der Klage in

---

[22] S.o. Kap. 9, Zuständigkeit, Abschn. IV 1.

[23] So schon früh *Habscheid*, RabelsZ 31, 1967, 264–274 (266ff.); *Schack*, IZVR Rz. 764; *Hau*, Positive Kompetenzkonflikte, S. 159f.; *Geimer*, IZPR Rz. 2712, 2724.

[24] Die Anordnung erfordert in diesen Fällen wieder – anders als im Regelfall des § 769 – die Beurteilung der Erfolgsaussichten der *vor einem fremden Gericht* anhängigen Vollstreckungsabwehrklage. Insofern sollte der dortige Verfahrensstand besonders sorgfältig berücksichtigt werden. S.o. Kap. 9, Zuständigkeit zur Parallelproblematik von Anordnungen nach § 769 bei nur im Ausland erhobener Vollstreckungsabwehrklage (Unzuständigkeit deutscher Gerichte).

[25] S.o. in der Einleitung zu diesem Kapitel.

[26] Die analoge Anwendbarkeit von § 148 auf Fälle ausländischer Parallelverfahren wird allgemein angenommen: St/J-*Roth*, § 148 Rz. 140ff.; *Hau*, Positive Kompetenzkonflikte, S. 131; OLG Frankfurt, NJW 86, 1443; OLG *Karl*sruhe, FamRZ 94, 47; für Zurückhaltung dagegen: *Geimer*, IZPR Rz. 2714.

Deutschland erfüllt sind und wie das darin eingeräumte Aussetzungsermessen zu handhaben ist, hängt von der genauen Konstellation ab, in der das ausländische Parallelverfahren zu dem Vollstreckungsabwehrprozeß in Deutschland steht. Sie setzt nicht voraus, daß das ausländische Verfahren vor dem deutschen eingeleitet wurde.[27]

(1) Vollstreckungsabwehrklage in Deutschland als Zweitstaat

Die Aussetzung einer in Deutschland als Vollstreckungsstaat erhobenen Vollstreckungsabwehrklage ist analog § 148 zulässig, wenn in einem ausländischen Parallelverfahren eine vorgreifliche Frage geklärt wird. Bei einer Vollstreckungsabwehrklage im ausländischen *Erststaat* ist dies schon deshalb der Fall, weil bei Aufhebung der Vollstreckbarkeit im Erststaat die Vollstreckungsabwehrklage in Deutschland auf jeden Fall begründet ist, ohne daß es noch darauf ankäme, ob der zugrunde liegende materielle Anspruch tatsächlich erloschen ist.[28]

Bei einer parallelen Vollstreckungsabwehrklage in einem weiteren Vollstreckungsstaat (*Drittstaat*) wird ebenfalls über eine vorgreifliche Rechtsfrage entschieden, nämlich das Durchgreifen der geltend gemachten Vollstreckungsgegeneinwände gegenüber dem titulierten Anspruch. In diesem Fall ist aber zu bedenken, daß manche eine Aussetzung analog § 148 nur dann für zulässig halten, wenn in dem ausländischen Parallelverfahren eine Entscheidung ergeht, die auch im Inland *Bindungswirkung* entfalten würde.[29] Voraussetzung hierfür wäre zum einen, daß die Feststellung hinsichtlich des titulierten Anspruchs in dem ausländischen Prozeß in Rechtskraft erwächst, und zum anderen, daß die ausländische Entscheidung in Deutschland anerkennungsfähig wäre.[30] Diese Anforderungen erscheinen unnötig hoch gesteckt.[31] Für die Aussetzung nach § 148 wegen eines inländischen Parallelverfahrens ist es ebenfalls nicht erforderlich, daß die dort hinsichtlich des präjudiziellen Rechtsverhältnisses getroffenen Feststellungen in Rechtskraft erwachsen.[32] Die Aussetzung analog § 148 soll zudem nicht nur die Vermeidung widersprechender Entscheidungen ermöglichen, sondern auch die prozeßökonomische Nutzung der Ergebnisse von Parallelprozessen.[33] Folgt man dieser Auffassung nicht und fordert eine Bindungswirkung, so hängt die Aussetzungsmöglichkeit bei einem drittstaatlichen Parallelverfahren davon ab, ob im Drittstaat rechtskräftig über die Vollstreckbarkeit des Ersturteils oder den

---

[27] Keine Geltung des Prioritätsprinzips für § 148: St/J-*Roth*, § 148 Rz. 29; *Thomas/Putzo*, § 148 Rz. 4; *Zöller*-Greger, § 148 Rz. 6.

[28] Voraussetzung ist nur, daß die Aufhebungsentscheidung anerkennungsfähig ist, s.o. Kap. 9, Zuständigkeit, Abschn. II.

[29] OLG Frankfurt, NJW 86, 1443.

[30] OLG Frankfurt, NJW 86, 1443.

[31] Zweifelnd auch OLG *Karls*ruhe, FamRZ 94, 47 (48).

[32] St/J-*Roth*, § 148 Rz. 22.

[33] Vgl. St/J-*Roth*, § 148 Rz. 4.

titutlierten Anspruch entschieden würde und ob man bereit ist, die Entscheidung insofern anzuerkennen.[34] Ist jedenfalls die im ausländischen Recht oft vorgesehene rechtskräftige Inzidententscheidung über den Anspruch anzuerkennen, so ist die nötige Bindungswirkung gegeben.

Die Aussetzung steht im *Ermessen* des Gerichts. Bei der Ausübung des Ermessens sollte sich das Gericht von der Zielsetzung der Vorschrift (Prozeßökonomie, Vermeidung widersprechender Entscheidungen) leiten lassen und gleichzeitig das Interesse des Klägers an einer effektiven Rechtsschutzgewährung im Inland berücksichtigen.[35] Den Interessen des klagenden Titelschuldners kann weitgehend durch Anordnungen nach §§ 769, 770 Rechnung getragen werden. Die Aussetzung empfiehlt sich vor allem, wenn der Schuldner gleichzeitig Vollstreckungsabwehrklage im *Erststaat* erhoben hat. Dann gebührt nach den Wertungen der ZPO (§§ 767 Abs. 1, 261 Abs. 3 Nr. 1, 580 Nr. 7a) dem ausländischen Verfahren tendenziell der Vorrang. Gegenüber einem Parallelverfahren in einem *Drittstaat* ist die Aussetzung dagegen nur dann sinnvoll, wenn ein baldiger Abschluß dieses Verfahrens zu erwarten ist oder die Gerichte des Drittstaates aus anderen Gründen für die Entscheidung besonders geeignet erscheinen. Auch ist hier (und nicht schon bei der Frage, ob eine Aussetzung überhaupt zulässig ist) zu berücksichtigen, inwieweit der Ertrag des in dem Drittstaat geführten Prozesses in Deutschland verwertbar ist, etwa weil dort eine anzuerkennende Inzidentfeststellung über den titulierten Anspruch getroffen wird oder weil jedenfalls dasselbe Recht angewendet wird, das auch nach deutschem Internationalen Privatrecht berufen wäre.[36] Eine Aussetzung hat dagegen zu unterbleiben, wenn das deutsche Verfahren bereits entscheidungsreif ist[37], etwa weil der Vollstreckungsgegeneinwand rechtlich einfach und liquide ist.

(2) Vollstreckungsabwehrklage in Deutschland als Erststaat

Eine Aussetzung analog § 148 kommt sogar dann in Frage, wenn in Deutschland als *Erststaat* eine Vollstreckungsabwehrklage erhoben worden ist. Denn auch in einem solchen Fall kann es sinnvoll sein, zunächst das Ergebnis einer im Ausland, etwa in einem Vollstreckungsstaat, erhobenen Vollstreckungsabwehrklage abzuwarten. Allerdings sollte in diesen Fällen die Vollstreckungsabwehrklage in Deutschland nur dann ausgesetzt werden, wenn das ausländische Verfahren aller Voraussicht nach eine schnellere Entscheidung bringen wird und die ausländische Entscheidung in Deutschland Bindungswirkung entfalten würde. Denn § 767

---

[34] Dies hängt vor allem von der Entscheidung für Gleichstellung oder Wirkungserstreckung ab; ausführlich dazu oben, Kap. 7, Präklusion, Abschn. IV 3.

[35] Vgl. St/J-*Roth*, § 148 Rz. 30.

[36] *Geimer*, IZPR Rz. 2715 hält eine Aussetzung überhaupt nur unter diesen Voraussetzungen für „diskutabel“.

[37] St/J-*Roth*, § 148 Rz. 22 ff.

Abs. 1 besagt, daß regelmäßig das Prozeßgericht des ersten Rechtszuges geeignet und gehalten ist, über eine Vollstreckungsabwehrklage zu befinden.

b) Aussetzung des Exequaturverfahrens

Die (ganz herrschende) Meinung, die Vollstreckungsgegeneinwände im Exequaturverfahren für zulässig hält, empfiehlt, das Exequaturverfahren nach § 148 auszusetzen, wenn der Vollstreckungsgegeneinwand zugleich im Erststaat geltend gemacht wird.[38]

Dies ist nur konsequent. Das Verfahren im Erststaat ist für die nach dieser Meinung im Exequaturverfahren zu treffende Entscheidung über Vollstreckungsgegeneinwände vorgreiflich. Eine Aussetzung des Exequaturverfahrens führt jedoch – entgegen den Wertungen des ausländischen[39] und des deutschen Rechts – dazu, daß der Gläubiger bis zur Klärung des Einwands nicht vollstrecken kann. Dieser Suspensiveffekt wäre jedenfalls bei der Ermessensentscheidung nach § 148 zu berücksichtigen und eine Aussetzung deshalb regelmäßig abzulehnen.[40] Damit wächst allerdings die Gefahr widersprüchlicher Entscheidungen. Dieses Dilemma vermeidet die hier vertretene Konzeption[41] Vollstreckungsgegeneinwände im Exequaturverfahren nicht zu prüfen und den Titelschuldner insofern auf eine gesonderte Vollstreckungsabwehrklage zu verweisen.

3. Wegfall des Rechtsschutzinteresses

Folgt man der hier vertretenen Ansicht, der Streitgegenstand der Vollstreckungsabwehrklage umfasse auch die Feststellung über das (Fort-) Bestehen des titulierten Anspruchs, so wird im *inländischen* Kontext eine *Feststellungsklage* über den titulierten Anspruch unzulässig, wenn anschließend der Schuldner Vollstrekkungsabwehrklage gegen den Titel erhebt.[42] Es verhält sich insofern nicht anders, als wenn nach Rechtshängigkeit einer Feststellungsklage Leistungsklage erhoben wird. Im *internationalen* Rechtsverkehr ist die Frage, ob das Feststellungsinteresse auch bei einer im Ausland erhobenen Leistungsklage entfällt, umstritten. Die Rechtsprechung hat sie einmal bejaht,[43] in der Literatur wird dies

---

[38] *Wolff*, Hdb. IZVR Bd. III/2, Kap. IV Rz. 100; St/J-*Münzberg*, § 723 Rz. 5.

[39] Sofern dieses – wie das deutsche Recht – der Vollstreckungsabwehrklage keinen Suspensiveffekt beilegt.

[40] Zweifelnd hinsichtlich der Angemessenheit einer Aussetzung auch: *Wolff*, Hdb. IZVR Bd. III/2, Kap. IV Rz. 100.

[41] S.o. Kap. 10, Exequaturverfahren, Abschn. II.

[42] Anders nach der wohl h.M., die meint, bei der Vollstreckungsabwehrklage würde keine rechtskräftige Feststellung über den titulierten Anspruch getroffen. Näher s.o. Kap. 10, Exequaturverfahren, Abschn. VIII 3.

[43] LG Hamburg, IPRspr. 80, Nr. 23.

vielfach als systemwidrige Ausnahme zum Prioritätsprinzip abgelehnt.[44] Bei inländischer Feststellungsklage und anschließend im Ausland erhobener *Vollstreckungsabwehrklage* entspricht die Situation allerdings nur dann der rein inländischen Parallele, wenn das ausländische Urteil wie eines nach § 767 zum Wegfall der Vollstreckbarkeit auch in Deutschland führt, sobald es für vollstreckbar erklärt ist.[45] Ist dies nicht der Fall oder lehnt man diese Möglichkeit mit der wohl herrschenden Meinung generell ab, so kann – anders als bei einer im Ausland erhobenen Leistungsklage – das ausländische Verfahren für das Inland ohnehin keinen größeren Ertrag bringen kann, als die bereits im Inland erhobene Feststellungsklage. Die im Ausland erhobene Vollstreckungsabwehrklage beseitigt dann nur dort die Vollstreckbarkeit; im Inland ist bestenfalls die präjudizielle Feststellung hinsichtlich des titulierten Anspruchs anzuerkennen. Diese Feststellung ist schon Gegenstand der im Inland bereits rechtshängigen Klage. Das Rechtsschutzinteresse kann nicht durch die für inländische Belange ebenfalls nur zur Feststellung taugliche Klage im Ausland fortfallen.

Entsprechende Erwägungen gelten, falls im Vollstreckungsstaat eine *Vollstreckungsabwehrklage* rechtshängig ist und anschließend im Erststaat ebenfalls Vollstreckungsabwehrklage erhoben wird. Hier wäre es in jedem Falle[46] verfehlt, den Prioritätsgrundsatz unter Berufung auf den Wegfall des Rechtsschutzinteresses zu durchbrechen.

II. Berücksichtigung ausländischer Parallelverfahren nach dem GVÜ

Eine in Deutschland erhobene Vollstreckungsabwehrklage kann nach Artt. 21, 23 GVÜ als unzulässig abzuweisen oder nach Art. 22 GVÜ auszusetzen sein, wenn in einem anderen Vertragsstaat bereits ein Verfahren schwebt, das denselben Einwand zum Gegenstand hat. Ebenso kann mit einer in Deutschland erhobenen Feststellungsklage zu verfahren sein. Läßt man entgegen der hier vertretenen Ansicht Vollstreckungsgegeneinwände im Exequaturverfahren nach Artt. 31 ff. GVÜ zu (vgl. § 13 AVAG), so stellt sich auch dort die Frage nach der Berücksichtigung ausländischer Parallelverfahren.

---

[44] *Schlosser*, FS Nagel 1987, 352 (371); *Kropholler*, FS Firsching (1985), 165 (173); *Hau*, Positive Kompetenzkonflikte, S. 151 f.

[45] Zu diesem Fragenkreis s.o. Kap. 9, Zuständigkeit, Abschnitte II und III.

[46] Unabhängig davon, wie weit ein Urteil in der ausländischen Vollstreckungsabwehrklage auf die Vollstreckbarkeit in Deutschland wirkt.

1. Rechtshängigkeit in einem anderen Übereinkommensstaat (Artt. 23, 21 GVÜ)

Eine Vollstreckungsabwehrklage oder Feststellungsklage in Deutschland ist unzulässig, wenn wegen Rechtshängigkeit in einem anderen Vertragsstaat der Tatbestand des Art. 21 GVÜ oder des Art. 23 GVÜ erfüllt ist. Anders als im autonomen Recht ist eine Identität der Streitgegenstände dabei nicht erforderlich.[47] Der Europäische Gerichtshof legt Art 21 Abs. 1 („Klagen wegen desselben Anspruchs") vertragsautonom aus und stellt darauf ab, ob beide Rechtsstreitigkeiten denselben Gegenstand (*objet*), verstanden als Zweck oder „Kernpunkt", betreffen sowie ob es in den Parallelverfahren zu unvereinbaren Entscheidungen im Sinne von Art. 27 Nr. 3 GVÜ kommen könnte.[48] Diese Auslegung hat zwar zunächst in Deutschland[49] und auch in anderen Vertragsstaaten[50] zum Teil heftigen Widerspruch erfahren, ist jedoch vom Gerichtshof später bestätigt worden[51] und wird auch von der Literatur inzwischen weitgehend befürwortet;[52] die deutsche Rechtsprechung folgt ebenfalls der Linie des Gerichtshofs.[53]

Anlaß für die Entscheidungen des Europäischen Gerichtshofs waren jeweils Fälle, in denen in einem Vertragsstaat eine Feststellungsklage (z.B. auf Feststellung der Unwirksamkeit des zwischen den Parteien geschlossenen Vertrages)[54] rechtshängig war und in dem anderen Vertragsstaat eine Leistungsklage aus demselben Rechtsverhältnis, das Gegenstand der Feststellungsklage war. Der Gerichtshof entschied, daß nach Art. 21 GVÜ sowohl die frühere Leistungsklage eine spätere Feststellungsklage sperrt[55] als auch die frühere Feststellungsklage eine spätere Leistungsklage.[56]

---

[47] Unzutreffend daher der Ansatz von Cypra, S. 97, der argumentiert, parallele Vollstreckungsabwehrklagen in verschiedenen Vertragsstaaten seien zulässig, da beide Verfahren sich hinsichtlich ihres *Streitgegenstandes* unterschieden (Vollstreckbarkeit im Urteils- vs. im Vollstreckungsstaat).

[48] EuGH 08.12.1987 (144/86) *Gubisch Maschinenfabrik ./. Palumbo*, Slg. 1987, 4871.

[49] *Leipold*, GS Arens (1993) 227 (230f., 233ff.); *Linke*, RIW 88, 822 (823); *Isenburg-Epple*, S. 196ff., 209ff.; *Hau*, Positive Kompetenzkonflikte, S. 139f. Die Entscheidung hat aber bei manchen auch unmittelbar Zustimmung gefunden: *Schack*, IPRax 89, 139; *Koch*, Unvereinbare Entscheidungen, 72; *Huber*, JZ 95, 603ff.

[50] *Donzallaz*, Tz. 697ff. (Schweiz); *Gaudemet-Tallon*, La convention de Bruxelles, Tz. 285 (Frankreich).

[51] EuGH 06.12.1994 (406/92) *The Tatry*, Slg. 1994, 5439.

[52] *Kropholler*, EuZPR Art. 21 Rz. 6ff.; *Schlosser*, Art. 21 Rz. 4; Für den Bereich des Lugano-Übereinkommens hält allerdings *Donzallaz*, Tz. 697ff., 1454 die Schweizer Gerichte nicht für gebunden durch die weite Auslegung des Gerichtshofs.

[53] BGH NJW 95, 1758; BGH NJW 97, 870 = JZ 97, 799 m. insofern zust. Anm. *Huber*; OLG Hamm, IPRax 95, 104 (107f.); OLG München RIW 97, 872.

[54] So im Fall EuGH 08.12.1987 (144/86) *Gubisch Maschinenfabrik ./. Palumbo*, Slg. 1987, 4871.

[55] EuGH 08.12.1987 (144/86) *Gubisch Maschinenfabrik ./. Palumbo*, Slg. 1987, 4871.

[56] EuGH 06.12.1994 (406/92) *The Tatry*, Slg. 94, 5439.

Diese Grundsätze sind für die Behandlung von Parallelverfahren über Vollstreckungsgegeneinwände von unmittelbarer Bedeutung. Übereinstimmender Zweck der Verfahren ist nämlich jeweils, die weitere Vollstreckung aus dem Titel zu unterbinden, *Kernpunkt* stets dieselbe Frage, das Durchgreifen des Vollstrekkungsgegeneinwands gegenüber dem titulierten Anspruch. Erwächst die Feststellung hinsichtlich des titulierten Anspruchs jedenfalls in einem der Verfahren auch in Rechtskraft, so besteht eine dem Verhältnis zwischen Feststellungsklage und Leistungsklage vergleichbare Situation. Dennoch wäre es voreilig, Art. 21 GVÜ in allen Fällen von Parallelverfahren über Vollstreckungsgegeneinwände für erfüllt zu halten. Zum einen ist zu bedenken, daß die wohl herrschende Meinung annimmt, Entscheidungen deutscher Gerichte über Vollstreckungsgegeneinwände ergingen im Bereich des GVÜ nur unter dem „Vorbehalt einer anderweitigen Entscheidung im Erststaat".[57] Damit scheint keine Gefahr unvereinbarer Entscheidungen (Art. 27 Nr. 3 GVÜ) zu bestehen. Außerdem ist wie schon im autonomen Recht zu bedenken, daß eine Abweisung der Klage wegen anderweitiger Rechtshängigkeit bedenklich ist, wenn der Kläger in dem ausländischen Verfahren das durch die Klage im Inland angestrebte Rechtsschutzziel auf keinen Fall erreichen kann, insbesondere also wenn der Titelschuldner selbst nach erfolgreicher Durchführung des ausländischen Parallelverfahrens ohnehin noch im Inland Vollstreckungsabwehrklage erheben müßte. Es ist daher im einzelnen zu prüfen, ob in den verschiedenen denkbaren Konstellationen von Parallelverfahren über Vollstreckungsgegeneinwände die Anwendung des Art. 21 GVÜ gerechtfertigt ist.

a) Unzulässigkeit der Vollstreckungsabwehrklage in Deutschland aufgrund eines bereits rechtshängigen ausländischen Parallelverfahrens

(1) Fortsetzung des Erstverfahrens im Erststaat

Da auch vorläufig vollstreckbare Entscheidungen aus anderen Vertragsstaaten in Deutschland für vollstreckbar zu erklären sind (Art. 31 Abs. 1 GVÜ), kann es vorkommen, daß der Titelschuldner in Deutschland Vollstreckungsabwehrklage erhebt, während das Verfahren im Erststaat noch nicht abgeschlossen ist. So liegt es, wenn der Schuldner dort parallel ein Rechtsmittel eingelegt hat oder einlegen kann oder die vorläufig vollstreckbare Entscheidung sogar vor Abschluß der Instanz erlassen wurde.[58] Kann der Schuldner den Vollstreckungsgegeneinwand auch im Erstverfahren noch geltend machen,[59] so geht es in dem Erstverfahren

---

[57] St/J-*Münzberg*, Anh. § 723 Rz. 313 Fn. 38, sub 1 a; *Kropholler*, EuZPR Art. 36 Rz. 19. Näher s.o. Kap. 10, Exequaturverfahren, Abschn. V.

[58] So z.B. im Fall der „*Ordinanza ingiuntiva di pagamento*" nach italienischem Recht, vgl. OLG Stuttgart, RIW 97, 684.

[59] Dies ist z.B. ausgeschlossen, wenn das ausländische Prozeßrecht für die Rechtsmittelinstanz ein Novenverbot vorsieht, wie z.B. Österreich, vgl. BGH NJW 93, 1270.

„im Kern" auch um das Durchgreifen des Einwands, auf den der Schuldner die Klage in Deutschland stützt. Die in Deutschland erhobene Vollstreckungsabwehrklage könnte daher gemäß Art. 21 GVÜ unzulässig sein, denn das ausländische Gericht des Erstprozesses ist stets das „zuerst angerufene", selbst wenn das Rechtsmittel, das zur Weiterführung des Erstprozesses führt, erst nach Erhebung der deutschen Vollstreckungsabwehrklage eingelegt wurde.

Gegen eine Anwendung von Art. 21 GVÜ läßt sich nicht einwenden, die Zuständigkeit des deutschen Gerichts für die Vollstreckungsabwehrklage sei gemäß Art. 16 Nr. 5 GVÜ ausschließlich, daher müsse sich das deutsche Gericht allenfalls gegenüber einem ebenfalls *ausschließlich* zuständigen ausländischen Gericht für unzuständig erklären (Art. 23 GVÜ).[60] Denn die Ausschließlichkeit bezieht sich in diesen Fällen nur auf die Aufhebung von Vollstreckungsmaßnahmen und evtl. der Vollstreckbarkeit als solcher im Inland, nicht aber auf die Feststellung des Durchgreifens von Vollstreckungsgegeneinwänden.[61] Ebensowenig läßt sich einwenden, daß nach der herrschenden Meinung zum deutschem autonomem Zivilprozeßrecht die Berufung gegen das Ersturteil und die Vollstreckungsabwehrklage angeblich unterschiedliche Streitgegenstände haben und deshalb die Berufung keine Rechtshängigkeitssperre auslöst.[62] Denn „derselbe Anspruch" im Sinne von Art. 21 GVÜ kann auch dann vorliegen, wenn nach deutscher Auffassung unterschiedliche Streitgegenstände vorliegen.[63]

Zweifelhaft ist nur, ob der Tatbestand des Art. 21 GVÜ schon deshalb erfüllt ist, weil es in beiden Verfahren um das Durchgreifen des Vollstreckungsgegeneinwands und damit um denselben „Kernpunkt" geht. Der Begriff des „Kernpunkts" ist wenig trennscharf.[64] Sicherer ist es, bei dem vom Europäischen Gerichtshof ebenfalls aufgestellten Kriterium anzusetzen, Art. 21 sei stets dann erfüllt, wenn in den Parallelverfahren *unvereinbare Entscheidungen im Sinne von Art. 27 Nr. 3 GVÜ drohten*.[65] Dies hängt von der umstrittenen Frage ab, welche Rechtskraftwirkung der deutschen Zweitentscheidung beigelegt wird.

---

[60] Zur Unanwendbarkeit von Art. 21 GVÜ gegenüber einem ausschließlich zuständigen Gericht z.B. *Kropholler*, EuZPR Art. 21 Rz. 17; vgl. auch BGH NJW 95, 1758.

[61] S.o Kap. 9, Zuständigkeit, Abschnitt IV 3 d.

[62] Im inländischen Rechtsverkehr nimmt die h.M an, die Berufung lasse nur das *Rechtsschutzinteresse* für die Vollstreckungsabwehrklage entfallen, *Zöller*-Herget § 767 Rz. 4 m.w.N.; a.A. *Münch*, Vollstreckbare Urkunde, S. 336ff.; eingehend zum Streitgegenstand der Vollstrekkungsabwehrklage oben, Kap. 7, Präklusion, Abschn. IV 2 b.

[63] EuGH 08.12.1987 (144/86) *Gubisch Maschinenfabrik ./. Palumbo*, Slg. 1987, 4871, Grd. 17; *Kropholler*, EuZPR Art. 21 Rz. 7; *Schlosser*, Art. 21 Rz. 2.

[64] Der „Kerntheorie" des Gerichtshofs stehen auch solche Kommentatoren skeptisch gegenüber, die im übrigen die vertragsautonome, weite Auslegung des Art. 21 durch den EuGH begrüßen, vgl. *Huber*, JZ 95, 603 (604f.); vgl. auch die Bemerkungen von *Pfeiffer* und *Walker* in *Heiderhoff*, ZZP 111 (1998), 455 (457, 461f.).

[65] EuGH 08.12.1987 (144/86) *Gubisch Maschinenfabrik ./. Palumbo*, Slg. 1987, 4871, Grd. 18. In der Literatur gibt es allerdings eine Tendenz, den Umfang der Rechtshängigkeitssperre (Streitgegenstand) weiter zu fassen als den Urteilsgegenstand und die Rechtskraftwirkung, vgl.

Unvereinbare Entscheidungen im Sinne des Art. 27 Nr. 3 sind solche, die Rechtsfolgen haben, die sich gegenseitig ausschließen[66]. Ein ausländisches Urteil ist daher dann mit einem deutschen unvereinbar, wenn es entweder denselben Streitgegenstand anders entscheidet oder auf Prämissen aufbaut, die mit der materiellen Rechtskraft des deutschen unvereinbar sind.[67] Baut das ausländische Urteil auf der Prämisse auf, daß ein Vollstreckungsgegeneinwand durchgreift bzw. nicht durchgreift, so ist es mit dem deutschen Urteil zur Vollstreckungsabwehrklage, das zu einem anderen Ergebnis kommt, stets unvereinbar (unabhängig davon, ob die Feststellung im *Ausland* in Rechtskraft erwächst), wenn man, wie oben ausgeführt, annimmt, die im Rahmen der *deutschen* Vollstreckungsabwehrklage getroffene Feststellung hinsichtlich des titulierten Anspruchs erwachse in materielle Rechtskraft.[68]

Folgt man der herrschenden Gegenmeinung, Streitgegenstand der Vollstreckungsabwehrklage sei nur die Vollstreckbarkeit, nicht aber das Fortbestehen des titulierten Anspruchs,[69] so läßt sich dagegen vertreten, daß die Entscheidung nach § 767 weder einer späteren Aufhebung der Vollstreckbarkeit nach § 29 AVAG entgegensteht (für den Fall, daß die Klage nach § 767 abgewiesen wird, der Titelschuldner im Erststaat jedoch erfolgreich ist), noch einem erneuten Exequaturantrag[70] (falls der Vollstreckungsabwehrklage stattgegeben wird, der Erststaat die Vollstreckungsgegeneinwände jedoch zurückweist). Auch im Ausland könnte eine Anerkennungsverweigerung nach Art. 27 Nr. 3 GVÜ nicht eintreten, da die deutsche Entscheidung lediglich über die Vollstreckbarkeit in Deutschland entscheidet und im übrigen keinen im Ausland anerkennungsfähigen rechtskräftigen Ausspruch träfe. Unter diesen Umständen erscheint die Durchführung der Vollstreckungsabwehrklage in Deutschland zumindest wenig ökonomisch; konsequent wird daher vielfach eine Aussetzung des deutschen Verfahrens befürwortet.[71] Außerdem bleibt die Gefahr mancher Widersprüche dennoch bestehen, da jedenfalls einer Aufhebung der Vollstreckbarkeit *ex tunc* die Rechtskraft einer zwischenzeitlichen Abweisung der inländischen Vollstreckungsabwehrklage entgegensteht. Auch könnte die Anwendung von Art. 21 GVÜ mit der Überlegung gerechtfertigt werden, der Begriff „widersprechende Entscheidungen“ im Sinne der Rechtsprechung zu Art. 21 GVÜ sei weiter auszulegen als der „unvereinbarer Entscheidungen“ in Art. 27 Nr. 3, da beide Vorschriften unterschiedliche

---

Rüßmann, ZZP 111 (1998), 399; *Huber*, JZ 95, 603 (607 Fn. 28); *Leipold* und *Schack* in *Heiderhoff*, ZZP 111 (1998), 455; für einen Gleichlauf dagegen *Walker*, ZZP 111 (1998), 429 (449 f.).

[66] EuGH 04.02.1988 (145/86) *Hoffmann ./. Krieg*, Slg. 88, 645 (668, Grd. 22).

[67] *Schlosser*, GVÜ Art. 27 Rz. 22.

[68] S.o. Kap. 7, Präklusion, Abschn. IV 2 b.

[69] St/J-*Münzberg*, § 767 Rz. 3 ff. m.w.N.; näher s.o. Kap. 7, Präklusion, Abschn. IV 2 b.

[70] *Kropholler*, EuZPR Art. 36 Rz. 19; vgl. auch St/J-*Münzberg*, Anh. § 723 Rz. 313 Fn. 38 sub 1b.

[71] St/J-*Münzberg*, Anh. § 723 Rz. 313 Fn. 38 sub 3; ebenso für den Fall von Einwänden im Exequatur *Wolff*, Handbuch IZVR, Bd. III/2, Kap. IV Rz. 107.

Funktionen haben (vorgeschaltete versus nachgeschaltete Kontrolle).[72] Nicht selten wird daher die Frage der Unvereinbarkeit völlig losgelöst von Streitgegenstandsauffassungen und Rechtskraftwirkungen gesehen.[73] Schließlich können die Parteien auf jeden Fall den Streitgegenstand durch entsprechende Zwischenfeststellungsklage (§ 256 Abs. 2) auf Feststellungen bezüglich des titulierten Anspruchs erweitern. Tun sie dies, so besteht wieder die Gefahr widersprechender Entscheidungen. Auch dies spricht dafür, von Anfang an konsequent von einem weiteren Streitgegenstand der Vollstreckungsabwehrklage auszugehen.

Besteht die Gefahr widersprechender Entscheidungen, so ist ein weiterer Einwand gegen die Annahme einer Rechtshängigkeit gem. Art. 21 GVÜ zu bedenken: Der Kläger kann im Ausland *nicht unmittelbar erreichen, daß die Vollstreckbarkeit in Deutschland endet.* Die Situation unterscheidet sich insofern von der Konkurrenz zwischen Feststellungs- und Leistungsklage, zu der sich der Gerichtshof geäußert hat. Dort wird der mögliche Vorrang der weniger rechtsschutzintensiven Feststellungsklage für unbedenklich gehalten, weil sich das weitergehende Rechtsschutzinteresse des Gläubigers ohne weiteres durch Erhebung einer Leistungs- bzw. Leistungswiderklage vor dem Gericht des Feststellungsprozesses wahren läßt.[74] Eine Klage mit direkter Wirkung für die Vollstreckbarkeit in Deutschland ist aber im Ausland nicht möglich. Der ausreichende Schutz des Titelschuldners ergibt sich hier jedoch aus einem anderen Aspekt. Dringt er im Erststaat mit seinen Vollstreckungsgegeneinwänden durch, so muß er im Geltungsbereich des GVÜ – anders als nach autonomem Recht – auf keinen Fall nochmals Vollstreckungsabwehrklage in Deutschland erheben. Er kann die in Deutschland verliehene Vollstreckbarkeit vielmehr in dem vereinfachten, dem Exequaturverfahren nachgebildeten Antragsverfahren nach § 29 AVAG beseitigen. Damit entspricht die Situation letztlich doch wieder der Konkurrenz zwischen einer Feststellungs- und einer später im Inland erhobenen Leistungsklage: Auch dort wird die im Inland erhobene Leistungsklage als unzulässig abgewiesen, weil dem Gläubiger zuzumuten ist, im Forum der bereits anhängigen Feststellungsklage Leistungswiderklage zu erheben und ein obsiegendes Urteil in Deutschland für vollstreckbar erklären zu lassen.

Als *Zwischenergebnis* ist festzuhalten: Es drohen widersprüchliche Entscheidungen, wenn der Vollstreckungsgegeneinwand gleichzeitig Gegenstand einer Vollstreckungsabwehrklage in Deutschland und des noch laufenden Verfahrens im Erststaat ist. Gegenüber der Vollstreckungsabwehrklage in Deutschland ist

---

[72] So *Huber*, JZ 95, 603 (607 Fn. 28); vgl. a *Leipold* und *Schack* in *Heiderhoff*, ZZP 111 (1998), 455.

[73] *Rüßmann*, ZZP 111 (1998), 399 (406); *Koch*, Unvereinbare Entscheidungen, S. 27ff.; *Kropholler*, EuZPR Art. 27 Rz. 44; vorsichtiger Nagel-*Gottwald* § 11 Rz. 242.

[74] So ausdrücklich *Schack*, IPRspr. 89, 139 (140); *Huber*, JZ 95, 603 (606 Fn. 37); *Schlosser*, Art. 21 Rz. 4; BGH NJW 97, 870 (872f.); *Geimer*, IZPR Rz. 2694a; Chr. *Wolf*, EuZW 95, 365 (366); krit. *Walker*, ZZP 111 (1998), 429 (448f.).

daher nach Art. 21 GVÜ zu verfahren. Da Zweifel an der Zuständigkeit der Gerichte des Erststaates für die Anfechtung der dort erlassenen Entscheidung nicht bestehen können, ist die Vollstreckungsabwehrklage in Deutschland abzuweisen (Art. 21 Abs. 2 GVÜ), ohne daß Raum für eine zwischenzeitliche Aussetzung (Art. 21 Abs. 1 GVÜ) wäre.[75] Nur wenn nicht klar ist, ob der vom Titelschuldner vorgebrachte Einwand noch in dem ausländischen Erstverfahren berücksichtigt werden kann, ist eine Aussetzung analog Art. 21 Abs. 1 GVÜ zulässig.

Der Schuldner wird durch die Unzulässigkeit einer parallelen Klage in Deutschland auch *nicht schutzlos gestellt*. Er kann entweder im Erststaat oder einem anderen Drittstaat, der dem GVÜ beigetreten ist, vollstreckungsbeschränkende Anordnungen erreichen und anschließend in dem einfachen Verfahren nach § 29 AVAG auch in Deutschland die entsprechende Einschränkung oder Aufhebung der Vollstreckbarkeit beantragen[76] oder entsprechende Anordnungen unmittelbar in Deutschland beantragen; dabei ist § 769 analog anzuwenden, ohne daß es einer in Deutschland erhobenen Vollstreckungsabwehrklage bedarf.[77]

(2) Vorher im Erststaat erhobene Vollstreckungsabwehrklage

Macht der Titelschuldner mit einer Vollstreckungsabwehrklage oder einem ähnlichen Rechtsbehelf, der nicht zu seiner Fortsetzung des Erstverfahrens führt, Vollstreckungsgegeneinwände im Erststaat geltend, so gilt im Prinzip nichts anderes, als wenn die Einwände noch im Erstverfahren behandelt werden. Wenn allerdings ausnahmsweise in dem ausländischen Vollstreckungsabwehrverfahren die präjudiziellen Feststellungen zum titulierten Anspruch nicht in Rechtskraft erwachsen, droht keine Unvereinbarkeit nach Art. 27 Nr. 3 GVÜ, wenn man für das deutsche Recht der herrschenden, gleichlautenden Ansicht zum Streitgegenstand der Vollstreckungsabwehrklage folgt. In diesem Fall sollte man den Tatbestand des Art. 21 als nicht erfüllt ansehen, mag es auch in beiden Verfahren um denselben „Kernpunkt" gehen.[78]

Außerdem kommt es hier darauf an, ob die Vollstreckungsabwehrklage im Erststaat vor derjenigen in Deutschland erhoben wurde. Denn nach Art. 21 GVÜ gilt das Prioritätsprinzip und da das Erstverfahren abgeschlossen ist, darf auf den Zeitpunkt seiner Einleitung nicht mehr abgestellt werden.

---

[75] Wann die Zuständigkeit des Erstgerichts „feststeht", ist im einzelnen umstritten. Teilweise wird dafür plädiert, bis zu einer *rechtskräftigen Entscheidung* des Erstgerichts über seine Zuständigkeit auszusetzen, *Schlosser*, GVÜ Art. 22 Rz. 11; *Hau*, Positive Kompetenzkonflikte, S. 161; skeptischer *Gaudemet-Tallon*, La convention de Bruxelles, Tz. 290.

[76] S.o. Kap. 9, Zuständigkeit, Abschnitte II und III.

[77] S.o. Kap. 9, Zuständigkeit, Abschn. IV 3 f.

[78] Anders wohl, wenn man mit *Huber*, JZ 95, 603 (607 Fn. 28) für die Anwendung von Art. 21 keine Unvereinbarkeit der Entscheidungen i.S.v. Art. 27 Nr. 3 verlangt.

(3) Vorher in einem anderen Vollstreckungsstaat (Drittstaat) erhobene Vollstreckungsabwehrklage

Komplizierter liegen die Dinge, wenn der Schuldner nicht im Erststaat, sondern in einem anderen Vollstreckungsstaat Vollstreckungsabwehrklage erhoben hat und anschließend auch in Deutschland klagt.

Ohne Zweifel geht es in beiden Verfahren wieder um denselben „Kernpunkt", die gegen den titulierten Anspruch vorgebrachten Einwände. Auch drohen bei einem unkoordinierten Nebeneinander beider Verfahren meist unvereinbare Entscheidungen im Sinne des Art. 27 Nr. 3 GVÜ. Denn in vielen Staaten erwächst die „präjudizielle" Entscheidung über den titulierten Anspruch im Rahmen der ausländischen Vollstreckungsabwehrklage in Rechtskraft.[79] Geht man auch für die deutsche Vollstreckungsabwehrklage davon aus, daß die entsprechende Feststellung in Rechtskraft erwächst,[80] so sind widersprechende Entscheidungen hinsichtlich des insofern identischen Streitgegenstandes zu befürchten. Schließt man sich dagegen für das deutsche Recht der wohl herrschenden Meinung an und hält die Entscheidung über den titulierten Anspruch für nicht rechtskraftfähig, so droht auch hier keine Unvereinbarkeit i.S.v. Art. 27 Nr. 3 GVÜ.

Folgt man der hier vertretenen Meinung, nach der bei parallelen Vollstreckungsabwehrklagen in verschiedenen Vollstreckungsstaaten widersprechende Entscheidungen drohen, so ist noch ein wichtiger Einwand die Anwendung von Art. 21 zu bedenken. Er entsteht, wenn man entgegen dem oben[81] begründeten Vorschlag § 29 AVAG nicht analog auf die Aufhebung der Vollstreckbarkeit durch das Urteil eines Drittstaates anwendet. Dann muß der Schuldner – anders als im Fall eines Rechtsbehelfs im *Erststaat* – auch nach erfolgreicher Vollstreckungsabwehrklage im Drittstaat noch in Deutschland eine Vollstreckungsabwehrklage erheben, um die Vollstreckbarkeit hier zu beseitigen. Es erscheint ungereimt, die deutsche Vollstreckungsabwehrklage zunächst wegen Rechtshängigkeit abzuweisen und nach Abschluß des ausländischen Verfahrens wieder für notwendig zu erklären.[82] Man kann argumentieren, die ausländische Klage bleibe in diesen Fällen hinter dem Rechtsschutzziel der deutschen klar zurück,[83] da diese anschließend wiederholt werden muß. Dann kommt zur Vermeidung der drohenden widersprechenden Entscheidungen nur eine Aussetzung nach Art. 22 Abs. 1 GVÜ in Betracht, die unten noch im einzelnen zu erörtern ist. Erlaubt man dem Schuldner dagegen bei Erfolg im Drittstaat den einfachen Weg über § 29

---

[79] S.o. Kap. 7, Präklusion, Abschn. IV 2 a.

[80] S.o. Kap. 7, Präklusion, Abschn. IV 2 b.

[81] Kap. 9, Zuständigkeit, Abschn. III.

[82] Dennoch ist es natürlich nicht ausgeschlossen, dieses Vorgehen für richtig und nötig zu halten. Auch sonst kann es ja vorkommen, daß eine Klage nur vorübergehend unzulässig ist.

[83] Folgt man dieser Prämisse, so spricht vieles dafür, eine Anwendbarkeit von Art. 21 GVÜ abzulehnen, da das Tatbestandsmerkmal „selber Gegenstand" der Klagen fehle, vgl. *Lüpfert*, S. 125f.

AVAG, welcher der Sache nach nichts anderes ist als eine Vollstreckbarerklärung der Aufhebungsentscheidung, so ist gegen eine Anwendung von Art. 21 GVÜ und die Abweisung der Vollstreckungsabwehrklage nichts einzuwenden.

(4) Vorher im Ausland erhobene positive Feststellungsklage des Gläubigers

Kommt der Gläubiger dem Schuldner zuvor und erhebt im Ausland Feststellungsklage auf Fortbestehen des titulierten Anspruchs, so kann auch diese Klage die Sperre des Art. 21 Abs. 1 GVÜ auslösen. Beide Klagen betreffen wiederum denselben „Kernpunkt". Widersprechende Entscheidungen drohen hier jedenfalls dann, wenn man annimmt, die im Rahmen der Klage nach § 767 zu treffende Feststellung über den titulierten Anspruch erwachse in Rechtskraft. Folgt man der Gegenansicht und erlaubt dem Gläubiger, falls er mit der Feststellungsklage erfolgreich ist und der Schuldner mit der Vollstreckungsabwehrklage in Deutschland durchgedrungen ist, einen erneuten Exequaturantrag, so drohen widersprechende Entscheidungen nicht. In diesem Fall wäre allerdings eine Aussetzung gemäß Art. 22 Abs. 1 GVÜ zu prüfen, auf die unten näher einzugehen ist.

Gegen die Anwendung von Art. 21 GVÜ spricht auch nicht, wenn der Titelschuldner selbst dann noch in Deutschland Vollstreckungsabwehrklage erheben muß, wenn er in dem vom Gläubiger im Erststaat angestrengten Feststellungsverfahren obsiegt.[84] Denn es steht dem Schuldner frei, die nachträgliche Vollstreckungsabwehrklage in Deutschland dadurch überflüssig zu machen, daß er im Erststaat eine Vollstreckungsabwehrklage als Widerklage gegenüber der Feststellungsklage des Gläubigers erhebt. Obsiegt der Schuldner nicht nur in der Feststellungsklage sondern auch mit seiner Widerklage, so kann er die damit erlangte Aufhebung der Vollstreckbarkeit in Deutschland im vereinfachten Verfahren nach § 29 AVAG geltend machen. Die Situation entspricht insofern der Erhebung einer Feststellungsklage in einem und der anschließenden Leistungsklage in einem anderen Vertragsstaat, bei der sich ebenfalls die zeitlich frühere Feststellungsklage trotz ihrer geringeren Rechtsschutzintensität durchsetzt.[85]

(5) Vorher im Ausland erhobene Leistungs- oder Feststellungsklage hinsichtlich einer Gegenforderung oder eines anderen Vollstreckungsgegeneinwands

Stützt der Schuldner seine Vollstreckungsabwehrklage in Deutschland auf die Aufrechnung mit einer Gegenforderung, der er bereits im Ausland mit einer Leistungs- oder Feststellungsklage eingeklagt hat, so drohen ebenfalls wider-

---

[84] Diese Notwendigkeit besteht ohnehin nur dann, wenn die Feststellung nicht automatisch der weiteren Vollstreckung in dem (Erst- oder Dritt-) Staat, in dem sie getroffen wird, entgegensteht. Sonst reicht nämlich in Deutschland ein Antrag nach oder analog § 29 AVAG aus.

[85] EuGH 06.12.1994 *The Tatry*, Slg. 94, 5439, Grd. 39 ff. Die Übernahme dieser Lösung für das autonome deutsche Recht empfiehlt *Rüßmann*, ZZP 111 (1998), 399 (413 f.). Äußerst kritisch dagegen *von Mehren*, FS Drobnig S. 409 (422 ff.).

sprechende Entscheidungen.[86] Denn im Verfahren nach § 767 würde die Entscheidung über die Gegenforderung nach § 322 Abs. 2 in Rechtskraft erwachsen. Daß nach herrschender Meinung die Gegenforderung durch ihre Verwendung als Grundlage der Vollstreckungsabwehrklage in Deutschland nicht rechtshängig wird,[87] ist irrelevant.[88] Denn Art. 21 GVÜ knüpft, wie ausgeführt, weder an die Streitgegenstands- noch an die Rechtshängigkeitsvorstellungen des nationalen Rechts an.[89] Allerdings scheint die Abweisung der Vollstreckungsabwehrklage hier wieder insofern problematisch, als sie selbst im Fall eines Sieges in dem ausländischen Parallelprozeß nicht überflüssig wird. Es reicht auch nicht, die ausländische Entscheidung in Deutschland für vollstreckbar zu erklären; auch ein Vorgehen nach § 29 AVAG ist ausgeschlossen. Die Klagen haben daher nicht denselben Gegenstand – der Tatbestand des Art. 21 GVÜ ist nicht erfüllt.

Dasselbe gilt, wenn der Gläubiger im Ausland nicht (positive) Feststellungsklage hinsichtlich des titulierten Anspruchs erhoben hat, sondern nur eine *negative* über das Nichtbestehen der zur Aufrechnung gestellten Gegenforderung. Hier wäre es – anders als im Falle der positiven Feststellungsklage des Gläubigers – auch überzogen, dem Schuldner die Erhebung einer Vollstreckungsabwehrklage als Widerklage anzusinnen, da diese einen wesentlich weiteren Streitgegenstand hätte.

In beiden Fällen drohen widersprechende Entscheidungen, denen allenfalls durch eine Aussetzung (dazu unten) begegnet werden kann.

(6) Vorher im Ausland eingeleitetes Exequaturverfahren

Wird die Vollstreckungsabwehrklage in Deutschland (als Erststaat oder Vollstreckungsstaat) erhoben, nachdem der Gläubiger bereits in einem anderen Vertragsstaat die Vollstreckbarerklärung der Entscheidung beantragt hat, so kann es in beiden Verfahren um denselben „Kernpunkt" gehen, wenn dieser Vertragsstaat, ähnlich wie es § 13 AVAG vorsieht, im Exequaturverfahren nach Artt. 31 ff. GVÜ Vollstreckungsgegeneinwände jedenfalls im Rechtsbehelfsverfahren nach Artt. 36 ff. GVÜ berücksichtigt.[90] Zweifelhaft ist aber, ob Exequaturverfahren

---

[86] Vgl. zum Parallelproblem einer Aufrechnung als Verteidigungsmittel *Geimer/Schütze*, EuZVR Art. 21 Rz. 33 f.; OLG München, RIW 97, 872 (mit schwacher Begründung).

[87] BGHZ 57, 242; BGH NJW 86, 2767; St/J-*Leipold* § 145 Rz. 42.

[88] Vgl. *Koch*, Unvereinbare Entscheidungen, S. 77 f.; a.A. OLG München, RIW 97, 872 (für den insofern vergleichbaren Fall einer Aufrechnung gegen eine Leistungsklage) und für den (hier nicht gegebenen) Fall, daß die aufrechnungsweise Geltendmachung zuerst erfolgt *Zöller-Geimer*, Art. 21 GVÜ Rz. 9, 17; *Schlosser*, GVÜ Art. 21 Rz. 4.

[89] Dies verkennen OLG München, RIW 97, 872 und *Walker*, ZZP 111 (1998), 429 (441).

[90] Die Berücksichtigung von Vollstreckungsgegeneinwänden im Exequaturverfahren wäre zwar übereinkommenswidrig (s.o. Kap. 10, Exequaturverfahren). Dies würde unter Umständen auch der Anerkennung einer in diesem Verfahren getroffenen rechtskräftigen Feststellung über die geltend gemachten Vollstreckungsgegeneinwände entgegenstehen. Die negative Anerkennungsprognose wäre jedoch für die Aussetzung nach Art. 21 GVÜ ohne Belang. Denn

überhaupt in den Anwendungsbereich des Art. 21 GVÜ fallen. Der Europäische Gerichtshof hat dies verneint für den Fall paralleler Exequaturverfahren in verschiedenen Vertragsstaaten, deren Gegenstand ein Urteil aus einem Nichtvertragsstaat war.[91] Aus dieser Entscheidung wird teilweise der Schluß gezogen, Art. 21 beziehe sich nur auf „direkte Verfahren“, nicht aber auf Exequaturverfahren.[92] Dieser Schluß ist jedoch keineswegs zwingend. Das GVÜ ist auf die Vollstreckbarerklärung von Entscheidungen aus Drittstaaten nämlich ohnehin nicht anwendbar.[93] Sachlich gerechtfertigt ist eine Unanwendbarkeit von Art. 21 GVÜ auf *alle* Exequaturverfahren nur, wenn man den Prüfungsgegenstand des Exequatur auf die im Übereinkommen vorgesehenen Versagungsgründe begrenzt. Dann findet nur eine Minimalkontrolle zur Wahrung nationaler prozeßrechtlicher Standards und des *ordre public* statt. Sie repräsentiert den Bereich souveräner Prüfungsrechte, den sich die Vertragsstaaten vorbehalten haben. Das Ergebnis der Prüfung in einem Staat bindet daher zu Recht den anderen nicht.[94] Damit ist auch kein Platz für eine Anwendung des Art. 21 GVÜ.[95] Dieser überzeugenden Begründungskette fehlt ein entscheidendes Glied, wenn in das Exequaturverfahren die Prüfung von Vollstreckungsgegeneinwänden einbezogen wird. Denn dies kann kaum als Ausdruck einer nationalen Souveränitätsreserve gedeutet werden. Dann aber ist auch nicht einsichtig, warum eine Inzidentfeststellung über den titulierten Anspruch, insbesondere wenn sie nach dem Recht des Urteilsstaates rechtskraftfähig ist, nicht in anderen Vertragsstaaten anzuerkennen sein soll.[96] Hält man deshalb diese Inzidentfeststellung für anerkennungsfähig, so drohen widersprechende Entscheidungen und Art. 21 GVÜ müßte grundsätzlich anwendbar sein. Allerdings wird es in diesen Fällen wieder an der für Art. 21 GVÜ nötigen Kongruenz der Rechtsschutzziele fehlen,[97] da der Schuldner selbst bei einem Erfolg (Abweisung des Exequaturantrags im fremden Drittstaat) noch in Deutschland Vollstreckungsabwehrklage erheben müßte; insofern gelten die Ausführungen des vorigen Unterabschnitts (Aufrechnung) entsprechend.

---

anders als im nationalen Recht Deutschlands und anderer Vertragsstaaten ist eine positive Anerkennungsprognose gerade nicht Voraussetzung für die Beachtung der ausländischen Rechtshängigkeit (vgl. *Kropholler*, EuZPR Art. 21 Rz. 15; *Gaudemet-Tallon*, La convention de Bruxelles, Tz. 291).

[91] EuGH 20.01.1994 (129/92) *Owens Bank ./. Bracco*, Slg. 1994 117.

[92] *Gaudemet-Tallon*, La convention de Bruxelles, Tz. 282 (293, 298).

[93] *Kropholler*, EuZPR Art. 25 Rz. 19 mit ausdrücklicher Bezugnahme auf EuGH 20.01. 1994 (129/92) *Owens Bank ./. Bracco*, Slg. 1994 117. Ebenso begrenzt sieht auch *Markus*, S. 60 die Bedeutung der Entscheidung.

[94] *Kropholler*, EuZPR Art. 25 Rz. 16.

[95] So auch die Argumentation in EuGH 20.01.1994 (129/92) *Owens Bank ./. Bracco*, Slg. 1994 117 (154, Grd. 30).

[96] Vgl. die Erwägungen bei Cypra, S. 100.

[97] Ebenso i.E. auch *Zöller-Geimer*, Art. 21 GVÜ Rz. 18a.

(7) Zwischenergebnis

Zusammenfassend ist festzuhalten: Erhebt der Titelschuldner in Deutschland Vollstreckungsabwehrklage während im Ausland bereits ein Parallelverfahren schwebt, so ist die Klage regelmäßig dann gemäß Art. 21 Abs. 2 GVÜ als unzulässig abzuweisen oder wenigstens gemäß Art. 21 Abs. 1 GVÜ auszusetzen, wenn das Parallelverfahren auf die Vollstreckbarkeit des Ersttitels einwirkt oder den titulierten Anspruch zum Gegenstand hat, also bei Fortsetzung des Erstprozesses, Vollstreckungsabwehrklage (gleich, ob im Erst- oder einem Drittstaat) oder positiver Feststellungsklage des Gläubigers. Ist der Schuldner schutzbedürftig, so kann einstweilen eine Anordnung nach § 769 ergehen. Hat das Parallelverfahren dagegen nur den Einwand zum Gegenstand (etwa bei einer Leistungs- oder Feststellungsklage über einen zur Aufrechnung gestellten Gegenanspruch) oder nur die Vollstreckbarerklärung in einem weiteren Drittstaat, so ist es trotz seiner zeitlichen Priorität nicht gemäß Art. 21 GVÜ zu beachten. Denn regelmäßig müßte der Schuldner selbst nach erfolgreicher Durchführung des ausländischen Parallelverfahrens noch in Deutschland Vollstreckungsabwehrklage erheben.

b) Unzulässigkeit einer in Deutschland erhobenen Feststellungsklage

Erhebt der Schuldner oder der Gläubiger *Feststellungsklage* in Deutschland nachdem bereits eine Vollstreckungsabwehrklage oder Feststellungsklage im Ausland rechtshängig ist, so ist die Klage nach Art. 21 GVÜ unzulässig. Die Verfahren betreffen jeweils denselben „Kernpunkt" und es sind stets widersprechende Entscheidungen zu befürchten, da die Feststellung über den titulierten Anspruch in Deutschland auf jeden Fall in Rechtskraft erwächst. Die Abweisung der Feststellungsklage in Deutschland ist auch unter dem Gesichtspunkt eines effektiven Rechtsschutzes für den Kläger unbedenklich. Denn die in einem anderen Vertragsstaat getroffene Feststellung über den titulierten Anspruch ist in Deutschland anzuerkennen; erwächst bei einer ausländischen Vollstreckungsabwehrklage die Feststellung hinsichtlich des titulierten Anspruchs ausnahmsweise nicht in Rechtskraft, so kann die interessierte Partei dies durch eine Zwischenfeststellungsklage herbeiführen. Die Durchführung eines Feststellungsprozesses im Inland könnte dem Kläger nichts geben, was er nicht auch durch die anzuerkennende Entscheidung im ausländischen Parallelverfahren erhalten könnte.

c) Kein Rechtshängigkeitseinwand gegenüber Vollstreckungsgegeneinwänden im deutschen Exequaturverfahren

Nach § 13 AVAG kann der Schuldner im Exequaturverfahren Vollstreckungsgegeneinwände geltend machen, nach Art. 15 Abs. 1 AVAG muß er dies tun, um eine Präklusion zu vermeiden. Hält man diese Regelung gegen die oben vorgetragenen Argumente[98] für übereinkommenskonform und wirksam, so kann es auch hier zu parallelen Verfahren über denselben „Kernpunkt" (Fortbestand des titulierten Anspruchs) kommen und es stellt sich die Frage, ob dabei unvereinbare Entscheidungen im Sinne von Art. 27 Nr. 3 drohen.

Diese Frage könnte offenbleiben, wenn Art. 21 GVÜ auf Exequaturverfahren ganz grundsätzlich nicht anzuwenden wäre.[99] Eine Nichtanwendung des Art. 21 GVÜ ist aber, wie oben ausgeführt, nur gerechtfertigt, wenn im Exequaturverfahren Vollstreckungsgegeneinwände nicht geprüft werden.[100] Läßt man Vollstreckungsgegeneinwände im Exequaturverfahren zu, so ist Art. 21 dagegen, wie ausgeführt, jedenfalls grundsätzlich auf die Entscheidung über diese Einwände anwendbar.

Dem Europäischen Gerichtshof wurde die Frage – wenn auch in einer dem spezifischen Kontext angepaßten Form – schon 1979 im Verfahren *Denilauler ./. Couchet Frères*[101] zur Entscheidung vorgelegt.[102] Die britische Regierung und die europäische Kommission führten in ihren Stellungnahmen aus, eine anderweitige Rechtshängigkeit des Einwands sei im Exequaturverfahren zu beachten.[103] Das Gericht beantwortete die Frage jedoch nicht, da es schon die Eingangsfrage verneinte, ob das Verfahren nach Artt. 31 ff. GVÜ überhaupt anwendbar sei auf die streitgegenständliche, im einstweiligen Rechtsschutz ohne Ladung des Schuldners erlassene Entscheidung.

Die wohl herrschende Meinung übergeht die Frage jedoch völlig und geht ohne weiteres davon aus, daß eine im Ausland anhängige Vollstreckungsabwehrklage der Geltendmachung derselben Einwände im Exequaturverfahren nicht entgegensteht.[104] Aus ihrer Perspektive besteht die Gefahr widersprechender Entscheidungen in der Tat nicht, da das Exequaturgericht

> „von vornherein die Einwendungen des Schuldners nur vorbehaltlich anderweitiger Entscheidung des im Ausland dafür zuständigen Gerichts berücksichtigt".[105]

---

[98] Kap. 10, Exequaturverfahren.

[99] So *Gaudemet-Tallon*, La convention de Bruxelles, Tz. 282.

[100] So im französischen Recht; vor diesem Hintergrund ist auch die Position von auch *Gaudemet-Tallon*, La convention de Bruxelles, (vgl. Tz. 392, 397) zu verstehen.

[101] EuGH 21.05.1980 (125/79), Slg. 80, 1553.

[102] Vorlagefrage Nr. 4.

[103] Stellungnahmen im Verfahren EuGH 21.05.1980 (125/79) *Denilauler / Couchet Freres*, Slg. 80, 1553 (1563 (brit. Regierung) und 1564 (Kommission)).

[104] St/J-*Münzberg*, Anh. § 723 Rz. 313 Fn. 38, sub 2b)aa). Der Bundesgerichtshof dürfte die Problematik in BGH NJW 94, 2156 (2157) schlicht übersehen haben. Dort schwebte die Berufung im Erststaat noch, und der Titelschuldner berief sich im Exequatur auf eine zwischenzeitliche Zahlung. Der BGH berücksichtigte dies nach § 13 AVAG, obwohl er zugleich. feststellte, derselbe Einwand könne unter Umständen auch noch in dem Berufungsverfahren vorgebracht werden.

[105] St/J-*Münzberg*, Anh. § 723 Rz. 313 Fn. 38 sub 1a; *Kropholler*, EuZPR Art. 36 Rz. 19.

Diese Auffassung ist im Rahmen der – verfehlten – gesetzgeberischen Konzeption des AVAG letztlich folgerichtig.[106] Wird die Frage der Rechtshängigkeit deshalb – letztlich konsequent – nicht aufgeworfen, so schlagen viele Autoren vor, das Exequaturverfahren in Deutschland analog Art. 38 Abs. 1 GVÜ bis zum Abschluß des ausländischen Parallelverfahrens auszusetzen. Dies ist unten näher zu prüfen.

d) Kein Rechtshängigkeitseinwand gegenüber in Deutschland als Erststaat eingelegten Rechtsmitteln

Ist Deutschland Erststaat und der Titelschuldner macht Vollstreckungsgegeneinwände mit Hilfe eines Rechtsmittels, z.B. im Rahmen der Berufung, geltend, so ist ein ausländisches Parallelverfahren stets als das später rechtshängig gewordene anzusehen. Denn selbst wenn im Ausland Vollstreckungsabwehrklage erhoben wurde, bevor die Berufung in Deutschland eingelegt wurde, ist für die Priorität auf den Beginn des Erstverfahrens in Deutschland abzustellen. Der Einwand der Rechtshängigkeit kann daher einer Geltendmachung von Vollstreckungsgegeneinwänden im deutschen Rechtsbehelfsverfahren gegen das Ersturteil praktisch nie entgegenstehen.

2. Aussetzung des in Deutschland rechtshängigen Verfahrens gemäß Art. 22 Abs. 1 oder 38 Abs. 1 GVÜ

Eine Aussetzung ist das einzige Mittel zur Vermeidung widersprüchlicher Entscheidungen und zur Schonung von Ressourcen, wo der Rechtshängigkeitseinwand trotz eines vorher im Ausland eingeleiteten Verfahrens nicht greift – insbesondere also, wenn es sich bei einem der beiden Parallelverfahren um ein Exequaturverfahren handelt, in dem Vollstreckungsgegeneinwände geprüft werden, oder wenn das ausländische Verfahren sich nur auf den Einwand bezieht.[107] Folgt man den obigen Ausführungen zur (relativ weitgehenden) Anwendung von Art. 21 GVÜ nicht, so kann die Aussetzung sogar noch häufiger relevant werden. Mag es sich bei der Aussetzung auch um ein relativ „stumpfes Schwert"[108] handeln, so ermöglicht sie den Gerichten doch bei gutem Willen eine sachgerechte Handhabung.[109]

---

[106] S.o. Kap. 10, Exequaturverfahren, Abschn. V 3.

[107] Beispiel: eingeklagte Gegenforderung, die in Deutschland zugleich Grundlage der Vollstreckungsabwehrklage ist.

[108] Vgl. *Schack*, IPRax 89, 139 (140); *Rüßmann*, ZZP 111 (1998), 399 (407).

[109] *Walker*, ZZP 111 (1998), 429 (439f.).

a) Aussetzung der Vollstreckungsabwehrklage in Deutschland bis zum Abschluß des Verfahrens im Erststaat

Münzberg[110] faßt Art. 21 GVÜ anscheinend enger und meint, die Möglichkeit noch im Erstverfahren Vollstreckungsgegeneinwände geltend zu machen schließe eine Vollstreckungsabwehrklage des Schuldners im Inland nicht aus. Die ausländische Rechtshängigkeit sei insofern nicht zu beachten. Er hält jedoch eine Aussetzung der Vollstreckungsabwehrklage bis zum Abschluß des Erstverfahrens für zwingend geboten, ohne allerdings eine Rechtsgrundlage für diese Aussetzung anzugeben.

Die einschlägige Vorschrift ist Art. 22 Abs. 1 GVÜ, der eine Aussetzung schon dann erlaubt, wenn parallel anhängige Verfahren „in Zusammenhang stehen". Dieses Konnexitätserfordernis wird vom Europäischen Gerichtshof weit ausgelegt; insbesondere die Gefahr „widersprechender Entscheidungen" (Art. 23 Abs. 3) könne auch bestehen, wenn die Entscheidungen nicht „unvereinbar" im Sinne von Art. 27 Nr. 3 GVÜ seien.[111]

Art. 22 Abs. 1 erlaubt eine Aussetzung jedoch nur solange, wie beide Klagen *im ersten Rechtszug anhängig* sind. Dies ist in der hier angesprochenen Konstellation meist nicht der Fall: Das Verfahren im Erststaat hat regelmäßig nach Erlaß einer vorläufig vollstreckbaren Entscheidung in erster Instanz die nächste Instanz erreicht; dort beruft sich der Schuldner nun auf nachträglich eingetretene Umstände. Die in Art. 22 Abs. 1 statuierte Voraussetzung, daß sich beide Verfahren noch im ersten Rechtszug befinden, wird allerdings insbesondere in der französischen Literatur einem Redaktionsversehen zugeschrieben.[112] Manche meinen deshalb, das Erfordernis gelte nur für den in den Verhandlungen zum GVÜ ursprünglich angezielten Fall, daß das später angerufene Gericht sich für *unzuständig erklären* will (Art. 22 *Abs. 2* GVÜ).[113] Andere wollen zu Recht den Wortlaut des Übereinkommens respektieren.[114] Eine Aussetzung nach Art. 22 Abs. 1 GVÜ ist daher in diesen Fällen nicht möglich, auch wenn sie *de lege lata* zu wünschen wäre.[115]

---

[110] St/J-*Münzberg*, Anh. § 723 Rz. 313 Fn. 38 sub 3.

[111] EuGH 06.12.1994 (406/92) *The Tatry*, Slg. 94, 5439 (Grd. 57).

[112] *Gaudemet-Tallon*, La convention de Bruxelles, Tz. 300; *Gothot/Holleaux*, Tz. 225, beide im Anschluß an *Droz*, Tz. 324. Anders wohl die deutsche Literatur, *Bülow*, RabelsZ 38 (1974), 262 (266ff.); *Kropholler*, EuZPR Art. 22 Rz. 6; *Schlosser*, Art. 22 Rz. 1.

[113] *Gothot/Holleaux*, Tz. 225; *Gaudemet-Tallon*, La convention de Bruxelles, Tz. 300; i.E. auch *Lüpfert*, S. 134; krit. auch *Zöller-Geimer*, Art. 21 GVÜ Rz. 5.

[114] *Droz*, Tz. 324. Dieser Auffassung ist nicht nur aus einem gewissen Positivismus zuzustimmen, sondern auch, weil das behauptete Redaktionsversehen durchaus substantiiert bestritten wird, vgl. *Bülow*, RabelsZ 38 (1974), 262 (266ff.).

[115] Die Ratio der Vorschrift, den Parteien keine Instanz zu nehmen, trifft für die Aussetzung nicht zu (*Droz*, Tz. 323; *Lüpfert* S. 131). Trotzdem ist es u.U. sinnvoll, nicht auszusetzen, wenn sich (nur) das *später* eingeleitete Verfahren bereits im zweiten Rechtszug befindet. Unsinnig ist die Vorschrift, wenn sich das *früher* eingeleitete Verfahren schon im zweiten Rechtszug befindet.

Das deutsche Verfahren kann jedoch *analog § 148* ausgesetzt werden. Art. 22 Abs. 1 GVÜ entfaltet jedenfalls hinsichtlich der Möglichkeiten des *später* angerufenen Gerichts, das Verfahren nach autonomem Recht auszusetzen, keine Sperrwirkung.[116] Im Ergebnis könnte die in Deutschland erhobene Klage nach § 767 also jedenfalls nach § 148 solange ausgesetzt werden, bis das Verfahren im Erststaat abgeschlossen und dort auch über die Vollstreckungsgegeneinwände entschieden ist.[117] Um widersprechende Entscheidungen zu vermeiden, hätte eine solche Aussetzung, wie oben zum autonomen Recht bereits ausgeführt, stets zu erfolgen.[118]

b) Aussetzung der Vollstreckungsabwehrklage in sonstigen Fällen zugunsten vorher anhängiger Verfahren

Art. 21 GVÜ greift nicht bei einem vorher in einem Drittstaat anhängigen Exequatur, in dem Vollstreckungsgegeneinwände geprüft werden, bei einem Verfahren, das (nur) den Einwand (z.B. die Gegenforderung) betrifft und, wenn man ihn enger faßt als oben vertreten, auch bei anderen vorher anhängigen Parallelverfahren, z.B. bei Vollstreckungsabwehrklagen in *Drittstaaten.* Um dennoch widersprechende Entscheidungen zu vermeiden, kann eine Aussetzung nach Art. 22 Abs. 1 GVÜ geboten sein.

Ist Deutschland ebenfalls *Drittstaat*, so besteht der Zusammenhang nach Art. 22 Abs. 1, 3 GVÜ darin, daß in beiden Verfahren über eine identische Vorfrage, den Fortbestand des titulierten Anspruchs, zu entscheiden ist. Dabei spielt keine Rolle, ob die Entscheidung über diese Vorfrage in materielle Rechtskraft erwächst.[119] Ist Deutschland selbst *Erststaat*, so erscheint es vor dem Hintergrund des § 767 Abs. 1, der das Erstgericht für besonders geeignet hält, über Vollstreckungsgegeneinwände zu entscheiden, zunächst befremdlich, die vor dem Prozeßgericht des ersten Rechtszuges erhobene Vollstreckungsabwehrklage zugunsten einer vorher in einem Vollstreckungsstaat anhängig gemachten Klage auszusetzen. Die Wertungen des § 767 Abs. 1 sind jedoch nicht europäischer

---

[116] *Schlosser*, GVÜ Art. 22 Rz. 5 nimmt sogar an, auch dem zuerst angerufenen Gericht sei es unbenommen, analog § 148 auszusetzen. Dies ist allerdings zweifelhaft, da damit das vom GVÜ durchgängig verfolgte Prioritätsprinzip durchbrochen und die Gefahr unkoordinierter Aussetzungen (das später angerufene Gericht hätte nach Art. 22 Abs. 1 GVÜ ebenfalls die Möglichkeit auszusetzen) heraufbeschworen würde.

[117] Das erststaatliche Verfahren erfüllt praktisch stets die gelegentlich bei § 148 (dazu s.o.) und von Chr. *Wolf*, EuZW 95, 365 (367) auch für Art. 22 Abs. 3 GVÜ geforderte Voraussetzung, daß das Ergebnis im Zweitprozeß verwertbar ist.

[118] Ebenso im Ergebnis St/J-*Münzberg*, Anh. § 723 Rz. 313 Fn. 38 sub 3.

[119] *Schlosser*, GVÜ Art. 22 Rz. 1; vgl. auch EuGH 06.12.1994 (406/92) *The Tatry*, Slg. 94, 5439 (Grd. 55ff.). Chr. *Wolf*, EuZW 95, 365 (367) verlangt für Art. 22 Abs. 3 GVÜ, daß das Ergebnis im Zweitprozeß verwertbar ist, dürfte damit aber wohl nicht nur Fälle der anzuerkennenden Rechtskraft meinen, ebenso wohl *Zöller-Geimer* Art. 21 GVÜ Rz. 4.

Konsens.[120] Vielmehr ist das in Artt. 21, 22 GVÜ statuierte strenge Prioritätsprinzip des GVÜ zu beachten. Mit diesem Prinzip hat das GVÜ dem im angelsächsischen Rechtsraum verbreiteten Gedanken eine Absage erteilt, ein Rechtsstreit solle demjenigen von mehreren an sich zuständigen Foren überlassen werden, das am „geeignetsten" ist (*„natural forum"*).[121] Das zuerst angerufene ausländische Gericht darf, selbst wenn es dies für sinnvoll hielte, das bei ihm anhängige Verfahren nicht aussetzen. Ohnehin würden Gerichte eines Staates, nach dessen Rechtsordnung Vollstreckungsabwehrklagen stets vor die Vollstreckungsgerichte gehören, keineswegs den Erststaat Deutschland als das *„natural forum"* für die Behandlung der Vollstreckungsgegeneinwände ansehen. Sie würden deshalb keine Veranlassung sehen, eine bei ihnen zuerst erhobene Klage zugunsten der später in Deutschland erhobenen auszusetzen. Es würden also, wenn das deutsche Erstgericht unter Verweis auf die Wertung des § 767 Abs. 1 eine Aussetzung ablehnte, widersprechende Entscheidungen über den Fortbestand des titulierten Anspruchs drohen. Dies will Art. 22 Abs. 1 gerade vermeiden. Das deutsche Prozeßgericht des ersten Rechtszuges muß also eine gegen sein Urteil erhobene Vollstreckungsabwehrklage nach Art. 22 Abs. 1 GVÜ aussetzen, wenn die geltend gemachten Einwände bereits Gegenstand einer Vollstreckungsabwehrklage oder Feststellungsklage in einem anderen Vertragsstaat sind. Zwar räumt Art. 22 Abs. 1 GVÜ dem Gericht insofern ein Ermessen ein. Der Zweck der Vorschrift – Vermeidung widersprüchlicher Entscheidungen – ist dabei jedoch zu beachten und erfordert, daß ausgesetzt wird, wenn nicht gute Gründe dagegen sprechen. Solche Gründe werden selten vorliegen. Zu denken wäre etwa an einen Fall, in dem nicht alle in Deutschland zulässigen Vollstreckungsgegeneinwände vor dem ausländischen Gericht vorgebracht werden dürften.[122] Allgemeine Erwägungen des Schuldnerschutzes ließen sich auf keinen Fall gegen eine Aussetzung anführen. Denn der Schuldner kann während der Aussetzung durch Anordnungen nach § 769 ausreichend geschützt werden.

Eine Aussetzung nach Art. 22 Abs. 1 GVÜ ist dagegen ausgeschlossen, wenn es sich bei dem ausländischen Parallelverfahren um ein *Exequatur* nach Artt. 31ff. GVÜ handelt, in dem – wie nach § 13 AVAG – Vollstreckungsgegeneinwände zulässig sind. Abgesehen davon, daß die Berücksichtigung der Einwände im Exequatur übereinkommenswidrig wäre,[123] ist hier zu beachten, daß sich das ausländische Verfahren stets bereits mindestens in der zweiten Instanz befindet. Denn nach Artt. 31, 36 GVÜ können Vollstreckungsgegeneinwände allenfalls in

---

[120] Entscheidende Bedeutung kommt dieser Tatsache vor allem bei der Bestimmung der internationalen Zuständigkeit für Vollstreckungsabwehrklagen zu, s.o. Kap. 9, Zuständigkeit, Abschn. IV 3.

[121] Ausführlich *Hau*, Positive Kompetenzkonflikte, S. 112ff., insbesondere 151f., 226ff.

[122] Dies könnte aus Zuständigkeitsgründen etwa bei einer Aufrechnung der Fall sein, s.o. Kap. 9, Zuständigkeit, Abschn. IV 3 c (1).

[123] S.o. Kap. 10, Exequaturverfahren.

dem Rechtsbehelf gegen die zunächst verliehene Vollstreckbarkeit geprüft werden. Würde die deutsche Vollstreckungsabwehrklage zugunsten eines solchen Verfahrens ausgesetzt, so würde dem Titelschuldner eine Instanz genommen. Dies ist mit Art. 22 Abs. 1 GVÜ, dessen Ratio in diesem Fall voll einschlägig ist, nicht vereinbar. Eine Aussetzung kann allerdings *analog § 148* erfolgen. Denn diese Vorschrift bleibt hier neben Art. 22 GVÜ anwendbar.[124] Dies sollte allerdings nur geschehen, wenn von dem ausländischen Exequaturverfahren eine Entscheidung zu erwarten ist, die entweder in Deutschland anzuerkennen ist oder einen erheblichen Ertrag für das deutsche Verfahren verspricht.

Eine Sonderlösung ist möglich, wenn der Schuldner seine Vollstreckungsabwehrklage auf die Aufrechnung mit einer Gegenforderung stützt, die Gegenstand eines ausländischen Parallelverfahrens, z.B. einer Leistungsklage, ist. In diesem Fall kann, wie von *Münch*[125] für die entsprechende inländische Situation vorgeschlagen, die Vollstreckungsabwehrklage analog § 302 Abs. 1 unter Vorbehalt abgewiesen werden; der Schuldner ist dann durch die in § 302 Abs. 4 S. 3 angeordnete Haftung geschützt, die sonst – bei bloßer Aussetzung der Vollstreckungsabwehrklage – nicht eingreift.

c) Aussetzung des Exequaturverfahrens in Deutschland zugunsten eines ausländischen Parallelverfahrens

Berücksichtigt man entgegen der hier vertretenen Meinung Vollstreckungsgegeneinwände im Exequaturverfahren nach dem GVÜ (wie von § 13 AVAG vorgesehen), so stellt sich auch in diesem Verfahren die Frage, ob es zugunsten eines bereits in einem anderen Vertragsstaat anhängigen Parallelverfahrens auszusetzen ist.

Das Beschwerdegericht kann die Entscheidung über den Exequaturantrag nach Art. 38 Abs. 1 GVÜ aussetzen, wenn der Titelschuldner im Erststaat einen *ordentlichen Rechtsbehelf* gegen das Urteil eingelegt hat.

Der Europäische Gerichtshof hat in *van Dalfsen*[126] entschieden, eine Aussetzung nach Art. 38 Abs. 1 GVÜ sei *nur dann* zulässig, wenn der Titelschuldner seinen Rechtsbehelf im Erststaat auf *Vollstreckungsgegeneinwände* stützt; die deutsche Rechtsprechung und Literatur sind ihm zum Teil gefolgt.[127] Diese Einschränkung leuchtet nicht ein. Die Zielsetzung des Art. 38 Abs. 1 GVÜ, den Schuldner vor einer endgültigen Vollstreckbarerklärung zu schützen, wenn eine Aufhebung des nur vorläufig vollstreckbaren Urteils im Erststaat droht, ist nicht

---

124 *Schlosser*, GVÜ Art. 22 Rz. 5; siehe bereits oben zur Anwendbarkeit neben Art. 21 GVÜ.

125 Vollstreckbare Urkunde, S. 351.

126 EuGH 04.10.1991 (183/90), Slg. 4766.

127 Zustimmend BGH NJW 94, 2156; *Kropholler*, EuZPR Art. 38 Rz. 3; *Stadler*, IPRax 95, 220.

auf Fälle beschränkt, in denen der Rechtsbehelf im Erststaat auf neue Tatsachen gestützt wird. Auch liegt in der summarischen Einschätzung der Erfolgsaussichten des ausländischen Behelfs, welche die Ermessensentscheidung nach Art. 38 Abs. 1 erfordert, nicht etwa, wie der Gerichtshof anscheinend meint,[128] eine verbotene *révision au fond* (Art. 34 Abs. 3 GVÜ).[129] Eine Aussetzung nach Art. 38 Abs. 1 GVÜ sollte also unabhängig davon geprüft werden, ob der Titelschuldner den im Erststaat eingelegten Behelf (z.B. Berufung) auf Vollstreckungsgegeneinwände stützt oder nicht (z.B. weil im Erststaat für das Berufungsverfahren ein Novenverbot gilt).[130]

Hat der Schuldner im Erststaat nicht ein Rechtsmittel (wie z.B. Berufung) eingelegt, aber *Vollstreckungsabwehrklage* erhoben oder einen Rechtsbehelf entsprechender Art ergriffen, so wird eine Aussetzung in unmittelbarer Anwendung von Art. 38 Abs. 1 GVÜ gelegentlich ebenfalls für zulässig gehalten.[131] Voraussetzung einer direkten Anwendbarkeit wäre jedoch, daß es sich bei der Vollstreckungsabwehrklage um einen *ordentlichen Rechtsbehelf* im Sinne von Art. 38 Abs. 1 GVÜ handelt. Diesen Begriff hat der EuGH in der Leitentscheidung *Industrial Diamond Supplies ./. RIVA*[132] autonom ausgelegt und festgestellt, er sei

> „dahin zu verstehen, daß er jeden Behelf bezeichnet, der Teil des gewöhnlichen Verlaufs eines Rechtsstreits ist ... [und] der nach dem Gesetz an eine bestimmte Frist gebunden ist, welche durch die Entscheidung selbst, um deren Vollstreckung nachgesucht wird, in Gang gesetzt wird. Nicht als ‚ordentliche Rechtsbehelfe' ... können daher insbesondere Behelfe angesehen werden, die ... von Ereignissen abhängen, die zum Zeitpunkt des Entscheidungserlasses unvorhersehbar waren ...".[133]

Die Vollstreckungsabwehrklage und äquivalente Rechtsbehelfe sind dadurch gekennzeichnet, daß sie *nicht* an eine Frist gebunden sind, die durch die erste Entscheidung in Lauf gesetzt wird, sondern davon abhängen, daß nachträglich Ereignisse eintreten, die zum Zeitpunkt des Erlasses der Erstentscheidung unvorhersehbar waren (Vollstreckungsgegeneinwände). Sie erfüllen damit sämtliche vom Gerichtshof vorgegebenen Kriterien für Rechtsbehelfe, die *nicht* unter Art. 38 Abs. 1 GVÜ fallen. Eine Vollstreckungsabwehrklage ist daher *nie ein ordentlicher Rechtsbehelf* i.S.d. Art. 38 Abs. 1 GVÜ.[134] Erst recht kann eine in einem *Dritt-*

---

[128] EuGH 04.10.1991 *van Dalfsen*, Slg. 4766 (Grd. 32); in diesem Sinne auch *Kropholler*, EuZPR Art. 38 Rz. 3.

[129] So zu Recht *Grunsky*, IPRax 95, 218 (220); *Schlosser*, GVÜ Art. 38 Rz. 3; *Geimer/Schütze* EuZVR Art. 38 Rz. 9. Ebenso schon *Gaudemet-Tallon*, RCDIP 1992, 131.

[130] Vgl. für das österreichische Recht BGH NJW 93, 1270.

[131] MünchKomm ZPO-*Gottwald*, Art. 38 Rz. 3; unklar ob für direkte oder analoge Anwendung *Kropholler*, EuZPR Art. 38 Rz. 4; *Droz*, Tz. 622. Unklar, ob für Aussetzung auch bei anderen als den regulären, fristgebundenen Rechtsbehelfen, *O'Malley/Layton*, Rz. 28.41; *Calvo Caravaca* – Garau Sobrino, Art. 36 II 2 (S. 565 f.).

[132] EuGH 22.11.1977 (43/77), Slg. 1977, 2175.

[133] EuGH a.a.O., Rz. 35 ff. Der Definition folgend z.B. OLG *Karl*sruhe, IPRax 87, 171 (für den französischen *recours en révision*).

[134] Vgl. Arrondissementsrechtsbank Roermond, 18.12.1986, Nachschlagewerk EuGH Se-

staat anhängige Vollstreckungsabwehrklage nicht zur Aussetzung nach Art. 38 Abs. 1 GVÜ berechtigen. Schon der Wortlaut der Vorschrift fordert einen „im Urteilsstaat" eingelegten Rechtsbehelf.

Verbreitet wird jedoch die Meinung vertreten, eine Aussetzung sei jedenfalls *analog* Art. 38 Abs. 1 GVÜ geboten, wenn der Titelschuldner Vollstreckungsabwehrklage im Erststaat[135] oder einem Drittstaat[136] eingelegt habe. Die meisten Autoren begründen die Analogie nicht näher. *Wolff* führt an, die Vollstreckungsabwehrklage im Ausland richte sich zwar nur gegen die Vollstreckbarkeit des Titels,

> „deren Wegfall würde einer Vollstreckbarerklärung im Inland gleichwohl entgegenstehen, so daß eine unbeschränkte Zulassung der Zwangsvollstreckung dem Schuldner schwerwiegenden Schaden zufügen könnte."[137]

Diese Argumentation berücksichtigt nicht ausreichend die Ratio der vom Europäischen Gerichtshof vorgenommenen Eingrenzung der „ordentlichen Rechtsbehelfe". Sie folgt unmittelbar aus dem Ziel des Übereinkommens, den freien Urteilsverkehr zu sichern, also Inhabern vollstreckbarer Titel ein schnelles und unkompliziertes Verfahren zur Vollstreckbarerklärung in den übrigen Vertragsstaaten zur Verfügung zu stellen.[138] Der Gläubiger, der einen Exequaturantrag nach Artt. 31 ff. GVÜ gestellt hat, hält einen zumindest vorläufig vollstreckbaren Titel in den Händen, auf dessen Vollstreckbarerklärung im Vertragsstaat er *Anspruch* hat. Hätte der im Erststaat ergriffene Rechtsbehelf dort einen die Vollstreckbarkeit aufhebenden oder hemmenden Effekt, so könnte der Schuldner dies gegenüber dem Exequatur geltend machen, da Art. 31 Abs. 1 GVÜ eine *vollstreckbare* Entscheidung verlangt. Die analoge Anwendung von Art. 38 Abs. 1 GVÜ blockiert aber selbst dann das Exequaturverfahren in Deutschland, wenn der Schuldner im Erststaat (oder einem Drittstaat) trotz Einlegung des Rechtsbehelfs keinerlei Vollstreckungsaufschub erwirkt hat. Der Gläubiger muß sich also nur deshalb, weil die Vollstreckung in Deutschland als einem anderen Vertragsstaat erfolgen soll, bis auf weiteres auf Maßnahmen der Sicherungsvollstreckung (Art. 39 GVÜ) beschränken. Dies ist ebenso unvereinbar mit dem Zweck des Übereinkommens (freier Urteilsverkehr) wie die Regelung des § 13 AVAG. Die

---

rie D Nr. I-50 – B-4. Ebenso *Linke*, RIW 88, 822 (825 f.); im Ergebnis *Geimer/Schütze-Geimer* Bd. I/1 § 150 XXII 1, S. 1144; *Baur/Stürner* Rz. 55.16 Fn. 39; wohl auch Cypra, S. 97. Dies Ergebnis stützt auch ein Blick auf Art. 30 Abs. 1 GVÜ, wo dieselbe Terminologie verwendet wird.

135 St/J-*Münzberg*, Anh. § 723 Rz. 38 Fn. 43 (dort als „h.M." bezeichnet); *Wolff*, Hdb. IZVR III/2, Kap. IV Rz. 326; *Schlosser*, GVÜ Art. 38 Rz. 2; *Kropholler*, EuZPR Art. 38 Rz. 3; *Leutner*, Vollstreckbare Urkunde S. 228.

136 Für diese, den eindeutigen Wortlaut übersteigende Analogie *Leutner*, Vollstreckbare Urkunde S. 228.

137 *Wolff*, Hdb. IZVR III/2, Kap. IV Rz. 326.

138 Vgl. die Stellungnahme der Europäischen Kommission in EuGH 22.12.1977 (43/77) *Industrial Diamond Supplies ./. RIVA*, Slg. 1977, 2175 (2183 f.).

Analogie ist daher abzulehnen. Sie verkennt, daß Art. 38 Abs. 1 GVÜ lediglich einen Ausgleich dafür schafft, daß auch *vorläufig vollstreckbare* Entscheidungen bereits im Ausland für vollstreckbar zu erklären sind. Die Vorschrift enthält nur die Wertung, daß der Gläubiger auf den endgültigen Abschluß des Exequaturverfahrens unter Umständen so lange warten muß, bis das Erstverfahren nach seinem „gewöhnlichem Verlauf"[139] ebenfalls abgeschlossen ist. Eine ganz neue Risikozuordnung wäre es, wenn auch außerordentliche nachträgliche Entwicklungen (Erhebung einer Vollstreckungsabwehrklage) Anlaß böten, den Abschluß des Exequaturverfahrens hinauszuzögern.

Ebensowenig können *in der Exequaturentscheidung* aufgrund einer im Ausland rechtshängigen Vollstreckungsabwehrklage vollstreckungsbeschränkende Anordnungen – etwa die Zulassung der Zwangsvollstreckung nur gegen Sicherheitsleistung (Art. 38 Abs. 3 GVÜ) – getroffen werden.[140] Der Schuldner kann solche Anordnungen jedoch bereits vor Abschluß des Verfahrens separat nach oder analog § 769[141] beantragen, denn das Vollstreckungsverfahren und die in seinem Rahmen möglichen Rechtsbehelfe sind von Artt. 31 ff. GVÜ nicht geregelt.[142]

Die praktischen Unterschiede zwischen den Auffassungen schrumpfen allerdings in dem Maße, in dem auch die Aussetzungs- und Anordnungsmöglichkeiten nach Art 38 Abs. 1 und 3 GVÜ über das im Übereinkommen vorgesehene Maß hinaus flexibilisiert und damit dem Instrumentarium des § 769 angenähert werden. So soll es statt Anordnung einer Sicherheitsleistung des Gläubigers (Art. 38 Abs. 3 GVÜ) auch zulässig sein, die Aussetzung (Art. 38 Abs. 1 GVÜ) von einer Sicherheitsleistung des Schuldners abhängig zu machen[143] – wobei jeweils unklar bleibt, ob und wie bei Nichtaussetzung über den ja nach der h.M. (§ 13 AVAG) erheblichen Vollstreckungsgegeneinwand zu entscheiden ist. Ein Unterschied bleibt die Zuständigkeit für die Maßnahmen, die nach der hier vertretenen Auffassung nicht bei dem Oberlandesgericht (Art. 37 GVÜ), sondern bei dem ursprünglichen Exequaturrichter (analog § 29 Abs. 2) liegt, der die Anordnung auch jederzeit auf Antrag flexibel abändern kann.

Nach Art. 38 Abs. 2 gilt bei Entscheidungen, die in Irland oder im Vereinigten Königreich erlassen worden sind, *jeder* im Ursprungsstaat statthafte Rechtsbe-

---

[139] Vgl. EuGH 22.12.1977 (43/77) *Industrial Diamond Supplies ./. RIVA*, Slg. 1977, 2175 (2189).

[140] A.A. – konsequent – die wohl h.M. (*Kropholler*, EuZPR Art. 38 Rz. 3; St/J-*Münzberg*, Anh. § 723 Rz. 38 Fn. 43; *Wolff*, Hdb. IZVR III/2, Kap. IV Rz. 326), ohne allerdings zu klären, wie sich die Möglichkeit, das Exequaturverfahren auf diese Weise abzuschließen, zur Erheblichkeit der Einwände für die Exequaturentscheidung (§ 13 AVAG) verhält.

[141] Bei Zuständigkeit deutscher Gerichte für eine Vollstreckungsabwehrklage ist § 769 direkt anwendbar, andernfalls analog, s.o. Kap. 9, Zuständigkeit.

[142] Näher s.o. Kap. 10, Exequaturverfahren.

[143] *Kropholler*, EuZPR Art. 38 Rz. 6, im Anschluß an *Petereit v. Babcock Int'l. Holdings Ltd.* [1990] 1 W.L.R. 350 (zu dieser Entscheidung aber krit. *Kaye,* JBL 1991, 261, s.o. Kap. 4, England).

helf als ordentlicher. Diese Regelung wurde geschaffen, weil in diesen Staaten zahlreiche Rechtsbehelfe existieren, die zwar nicht fristgebunden sind, mit deren Einlegung aber durchaus im „normalen Verlauf des Verfahrens" zu rechnen ist. Art. 38 Abs. 3 GVÜ will Schwierigkeiten bei der Anwendung der vom Europäischen Gerichtshof vorgenommenen Definition des „ordentlichen Rechtsbehelfs"[144] vermeiden[145]. Das damit unabhängig von der Art des eingelegten Rechtsbehelfs eingeräumte Aussetzungsermessen ist jedoch so zu handhaben, daß eine inhaltlich gleichmäßige Anwendung von Art. 38 Abs. 1 in allen Vertragsstaaten gewahrt bleibt.[146] Ist in Großbritannien oder Irland ein der Vollstreckungsabwehrklage ähnlicher Rechtsbehelf[147] eingelegt, so ist deshalb nach der hier vertretenen Ansicht das von Art. 38 Abs. 1 GVÜ eingeräumte Ermessen stets gegen eine Aussetzung auszuüben; Art. 38 Abs. 3 GVÜ ist zu handhaben wie § 769.

Stärkere Argumente für die Aussetzung gibt es bei *vollstreckbaren Urkunden*. *Leutner* begründet dort eine Analogie zu Art. 38 GVÜ mit „der erschütterbaren Vollstreckungswirkung der Urkunde ..., die derjenigen vorläufig vollstreckbarer Urteile entspricht".[148] Dieser Wertungsvergleich besticht zunächst. Dennoch ist eine Analogie letztlich abzulehnen, da die Vertragsstaaten das Problem hätten regeln können und man ebensogut argumentieren kann, die Urkunde beruhe anders als ein (nicht rechtskräftiges) Urteil nicht nur auf einer (vorläufigen) *Entscheidung*, sondern auf einem (definitiven) *Konsens* der Parteien. Vor allem aber sprechen pragmatische Überlegungen für die hier vertretene Lösung: sie stellt den Schuldner nicht schutzlos, sondern verweist ihn nur auf die entsprechenden Behelfe im Erststaat oder einen im Rahmen des Vollstreckungsverfahrens in Deutschland zu stellenden Antrag nach oder analog § 769. Dieser Behelf hat gegenüber einer Aussetzung nach Art. 38 Abs. 1 oder Freigabe gegen Sicherheitsleistung gem. Art. 38 Abs. 3 GVÜ nach wie vor den Vorteil einer größeren Flexibilität (insbesondere auch hinsichtlich laufender Anpassungen an den Stand des ausländischen Verfahrens)[149] und sinnvolleren Zuständigkeit (nicht das Oberlandesgericht).

---

144 EuGH 22.12.1977 (43/77) *Industrial Diamond Supplies ./. RIVA*, Slg. 1977, 2175.

145 Bericht *Schlosser*, ABl. EG C 59/1979, S. 99 (Tz. 204); *Kropholler*, EuZPR Art. 30 Rz. 6f.

146 Bericht *Schlosser*, ABl. EG C 59/1979, S. 99 (Tz. 204).

147 Etwa ein Antrag auf Aufhebung des Urteils oder Aussetzung der Vollstreckung, s.o. Kap. 4, England.

148 *Leutner*, Vollstreckbare Urkunde, S. 228.

149 Näher s.o. Kap. 9, Zuständigkeit, Abschn. IV 2 e.

d) Aussetzung des Exequatur zur Ermöglichung eines ausländischen Parallelverfahrens

Bei ausländischen vollstreckbaren Urkunden (Art. 50 GVÜ) halten *Droz*[150] und *Wolff*[151] eine Aussetzung nicht nur dann für geboten, wenn ein ausländisches Parallelverfahren bereits anhängig ist, sondern ganz generell, um dem Schuldner auf diese Weise die Einleitung eines Verfahrens im Erststaat zu ermöglichen. *Droz* hält dies für notwendig, da eine Berücksichtigung der Einwände gegen die Urkunde durch das Exequaturgericht die Zuständigkeitsregeln des GVÜ verletzen würde.[152] *Wolff* meint dagegen, das Exequaturgericht sei zwar zur Entscheidung befugt, es erscheine aber prozeßökonomisch sinnvoll, dem Schuldner „Gelegenheit zu geben", den Einwand im Erststaat klären zu lassen.

Keine der beiden Begründungen vermag indes eine Aussetzung zu rechtfertigen, für die es im GVÜ keine Grundlage gibt.[153] Die Vorschläge zeigen vielmehr, wie wichtig die Begrenzung der Aussetzungsmöglichkeit nach Art. 38 Abs. 1 GVÜ auf ordentliche Rechtsbehelfe i.S. der *Industrial Diamond*[154] – Kriterien ist. Die vollstreckbare Urkunde wäre als Titel außerhalb des Erststaates stark entwertet, wenn in anderen Übereinkommensstaaten die Vollstreckbarerklärung so lange ausgesetzt würde, bis Einwände des Schuldners gegen den Anspruch durch ein Verfahren im Erststaat (z.B. eine Vollstreckungsabwehrklage) geklärt wären.

3. Zusammenfassung zur Berücksichtigung von Parallelverfahren nach dem GVÜ

Angesichts der zahlreichen konkurrierenden (und nicht ausschließlichen) Zuständigkeiten nach Art. 16 Nr. 5 GVÜ für Klagen zur Geltendmachung von Vollstreckungsgegeneinwänden ist die Koordinierung von Parallelverfahren im Bereich des GVÜ von großer praktischer Bedeutung. Die Artt. 21 ff. GVÜ geben dabei das Prioritätsprinzip als Ordnungskriterium vor. Neben diesem Prinzip hat eine an § 767 Abs. 1 orientierte Vorstellung, das Erstgericht sei für Vollstreckungsabwehrklagen besonders „sachgerecht" („*natural forum*"[155]) keinen Platz. Die in Drittstaaten (Vollstreckungsstaaten) bestehende Zuständigkeit läßt sich daher nicht etwa auf dem Weg über die Aussetzungsvorschriften wieder zugunsten des Erststaates „zurücknehmen".

Im einzelnen ergibt sich, daß eine *Vollstreckungsabwehrklage* in Deutschland dann nach Art. 21 GVÜ unzulässig ist, wenn *vorher* in einem anderen Vertrags-

---

[150] *Droz* Tz 622.
[151] *Wolff*, Hdb. IZVR Bd. III/2 Kap. IV Rz. 107.
[152] *Droz* Tz 621 f.; näher s.o. Kap. 10, Exequaturverfahren.
[153] Ebenso bereits *Schlosser*, FamRZ 73, 424 (430) gegen *Droz* Tz 622.
[154] EuGH 22.12.1977 (43/77) *Industrial Diamond Supplies ./. RIVA*, Slg. 1977, 2175 (Grd. 35).
[155] Zu diesem Begriff aus dem angelsächsischen Rechtskreis eingehend *Hau*, S. 63, 155.

staat eine Klage rechtshängig wurde, die auf die Vollstreckbarkeit des Ersttitels einwirkt oder den titulierten Anspruch zum Gegenstand hat, also bei Fortsetzung des Erstprozesses, Vollstreckungsabwehrklage (gleich, ob im Erst- oder einem Drittstaat) oder positiver Feststellungsklage des Gläubigers. Hat das ausländische Verfahren dagegen nur den Einwand zum Gegenstand (etwa bei einer Leistungs- oder Feststellungsklage über einen zur Aufrechnung gestellten Gegenanspruch) oder nur die Vollstreckbarerklärung in einem weiteren Drittstaat, so ist es trotz seiner früheren Einleitung nicht gemäß Art. 21 GVÜ zu beachten. Eine *Feststellungsklage* in Deutschland muß allen vorher rechtshängigen Verfahren weichen, in denen der Anspruch rechtskräftig festgestellt wird.

Hält man entgegen der hier vertretenen Auffassung Art. 21 GVÜ nicht für erfüllt bei einem früheren Verfahren im Erststaat, so ist jedenfalls stets eine Aussetzung nach *Art. 22 Abs. 1 GVÜ* oder (falls es sich um die Fortsetzung des Erstverfahrens handelt) nach § 148 geboten. Auch in allen anderen Fällen, in denen man nicht zu einer Anwendung von Art. 21 GVÜ kommt, ist regelmäßig eine Aussetzung des später eingeleiteten Verfahrens nach Art. 22 Abs. 1 GVÜ geboten. Das gilt selbst dann, wenn es sich bei dem zeitlich späteren Verfahren um eine Vollstreckungsabwehrklage im Erststaat handelt.

Läßt man im *Exequaturverfahren* entgegen der hier vertretenen Auffassung Vollstreckungsgegeneinwände zu, so stellt sich auch dort die Frage der Aussetzung zugunsten eines früher eingeleiteten ausländischen Parallelverfahrens. Eine Aussetzung kommt nur bei Fortsetzung des Erstverfahrens im Erststaat in Frage (Art. 38 Abs. 1 GVÜ). Andere Parallelverfahren einschließlich einer etwaigen Vollstreckungsabwehrklage im Erststaat rechtfertigen dagegen keine Aussetzung. Die daraus resultierende Gefahr unökonomischer Parallelprozesse und widersprechender Entscheidungen ist ein weiteres Argument gegen die Zulassung von Vollstreckungsgegeneinwänden im Verfahren nach Artt. 36ff. GVÜ.

Eine Aussetzung oder Abweisung des *zuerst* eingeleiteten Verfahrens zugunsten rechtsschutzintensiverer oder in einem vermeintlich sinnvolleren Forum eingeleiteter Verfahren ist unzulässig. Deshalb ist etwa für Erwägungen zum Wegfall des Rechtsschutzinteresses in solchen Fällen kein Raum. Denn sie würden dem durch das GVÜ festgelegten Prioritätsprinzip widersprechen.

III. Berücksichtigung ausländischer Parallelverfahren nach sonstigen Anerkennungs- und Vollstreckungsverträgen

Die von Deutschland geschlossenen bilateralen und multilateralen Anerkennungs- und Vollstreckungsübereinkommen (mit Ausnahme des GVÜ) regeln weder die internationale Entscheidungszuständigkeit noch die Vermeidung von Parallelverfahren in den Vertragsstaaten, verfolgen also nicht das Ziel einer Vermeidung widersprechender Entscheidungen. Für die Behandlung paralleler Verfahren über Vollstreckungsgegeneinwände gilt daher das autonome Recht. Die in einigen Staatsverträgen vorgesehene Möglichkeit, eine Aufhebung der Entscheidung im Erststaat in Deutschland in einem vereinfachten Verfahren geltend zu machen,[156] ändert nichts daran, daß auch Verfahren im Erststaat keinen mit der deutschen Vollstreckungsabwehrklage identischen Streitgegenstand haben und daher eine Rechtshängigkeit *nach autonomem Recht* (analog § 261 Abs. 3 Nr. 1) nicht vorliegt. Eine Aussetzung ist allerdings möglich, wenn die oben im einzelnen geschilderten Voraussetzungen des § 148 erfüllt sind.

Drei Abkommen enthalten aber *Sonderregeln* über die Aussetzung des Exequaturverfahrens, die im wesentlichen Art. 38 Abs. 1 GVÜ entsprechen.[157] Die Regelungen im Deutsch-Belgischen und Deutsch-Griechischen Abkommen sehen eine Aussetzungsmöglichkeit für den Fall vor, daß die Entscheidung im Erststaat mit einem „ordentlichen" Rechtsbehelf angefochten wurde oder noch angefochten werden kann. Das Deutsch-Britische Abkommen spricht dagegen nur von „einem Rechtsbehelf". Denn das britische Recht unterscheidet, wie soeben zu Art. 38 Abs. 2 GVÜ ausgeführt, nicht zwischen ordentlichen und außerordentlichen Rechtsbehelfen. Der Begriff des „ordentlichen Rechtsbehelfs" im Deutsch-Belgischen und Deutsch-Griechischen Abkommen sollte ebenso ausgelegt werden wie in Art. 38 Abs. 1 GVÜ. Insofern ist auf die überzeugenden Ausführungen des Europäischen Gerichtshofs zu dieser Vorschrift zu verweisen.[158] Das Exequaturverfahren nach diesen Abkommen ist also (auch in der Beschwerdeinstanz) nicht wegen einer im Erststaat erhobenen Vollstreckungsabwehrklage auszusetzen.

Dagegen kann ein Exequaturverfahren nach dem Deutsch-Britischen Abkommen ausgesetzt werden, wenn im Erststaat eine Vollstreckungsabwehrklage anhängig ist. Denn Art. V Abs. 2 des Abkommens sieht keine Beschränkung auf „ordentliche" Rechtsbehelfe vor und auch die bei Art. 38 Abs. 2 GVÜ zu beachtenden Erwägungen zur gleichmäßigen Behandlung aller Vertragsstaaten sind bei diesem bilateralen Abkommen nicht einschlägig. Schließlich ist auch zu beachten, daß Art. VIII des Deutsch-Britischen Abkommens die Prüfung von Vollstreckungsgegeneinwänden durch das Exequaturgericht selbst in besonders weitem Umfang zuläßt.[159] Eine weitgehende Aussetzungsmöglichkeit zugun-

---

[156] § 29 AVAG gilt auch für das Haager Unterhaltsvollstreckungsübereinkommen von 1973 und die bilateralen Anerkennungs- und Vollstreckungsverträge Deutschlands mit Norwegen, Israel und Spanien. Zu anderen Verträgen vgl. § 6 AusfG zum Deutsch-Belgischen Vertrag; § 7 AusfG zum Deutsch-Österreichischen Vertrag; § 6 AusfG zum Deutsch-Griechischen Vertrag; § 7 AusfG zum Deutsch-Britischen Vertrag; § 9 AusfG zum Deutsch-Tunesischen Vertrag; § 15 AusfG zum Deutsch-Niederländischen Vertrag.

[157] Art. 10 Abs. 2 Deutsch-Belgisches Abkommen, Art. 10 Abs. 2 Deutsch-Griechisches Abkommen, Art. V Abs. 2 Deutsch-Britisches Abkommen.

[158] EuGH 22.11.1977 (43/77) *Industrial Diamond Supplies ./. Riva*, Slg. 1977, 2175.

[159] Dazu s.o. Kap. 10, Exequaturverfahren, Abschn. III 3.

sten von Vollstreckungsabwehrklagen im Erststaat paßt daher in den Gesamtkontext dieses Abkommens.

Eine Sonderregelung zu zwischenzeitlichen Anordnungen enthalten Art. 14 Abs. 1c Deutsch-Niederländischer Vertrag, § 10 AusfG zum Deutsch-Niederländischen Vertrag. Nach § 10 Abs. 1 AusfG kann der Schuldner im Widerspruchsverfahren gegen das Exequatur auch Vollstreckungsgegeneinwände vorbringen.[160] Das Gericht kann bis zur Entscheidung über den Widerspruch Anordnungen nach § 769 treffen (§ 10 Abs. 2 AusfG). Dabei sind, ebenso wie in Inlandsfällen, die Erfolgsaussichten des Widerspruchs und die Interessen von Gläubiger und Schuldner gegeneinander abzuwägen.[161]

---

[160] Diese Regelung entspricht dem Abkommen (vgl. Art. 14 Abs. 1 c).

[161] *Wolff*, Handbuch IZVR Bd. III/2 Kap. IV Rz. 102, meint dagegen, hier sei ein weniger strenger Maßstab angebracht. Seine Begründung, der Schuldner erhalte hier erstmals rechtliches Gehör, ist jedoch nicht stichhaltig. Denn bei einer Vollstreckungsabwehrklage liegt es hinsichtlich der vorgebrachten Einwände nicht anders.

Kapitel 12

Schiedsspruch, Anspruch und Vollstreckung

Bei einem durch Schiedsspruch titulierten Anspruch gelten für die Behandlung nachträglicher Einwände einige Besonderheiten im Vergleich zu den oben behandelten Urteilen. Sie betreffen sowohl die Rechtskraft- und Präklusionswirkung als auch die möglichen Rechtsbehelfe und Zuständigkeiten – insbesondere die Frage, ob ein Schiedsgericht über den Einwand entscheiden kann und soll. Das deutsche Schiedsrecht hat mit dem SchVfG,[1] das am 1.1.1998 in Kraft getreten ist, eine umfassende Neuregelung erfahren. Auffassungen zum alten Recht können nicht unbesehen fortgeschrieben werden. Das neue Recht orientiert sich in weiten Teilen am UNCITRAL-Modellgesetz, teilweise auch am (abweichenden) Schweizer Recht,[2] und übernimmt für die Anerkennung und Vollstreckbarerklärung ausländischer Schiedssprüche die Regelungen des New Yorker UN-Übereinkommens[3] (im folgenden: UNÜ). Deshalb sind die rechtsvergleichenden Ausführungen aus dem ersten Teil dieser Arbeit hier besonders relevant.

I. Begründetheit eines Einwands gegen einen durch Schiedsspruch titulierten Anspruch

Die Frage, ob der geltend gemachte Vollstreckungsgegeneinwand durchgreift, ist, ebenso wie bei ausländischen Urteilen, unter Anwendung des deutschen IPR zu prüfen. Die Rechtskraftwirkung eines Schiedsspruchs umfaßt in der Regel nicht das auf den Anspruch anwendbare Recht. Auch eine besondere Kollisionsregel für Vollstreckungsgegenklagen oder Vollstreckungsgegeneinwände wäre nicht gerechtfertigt. Insofern gilt das oben zu Urteilen Ausgeführte.[4]

Der Schuldner kann sich aber nur auf solche Einwände stützen, die nicht durch die Rechtskraft des Schiedsspruchs oder eines in- oder ausländischen Zweiturteils gesperrt sind. Hier sind einige Besonderheiten zu beachten.

---

[1] Gesetz zur Neuregelung des Schiedsverfahrensrechts, vom 22.12.1997, BGBl. I 1997, 3224.

[2] So etwa bei § 1030 n.F., *Berger*, DZWir 98, 45 (48).

[3] New Yorker UN-Übereinkommen über die Anerkennung und Vollstreckung ausländischer Schiedssprüche vom 10.06.1958, BGBl. 1961 II, S. 122.

[4] S.o. Kap. 8, Anwendbares Recht.

1. Rechtskraft- und Präklusionswirkung des Schiedsspruchs

Zunächst sind die Wirkungen eines deutschen Schiedsspruchs zu untersuchen, dann die Frage, welches Recht die Wirkungen eines ausländischen Spruchs regiert.

a) Deutscher Schiedsspruch

Deutsch ist ein Schiedsspruch, wenn der Sitz des Schiedsgerichts in Deutschland lag, wobei ein „vergeistigter" Sitzbegriff gilt; das Schiedsgericht kann stets im Ausland getagt haben.[5] Auf einen deutschen Schiedsspruch ist deutsches Schiedsverfahrensrecht anwendbar, eine Rechtswahl der Parteien ist insofern nur begrenzt möglich.[6] Die Wirkungen des Spruchs richten sich also nach deutschem Recht.

Der Spruch hat nach § 1055 unter den Parteien die Wirkung eines rechtskräftigen Urteils,[7] ohne daß es hierfür noch der Vollstreckbarerklärung bedarf.[8] Hat das Schiedsgericht explizit über einen vom Schuldner im Schiedsverfahren geltend gemachten Einwand entschieden (z.B. die geltend gemachte Aufrechnung abgelehnt, weil es an der Gleichartigkeit der Forderungen fehlte), so steht die materielle Rechtskraft des Schiedsspruchs einer späteren Geltendmachung des Einwands entgegen. Hat das Schiedsgericht dagegen über den jetzt geltend gemachten Einwand nicht entschieden (etwa, weil sich der Schuldner dort nicht auf die Aufrechnung berufen hat), so stellt sich die Frage nach dem Umfang der rechtskraftbedingten Präklusion. Die Rechtsprechung wendet hier ohne Bedenken § 767 Abs. 2 analog an.[9] Die in der Literatur geführte Diskussion um die Grenzen der Gleichstellung des Schiedsspruchs mit einem Urteil problematisiert dies nicht.[10] Insbesondere wird nicht gefragt, ob die Parteien einem Schiedsspruch eine so strenge objektive Präklusionswirkung (etwa bei unbekannten Einwänden, vgl. Beispielsfall 4)[11] beilegen wollen, wie sie die deutsche Rechtsprechung für Urteile vertritt.

Wolfgang Bosch[12] hat die Rechtskraftwirkungen eines Schiedsspruchs eingehend untersucht, leider ohne auf die Präklusionsfrage und § 767 Abs. 2 näher einzugehen. Er kommt zu dem Ergebnis, man könne den Streitgegenstand eines Schiedsverfahrens – anders als den eines gerichtlichen – nur unter Zuhilfenahme

---

[5] *Berger*, DZWir 98, 45 (47); *Schlosser*, Das neue deutsche Recht der Schiedsgerichtsbarkeit, Manuskript S. 44.

[6] . *Berger*, DZWir 98, 45 (47).

[7] Ebenso schon § 1040 a.F.

[8] *Bosch*, Rechtskraft und Rechtshängigkeit im Schiedsverfahren, S. 62.

[9] BGHZ 34, 274 (278); 38, 259 (264); BGH NJW 65, 1138.

[10] *Loritz*, ZZP 105 (1992), 1 (2).

[11] S.o. Kap. 7, Präklusion.

[12] Rechtskraft und Rechtshängigkeit im Schiedsverfahren (1991).

des materiellen Anspruchs bestimmen,[13] vertritt also für diesen Teilbereich letztlich eine Rückkehr zur materiellrechtlichen Rechtskrafttheorie.[14] Richtig an *Boschs* Argumentation ist, daß die Parteien selbst den Streitgegenstand mit der Schiedsvereinbarung festlegen. Keineswegs zwingend ist sein Schluß, die Parteien wollten regelmäßig (etwa mit der Formulierung: „Ansprüche aus diesem Vertrag") bestimmte *materiellrechtliche* Ansprüche der Entscheidung des Schiedsgerichts unterwerfen. Im Gegenteil: schon *Münch* hat am Beispiel der ebenfalls auf Parteiwillen beruhenden vollstreckbaren Urkunde deutlich gezeigt, daß sich der Parteiwille meist gerade nicht an einer feinsinnigen Unterscheidung nach Anspruchsgrundlagen orientiert.[15] Dies gilt für die Schiedsgerichtsbarkeit noch in verstärktem Maß. So wollen die Parteien mit einer Schiedsklausel für „Ansprüche aus diesem Vertrag" sicherlich nicht nur Schadensersatzansprüche wegen vertraglicher Gewährleistung dem Schiedsgericht zuweisen, solche aus deliktischer Produkthaftung aber staatlichen Gerichten vorbehalten.[16] Auch hier kommt man zu vernünftigeren Lösungen über den prozessualen Anspruchsbegriff und die auf ihm beruhende Streitgegenstands- und Rechtskraftauffassung.[17] Die Auffassung *Boschs* erinnert dagegen an die enge Auslegung von Schiedsklauseln durch manche amerikanischen Gerichte, die schon in den USA vielfach kritisiert wird.[18] Richtig ist allerdings, daß die Parteien mit ihrer Schiedsklausel bestimmte Ansprüche oder Anspruchsgrundlagen von der Prüfung durch das Schiedsgericht ausnehmen können.[19] Für einen solchen Ausschluß streitet aber keine Vermutung. Vor dem Hintergrund des deutschen Prozeßrechts und dem modernen Verständnis der Schiedsgerichtsbarkeit als einer echten, wenn auch privaten, Gerichtsbarkeit,[20] spricht vielmehr alles für eine Gleichstellung mit einem ge-

---

[13] *Bosch*, Rechtskraft und Rechtshängigkeit im Schiedsverfahren, S. 110f.

[14] Starken Einfluß übt dabei offensichtlich die – letztlich auch von *Bosch* (S. 119) als verfehlt erkannte Entscheidung RGZ 110, 50 aus. Sie ist Teil der „Inflationsrechtsprechung" des Reichsgerichts und erlaubte einem Gläubiger, der vor dem Schiedsgericht Schadensersatz eingeklagt und gewonnen hatte, mit seinem auf § 242 BGB gestützten Aufwertungsbegehren aber ausdrücklich abgewiesen worden war, nachträglich noch einmal vor einem staatlichen Gericht die bereits vor dem Schiedsverfahren eingetretene Geldentwertung als Verzugsschaden einzuklagen.

[15] *Münch*, Vollstreckbare Urkunde, S. 363f.

[16] Ebenso i.E. BGH NJW 88, 1215; 65, 300.

[17] Die Entscheidungen BGH NJW 88, 1215; 65, 300 stellen ausdrücklich darauf ab, welchen Antrag der Kläger stellt und auf welchen Sachverhalt er sich stützt; die angezogenen Rechtsvorschriften seien dagegen für die Zuständigkeit irrelevant.

[18] S.o. Kap. 5, USA.

[19] Dies hat m.E. nichts mit der – umstrittenen (eingehend *Loritz*, ZZP 105 (1992), 1 (17ff.)) – Frage der Dispositionsbefugnis über die Rechtskraft des Schiedsspruchs zu tun. Sieht man dies anders – weil der prozessuale Streitgegenstandsbegriff „automatisch" eine weitergehende Rechtskraft bedeuten würde – so muß man insofern eine Dispositionsbefugnis jedenfalls bejahen.

[20] *Loritz*, ZZP 105 (1992), 1 (17ff.), insbesondere auch zu den Auswirkungen auf das Rechtskraftverständnis.

richtlichen Urteil. Dies entspricht dem regelmäßigen Interesse der Parteien an einer umfassenden Streiterledigung.

Für die Rechtskraft- und Präklusionswirkung deutscher Schiedssprüche bedeutet dies, daß sie grundsätzlich denselben Umfang hat und ebenso zu bestimmen ist, wie bei einem entsprechenden staatlichen Urteil.[21] Etwas anderes gilt, wenn die Parteien in ihrer Vereinbarung oder die Schiedsinstitution in ihrem Reglement engere Wirkungen festgelegt haben.

§ 767 Abs. 2 paßt allerdings nicht in allen Punkten auf Schiedssprüche. Anpassungen sind notwendig, um Besonderheiten des Schiedsverfahrens Rechnung zu tragen. Diese Anpassungen werden sogleich[22] noch näher diskutiert.

b) Statut der Rechtskraft- und Präklusionswirkung eines ausländischen Spruchs

Die Wirkungen eines ausländischen Spruchs können sich nach deutschem Recht oder dem Heimatrecht[23] des Schiedsspruchs richten.[24]

Die Rechtsprechung wendet § 767 Abs. 2 auf ausländische Schiedssprüche entsprechend an.[25] Dies entspricht ihrer Praxis zu ausländischen Urteilen[26] und findet auch in der Literatur Befürworter.[27] Die Begründung variiert. In der Entscheidung *BGHZ 38, 259* heißt es, jedenfalls der Gläubiger müsse sich „gefallen lassen", daß der Schuldner Einwände in dem nach § 767 Abs. 2 vorgesehenen Umfang vorbringen könne, auch wenn dies nach dem Heimatrecht des ausländischen Schiedsspruchs nicht zulässig sei. Denn es sei

> „kein Anhalt in der Zivilprozeßordnung dafür zu finden, daß diese den inländischen Schuldner gegenüber einem ausländischen Vollstreckungstitel grundsätzlich schlechter stellen will als gegenüber einem inländischen".[28]

In dieser Entscheidung ließ der BGH noch offen, ob umgekehrt Einwendungen präkludiert seien, die zwar nach dem ausländischen Recht zulässig, nach § 767

---

[21] Die praktischen Schwierigkeiten hierbei dürfte *Bosch* (S. 102ff.) überschätzen, da in Schiedsverfahren gewöhnlich ebenfalls Anträge gestellt und der Sachverhalt in Schriftsätzen dargelegt wird.

[22] Im Zusammenhang mit der Anwendung von § 767 Abs. 2 auf ausländische Schiedssprüche (wo sie noch erheblicher sind, als bei einem deutschen Schiedsspruch).

[23] Als Heimatrecht ist analog § 1025 Abs. 1 das Recht am Sitz des Schiedsgerichts zu verstehen. Die als einseitige Kollisionsregel formulierte Vorschrift ist insofern zur allseitigen auszubauen; *Schlosser*, Das neue deutsche Recht der Schiedsgerichtsbarkeit, Manuskript S. 45. Vgl. auch Art. V S. 1 lit. e UNÜ.

[24] Ein Abstellen auf die *lex causae* scheidet mit derselben Begründung aus, wie bei Urteilen: Rechtskraft und Präklusionswirkung sind *verfahrensrechtlich* zu qualifizieren, s.o. Kap. 7, Präklusion.

[25] BGHZ 34, 274 (278) noch ohne jede Problematisierung; eingehender dann BGHZ 38, 259 (264) und abschließend BGH NJW 65, 1138.

[26] BGH NJW 93, 1270; näher s.o. Kap. 7 Präklusion, Abschn. II 1.

[27] *Schütze*, Schiedsgericht Rz. 252.

[28] BGHZ 38, 259 (264).

Abs. 2 aber ausgeschlossen wären.[29] Später bejahte er die Frage – auch ein im Vergleich zu § 767 Abs. 2 dem Schuldner *günstigeres* Heimatrecht des Schiedsspruchs sei in Deutschland unbeachtlich. Zur Begründung verwies er allein darauf, daß § 767 Abs. 2 gemäß §§ 795, 794 Abs. 1 Nr. 4a auf Schiedssprüche anwendbar sei, ohne daß das Gesetz einen Unterschied zwischen in- und ausländischen Sprüchen mache. Diese Begründung ist zu Recht als formalistisch kritisiert worden.[30]

Jenseits der formalen Begründung könnte für die Position des BGH sprechen, daß die Klage nach § 767 in Voraussetzungen und Umfang von der deutschen *lex fori* regiert wird.[31] Diese Argumentation trägt jedoch nicht, wie oben im Zusammenhang mit ausländischen Urteilen ausführlich dargelegt. Stichhaltiger wären andere, aus der Diskussion um die Anerkennung ausländischer Urteile bekannte Argumente,[32] welche auch dort die Rechtsprechung dazu bringen, den ausländischen Titel wirkungsmäßig einem inländischen *gleichzustellen*.[33]

Damit ist auch schon das Gegenmodell angesprochen, eine *Wirkungserstrekkung*,[34] die auf das Heimatrecht des Schiedsspruchs schaut. Sie entspricht einer für ausländische Urteile verbreiteten Ansicht.[35] Als Kompromiß wird auch bei Schiedssprüchen die kumulierte Anwendung der deutschen und ausländischen Präklusionsvorschriften zugunsten des schwächeren Rechts vertreten,[36] die in der Literatur zum Parallelproblem bei ausländischen Urteilen[37] wohl herrschend ist.

Die Erstreckung der nach dem Prozeßrecht des Schiedsverfahrens vorgesehenen Präklusionswirkung ist auch hier vorzugswürdig; die Gründe hierfür sind dieselben wie im Fall von Urteilen.[38] Zur Bestimmung des Präklusionsumfanges ist daher das Heimatrecht des Schiedsspruchs zu befragen; die dabei auftauchenden Einzelfragen sind im folgenden zu untersuchen. Folgt man der Wirkungser-

---

[29] BGHZ 38, 259 (264).

[30] St/J-*Schlosser*, § 1042 Fn. 73.

[31] Diese Argumentation klingt in BGHZ 38, 259 (264) an.

[32] Vor allem Praktikabilitätsargumente. Näher s. o. Kap. 7, Präklusion, Abschn. II 1 und 4.

[33] Explizit für die Gleichstellungstheorie bei Schiedssprüchen etwa *Loritz*, ZZP 105 (1992), 1 (11); *Bosch*, Rechtskraft und Rechtshängigkeit im Schiedsverfahren, S. 155 ff.

[34] *Schütze*, DIZPR S. 218 ff.; St/J-*Schlosser*, § 1042 Rz. 16 u. 22; beide verweisen aber dennoch auf § 767 Abs. 2 (*Schütze* aaO S. 222 f.; St/J-*Schlosser* aaO Rz. 23).

[35] *Martiny*, Hdb. IZVR, Bd. III/1, Kap. I Rz. 393 f.; *Wolff*, Hdb. IZVR, Bd. III/2, Kap. IV Rz. 97 f.; *Zöller-Geimer*, § 722 Rz. 51. Jedenfalls für Berücksichtigung einer hinter § 767 Abs. 2 zurückbleibenden ausländischen Rechtskraft *Schack*, IZVR Rz. 794.

[36] *Geimer*, IZPR Rz. 3890; ebenso offenbar St/J-*Schlosser*, § 1042 Rz. 23, der einerseits § 767 Abs. 2 für entsprechend anwendbar hält, andererseits aber nach ausländischem Recht weitergehend mögliche Einwendungen berücksichtigen will.

[37] S.o. Kap. 7, Präklusion, Abschn. II 4.

[38] Der Differenzierungsversuch von *Bosch*, Rechtskraft und Rechtshängigkeit im Schiedsverfahren, S. 155 ff., (zum alten Recht), 160 ff. (zum UNÜ) leuchtet nicht ein – letztlich schränkt *Bosch* die Ergebnisse auch über seine – oben bereits abgelehnte – Auffassung vom „materiellrechtlichen" Streitgegenstandsbegriff wieder ein (S. 161).

streckung nicht, sondern wendet mit der Rechtsprechung § 767 Abs. 2 analog an, so sind jedenfalls gewisse Anpassungen vorzunehmen, die anschließend ebenfalls erörtert werden sollen.

c) Präklusionsumfang nach dem Heimatrecht des Schiedsspruchs

Das Recht am Sitz des Schiedsgerichts bestimmt bei Wirkungserstreckung den Umfang der Rechtskraft- und Präklusionswirkung des Spruchs. Fällt es – wie etwa im Fall der USA – schwer, in diesem Recht die Wirkungen des (unbestätigten) Schiedsspruchs von denen der Vollstreckbarerklärung oder Registrierung (USA: *confirmation*) zu unterscheiden,[39] so ist im Zweifel großzügig zugunsten der Rechtskraft zu verfahren. Denn der Schiedsspruch entfaltet im Heimatstaat seine vollen Wirkungen *als bestätigter* und dem Gläubiger wäre sogar die isolierte Berufung auf das bestätigende Vollstreckungsurteil erlaubt („Doppelexequatur").[40] Auf keinen Fall werden die Wirkungen des Spruchs etwa dadurch *eingeschränkt*, daß er nach amerikanischem und englischem Rechtsverständnis mit seiner Vollstreckbarerklärung jedenfalls für die Zwecke der weiteren Rechtsverfolgung im Inland in dem Exequaturteil aufgeht (*merger*).[41] Dies steht einer Vollstreckbarerklärung des Schiedsspruchs in Deutschland nicht entgegen[42] und würde ohnehin allenfalls den Schiedsspruch als Titel, nicht aber den mit ihm titulierten Anspruch betreffen. Der *merger* taugt keinesfalls als Grundlage für nachträgliche Angriffe auf den Schiedsspruch.[43]

Wie bei der Erstreckung ausländischer Urteilswirkungen ist auch hier wieder auf eine korrekte Sachnormqualifikation zu achten. Sieht das Heimatrecht vor, daß bestimmte Einwände noch in späteren Verfahren geltend gemacht werden können,[44] so bedeutet dies nicht zwangsläufig, daß diese Einwände nicht durch den Schiedsspruch präkludiert sind. Vielmehr können die entsprechenden Verfahren auch ausnahmsweise Möglichkeiten zur Durchbrechung der Rechtskraft sein. Sie sind dann als Verfahren mit Wiederaufnahmecharakter zu qualifizieren, deren Existenz den Umfang der Präklusion nicht beschneidet. Die Berücksichtigung von Wiederaufnahmegründen würde eine (partielle) Aufhebung des Schiedsspruchs bedeuten, die nur im Heimatstaat zulässig ist.[45]

---

[39] S.o. Kap. 5, USA.

[40] So die deutsche Rechtsprechung: BGH NJW 84, 2765; zust. *Schlosser*, IPRax 85, 141; abl. *Geimer*, IZPR Rz. 3899; *Schack*, IZVR Rz. 937.

[41] S.o. Kap. 4, England und Kap. 5, USA.

[42] BGH NJW 84, 2763.

[43] Ebenso für den Bereich des UNÜ *van den Berg*, New York Arbitration Convention, S. 347 f. m.w.N.

[44] So wenden manche amerikanischen Gerichte die für Urteile geltenden weiten Wiedereinsetzungsmöglichkeiten auch auf Schiedssprüche an, vgl. *MJM, Inc. v. Iese Tootoo*, 219 Cal. Rptr. 100 (Cal. App., 2d District 1985). Anders aber die ganz h.M., s. Kap. 5, USA.

[45] *Schlosser*, RipS Rz. 906.

Während die Zivilprozeßordnung besondere Verfahren zur Geltendmachung von Wiederaufnahmegründen bereitstellt (§§ 578ff.), differenzieren ausländische Rechtsordnungen häufig nicht zwischen der Geltendmachung von Wiederaufnahmegründen und Vollstreckungsgegeneinwänden.[46] Würde man im deutschen Verfahren nach § 767 Vollstreckungsgegeneinwände in dem Umfang zulassen, in dem etwa FRCP Rule 60 (b) (1) Einwände zuläßt, die durch „Versehen, Unaufmerksamkeit, Überraschung oder entschuldbare Nachlässigkeit"[47] im Erstverfahren nicht vorgetragen wurden[48], so würden deutsche Gerichte eine Wiedereinsetzung gegenüber einem amerikanischen Urteil oder Schiedsspruch gewähren. Damit aber würde das Verbot der *révision au fond* verletzt.

Illustrativ ist hierzu der Fall *BGHZ 57, 153*. Dort berief sich der Schuldner auf eine Aufrechnung, die nach seinem Vortrag im Schiedsverfahren nur deshalb nicht geltend gemacht worden war, weil seine Anwälte entgegen seinen Weisungen und außerhalb seiner Prozeßvollmacht gehandelt hatten. Dies mag nach amerikanischem Verfahrensrecht (welches auf das in New York durchgeführte Schiedsverfahren wohl anwendbar war) die Berufung auf die Aufrechnung in einem späteren Verfahren ermöglichen,[49] konnte in Deutschland aber der Präklusion der Aufrechnung nicht entgegengesetzt werden.[50]

Eine echte Einschränkung des Umfangs der Rechtskraft im Vergleich zu deutschen Vorstellungen liegt dagegen vor, wenn das ausländische Recht den für die objektiven Grenzen der Rechtskraft maßgeblichen „Streitgegenstand" enger definiert.[51] Zieht das Heimatrecht des Schiedsspruchs – wie etwa das französische[52] oder gelegentlich das amerikanische[53] – die objektiven Grenzen der Rechtskraft in mancher Hinsicht enger als das deutsche Recht, so sind bei einer Vollstreckungsabwehrklage alle die Einwände zu berücksichtigen, die sich außerhalb dieser Grenzen befinden, gleich ob sie vor oder nach Abschluß des Erstverfahrens entstanden sind. Eine solche Handhabung verletzt weder das Verbot der *révision au fond*, noch bedeutet sie die Anmaßung einer Zuständigkeit zur Beurteilung von Wiederaufnahmegründen gegen den ausländischen Schiedsspruch. Auch hier können die Parteien natürlich wieder eine vom Verfahrensrecht des Heimatstaates abweichende Regelung treffen.[54] Auch hier gilt aber, wie oben zum deutschen Recht ausgeführt, daß im Zweifel die vom Heimatrecht vorgesehenen

---

[46] So in den USA die Federal Rules of Civil Procedure, Rule 60 (b); in England Rules of the Supreme Court Order 13, Rule 9 (für Versäumnisurteile) und Order 14, Rule 11.

[47] *„Mistake, inadvertence, surprise or excusable neglect"*, FRCP 60 (b) (1).

[48] Näher zu den US-amerikanischen Vorschriften s. Kap. 5, USA.

[49] Vgl. FRCP 60 (b) 1.

[50] BGHZ 57, 153 (159).

[51] Näher s.o. Kap. 7, Präklusion, zum Parallelproblem bei Urteilen.

[52] Mit der Begrenzung auf die *cause*, s.o. Kap. 2, Frankreich.

[53] Mit der jedenfalls von manchen Gerichten vorgenommenen engen Abgrenzung des *claim* und Ablehnung einer *compulsory-counterclaim rule*, s.o. Kap. 5, USA.

[54] Vorausgesetzt, es ist insofern dispositiv.

Wirkungen gewollt sind und ohne konkrete Anhaltspunkte nicht engere oder weitere Wirkungen aus der Schiedsklausel hergeleitet werden können.

d) Anwendung von § 767 Abs. 2 auf Schiedsverfahren

Zur Anwendung des § 767 Abs. 2 auf einen Schiedsspruch kann es zum einen kommen, wenn es sich um einen deutschen Spruch handelt, zum anderen, wenn man mit der Rechtsprechung auf Grundlage der Gleichstellungstheorie § 767 Abs. 2 auch auf ausländische Schiedssprüche entsprechend anwendet.[55] In beiden Fällen sind die besonderen Gegebenheiten des (ausländischen) Schiedsverfahrens zu berücksichtigen, um zu interessen- und wertungsgerechten Ergebnissen zu kommen.

§ 767 Abs. 2 präkludiert Einwände, die im Erstverfahren hätten geltend gemacht werden müssen. Dabei gilt ein streng objektiver Maßstab: geltend gemacht werden muß, was objektiv geltend gemacht werden kann.[56] Wendet man mit der Gleichstellungstheorie § 767 Abs. 2 auch auf das ausländische Schiedsverfahren an, so statuiert man gegenüber dem Schuldner nachträglich eine Pflicht zur Geltendmachung von Einwänden, die nach dem Recht des Schiedsverfahrens unter Umständen nicht bestand. Die Grenze dieser Pflicht ist erreicht, wenn die Geltendmachung eines Einwandes in dem Erstverfahren (Schiedsverfahren) unmöglich bzw. unzulässig war.[57]

(1) Möglichkeit, die Einwendung im Schiedsverfahren geltend zu machen

Hat das Schiedsgericht den Einwand geprüft und verworfen, so ist der Schuldner präkludiert. Dies gilt ohne kollisionsrechtlichen Vorbehalt, d.h. auch dann, wenn etwa eine Aufrechnung deshalb nicht durchgriff, weil das Schiedsgericht ihre Wirksamkeit einer kumulativen Prüfung nach dem Recht der Haupt- und der Gegenforderung unterworfen hat,[58] während die deutsche Rechtsprechung nur auf das Recht der Hauptforderung abstellt.[59] Insofern ist die Rechtskraft des Schiedsspruchs uneingeschränkt zu respektieren.

Ein Einwand ist dagegen nicht präkludiert, wenn das Schiedsgericht sich für unzuständig erklärt hat, ihn zu prüfen[60] oder wenn es ihn selbst bei Geltend-

---

[55] BGHZ 34, 274 (278); BGHZ 38, 259 (264); BGH NJW 65, 1138.

[56] BGHZ 42, 37 (40ff.); näher s.o. Kap. 7, Präklusion.

[57] So auch die Rechtsprechung: Vgl. BGH NJW 93, 1270 (für ein österreichisches Urteil); RG Gruchot, 61, 496; BGH NJW 65, 1138; 90, 3210 (3211); 97, 1289, jeweils für Schiedssprüche. Ebenso schon *Riezler*, S. 569 Fn. 16.

[58] Dies entspricht nach *Berger*, RIW 98, 426 (427) einer bei internationalen Schiedsgerichten häufig anzutreffenden Rechtsauffassung.

[59] So die deutsche Rechtsprechung, BGHZ 38, 254 (256).

[60] BGHZ 38, 259 (265); OLG Hamm, 6.7.1994, Yb. Comm. Arb. 1997, Germany Nr. 46 (S. 702, 706) (betr. jeweils Aufrechnung).

machung nicht geprüft hätte.[61] Letzteres kann allerdings im Einzelfall schwer festzustellen sein. Leitschnur kann hier nur sein, ob es ihn hätte berücksichtigen *dürfen.*

Dies ist zu verneinen bei einem *nicht schiedsfähigen* Einwand.[62] Manche Rechtsordnungen mögen etwa kartellrechtliche Einwände nicht für schiedsfähig halten.[63] Ausschlaggebend ist nach richtiger Ansicht das auf das Schiedsverfahren anwendbare Recht, auf keinen Fall die *lex causae.*[64] Denn die Entscheidungsbefugnisse des Schiedsgerichts sind eine prozeßrechtliche Frage und wurzeln nicht in dem zu beurteilenden materiellen Rechtsverhältnis. Allerdings läßt sich auch mit guten Gründen die Anwendung des Statuts des Schiedsvertrages begründen, da dieser die Grundlage der schiedsrichterlichen Tätigkeit ist.[65] Maßgeblich ist hier die Perspektive der Schiedsrichter. Die Fragestellung unterscheidet sich damit von der Aufhebungs- und Anerkennungsperspektive, unter der sie meist diskutiert wird. Die großzügige Haltung des neuen deutschen Schiedsrechts zur Schiedsfähigkeit (§ 1030 Abs. 1) ist daher nur ausschlaggebend, wenn Schiedsverfahren und Schiedsvertrag deutschem Recht unterlagen. Andernfalls rechtfertigt die Perspektive der Schiedsrichter unter Umständen eine kumulative Anknüpfung zu Lasten der Schiedsfähigkeit.[66] Dies ist jedoch in der Praxis weniger gravierend als es klingt, da die meisten Rechte inzwischen eine großzügige Haltung zur Schiedsfähigkeit einnehmen.[67]

Der Präklusionswirkung entzogen sein müssen auch Einwände, die *nicht der Schiedsabrede unterfallen.* So kann es nach amerikanischem Recht vorkommen, daß das Schiedsgericht zwar über Ansprüche aus dem Vertrag, aber nicht über Einwände gegen seine Wirksamkeit entscheiden darf.[68] Eine solche, höchst unpraktische Auslegung läuft aber den Interessen der Parteien regelmäßig zuwider und ist daher abzulehnen, es sei denn, das Schiedsgericht oder die Parteien hätten sie sich ausdrücklich zu eigen gemacht. Leichter kann das Phänomen des schiedsfremden Einwands bei der *Aufrechnung* vorkommen. Stützt der Schuldner die Aufrechnung auf eine *konnexe* Gegenforderung, so wird diese regelmäßig ent-

---

[61] RG Gruchot, 61, 496; BGH NJW 65, 1138; NJW 90, 3210 (3211) (Aufrechnung).

[62] Die Schiedsfähigkeit kann auch für Gegenstände fehlen, die das deutsche Recht als Vorfragen ansieht (*Schlosser*, RipS Rz. 313)- eine Schiedsfähigkeit „des Streitgegenstandes" reicht etwa im US-Recht nicht aus, s.o. Kap. 5, USA.

[63] Zu den Grenzen der Schiedsfähigkeit im amerikanischen Recht s.o. Kap. 5, USA.

[64] So im Ergebnis auch *Schlosser*, RipS Rz. 299ff. mit eingehender Darstellung der komplexen kollisionsrechtlichen Problematik.

[65] So etwa von Hülsen, S. 135f.

[66] Vgl. *Berger*, Internationale Wirtschaftsschiedsgerichtsbarkeit, S. 129ff.

[67] Rechtsvergleichend *Berger*, Internationale Wirtschaftsschiedsgerichtsbarkeit, S. 129ff.; zur Entwicklung in den USA s.o. Kap. 5, USA.

[68] *Corall v. State Farm Mutual Auto. Ins.* Co., 155 Cal. Rptr. 342 (Cal. App. 1979), anders dagegen *Mar-Len of L.A. Inc. v. Parsons-Gilbane*, 773 F.2d 633, 637 (5th Cir. 1985) und die wohl zutreffende Differenzierung in *Rudell v. Comprehensive Accounting Corp.*, 802 F.2d 926, 932 (7th Cir. 1986). Näher s.o. Kap. 5, USA.

weder ausdrücklich oder bei interessengerechter Auslegung[69] implizit von der Schiedsabrede umfaßt sein.[70] Nach englischem Verfahrensrecht kann das Schiedsgericht allerdings gehindert sein, eine nach Klageerhebung entstandene Gegenforderung zur Aufrechnung zuzulassen.[71] Bei *inkonnexen* Gegenforderungen, die nicht ausdrücklich unter die Schiedsabrede fallen, ist unsicher, ob und unter welchen Voraussetzungen sie im Schiedsverfahren überhaupt zur Aufrechnung gestellt werden dürfen. Maßgeblich ist das auf das Schiedsverfahren anwendbare Recht. Nach Schweizer Recht kann der Schuldner sich in einem nationalen Schiedsverfahren zwar auf die Aufrechnung berufen, das Schiedsgericht darf aber über die nicht schiedsgebundene Forderung nicht entscheiden, sondern muß bis zu ihrer rechtskräftigen Feststellung das Schiedsverfahren aussetzen.[72] Bei einem *internationalen* Schiedsverfahren[73] ist umstritten, ob die Aufrechnung mit nicht schiedsgebundenen Forderungen grundsätzlich unzulässig ist[74] oder Art. 29 SchiedsKonk mangels abweichender Regelung im IPRG anwendbar ist[75] oder ob das Schiedsgericht frei ist auch über solche Aufrechnungen zu entscheiden.[76] Letzteres nehmen neben einer stärker werdenden Meinung in der schweizerischen und österreichischen Literatur auch verschiedene Sprüche des Schiedsgerichts der Internationalen Handelskammer an, teilweise sogar dann, wenn die Gegenforderung einer anderen Schiedsvereinbarung oder einer Gerichtsstandsvereinbarung unterliegt.[77] Im deutschen Recht ist ein gegenläufiger Trend zu beobachten. Die Rechtsprechung des Reichsgerichts[78] hielt die Aufrechnung stets für zulässig, die neuere Rechtsprechung[79] und Literatur[80] fordern dagegen, daß auch die Gegenforderung der Schiedsabrede unterfallen muß. Ihnen hat sich unter dem Eindruck der zum UNCITRAL-Modellgesetz herrschenden Auffas-

---

[69] Vgl. Schiedsspr. d. Schiedsgerichtshofs der Industrie- und Handelskammer Sofia vom 01.10.980, Yb. Comm. Arb. 1987, 84.

[70] *Schütze/Tscherning/Wais*-Wais Rz. 54; *Berger*, RIW 98, 426 (427) m. zahlr. Nachw.

[71] So z.B. die wohl noch herrschende Rechtsauffassung zum englischen Recht, vgl. oben Kap. 4, England; *Jacob/Scott*, RSC Ord. 18/17/7 unter Berufung auf *Richards v. James* (1848) 2 Ex. 471; *Wood*, TZ 2–145 ff.

[72] Art. 29 SchiedsKonk entgegen der früheren Rechtsprechung, die dem Schiedsgericht erlaubte, eine solche Aufrechnung selbst zu beurteilen, *Walter/Bosch/Brönnimann*, S. 75. Kritisch zu Art. 29 SchiedsKonk, der eine erhebliche Verzögerung des Schiedsverfahrens bedeuten kann, E. Bucher, Schiedsgerichtsbarkeit, S. 137 f.; *Lalive/Poudret/Raymond*, Art. 29 n. 2; *Rüede/Hadenfeld* S. 259.

[73] Zur Definition s.o. Kap. 3, Schweiz.

[74] E. Bucher, Schiedsgerichtsbarkeit, S. 137 ff.

[75] *Walter/Bosch/Brönnimann*, S. 75 f.; IPRG-*Vischer*, Art. 182 Rz. 13.

[76] *Lalive/Poudret/Raymond*, Art. 186 n. 8; *Rüede/Hadenfeld* S. 260.

[77] *Berger*, RIW 98, 426 (429) m.w.N.

[78] RGZ 133, 16 (19); RG Gruchot, 61, 496 (498).

[79] BGHZ 23, 17 (25) – allerdings von zweifelhaftem Wert seit BGHZ 38, 254.

[80] *Schütze/Tscherning/Wais*-Wais Rz. 55 m.w.N.; *Schlosser*, RipS Rz. 399; St/J-*Schlosser*, § 1025 Rz. 37; anders aber *Schwab/Walter*, Kap. 3 Rz. 12, differenzierend de lege ferenda auch *Schlosser*, ZIP 87, 492 (497).

sung[81] auch der Gesetzgeber des SchiedsVfG angeschlossen.[82] Bestehen nach dem Schiedsverfahrensstatut solche erheblichen Unsicherheiten über die Zulässigkeit der Aufrechnung mit einer nicht schiedsgebundenen Gegenforderung, so wäre es nicht angebracht, eine solche Aufrechnung als präkludiert anzusehen, selbst wenn sich nicht ausschließen läßt, daß das Schiedsgericht sie aufgrund „liberaler" Ansichten berücksichtigt hätte. Erst recht ausgeschlossen ist die Präklusion einer Gegenforderung, die einer anderen Schiedsabrede oder Gerichtsstandsvereinbarung unterlag.[83] Eine Ausnahme bilden allerdings Gegenforderungen, die bereits zum Zeitpunkt des Schiedsverfahrens unstreitig oder rechtskräftig festgestellt waren oder auf deren Einbeziehung in das Schiedsverfahren sich der Kläger bereits (ggf. auch vorprozessual) eingelassen hatte oder zu deren Einbeziehung das Schiedsgericht nach der Schiedsordnung befugt war.[84]

Durfte das Schiedsgericht die Aufrechnung berücksichtigen, so heißt dies allerdings noch nicht, daß es dies auch im laufenden Verfahren noch getan hätte. Die meisten Schiedsordnungen stellen es dem Schiedsgericht ausdrücklich anheim, eine nachträgliche Erweiterung des Streitgegenstandes durch Gegenforderungen abzulehnen.[85] Hierauf kann es aber für die Präklusion nicht ankommen: Bestand die Aufrechnungsmöglichkeit bereits zur Zeit der Klageerwiderung, so hätte der Schuldner sie dort geltend machen können. Entstand sie später, so hätte er sie ebenfalls vortragen und es dem Schiedsgericht überlassen können, sie gegebenenfalls nicht mehr zuzulassen (etwa, weil die Sache im übrigen entscheidungsreif war oder um das Verfahren nicht zu überfrachten)[86] und damit eine Präklusion auszuschließen. Der Schuldner kann sich also gegenüber der Präklusion eines nicht vorgebrachten Einwands nicht darauf berufen, das Schiedsgericht hätte sein Ermessen unter Umständen gegen die Zulassung des Einwands ausgeübt.

Besonderheiten gelten auch hinsichtlich des *zeitlichen Endpunktes* für die Präklusion. Nach § 767 Abs. 2 ist dies der Schluß der letzten mündlichen Verhandlung. Bei einem Schiedsverfahren ist auf den Zeitpunkt abzustellen, in dem nach dem angewandten Schiedsverfahrensrecht neue Einwendungen zuletzt gel-

---

[81] Vgl. aus den Beratungen UN Dok. A/CN.9/264, Art. 23 Abs. 5 u. 8; *Hußlein-Stich*, S. 122f.

[82] Amtliche Begründung zum SchiedsVfG, BT-Drs. 13/5274, S. 49 (zu § 1046).

[83] So im Ergebnis wohl auch *Berger*, RIW 98, 426 (429f.).

[84] Vgl. *Berger*, RIW 98, 426 (430).

[85] Art. 19 Rules of Arbitration of the International Chamber of Commerce vom 1.1.1998; Art. 22.1 (a) London Court of International Arbitration Rules vom 1.1.1998; Art. 42 (b) Regeln für das Schiedsgerichtsverfahren der World Intellectual Property Organization (WIPO) vom 1.10.1994; Rule R-6. Commercial Dispute Resolution Rules der American Arbitration Association (AAA) vom 1.1.1999; Art. 8 Commercial Arbitration Rules der AAA vom 1.7.1996.

[86] Das mit der Geltendmachung im Schiedsverfahren evtl. verbundene Kostenrisiko muß der Schuldner tragen. Allerdings dürfte vernünftigerweise eine vom Schiedsgericht nicht mehr geprüfte Aufrechnung auch keine Kostenfolgen haben.

tend gemacht werden konnten.[87] Dies kann, muß aber nicht die letzte mündliche Verhandlung sein. Die meisten Schiedsordnungen sehen eine mehr oder weniger förmliche Erklärung des Schiedsgerichts vor, wenn es die Anhörung der Parteien beendet.[88] Insofern kommt es auf die konkrete Gestaltung des Schiedsverfahrens an, die sich aus den Akten des Schiedsgerichts ersehen läßt.[89] Gelegentlich sehen die Schiedsordnungen explizit vor, daß das Schiedsgericht die Verhandlung bis zum Erlaß des Spruchs noch jederzeit wieder eröffnen kann.[90] Dies kann dem Schuldner aber ebensowenig entgegengehalten werden, wie er sich bis zum Abschluß der Anhörung auf die hypothetische Ablehnung eines an sich zulässigen Einwands berufen kann.[91] Liegt damit die Zeitschranke fest, so hängt die Präklusion einer Einwendung davon ab, ob sie vor oder nach dem Stichtag entstanden ist. Der Entstehungszeitpunkt richtet sich nach dem auf die Einwendung anwendbaren materiellen Recht. Insofern kann auf die Ausführungen zu ausländischen Urteilen verwiesen werden.[92]

Hat das (erste) Schiedsgericht die Einwendung *wegen Verspätung zurückgewiesen* und daher inhaltlich nicht geprüft, so war die Geltendmachung dennoch nach den zu § 767 Abs. 2 entwickelten Grundsätzen[93] „möglich". Zweifel hieran könnten auftauchen, wenn nach dem Heimatrecht des Schiedsspruchs die Möglichkeit besteht, im Erstverfahren wegen Verspätung zurückgewiesene Einwände später in einem anderen Verfahren oder mit einem vollstreckungsrechtlichen Rechtsbehelf noch geltend zu machen.[94] Eine solche Möglichkeit wäre jedoch nach deutschem Recht als wiederaufnahmeähnlicher Rechtsbehelf zu qualifizieren, dessen Existenz im Heimatstaat nichts an der grundsätzlichen Präklusionswirkung der Erstentscheidung ändert.[95]

---

[87] BGH NJW 97, 1289, allerdings leider ohne konkrete Erörterungen zum Sachverhalt; ebenso die Literatur: St/J-*Schlosser* § 1042 Rz. 23; *Bosch*, Rechtskraft und Rechtshängigkeit im Schiedsverfahren, S. 62.

[88] Art. 22 Abs. 1 Rules of Arbitration of the International Chamber of Commerce vom 1.1.1998; Art. 57 (a) Regeln für das Schiedsgerichtsverfahren der WIPO vom 1.10.1994; Art. 24 Abs. 1 International Arbitration Rules der AAA vom 1.4.1997; Rule R-37 Commercial Dispute Resolution Rules der AAA vom 1.1.1999; Art. 35 Commercial Arbitration Rules der AAA vom 1.7.1996.

[89] *Schwab/Walter*, Kap. 27 Rz. 15; St/J-*Schlosser* § 1042 Rz. 23.

[90] Art. 22 Abs. 1 Rules of Arbitration of the International Chamber of Commerce vom 1.1.1998; Art. 57 (b) Regeln für das Schiedsgerichtsverfahren der WIPO vom 1.10.1994; Art. 24 Abs. 2 International Arbitration Rules der AAA vom 1.4.1997; Rule R-38 Commercial Dispute Resolution Rules der AAA vom 1.1.1999; Art. 36 Commercial Arbitration Rules der AAA vom 1.7.1996.

[91] S. soeben im Zusammenhang mit dem Ermessen des Schiedsgerichts, Erweiterungen des Streitgegenstandes abzulehnen.

[92] S.o. Kap. 7, Präklusion.

[93] BGH NJW 94, 2769 (2770); St/J-*Münzberg*, § 767 Rz. 25; krit. KG ZZP 86 (1973), 441. S.o. Kap. 7, Präklusion.

[94] So z.B. im englischen Recht, vgl. *Bains v. Patel*, The Times, May 20, 1983, C.A. (der Fall betrifft allerdings nicht ein Schiedsverfahren).

[95] S.o. Kap. 7 Präklusion, Abschn. II 6 d.

Zusammenfassend ist festzustellen, daß mit Anwendung des § 767 Abs. 2 zwar grundsätzlich die Präklusionsregel der deutschen *lex fori* bestimmt, welche Einwände der Schuldner noch mit der Vollstreckungsabwehrklage geltend machen kann, dabei aber berücksichtigt wird, ob die Einwände im Schiedsverfahren *möglich* waren. § 767 Abs. 2 wird also durch das zusätzliche Erfordernis, daß die Geltendmachung in dem ausländischen Erstverfahren (Schiedsverfahren) jedenfalls möglich gewesen sein muß, an die materiellrechtlichen und prozeßrechtlichen Gegebenheiten des schiedsgerichtlichen Erstverfahrens *angepaßt*.[96]

(2) Pflicht, die Einwendung im Schiedsverfahren geltend zu machen

Der deutsche Präklusionsmaßstab (§ 767 Abs. 2) ist insofern streng, als er implizit die Pflicht aufstellt, alle objektiv möglichen Einwände gegen den vom Kläger behaupteten prozessualen Anspruch im Erstverfahren vorzubringen, gleich ob bekannt oder unbekannt und gleich ob sie im selben Lebenssachverhalt wie die Klage wurzeln oder in einem anderen. Dies folgt aus dem Zweck der Präklusion, der Absicherung der als Widerspruchsverbot verstandenen Rechtskraft. In bezug auf ausländische Urteile wurde oben dargelegt, daß diese strengen Maßstäbe zur Anwendung kommen, wenn man – anders als hier vertreten – eine Gleichstellung und deshalb die Anwendung von § 767 Abs. 2 für richtig hält.[97]

Bei Gleichstellung[98] gelten also auch für ausländische Schiedssprüche inländische Präklusionsmaßstäbe. Im inländischen Verfahren wird dem Schuldner die Geltendmachung von Einwänden in erheblichem Umfang zugemutet, z.B. selbst dann, wenn sie davon abhängt, daß er zunächst materielle Gestaltungsrechte ausübt.[99] Es kann dem Schuldner daher durchaus zuzumuten sein, in dem ausländischen Schiedsverfahren Widerklage zu erheben, wenn dies zur Geltendmachung einer Aufrechnung notwendig ist.[100] Keinesfalls kann der Schuldner einer Präklusion entgegenhalten, er habe die Aufrechnung im Schiedsverfahren nicht erklärt, da ihm für eine klageweise Geltendmachung der Gegenforderung ein heimisches Schiedsgericht zur Verfügung gestanden hätte.[101] Solche Überlegungen vermögen auch bei unterschiedlichen Gerichtsständen im Inland die Präklusion nicht auszuschließen. Unerheblich ist wegen der Gleichstellung auch, ob das vom Schiedsgericht zugrunde gelegte Verfahrensrecht die Geltendmachung

---

[96] Zum Begriff der Anpassung in dem hier verwendeten Sinn *Basedow*, Qualifikation, Vorfrage und Anpassung, S. 134ff.

[97] Eine fallweise Anpassung des § 767 Abs. 2 in Richtung Wirkungserstreckung durch Abstellen darauf, was nach dem Recht des Schiedsverfahrens vorgebracht werden mußte, wäre methodisch verfehlt, s.o. Kap. 7, Präklusion.

[98] Deutlich BGHZ 34, 274 (277).

[99] So jedenfalls der Standpunkt der Rechtsprechung in dem berühmten Streit um die Präklusion von Gestaltungsrechten wie Anfechtung und Aufrechnung. Zum Streitstand vgl. etwa St/J-*Münzberg*, § 767 Rz. 32ff.

[100] A.A. offensichtlich OLG Hamburg, RIW 75, 645.

[101] So aber OLG Hamburg, RIW 75, 645.

des Einwandes ebenfalls zur Pflicht machte. Die Rechtsprechung, die § 767 Abs. 2 anwendet, stellt – konsequent – hierauf nie ab. Dies kann, wie bei ausländischen Urteilen, zu Überraschungen für die Parteien führen. So etwa, wenn die Parteien eines französischen Schiedsverfahrens von der dort für Urteile geltenden engeren, an die *cause* gebundenen Rechtskraft ausgingen[102] oder wenn man für die Schweiz die Meinung mancher Autoren als richtig unterstellt, es stehe dem Schuldner frei, ob er sich vor dem Schiedsgericht auf eine dort grundsätzlich zulässige Aufrechnung beruft.[103] Etwas anderes gilt nur, wie schon bei einem deutschen Schiedsspruch, wenn die Parteien in der Schiedsklausel eine abweichende Vereinbarung getroffen haben.

2. Rechtskraft- und Präklusionswirkung von Zweitentscheidungen

Ist in Deutschland bereits eine *Aufhebungsklage* abgewiesen worden oder das *Exequatur* erteilt worden, so stellt sich die Frage nach der Rechtskraft- und Präklusionswirkung dieser Verfahren bezüglich des erhobenen Einwands. Die Antwort hängt stark davon ab, ob man in diesen Verfahren Vollstreckungsgegeneinwände zuläßt und soll deshalb unten im Kontext erörtert werden. Dasselbe gilt, wenn bei einem ausländischen Spruch im fremden Erststaat Aufhebungsklage erhoben oder ein Exequaturverfahren in einem Drittstaat durchgeführt wurde.

Hat der Schuldner vor den Gerichten des Erststaats *Vollstreckungsabwehrklage* gegen den Schiedsspruch erhoben, so ist die Situation genauso zu beurteilen, wie wenn Gegenstand nicht ein Schiedsspruch, sondern ein Urteil wäre. Die Anerkennung der Rechtskraft- und Präklusionswirkung hängt also wieder von der Wahl zwischen Wirkungserstreckung und Gleichstellung ab und, falls man sich für letztere entscheidet, auch von der Auffassung vom Streitgegenstand der deutschen Vollstreckungsabwehrklage.[104] Dasselbe gilt bei einer Vollstreckungsabwehrklage in einem Drittstaat. Folgt man der oben für Urteile näher begründeten Ansicht, so ist in diesen Fällen jeweils die Wirkung der ausländischen Zweitentscheidung auf Deutschland zu erstrecken, sofern die Zweitentscheidung die allgemeinen Anerkennungsvoraussetzungen des § 328 erfüllt. Stammt das Zweiturteil aus einem Vertragsstaat des GVÜ, so findet das Übereinkommen Anwendung. Die Ausnahme des Art. 1 Abs. 2 Nr. 4 GVÜ ist insofern eng auszulegen, da ein solches Urteil zum titulierten Anspruch nichts mit Spezialfragen der Schiedsgerichtsbarkeit zu tun hat.[105]

---

[102] S.o. Kap. 2, Frankreich und Kap. 7, Präklusion.
[103] *Lalive/Poudret/Raymond*, Art. 186 n. 8.
[104] S.o. Kap. 7, Präklusion.
[105] EuGH 17.11.1998 (391/95) *Van Uden Maritime ./. Deco-Line*, IPRax 99, 240, Grd. 33, insoweit zust. *Heß/Vollkommer*, IPRax 99, 220 (222); *Bandel*, Einstweiliger Rechtsschutz im

Hat der Schuldner Vollstreckungsabwehrklage vor einem *Schiedsgericht* erhoben (dazu sogleich näher), so gelten für die Rechtskraft- und Präklusionswirkung des Zweitspruchs die obigen Ausführungen zum Erstspruch entsprechend. Zum Streitgegenstand der Vollstreckungsabwehrklage vor einem Schiedsgericht ist anzumerken, daß er im Zweifel stets die rechtskräftige Feststellung des Erlöschens oder Fortbestehens des Anspruchs mit umfaßt; da die Parteien vor dem Schiedsgericht nicht an herrschende Auffassungen zu § 767 gebunden sind, kommt es hier allein auf ihr Interesse an einer endgültigen Streiterledigung an.

II. Geltendmachung des Einwands vor einem Schiedsgericht

Bei einem durch Schiedsspruch titulierten Anspruch stellt sich naturgemäß die Frage, ob auch für die Prüfung eines vom Schuldner erhobenen nachträglichen Einwands ein – vielleicht sogar dasselbe – Schiedsgericht zuständig ist. Die Frage kann sowohl auftauchen, wenn der Schuldner ein Schiedsverfahren einleitet, als auch, wenn er ein staatliches Gericht anruft und der Gläubiger die Schiedseinrede erhebt.[106]

Die zentralen Fragen sind jeweils die Schiedsfähigkeit der Streitigkeit und die Auslegung der Schiedsvereinbarung. Sie sollen im folgenden zunächst für den Fall untersucht werden, daß das Schiedsgericht seinen Sitz in Deutschland hat.

1. Vollstreckungsabwehrklage vor einem deutschen Schiedsgericht

Will der Schuldner seinen Einwand vor einem Schiedsgericht geltend machen, so kommen verschiedene Rechtsbehelfe in Betracht. Anders als vor dem staatlichen Gericht muß er nicht notwendig Vollstreckungsabwehrklage erheben; das Schiedsgericht ist frei, eine Feststellungsklage zuzulassen oder eine Klage auf Herausgabe der vollstreckbaren Ausfertigung(en) des Erstspruchs oder auf Unterlassung des weiteren Betreibens der Zwangsvollstreckung. Diese Behelfe sind sogar sinnvoller, wenn die Schiedsfähigkeit einer Vollstreckungsabwehrklage zweifelhaft erscheint; der vorsichtige Schiedskläger wird entsprechende Hilfs-

---

Schiedsverfahren. Ebenso tendenziell schon *Schlosser*, RipS Rz. 115f.; eingehend Michael J. *Schmidt*, FS Sandrock S. 205 (208). Krit. *Gaudemet-Tallon* Rev. Arb. 99, 152 (157f.).

[106] Beispiel: RGZ 123, 348. Da das Reichsgericht eine Entscheidung über die Aufrechnung gegenüber dem ausländischen Schiedsspruch ablehnte, konnte diese nur noch vor dem Schiedsgericht geltend gemacht werden. Ebenso im Fall BGHZ 38, 254. Andererseits steht einer Entscheidung des staatlichen Gerichts nichts im Wege, wenn der Gläubiger die Schiedseinrede nicht erhebt, vgl. BGH NJW 90, 2199 (2201); OLG Hamburg, RIW 75, 645 (jeweils zur Aufrechnung mit einer an sich schiedsgebundenen Forderung).

anträge stellen. Sie haben allerdings den Nachteil, daß ihre Wirkung auf einen bereits für vollstreckbar erklärten Spruch weniger unmittelbar ist, als die einer Vollstreckungsabwehrklage.[107] Es erscheint daher richtig, die Vollstreckungsabwehrklage ins Zentrum der Überlegungen zu einem Zweitverfahren vor dem Schiedsgericht zu stellen – nicht nur deshalb, weil sie vor einem staatlichen Gericht der statthafte Behelf wäre, sondern auch, weil sie dem Rechtsschutzziel des Klägers am besten entspricht.

Hat das Schiedsgericht seinen Sitz in Deutschland, so ist Ausgangspunkt deutsches Verfahrensrecht[108] und IPR,[109] allerdings kann ausländisches Recht anzuwenden sein, soweit der Schiedsvertrag eine Rolle spielt und einem anderen Statut unterliegt. Das deutsche Recht ist schiedsfreundlich, es respektiert weitgehend den Willen der Parteien, Streitigkeiten einem Schiedsgericht zur Entscheidung zu übertragen. Dies zeigt sich sowohl bei der Frage der Schiedsfähigkeit einer Vollstreckungsabwehrklage als auch bei der Auslegung der Schiedsvereinbarung.

a) Schiedsfähigkeit der Vollstreckungsabwehrklage

Die Schiedsfähigkeit ist zunächst von dem Schiedsgericht selbst zu prüfen, dabei legt es bei Sitz in Deutschland den Maßstab des § 1030 Abs. 1 an. Falsch wäre es, zusätzlich die Schiedsfähigkeit nach dem Statut der Schiedsvereinbarung zu prüfen (regelmäßig handelt es sich ohnehin um dasselbe Statut),[110] da auch das deutsche Aufhebungs- und Exequaturgericht allein auf der Grundlage von § 1030 Abs. 1 prüft – die Vorschrift will eine weite Schiedsfähigkeit sicherstellen und den Gerichten gerade kollisionsrechtliche Grübeleien ersparen.[111] Geht es im Zweitverfahren allerdings gerade auch darum, eine Vollstreckung im Ausland zu verhindern, kann dies bei der Auslegung der Schiedsabrede zu berücksichtigen sein.

Nach deutschem Recht ist die Vollstreckungsabwehrklage schiedsfähig. Dies hat der Bundesgerichtshof bereits zum alten Recht in einer Leitentscheidung 1986 festgestellt.[112] Das Reichsgericht[113] und das OLG München[114] hatten da-

---

[107] Bei einer feststellenden Entscheidung ist fraglich, ob sie nach § 775 Nr. 1 vorgelegt werden kann, bei einer Herausgabeentscheidung muß der Schuldner seinerseits eine Vollstrekkung durchführen.

[108] Etwas anderes gilt, wenn die Parteien ein abweichendes Verfahrensrecht vereinbart haben, was aber nur begrenzt möglich ist (*Berger*, DZWir 98, 45 (47)) und hier außer Betracht bleiben soll.

[109] Sonderregel des § 1051.

[110] *Schlosser*, RipS, Rz. 218, 228.

[111] *Schlosser*, Das neue deutsche Recht der Schiedsgerichtsbarkeit, Manuskript S. 46.

[112] BGHZ 99, 143.

[113] JW 1895, 127 (Vergleich nach Erlaß des Schiedsspruchs).

[114] BB 77, 674.

gegen ebenso wie gewichtige Stimmen in der Literatur[115] gemeint, wenn das Schiedsgericht schon seinem Spruch keine Vollstreckbarkeit verleihen könne, so könne es ebensowenig befugt sein, die durch das Staatsgericht verliehene Vollstreckbarkeit aufzuheben oder einzuschränken.[116] Der Bundesgerichtshof folgte jedoch der von *Schlosser*[117] vertretenen Gegenmeinung.

Die Entscheidung betraf eine vor dem ordentlichen Gericht erhobene Vollstreckungsabwehrklage, gegen die sich der Beklagte auf die Schiedseinrede (§ 1027a ZPO a.F.) berief. Der BGH stellte – entsprechend der Vorgabe des § 1025 Abs. 1 a.F. – zunächst darauf ab, daß die Parteien sich über den Streitgegenstand der Vollstreckungsabwehrklage *vergleichen* können[118] und es deshalb nicht gerechtfertigt sei, ihnen zu verwehren, denselben Streit durch ein Schiedsgericht klären zu lassen. Auch sei die Vollstreckungsabwehrklage nicht immer scharf von der Abänderungsklage (§ 323 ZPO) abzugrenzen, deren Schiedsfähigkeit unstreitig sei.[119] Die von Kritikern der Schiedsfähigkeit angeführten Probleme bei der Umsetzung eines Schiedsspruchs über die Vollstreckbarkeit erklärte der BGH für durchaus lösbar.[120] Angelpunkt seiner Begründung war, daß

> „eine Schiedseinrede jedenfalls dann auch gegenüber einer Vollstreckungsabwehrklage durchgreifen [muß], wenn über die Einwendung, die mit dieser Klage gegen den titulierten Anspruch geltend gemacht wird, nach dem Inhalt des abgeschlossenen Schiedsvertrages ein Schiedsgericht entscheiden soll."[121]

Die Zuständigkeit des Schiedsgerichts beruhte also darauf, daß die geltend gemachte *Einwendung* von der Schiedsabrede erfaßt wird und nicht darauf, daß das Ausgangsverfahren vor einem Schiedsgericht stattfand (Ratio des § 767 Abs. 1 ZPO). Mit dem Abstellen auf die Schiedsgebundenheit der Einwendung lehnte sich der BGH explizit an die Rechtsprechung zur Prozeßaufrechnung mit schiedsgebundenen Forderungen an.[122] Dort ist seit langem anerkannt, daß eine Aufrechnung im Prozeß vor einem staatlichen Gericht nicht berücksichtigt werden kann, wenn die Forderung, mit der aufgerechnet wird, streitig ist und einer

---

[115] Kisch, JW 1933, 1349; *Schwab*, ZZP 75 (1962), 263.

[116] Besonders deutlich OLG München, BB 77, 674. Bedenken gegen die Aufhebung eines Vorbehaltsurteils durch ein Schiedsgericht äußerte auch BGHZ 23, 17: (24).

[117] St/J-*Schlosser* (20. Aufl.), § 1027a Rz. 5; FS *Bülow*, S. 189 (195).

[118] Ob diese Prämisse im Lichte der Rechtsprechung zu vollstreckungsbeschränkenden Verträgen (BGH NJW 68, 700, später ebenso NJW 91, 2295 (2296)) voll zutraf, mag man bezweifeln. Nach ihr können die Parteien einer Entscheidung durch Vereinbarung nicht die Vollstreckbarkeit nehmen, sondern sich nur schuldrechtlich verpflichten, die Vollstreckung nicht zu betreiben. Letztlich läuft dies aber auch auf eine Dispositionsfreiheit hinaus, das Ergebnis ist daher richtig.

[119] Zu den Vorteilen einer Gleichbehandlung von Klagen nach § 323 und § 767 ZPO s.o. Kap. 7, Präklusion und Kap. 9, Zuständigkeit.

[120] BGHZ 99, 143 (146).

[121] BGHZ 99, 143 (146f.).

[122] BGHZ 99, 143 (147).

Schiedsabrede unterliegt.[123] Die Folge, eine Unzuständigkeit des staatlichen Gerichts jedenfalls für einzelne Vollstreckungsgegeneinwände, entspricht dem Willen der Parteien und kommt auch in anderen Situationen vor.[124] Reserviert man deshalb die Entscheidung über die Einwendung dem Schiedsgericht, so ist es konsequent, ihm auch die Kompetenz für den adäquaten Rechtsbehelf, die Vollstreckungsabwehrklage, zuzubilligen. Der BGH hat nicht die prozeßökonomisch fragwürdige, in machen ausländischen Rechten vertretene Lösung gewählt, die Vollstreckungsabwehrklage vor dem staatlichen Gericht bis zur Entscheidung des Schiedsgerichts über den Einwand auszusetzen.[125]

Die Literatur schließt sich der Entscheidung weitgehend an.[126] Die vereinzelt noch vorgebrachten Bedenken[127] sind jedenfalls seit der Reform des Schiedsverfahrensrechts nicht mehr zeitgemäß. Denn mit ihr ist zum einen klargestellt, daß entgegen der älteren Rechtsprechung[128] die Schiedsabrede mit dem Erlaß eines Schiedsspruchs nicht automatisch verbraucht ist (vgl. § 1059 Abs. 5 ZPO n.F.) und daß auch das Schiedsgericht einstweiligen Rechtsschutz gewähren kann, falls dies zum Schutz des klagenden Schuldners notwendig sein sollte (§ 1041 ZPO n.F., näher sogleich).

b) Umfang der Schiedsabrede

Die für diese Arbeit untersuchten Schiedsordnungen[129] treffen keine Regelung für die Geltendmachung nachträglicher Einwände gegen einen Schiedsspruch, dasselbe gilt erst Recht für Standard-Schiedsklauseln. Die Frage, ob eine Vollstreckungsabwehrklage der Schiedsabrede unterfällt, läßt sich also regelmäßig nur durch Auslegung beantworten.[130] Maßgeblich für die Auslegung ist das Schiedsvertragsstatut, wobei sich – wie auch die rechtsvergleichende Umschau

---

[123] RGZ 123, 348; seit BGHZ 38, 254 (gegen BGHZ 23, 17) auch ständige Rechtsprechung des BGH.

[124] BGHZ 55, 255 (260f.): Anfechtung des zugrunde liegenden Verwaltungsakts nur im dafür vorgesehenen Verfahren.

[125] S.o. Rechtsvergleichung Frankreich, wohl auch Schweiz.

[126] St/J-*Schlosser*, § 1025 Rz. 13, 27e; *Schütze/Tscherning/Wais*, Rz. 45, 135; *Schütze*, Schiedsgericht, Rz. 138, 242.

[127] *Schwab*, ZZP 100 (1987), 456; angedeutet auch bei *Schütze*, Schiedsgericht, Rz. 242.

[128] RG JW 1895, 127.

[129] DIS-Schiedsgerichtsordnung vom 1.7.1998; Rules of Arbitration of the International Chamber of Commerce vom 1.1.1998; London Court of International Arbitration Rules vom 1.1.1998; Regeln für das Schiedsgerichtsverfahren der World Intellectual Property Organization (WIPO) vom 1.10.1994; International Arbitration Rules der American Arbitration Association (AAA) vom 1.4.1997; Commercial Dispute Resolution Rules der AAA vom 1.1.1999; Commercial Arbitration Rules der AAA vom 1.7.1996.

[130] Eine andere Möglichkeit wäre, den Streit über den Vollstreckungsgegeneinwand als bloße *Fortsetzung* des ersten Schiedsverfahrens anzusehen, etwa analog § 1059 Abs. 4 und 5. Dies ist jedoch abzulehnen, wie am Ende dieses Unterabschnitts (im Zusammenhang mit der Frage: altes oder neues Schiedsgericht) näher gezeigt wird.

gezeigt hat[131] – international gewisse Auslegungstendenzen herausgebildet haben.[132] Die folgenden Ausführungen beziehen sich exemplarisch auf das deutsche Recht, berücksichtigen aber auch die in anderen Rechtsordnungen anzutreffenden Überlegungen.[133]

Bei der Auslegung der Schiedsabrede kann man einerseits darauf abstellen, ob der geltend gemachte Einwand der Schiedsabrede unterfällt, andererseits darauf, ob sie gerade den nachträglichen Angriff auf den titulierten Anspruch erfaßt, also die besondere Situation der Vollstreckungsabwehrklage. Fällt die Vollstreckungsabwehrklage unter die Schiedsabrede, so stellt sich die weitere Frage, ob das bisherige oder ein neues Schiedsgericht zuständig ist.

(1) Schiedsabrede und Einwand

Nach der oben erörterten Leitentscheidung des BGH[134] darf und muß die Vollstreckungsabwehrklage vor einem Schiedsgericht erhoben werden, wenn über die geltend gemachte *Einwendung* „nach dem Inhalt des abgeschlossenen Schiedsvertrages ein Schiedsgericht entscheiden soll".[135] Eine auf nachträgliche Aufrechnung gestützte Vollstreckungsabwehrklage muß daher vor einem Schiedsgericht erhoben werden, wenn die zur Aufrechnung benutzte Gegenforderung schiedsgebunden ist.[136] Dasselbe gilt, wenn die Parteien vereinbart haben, „alle Streitigkeiten" im Zusammenhang mit einem bestimmten Rechtsverhältnis durch ein Schiedsgericht entscheiden zu lassen, und der Einwand diesem Rechtsverhältnis entspringt.[137] Legt man den Maßstab des BGH an, die Schiedsgebundenheit des Einwands, so gehört die Vollstreckungsabwehrklage gegen einen Schiedsspruch in dem (Regel-) Fall vor ein Schiedsgericht, in dem sie einen konnexen Einwand betrifft und eine breit formulierte Schiedsklausel zugrunde liegt.[138] Diese Auslegung ist interessengerecht, wenn es den Parteien darum geht, generell für alle Streitigkeiten aus einem bestimmten Rechtsverhältnis die Zuständigkeit staatlicher Gerichte auszuschließen und ein Schiedsgericht entscheiden zu lassen – eine durchaus plausible Grundannahme. Sie blendet jedoch die spezifische Situation der Vollstreckungsabwehrklage aus und läuft damit Gefahr, besondere Interessen der Parteien, die mit dieser Situation verknüpft sein können, zu vernachlässigen.

---

131 S.o. Teil I, jeweils die Abschnitte zu Schiedssprüchen.

132 Ebenso *Schlosser*, RipS Rz. 421.

133 S.o. Teil I, insbesondere etwa die Ausführungen von *Rüede/Hadenfeld* zum Schweizer Recht.

134 BGHZ 99, 143.

135 BGHZ 99, 143 (147).

136 BGHZ 99, 143 (147) im Anschluß an BGHZ 38, 254.

137 So in den Fällen BGHZ 99, 143 (Scheidung der Ehe als Einwendung gegen vorher vereinbarten Trennungsunterhalt) und LG Köln, BB Beil. 95, 23 (Zurückbehaltungsrecht gegenüber Werklohnforderung wegen Anspruch auf Mängelbeseitigung).

138 Die nicht näher begründete Gegenansicht von *Schwab*, ZZP 100 (1987), 456 (457) („Ausnahmefall") ist kaum nachvollziehbar.

(2) Schiedsabrede und nachträgliche Abänderung oder Aufhebung des Schiedsspruchs oder seiner Vollstreckbarkeit

Richtet sich der Einwand des Schuldners gegen einen Teilschiedsspruch und ist das Schiedsverfahren im übrigen noch nicht abgeschlossen, spricht alles dafür, die Vollstreckungsabwehrklage für schiedsgebunden zu halten.[139] Praktisch häufiger wird aber der Fall sein, daß der Einwand sich gegen einen abschließenden Spruch richtet, der zumeist das Verfahren beendet.[140] Die Situation unterscheidet sich von der eines laufenden und (wenn auch weniger eindeutig) auch von der eines erstmaligen Schiedsverfahrens. Dies beeinflußt die Interessenlage der Parteien.

Es kann unter Umständen im Interesse beider Parteien liegen, relativ einfach gelagerte Einwände durch ein staatliches Gericht entscheiden zu lassen, vor allem wenn andernfalls erst ein neues Schiedsgericht konstituiert werden müßte und mit erheblich höheren Kosten zu rechnen wäre.[141] So kann für die Frage, ob eine Forderung durch Erfüllung (Zahlung etc.) erloschen ist, unter Umständen durchaus ein staatliches Gericht gewollt sein.[142] Überlegungen, die für eine großzügige Auslegung der Schiedsabrede sprechen, wenn es um die Berücksichtigung einer Aufrechnung in einem *laufenden* Schiedsverfahren geht,[143] lassen sich ebenfalls nicht ohne weiteres auf die Vollstreckungsabwehrklage übertragen.

Betrifft die Vollstreckungsabwehrklage einen ausländischen Spruch, so ist ein weiterer Gesichtspunkt, ob die Gerichte des Erststaates oder jedenfalls die anderer wahrscheinlicher Vollstreckungsstaaten diesen Streit für schiedsfähig halten.[144] So werden in der Schweiz die Rechtsbehelfe des Rechtsöffnungsverfahrens als nicht schiedsfähig angesehen,[145] in den USA meinen manche Gerichte

---

[139] Ebenso zur Zuständigkeit des Schiedsgerichts im rechtsähnlichen Fall einer Klage nach § 826 BGB gegen die Vollstreckung aus einem Schiedsspruch *Schlosser*, FS Gaul, S. 679 (683 f.).

[140] Vgl. § 39.1 DIS-Schiedsgerichtsordnung 1998.

[141] Beruft sich in dieser Situation keine der Parteien auf die Schiedsvereinbarung, so steht der Entscheidung durch das staatliche Gericht ohnehin nichts im Wege. Aber auch dann, wenn eine Partei etwa aus taktischen Gründen die Schiedseinrede erhebt, kann die Auslegung der Schiedsabrede ergeben, daß hier das staatliche Gericht zuständig ist.

[142] Fragwürdig insofern Court of First Instance, Brussels, 25.01.1996, Yb. Comm. Arb. 1997, 646 (655) zur Geltendmachung von Zinsen auf den titulierten Anspruch allein vor dem Schiedsgericht.

[143] Vgl. RGZ 133, 16 (19); RG Gruchot 61, 496 (498); *Schwab/Walter*, Kap. 3 Rz. 12 m.w.N.; besonders weitgehend *Berger*, RIW 98, 426. Anders aber BGHZ 23, 17 (25) (allerdings teilweise entkräftet durch BGHZ 38, 254); *Schlosser*, RipS, Rz. 399; *Hußlein-Stich*, S. 122 f.; amtliche Begründung zum SchiedsVfG, BT-Drs. BT-Drs. 13/5274 (zu § 1046 a.E.).

[144] Bei einem deutschen Spruch ist nur die Schiedsfähigkeit nach § 1030 wichtig, da eine Aufhebung in Deutschland als Erststaat regelmäßig auch auf das Ausland wirkt (Art. V Abs. 1 lit. e) UNÜ).

[145] S.o. Kap. 3, Schweiz.

sogar, ein Schiedsgericht dürfe nicht über den Rechtskraftumfang eines fremden Spruchs entscheiden.[146] Zwar kann es hier zur Vermeidung von Problemen auch genügen, den Antrag entsprechend vorsichtiger zu fassen (z.B. Titelherausgabe- oder Feststellungsantrag),[147] dabei ist aber auch zu überlegen, ob der verbleibende Rechtsschutz noch sinnvoll ist. Insgesamt ist bei einer einschränkenden Auslegung der Schiedsklausel unter Vollstreckungsgesichtspunkten allerdings, wie auch bei einer schlichten Leistungsklage, größte Zurückhaltung geboten.

Im übrigen sind nicht alle Argumente, die in der Literatur gegen eine Subsumierung der Vollstreckungsabwehrklage unter die Schiedsklausel angeführt werden, stichhaltig. Dies gilt vor allem für die bereits vom BGH[148] zurückgewiesene und spätestens durch § 1059 Abs. 5 n.F. unhaltbar gewordene[149] pauschale Behauptung, die Schiedsabrede sei mit Abschluß des ersten Schiedsverfahrens *verbraucht*.[150] Es ist nicht interessengerecht und widerspricht damit letztlich §§ 133, 157 BGB, den Parteien in jedem Fall nur den Willen zur Durchführung eines einzigen Schiedsverfahrens zu unterstellen.

Ein weiteres, gelegentlich vorgebrachtes Argument ist durch die Reform des SchVfG erledigt. Es handelt sich um das Interesse des Schuldners, nach § 769 ZPO rasch eine einstweilige Einschränkung oder Einstellung der Zwangsvollstreckung erreichen zu können.[151] Denn nach § 1041 Abs. 1 ZPO n.F. kann auch das Schiedsgericht vorläufige oder sichernde Maßnahmen anordnen. Zu ihnen gehören nicht nur Arreste und einstweilige Verfügungen,[152] sondern auch einstweilige Anordnungen nach § 769 ZPO. Dies macht schon der Wortlaut des Gesetzes deutlich, die Materialien bestätigen es in Anlehnung an Art. 17 UNCITRAL-MG.[153] Eine entsprechende Anordnung des Schiedsgerichts ist dann auf Antrag einer Partei nach § 1041 Abs. 2 ZPO durch das zuständige Oberlandesgericht (§ 1062 Abs. 1 Nr. 3 ZPO) zu vollziehen. Der Schuldner kann außerdem, wenn er nicht bis zur Konstituierung des Schiedsgerichts warten oder das zwei-

---

[146] S.o. Kap. 5, USA.

[147] Vgl. z.B. die in BGHZ 99, 143 (148) erwogenen Konstruktionen: Klage auf Feststellung des Erlöschens des titulierten Anspruchs oder auf Herausgabe des vollstreckbaren Titels. Der Schuldner muß seinen Antrag entsprechend geschickt fassen, ein helfender Hinweis des Schiedsgerichts kann angebracht sein.

[148] BGHZ 99, 143 (149).

[149] Ebenso *Schlosser*, Das neue deutsche Recht der Schiedsgerichtsbarkeit, Manuskript S. 42; *Schwab/Walter* Kap. 25 Rz. 17ff.

[150] *Schütze/Tscherning/Wais* Rz. 150, ebenso noch RG JW 1895, 127; RGZ 114, 169 (170) und *Schwab/Walter* (5. Aufl.) Kap. 7 Rz. 5, Kap. 25 Rz. 15; differenzierend schon RGZ 133, 16 (19f.).

[151] Vgl. St/J-*Schlosser*, § 1042 Rz. 24, allerdings wohl jedenfalls im Licht des neuen Schiedsrechts zu weitgehend, anders auch ders. § 1025 Rz. 13; vgl. auch *Schütze*, Schiedsgericht Rz. 242.

[152] So aber – ohne nähere Begründung – *Schütze*, BB 98, 1650; wohl auch *Thümmel*, DZWir 97, 133 (135).

[153] BT-Drs. 13/5274, S. 45.

stufige Verfahren[154] vermeiden will, zunächst beim staatlichen Gericht Anordnungen nach § 769 ZPO beantragen und sie später dort auch aufheben oder ändern lassen (§ 1041 Abs. 2, 3 ZPO). Damit spricht seit der Neuregelung des Schiedsverfahrensrechts das Interesse des Schuldners an einer raschen Verfügbarkeit vollstreckungsbeschränkender Anordnungen nicht mehr gegen eine Schiedsgebundenheit der Vollstreckungsabwehrklage.[155]

Bei der Auslegung sind schließlich auch Interessen der Parteien zu berücksichtigen, die gerade in der Situation der Vollstreckungsabwehrklage besonders *für* die Zuständigkeit des Schiedsgerichts sprechen können. Das Schiedsgericht hat im Laufe des Erstverfahrens viele Informationen erhalten, die auch für die Vollstreckungsabwehrklage von Bedeutung sein können. Dies ist besonders offensichtlich bei komplexen Einwänden, die einen engen Zusammenhang mit dem titulierten Anspruch aufweisen, z.B. Rücktritt, Unmöglichkeit, Zurückbehaltungsrecht wegen eines Mängelbeseitigungsanspruchs,[156] Erfüllung von Handlungs- oder Unterlassungspflichten[157] oder die Aufrechnung mit Gegenansprüchen aus demselben Rechtsverhältnis. Hier spricht die Sondersituation der Vollstreckungsabwehrklage *dafür*, daß sie der Schiedsabrede unterliegen.[158] Als Orientierungshilfe können Rechtsprechung und Literatur zu analogen Fragen dienen, so wann eine Schiedsklausel auch Streitigkeiten im Zusammenhang mit einem zur Erledigung des ursprünglichen Streits geschlossenen Vergleich erfaßt[159] und wann sie eine Restitutionsklage oder eine Klage nach § 826 BGB gegen die Fortsetzung der Vollstreckung aus dem Spruch umfaßt.[160] Haben Parteien im internationalen Wirtschaftsverkehr ein Schiedsverfahren vereinbart, um die Zuständigkeit der Gerichte des jeweils anderen Heimatstaates auszuschließen, so spricht dies ebenfalls dafür, daß auch in der Vollstreckungsphase – die sich oft im Heimatstaat des Schuldners abspielen wird – ein Schiedsgericht über das weitere Schicksal des Anspruchs entscheiden soll. Auch kann bei internationalen Fällen die Gefahr mehrfacher Prozesse in unterschiedlichen Foren[161] besonders für eine entspre-

---

[154] Anordnung durch das Schiedsgericht, Antrag auf Vollziehung beim staatlichen Gericht. Diese Zweistufigkeit macht das Vorgehen nach § 1041 Abs. 1 relativ unattraktiv, vgl. *Schütze*, BB 98, 1650; *Schlosser*, Das neue deutsche Recht der Schiedsgerichtsbarkeit, Manuskript S. 19.

[155] Anders die – in der Begründung zur Neuregelung des Schiedsverfahrens ausdrücklich als „unbefriedigend" bezeichnete – herrschende Praxis vor der Reform (BT-Drs. 13/5274, S. 44). Nach ihr war das Schiedsgericht zu Anordnungen nach § 769 ZPO nicht befugt, und auch die Zuständigkeit staatlicher Gerichte war umstritten (für Zuständigkeit aber z.B. BGHZ 99, 143 (148)).

[156] Vgl. LG Köln, BB Beil. 5, 1995, 23.

[157] Vgl. LG Erfurt, NJW-RR, 98 (428).

[158] Vgl. St/J-*Schlosser*, § 1025 Rz. 13; anders allerdings wohl *ders.* § 1042 Rz. 24.

[159] BGHZ 40, 320; ebenso *Schwab/Walter*, Kap. 3 Rz. 19, die hier anders als bei der Frage, ob die Schiedsabrede Vollstreckungsabwehrklagen umfaßt, „großzügig" auslegen wollen.

[160] Dazu *Schlosser*, FS *Gaul*, S. 679 m. rechtsvergl. Hinweisen.

[161] Diese Gefahr besteht in bezug auf Vollstreckungsgegeneinwände trotz Art. V Abs. 1 lit. e UNÜ, näher s. unten.

chend weite Auslegung der Schiedsklausel sprechen. Schließlich kann in diesem Zusammenhang auch eine Rolle spielen, ob zur Entscheidung über die Einwendung dasselbe Schiedsgericht zur Verfügung steht, das auch die Erstentscheidung gefällt hat.[162] Diese Frage ist nun näher zu erörtern.

(3) Bisheriges oder neues Schiedsgericht

Eine Auslegung der Schiedsklausel muß auch klären, ob die Parteien in dieser Situation wollen, daß sich ein neues Schiedsgericht konstituiert oder das alte seine Arbeit wieder aufnimmt. Diese Frage ist sauber von zwei anderen zu trennen: ob das ursprüngliche Schiedsverfahren beendet war und ob Amt des ursprünglichen Schiedsgerichts beendet ist oder fortdauert.

Das *Ende* des ersten *Schiedsverfahrens* regelt § 1056, falls es sich um ein Schiedsgericht mit Sitz in Deutschland handelte. Viele Schiedsordnungen behandeln die Frage ebenfalls. Mit Erlaß eines als endgültig gedachten[163] Spruchs ist das Verfahren beendet. Die Vollstreckungsabwehrklage fällt auch nicht unter die dort vorgesehenen Fälle einer Fortdauer oder Wiederaufnahme des Verfahrens nach Erlaß des Schiedsspruchs. Insbesondere handelt es sich nicht um eine Berichtigung, Auslegung oder Ergänzung des Schiedsspruchs,[164] eine Entscheidung über einen bereits im Erstverfahren erhobenen Anspruch[165] oder eine Zweitentscheidung nach Aufhebung des Schiedsspruchs.[166] Allerdings wäre denkbar, die Fortdauer bzw. Wiederaufnahme des Verfahrens bei Vollstreckungsabwehrklage in Analogie zu diesen Vorschriften anzunehmen. Die Vollstreckungsabwehrklage ist den dort geregelten Fällen aber nur in manchen Konstellationen ähnlich, nämlich wenn es um die oben beschriebenen Einwände mit starkem Bezug zum Erstverfahren geht. Eine Auslegung der Schiedsklausel von Fall zu Fall ist daher einer generellen Analogie vorzuziehen. Zudem begegnet die Analogie auch Bedenken, da sie die Pflichten der Schiedsrichter erheblich ausdehnen würde.

Auch wenn das Schiedsverfahren demnach beendet ist, kann das *Amt* der ursprünglichen *Schiedsrichter* fortdauern. Dies ist eine Frage des Schiedsrichtervertrages bzw. der in Bezug genommenen Schiedsordnung. Die meisten Schieds-

---

[162] Letzteres kann z.B. bei der Aufrechnung mit einer ebenfalls schiedsgebundenen Gegenforderung eintreten. Illustrativ hierzu OLG Hamburg, RIW 75, 645 und *Berger*, RIW 98, 426.

[163] Zur Zeit des Erlasses steht der Vollstreckungsgegeneinwand nicht im Raum, also kann von einem bewußten Teilschiedsspruch nicht die Rede sein.

[164] Vgl. § 1058 Abs. 1 Nr. 1, 2; § 37.1 1. und 2. Anstrich DIS-Schiedsgerichtsordnung 1998; Art. 29 Rules of Arbitration of the International Chamber of Commerce 1998 und entsprechende Bestimmungen in anderen Schiedsordnungen.

[165] Vgl. § 1058 Abs. 1 Nr. 3; § 37.1 3. Anstrich DIS-Schiedsgerichtsordnung 1998; Art. 27.3 London Court of International Arbitration Rules 1998 und entsprechende Bestimmungen in manchen anderen Schiedsordnungen (z.B. nicht in den Rules of Arbitration of the International Chamber of Commerce von 1998).

[166] Vgl. § 1059 Abs. 4 und 5.

ordnungen sehen allerdings Regelungen vor, die insofern § 1056 Abs. 3 inhaltlich entsprechen. Die rechtsvergleichende Umschau hat aber gezeigt, daß Parteien gelegentlich ausdrücklich vorsehen, daß zukünftige Streitigkeiten im Zusammenhang mit der Implementation des Schiedsspruchs von demselben Schiedsgericht entschieden werden sollen, insbesondere wenn, etwa wegen der Dauerwirkung der Erstentscheidung, schon ex ante die Notwendigkeit einer Überwachung der Umsetzung oder einer Klärung nachfolgender Streitfragen erkennbar ist.[167] Dieses Amt umfaßt natürlich auch Vollstreckungsabwehrklagen. Existiert eine solche Regelung nicht, so ist im Zweifel anzunehmen, daß mit dem Ende des Verfahrens auch das Amt der Schiedsrichter endet. Sie sind dann nicht verpflichtet, über eine Vollstreckungsabwehrklage gegen ihren Spruch zu entscheiden.

Eine andere Frage ist, ob die Parteien einander verpflichtet sind, auf eine Entscheidung durch das bisherige Schiedsgericht (bei einem Dreierschiedsgericht insbesondere: durch den bisherigen Obmann) hinzuwirken.[168] Hier ist die Schiedsklausel entsprechend den Parteiinteressen auszulegen. Für eine Zuständigkeit des bisherigen Schiedsgerichts sprechen die aus den Motiven zu § 767 Abs. 1 bekannten Gründe der Prozeßökonomie und Sicherung der Rechtskraft. Sie wiegen umso schwerer, je stärker die rechtlichen und tatsächlichen Bezüge zwischen den Streitgegenständen von Erst- und Zweitprozeß sind. Hinzukommen kann, daß die Konstituierung eines neuen Schiedsgerichts mehr Zeit kosten kann oder umgekehrt das bisherige Schiedsgericht nicht (oder nur mit großer Verzögerung) wieder zur Verfügung steht.

2. Rechtsbehelf vor Vollstreckbarerklärung

Vor Vollstreckbarerklärung des Erstspruchs ist dem Rechtsschutzanliegen des Schuldners schon mit einer Feststellungsklage vor dem Schiedsgericht gedient. Er kann aber auch vor dem Schiedsgericht schon vor Vollstreckbarerklärung Vollstreckungsabwehrklage erheben. Insofern gilt nichts anderes als für staatliche Gerichte, vor denen die Klage ebenfalls schon vor Vollstreckbarerklärung des Spruchs zulässig ist, da dem Schuldner nicht zuzumuten ist, einen Exequaturantrag des Gläubigers abzuwarten.[169] Leitet der Gläubiger ein Exequaturverfahren ein, bevor das Schiedsgericht über die Vollstreckungsabwehrklage ent-

---

[167] Illustrativ aus der amerikanischen Rechtsprechung *Proodos Marine Carriers Co. v. Overseas Shipping & Logistics,* 578 F. Supp. 207, 212 (S.D.N.Y.1984); *Anderman/Smith Operating Co. v. Tennessee Gas Pipeline Co.,* 918 F.2d 1215 (5th Cir. 1990).

[168] Vgl. für den rechtsähnlichen Fall einer Klage nach § 826 BGB gegen die Vollstreckung aus einem Schiedsspruch *Schlosser*, FS Gaul, S. 679 (686), der allerdings allein auf „kluges Gebrauchmachen von Schiedsrichterernennungskompetenz" abstellt.

[169] RGZ 148, 270; MünchKomm ZPO-Karsten *Schmidt*, § 767 Rz. 10, 43; *Rosenberg/Gaul/Schilken*, § 40 VI 4 (S. 635) und § 40 VIII (S. 637); *Schwab/Walter*, Kap. 27 Rz. 13 m.w.N., auch zu abw. Meinungen.

schieden hat, so bleibt das Schiedsverfahren unberührt; gegebenenfalls kann der Schuldner bei dem Schiedsgericht Maßnahmen nach § 769 ZPO beantragen.

3. Vollstreckungsabwehrklage vor einem ausländischen Schiedsgericht

Die Schiedsfähigkeit einer Vollstreckungsabwehrklage richtet sich primär nach dem auf das Schiedsverfahren anwendbaren Recht. Im Schweizer Recht werden Rechtsöffnungsgesuche und Klagen im Rahmen des Betreibungsverfahrens verbreitet als nicht schiedsfähig angesehen.[170] Im französischen Recht ist wohl ebenfalls nur eine Feststellungsklage über das Erlöschen des Anspruchs zulässig, aber auch ausreichend, um dem Schuldner Rechtsschutz zu bieten.[171] In England und den USA ist wichtig, die Vollstreckungsabwehrklage von einer nachträglichen Abänderung des Spruchs abzugrenzen, die unzulässig wäre (*functus officio*-Lehre).[172] Diesen Begrenzungen läßt sich meist durch eine geeignete Antragstellung Rechnung tragen, die allerdings zu Lasten der Effektivität des Rechtsschutzes gehen kann, wenn im Anschluß an das Schiedsverfahren eine relativ aufwendige Klage vor staatlichen Gerichten nötig ist, um das Ergebnis umzusetzen. Dies ist bei der Auslegung der Schiedsvereinbarung zu berücksichtigen.

Ist Schiedsvertragsstatut deutsches Recht, so gelten die Ausführungen des vorigen Abschnitts zur Auslegung der Schiedsklausel unmittelbar, auch sonst sind sie wegen der Ähnlichkeit der nach anderen Rechten anzustellenden Überlegungen von Bedeutung.

4. Geltendmachung einer schiedsrichterlichen Aufhebung der Vollstreckbarkeit

Gibt das Schiedsgericht der Vollstreckungsabwehrklage statt, so hebt es damit die durch das staatliche Exequatur dem in- oder ausländischen Erstspruch verliehene Vollstreckbarkeit wieder auf.[173] Gegen die direkte Gestaltung der Rechtslage durch das Schiedsgericht ist hier ebensowenig einzuwenden wie im Falle materieller Gestaltungsklagen. Auf keinen Fall ist sie mit einer (unzulässigen)[174]

---

[170] IPRG-*Vischer*, Art. 177 Rz. 18; *Walter/Bosch/Brönnimann*, S. 59f.; A. Bucher, Rz. 98; *Rüede/Hadenfeld* S. 314. Zur Widerspruchsklage nach Art. 106 SchKG (die funktional der Drittwiderspruchsklage des § 771 ZPO entspricht) vgl. BGE 107 III 118 (121).

[171] S.o. Kap. 2, Frankreich.

[172] S.o. Kap. 4, England, USA.

[173] Insofern noch offenlassend BGHZ 99, 143 (148); die dort erwogenen Hilfskonstruktionen laufen jedoch auf dasselbe hinaus und haben den Nachteil größerer Umständlichkeit und geringerer Transparenz.

[174] BGH ZZP 74, 371 (insofern nicht abgedruckt in NJW 61, 1627); vgl. auch BGHZ 23, 17

Aufhebung des staatlichen (Exequatur-) Urteils durch das Schiedsgericht gleichzusetzen. Nur so läßt sich auch die Abänderbarkeit eines exequierten Schiedsspruchs durch das Schiedsgericht (§ 323 ZPO) erklären, die seit langem anerkannt ist,[175] obwohl sie eher als die Vollstreckungsabwehrklage einen Eingriff in die Rechtskraft des früheren Schiedsspruchs bedeutet.

Für die Behelfe zur Geltendmachung der Aufhebung gelten ähnliche Überlegungen wie bei einem ausländischen Zweiturteil.[176] Der Schiedsspruch, mit dem die Vollstreckbarkeit aufgehoben wird, kann – gleichviel, ob er von einem deutschen oder ausländischen Schiedsgericht stammt – nicht unmittelbar nach § 775 Nr. 1 ZPO vorgelegt werden.[177] Er muß vielmehr zuvor gemäß §§ 1060 Abs. 1, 1062 Abs. 1 Nr. 4 ZPO für vollstreckbar erklärt werden.[178] Eine erneute, auf den Zweitspruch gestützte Vollstreckungsabwehrklage gegen das Erstexequatur darf man hier aber nicht fordern.

Gegenüber einem ausländischen Erstspruch kann der Schuldner sich nach § 1061 Abs. 1 i.V.m. Art. V Abs. 1 lit. e UNÜ im Exequaturverfahren jederzeit darauf berufen, daß der Schiedsspruch zwischen den Parteien nicht mehr verbindlich ist. Dies ist der Fall, wenn die Vollstreckbarkeit des Spruchs durch ein kompetentes Gericht nachträglich aufgehoben wurde. Allerdings regelt Art. V Abs. 1 lit. e UNÜ nicht ausdrücklich den Fall der nachträglichen Aufhebung durch ein *Schiedsgericht*. Er ist jedoch jedenfalls analog auf diesen Fall anzuwenden, da er bezweckt, daß nur zwischen den Parteien verbindliche Schiedssprüche im Ausland für vollstreckbar erklärt werden können.[179] Voraussetzung ist, daß der Schiedsspruch, mit dem über die Vollstreckungsabwehrklage entschieden wurde, seinerseits zwischen den Parteien verbindlich ist (dazu sogleich). Der Schuldner *muß* die Aufhebung der Vollstreckbarkeit durch einen zweiten Schiedsspruch auch im Exequaturverfahren geltend machen, andernfalls ist er mit diesem Einwand präkludiert (§ 767 Abs. 2 analog).[180] Denn die Vollstreckbarkeit des Schiedsspruchs ist, anders als der titulierte Anspruch, Grundlage der Vollstreckbarerklärung.[181]

---

(24) gegen die Aufhebung eines Vorbehaltsurteils durch ein Schiedsgericht. Selbst eine solche Aufhebung hält für zulässig St/J-*Schlosser* § 1025 Rz. 9.

175 BGHZ 99, 143 (146) m.w.N.

176 S.o. Kap. 9, Zuständigkeit, Abschn. II.

177 OLG München, BB 77, 674 (675); St/J-*Schlosser* § 1025 Rz. 27e.

178 St/J-*Schlosser*, § 1025 Rz. 27e. Die Notwendigkeit der Vollstreckbarerklärung dieses Gestaltungsschiedsspruchs ergibt sich wieder daraus, daß er noch der Vollziehung (Vollstreckung im weiteren Sinne) gemäß § 775 Nr. 1 ZPO bedarf, vgl. St/J-*Münzberg*, vor § 704 Rz. 47aff.

179 Vgl. *Schlosser*, RipS, Rz. 788; *van den Berg*, New York Arbitration Convention, S. 346 (schon bei Möglichkeit eines Rechtsmittels vor einem weiteren Schiedsgericht).

180 *Schütze/Tscherning/Wais-Schütze*, Rz. 646; *Schwab/Walter*, Kap. 30 Rz. 31; *Geimer*, IZPR Rz. 3881.

181 Näher zu dieser Unterscheidung bereits oben, Kap. 9, Zuständigkeit, im Zusammenhang mit ausländischen Urteilen.

Wurde der ausländische Erstspruch in Deutschland bereits rechtskräftig für vollstreckbar erklärt, so muß der Schuldner in Deutschland einen Rechtsbehelf einlegen, um die Aufhebung der Vollstreckbarerklärung zu erreichen. Das UNÜ regelt diesen Fall nicht.[182] Die Lücke füllt § 1061 Abs. 3, den man als funktionales Äquivalent zu § 29 AVAG, d.h. als Spezialregelung der Vollstreckungsabwehrklage gegen das Exequaturuteil begreifen kann.[183] Die Vorschrift sollte weit ausgelegt werden und greift – ebenso wie die Parallelvorschrift des § 29 AVAG – auch, wenn nicht der Schiedsspruch selbst sondern nur seine Vollstreckbarkeit im Ausland aufgehoben wurde. [184] Funktional entspricht das Verfahren nach § 1061 Abs. 3 ZPO dann einer Vollstreckbarerklärung des zweiten, aufhebenden Schiedsspruchs, so daß alle Annerkennungs- und Vollstreckungsvoraussetzungen hier inzident zu prüfen sind.

Voraussetzung für die Berücksichtigung des Zweitspruchs ist stets, daß dieser selbst zwischen den Parteien verbindlich ist, also die Anerkennungsvoraussetzungen des § 1061 Abs. 1 i.V.m. Art. V UNÜ erfüllt.[185] Insbesondere ist hier Art. V Abs. 1 lit. c UNÜ (Umfang der Schiedsvereinbarung) einschlägig. Zu beachten ist auch, wenn der Schuldner sich bereits in einem früheren Verfahren in Deutschland erfolglos auf denselben Vollstreckungsgegeneinwand berufen hatte, mit dem er später vor dem Schiedsgericht erfolgreich war.[186]

Ist der zweite Schiedsspruch anzuerkennen, so bedeutet dies auch, daß er im Exequaturverfahren bzw. im Aufhebungsverfahren nach § 1061 Abs. 3 berücksichtigt werden *muß*. Anders als bei einer Aufhebung durch ein ausländisches Gericht (dazu im nächsten Abschnitt) können hier keine Zweifel bestehen. Denn er enthält eine zwischen den Parteien verbindliche Feststellung zur Bindungswirkung des ursprünglichen Schiedsspruchs.

---

[182] Van den Berg, New York Arbitration Convention, S. 351; *Schlosser*, RipS Rz. 788; St/J-*Schlosser*, Anh. § 1044 Rz. 80.

[183] Die Vorschrift entspricht funktional § 29 AVAG. Gäbe es diese Spezialregelung nicht, müßte der Schuldner jeweils Vollstreckungsabwehrklage gegen das Exequaturuteil erheben mit der Begründung, der dem Exequatur zugrunde liegende *Titel* oder seine Vollstreckbarkeit sei aufgehoben; näher s.o. Kap. 9, Zuständigkeit, Abschn. II.

[184] Vgl. zur Vorgängervorschrift (§ 1044 Abs. 4 S. 1 ZPO a.F.) St/J-*Schlosser* § 1044 Rz. 80f., allerdings teilweise zurückhaltender, wenn im Ausland „nur" die Vollstreckbarkeit aufgehoben wurde. Als entscheidend wird aber auch dort angesehen, ob der Spruch zwischen den Parteien als Leistungsbefehl nicht mehr verbindlich ist.

[185] Andernfalls wäre aus Sicht des deutschen Rechts die Verbindlichkeit des ursprünglichen Schiedsspruchs zwischen den Parteien nicht aufgehoben. Da sogar für ein *Urteil* des Heimatstaates, mit dem der Schiedsspruch aufgehoben wird, eine Prüfung der Anerkennungsfähigkeit (nach § 328) gefordert wird (*Schütze*, Schiedsgericht, Rz. 261; *Geimer*, IZPR Rz. 3944 m.w.N., näher s.u. Abschn. IV 1), dann muß dies erst recht für einen bloßen zweiten Schiedsspruch gelten.

[186] Die Anerkennung kann dann gegen den deutschen prozessualen *ordre public* verstoßen, Art. V Abs. 2 lit. b UNÜ; eingehend *Schlosser*, RipS Rz. 880f.

5. Exkurs: Vollstreckungsabwehrklage vor einem Schiedsgericht gegen ein in- oder ausländisches Urteil

Regelmäßig werden Einwände gegen einen durch Urteil titulierten Anspruch nicht einer Schiedsabrede unterliegen, da sonst schon das ursprüngliche Verfahren vor einem Schiedsgericht hätte stattfinden müssen.[187] In Ausnahmefällen, insbesondere bei nachträglicher Aufrechnung mit einer inkonnexen Forderung, kann es aber vorkommen, daß nur die geltend gemachte Einwendung schiedsgebunden ist.[188]

Die Zulässigkeit der Vollstreckungsabwehrklage vor dem Schiedsgericht wird in einem solchen Fall nicht anders zu beurteilen sein als bei einem Schiedsspruch. Denn Grundlage der Zuständigkeit des Schiedsgerichts für die Vollstreckungsabwehrklage ist nach *BGHZ 99, 143* nicht der Annexgedanke des § 767 Abs. 1 ZPO sondern das Bestreben, die Schiedsvereinbarung der Parteien hinsichtlich des geltend gemachten Einwandes zu respektieren. Zwar ist Angriffsgegenstand nun ein staatliches Urteil, doch auch bei einem Schiedsspruch beruht die Vollstreckbarkeit, um deren Aufhebung es geht, auf staatlicher Anordnung. Im einen wie im anderen Fall dient die Vollstreckungsabwehrklage weder zu einer Überprüfung noch zu einer Aufhebung des staatlichen Urteils,[189] sondern läßt dessen rechtskräftigen Inhalt unberührt.

Bei einem ausländischen Urteil richtet sich die Zulässigkeit einer nachträglichen Aufhebung der Vollstreckbarkeit[190] durch ein Schiedsgericht nach dem Recht des Erststaates, da es bei der Vollstreckungsabwehrklage gegen das ausländische Urteil um die auf dem Recht des Erststaates beruhende Vollstreckbarkeit des Urteils geht. Daran ändert sich nichts, wenn das Urteil inzwischen auch in Deutschland für vollstreckbar erklärt wurde. Eine Vollstreckungsabwehrklage gegen das deutsche Exequatururteil wäre nur mit der Begründung möglich, das Urteil sei im Erststaat aufgehoben bzw. nicht mehr vollstreckbar, nicht aber aufgrund von Einwänden gegen den titulierten Anspruch.[191] Die Frage, ob die Schiedsabrede eine entsprechende Vollstreckungsabwehrklage umfaßt, ist durch Auslegung zu entscheiden. Läßt das Recht des Erststaates eine Aufhebung der Vollstreckbarkeit oder einen äquivalenten Rechtsbehelf durch ein Schiedsgericht nicht zu, so spricht dies gegen die Annahme einer Zuständigkeit des Schiedsgerichts nach der Schiedsabrede. Denn die Parteien werden im Zweifel nicht beabsichtigt haben, auf effektiven Rechtsschutz zu verzichten.

---

[187] Denkbar (aber kaum realistisch) wäre auch, daß sich der Schuldner erstmals im Verfahren nach § 767 auf die Schiedsabrede beruft.

[188] Beispiel: OLG Hamm, RIW 83, 698 (verwies den nach § 767 klagenden Schuldner auf das noch laufende Schiedsverfahren).

[189] Diese wären staatlichen Gerichten vorbehalten: BGH ZZP 74, 371 (insofern nicht abgedruckt in NJW 61, 1627).

[190] Oder eines anderen Rechtsbehelfs mit gleichem Rechtsschutzziel, z.B. Feststellung der Unzulässigkeit der Vollstreckung, permanente Einstellung der Vollstreckung etc.

[191] S.o. im Zusammenhang mit Urteilen (Kap. 9, Zuständigkeit, Abschn. II).

III. Vollstreckungsabwehrklage vor einem staatlichen Gericht

1. Vorüberlegung: Streitgegenstand der Vollstreckungsabwehrklage bei Einwand gegen einen exequierten Schiedsspruch

Der Schuldner, der nachträgliche Einwendungen gegen den titulierten Anspruch geltend machen will, muß seine Vollstreckungsabwehrklage gegen den Schiedsspruch selbst richten. Das gilt vor einem staatlichen Gericht nicht anders als vor dem Schiedsgericht und nach Vollstreckbarerklärung nicht weniger als vorher. Denn allein dieser und nicht das Exequaturuurteil stellt den Anspruch fest, gegen den sich die Einwendungen richten.[192]

Eine Vollstreckungsabwehrklage gegen das *Exequaturuurteil* kommt nur dann in Frage, wenn der Schiedsspruch bereits im Ausland oder durch ein Schiedsgericht[193] aufgehoben oder in seiner Vollstreckbarkeit suspendiert worden ist. In diesem Fall ist § 767 Abs. 1 einschlägig, zuständig ist damit das deutsche Exequaturgericht. Der einfachere Weg in einem solchen Fall ist jedoch, einen Antrag analog § 1061 Abs. 3 zu stellen;[194] bis zur Entscheidung über diesen Antrag sind bereits Anordnungen zur Beschränkung der Vollstreckung analog § 707 oder 769 zulässig.[195]

Hinsichtlich der *direkten* Geltendmachung eines materiellen Einwands gegen den im Schiedsspruch titulierten Anspruch vor einem deutschen Gericht ist es sinnvoll zu unterscheiden, ob es um einen deutschen oder einen ausländischen Spruch geht.

2. Vollstreckungsabwehrklage gegen einen deutschen Schiedsspruch

Deutsch ist ein Schiedsspruch schon dann, wenn er eine nur lose Verbindung zu Deutschland aufweist – das Schiedsgericht kann seinen „Sitz" in Deutschland haben, ohne hier je zu tagen. Auch die Parteien müssen nicht deutsche sein. Eine *internationale Zuständigkeit* deutscher Gerichte kann nicht aus § 767 Abs. 1 hergeleitet werden, da diese nie über den im Schiedsspruch titulierten Anspruch befunden haben – insbesondere auch nicht im Rahmen des Exequatur.[196] § 767

---

[192] Vgl. die ausführlichen Überlegungen oben im Zusammenhang mit Urteilen (Kap. 9, Zuständigkeit, Abschn. IV 1).

[193] Dazu bereits oben, Abschn. II 4.

[194] Die oben für den Fall der Aufhebung des Spruchs durch ein Zweitschiedsgericht angestellten Erwägungen gelten hier entsprechend.

[195] St/J-*Schlosser*, Anh. § 1044 Rz. 72; noch passender scheint eine Analogie zu § 769, wenn man § 1061 als Sonderregelung einer Vollstreckungsabwehrklage gegen das Exequatur ansieht.

[196] Näher dazu im nächsten Abschn. IV.

Abs. 1 würde seinem Sinn nach vielmehr auf das (erste) Schiedsgericht verweisen, dessen Zuständigkeit sich indessen nicht aus dieser Vorschrift, sondern nur aus der Schiedsvereinbarung ergeben kann.

Die internationale Zuständigkeit des deutschen Gerichts folgt aber aus einer Gesamtanalogie zu § 1062 Abs. 1 u. 2. Nach diesen Vorschriften ist für praktisch alle Rechtsbehelfe im Zusammenhang mit dem Schiedsverfahren das Oberlandesgericht zuständig, das in der Schiedsvereinbarung bezeichnet ist oder, wenn eine solche Bezeichnung fehlt, in dessen Bezirk der Antragsgegner seinen Sitz oder gewöhnlichen Aufenthalt hat oder sich Vermögen des Antragsgegners befindet; hilfsweise das Kammergericht (§ 1062 Abs. 2). Die Analogie zu § 1062 Abs. 1 u. 2 ist erforderlich, weil anderenfalls in Fällen, in denen keine internationale Zuständigkeit nach den allgemeinen Regeln (§§ 12ff.) vorliegt, ein Gerichtsstand für die Vollstreckungsabwehrklage in Deutschland fehlen würde. Die Schließung dieser Gesetzeslücke ist auch gerechtfertigt, weil es dem Gebot des effektiven Rechtsschutzes widersprechen würde, in Deutschland zwar stets ein Gericht für die Verleihung der Vollstreckbarkeit bereitzustellen (§ 1062 Abs. 2), den Schuldner mit seinen Einwänden jedoch zunächst ins Ausland zu verweisen. Insofern gelten die zur Vollstreckungsabwehrklage gegen ausländische Urteile angestellten Überlegungen hier entsprechend.[197] Damit ist allerdings ein Oberlandesgericht Eingangsinstanz für die Vollstreckungsabwehrklage – ein Zustand, der oben im Zusammenhang mit § 13 AVAG kritisiert wurde[198] und den jüngst das Bayerische Oberste Landesgericht als entscheidenden Gesichtspunkt gegen die Zulässigkeit materieller Einwände im Exequaturverfahren herausgestellt hat.[199] Geht es um einen Schiedsspruch, erscheint dieser Zustand jedoch hinnehmbar, da der Gesetzgeber des SchiedsVfG ihn aus nachvollziehbaren Gründen so gewollt hat. Die amtliche Begründung zu § 1062 zeigt, daß Abstriche bei der Prozeßökonomie und beim Instanzenzug bewußt hingenommen wurden, um eine Zuständigkeitskonzentration und eine schnellere Finalität gerichtlicher Entscheidungen im Zusammenhang mit Schiedssprüchen zu gewährleisten.[200] So sieht § 1062 denn auch nicht nur Rechtsbehelfszuständigkeiten (etwa für die Aufhebungsklage gegen den Spruch) vor, sondern auch echte Eingangszuständigkeiten für bestimmte Streitfragen;[201] seine analoge Anwendung ist von *Schlosser* auch bereits für ein der Vollstreckungsabwehrklage besonders ähnliches Verfahren vorgeschlagen worden, die Klage nach § 826 BGB.[202] Die Ana-

[197] S.o. Kap. 9, Zuständigkeit, Abschn. IV 2.

[198] S.o. Kap. 10, Exequaturverfahren, Abschn. IV 3. Wichtigste Kritikpunkte: Wenig prozeßökonomisch und Verkürzung des Instanzenzuges.

[199] BayObLG, BB 2000, 1109, 1110.

[200] BT-Drs. 13/5274.

[201] § 1062 Abs. 1 Nr. 1, Nr. 2 1. Alt.

[202] *Schlosser*, FS Gaul, S. 679 (686).

logie umfaßt neben der Zuständigkeit auch die Anwendung der übrigen Bestimmungen über das vereinfachte Verfahren nach § 1063.[203]

Streitgegenstand der Vollstreckungsabwehrklage ist die Aufhebung der dem Schiedsspruch verliehenen Vollstreckbarkeit[204] und die Feststellung, daß der titulierte Anspruch nicht mehr besteht.[205]

3. Vollstreckungsabwehrklage gegen einen ausländischen Schiedsspruch

Ist ein ausländischer Schiedsspruch[206] in Deutschland nach § 1061 Abs. 1 für vollstreckbar erklärt worden, so kann der Schuldner seinen Vollstreckungsgegeneinwand unmittelbar vor deutschen Gerichten geltend machen, wenn sie international zuständig sind und dies mit dem UNÜ vereinbar ist. Eine Vollstreckungsabwehrklage kann sogar bereits vor Vollstreckbarerklärung des ausländischen Schiedsspruchs zulässig sein.

a) Internationale Zuständigkeit

Die internationale Zuständigkeit deutscher Gerichte für einen bereits für vollstreckbar erklärten ausländischen Spruch folgt – ebenso wie bei einem deutschen Spruch – allein daraus, daß der Schuldner im Inland der Vollstreckung ausgesetzt ist und es deshalb billig erscheint, ihm in Gesamtanalogie zu § 1062 Abs. 1 und 2 in Deutschland einen Gerichtsstand zu eröffnen. Der Schuldner ist bei einem exequierten ausländischen Spruch ebenso schutzwürdig wie bei einem deutschen.

b) Vereinbarkeit der Vollstreckungsabwehrklage mit dem UNÜ

Die Vollstreckung ausländischer Schiedssprüche richtet sich gemäß § 1061 Abs. 1 nach dem UNÜ. Art. V Abs. 1 lit. e UNÜ wird unter Verweis auf seine Entstehungsgeschichte so ausgelegt, daß die Aufhebung eines Schiedsspruchs oder seiner Wirkungen ausschließlich den Gerichten im Heimatstaat des Spruchs zusteht. Allerdings enthält das UNÜ daneben in Art. III auch ein Einfallstor für

---

[203] S.u. Abschn. IV 2 a) (3).

[204] Daran ändert auch die – mißglückte – Vorschrift des § 794 Abs. 1 Nr. 4a n.F. nichts, nach der die Vollstreckung aus der Entscheidung stattfindet, die den Schiedsspruch für vollstreckbar erklärt. Zutreffender bleibt das Bild, daß der Schiedsspruch vollstreckt wird, kraft der ihm durch das Exequatur verliehenen Vollstreckbarkeit.

[205] Zu diesem Aspekt des Streitgegenstands der Vollstreckungsabwehrklage s.o. Kap. 7, Präklusion, Abschn. IV 2.

[206] Als ausländisch gilt ein Schiedsspruch, wenn der Ort des Schiedsverfahrens nicht in Deutschland lag; vgl. *Schütze*, Schiedsgericht, Rz. 255; *Schlosser*, RipS, Rz. 64f.

das Prozeßrecht des Vollstreckungsstaates. Die Vereinbarkeit einer Vollstreckungsabwehrklage in Deutschland als Vollstreckungsstaat mit dem UNÜ hängt von der Auslegung und dem Verhältnis dieser beiden Vorschriften ab.

(1) Konzentration der Aufhebungskompetenz im Heimatstaat (Art. V Abs. 1 lit. e UNÜ)

Art. V UNÜ wird über seinen Wortlaut und unmittelbaren Regelungsgehalt (Versagungsgründe für Anerkennung und Vollstreckbarerklärung) hinaus so ausgelegt, daß er eine Arbeitsteilung[207] festlegt zwischen den Gerichten im Heimatstaat des Schiedsspruchs und den Gerichten anderer Staaten, in denen der Gläubiger aus dem Schiedsspruch zu vollstrecken versucht. Art. V Abs. 1 lit. e UNÜ wird entnommen, daß die Heimatgerichte umfassend für Klagen auf Aufhebung des Schiedsspruchs oder Suspendierung seiner Vollstreckbarkeit[208] zuständig sind. Dabei wenden sie ihr nationales Recht an und sind nicht an die Aufhebungsgründe des Art. V Abs. 1 lit. a–d UNÜ gebunden.[209] Die Gerichte anderer Staaten dürfen dagegen, wenn der Gläubiger dort die Vollstreckbarerklärung des Spruchs beantragt, nur prüfen, ob einer der Versagungsgründe des Art. V Abs. 1 lit. a–e UNÜ vorliegt. Jede andere Überprüfung ist ihnen versagt. Sie dürfen weder im Exequaturverfahren noch später den Schiedsspruch aufheben.[210]

Sollte Art. V UNÜ damit auch die Vollstreckungsabwehrklage und verwandte Rechtsbehelfe erfassen, so wäre eine Vollstreckungsabwehrklage nur im Heimatstaat des Schiedsspruches zulässig. Der Schuldner müßte seine Einwände stets zunächst im Heimatstaat des Schiedsspruches geltend machen und sodann in den übrigen Staaten, in denen der Spruch für vollstreckbar erklärt wurde, den Einwand des Art. V Abs. 1 lit. e UNÜ geltend machen. Der Wortlaut des Art. V Abs. 1 lit. e UNÜ und seine Entstehungsgeschichte legen eine Einbeziehung von Rechtsbehelfen nach Art der deutschen Vollstreckungsabwehrklage nahe. Denn die Vorschrift sollte auch Fälle erfassen, in denen die Vollstreckbarkeit im Heimatstaat nachträglich aufgehoben wird (*suspension of enforcement*).[211] Eine solche Zentrierung der Vollstreckungsabwehrklage an einem Ort erscheint *prima facie* auch sinnvoll. Die Gründe, aus denen die Aufhebungsmöglichkeit nach Art. V Abs. 1 lit. e UNÜ bei den Heimatgerichten konzentriert ist (Vertrauen der

---

[207] Van den Berg, New York Arbitration Convention, S. 350.

[208] Die amtliche Übersetzung „in seinen Wirkungen einstweilen gehemmt" gibt den Originaltext „suspended" nicht klar wieder, zumal die ursprüngliche Formulierung lautete „... that its enforcement has not been suspended", vgl. *van den Berg*, New York Arbitration Convention, S. 351.

[209] *Born*, International Commercial Arbitration, S. 406f.; *Craig*, 4 Arb. Int'l 174, 175 (1988); *Schlosser*, RipS, Rz. 789.

[210] *Schütze*, Schiedsgericht, Rz. 259; St/J-*Schlosser*, § 1044 Rz. 10 b; *van den Berg*, New York Arbitration Convention, S. 269ff.

[211] *van den Berg*, New York Arbitration Convention, S. 351; *Craig*, 4 Arb. Int'l 174, 185f. (1988).

Parteien in diese Gerichte, möglicher Gleichlauf mit dem Recht des Schiedsverfahrens etc.)[212] treffen auch für die Vollstreckungsabwehrklage weitgehend zu. Art. V UNÜ ist jedoch auch im Kontext der sonstigen Vorschriften des Übereinkommens auszulegen.

(2) Reichweite der Verweisung auf nationales Vollstreckungsrecht (Art. III UNÜ)

Art. III UNÜ stellt klar, daß sich die Vollstreckung ausländischer Schiedssprüche nach der *lex fori* des Vollstreckungsstaates richtet, soweit nicht besondere Bestimmungen des Übereinkommens eingreifen. Die Vollstreckung ausländischer Schiedssprüche darf nur nicht wesentlich schwieriger oder teurer sein, als die inländischer. Fiele die Vollstreckungsabwehrklage unter Art. III UNÜ, so stünde ihrer Anwendung auf ausländische Schiedssprüche nichts im Wege.

In der Literatur wird der Konflikt zwischen Art. III und Art. V UNÜ nicht umfassend erörtert, es finden sich aber Stellungnahmen zur Behandlung mancher Vollstreckungsgegeneinwände. So meint *van den Berg*,[213] Art. III UNÜ erlaube den Gerichten des Vollstreckungsstaates, eine nachträgliche Aufrechnung zu berücksichtigen oder auch die Vollstreckung wegen Konkurses des Schuldners einzustellen. Diese Auslegung erscheint zwar angesichts des Wortlauts von Art. III UNÜ relativ weit, ist jedoch vom Sinn und Zweck der Vorschrift gedeckt. Denn bei der Prüfung von Vollstreckungsgegeneinwänden geht es nicht um die Kontrolle des Schiedsspruchs, deren Zentralisierung im Heimatstaat das eigentliche Anliegen von Art. V UNÜ ist.[214] Dennoch darf man die Bedeutung der Abweichung vom Prinzip des Art. V UNÜ nicht unterschätzen. Die Anwendung von Art. III UNÜ bedeutet, daß Vollstreckungsgegeneinwände in jedem Staat geltend gemacht und rechtskräftig entschieden werden können, in dem der Gläubiger den Schiedsspruch zu vollstrecken versucht. Der Gläubiger riskiert seinen titulierten Anspruch also in jedem Staat, in dem er ein Exequaturverfahren einleitet. Dies steht in deutlichem Kontrast zum System des Art. V UNÜ für Einwände gegen die Wirksamkeit des Schiedsspruchs. Über diese kann mit Rechtskraft für andere Staaten[215] nur im Heimatstaat entschieden werden (Aufhebungsklage). In anderen (Vollstreckungs-) Foren können die in Art. V UNÜ genannten Mängel allenfalls zur Versagung des Exequatur für diesen Staat führen. Damit soll bewußt der von den Parteien gewählte Sitz des Schiedsgerichts privilegiert werden und das Risiko der obsiegenden Partei begrenzt werden, die unter Um-

[212] *Craig*, 4 Arb. Int'l 174, 201 (1988).

[213] New York Arbitration Convention, S. 240; *ders.*, Commentary, Yb. Comm. Arb. 1996, S. 394 (460).

[214] Vgl. *Craig*, 4 Arb. Int'l 174, 185 f. (1988).

[215] Zur Frage, ob es anderen Staaten freisteht, eine Aufhebung im Heimatstaat trotz Art. V Abs. 1 lit. e UNÜ nicht zu beachten s.u. Anspruch und Einwand im Exequatur- oder Aufhebungsverfahren – Aufhebung des Spruchs oder seiner Vollstreckbarkeit durch ein ausländisches Gericht: Berücksichtigung im Exequaturverfahren.

ständen versuchen muß, aus dem Spruch in einem nicht neutralen Forum (z.B. Heimatstaat des Schuldners) zu vollstrecken.[216] Vollstreckungsgegeneinwände unterscheiden sich von den in Art. V UNÜ genannten Einwänden jedoch in einem zentralen Punkt: sie sind schiedsfähig. Damit können die Parteien, anders als bei Aufhebungsgründen, selbst für eine Konzentration der Entscheidungskompetenz sorgen, indem sie ihre Schiedsabrede entsprechend weit fassen.[217] Die Ratio des Art. V UNÜ sollte ein weiterer Fingerzeig zur großzügigen Auslegung solcher Vereinbarungen sein.

(3) Zusammenfassung und Ergebnis

Zusammenfassend ist festzuhalten, daß die Bestimmungen des UNÜ einer Vollstreckungsabwehrklage in Deutschland als Vollstreckungsstaat nicht entgegenstehen. Zwar fallen im Heimatstaat des Schiedsspruchs durchgeführte Vollstrekkungsabwehrklagen unter Art. V Abs. 1 lit. e UNÜ, daneben sind jedoch nach Art. III UNÜ auch die Gerichte des Vollstreckungsstaates befugt, die Vollstreckbarkeit aufgrund nachträglicher Einwände aufzuheben oder zu beschränken.

c) Vereinbarkeit mit anderen Staatsverträgen, insbesondere dem Weltbank-Übereinkommen (ICSID)

Andere Staatsverträge, insbesondere die von Deutschland geschlossenen bilateralen Verträge bleiben von § 1061 Abs. 1 unberührt. Sie enthalten jedoch zumeist keine Regelungen, die eine Zulässigkeit der Vollstreckungsabwehrklage in Deutschland einschränken würden. Vielmehr verweisen sie entweder auf das UNÜ[218] oder sie enthalten eine noch weiter als Art. III UNÜ gefaßte Verweisung auf das Verfahrensrecht des Vollstreckungsstaates.[219]

Im Bereich des Weltbank-Übereinkommens (WBÜ)[220] stellt sich allerdings noch zugespitzter als im UNÜ die Frage nach der Abgrenzung einer zentralisierten Aufhebungskompetenz und der Öffnung des Vollstreckungsverfahrens für die Vorschriften des Vollstreckungsstaates (Art. 54 Abs. 3 WBÜ). Nach Art. 53 Abs. 1 WBÜ unterliegen Sprüche eines Schiedsgerichts des Zentrums für die Beilegung von Investitionsstreitigkeiten (ICSID) nur den im Übereinkommen vorgesehenen Rechtsbehelfen, für die sämtlich das Schiedsgericht selbst[221] oder

---

216 Explizit zur Risikobegrenzung *Redfern/Hunter* S. 453.

217 Zur Auslegung der Vereinbarung s.o. Abschn. II 1.

218 So z.B. Art. 14 Abs. 1 Deutsch-Griechischer Vertrag; Art. 17 Deutsch-Niederländischer Vertrag; Art. 9 Deutsch-Schweizerisches Abkommen; Art. 12 Abs. 1 Deutsch-Österreichisches Abkommen.

219 Art. 13 Abs. 4 Deutsch-Belgisches Abkommen.

220 Weltbank-Übereinkommen zur Beilegung von Investitionsstreitigkeiten zwischen Staaten und Angehörigen anderer Staaten, vom 28.03.1965, BGBl. 1969 II 369. International ist das Abkommen unter seiner englischen Abkürzung ICSID bekannt.

221 Artt. 49–51 WBÜ.

ein vom Zentrum gebildeter Ad-hoc-Ausschuß[222] zuständig ist. Auf alle anderen Rechtsbehelfe verzichten die Parteien explizit.[223] Vieles spricht dafür, daß dieses Entscheidungsmonopol auch die Aufhebung der Vollstreckbarkeit aufgrund von Vollstreckungsgegeneinwänden umfaßt.[224] Ziel des Übereinkommens ist nämlich, im besonders heiklen Bereich zwischenstaatlicher Investitionsstreitigkeiten eine neutrale Instanz für die umfassende Streitbeilegung zur Verfügung zu stellen.[225] Auch die Vollstreckungsabwehrklage kann, wenn sie auch nicht so offensichtliche Gefahren birgt wie eine Berufung oder Aufhebungsklage gegen den Spruch, leicht zu einer *révision au fond* führen, zumal bei Schiedssprüchen – erst Recht denen einer solchen internationalen Organisation – die oben beschriebenen schwierigen Abgrenzungsfragen hinsichtlich der Rechtskraft bestehen. Zuständig ist daher auch hier das ursprüngliche Schiedsgericht. Das Übereinkommen sieht zwar nicht explizit einen der Vollstreckungsabwehrklage ähnlichen Behelf vor. Es liegt aber nahe, Art. 51 WBÜ entsprechend anzuwenden, der die Wiederaufnahme wegen nachträglich aufgefundener Beweismittel relativ großzügig zuläßt.[226]

d) Vollstreckungsabwehrklage vor Vollstreckbarerklärung eines Schiedsspruchs

Die Zulässigkeit einer Vollstreckungsabwehrklage schon vor Vollstreckbarerklärung des Schiedsspruchs ist für inländische Sprüche seit langem anerkannt.[227] Dem Schuldner ist nicht zuzumuten abzuwarten, bis der Gläubiger die Vollstreckbarerklärung des Spruchs betreibt.

Allerdings kann der Schuldner gegen einen ausländischen Schiedsspruch nur dann nach § 767 vor deutschen Gerichten klagen, wenn diese bereits nach den allgemeinen Regeln (§§ 12ff.) international zuständig sind. Eine Zuständigkeit analog §§ 1062 Abs. 1, 2 läßt sich erst für die Zeit ab Vollstreckbarerklärung begründen. Vor dem Exequatur hat der Gläubiger Deutschland nicht als Vollstreckungsstaat gewählt und es besteht keine Veranlassung, dem Schuldner gerade den Schutz deutscher Gerichte zu gewähren. Hier gilt das bereits zur Vollstreckungsabwehrklage gegen ein noch nicht exequiertes ausländisches Urteil Festgestellte[228] entsprechend.

---

222 Art. 52 WBÜ.

223 Art. 26 WBÜ.

224 Vgl. *Schlosser*, RipS, Rz. 900, der die Frage aber nicht explizit diskutiert.

225 Die Interessen- und Gefahrenlage ähnelt der bei der Vollstreckung von Entscheidungen anderer supranationaler Institutionen. Vgl. die Ausführungen im Kap. 9, Zuständigkeit zu Art. 256 EG-Vertrag (ex-Art. 192 EWGV) und § 4 des Gesetzes über die Vollstreckung von Entscheidungen internationaler Gerichte auf dem Gebiet des Seerechts (SeeGVG).

226 Die Vorschrift hat mehr mit FRCP 60 (b) (2) gemeinsam, als mit § 580.

227 RGZ 148, 270; MünchKomm ZPO-Karsten *Schmidt*, § 767 Rz. 10, 43; *Rosenberg/Gaul/Schilken* § 40 VI 4 (S. 635) und § 40 VIII (S. 637); *Schwab/Walter*, Kap. 27 Rz. 13 m.w.N. Vgl. auch RGZ 134, 146 (162); BGHZ 120, 387 (391 f.) (jeweils zur Vollstreckungsabwehrklage vor Klauselerteilung).

228 S.o. Kap. 10, Exequaturverfahren, Abschn. VIII.

IV. Anspruch und Einwand im Exequatur- oder Aufhebungsverfahren

Die Aufhebung des *Titels* oder seiner Vollstreckbarkeit durch ein ausländisches Gericht ist auch bei einem Schiedsspruch bereits im Exequaturverfahren zu berücksichtigen (1.) Die Zulässigkeit der direkten Geltendmachung eines *Vollstreckungsgegeneinwands* in diesem Verfahren ist dagegen, wie bei ausländischen Urteilen, zweifelhaft. Bei Schiedssprüchen ist es sinnvoll, diese Frage zunächst in bezug auf inländische Sprüche zu untersuchen, die nach § 1060 ebenfalls der Vollstreckbarerklärung bedürfen (2.), und sodann zu prüfen, ob für die Vollstreckbarerklärung ausländischer Schiedssprüche (§ 1061) dieselben Grundsätze anwendbar sind (3.).

1. Aufhebung des Spruchs oder seiner Vollstreckbarkeit durch ein ausländisches Gericht: Berücksichtigung im Exequaturverfahren

Ist die Vollstreckbarkeit des Schiedsspruchs in seinem Heimatstaat aufgrund eines Vollstreckungsgegeneinwands nachträglich aufgehoben worden, so kann der Schuldner sich im Exequaturverfahren nach § 1061 i.V.m. Art. V Abs. 1 lit. e UNÜ darauf berufen. Die Vorschrift erfaßt ihrem Wortlaut und ihrer Entstehungsgeschichte nach[229] die Aufhebung der Vollstreckbarkeit ganz gleich aus welchen Gründen. Die oben[230] vorgenommene Auslegung des Art. V UNÜ im Lichte des Art. III UNÜ ändert hieran nichts; sie betrifft nur die Art. V Abs. 1 lit. e UNÜ bloß indirekt entnommene *Konzentration* der Aufhebungskompetenz im Erststaat.

Keine „Aufhebung der Wirkungen" i.S.d. Art. V Abs. 1 lit. e UNÜ liegt allerdings vor, wenn die Vollstreckbarkeit im Heimatstaat nur deshalb suspendiert ist, weil der Schuldner dort eine Vollstreckungsabwehrklage erhoben oder einen ähnlichen Rechtsbehelf eingelegt hat.[231] Nach zutreffender Auffassung schränkt dies, ebenso wie einstweilige vollstreckungsbeschränkende Anordnungen (vgl. § 769), die Bindungswirkung des Schiedsspruches zwischen den Parteien nicht ein und ist nach allgemeinen Regeln nicht anerkennungsfähig.[232] Auch insofern bedarf Art. V Abs. 1 lit. e UNÜ, dessen Wortlaut jede Beschrän-

---

[229] Van den Berg, New York Arbitration Convention, S. 351 f.

[230] S.o. Abschn. III 3.

[231] Vgl. die entsprechende Rechtsprechung zu Art. V Abs. 1 lit. e: *Götaverken v. General National Maritime Transport Co.*, OGH Schweden, 13.08.1979, Yb. Comm. Arb. 1981, 237; *Southern Pacific Properties (Middle East) Ltd. v. Arab Republic of Egypt*, DistriktG Amsterdam 12.7.1984, Yb. Comm. Arb. 1985, 487; *van den Berg*, New York Arbitration Convention, S. 344, 352; *Tupman*, 3 Arb. Int'l 209, 213 ff. (1987).

[232] *Geimer*, IZPR Rz. 2857; *van den Berg*, Commentary, Yb. Comm. Arb. 1996, 394 (513).

kung der Vollstreckbarkeit (jedenfalls im Heimatstaat) erfaßt, einer teleologischen Reduktion.[233]

Ist eine Aufhebung der Vollstreckbarkeit im Ausland erfolgt , so *muß* der Schuldner diese bereits im Exequaturverfahren geltend machen, da andernfalls Präklusion eintritt.[234] Denn die Prüfung der Wirksamkeit des Spruchs ist Gegenstand des Verfahrens.

Steht fest, daß deutsche Gerichte eine Entscheidung über die Aufhebung der Vollstreckbarkeit des Spruchs im Erststaat berücksichtigen *dürfen*, stellt sich die weitere Frage, ob sie dies tun *müssen*. Unter § 1044 Abs. 1 ZPO a.F. war dies bereits umstritten. Während die wohl herrschende Meinung jede Aufhebung des Schiedsspruchs im Heimatstaat berücksichtigte,[235] forderten einige Autoren, das aufhebende Urteil an § 328 zu messen.[236] Gegen diese Forderung wurde eingewandt, § 1044 Abs. 1 sei eine § 328 ausschließende Sonderregelung. Nach Abschaffung des § 1044 Abs. 1 verweist § 1061 Abs. 1 nunmehr auf das UNÜ. Dort ist seit langem umstritten, ob der Versagungsgrund des Art. V Abs. 1 lit. e (Aufhebung im Heimatstaat) im Vollstreckungsstaat zwingend berücksichtigt werden muß[237] oder ob nach dem Günstigkeitsprinzip (Art. VII Abs. 1 UNÜ) auch ein im Heimatstaat aufgehobener Schiedsspruch noch nach dem autonomen Recht des Vollstreckungsstaates für vollstreckbar erklärt werden darf, etwa weil dieses keinen entsprechenden Aufhebungsgrund kennt oder den im Heimatstaat angenommenen Aufhebungsgrund für nicht erfüllt hält.[238] In Deutschland hilft ein Verweis auf das Günstigkeitsprinzip seit Inkrafttreten des SchiedsVfG jedoch nicht weiter, da § 1061 Abs. 1 gerade auf das UNÜ verweist und damit eine günstigere nationale Regelung nicht existiert. Im Bereich des Genfer Europäi-

---

[233] St/J-*Schlosser*, Anh. § 1044 Rz. 81; am Wortlaut des Art. V UNÜ orientiert dagegen *van den Berg*, New York Arbitration Convention, S. 351.

[234] *Schütze/Tscherning/Wais-Schütze*, Rz. 646; *Schwab/Walter*, Kap. 30 Rz. 31; *Geimer*, IZPR Rz. 3881; St/J-*Schlosser*, § 1044 Rz. 71. Streng hiervon zu unterscheiden ist, daß der Schuldner nach der hier vertretenen Ansicht nicht gehalten ist, *Vollstreckungsgegeneinwände* im Exequaturverfahren geltend zu machen.

[235] *Münzberg*, ZZP 83 (1970), 334; MünchKomm ZPO-*Meier*, § 1044 Rz. 7; von *Bernuth*, S. 36f.; *Ernemann*, S. 114; *Bülow*, NJW 71, 489; *Schwab/Walter* Kap. 30 Rz. 14; Wieczorek-*Schütze* (2. Aufl.), § 1044 Anm. C I b 1.

[236] So St/J-*Schlosser*, § 1044 Rz. 13; *Schütze*, Jahrb. f.d. Praxis d. Schiedsgerichtsbark. 3 (1989), 118 (119, 121ff.); *Geimer*, IZPR Rz. 3944, 3949, der allerdings dabei auf das Gegenseitigkeitserfordernis verzichten will.

[237] So wohl *van den Berg*, New York Arbitration Convention, S. 355f.; ders. 6 Pace L. Rev. 25, 41–42 (1985); *Gottwald*, Generalbericht internationale Schiedsgerichtsbarkeit, S. 115f.; wohl auch Paulsson, 32 Int'l & Comp. L.Q. 53, 59 (1983).

[238] So vor allem die französische Rechtsprechung: Cass. Civ. 1re 09.10.1984, *Pabalk ./. Norsolor,* Rev. Arb. 1985, 431; Cass. Civ 1re 23.3.1994, *Hilmarton 1,* Rev. Arb. 1994, 327; Civ. 1re 10.06.1997, *Hilmarton 3*, Rev. Arb. 1997, 376, Note *Fouchard* und die amerikanische Entscheidung *Matter of Chromalloy Aeroservices (Arab Republic),* 939 F.Supp. 907 (D.D.C. 1996). Zustimmend *Born*, International Commercial Arbitration, S. 648f.; Smit, 63 Tulane L. Rev. 629, 641 (1989); *Redfern/Hunter*, S. 471; *Robert*, TZ 329. Näher s.o. Kap. 5, USA und Kap. 2, Frankreich.

schen Übereinkommens (EÜ)[239] ist die Frage insofern partiell geregelt, als die Aufhebung im Erststaat nur dann einen Versagungsgrund bildet, wenn sie aus bestimmten, in Art. IX enumerierten Gründen erfolgt, zu denen vor allem der *ordre public* des Erststaates nicht gehört.[240] Dies zeigt bereits, daß eine gewisse Einschränkung der Anerkennung erststaatlicher Aufhebungsentscheidungen offensichtlich mit Art. V Abs. 1 lit. e UNÜ vereinbar ist – niemand behauptet, Art IX EÜ halte die Vertragsstaaten zur Verletzung des UNÜ an. In der Tat verfolgt das UNÜ ja eine schiedsfreundliche Grundtendenz, die eine weitere Einschränkung der Versagungsgründe des Art. V UNÜ eher toleriert als ihre Erweiterung. Der – wenn auch nicht eindeutige – Wortlaut des Art V Abs. 1 UNÜ[241] läßt sogar den Schluß zu, die Berücksichtigung der Aufhebung im Heimatstaat stehe generell in das Ermessen des Exequaturgerichts – unabhängig von einem günstigeren nationalen Recht.[242] Es erscheint deshalb richtig, jedenfalls die allgemeine Regel des deutschen internationalen Zivilprozeßrechts anzuwenden, daß ausländische Entscheidungen über Vollstreckungsgegeneinwände – auch wenn sie einen Schiedsspruch betreffen – nur unter den Voraussetzungen des § 328 zu berücksichtigen sind.[243]

Eine Versagung der Anerkennung kommt vor allem dann in Betracht, wenn das ausländische Gericht über Einwände entschieden hat, obwohl der Gläubiger vor dem ausländischen Gericht zu Recht die Einrede des Schiedsvertrages erhoben hatte.[244] Eine Anerkennung kann auch an § 328 Abs. 1 Nr. 3 scheitern, wenn bereits früher in einem deutschen oder einem anzuerkennenden ausländischen Urteil über die Einwände rechtskräftig entschieden wurde. Wann diese Sperre eingreift, hängt vor allem davon ab, ob man mit der hier vertretenen Ansicht annimmt, daß bei der Vollstreckungsabwehrklage auch die Entscheidung über das Fortbestehen des titulierten Anspruchs in materielle Rechtskraft erwächst. Vorteil dieser Auffassung ist, daß so eine „Doppelkontrolle" jedenfalls in bezug auf Vollstreckungsgegeneinwände vermieden wird.[245]

---

[239] Genfer Europäisches Übereinkommen über die internationale Handelsschiedsgerichtsbarkeit, vom 21.04.1961, BGBl. 1964 II, 426.

[240] Illustrativ OGH Wien, 23.2.1998, Forum Int. 1998, 25, der diese Bestimmung anwendet, und eine Vollstreckung trotz Aufhebung im Erststaat zuläßt.

[241] „... enforcement of the award may be refused ...".

[242] *Weinacht*, ZVglRWiss 98 (1999), 139 (160ff.) mit Hinweisen zur – umstrittenen – Intention der Verfasser der Vorschrift.

[243] *Schlosser*, RipS Rz. 899; St/J-*Schlosser*, Anh. § 1044 Rz. 81; *Schütze*, Schiedsgericht, Rz. 261; ders. Jahrb. f.d. Praxis d. Schiedsgerichtsbark. 3 (1989), 118 (119, 121ff.); *Geimer*, IZPR Rz. 3944f.

[244] Die Mißachtung der Schiedsgebundenheit ist ein Versagungsgrund nach § 328 Nr. 1 oder Nr. 4. Anders, aber unzutreffend für den Bereich des GVÜ, OLG Hamm, RIW 94, 243 (245), differenzierend Michael J. *Schmidt*, FS Sandrock S. 205 (210ff.).

[245] Zur Doppelkontrolle in bezug auf die Aufhebungsgründe des Art. V Abs. 1 lit. a–d UNÜ ausführlich von *Bernuth*, insbesondere zur fehlenden Vermeidbarkeit dieser Doppelkontrolle (S. 155ff.); kritisch zur Doppelkontrolle *Gottwald*, Generalbericht internationale Schieds-

Wenig untersucht ist bisher, ob über den Wortlaut des Art. V Abs. 1 lit. e UNÜ hinaus auch eine Aufhebung der Vollstreckbarkeit in einem *Drittstaat* im Exequatur berücksichtigt werden darf. Dafür spricht, daß eine solche Aufhebung, wie oben bereits dargelegt, nicht gegen das Konzentrationsgebot des Art. V Abs. 1 lit. e UNÜ verstoßen würde.[246] Sie betrifft auch, wenn der Drittstaat ihr eine entsprechende Wirkung beilegt, die Bindungswirkung des Spruchs zwischen den Parteien und ist nicht auf das Gebiet des Drittstaates beschränkt, wie eine bloße Verweigerung des Exequatur, die für andere Staaten unbeachtlich wäre.[247] Dies spricht dafür, eine Berücksichtigung im Exequatur zuzulassen, zumal dies den Streitgegenstand des Verfahrens nicht verändert und keine qualitativ andere Prüfung erfordert, als die Berücksichtigung einer erststaatlichen Aufhebung.

2. Direkte Geltendmachung eines Einwands im Exequaturverfahren

Auch bei Schiedssprüchen stellt sich die oben für Urteile ausführlich untersuchte Frage, ob der Schuldner im Exequaturverfahren unmittelbar einen Einwand gegen den im Schiedsspruch titulierten Anspruch geltend machen darf. Es ist sinnvoll, diese Frage zunächst für inländische und dann für ausländische Sprüche zu untersuchen.

a) Exequaturverfahren für inländische Schiedssprüche

Nach jedenfalls bisher herrschender Meinung sind Vollstreckungsgegeneinwände bei der Vollstreckbarerklärung inländischer Schiedssprüche zu beachten. Dieser Befund entspricht im Ergebnis dem zum Exequaturverfahren für ausländische Urteile.[248] Im einzelnen unterscheiden sich die relevanten Überlegungen jedoch so erheblich, daß eine genauere Darstellung angezeigt ist.

(1) Die (bisher) herrschende Meinung: Berücksichtigung von Vollstreckungsgegeneinwänden

Unter dem bis 1998 geltenden Schiedsverfahrensrecht waren sich Rechtsprechung und Literatur weitgehend einig in der Zulassung von Vollstreckungsgegeneinwänden im Exequaturverfahren für Schiedssprüche. Die Literatur zum neuen Schiedsverfahrensrecht ging davon aus, daß sich hieran nichts geändert

---

gerichtsbarkeit, S. 118; positiv dagegen *Gaillard*, Clunet, 1998, 645 ff., aber auch mit Erwähnung der Gefahren einer „asymmetrischen" Doppelkontrolle (aa.O. S. 663).

246 Eine solche würde Art. V Abs. 1 lit. e UNÜ verbieten, *van den Berg*, New York Arbitration Convention, S. 350; *Born*, International Commercial Arbitration, S. 630 f.

247 *Born*, International Commercial Arbitration, S. 650.

248 S.o. Kap. 10, Exequaturverfahren.

habe.[249] Das Bayerische Oberste Landesgericht ist dieser Auffassung in einem grundlegenden Beschluß vom 12.4.2000[250] entgegengetreten. Ob dieser Beschluß eine Änderung der herrschenden Meinung auf breiter Front einleitet, bleibt abzuwarten. Einstweilen ist es notwendig, die bisherige Entwicklung der Auffassungen im einzelnen nachzuzeichnen.

Das Reichsgericht entschied im Anschluß an seine Rechtsprechung zum Exequatur für ausländische Urteile,[251] daß auch bei der Vollstreckbarerklärung von (inländischen) Schiedssprüchen Vollstreckungsgegeneinwände zu berücksichtigen seien.[252] Der BGH schloß sich dieser Rechtsprechung grundsätzlich an[253] und erstreckte sie auch auf die Vollstreckbarerklärung ausländischer Schiedssprüche.[254]

Allerdings sah schon das Reichsgericht den Schuldner nicht als *verpflichtet* an, die Vollstreckungsgegeneinwände im Exequaturverfahren geltend zu machen.[255] Der BGH setzte sich außerdem intensiv mit der Frage auseinander, ob Vollstreckungsgegeneinwände schon gegenüber dem Antrag auf Exequatur zu berücksichtigen seien oder erst auf Widerspruch des Schuldners gegen die Vollstreckbarerklärung (§§ 1042 c Abs. 2, 1042 d ZPO a.F.).[256] Bei den frühen Leitentscheidungen waren die Einwände nämlich soweit ersichtlich jeweils in Verfahren geltend gemacht worden, in denen ohnehin eine mündliche Verhandlung stattfand.[257] Auf den kritischen Hinweis von *Niepel,*[258] das im Gesetz vorgesehene zügige Vollstreckungsverfahren werde aus den Angeln gehoben, wenn bereits vor Erteilung des Exequatur im Gesetz nicht vorgesehene Einwände berücksichtigt würden, antwortete der BGH mit einer Entscheidung,[259] in der er vorsichtig formulierte, das Gericht *könne* Vollstreckungsgegeneinwände jedenfalls schon gegenüber dem Exequaturantrag und nicht nur im Widerspruchsverfahren berücksichtigen. Später präzisierte das Gericht dann, Vollstreckungsgegeneinwände *müßten* jedenfalls dann schon vor Vollstreckbarerklärung berücksichtigt werden, wenn wegen der Geltendmachung von Aufhebungsgründen ohnehin mündlich über den Exequaturantrag verhandelt werde.[260] Zur Begründung führte es an, das

---

[249] *Schütze*, Schiedsgericht, Rz. 252; *Schwab/Walter*, Kap. 27 Rz. 12.

[250] BB 2000, 1109.

[251] RGZ 13, 347.

[252] RG Gruchot 55, 1081 (1083); ebenso schon vorher ohne nähere Begründung RG JW 1895, 127; ebenso später RG JW 1934, 362.

[253] BGH LM, § 1042 Nr. 4.

[254] BGHZ 34, 274.

[255] RGZ 148, 270 (276), tendenziell anders dagegen noch RG Gruchot, 55, 1081 (1084).

[256] BGH NJW 61, 1627; BGHZ 38, 259 (61 f.); BGH NJW 65, 1138.

[257] So in RG Gruchot 55, 1081; BGH LM, § 1042 Nr. 4; BGHZ 34, 274. RGZ 148, 270 (276) geht wohl ebenfalls davon aus, daß eine Berücksichtigung von Vollstreckungsgegeneinwänden allenfalls im Widerspruchsverfahren in Frage komme.

[258] NJW 61, 592.

[259] BGH NJW 61, 1627.

[260] BGHZ 38, 259 (261 f.); BGH NJW 65, 1138; so wohl auch BGH NJW 90, 3210.

Verfahren würde nur unnötig verzögert, wenn die Verhandlung über die Einwände einem späteren Verfahren oder auch nur dem Widerspruch gegen die Vollstreckbarerklärung vorbehalten bliebe.[261]

Die Literatur schloß sich der Rechtsprechung weitgehend an und ging insofern über sie hinaus, als sie forderte, Vollstreckungsgegeneinwände stets bereits vor Erteilung des Exequatur zu berücksichtigen und nicht nur, wenn ohnehin eine mündliche Verhandlung stattfinde.[262] Allerdings fanden sich vereinzelt auch Gegenstimmen. So hielt *Bettermann* Vollstreckungsgegeneinwände im Exequaturverfahren grundsätzlich für unzulässig,[263] *Stahl*[264] wollte sie stets nur im Widerspruchsverfahren nach § 1042 c Abs. 2 ZPO a.F. zulassen und *Niepel*[265] trat dafür ein, jedenfalls illiquide Vollstreckungsgegeneinwände nur im Widerspruchsverfahren zulassen. Alle drei argumentieren vor allem mit der Verzögerung der Vollstreckbarerklärung, die durch eine Prüfung von Vollstreckungsgegeneinwänden eintrete.

Mit der Neuordnung des Schiedsverfahrens durch das SchiedsVfG ist das Widerspruchsverfahren weggefallen; der Schuldner muß etwaige Einwendungen gegen die Vollstreckbarerklärung sogleich bei der Anhörung geltend machen, dann ist mündliche Verhandlung anzuberaumen (§ 1063 Abs. 1 u. 2). Ist der Schiedsspruch einmal für vollstreckbar erklärt, so steht dem Schuldner nur noch die Rechtsbeschwerde zum BGH offen (§ 1065 Abs. 1). Neue Einwände kann er mit ihr nicht mehr geltend machen (§ 1065 Abs. 2). Kommentatoren des neuen Rechts folgern, daß Vollstreckungsgegeneinwände sogleich gegenüber dem Exequaturantrag geltend gemacht werden können.[266] Dies entspricht in der Tat der bisherigen Linie von Rechtsprechung und herrschender Literatur. Ihr ist das Bayerische Oberste Landesgericht[267] nunmehr entgegengetreten. Dies verleiht den im folgenden geschilderten Bedenken gegen die (bisher) h.M. zusätzliches Gewicht.

(2) Bedenken gegen die Berücksichtigung von Vollstreckungsgegeneinwänden

Die Berücksichtigung von Vollstreckungsgegeneinwänden widerspricht sowohl dem Wortlaut und der Intention des Gesetzes als auch der Rechtsnatur und dem Streitgegenstand des Verfahrens nach § 1060. Sie führt zu einem ungerechtfertigten Suspensiveffekt, verschiebt Klagelast und Kostenrisiko zu Lasten des Titelinhabers und verletzt das Prinzip der Waffengleichheit.

---

261 BGH NJW 61, 1627; BGHZ 38, 259 (262).

262 *Schwab*, ZZP 74 (1961), 372; ZZP 78 (1965), 386; *Habscheid*, KTS 64, 83; *Schwab/Walter*, Kap. 27 Rz. 12; *Schütze/Tscherning/Wais*-Wais Rz. 531 (S. 271); St/J-*Schlosser*, § 1042 Rz. 23 a.E.; *Schlosser*, RipS Rz. 891.

263 *Bettermann*, Rechtshängigkeit und Rechtsschutzform S. 67f.

264 DB 56, 1101.

265 NJW 61, 592.

266 *Schütze*, Schiedsgericht, Rz. 252; *Schwab/Walter*, Kap. 27 Rz. 12.

267 Beschl. v. 12.4.2000, BB 2000, 1109.

(a) Wortlaut und Intention des Gesetzes

§ 1060 Abs. 2 bestimmt, daß der Antrag auf Vollstreckbarerklärung abzulehnen ist, wenn einer der in § 1059 Abs. 2 bezeichneten Aufhebungsgründe vorliegt. Andere Gründe für eine Ablehnung des Exequaturantrags nennt das Gesetz nicht. Ein zentrales Anliegen des SchiedsVfG war, die Regelungen zur Schiedsgerichtsbarkeit auch für nicht mit der Materie Vertraute (insbesondere auch ausländische Parteien, denen sich Deutschland als Schiedsort empfehlen will) transparent zu machen und deshalb eine möglichst explizite und vollständige Regelung zu schaffen.[268] Berücksichtigt man Vollstreckungsgegeneinwände entgegen dem Text des § 1060 Abs. 2, der den Eindruck einer abschließenden und vollständigen Regelung erweckt, so schadet man diesem Anliegen.

Ein weiteres Ziel der Reform war die Vereinfachung und Straffung des Exequaturverfahrens. Diese gesetzgeberische Absicht – so das Bayerische Oberste Landesgericht – „würde unterlaufen" ,wenn weiterhin materielle Einwendungen in diesem Verfahren geprüft würden.[269]

(b) Ausgestaltung des Verfahrens nach § 1060: Zuständigkeit, Rechtsbehelf

Das Bayerische Oberste Landesgericht[270] stützt seine Ablehnung der Berücksichtigung von Vollstreckungsgegeneinwänden im Verfahren nach §§ 1059, 1060 vor allem auf die „grundlegende Veränderung", welche durch das neue Schiedsverfahrensrecht hinsichtlich seiner prozessualen Ausgestaltung eingetreten ist. Die Entscheidung obliege nunmehr in erster Instanz einem Obergericht. Eine mündliche Verhandlung sei dort an sich nur geboten, wenn Aufhebungsgründe nach § 1059 Abs. 2 in Betracht kommen. Das Obergericht werde durch die Prüfung materieller Einwendungen potentiell mit „umfangreichen und zeitraubenden gerichtlichen Beweiserhebungen" belastet. Eine mündliche Verhandlung sei nur geboten, wenn Aufhebungsgründe nach § 1059 Abs. 2 in Betracht kommen.[271] Die Entscheidung erfolge, anders als früher, durch Beschluß und nicht durch Urteil, wie im Falle des § 767. Die Parteien verlören zudem eine Instanz, da gegen den Beschluß nur die Rechtsbeschwerde zum BGH gegeben ist.

(c) Rechtsnatur und Streitgegenstand des Verfahrens nach § 1060

Im Verfahren nach § 1060 wird der Schiedsspruch für vollstreckbar erklärt und zugleich rechtskräftig darüber entschieden, ob Aufhebungsgründe gegen ihn vorliegen. Nach § 1060 Abs. 2 ist, wenn Aufhebungsgründe vorliegen, nicht nur der Antrag auf Vollstreckbarerklärung abzulehnen, sondern zugleich der Schieds-

---

[268] Amtliche Begründung zum SchiedsVfG, BT-Drs. 13/5274, S. 22.

[269] BayObLG, BB 2000, 1109, 1110.

[270] BayObLG, BB 2000, 1109, 1110.

[271] Eine enge Auslegung der Vorschrift zur Erforderlichkeit einer mündlichen Verhandlung nimmt auch BGH NJW 99, 2974 vor.

spruch aufzuheben. Umgekehrt steht nach § 1059 Abs. 3 S. 4 mit Vollstreckbarerklärung des Spruches rechtskräftig fest, daß Aufhebungsgründe nicht vorliegen.

Mit der Prüfung von Vollstreckungsgegeneinwänden im Exequatur wird nun ein ganz neuer Streitgegenstand in das Verfahren eingeführt: das Fortbestehen des titulierten Anspruchs. Würde das Exequatur wegen eines Vollstreckungsgegeneinwands verweigert, so dürfte selbstverständlich nicht wie in § 1060 Abs. 2 vorgesehen tenoriert werden, da ein solcher Einwand die Gültigkeit des Schiedsspruches nicht berührt. Statt dessen würde – jedenfalls nach der hier vertretenen Ansicht – rechtskräftig festgestellt, daß der titulierte Anspruch nicht (mehr) besteht.

Schon das Reichsgericht unterschied klar zwischen der Vollstreckungsabwehrklage und dem Widerspruchsverfahren im Rahmen der Vollstreckbarerklärung des Schiedsspruchs:

„Das … Widerspruchsverfahren aber und die Vollstreckungsgegenklage haben verschiedene Ziele. Die letzte bezweckt nur die Aufhebung der Vollstreckbarkeit des Titels, hier des für vollstreckbar erklärten Schiedsspruchs (§ 794 Abs. 1 Nr. 4a ZPO), und dies nur insoweit, als dem darin festgestellten Anspruch neue sachlich-rechtliche Einwendungen entgegenstehen. Das Widerspruchsverfahren bezweckt neben der Nachprüfung der formalen Zulässigkeit der Vollstreckbarerklärung die Aufhebung des Schiedsspruchs selbst aus den besonderen gesetzlichen Gründen des § 1041 ZPO.“[272]

Der Antrag auf Vollstreckbarerklärung nach § 1060 ist, da er eine rechtskräftige Entscheidung über das Vorliegen von Aufhebungsgründen herbeiführt, nichts anderes als ein Aufhebungsantrag (§ 1059) mit vertauschten Parteirollen. Nicht der Schuldner begehrt hier die Aufhebung, sondern der Gläubiger die Bestätigung, daß Aufhebungsgründe nicht vorliegen; zugleich verlangt er die von § 1060 allein an diese Voraussetzung geknüpfte Vollstreckbarerklärung des Schiedsspruchs. In dem umgekehrten, vom Schuldner angestrengten Verfahren (§ 1059) käme niemand auf die Idee, auch die Geltendmachung von Vollstreckungsgegeneinwänden zuzulassen – eine Aufhebung des Schiedsspruchs aufgrund dieser Einwände wäre rechtsfehlerhaft. Für das Verfahren nach § 1060 kann nichts anderes gelten.[273]

(d) Ungerechtfertigter Suspensiveffekt

Neben der Transparenz (Wortlaut des Gesetzes!) und dogmatischen Überlegungen sprechen auch handfeste Interessenbewertungen gegen die Berücksichtigung von Vollstreckungsgegeneinwänden im Verfahren nach § 1060. An erster

---

[272] RGZ 148, 270 (274).

[273] Dies wird auch von einigen Vertretern der herrschenden Meinung durchaus erkannt. So räumen *Schwab/Walter*, Kap. 27 Rz. 12 (ebenso wie schon in der Vorauflage zum alten Recht) ein: „Bei formalistischer Auslegung der Vorschriften müßte man solche Einwendungen schlechthin dem Vollstreckbarerklärungsverfahren vorenthalten …“.

Stelle ist hier wieder der Suspensiveffekt zu nennen, der eintritt, wenn die Vollstreckbarerklärung des Schiedsspruchs solange hinausgezögert wird, bis sämtliche vom Schuldner vorgebrachten Einwendungen gegen den Anspruch geklärt sind. Die damit verbundene ungerechtfertigte Schlechterstellung des Inhabers eines inländischen Schiedsspruchs gegenüber dem eines inländischen Urteils war bereits in der Vergangenheit Ansatzpunkt der Kritik an der herrschenden Meinung.[274] Unter dem alten Schiedsverfahrensrecht versuchte die Rechtsprechung dieser Kritik jedenfalls teilweise Rechnung zu tragen, indem sie es in das Ermessen des Gerichts stellte, ob es Einwände gegen den Anspruch bereits vor Erteilung des Exequatur berücksichtigen oder diese in das Widerspruchsverfahren nach § 1042 c Abs. 2 ZPO a.F. verweisen wollte.[275] Dieser Weg ist mit Abschaffung des Widerspruchs durch das SchiedsVfG nicht mehr gangbar. Berücksichtigt man Vollstreckungsgegeneinwände im Exequaturverfahren, so kann es nur vor Erteilung des Exequatur geschehen und führt damit stets zu dem geschilderten Suspensiveffekt.

Allerdings gibt § 1063 Abs. 3 dem Gericht nunmehr die Möglichkeit, bereits vor Erteilung des Exequatur und sogar ohne vorherige Anhörung des Schuldners die Sicherungsvollstreckung aus dem Schiedsspruch zuzulassen.[276] Selbst wenn es dies tut, ist der Suspensiveffekt jedoch nur teilweise aufgehoben: Der Gläubiger kann nun zwar unverzüglich sichernd zugreifen, die Verwertung ist jedoch ebenso hinausgeschoben (Entwertungsrisiko), wie die Befriedigung des Gläubigers.[277]

Dieser ungerechtfertigte Suspensiveffekt läuft dem in der ZPO verankerten Gleichgewicht von Gläubiger- und Schuldnerinteressen und der Intention des Reformgesetzgebers, das Schiedsverfahren für die Parteien attraktiv zu machen,[278] zuwider.

(e) Ungerechtfertigte Verschiebung von Klagelast und Kostenrisiko

Will nach einem verlorenen Zivilprozeß der Schuldner nachträgliche Einwände gegen das Urteil geltend machen, so muß er die Last und das Kostenrisiko einer Klageerhebung nach § 767 auf sich nehmen. Es ist nicht einzusehen, warum ihm im Falle eines Schiedsspruchs der obsiegende Gläubiger dieses Risiko abneh-

---

[274] *Stahl*, DB 56, 1101; *Bettermann*, Rechtshängigkeit und Rechtsschutzform S. 68; *Niepel*, NJW 61, 592 (593).

[275] BGH NJW 61, 1627. Anders wenn ohnehin vor Erteilung des Exequatur mündlich verhandelt wurde: BGHZ 38, 259 (261 f.); BGH NJW 65, 1138.

[276] Nach dem alten Recht war dies nicht möglich: St/J-*Schlosser* § 1042 Rz. 7.

[277] Die Situation ist insofern vergleichbar mit dem Suspensiveffekt, der trotz Art. 39 GVÜ bei der Zulassung von Vollstreckungsgegeneinwänden im Verfahren nach Art. 36 GVÜ eintritt. Dazu s.o. Kap. 10, Exequaturverfahren. Die Möglichkeit eines Arrests ändert ebenfalls nichts, vgl. *Schlosser*, ZIP 87, 492 (494).

[278] BT-Drs. 13/5274, S. 22f.

men soll.[279] Die Besonderheiten des Schiedsverfahrens rechtfertigen zwar die präventive Prüfung von Aufhebungsgründen vor Vollstreckbarerklärung, nicht aber die Vollstreckungsgegeneinwände.

(f) Prinzip der Waffengleichheit

Es verletzt auch die prozessuale Waffengleichheit, wenn dem Schuldner im Exequaturverfahren der Rückgriff auf die Ebene des materiellen Rechts erlaubt wird, dem Gläubiger dagegen nicht. So muß der Gläubiger eines ausländischen Schiedsspruchs seinen gesetzlichen Zinsanspruch, wenn dieser gemäß dem Heimatrecht des Schiedsspruchs nicht im Schiedsspruch ausgedrückt ist, durch eine separate Leistungsklage geltend machen.[280] Er kann diese Klage allerdings mit dem Exequaturantrag verbinden.[281] Damit ist bereits die Richtung für eine sinnvolle Behandlung von Vollstreckungsgegeneinwänden gewiesen.

(3) Lösungsvorschlag: Widerklage nach § 767 im Verfahren nach § 1060

Nimmt man aus den soeben dargelegten Gründen an, daß Vollstreckungsgegeneinwände im Exequaturverfahren unzulässig sind, so folgt hieraus nicht ohne weiteres, wie manche befürchten,[282] daß nacheinander zwei getrennte Prozesse nötig werden. Das Bayerische Oberste Landesgericht tritt allerdings in seinem Grundsatzbeschluß wohl für diese Konsequenz ein.[283] Es ist aber auch denkbar und erscheint vorzugswürdig – wie oben schon für das Verfahren nach §§ 722, 723 dargelegt – auch im Exequaturverfahren nach § 1060 dem Schuldner zu erlauben, seine Einwendungen mittels einer Widerklage nach § 767 verfolgen.

(a) Zulässigkeit der Widerklage

Widerklagen sind im Verfahren der Vollstreckbarerklärung von Schiedssprüchen traditionell zulässig.[284] Seit der Reform des SchiedsVfG ist das Exequaturverfahren allerdings kein Klageverfahren mehr, sondern ein Antragsverfahren, in dem durch Beschluß entschieden wird, der ohne mündliche Verhandlung ergehen kann.[285] Eine Widerklage ist generell nur zulässig, wenn sie in derselben

---

[279] Für den Gläubiger erhöht sich mit der Zulassung von Vollstreckungsgegeneinwänden das Prozeßrisiko der Vollstreckbarerklärung, s.o. Kap. 10, Exequaturverfahren.

[280] OLG Hamburg, RIW 91, 152 (154).

[281] OLG Hamburg, RIW 91, 152 (154), allerdings zum alten Recht, das kein so schlankes Verfahren vorsah wie jetzt § 1063. Enger dagegen Court of First Instance, Brussels, 25.01. 1996, Yb. Comm. Arb. 1997, 646 (655) – ausschließliche Zuständigkeit des Schiedsgerichts.

[282] *Schwab*, ZZP 78 (1965), 386; *Habscheid*, KTS 64, 83; *Schwab/Walter*, Kap. 27 Rz. 12; wohl auch BGHZ 38, 259 (262).

[283] BayObLG, BB 2000, 1109, 1110.

[284] Vgl. St/J-*Schlosser*, § 1044 Rz. 69.

[285] §§ 1060 Abs. 2; 1061 Abs. 1 (i.V.m. Art. V UNÜ), 1063 Abs. 1.

Prozeßart wie die Hauptklage erhoben wird und zulässig ist.[286] Die Frage, ob hier verschiedene Prozeßarten vorliegen, sollte man wertend entscheiden, also prüfen, ob die Unterschiede zwischen dem Klageverfahren nach § 767 und dem Verfahren nach § 1063 so erheblich sind, daß eine Widerklage generell ausgeschlossen sein sollte. Dies ist bei wertender Betrachtung nicht der Fall, da die Unterschiede sich – bis auf die Frage, ob eine mündliche Verhandlung stattfinden muß – nicht auf die inhaltliche Gestaltung des Verfahrens beziehen und zudem die Zuständigkeit desselben Gerichts ohnehin (analog § 1062 Abs. 1 u. 2)[287] besteht. Es erscheint prozeßökonomisch sinnvoll, die Widerklage für grundsätzlich zulässig zu erachten und es dem Gericht zu überlassen die Verfahren zu trennen (145 II), wenn es die gemeinsame Verhandlung nicht für sinnvoll erachtet.

Die Widerklage nach § 767 verfolgt auch ein von der Abweisung des Exequaturantrags (§ 1060 Abs. 2) verschiedenes Ziel. Dringt der Schuldner mit seinem Abweisungsantrag durch, so ist der Schiedsspruch aufzuheben (§ 1060 Abs. 2). Ist er dagegen (nur) mit der Vollstreckungsabwehrklage erfolgreich, so ist einerseits rechtskräftig festgestellt, daß Aufhebungsgründe gegen den Schiedsspruch nicht vorliegen (§ 1059 Abs. 3 S. 3), andererseits aber auch die Vollstreckbarkeit des Schiedsspruchs aufgehoben und – jedenfalls nach der hier vertretenen Meinung – rechtskräftig festgestellt, daß der titulierte Anspruch nicht (mehr) besteht.

Der nach § 33 notwendige Zusammenhang zwischen Exequaturverfahren und Vollstreckungsabwehrklage sollte pragmatisch schon deshalb angenommen werden, weil es letztlich (auch) jeweils um denselben Schiedsspruch geht. Außerdem wäre für die Vollstreckungsabwehrklage ohnehin stets das Exequaturgericht zuständig, so daß der Zusammenhang hier nicht zur Zuständigkeitsbegründung notwendig ist.[288]

(b) Bewertung des Lösungsvorschlags

Die separate Widerklage erlaubt es, den Vollstreckungsgegeneinwand, der einen zusätzlichen Streitgegenstand einführt, angemessen von dem Exequaturverfahren zu trennen. Beruft sich der Schuldner sowohl auf Aufhebungsgründe als auch auf einen Vollstreckungsgegeneinwand, dringt aber nur mit letzterem durch, so bleibt es einerseits bei der rechtskräftigen Feststellung des § 1059 Abs. 3 S. 3, andererseits wird die Vollstreckbarkeit des Schiedsspruchs wieder aufgehoben und das nachträgliche Erlöschen des titulierten Anspruchs rechtskräftig festgestellt. Dieses systematisch klare Vorgehen und der hohe rechtskräftige Ertrag können für Folgeprozesse, insbesondere im Ausland, von hohem Wert sein.

---

286 *Zöller-Vollkommer* § 33 Rz. 24.

287 S.o. Abschn. III 2.

288 Zum Streit, ob der Zusammenhang nach § 33 auch dann erforderlich ist, wenn das Gericht der Hauptklage ohnehin auch für die Widerklage zuständig wäre, s.o. Kap. 10, Exequaturverfahren, Abschn. II 3.

Kann und will der Schuldner gegenüber dem Schiedsspruch nur Vollstreckungsgegeneinwände und keine Aufhebungsgründe geltend machen, so ist der Antrag nach § 1060 sofort entscheidungsreif und eine mündliche Verhandlung entbehrlich (§ 1063 Abs. 2). Der Spruch ist in diesem Fall schon vor der Entscheidung über die Vollstreckungsabwehrklage für vollstreckbar zu erklären. Sollte der Schutz des Schuldners es erfordern, kann gleichzeitig eine vollstreckungsbeschränkende Anordnung nach § 769 erlassen werden.

Die vorgeschlagene Lösung über die separate (Wider-) Klage ist auch prozeßökonomisch gleichwertig mit derjenigen der bisher herrschenden Meinung und insofern dem vom Bayerischen Obersten Landesgericht in einem obiter dictum vertretenen zwingend separaten Verfahren vor dem Landgericht überlegen. Die Widerklage kann durch einfachen Antrag im Verfahren nach § 1060 erhoben werden (§ 261 Abs. 2). Gegebenenfalls ist ein rechtlicher Hinweis (§ 139 Abs. 1) des Gerichts angebracht, wenn sich der Schuldner bei der Anhörung nach § 1063 Abs. 1 S. 2 auf Vollstreckungsgegeneinwände beruft. Die Verweisung der Einwände in eine separate, vom Schuldner zu erhebende Klage führt also nicht zu zwei Prozessen im Sinne zweier aufeinanderfolgender Verfahren – gar vor verschiedenen Gerichten[289] – mit doppeltem Aufwand. Vielmehr kann das Exequaturgericht, wenn sowohl Aufhebungsgründe als auch Vollstreckungsgegeneinwände geltend gemacht werden, über beide gleichzeitig verhandeln und, falls sie gleichzeitig entscheidungsreif werden, auch gleichzeitig entscheiden. In diesen Fällen besteht unter prozeßökonomischen Gesichtspunkten kein Unterschied zu dem von der herrschenden Meinung vorgeschlagenen Vorgehen. Es schadet den Interessen des Schuldners dann nicht, daß das Gericht einen Schiedsspruch

> „sogar dann für vollstreckbar erklären [muß], wenn der Schuldner zweifelsfrei beweisen kann, daß er nach Erlaß des Schiedsspruchs die streitige Forderung erfüllt hat“[290],

denn die Vollstreckbarkeit des Spruchs wird in demselben Urteil aufgehoben.[291] Der Schuldner kann allerdings wählen, ob er im Exequaturverfahren Widerklage erhebt oder zunächst den Ausgang dieses Verfahrens abwartet. Es kann also zu zwei aufeinanderfolgenden Prozessen kommen. Dieselbe Gefahr besteht aber auch nach der heute herrschenden Meinung. Denn diese läßt zwar zu, daß der Schuldner Vollstreckungsgegeneinwände im Exequaturverfahren erhebt, prä-

---

289 So die Lösung in BayObLG, BB 2000, 1109, 1110.

290 So die Argumentation von BGHZ 34, 274 (278) für eine Berücksichtigung von Vollstreckungsgegeneinwänden im Exequaturverfahren.

291 Bei der Tenorierung ist zu beachten, daß das Exequatur, falls seine Voraussetzungen vorlagen, im Grundsatz erteilt und die Aufhebung der Vollstreckbarkeit des exequierten Spruchs anschließend gesondert ausgesprochen werden sollte. Damit wird klar, daß einerseits die Anerkennungsvoraussetzungen vorlagen, andererseits aber der titulierte Anspruch in dem bezeichneten Umfang nicht vollstreckbar ist. Näher s.o. Kap. 10, Exequaturverfahren, Abschn. II 3 (zur entsprechenden Frage bei Urteilen).

kludiert ihn aber nicht mit ihnen, wenn er es unterläßt.[292] Die in der Literatur teilweise vertretene Präklusion für den Fall, daß im Exequaturverfahren eine mündliche Verhandlung stattgefunden hat,[293] erscheint zwar konsequent, entbehrt aber der notwendigen gesetzlichen Grundlage.[294]

Damit ist festzuhalten: Der Schuldner kann Einwände gegen den Anspruch geltend machen, indem er im Exequaturverfahren Widerklage nach § 767 erhebt. Er wird hieran ein Interesse haben, da andernfalls Exequatur und Vollstreckung ihren Lauf nehmen. Ein Zwang zur Geltendmachung der Einwände besteht jedoch ebensowenig wie nach der heute herrschenden Rechtsprechung zum Exequatur.

b) Exequaturverfahren für ausländische Schiedssprüche

Bei der Vollstreckbarerklärung eines *ausländischen* Schiedsspruchs stellen sich weitgehend dieselben Fragen wie bei einem inländischen. Zusätzlich bestehen Zweifel, ob die herrschende Meinung, nach der auch hier Vollstreckungsgegeneinwände zulässig sein sollen, mit dem UNÜ und anderen einschlägigen Staatsverträgen vereinbar ist.

(1) Die herrschende Meinung: Berücksichtigung von Vollstreckungsgegeneinwänden

Die Rechtsprechung läßt Vollstreckungsgegeneinwände auch bei ausländischen Schiedssprüchen schon im Exequaturverfahren zu.[295] Die Literatur hat sich dieser Sicht angeschlossen;[296] hieran hat sich auch mit der Reform des Schiedsverfahrensrechts nichts geändert.[297] Die Begründungen unterscheiden sich nicht von denen zum Exequatur inländischer Schiedssprüche. Zusätzlich stellte sich der BGH in seiner Leitentscheidung[298] die Frage, ob eine Berücksichtigung von Vollstreckungsgegeneinwänden im Exequatur etwa durch den dort einschlägigen bilateralen Staatsvertrag[299] ausgeschlossen war und verneinte sie.

---

[292] Ständige Rechtsprechung seit RGZ 148, 270 (275 f.), anders noch (obiter) RG Gruchot, 55, 1081 (1084). Offenlassend allerdings BGHZ 38, 259 (262).

[293] *Schwab/Walter*, Kap. 27 Rz. 14; St/J-*Schlosser*, § 1042 Rz. 25.

[294] Näher sogl. (Abschn. IV 3).

[295] BGHZ 34, 274; BGH NJW 65, 1138; NJW-RR 97, 1289. OLG Hamburg, RIW 75, 645 (jeweils Aufrechnung).

[296] *Schlosser*, RipS Rz. 897; St/J-*Schlosser*, § 1044 Rz. 69; *Geimer*, IZPR Rz. 3906.

[297] *Schütze*, Schiedsgericht, Rz. 260.

[298] BGHZ 34, 274 (277).

[299] Deutsch-Amerikanischer Handelsvertrag vom 29.10.1954 (BGBl. 1956 II, S. 488), Art. VI Abs. 2.

(2) Vereinbarkeit der herrschenden Meinung mit dem UNÜ

Art. V Abs. 1 lit. a–d UNÜ zählen die Gründe auf, aus denen die Vollstreckbarerklärung eines Schiedsspruchs aus einem anderen Vertragsstaat abgelehnt werden darf. Dieser abschließende Katalog gilt nach dem neuen § 1061 Abs. 1 für alle ausländischen Schiedssprüche. Eine Verweigerung des Exequatur wegen eines Vollstreckungsgegeneinwands verstößt damit *prima facie* gegen das UNÜ (Spruch aus einem Vertragsstaat) oder jedenfalls gegen § 1061 Abs. 1.

Nun sind, wie oben bereits erörtert, neben Art. V UNÜ die nationalen Vorschriften zur Zwangsvollstreckung weiter anwendbar (Art. III UNÜ). Hierunter fällt, wie dargelegt,[300] die Möglichkeit, in Deutschland Vollstreckungsabwehrklage gegen einen ausländischen Schiedsspruch zu erheben. Erlaubt Art. III UNÜ weitergehend auch die Berücksichtigung von Vollstreckungsgegeneinwänden bereits im Exequaturverfahren?

Art. V Abs. 1 UNÜ könnte das Exequaturverfahren abschließend regeln und deshalb Raum für eine Vollstreckungsabwehrklage erst im nachfolgenden Vollstreckungsverfahren lassen. Eine entsprechend umfassende und abschließende Regelung des Exequaturverfahrens enthalten etwa Artt. 31 ff. GVÜ für die Vollstreckbarerklärung von Urteilen, gerichtlichen Vergleichen und vollstreckbaren Urkunden unter den Vertragsstaaten. Das UNÜ regelt jedoch, anders als das GVÜ, das Exequaturverfahren nur sehr rudimentär (Artt. IV – VI UNÜ) und überläßt die nähere Ausgestaltung dem Vollstreckungsstaat. Dies spricht dafür, daß es jedem Staat freisteht, eine ohnehin später mögliche Geltendmachung von Vollstreckungsgegeneinwänden in das Exequaturverfahren zu integrieren.[301] In der (ausländischen) Rechtsprechung zum UNÜ gibt es denn auch ein Beispiel für die Berücksichtigung von Gegenforderungen (Aufrechnung) im Rahmen des Exequatur.[302] Diese Rechtsprechung hat auch in der Literatur teilweise Zustimmung gefunden.[303] Die ähnlich gelagerte Frage, ob Art. III UNÜ erlaubt, das Exequaturverfahren auch über die in Art. VI UNÜ getroffene Regelung hinaus nach nationalem Recht *auszusetzen*, hat ebenfalls ein US-Bundesberufungsgericht vor kurzem bejaht.[304] Diese Entscheidung ist allerdings in der Literatur kritisiert worden, da sie das System des UNÜ sprenge, das dem Gläubiger das Exequatur sichern wolle, wenn nicht einer der in Artt. V, VI UNÜ vorgesehenen Gründe

---

300 S.o. Abschn. III 3.

301 So letztlich auch die Argumentation in BGHZ 34, 274 (277) zu entsprechenden Regelungen des Deutsch-Amerikanischen Handelsvertrages vom 29.10.1954.

302 *Jugometal v. Samincorp Inc.* 78 F.R.D. 504 (S.D.N.Y. 1978). Die Entscheidung betraf allerdings eine bereits durch Schiedsspruch titulierte Gegenforderung. Eine „Gegen-Aufrechnung" des Gläubigers, der das Exequatur beantragt hatte, mit einer untitulierten Forderung berücksichtigte das Gericht dagegen nicht.

303 Van den Berg, New York Arbitration Convention, S. 240 f.

304 *Hewlett Packard Co, Inc. v. Berg*, 61 F 3rd 101, 106 (1st Cir. 1995). Die Entscheidung *Far Eastern Shipping Co. v. AKP Sovcomflot* [1995] 1 Loyd's L.R. 520, Q.B. betrifft dagegen die Aussetzung der Vollstreckung *nach* Erteilung des Exequatur.

vorliege.[305] Auch überwiegen wohl die Entscheidungen und Literaturstimmen, die eine Aufrechnung im Exequatur nach dem UNÜ mit den Regelungen und der Ratio des Übereinkommens für unvereinbar halten.[306] Ihnen ist zuzustimmen. Gegen die Zulässigkeit von Vollstreckungsgegeneinwänden sprechen *mutatis mutandis* die bereits zum Exequatur für inländische Sprüche erörterten Gründe: Wortlaut und Konzeption des Art. V UNÜ, Rechtsnatur und Streitgegenstand des Exequatur nach dem UNÜ,[307] vor allem aber die zusätzlichen Nachteile für den Inhaber des Schiedsspruchs, die der Intention des Übereinkommens zuwiderlaufen: der ungerechtfertigte Suspensiveffekt, die Verschiebung von Klagelast und Kostenrisiko und die Verletzung der Waffengleichheit.

Folgt man zum autonomen Recht (für inländische Schiedssprüche) der oben begründeten Unzulässigkeit von Vollstreckungsgegeneinwänden im Exequatur, würde eine entgegengesetzte Lösung für ausländische Sprüche zudem auch gegen Art. III UNÜ verstoßen. Denn ein sachlich gerechtfertigter Grund, solche Einwände gerade nur bei ausländischen Sprüchen schon im Exequatur zu prüfen ist nicht ersichtlich; eine willkürliche Diskriminierung aber verbietet Art. III UNÜ.

(3) Lösungsvorschlag: Widerklage nach § 767 im Verfahren nach § 1061

Eine dogmatisch saubere, interessengerechte und zugleich prozeßökonomische Lösung ist auch im Bereich ausländischer Schiedssprüche, Vollstreckungsgegeneinwände auf eine Vollstreckungsabwehrklage zu verweisen, die als Widerklage bereits im Exequaturverfahren erhoben werden kann. Zur Zulässigkeit und Handhabung dieser Lösung kann auf die oben zum Exequatur inländischer Schiedssprüche gemachten Ausführungen verwiesen werden.

Ist die Vollstreckungsabwehrklage wegen eines ausländischen Parallelverfahrens[308] auszusetzen, der Exequaturantrag dagegen entscheidungsreif, so wird das Exequatur zwar zunächst erteilt, der Schutz des Schuldners kann aber durch Anordnungen nach § 769 gewährleistet werden.[309]

---

[305] *Mayer*, Bulletin ASA 1997, 354; vgl. auch *Arab Business Consortium International Finance and Investement Co. v. Banque Franco-Tunisienne* [1996] 1 Lloyd's L.R.. 485 (492). Weniger kritisch dagegen *Horning* [1997] Int. A. L. R. 3 ff.

[306] *Fertilizer Corp. of India v. IDI Management, Inc.*, 517 F.Supp 948, 963 (S.D. Ohio, WD 1981); *Audi-NSU Auto Union AG v. Overseas Motors Inc.* (E.D. Michigan, 15.03.1977), Yb. Comm. Arb. 1978, 291 (U.S. No. 16); *Kwong Kam Tat Trading Co. Ltd. (Hong Kong) v. Comsup Commodities, Inc.*, 8 International Arbitration Report 1993, E 1 = Yb. Comm. Arb. 1993, USA Nr. 151 (D. NJ 1992). Zust. etwa *Domke/Wilner*, § 45:03 a.E. Näher s.o. Kap. 5, USA.

[307] Dieser Aspekt bringt z.B. auch die amerikanischen Gerichte dazu, Vollstreckungsgegeneinwände im Exequaturverfahren regelmäßig für unzulässig zu halten, s.o. Kap. 5, USA.

[308] Näher dazu unten, im letzten Abschnitt (V) dieses Kapitels.

[309] Diese Lösung entspricht auch den Vorschriften des UNÜ und dem Vorgehen des englischen Gerichts in *Far Eastern Shipping Co. v. AKP Sovcomflot* [1995] 1 Loyd's L.R. 520, Q.B. Die Entscheidung betraf, ebenso wie *Hewlett-Packard Co. v. Berg*, 61 F. 3d 101 (1st Cir. 1995), die Aufrechnung gegenüber einem Schiedsspruch mit einer angeblich konnexen, ebenfalls

(4) Schiedssprüche nach dem Weltbank-Übereinkommen

Im Exequatur von Schiedssprüchen nach dem Weltbank-Übereinkommen[310] sind Vollstreckungsgegeneinwände schon nach dem Wortlaut des deutschen Ausführungsgesetzes ausgeschlossen.[311] Auch eine Widerklage nach dem hier vorgeschlagenen Modell ist unzulässig, da deutsche Gerichte, wie oben ausgeführt, nicht zuständig sind für die Vollstreckungsabwehrklage.

3. Präklusionswirkung einer Entscheidung im Exequaturverfahren

Folgt man der Ansicht, daß die Prüfung von Vollstreckungsgegeneinwänden im Exequaturverfahren unzulässig ist, so kann das erteilte oder versagte Exequatur keinerlei Präklusionswirkung für eine spätere Geltendmachung eines Einwands (z.B. durch Vollstreckungsabwehrklage) entfalten. Folgt man dagegen der herrschenden Meinung, so sind Vollstreckungsgegeneinwände im Exequaturverfahren zulässig, und es stellt sich die Frage, ob sie anschließend präkludiert sind. Die herrschende Meinung nimmt dies jedenfalls für den Fall an, daß im Exequaturverfahren eine mündliche Verhandlung stattgefunden hat.[312] Zur Begründung wird angeführt, die mündliche Verhandlung im Exequaturverfahren gleiche insofern einer Berufungsverhandlung. In beiden Fällen könne der Schuldner neue Einwände gegen den Anspruch vorbringen, deshalb sei es gerecht, wenn er dies auch in beiden Fällen tun müsse und andernfalls präkludiert sei.[313] Eine echte Parallele zur Berufung besteht aber nur dann, wenn der titulierte Anspruch auch im Exequaturverfahren Streitgegenstand ist.[314] Konsequent stützt *Schütze* die Präklusionswirkung des Exequaturverfahrens auf § 767 *Abs. 2,* also auf den Schutz der materiellen Rechtskraft des Exequatur. Diese Position ist aber mit der zutreffenden und ganz herrschenden Ansicht unvereinbar, der im Schiedsspruch titulierte Anspruch sei nicht Streitgegenstand des Exequaturverfahrens.[315]

Andere halten dagegen (nur) § 767 *Abs. 3* für entsprechend anwendbar.[316] Für diese Sicht spricht zunächst, daß sich die Präklusionswirkung des *Urteils*exequa-

---

schiedsgebundenen Gegenforderung. Die Lösung des englischen Gerichts zeichnet sich gegenüber der amerikanischen durch eine saubere Systematik und Einbettung in das System des UNÜ aus.

[310] Weltbank-Übereinkommen zur Beilegung von Investitionsstreitigkeiten zwischen Staaten und Angehörigen anderer Staaten, vom 28.03.1965, BGBl. 1969 II 369. Näher s.o. Abschn. III 3.

[311] Gesetz zu dem Übereinkommen, vom 25.02.1969, BGBl. 1969 II 369, Art. 2 Abs. 4; vgl. auch *Schlosser*, RipS Rz. 900 a.E.

[312] *Schwab/Walter*, Kap. 27 Rz. 14; St/J-*Schlosser*, § 1042 Rz. 25; *Schütze*, Schiedsgericht, Rz. 252; *Schütze/Tscherning/Wais*, Rz. 646.

[313] *Schwab/Walter*, Kap. 27 Rz. 14.

[314] Zu dieser Frage bereits ausführlich oben, Kap. 10, Exequaturverfahren.

[315] S.o. Kap. 10, Exequaturverfahren.

[316] *Schwab/Walter*, Kap. 27 Rz. 14; St/J-*Schlosser*, § 1042 Rz. 25.

tur nach §§ 722, 723, wie oben dargelegt, auch entsprechend § 767 Abs. 3 begründen läßt – vorausgesetzt, daß man Vollstreckungsgegeneinwände in diesem Verfahren für zulässig hält. Der analogen Anwendung von § 767 Abs. 3 auf das Exequaturverfahren für *Schiedssprüche* stehen allerdings gewichtige Bedenken entgegen. Sie wäre nur gerechtfertigt, wenn dem Gesetzgeber die Absicht unterstellt werden könnte, Vollstreckungsgegeneinwände im Exequaturverfahren nicht nur zuzulassen, sondern auch zu *konzentrieren*. Gegen diese Vermutung spricht jedoch, wie oben bereits ausgeführt, daß es prozeßökonomisch wesentlich sinnvoller sein kann, daß der Schuldner sich der Vollstreckbarerklärung des Schiedsspruchs nicht widersetzt und Vollstreckungsgegeneinwände einer separaten Vollstreckungsabwehrklage überläßt, die er evtl. erst nach Abschluß eines ausländischen Parallelverfahrens erhebt. Vor allem aber ist schon das *Reichsgericht* in einer Entscheidung,[317] die bis heute zustimmend zitiert wird,[318] der Vorstellung entgegengetreten, der Schuldner *müsse* alle Vollstreckungsgegeneinwände im Exequaturverfahren vorbringen und hat dies so begründet:

Es „bestehen Bedenken dagegen, ohne irgendwelche gesetzliche Unterlage den Schuldner für gehalten zu erklären, nach Eintritt der Möglichkeit des Widerspruchs [gegen die Vollstreckbarerklärung des Schiedsspruchs] neue sachlich-rechtliche Einwendungen *nur* durch Widerspruch geltend zu machen".[319]

Es ist davon auszugehen, daß diese etablierte und in den einschlägigen Erläuterungswerken zitierte Entscheidung dem Gesetzgeber des SchiedsVfG bekannt war. Er hat dennoch keine Regelung getroffen, die der Vollstreckbarerklärung Präklusionswirkung verleihen würde, obwohl er dies in anderen Bereichen (Exequatur nach bilateralen Vollstreckungsabkommen)[320] durchaus getan hat. Diese gesetzgeberische Entscheidung spricht jedenfalls im Bereich des Schiedsspruchsexequatur gegen eine richterliche Rechtsfortbildung durch Analogie zu § 767 Abs. 3. Sie würde zudem eine systemwidrige Überraschung des Schuldners bedeuten,[321] da ihr nicht nur der Wortlaut des Gesetzes entgegensteht,[322] das Vollstreckungsgegeneinwände nicht nennt, sondern auch die Ratio des Exequaturverfahrens (stark eingeschränkte Kontrolle des Schiedsspruchs an enumerierten Mindeststandards).[323]

Erst recht geht es nicht an, dem Schuldner zwar, wie vom Reichsgericht[324] festgestellt, die freie Wahl zwischen Geltendmachung der Einwände im Exequaturverfahren oder mittels separater Vollstreckungsabwehrklage zu lassen, ihn

[317] RGZ 148, 270 (275f.).
[318] *Schwab/Walter*, Kap. 27 Rz. 13; *Schütze/Tscherning/Wais*, Rz. 531 (S. 270).
[319] RGZ 148, 270 (276), Hervorhebg. im Original.
[320] Vgl. Art. 2 §§ 2–10 SchiedsVfG.
[321] Kritisch zu diesem Überraschungseffekt auch *Baur/Stürner*, TZ 45.16.
[322] § 1061 Abs. 1 i.V.m. Art. V UNÜ.
[323] Ebenso im Erg. zum alten Recht *Bosch*, Rechtskraft und Rechtshängigkeit, S. 74f., insbes. mit dem Argument mangelnder gesetzlicher Grundlage für eine Präklusion.
[324] RGZ 148, 270 (276).

aber für verpflichtet zu halten, die Vollstreckungsabwehrklage vor Erteilung des Exequatur zu erheben.[325] Eine solche Pflicht zur Erhebung der Vollstreckungsabwehrklage ist unvereinbar mit der Dispositionsmaxime.[326]

Zusammenfassend ist festzustellen: Läßt man mit der herrschenden Meinung Vollstreckungsgegeneinwände im Exequaturverfahren zu, so liegt zunächst nahe, hieraus auch eine Präklusionswirkung des Exequatur herzuleiten. Sie läßt sich jedoch weder auf § 767 Abs. 2 stützen (da nach einhelliger Meinung das Exequatur insofern keine Rechtskraft entfaltet) noch auf eine Analogie zu § 767 Abs. 3. Es ist daher entweder der oben vertretenen Meinung zur Unzulässigkeit von Vollstreckungsgegeneinwänden im Exequaturverfahren zu folgen oder dem Schuldner jedenfalls freizustellen, ob er diese Einwände im Exequaturverfahren geltend macht.

V. Berücksichtigung von Parallelverfahren zu dem titulierten Anspruch

Die oben entwickelten Grundsätze zur Behandlung von Parallelverfahren über Vollstreckungsgegeneinwände sind unter dem Aspekt, daß Vollstreckungsgegeneinwände auch vor einem Schiedsgericht verhandelt werden können (1.) oder sich gegen einen Schiedsspruch richten können (2.), noch in einigen Punkten zu ergänzen.

1. Verfahren vor einem Schiedsgericht

Tragen die Parteien den Streit über Vollstreckungsgegeneinwände vor einem Schiedsgericht aus, so ist Basis eine Schiedsvereinbarung, die nach § 1032 Abs. 1 einem Verfahren vor dem staatlichen Gericht entgegengehalten werden kann. Handelt es sich um eine Vollstreckungsabwehrklage oder einen ähnlichen Rechtsbehelf vor dem Schiedsgericht, so ist die Schiedsfähigkeit nach deutschem Recht zu prüfen,[327] also stets zu bejahen (§ 1030 Abs. 1, s.o.). Beruft sich eine der Parteien auf die Schiedsabrede, so ist die Klage vom staatlichen Gericht nicht etwa auszusetzen, sondern als zur Zeit unzulässig abzuweisen.[328] Es bleibt dem Schuldner aber unbenommen, bei dem Gericht einstweilige Anordnungen zur Beschränkung der Zwangsvollstreckung aus dem ursprünglichen Schiedsspruch

[325] So *Schütze*, Schiedsgericht, Rz. 252

[326] Vgl. die ausführlichen Erwägungen gegen die entsprechende Pflicht, im Exequaturverfahren für ausländische Urteile Widerklage nach § 767 zu erheben, oben, Kap. 10, Exequaturverfahren, Abschn. V 2. Die dort angeführten Gründe gelten sinngemäß auch hier.

[327] *Geimer*, IZPR Rz. 3811.

[328] OLG Hamm, RIW 83, 698.

(oder Urteil) zu beantragen (§ 769 Abs. 1). Bei einem inländischen Schiedsverfahren ergibt sich dies nach § 1025 Abs. 1 aus § 1041 Abs. 2. Bei einem ausländischen Schiedsverfahren steht einstweiligen Anordnungen nach § 769 allerdings entgegen, daß diese jeweils die Erhebung einer Vollstreckungsabwehrklage in Deutschland erfordern, die nach dem eben Ausgeführten gerade unzulässig ist. Um eine Rechtsschutzlücke zu vermeiden, ist hier § 769 analog anzuwenden. Insofern kann auf die entsprechenden Ausführungen zur Vollstreckungsabwehrklage gegen ausländische Urteile verwiesen werden.[329]

2. Parallelverfahren vor einem ausländischen Gericht

Bei Parallelverfahren zu einem Schiedsspruch vor deutschen und ausländischen Gerichten sind die oben für Parallelverfahren gegen Urteile dargestellten Grundsätze in einigen Punkten zu ergänzen.

a) Berücksichtigung im Rahmen des Exequaturverfahrens

(1) Aussetzung des Exequaturverfahrens nach Art. VI UNÜ

Art. VI UNÜ erlaubt eine Aussetzung des Exequaturverfahrens, wenn im Heimatstaat des Schiedsspruchs ein Verfahren zu seiner Aufhebung oder zur Hemmung seiner Wirksamkeit anhängig ist. Eine Vollstreckungsabwehrklage im Heimatstaat fällt unter diese Vorschrift – insofern gilt das oben zu Art. V Abs. 1 lit. e UNÜ Ausgeführte,[330] auf den Art. VI UNÜ systematisch abgestimmt ist. Allerdings ist zu beachten, daß nach Art. VI UNÜ die Aussetzung nur *ultima ratio* sein kann,[331] da als milderes Mittel vom Gläubiger die Stellung einer Sicherheit verlangt werden kann oder – obwohl Art. VI UNÜ dies nicht ausdrücklich vorsieht – die Aussetzung jedenfalls von einer Sicherheitsleistung des Schuldners abhängig gemacht werden kann.[332]

(2) Aussetzung des Exequaturverfahrens nach § 148

Hat der Schuldner Vollstreckungsabwehrklage in einem Drittstaat erhoben oder seinen Einwand in einem Verfahren anhängig gemacht, das nicht gegen den Schiedsspruch gerichtet ist (Musterbeispiel: der zur Aufrechnung gestellte Gegen-

---

[329] S.o. Kap. 9, Zuständigkeit, Abschn. IV 2 e.

[330] S.o. Abschn. III 3.

[331] *Tupman*, 3 Arb. Int'l 209, 222 (1987); *Born*, International Commercial Arbitration, S. 496f.; *Horning*, Int. A.L.R. 1997, 3 (7f.).

[332] *Tupman*, 3 Arb. Int'l 209, 222f. (1987) mit Belegen aus der ausländischen Rechtsprechung.

anspruch wird eingeklagt), so ist Art. VI UNÜ jedenfalls seinem Wortlaut nach[333] nicht einschlägig. In diesen Fällen kommt eine Aussetzung des Exequaturverfahrens nach § 148 in Betracht. Dies setzt allerdings voraus, daß das UNÜ eine Aussetzung des Exequaturverfahrens über die in Art. VI UNÜ genannten Fällen hinaus erlaubt.[334] Ein US-Bundesberufungsgericht hat dies in jüngster Zeit bejaht.[335] Zur Begründung hat es angeführt, die Artt. V, VI UNÜ regelten die Behandlung von Vollstreckungsgegeneinwänden nicht, deshalb seien – auch was die Aussetzung des Exequaturverfahrens angeht – nach Art. III UNÜ nationale Regelungen anzuwenden. Diese Annahme ist aus den oben bereits zu Art. V Abs. 1 lit. e angeführten Gründen verfehlt: das Exequatur darf nur unter den im UNÜ genannten Voraussetzungen verweigert oder verzögert werden; eine anschließende Aussetzung der Vollstreckung nach nationalen Regeln ist eine andere Frage und unterliegt in der Tat Art. III UNÜ.[336] Die Literatur zum UNÜ plädiert, sofern sie nicht eine Anwendung nationaler Aussetzungsvorschriften ganz ablehnt, jedenfalls für eine äußerst restriktive Handhabung.[337]

b) Berücksichtigung im Rahmen einer Vollstreckungsabwehrklage in Deutschland

Hat der Schuldner in Deutschland Vollstreckungsabwehrklage gegen einen ausländischen Schiedsspruch erhoben, so ähneln die Situationen von Parallelverfahren stark den oben zur Vollstreckungsabwehrklage gegen ein ausländisches Urteil erörterten.[338] Bei Verfahren in verschiedenen Vertragsstaaten des GVÜ ist dieses trotz Art. 1 Abs. 2 Nr. 4 GVÜ anwendbar, da die Vollstreckungsabwehrklage gegen einen Schiedsspruch nicht Fragen des Schiedsrechts und -verfahrens betrifft, sondern letztlich nur den *Anspruch*, der zunächst in einem Schiedsspruch tituliert wurde.[339] Kommt es zu einer Aussetzung der Vollstreckungsabwehrklage in Deutschland, so sind zum Schutz des Schuldners bereits vollstreckungsbeschränkende Anordnungen nach § 769 möglich.

---

333 Legt man Art. V Abs. 1 lit. e UNÜ erweiternd dahin aus, daß er auch die Berücksichtigung einer drittstaatlichen Aufhebung der Vollstreckbarkeit erlaubt (s.o. Abschn. IV 2 b), so ist es nur konsequent, dasselbe auch bei Art. VI UNÜ für laufende drittstaatliche Verfahren zu tun.

334 Diese Voraussetzung gilt wegen § 1061 Abs. 1 auch außerhalb des eigentlichen Anwendungsbereichs des UNÜ.

335 *Hewlett-Packard Co. v. Berg,* 61 F.3d 101 (1st Cir. 1995); Bespr. von *Horning*, 3 Int. A.L.R. (1997) 3ff.

336 Daher zutreffend *Far Eastern Shipping Co. v. AKP Sovcomflot* [1995] 1 Loyd's L.R. 520, Q.B.;

337 *Tupman*, 3 Arb. Int'l 209, 222 (1987); *Born*, International Commercial Arbitration, S. 496f.; *Horning*, Int. A.L.R. 1997, 3 (7f.).

338 S.o. Kap. 11, Parallelverfahren.

339 Vgl. die zutreffende, enge Auslegung von Art. 1 Abs. 2 Nr. 4 GVÜ durch EuGH 17.11. 1998 (391/95) *Van Uden Maritime ./. Deco-Line*, IPRax 99, 240, Grd. 33, insoweit zust. *Heß/Vollkommer*, IPRax 99, 220 (222); krit. *Gaudemet-Tallon* Rev. Arb. 99, 152 (157f.). Vgl. auch *Schlosser*, RipS Rz. 115f.; eingehend Michael J. *Schmidt*, FS Sandrock S. 205 (208).

Kapitel 13

Zusammenfassung der Ergebnisse und Ausblick

Im folgenden werden die Ergebnisse des *zweiten* Teils der Arbeit zusammengefaßt; zur Vermeidung von Wiederholungen sei hinsichtlich der Ergebnisse des ersten Teils auf die dortige Zusammenfassung[1] verwiesen. Am Schluß der Arbeit stehen sechs Thesen und ein Vorschlag.

I. Begründetheit eines Einwands

Einwände gegen den titulierten Anspruch sind unbegründet, soweit sie durch die Rechtskraft des Ersturteils präkludiert sind. Der Umfang der Präklusionswirkung ist jedenfalls im Bereich des GVÜ und der bilateralen Abkommen an Hand des Prozeßrechts des Erststaates zu bestimmen. Der entgegenstehende Wortlaut des § 13 Abs. 1 AVAG ist im Bereich des GVÜ wegen des Vorrangs des Übereinkommens unbeachtlich; bei bilateralen Abkommen sollte eine entsprechende völkerrechtskonforme Auslegung der deutschen Ausführungsvorschriften vorgenommen werden. Im autonomen Recht ist ebenfalls die Präklusionswirkung zu erstrecken, die das Erstrecht vorsieht. Die Rechtsprechung wendet dagegen § 767 Abs. 2 analog an und stellt das ausländische Urteil hinsichtlich seiner Präklusionswirkung einem deutschen gleich. Damit entfaltet es in Deutschland unter Umständen eine stärkere Präklusionswirkung als in seiner Heimat – ein interessen- und grundrechtswidriger Überraschungseffekt, der nicht durch eine Anpassung des § 767 Abs. 2, sondern durch ein methodisch klares Bekenntnis zur Wirkungserstreckung vermieden werden sollte.

Bei der materiellen Prüfung eines Einwandes ist grundsätzlich das vom deutschen IPR designierte Recht anzuwenden.[2] Etwas anderes gilt nur, wenn nach dem Prozeßrecht des Erststaates eine Rechtskraftbindung an die im Erstprozeß getroffene Feststellung des anwendbaren Rechts eintritt. Eine solche Rechtskraftbindung ist auch in Deutschland zu berücksichtigen, wenn man die Wirkungen der Entscheidung kraft Anerkennung auf Deutschland erstreckt. Diese Wirkungserstreckung gilt jedenfalls für Urteile, die nach dem GVÜ oder einem der

---

[1] Teil I, Kap. 6, Rechtsvergleichende Summe.

[2] Ausnahmen: Art. 4 S. 1 AusfVOen zum Deutsch-Schweizerischen und Deutsch-Italienischen Abkommen enthalten eine Verweisung auf das IPR des Erststaates.

bilateralen Anerkennungs- und Vollstreckungsverträge anzuerkennen sind. Im autonomen Recht favorisiert die Rechtsprechung dagegen die Gleichstellung mit einem deutschen Urteil. Bei *zukunftsbezogenen* Urteilen (§ 323) nimmt sie an, diese fixierten rechtskräftig die *lex causae* für den titulierten Anspruch. Für alle anderen Urteile ist dies von der Rechtsprechung nicht entschieden; eine Bindung an die „rechtliche Qualifikation" des Anspruchs im Ersturteil ist umstritten und letztlich abzulehnen.

Eine besondere *Kollisionsregel* für Vollstreckungsgegeneinwände im deutschen IPR wäre verfehlt. Zu Unrecht unterwerfen deutsche Gerichte solche Einwände nicht selten ohne kollisionsrechtliche Prüfung deutschem Recht. Es gilt aber umgekehrt auch keine allgemeine Regel, nach der bei Vollstreckungsabwehrklagen stets das IPR des Erststaates oder das vom Erstgericht angewandte Recht maßgeblich wäre. Nur die nicht analogiefähigen Bestimmungen der Art. 4 S. 1 AusfVOen zum Deutsch-Schweizerischen und Deutsch-Italienischen Abkommen enthalten eine Verweisung auf das IPR des Erststaates.

II. Internationale Zuständigkeit für die Vollstreckungsabwehrklage

1. Zuständigkeit im autonomen Recht

Die internationale Zuständigkeit deutscher Gerichte für Vollstreckungsabwehrklagen gegen ausländische Ersturteile ergibt sich nicht aus § 767 Abs. 1, sondern kann nur auf eine Analogie zu § 722 Abs. 2 gestützt werden. Für diese Analogie spricht das Gebot, dem inländischen Vollstreckungsschuldner effektiven Rechtsschutz gegen die Vollstreckung im Inland zu gewähren und die spiegelbildliche Gleichbehandlung mit dem Gläubiger, der nach § 23 am Vollstreckungsort klagen kann. Allerdings führt sie dazu, daß der in § 767 Abs. 1 niedergelegte Gedanke der zweckmäßigen Annexzuständigkeit des Erstgerichts für Vollstreckungsabwehrklagen aufgegeben wird.

Beruft sich der Schuldner auf eine nachträgliche Aufrechnung, so hat jedoch das Interesse des Gläubigers Vorrang, sich gegen die zur Aufrechnung benutzte Forderung nicht an einem an sich unzuständigen Forum verteidigen zu müssen. Nur wenn deutsche Gerichte auch für eine prinzipale Geltendmachung der Forderung international zuständig wären, kann die Vollstreckungsabwehrklage auf eine Aufrechnung mit ihr gestützt werden.

Gerichtsstandsvereinbarungen zugunsten deutscher Gerichte (*Prorogation*) sind entweder für die Vollstreckungsabwehrklage irrelevant (da deutsche Gerichte ohnehin zuständig sind) oder – falls eine Zuständigkeit analog § 722 Abs. 2 nicht gegeben ist oder man diese Analogie ablehnt – unwirksam gem. § 40

Abs. 2 S. 1 2.Alt. i.V.m. §§ 767 Abs. 1, 802. Die *Derogation* einer an sich gegebenen deutschen Zuständigkeit bezieht sich nicht auf die Vollstreckungsabwehrklage wegen Aufhebung des Ersturteils (dies wäre im Zweifel auch unwirksam), kann aber sehr wohl die Vollstreckungsabwehrklage wegen Einwänden gegen einen im Ausland titulierten Anspruch erfassen und ist dann zu beachten. Sie schließt in diesem Fall die Zuständigkeit analog § 722 Abs. 2 aus.

Besteht in Deutschland keine Zuständigkeit für die Vollstreckungsabwehrklage, so kann der Schuldner dennoch eine einstweilige Anordnung zur Einstellung oder Beschränkung der Zwangsvollstreckung analog § 769 beantragen, sobald er einen entsprechenden Rechtsbehelf in einem zuständigen Forum eingelegt hat. Die Begründetheit dieses Antrags ist mit Blick auf das dortige Prozeßgeschehen zu beurteilen.

2. Zuständigkeit im Bereich des GVÜ

Folgt man der herrschenden Meinung vom engen Streitgegenstand der Vollstreckungsabwehrklage, so sind deutsche Gerichte nach Art. 16 Nr. 5 GVÜ stets zuständig für Klagen nach § 767 gegen ein deutsches oder ein ausländisches Urteil, das in Deutschland für vollstreckbar erklärt wurde. Die Klage ist analog § 2 AVAG bei dem Landgericht zu erheben, welches das Exequatur erteilt hat. Die Aufrechnung ist von dieser Zuständigkeit ausgenommen, dasselbe gilt unter Umständen für andere ähnliche Einwände und bei vollstreckbaren Urkunden und Prozeßvergleichen.

Folgt man dagegen der – zutreffenden – Auffassung, daß im Rahmen der Klage auch mit Rechtskraft über den titulierten Anspruch entschieden wird, so ist die Klage nicht mehr ausreichend vollstreckungsbezogen, um unter Art. 16 Nr. 5 GVÜ zu fallen. Sie ist dann in Deutschland nur zulässig, wenn hier ein allgemeiner Gerichtsstand gegeben ist. Ist dies der Fall, so ist die Zulässigkeit der Aufrechnung als Einwand nach den vom EuGH entwickelten Grundsätzen[3] eine Sache des nationalen Verfahrensrechts, dasselbe gilt für Einwände gegen vollstreckbare Urkunden und Prozeßvergleiche. Eine Differenzierung des Anwendungsbereichs von Art. 16 Nr. 5 GVÜ nach Art des geltend gemachten Einwands ist abzulehnen.

Die Ausschließlichkeit der Zuständigkeit nach Art. 16 Nr. 5 bezieht sich in jedem Fall nur auf die Beseitigung der Vollstreckbarkeit, nicht auf die Prüfung des Einwands. Letztere kann daher auch an allgemeinen Gerichtsständen des GVÜ erfolgen und ist Gerichtsstandsvereinbarungen zugänglich.

Sind deutsche Gerichte nicht zuständig für die Vollstreckungsabwehrklage, so ist ein effektiver Schuldnerschutz dennoch gewährleistet. Ein Antrag auf einst-

---

[3] EuGH 13.7.1995, (341/93) *Danvaern / Otterbeck*, Slg. 95, 2071, Grd. 13, 17f.

weilige Beschränkung oder Einstellung der Zwangsvollstreckung bis zur Entscheidung über den Einwand im zuständigen Forum bleibt in Deutschland analog § 769 Abs. 1 jederzeit zulässig. Die (ausschließliche) Zuständigkeit hierfür ergibt sich aus Art. 16 Nr. 5 GVÜ. Zusätzlich steht es dem Schuldner frei, solche Anordnungen im Hauptsacheforum zu beantragen und sich anschließend in Deutschland auf die dort erfolgte Beschränkung zu berufen (§ 29 AVAG).

Die Zuständigkeitsfrage könnte noch eindeutiger und befriedigender gelöst werden, wenn im deutschen Recht der Streitgegenstand der Vollstreckungsabwehrklage autoritativ geklärt würde und wenn im GVÜ für die Geltendmachung streitiger Vollstreckungsgegeneinwände eine ausdrückliche Annexzuständigkeit des Erstgerichts geschaffen und zugleich klargestellt würde, daß Art. 16 Nr. 5 GVÜ im Vollstreckungsstaat nur die Berufung auf eine nachträgliche Aufhebung des Ersturteils oder auf unstreitige oder rechtskräftig festgestellte Vollstreckungsgegeneinwände erlaubt. Diese Zuständigkeitskonzentration wäre auch ein Schritt zur Stärkung des Erstgerichts, die später in der Schaffung eines europäischen Vollstreckungstitels ihre Vollendung finden könnte.

3. Zuständigkeit im Bereich sonstiger Staatsverträge

Art. 256 Abs. 4 EG-Vertrag (ex-Art. 192 Abs. 4 EWGV) und § 4 SeeGVG weisen wegen ihrer Zielrichtung, der institutionellen Absicherung der Erstentscheidung, die Zuständigkeit für Vollstreckungsabwehrklagen dem Urheber der Erstentscheidung zu. Hierin liegt eine interessante Parallele zu den Motiven, welche die Gesetzgeber der CPO zur Zuständigkeitsregelung des § 686 CPO bewogen (heute § 767 Abs. 1 ZPO). Den zahlreichen von der Bundesrepublik geschlossenen Verträgen über die Anerkennung und Vollstreckung ausländischer gerichtlicher Entscheidungen läßt sich dagegen ein ähnlicher Wille zur institutionellen Absicherung der Erstentscheidung nicht entnehmen. Im Bereich dieser Verträge bleibt es daher bei den Vorgaben des autonomen Rechts zur internationalen Zuständigkeit.

III. Einwand und Exequaturverfahren

Einwände gegen den Titel, insbesondere eine Aufhebung oder Beschränkung seiner Vollstreckbarkeit im Erststaat, sind im Exequaturverfahren stets zu berücksichtigen. Streitige, nicht schon rechtskräftig festgestellte Einwände gegen den titulierten Anspruch selbst gehören dagegen – entgegen der herrschenden Meinung – regelmäßig nicht in dieses Verfahren.

Dies gilt schon für die Vollstreckbarerklärung nach *autonomem Recht*. Eine Prüfung von Einwänden gegen den Anspruch widerspräche dem Sinn und Gegenstand des Exequatur, das sich am besten als formalisiertes Verfahren zur Anerkennung der Vollstreckungswirkung des Titels verstehen läßt. Vor allem aber entstünde ein nicht gerechtfertigter Suspensiveffekt, den Vollstreckungsgegeneinwände nach den Wertungen der ZPO nicht entfalten sollen. Der Schuldner kann seine materiellen Einwände mit einer Vollstreckungsabwehrklage erheben, die auch als Widerklage zur Vollstreckungsklage des Gläubigers zulässig ist.

In Exequaturverfahren nach den verschiedenen bi- und multilateralen *Staatsverträgen* dürfen streitige Vollstreckungsgegeneinwände nur in einem (Sonder-) Fall bereits vor Erteilung des Exequatur geprüft werden.[4] In den meisten übrigen Fällen sind sie mit dem Rechtsbehelf gegen die vorläufige, ggf. einseitige[5] Vollstreckbarerklärung geltend zu machen. Bei einigen Übereinkommen, die besondere Vorgaben zur Erleichterung des Titelverkehrs enthalten (unter ihnen das GVÜ), sind die Einwände auch im Rechtsbehelf gegen das Exequatur nicht zulässig, sondern auf eine separate Vollstreckungsabwehrklage verwiesen. § 13 AVAG ist mit der detaillierten Regelung des GVÜ und der dazu ergangenen Rechtsprechung des Europäischen Gerichtshofs unvereinbar und daher insoweit wegen des Vorrangs von Gemeinschaftsrecht nicht anwendbar. *De lege ferenda* wäre zu empfehlen, im AVAG eine einheitliche Neuregelung für Staatsverträge zu treffen, die mit dem GVÜ vereinbar wäre. Auszunehmen wären nur zwei Staatsverträge, die explizit Vollstreckungsgegeneinwände im Rechtsbehelf gegen das Exequatur zulassen.[6] Eine solche Regelung würde den Schuldner mit streitigen Vollstreckungsgegeneinwänden auf die Erhebung einer Vollstreckungsabwehrklage verweisen, die bereits ab Stellung des Exequaturantrags durch den Gläubiger zulässig wäre und von Anordnungen gemäß §§ 769, 770 begleitet werden könnte. Erkennt man die in den Ausführungsgesetzen übernommene Auffassung des Reichsgerichts zur Zulässigkeit der Einwände im autonomen Recht als verfehlt, so liegt es nicht im deutschen Interesse, diese Auffassung für den staatsvertraglichen Bereich zu perpetuieren.

Prüft man die Einwände entgegen der hier vertretenen Ansicht im Exequaturverfahren, so sollte man jedenfalls so konsequent sein, dem Ergebnis dieser Prüfung die *materielle Rechtskraftwirkung* nicht zu versagen. Ebenso ist eine *Präklusionswirkung* dann gerechtfertigt. Lehnt man die Prüfung dagegen wie hier begründet ab, so kommt dem Exequatur eine direkte oder indirekte Präklusionswirkung (Bündelungsgebot) für die Vollstreckungsabwehrklage nicht zu.

Auch bei *vollstreckbaren Urkunden und Prozeßvergleichen* gehören streitige Vollstreckungsgegeneinwände – trotz der mangelnden Rechtskraft dieser Titel – nicht ins Exequaturverfahren. Bei vollstreckbaren Urkunden wird dies sogar

---

4 Deutsch-Britisches Abkommen, das dies selbst in Art. VIII Abs. 1 ausdrücklich vorsieht.

5 Verfahren mit obligatorisch aufgeschobener mündliche Verhandlung, früher: „obligatorisches Beschlußverfahren".

6 Deutsch-Norwegischer und Deutsch-Israelischer Vertrag; für den Deutsch-Niederländischen Vertrag gilt das AVAG ohnehin nicht.

besonders deutlich, da ihr ganzer Sinn der Zugriff ohne vorgeschaltete Anspruchsprüfung ist. Allerdings ist wegen der großen nationalen Unterschiede in der Ausgestaltung dieser „konsensualen" Titel stets im Einzelfall zu prüfen, welche Einwände schon nach dem Recht des Erststaates vor einer *erstmaligen* Vollstreckungsmöglichkeit aus dem Titel zu prüfen sind, also schon der (ursprünglichen) Vollstreckbarkeit – und damit auch dem Exequatur – entgegenstehen.

Mit Aufhebung der Vollstreckbarkeit des Ersturteils durch Gerichte des Ursprungsstaats oder eines Drittstaats fällt auch die Grundlage der Vollstreckung in Deutschland weg. Dies kann allerdings wegen der Formalisierung der Zwangsvollstreckung nur durch ein Gericht festgestellt werden; deshalb ist auch hier ein Exequatur nötig aber auch ausreichend, bevor die ausländische Entscheidung der Zwangsvollstreckung entgegengehalten werden kann. Die herrschende Meinung hält in diesen Fällen dagegen eine Vollstreckungsabwehrklage für nötig.

IV. Parallelverfahren über einen Einwand

1. Berücksichtigung nach autonomem Recht

Sieht man zu Recht als Gegenstand einer in Deutschland erhobenen *Vollstreckungsabwehrklage* die Vollstreckbarkeit des Ersturteils (und nicht nur des Exequatur) an, so kann der Einwand internationaler Rechtshängigkeit relativ leicht vorkommen. Hält man dagegen mit der wohl herrschenden Meinung nur die Vollstreckbarkeit in Deutschland für den Gegenstand, so greift der Einwand nur in Ausnahmefällen ein.

Gegenüber einer in Deutschland vom Gläubiger oder Schuldner erhobenen *Feststellungsklage* ist der Einwand der Rechtshängigkeit stets dann begründet, wenn im Ausland bereits vorher eine Vollstreckungsabwehrklage erhoben wurde und das ausländische Prozeßrecht vorsieht, daß die Feststellungen hinsichtlich des titulierten Anspruchs in materielle Rechtskraft erwachsen.

Ist der Einwand der ausländischen Rechtshängigkeit nach diesen Grundsätzen begründet, so sollte man die in Deutschland erhobene Klage nicht als unzulässig abweisen (wie im Fall der Rechtshängigkeit vor einem anderen *inländischen* Gericht), sondern das inländische Verfahren zunächst aussetzen bis das ausländische Verfahren abgeschlossen ist und sich die Frage, ob die ausländische Entscheidung in Deutschland tatsächlich anzuerkennen ist, abschließend beantworten läßt. Ist der Schuldner schutzbedürftig, so kann einstweilen eine Anordnung nach § 769 ergehen.

Die *Aussetzung* einer in Deutschland erhobenen Vollstreckungsabwehrklage ist analog § 148 zugunsten eines Parallelverfahrens zulässig, das im Erststaat oder einem Drittstaat anhängig ist. Sie steht im Ermessen des Gerichts und empfiehlt sich vor allem, wenn der Schuldner gleichzeitig Vollstreckungsabwehrklage im Erststaat erhoben hat. Zugunsten eines drittstaatlichen Parallelverfahrens ist sie dagegen nur dann sinnvoll, wenn ein baldiger Abschluß dieses Verfahrens zu erwarten ist oder die Gerichte des Drittstaates aus anderen Gründen für die Entscheidung besonders geeignet erscheinen. Den Interessen des klagenden Titelschuldners kann weitgehend durch Anordnungen nach §§ 769, 770 Rechnung getragen werden.

2. Berücksichtigung nach GVÜ

Angesichts der zahlreichen konkurrierenden (und nicht ausschließlichen) Zuständigkeiten für Vollstreckungsgegeneinwände nach Art. 16 Nr. 5 GVÜ ist die Koordinierung von Parallelverfahren von großer praktischer Bedeutung. Die Artt. 21 ff. GVÜ geben dabei das Prioritätsprinzip vor. Neben ihm hat eine an § 767 Abs. 1 orientierte Vorstellung, das Erstgericht sei für Vollstreckungsabwehrklagen besonders „sachgerecht" („*natural forum*") keinen Platz. Die in Drittstaaten bestehende Zuständigkeit läßt sich daher nicht etwa auf dem Weg über die Aussetzungsvorschriften wieder zugunsten des Erststaates „zurücknehmen".

Im einzelnen ergibt sich, daß eine *Vollstreckungsabwehrklage* in Deutschland nach Art. 21 GVÜ unzulässig ist, wenn vorher in einem anderen Vertragsstaat eine Klage rechtshängig wurde, die auf die Vollstreckbarkeit des Ersttitels einwirkt oder den titulierten Anspruch zum Gegenstand hat – also bei Fortsetzung des Erstprozesses, Vollstreckungsabwehrklage (gleich, ob im Erst- oder einem Drittstaat) oder positiver Feststellungsklage des Gläubigers. Hat das ausländische Verfahren dagegen nur den Einwand zum Gegenstand (etwa bei einer Leistungs- oder Feststellungsklage über einen zur Aufrechnung gestellten Gegenanspruch) oder nur die Vollstreckbarerklärung in einem weiteren Drittstaat, so ist es trotz seiner früheren Einleitung nicht gemäß Art. 21 GVÜ zu beachten. Eine *Feststellungsklage* in Deutschland muß allen vorher rechtshängigen Verfahren weichen, in denen der Anspruch rechtskräftig festgestellt wird.

Hält man entgegen der hier vertretenen Auffassung Art. 21 GVÜ nicht für erfüllt bei einem früheren Verfahren im Erststaat, so ist jedenfalls stets eine *Aussetzung* nach Art. 22 Abs. 1 GVÜ oder (falls es sich um die Fortsetzung des Erstverfahrens handelt) nach § 148 geboten. Auch in allen anderen Fällen, in denen man nicht zu einer Anwendung von Art. 21 GVÜ kommt, ist regelmäßig eine Aussetzung des später eingeleiteten Verfahrens nach Art. 22 Abs. 1 GVÜ geboten. Das gilt selbst dann, wenn es sich bei dem zeitlich späteren Verfahren um eine Vollstreckungsabwehrklage im Erststaat handelt.

Läßt man im *Exequaturverfahren* entgegen der hier vertretenen Auffassung Vollstreckungsgegeneinwände zu, so stellt sich auch dort die Frage der Aussetzung zugunsten eines prioritären Parallelverfahrens. Sie darf nur bei Fortsetzung des Erstverfahrens im Erststaat bejaht werden (Art. 38 Abs. 1 GVÜ). Andere Parallelverfahren einschließlich einer etwaigen Vollstreckungsabwehrklage im Erststaat rechtfertigen keine Aussetzung. Die daraus resultierende Gefahr unökonomischer Parallelprozesse und widersprechender Entscheidungen ist ein weiteres Argument gegen die Zulassung von Vollstreckungsgegeneinwänden im Verfahren nach Artt. 36ff. GVÜ.

V. Einwand gegen einen Schiedsspruch

Ein inländischer Schiedsspruch entfaltet gegenüber Einwänden gegen den titulierten Anspruch grundsätzlich dieselbe Präklusionswirkung wie ein Urteil. Bei der (analogen) Anwendung von § 767 Abs. 2 ist allerdings zu beachten, daß Einwände nicht präkludiert sind, wenn ihre Geltendmachung im Schiedsverfahren unmöglich oder unzulässig war, etwa weil sie nicht schiedsfähig waren oder nicht unter die Schiedsabrede fielen (z.B. nicht schiedsgebundene Gegenforderung bei Aufrechnung, str.). Die Pflicht zur Geltendmachung aller zulässigen Einwände gilt analog § 767 Abs. 2 auch für das Schiedsverfahren, wenn die Parteien keine abweichende Vereinbarung getroffen haben. Ein ausländischer Schiedsspruch hat in Deutschland dieselbe Präklusionswirkung wie in seinem Heimatstaat (Wirkungserstreckung). Wendet man dagegen mit der Rechtsprechung § 767 Abs. 2 auch hier analog an (Gleichstellung), gelten dieselben Erwägungen wie bei einem inländischen Spruch.

Die Vollstreckungsabwehrklage ist nach deutschem Recht so schiedsfähig wie die geltend gemachte Einwendung. Ob die Schiedsabrede auch eine Vollstreckungsabwehrklage gegen einen Spruch umfaßt, ist durch Auslegung zu ermitteln und nicht mit der Frage zu verwechseln, ob das erste Schiedsverfahren fortgesetzt werden kann und ob das Amt der ersten Schiedsrichter beendet war. Eine generelle Vermutung, die Schiedsabrede sei mit dem ersten Verfahren verbraucht, wäre verfehlt. Vielmehr ist im Einzelfall zu prüfen, ob die Einwendung der Schiedsabrede unterfällt und ob es dem (mutmaßlichen) Willen der Parteien entspricht, daß auch (oder gerade) in der besonderen Situation der Vollstreckungsabwehrklage ein Schiedsgericht (nicht notwendig in derselben Besetzung) entscheidet. Gibt das Schiedsgericht der Vollstreckungsabwehrklage statt, so ist sein Spruch nach den allgemeinen Regeln für vollstreckbar zu erklären.

Eine Vollstreckungsabwehrklage vor staatlichen Gerichten fällt in die Zuständigkeit des Exequaturgerichts (analog § 1062 Abs. 1 und 2). Bei einem ausländischen Spruch stehen die Bestimmungen des UNÜ einer Vollstreckungsabwehrklage in Deutschland als Vollstreckungsstaat nicht entgegen. Zwar fallen im Heimatstaat des Schiedsspruchs durchgeführte Vollstreckungsabwehrklagen unter Art. V Abs. 1 lit. e UNÜ, daneben sind jedoch nach Art. III UNÜ auch die Gerichte des Vollstreckungsstaates befugt, die Vollstreckbarkeit aufgrund nachträglicher Einwände aufzuheben oder zu beschränken. Die Konzentration der Aufhebungskompetenz im Erststaat durch Art. V Abs. 1 lit. e UNÜ erstreckt sich also nicht auf die Aufhebung der Vollstreckbarkeit wegen Vollstreckungsgegeneinwänden. Etwas anderes gilt im Bereich des WBÜ (ICSID) für die Konzentration von Kompetenzen in der Hand des Zentrums.

Im Exequaturverfahren kann der Schuldner sich auf eine Aufhebung des Spruchs oder seiner Vollstreckbarkeit im Heimatstaat oder in einem Drittstaat berufen. Eine direkte Geltendmachung von Vollstreckungsgegeneinwänden ist dagegen unzulässig. Dies gilt sowohl für das Exequatur inländischer Sprüche, als auch – wegen Art. V UNÜ – bei ausländischen. Der Schuldner kann Einwände gegen den titulierten Anspruch geltend machen, indem er im Exequaturverfahren Widerklage nach § 767 erhebt. Er wird hieran ein Interesse haben, da andernfalls Exequatur und Vollstreckung ihren Lauf nehmen. Ein Zwang zur Geltendmachung der Einwände mittels Widerklage besteht jedoch ebensowenig wie nach der heute herrschenden Rechtsprechung zum Exequatur. Läßt man dagegen mit der herrschenden Meinung Vollstreckungsgegeneinwände im Exequaturverfahren zu, so wäre es falsch, hieraus auch eine Präklusionswirkung des Exequatur herzuleiten. Sie ließe sich weder auf § 767 Abs. 2 stützen (da nach einhelliger Meinung das Exequatur insofern keine Rechtskraft entfaltet), noch auf eine Analogie zu § 767 Abs. 3.

VI. Ausblick: Sechs Thesen und ein Vorschlag

1. Die Präklusionswirkung eines ausländischen Titels ist nicht analog § 767 Abs. 2 oder nach § 13 Abs. 1 AVAG, sondern nach dem Recht des Erststaates zu ermitteln und, wenn der Titel die Voraussetzungen einer Anerkennung erfüllt, auf Deutschland zu erstrecken.

2. Für die Prüfung nachträglicher Einwände gegen den titulierten Anspruch gilt die vom deutschen IPR bestimmte *lex causae*, wenn nicht die auf Deutschland zu erstreckende Rechtskraft des Titels nach dem Recht des Erststaates eine Bindung an die im Erstprozeß angewandte *lex causae* bewirkt.

3. Die Klage nach § 767 ist Parallelstück zur Leistungsklage mit umgekehrten Parteirollen – wie jene hat sie den Leistungsbefehl und seine Grundlage zum Gegenstand. Streitgegenstand dieses „aktualisierenden Erkenntnisverfahrens" ist damit sowohl die Beseitigung der Vollstreckbarkeit des Titels als auch der im Titel festgestellte prozessualen Anspruch. Eine präjudizielle Frage ist dagegen das Bestehen einzelner Einwände. Die Vorzüge dieser Auffassung werden gerade im internationalen Rechtsverkehr (Anerkennung der Rechtskraft, Rechtshängigkeit) deutlich.

4. Bei einem im Ausland titulierten Anspruch ist Deutschland als Vollstreckungsstaat nur im Bereich des autonomen Rechts international zuständig für die

Prüfung von Einwänden gegen den Anspruch (§ 722 Abs. 2 analog). Im Bereich des GVÜ kann sich eine Zuständigkeit nur aus den allgemeinen Regeln ergeben, da die Vollstreckungsabwehrklage nicht als „Verfahren, das die Zwangsvollstreckung zum Gegenstand hat" (Art. 16 Nr. 5 GVÜ) zu qualifizieren ist, sondern als Erkenntnisverfahren über den Anspruch (s. These 3). Eine Differenzierung nach Einwänden ist nicht sinnvoll.

5. Im Verfahren zur Vollstreckbarerklärung eines ausländischen Titels ist das (Fort-) Bestehen des titulierten Anspruchs nicht Prüfungsgegenstand; streitige, nicht bereits rechtskräftig festgestellte Einwände gegen den titulierten Anspruch sind nicht statthaft. Der GVÜ-widrige § 13 AVAG ist nicht anzuwenden. Der Schuldner kann seine Einwände mittels einer Vollstreckungsabwehrklage geltend machen, die er im autonomen Recht als Widerklage im Exequaturverfahren erheben darf. Außerdem kann der sofort beantragen, die Vollstreckung einstweilen zu beschränken oder sogar auszusetzen (§ 769 direkt oder analog).

6. Die Vollstreckungsabwehrklage ist schiedsfähig. Sie ist schiedsgebunden, wenn der geltend gemachte Einwand unter die Schiedsklausel fällt und anzunehmen ist, daß die Parteien auch für ein Zweitverfahren die Zuständigkeit eines Schiedsgerichts vereinbaren wollten – etwa weil sie in jedem Falle die Zuständigkeit der jeweiligen Heimatgerichte ausschließen wollten.

7. Die Schnittstellen zwischen Titel, Anspruch und Vollstreckung sollten bei Vereinbarungen und Regelungen zum internationalen Rechtsverkehr in Zukunft stärker berücksichtigt werden.

- Zwischenstaatliche Anerkennungs- und Vollstreckungsverträge sowie Übereinkommen zur Schiedsgerichtsbarkeit sollten die (Un-)Zulässigkeit von Vollstreckungsgegeneinwänden im Exequaturverfahren explizit regeln. Bei einem Staatsvertrag, welcher auch einheitliche Gerichtsstände vorsieht (*convention double*) sollte die Zuständigkeit des Vollstreckungsstaates für vollstreckungsrechtliche Behelfe von der für Zweitverfahren über den titulierten Anspruch abgegrenzt werden. Dies erfordert wegen der vorhandenen Mischformen eine möglichst explizite Qualifikation der in Rede stehenden Rechtsbehelfe der beteiligten Staaten.[7]
- Das AVAG und die Ausführungsgesetze zu anderen Staatsverträgen sollten so revidiert werden, daß sie die in den Verträgen vorgesehene Effektivität des internationalen Titelverkehrs auch dann sichern, wenn der Schuldner sich auf Vollstreckungsgegeneinwände beruft. Im Bereich des GVÜ ist der Gesetzgeber zu einer Korrektur des § 13 AVAG sogar verpflichtet.
- Gerichtsstandsvereinbarungen und Schiedsklauseln sollten erkennen lassen, ob oder unter welchen Voraussetzungen sie auch einen Zweitprozeß über Einwände gegen den titulierten Anspruch umfassen.

---

[7] Zu den strukturellen und funktionalen Charakteristika, die dabei als Anhaltspunkte dienen können, s.o. Teil I, Kap. 6 (Rechtsvergleichende Summe).

- Allgemein sind Parteien, die den Titelverkehr erleichtern und zugleich einen angemessenen Schuldnerschutz gewährleisten wollen, folgende Regelungen zu empfehlen, die freilich angesichts der Unterschiede in den nationalen Befunden zu Zweitverfahren und Zwangsvollstreckung der Modifikation im Einzelfall bedürfen können:
  - Für Vollstreckungsgegeneinwände sind die Gerichte des Erststaates zuständig. Diese Zuständigkeit ist nicht ausschließlich.
  - Die Gerichte eines Vollstreckungsstaats sind als solche stets zuständig für einstweilige Anordnungen zur Beschränkung der Vollstreckung bis zur Klärung eines Vollstreckungsgegeneinwands im zuständigen Forum, nicht aber für diese Klärung selbst.
  - Streitige Vollstreckungsgegeneinwände sind im Exequaturverfahren nicht statthaft, solange die nationalen Rechte der beteiligten Staaten eine angemessene Geltendmachung im Anschluß an das Exequatur ermöglichen.
  - Bei Parallelverfahren über einen Einwand gegen den titulierten Anspruch sind die allgemeinen Zulässigkeits- und Aussetzungsregeln (einschließlich *forum non conveniens* in Rechtsordnungen, die dieser Lehre folgen) mit der Maßgabe anzuwenden, daß diese Verfahren denselben Gegenstand haben.

Literaturverzeichnis

Agabin, P.A., Proceeding for summary judgement as affected by a counterclaim, 8 A.L.R. 3d, 1361
Alexandre, Danièle, Les pouvoirs du juge de l'exequatur, Paris, 1970
Ameli, Farhad, La saisie-arrêt en droit international privé, Paris, Thèse 1990
American Jurisprudence, 2. ed., Rochester NY 1994
Amonn, Kurt/Gasser, Dominik, Grundriss des Schuldbeitreibungs- und Konkursrechts, Bern 1997
Ancel, Bertrand/Lequette, Yves, Grands arrêts de la jurisprudence française de d. i. p., 3. éd., Paris 1998
Ancel, Bertrand, Note sous Cass. civ. 19.11.1996, RCDIP 1997, 95
Andrews, Neil, A new civil procedural code for England: Party control "going, going, gone", ZZP Int. 1999, 3
Annotation, Construction and Application of UFMJRA, 100 A.L.R. 3d, 792
Annotation, What law governs validity of warrant or power of attorney to confess judgment, 19 A.L.R. 2d, 544
Atkin's Encyclopedia of Court Forms in Civil Proceedings, 2nd Ed. London 1999,
- Civil Procedure
- Practice Directions

B.M., Note [zu] Civ 2, 17.6.1971, Rev. Arb. 1972, 10
Babcock, Barbara/Massaro, Toni, Civil Procedure, Boston 1997
Bachmann, Birgit, Fremdwährungsschulden in der Zwangsvollstreckung, Heidelberg 1994
Bader, Hans, Zur Tragweite der Entscheidung über die Art des Anspruchs bei Verurteilungen im Zivilprozeß, Berlin 1966
Bandel, Stefan, Einstweiliger Rechtsschutz im Schiedsverfahren, München 2000
Banniza von Bazan, Ulrike, Der Gerichtsstand des Sachzusammenhangs im GVÜ, Frankfurt 1995
Bar, Carl Ludwig von, Theorie und Praxis des internationalen Privatrechts, Bd. 2, 2. Aufl., Hannover 1889
Bar, Christian von, Internationales Privatrecht, Bd. 2, Besonderer Teil, München 1991
Bar, Christian von, Internationales Privatrecht, Bd. 1, Allgemeine Lehren, München 1987
Basedow, Jürgen, Qualifikation, Vorfrage und Anpassung im internationalen Zivilverfahrensrecht, in: *Peter Schlosser (Hg.),* Materielles Recht und Prozeßrecht und die Auswirkungen der Unterscheidung im Recht der internationalen Zwangsvollstreckung, Bielefeld 1992
Batiffol, Henri/Lagarde, Paul, Droit International Privé, Bd. II, 7. éd., Paris, 1983, zit.: Batiffol/Lagarde II
Baumann, Peter, Die Anerkennung und Vollstreckung ausländischer Entscheidungen in Unterhaltssachen, Bielefeld 1989
Baumann, Peter, Leistungs- und Abänderungsklage bei früherem Auslandsurteil (zu OLG Stuttgart 18.8.1988), IPRax 1990, 28
Baumann, Peter, Aktuelles zum internationalen Unterhaltsverfahrensrecht, IPRax 1994, 435
Baumbach, Adolf, Lauterbach, Wolfgang, Zivilprozeßordnung, 57. Aufl., München 1999, zit.: Baumbach, ZPO

Baur, Fritz/Stürner, Rolf, Zwangsvollstreckungs-, Konkurs- und Vergleichsrecht, Bd. I, Einzelvollstreckungsrecht, 12. Aufl., Heidelberg 1995
Beaumont, Paul, Forum non conveniens in Great Britain, Declining Jurisdiction in Private International Law, *Ed. J.J. Fawcett,* Oxford 1995
Beck, Herbert, Die Anerkennung und Vollstreckung ausländischer gerichtlicher Entscheidungen nach den Staatsverträgen mit Belgien, Österreich, Großbritannien und Griechenland, Saarbrücken 1969
Becker, Andreas, Die Voraussetzungen für den Erlaß eines Grundurteils, Bremen 1983
Becker, Michael, Gestaltungsrecht und Gestaltungsgrund, AcP 188 (1988) 24
Becker-Eberhard, Ekkehard, Anmerkung zu BGH 9.12.1992, ZZP 107 (1994) 87
Beitzke, Günther, Vollstreckungs-Abwehrklage gegen DDR-Urteile (zu BGH 5.5.1982), IPRax 83, 16
van den Berg, Albert Jan, The New York Arbitration Convention of 1958, Deventer 1981
van den Berg, Albert Jan, New York Convention of 1958 Consolidated Commentary, Cases Reported in Vol. XX–XXI, Yearbook Comm. Arb. XXI 1996, 394
Berger, Klaus Peter, Internationale Wirtschaftsschiedsgerichtsbarkeit, Berlin 1992
Berger, Klaus Peter, Das neue Schiedsverfahrensrecht, DZWir 1998, 45
Berger, Klaus Peter, Die Aufrechnung im internationalen Schiedsverfahren, RIW 1998, 426
Bernuth, Marie-Louise von, Die Doppelkontrolle von Schiedssprüchen durch staatliche Gerichte, Frankfurt 1995
Bertin, Philippe, Le rôle du juge dans l'exécution de la sentence arbitrale, Rev. Arb. 1983, 281
Besson, Sébastien, A propos de deux arrêts du Tribunal cantonal: exequatur d'un jugement comportant une condamnation pécuniaire selon la convention de Lugano, JdT 1996-III, 6
Bettermann, Karl August, Rechtshängigkeit und Rechtsschutzform, Detmold 1949
Bishop, Doak/Burnette, Susan, United States Practice Concerning the Recognition of Foreign Judgments, 16 Int'l Law. (1982) 425
Blanc, Emmanuel, Les nouvelles procédures d'exécution, 2. éd., Paris 1994
Blomeyer, Arwed, Zivilprozeßrecht, Vollstreckungsverfahren, 2. Aufl., Berlin 1985
Böhmer, Christof, Vollstreckbarerklärung ausländischer Unterhaltstitel, insbesondere österreichischer Titel, IPRax 1991, 90
Boisséson, Matthieu de, Le droit français de l'arbitrage, Paris 1990
Boisséson, Matthieu de, L'Arbitrage et la fraude, Rev. Arb. 1993, 3
Born, Gary B., International Civil Litigation in U.S. Courts, 3. ed., Den Haag 1996
Born, Gary B., International Commercial Arbitration in the U.S., Den Haag 1994
Bosch, Wolfgang, Rechtskraft und Rechtshängigkeit im Schiedsverfahren, Tübingen 1991
Bower, George Spencer/Handley, K.R., The Doctrine of Res Judicata, 3. ed., London 1996
Brand, Ronald, Enforcement of Foreign Money-Judgments in the United States: In Search of Uniformity and International Acceptance, 67 Notre Dame L. Rev. (1991) 253
Brand, Ronald, Enforcing Foreign Judgments in the United States and United States Judgments Abroad, Pittsburgh 1992
Braun, Johann, Zinstitel und Abänderungsklage, ZZP 108 (1995) 319
Braun, Johann, Grundfragen der Abänderungsklage, Berlin 1992
Brehm, Wolfgang, Besprechung von Rosenberg/Gaul/Schilken, Zwangsvollstreckungsrecht, 11. Aufl., ZZP 111 (1998) 377
Brenner, Edgar, The Enforcement of Arbitration Awards, Medalie, Richard, Commercial Arbitration in the 90s, Chicago 1991, 91
Brönnimann, Jürgen, Zur Revision des Schweizer Schuldbeitreibungs- und Konkursrechts, ZZP Int 2 (1997) 199
Brox, Hans/Walker, Wolf-D., Zwangsvollstreckungsrecht, 6. Aufl, 1999
Brummett, John, The Preclusive Effect of Foreign-Country Judgments in the US and Federal Choice of Law: The Role of the Erie Doctrine Reassessed, 33 NY Law School L.R. (1988) 83

Bruns, Alexander, Der anerkennungsrechtliche ordre public in Europa und den USA, JZ 1999, 278
Bucher, Andreas, Die neue internationale Schiedsgerichtsbarkeit in der Schweiz, Basel 1989, zit.: A. Bucher
Bucher, Eugen, Die Schweiz als traditioneller Sitzort internationaler Schiedsgerichte, in: Die internationale Schiedsgerichtsbarkeit der Schweiz, Hrsg. Böckstiegel, Karl-Heinz, Köln 1989, zit.: Bucher, Schiedsgerichtsbarkeit
Bülow, Arthur/Böckstiegel, Karl-Heinz/Geimer, Reinhold/Schütze, Rolf A., Der internationale Rechtsverkehr in Zivil- und Handelssachen, München, [Loseblatt] 1998, zit.: Bülow/Böckstiegel-Bearbeiter
Bülow, Arthur, Der Schiedsvertrag in dem Verfahren der Vollstreckbarerklärung eines ausländischen Schiedsspruchs, NJW 1971, 486
Bülow, Arthur, Besprechung von Droz, Compétence judiciaire et effets de jugements dans le Marché Commun, RabelsZ 38 (1974) 262
Bunge, Jürgen, Zivilprozeß und Zwangsvollstreckung in England, Berlin 1995
Burbank, Stephen, Interjurisdictional Preclusion, 71 Cornell L. Rev. (1986) 733
Burgard, Jens, Die Präklusion der zweiten Vollstreckungsgegenklage, ZZP 106 (1993) 23
Buxbaum, Hannah, Asset Freezes in United States Federal Courts: Grupo Mexicano de Desarrollo v. Alliance Bond Fund, Inc., IPRax 2000, 39
Cadiet, Loic, Droit Judiciaire Privé, Paris 1992
California Jurisprudence, 3. ed., San Francisco 1974 ff.
Calvo Caravaca, Alfonso-Luis, Ed., Comentario al convenio de Bruselas relativo a la compétencia judicial y a la ejecución de resoluciones judiciales, Madrid 1994, zit.: Calvo Caravaca-Bearb.
Campbell, Dennis, Attacking Foreign Assets, London 1992
Campbell, Dennis, International Execution against Judgment Debtors, London [Loseblatt] 1995
Carmody/Wait, 2d Cyclopedia of New York Practice, Robert D. Hursh et al., eds., Mount Kisco, NY 1965–1997
Casad, Robert, Jurisdiction and Forum Selection, Deerfield [Loseblatt] 1988
Casad, Robert C., Issue Preclusion and Foreign Country Judgments: Whose Law?, 70 Iowa L. Rev. (1984) 53
Cato, D. Mark, Arbitration Practice and Procedure, 2. ed., London 1997
Clark, Thomas, Rule 60(b): Survey and Proposal for General Reform, 60 Cal.L.R. (1972) 531
Coester-Waltjen, Dagmar, Internationales Beweisrecht, Ebelsbach 1983
Coester-Waltjen, Dagmar, Die Aufrechnung im internationalen Zivilprozeßrecht, in: FS Lüke, München 1997, 35
Craig, William, Uses and Abuses of Appeal from Awards, 4 Arb. Int'l (1988) 174
Crepin, Sophie, Les sentences arbitrales devant le juge français, Paris 1995
Cretney, S.M./Masson, J.M., Principles of Family Law, London 1997
Cypra, Peter, Die Rechtsbehelfe im Verfahren der Vollstreckbarerklärung nach dem GVÜ unter besonderer Berücksichtigung der Ausgestaltung in Deutschland und Frankreich, Frankfurt 1996
Czernich, Dietmar, Die Übereinkommen von Brüssel und Lugano, Wien 1997
Dahan, Gabriel, Observations sur CA Versailles, 15.12.1994, Rev. Huiss. 1995, 598
David, René, L'Arbitrage dans le commerce international, Paris 1982
de Leval, G, Une harmonisation des procédures d'exécution dans l'Union Européenne est-elle concevable, Actualités de Droit de la Faculté de Droit de Liège 1995, 485
Debt Collection Practice in California, *California Continuing Education of the Bar (Ed.),* Berkeley 1987 ff.
Defossez, Michel, Titre Exécutoire, Juris-Classeur Procédure civile, Paris 1998, Fasc. 2100

Degnan, Ronan, Federalized Res Judicata, 85 Yale L.J. (1976) 741

Dicey, Morris, Dicey and Morris on The Conflict of Laws, 12. ed., London 1993

Doderer, Hans-Joachim, Auswirkungen materieller Rechtskraft auf Einwendungen und Einreden, NJW 1991, 878

Doehring, Karl, Völkerrecht, Heidelberg 1999

Dohmann, Barbara/Briggs, Adrian, Worldwide Mareva Injunctions and the enforcement of Foreign judgments in England, in: *Peter Schlosser (Hg.),* Materielles Recht und Prozeßrecht und die Auswirkungen der Unterscheidung im Recht der internationalen Zwangsvollstrekkung, Bielefeld 1992

Domke, Martin/Wilner, Gabriel, Domke on Commercial Arbitration, Deerfield [Loseblatt] 1990

Donnier, Marc, Voies d'exécution, 4. éd., Paris 1996

Donzallaz, Yves, La Convention de Lugano, Bern 1997

Dorsel, Christoph, Forum non conveniens: richterliche Beschränkung der Wahl des Gerichtsstandes im deutschen und amerikanischen Recht, Berlin 1996

Droz, Georges, Compétence Judiciaire et effets des jugements dans le marché commun, Paris 1972

Eickhoff, Wolfgang, Inländische Gerichtsbarkeit und Internationale Zuständigkeit für Aufrechnung und Widerklage, Berlin 1985

Eisenberg, Theodeore/Woodward, Debtor-Creditor Law, [Loseblatt] 1982 ff.

Ernemann, Andreas, Zur Anerkennung und Vollstreckung ausländischer Schiedssprüche nach § 1044 ZPO, Bielefeld 1979

Ernst, Wolfgang, Gestaltungsrechte im Vollstreckungsverfahren, NJW 1986, 401

Fahl, Christoph, Die Stellung des Gläubigers und des Schuldners bei der Vollstreckung ausländischer Entscheidungen nach dem EuGVÜ, Baden-Baden 1993

Federal Procedure, Lawyers' edition, New York 1996

Ferid, Murad/Sonnenberger, Hans Jürgen, Das französische Zivilrecht, Band 1/1, 2. Aufl., Heidelberg 1994

Fettweis, Albert, Manuel de procédure civile, Liège 1985

Fischer, Gerfried, Objektive Grenzen der Rechtskraft im internationalen Zivilprozeßrecht, in: FS Henckel, 1995, 199

Fischer, Klaus-Bernd/Fischer, Ana-Katharina, Spanisches Handels- und Wirtschaftsrecht, 2. Aufl., Heidelberg 1995, zit.: Fischer/Fischer

Fischer, Walther, Einwendungen, die den Anspruch selbst betreffen, und Widerklagen im Verfahren auf Gewährung der Vollstreckbarkeit, ZZP 43 (1913) 87

Fleischhauer, Jens, Reasons to include authentic instruments in a worldwide Convention on the Recognition and Enforcement of Judgments in Civil and Commercial Matters, IPRax 1999, 216

Fleming, John G./James/Hazard/Leubsdorf, Civil Procedure, 4. Ed., 1992

Focsaneanu, Lazar, Compétence Judidciaire, reconnaissance et exécution des décisions civiles et commerciales dans la Communauté Economique Européenne, Paris 1982

Foskett, David, The Law and Practice of Compromise, London 1996

Fouchard, Philippe/Gaillard, Emmanuel/Goldman, Berthold, Traité de l'arbitrage commercial international, Paris 1996, zit.: Fouchard/Gaillard/ Goldman, Arbitrage

Fouchard, Philippe, La portée internationale de l'annulation de la sentence arbitrale dans son pays d'origine, Rev. Arb. 1997, 329

Fouchard, Philippe, Suggestions pour accroître l'efficacité internationale des sentences arbitrales, Rev. Arb. 1999, 653

Friedenthal/Kane/Miller, Civil Procedure, 2. ed., St. Paul 1993

Fritzsche, Hans/Walder-Bohner, Hans Ulrich, Schuldbeitreibung und Konkurs, Bd. 1, 3. Aufl., Zürich 1984

Furtner, Georg, Zwangsvollstreckung aus nach § 323 abgeänderten Schuldtiteln, NJW 1961, 1053
Gaillard, Emmanuel, L'exécution des sentences annullées dans leur pays d'origine, Clunet 1998, 645
Gaillard, Emmanuel, Arbitrage commercial international, Juris-Classeur Droit International, Paris 1992 ff., Fasc. 1072 ff.
Garb, Louis/Lew, Julian D. (Hrsg.), Enforcement of Foreign Judgements, Den Haag 1994 ff.
Gaudemet-Tallon, Hélène, Les Conventions de Bruxelles et de Lugano, 2. éd., Paris 1996
Gaudemet-Tallon, Hélène, Note sous CJCE 4.10.1991 van Dalfsen, RCDIP 1992, 128
Gaudemet-Tallon, Hélène, Note sous CJCE 17.11.1998 van Uden, Rev. Arb. 1999, 153
Gaul, Hans Friedhelm, Ungerechtfertigte Zwangsvollstreckung und materielle Ausgleichsansprüche, AcP 173 (1973) 323
Gaul, Hans Friedhelm, Vollstreckbare Urkunde und vollstreckbarer Anspruch, in: FS Gerhard Lüke, München 1997, 81
Gaul, Hans Friedhelm, Rechtskraft und Verwirkung, in: FS Henckel, Berlin 1995, 235
Gaul, Hans Friedhelm, Das Rechtsbehelfssystem der Zwangsvollstreckung – Möglichkeiten und Grenzen einer Vereinfachung, ZZP 85 (1972) 251
Gebauer, Martin, Internationale Zuständigkeit und Prozeßaufrechnung, IPRax 1998, 79
Geiger, Rudolf, Grundgesetz und Völkerrecht, 2. Aufl., München 1994
Geimer, Reinhold, Internationales Zivilprozeßrecht, 3. Aufl., Köln 1997
Geimer, Reinhold/Schütze, Internationale Urteilsanerkennung, Bd. 1, 2. Halbbd., München 1984
Geimer, Reinhold/Schütze, Internationale Urteilsanerkennung, Bd. 2, München 1971
Geimer, Reinhold, Vollstreckbare Urkunden ausländischer Notare, DNotZ 1975, 461
Geimer, Reinhold, Notarielle Vollstreckbarerklärung von Anwaltsvergleichen, DNotZ 1991, 266
Geimer, Reinhold, EuGVÜ und Aufrechnung: keine Erweiterung der internationalen Entscheidungszuständigkeit- Aufrechnungsverbot bei Abweisung der Klage wegen internationaler Unzuständigkeit, IPRax 1986, 208
Geimer, Reinhold, Schütze, Europäisches Zivilverfahrensrecht, München 1997
Geimer, Reinhold, Anerkennung gerichtlicher Entscheidungen nach dem EWG-Übereinkommen vom 27.9.1968, RIW 1976, 139
Geimer, Reinhold, Zur Nichtanerkennung ausländischer Urteile wegen nicht ordnungsgemäßen erststaatlichen Verfahrens, JZ 1969, 12
Gerhardt, Walter, Vollstreckungsrecht, 2. Aufl., Berlin 1982
Gilles, Peter, Vollstreckungsgegenklage, sog. vollstreckbarer Anspruch und Einwendungen gegen die Zwangsvollstreckung im Zwielicht prozessualer und zivilistischer Prozeßbetrachtung, ZZP 83 (1970) 61
Glasson, E./Tissier, Albert/Morel, René, Traité théorique et pratique d'organisation judiciaire, de compétence et de procédure civile, Bd. III, 3. éd., Paris 1929, zit.: Glasson/Morel/Tissier
Gothot, Pierre/Holleaux, Dominique, La convention de Bruxelles du 27 Septembre 1968, Paris 1985
Gottwald, Peter, Anmerkung zu BGH NJW 1991, 644, FamRZ 1990, 1377
Gottwald, Peter, Abänderungsklage, Unterhaltsanspruch und materielle Rechtskraft, in: FS Schwab, München 1990, 151
Gottwald, Peter, Internationale Schiedsgerichtsbarkeit, Generalbericht, *Peter Gottwald* (Hrsg.), in: Internationale Schiedsgerichtsbarkeit, Bielefeld 1997
Gottwald, Peter, Die Prozeßaufrechnung im Europäischen Zivilprozeß, IPRax 1986, 10
Gottwald, Peter, Grundfragen der Anerkennung und Vollstreckung ausländischer Entscheidungen in Zivilsachen, ZZP 103 (1990) 257
Gotzen, Paul, Die Anerkennung und Vollstreckung deutscher Schuldtitel in den Niederlanden, AWD 1967, 140

Grabitz, Eberhard/Hilf, Meinhard, Kommentar zur Europäischen Union, [Loseblatt] München 1997
Groeben, Hans von der/Thiesing, Jochen/Ehlermann, Claus-Dieter, Kommentar zum Eu-/EG-Vertrag, 5. Aufl., Baden-Baden 1997
Grunert, Jens, Die Worldwide Mareva Injunction, Baden-Baden 1998
Grunsky, Wolfgang, Voraussetzungen für die Anordnung von Maßnahmen des Beschwerdegerichts nach Art. 38 EuGVÜ, IPRax 1995, 217
Grunsky, Wolfgang, EWG-Übereinkommen über die gerichtliche Zuständigkeit und die Vollstreckung gerichtlicher Entscheidungen in Zivil- und Handelssachen im deutsch-italienischen Rechtsverkehr, RIW 1977, 1
Grunsky, Wolfgang, Lex fori und Verfahrensrecht, ZZP 89 (1976) 241
Grunsky, Wolfgang, Anmerkung zu BGHZ 1985, 64, ZZP 96 (1983) 260
Guinchard, Serge, Droit et pratique de la procédure civile, Paris (Dalloz Action) 1998
Guldener, Max, Schweizerisches Zivilprozeßrecht, Zürich 1979
Haas, Ulrich, Die Anerkennung und Vollstreckung ausländischer und internationaler Schiedssprüche, Berlin 1991
Haas, Ulrich, Die Reform des englischen Schiedsverfahrensrechts, ZZP Int 2 (1997) 409
Habscheid, Walther/Berti, Stephen, Schweizerisches Zivilprozess- und Gerichtsorganisationsrecht, 2. Aufl., Basel 1990
Habscheid, Walther, Die Präklusionswirkung des rechtskräftigen Urteils, AcP 152 (1952) 169
Habscheid, Walther, Rechtsvergleichende Bemerkungen zum Problem der materiellen Rechtskraft des Zivilurteils, in: FS Fragistas, Vol. XII, Part I, Thessaloniki 1966, 1966
Habscheid, Walther, Aus der höchstrichterlichen Rechtsprechung zur Schiedsgerichtsbarkeit, KTS 1964, 79
Habscheid, Walther, Quelques questions fondamentales concernant l'autorité de la chose jugée en droit comparé, Liber Amicorum Schnitzer, Genf 1979, 179
Habscheid, Walther, Zur Berücksichtigung der Rechtshängigkeit eines ausländischen Verfahrens, RabelsZ 31 (1967) 254
Habscheid, Walther, Urteilswirkungen und Gesetzesänderungen, ZZP 78 (1965) 401
Habscheid, Walther, Der Streitgegenstand im Zivilprozeß, Bielefeld 1956
Hahn, Carl, Die gesammten Materialien zur Civilprozessordnung und dem Einführungsgesetz zu derselben vom 30. Januar 1877, zit.: Hahn Materialien
Hahn, Horst, Vollstreckungsgegenklage gegen eine in den Niederlanden vollstreckbar erklärte, in der Bundesrepublik mit der Vollstreckungsklausel versehene Honorar-Liquidation eines niederländischen Rechtsanwalts, RIW 1972, 630
Halsbury's Laws of England, *Ed. Lord Hailsham of St. Marylebone,* 4. ed., London 1983
Handbuch des Internationalen Zivilverfahrensrechts, *Hrsg. Martiny/Waehler,* Bd. III/1 u. III/2, Tübingen 1984, zit.: Bearbeiter – Hdb. IZVR
Hart, H.L.A., Der Begriff des Rechts, Frankfurt 1973
Hau, Wolfgang, Positive Kompetenzkonflikte im Internationalen Zivilprozeßrecht, Frankfurt 1996
Hau, Wolfgang, Die einseitige Erledigterklärung im Exequaturverfahren, IPRax 1998, 255
Haug, Winfried, Anm. zu OLG FFM NJW 1967, 501, NJW 1967, 501
Heldrich, Andreas, Internationale Zuständigkeit und anwendbares Recht, Berlin, Tübingen 1969
Heldrich, Andreas, Heimwärtsstreben auf neuen Wegen, in: FS Ferid, München 1978, 209
Hellwig, Konrad, Anspruch und Klagerecht, Leipzig 1924
Henckel, Wolfram, Prozeßrecht und materielles Recht, Göttingen 1970
Henckel, Wolfram, Anmerkung zu BGH 22.9.1994, ZZP 108 (1995) 257
Henrich, Dieter, Zur Anerkennung und Abänderung ausländischer Unterhaltsurteile, die unter Nichtbeachtung früherer deutscher Unterhaltsurteile ergangen sind, IPRax 1988, 22

Heß, Burkhard, Entschädigung für NS-Zwangsarbeit vor US-amerikanischen und deutschen Zivilgerichten, AG 1999, 145

Heß, Burkhard, Der Binnenmarktprozeß, JZ 1998, 1021

Heß, Burkhard, Vollkommer, Gregor, Die begrenzte Freizügigkeit einstweiliger Maßnahmen nach Art. 24 EuGVÜ, IPRax 1999, 220

Hoffmann, Bernd von, Das EWG-Abkommen über die gerichtliche Zuständigkeit und die Vollstreckung gerichtlicher Entscheidungen, RIW 1973, 57

Holleaux, Dominique/Foyer, Jaques/de La Pradelle, Géraud, Droit international privé, Paris 1987

Holmes, Oliver Wendell, The Path of the Law, 10 Harv. L. Rev. (1897) 457

Holtzmann, Howard M., A Task for the 21st Century: Creating a New International Court for Resolving Disputes on the Enforceability of Arbitral Awards, The Internationalisation of international Arbitration, *Martin Hunter et al.* (Hrsg.), London 1995

Homburger, Adolf, Recognition and Enforcement of Foreign Judgments: A New Yorker reflects on Uniform Acts, 18 Am.J.Comp.L. (1970) 367

Honigberg, Carol, The UFMJRA: A Survey of the Case Law, 14 Vanderbilt J. of Transnat'l Law (1981) 171

Honsell, Heinrich/Vogt, Nedim Peter/Schnyder, Anton K., Internationales Privatrecht, Basel 1996

Hoonakker, Philippe, Le juge de l'exécution, Gaz. Pal., Doctr. 1993, 321

Horning, Richard Allan, Deferral of Enforcement of New York Convention Awards for „Prudential Reasons", Int.A.L.R. 1997, 3

Huber, Michael, Der Erfüllungseinwand des Schuldners in der Zwangsvollstreckung zur Erwirkung von Handlungen und Unterlassungen, in: FS Franz Merz, Köln 1992, 229

Huber, Peter, Die englische Forum non-conveniens-Doktrin und ihre Anwendung im Rahmen des EuGVÜ, Berlin 1994

Huber, Peter, Fragen zur Rechtshängigkeit im Rahmen des EuGVÜ – Deutliche Worte des EuGH, JZ 1995, 603

Huber, Peter, Anmerkung zu BGH NJW 1997, 870, JZ 1997, 799

Huet, André, Les procédures de reconnaissance et d'exécution des jugements étrangers, Clunet 1988, 5

Huet, André, Note sous CJCE 4.7.1985, AS-Autoteile Service c/ Malhé, Clunet 1986, 449

Husslein-Stich, Gabriele, Das UNCITRAL – Modellgesetz über die internationale Handelsschiedsgerichtsbarkeit, 1990

IPRG Kommentar, Kommentar zum Bundesgesetz über das internationale Privatrecht (IPRG) vom 1 Januar 1989, *Hrsg. Heini, Anton/Keller, Max/Siehr, Kurt/Vischer, Frank/Volken, Paul,* Zürich 1993, zit.: IPRG-Bearbeiter

Isenburg-Epple, Sabine, Die Berücksichtigung ausländischer Rechtshängigkeit nach dem EuGVÜ, 1992

Jacob, Jack / Scott, Richard The Supreme Court Practice, London 1999, zit.: Jacob/Scott, RSC

Jacob, Jack, Private International Litigation, London 1988

Jaeger, Carl/Walder, Hans Ulrich/Kull, Thomas/Kottmann, Martin, Bundesgesetz über Schuldbeitreibung und Konkurs, Bd. 1, 4. Aufl., Zürich 1997

Jakoby, Markus, Das Verhältnis der Abänderungsklage gemäß § 323 ZPO zur Vollstreckungsgegenklage gemäß 767 ZPO, Berlin 1991

Jametti Greiner, Monique, Die vollstreckbare öffentliche Urkunde, BN 1993, 37

Jayme, Erik/Kohler, Christian, Europäisches Kollisionsrecht 1995 – der Dialog der Quellen, IPRax 1995, 349

Jayme, Erik, Forum non conveniens und anwendbares Recht, IPRax 1984, 303

Jellinek, Walter, Die zweiseitigen Staatsverträge über Anerkennung ausländischer Zivilurteile, Berlin, Tübingen 1953

Johnson, Sara L., Validity, Construction and Application of UEFJA, 31 A.L.R. 4th, 706
Jonas, Anm. zu RGZ 148, 270, JW 1935, 3102
Juenger, Friedrich K., Amerikanische Praxis und Europäische Übereinkommen, in: FS Ulrich Drobnig, Tübingen 1998, 299
Kainz, Martin, Funktion und dogmatische Einordnung der Vollstreckungsabwehrklage in das System der Zivilprozeßordnung, Berlin 1984
Kallmann, Francois, Anerkennung und Vollstreckung ausländischer Zivilurteile und gerichtlicher Vergleiche, Basel 1946
Kane, Mary Kay, Relief from Federal Judgments: A Morass unrelieved by a Rule, 60 Hast. L.J. (1978) 41
Kannengießer, Matthias, Die Aufrechnung im internationalen Privat- und Verfahrensrecht, Tübingen 1998
Karl, Anna-Maria, Die Anerkennung von Entscheidungen in Spanien: autonomes Recht und Staatsverträge, Tübingen 1993
Kartzke, Ulrich, Abänderung von Unterhaltsentscheidungen und neues Internationales Unterhaltsrecht, NJW 1988, 104
Kaye, Peter, Stay of Enforcement Proceedings under the European Judgments Convention: Factors Relevant to the Exercise of Discretion, JBL 1991, 261
Kaye, Peter, Civil Jurisdiction and Enforcement of Foreign Judgments, London 1987
Kegel, Gerhard, Internationales Privatrecht, 7. Aufl., München 1995
Kellerhals, Franz, Umsetzung des Lugano-Übereinkommens ins kantonale Recht, ZBJV 128 (1992) 77
Kerameus, Konstantions D., Das Brüsseler Gerichtsstandsübereinkommen und das griechische Recht der internationalen Zuständigkeit, in: FS Baumgärtel, Köln 1990, 215
Kerameus, Konstantions D., Comparative Aspects of Litigation Pertaining to Enforcement, in: FS Drobnig, Tübingen 1998, 549
Kerameus, Konstantions D., Das GVÜ und das griechische Recht der Anerkennung und Vollstreckung, in: FS Henckel, 1995, 423
Kerwer, Christof, Die Erfüllung in der Zwangsvollstreckung, Köln 1996
Kilgus, Stefan, Zur Anerkennung und Vollstreckbarerklärung englischer Schiedssprüche in Deutschland, Berlin 1995
Kindl, Johann, Ausländisches Recht vor deutschen Gerichten, ZZP 111 (1998) 177
Koch, Harald, Neuere Probleme der internationalen Zwangsvollstreckung einschließlich des einstweiligen Rechtsschutzes, *Peter Schlosser* (Hg.), Materielles Recht und Prozeßrecht und die Auswirkungen der Unterscheidung im Recht der internationalen Zwangsvollstrekkung, Bielefeld 1992
Koch, Matthias, Unvereinbare Entscheidungen i. S. d. Art. 27 Nr. 3 und 5 EuGVÜ und ihre Vermeidung, Frankfurt 1993
Kohler, Christian, Interrogations sur les sources du droit internationale privé européen après le traité d'Amsterdam, RCDIP 1999, 1
Kohler, Jürgen, Überholte Vollstreckungsabwehr und verschärfte Bereicherungshaftung, ZZP 99 (1986) 34
Kössinger, Brigitte, Rechtskraftprobleme im deutsch-französischen Rechtsverkehr, München 1993
Krause, Rainer, Urteilswirkungen gegenüber Dritten im US-amerikanischen Zivilprozeßrecht, Tübingen 1994
Krefft, Max, Vollstreckung und Abänderung ausländischer Entscheidungen der freiwilligen Gerichtsbarkeit, Berlin 1993
Kren, Jolanta, Anerkennbare und vollstreckbare Titel nach IPR-Gesetz und Lugano-Übereinkommen, in: FS Oscar Vogel, Fribourg/Schweiz 1991, 419
Kren Kostkiewicz, Jolanta, Gerichtsstände im revidierten SchKG, AJP/PJA 1996, 1363

Kropholler, Jan, Internationales Privatrecht, 3. Aufl., Tübingen 1997, zit.: Kropholler, IPR
Kropholler, Jan, Europäisches Zivilprozeßrecht, 6. Aufl., Heidelberg 1998, zit.: Kropholler, EuZPR
Kropholler, Jan, Die Abänderung von Unterhaltstiteln in Fällen mit Auslandsberührung, ZfJ 1977, 105
Kübler, Bruno/Prütting, Hanns, Kommentar zur Insolvenzordnung, Köln [Loseblatt] 1999
Kulzer, Barbara, Recognition of Foreign Country Judgments in New York: The UFMJRA, 18 Buffalo L.R. (1968) 1
Lalive, Pierre/Poudret, Jean-François/Raymond, Claude, Le droit de l'arbitrage interne et international en Suisse, Lausanne 1989
Lechner, Markus/Mayr, Peter, Das Übereinkommen von Lugano, Wien 1996
Leipold, Dieter, Das anwendbare Recht bei der Abänderungsklage gegen ausländische Urteile, in: FS Nagel, Münster 1987, 189
Leipold, Dieter, Internationale Rechtshängigkeit, Streitgegenstand und Rechtsschutzinteresse – Europäisches und Deutsches Zivilprozeßrecht im Vergleich, GS Arens 1993, 227
Leipold, Dieter, Anmerkung zu BGH 12.5.1993, ZZP 107 (1994) 216
Lent, Ausübung von Gestaltungsrechten nach einem Prozeß, DR 1942, 868
Lequette, Yves, Note sous TGI Paris, 30.7.1977, RCDIP 1977, 525
Leuenberger, Christoph, Lugano-Übereinkommen: Verfahren der Vollstreckbarerklärung ausländischer „Geld"-Urteile, AJP/PJA 1992, 965
Leutner, Gerd, Die vollstreckbare Urkunde im internationalen Rechtsverkehr, Berlin 1997
Leutner, Gerd, Anmerkung zu BGH, 26.6.1997, ZZP 111 (1998) 89
Linke, Hartmut, Anmerkung zu EuGH Hoffmann ./. Krieg, RIW 1988, 822
Linke, Hartmut, Internationales Zivilprozeßrecht, Köln 1990
Linke, Hartmut, Zur grenzüberschreitenden Wirkung konkursbedingter Vollstreckungsbeschränkungen (zu EuGH Coursier ./. Fortis Bank), IPRax 2000, 8
Lipton, Richard, FRCP 60 (b): Standards for Relief from Judgments due to Changes in Law, 43 U.Chi.L.R. (1976) 647
López, Miguel Angel, Grundlinien der spanischen Zwangsvollstreckung, ZZP 1992, 285
Loritz, Karl-Georg, Probleme der Rechtskraft von Schiedssprüchen im deutschen Zivilprozeßrecht, ZZP 105 (1992) 1
Lowenfeld, Andreas F., Thoughts about a Multinational Judgments Convention: A Reaction to the von Mehren Report, 58 Law & Contemp. Probl. (1994) 289
Lüke, Gerhard, Vollstreckungsabwehrklage und fehlgeschlagene Aufrechnung im Vorprozeß, JuS 1995, 685
Lüpfert, Johanna, Konnexität im GVÜ, Berlin 1997
Mankowski, Peter, Anmerkung zu EuGH 13.7.1995 Danvaern, ZZP 109 (1996) 376
Mankowski, Peter, Im Dschungel der für die Vollstreckbarerklärung ausländischer Unterhaltsentscheidungen einschlägigen Abkommen und ihrer Ausführungsgesetze, IPRax 2000, 188
Mansel, Heinz-Peter, Vollstreckung eines französischen Garantieurteils bei gesellschaftsrechtlicher Rechtsnachfolge und andere vollstreckungsrechtliche Fragen des EuGVÜ, IPRax 1995, 362
Markus, Alexander, Lugano-Übereinkommen und SchKG-Zuständigkeiten: Provisorische Rechtsöffnung, Aberkennungsklage und Zahlungsbefehl, Basel 1996
Matscher, Franz, Vollstreckung im Auslandsverkehr von vorläufig vollstreckbaren Entscheidungen und von Maßnahmen des provisorischen Rechtsschutzes, ZZP 95 (1982) 170
Maurer, Hans-Ulrich, Einstweilige Anordnungen in der Zwangsvollstreckung nach Einlegung zivilprozessualer Rechtsbehelfe, Tübingen 1981
Mayer, Pierre, Droit International Privé, 6. éd., Paris 1998
Mayer, Ulrich, Some comments on Hewlett Packard Co. v. Helge Berg et al., Bulletin ASA 1997, 354

McGee, Andrew, Limitation Periods, London 1994
McKinney's Annotated Laws of New York, St. Paul, zit.: McKinney-Bearbeiter
McKnight, Donald, Enforcement of a Foreign Money Judgment in California, 1 Cal. Int'l Practitioner (1989) 1
von Mehren, Arthur T., Recognition and Enforcement of Foreign Judgments: A New Approach for the Hague Conference?, 57 Law & Contemp. Probl. (1994) 271
von Mehren, Arthur T., Recognition and Enforcement of Sister State Judgments: Reflections on General Theory and Current Practice in the EEC and the US, 81 Col.L.R. (1981) 1044
von Mehren, Arthur T., The Transmogrification of Defendants into Plaintiffs, in: FS Ulrich Drobnig, Tübingen 1998, 409
Meier, Isaak, Besondere Vollstreckungstitel nach dem Lugano-Übereinkommen, Das Lugano-Übereinkommen, St. Gallen 1990, 157, St. Galler Studien zum Int. Recht, Bd. 2
Meier, Isaak, Vorschlag für ein effizientes Verfahren zur Vollstreckung von Urteilen auf Leistung von Geld oder Sicherheit, SJZ 1993, 282
Meister, Hans, Zum Verhältnis von Abänderungs-, Vollstreckungsabwehr- und Zusatz-(Nachforderungs-) Klage, FamRZ 1980, 864
Merkin, Robert, Arbitration Act 1996, London 1996
Moore, Federal Practice, 2. ed., [Loseblatt] 1982ff.
Motomura, Hiroshi, Arbitration and collateral estoppel, 63 Tul. L. Rev. (1988) 29
Motulsky, Henri, La cause de la demande dans la délimitation de l'office du juge, D, 1964, chron. 235
Muir Watt, Horatia, Effets en France des décisions etrangères, Juris-Classeur Droit International, Paris 1990, Fasc. 584–6ff.
Muir Watt, Horatia, Extraterritorialité des mesures conservatoires in personam, RCDIP 1998, 27
Müller, Holger/Hök, Götz-Sebastian, Deutsche Vollstreckungstitel im Ausland, Neuwied, [Loseblatt] 1988ff.
Müller, Klaus, Zum Begriff der „Anerkennung" von Urteilen in § 328 ZPO, ZZP 79 (1966) 205
Münch, Joachim, Die Beweislastverteilung bei der Vollstreckungsgegenklage, NJW 1991, 795
Münch, Joachim, Ausländische Tenorierungsgewohnheiten kontra inländische Bestimmtheitsanforderungen, RIW 1989, 18
Münch, Joachim, Vollstreckbare Urkunde und prozessualer Anspruch, Köln, Berlin 1989, 330f.
Münchener Kommentar zum Bürgerlichen Gesetzbuch, *Hrsg. Kurt Rebmann/Franz Jürgen Säcker,* 3. Aufl., München 1993ff., zit.: MünchKomm BGB-Bearbeiter
Münchener Kommentar zur Zivilprozeßordnung, *Hrsg. Gerhard Lüke/Alfred Walchshöfer,* München 1992, zit.: MünchKomm ZPO-Bearbeiter
Münzberg, Wolfgang, Die Auswirkung von Prozeßvergleichen auf titulierte Ansprüche, in: FS H.F. Gaul, Bielefeld 1997, 447
Münzberg, Wolfgang, Der vollstreckbare Anspruch in unstreitig erwirkten Vollstreckungstiteln, JZ 1998, 378
Münzberg, Wolfgang, Anmerkung zu OLG Hamm, 27.4.1990, RPfl 1991, 210
Münzberg, Wolfgang, Besprechung von Münch, Vollstreckbare Urkunde und prozessualer Anspruch, ZZP 104 (1991) 227
Musger, Gottfried, Zur „Abänderung" von Unterhaltstiteln in Sachverhalten mit Auslandsberührung, IPRax 1992, 108
Mustill, Michael/Boyd, Stewart, The Law and Practice of Commercial Arbitration in England, 2. ed., London 1989
Nagel, Heinrich/Gottwald, Peter, Internationales Zivilprozeßrecht, 4. Aufl., Münster 1997
Nakano, Teiichiro, Umkehr der Klagelast, in: FS Baumgärtel, Köln 1990, 403
Neureuter, Hans, Zur Vollstreckungsgegenklage gegen ausländische Urteile, Köln 1941
New York Jurisprudence, 2. ed., St. Paul, Minn. 1979ff.

Niedermann, Marco, Die ordre-public-Klauseln in den Vollstreckungsverträgen des Bundes und den kantonalen Zivilprozessgesetzen, Zürich 1976

Niepel, Georg, Vollstreckbarerklärung von Schiedssprüchen und Schiedsvergleichen bei materiellen Einwendungen des Schuldners, NJW 1961, 592

Normand, Jaques, Juge de l'exécution, J.-Cl. Procédure Civile, Paris 1993, Fasc. 2030 ff.

Normand, Jaques, La Compétence du juge de l'exécution, Rev. huiss. 1996, 2

Normand, Jaques, Le juge de l'execution, RTDC 1993, No. spec. „La réforme des procédures civiles d'exécution", 31

Oehmke, Thomas, Commercial Arbitration, Deerfield [Loseblatt] 1996 ff.

Oertmann, Paul, Die rechtliche Natur der Vollstreckungsgegenklage, AcP 107 (1907) 199

O'Malley, Stephen/Layton, Alexander, European Civil Practice, London 1989

Oppermann, Thomas, Europarecht, München 1991

Otto, Hansjörg, Die Präklusion, Berlin 1970

Otto, Hansjörg, Die inner- und außerprozessuale Präklusion im Fall der Vollstreckungsgegenklage, in: FS Henckel, Berlin 1995, 615

Pamboukis, Charalambos, Acte public etranger, Encyclop. Dalloz, Droit international, Paris 1998, zit.: Pamboukis, Encycl. D.

Pamboukis, Charalambos, L'acte public etranger en droit international privé, Paris 1993, zit.: Pamboukis, L'acte public etranger

Pamboukis, Charalambos, Note sous CA Paris 23.11.1993, RCDIP 1995, 90

Pamboukis, Charalambos, Note sous Cass. civ. 12.1.1994, RCDIP 1994, 558

Panchaud, André/Caprez, Marcel, Die Rechtsöffnung, Zürich 1980

Patchett, K.W., Recognition of Commercial Judgments and Awards in the Commonwealth, London 1984

Pauckstadt, Ulrike, Zur Vollstreckbarerklärung schweizerischer Kostenentscheidungen, IPRax 1984, 17

Paulus, Christoph, Zivilprozeßrecht, Berlin 1996

Pecher, Hans Peter, Zur Geltendmachung der Unwirksamkeit eines Prozeßvergleichs, ZZP 97 (1984) 139

Peetz, Hans Guenter, Die materiellrechtliche Einordnung der Rechtsfolge und die materielle Rechtskraft der Sachentscheidung im Zivilprozeß, Köln 1976

Perrot, Roger, Jurisprudence Française en matière de droit judiciare prive, RTDC 1995, 184; 1995, 679; 1997, 505; 1997, 991

Petrochilos, Georgios C., Arbitration and interim measures: in the twilight of the Brussels Convention, Lloyd's Mar. & Comm. L. Q. 2000, 99

Peyre, Jean-Claude, Le juge de l'exéquatur: fantôme ou réalité?, Rev. Arb. 1985, 231

Pfeiffer, Thomas, Internationale Zuständigkeit und prozessuale Gerechtigkeit, Frankfurt 1995

Pirrung, Jörg, Zum Gesetz zur Ausführung des EWG-Gerichtsstands- und Vollstreckungsübereinkommens vom 27.September 1968, DGVZ 1973, 182

Planck, Julius Wilhelm von, Lehrbuch des Deutschen Civilprozeßrechts, Bd. II, Nördlingen 1896

Platto, Charles/Horton, William G., Enforcement of Foreign Judgments Worldwide, 2. ed., London 1993

Pluyette, Gérard, La Convention de Bruxelles et les droits de la défense, Etudes offertes a P. Bellet, Paris 1991, 427

Pluyette, Gérard, La jurisprudence du Tribunal de Paris en matière d'exéquatur, Tr. com. fr. d. i. p., Paris 1988–89, 35

Prévault, Jaques, Zwangsvollstreckung in den Staaten der Europäischen Union, in: FS Erwin Deutsch, Köln 1999, 987

Prütting, Hanns/Weth, Stephan, Rechtskraftdurchbrechung bei unrichtigen Titeln, 2. Aufl, Köln 1994

Prütting, Hanns, Auf dem Wege zu einer Europäischen Zivilprozeßordnung, in: FS Baumgärtel, Köln 1990, 457

Prütting, Hanns, Probleme des europäischen Vollstreckungsrechts, IPRax 1985, 137

Rahm/ Künkel, Bernd, Handbuch des Familiengerichtsverfahrens, Köln, [Loseblatt] 1995 ff.

Ramos, Manuel Ortells, Auf dem Wege zu einem neuen Zivilprozeßrecht in Spanien: der Vorentwurf eines neuen Zivilprozeßgesetzes, ZZP Int 3 (1998) 91

Rassmann, Christian, Anerkennung und Vollstreckung ausländischer Titel in den USA, RIW 1996, 817

Raum, Rolf/Lindner, Nicola, Rechtsangleichung im Delikts- und Vollstreckungsrecht mit Blick auf die EU-Osterweiterung, NJW 1999, 465

Rauscher, Thomas, Internationales und Europäisches Zivilverfahrensrecht, Heidelberg 1999

Redfern, Alan/Hunter, Martin, Law and Practice of International Commercial Arbitration, London 1991

Reichel, Hans, Widerklage gegen Vollstreckungsgegenklage, AcP 133 (1933) 19

Restatement of Law, *American Law Institute* (Hrsg.), St. Paul, Minn.:

Restatement Second, Conflict of Laws, 1971–1988

Restatement Third, The Foreign Relations Law of the United States (zit.: Restatement Third, Foreign Relations Law), 1987

Restatement Second, Judgments, 1982

Riesenfeld, Stefan, Creditors' Remedies and Debtors' Protection, 4. ed., St. Paul 1987/90

Riezler, Erwin, Internationales Zivilprozeßrecht und prozessuales Fremdenrecht, Berlin, Tübingen 1949

Rimmelspacher, Bruno, Zur Bedeutung des § 33 ZPO, in: FS Gerhard Lüke, München 1997, 655

Rimmelspacher, Bruno, Materiellrechtlicher Anspruch und Streitgegenstandsprobleme im Zivilprozeß, Göttingen 1970

Rimmelspacher, Bruno, Tatsachen und Beweismittel in der Berufungsinstanz, ZZP 107 (1994) 421

Rinck, Ursula, Parteivereinbarungen in der Zwangsvollstreckung aus dogmatischer Sicht, Frankfurt/M. 1996

Rintelen, Zwei Streitfragen, betreffend die Zwangsvollstreckung aus Urtheilen ausländischer Gerichte, ZZP 9 (1886) 191

Ritter, Ulf, Die Bestimmung der objektiven Rechtskraftgrenzen in rechtsvergleichender Sicht, ZZP 87 (1974) 138

Robert, Jean/Moreau, Bertrand, L'Arbitrage, 6. éd., Paris 1993, zit.: Robert, Arbitrage

Rosenberg, Leo/Gaul, Hans Friedhelm/Schilken, Eberhard, Zwangsvollstreckungsrecht, 11. Aufl., München 1997

Rosenberg, Leo/Schwab, Karl-Heinz/Gottwald, Peter, Zivilprozeßrecht, 15. Aufl., München 1993

Roth, Herbert, Herausbildung von Prinzipien im europäischen Vollstreckungsrecht (zu OLG Saarbrücken 3.8.1987), IPRax 1989, 14

Roth, Herbert, Die negative Feststellungsklage zur Abwehr drohender Zwangsvollstreckung als Anwendungsfall von Art. 16 Nr. 5 GVÜ, IPRax 1999, 50

Roth, Herbert, Die Vorschläge der Kommission für ein europäisches Zivilgesetzbuch – das Erkenntnisverfahren, ZZP 109 (1996) 271

Rüede, Thomas/Hadenfeld, Reimer, Schweizerisches Schiedsgerichtsrecht, 2. Aufl., Zürich 1993

Russell/Walton, Anthony/Vitoria, Mary, Russell on Arbitration, 20. ed., London 1982, zit.: Russell (21. Ed.)

Russell/Sutton, David St. John/Kendall, John/Gill, Judith, Russell on Arbitration, 21. ed., London 1997

Rüßmann, Helmut, Die Bindungswirkungen rechtskräftiger Unterlassungsurteile, in: FS Gerhard Lüke, München 1997, 675
Rüßmann, Helmut, Die Streitgegenstandslehre und die Rechtsprechung des EuGH, ZZP 111 (1998) 399
Rutherford, Margaret/Sims, John H., Arbitration Act 1996, London 1996
Saenger, Ingo, Internationale Gerichtsstandsvereinbarungen nach EuGVÜ und LugÜ, ZZP 110 (1997) 477
Schack, Haimo, Internationales Zivilverfahrensrecht, 2. Aufl., München 1996
Schack, Haimo, Widersprechende Urteile: Vorbeugen ist besser als Heilen, IPRax 1989, 139
Schack, Haimo, Perspektiven eines weltweiten Anerkennungs- und Vollstreckungsübereinkommens, ZEuP 1993, 306
Schack, Haimo, Einführung in das US-amerikanische Zivilprozeßrecht, 2. Aufl, München 1995
Schilken, Eberhard, Die Geltendmachung des Erfüllungseinwandes bei der Handlungs- und Unterlassungsvollstreckung, in: FS H.F. Gaul, 1997, 667
Schilken, Eberhard, Die Vorschläge der Kommission für ein europäisches Zivilgesetzbuch – einstweiliger und summarischer Rechtsschutz und Vollstreckung, ZZP 109 (1996) 315
Schlosser, Peter, Das Recht der internationalen privaten Schiedsgerichtsbarkeit, 2. Aufl., Tübingen 1989, zit.: Schlosser, RipS
Schlosser, Peter, Gestaltungsklagen und Gestaltungsurteile, Bielefeld 1966
Schlosser, Peter, Unterhaltansprüche vor den Gerichten der Alt-EWG-Staaten, FamRZ 1973, 424
Schlosser, Peter, Schiedsgerichtsbarkeit und Wiederaufnahme, in: FS H.F. Gaul, 1997, 679
Schlosser, Peter, Die Perpetuatio Litis als rechtsstaatlicher Leitgedanke, in: FS Nagel, 1987, 352
Schlosser, Peter, Zur Abänderung ausländischer Unterhaltsentscheidungen, IPRax 1981, 120
Schlosser, Peter, Doppelexequatur zu Schiedssprüchen und ausländischen Gerichtsentscheidungen? (zu BGH 27.3.1984 und 10.5.1984), IPRax 1985, 141
Schlosser, Peter, Anmerkung zu EuGH 2.6.1994 Solo Kleinmotoren ./. Boch, JZ 1994, 1008
Schlosser, Peter, Europäisches Gerichtsstands- und Vollstreckungsübereinkommen, München 1996, zit.: Schlosser, GVÜ
Schlosser, Peter, Das neue deutsche Recht der Schiedsgerichtsbarkeit, Vortrag vor der Tagung der Wissenschaftlichen Vereinigung für Internationales Zivilprozeßrecht in Berlin, 08.04. 1999, noch unveröff.
Schlosser, Peter, Notwendige Reformen des deutschen Rechts der Schiedsgerichtsbarkeit, ZIP 1987, 492
Schmidt, Karsten, Präklusion und Rechtskraft bei wiederholten Vollstreckungsgegenklagen, JR 1992, 89
Schmidt, Michael Johannes, Die Einrede der Schiedsgerichtsvereinbarung im Vollstreckbarerklärungsverfahren vom EuGVÜ und Lugano-Übereinkommen, in: Insto Inre, Festgabe Otto Sandrock, Heidelberg 1995, 205
Schniewind, Hans Joachim, Vollstreckung und Vollstreckungsrechtsbehelfe im Recht der Europäischen Gemeinschaften, Stuttgart 1972
Schröder, Jochen, Internationale Zuständigkeit, Opladen 1971
Schultheis, Ulrich, Rechtsbehelfe bei vollstreckbaren Urkunden, Berlin 1996
Schumann, Ekkehard, Die Prozeßökonomie als rechtsethisches Prinzip, in: FS Larenz, München 1973, 271 ff.
Schütze, Rolf A./Tscherning, Dieter/Wais, Walter, Handbuch des Schiedsverfahrens, 2. Aufl., Berlin 1990
Schütze, Rolf A., Einstweiliger Rechtsschutz im Schiedsverfahren, BB 1998, 1650
Schütze, Rolf A., Die Bedeutung eines ausländischen Urteils über die Wirksamkeit eines Schiedsspruchs für dessen Exequierung im Inland, Jahrbuch f. die Praxis der Schiedsgerichtsbarkeit 3 (1989) 118

Schütze, Rolf A., Schiedsgericht und Schiedsverfahren, 2. Aufl., München 1998

Schütze, Rolf A., Deutsch-amerikanische Urteilsanerkennung, Berlin 1992

Schütze, Rolf A., Internationales Notarverfahrensrecht, DNotZ 1992, 66

Schütze, Rolf A., Internationalprivat- und prozeßrechtliche Probleme des notariell für vollstreckbar erklärten Anwaltsvergleichs, DZWiR 1993, 133

Schütze, Rolf A., Deutsches Internationales Zivilprozeßrecht, Frankfurt 1985

Schütze, Rolf A., Die Anerkennung und Vollstreckung ausländischer Zivilurteile in der Bundesrepublik Deutschland als verfahrensrechtliches Problem, Köln, Bonn 1960, zit.: Schütze, Diss.

Schwab, Karl Heinz/Walter, Gerhard, Schiedsgerichtsbarkeit, 6. Aufl., München 2000

Schwab, Karl Heinz, Anmerkung zu BGH 3.12.1986=Z 1999, 143, ZZP 100 (1987) 456

Schwab, Karl Heinz, Anmerkung zu BGH 6.4.1961, ZZP 74 (1961) 372

Schwab, Karl Heinz, Anmerkung zu BGH 7.1.1965, ZZP 78 (1965) 386

Schwab, Karl Heinz, Der Streitgegenstand im Zivilprozeß, München, Berlin 1954

Schwander, Ivo, Einführung in das internationale Privatrecht, 2. Aufl., St. Gallen 1990

Schwartz, Ivo, Übereinkommen zwischen den EG-Staaten: Völkerrecht oder Gemeinschaftsrecht?, in: FS Wilhelm Grewe, Baden-Baden 1981, 551

Schwing, Ann Taylor, California Affirmative Defenses, 2. ed., San Francisco 1996

Scoles, Eugene/Aarnas, Laila, The Recognition and Enforcement of Foreign Nation Judgments: California, Oregon and Washington, 57 Ore. L.R. (1978) 377

Scott, Austin, Collateral Estoppel by Judgment, 56 Harv.L.Rev. (1942) 1

Shapiro, Sheldon, Modern views of state courts as to whether consent judgment is entitled to res judicata or collateral estoppel effect, 91 ALR 3d, 1170

Shell, Richard, Res judicata and collateral estoppel effects of commercial arbitration, 35 UCLA L. Rev. (1988) 623

Shreve, Gene, Preclusion and Federal Choice of Law., 64 Tex. L. Rev. (1986) 1209

Siegel, David D., New York Practice, St. Paul, Minn., 2. ed., 1991

Siehr, Kurt, Ausländische Unterhaltsentscheidungen und ihre Abänderung…, in: FS Friedrich Wilhelm Bosch, Bielefeld 1976, 927

Sime, Stuart, A Practical Approach to Civil Procedure, 3. ed., London 1997

Solus, Henri/Perrot, Roger, Droit Judiciaire Privé, Bd. 3, Paris 1991, zit.: Solus/Perrot Bd. 3

Sonnenberger, Hans Jürgen, Der Ruf unserer Zeit nach einer europäischen Ordnung des Zivilrechts, JZ 1998, 982

Sorkowitz, Alan, Enforcing Judgments under the UFMJRA, 37 Practical L. (1991) 57

Spellenberg, Ulrich, Prozeßführung oder Urteil, in: FS Henckel, Berlin 1995, 841

Spellenberg, Ulrich, Abänderung ausländischer Unterhaltsurteile, IPRax 1984, 304

Stadler, Astrid, Schuldnerschutz nach Artt. 38, 39 EuGVÜ und seine Voraussetzungen, IPRax 1995, 220

Stadler, Astrid, Vollstreckbarerklärung und internationale Vollstreckung, Vortrag vor der Tagung der Wissenschaftlichen Vereinigung für Internationales Zivilprozeßrecht in Berlin, 08.04.1999, noch unveröff.

Staehelin, Daniel, Das revidierte Schuldbeitreibungs- und Konkursrecht der Schweiz, RIW 1997, 95

Stahl, Hans, Zur Vollstreckbarerklärung von Schiedssprüchen, DB 1956, 1101

Stankewitsch, Peter, Kollisionsrechtliche Probleme bei der Abänderung von DDR-Urteilen auf Geschiedenenunterhalt, IPRax 1994, 103

Stein, Friedrich/Jonas, Martin, Kommentar zur Zivilprozeßordnung, 21. Aufl., Tübingen 1993 ff., zit.: St/J-Bearbeiter

Steines, Werner, Die Zuständigkeit für die „verlängerte" Vollstreckungsabwehrklage und für die neben der Vollstreckungsabwehrklage erhobene Zahlungsklage, KTS 1987, 27

Stoffel, Walter, Ausschließliche Gerichtsstände des Lugano-Übereinkommens und SchKG-

Verfahren, insbesondere Rechtsöffnung, Widerspruchsklage und Arrest, in: FS Oscar Vogel, Fribourg/Schweiz 1991, 357
Stoffel, Walter, Das Verfahren zur Anerkennung handelsrechtlicher Entscheide nach dem Lugano-Übereinkommen, SZW 1993, 107
Stojan, Teddy S., Die Anerkennung und Vollstreckung ausländischer Zivilurteile in Handelssachen, Zürich 1986
Storme (Hrsg.), Rapprochement dur Droit Judiciaire de l'Union Européenne, Dordrecht 1994
Stürner, Rolf, Der deutsche Prozeßrechtslehrer am Ende des 20. Jahrhunderts, in: FS Gerhard Lüke, München 1997, 829
Stürner, Rolf, Die Parteiherrschaft und die Parteiverantwortung im Vollstreckungsverfahren, in: FS Hans Hanisch, Köln 1994, 257
Stürner, Rolf, Rechtliches Gehör und Klauselerteilung im Europäischen Vollstreckungsverfahren, IPRax 1985, 254
Stürner, Rolf, Der Notar – unabhängiges Organ der Rechtspflege?, JZ 1974, 157
Stürner, Rolf/Münch, Joachim, Die Vollstreckung indexierter ausländischer Unterhaltstitel, JZ 1987, 178
Théry, Philippe, Judex Gladii, Mélanges Perrot, Paris 1996, 477
Théry, Philippe, Pouvoir juridictionnel et compétence, Paris, Thèse 1981
Théry, Philippe, Voies d'exécution, Rép. internat. Dalloz, Paris 1998
Théry, Philippe, Les procédures civiles d'exécution et le droit de l'arbitrage, Rev. Arb. 1993, 159
Thomas, Heinz/Putzo, Hans, Zivilprozeßordnung, 22. Aufl., München 1999
Thran, Martin, Die Vollstreckungsgegenklage nach § 767 ZPO, JuS 1995, 1111
Thümmel, Roderich, Einstweiliger Rechtsschutz im Schiedsverfahren, DZWir 1997, 133
Traichel, Christian, Die Reform des französischen Zwangsvollstreckungsrechts, Bielefeld 1995
Trunk, Alexander, Internationales Insolvenzrecht, Tübingen 1998
Tsikrikas, Dimitrios, Bemerkungen zur Struktur und Funktion des griechischen Vollstrekkungsrechts, ZZP Int 1 (1996) 119
Tupman, W. Michael, Staying Enforcement of Arbitral Awards under the New York Convention, 3 Arb. Int'l. (1987) 209
Ullrich, Cora, Das Vergleichsrecht Englands in rechtsvergleichender Betrachtung, Aachen 1998
Ulrich, Gustav-Adolf, Die Vollstreckungsabwehrklage in Wettbewerbssachen, in: FS Fritz Traub, Frankfurt 1994, 423
Veeser, Kristin, Der vollstreckbare Anwaltsvergleich, Köln 1996
Verbeek, F.H., Die Staatsverträge über die Vollstreckung ausländischer Zivilurteile, NiemeyersZ 45 (1931–32) 1
Vincent, Jean/Guinchard, Serge, Procédure Civile, 24. éd., Paris 1996
Vincent, Jean, Prévault, Voies d'exécution, 6. Aufl, Paris 1993
Vogel, Oscar, Grundriss des Zivilprozessrechts, 4. Aufl., Bern 1995
Vollkommer, Gregor, § 893 Abs. 2 ZPO im interantionalen Rechtsstreit, IPRax 1997, 323
Völp, Fromut, Änderung der Rechts- oder Sachlage bei Unterlassungstiteln, GRUR 1984, 486
Wagner, Gerhard, Die Aufrechnung im europäischen Zivilprozeß, IPRax 1999, 65
Wagner, Gerhard, Privatautonomie im Verfahrensrecht, Tübingen 1998
Wagner, Rolf, Die geplante Reform des Brüsseler und des Lugano-Übereinkommens, IPRax 1998, 241
Walder-Richli, Hans Ulrich, Zivilprozeßrecht, Zürich 1996
Walker, Wolf-Dietrich, Die Streitgegenstandslehre und die Rechtsprechung des EuGH, ZZP 111 (1998) 429
Walter, Gerhard, Internationales Zivilprozeßrecht der Schweiz, Bern 1995

Walter, Gerhard/Bosch, Wolfgang/Brönnimann, Jürgen, Internationale Schiedsgerichtsbarkeit in der Schweiz, Bern 1991

Walter, Gerhard, Wechselwirkungen zwischen europäischem und nationalem Zivilprozeßrecht: Lugano-Abkommen und Schweizer Recht, ZZP 107 (1994) 301

Walther, Dorothee, Die Mareva-Injunction, Frankfurt 1986

Wastl, Ulrich, Die Vollstreckung deutscher Titel auf der Grundlage des EuGVÜ in Italien, München 1990

Weems, Philip R., Enforcement of Money Judgments Abroad, [Loseblatt] Irvington NY 1995

Weigand, Frank-Bernd, Der deutsch-spanische Rechtsverkehr: Zuständigkeit – Anerkennung – Vollstreckung, Frankfurt 1992

Weinacht, Felix, Die Vollstreckung ausländischer Schiedssprüche nach ihrer Annullierung im Herkunftsstaat, ZVerglRWiss 98 (1999) 139

Weinstein/Korn/Miller, New York Civil Practice

Weißmann, Heinz/Riedel, Ernst/Wastl, Ulrich, Handbuch der internationalen Zwangsvollstrekkung, 1992

Werth, Franceska, Der Ausgleich von Gläubiger- und Schuldnerinteressen im französischen und deutschen Zwangsvollstreckungsrecht, Frankfurt/Main 1997

Weyde, Daniel, Anerkennung und Vollstreckung deutscher Entscheidungen in Polen, Tübingen 1997

Windel, Peter, Die Rechtsbehelfe des Schuldners gegen eine Vollstreckung aus einer unwirksamen notariellen Urkunde, ZZP 102 (1989) 175

Witkin, Bernard E., California Civil Practice, 3. ed., San Francisco 1990ff.

Witkin, Bernard E., California Procedure, 4. ed., San Francisco 1997

Wolf, Christian, Rechtshängigkeit und Verfahrenskonnexität nach EuGVÜ, EuZW 1995, 365

Wolfsteiner, Hans, Anmerkung zu LG Kleve, 7.2.1978, DNotZ 1978, 681

Wolfsteiner, Hans, Die vollstreckbare Urkunde, München 1978

Wolfsteiner, Hans, Beweislastumkehr durch Zwangsvollstreckungsunterwerfung?, NJW 1982, 2851

Wood, Philip R., English and international Set-Off, London 1989

Wright, Charles/Miller, Kane, Federal Practice and Procedure, St. Paul, Minn. 1995

Wuermeling, Joachim, Kooperatives Gemeinschaftsrecht, Kehl, Straßburg 1988

Yessiou-Faltsi, Pelayia, Civil Procedure in Hellas, Den Haag 1995

Zekoll, Joachim/Peterson, Courtland, Mass Torts, 42 Am.J.Comp.L. (1994) 79

Zeuner, Albrecht, Die objektiven Grenzen der Rechtskraft im Rahmen rechtlicher Sinnzusammenhänge, Tübingen 1959

Ziege, Hans-Joachim, Der vollstreckbare außergerichtliche Vergleich nach § 1044b ZPO, NJW 1991, 1580

Zöller, Richard, Zivilprozeßordnung, 21. Aufl., Köln 1999, zit.: Zöller-Bearbeiter

Register

Bei der Erstellung des Sachregisters wurden die Fußnoten nicht berücksichtigt.

Beiträge zum ausländischen und internationalen Privatrecht

Alphabetische Übersicht

Assfalg, Dieter: Die Behandlung von Treugut im Konkurse des Treuhänders. 1960. *Band 28.*
Baetge, Dietmar: Der gewöhnliche Aufenthalt im Internationalen Privatrecht. 1994. *Band 56.*
– siehe *Hopt, Klaus J.*
Balz, Manfred: Eigentumsordnung und Technologiepolitik. 1980. *Band 44.*
Basedow, Jürgen: Der Transportvertrag. 1987. *Band 50.*
– Weltkartellrecht. 1998. *Band 63.*
–, *Peter Dopffel, Klaus J. Hopt, Hein Kötz* (Hrsg.): Die Rechtsstellung gleichgeschlechtlicher Lebensgemeinschaften. 2000. *Band 70.*
– siehe *Hopt, Klaus J.*
Baums, Theodor: Verbindungen von Banken und Unternehmen im amerikanischen Wirtschaftsrecht. 1992. *Band 55.*
Becker, Michael: Verwaltungskontrolle durch Gesellschafterrechte. 1997. *Band 62.*
Baetge, Dietmar: Siehe *Hopt, Klaus J.*
Brödermann, Eckart / Iversen, Holger: Europäisches Gemeinschaftsrecht und Internationales Privatrecht. 1994. *Band 57.*
Dopffel, Peter: siehe *Basedow, Jürgen.*
Drobnig, Ulrich, Klaus J. Hopt, Hein Kötz und *Ernst-Joachim Mestmäcker* (Hrsg.): Systemtransformation in Mittel- und Osteuropa und ihre Folgen für Banken, Börsen und Kreditsicherheiten. 1998. *Band 64.*
Ehricke, Ulrich: Das abhängige Konzernunternehmen in der Insolvenz. 1998. *Band 65.*
Engelmann, Fritz: Der Kampf gegen die Monopole in den USA. 1951. *Band 21.*
Ferid, Murad: Der Neubürger im internationalen Privatrecht. Teil 1. 1949. *Band 18.*
Ficker, Hans C.: Grundfragen des deutschen interlokalen Rechts. 1952. *Band 22.*
Flessner, Axel: Wegfall der Bereicherung. 1970. *Band 37.*
– Sanierung und Reorganisation. 1982. *Band 48.*
– Interessenjurisprudenz im internationalen Privatrecht. 1990. *Band 53.*
Gamillscheg, Franz: Der Einfluß Dumoulins auf die Entwicklung des Kollisionsrechts. 1955. *Band 25.*
– Internationales Arbeitsrecht. 1959. *Band 27.*
Gessner, Volkmar: Recht und Konflikt. 1976. *Band 40.*
Girsberger, Daniel: Grenzüberschreitendes Finanzierungsleasing. 1997. *Band 61.*
Heiss, Helmut: Formmängel und ihre Sanktionen. 1999. *Band 67.*
Heldrich, Andreas: Internationale Zuständigkeit und anwendbares Recht. 1969. *Band 36.*
Hierneis, Otto: Das besondere Erbrecht der sogenannten Foralrechtsgebiete Spaniens. 1966. *Band 33.*
Hippel, Eike von: Schadensausgleich bei Verkehrsunfällen. 1968. *Band 34.*
Hoffmann, Bernd von: Das Recht des Grundstückskaufs. 1982. *Band 47.*
Hofstetter, Karl: Sachgerechte Haftungsregeln für Multinationale Konzerne. 1995. *Band 59.*
Hopt, Klaus J., Jürgen Basedow, Hein Kötz, Dietmar Baetge (Hrsg.): Die Bündelung gleichgerichteter Interessen im Prozeß. 1999. *Band 66.*
– siehe *Basedow, Jürgen.*
– siehe *Drobnig, Ulrich.*
Iversen, Holger: siehe *Brödermann, Eckart.*

Jellinek, Walter: Die zweiseitigen Staatsverträge über Anerkennung ausländischer Zivilurteile I/II. 1953. *Band 24.*
Joerges, Christian: Zum Funktionswandel des Kollisionsrechts. 1971. *Band 38.*
Kötz, Hein: siehe *Basedow, Jürgen.*
– siehe *Drobnig, Ulrich.*
– siehe *Hopt, Klaus J.*
Kronke, Herbert: Stiftungstypus und Unternehmensträgerstiftung. 1988. *Band 52.*
Kropholler, Jan: Internationales Einheitsrecht. 1975. *Band 39.*
Loeber, Dietrich A.: Der hoheitlich gestaltete Vertrag. 1969. *Band 35.*
Magnus, Ulrich: Schaden und Ersatz. 1987. *Band 51.*
Mankowski, Peter: Seerechtliche Vertragsverhältnisse im Internationalen Privatrecht. 1995. *Band 58.*
Martiny, Dieter: Unterhaltsrang und -rückgriff I/II. 2000. *Band 69.*
Mestmäcker, Ernst-Joachim: siehe *Drobnig, Ulrich.*
Müller, Peter: Die Vorbehalte in Übereinkommen zur Privatrechtsvereinheitlichung. 1979. *Band 45.*
Nelle, Andreas: Anspruch, Titel und Vollstreckung im internationalen Rechtsverkehr. 2000. *Band 71.*
Neuhaus, Paul H.: Die Grundbegriffe des Internationalen Privatrechts. [2]1976. *Band 30.*
– Ehe und Kindschaft in rechtsvergleichender Sicht. 1979. *Band 43.*
Remien, Oliver R.M.: Rechtsverwirklichung durch Zwangsgeld. 1992. *Band 54.*
Riezler, Erwin: Internationales Zivilprozeßrecht und prozessuales Fremdenrecht. 1949. *Band 20.*
Roth, Wulf Henning: Internationales Versicherungsvertragsrecht. 1985. *Band 49.*
Samtleben, Jürgen: Internationales Privatrecht in Lateinamerika. *Band 1*: Allgemeiner Teil. 1979. *Band 42.*
Schlechtriem, Peter: Einheitliches UN-Kaufrecht. 1981. *Band 46.*
Schwartze, Andreas: Europäische Sachmängelgewährleistung beim Warenkauf. 1999. *Band 68.*
Serick, Rolf: Rechtsform und Realität Juristischer Personen. [2]1980. *Band 26.*
Stoll, Hans: Das Handeln auf eigene Gefahr. 1961. *Band 29.*
Wilmowsky, Peter von: Europäisches Kreditsicherungsrecht. 1996. *Band 60.*
Wolff, Ernst: Vorkriegsverträge in Friedensverträgen. 1949. *Band 19.*
Zajtay, Imre: Zur Stellung des ausländischen Rechts im französischen internationalen Privatrecht. 1963. *Band 31.*
Zehetner, Franz: Geldwertklauseln im grenzüberschreitenden Wirtschaftsverkehr. 1976. *Band 41.*